Thieme

Klinische Psychologie und Psychiatrie

Herausgeber: Prof. Dr. med. Dr. phil. Helmut Remschmidt

Lehrbuch der Klinischen Psychologie und Psychotherapie des Kindes- und Jugendalters

Herausgegeben von Günter Esser

2., aktualisierte Auflage

Mit Beiträgen von

T. Banaschewski
N. Barth
B. Blanz
M. Döpfner
G. Esser
J. M. Fegert
Chr. Fleischhaker
R. Frank
St. Göggerle
J. Hebebrand
B. Herpertz-Dahlmann
W. Ihle
H. S. Johannsen
M. Laucht
G. Lehmkuhl
U. Lehmkuhl
A. Marcus
L. Marschner
M. Martin
F. Mattejat
C. Mehler-Wex
C. Neuhaus
G. Niebergall
R. Oerter
M. Papoušek
M. Pitzer
H. Remschmidt
P. Rossmann
A. Rothenberger
K. Sarimski
S. Schaller
M. H. Schmidt
A. Schmidtke
E. Schulz
A. Warnke
Chr. Wewetzer
A. Wyschkon

53 Abbildungen
89 Tabellen

Georg Thieme Verlag
Stuttgart · New York

Bibliografische Information
Der Deutschen Bibliothek

Die Deutsche Bibliothek verzeichnet diese Publikation in der Deutschen Nationalbibliographie; detaillierte bibliographische Daten sind im Internet über http://dnb.ddb.de abrufbar

1. Auflage 2002

Wichtiger Hinweis: Wie jede Wissenschaft ist die Medizin ständigen Entwicklungen unterworfen. Forschung und klinische Erfahrung erweitern unsere Erkenntnisse, insbesondere was Behandlung und medikamentöse Therapie anbelangt. Soweit in diesem Werk eine Dosierung oder eine Applikation erwähnt wird, darf der Leser zwar darauf vertrauen, dass Autoren, Herausgeber und Verlag große Sorgfalt darauf verwandt haben, dass diese Angabe dem **Wissensstand bei Fertigstellung des Werkes** entspricht.

Für Angaben über Dosierungsanweisungen und Applikationsformen kann vom Verlag jedoch keine Gewähr übernommen werden. Jeder Benutzer ist angehalten, durch sorgfältige Prüfung der Beipackzettel der verwendeten Präparate und gegebenenfalls nach Konsultation eines Spezialisten festzustellen, ob die dort gegebene Empfehlung für Dosierungen oder die Beachtung von Kontraindikationen gegenüber der Angabe in diesem Buch abweicht. Eine solche Prüfung ist besonders wichtig bei selten verwendeten Präparaten oder solchen, die neu auf den Markt gebracht worden sind. **Jede Dosierung oder Applikation erfolgt auf eigene Gefahr des Benutzers.** Autoren und Verlag appellieren an jeden Benutzer, ihm etwa auffallende Ungenauigkeiten dem Verlag mitzuteilen.

Rüdigerstraße 14
D- 70469 Stuttgart
Unsere Homepage: http://www.thieme.de

Printed in Germany

Umschlaggestaltung: Thieme Verlagsgruppe
Umschlagbild: Michael Rahnfeld „Micha und Mama", entstanden in der Kreativen Werkstatt der Diakonie Stetten e.V., 71394 Kernen im Remstal
Satz: wemis W. Elwing, Steinheim/Murr
Druck: Westermann Druck, Zwickau

ISBN 3-13-126082-3 1 2 3 4 5 6

Anschriften

Dr. med. Tobias Banaschewski
Georg-August-Universität Göttingen
Klinik und Poliklinik
für Kinder- und Jugendpsychiatrie
Von-Siebold-Straße 5
37075 Göttingen

Dr. med. Niklas Barth
Universitätsklinik Gießen
Feulgenstraße 12
35392 Gießen

Prof. Dr. med. Bernd Blanz
Klinik für Kinder- und Jugendpsychiatrie
Philosophenweg 3
07740 Jena

Prof. Dr. sc. hum. Manfred Döpfner
Klinik und Poliklinik für Psychiatrie und
Psychotherapie des Kindes- und Jugendalters
der Universität zu Köln
Robert-Koch-Straße 10
50931 Köln

Prof. Dr. phil. Günter Esser
Universität Potsdam
Institut für Psychologie
Lehrstuhl Klinische Psychologie/Psychotherapie
Postfach 60 15 53
14415 Potsdam

Prof. Dr. med. Jörg M. Fegert
Universitätsklinikum Ulm
Universitätsklinik und Poliklinik für
Kinder- und Jugendpsychiatrie/Psychotherapie
Steinhövelstr. 5
89075 Ulm

Dr. med. Christian Fleischhaker
Klinik für Psychiatrie und Psychotherapie
des Kindes- und Jugendalters
der Universität Freiburg
Hauptstraße 8
79104 Freiburg

Priv.-Doz. Dr. med. Reiner Frank
Institut und Poliklinik
für Kinder- und Jugendpsychiatrie
Universität München
Nußbaumstraße 7
80336 München

Dipl.-Psych. Stephanie Göggerle
Friedrich-Puchta-Straße 7
95444 Bayreuth

Prof. Dr. med. Johannes Hebebrand
Klinikum der Philipps-Universität Marburg
Klinik für Psychiatrie und Psychotherapie
des Kindes- und Jugendalters
Hans-Sachs-Straße 4–8
35039 Marburg

Prof. Dr. med. Beate Herpertz-Dahlmann
RWTH Aachen
Klinik für Kinder- und Jugendpsychiatrie
und -psychotherapie
Neunhofer Weg 21
52074 Aachen

Dipl.-Psych. Wolfgang Ihle
Universität Potsdam
Institut für Psychologie
Lehrstuhl Klinische Psychologie/Psychotherapie
Postfach 60 15 53
14415 Potsdam

Prof. Dr. med. Helge S. Johannsen
Universitätsklinikum Ulm
Sektion Phoniatrie und Pädaudiologie
Prittwitzstraße 43
89070 Ulm

Dr. phil. Manfred Laucht
Zentralinstitut für Seelische Gesundheit
Klinik für Psychiatrie und Psychotherapie
des Kindes- und Jugendalters
Postfach 12 21 20
68072 Mannheim

Prof. Dr. med. Gerd Lehmkuhl
Klinik und Poliklinik für Psychiatrie und
Psychotherapie des Kindes- und Jugendalters
der Universität zu Köln
Robert-Koch-Straße 10
50931 Köln

Prof. Dr. med. Ulrike Lehmkuhl
Klinik für Psychiatrie, Psychosomatik und
Psychotherapie des Kindes- und Jugendalters
der Charité, Campus Virchow-Klinikum der
Humboldt-Universität zu Berlin
Augustenburger Platz 1
13353 Berlin

Priv.-Doz. Dr. med. Alexander Marcus
Klinik für Kinder- und Jugendpsychiatrie
Krankenanstalt Mutterhaus
der Borromäerinnen Trier
Feldstraße 16
54290 Trier

Dr. paed. Lutz Marschner
Universität Potsdam
Institut für Psychologie
Lehrstuhl Klinische Psychologie/Psychotherapie
Postfach 60 15 53
14415 Potsdam

Priv.-Doz. Dr. med. Matthias Martin
Klinikum der Philipps-Universität Marburg
Klinik für Psychiatrie und Psychotherapie
des Kindes- und Jugendalters
Hans-Sachs-Straße 4–8
35039 Marburg

Prof. Dr. phil. Fritz Mattejat
Klinikum der Philipps-Universität Marburg
Klinik für Psychiatrie und Psychotherapie
des Kindes- und Jugendalters
Hans-Sachs-Straße 4–8
35039 Marburg

Dr. med. C. Mehler-Wex
Klinik für Kinder- und Jugendpsychiatrie
der Universität Würzburg
Füchsleinstraße 15
97080 Würzburg

Dipl.-Psych. Cordula Neuhaus
Alleenstraße 29
73730 Esslingen

Dr. Gerhard Niebergall
Klinikum der Philipps-Universität Marburg
Klinik für Psychiatrie und Psychotherapie
des Kindes- und Jugendalters
Hans-Sachs-Straße 4–8
35039 Marburg

Prof. Dr. phil. Rolf Oerter
Ludwig-Maximilians-Universität München
Institut für Pädagogische Psychologie
und Empirische Pädagogik
Leopoldstraße 13
80802 München

Prof. Dr. med. Mechthild Papoušek
Institut für Soziale Pädiatrie und Jugendmedizin
Universität München
Heiglhofstraße 63
81377 München

Dr. med. Martina Pitzer
Zentralinstitut für Seelische Gesundheit
Klinik für Psychiatrie und Psychotherapie
des Kindes- und Jugendalters
Postfach 12 21 20
68072 Mannheim

Prof. Dr. med. Dr. phil. Helmut Remschmidt
Klinikum der Philipps-Universität Marburg
Klinik für Psychiatrie und Psychotherapie
des Kindes- und Jugendalters
Hans-Sachs-Straße 4–8
35039 Marburg (Lahn)

Univ.-Prof. Dr. Peter Rossmann
Institut für Erziehungs- und Bildungswissenschaften
der Karl-Franzens-Universität Graz
Abteilung für Integrationspädagogik und
Heilpädagogische Psychologie
Merangasse 70
A-8010 Graz

Prof. Dr. med. Aribert Rothenberger
Georg-August-Universität Göttingen
Kinder- und Jugendpsychiatrie
Von-Siebold-Straße 5
37075 Göttingen

Dr. phil. Klaus Sarimski
Kinderzentrum München
Heiglhofstraße 63
81377 München

Dr. phil. Sylvia Schaller
Universität Mannheim
Otto-Selz-Institut für Psychologie
Schloss E0
68131 Mannheim

Prof. Dr. med. Dr. phil. Martin Heinrich Schmidt
Zentralinstitut für Seelische Gesundheit
Klinik für Psychiatrie und Psychotherapie
des Kindes- und Jugendalters
Postfach 12 21 20
68072 Mannheim

Prof. Dr. phil. Armin Schmidtke
Psychiatrische Klinik der Universität Würzburg
Füchsleinstraße 15
97080 Würzburg

Prof. Dr. med. Eberhard Schulz
Universitätsklinik für Psychiatrie und
Psychotherapie des Kindes- und Jugendalters
Hauptstraße 8
79104 Freiburg

Prof. Dr. med. Andreas Warnke
Klinik für Kinder- und Jugendpsychiatrie
der Universität Würzburg
Füchsleinstraße 15
97080 Würzburg

Dr. med. Christoph Wewetzer
Klinik für Kinder- und Jugendpsychiatrie
der Universität Würzburg
Füchsleinstraße 15
97080 Würzburg

Dipl.-Psych. Anne Wyschkon
Universität Potsdam
Institut für Psychologie
Lehrstuhl Klinische Psychologie/Psychotherapie
Postfach 60 15 53
14415 Potsdam

Geleitwort

Es ist mir eine besondere Freude, diesem Buch, dem mittlerweile 68. Band der Reihe „Klinische Psychologie und Psychiatrie“, ein Geleitwort voranzustellen. Ein solches Werk hat seit langem gefehlt. Denn der Klinischen Psychologie des Kindes- und Jugendalters mangelt es im deutschen Sprachraum an Lehrbüchern, besonders an solchen, die aus der klinischen Praxis kommen, gleichwohl aber auch eine klare wissenschaftliche Ausrichtung erkennen lassen. Um ein derartiges Buch handelt es sich hier. Die Autoren sind durchweg erfahrene Kliniker, die zugleich auch wissenschaftlich hervorragend ausgewiesen sind. Darüber hinaus ist in Gestalt der Autoren eine Integration zwischen klinischer Psychologie, Kinder- und Jugendpsychiatrie und anderen ärztlichen Fachgebieten gelungen, was auch ein besonderes Anliegen der „Reihe“ ist.

Die Konzeption, die Günter Esser mit diesem Buch realisiert hat, folgt einem systematischen Stoffaufbau, der mit Grundlagenkapiteln beginnt und sich über die klinische Diagnostik, die wichtigsten Störungsbilder, spezielle Probleme bis zu einer ausführlichen Abhandlung der therapeutischen Interventionen und forensischer Fragen konsequent fortsetzt. Damit ist eine weitgehend vollständige Darstellung des Stoffgebietes gefunden, die bislang in diesem Bereich gefehlt hat.

Jedem Kapitel ist eine Zusammenfassung vorangestellt, und die das Kapitel abschließenden Prüfungsfragen fordern zur Verständnis- und Wissensüberprüfung auf. Die durch und durch empirische Ausrichtung und das Fehlen eines klinikfernen theoretischen Überbaus machen das Buch nicht nur gut lesbar, sondern vermitteln dem Leser auch eine diagnostische und therapeutische Haltung, die den Patienten (das Kind oder den Jugendlichen) und seine Familie in den Mittelpunkt der Betrachtung stellt.

Das Buch wendet sich sowohl an Studierende der Psychologie und aller anderen Fachrichtungen, die sich mit Kindern und Jugendlichen beschäftigen, als auch an klinische Psychologen, Kinder- und Jugendpsychiater, Kinderärzte und andere Arztgruppen sowie an Angehörige pädagogischer Berufe, kurzum an alle, die mit problembeladenen oder psychisch gestörten Kindern und Jugendlichen zu tun haben.

Ich wünsche dem Buch viele Leser und weitere Auflagen.

Marburg, im September 2001

Helmut Remschmidt

Vorwort

Die Klinische Psychologie hat lange Zeit das Kindes- und Jugendalter vernachlässigt. Während noch in den 70er Jahren über die Hälfte aller Klinischen Psychologen mit Kindern und Jugendlichen arbeitete war dies zu Beginn der 90er Jahre nur noch ein verschwindend geringer Teil. So verwundert es nicht, dass das 1995 erstmals erschienene Lehrbuch der klinischen Kinderpsychologie von Petermann im deutschen Sprachraum das bislang einzige seiner Art geblieben ist. Die erfreuliche Tatsache, dass für das Vorliegen des Lehrbuchs bereits nach so kurzer Zeit eine zweite Auflage möglich wurde, unterstreicht, dass die Klinische Psychologie des Kindes- und Jugendalters viel zu bedeutend ist, um in einem einzigen Lehrbuch dargestellt zu werden.

Sie unterscheidet sich von der des Erwachsenenalters vor allem durch das Setting. Der Ansatz im Kindes- und Jugendalter ist stets systemisch auf die Familie bezogen und bezieht häufig noch weitere Systeme wie die Schule mit ein. Der diagnostische Ansatz ist nicht zuletzt deshalb multimethodal mit einem für das Erwachsenenalter ungewohnten Schwerpunkt in der Leistungsdiagnostik. Therapiemotivation und Compliance sind ebenfalls systembezogen und innerhalb des Systems durchaus unterschiedlich. Die genuine Verantwortung von Eltern und Therapeut für das Kind führt dazu, dass in viel stärkerem Maße Motivationsarbeit betrieben werden muss. Besondere Berücksichtigung erfordert die Entwicklung, die, ohne die Tatsache einer lebenslangen Entwicklung zu übersehen, im Kindesalter wesentlich dynamischer, dramatischer, chancen- und risikoreicher verläuft und nicht zuletzt einen stets aufs Neue altersangepassten Norm- und Auffälligkeitsbegriff nach sich zieht. Unter dem Einfluss des Entwicklungsgeschehens finden wir im Kindes- und Jugendalter ein wesentlich breiteres Spektrum psychischer Störungen, das von der Regulationsstörung im Säuglingsalter über Trennungsangst, Autismus, oppositionelles Verhalten, Enkopresis, hyperkinetische Störung, Essstörungen, Depression bis hin zu Suchterkrankungen reicht.

Das vorliegende Lehrbuch gliedert sich in 6 Teile, die zugleich die Konzeption und das Verständnis des Fachgebietes widerspiegeln. Als Grundlagen (Teil 1) werden Ergebnisse der Entwicklungspsychologie und Probleme der Klassifikation behandelt. Fünf Kapitel sind dem Thema klinische Diagnostik (Teil 2) gewidmet, insgesamt 20 Kapitel beschreiben die Fülle psychischer Störungen (Teil 3), die durch spezielle Probleme (wie Misshandlung, Missbrauch und chronische Krankheiten), die für sich noch keinen Störungswert besitzen, aber häufig zu psychischen Störungen führen (Teil 4), ergänzt werden. Acht Kapitel beschäftigen sich mit verschiedenen therapeutischen Ansätzen für psychische Störungen (Teil 5), forensische Fragen des Kindes- und Jugendalters, die ebenfalls einen wichtigen Bereich klinisch-psychologischer Tätigkeit darstellen, beschließen das Lehrbuch.

Das Buch wendet sich an Studenten der Psychologie und Pädagogik, an Pädiater, Ergotherapeuten und Krankengymnasten und an alle Kinder- und Jugendlichenpsychotherapeuten.

Die Entstehung dieses Lehrbuchs ist durch viele Helfer unterstützt worden. Ich bedanke mich bei allen Autoren, die die Konzeption bereitwillig akzeptiert und unterstützt haben, bei Frau Dipl.-Psych. Wyschkon und Frau Schneider für ihre Hilfe bei der Durchsicht und Korrektur der Manuskripte, den Mitarbeitern des Thieme-Verlags, Herrn Jeutter und Herrn Fleischmann, für die stets freundlichen Anregungen und meiner Frau Barbara für ihre Geduld und moralische Unterstützung.

Potsdam, im August 2003 Günter Esser

Inhaltsverzeichnis

I Grundlagen

1 Entwicklungspsychologische Grundlagen

R. Oerter

Eine klinische Psychologie des Kindes- und Jugendalters kann aus zwei Hauptbereichen entwicklungspsychologischen Wissens schöpfen. Zum einen bietet die allgemeine Entwicklungspsychologie Theorien und Befunde zum generellen Verlauf von Entwicklung an. Aus den Gesetzmäßigkeiten, die wir heute kennen, lassen sich erst Beurteilungskriterien für abweichendes Erleben und Verhalten aufstellen. Die zweite Quelle bildet die differenzielle Entwicklungspsychologie, die den Schwerpunkt auf die Unterschiede in der Entwicklung von verschiedenen Individuen legt. Dabei interessiert als Teilgebiet besonders die Entwicklungspsychopathologie, die heute ein eigenes Fach geworden ist. Wir wollen zunächst einige Gesetzmäßigkeiten und Befunde aus der allgemeinen Entwicklungspsychologie auf klinische Fragen anwenden und sodann (mit stärkerem Akzent) die Entwicklungspsychopathologie zu Wort kommen lassen.

Zur Nutzung von Konzepten der allgemeinen Entwicklungspsychologie

■ Entwicklungsnormen

Kliniker und Psychiater beziehen sich zuallererst bei der Nutzung entwicklungspsychologischen Wissens auf Entwicklungsnormen, denn von altersnormierten Daten lässt sich rasch und quantitativ fassbar eine Abweichung, eine „Anomalie" feststellen. Entwicklungsnormen haben trotz ihrer Relativierung nach wie vor ihre Bedeutung, insbesondere in der frühen Kindheit. Entwicklungstests für die ersten Lebensjahre, etwa die Neonatal Behavioral Assessment Scale, die Denver-Skalen, der Bailey-Test und nach wie vor der Bühler-Hetzer-Entwicklungstest erlauben eine recht umfassende Einschätzung des aktuellen Entwicklungsstandes. Auch für Störungen und Auffälligkeiten gibt es eine Reihe von Verfahren, von denen wohl die Behavior Checklist von Achenbach u. Edelbrock (1983) am meisten Verwendung findet.

Entwicklungsnormen sind aber nicht nur Testnormen der oben beschriebenen Art, sondern auch qualitative (kategoriale) Angaben über einen erreichten Entwicklungsstand. So lassen sich in den ersten beiden Lebensjahren eine Fülle von entwicklungstypischen Leistungen ausmachen, an denen der jeweilige Stand eines Kindes gemessen werden kann. Zu ihnen gehören:

- das Niveau (die „Stufe") des Greifens und der Objektpermanenz,
- das Niveau der Interaktion und Kommunikation (Papoušek 1994),
- das Spielniveau (z. B. Stufen des Symbolspiels und Rollenspiels (McCune-Nicolich u. Carroll 1981, Elkonin 1980),
- das Explorationsverhalten,
- das Niveau des Selbstkonzepts (z. B. Spiegelversuch im zweiten Lebensjahr, Bischof-Köhler 1989).

Als besonders nützlich erweist sich normorientierte Entwicklungsdiagnostik, wenn man nicht einen einmaligen Entwicklungsstatus, sondern lange Entwicklungsverläufe erhebt. So konnte Rauh (1992) zeigen, dass bei Down-Syndrom-Kindern sehr wohl vergleichbare Entwicklungsfortschritte in der erwarteten Richtung auftraten, das Entwicklungstempo jedoch um den Faktor 2 verlangsamt war.

Für die späteren Jahre liegt eine Fülle von altersnormierten Tests in verschiedensten Leistungsbereichen vor, die allerdings nur selten Entwicklungstests im eigentlichen Sinn des Wortes sind, da sie die strukturellen Veränderungen von Leistung und Performanz nicht erfassen. Beispiele für Entwicklungstests im engeren Sinne sind der Heidelberger Sprachentwicklungstest und die nach der Piaget-Theorie konzipierte Testbatterie von Winkelmann (1975).

Zwei wichtige Entwicklungskonzepte: Bindung und Identität

Das sich gegen Ende des ersten Lebensjahres aufbauende Bindungsverhalten scheint universell zu sein und den weiteren Lebenslauf stark zu beeinflussen (Grossmann 1995, Zimmermann 1995). Untersuchungen zeigen, dass unsicheres Bindungsverhalten spätere Sozialkompetenz beeinträchtigt (Sroufe et al. 1990) und die Stabilität der Identität gefährden kann. Bindungstypen scheinen sogar über Generationen hinweg übertragen zu werden (Steele u. Steele 1995). Bindung und Verbundenheit in ihren unterschiedlichen Ausprägungen und Entwicklungskarrieren sollten bei Fragen der Diagnose und Intervention im Kindes- und Jugendalter eine basale Dimension bilden. Das Bindungssystem nach den ersten beiden Lebensjahren lässt sich durch Beobachtungs- und Interviewverfahren (Main et al. 1985) oder durch Nutzung von Bildmaterial (Jacobsen et al. 1995) erfassen.

Die Identität als zentrale Entwicklungsaufgabe des Jugendalters hat viele Facetten, denen unterschiedliche Erfassungsmethoden entsprechen. Die vier Identitätsformen nach Marcia (1980) lassen sich nach wie vor nicht gut mit Fragebogen, sondern besser durch Marcias Interview erfassen. Higgins (1987) unterscheidet das reale (real), ideale (ideal) und Sollens-(Ought-) Selbst. Wicklund u. Gollwitzer (1982) stellen eine Theorie der symbolischen Selbstergänzung vor, die für die westlichen Gegenwartskulturen besonders bedeutsam ist, da sie viele materielle Gegenstände als mögliche Symbole der Selbstergänzung zur Verfügung stellen. Die Harter-Skalen erfassen als wichtige Komponente der Identität Kompetenzeinschätzungen der Kinder und Jugendlichen (Harter 1982). Worauf es bei der Nutzung des Identitätskonzeptes für klinische Fragestellungen ankommt, ist die Berücksichtigung des jeweiligen zugrunde liegenden theoretischen Ansatzes. Im Gegensatz dazu sind viele Erhebungsverfahren in Fragebogenform, die eher theorielos Items zusammenstellen, uninteressant.

Entwicklungsaufgaben und kritische Lebensereignisse

Für Diagnose und Intervention im Kindes- und Jugendalter erweist sich die Nutzung des Konzeptes der Entwicklungsaufgabe als hilfreich. Störung, Krankheit und Beeinträchtigung gehen fast immer mit Schwierigkeiten bei der Bearbeitung von Entwicklungsaufgaben einher. So konnte Seiffge-Krenke (1996) bei an Diabetes erkrankten Jugendlichen drei Gruppen unterscheiden:

- Jugendliche, die ein gutes Krankheitsmanagement zeigten, aber anstehende Entwicklungsaufgaben wenig adäquat bewältigten;
- Jugendliche, die umgekehrt erfolgreich bei der Bewältigung von Entwicklungsaufgaben waren, jedoch das Diabetes-Management vernachlässigten und
- Jugendliche, die in beiden Bereichen schlecht abschnitten.

Intervention muss sich am Status der jeweiligen Entwicklungsaufgaben orientieren. Die Effektstärke einer Intervention bemisst sich unter Entwicklungsperspektive auch und vor allem an diesem Kriterium.

Kritische Lebensereignisse sind oft der Auslöser für Beeinträchtigung und Krankheit, oder aber das Auftreten der Krankheit bzw. Verletzung bildet selbst das kritische Lebensereignis. Psychologische Intervention muss die schwierige Aufgabe leisten, die Bewältigung solcher Ereignisse, die oft sehr traumatisch sind, im Entwicklungskontext zu unterstützen. Hier sind unter anderem das Auftreten chronischer Krankheiten wie Diabetes mellitus, Unfälle mit Dauerfolgen (körperliche Beeinträchtigung), Tod eines Elternteils, Scheidung der Eltern und gravierende schulische Misserfolge zu nennen. Dehnt man den Aspekt der kritischen Ereignisse auf kritische Lebens- und Entwicklungssituationen aus, dann sind alle in den folgenden Kapiteln dargestellten Störungsbilder davon betroffen. Unter Entwicklungsperspektive kümmert sich Intervention daher immer um den Stellenwert der jeweiligen Störung im Gesamtrahmen von Entwicklung.

Stufen und Phasen

In einer Reihe von Bereichen existieren Befunde, die nach wie vor Entwicklung als Stufengang oder Ablauf von Phasen darzustellen gestatten. Entwicklungsorientierte Diagnose und Intervention kann in doppelter Hinsicht von Stufen- und Phasenmodellen der Entwicklungspsychologie profitieren. Zum einen kann die Erfassung des jeweiligen Niveaus als Ausgangspunkt für interventive Maßnahmen dienen, zum andern geben Stufen- und Phasenmodelle auch die Zielrichtung von Intervention vor. In allen Bereichen, in denen die Orientierung an Stufen sinnvoll erscheint, geht es in erster Linie um das Erreichen des nächsthöheren Niveaus. Für klinische Fragestellungen bietet sich vor allem die Nutzung der Stufen des Selbst nach Kegan (1986), Noam (1986) und Loevinger (1976) an. Während die ersten beiden Autoren eine Reihe von Befunden aus dem klinischen Sektor vorweisen können, ist Loevingers System vor allem testtheoretisch gut erprobt.

Die Stufen des Selbst sind sehr breit konzipiert und umfassen letztlich alle wichtigen Persönlichkeitsbereiche von Entwicklung. Oerter (1990, 1996) schlägt auf Grund kulturvergleichender Studien fünf Stufen des Menschenbildes vor, von denen für das Kindes- und Jugendalter vor allem die ersten drei bedeutsam sind. Menschenbilder werden dabei als naive Konzeptionen des Menschen und seiner Stellung in der Welt verstanden. Aber auch enger umgrenzte Konzepte, wie Perspektivenübernahme (Selman 1984), Freundschaftsverständnis (Youniss 1982) und Kohlbergs (1976) Stufen des moralischen Urteils können für klinische Diagnose und Therapie bedeutsam werden. Leider nutzt man dieses psychologische Wissen viel zu wenig, zumal wenn man zu sehr an dem jeweiligen Störungsbild hängt und die Entstehung der Störung nicht unter ganzheitlich-systemischer Perspektive betrachtet. Diesem Mangel begegnet die Entwicklungspsychopathologie.

Der Beitrag der Entwicklungspsychopathologie

Innerhalb der Entwicklungspsychologie hat sich in den letzten zwanzig Jahren das Gebiet der Entwicklungspsychopathologie herausgebildet, das durch grundlegende Artikel (Rutter u. Garmezy 1983, Sroufe u. Rutter 1984), durch Standardwerke (Cicchetti u. Cohen 1995, Rolf et al. 1990) sowie durch eine eigene Zeitschrift (Development and Psychopathology) eingeführt ist. Die Entwicklungspsychopathologie hat in den letzten beiden Jahrzehnten eine Fülle von Wissen über Entstehungsbedingungen von psychischen Erkrankungen, von Entwicklungsstörungen und von Fehlverhalten gesammelt.

Der Mensch als sich-selbst-organisierendes System

Welcher theoretische Rahmen lässt sich für eine klinische Psychologie des Kindes- und Jugendalters herstellen? Das Verständnis der Entwicklungspsychologie, insbesondere der Entwicklungspsychopathologie trifft sich mit demjenigen der klinischen Psychologie in der Auffassung, dass der Mensch ein sich selbst organisierendes System ist, das sich im günstigen Falle fortlaufend ausdifferenziert und die so entstehende Komplexität hierarchisch integriert. Dieses bereits von Heinz Werner (1959) formulierte Entwicklungsprinzip hat unter dem Aspekt des Systemgedankens vor allem in der Entwicklungspsychopathologie viele Anhänger gefunden, denn sowohl gesunde wie pathologische Entwicklung, die Genese von Störung wie die Genese von Heilung lassen sich am besten als Selbstorganisation von Systemen verstehen (ausführlicher s. hierzu Cicchetti u. Cohen 1995).

Die Sichtweise von der Ganzheitlichkeit des Systems Mensch lässt sich entwicklungspsychologisch heute auch empirisch gut begründen. So hat etwa von Hofsten (1993) bei der Analyse der Greifhandlung des Säuglings gefunden, dass von Anfang an der gesamte Organismus an der Greifbewegung beteiligt und nicht nur ein Subsystem, das sich zunehmend in seinen Leistungen verbessert, am Werk ist.

Die Selbstorganisation oder Autopoiesis (Maturana u. Varela 1980) eines Systems kann in Richtung auf Ordnung oder Chaos verlaufen. Mit fortschreitender Entwicklung ist eine Ordnung auf höherer Ebene wünschenswert, die – wie oben bereits definiert – in Richtung größerer Differenziertheit verläuft, aber zugleich hierarchisch integriert wird, sodass Subsysteme sich nicht verselbstständigen und aus dem Ruder laufen.

Störungen und pathologische Entwicklungen lassen sich oft als mangelnde Integration bei fortschreitender Differenzierung kennzeichnen. Eine zweite Möglichkeit der Ordnungsbildung für ein System liegt in der Beibehaltung der bisherigen Ordnung, was angesichts von fördernden und gefährdenden Entwicklungsbedingungen nur durch zusätzlichen Widerstand gegen Veränderung und weitere Festigungsbemühungen möglich ist. Erkauft wird dieser Weg durch eine Erstarrung des Systems, das dann nicht flexibel und angemessen auf Veränderungen der Umwelt reagieren kann.

Schließlich gibt es Ordnungsprozesse, die zwar kein höheres Organisationsniveau, aber dennoch eine Neuordnung des bisherigen Systems erreichen. Dies ist bei traumatischen Erfahrungen der Fall, wie bei Unfällen, Krankenhausaufenthalten, dem Verlust eines oder beider Elternteile. Dann kann das System sogar zu einfacherer Ordnung zurückkehren, m.a.W., das Kind regrediert. In solchen Fällen ist dies ein angemessener Copingmechanismus.

Die gegenläufige Tendenz eines Systems geht in Richtung Chaos. Teilsysteme, wie auch das Gesamtsystem Mensch, können sich auf Grund innerer oder äußerer Einflüsse in Richtung Unordnung und Chaos bewegen, was im Verhalten und Erleben als Desorganisation erfahren wird.

Die gleichen Überlegungen gelten für größere Systeme, wie Familie, Gemeinde oder das Verhältnis von Klient und Therapeut. Auch hier hat es sich als Vorteil erwiesen, systemisch zu denken und die Beziehungen mehrerer Personen zueinander als Ganzheit zu fassen, die systemische Eigenschaften aufweist (für die Familienpsychologie und -therapie s. Schneewind 2002, 1991, Minuchin 1985; für die klinische Psychologie s. Schiepek u. Strunk 1994). Die Verbindung größerer Systeme mit der individuellen Entwicklung wurde theoretisch wohl erstmals von Bronfenbrenner (1979) vorgenommen, der menschliche Entwicklung in verschachtelten Systemen beschreibt.

Auch bei größeren Systemen verläuft die Entwicklung in Richtung Ordnung oder Chaos. Im System Familie unterscheidet man Veränderungen erster Ordnung (Verfestigung des bisherigen Systems) und zweiter Ordnung (Umstrukturierung des Systems, s. Schneewind 2002).

■ Risiko- und Schutzfaktoren, Vulnerabilität und Resilienz

Die Analyse der Entwicklung von Systemen, seien es Einzelindividuen oder größere Einheiten, führt zwangsläufig zur Suche nach inneren und äußeren Faktoren, die stabilisierend oder destabilisierend wirken. Die Entwicklungspsychopathologie benennt als stabilisierende Faktoren Schutzfaktoren und Resilienz sowie als destabilisierende Bedingungen Risikofaktoren und Vulnerabilität. Diese Begriffe erweisen sich bei näherem Zusehen als methodisch nicht leicht handhabbar.

Risikofaktoren setzen sich aus sehr heterogenen Variablen zusammen. Zunächst subsumiert man unter Risikofaktoren distale Rahmenbedingungen wie Armut, Wohngebiet (z.B. ungünstige Stadtviertel) und Zugehörigkeit zu Randgruppen. Dann werden als Risikofaktoren Beziehungen und Eigenschaften von Bezugspersonen untersucht. Wichtige Untersuchungsfelder sind Aggression und Gewalt in Familien (McCloskey et al. 1995) sowie der Einfluss depressiver Mütter auf die Entwicklung der Kinder (Hammen 1991). Schließlich zählen zu den Risikofaktoren aber auch internale Bedingungen wie Temperament, biologische Faktoren, Lebensstil sowie Problemlöse- und Copingstrategien. Der Stellenwert solch unterschiedlicher Faktoren in der Wirkungskette auf das System ist sicherlich sehr verschieden.

Dennoch zeigt sich in jüngerer Zeit meist eine additive Wirkung von Risikofaktoren, obwohl ein Faktor (z.B. Armut) oft zwangsläufig andere Faktoren (Vernachlässigung, geringe Bildungschancen) nach sich zieht (Sameroff et al. 1993). Man hat daher die Annahme eines einfachen Wirkungszusammenhangs von Risikofaktor – Störung bzw. Krankheit längst aufgegeben. Rutter (1990) vermutet, dass Risiko- und Schutzfaktoren nicht Variablen sind, die per se pathologische Entwicklung bedingen, sondern dass sie Indikatoren für komplexere Prozesse und Mechanismen sind, die auf die Adaptivität Einfluss nehmen. Systemtheoretisch ist dies sehr plausibel, denn es kommt ganz darauf an, wie das System in der Lage ist, mit Risiko- und Schutzbedingungen umzugehen.

Vulnerabilität ist demgegenüber ein Begriff, der eindeutig am Individuum festzumachen ist.

Sie bezieht sich auf das Ausmaß der Wirksamkeit von Risikofaktoren. Je höher die Vulnerabilität, desto eher und stärker können Risikofaktoren ungünstig wirksam werden. Hat sich das System beispielsweise im Laufe der Entwicklung schon früher destabilisiert, dann ist seine Vulnerabilität höher, und vorhandene Risikofaktoren haben ein leichteres Spiel. Grob sollte man bei der Vulnerabilität zwischen biologischen und psychologischen Bedingungen des Individuums unterscheiden. Die biologischen Bedingungen sind in der körperlichen Gesundheit und in Temperamentsfaktoren verankert, während die psychologischen Bedingungen mit den bisherigen Entwicklungserfahrungen und mit aktiven Gestaltungsbemühungen um die eigene Entwicklung zu tun haben.

Das Gegenstück zu den Risikofaktoren, nämlich protektive Faktoren, lässt sich analog in distale Randbedingungen, proximale Beziehungseinflüsse und internale Schutzfaktoren aufschlüsseln. Auch hier scheint das Prinzip der Additivität für die Erklärung der Wirkung von Schutzfaktoren auszureichen (s. z.B. Rutter 1990). Unter systemtheoretischer Perspektive wirken Risiko- und Schutzfaktoren als Kontroll- und Ordnungsparameter (Kriz 1997).

Besonderes Interesse hat das Phänomen der Resilienz gefunden. In Längsschnittstudien zeigte sich das Phänomen, dass Kinder und Jugendliche trotz eines hohen Potenzials und des Vorhandenseins von Risikofaktoren eine günstige Entwicklung nahmen (Werner u. Smith 1982, Werner 1990). Man führte dies auf die „Widerstandsfähigkeit" der Betroffenen zurück und schrieb ihnen eine Art überdauernde Eigenschaft, eben die Resilienz, zu. Resilienz würde sich unter dieser Perspektive analog zur Vulnerabilität aus biologischen und psychologischen Bedingungen zusammensetzen. In letztere gehen ähnlich wie bei der Vulnerabilität Umweltbedingungen insofern massiv ein, als positive und stabilisierende frühere Erfahrungen die Ausbildung mentaler Widerstandskräfte begünstigen. Die Resilienzforschung bemüht sich daher um die Isolierung von Umweltfaktoren, die zum Phänomen der Resilienz beitragen. Werner (1990) und Werner u. Smith (1982) fanden in der Kauai-Studie als begünstigende Faktoren bei einer generell ungünstigen risikoreichen Umgebung das Vorhandensein von Großeltern, älteren Geschwistern, betreuenden Erwachsenen außerhalb der Familie, beliebten Lehrern, Priestern und Jugendarbeitern, engen Freunden; im frühen Erwachsenenalter die emotionale Unterstützung von Ehepartner bzw. -partnerin und durch Glaube und Gebet.

Damit freilich vermischt sich Resilienz mit Schutzfaktoren, eine Unklarheit, die wir auch beim Verhältnis von Vulnerabilität und Risikofaktoren finden. Es wäre wünschenswert, Vulnerabilität und Resilienz eindeutiger dem System selbst und seinen Prozessen zuzuschreiben. Die systemische Betrachtungsweise bewirkt andererseits diese Verwischung von Faktoren. Was zunächst als unabhängiger Schutz- bzw. Risikofaktor wirken mag, wird im Laufe selbstorganisierender Prozesse zu einem Teil des Systems, z.B. in Form von Erlebnisverarbeitung, Handlungskonstruktionen und vor allem als Veränderung des Selbstkonzeptes. Auf diese Weise werden Risiko- und Schutzfaktoren zu Bestandteilen von Vulnerabilität bzw. Resilienz. Der Wandel eines Systems verwandelt auch die jeweiligen Bedingungen, sodass unsere gewohnte Einteilung in unabhängige, abhängige und vermittelnde Variablen nicht mehr greift, es sei denn, man denkt sie als sich ständig verändernde Parameter. Für die Erfassung solcher Prozesse steht uns allerdings noch keine Methodik zur Verfügung.

■ Äquifinalität und Multifinalität

Das komplizierte Zusammenspiel von Bedingungsfaktoren und die systemischen Wirkungen lassen keine stringente Kausalkette als Erklärungsmodell für die Entstehung von pathologischen Phänomenen zu. Vielmehr können viele Bedingungen und viele Entwicklungswege zum gleichen Erscheinungsbild führen, ein Sachverhalt, den man als Äquifinalität bezeichnet (Cicchetti u. Cohen 1995). Analog dazu können ein und derselbe Entwicklungsweg bzw. die dabei auftretende Kombination von Bedingungen zu unterschiedlichen Krankheitsbildern oder Störungen führen, je nachdem, wie das System die Bedingungen verarbeitet. In diesem Fall spricht man von Multifinalität. Äquifinalität und Multifinalität sind in der differenziellen Entwicklungspsychologie seit langem als Erklärungsmodell gebräuchlich, auch wenn sie als Bezeichnungen nicht explizit auftauchen. Die

Entwicklungspsychopathologie bedient sich ihrer jedoch mehr oder minder systematisch.

Der Aspekt der Multi- und Äquifinalität hat für Diagnose und Intervention erhebliche Konsequenzen. Die kategoriale Klassifikation, wie man sie in der Psychiatrie und in den Diagnostikmanualen (DSM und ICD) verwendet und die auch diesem Buch zugrunde liegt, muss relativiert und ergänzt werden. Ein bestimmtes Störungsbild (Aggressivität, Depression, dissoziative Störungen) lässt sich zwar relativ gut klassifizieren, doch ist es nun eher als Oberflächensyndrom zu behandeln, hinter dem unterschiedliche Entstehungswege stehen und für das damit auch unterschiedliche Interventionswege angezeigt sind. Kategoriale Diagnose und Intervention müssen durch die dimensionale Betrachtungsweise und durch die Ermittlung von Entwicklungspfaden ergänzt werden (Cicchetti u. Cohen 1995). Somit wird aus Diagnose nun immer Entwicklungsdiagnose und aus Intervention entwicklungsorientierte Intervention. Dabei versteht sich Entwicklungsdiagnostik einerseits als Ermittlung eines aktuellen Entwicklungsstandes, insbesondere als Erfassung desorganisierter Systeme oder Teilsysteme, andererseits als Ermittlung der Entstehungsgeschichte des aktuellen Zustandes. Letztlich haben Kliniker schon immer versucht, die Genese von Störungen zu ermitteln, und die Psychoanalyse hat die Entwicklungsperspektive als Königsweg für das Verständnis von Störungen betrachtet. Insofern setzt die Entwicklungspsychopathologie vorhandene Traditionen fort und führt sie unter einem gemeinsamen Dach zusammen.

■ Die Perspektive des Konstruktivismus

Der Konstruktivismus wird in jüngster Zeit in verschiedensten psychologischen Disziplinen aufgegriffen und auf seine Brauchbarkeit hin geprüft. In der Pädagogischen Psychologie gibt er beispielsweise neue Impulse für das Verständnis und die Förderung von Lernprozessen (Gerstenmaier u. Mandl 1994). Für die Klinische Psychologie des Kindes- und Jugendalters kann er in der Hauptsache zweierlei leisten. Zum einen erklärt er die Prozesse des Systems Mensch bzw. der Subsysteme als Konstruktionsleistungen und versucht damit die Brücke zwischen bedingenden Variablen, wie etwa Risiko- und Schutzfaktoren, und dem Entwicklungsergebnis (outcome) zu schlagen. Es gibt sicherlich neben dem Konstruktivismus noch weitere Erklärungsmöglichkeiten, vor allem biologische und medizinische Entstehungsbedingungen. Für die Psychologie ist das entscheidende Feld jedoch die Untersuchung der Konstruktionsmechanismen und -ergebnisse.

Zum andern aber erlaubt der Konstruktivismus auch, Intervention selbst als Konstruktionsprozess zu beschreiben, sei es als individuelle Konstruktion des Klienten, sei es als gemeinsame Konstruktion (Kokonstruktion) von Klient und Therapeut, oder sei es als gemeinsame Konstruktion in therapeutischen und „natürlichen" Gruppen, wie etwa der Familie. Solche Konstruktionen beziehen sich gleichermaßen auf Handlungs-, Wissens- und Erlebnisstrukturen. Eine als Konstruktion verstandene Intervention ist immer entwicklungsorientiert, weil Konstruktionen aus der persönlichen biografischen Vergangenheit schöpfen und Zukunftsentwürfe ebenfalls auf die persönliche Biografie ausgerichtet sind.

Intervention unter Entwicklungsperspektive

Die Integration von Entwicklungspsychologie und klinischer Psychologie erbringt für die Intervention eine Akzentverschiebung in dreierlei Hinsicht: stärkere Betonung der Prävention, Erweiterung der Zielperspektive und Verlagerung von Intervention in ökologisch valide Settings.

■ Prävention

Die stärkere Betonung der Prävention ergibt sich aus dem Wissen der Entwicklungspsychopathologie und auch aus der allgemeinen Entwicklungspsychologie. Risikogruppen können heute rechtzeitig ausgemacht werden, sodass sich präventive Maßnahmen treffen lassen. Abgesehen von dem volkswirtschaftlichen Nutzen einer enormen Kostenersparnis bedeutet erfolgreiche Prävention die Vermeidung von leidvollen Entwicklungen, die das betroffene Individuum und die Bezugspersonen stark belasten. Wünschenswert wäre eine generelle psychologische Begleitung in der Kindheit und Jugend, analog zu den regelmäßigen medizinischen Untersuchungen. Frühe Auffälligkeiten könnten so rechtzeitig erkannt und korrigiert werden, so z.B. persistente Devianz (Moffitt 1993), massive Aggression (Loeber 1990), Legasthenie (Schneider 1989, Wimmer et al. 1991), Vernachlässigung (Esser 1994), sexueller Missbrauch (Engfer 2002), depressive Verstimmung (Eggers 1990) u.v.a.m.

■ Zukunftsperspektive

Die Ausweitung der Zukunftsperspektive ergibt sich bei der Frage nach den Interventionszielen. Nicht der unmittelbare Interventionserfolg ist das Hauptkriterium, sondern die längerfristige Auswirkung auf die Entwicklung. Ähnlich wie in der Jugendentwicklung kurzfristige Vorteile (Abbrechen der Schullaufbahn) durch langfristige Nachteile (Ausbleiben beruflichen Erfolgs) erkauft werden, mag ein momentaner Interventionserfolg langfristig eher Nachteile mit sich bringen. Die Erweiterung der Zeitperspektive hat auch Konsequenzen für die inhaltliche Zielformulierung. Ziele lassen sich als Entwicklungsaufgaben konzipieren und/oder als Niveaus, die allgemeinen entwicklungspsychologischen Gesetzmäßigkeiten gehorchen. Während man allgemein davon ausgehen kann, dass höhere Niveaus als Interventionsziel wünschenswert sind, ergibt sich für Sondersituationen – und klinische Fälle sind immer Sondersituationen – manchmal auch die Notwendigkeit, niedrigere Komplexitätsniveaus anzuzielen. Dies ist dann der Fall, wenn das System infolge zu hoher Komplexität desorganisiert wird und auf ein Chaos zusteuert. Einfachere Niveaus bedeuten Erleichterung bei der Herstellung von Ordnung und Adaptivität.

■ Ökologisch valide Settings

Die Verlagerung von Intervention in ökologisch valide Settings folgt aus dem heutigen entwicklungspsychologischen Wissen über die Bedeutung von Settings für Entwicklung. Immer dann, wenn Beeinträchtigung noch im Setting selbst aufgefangen werden kann, ist dies einer abgesonderten klinischen Behandlung vorzuziehen. Nur so kann der Interventionserfolg auch in der Umwelt sichergestellt werden, in der er nötig ist. Die Intervention „vor Ort" ist vor allem dann geboten, wenn präventive Maßnahmen möglich sind. Resch (1996) betont die Möglichkeit der Intervention im natürlichen Umfeld bei Kindern und Jugendlichen, die sich in einem Übergangsstadium zur Pathologie befinden. Dann nämlich besteht die Chance, die potenzielle pathologische Entwicklung abzuwenden. Diese Form der Intervention wird in der frühen Kindheit längst praktiziert. Sie richtet sich vor allem auf Behinderte und auf gesundheitliche Risikogruppen.

■ Evaluation

Entwicklungsdiagnose und -intervention verlangen veränderte Evaluationskriterien. Zunächst einmal wird die Evaluation von Interventionen bei Risikogruppen in der Kindheit und im Jugendalter stark vernachlässigt. Wir wissen schlicht nicht, welchen Erfolg frühkindliche Förderung von beeinträchtigten Kindern tatsächlich hat. Teure Gesundheits- und Förderungsprogramme werden in Deutschland nicht auf ihren Nutzen hin überprüft. Eine Wunschvorstellung wäre dabei die langfristige evaluative Begleitung von Kindern und Jugendlichen, insbesondere von Risikogruppen. Die bereits oben aufgestellte Forderung, parallel zu den pädiatrischen Untersuchen psychologische Untersuchungen durchzuführen, ergibt sich auch aus dieser Perspektive. Eine solche Forderung ist insofern nicht utopisch, als sie vom Kosten-Nutzen-Gesichtspunkt billiger sein dürfte als spätere Aufwendungen der Unterbringung in psychiatrischen Einrichtungen sowie bei der Bekämpfung des Drogenmissbrauchs und der Delinquenz im Jugendalter.

In die Frage der Evaluation, aber auch in die Entwicklungsdiagnostik und -intervention geht schließlich und endlich die Bestimmung von gesund und krank ein. Ab wann lässt sich ein Entwicklungsgang als pathologisch bezeichnen? Ist Fehlanpassung immer gleich Störung oder Krankheit? Kann sie nicht auch eine produktive Weiterentwicklung sein? Sind die Settings und Institutionen unserer Kultur so beschaffen, dass eine optimale Anpassung auch psychische Gesundheit bedeutet oder kann eine optimale Anpassung auch pathologische Züge tragen? Für die Identitätsentwicklung im Jugend- und frühen Erwachsenenalter stellt sich diese Frage bereits konkret, da man gehäuft Formen der diffusen Identität vorfindet (Kraus u. Mitzscherlich 1995, Maffesoli 1988, Elkind 1990). Die diffuse Identität ist systemtheoretisch gesehen kein wohlgeordneter Zustand und wird entwicklungspsychologisch entweder als Übergang oder als Fehlentwicklung angesehen (Erikson 1988). In der modernen Gesellschaft sind jedoch bestimmte Formen der diffusen Identität (etwa der „Surfer", der sich rasch und ohne tiefere Reflexion anpasst) adaptiv, weil sie sich am leichtesten den wirtschaftlichen und beruflichen Erfordernissen anpassen können. Dennoch würden wir diffuse Identitätsformen nicht als gesunde Entwicklung bezeichnen.

Zusammenfassung

Der Entwicklungsaspekt eröffnet für das Verständnis von Störungsbildern im Kindes- und Jugendalter innovative Perspektiven und regt zu neuen Möglichkeiten für Theorie und Praxis von Intervention an. Die frühe Erfassung von Risikogruppen ermöglicht rechtzeitige präventive Maßnahmen, Multifinalität und Äquifinalität der Genese von Störungen verlangen adaptive und flexible Intervention, und die Untrennbarkeit der Entwicklung vom jeweiligen Setting erfordert, dass Therapien, wenn irgend möglich, im Lebensraum der Kinder und Jugendlichen durchgeführt werden sollten. Schließlich bieten empirisch fundierte Entwicklungstheorien dem Therapeuten Entwicklungsziele an, die immer auch die Langzeitperspektive zukünftiger Entwicklung im Visier haben müssen.

Literatur

Achenbach TM u. Edelbrock CS. Manual for the child behavior checklist and revised child behavior profile. Burlington: University Vermont, Dep. Psychiatry; 1983.

Bronfenbrenner U. The ecology of human development. Cambridge: Harvard University Press; 1979.

Cicchetti D, Cohen DJ. Developmental Psychopathology. Volume 1: Theory and Methods. New York: Wiley u. Sons; 1995.

Eggers C. Ein neurobiologisch-psychosoziodynamisches Modell der Depression im Kindes und Jugendalter. In: Steinhausen HCh, Hrsg. Das Jugendalter. Bern: Huber; 1990.

Elkind D. Total verwirrt. Teenager in der Krise. Bergisch-Gladbach: Bastei-Lübbe; 1990.

Elkonin D. Psychologie des Spiels. Köln: Pahl-Rugenstein; 1980.

Engfer A. Kindesmisshandlung und Vernachlässigung. In: Oerter/Montada, Hrsg. Entwicklungspsychologie 5. Aufl. Weinheim: Psychologie Verlags Union; 2002;800-17.

Erikson EH. Jugend und Krise. Die Psychodynamik im sozialen Wandel (3. Aufl.). Stuttgart: Klett-Cotta. (Original erschienen 1968: Identity. Youth and Crisis); 1988.

Esser G. Ablehnung und Vernachlässigung im Säuglingsalter. In: Kürner P, Nafroth R, Hrsg. Die vergessenen Kinder. Vernachlässigung und Armut in Deutschland (Vol. 7280). Köln: Papy-Rossa; 1994.

Gerstenmaier J, Mandl H. Wissenserwerb unter konstruktivistischer Perspektive (Forschungsbericht Nr. 33). München: Ludwig-Maximilians-Universität, Lehrstuhl für Empirische Pädagogik und Pädagogische Psychologie; 1994.

Grossmann K. Kontinuität und Konsequenzen der frühen Bindungsqualität während des Vorschulalters. In: Spranger G, Zimmermann P, Hrsg. Die Bindungstheorie. Grundlagen, Forschung und Anwendung (191-202). Stuttgart: Klett-Cotta; 1995.

Hammen C. Depression runs in families: The social context of risk and resilience in children of depressed mothers. New York: Springer; 1991.

Harter S. The perceived competence scale for children. Child Dev. 1982:53,87-97.

Higgins ET. Selfdiscrepancy: A theory relating self and affect. Psychol Rev.1987:94,319-40.

Hofsten von C. Prospective control: A basic aspect of action development. Hum Dev. 1993:36,253-70.

Jacobsen T, Hofmann V, Edelstein W. The effects of children's representations of attachment on the course of development. In: Edelstein W, et al, eds. Developmental dynamics: The effects of internal and external constraints on development (Vol. No. 42/ES, 56-62). Berlin: Max-Planck-Institut für Bildungsforschung; 1995.

Kegan R. Die Entwicklungsstufen des Selbst. München: Kindt; 1986.

Kohlberg L. Moral stages and moralization. In: Lickona TE, ed. Moral development and behavior. Theory, research, and social issues. New York: Holt, Rinehart u. Winston; 1976.

Kraus W, Mitzscherlich B. Identitätsdiffusion als kulturelle Anpassungsleistung. Psychologie in Erziehung und Unterricht. 1995:42(1) 65-72.

Kriz, J. Systemtheorie. Eine Einführung für Psychotherapeuten, Psychologen und Mediziner. Wien: Facultas Universitätsverlag; 1997.

Loeber R. Development and risk factors of juvenile antisocial behavior and delinquency. Clin Psychol Rev. 1990:10,141.

Loevinger J. Ego development: Conceptions and theories. San Francisco: Jossey-Bass; 1976.

Maffesoli M. Le temps des tribus. Le déclin de l'individualisme dans les sociétés de masse. Paris: Meridiens Klincksieck; 1988.

Main M, Kaplan N, Cassidy J. Security in infancy, childhood, and adulthood: A move to the level of representation. Monographs of the Society for Research in Child Development. 1985:Serial No. 209, 66-104.

Marcia JE. Identity in adolescence. In: Adelson J, ed. Handbook of acolescent psychology. New York: Wiley; 1980.

Maturana H. u. Varela F. Autopoiesis and cognition. Boston: Reidel; 1980.

McCloskey LA, Figueredo AJ, Koss MP. The effects of systemic family violence on children's mental health. Child Dev. 1995:66,5,1239-61.

McCune, Nicolich L, Carroll S. Development of symbolic play. Implications for the language specialist. Topics in Language Disorders, 1981:115.

Minuchin P. Families and individual development. Provocations from the field of family therapy. Child Dev. 1985:56,289-302.

Moffitt TE. Taxonomy of antisocial behavior. Psychol Rev. 1993:100,674-701.

Noam G. Stufe, Phase und Stil: Die Entwicklungsdynamik des Selbst. In: Oser F, Fatke R, Höffe O, Hrsg. Transformation und Entwicklung. Frankfurt: Suhrkamp; 1986.

Oerter R. Die Zone nächster Entwicklung - neu besehen. In: Lompscher J, Hrsg. Entwicklung und Lernen aus kulturhistorischer Sicht. Marburg: BdWi-Verlag; 1996.

Oerter R. Subjects' implicit anthropology - A determinant of mental und physical health. In: Hurrelmann K, Lösel F, eds. Health hazards in adolescence. Berlin, New York: Walter de Gruyter; 1990.

Papoušek M. Vom ersten Schrei zum ersten Wort. Bern: Huber;1994.

Rauh H. Entwicklungsverläufe bei Kleinkindern mit Down-Syndrom. In: Dudenhausen JW, Hrsg. Down-Syndrom: Früherkennung und therapeutische Hilfen. Frankfurt: Umwelt u. Medizin Verlagsgesellschaft; 1992.

Resch F. Entwicklungspsychopathologie des Kindes- und Jugendalters. Ein Lehrbuch. Weinheim: Psychologie Verlags Union; 1996.

Rolf J, Masten A, Cicchetti D, Nuechterlein K, Weintraub S, eds. Risk and protective factors in the development of psychopathology. New York: Cambridge University Press; 1990.

Rutter M, Garmezy N. Developmental Psychopathology. In: Mussen PH, ed. Handbook of Child Development (Vol. IV, 775-912). New York: Wiley; 1983.

Rutter M. Prosocial resilience and protective mechanisms. In: Rolf J, Masten AS, Cicchetti D, Nuechterlein KH, Weinraub S, eds. Risk and protective factors in the development of psychopathology. New York: Cambridge University Press.1990.

Sameroff AJ, Seifer R, Baldwin A, Baldwin C. Stability of intelligence from preschool to adolescence: The influence of social and family risk factors. Child Dev. 1993:64,80-97.

Schiepek G, Strunk G. Dynamische Systeme. Heidelberg: Asanger; 1994.

Schneewind KA. Familienentwicklung. In: Oerter/Montada, Hrsg. Entwicklungspsychologie 5. Aufl. Weinheim: Psychologie Verlags Union, 2002;105-28.

Schneider W. Zur frühen Vorhersage von Leseleistungen. Z Päd Psychologie. 1989;3:157-68.

Seiffge-Krenke I. Chronisch kranke Jugendliche und ihre Familien: Belastung, Bewältigung und psychosoziale Folgen. Stuttgart: Kohlhammer; 1996.

Selman RL. Die Entwicklung des sozialen Verstehens. Entwicklungspsychologische und klinische Untersuchungen. Frankfurt: Suhrkamp; 1984.

Sroufe A, Egeland B, Kreutzer T. The fate of early experience following developmental change: Longitudinal approaches to individual adaptation in childhood. Child Dev. 1990;61:1363-73.

Sroufe LA, Rutter M. The domain of developmental psychopatholoy. Child Dev. 1984;55:17-29.

Steele M, Steele H. Intergenerationale Tradierung von Bindung, mütterliche Responsivität und Fremdbetreuung: Eine ideographische Illustration. In: Spranger G, Zimmermann P, Hrsg. Die Bindungstheorie. Grundlagen, Forschung und Anwendung. Stuttgart: Klett-Cotta; 1995.

Werner EE, Smith RS. Vulnerable, but invincible: A longitudinal study of resilient children and youth. New York: McGraw-Hill; 1982.

Werner EE. Antecedents and consequences of deviant behavior.In: Hurrelmann K, Lösel F, eds. Health hazard in adolescence. Berlin: Walter de Gruyter; 1990.

Werner H. Einführung in die Entwicklungspsychologie. München: Barth; 1959.

Wicklund RA, Gollwitzer PM. Symbolic Self Completion. Hillsdale: Erlbaum; 1982.

Wimmer H, Zwicker T, Gugg D. Schwierigkeiten beim Lesen und Schreiben in den ersten Schuljahren. Befund zur Persistenz und Verursachung. Z Entwicklungspsych. Päd Psychologie. 1991;23:4,280-98.

Winkelmann W. TEKO. Testbatterie zur Erfassung kognitiver Operationen. Braunschweig: Westermann; 1975.

Youniss J. Die Entwicklung und Funktion von Freundschaftsbeziehungen. In: Edelstein W, Keller M, Hrsg. Perspektivität und Interpretation. Frankfurt: Suhrkamp; 1982.

Zimmermann P. Bindungsentwicklung von der frühen Kindheit bis zum Jugendalter und ihre Bedeutung für den Umgang mit Freundschaftsbeziehungen. In: Spranger G, Zimmermann P, Hrsg. Die Bindungstheorie. Grundlagen, Forschung und Anwendung. Stuttgart: Klett-Cotta; 1995.

Prüfungsfragen

1. Was ist eine Entwicklungsnorm?
2. Nennen Sie 2 Verfahren zur Erfassung des Bindungsverhaltens nach der frühen Kindheit!
3. Nennen Sie 2 Verfahren zur Erfassung der Identität (des Selbstkonzeptes)!
4. Der Mensch als emergentes System: Nennen Sie 2 Möglichkeiten der Ordnungsbildung!
5. Welche Bedeutung haben Entwicklungsaufgaben für Diagnose und Intervention?
6. Inwiefern können Entwicklungsstufen bei der Intervention und Therapie hilfreich sein?
7. Es gibt unterschiedliche Klassen oder Arten von Risikofaktoren. Nennen Sie die wichtigsten!
8. Was versteht man unter Vulnerabilität?
9. Was versteht man unter Resilienz?
10. Stellen sie die Begriffe Äquifinalität und Multifinalität einander gegenüber!
11. Die Nutzung der entwicklungspsychologischen Perspektive hat Konsequenzen für die Intervention und Therapie. Stellen sie diese
    a) für die Prävention,
    b) für die Intervention dar!

2 Probleme der diagnostischen Klassifikation im Kindes- und Jugendalter

M. H. Schmidt

Zur derzeitigen Situation

Die Argumente, die diagnostische Klassifikation von Störungen etikettiere Patienten, bedeute in jedem Falle Informationsverlust gegenüber der Vielfalt der psychopathologischen Phänomene und bestärke die Vorstellung von der Wirklichkeit künstlich geschaffener psychiatrischer Syndrome, die die Diskussion in den 60er- und 70er-Jahren beherrschten, sind heute weitgehend überwunden.

Seit Ende der 70er-Jahre hat die Klassifikation die klinische wie die wissenschaftliche Tätigkeit in der Kinder- und Jugendpsychiatrie nachhaltig positiv beeinflusst. Dabei wirkten mehrere Entwicklungen günstig zusammen: Der Schritt von ICD-8 nach ICD-9 brachte eine wesentliche Differenzierung auch kinder- und jugendpsychiatrischer Störungsbilder mit sich. Die von Rutter et al. 1969 erstmals vorgeschlagene multiaxiale Klassifikation war mit dem 5-axialen Schema im Wesentlichen anwendungsreif. Beide Schemata – ICD 9 und die 5-axiale Klassifikation – wurden frühzeitig in deutschen Versionen publiziert (Remschmidt u. Schmidt 1977).

Parallel verlief die Ausarbeitung des DSM-III über DSM-III-R und DSM-IV und DSM-IV-TR (deutsche Version Saß et al. 2003) mittels zahlreicher Studien zur Abgrenzbarkeit und prädiktiven Validität diagnostischer Kriterien kinder- und jugendpsychiatrischer Störungen. Parallel dazu erfolgte die Weiterentwicklung von ICD-9 zu ICD-10 (Schmidt 1987, Schmidt u. Moll 1992) und die Erweiterung des 5-axialen zu einem 6-axialen Schema. Wesentliche Bedürfnisse der Klassifikation in der Kinder- und Jugendpsychiatrie waren damit gelöst, wenngleich die Klassifikation abnormer psychosozialer Umstände weiterhin Fragen offen lässt und die Differenzen über die Vorteile multipler Diagnosen gegenüber kombinierten Diagnosen, die ja auch DSM-IV und ICD-10 weiterhin trennen, nicht entschieden sind. Das hängt mit der Diskussion um unterscheidbare Formen von Komorbidität zusammen (Caron u. Rutter 1991).

Zumindest für klinische Belange und therapeutische Fragestellungen wird der Psychologe, der Kinder und Jugendliche untersucht und behandelt, dieses Schema übernehmen; ob er sich den gegenwärtig diskutierten Weiterungen im Hinblick auf Coping und Abwehrmechanismus anschließt, sei dahingestellt (Schulte-Markwort et al. 1998). Die Frage, ob Erweiterungen in den Bereich der Normvarianten hinein sinnvoll sind, d.h., ob solche Varianten hinreichend distinkt beschrieben werden können, kann hier außer Acht bleiben.

Dimensionale Diagnostik mag dem klinischen Psychologen aufgrund seiner Ausbildung näher liegen als dem eher nach kategorialer Zuordnung suchenden Psychiater, jedoch ist leicht erkennbar, dass das eine Vorgehen mehr wissenschaftlichen und das andere mehr klinisch-praktischen Erfordernissen nahe kommt. Selbst den genannten klinischen Fächern nahe stehende soziale Berufe müssen in Ermangelung anderer Systeme häufig auf Klassifikationen aus dem klinischen Bereich zurückgreifen, eben weil die Problemkonstellationen, mit denen sie befasst sind, ähnlich sind wie die, mit denen sich Kinder- und Jugendpsychiater oder klinische Psychologen beschäftigen; auch weil damit die Verständigung über klinische Sachverhalte erleichtert wird (Harnach-Beck 1995). Zu dem wesentlichen Ziel, Verständigung zu erleichtern, hat die multiaxiale Klassifikation für psychische Störungen bei Kindern und Jugendlichen fraglos beigetragen (primäres Ziel einer solchen Klassifikation ist aber kein kommunikatives, sondern ist die Abgrenzung von Störungsbildern gegeneinander). Anders ist ihre weitgehende Einführung im deutschen Sprachraum nicht erklärbar.

Die Verständigung bezieht sich dabei auf das System gegeneinander abgrenzbarer Störungsbilder und deren diagnostischen Kriterien. Sie bezieht sich ausdrücklich nicht auf die Entstehung von Störungen, unterstellt aber spezifische Verläufe und hofft auf spezifische therapeutische Möglichkeiten für die beschriebenen Krankheitsklassen. In dieser prognostischen Nutzbarkeit liegt letztlich sein klinischer Wert.

Ziele von Klassifikation und ihre Konsequenzen

Störungen oder Problemsituationen von Kindern und Jugendlichen zu erfassen, ist das Ziel von Klassifikationssystemen. Sie sollen klinisches Vorgehen und wissenschaftliche Verständigung und auch die Kommunikation zwischen diesen beiden Anwendungsbereichen erleichtern. Durch Klassifikation wird die Vielzahl klinischer Bilder auf eine überschaubare Menge typischer Symptomkonstellationen reduziert. **Kriterien** solcher Symptomkonstellationen sind durch ihre Zusammensetzung, ihre Entstehung – wenigstens aber ihre Vorgeschichte – ihren voraussehbaren Verlauf und ihre Behandelbarkeit, d.h. ihre Beeinflussbarkeit durch bestimmte therapeutische Vorgehensweisen, charakterisiert.

Notwendig ist dazu eine Klassifikation, die mehr auf Fakten als auf Konzepten beruht, wenngleich konzeptuelle Vorstellungen auch aus den heute gängigen, empirisch begründeten Klassifikationssystemen nicht völlig wegzudenken sind. Wesentliches Hintergrundkonzept heutiger Klassifikationssysteme ist aber, dass man aus gegenwärtigem Verhalten auf künftiges schließen kann. Das gilt nicht nur für die zeitliche Dauer einer Erkrankung, sondern auch für Wandlungen einer Störung im zeitlich weiträumigeren Verlauf der Entwicklung eines Kindes oder Jugendlichen. Klassifikation muss also den **Entwicklungsaspekt** berücksichtigen (Graham u. Skuse 1992). Diese Forderung erfüllt beispielsweise ICD-10 noch längst nicht vollständig; eklatantes Beispiel dafür ist, dass die in der Adoleszenz beginnenden Essstörungen nicht in die typischen Erkrankungen des Kindes- und Jugendalters eingeordnet wurden.

Dass Klassifikationssysteme zur Erfüllung dieses Ziels **reliabel** sein müssen, versteht sich von selbst, ebenso, dass sie – ähnlich wie andere Beurteilungsverfahren – **objektiv** zu sein haben. Beide Merkmale steigen mit operationalen Definitionen, die in der Regel in Glossaren mitgeteilt werden. Die dort häufig vorgenommenen multiplen Qualifizierungen im Sinne polythetischer Konstrukte können allerdings Reliabilität auch beschränken. Bei der Diagnose von Persönlichkeitsstörungen, gemäß ICD-10 (s.u.) wird beispielsweise in der Regel das Zutreffen von 3 aus 7 Kriterien verlangt, sodass 2 Patienten mit der gleichen Persönlichkeitsstörung 2 verschiedene, sich also nicht überschneidende Symptomstrukturen aufweisen können. Zur Reliabilität trägt bei, dass nach den gleichen, leicht beschaffbaren Informationen gesucht wird. Klassifikationssysteme müssen in diesem Sinne also auch **ökonomisch** sein.

Reliable Diagnosenklassen sind umso eher zu erreichen, je vollständiger das Feld der psychischen Störungen durch sie beschrieben wird. Dabei sollen Klassen von ähnlichem Differenzierungsgrad gebildet werden, die sich möglichst gegenseitig ausschließen. Das erfordert **logisch konsistente** Systeme.

In ihrer Feldstudie zur Übereinstimmungsreliabilität von ICD-10-Diagnosen erzielten Blanz u. Schmidt (1994) für 4-stellig codierte psychiatrische Diagnosen eine Übereinstimmung mit einer vorgegebenen Standarddiagnose von 50,3%, für 3-stellig codierte eine von 60,6%; die Hinzunahme von Alternativdiagnosen erhöhte die Übereinstimmungsraten auf 57,9 bzw. 68,4%. Bei Orientierung an der von den meisten Ratern gewählten Diagnose (unabhängig von deren Zutreffen) wurden Übereinstimmungen von 60% für 4-stellig codierte und 71% für 3-stellig codierte ICD-10-Diagnosen erreicht. Das zeigt, dass die Rater ähnliche Entscheidungskriterien verwendeten und dass die Ausdifferenzierung der Diagnose in der Regel mit differenzierteren Vorgaben mehr Einordnungsschwierigkeiten bringt. Maximale Übereinstimmung war bei monosymptomatischen Störungen zu erzielen, wie z.B. dem elektiven Mutismus oder Ticstörungen. Schlechtere Übereinstimmungen wurden beispielsweise für Somatisierungsstörungen oder depressive Störungen erzielt, also für Diagnosenkategorien, die für das Kindes- und Jugendalter nicht ausreichend spezifisch beschrieben sind, sodass die logische Konsistenz des Beurteilungssystems reduziert wird. Auch die Klassifikation psychischer Störungen bei Erwachsenen steht vor solchen Problemen, weil es Überlappungen zwischen unterschiedlichen psychischen Störungen ebenso gibt wie Übergänge zwischen Verhaltensweisen, die als psychische Störung oder als unauffällig eingeordnet werden. Außerdem ist das Symptomspektrum innerhalb einzelner Störungsklassen nicht uniform, sondern kann, wie unter dem Aspekt der Objektivität erörtert, recht heterogen sein.

Die bisher genannten Konsequenzen aus den Zielen von Klassifikationen sind Voraussetzung für die **Validität** diagnostischer Klassen. Während dimensionale Klassifikationssysteme (s. u.) dabei auf die so genannte Konstruktvalidität zurückgreifen, indem sie angemessene statistische Kennwerte für empirisch abgeleitete Diagnosenklassen fordern, stützt sich der mit kategorialen Diagnosen arbeitende Kliniker für die Gültigkeit seiner Diagnosenklassen optimalerweise auf die prädiktive Validität, also auf die Voraussagekraft der gewählten Diagnose für den Verlauf einer beschriebenen Störung. Beispielsweise erhöht die Unterscheidung zwischen dissozialen Störungen mit und ohne soziale Bindungen (ICD-10, F 91.2 bzw. 91.1; Moffitt 1993) ebenso die Voraussagegenauigkeit für den Verlauf wie die Unterscheidung zwischen hyperkinetischen Störungen mit und ohne Störung des Sozialverhaltens (ICD-10, F 90.1 bzw. F 90.0; Mandel 1997).

Wie erwähnt, sind die heute gängigen Klassifikationssysteme für psychische Störungen bei Kindern und Jugendlichen **mehrdimensional**, das trifft auch auf Klassifikationssysteme für Störungen Erwachsener zu. Sinn multiaxialer Klassifikationssysteme ist die möglichst vollständige Beschreibung des Störungsbildes einer Person mittels unterschiedlicher Beschreibungsdimensionen, sodass sich komplexe Begriffe, die etwa Art, Herleitung und Schweregrad einer Störung miteinander verbinden, erübrigen (z. B. die Diagnose einer „leichten erlebnisreaktiven Depression nach Trennung der Eltern"). Allein der Versuch einer ätiologischen Zuordnung kann bei einem solchen Vorgehen sowohl zufällig nebeneinander festgestellte als auch kausal miteinander verbundene Sachverhalte erfassen. Über Bedingungszusammenhänge ist aber in der Regel wenig bekannt, sodass die multiaxiale Klassifikation eine Voraussetzung dafür ist, solche Zusammenhänge untersuchbar zu machen, indem etwa die Assoziationen zwischen bestimmten Störungbildern und Umfeldfaktoren eines Kindes oder Jugendlichen geprüft werden. Es wird davon ausgegangen, dass die gewählten Dimensionen oder Achsen für ein Klassifikationssystem alle klinisch relevanten Informationen bereitstellen und so eine ausreichend erschöpfende Beschreibung des Zustandsbildes ermöglichen.

Derzeit benutzte multiaxiale kategoriale Klassifikationssysteme

Der Internationalen Klassifikation psychischer Störungen in ihrer 10. Revision (ICD-10) der WHO (Dilling et al. 1993) folgt das multiaxiale Klassifikationsschema für psychische Störungen des Kindes- und Jugendalters in der 1994 herausgegebenen 3. revidierten Auflage (Remschmidt et al. 2001). Zur Beschreibung eines Störungsbildes gibt das Schema 6 Achsen vor:

- Achse 1: Klinisch psychiatrisches Syndrom
- Achse 2: Umschriebene Entwicklungsstörung
- Achse 3: Intelligenzniveau
- Achse 4: Körperliche Symptomatik
- Achse 5: Assoziierte aktuelle abnorme psychosoziale Umstände
- Achse 6: Globalbeurteilung der psychosozialen Anpassung

Die in der 1. Achse enthaltenen Diagnosen entsprechen der mit dem Buchstaben F gekennzeichneten Sektion V des ICD-Schlüssels, ausgenommen Teile des Abschnitts F8 und den Abschnitt F7. Aus dem Abschnitt F8 werden die spezifischen Entwicklungsstörungen (umschriebene Entwicklungsstörungen gemäß F80 bis F83) der 2. Achse zugeordnet; die tiefgreifenden Entwicklungsstörungen gemäß F84 wurden demgegenüber den psychiatrischen Syndromen zugeordnet, weil sie das gesamte Verhalten beeinflussende Entwicklungsstörungen darstellen. Die Codierungen für Intelligenzminderungen finden sich – erweitert um Klassifikationen für durchschnittliche und höhere Intelligenz – auf der 3. Achse. Auf der 4. Achse wird die gegebenenfalls vorliegende körperliche Symptomatik gemäß den Kategorien anderer Sektionen der

ICD-10 klassifiziert, die zum Zeitpunkt der psychiatrischen Störung vorhanden sind. Auf die Klassifikation überstandener Störungen wird also ebenso verzichtet wie auf die Beschreibung vorübergegangener psychischer Störungen auf der ersten Achse. Für die Klassifikation ist, wie auf den Achsen 2 und 3, unerheblich, ob die vorhandenen somatischen Störungen mit der psychischen Störung als zusammenhängend angesehen werden oder nicht. Auf der 5. Achse werden aktuelle – d.h. nicht länger als ein halbes Jahr zurückliegende – abnorme psychosoziale Umstände, also nicht sämtliche psychosozialen Umstände klassifiziert. Verzichtet wird also auf frühere Belastungen. Auch hier ist für die Klassifikation der Zusammenhang mit der psychiatrischen Störung unerheblich. Die Reliabilität dieser Klassifikationen hat ähnliche Probleme wie die der 1. Achse, die u.a. damit zusammenhängen, dass hier polythetische Konstrukte verwendet werden. Die auf der 6. Achse vorgenommene Globalbeurteilung der psychosozialen Anpassung bezieht sich auf den Funktionszustand des Patienten zum Zeitpunkt der klinischen Untersuchung. Die Einschätzung soll das Funktionsniveau bezüglich der Beziehung zu Familienangehörigen, Gleichaltrigen und Erwachsenen außerhalb der Familie, die Bewältigung sozialer Situationen, vor allem lebenspraktische Fertigkeiten, die Anpassung in Schule und Beruf sowie bei den Interessen und Freizeitaktivitäten umfassen. Sie soll sich dabei auf den durch die Störung in den letzten 3 Monaten erzeugten Zustand beziehen, bei akuten Störungen auch auf die letzten Tage oder Wochen vor der Untersuchung.

Erstmals 1997 hat die WHO eine multiaxiale Klassifikation für den Gebrauch bei psychischen Störungen Erwachsener vorgelegt (WHO 1997). Dieses System umfasst 3 Achsen:

- Achse 1: Die klinische Diagnose
- Achse 2: Beeinträchtigung
- Achse 3: Kontextfaktoren

Wie das multiaxiale System für Kinder und Jugendliche ist auch dieses System in Feldversuchen geprüft worden. Beurteilungen über die Interraterübereinstimmungen werden gemacht. Die Diagnosen der psychiatrischen Syndrome auf Achse 1 richten sich nach den ICD-Ziffern des F-Kapitels der ICD-10, auf der gleichen Achse werden parallel vorhandene körperliche Erkrankungen und Symptome gemäß den Kapiteln A bis E und G bis Y klassifiziert. Grundsätzlich sind dabei in ICD-10 mehrere Diagnosen nebeneinander möglich. Die Hauptdiagnose wird den anderen vorangestellt. Die Auswahl weiterer psychiatrischer Diagnosen erfolgt hierarchisch dergestalt, dass die im F-Kapitel zuerst aufgeführten Diagnosen etwa eine psychische Störung bei einer hirnorganischen Erkrankung oder bei Substanzmissbrauch (F0 bzw. F1) vor affektiven Störungen (F3), und diese wiederum vor Persönlichkeitsstörungen (F6) genannt werden. Die Klassifikation auf der 2. Achse folgt der ICIDH (International Classification of Impairments, Disabilities, and Handicaps; WHO 1980). Sie beschreibt Beeinträchtigung oder Verlustfunktion bzw. Behinderungen, die die Erfüllung alterstypischer Rollenerwartung nicht zulassen. Das geschieht für die Besorgung persönlicher Angelegenheiten, wie Beschäftigung, Beziehung in Familie oder Haushalt und Funktionen in einem breiteren sozialen Kontext.

Da sowohl ICD-10 als auch DSM-IV (s.u.) wenig differenzierte Diagnosen für junge Kinder mitteilen, hat das National Center for Clinical Infant Programs die „Zero-to-three"-Klassifikation für die Störungen 0- bis 3-Jähriger entwickelt. Für die Klassifikation solcher Störungen sind 5 Achsen vorgesehen:

- Achse 1: Die Primärdiagnose (psychische Störung)
- Achse 2: Vorhandensein bzw. Art der Beziehungsstörung
- Achse 3: Körperliche und Entwicklungsstörungen bzw. -bedingungen
- Achse 4: Psychosoziale Stressoren
- Achse 5: Funktionsniveau der emotionalen Entwicklung

Die primären Diagnosen beschreiben psychische Störungen wie Affektstörungen, Angststörungen, Geschlechtsidentitätsstörung usw. In ihrer Operationalisierung entsprechen diese den psychiatrischen Syndromen der o.g. Systeme. Die 2. Achse beschreibt die Beziehungsqualität, ausgehend von der Vorstellung, dass die Beziehungen des jungen Kindes nicht nur Persönlichkeitsstrukturen und Abwehrmechanismen, sondern auch seine Erwartungen an andere bestimmen.

Störungen junger Kinder existieren vorzugsweise im Kontext von Beziehungen, und in diesem Kontext gewinnen sie ihre Bedeutung, auf diesen Kontext bezieht sich häufig auch die Behandlung. Das Ausmaß der Intaktheit oder Störung von Beziehungen (Klassifikation auf Achse 2) ergibt sich aus der Anwendung der Parent-Infant-Relationship-Global-Assessment-Scale, die analog der Achse 6 des o.g. multiaxialen Klassifikationsschemas für Kinder und Jugendliche aufgebaut ist. Hinzu tritt aber eine qualitative Charakterisierung der Beziehung als besonders eng oder locker, ängstlich-gespannt oder ärgerlich-feindselig, gemischt oder missbrauchend. Achse 3 umfasst nicht nur körperliche Störungen oder Entwicklungsrückstände, sondern auch jenseits der Klassifikationssysteme für 0- bis 3-Jährige definierte psychiatrische Diagnosen. Auf Achse 4 werden psychosoziale Stressoren codiert, die entweder als vorwiegend akut oder vorwiegend überdauernd beschrieben werden. Sie sind aus einer Liste von 24 Beispielen auszuwählen bzw. zusätzlich zu benennen. Die 5. Achse schließlich soll die Art beschreiben, in der ein Kleinkind seine Erfahrungen organisiert und in seiner Funktionsweise ausdrückt. Hier werden alters- bzw. entwicklungsbezogene Kategorien vorgegeben, beispielsweise das vor allem zwischen dem Alter von 3 und 6 Monaten beobachtbare gegenseitige Engagement oder die Fähigkeit, komplexer „Als-ob-Spiele" und symbolische Kommunikation durchzuführen, die im Alter von mehr als 42 Monaten erwartet wird. Die so angedeuteten Entwicklungsniveaus werden auf einer 5-stufigen Skala bezüglich ihrer Erreichung codiert.

ICD-10 legt zusätzlich zu den klinisch diagnostischen Leitlinien eine gesonderte Formulierung von Forschungskriterien zum Kapitel F, also zu den auf Achse 1 codierten psychischen Störungen vor, die engere Operationalisierungen als die klinischen Leitlinien enthalten, um möglichst enge und gleichartige Beschreibungen von Krankheitsbildern, die im Rahmen von Forschungsprojekten definiert werden, zu gewährleisten (Dilling et al. 1994).

Das diagnostische und statistische Manual der Amerikanischen Gesellschaft für Psychiatrie sieht für Kinder wie Erwachsene ein 5-axiales Schema vor:

- Achse 1: Klinische Syndrome und V-Codierungen
- Achse 2: Entwicklungs- und Persönlichkeitsstörung
- Achse 3: Körperliche Störung und Zustände
- Achse 4: Schweregrad psychosozialer Belastungsfaktoren
- Achse 5: Globale Beurteilung des psychosozialen Funktionsniveaus

Bei Achse 1 werden die psychischen Störungen gemäß ICD-10 – ausgenommen Entwicklungs- und Persönlichkeitsstörungen – klassifiziert. Das geschieht unter Einschluss der Zustände des Abschnitts V, die nicht einer psychischen Störung zugeordnet werden können, aber Anlass zu Beobachtung oder Behandlung geben, wie beispielsweise antisoziales Verhalten, Simulation oder Eltern-Kind-Probleme. Achse 2 ist bei Kindern für umschriebene Entwicklungsstörungen und frühe Persönlichkeitsstörungen reserviert, bei älteren Jugendlichen und Erwachsenen für eventuell noch vorhandene Entwicklungsstörungen, vor allem aber für Persönlichkeitsstörungen, die also parallel zu den psychiatrischen Syndromen auf Achse 1 klassifiziert werden. DSM-IV erlaubt auf Achse 2 auch die Klassifikation spezifischer Persönlichkeitszüge oder bestimmter Abwehrmechanismen, ohne dass eine Persönlichkeitsstörung vorliegt, oder um die Diagnose einer Persönlichkeitsstörung zu ergänzen. Auf den beiden ersten Achsen sind Mehrfachdiagnosen möglich, die einer hierarchischen Ordnung folgen. Auf der 3. Achse werden körperliche Störungen oder Zustände analog Achse 4 des multiaxialen Systems für Kinder- und Jugendliche beschrieben, unabhängig davon, ob sie für die psychische Störung von Bedeutung sind oder nicht.

Achse 4 fragt nach dem Schweregrad eines oder mehrerer psychosozialer Belastungsfaktoren, die im Jahr vor der Beurteilung entweder zum Ausbruch, zum Neuauftreten, zum Wiederauftreten einer früheren psychischen Störung oder zur Verschlimmerung einer bestehenden psychischen Störung beigetragen haben könnten. Hier wird also eine pathogenetische Verknüpfung vorausgesetzt. Unterschieden wird zwischen dem Überwiegen akuter Ereignisse und länger andauernder Lebensbedingungen, bei Kindern und Heranwachsenden also auch familiären Faktoren. Die Belastung wird auf einer Skala von

1 bis 6 klassifiziert. Die 5. Achse ist der Globalbeurteilung des psychosozialen Funktionsniveaus vorbehalten. Auf einer Skala von 0 bis 100 werden die psychosoziale und berufliche Leistungsfähigkeit des Patienten sowohl für den Zeitpunkt der Beurteilung als auch für den Zeitpunkt des höchsten sozialen Anpassungsniveaus vor der Erkrankung beurteilt.

Diagnostische Instrumente zur Klassifikation psychischer Störung im Kindes- und Jugendalter

Klassifikation muss ökonomisch im doppelten Sinne sein, sie muss sich auf erreichbare Informationen stützen und eine Balance zwischen wichtigen und nur durch unverhältnismäßig hohen Aufwand zu erhebenden – und deswegen in der Regel lückenhaften – Daten schaffen. Andererseits garantiert Ökonomie im positiven Sinne eben die Sammlung der notwendigen Daten. Damit ist Klassifikation von den zur Verfügung stehenden Informationsinstrumenten abhängig (Overmeyer et al. 1993). Der Effekt der verwendeten Instrumente wiederum ist informantenabhängig. Kinder und Jugendliche, ihre Eltern und ihre Lehrer machen für eine diagnostische Klassifikation unterschiedlich verwertbare Angaben. Kinder berichten in der Regel zu wenig externalisierende Symptome, sie sind aber eine verlässliche Quelle für Angaben über ihre Befindlichkeit, die anderen Beobachtern häufig verschlossen sind. Jugendliche sind besser zur Information über externalisierende Symptome in der Lage als ihre Eltern, weil diesen teilweise Einblick in das Verhalten der Jugendlichen fehlt; das gilt auch für Angaben über Substanzgebrauch und Sexualverhalten. Bis auf die genannten Ausnahmen sind Eltern in der Regel die besten Informanten. Im Alter von 8 Jahren sind Kinder mit durchgehender Verlässlichkeit befragbar, sofern man bei ihnen kognitive Voraussetzungen für das Verständnis einschlägiger Fragen unterstellen kann. Ab dem Alter von 12 Jahren sollten Diagnosen nicht allein auf die Angaben von Eltern gestützt werden.

Lehrer überschätzen externalisierende Symptome und unterschätzen internalisierende. Bei der Verwertung von Informationen sind diese Informantenbesonderheiten zu berücksichtigen.

Für epidemiologische Studien stellt nach der Frage bezüglich des Vorliegens oder Nichtvorliegens einer behandlungsbedürftigen Störung (vgl. **„Klassifikation und Falldefinition"** weiter unten) die diagnostische Zuordnung das wichtigste Problem dar. Neben der Interviewerauswahl kommt deswegen der Methodenauswahl große Bedeutung zu, und mehrstufige Verfahren sind sicherer als lediglich auf Fragebogen gestützte. Da aber Fragebogen weitgehend, zumindest in einer ersten Untersuchungsstufe, zum Einsatz kommen, muss auf die Geschlechtsabhängigkeit von Prävalenzraten psychischer Störungen hingewiesen werden. Dementsprechend sind gegebenenfalls bestimmte Fragenkomplexe geschlechtsspezifisch zu erweitern, zumindest aber die Informationen für weibliche und männliche Probanden getrennt auszuwerten.

Auf den begrenzten Informationswert von Fragebogenverfahren, die kein Nachfragen erlauben, wird anhand der CBCL (Achenbach u. Edelbrock 1983) weiter unten (in **„Komorbidität und dimensionale Diagnostik"**) eingegangen. Analoge Verfahren sind die Revised Behavior Problem Checklist (RBPC) von Quay u. Peterson (1987) und die Revised Ontario Child Health Study Scales (OCHS, Boyle et al. 1993), die beide zu Operationalisierungen gemäß DSM-III-R führen. Bei Jugendlichen benutzt wurde auch die für Erwachsene entworfene Symptom Check List 90R (SCL-90-R) von Derogatis (1977), die zu 9 Syndromdiagnosen führt. Die Revised Behavior Problem Check List führt zu insgesamt 6 Dimensionen, die Ontario Scales decken häufige Syndrome ab. Sie wurden für epidemiologische Zwecke entwickelt. Sie ist bei sachgerechter Anwendung als Screening-Instrument oder zur ergänzenden Informationsabfrage neben einem mündlichen Interview anwendbar. Andere Fragebogen beziehen sich noch weniger als die hier genannten auf die Gesamtheit psychischer Störungen, sondern sind für Teilbereiche konzipiert und bleiben deswegen unerwähnt.

Strukturierte Interviews haben vor allem für Untersuchungen, die über das klinische Ziel einer Behandlung hinausgehen, Bedeutung, weil sie einheitlich ein festgelegtes Informationsspektrum absuchen. Auch nur halbstrukturierte Interviews führen in der Regel zu einer relativ strengen Formalisierung des diagnostischen Prozesses anhand von Entscheidungsregeln und stützen sich häufig auf feste Algorithmen. Diese Algorithmen greifen nicht nur auf das Vorhandensein eines Symptoms und seiner Ausprägung zurück, sondern auch auf seine Bestehensdauer, prüfen auch den Ausschluss anderer Symptome bzw. Störungen und nähern sich damit Klassifikationssystemen wie DSM-IV, an deren Regeln angepasste Diagnosen sie liefern wollen. Zudem werden oft Zeiten, während derer ein Symptom aufgetreten sein muss, vorgegeben. Natürlich differiert die Extensität, mit der Symptome bzw. Symptombereiche abgefragt werden. Hier bestehen aber bei Interviews durch das Einbauen von Sprungmöglichkeiten wesentlich größere Anpassungsmöglichkeiten an das Symptomspektrum des Befragten als bei Fragebögen.

Der Trainingsaufwand für die Benutzung solcher Instrumente darf nicht unterschätzt werden, auch wenn einige von ihnen für den Gebrauch von Nichtpsychiatern in epidemiologischen Studien konzipiert wurden, so das Diagnostic Interview for Children and Adolescents von Herjanic u. Campbell (1977) und die Diagnostic Interview Schedule for Children von Costello et al. (1987). Da gerade erfahrene Kliniker mit halbstrukturierten Interviews entsprechend ihrem Vorwissen flexibler umgehen, sind bei wissenschaftlichen Untersuchungen, die sich auf entsprechend erstellte Diagnosen stützen, Reliabilitätsprüfungen unerlässlich. Dennoch kann wegen der Möglichkeit des Nachfragens der Wert von Interviews gegenüber Fragebogenmethoden nicht hoch genug eingeschätzt werden. Deutsche Versionen bestehen von der Diagnostic Interview Schedule for Children (DISC) und vom Composite International Diagnostic Interview (CIDI), das um auf das Kindesalter bezogene Diagnosen erweitert wurde, vom Structured Clinical Interview for DSM-III-R (SCID) und von der Schedules for Clinical Assessment in Neuropsychiatry (SCAN). Für deutsche epidemiologische Studien entwickelt wurden das Mannheimer-Eltern-Interview (MEI), (Esser et al. 1989). Nicht alle Syndrome deckt das Diagnostik-System für psychische Störungen im Kindes- und Jugendalter nach ICD-10 und DSM-IV ab (Döpfner u. Lehmkuhl 1998), das eine kategoriale Klassifikation mit dimensionaler Beschreibung der untersuchten Störungen verbindet. Schmaler ist das Diagnosenspektrum, das das Diagnostische Interview bei Psychischen Störungen für Kinder abdeckt (Kinder-DIPS, Unnewehr et al. 1995). Die damit erhobenen Diagnosen können in ICD-10- und DSM-IV-Diagnosen überführt werden und bieten gleichzeitig klinisch relevante Informationen zur Therapieplanung, nämlich zu Entstehung und Verlauf der Symptomatik, zu Einflussfaktoren auf sie sowie Symptomeinschätzungsskalen. Dieses Interview ermöglicht die Diagnostik aktueller und früherer psychischer Störungen bei Kindern und Jugendlichen.

Komorbidität und dimensionale Diagnostik

DSM-IV und ICD-10 unterscheiden sich u.a. dadurch, dass Erstere keine kombinierten Diagnosen zulässt, sondern die Aufzählung verschiedener Diagnosen nebeneinander verlangt, beispielsweise die Diagnose einer Aufmerksamkeitsstörung mit Hyperkinese und einer Störung des Sozialverhaltens. ICD-10 dagegen sieht neben einer reinen Aufmerksamkeits- und Hyperaktivitätsstörung eine kombinierte „hyperkinetische Störung des Sozialverhaltens" vor. Das beruht auf dem Befund, dass solche kombinierten Störungen ungünstiger verlaufen als einfache, ja sogar ungünstiger als alleinige Störungen des Sozialverhaltens (z.B. Mandel 1997). Die kombinierte Diagnose von ICD-10 geht davon aus, dass parallel bestehende Störungen überzufällig häufig auftreten, also häufiger sind, als es der Wahrscheinlichkeit des gemeinsamen Auftretens anhand der Basisraten der Einzelstörungen entspricht. Verschiedene Mechanismen für das Zustandekommen solch überzufälligen gemeinsamen Auftretens von Störungen sind beschrieben worden, nämlich:

- Bedingtheit zweier psychischer Störungen aufgrund einer Risikokonstellation, etwa Depressionen und Störungen des Sozialverhaltens auf der Basis vernachlässigender und inkonsistenter Erziehung.
- Beitrag einer Risikokonstellation zu 2 unterschiedlichen und jeweils noch anders bedingten Syndromen, d.h., eine Unreife des Zentralnervensystems begünstigt hyperkinetische Syndrome, und dissoziale Modelle in der Familie begünstigen Störungen des Sozialverhaltens, eine vernachlässigende und inkonsistente Erziehung trägt zu beiden Störungen

bei, sodass sie mit einer gewissen Wahrscheinlichkeit miteinander verbunden auftreten.

- 2 häufig nebeneinander auftretende Risikokonstellationen, von denen eine zu 2 Störungsbildern beiträgt, erzeugen eine parallele Störung: Die Erfahrung traumatischer Lebensereignisse und Vermeidungsverhalten kommen gehäuft nebeneinander vor. Traumatische Lebensereignisse können Mutismus begünstigen, Vermeidungsverhalten ebenfalls; Vermeidungsverhalten begünstigt aber auch soziale Phobien, was das Nebeneinander von Mutismus und sozialen Phobien erklärt.
- Schließlich kann eine Störung mit einer gewissen Regelhaftigkeit eine andere nach sich ziehen: übermäßig enge Bindungen begünstigen Trennungsangststörungen, Trennungsangststörungen führen zu Leistungsabfall, Leistungsabfall zieht Schulangst als spezifische Phobie nach sich.

Aus klinischen Populationen ist bekannt, dass etwa ein Drittel der Jugendlichen mit Störungen des Sozialverhaltens depressive Störungen aufweist. Dem entspricht die Diagnose einer Störung des Sozialverhaltens und der Emotionen (ICD-10, F92). Bei Kindern mit hyperkinetischen Störungen werden bei 40% oppositionelle oder dissoziale Störungen gesehen, was zur Diagnose der hyperkinetischen Störung des Sozialverhaltens führte (ICD-10 F90.1). Patienten mit Anorexia nervosa zeigen häufig parallel bestehende depressive Störungen. Naab (1995) hat in einer repräsentativen Stichprobe bei einem Viertel aller psychisch auffälligen Kinder das Bestehen zweier Diagnosen nachgewiesen, bei 5% das Vorkommen von 3 Diagnosen. In Inanspruchnahmepopulationen haben etwa 58% eine Diagnose, 23% zwei und 19% drei oder mehr Diagnosen. Der Anteil komorbider Störungen wird künstlich erhöht, wenn man Störungen weitgehend differenziert oder Früh- und Spätmanifestation der gleichen Störung unterschiedliche Diagnosen zuschreibt. Das extensive Aufzählen unterschiedlicher Diagnosen nebeneinander berücksichtigt zudem die Bedeutung ihrer möglichen Verknüpfung für die Behandlung nicht. Umgekehrt ist die Hierarchisierung von Diagnosen – z.B. wenn eine Psychose diagnostiziert wird, kann nicht gleichzeitig eine Angststörung bestehen – geeignet, wirklich komorbide Störungen zu übersehen und wurde deswegen aufgegeben.

Diese Schwierigkeiten haben dazu geführt, kategoriale Diagnosen grundsätzlich in Frage zu stellen und dimensionale Beschreibungen von Krankheitsbildern zu bevorzugen. Das kann das Ausmaß von Hyperaktivität und gestörtem Sozialverhalten nebeneinander sein, das Ausmaß von Depressivität und Angst, das von Anorexie und Zwangsstörung und anderer vergleichbarer Erscheinungen. Dimensionale Diagnosen erlauben zudem eine engere Orientierung am beobachtbaren Symptom, dann nämlich, wenn Symptomausprägungen als Ausgangsbasis für Diagnosen benutzt werden. Fragebogenverfahren wie die Child Behavior Check List sind auf dieser Basis konstruiert. Etwa 100 Einzelsymptome werden – beim Kind/Jugendlichen bzw. seinen Eltern oder dem Lehrer – abgefragt.

Aufgrund der Korrelationen der Symptome miteinander werden Syndromcluster gebildet. Im Falle der CBCL sind es 8, nämlich sozialer Rückzug, körperliche Beschwerden, Angst/Depressivität, soziale Probleme, schizoid/zwanghaft, Aufmerksamkeitsstörung, delinquentes Verhalten, aggressives Verhalten. Mittels Faktorenanalyse lassen sich daraus Faktoren höherer Ordnung extrahieren, die der häufig gefundenen Dichotomie internalisierender und externalisierender Störungen entsprechen. Es ist leicht ersichtlich, dass entsprechende Syndromausprägungen quantifiziert werden müssen, will man nicht doch bei einer quasi kategorialen Diagnose enden, und dass damit ein derartiges diagnostisches Vorgehen in der Praxis kompliziert wird, während es für wissenschaftliche Zwecke ausgesprochen reizvoll ist. Zu den Grunderkrankungen vgl. weiter unten „Klassifikation und Falldefinition".

Auch hat die Suche nach überlappenden Syndromen zu vielfältigen Überlegungen Anlass gegeben. Rasmussen u. Eisen (1992) haben auf das Syndromumfeld von Zwangsstörungen hingewiesen und in diesem Umfeld u.a. Dysmorphophobie, Hypochondrie, paranoide Eifersucht, Tourette-Syndrom, Trichotillomanie, Impulskontrollstörungen und Essstörungen erkannt. Auf ein anderes Syndromspektrum, das er als impulsives Spektrum bezeichnet, hat Hollander (1998) aufmerksam gemacht. Er ordnet ihm u.a. intermittierende explosive Störung, Kleptomanie, Pyromanie, pathologisches Spielen und Substanzmissbrauch zu. Von Frank et al. (1998) stammt das Spektrumsmodell für Befindensstörungen, dem Panik, Agoraphobie, Wahn, Bulimie, Anorexie und soziale Phobie zugeordnet werden, teilweise auch Trennungsangst. Davon zu unterscheiden sind Cluster, die entstehen, weil bestimmte Störungen im Laufe der individuellen Entwicklung sukzessiv zusätzlich auftreten, etwa nach hyperkinetischer Symptomatik eine Ticstörung und zusätzlich zu dieser eine Zwangsstörung. Solche Versuche geben zu interessanten Spekulationen Anlass und haben auch zur Hypothesenbildung in der ätiologischen Forschung beigetragen. In der Praxis ist der Wert solcher Ansätze begrenzt, weil die erhaltenen Cluster von den angewandten statistischen Prozeduren abhängen. Trotz einer Vielzahl abgefragter Symptome kommen die Symptome seltener Störungen in Fragebögen kaum vor, weswegen etwa autistische Syndrome nur mit geringem Sicherheitsgrad diagnostiziert werden können.

Klassifikation und Falldefinition

DSM-III (1980) hat psychische Störungen dadurch definiert, dass sie auffallendes Verhalten oder ein Merkmalsmuster bei einer Person zeigen, die für diese Person unangenehm erlebte Symptome oder Leistungseinschränkungen in einem oder in mehreren Funktionsbereichen bedeuten. Heute wäre man geneigt, sogar statt eines „Oder" ein „Nebeneinander" von Symptomatik und Leistungseinschränkungen zu erwarten bzw. eine Und-oder-Verbindung zwischen den beiden vorzusehen. Auch bei ausgeprägter Symptomatik müssen psychische Störungen die Alltagsfunktionen des betroffenen Individuums bei Kindern und Jugendlichen, also Familie, Schule, Ausbildung, Freizeit und außerfamiliäre Beziehungen sowie eine altersentsprechende Autonomie nicht beeinträchtigen. Beispiel wäre eine ausgeprägte passagere Ticstörung. Wenig Funktionsbeeinträchtigungen sind auch von einem nächtlichen Einnässen zu erwarten. Umgekehrt kann sich eine soziale Phobie auf sehr viele Bereiche des täglichen Lebens erstrecken und die Funktionen eines Patienten weitgehend einschränken. Um wenigstens auf die Notwendigkeit dieser Betrachtung hinzuweisen hat das DSM schon längere Zeit eine 5. Achse. Aus dem gleichen Grund wurde die multiaxiale Klassifikation psychischer Störungen für Kinder und Jugendliche 1993 um eine 6. Achse erweitert, die das Funktionsniveau beschreibt. Das kann für den Behandlungsbeginn geschehen; dann besteht die Möglichkeit, aus der Differenz zu einer 2. Einschätzung bei Behandlungsende die Besserung des Funktionsniveaus abzuleiten. Andere beschreiben das vor der Erkrankung zuletzt erreichte Funktionsniveau; damit kann die bei optimalem Therapieerfolg erreichbare Situation charakterisiert werden.

Das Ausmaß solcher Funktionsbeeinträchtigungen bei auffälligen Kindern, deren Symptomspektrum nicht zu einer kategorialen Diagnose führte, haben Angold et al. (1999) untersucht. Von ihnen zeigten 9,4% beeinträchtigte Funktionen. Besonders häufig war diese Konstellation, wenn nicht näher spezifizierbare kategoriale Diagnosen in Frage gekommen wären. Ausgangspunkt der Studie war die Beobachtung, dass 50% der Inanspruchnehmer eines psychiatrischen Dienstes keine kategoriale Diagnose zugeordnet werden konnte. Als Hintergrund für diese Konstellation ist vorstellbar, dass schon gering ausgeprägte Symptome eine deutliche Alltagsbeeinträchtigung hervorrufen. Eine Erweiterung der Falldefinition um das Funktionsniveau gibt oft erst Auskunft über die Behandlungsbedürftigkeit einer Störung.

Die geringe Symptomatik kann auch dadurch von Bedeutung sein, dass sie noch gering ausgeprägt ist und im Laufe der weiteren Entwicklung zunimmt. Unter diesem Gesichtspunkt untersuchten Costello et al. (1999) die Entwicklung von Individuen im Jugendalter, die – unabhängig von der Funktionsbeeinträchtigung – zwar Symptome aufgewiesen hatten, deren Ausprägung aber für eine kategoriale Diagnose nicht genügte. Die Autoren fanden 5–7 Jahre nach der Erstuntersuchung eine beachtenswerte Kontinuität in der Psychopathologie der Betroffenen, insbesondere wenn gleichzeitig eine Funktionsbeeinträchtigung diagnostiziert worden war. Dieser Effekt kann durch das Klassifikationssystem, aber auch durch die mangelnde Klassifikation der Interviewer bedingt sein. Darauf, dass Ersteres zutrifft, verweisen 2 Umstände: Ernstere emotionale Störungen nach vorher unterschwelligen Symptomen kamen besonders bei jenen Patienten vor, die schon im Kindesalter unter einer Funktionsbeeinträchtigung litten. Außerdem waren die späten emotionalen Störungen bei jenen Kindern, die schon vorher überschwellige Werte, also DSM-Diagnosen, aufgewiesen hatten, von der Höhe der Ausgangssymptomatik abhängig. Der Befund wirft natürlich die Frage nach der Behandlungsbedürftigkeit solcher unterschwelligen Syndrome auf.

Jensen u. Watanabe (1999) weisen in einem anderen Zusammenhang darauf hin, dass Patienten mit Symptomspektren, die für eine kategoriale Diagnose nicht ausreichen, sogar einzelne sehr hohe Symptomwerte aufweisen können. In einer entsprechenden Untersuchung mit der CBCL kamen sie zu dem Schluss, dass Kinder oder Jugendliche mit ausgeprägten Symptomen, aber ohne kategoriale Diagnose, nicht als falsch positiv identifiziert bezeichnet werden sollten, sondern dass vielmehr der Bedeutung unterschiedlicher Informationsquellen nachgegangen werden müsste.

Stadienspezifische Klassifikation und andere Optionen

Heutige Klassifikationssysteme nehmen teilweise auf Erkrankungen mit phasen- oder schubweisem Verlauf Rücksicht. So kann bei schizophrenen Erkrankungen in ICD-10 etwa ein stabiles Residuum, ein episodisch remittierender Verlauf oder eine unvollständige, bzw. vollständige Remission, auch eine postschizophrene Depression, diagnostiziert werden. Bei bipolaren affektiven Störungen kann eine gegenwärtige manische oder depressive Episode codiert werden. Auch bei rezidivierenden depressiven Störungen ist die Angabe der gegenwärtigen Episode oder der Remission möglich. Das ist sinnvoll, da nicht in allen Stadien einer Erkrankung die gleiche Behandlung optimal ist. Psychiatrische Diagnosen beziehen sich überwiegend dort auf Krankheitsstadien, wo sich im Rahmen chronischer Verläufe typische Verlaufsgestalten abzeichnen. Oft zeigt der Blick auch auf die ambulante ärztliche oder psychotherapeutische Tätigkeit erst die volle Breite von Verlaufsstadien. Dabei begegnet der Kliniker frühen Stadien etwa von Mutismus, Zwangsstörung oder Tourette-Syndrom, die für das Verständnis der Entwicklung der Störung bedeutsam sind, in seiner Arbeit kaum. Besonders gering ausgeprägt ist das Denken in Krankheitsstadien bei Störungsbildern, die vorzugsweise als psychogene Störungen angesehen werden und eine hauptsächlich psychische Symptomatik haben; ihre etwaigen körperlichen Symptome werden lediglich als Komplikation oder Folgesymptomatik aufgefasst.

Beispielhaft dafür sind die Essstörungen. Schon in der Krankheitsdefinition der Anorexia nervosa ist neben den Kernsymptomen von Gewichtsverlust und Gewichtsphobie die Störung der Hypothalamus-Hypophysen-Gonadenachse genannt. Sie wird als Sekundärsymptomatik angesehen, und mit ihrer Rückbildung bei erfolgreicher Psychotherapie wird gerechnet. Je ausgeprägter aber eine Essstörung ist, umso weniger ist diese Betrachtung zutreffend. Sie entstammt dem Verständnis der Anorexia nervosa als einer in allen Stadien psychogenen und insoweit reversiblen Störung. Übersehen wird dabei, dass die anfängliche Gewichtsphobie zunehmend in eine Essstörung und diese im weiteren Verlauf in eine Gewichtsregulationsstörung übergeht. Die Krankheit wird autonom, und bei ihrem weiteren Fortschreiten werden als gemeinsame Endstrecke häufig Depressionen gesehen, die mit hochgradigen Einengungen des Denkens und bestimmten zerebralen Begleiterscheinungen einhergehen. Die heutige Behandlung der Anorexia nervosa ist diesem Stadienverlauf angepasst. Sie beginnt mit der Psychotherapie der Selbstwertproblematik, konzentriert sich dann mittels Verhaltenstherapie auf die Essstörung, später auf die diätetische und gegebenenfalls psychopharmakologische Behandlung der Gewichtsregulationsstörung. Solche Komplikationen bilden sich mit der Gewichtssteigerung nur verzögert und keineswegs automatisch zurück.

Stadienspezifische Betrachtung von Störungen ist also behandlungsrelevant. Für die Entwicklung mutistischer Störung oder sozialer Phobien, von Zwangserkrankungen, Bulimien, hyperkinetischen Störungen oder Schlafstörungen, ließen sich ähnliche Verläufe zeichnen. Besseres Verständnis der Krankheitsentwicklung führt in der Regel auch zu gezielteren Interventionen. Nicht selten fällt im Zuge der Kindheits- und Adoleszenzentwicklung das Auftreten spezifischer Stadien einer Störung mit deren Entwicklung über verschiedene Altersstufen zusammen, sodass sich Stadien und Altersspezifität überlappen. Als Beispiel sei das Vorkommen hyperkinetischer Störungen im Vorfeld vieler chronisch motorischer Ticstörungen genannt, zu denen sich im weiteren Alter Symptome einer Zwangsstörung einstellen können. Bei einer solchen Betrachtung überlappen sich die Entwicklung von Störungen mit der Altersspezifität bestimmter Phänomene, also der Entwicklungspsychopathologie im engeren Sinne.

Andere Optionen für die Weiterentwicklung der Klassifikation psychischer Störungen liegen im Bereich der Erweiterung der psychosozialen Belastungen auf psychosozial begünstigende, d.h. protektive oder kompensatorische Umstände. Wie bei psychosozialen Risiken wäre die Angabe von schützenden oder kompensatorischen Mechanismen günstiger als die mehr distaler Faktoren. Abgesehen von den theoretischen Problemen, die bezüglich der Wirkung protektiver Merkmale berücksichtigt werden müssen, sind solche Merkmale noch wenig erforscht. Es scheint, als käme kindbezogenen Kriterien eine stärker protektive Wirkung zu als familien- oder umweltbezogenen.

Die Forderung, in die Klassifikation auch Coping- oder Abwehrmechanismen einzubeziehen, ist mehrfach erhoben worden. Möglicherweise sind solche Mechanismen aber in der Nähe der protektiven und kompensatorischen Mechanismen angesiedelt. Ähnliches gilt für den Wunsch nach einer Klassifikation innerfamiliärer Beziehungen, wie sie für das Kleinstkindalter ja für wichtig gehalten und von der Zero-to-three-Klassifikation eingeführt wurde. Die Konzepte unterschiedlicher Schulen sind stark mit Theorie behaftet und von daher für eine beschreibende Klassifikation bislang nicht geeignet. Wahrscheinlich wären aber Variablen der Familienfunktion auch nur ein Teil psychosozialer Belastungen, wenn es gelänge, dort weniger auf Risikofaktoren, sondern stärker auf Beeinträchtigungsmechanismen abzuheben. Insoweit wird derzeit neben der Fortentwicklung stadienspezifischer Klassifikation der größte Entwicklungsbedarf im Bereich der Klassifikation psychosozialer Faktoren und Mechanismen gesehen.

Zusammenfassung

Multiaxiale Klassifikation psychischer Störungen von Kindern und Jugendlichen hat sich in den meisten Berufsgruppen durchgesetzt. Sie erfolgt für klinische Zwecke vorzugsweise kategorial nach ICD-10 oder DSM-IV, für jüngere Kinder nach der Zero-to-Three-Klassifikation. Für wissenschaftliche Zwecke erfolgt sie teilweise dimensional. Symptomprofil, Entstehung, Behandelbarkeit und Verlauf sind Klassifikationskriterien, letztere auch bezüglich der längerfristigen Entwicklung. Objektivität, Reliabilität, logische Konsistenz, Validität und Ökonomie sind dabei zu gewährleisten. Klassifikationsurteile sind abhängig von Informanten, der Art (Interview oder Fragebogen) und Spezifität der verwendeten Instrumente und dem Übungsgrad der Untersuchergruppe. Gängige Klassifikationsschemata unterscheiden sich besonders hinsichtlich Altersfenster, Umgang mit Komorbidität und Subgliederungsgrad der Diagnosen.

Die Validität von Diagnosen hängt vor allem von der angewendeten Falldefinition ab: Symptome müssen nicht unbedingt Funktionseinschränkungen nach sich ziehen, nicht diagnosenrelevante Symptome können auch bei funktionsbeeinträchtigten Patienten vorkommen, die psychiatrische Dienste berechtigterweise in Anspruch nehmen. Das zwingt zur Berücksichtigung sowohl von Symptomen unterhalb der Diagnosenschwelle und zur Einbeziehung des Funktionsniveaus in die Klassifikation. Künftige Aufgaben der Klassifikationsentwicklung ist die Berücksichtigung des – durchaus behandlungsrelevanten – jeweiligen Stadiums einer Erkrankung, die Frage der Einbeziehung protektiver oder kompensatorischer Bedingungen und von Coping und Abwehrmechanismen, schließlich die Verbesserung der dimensionalen Diagnostik auf der Basis des Studiums überlappender Syndrome.

Literatur

Achenbach TM, Edelbrock C. Manual for the Child Behavior Checklist and Revised Child Behavior Profile. Burlington: University of Vermont Department of Psychiatry; 1983.

American Psychiatric Association. Diagnostic and statistical manual of mental disorders. 3rd ed. (DSM III). Washington DC: American Psychiatric Association; 1980.

American Psychiatric Association. Diagnostic and statistical manual of mental disorders. 4th ed. (DSM-IV). Washington: American Psychiatric Association; 1994.

Angold A, Costello EJ, Farmer EMZ, Burns BJ, Erkanli A. Impaired but undiagnosed. J Am Acad Child Adolesc Psychiatry. 1999;38(2):129-37.

Blanz B, Schmit MH. Ergebnisse der Mannheimer ICD-10-Feldstudie. In: Dilling H, Schulte-Markwort E, Freyberger HJ (eds). Von der ICD-9 zur ICD-10. Bern: Huber; 1994.

Boyle MH, Offord DR, Racine Y, Fleming JE, Szatmari P, Sandford M. Evaluation of the Revised Ontario Child Health Study Scales. Child Psychol Psychiat. 1993; 34: 189-213.

Caron C, Rutter M. Comorbidity in child psychopathology. Concepts, issues and research strategies. J Child Psychol Psychiatry.1991;32(7):1036-80.

Costello EJ, Edelbrock C, Dulcan MK, Kalas R, Klaric S. The Diagnostic Interview Schedule for Children (DISC). Pittsburgh: University of Pittsburgh; 1987.

Costello EJ, Angold A, Keeler GP. Adolescent outcomes of childhood disorders: The consequences of severity and impairment. J Am Acad Child Adolesc Psychiatry. 1999;38(2):121-8.

Derogatis LR. The SCL-90 Manual. Baltimore: Johns-Hopkins University School of Medicine; 1977.

Dilling H, Mombour W, Schmidt MH. Internationale Klassifikation psychischer Störungen. ICD-10 Kapitel V (F). Klinisch-diagnostische Leitlinien. 2. Aufl. Bern: Huber; 1993.

Dilling H, Mombour W, Schmidt MH, Schulte-Markwort E. Internationale Klassifikation psychischer Störungen. ICD-10 Kapitel V (F). Forschungskriterien. Bern: Huber; 1994.

Döpfner M, Lehmkuhl G. Diagnostik-System für Psychische Störungen im Kindes- und Jugendalter nach ICD-10 und DSM-IV. Bern: Huber; 1998.

Esser G, Blanz B, Geisel B, Laucht M. Mannheimer Elterninterview -- Strukturiertes Interview zur Erfassung von kinderpsychiatrischen Auffälligkeiten. Weinheim: Beltz; 1989.

Frank E, Cassano GB, Shear MK, Rotondo A, Dell'Osso L, Mauri M, Maser J, Grochocinski V. The Spectrum Model: A more coherent approach to the complexity of psychiatric symptomatology. CNS Spectrums. Int J Neuropsychiatric Med. 1998;3:4.

Graham P, Skuse D. The developmental perspective in classification. Remschmidt H, Schmidt MH, eds.: Developmental Psychology, 1-6. Toronto: Hogrefe & Huber Publishers; 1992.

Harnach-Beck V. Psychosoziale Diagnostik in der Jugendhilfe. Weinheim/München: Juventa; 1995.

Herjanic B, Campbell W. Differentiating psychiatrically disturbed children on the basis of a structured interview. J Abnorm Child Psychol. 1977;5:127-34.

Hollander E. Redefining the spectrum approach. CNS Spectrums. Int J Neuropsychiatric Med. 1998;3:4.

Jensen PS, Watanabe H. Sherlock Holmes and child psychopathology assessment approaches: The case of the false-positive. J Am Acad Child Adolesc Psychiatry. 1999;38:138-146.

Mandel HP. Conduct disorder and underachievement. Risk factors, assessment, treatment, and prevention. New York, Chichester: John Wiley & Sons, Inc.; 1997.

Moffitt TE. Adolescence-limited and life-course-persistent, antisocial behavior: A developmental taxonomy. Psychol Rev. 1993;4:674-701.

Naab S. Komorbidität kinder- und jugendpsychiatrischer Störungen. Ein Vergleich des Ausmaßes von Überschneidungen kinder- und jugendpsychiatrischer Störungen innerhalb einer Bevölkerungsstichprobe und einer Inanspruchnahmepopulation von Kindern und Jugendlichen. Universität Heidelberg: Dissertation; 1995.

National Center for Clinical Infant Programs: Zero-to-three 0 - 3, Diagnostic Classification of Mental Health and Developmental Disorders of Infancy and Early Childhood. Arlington; 1990.

National Center for Clinical Infant Programs: Zero to three. Diagnostic Classification: 0-3. National Center for Clinical Infant Programs (ed); Arlington 1994 (deutsch: Diagnostische Klassifikation: 0-3. Seelische Gesundheit und entwicklungsbedingte Störungen bei Säuglingen und Kleinkindern. Wien: Springer; 1999).

Overmeyer S, Blanz B, Schmidt MH. Die Diagnostik belastender Lebensereignisse in der klinischen Routine mittels eines (halb)standardisierten Interviews. Z Kinder Jugendpsychiatr Psychother. 1993;21:5-13.

Quay HC, Peterson DR. Manual for the Revised Behavior Problem Checklist. Miami: Authors; 1987.

Rasmussen SA, Eisen JL. The epidemiology and differential diagnosis of obsessive compulsive disorder. J Clin Psychiatry. 1992;53:Suppl. 4-10.

Remschmidt H, Schmidt M. Multiaxiales Klassifikationsschema für psychiatrische Erkrankungen im Kindes- und Jugendalter nach Rutter, Shaffer und Sturge. Bern: Huber; 1977.

Remschmidt H, Schmidt MH, Poustka F, Hrsg. Multiaxiales Klassifikationsschema für psychische Störungen des Kindes- und Jugendalters nach ICD-10 der WHO. 4. Aufl. Bern: Huber; 2001.

Rutter M, Shaffer D, Shepherd M. A tri-axial classification of mental disorders in childhood. J Child Psychol Psychiatry. 1969;10:41-61.

Saß H, Wittchen H-U, Zaudig M. Diagnostisches und statistisches Manual psychischer Störungen DSM-IV, Göttingen: Hogrefe; 1998.

Saß H, Wittchen H-U, Zaudig M, Houben I. Diagnostisches und statistisches Manual psychischer Störungen – Textrevision – (DSM-IV-TR) (dt. Bearbeitung), Göttingen Hogrefe; 2003.

Schmidt MH. Klassifikation kinder- und jugendpsychiatrischer Störungsbilder in der ICD-10 – Zum Stand der Diskussion. Z Kinder Jugendpsychiatr Psychother. 1987:15;208-23.

Schmidt MH, Moll GH. Differenzen in der Klassifikation psychiatrischer und kinderpsychiatrischer Störungen nach ICD-10 und DSM-III-R. Z Kinder Jugendpsychiatr Psychother. 1992;20:266-72.

Schulte-Markwort M, Wilke O, Janssen PL. Wie ist psychodynamische Diagnostik im Kindes- und Jugendalter operationalisierbar? Z Kinder Jugendpsychiatr Psychother. 1998;26:211-20.

Unnewehr S. Diagnostik psychischer Störungen bei Kindern und Jugendlichen mit Hilfe strukturierter Interviews. Z Kinder Jugendpsychiatr Psychother. 1995;23:121-32.

World Health Organization. International Classification of Impairments, Disabilities, and Handicaps. Geneva: WHO; 1980.

World Health Organization. Multiaxial Presentation of the ICD-10 for Use in Adult Psychiatry. Cambridge: University Press; 1997.

Prüfungsfragen

1. Was erfassen die 6 Achsen der „Multiaxialen Klassifikation des Kindes- und Jugendalters“?
2. Welches ist derzeit die schwächste Achse dieser Klassifikation?
3. Welche zusätzliche Achse hält die Klassifikation Zero-to-Three zur Beschreibung der psychischen Störung sehr junger Kinder bereit?
4. Warum ist die Beschreibung des Funktionsniveaus bei der Klassifikation psychischer Störungen unter Umständen entscheidend?
5. Unter welchen Umständen liefern Fragebogen in der psychiatrischen Klassifikation die unsichersten Urteile?
6. Von welchen beiden Faktoren hängt die Qualität der aus psychiatrischen Interviews abgeleiteten Diagnose ab?
7. Nennen Sie 2 wichtige Beispiele kombinierter Diagnosen nach ICD-10!
8. Was bedeutet stadiengerechte Klassifikation psychischer Störungen?
9. Wie beschreiben gängige Klassifikationssysteme Coping- und Abwehrmechanismen?
10. Welchen Kriterien sollten Krankheitsdiagnosen idealerweise entsprechen?
11. Was bedeutet logische Konsistenz des Klassifikationssystems?
12. Welche psychisch gestörten Kinder und Jugendlichen sind zur Erfüllung alterstypischer Entwicklungsaufgaben am besten befähigt?

II Klinische Diagnostik

3 Multimethodale Diagnostik

G. Esser

Im Kindes- und Jugendalter umfasst das diagnostische Vorgehen im Vergleich zum Erwachsenenalter eine ungleich größere Zahl von Schritten, die von der Anmeldung des Kindes oder Jugendlichen durch seine Eltern unter Einbezug weiterer wichtiger Bezugspersonen (z. B. der Lehrer) bis zur Therapieplanung reichen.

Im Einzelnen sind in Anlehnung an Cantwell (1988) folgende Fragen durch das diagnostische Prozedere zu beantworten:

- Hat das Kind bzw. der Jugendliche eine psychische Störung?
- Welche Diagnose ist gegebenenfalls zu stellen?
- Welche intrapsychischen, familiären, soziokulturellen und biologischen Faktoren sind an der Entstehung der Störung in welchem Ausmaß beteiligt?
- Welche Faktoren halten die Störung aufrecht?
- Über welche Kompetenzen (protektive Faktoren, Stärken) verfügen das Kind und seine Familie?
- Wie ist die Prognose der kindlichen Störung ohne Intervention bzw. Therapie zu beurteilen?
- Ist eine Intervention bzw. Therapie notwendig?
- Welche Intervention bzw. Therapie ist in diesem Fall am effektivsten?

Der diagnostische Prozess ist als hypothesenprüfendes Verfahren zu beschreiben. Dies gilt für die diagnostische Einordnung des Problemverhaltens genauso wie für seine Ätiologie und die aufrechterhaltenden Bedingungen. Besonderes Gewicht wird auf den Vorstellungsgrund gelegt. Aus epidemiologischen Untersuchungen (Esser et al. 1986, Rutter et al. 1970, Costello 1989) ist bekannt, dass nur ein Bruchteil der psychisch auffälligen Kinder einem Psychologen oder Psychiater vorgestellt wird.

Am Anfang steht die Identifikation eines kindlichen Verhaltens als Problem durch die Eltern oder andere Bezugspersonen. Dabei sind es meist einzelne markante Ereignisse (z. B. ein Suizidversuch, Weglaufen von zu Hause, das Unterschreiten eines bestimmten Gewichts, die Verletzung eines Kameraden, ein Diebstahl), die die Schwelle zur subjektiven Auffälligkeit markieren. In den meisten Fällen besteht das Problemverhalten jedoch schon sehr viel länger. Ein wesentlicher, die Vorstellung beeinflussender Faktor ist die Einstellung der Familie zu psychologischer Beratung und Behandlung. Nicht selten bestehen in der Familie diesbezüglich unterschiedliche Einstellungen, vor allem Väter zeigen hier stärkere Vorbehalte. Vor eine schwierige Situation wird der Diagnostiker gestellt, wenn mit der Inanspruchnahme psychologischer Diagnostik und Behandlung das Ziel verfolgt wird, einen Sorgerechtsprozess zu beeinflussen oder den Jugendlichen vor einer Strafverfolgung oder Ausschulung zu bewahren. In diesem Zusammenhang wurde die Vorstellung des Kindes oder Jugendlichen nicht selten von außen angeregt, was die Behandlungsmotivation der Familie in Frage stellen kann. In jedem Fall muss sich der Behandler über den sozialen Kontext der Vorstellung Klarheit verschaffen, die Frage beantworten: Wer leidet warum und warum gerade jetzt unter dem Problemverhalten des Kindes?

Voraussetzung für eine korrekte Beurteilung kindlichen Problemverhaltens sind fundierte Kenntnisse des Diagnostikers auf dem Gebiet der Entwicklungspsychologie (Cox 1994). Das gleiche Verhalten (z. B. motorische Unruhe, Trennungsangst, Einnässen) hat in Abhängigkeit vom Alter des Kindes eine völlig unterschiedliche Bedeutung. Dies gilt sowohl für die aktuelle Problematik als auch für die Beurteilung ihres Entstehungszeitpunkts und früherer Auffälligkeiten.

Erst das präzise Wissen über die normale Entwicklung ermöglicht eine Abgrenzung gegen klinisch relevante Störungen (Rutter 1989). Für die Einschätzung von belastenden Lebensereignissen ist nach der Unterscheidung zwischen normativen Ereignissen (wie Einschulung, Umschulung etc.) und nicht normativen Ereignissen ausreichendes Wissen über die gewöhnlichen Anpassungsreaktionen von Kindern auf normative Ereignisse erforderlich.

Aus epidemiologischen Untersuchungen (Rutter et al. 1976, Achenbach et al. 1987, Verhulst et al. 1987, Offord u. Fleming 1991, Esser et al. 1990, 1992) ist bekannt, dass die Informantenübereinstimmung bezüglich der Symptomatik eines Kindes relativ niedrig ist. Dies trifft genauso zu für den Vergleich von Kindern und Eltern wie von Eltern und Lehrern. Die geringe Übereinstimmung ist in dem unterschiedlichen Informationszugang, einer unterschiedlichen Wahrnehmung und Bewertung durch die Informanten sowie in der Situationsspezifität des Verhaltens begründet. Zahlreiche Informationen über Symptome sind nur der Introspektion bzw. dem subjektiven Erleben zugänglich. Eltern sind demnach beispielsweise bei Ängsten und Depressionen auf die Informationen ihres Kindes angewiesen. Dies impliziert, dass das Kind seine Gefühle beschreiben kann und willens ist, sie den Eltern mitzuteilen. Insbesondere expansives Verhalten wird von den Eltern oder Lehrern als sehr viel auffälliger und störender wahrgenommen und bewertet als vom Kind selbst. Die Situationsspezifität des Problemverhaltens unterstreicht die Notwendigkeit eines multi-informanten-diagnostischen Zugangs. Ein solcher Zugang ist wegen der höheren Validität und Reliabilität von multimethodaler wiederholter Messung auch testtheoretisch zu begründen. Schließlich eröffnet die Berücksichtigung verschiedener Informanten den Blick auf die interaktionellen Aspekte des Problemverhaltens.

Beispielhaft sei im Folgenden das diagnostische Vorgehen einer psychologisch-psychotherapeutischen Ambulanz für Kinder und Jugendliche aufgezeigt.

Nach der telefonischen Aufnahme des Vorstellungsgrundes wird den Eltern (gegebenenfalls auch dem Jugendlichen) ein Fragebogen zur Symptomatik (z.B. die CBCL von Achenbach oder der Mannheimer Elternfragebogen) und ein biographischer Anamnesebogen zugesandt, die zum Erstgespräch ausgefüllt mitzubringen sind. Als Beispiel für einen Fragebogen zur Erfassung der Symptomatik ist in Abb. 3.1 der Mannheimer Elternfragebogen (Esser, in Vorbereitung), für den auch eine Jugendlichenversion existiert, abgedruckt.

Die Anamnese umfasst

- den familiären Hintergrund einschließlich soziodemographischer Daten, psychosoziale und organische Aspekte der Schwangerschaft, Geburt und frühkindlichen Entwicklung,
- Temperamentsauffälligkeiten des Kindes,
- den Kindergartenbesuch,
- die Beziehung zu Gleichaltrigen und Geschwistern,
- die Entwicklung psychischer Probleme,
- die Einschulung und den bisherigen Schulbesuch mit eventuellen Auffälligkeiten,
- akute Lebensereignisse (Umzüge, Trennung von Bezugspersonen etc.) und
- chronische Belastungen (psychische oder organische Erkrankungen von anderen Familienmitgliedern, Arbeitslosigkeit, ständige Auseinandersetzung zwischen den Eltern, beengte Wohnverhältnisse, finanzielle Schwierigkeiten, berufliche Belastungen etc.).

Im Erstgespräch erfolgt zunächst eine Exploration des Vorstellungsgrundes und der Gesamtsymptomatik. Hierbei werden im freien Gespräch und mit Hilfe von standardisierten Interviewverfahren (z.B. DIPS in der Eltern- oder Kinderversion, Unnewehr et al. 1995 oder Mannheimer Elterninterview, Esser et al. 1989) die im Fragebogen genannten Symptome exploriert. Nach Erfassen der Gesamtsymptomatik werden sowohl die Eltern als auch das Kind um eine erste Einschätzung der Wichtigkeit und Schwere der einzelnen Probleme gebeten. Dies erfolgt in einer Rangreihe von „stark belastend" bis „kaum belastend".

Nach Identifizierung der wichtigsten Problembereiche wird die Änderungsmotivation des Kindes und seiner Eltern erfasst. Hierbei sollen die Beteiligten angeben, welche Ziele und Erwartungen sie mit einer eventuellen Behandlung des Problems verknüpfen und wie sie sich ihre persönliche Situation nach einer erfolgreichen Therapie vorstellen. Für die wichtigsten Symptome erfolgt sodann eine Analyse der auslösenden

Günter Esser

Mannheimer Elternfragebogen MEF für 6-bis 13-Jährige

Name des Kindes: .... Alter: .... ausgefüllt von: ....

ANLEITUNG ZUM AUSFÜLLEN

Kreuzen Sie bitte an, ob die unten aufgeführten Probleme bei Ihrem Kind *in den letzten 6 Monaten* aufgetreten sind. Machen Sie bitte nur **ein** Kreuz in jeder Zeile, setzen Sie die Kreuze nur auf die Kreise, nicht in die Zwischenräume und lassen Sie bitte keine Frage aus. Sollte Ihr Kind zur Zeit Medikamente erhalten, die sein Verhalten verändern, beantworten Sie bitte die Fragen so wie sich Ihr Kind verhält, wenn es keine Medikamente erhält.

Mein Kind ...		stimmt	stimmt nicht	
1.	hat Migräne	o	o	Kopf 5
2.	musste wegen Kopfschmerzen zum Arzt	o	o	Kopf 5
3.	leidet unter asthmatischen Beschwerden oder einer chronischen Bronchitis	o	o	Atem 7
4.	will bei jeder "Kleinigkeit" den Arzt aufsuchen	o	o	Hypoch 8
5.	hat manchmal nervöse Zuckungen (z.B. Blinzeltic, Zwinkertic, Räuspertic)	o	o	Tic 8
6.	weigert sich meistens auch tagsüber, bei Freunden/Verwandten zu bleiben	o	o	
7.	schläft nachts mit im Elternbett, obwohl ich das nicht gern sehe	o	o	Trenn 9
8.	kann schlecht einschlafen (d.h. liegt **mehr als eine Stunde** wach)	o	o	Eschlaf 10
9.	wacht häufig nachts auf und kann nur schlecht wieder einschlafen (liegt **mindestens eine Stunde** wach)	o	o	Dschlaf 10
10.	stottert	o	o	Sprach 11
11.	lispelt	o	o	Sprach 11
12.	hat mindestens zweimal im letzten halben Jahr das Bett oder die Hose nass gemacht	o	o	Enur 11
13.	hat im letzten halben Jahr mindestens einmal eingekotet	o	o	Enko 12
14.	hat meistens nur wenig Appetit	o	o	Eß 13
15.	ist extrem wählerisch beim Essen	o	o	Eß 13
16.	hat ständig Angst, zu dick zu werden	o	o	Eß 13
17.	hat aufgrund seines Essverhaltens mind. 7 kg abgenommen und ist untergewichtig	o	o	Eß 13
18.	hat mindestens 10 kg Übergewicht	o	o	Fett 14
19.	wird wegen seines Übergewichts gehänselt	o	o	Fett 14
20.	ist die meiste Zeit aufsässig und ungehorsam	o	o	
21.	ist aufsässiger und ungehorsamer als andere Kinder seines Alters	o	o	
22.	wurde wegen seines Verhaltens schon einmal vom Schulbesuch, einem Ausflug oder Landheimaufenthalt ausgeschlossen	o	o	Diszi 16
23.	schwänzt manchmal die Schule	o	o	Schw 16
24.	hat starke Angst davor zur Schule zu gehen	o	o	Schang 17
25.	streitet sich fast jeden Tag mit seinen Geschwistern	o	o	Rival 18
	– dabei kommt es auch zu ernsthaften Verletzungen, Quälereien oder Drohungen	o	o	Rival 18
26.	wird von anderen Kindern häufig geärgert, gehänselt, verprügelt	o	o	Kontakt19
27.	hat Angst vor anderen Kindern	o	o	Kontakt19
28.	hat überhaupt keinen Kontakt zu Gleichaltrigen	o	o	Kontakt19
29.	prügelt sich häufig mit anderen Kindern	o	o	Kontakt19
	– dabei ist es auch schon mal zu ernsthafte Verletzungen gekommen	o	o	Kontakt19
30.	wechselt häufig seine Freunde	o	o	Kontakt19

Mein Kind ...		stimmt	stimmt nicht	
31.	ist in der Schule leicht ablenkbar und unkonzentriert	o	o	Ablenk 20
	– ist bei den Hausaufgaben sehr leicht ablenkbar und unkonzentriert	o	o	Ablenk 20
	– ist bei Regelspielen (Karten- oder Brettspiele) sehr leicht ablenkbar und unkonzentriert	o	o	Ablenk 20
32.	ist in der Schule sehr unruhig, zappelig, kann nicht stillsitzen	o	o	Hypkin 21
	– ist bei den Hausaufgaben sehr unruhig, zappelig, kann nicht stillsitzen	o	o	Hypkin 21
	– ist bei Regelspielen (Karten- oder Brettspiele) sehr unruhig, zappelig, kann nicht still sitzen	o	o	Hypkin 21
33.	ist im Straßenverkehr sehr unüberlegt, vorschnell, unvorsichtig und riskant in seinem Verhalten	o	o	Impuls 21
	– ist draußen beim Spielen sehr unüberlegt, vorschnell, unvorsichtig und riskant in seinem Verhalten	o	o	Impuls 21
	– ist beim Lösen von Aufgaben in der Schule oder zu Hause sehr unüberlegt und vorschnell	o	o	Impuls 21
34.	hat täglich einen Wutanfall	o	o	Labil 21
35.	ist überängstlich, macht sich viele Sorgen über zukünftige Ereignisse (z.B. Klassenarbeiten, unangenehme Aufgaben)	o	o	PathAngst
	wird dann manchmal vor lauter Aufregung "krank"	o	o	PathAngst
36.	hat **panische** Angst			
	– vor Spinnen, Mäusen, Hunden oder Ratten	o	o	Phob 22
	– alleine zuhause zu bleiben	o	o	Phob 22
	– vor fremden Menschen (z.B. bei einer Einladung)	o	o	Phob 22
	– vor Blitz, Donner oder Dunkelheit	o	o	Phob 22
	– vor dem Zahnarzt, Spritzen, Blut oder Verletzungen	o	o	Phob 22
37.	ist übertrieben ordentlich	o	o	Zwang 23
38.	wäscht sich oft die Hände, obwohl sie längst sauber sind	o	o	Zwang 23
39.	kontrolliert bestimmte Dinge mehrmals hintereinander innerhalb weniger Minuten nach (z.B. dass Türen oder Fenster verschlossen sind, die Schultasche gepackt ist)	o	o	Zwang 23
40.	kaut oder reißt so stark die Fingernägel, dass es häufiger zu blutenden Verletzungen kommt oder das Nagelbett bereits teilweise freiliegt	o	o	Nägel 24
41.	weigert sich oft mit fremden Erwachsenen zu sprechen, auch wenn es etwas gefragt wird	o	o	Mutis25
42.	ist mindestens einmal pro Woche für mindestens drei Stunden traurig oder niedergeschlagen	o	o	Depr25
	diese Stimmung steht meist in keinem Verhältnis zum auslösenden Ereignis	o	o	Depr25
43.	war mindestens 2 Wochen traurig oder niedergeschlagen	o	o	Depr25
44.	ist nur schwer auf andere Gedanken zu bringen, wenn es traurig ist	o	o	Depr25
45.	hat schon einmal ernsthaft gesagt, dass es sich umbringen will	o	o	Suiz 26
46.	hat schon gelegentlich geraucht	o	o	Niko 27
47.	hat schon hin und wieder Alkohol getrunken	o	o	Alk 28
48.	macht uns Probleme, weil es so oft lügt	o	o	Lüg 29
49.	hat zuhause oder außerhalb schon einmal etwas Wertvolleres (Wert größer 50 DM) gestohlen	o	o	
50.	hat schon mindestens fünfmal weniger wertvolle Dinge entwendet	o	o	Stehl 30
51.	hat schon einmal mit Absicht Dinge, die ihm nicht gehören zerstört oder beschädigt	o	o	Zerst 31
	– dabei ist ein Schaden von mindestens DM 50 entstanden	o	o	Zerst 31
52.	ist schon von zu Hause weggelaufen	o	o	Weg 31
53.	zeigt folgende, oben nicht genannte, auffällige Verhaltensweisen:			

Abb. 3.1 Mannheimer Elternfragebogen

Situationen, der Wahrnehmung dieser Faktoren durch die Betroffenen, ihre Interpretation und Bewertung dieser Situation, das kindliche Problemverhalten und seine Konsequenzen. Im retrospektiven Längsschnitt sind darüber hinaus der bisherige Umgang mit dem Problemverhalten, frühere Behandlungsversuche sowie Zeiten, in denen das Problemverhalten nicht auftrat, zu explorieren. Parallel dazu werden weitere psychodiagnostische Verfahren eingesetzt. Dazu zählen stets Testverfahren zur Erfassung der allgemeinen Intelligenz und spezifischer Teilleistungen, gegebenenfalls zusätzliche spezifische Fragebogenverfahren zur Erfassung umschriebener Störungsbilder, wie z.B. hyperkinetischer Störung, Essstörung, Depression, Angst oder des Selbstbildes.

Insbesondere wenn über das Erleben des Kindes nur schwer im Gespräch oder mit Fragebogenverfahren Informationen gesammelt werden können, sind auch projektive Testverfahren im Sinne einer Explorationshilfe zur Hypothesengenerierung einsetzbar. Dieses Verfahren sollte Ausgangspunkt für eine erneute Diskussion der Erlebnisinhalte des Kindes mit allen Beteiligten werden.

Ergänzende medizinische Untersuchungen sind vor allem bei funktionellen Beschwerden wie Einnässen, Schlafstörungen, Essstörungen, Kopf- und Bauchschmerzen sowie körperlichen Begleiterscheinungen der psychischen Problematik wie chronischen Krankheiten (z.B. Diabetes mellitus, Asthma bronchiale, Epilepsie etc.) oder Behinderungen unumgänglich. Sofern eine sorgfältige organische Abklärung bislang nicht erfolgte bzw. aus den anzufragenden Befundberichten nicht zu entnehmen ist, muss eine Rücküberweisung an den entsprechenden Arzt oder den Kinderarzt erfolgen. Die richtige Einschätzung der Notwendigkeit einer organischen Abklärung setzt ein fundiertes medizinisches Wissen über mögliche organische Ursachen und Begleiterscheinungen psychischer Störungen aufseiten des Psychologen bzw. Psychotherapeuten voraus. Das Übersehen organischer Einflussfaktoren kann ebenso den Therapieerfolg beeinträchtigen wie eine vorschnelle Überweisung an den Facharzt, die Patienten mit schwankender Therapiemotivation demonstrieren könnte, dass ihre Problematik allein mit Mitteln der Organmedizin gelöst werden kann. Bei ausbleibendem Erfolg einer Psychotherapie ist zudem die Frage zu stellen, ob eine Begleitbehandlung mit Psychopharmaka (z.B. Methylphenidat bei hyperkinetischen Störungen, Antidepressiva bei depressiven Erkrankungen) indiziert ist.

Diagnostik psychischer Störungen durch Interviews mit Eltern und Kindern

■ Der Interviewstil

Im Rahmen einer multimethodalen Diagnostik stellen Interviewverfahren das umfassendste und vielfältigste Instrument der Psychodiagnostik dar. Ziele von Interviewverfahren sind vor allem das aktuelle Problemverhalten, die Vorgeschichte und die sozialen Beziehungen. Das Interview bereitet darüber hinaus eine eventuell notwendige Therapie vor. Über die angemessene Interviewtechnik wurde lange und intensiv gestritten. Nicht-direktive Techniken stehen Techniken mit direkten und gezielten Fragen gegenüber. Nichtdirektiven Techniken werden Vorteile beim Aufbau einer therapeutischen Beziehung (der Klient fühlt sich eher verstanden) zugeschrieben, den direktiveren Verfahren Vorteile bei der systematischen Erfassung von Information. Cox et al. (1981a, b, c) untersuchten 4 von Rutter u. Cox (1981) unterschiedene Interviewstile:

1. den streng nicht-direktiven **Resonanzstil**, der sich auf das nicht-interpretative Spiegeln der Äußerungen der Mutter beschränkt und keine aktiven Bemühungen des Interviewers erkennen lässt, Fakten oder Gefühle zu explorieren,
2. den aktiven **Psychotherapiestil**, bei dem zusätzlich Gefühle exploriert und Interpretationen gegeben werden,
3. den **strukturierten Stil**, bei dem systematisch die vom Klienten gegebenen Informationen weiter exploriert werden, ohne gleichfalls aktiv die Gefühle zu erfragen oder zu interpretieren und
4. die Kombination von strukturiertem Stil und aktiv-psychotherapeutischem Stil als das systematische Explorieren von Fakten und Gefühlen mit entprechenden Interpretationen des Untersuchers.

Alle Mütter wurden 2-mal (mit jeweils unterschiedlicher Technik) exploriert. In der Akzeptanz der Interviewstile ergaben sich keine Unterschiede. Nur wenige Mütter zeigten eindeutige Präferenzen für einen nicht-direktiven oder direktiven Interviewstil. Auch die Messung der Menge und Art der durch die Mütter geäußerten Gefühle im Interview unterschieden sich nicht. Auch ein direktiver Interviewstil führt somit nicht zu einer Reduktion der Affektresonanz beim Interviewten. Bezüglich der Kernsymptomatik und der familiären Situation waren alle Verfahren auch in ihrer Informationsausschöpfung vergleichbar. Die Stile 3 und 4, die aktiv Fakten sammelten, führten allerdings zu detaillierteren und umfassenderen Beschreibungen der Gesamtsymptomatik des Kindes und waren somit den Ansätzen 1 und 2 überlegen. Die Tatsache, dass auch mit unstrukturierten Verfahren die Kernsymptomatik und die familiären Probleme reliabel erfasst werden können, unterstützt die Empfehlung, Eltern zu Beginn des Erstgespräches zunächst frei erzählen zu lassen, bevor mit strukturierten Verfahren die erhaltene Information ergänzt wird.

Das Interviewsetting

Kontroverse Auffassungen bestehen darüber, ob im Erstgespräch Eltern und Kind gemeinsam oder getrennt befragt werden sollen (Poustka 1988, Cox 1994b). Als Vorzüge der gemeinsamen Befragung werden Informationen über die Interaktion zwischen Eltern und Kind, die „offizielle Sichtweise des Problemverhaltens in der Familie" sowie die sofortige Gegenüberstellung der verschiedenen Auffassungen der Familienmitglieder genannt. Darüber hinaus wird durch das gemeinsame Gespräch eine gemeinsame Plattform für den Vorstellungsgrund geschaffen, die es allen Beteiligten ermöglicht, sich am weiteren diagnostischen und therapeutischen Vorgehen zu beteiligen.

Befürworter einer getrennten Befragung gehen von einer offeneren Beschreibung des Problemverhaltens durch Eltern und Kind aus und befürchten bei einer gemeinsamen Befragung eine Stigmatisierung und somit schwere seelische Belastung des Kindes.

Die einzige systematische Untersuchung des Informationsgewinns bei getrennter und gemeinsamer Befragung von Jugendlichen und ihren Eltern (Eminson 1988, zit. nach Cox 1994a) erbrachte keine Unterschiede bezüglich der Gesamtsymptomatik, jedoch leichte Vorteile der getrennten Befragung für die Exploration der Genese der Störung des Jugendlichen.

Ob und welche Unterschiede sich in der Informationsgewinnung in anderen Altersgruppen zeigen und wie sich die unterschiedlichen Interviewsettings auf die Vertrauensbasis zwischen Therapeut, Kind und Eltern auswirken, bleibt offen. Die Entscheidung über das 1. Interviewsetting sollte vom Alter des Kindes abhängig gemacht werden. Bei sehr jungen Kindern (bis zur Einschulung) kann es vorteilhaft sein, zuerst nur die Eltern zu befragen. In allen übrigen Fällen ist ein erster gemeinsamer Kontakt aufgrund der einfacher herzustellenden Vertrauensbasis vorzuziehen. Im Anschluss an das Erstgespräch sollte sowohl den Eltern als auch dem Kind Gelegenheit gegeben werden, mit dem Untersucher allein zu sprechen.

Eltern- und Kinderinformationen

Wie oben dargelegt, stimmen die Informationen von Eltern und Kindern nur mäßig überein. Im Einzelfall steht der Untersucher vor der Entscheidung, welcher Informationsquelle er eine größere Validität zuschreiben soll. Neben individuellen Merkmalen wie Sensibilität und Reflexivität der Informanten steigt die Bedeutung der vom Kind gewonnenen Informationen mit seinem Alter an. Der Diagnostiker muss sich jedoch darüber im Klaren sein, dass die subjektive Sicht auch eines Kindes im Grundschulalter nicht mit den objektiven Gegebenheiten übereinstimmen muss. Bei 8- bis 10-jährigen Kindern einer kinderpsychiatrischen Klinikpopulation konnte gezeigt werden, dass die Informationen aus einem ausführlichen und strukturierten Kinderinterview (Schwarzbach 1978) bei gleichzeitig vorliegendem ausführlichem und strukturiertem Elterninterview (Poustka 1977) keinen wesentlichen zusätzlichen Beitrag zur Diagnosestellung leisten (Kawetzki u. Kirchner 1979, Will 1979). In der gleichen Altersgruppe führen Kinderangaben allein nicht zu einer verlässlichen Aussage darüber, ob überhaupt eine psychische Störung vorliegt (Rutter u. Graham 1968, Berg u. Fielding 1979). Insbesondere emotionale und Somatisierungssymptome sind allein aufgrund von Kinderangaben verlässlich frühestens ab 12 Jahren erfassbar (Poustka 1988). In der Mannheimer Risikokinderstudie erwiesen sich bei 8-Jährigen in Vorversuchen 15 der insgesamt 39 im Elterninterview erfassten Symptome als aussichtsreich auch im Kinderinterview zu validen Informationen beizutragen (Hösch et al. 1994). Gemessen an dem symptombezogenen klinischen Gesamturteil wiesen alle 15 ausgewählten Symptome eine gute bis sehr gute Spezifität auf. Die Sensitivität schwankte stark (zwischen 0 und 100 %) und war insbesondere bei expansiven Symptomen (destruktives Verhalten, Stehlen, oppositionelles Verhalten) sehr niedrig (<40%), suizidale Gedanken, Trennungsangst, Schulangst, Adipositas und Substanzgebrauch wiesen jeweils eine Sensitivität von >70% auf, im mittleren Bereich (40–70%) bewegten sich Schulschwänzen, Phobien, depressive Verstimmungen, Geschwisterrivalität, Schüchternheit, Aggressivität und generalisierte Angst.

Trotz dieser Einschränkung ist eine getrennte Befragung des Kindes zur Erfassung seiner Sichtweise und Gefühle unerlässlich. Dies gilt auch für externalisierende Störungen, die zwar besser von „außen" durch Eltern und Lehrer beurteilt werden können, zu denen das Kind jedoch neben seinen Beweggründen auch weitere, bisher nicht bekannt gewordene Auffälligkeiten beitragen kann. Internalisierende Störungen definieren sich allein über die Gefühlswelt des Kindes. Eltern und andere Bezugspersonen sind in ihrer Beurteilung auf ihre Beobachtungen und Interpretationen des kindlichen Verhaltens bzw. die Mitteilungen des Kindes angewiesen.

Trotz ihres prinzipiellen Nachteils in der Informationsgewinnung sind die meisten Eltern auch bei internalisierenden Störungen wegen ihrer stabileren Urteilsstruktur bis zur Adoleszenz die verlässlicheren Informanten, denn Kinder lassen sich viel stärker von momentanen Erlebnissen und Befindlichkeiten beeinflussen.

■ Strukturierte Interviews

Die ersten epidemiologischen Untersuchungen über psychische Störungen im Kindes- und Jugendalter von Rutter et al. Ende der 60er-Jahre waren der Anlass, die geringe Übereinstimmung klinischer Urteile und Diagnosen kritisch zu reflektieren. Kappa-Koeffizienten zwischen 0,02 und 0,56 (Schmidt 1978) unterstrichen die geringe Zuverlässigkeit und Objektivität von klinischen Diagnosen. Für die unzureichende Güte der Diagnosen waren nicht nur ihre unzureichenden Definitionen in den damaligen Klassifikationssystemen (ICD-8 und DSM-II) verantwortlich, sondern auch die unterschiedliche Datenerhebung seitens des Diagnostikers. Auch mit den ersten, noch halbstrukturierten Interviews (Rutter u. Graham 1968, Graham u. Rutter 1968) konnten bereits deutliche Verbesserungen der Beurteilerübereinstimmung erzielt werden. Dies galt sowohl für klinisch unerfahrene Studenten als auch für erfahrene Psychologen und Ärzte in einer kinderpsychiatrischen Klinik (Will 1979). Für Novizen stellen strukturierte Interviews eine gute Anleitung zum Erlernen der Untersuchungstechnik dar (Poustka 1988).

Aus den halbstrukturierten Verfahren der 60er- und 70er-Jahre sind im englischen Sprachraum hochstrukturierte und vollstrukturierte (standardisierte) Interviews für den Kindes- und Jugendbereich entwickelt worden. Hochstrukturierte Interviews erfassen anhand vorgegebener Fragen und Sprungregeln alle notwendigen Informationen, um bestimmte Symptomausprägungen oder Diagnosen zu erfassen. Sie sind, obwohl die Fragen wörtlich an den Patienten gerichtet werden können (und sollten) letztlich Fragen an den Untersucher, der versuchen muss, vom Patienten alle relevanten Informationen einzuholen, um die entsprechenden Fragen zu beantworten.

Trotz hohem Strukturierungsgrad bleibt dem Untersucher ein gewisser Spielraum erhalten, um Zusatzinformationen und Beobachtungen einfließen zu lassen. Der Untersucher korrigiert zudem offensichtlich falsche Angaben des Patienten (wenn dieser z.B. Alkoholkonsum völlig verneint, aber deutlich nach Alkohol riecht).

Vollstrukturierte bzw. standardisierte Interviews verlangen eine wörtliche Vorgabe der Fragen und eine Codierung der wörtlich gegebenen Antwort des Patienten. Damit weisen diese Verfahren eine maximale Durchführungs- und Auswertungsobjektivität auf. Die Diagnosenstellung erfolgt meist mit Hilfe von Computeralgorithmen, sodass auch die Interpretationsobjektivtät maximiert ist. Die Minimierung der Fehler des Untersuchers führt auf der anderen Seite zu einer

Maximierung der Fehler des Patienten: Tendenzen der Simulation und Dissimulation, falsches Fragenverständnis, fehlerhafte subjektive Urteilsanker (trotz vorgegebener Skalierung), z. B. durch Überbewertung von Verhalten in einzelnen Situationen wirken sich ungefiltert bzw. unkorrigiert bis auf die Diagnosenstellung aus.

Für den klinischen Einsatz sind deshalb strukturierte Verfahren den standardisierten Verfahren vorzuziehen. Standardisierte Interviews sind überall dort, wo informierte Laien die Untersuchung durchführen (z. B. in groß angelegten Feldstudien) erste Wahl. Auch strukturierte Verfahren werden in der klinischen Praxis trotz ihrer eindeutigen Vorteile gegenüber einem unstrukturierten Vorgehen selten eingesetzt. Die Argumente hoher Durchführungsaufwand und geringe Flexibilität in der Anwendung (Döpfner et al. 2000) sind in der Praxis jedoch nicht haltbar. Durch strukturierte Interviews wird wesentlich ökonomischer als mit weniger strukturierten Verfahren die Gesamtheit der Symptomatik erfasst. Strukturierte Verfahren ermöglichen bei entsprechender Routine des Interviewers einen sehr flexiblen Untersuchungsablauf, in dem der Interviewer die Reihenfolge der Fragenkomplexe dem vom Patienten spontan genannten Symptombereich anpasst. Erfahrene Untersucher benötigen häufig lediglich eine Symptomcheckliste zur Durchführung des Interviews.

Im angloamerikanischen Sprachbereich haben folgende standardisierte Verfahren Verbreitung gefunden: Diagnostic Interview for Children and Adolescents – revised (DICA-R, Welner et al. 1987) und das Diagnostic Interview Schedule for Children (DISC-IV, Shaffer et al. 1996). Beide Verfahren liegen für 6- bis 18-Jährige in einer Eltern- und einer Kindversion vor und decken das gesamte Störungsspektrum ab. Sie erlauben Diagnosen nach DSM-III-R (DICA) bzw. DSM-IV (DISC).

Als strukturierte Interviews stehen weitere 5 Verfahren zur Verfügung:

- Das **Schedule for Affective Disorders and Schizophrenia in School-age children** – revised (**Kiddy-SADS**, Ambrosini et al. 1989). Neben den ursprünglich ausschließlich erfassten affektiven Störungen und Schizophrenien wurde das Instrument inzwischen durch die meisten übrigen Störungsbilder ergänzt, sodass zwischen 6 und 18 Jahren DSM-III-Diagnosen aus Eltern- und Kindversion gestellt werden können.
- **Das Anxiety Disorders Interview Schedule** – revised (**ADISC-R**, Silverman et al. 1991) war ursprünglich nur für Angststörungen konzipiert, hat aber ebenso wie das Kiddy-SADS eine entsprechende Erweiterung erfahren.
- Die **Child Assessment Schedule** (**CAS**, Hodges et al. 1982) ist als Kinderinterview für einen Altersbereich von 7–12 Jahren vorgesehen und orientiert sich am DSM-III. Reliabilität und Validität erwiesen sich für emotionale Symptome bzw. Syndrome als nicht befriedigend.
- Das **Interview Schedule for Children** (**ISC**, Kovacs 1985) wird als halbstrukturiertes Interview mit Eltern und Kind durchgeführt. Der Altersbereich umfasst 8–17 Jahre, der diagnostische Schwerpunkt liegt auf depressiven und Angststörungen. Die Testgütekriterien waren für depressive Störungen gut. Das diagnostische Bezugssystem ist auch hier das DSM-III.
- Das **Child and Adolescents Psychiatric Assessment** (**CAPA**, Angold et al. 1995) liegt für 6- bis 18-Jährige als reines Kinderinterview vor und erlaubt Diagnosen nach DSM-III-R.

Im deutschen Sprachraum existieren bislang lediglich 2 strukturierte Interviews zur Erfassung psychischer Störungen im Kindes- und Jugendalter: das Mannheimer Elterninterview (MEI, Esser et al. 1989) und das Diagnostische Interview bei psychischen Störungen im Kindes- und Jugendalter (Kinder-DIPS, Unnewehr et al.1995).

Das **Mannheimer Elterninterview** wurde im Rahmen der Mannheimer Kurpfalzerhebung entwickelt und sowohl in mehreren Untersuchungswellen in Feldstudien wie auch an klinischen Fällen evaluiert. Neben der publizierten Form, die auf Untersuchungswellen von 8–18 Jahren basiert, existieren aus den Mannheimer Längsschnittstudien (vgl. Esser et al. 2000, Laucht et al. 2000) zahlreiche Forschungsversionen des MEI für das Säuglingsalter (3 Monate), Kleinkindalter (2 Jahre), Kindergartenalter (4 Jahre), Grundschulalter (8 Jahre), die Adoleszenz (11 und 13 Jahre) und das Erwachsenenalter (18 und 25 Jahre). Ab dem Alter von 8 Jahren liegen jeweils sowohl eine Kinder- als auch eine Elternversion vor, für das Säuglings- bis Kindergartenalter gibt es nur Elternversionen.

Das MEI gliedert sich in 6 Teile und umfasst:

- soziodemographische Angaben,
- die kinder- und jugendpsychiatrische Symptomatik,
- frühere Behandlungsepisoden,
- die Partnerbeziehung,
- seelische Gesundheit der Eltern,
- akute Lebensereignisse und chronische Belastungen.

Kernstück ist die kinder- und jugendpsychiatrische Symptomatik, die ca. 60% des Fragenumfangs ausmacht; mit den übrigen Fragenteilen werden relevante Risikofaktoren in der Familie erfasst.

Die kinderpsychiatrischen Störungen werden über 40 Einzelsymptome erfragt, die jeweils als eigener Fragenkomplex exakt operationalisiert sind und als nicht vorhanden (0), mäßig (1) und stark ausgeprägt (2) beurteilt werden. Stark ausgeprägte Symptome erfüllen dabei in der Regel die Kriterien für die entsprechende ICD-10-Diagnose (Naab 1994). Als Beispiel ist die Erfassung von Phobien dargestellt (Abb. 3.**2a,b**).

Das Interview liefert alle wesentlichen Informationen zur Vergabe einer Diagnose nach ICD-10, die jedoch von einem erfahrenen Kliniker gefällt werden muss. Für einen informierten Laien ist es möglich, mithilfe des Interviews festzustellen, ob bedeutende Symptome vorliegen, die eine psychische Störung wahrscheinlich machen. Darüber hinaus kann er eine grobdiagnostische Einordnung dieser Störung aufgrund von Hilfstabellen vornehmen, die für jeden Symptomschweregrad die Basisrate, die Wahrscheinlichkeit für eine psychische Störung und die Wahrscheinlichkeit für eine von 4 diagnostischen Gruppen (emotionale Störung, hyperkinetische Störung, Störung des Sozialverhaltens, spezifische Symptome und Syndrome) anzeigen. Das Interview weist eine befriedigende bis gute Interraterreliabilität (auf Symptomebene Kappa = 0,77, Übereinstimmungsprozent = 96, auf der Ebene Fall/Nicht-Fall Kappa = 0,79, Übereinstimmungsprozent = 91, auf Diagnosenebene Kappa = 0,71, Übereinstimmungsprozent = 79),Validität (Fall/Nicht-Fall Übereinstimmungsprozent = 88, Diagnose Übereinstimmungsprozent = 81 für Experten, = 42 für Novizen) und Ökonomie (40–50 Minuten für den Symptomteil) auf.

Das Kinder-DIPS wurde als Kinder- und Elterninterview konstruiert und leitet die Fragen der identischen Parallelversionen, wobei in der Kindversion z.T. kindgerechtere Formulierungen gewählt wurden, aus den Forschungskriterien der ICD-10 und dem DSM-III-R ab.

In einer Überarbeitung wurden die Kriterien an DSM-IV adaptiert. Insgesamt werden 17 diagnostische Bereiche differenziert erfasst, zu 2 weiteren (Substanzmissbrauch und Schizophrenie) werden Screeningfragen gestellt. Nicht berücksichtigt werden die somatoformen und hypochondrischen Störungen, Schlafstörungen, Ticstörungen, Mutismus, stereotype Bewegungsstörungen, Geschwisterrivalität, Autismus und aus dem Bereich des Substanzmissbrauchs der Tabakkonsum. Als Beispiel sind auch hier die spezifischen Phobien dargestellt (Abb. 3.**3a,b**).

Die Testgütekriterien wurden an einer überwiegend stationären kinderpsychiatrischen Stichprobe mit erheblichem Chronifizierungsgrad (durchschnittlich 27 Monate Klinikaufenthalt) überprüft. Dabei zeigten sich bei Bildung von 6 diagnostischen Oberklassen überwiegend befriedigende bis gute Retestreliabilitäten (Kinderversion Kappa = 0,51–1,0, Übereinstimmungsprozent 75–100, Elternversion Kappa = 0,37–1,0, Übereinstimmungsprozent 89–100). Wegen geringer Zellenbesetzung konnten differenzierte Übereinstimmungen auf Diagnosen- oder Symptomebene nicht interpretiert werden. Die gefundenen Zusammenhänge waren insgesamt jedoch ermutigend. Als wichtigste Fehlerquellen erwiesen sich abweichende Angaben der Informanten beim 2. Interviewtermin sowie Fehler bei der Symptomgewichtung, die durch ein intensiviertes Interviewertraining verbessert werden können.

Zur Validierung wurden nicht die klinischen Diagnosen, sondern standardisierte Fragebogenverfahren (CBCL, YSR, DIKJ, State-Trait Angstinventar für Kinder, Fragebogen zum Essverhalten) verwendet. Erwartungsgemäß zeigten alle spezifischen Störungsgruppen in den störungsspezifischen Fragebögen höhere Werte als die Vergleichsgruppen, wobei unklar bleibt, welche CBCL- und YSR-Subskalen wirklich verwendet wurden und wie in Ermangelung von essgestör-

KINDER- UND JUGENDPSYCHIATRISCHE SYMPTOMATIK

Pathologische Ängste

Ist X im Allgemeinen überängstlich, macht sich viele Sorgen über zukünftige Ereignisse wie Prüfungen oder unangenehme Aufgaben?
Wie zeigt sich die Angst bei X (Schweißausbrüche, Durchfall, Schlafstörungen, Zittern)?

☐ Nein ☐ Ja

Wird X vor lauter Aufregung so „krank", dass er den bevorstehenden Termin nicht mehr wahrnehmen kann?

☐ Nein ☐ Ja

Wie oft kommt es vor, dass X solche Ängste vor zukünftigen Ereignissen hat?

→ Symptombeurteilung durch Interviewer ☐
0 = nicht vorhanden
1 = mäßig ausgeprägt
2 = stark ausgeprägt

Dauer der Symptomatik seit ☐☐ Jahre ☐☐ Monate

Phobien

Ich zeige Ihnen nun eine Liste, in der Situationen und Dinge aufgeführt sind, vor denen Kinder und Jugendliche (und auch Erwachsene) Angst haben können. Bitte kreuzen Sie immer an, wovor und wie sehr X sich ängstigt.

Angstliste vorgeben!

Was ist von den Dingen, die Sie angekreuzt haben, für X im Alltag das größte Problem? Bestimme die vier X am meisten ängstigenden Situationen (Fragenummern aus Liste eintragen!)

1 2 3 4
☐☐☐☐

Schildern Sie bitte die näheren Umstände der Ängste von X

zu 1. ____

zu 2. ____

zu 3. ____

zu 4. ____

Wie versucht X den Angst erregenden Situationen aus dem Weg zu gehen?

zu 1. ____

zu 2. ____

zu 3. ____

zu 4. ____

Wie sehr ist X durch seine Ängste im Alltag beeinträchtigt? An welchen Aktivitäten kann er beispielsweise nicht teilnehmen, welche Interessen nicht verfolgen?

Notiere: ____

→ Symptombeurteilung durch Interviewer ☐
0 = nicht vorhanden
1 = mäßig ausgeprägt
2 = stark ausgeprägt

Dauer der Symptomatik seit ☐☐ Jahre ☐☐ Monate

DEFINITION

(1) Eine mäßig ausgeprägte allgemeine Überängstlichkeit liegt vor, wenn X sich viele Sorgen über zukünftige Ereignisse macht, stark an seinen eigenen Fähigkeiten zweifelt, sehr aufgeregt ist, wenn er einen Termin hat und sich diese Angst in physiologischen Reaktionen wie Schweißausbrüchen, Zittern, Durchfall oder Schlafstörungen äußert. Diese Reaktionen treten bei X bereits bei kleineren Anlässen auf, die Gleichaltrige im Allgemeinen gut verkraften. Die Symptombewertung wird vorgenommen, wenn X mindestens 1-mal in der Woche in der beschriebenen Weise reagiert.

(2) X reagiert in der unter (1) beschriebenen Weise mindestens jeden zweiten Tag, d. h. hat fast ständig Befürchtungen bezüglich künftiger Ereignisse oder reagiert seltener (mind. 1x/Monat) so heftig vor derartigen Ereignissen, dass er krank wird oder die ganze Nacht nicht schlafen kann und deshalb den Termin nicht wahrnehmen kann.

Eine phobische Symptomatik liegt dann vor, wenn X die Angst erregende Situation systematisch meidet und dies zu deutlichen oder schweren Beeinträchtigungen im Alltag führt. Bei deutlichen Beeinträchtigungen wird das Symptom als mäßig, bei schweren Beeinträchtigungen als stark ausgeprägt beurteilt. Da die Symptombeurteilung in Abhängigkeit vom Angstinhalt erfolgen muss, können nur Anker für den Symptomschweregrad gegeben werden.

(1) X hat Angst vor dem Zahnarzt, sodass er/sie Termine verschiebt, sich weigert zum Zahnarzt zu gehen, den Zahnarzt nur aufsucht, wenn er/sie starke Schmerzen verspürt.

X hat Angst, in einem Geschäft nach etwas zu fragen, er/sie geht nur widerwillig in Geschäfte mit Bedienung, lässt sich auch für den Kauf wichtige Dinge nicht erklären, fragt nicht nach Alternativen, kauft nur subjektiv sehr wichtige Dinge in Geschäften mit Bedienung.

(2) X hat Angst vor dem Zahnarzt, lässt seine/ihre Zähne verfaulen, geht auch nicht bei merklichen Schmerzen zum Zahnarzt, ist nur in Ausnahmefällen und mit viel Aufwand dazu zu bringen, doch den Zahnarzt aufzusuchen.

X hat Angst, in Geschäften nach etwas zu fragen, X kauft grundsätzlich nur in Selbstbedienungsläden oder kauft gar nichts ein, verzichtet lieber auf subjektiv wichtige Dinge, als in Geschäften danach zu fragen.

Abb. 3.2a Mannheimer Elterninterview (Seite 22, Phobien)

KINDER- UND JUGENDPSYCHIATRISCHE SYMPTOMATIK

Mein Kind hat Angst vor (davor) ...	stark	ziemlich	etwas	gar nicht
1. Auto-, Bus- oder Bahn fahren	4	3	2	1
2. Karussell- oder Fahrstuhl fahren	4	3	2	1
3. Menschenansammlungen auf der Straße, in Geschäften, im Kino, im Theater, in der Kirche usw.	4	3	2	1
4. dem allein weggehen oder dem alleine zu Hause bleiben	4	3	2	1
5. geschlossenen Räumen (Telefonzelle, Fahrstuhl, Tunnel, unter der Friseurhaube usw.)	4	3	2	1
6. über freie Plätze oder Brücken zu gehen	4	3	2	1
7. fremden Menschen z.B. einer Einladung	4	3	2	1
8. in der Öffentlichkeit zu sprechen, zu essen, in einem Geschäft nach etwas zu fragen	4	3	2	1
9. Spinnen, Mäusen, Hunden, Ratten oder anderen Tieren	4	3	2	1
10. Blitz, Donner oder Dunkelheit	4	3	2	1
11. großen Höhen	4	3	2	1
12. dem Zahnarzt, Spritzen, Blut oder Verletzungen	4	3	2	1
13. anderem	4	3	2	1

Abb. 3.**2b** Mannheimer Elterninterview (Seite 22a, Phobien)

SPEZIFISCHE PHOBIE

1. Fürchtest du dich vor Dingen oder Situationen wie ...

Schätzen Sie nachfolgend das Ausmaß von Angst und Vermeidung auf einer Skala von 0–4 ein:

0	1	2	3	4
gar nicht/ vermeidet nie	ein wenig/ vermeidet selten	mäßig/ vermeidet gelegentlich	schwer/ vermeidet häufig	sehr schwer/ vermeidet immer

	Angst	Vermeidung
Höhen	....	....
Mit dem Flugzeug fliegen	....	....
Auto fahren	....	....
Bestimmten Tieren (wenn ja, welches?)	....	....
Blut oder Verletzungen bei Dir selbst	....	....
Blut oder Verletzungen bei anderen	....	....
Untersuchungen beim Arzt/Zahnarzt	....	....
Spritzen	....	....
Dunkelheit oder Geister	....	....
Wasser (z.B. Seen, Meer)	....	....
Unwetter (z.B. Gewitter, Stürme)	....	....
Schule	....	....
Sonstiges (Wenn ja, was?	....	....
Falls gegenwärtig NEIN: Früher?	....	....

Falls NEIN, weiter zu Sozialphobie

Falls unter Frage 1 nur Angst oder Vermeidung des Schulbesuchs angegeben wird, weiter mit Frage 2; falls Angst oder Vermeidung vor anderen Dingen, weiter mit Frage 4.

2. Hast du Angst oder gehst du nicht mehr zur Schule ...

2.1 ... weil du dort vor bestimmten Dingen Angst hast? Ja ...... Nein ......
2.2 ... weil du keine Lust hast? Ja ...... Nein ......
2.3 ... weil du Angst vor einer Trennung von deinen Eltern (sonstigen Bezugspersonen) hast? Ja ...... Nein ......

Falls Vermeidung des Schulbesuchs ausschließlich wegen JA bei 2.2. oder 2.3 und keine Angst vor weiteren Situationen besteht, weiter zu Sozialphobie

Hinweis: Falls ausschließlich Angst wegen Trennung von Erziehungspersonen, sollte Vorliegen einer Störung mit Trennungsangst geprüft werden

Abb. 3.**3a** Kinder DIPS, Spezifische Phobien (Seite 25)

3. Warum hast du solche Angst vor der Schule? Hast du Angst ...

... vor einem bestimmten Lehrer / bestimmten Lehrerin? Ja ...... Nein ......
... vor bestimmten Klassenkameraden? Ja ...... Nein ......
... davor, dich im Unterricht zu melden oder vor der Klasse was sagen zu müssen? *(Sozialphobie abklären)* Ja ...... Nein ......
... Sonstiges? Ja ...... Nein ......
(Beschreiben)

4. Hast du fast immer Angst, wenn du (...) begegnest? Ja ...... Nein ......

5. Meinst du, dass deine Angst vor (...) übertrieben ist und dass du eigentlich gar nicht so viel Angst haben müsstest? Ja ...... Nein ......

6. Seit wann hast du diese Angst vor (...)?
(Beschreiben)

6.1 Gab es ein bestimmtes Ereignis, nach dem diese Angst bei dir aufgetreten ist? Ja ...... Nein ......
(Beschreiben)

Hinweis: Falls hier Hinweise auf Drogen- oder Medikamentenmissbrauch auftrauchen, sollte die Diagnose „Substanzinduzierte Angststörung" in Erwägung gezogen werden

7. Wie stark fühlst du dich durch diese Angst in deinem Leben, in der Schule, in der Freizeit, im Umgang mit Freunden usw. beeinträchtigt?
(Schätzen Sie die Beeinträchtigung auf einer Skala von 0–4 ein:)

0	1	2	3	4
gar nicht	ein wenig	mäßig	schwer	sehr schwer/ massiv beeinträchtigt

Abb. 3.**3b** Kinder DIPS, Spezifische Phobien (Seite 26)

ten Kindern in der Stichprobe die Unterschiede bezüglich des Essstörungsfragebogens zustande kamen.

Die Durchführung sieht ein getrenntes Interview mit dem Kind und mit mindestens einem Elternteil vor, es können sodann getrennte und eine gemeinsame Diagnose auf der Basis beider Interviews gestellt werden. Die Regeln für die Diagnosestellung sind dem Manual zu entnehmen. Bei dem Versuch, die Kindversion in der Mannheimer Risikokinderstudie einzusetzen, erwiesen sich für viele Kinder unter 10 Jahren die Fragen als zu schwierig.

Obwohl MEI und Kinder-DIPS auf den ersten Blick das gleiche Ziel verfolgen, sind sie jedoch relativ verschieden. Das Kinder-DIPS ist streng an DSM-IV und ICD-10 orientiert und bemüht, auch wenn einige Störungsbilder fehlen, exakte feingegliederte Diagnosen, z.B. im Angst- und Depressionsbereich, zu stellen. Dies erweckt manchmal zwar den Eindruck, als habe jemand die DSM-IV- oder ICD-10-Kriterien einfach als Frage formuliert, erfüllt jedoch das gesteckte Ziel zumindest bei den Eltern und bei Jugendlichen; für viele Kinder unter 10 Jahren sind die gestellten Fragen jedoch nicht ausreichend verständlich. Darüber hinaus sind aus dem Kinder-DIPS auch Therapiehinweise ableitbar.

Das MEI stammt aus der epidemiologischen Forschung. Obwohl es die Informationen für die meisten ICD-10-Diagnosen bereitstellt, werden nicht alle Kriterien für feingliedrige Diagnosen erfragt, sodass hierfür zusätzliche klinische Kenntnisse notwendig sind. Das MEI versteht sich in erster Linie als Instrument zur Erfassung einer klinisch relevanten psychischen Störung mit gleichzeitiger Zuordnung zu einer Diagnosegruppe. Das MEI gibt keine Therapiehinweise und orientiert sich in seinen Fragestellungen vor allem an den Wahrscheinlichkeiten des Auftretens psychischer Störungen.

Die von beiden Interviews gewählten Untertitel: Diagnostisches Interview **bei** psychischen **Störungen** im Kindes- und Jugendalter (Kinder-DIPS) vs. Strukturiertes Interview **zur Erfassung** kinderpsychiatrischen **Auffälligkeiten** (MEI) zeigt deutlich die Unterschiede in Zielrichtung und Einsatzbereich. Während das DIPS Vorteile in klinischen Stichproben zur Feindifferenzierung der Störung und Therapieplanung besitzt, hat das MEI Vorteile in der Primärversorgung (z.B. in der Kinderarztpraxis) sowie in kinderpsychiatrischen Risikostichproben (z.B. in Beratungsstellen und Sozialpädiatrischen Zentren).

Zusammenfassung

Interviewverfahren stellen das umfassendste und vielfältigste Instrument der Psychodiagnostik dar. Techniken mit gezielten Fragen führen zu einer besseren Informationsausschöpfung, insbesondere der Gesamtsymptomatik. Im Hinblick auf den Vorstellungsgrund und familiäre Probleme ergeben sich keine Vorteile gegenüber nicht-direktiven Verfahren.

Im Erstgespräch steht eine gemeinsame Befragung von Eltern und Kind einer getrennten Befragung gleich.

Die Übereinstimmung der Angaben von Eltern und Kind ist mäßig. Auch wenn die Befragung des Kindes für die Diagnostik unerlässlich ist, ist allein auf ihrer Grundlage keine Diagnosestellung möglich. Bis zur Adoleszenz bleiben die Eltern die wichtigeren Informanten.

Durch strukturierte Interviews können Informationen umfassender, objektiver und reliabler erfasst werden. Die Verwendung von strukturierten Interviews erhöht die Zuverlässigkeit von Diagnosen. Für das Kindes- und Jugendalter liegen im deutschen Sprachraum das Kinder-DIPS als Eltern- und Kinderinterview und das MEI als Elterninterview vor.

Literatur

Achenbach TM, McConaughty SH, Howell CT. Child-adolescent behavioral and emotional problems. Implications of cross informant correlations for situation specifity. Psychol Bull. 1987;101:213-32.

Ambrosini PJ, Metz C, Prabucki K, Lee CJ. Videotape reliability of the third revised edition of the KSADS. J Am Acad Child Adol Psychiat. 1989;28:723-28.

Angold A, Prendergast M, Cox A, Harrington R, Simonoff E, Rutter M. The Child and Adolescent Psychiatric Assessment (CAPA). Psychological Medicine. 1995;25:739-53.

Arbeitsgruppe Deutsche Child Behavior Checklist Elternfragebogen über das Verhalten von Kindern und Jugendlichen; deutsche Bearbeitung der Child Behavior Checklist (CBCL / 4-18). Einführung und Anleitung zur Handauswertung. 2. Auf. Köln: Arbeitsgruppe Kinder-, Jugend- und Familiendiagnostik (KJFD); 1998.

Berg I, Fielding D. An interview with a child to assess psychiatric disturbance. J Child Psychol. 1979;1;83-96.

Cantwell DP. DSM-III studies. In: Rutter M, Tuma AH, Lann IS, eds. Assessment and diagnosis in child psychopathology. London: Fulton; 1988: 3-36.

Costello EJ. Developments in child psychiatric epidemiology epidemiology. J Am Acad Child Adol Psychiat. 1989;28:836-41.

Cox A, Hopkinson KF, Rutter M. Psychiatric interview techniques. II. Naturalistic study: Eliciting factual information. Br J Psychiat. 1981a;138;283-90.

Cox A, Rutter M, Holbrook D. Psychiatric interviewing techniques V. Experimental study: Eliciting factural information. Br J Psychiat. 1981 b;139:29-38.

Cox A, Holbrook D, Rutter M. Psychiatric interviewing techniques VI. Experimental study: Eliciting feelings. Br J Psychiat. 1981c;139:144-53.

Cox A. Classification in child psychiatry: a critique of approaches based on parental questionnaires. In: Schmidt MH, Remschmidt H, eds. Needs and prospects of child and adolescent psychiatry. Toronto: Hogrefe & Huber; 1994: 93-7.

Cox AD. Diagnostic approisal. In: Rutter M, Taylor E, Herrov L, eds. Child and adolescent psychiatry. Oxford: Blackwell; 1994 a.

Cox AD. Interviews with parents. In: Rutter M, Taylor E, Herrov L, eds. Child and adolescent psychiatry. Oxford: Blackwell; 1994 b.

Döpfner M, Lehmkuhl G, Petermann F, Scheithauer H. Diagnostik psychischer Störungen. In: Petermann F, Hrsg. Lehrbuch der klinischen Kinderpsychologie und -psychotherapie. Göttingen: Hogrefe; 2000.

Esser G, Lahnert B, Schmidt MH. Determinanten der Inanspruchnahme kinderpsychiatrisch/-psychologischer Behandlung und ihr Erfolg. Z Kinder- Jugendpsychiat. 1986;14:228-44.

Esser G, Blanz B, Geisel B, Laucht M. Mannheimer Elterninterview.– Strukturiertes Interview zur Erfassung von kinderpsychiatrischen Auffälligkeiten. Weinheim: Beltz; 1989.

Esser G, Schmidt MH, Woerner W. Epidemiology and course of psychiatric disorders in school-age children – Results of a longitudinal study. J Child Psychol Psychiat. 1990;31:243-63.

Esser G, Schmidt MH, Blanz B, Fätkenheuer B, Fritz A, Koppe T, Laucht M, Rensch B, Rothenberger W. Prävalenz und Verlauf psychischer Störungen im Kindes- und Jugendalter. Z Kinder- Jugendpsychiat. 1992;20:232-42.

Esser G, Ihle W, Schmidt MH, Blanz B. Die Kurpfalzerhebung - Ziele, Methoden und bisherige Ergebnisse. Z Klin Psychol Psychother. 2000;29:234-46.

Esser G. Der Mannheimer Elternfragebogen – Elternversion und Jugendlichenversion (in Vorbereitung).

Graham P, Rutter M. The reliability and validity of the psychiatric assessment of the child: II. Interview with the parents. British J Psychiat. 1968;114:581-97.

Guttermann EN, O´Brian JD, Young JG. Structured diagnositc interviews for children and adolescents. J Am Acad Child Adol Psychiat. 1987;20;621-30.

Hodges K, Line J, Stern L, Cytryn L, Mc Knew D. The development of a child assesment interview for research and clinical use. J Abnorm Child Psychol. 1982;10;173-89.

Hösch J, Laucht M, Esser G. Mannheimer Elterninterview für das Grundschulalter – Kindversion. Mannheim: Zentralinstitut für Seelische Gesundheit; 1994.

Kawetzki F, Kirchner P. Die psychiatrische Beurteilung 8- bis 10-Jähriger mittels strukturierter Kinder- und Elterninterviews durch Geübte und Ungeübte. Universität Heidelberg: Diss; 1979.

Kovacs, M. The interview schedule for children (ISC). Psychopharmacol. 1985;21:991-4.

Laucht M, Esser G, Schmidt MH. Längsschnittforschung zur Entwicklungsepidemiologie psychischer Störungen: Zielsetzung, Konzeption und zentrale Befunde der Mannheimer Risikokinderstudie. Z Klin Psychol Psychother. 2000;29;247-63.

Naab S. Komorbidität kinder- und jugendpsychiatrischer Störungen. Universität Heidelberg: Diss; 1994.

Offord DR, Fleming JE. Epidemiology. In: Lewis M, ed. Child and adolescent psychiatry: A comprehensive textbook. Baltimore: Williams & Wilkins; 1991: 1156-68.

Poustka F, Schwarzbach H, Hennicke K. Mannheimer epidemiologisches Elterninterview/Kinderinterview. Mannheim: unveröffentlicht; 1977.

Poustka F. Kinderpsychiatrische Untersuchungen: In: Remschmidt H, Schmidt MH, Hrsg. Kinder- und Jugendpsychiatrie in Klinik und Praxis. Bd. I. Stuttgart: Thieme; 1988.

Rutter M, Graham P. The reliability and validity of the psychiatric assessment of the child: I, Interview with the child. Br J Psychiat. 1968;114:563 - 80.

Rutter M, Tizard J, Whitmore K, eds. Education, health and behavior. London: Longmans; 1970 (Reprinted, 1981, Krieger, Lebourne, Fl.).

Rutter M, Graham P, Chadwick D, Yule W. Adolescent turmoil: fact or fiction? J Child Psychol Psychiat. 1976;17:35-56.

Rutter. Pathways from childhood to adult life. J Child Psychol Psychiat. 1989;30:23-51.

Schmidt LR. Klassifikationssysteme und -probleme. In: Schmidt LR, Hrsg. Lehrbuch der klinischen Psychologie. Stuttgart: Enke; 1978.

Schwarzbach H. Zur Güte und Praktikabilität eines strukturierten kinderpsychiatrischen Interviews. Z Kinder- Jugendpsychiat. 1978;6:18-27.

Shaffer D, Fisher P, Dulcan MK, Davies M, Piacentini J, Schwab-Stone M, Lahey BB, Bourdon K, Jensen PS, Bird H, Canino G, Regier DA. The NIMH Diagnostic Interview Schedule for Children Version 2.3 (DISC-2-3): Description, acceptability, prevalence rates, and performance in the MECA study. J Am Acad Child Adol Psychiat. 1996;35:865-77.

Silverman WK. Anxiety Disorders Interview Schedule for Children – Revised. Albany: Graywind Publication; 1991.

Unnewehr S, Schneider S, Margraf J, Hrsg. Kinder-DIPS, Diagnostisches Interview bei psychischen Störungen im Kindes- und Jugendalter. Berlin: Springer; 1995.

Verhulst FC, Althaus M, Berden GEMG. The child assessment schedule: parent-child agreement and validity measures. J Child Psychol Psychiat. 1987;28:455-66.

Welner Z, Reich W, Herjanic B, Jung KG, Amado H. Reliability, validity, and parent-child agreement studies of the Diagnostic Interview for Children (DICA). J Am Acad Child Adol Psychiat. 1987;26: 649-53.

Will G. Zur psychiatrischen Einschätzung auffälliger Kinder mithilfe strukturierter Eltern- und Kinderinterviews. Universität Heidelberg: Diss; 1979.

Prüfungsfragen

1. Welche Ziele verfolgen Interviewverfahren im diagnostischen Prozess?
2. Welche Interviewtechnik ist im Sinne einer optimalen Informationsausschöpfung vorzuziehen?
3. Welche Gefahren ergeben sich aus einem strukturierten Interviewstil?
4. Welche Argumente sprechen für eine gemeinsame Befragung von Eltern und Kind im Erstgespräch?
5. Wie hoch ist in aller Regel die Übereinstimmung zwischen Eltern- und Kindangaben?
6. Welche Informationen sind in aller Regel valider?
7. Welche Vorteile haben strukturierte Interviews im Vergleich mit unstrukturierten Untersuchungsmethoden?
8. Was unterscheidet strukturierte von standardisierten Interviews?
9. Nennen Sie 2 standardisierte Interviewverfahren aus dem angloamerikanischen Sprachraum.
10. Welche strukturierten Interviewverfahren existieren im deutschsprachigen Bereich?
11. Bei welchen Fragestellungen ist welchem der Interviews der Vorzug zu geben?

4 Leistungsdiagnostik auf verschiedenen Altersstufen

G. Esser

Allgemeine Leitlinien

Eine moderne Leistungsdiagnostik in der klinischen Kinder- und Jugendpsychologie muss sich neben den klassischen Testgütekriterien (Validität, Reliabilität und Objektivität) an zusätzlichen klinischen Erfordernissen messen. Dazu zählt in erster Linie die Frage, ob die angewandten Verfahren einen substanziellen Beitrag zur Diagnosestellung leisten. Im Bereich von Leistungsstörungen sind allgemeine Intelligenzdefizite (ICD F7), umschriebene Entwicklungsstörungen (ICD F80-F82) und Aufmerksamkeitsstörungen (ICD F90) zu nennen. Eine zuverlässige Diagnostik dieser Leistungsdefizite setzt Testverfahren voraus, die neben ihrer klaren Orientierung an den Störungsbildern im unteren Bereich des Leistungsspektrums ihr Differenzierungsoptimum aufweisen. Dies bedeutet, dass der Test genügend leichte Aufgaben für die in Frage stehende Altersgruppe enthalten muss. Somit sind unter den Verfahren, die eine größere Altersspanne abdecken, diejenigen zu bevorzugen, die sich am oberen Ende ihres Altersgeltungsbereichs befinden.

Die Messung von niedrigen und sehr niedrigen Leistungen setzt außerdem eine ausreichend große Normierungsstichprobe voraus, 40–80 Kinder in einer Altersgruppe, wie z. B. im Altersbereich von 4–4½ oder 4½–5 Jahren für die Hannover-Wechsler-Intelligenzskala des Vorschulalters, den Heidelberger Sprachentwicklungstest oder den French-Bilder-Intelligenztest, genügen den Ansprüchen nicht.

Die Repräsentativität der Normierungsstichprobe ist ein weiterer häufig unterschätzter Gesichtspunkt, der im klinischen Alltag zu fatalen Fehlentscheidungen führen kann. Hiervon besonders betroffen sind Testverfahren, die hauptsächlich an kleinen klinischen Stichproben normiert wurden. Ein besonders krasses Beispiel in diesem Zusammenhang ist der Göttinger Formreproduktionstest, in dem von einer echten Zufallsstichprobe 8-Jähriger 47 % der Kinder Fehlerzahlen erzielten, die über dem Prozentrang 98 der Gruppe „kein Hirnschaden“ lagen (Esser u. Schmidt 1987). Die Verwendung der Normen des genannten Verfahrens führt zu einer drastischen Überschätzung von Störungen. Säkulare Trends bezüglich spezifischer kindlicher Leistungen lassen insbesondere Verfahren mit einer älteren Normierung problematisch erscheinen. So steigen die Leistungen im abstrakt-logischen Denken nahezu kontinuierlich über die Zeit, davon sind insbesondere die Intelligenztests betroffen. Erinnert sei an die grobe Überschätzung der kindlichen Leistungsfähigkeit in den 70er-Jahren durch die alten HAWIK-Normen, die zahlreiche nicht erkannte schulische Überforderungen zur Folge hatte, oder die aktuellen Normierungsprobleme des Prüfsystems für Schul- und Bildungsberatung von Horn. Auf der anderen Seite sind die Leistungen im Rechtschreiben, Rechnen und der Konzentration gegenüber den 60er- und 70er-Jahren deutlich gesunken.

Bei jungen Kindern können Abweichungen der Normierungsprozedur vom klinischen Vorgehen zu deutlichen Verzerrungen führen. Wird z. B. die Normierung eines Tests für 2-jährige Kinder, deren Kooperationsbereitschaft grundsätzlich schwierig herzustellen ist, in der Art einer Reihenuntersuchung durchgeführt, in der klinischen Anwendung jedoch stets ein optimaler Kooperationsstatus abgewartet bzw. herbeigeführt, so wird die Verwendung der Normen die Leistungen der Kinder stets deutlich überschätzen, weil im klinischen Alltag die Untersuchung unter viel günstigeren Bedingungen durchgeführt werden kann.

In Zeiten begrenzter Ressourcen spielt die Ökonomie eines Testverfahrens eine bedeutende Rolle. Die Messung des Generalfaktors der Intelligenz kann je nach verwendetem Verfahren 20–90 Minuten erfordern. Eine längere Durchführungszeit ist nur dann zu rechtfertigen, wenn das Verfahren eindeutige Hypothesen für eine weitergehende Diagnostik z. B. von umschriebenen Entwicklungsstörungen ermöglicht. Verfahren mit einer faktoriellen Struktur (z. B. den Primär-Faktoren von Thurstone) sind hierbei meist eklektischen Verfahren vorzuziehen. Bei älteren Kindern stellt die Verwendung als Gruppentest, sofern nicht die Verhaltensbeobachtung des einzelnen Kindes prioritär ist, eine wesentliche Erleichterung dar.

Die folgende Darstellung von Testverfahren erhebt keinen Anspruch auf Vollständigkeit, der Leser wird viele bekannte Verfahren vermissen. Umfassende Auflistungen sind den aktuellen Testkatalogen der Testzentrale zu entnehmen. Wir beschränken uns im Wesentlichen auf Testverfahren, die durch die Arbeitsgruppe Neuropsychologie des Kindes- und Jugendalters am Zentralinstitut für Seelische Gesundheit in Mannheim für epidemiologische Untersuchungen ausgewählt und in ihnen überprüft wurden.

Leistungsdiagnostik im Säuglings- und Kleinkindalter

Die Leistungsdiagnostik im Säuglings- und Kleinkindalter stellt ungleich höhere Anforderungen an den Untersucher als z. B. die Leistungsdiagnostik im Schulalter.

Große Erfahrungen im Umgang mit Kindern der entsprechenden Altersgruppe und die perfekte Beherrschung des Untersuchungsmaterials und -ablaufs sind unabdingbare Voraussetzungen, die Untersucher in die Lage zu versetzen, das Kind optimal auf die Untersuchungen vorzubereiten, die Reihenfolge der Items flexibel dem emotionalen Zustand und der Reaktion des Kindes anzupassen und damit auch schwierige Untersuchungssituationen mit schwankender Kooperationsbereitschaft des Kindes erfolgreich zu meistern. Auch die richtige Bewertung der Testergebnisse (als gültig oder eingeschränkt gültig) bedarf einer großen Erfahrung. Aus den genannten Gründen sind eine hohe Durchführungs- und Auswertungsobjektivität im frühesten Kindesalter nur mit großem Aufwand zu erzielen. Zu beachten ist darüber hinaus die deutlich höhere Interkorrelation der Entwicklungsbereiche „Wahrnehmung", „Kognition", „Motorik" und „soziale Fertigkeiten". Entsprechend schwieriger gestaltet sich die Diagnostik umschriebener Entwicklungsverzögerungen.

3 große Entwicklungstests sind im Säuglings- und Kleinkindalter verfügbar: Die Bayley Scales of Infant Development II (Bayley 1993), die Griffith-Entwicklungsskalen in der deutschen Bearbeitung von Brandt (1993) und die Münchner Funktionelle Entwicklungsdiagnostik von Hellbrügge (1994).

■ Bayley Scales

Die Bayley Scales sind das jüngste publizierte Verfahren, was sich in einem verbesserten Testmaterial dokumentiert. Der Anwendungsbereich von 0–42 Monaten ist der breiteste unter den genannten Verfahren, leider liegen bis heute kein deutsches Manual und keine deutschen Normen vor. Die Durchführungsdauer beträgt 45–60 Minuten, es werden der kognitive und der motorische Entwicklungsstand bestimmt, daneben werden mit Hilfe des Infant Behavior Record Verhaltensprobleme bzw. Temperamentsauffälligkeiten erfasst. Für ältere Kinder ist zur Durchführung der motorischen Skala zum Teil sehr aufwendiges Testmaterial (Treppe und Balancierbalken) zusätzlich herzustellen.

■ Griffith-Skalen

Die Griffith-Skalen verfügen über ein deutsches Handbuch und erfassen in 20–45 Minuten 5 Entwicklungsbereiche: Motorik, Persönlichkeit und Sozialverhalten, Hören und Sprache, Auge und Hand sowie Kognition und erlauben die Erstellung eines Entwicklungsprofils. Der Anwendungsbereich reicht von 0–24 Monaten.

■ Die Münchner Funktionelle Entwicklungsdiagnostik

Die Münchner Funktionelle Entwicklungsdiagnostik reicht von 0–36 Monate und erfasst im 1. Lebensjahr 4 motorische Bereiche (Krabbeln, Sitzen, Laufen, Greifen) sowie Perzeption, Sprache (rezeptiv und expressiv) und Sozialverhalten. Im 2. und 3. Lebensjahr werden Motorik (Statomotorik und Handmotorik) Wahrnehmungsverarbeitung, Sprache (rezeptiv und expressiv) sowie Selbstständigkeit und Sozialverhalten gemessen. Hervorzuheben ist das besonders robuste Testmaterial. Auf einen Gesamtentwicklungsquotienten wird verzichtet, die Itemkonstruktion ist defizitorientiert und entspricht nicht den testtheoretischen Gepflogenheiten.

In der Vorbereitungsphase der Mannheimer Risikokinderstudie wurden die 3 genannten Verfahren einer Prüfung im Sinne der allgemeinen Leitlinien unterzogen. Im Gesamtergebnis erwiesen sich dabei die Bayley Scales den übrigen Verfahren leicht überlegen. Dies gilt jedoch nur für Forschungszwecke und dort nur uneingeschränkt im 1. Lebensjahr. Im 2. und 3. Lebensjahr stehen zu wenig Items zur rezeptiven und expressiven Sprache zur Verfügung. Darüber hinaus ergaben sich zum Teil deutliche Abweichungen von den Normen des Manuals. Im Alter von 3 Monaten lag in einer repräsentativen Stichprobe der Mittelwert für den Motor-Index bei 105 und für den Mental-Index bei 110, im Alter von 2 Jahren lagen die entsprechenden Werte für den Motor-Index bei 111 und für den Mental-Index bei 118.

Im klinischen Alltag sind insbesondere wegen der deutschen Normen die Münchner Funktionelle Entwicklungsdiagnostik und die Griffith-Skalen den Bayley Scales vorzuziehen. Als Screening sind mit Einschränkungen (Probleme in der Normierung) das Entwicklungsgitter von Kiphard (1996) und die Denver-Skalen anwendbar.

■ Weitere Testverfahren

Als besonders viel versprechendes Testverfahren liegt jetzt der Sprachentwicklungstest für 2-jährige Kinder (SETK-2) von Grimm (2000) vor. In 4 Untertests werden mit kindgerechtem Material die rezeptiven und expressiven Sprachleistungen erfasst. Neben der ökonomischen Gesamtform (25 Minuten Durchführungsdauer) existiert eine Kurzform, die sich als Screeninginstrument auch in der Primärversorgung (Kinderärzte) eignet. Mit dem SETK-2 ist endlich in Deutschland ein normierter Sprachtest vorgelegt worden, der eine rechtzeitige Erfassung von Sprachrückständen ermöglicht. Die Differenzierungsfähigkeit und prognostische Validität des Testverfahrens wurde in mehreren Untersuchungen belegt. Die klinische Bewährung des SETK-2 steht noch aus. Wünschenswert sind eine größere Normierungsstichprobe (zzt. n = 296) und angesichts der sehr jungen Altersgruppe eine feinere Altersstaffelung der Normen (Quartale statt der vorliegenden Halbjahre).

Leistungsdiagnostik im Kindergarten- und Vorschulalter

Während im Kleinkindalter eine zuverlässige Diagnostik von umschriebenen Entwicklungsstörungen noch nicht zufriedenstellend gelingt, sind die Voraussetzungen hierfür im Alter von 4 Jahren deutlich günstiger. Auch wenn Vorschulkinder wesentlich leichter als Kleinkinder zur Mitarbeit zu bewegen sind, ist ihre Motivation größeren Schwankungen unterworfen als die von Schulkindern, auch die Aufmerksamkeitsspanne erreicht noch nicht das Ausmaß derjenigen älterer Kinder. Um sicherzustellen, dass auch am Ende der Testung noch die intendierten Leistungsbereiche und nicht lediglich Ausdauer und Motivation gemessen werden, sollte auch bei interaktiv vorgegebenen abwechslungsreichen Testverfahren die Durchführungsdauer auf 30 Minuten begrenzt werden. Das Warming-up kann durch eine durchdachte Testabfolge – zu Beginn nur Verfahren, die keine verbalen Reaktionen des Kindes erfordern – ersetzt werden.

Obwohl die Früherkennung von allgemeinen und partiellen Entwicklungsrückständen eines der dringenden Probleme klinischer Psychodiagnostik ist, ist es erstaunlich, wie wenig adäquate Verfahren für die Altersgruppe von 4–6 Jahren zur Verfügung stehen. Insofern ist verständlich, wie geradezu enthusiastisch das Erscheinen der **Kaufman Assessment Battery for Children** begrüßt wurde. Neben diesem in der deutschen Bearbeitung von Melchers u. Preuß (1991) vorliegenden Verfahren ist der etwas in die Jahre gekommene **Psycholinguistische Entwicklungstest** von Angermaier (1977) das einzige Verfahren, das einen relativ breiten Merkmalsbereich erfasst.

■ Kaufman Assessment Battery for Children

Die K-ABC ist in vielen Dingen dem HAWIK ähnlich, bietet aber doch in weiten Bereichen neue Ansätze. Neu ist vor allem der Anwendungsbereich (2½–12½ Jahre), eine Alterspanne, die nicht ohne weiteres mit einem einzigen Testverfahren erfassbar ist. Dem trugen die Autoren durch die Verwendung verschiedener altersspezifischer Verfahren Rechnung.

Neu ist auch das dem Test zugrunde liegende **Intelligenzkonzept**, das einen neuropsychologischen und kognitionspsychologischen Ansatz beansprucht und den Verarbeitungsprozess über die entsprechenden Verarbeitungsinhalte stellt. Schließlich erfolgte eine Trennung zwischen grundlegenden Fähigkeiten (Intelligenz) und erlernten Fertigkeiten. Im Bereich grundlegender Fähigkeiten werden die sprachlichen Anforderungen so gering wie möglich gehalten. Die grundlegenden Fähigkeiten werden in einzelheitliches und ganzheitliches Denken unterteilt, wobei sich hinter dem Begriff „einzelheitliches Denken" verschiedene Formen des Kurzzeitgedächtnisses bzw. Working Memory System verbergen und der Begriff „einzelheitliches Denken" von daher als irreführend bezeichnet werden muss. Die Subskala „ganzheitliches Denken" erfasst überwiegend Wahrnehmungs-, Gedächtnis- und Denkfunktion im visuell-figuralen Bereich. Sprachliche Leistungen werden nur im Bereich der Fertigkeiten erfasst, dadurch wird die Frage der sprachlichen Kompetenz und des sprachgebundenen Denkens im K-ABC kaum berücksichtigt, und damit fehlt ein zentraler Gesichtspunkt der Intelligenzentwicklung.

Die verschiedenen Aspekte des Working Memory System (einzelheitliches Denken) erlauben Rückschlüsse auf die Informationsverarbeitung des Kindes und somit auf neuropsychologische Korrelate von Teilleistungsstörungen. Dabei sind auch Skalen des ganzheitlichen Denkens, wie das räumliche Gedächtnis, unter dem Konstrukt „Kurzzeitgedächtnis" zu fassen.

Das Testmaterial des K-ABC ist ansprechend und abwechslungsreich, die Ringbücher weisen jedoch eine geringe Haltbarkeit auf, und das Handbuch ist weitgehend unübersichtlich. Die Testdurchführung hingegen ist einfach und für die Testleiter rasch zu erlernen. Die Dauer des Testverfahrens ist mit 90 Minuten eher lang, wobei je nach Fragestellung auch eine Auswahl der Testverfahren getroffen werden kann.

Die Testauswertung per Hand erweist sich als komplex und umständlich. Getrübt wird das Bild vor allem durch die Verwendung von 3 verschiedenen statistischen Skalentypen (SW, SK und PR), die stets eine Umrechnung der Skalen erfordert. Ein großer Vorteil des Verfahrens sind seine relativ neuen Normen, wobei sich die Autoren bezüglich der Selektion bzw. der Selektionskriterien der Normierungsstichprobe sehr bedeckt halten. Sie sprechen immer nur von einer Zufallsauswahl bzw. Zufallsstichprobe, was offensichtlich nicht richtig ist; denn es handelt sich allenfalls um eine Gelegenheitsstichprobe, womit ihre Repräsentativität nicht zweifelsfrei gewährleistet ist. Für die schulrelevanten Leistungen Rechnen und Lesen liegen lediglich Altersnormen aber keine Klassennormen vor. Dies ergibt besonders bei früh eingeschulten oder verspätet eingeschulten Kindern ein Missverhältnis zur tatsächlichen Leistung. Die Differenzierung im unteren Leistungsbereich ist bis 4½ Jahre für viele Untertests sehr gering, dies gilt vor allem für Dreiecke, Wortreihen, Rechnen, Gesichter und Orte, aber auch Rätsel. Trotz der hier besonders in den Vordergrund gerückten Kritikpunkte am Kaufman-ABC muss betont werden, dass es sich hierbei um ein gut konstruiertes, klinisch sinnvolles Verfahren handelt, das zu Recht eine weite Verbreitung gefunden hat.

Psycholinguistischer Entwicklungstest

Der Psycholinguistische Entwicklungstest (Altersbereich 3; 0–9; 11 Jahre) folgt dem Modell der Kommunikationsprozesse von Osgood und stellt die deutsche Adaptation des Illinois Test of Psycholinguistic Abilities von Kirk et al. (1971) dar. Das Osgood'sche Modell ist wiederholt kritisiert worden. Auch ist seine Umsetzung im Psycholinguistischen Entwicklungstest unvollständig, und trotzdem stellt der PET einige Untertests zur Verfügung, die wichtige Hinweise auf umschriebene Entwicklungsstörungen oder ihre neuropsychologischen Grundprozesse ermöglichen.

Hervorzuheben sind Untertests wie das „Lauteverbinden", ein Verfahren zur Lautverschmelzung bzw. auditiven Seriation und Integration, das als eine der Grundfunktionen des Lesens und Schreibens betrachtet werden kann. Verfahren zur Erfassung der expressiven (Grammatiktest) und rezeptiven Sprache (Wortverständnis und Wörter ergänzen) sowie zum auditiven (Zahlenfolgengedächtnis) und visuellen Kurzzeitgedächtnis (Symbolfolgengedächtnis) sowie zum sprachlich-schlussfolgernden Denken (Sätze ergänzen) haben sich als überaus nützlich erwiesen. Weniger gelungen sind die aus dem amerikanischen Original übernommenen Untertests „Bilder deuten", „Bilder zuordnen" sowie „Gegenstände handhaben". Die Normen sind an einer großen Stichprobe (n = 150 pro Dritteljahr), immerhin 3150 Kinder für 7 Jahrgänge, gewonnen worden. Allerdings ergaben sich insbesondere im Grundschulalter Hinweise darauf, dass die Normen, die Anfang der 70er-Jahre entstanden, sich in einigen Teilbereichen verändert haben.

Der PET ist vor allem im Vorschulbereich und dort vor allem für die Messung von sprachabhängigen Leistungen besonders zu empfehlen. Hier konnten die Normen des Manuals bestätigt werden.

■ Die Basisdiagnostik umschriebener Entwicklungsstörungen des Vorschulalters

Noch vor Erscheinen der Kaufman-ABC wurde im Auftrag der Kassenärztlichen Bundesvereinigung die Basisdiagnostik Umschriebener Entwicklungsstörungen des Vorschulalters BUEVA (Esser 2002) entwickelt. Ziel dieser Testbatterie ist es, den Besonderheiten der Kinder dieser Altersgruppe und der Untersuchung allgemeiner und umschriebener Entwicklungsstörungen Rechnung zu tragen. So werden mit Ausnahme der Ganzkörperkoordination alle umschriebenen Entwicklungsstörungen berücksichtigt, sofern sie auf der entsprechenden Altersstufe erfassbar sind. Die Testbatterie hat ihr Differenzierungsoptimum im subnormalen Leistungsbereich und erfasst aufgrund spezifischer Abbruchkriterien in den meisten Teilbereichen maximal gut durchschnittliche Leistungen. Zur Diagnostik überdurchschnittlicher Leistungen oder von Hochbegabung ist sie daher nicht geeignet.

Die Testbatterie weist eine hohe Durchführungsökonomie (20 Minuten für 4-Jährige, 25 Minuten für 5-Jährige) auf. Normen liegen für 4-Jährige, 5-Jährige und Kinder zum Zeitpunkt der Einschulungsuntersuchung vor. Die Testbatterie besteht aus 5 bzw. 7 zum überwiegenden Teil bekannten Verfahren und erfasst bei 4-Jährigen neben der nonverbalen Intelligenz die expressive und rezeptive Sprache sowie die Visuomotorik und die Artikulation. Bei 5-Jährigen wird zusätzlich die Aufmerksamkeitsleistung mit 2 weiteren Verfahren gemessen. Tabelle 4.**1** zeigt die erfassten Konstrukte und die verwendeten Testverfahren.

Die Testbatterie hat, obwohl viele Jahre unveröffentlicht, eine sehr große Verbreitung in der Früherkennung von Leistungsstörungen und in der Schuleingangsuntersuchung gefunden. So wurden große Teile der Basisdiagnostik umschriebener Entwicklungsstörungen in die Schuleingangsuntersuchung des standardisierten Untersuchungs- und Dokumentationsprogramms „Sophia" in Niedersachsen aufgenommen und konnten die Aussagekraft der Schulempfehlung deutlich verbessern. In der praktischen Durchführung erwies sich das Verfahren als unproblematisch und zeiteffizient. Die Normierung erwies sich im Rahmen der Mannheimer Risikokinder-

Tabelle 4.**1** Basisdiagnostik von umschriebenen Entwicklungsstörungen und Aufmerksamkeitsdefiziten im Vorschulalter

	Konstrukt	Verfahren
1.	Nonverbale Intelligenz	Columbia Mental Maturity Scale von Burgemeister, Blum u. Lorge
2.	Teilleistungen	
2.1	Einfache Artikulation	Möhring-Test (Kurzform)
2.2	Expressive Sprache	Grammatiktest aus dem PET von Angermaier
2.3	Rezeptive Sprache	Wörter ergänzen aus PET von Angermaier
2.4	Sensumotorik	Visuomotorik aus FEW von Lockowandt
3.	Aufmerksamkeit	Modifizierter Frankfurter Test für 5-Jährige
4.	Konzentration	Zahlenfolgengedächtnis aus dem PET von Angermaier

PET = Psycholinguistischer Entwicklungstest
MOT = Motoriktest
FEW = Frostigs Entwicklungstest der visuellen Wahrnehmung

studie als sehr zeitstabil. Die Vorhersage von späteren Schulleistungsproblemen gelang mit der BUEVA im Alter von 4½ Jahren bereits gut. Dies galt sowohl für die Leistungen im Rechtschreiben wie auch im Rechnen. In Bezug auf die Rechtschreibleistung entsprach die Vorhersage von Leistungsproblemen der durch das Bielefelder Screening erzielten Werte. Für Leseschwierigkeiten erwies sich das Bielefelder Screening als treffsicherer. Das Ergebnis ist insgesamt trotzdem sehr bemerkenswert, da der Vorhersagezeitraum (3½ Jahre) größer war als in der Untersuchung mit dem BISC (2 Jahre).

Das Bielefelder Screening zur Früherkennung von Lese-Rechtschreibschwierigkeiten

Mit dem Bielefelder Screening zur Früherkennung von Lese-Rechtschreib-Schwierigkeiten (BISC, Jansen et al. 1999) wurde ein Testverfahren vorgelegt, das mithilfe von 4 Untertests zur phonologischen Bewusstheit und 4 Untertests zu Aufmerksamkeit und Gedächtnis im letzten Kindergartenjahr die Einschätzung des Risikos zur Ausbildung einer Lese-Rechtschreib-Schwäche im frühen Grundschulalter erlaubt.

Insgesamt wurden 1120 Vorschulkinder 10 und 4 Monate vor der Einschulung mit dem Verfahren untersucht, um damit Lese- und Rechtschreib-Probleme am Ende der 2. Klasse vorherzusagen. Die Prädiktion ist sowohl für Lese- als auch für Rechtschreib-Probleme gut, wobei auch in diesem Testverfahren nicht zwischen umschriebenen lese- und rechtschreibschwachen und allgemein leistungsschwachen Schülern unterschieden wird. Welche Rolle somit die in dem Test enthaltenen verbalen Intelligenzanteile spielen, bleibt offen. In der Durchführung des Verfahrens (20–30 Minuten) erwies sich die Vorgabe der Testitems mittels Kassettenrecorder als gewöhnungsbedürftig. Bei 4 Untertests mindert die hohe Zufallsquote (50%) richtiger Antworten die Reliabilität und Validität des Verfahrens.

Motoriktest für 4- bis 6-Jährige

Zur Erfassung der Ganzkörperkoordination ist der Motoriktest für 4- bis 6-Jährige von Zimmer und Volkamer (1987) zu empfehlen.

In der Mannheimer Risikokinderstudie erwies sich das Testverfahren als weitgehend unkompliziert in der Durchführung. Die gestellten Aufgaben haben einen hohen Aufforderungscharakter. Die Inhaltsvalidität ist insgesamt überzeugend, wobei die Verwendung von 2 Aufgaben zur Feinmotorik (Punktieren und Streichhölzer einsammeln) auf der einen Seite nicht ausreicht, um dieses Konstrukt separat zu erfassen, auf der anderen Seite nicht dem Konstrukt der übrigen 15 Aufgaben zur Ganzkörperkoordination zuzuordnen ist. In der Durchführung des Verfahrens (ca. 30–40 Minuten Dauer) erwies sich die Reihenfolge der Aufgaben weder in Einklang mit ihrer Schwierigkeit, noch optimal im Sinn der Durchführungsökonomie. Bei einigen Aufgaben sind die nachzuahmenden Bewegungsabläufe so komplex, dass neben der Körperkoordination hohe Anforderungen an die Aufmerksamkeit und Erfassung des Bewegungsablaufs gestellt werden.

Leistungsdiagnostik im Grundschulalter

Neben der Kaufman Assessment Battery haben weitere 3 Verfahren zur Messung der allgemeinen Intelligenz große Verbreitung gefunden: der Hamburg-Wechsler-Intelligenztest für Kinder (HAWIK), der Grundintelligenztest CFT-1 und die Coloured Progressive Matrices (CPM) von Raven.

Hamburg-Wechsler-Intelligenztest für Kinder

Das immer noch am häufigsten verwendete Verfahren ist der HAWIK, der nun als HAWIK-III (Tewes et al. 2000), die deutschsprachige Version des WISC-III (Wechsler Intelligence Scale for Children), vorliegt. Das neue Verfahren enthält 2 zusätzliche Untertests und hat den Anwendungsbereich geringfügig vergrößert (von 6; 0–16; 11 Jahren). Die Normierungsstichprobe von 1600 Kindern ist für die über 20 Altersgruppen als relativ klein einzustufen, das Gleiche galt bereits für den HAWIK-R (Moosbrugger 1997). Insgesamt setzt der HAWIK-III die Tradition der Hamburg-Wechsler-Verfahren mit all ihren Vor- und Nachteilen fort. Der Verzicht auf ein faktorielles Intelligenzkonzept wird zwar von manchen Autoren sogar als Vorteil angesehen, zeigt jedoch lediglich, dass von der einmal in den 20er-Jahren gewählten Konzeption nicht mehr abgerückt wird. Die Vorteile des HAWIK liegen in der interaktiven Vorgabe, dem relativ abwechslungsreichen Testmaterial und seiner weiten Verbreitung. Als Nachteil sind das veraltete Intelligenzkonzept (allenfalls lassen sich der Verbalteil und der Handlungsteil faktorenanalytisch trennen), die in Anbetracht des großen Altersrange teilweise geringe Itemzahl pro Untertest und die sehr lange Durchführungszeit (60–90 Minuten) zu nennen. Folge der geringen Itemzahl ist eine schlechte Differenzierung im unteren Leistungsbereich, insbesondere für die jüngeren Altersgruppen (6- bis 8-Jährige). Die Korrelationen mit den Schulleistungen bewegen sich im mittleren Bereich.

Testbatterie zur Erfassung von Leistungsstörungen im Grundschulalter

Im Rahmen von verschiedenen Forschungsprojekten wurden von der Mannheimer Arbeitsgruppe Neuropsychologie des Kindes- und Jugendalters verschiedene Testbatterien zur Erfassung von allgemeinen und umschriebenen Leistungsstörungen an repräsentativen Stichproben überprüft. Bei der Untersuchung im Jahre 1978/79 handelte es sich um eine Zufallsstichprobe 8-jähriger Mannheimer Kinder, die aus dem Einwohnermelderegister gezogen wurden, bei der Untersuchung in den Jahren 1994-1996 um eine unausgelesene Stichprobe aller in einem definierten Zeitraum in den 2 größten gynäkologischen Kliniken des Rhein-Neckar-Raumes geborenen Kinder. Dabei haben sich Konzepte bewährt, die einzelne Testverfahren gezielt zur Diagnostik einzelner Teilleistungen einsetzen. Einen Überblick über die gewählten Verfahren zu den gewählten Konstrukten gibt Tabelle 4.2.

Eine faktorenanalytische Untersuchung der Testbatterie erbrachte insgesamt 4 Faktoren, die über 75% der Varianz aufklären. Faktor 1 beschreibt sprachabhängige Leistungen unterschiedlicher Komplexität. Substanzielle Ladungen wiesen die Untertests „Sätze ergänzen", „Grammatiktest", „Laute verbinden", „Zahlenfolgegedächtnis", „Lesetest" sowie „Rechtschreibtest" auf. Faktor 2 kann als kognitive Organisation beschrieben werden. Auf ihm laden die Reasoninganteile (Untertest 3–5) des CFT 1, der MFF20, der GFT sowie die Untertests Rechnen und Räumliches Gedächtnis aus dem Kaufman-ABC. Faktor 3 kann als Konzentrationsleistung beschrieben werden, auf ihm laden insbesondere der bp-Test, die Untertests 1 und 2 aus dem CFT sowie mit einer substanziellen Nebenladung das Zahlenfolgengedächtnis und das räumliche Gedächtnis. Faktor 4 wird allein durch den KTK, also die Ganzkörperkoordination bestimmt.

Tabelle 4.2 Verfahren zur Erfassung von Leistungsstörungen im Grundschulalter

	Konstrukt	Verfahren
1.	Allgemeine Intelligenz	
1.1	Nonverbale Intelligenz	Grundintelligenztest CFT 1 (Cattell, Weiß, Osterland)
1.2	Verbale Intelligenz	Sätze ergänzen aus PET (Angermeier)
2.	Teilleistungsstörungen	
2.1	Artikulation	Verhaltensbeobachtung in der Testsituation
2.2	Expressive Sprache	Grammatiktest aus PET (Angermaier)
2.3	Rezeptive Sprache	Laute verbinden und Wörter ergänzen aus PET (Angermaier)
2.4	Lesen	Zürcher Lesetest (Linder u. Grissemann)
2.5	Rechtschreibung	RST 1, DRT 1, DRT 2, TGR 1 / 2
2.6	Rechnen	MT 2, DRE 3, Rechnen aus Kaufman-ABC
2.7	Motorische Koordination	
2.7.1	Ganzkörperkoordination	Körper-Koordinationstest für Kinder (Kiphard u. Schilling)
2.7.2	Sensumotorik	Göttinger Formreproduktionstest (Schlange et al.)
3.	Aufmerksamkeit/Konzentration	
3.1	Daueraufmerksamkeit	bp-Test (Esser u. Geisel)
3.2	Impulsivität	Matching Familiar Figures Test 20 (Kagan)
3.3	Kurzzeitgedächtnis	Zahlenfolgengedächtnis aus PET (Angermaier),Räumliches Gedächtnis aus Kaufman-ABC

Die Güte der Normierung der einzelnen Testverfahren ist in Tabelle 4.3 niedergelegt. Die Normen des CFT 1 (arithmetisches Mittel T = 52), des Lauteverbindens (T = 51), des räumlichen Gedächtnisses (T = 50) des ZLT (T = 48 bzw. 50) des TGR 1/2 (T = 50) des Untertests Rechnen (T = 50) und des bp-Tests (T = 53) können auch 1994–1996 als insgesamt angemessen gelten.

Für andere Verfahren ergaben sich zum Teil erhebliche Abweichungen von den Normen des Manuals, die, will der Kliniker nicht auf diese Tests verzichten, entsprechend korrigiert werden müssen. So lag der Mittelwert beim KTK in der repräsentativen Stichprobe von 1978/79 bei einem T-Wert von 42, 1994/96 bei T = 44 anstelle des erwarteten T-Werts von 50. Durch das Addieren von 6–8 T-Wert-Punkten bzw. 9–12 MQ-Punkten kann das Testverfahren weiterhin eingesetzt werden. Die hohe Korrelation der einzelnen Subtests mit dem Gesamt-MQ (r = 0,88–0,91) lässt eine Verkürzung des Verfahrens zumindest als erste Überblicksdiagnostik zu. Für diese Zwecke besonders geeignet ist der Untertest „Seitliches Hin- und Herspringen", der neben der höchsten Korrelation mit dem Gesamtwert die kürzeste Durchführungsdauer (ca. 2 Minuten) und den geringsten Platzbedarf (ca. 1 m²) aufweist.

Die deutlichste Abweichung von der Normgruppe (kein Hirnschaden n = 25 bzw. 26) zeigte der Göttinger Formreproduktionstest mit einem durchschnittlichen T-Wert von unter 37. Bei Anwendung der vorliegenden Normen würde die Zahl der Auffälligen um ein Vielfaches überschätzt.

Auch im Zahlenfolgengedächtnis lagen die 1994–1996 gezeigten Leistungen der Kinder deutlich unter den Normen des Manuals. Durchschnittlich sind die Normen daher um 6 T-Werte zu korrigieren.

Deutlich überschätzt wurden mit den vorhandenen Normen die Leistungen der Kinder in den Untertests des PET „Sätze ergänzen", „Wörter ergänzen" und „Grammatik-Test". Die Abweichung betrug zwischen 5 und fast 7 T-Wert-Punkten. Eine entsprechende Korrektur ist daher auch für diese Verfahren zu empfehlen.

Im Bereich des Lesens erwies es sich als diagnostisch völlig ausreichend, aus dem Zürcher Lesetest die Wortlesetests 1 und 2 vorzugeben. In der 1. Hälfte des 2. Schuljahres zeigte sich der TGR 1/2 mit seinen Normen sowohl für den Anfang als auch die Mitte des 2. Schuljahres den übrigen Rechtschreibtests überlegen. Gerade in der 1. Hälfte der 2. Klasse manifestieren sich viele Lese-Rechtschreib-Störungen, die wegen des rapiden Lernzuwachses mit den jeweils für das Ende des Schuljahres normierten Verfahren (z. B. DRT 1, DRT 2) nicht adäquat diagnostiziert werden können.

Obwohl sich die gängigen Rechtschreibtests im Rahmen der Diagnostik entsprechender umschriebener Entwicklungsstörungen als völlig ausreichend erweisen, genügen sie den Ansprüchen an eine Verlaufskontrolle der Effekte von spezifischen Förderungsmaßnahmen oft nicht. Insbesondere der anfängliche Therapieerfolg von Kindern mit ausgeprägten Störungen des Rechtschreibens kann durch die Gesamtfehlerzahl von den gängigen Verfahren nicht dokumentiert werden. In den Fördergruppen unserer Ambulanz finden sich häufig Kinder, die vor Therapiebeginn durchschnittlich 3–4 Grapheme pro Wort falsch schreiben und auch dann keinen „zählbaren" Therapieerfolg zeigen, wenn ihre durchschnittliche Fehlerzahl pro Wort auf 1,5 gesunken ist.

■ Hamburger Schreibprobe

Durch ihre weit reichende Differenzierung im untersten Leistungsbereich empfiehlt sich die Hamburger Schreibprobe (HSP) von May (2000) für Diagnostik und Therapiekontrolle. Im Unterschied zu den übrigen Verfahren misst die HSP u. a. die Anzahl richtig geschriebener Grapheme. Der Aufforderungscharakter des Testverfahrens ist für einen Rechtschreibtest außergewöhnlich hoch, die Durchführung ökonomisch. Neben dem Niveau der Rechtschreibleistung erlaubt die HSP die Bestimmung der vom Kind verwendeten Rechtschreibstrategien.

■ Rechentests

Problematisch bleibt die Erfassung von Rechenstörungen. Sowohl mit dem Untertest Rechnen aus dem Kaufman-ABC oder dem rechnerischen Denken aus dem HAWIK können wegen der geringen Itemzahl und der fehlenden Klassennormen allenfalls Annäherungswerte gewonnen werden. Die klassischen Rechentests DRE 3 und

MT 2 waren jahrelang nicht erhältlich und geben darüber hinaus kaum Hinweise auf die spezifischen Rechenprobleme des Kindes. Die neu erschienenen Verfahren OTZ (van Luit et al. 2001) und ZAREKI (von Aster 2001) werden zurzeit in der Praxis erprobt.

Weitere Testverfahren

Zur weiteren Diagnostik und Ergänzung werden die **Coloured Progressive Matrices** zur Validierung des abstrakt-logischen Denkens, der **Heidelberger Sprachentwicklungstest** (HSET, Grimm u. Schöler 1991) zur differenzierten Erfassung des Sprachentwicklungsstandes, der **Matching Familiar Figures-Test** von Kagan zur Erfassung der kognitiven Impulsivität, das zurzeit leider nicht erhältliche **Konzentrations-Handlungsverfahren** (KHV von Koch u. Pleißner 1984) zur Feststellung von Aufmerksamkeitsdefiziten sowie die restlichen Untertests des Körper-Koordinationstests für Kinder von Kiphard u. Schilling zur Validierung des Ergebnisses im seitlichen Hin-und-Her-Springen empfohlen.

Leistungsdiagnostik im späteren Kindes- und Jugendalter

Die Leistungsdiagnostik im späteren Kindes- und im Jugendalter erfolgt in den meisten Fällen unter der Fragestellung der Schullaufbahnberatung, also der Suche nach dem dem Leistungsniveau und -profil angemessenen Schultyp. Daneben ist unter den klinischen Gesichtspunkten die Frage des Under- und Overachievements diagnostisch bedeutsam. Im Altersbereich von 10–16 Jahren werden dabei besonders häufig der HAWIK-R, der PSB (oder LPS) sowie der Grundintelligenztest CFT 20 mit den Zusatzverfahren „Wortschatztest" und „Zahlenfolgentest" eingesetzt.

Das Prüfsystem für Schul- und Bildungsberatung

Das Prüfsystem für Schul- und Bildungsberatung von Horn wurde in enger Anlehnung an die Primärfaktoren von Thurstone konstruiert und enthält jeweils 80–120 Aufgaben (Gesamtzahl

Tabelle 4.3 Normierungsprüfung gängiger Testverfahren im Grundschulalter

Verfahren		Prüfung 1978/79 216 8-Jährige (T) [1]		Prüfung 1994/96 110 8-Jährige (T) [1]	
		x	s	x	s
CFT 1		51,5	8,9	52,5	8,5
Sätze ergänzen (PET)		–	–	56,6	9,1
Grammatiktest (PET)		–	–	56,1	9,4
Laute verbinden (PET)		48,2	9,5	51,4	9,2
Wörter ergänzen (PET)		–	–	55,2	9,1
Zürcher Lesetest					
WL 1	Zeit	47,4	13,2	–	–
	Fehler	47,2	11,4	–	–
WL 1+2	Zeit	–	–	48,0	11,7
	Fehler	–	–	49,9	10,2
RST 1		51,2	11,6	–	–
DRT 2		52,0	10,7	–	–
TGR 1 / 2		–	–	50,3	10,3
Rechnen aus K-ABC		–	–	49,7	9,1
KTK		41,7	10,2	44,3	9,1
GFT		36,8	12,1	–	–
bp-Test		50,0[2]	10,0[2]	52,7	9,9
MFF		50,0[2]	10,0[2]	–	–
ZFG		49,8	13,2	43,9	10,6
Räumliches Gedächtnis (K-ABC)		–	–	50,1	8,3

[1] T ist eine Intervallskala mit einem arithmetischen Mittelwert von 50 und einer Streuung von 10
[2] Normen aus der Stichprobe gewonnen

464 Aufgaben) zu 4 klar identifizierbaren Faktoren: Verbalität, Reasoning, technische Begabung und Wahrnehmungstempo (Konzentration). Trotz des Anwendungsbereichs von 9–20 Jahren ist eine Differenzierung im Bereich unterdurchschnittlicher Intelligenz bereits für die jungen Altersstufen möglich. Das Testmaterial ist überaus ökonomisch, aber nicht attraktiv. Dies führt jedoch selbst in einer kinderpsychiatrischen Klientel nicht zu Verlusten in der Motivation (Haffner et al. 1998).

Das Verfahren ist auch als Gruppentest durchführbar, die Durchführungsdauer beträgt 50 Minuten. Das PSB korreliert hoch (0,70) mit Schulleistungen (Esser 1995), auch Lese- und Rechtschreibstörungen werden zuverlässig identifiziert. Das Manual ist wenig aussagekräftig. Viele der angegebenen Maße zur Validität und Reliabilität sind nur im Manual des Leistungsprüfsystems (LPS) nachzulesen, von dem das PSB abgeleitet wurde. Aufgrund dieser Mängel kommt Fay (1997) zu einem sehr negativen Urteil über den Test, das im Hinblick auf die schlechte Zugänglichkeit der Informationen berechtigt ist. Die Interpretation des Leistungsprofils wird durch Normierungsprobleme behindert. Das PSB weist von den genannten Verfahren die größte und repräsentativste Normierungsstichprobe auf (n = ca. 10.000), aufgrund säkularer Effekte haben sich jedoch für einzelne Untertests deutliche Verschiebungen ergeben. Dabei spielt es keine Rolle, dass sich heute die Schüler zu anderen Prozentsätzen auf die verschiedenen Schultypen verteilen, denn das Verfahren gibt keine schulspezifischen Normen an. Im Rahmen der Kurpfalz-Erhebung konnte 1984 an einer Zufallsstichprobe von 177 13-Jährigen folgende Veränderungen festgestellt werden (vgl. Tab. **4.4**).

Mit entsprechender Normenkorrektur konnte das Verfahren bislang auch weiterhin erfolgreich angewendet werden. Eine Neubearbeitung als PSB-R 4-6 bzw. PSB-R 6-13 wurde gerade vorgelegt (Lukesch et al. 2003).

■ Der Grundintelligenztest CFT 20

Der Grundintelligenztest CFT 20 (Weiß 1997) erfasst den Generalfaktor der Intelligenz (General Fluid Intelligence sensu Cattell) mit Hilfe von 4 jeweils 2-mal vorgegebenen nichtsprachlichen Aufgabentypen bei 9- bis 18-Jährigen. Die ergänzenden Wortschatz- und Zahlenfolgenaufgaben sind bis 15 Jahre anwendbar. Für den CFT 20 sind ca. 45 Minuten (in der Kurzform ca. 25 Minuten) Bearbeitungszeit zu veranschlagen, für den Wortschatztest kommen weitere 8, für den Zahlenfolgentest weitere 20 Minuten hinzu. Der Aufforderungsgehalt des Testmaterials ist zwar höher als beim Prüfsystem für Schul- und Bildungsberatung, erreicht jedoch nicht das Niveau des HAWIK. Wie der PSB ist auch der CFT 20 als Gruppentest durchführbar. Die Durchführung des Wortschatztests empfiehlt sich dringend wegen der im CFT 20 fehlenden sprachlichen Komponente, auf die Durchführung des Zahlenfolgentests kann aus Zeitgründen in der Regel verzichtet werden, da die Aufgaben relativ hoch mit dem Ergebnis des CFT 20 korrelieren. Für die Diagnostik umschrieben rechenschwacher Kinder sind die Aufgaben des Zahlenfolgentests aufgrund ihres hohen Schwierigkeitsgrades nur beschränkt geeignet. Der CFT 20 erreicht mittlere Korrelationen mit den Schulleistungen. Die Normen des CFT 20 wurden in entsprechenden Kontrolluntersuchungen zuletzt 1996 überprüft und erwiesen sich als stabil (Weiß 1997).

Die Vorteile des PSB liegen in seiner hohen Aufgabenzahl, der faktoriellen Struktur, der hohen Korrelation mit Schulleistungen und seiner hohen Ökonomie. Nachteilig wirken sich fehlende Altersnormen und der niedrige Aufforderungscharakter des Testmaterials aus. Der CFT 20

Tabelle **4.4** PSB-Normen aus der Kurpfalz-Erhebung

Untertest	Zufallsstichproben = 177 13-Jährige Werte	Normenkorrektur?
1+2	5,1	Nein
3	5,9	ja, -1 C-Wert-Punkt
4	6,1	ja, -1 C-Wert-Punkt
3+4	6,0	ja, -1 C-Wert-Punkt
5	4,7	Nein
6	5,2	Nein
5+6	5,0	Nein
7	5,1	Nein
8	6,3	ja, -1 C-Wert-Punkt
7+8	5,7	ja, -1 C-Wert-Punkt
9	3,8	ja, +1 C-Wert-Punkt
10	4,2	ja, +1 C-Wert-Punkt
9+10	4,0	ja, +1 C-Wert-Punkt
Gesamt IQ	106,1	ja, - 6 IQ-Punkte

mit Ergänzung durch den Wortschatz-Test erreicht zwar nicht die gleiche Differenzierung wie das PSB, ist ihm jedoch in Bezug auf die Normen überlegen. Der HAWIK erfasst weiterhin nicht gut isolierbare Einzelleistungen, die sich trotz hoher Untertestzahl allenfalls auf 2 Faktoren (letztlich jedoch nur auf dem Generalfaktor) abbilden lassen (Moosbrugger 1997). Dadurch ist insbesondere eine Profilinterpretation fragwürdig. Seine Stärken sind der Aufforderungscharakter des Testmaterials und die Beobachtung des Lösungsverhaltens der Kinder. Dem steht eine geringe Ökonomie entgegen. Besonders empfehlenswert ist der Einsatz des HAWIK bei älteren Kindern und Jugendlichen im Bereich der Lernbehinderung.

Zusammenfassung

Leistungsdiagnostik in der klinischen Kinder- und Jugendpsychologie muss neben den klassischen Gütekriterien den Beitrag eines Testverfahrens zur Diagnosestellung, die Größe und Repräsentativität der Normstichprobe, seine Differenzierungsfähigkeit im unteren Leistungsbereich sowie die Ökonomie berücksichtigen. Im Säuglings- und Kleinkindalter sind insbesondere die Griffith-Skalen und die Münchener Funktionelle Entwicklungsdiagnostik zu empfehlen. Im Vorschulalter hat sich neben der Kaufman-ABC die Basisdiagnostik für umschriebene Entwicklungsstörungen bewährt. Auch im Grundschulalter sind Verfahren zu empfehlen, die gezielt spezifische Teilleistungen erfassen. Hierbei sind eventuell Normierungsprobleme zu beachten. Die Leistungsdiagnostik im späteren Kindes- und im Jugendalter steht unter der Fragestellung der Schullaufbahnberatung. Die Vor- und Nachteile des PSB, des HAWIK sowie des CFT 20 sind hierfür je nach Indikation sorgfältig gegeneinander abzuwägen.

Literatur

Angermaier MJW. Psycholinguistischer Entwicklungstest (PET). 2. Aufl. Göttingen, Bern: Hogrefe; 1977.

v. Aster M. Testverfahren zur Dyskalkulie (ZAREKI). Lisse: Swets; 2001

Bayley N. Bayley Scales of Infant Development. Göttingen, Bern: Hogrefe; 1993.

Brandt I. Griffiths-Entwicklungsskalen (GES). Göttingen, Bern: Hogrefe; 1983.

Cattell RB, Weiß RH, Osterland J. Grundintelligenztest Skala 1 (CFT 1). 5. Aufl. Göttingen, Bern: Hogrefe; 1997.

Eggert D. Hannover-Wechsler-Intelligenztest für das Vorschulalter (HAWIVA). Göttingen, Bern: Hogrefe; 1976.

Esser G, Geisel B. Test zur Erfassung der Konzentrationsfähigkeit für 8-jährige Kinder (bp-Test). Mannheim: unveröffentl; 1978.

Esser G. Neuropsychologische Korrelate des Schulerfolgs. 24. Kongress der Deutschen Gesellschaft für Kinderpsychiatrie, Würzburg 30.4.-3.5.1995.

Esser G. Basisdiagnostik umschriebener Entwicklungsstörungen im Vorschulalter. Göttingen, Bern: Hogrefe; 2002.

Esser G, Schmidt MH. Minimale cerebrale Dysfunktion – Leerformel oder Syndrom? Stuttgart: Enke; 1987.

Fay E. Testrezension zum Prüfsystem für Schul- und Bildungsberatung (PSB). Z Diff Diagn Psychol. 1997;1/2:36-8.

Feller G, Hugow K. Mathematiktest für 2. Klassen (MT 2). 2. Aufl. Göttingen, Bern: Hogrefe; 1992.

Grimm H, Schöler H. Heidelberger Sprachentwicklungstest (HSET). 2. Aufl. Göttingen, Bern: Hogrefe; 1991.

Grimm H. Sprachentwicklungtest für zweijährige Kinder (SETK-2).Göttingen, Bern: Hogrefe; 2000.

Haffner J, Zerahn-Hartung C, Pfüller U, Parzer P, Strehlow U, Resch F. Auswirkungen und Bedeutung spezifischer Rechtschreibprobleme bei jungen Erwachsenen – empirische Befunde in einer epidemiologischen Stichprobe. Z Kinder- Jugendpsych Psychother. 1998:26,124-35.

Hellbrügge T. Münchener Funktionelle Entwicklungsdiagnostik (MFED). 4. Aufl. Göttingen, Bern: Hogrefe; 1994.

Horn W. Prüfsystem für Schul- und Bildungsberatung (PSB). Göttingen, Bern: Hogrefe; 1969.

Horn W. Leistungsprüfsystem (LPS). 2. Aufl. Göttingen, Bern: Hogrefe; 1983.

Kagan J. Matching Familiar Figures Test. Göttingen, Bern: Hogrefe; 1971.

Kaufman AS, Kaufman NL. Dt. Bearbeitung von Melchers U, Preuß U. Kaufman Assessment Battery for Children (K-ABC), Deutsche Version. 3. Aufl. Göttingen, Bern: Hogrefe; 1994.

Kiphard EJ. Wie weit ist ein Kind entwickelt? Göttingen, Bern: Hogrefe 1996.

Kiphard EJ, Schilling F. Körperkoordinationstest für Kinder (KTK). Göttingen, Bern: Hogrefe; 1974.

Kirk SA, Kirk WD. Psycholinguistic learning disabilities: diagnosis and remediation. Urbana: University of Illinois Press; 1971.

Koch I, Pleißner S. Konzentrations-Handlungsverfahren KHV. Berlin: Psychodiagnostisches Zentrum; 1984.
Lindner M, Grissemann H. Zürcher Lesetest (ZLT). 5. Aufl. Göttingen: Hogrefe; 1996.
van Luit JEH, van de Rijt BAM, Hasemann K. Osnabrücker Test zur Zahlbegriffsentwicklung (OTZ). Göttingen: Hogrefe; 2001.
Lukesch H, Kormann A, Mayrhofer S. Prüfsystem für Schul- und Bildungsberatung für 4. bis 6. Klassen – revidierte Fassung (PSB-R 4-6) von Horn. Göttingen: Hogrefe; 2003.
Lukesch H, Kormann A, Mayrhofer S. Prüfsystem für Schul- und Bildungsberatung für 6. bis 13. Klassen – revidierte Fassung (PSB-R 6-13) von Horn. Göttingen: Hogrefe; 2003.
May P. Hamburger Schreibprobe (HSP). 5. Aufl. Hamburg: Verlag für Pädagogische Medien; 2000.
Moosbrugger H, Schermellen-Engel K. Buchbesprechung "Handbuch Quantitative Methoden". Diagnostica. 1997;43,3:285-87.
Müller R. Hrsg. Ingenkamp K. Diagnostischer Rechtschreibtest für 1. Klassen (DRT 1). Göttingen, Bern: Hogrefe; 1990.
Müller R. Hrsg. Ingenkamp K. Diagnostischer Rechtschreibtest für 2. Klassen (DRT 2). Göttingen, Bern: Hogrefe; 1990.
Rathenow P, Peh D. Test Grundanforderungen Rechtschreiben für die 1. und 2. Klasse (TGR 1 / 2). Göttingen, Bern: Hogrefe; 1984.
Raven J. Coloured Progressive Matrices (CPM). Dt. Bearbeitung: Becker P, Schaller S, Schmidtke A. 2. Aufl. Göttingen, Bern: Hogrefe; 1980.
Samstag K, Sander A, Schmidt R. Hrsg. Ingenkamp K. Diagnostischer Rechentest für 3. Klassen (DER 3) 2. Aufl. Göttingen: Hogrefe; 1992.
Schlange H, Stein B, Boetticher I, Taneli S. Göttinger Formreproduktions-Test (GFT). 3. Aufl. Göttingen, Bern: Hogrefe; 1977.
Tewes U. Hrsg. Hamburg-Wechsler-Intelligenztest für Kinder-Revision 1983 (HAWIK-R) 3. Aufl. Göttingen, Bern: Hogrefe; 1985.
Tewes U, Schallberger U, Rossmann K. Hrsg. Hamburger-Wechsler-Intelligenztest für Kinder III (HAWIK-III). Göttingen, Bern: Hogrefe; 2000.
Weiß RH. Grundintelligenztest Skala 2 (CFT 20) mit Wortschatztest (WS) und Zahlenfolgentest (ZF). 4. Aufl. Göttingen, Bern: Hogrefe; 1997.
Zimmer R, Volkamer M. Motoriktest für vier- bis sechsjährige Kinder (MOT 4-6). 2. Aufl. Göttingen: Hogrefe; 1987.

Prüfungsfragen

1. Warum sollten Testverfahren im klinischen Einsatz insbesondere im unteren Bereich des Leistungsspektrums differenzieren?
2. Warum sind die Normen älterer Testverfahren mit Vorsicht zu betrachten?
3. Wie kann eine testpsychologische Leistungsdiagnostik ökonomisiert werden?
4. In welcher Altersgruppe stellen Testdurchführungen besonders hohe Anforderungen an den Untersucher?
5. Nennen Sie die 3 großen Entwicklungstests des Säuglings- und Kleinkindalters!
6. Welches von ihnen empfehlen Sie für den klinischen Einsatz?
7. Mit welchen Testverfahren sind die Sprachleistungen 2-jähriger Kinder zu erfassen?
8. Welche Vorkehrungen sollte der Diagnostiker treffen, um valide Testergebnisse bei Vorschulkindern zu erzielen?
9. Nennen Sie die Vor- und Nachteile der Kaufman-ABC!
10. Welche Teilleistungen erfasst die BUEVA?
11. Welches Testverfahren ermöglicht eine Früherkennung von Lese-Rechtschreib-Schwäche?
12. Nennen Sie die Vor- und Nachteile des HAWIK III!
13. Aus welchen Testverfahren besteht eine umfassende Leistungsdiagnostik im Grundschulalter?
14. Welche Testverfahren weisen in diesem Altersbereich besondere Normierungsprobleme auf?
15. Diskutieren Sie die Vor- und Nachteile von PSB, HAWIK und CFT 20!

5 Projektive Testverfahren

G. Esser

Problemdarstellung

Projektive Testverfahren sind in der klinischen Psychologie überaus umstritten. Obwohl keinerlei Einigkeit darüber besteht, was unter dem Begriff Projektion zu verstehen ist, ist man sich einig darüber, welche Verfahren als projektiv zu bezeichnen sind. Projektive Verfahren folgen der Grundannahme, dass ein weitgehend unbestimmtes oder vieldeutiges Testmaterial nach der Theorie der sozialen Wahrnehmung dazu führt, dass die Persönlichkeit des Probanden zum einzigen oder wichtigsten Faktor seines Testverhaltens wird. In ihrer Ausschließlichkeit erwies sich diese Position zumindest für den Thematischen Apperzeptionstest von Murray, aber auch für den Formdeuteversuch nach Rorschach als nicht haltbar (Hörmann 1982).

In den 30er- bis 50er-Jahren erlebten projektive Testverfahren eine Blütezeit, und man schrieb ihnen beinahe unumschränkte Potenzen zu (Schaipp u. Plaum 1995). Eine kritische Prüfung der projektiven Testverfahren in den 60er- und 70er-Jahren fand nur wenig Belege für ihre Validität (Hörmann 1982). Erst ab1980 begann eine vorsichtige Reintegration der Verfahren.

Kritiker und Befürworter projektiver Testverfahren stimmen darin überein, dass sie die Gütemaßstäbe klassischer Testtheorie in der Regel nicht erfüllen (Brickenkamp 1997, Petermann 1997, Schaipp u. Plaum 1995), sie sollten daher nur mit größter Vorsicht eingesetzt werden. Nach einer Untersuchung von Schorr (1995) gehören projektive Testverfahren weiterhin zu den am häufigsten eingesetzten diagnostischen Instrumenten, wobei auch für diejenigen, die projektive Tests nicht verwenden, die methodischen Schwächen der Verfahren als untergeordneter Grund gelten (Schorr 1993).

Als explorative Techniken können diese Testverfahren jedoch weiter wichtige Informationen über die Vorstellungswelt von Kindern liefern, dabei darf allerdings nicht versäumt werden, die Ergebnisse mit anderen Informationsquellen, insbesondere der Exploration, der Anamnese und Verhaltensanalyse in Verbindung zu setzen (Döpfner et al. 2000).

Im Kindes- und Jugendalter werden vor allem der Scenotest, der Test „Familie in Tieren", der Familien-Beziehungs-Test, der Thematische Apperzeptionstest und der Rosenzweig-Picture-Frustration-Test eingesetzt.

Darstellung der Testverfahren

■ Scenotest

Der **Scenotest** (von Staabs 1991, Bearbeitung von Ermert 1997) besteht aus einem Holzkasten mit vielfältigem, nach tiefenpsychologischen Gesichtspunkten ausgewähltem Spielmaterial (Bausteinen, Gegenständen des täglichen Lebens, Pflanzen, Tieren, Menschen), aus dem das Kind eine Szene aufbauen soll. Durch die Art der Gestaltung sollen Einblicke in die Erlebniswelt des Kindes möglich werden, die sich einer direkten Befragung nicht erschließen. Der Scenotest kann nach der Auffassung der Autoren auch als therapeutisches Mittel eingesetzt werden, um eine Distanzierung von inneren Problemen zu ermöglichen. Das Verfahren ist von Rollett (1997) sehr kritisch gewürdigt worden und erweist sich in der klinischen Praxis als nur schwer interpretierbar.

Auch unter dem Gesichtspunkt, dass von den meisten jüngeren Kindern, bei denen das Testverfahren eingesetzt wird, mit anderen diagnostischen Mitteln nur schwer Informationen über intrapsychische Prozesse zu erlangen sind, ist die Aussagekraft des Scenotests als gering einzuschätzen. Sein Einsatz ist allenfalls zur Kontaktaufnahme, als Warming-up, sinnvoll.

Der Familie-in-Tieren-Test

Beim **Familie-in-Tieren-Test** (Brem-Gräser 1995) wird das Kind aufgefordert, alle Familienmitglieder als Tiere zu zeichnen. Die Darstellung und eine anschließende Befragung des Kindes sollen Rückschlüsse auf die Familienstruktur aus der Sicht des Kindes zulassen. Aufgrund der einfachen Durchführung und der „vermeintlich offensichtlichen Validität“ (Petermann 1997) gehört der Familie-in-Tieren-Test zu den am häufigsten verwendeten Testverfahren; auch in psychologischen Gutachten für Sorgerechtsentscheidungen wird das Verfahren regelmäßig eingesetzt, dadurch kann ihm im Einzelfall, bei entsprechend unklarer Richtung der übrigen verwendeten diagnostischen Verfahren, durchaus eine Schlüsselrolle bei Entscheidungen von großer Tragweite zufallen.

Die wenigen empirischen Untersuchungen zur Validität des Familie-in-Tieren-Tests erfüllen fast ausnahmslos nicht die Kriterien einer methodisch sauberen Prüfung. Petermann (1997) hält den „Einsatz der Familie-in-Tieren als Test (für) nicht verantwortbar und als Explorationshilfe (für) spekulativ“ (S. 92).

In einer neueren Validierungsstudie (Wartemann 1998) im Rahmen einer großen Längsschnittuntersuchung zeigten sich einzelne signifikante Zusammenhänge. So stellten sich Kinder, die von ihren Eltern häufig gelobt wurden, als geborgener dar, Kinder mit depressiven Symptomen stellten sich weniger in den Mittelpunkt der Familie, aggressive Kinder stellten das Machterleben stärker in den Vordergrund. Kinder, die der Testanforderung des Familie-in-Tieren-Tests nicht nachkamen, hatten in der Mehrzahl eine problembelastete Familie und psychische Auffälligkeiten. Insgesamt waren die gefundenen Beziehungen zu heterogen und zu widersprüchlich, als dass wesentliche Konstrukte des Testverfahrens als validiert gelten könnten. Der Anspruch des Verfahrens als in einigen Fällen sinnvolle Explorationshilfe wird durch die genannte Untersuchung allerdings gestützt.

Das Verfahren kann klinisch bei Kindern in der Altersgruppe von 7–12 Jahren angewandt werden. Jüngere Kinder verfügen häufig noch nicht über ausreichende zeichnerische Ausdrucksmittel, ältere Kinder fühlen sich von der Aufgabenstellung nicht mehr angesprochen.

Allein im Sinne des genannten explorativen Vorgehens sind die nachfolgenden Auswertungshinweise zu sehen, die als Hypothesen in einer ausführlichen Nachexploration des Kindes und seiner Eltern bestätigt oder verworfen werden müssen. Die Auswertung berücksichtigt:

- die Reihenfolge der gezeichneten Familienmitglieder – wobei zuerst gezeichnete als subjektiv bedeutend eingeschätzt werden,
- die Wahl der Tiere – positiv bzw. negativ besetzte Arten,
- die Größe der Tiere – je größer, desto bedeutender,
- das Ausdrucksgebaren der Tiere,
- die räumliche Nähe oder Ferne der Familienmitglieder,
- weitere Besonderheiten wie Differenzierung, verwendete Farben, Strichführung, fehlende bzw. zusätzliche Familienmitglieder.

Interpretationshilfe zu Abb. 5.1
Die 9-jährige Sandra lebt seit 4 Monaten in einem Heim, weil ihrer Mutter das Aufenthaltsbestimmungsrecht zeitweise wegen Vernachlässigung des Kindes entzogen wurde.

In der Familie lebt noch der Stiefvater des Kindes, der die Mutter deutlich dominiert und Sandra stark ablehnt. Die Mutter hat Sandra in der Vergangenheit zweimal über Wochen sich alleine überlassen, um Beziehungen zu Männern zu unterhalten.

Die Zeichnung dokumentiert die Existenz anderer wichtiger Bezugspersonen (1. Zeichnung: Elefant, ein Mann), die Schuldzuweisung gegenüber dem Stiefvater („Rabenschuld“), die Unfähigkeit der Mutter (Kobold, „die Krüppel da“) sowie ihre Schuld an den aktuellen Problemen des Kindes.

Thematischer Apperzeptionstest

Der **Thematische Apperzeptionstest** (TAT) nach Murray (Revers 1979) besteht aus einer nach Geschlecht und Alter spezifischen Serie von jeweils 20 mehrdeutigen Bildern, zu denen sich die Probanden eine möglichst dramatische Geschichte ausdenken sollen. Ziel des Verfahrens ist es, Einblicke in die Erlebnis- und Phantasiewelt des Kindes oder Jugendlichen zu erhalten, um damit Ergebnisse der Exploration und Anamnese

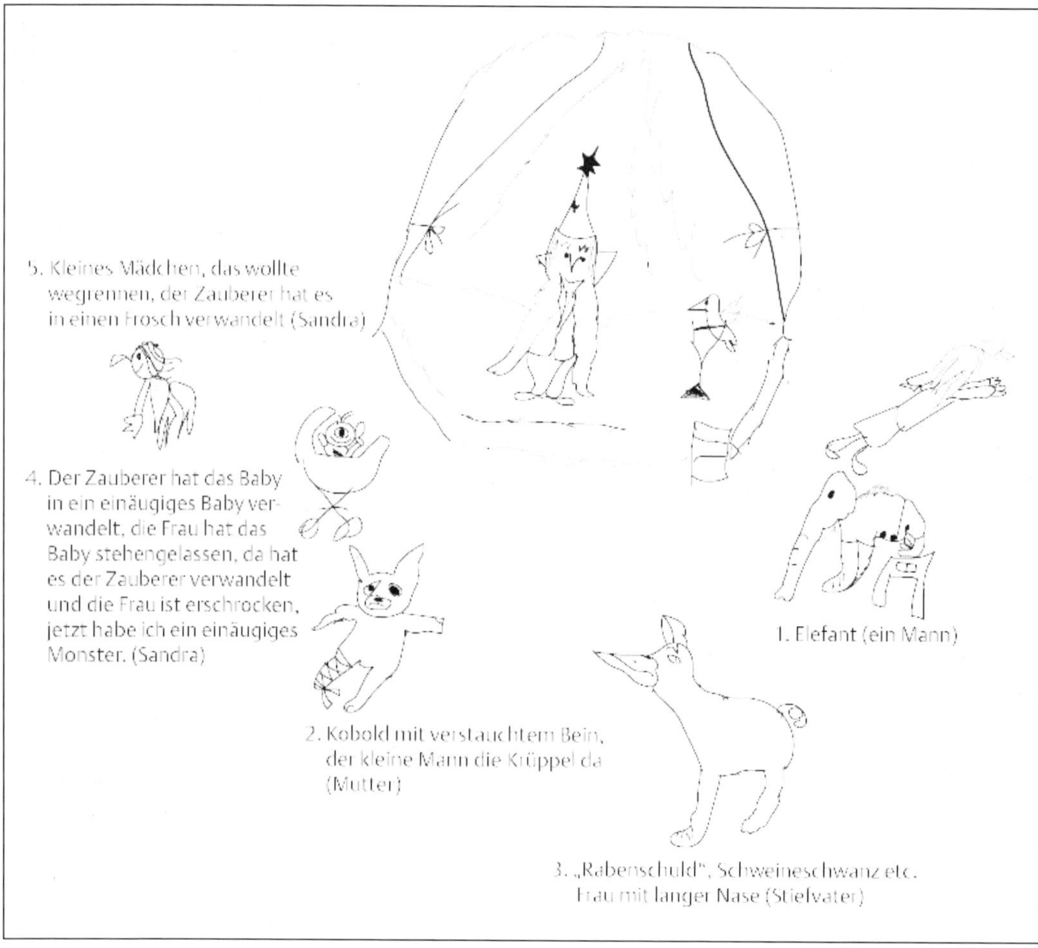

Abb. 5.**1** Familie-in-Tieren-Test, Mädchen, 9 Jahre alt

besser zu verstehen. Die Geschichten können von den Klienten niedergeschrieben oder erzählt werden.

Vor einem Entwicklungsalter von 7 Jahren ist auch dieses Verfahren nicht sinnvoll einsetzbar, vor dem Alter von 10 Jahren ist die schriftliche Ausarbeitung der Geschichten nicht zu fordern, sodass die mündlich erbrachten Leistungen vom Untersucher wörtlich protokolliert werden müssen. Jenseits des 10. Lebensjahres kann zwischen mündlicher und schriftlicher Produktion gewählt werden, wobei die mündliche Version die Spontaneität unterstützt, während die schriftliche Version anonymer ist und den Probanden zu stärkerer Strukturierung veranlasst.

In der Regel wird nur eine Auswahl von 10–12 Tafeln vorgegeben. Besonders häufig werden die Tafeln 1, 2, 3 (BM, GF) 4, 5, 6 (BM, GF), 7 (BM, GF), 8 (BM),9 (BM, GF), 10, 13 (B, MF), 17(GF) und 18 (GF) verwendet.

Auch beim TAT können durch eine Nachbefragung im Sinne von „hast du so etwas wie in dieser Geschichte schon einmal erlebt; warum ist dir diese Geschichte so eingefallen?" wertvolle Hinweise auf die Bedeutung der Inhalte gewonnen werden.

In der Testrezension von Deegener (1997) erwies sich auch der TAT als nicht ausreichend validiert. Die Interpretation muss daher mit der gleichen Vorsicht erfolgen wie beim Familie-in-

Tieren-Test, trotz einer im Vergleich zum FIT deutlich breiteren Datenbasis (ca. 10 Erzählungen vs. 1 Zeichnung).

Die Auswertung umfasst:
- den Differenzierungsgrad und Umfang der Erzählungen
- die Frage, ob die Inhalte altersgemäß sind
- die Angemessenheit des emotionalen Gehalts der Erzählungen
- die Stärke des Ich-Bezugs
- das Verhältnis zwischen vorgegebener Thematik und der gewählten Erzählinhalte und
- die Frage, ob bestimmte zentrale Themen immer wiederkehren.

Die nachstehenden Interpretationshilfen für ausgewählte Tafeln zum TAT nach Murray sind als Anregung für den Diagnostiker zu verstehen, Bezeichnungen wie „Besonderheit" oder „auffällig" charakterisieren einen bestimmten Erzählinhalt und nicht Persönlichkeitsmerkmale des Kindes oder seiner personalen Umgebung (Beispiel 8/BM).

Interpretationshilfen
für ausgewählte Tafeln des Thematischen Apperzeptionstests nach Murray

Tafel 1
Thema: Leistungsanforderungen, Leistungsmotivation
Besonderheiten: Entscheidend ist, wie das Leistungsproblem, die Schwierigkeiten der Anforderung bewältigt werden. Verzagen, Flucht bzw. die Verhinderung der Anforderungen durch eine zerbrochene Geige sind als Probleme in der Auseinandersetzung mit Leistungsanforderungen zu werten.

Tafel 2
Thema: Beziehung zur Herkunftsfamilie, Generationenkonflikt
Besonderheiten: Hauptperson ist das Mädchen im Vordergrund. Eine stark abwertende Darstellung der übrigen beiden Personen kann als Konflikt mit der Herkunftsfamilie interpretiert werden.

Tafeln 3 GF und 3 BM
Thema: Depressive Verstimmungen, traurig sein, niedergeschlagen sein
Besonderheiten: Welcher Anlass und welcher Vorgang wird mit dem Thema verknüpft, wird das Thema aufgenommen oder abgewehrt? Beispiele dafür sind: das Mädchen hat sich den Kopf gestoßen (3GF), die Person auf 3 BM ist gefallen. Bei 3 BM sind unter Umständen auch suizidale Tendenzen zu erkennen, dann nämlich, wenn der Gegenstand rechts neben der hockenden Figur als Pistole interpretiert wird, mit der sich die Person erschießen möchte.

Tafel 4
Thema: Bei Kindern: Elternbeziehung; bei Jugendlichen und Erwachsenen: Beziehung zwischen Mann und Frau, die leicht bekleidete Frau im Hintergrund regt das Thema Eifersucht an.
Besonderheiten: Als sehr konflikthaltig ist das Eifersuchtsthema zu bewerten; eher positiv, dass die Frau den Mann vor einer Dummheit bewahren will, dies insbesondere, wenn sie dabei erfolgreich ist.

Tafel 5
Thema: Beziehung zur Mutterfigur
Besonderheiten: Abwehr des Mutterthemas (Haushälterin, fremde Frau); auffällig sind negative Charakterisierungen der Mutterfigur, das Kind, das weggelaufen ist; kontrollierende vs. versorgende Funktion der Mutterfigur.

Tafel 6 BM
Thema: Beziehung zwischen Sohn und Mutter
Besonderheiten: stark abweisendes Verhalten der Mutter, Missetaten des Sohnes.

Tafel 6 GF
Thema: Beziehung zwischen Tochter und Vater
Besonderheiten: Das Tochter-Vater-Verhältnis wird nicht durchgängig aufgenommen, häufig wird eine Beziehung zwischen Mann und Frau geschildert, ohne dass daraus ödipale Tendenzen ableitbar wären. Bedeutsamer sind Gefühle des Erschreckens, der Gefahr bzw. eine negative Schilderung der Vaterfigur.

Tafel 7 BM
Thema: Beziehung zwischen Vater und Sohn
Besonderheiten: Gemeinsame Vorhaben, wohlwollender Rat des Vaters vs. selbstwerterniedrigende Kritik, fehlende Bereitschaft des Sohnes, den Rat des Vaters anzunehmen.

Abb. 5.2 TAT-Tafel, 8 BM

Tafel 7 GF
Thema: Beziehung zwischen Mutter und Tochter mit möglichem Geschwisterkonflikt
Besonderheiten: Eifersucht des Mädchens auf den Säugling, Abwertung der Mutterfigur.

Tafel 8 BM
Thema: Aggressivität
Besonderheiten: Hauptfigur ist stets der Junge im Vordergrund, als sublimiert gilt die Aggressivität, wenn es sich hierbei um eine Operation oder einen anderen medizinischen Eingriff handelt. Mordszenen gelten als Hinweis auf aggressive Phantasien. Bedeutsam ist unter Umständen, gegen wen sich diese Aggressivität richtet (Opfer).

Tafel 9 BM
Thema: Beziehung zu Gleichaltrigen
Besonderheiten: Art der Peergroup (Ganoven vs. Arbeiter, Cowboys). Beziehung der Person links im Vordergrund zu den Übrigen, insbesondere, wenn dieser die Gruppe bestiehlt, belauscht, verrät.

Tafel 9 GF
Thema: Beziehung zur Freundin, gleichaltrigen Schwester
Besonderheiten: insbesondere wenn starke Rivalität zwischen den beiden Figuren zum Ausdruck gebracht wird, Hauptfigur ist die Frau hinter dem Baum.

Tafel 10
Thema: Zuneigung und Zärtlichkeit
Besonderheiten: Welche Personen (gleichgeschlechtlich, Partnerbeziehung, Mutter-Sohn, Vater-Tochter) zeigen Zuneigung und aus welchem Anlass?

Tafel 13 B
Thema: Reminiszenzen an die eigene Kindheit
Besonderheiten: Gefühl des Verlassenseins von den Eltern bzw. den Gleichaltrigen, Armut, Hunger.

Tafel 13 MF
Thema: Sexualität
Besonderheiten: Verknüpfung von Sexualität und Gewalt, Thematisierung des sexuellen Inhalts bzw. Abwehr.

Tafel 14
Thema: Licht und Dunkel
Besonderheiten: suizidale Tendenzen (die Person stürzt sich aus dem Fenster), Einbruchsszenen.

Tafel 17 GF
Thema: Suizidalität
Besonderheiten: Suizidalität wird aufgegriffen.

Tafel 18 GF
Thema: Sorge, Trauer vs. Aggressivität
Besonderheiten: Aggressives Handeln (Würgen) wird auch auf weibliche Personen generalisiert. Unter Umständen kann bei Kindern auch die Beziehung zur Mutterfigur thematisiert werden.

Familien-Beziehungs-Test

Der **Familien-Beziehungs-Test** (FBT) von Howells und Lickorish verwendet ähnlich dem TAT geschlechtsspezifisch jeweils 24 Bilder, die Situationen aus dem Familienalltag darstellen, wobei alle Personen einen unklaren emotionalen Gesichtsausdruck zeigen. Ziel des Verfahrens sind Aufschlüsse über die Gefühle und Einstellungen des Erzählers gegenüber den anderen Familienmitgliedern und deren Beziehung zueinander. Im Unterschied zum TAT werden keine Erzählungen verlangt, das Kind soll lediglich wiedergeben, was die Personen auf den Bildern tun oder sagen. Das Gesagte wird wörtlich protokolliert. Die Antworten werden sodann in so genannte Informationseinheiten aufgeteilt. Diese Informationseinheiten werden Kategorien zugeordnet, die Beschreibungen, Interaktionen und Merkmale der Personen umfassen. Interaktionen und Persönlichkeitsmerkmale werden anschließend in ein Beziehungsmuster übertragen. Die Interpretation fußt auf der Häufigkeit und Art der Beziehungen und Persönlichkeitsmerkmale. Auch für dieses Testverfahren sind dem Autor keine methodisch sauberen Validierungsstudien bekannt, dementsprechend ist auch bei seiner Interpretation größte Vorsicht geboten.

Der Vorteil dieses Verfahrens liegt in seiner klaren Zentrierung auf Familienbeziehungen und seinem Versuch einer Quantifizierung der Beziehungsqualitäten und zugeschriebenen Persönlichkeitsmerkmale. Als Ausgangspunkt für eine Thematisierung familiärer Probleme hat es sich in der Praxis durchaus bewährt.

Abb. 5.**3**
Familien-Beziehungs-Test, E1

Rosenzweig-Picture-Frustration-Test für Kinder

Der Rosenzweig-Picture-Frustration-Test für Kinder (Duhm u. Hansen 1957) dient der Untersuchung der Frustrationstoleranz, d.h. der sozialen Belastbarkeit eines Kindes in sozialen Konfliktsituationen. Der Test besteht aus 24 skizzenhaft gezeichneten sozialen Situationen, in denen es aufgrund der Äußerungen oder Reaktionen der Interaktionspartner zu einer frustrierenden Situation für die Hauptperson kommt. Die Kinder sollen die Antwort der Hauptperson in eine Sprechblase schreiben. Aufgrund einer umfangreichen Beispielsammlung von typischen Äußerungen zu jeder Szene lassen sich die erforderlichen Signierungen zuverlässig treffen. Ein zweidimensionales Auswertungssystem unterscheidet zwischen Reaktionstyp und der Aggressionsrichtung. In Bezug auf den Reaktionstyp werden zwischen Betonung der vereitelnden Umstände (obstacle-dominance), der Betroffenheit der eigenen Person (ego-defense) und dem Streben nach Lösungen (need-persistence) unterschieden. Die Aggressionsrichtung unterscheidet zwischen extrapunitiven, d.h., auf das Gegenüber gerichteten, intrapunitiven, d.h., gegen sich selbst gerichteten Schuldzuweisungen sowie impunitiven, d.h., der Schuldfrage ausweichenden Reaktionen, die vor allem den frustrierenden Interaktionspartner von aller Schuld freisprechen. Das Testverfahren bietet im Originalmanual die Mediane und Quartile von 320 Kindern als Vergleichsgruppe an, von Rauchfleisch wurde 1993 eine neue Normierung vorgelegt, die auf einer Stichprobe von 950 7- bis 14-Jährigen basiert. Damit bleibt der R-PF auch weiterhin das einzige normierte projetive Testverfahren.

Abb. 5.**4** Rosenzweig-P-Test, Bild 8

Zusammenfassung

Projektive Testverfahren folgen der Grundannahme, dass ein möglichst vieldeutiges Testmaterial nach der Theorie der sozialen Wahrnehmung dazu führt, dass die Persönlichkeit des Probanden zum wichtigsten Faktor seines Testverhaltens wird. Projektive Testverfahren erfüllen im Allgemeinen die Gütekriterien der klassischen Testtheorie nicht. Sie sind daher allenfalls als explorative Techniken vertretbar. Der Familie-in-Tieren-Test soll Rückschlüsse auf die Familienstruktur aus der Sicht des Kindes geben. Einblicke in die Erlebniswelt des Kindes verspricht der Thematische Apperzeptionstest nach Murray. Auf die Familienbeziehungen zentriert ist der Familien-Beziehungs-Test von Howells und Lickorisch. Die Reaktionen der Versuchspersonen in frustrierenden Belastungssituationen versucht das einzige normierte projektive Testverfahren, der Rosenzweig-Picture-Frustration-Test, zu objektivieren. Der Scenotest hat zum Ziel, mit standardisiertem Spielmaterial Einblicke in die Erlebniswelt des Kindes zu gewinnen, die sich der direkten Befragung verschließen.

Literatur

Brem-Gräser L. Familie in Tieren. Die Familiensituation im Spiegel der Kinderzeichnung. 7. Aufl. München: Reinhardt; 1995.

Brickenkamp, R. Hrsg. Handbuch psychologischer und pädagogischer Tests. 2. Aufl. Göttingen: Hogrefe; 1997.

Döpfner M, Lehmkuhl G, Petermann G, Scheithauer. Klassifikation und Epidemiologie psychischer Störungen. Petermann G, Hrsg. Lehrbuch der Klinischen Kinderpsychologie und -psychotherapie. 4. Aufl. Göttingen: Hogrefe; 2000.

Duhm E, Hansen I. Der Rosenzweig P-F Test (PFT) Form für Kinder. Göttingen: Hogrefe; 1957.

Ermert C. Spielverhalten im Scenotest. Bern: Huber; 1997.

Hörmann H. Theoretische Grundlagen der projektiven Verfahren. Graumann CF, Herrmann T, Irle M, Thomae H, Weinert F, Hrsg. Enzyklopädie der Psychologie. Themenbereich B: Methodologie und Methoden. Serie II: Psychologische Diagnostik Band 3: Persönlichkeitsdiagnostik. Göttingen: Hogrefe; 1982.

Howells JG, Lickorish JR. Familien-Beziehungs-Test (F.B.T.). München: Reinhardt; 1975.

Petermann F. Familie in Tieren – Die Familiensituation im Spiegel der Kinderzeichnung. Kubinger K, Hrsg. Testrezensionen: 25 einschlägige Verfahren. Z Diff Diagn Psych. 1997;18:1-2,90-2.

Rauchfleisch U. Handbuch zum Rosenzweig Picture-Frustration Test (PFT). Bern: Huber; 1993

Revers WJ. Der thematische Apperzeptionstest (TAT). Bern: Huber; 1979.

Rollett B. Testrezension zu Scenotest. Z Diff Diagn Psych. 1997;18:102-4.

Schaipp C, Pflaum E. Projektive Techniken: Unseriöse Tests oder wertvolle qualitative Methoden? Bonn: Deutscher Psychologen Verlag; 1995.

Schorr A. Projective testing in behavior therapy. Eur J Psychol Assessm. 1993;9:213-21.

Schorr A. Stand und Perspektiven diagnostischer Verfahren in der Praxis. Ergebnisse einer repräsentativen Befragung westdeutscher Psychologen. Diagnostica. 1995;41:3-20.

Staabs G von. Der Scenotest. Göttingen: Hogrefe; 1991.

Wartemann U. Der Familie-in-Tieren-Test. Zur Validität von Kinderzeichnungen als Instrumente psychologischer Diagnostik. Potsdam: unveröffentlichte Diplomarbeit; 1998.

Prüfungsfragen

1. Warum sind projektive Testverfahren so umstritten?
2. Welche Kriterien sind bei der Auswertung des Familie-in-Tieren Tests zu berücksichtigen?
3. Wie ist die Validität des TAT einzuschätzen?
4. Welche Besonderheiten sind bei den Tafeln 3 BM und 3 GF des TAT zu berücksichtigen?
5. Beschreiben Sie das zweidimensionale Auswertungssystem des Rosenzweig-PF-Tests!
6. Was versteht man unter einer impunitiven Aggressionsrichtung?
7. Welche Kriterien sind bei der Auswertung des TAT zu berücksichtigen?
8. In welche Kategorien werden die Antworten im FBT eingeteilt?

6 Fragebogen zur Erfassung psychischer Auffälligkeiten

G. Esser

Fragebogenverfahren

Fragebogenverfahren haben in einer multimethodalen Diagnostik ihren festen Platz, obwohl ihre Grenzen stets beachtet werden müssen. Fragebogenverfahren stellen im diagnostischen Prozess eine einfache und ökonomische Variante der standardisierten Datenerhebung dar (Fombonne 1991). Mit ihrer Hilfe können kostengünstig parallel Informationen zu identischen Problembereichen von verschiedenen Informanten (Lehrern, Eltern, Jugendlichen) eingeholt werden. Ein isolierter Einsatz von Fragebogenverfahren birgt jedoch stets die Gefahr grober Fehler (Fisseni 1991, Merten 1999), somit sind individuelle Diagnosen, die allein auf Fragebogenverfahren beruhen, als im hohen Maße unzuverlässig einzustufen. Als Vorauswahlverfahren sind Fragebogenverfahren dagegen durchaus nützlich (Merten 1999). Ihr Vorteil für Forschung und Praxis ist, dass sie „... leicht kommunizierbare, replizierbare, mathematisch zu verarbeitende Ergebnisse liefern" (S. 160). Mit Hilfe von Fragebogenverfahren kann z. B. ökonomisch erfasst werden, ob überhaupt eine psychische Störung vorliegt, die dann genauer untersucht werden kann (Poustka 1988). Fragebogenverfahren ergänzen somit Interviewverfahren und machen deren Einsatz wirkungsvoller. Die klinische Diagnostik hat daher großen Bedarf an validierten Fragebogenverfahren, deren Zahl sich in den letzten 10 Jahren deutlich vergrößert hat.

Die verfügbaren Verfahren lassen sich in eindimensionale bzw. störungsspezifische und mehrdimensionale, multiple Störungen erfassende Fragebogen unterteilen. Eine Auflistung der mehrdimensionalen Verfahren findet sich in Tabelle 6.1.

Von den dort genannten Verfahren ist für das Kindergartenalter der Verhaltensbeurteilungsbogen (VBV) von Döpfner et al. (1993) zu empfehlen. Durch die beiden vorliegenden Formen für Eltern und Erzieher können bei gleichzeitiger Anwendung Hinweise auf die Situationsstabilität des kindlichen Problemverhaltens gewonnen werden. Das Verfahren wird sowohl als klinisches Instrument in Verbindung mit Symptomlisten zur Therapieplanung und -kontrolle als auch als Screeningverfahren von den Autoren empfohlen. Für ein Screeningverfahren ist es jedoch vor allem in der Erzieherinnenversion mit einer Beurteilungszeit von etwa 30–40 Minuten relativ aufwendig, sodass das Hauptanwendungsgebiet die standardisierte Ergänzung der in der klinischen Exploration gewonnenen Informationen darstellen sollte. Für die Gruppe der 2- bis 4-Jährigen ist die 19 Fragen umfassende Behaviour Check List (BCL) von Richman (1977) noch immer ein ökonomisches Screeningverfahren mit guter Validität.

Im Kindergartenalter ebenfalls bereits anwendbar ist die Child Behavior Check List CBCL 4–18 (Arbeitsgruppe Deutsche CBCL 1998a), die ihr Anwendungsoptimum jedoch erst ab dem Grundschulalter erreicht. Für Vorschulkinder sind viele der gestellten Fragen entwicklungspsychopathologisch noch unangemessen. Ab dem Schulalter ist die CBCL als Elternfragebogen mit ihren zusätzlichen Versionen für Lehrer (TRF) und Jugendliche (YSR) das am meisten verwendete Fragebogenverfahren zur Erfassung von psychischen Auffälligkeiten. Die CBCL wurde in zahlreichen Forschungsprojekten eingesetzt und gilt als absolutes Standardverfahren. Bereits 1998 erreichte die Bibliografie von Brown u. Achenbach (1998) 2400 Publikationen über oder mit der CBCL. Die CBCL wurde für verschiedene Länder und Sprachen validiert. Es wurden kulturvergleichende Studien durchgeführt, die bis zu 12 Nationen umfassten (Achenbach 1999, Biederman et al. 1993).

Tabelle 6.1 Mehrdimensionale, multiple Störungen erfassende Fragebogen

Verfahren	Autoren	Altersbereich	Informant	Störungsbereich/Skalen	Testgütekriterien	Anmerkungen
Child Behavior Check List 2–3, CBCL 2–3	AG Deutsche CBCL, (1993 b)	2–3 Jahre	Eltern	Sozialer Rückzug, körperliche Beschwerden, destruktives Verhalten, aggressives Verhalten, Schlafprobleme	Normiert, keine Angaben zur Validität	Deutsche Version der CBCL/2–3 von Achenbach (1992)
Behavior Check List BCL	Richmann (1977)	2½–3½ Jahre	Eltern	12 Verhaltensbereiche werden erfasst	Validiert an strukturiertem Interview, 82 % Übereinstimmung mit BSQ (Richmann u. Graham 1971)	Es liegt eine deutsche Bearbeitung von Esser (1980) und Schmidt et al. (1984) für 4- bis 6-Jährige vor
Verhaltens-beurteilungsbogen für Vorschulkinder VBV	Döpfner et al. (1993)	3–6 Jahre	Eltern Erzieher	Sozial-emotionale Kompetenzen, oppositionelle, hyper-aktive und emotionale Störungen	Normiert, validiert durch Gruppen-vergleich	Es liegen getrennte Varianten für Eltern und Erzieher vor
Child Behavior Check List 4–18 CBCL/4–18	AG Deutsche CBCL, (1998 a)	4–18 Jahre	Eltern	Externalisierend, internalisierend sowie 8 Störungsbereiche	Normiert, zahlreiche Validitätsstudien	Deutsche Version der CBCL/4–18 von Achenbach (1991 a)
Marburger Verhaltensliste MVL	Ehlers et al. (1978)	6–12 Jahre	Eltern	Emotionale Labilität, Kontaktangst, Selbstkonzept, Sozialverhalten, Leistungsverhalten	Normen für Gesamtwert, Reliabilität geprüft	
Mannheimer Elternfragebogen MEF	Esser (2004, i.V.)	6–16 Jahre	Eltern/ Jugend-liche	52 Einzelsymptome, 22 davon diagnosekonstituierend	Validiert an klinischer und Feldstichprobe, ROC-Analyse, AUC = 0,800, die Hälfte der Symptome geeignet für Diagnose	Entwickelt aus Mannheimer Eltern-Interview (Esser et al. 1989), Parallelform für Jugend-liche (12–16 Jahre) vorhanden

Tabelle 6.1 Mehrdimensionale, multiple Störungen erfassende Fragebogen (Fortsetzung)

Verfahren	Autoren	Altersbereich	Informant	Störungsbereich/Skalen	Testgütekriterien	Anmerkungen
Childrens Behaviour Questionaire	Rutter (1967) Rutter (1970)	Schulalter	Lehrer Eltern	Neurotische Störungen, Störungen des Sozialverhaltens, gemischte Störungen	Retestreliabilität Cut-Off-Bestimmung in klinischer und Feldstichprobe	Instrument der Isle of Wight Study. Deutsche Version von Poustka et al. (1978)
Conners Teacher and Parent Questionnaire TPQ	Conners (1969, 1973)	Schulalter	Lehrer Eltern	Hyperaktivität, Sozialverhalten, Angst, emotionale Labilität	Interrater- und Retestreliabilität, Normen vorhanden	Deutsche Version siehe Geisel et al. (1982)
Teacher's Report Form TRF	AG Deutsche Child Behavior Check List (1993 a)	6–18 Jahre	Lehrer	Externalisierend, internalisierend, 8 Problemskalen	Normiert, zahlreiche Validitätsstudien	Deutsche Version der TRF von Achenbach (1991 b)
Hamburger Verhaltensliste HAVEL	Wagner (1981)	7–14 Jahre	Eltern	Dominanz, vegetative Labilität, Gewissenhaftigkeit, Arbeitshaltung	Reliabilität und Validität geprüft, Altersnormen	Verwendung vor allem in der Erziehungsberatung und Schulpsychologie
Parent Questionnaire PQ	Steinhausen (1996)	Nicht bekannt	Eltern	Verhaltensprobleme, Hyperaktivität, Angst, psychosomatische Beschwerden	Nicht bekannt	
Problemfragebogen 11- bis 14-Jährige (PF 11–14)	Westhoff et al. (1981)	11–14 Jahre	Kinder	Über mich, meine Familie, ich und andere, meine Schule, allgemein	Normen vorhanden, Retestreliabilität geprüft	Verwendung vor allem in der Erziehungsberatung und Schulpsychologie
Youth Self Report YSR	AG Deutsche Child Behavior Check List (1998 b)	11–18 Jahre	Jugendliche	2 Kompetenzskalen 8 Problemskalen	Normiert, Validitätsstudien liegen vor	Deutsche Version der YSR von Achenbach (1991 b)

CBCL, TRF und YSR enthalten einen gemeinsamen Kern von 85 Fragen zu psychischen Auffälligkeiten, die sich nach Achenbach (1991a) aufgrund von faktorenanalytischen Untersuchungen in

- sozialer Rückzug
- körperliche Beschwerden
- ängstlich/depressiv
- dissoziales Verhalten
- aggressives Verhalten
- soziale Probleme
- schizoid/zwanghaft
- Aufmerksamkeitsprobleme

untergliedern lassen (vgl. zur Struktur des Bogens Abb. 6.1).

Als Faktoren 2. Ordnung ließen sich 1–3 zu internalisierenden sowie 4–5 zu externalisierenden Auffälligkeiten zusammenfassen. Die Primärfaktoren 6–8 ließen sich in der Faktorenanalyse 2. Ordnung nicht abbilden. In einer groß angelegten Studie in 7 Ländern (Griechenland, Portugal, Türkei, Norwegen, Niederlande, Israel und USA) mit über 10 000 Versuchspersonen konnten Hartmann et al. (1999) die faktorielle Struktur der CBCL und der TRF in einem Cross-informant-Modell mithilfe von konfirmatorischen Faktorenanalysen nicht bestätigen. Es konnte gezeigt werden, dass die Lösungen durch einen Einzelfaktor dominiert werden und dass bereits die Differenzierung in internalisierende und externalisierende Störungen keine nennenswerte Verbesserung der verschiedenen Goodness-of-Fit-Maße erbrachte. Die Autoren unterstreichen, dass der, im Übrigen von Achenbach (1995) niemals intendierte, Ersatz klinischer Diagnosen durch die CBCL unzulässig ist.

Die genannten Probleme sind jedoch nicht für die CBCL spezifisch, auch in der Mannheimer Kurpfalz-Erhebung scheiterten Versuche, die auf Eltern- und Jugendlicheninterviews basierenden Symptome in einem Cross-informant-Modell stabil zu faktorisieren. Schon Esser (1980) stellte fest, dass sich die Symptomfragebögen stabil nur in expansive und introversive Störungen unterteilen lassen und dass eine solche Unterteilung nur unter großen Informationsverlusten (geringe aufgeklärte Varianz) zu erzielen ist.

Aus dem Mannheimer Elterninterview (Esser et al. 1989) wurde 1995 der Mannheimer Elternfragebogen (Esser 2004, in Vorbereitung) entwickelt. Der Bogen ist beispielhaft auf S. 32f im Kapitel 3 „Multimethodale Diagnostik" abgebildet). Der Fragebogen enthält 68 Fragen zu 52 Symptomen. Die Fragen sind so konstruiert, dass aufgrund einer Zustimmung seitens der Eltern bereits vom Vorliegen des Symptoms in erheblicher Ausprägung ausgegangen werden kann. Von den erfassten Symptomen erfüllen 23 die Voraussetzungen für eine Diagnose nach ICD-10. In 2 Validierungsstudien (Guldner 1995, Borys 2000) konnte gezeigt werden, dass sich das Instrument in einer Feldstichprobe ($n = 348$) sehr gut als Screeningverfahren eignet. In einer Receiving-Operator-Characteristic-(ROC-)Analyse war die Area under Curve (AUC) mit 0,800 hoch bedeutsam. Zusätzlich konnte der Hauptstörungsbereich der psychischen Auffälligkeit bestimmt werden. Eine direkte Diagnosenstellung aus dem Fragebogen ist in einer Feldstichprobe nicht möglich. In einer Inanspruchnahmestichprobe ($n = 80$) ergab sich eine gute Übereinstimmung zwischen den Angaben im Elternfragebogen und den entsprechenden klinischen Diagnosen bzw. der Symptomatik. Über die Hälfte der Fragebogenitems war in der Lage, die klinische Diagnose bzw. Symptomatik hinreichend (SMC > 0,80 und Kappa; > 0,60) vorherzusagen. Der MEF trägt somit effektiv zur Verkürzung des diagnostischen Prozesses bei. Er ist überall dort einsetzbar, wo ein schneller Überblick über mögliche psychische Auffälligkeiten erforderlich ist (Borys 2000).

Von den eindimensionalen, störungsspezifischen Fragebogen können nachdrücklich die in den Diagnose- und Symptomchecklisten zur Erfassung psychischer Störungen im Kindes- und Jugendalter (DISYPS-KJ) von Döpfner u. Lehmkuhl (2000a) enthaltenen Verfahren empfohlen werden. Erfasst werden hyperkinetische Störungen, Störungen des Sozialverhaltens, Angststörungen, depressive Störungen und tiefgreifende Entwicklungsstörungen. Mit Ausnahme der tiefgreifenden Entwicklungsstörungen, für die ein Selbstrating wenig sinnvoll wäre, liegen für alle Störungsbereiche Fremd- (für Eltern, Lehrer oder Erzieher) und ab 11 Jahren auch Selbstbeurteilungsbogen vor. Die Fragebogen sind eingebunden in Diagnosechecklisten für ICD-10 und DSM-IV und sammeln gezielt Informationen zur Diagnosestellung. Die Fragebogen eignen sich darüber hinaus auch zur Therapieverlaufskontrolle.

0 = nicht zutreffend (soweit bekannt) **1 = etwas oder manchmal zutreffend** **2 = genau oder häufig zutreffend**

57. Greift andere körperlich an 0 1 2
58. Bohrt in der Nase, zupft oder kratzt sich an Körperstellen; bitte beschreiben: ________ 0 1 2
59. Spielt in der Öffentlichkeit an den eigenen Geschlechtsteilen 0 1 2
60. Spielt zu viel an den eigenen Geschlechtsteilen 0 1 2
61. Ist schlecht in der Schule 0 1 2
62. Ist körperlich unbeholfen oder ungeschickt . 0 1 2
63. Ist lieber mit älteren Kindern oder Jugendlichen als mit Gleichaltrigen zusammen 0 1 2
64. Ist lieber mit Jüngeren als mit Gleichaltrigen zusammen 0 1 2
65. Weigert sich zu sprechen 0 1 2
66. Tut bestimmte Dinge immer und immer wieder, wie unter einem Zwang; bitte beschreiben: ________ 0 1 2
67. Läuft von zu Hause weg 0 1 2
68. Schreit viel 0 1 2
69. Ist verschlossen, behält Dinge für sich 0 1 2
70. Sieht Dinge, die nicht da sind; bitte beschreiben: ________ 0 1 2
71. Ist befangen oder wird leicht verlegen 0 1 2
72. Zündelt gerne oder hat schon Feuer gelegt . 0 1 2
73. Hat sexuelle Probleme; bitte beschreiben: .. 0 1 2
74. Produziert sich gern oder spielt den Clown .. 0 1 2
75. Ist schüchtern oder zaghaft 0 1 2
76. Schläft weniger als die meisten Gleichaltrigen 0 1 2
77. Schläft tagsüber und/oder nachts mehr als die meisten Gleichaltrigen; bitte beschreiben: ________ 0 1 2
78. Schmiert oder spielt mit Kot 0 1 2
79. Hat Schwierigkeiten beim Sprechen; bitte beschreiben: ________ 0 1 2
80. Starrt ins Leere 0 1 2
81. Stiehlt zu Hause 0 1 2
82. Stiehlt anderswo 0 1 2
83. Hortet Dinge, die er/sie nicht braucht; bitte beschreiben: ________ 0 1 2
84. Verhält sich seltsam oder eigenartig; bitte beschreiben: ________ 0 1 2
85. Halt seltsame Gedanken oder Ideen; bitte beschreiben: ________ 0 1 2
86. Ist störrisch, mürrisch oder reizbar 0 1 2
87. Zeigt plötzliche Stimmungs- und oder Gemütswechsel 0 1 2
88. Schmollt viel oder ist leicht eingeschnappt .. 0 1 2
89. Ist misstrauisch 0 1 2
90. Flucht oder gebraucht obszöne (schmutzige) Wörter 0 1 2
91. Spricht davon, sich umzubringen 0 1 2
92. Redet oder wandelt im Schlaf; bitte beschreiben: ________ 0 1 2
93. Redet zu viel 0 1 2
94. Hänselt andere gern 0 1 2
95. Hat Wutausbrüche oder hitziges Temperament 0 1 2
96. Denkt zuviel an Sex 0 1 2
97. Bedroht andere 0 1 2
98. Lutscht am Daumen 0 1 2
99. Ist zu sehr auf Ordentlichkeit oder Sauberkeit bedacht 0 1 2
100. Hat Schwierigkeiten mit dem Schlafen; bitte beschreiben: ________ 0 1 2
101. Schwänzt die Schule (auch einzelne Schulstunden) 0 1 2
102. Zeigt zu wenig Aktivität; ist zu langsam oder träge 0 1 2
103. Ist unglücklich, traurig oder niedergeschlagen 0 1 2
104. Ist ungewöhnlich laut 0 1 2
105. Trinkt Alkohol, nimmt Drogen oder missbraucht Medikamtente; bitte beschreiben: 0 1 2
106. Richtet mutwillig Zerstörungen an 0 1 2
107. Nässt bei Tag ein 0 1 2
108. Nässt im Schlaf ein 0 1 2
109. Quengelt oder jammert 0 1 2
110. Bei Jungen: Möchte lieber ein Mädchen sein Bei Mädchen: Möchte lieber ein Junge sein . 0 1 2
111. Zieht sich zurück, nimmt keinen Kontakt zu anderen auf 0 1 2
112. Macht sich zu viel Sorgen 0 1 2
113. Bitte beschreiben Sie hier Probleme Ihres Kindes, die bisher noch nicht erwähnt wurden:

________ 0 1 2

________ 0 1 2

________ 0 1 2

________ 0 1 2

→ Bitte überprüfen Sie, ob Sie alle Fragen beantwortet haben.

→ Unterstreichen Sie bitte diejenigen Probleme, die Ihnen Sorgen machen.

Vielen Dank!

Abb. 6.**1** Child Behavior Check List CBCL (Ausschnitt)

Tabelle 6.2 Eindimensionale, störungsspezifische Fragebogen

Verfahren	Autoren	Altersbereich	Informant	Störungsbereich/Skalen	Testgütekriterien	Anmerkungen
Conners-Skala	Conners (1973)	Schulalter	Lehrer Eltern	Hyperkinetische Störungen	Cut-Off für Auffälligkeiten	Kurzinstrument mit 10 Fragen
FBB/SBB-HKS	Döpfner u. Lehmkuhl (2000)	Nicht festgelegt	Eltern Lehrer Kind (Jugendliche)	Hyperkinetische Störungen	Inhaltliche Validität	Test des DISYPS-KJ Döpfner u. Lehmkuhl (2000)
Erfassungsbogen für aggressives Verhalten in konkreten Situationen EAS	Petermann u. Petermann (2000)	9–12 Jahre	Kind	Aggressivität	Zuverlässigkeit und Gültigkeit geprüft	4. überarbeitete und neunormierte Auflage
FBB/SBB-SSV	Döpfner u. Lehmkuhl (2000)	Nicht festgelegt	Eltern Lehrer Kind (Jugendliche)	Störung des Sozialverhaltens	Inhaltliche Validität	Teil des DISYPS-KJ Döpfner u. Lehmkuhl (2000)
Kinder-Angst-Test II KAT	Thurner u. Tewes (2000)	9–15 Jahre	Kind	Angst (State- und Trait-)	Reliabilität und Konstruktvalidität geprüft, Normen	Völlig überarbeitete Neuauflage
Angstfragebogen für Schüler AFS	Wieczerkowski et al. (1981)	9–17 Jahre	Kind (Jugendliche)	Prüfungsangst, allgemeine Angst, Schulunlust	Reliabilität und Validität geprüft, Normen	
FBB/SBB-ANG	Döpfner u. Lehmkuhl (2000)	Nicht festgelegt	Eltern Lehrer Kind (Jugendliche)	Trennungsangst, generalisierte Angst, soziale Angst, spezifische Phobie	Inhaltliche Validität	Teil des DISYPS-KJ Döpfner u. Lehmkuhl (2000)
Phobiefragebogen für Kinder PHOKI	Döpfner et al. (2000)	8–18 Jahre	Kind (Jugendliche	Gesamtskala und 7 themenbezogene Einzelskalen	Interne Konsistenz und Validität geprüft Normen	Deutsche Überarbeitung der Fear Survey Schedule for Children (FSSC-R)
Depressionsinventar für Kinder und Jugendliche DIKJ	Stiensmeier-Pelster et al. (2000)	8–16 Jahre	Kind (Jugendliche)	Depression	Reliabilität und Validität geprüft, Normen	2. überarbeitete und neunormierte Auflage

Tabelle 6.**2** Eindimensionale, störungsspezifische Fragebogen (Fortsetzung)

Verfahren	Autoren	Altersbereich	Informant	Störungsbereich/Skalen	Testgütekriterien	Anmerkungen
Depressionstest für Kinder DTK	Rossmann (1993)	9–14 Jahre	Kind	Dysphorische Stimmung, agitiertes Verhalten, psychosomatische Beschwerden	Reliabilität und Validität geprüft, Normen	
FBB/SBB-DES	Döpfner u. Lehmkuhl (2000)	Nicht festgelegt	Eltern Kind (Jugendliche)	Depressive Symptome, somatische Beschwerden, Dysthymie	Inhaltliche Validität	Teil des DISYPS-KJ Döpfner u. Lehmkuhl (2000)
Eating Attitude Test EAT	Garner u. Garfinkel (1979)	Ab 12 Jahre	Jugendliche	Essstörungen: 3 Faktoren	Validität in zahlreichen Studien nachgewiesen	Deutsche Überarbeitung von Steinhausen, vgl. Steinhausen (1999)
Anorexia-nervosa-Inventar zur Selbstbeurteilung	Fichtner u. Leeser (1980)	Nicht festgelegt	Jugendliche	Essstörungen: 6 Faktoren	Validität und Reliabilität sind nachgewiesen	
Eating Disorders Inventory EDI	Garner et al. (1983)	Ab Jugendalter	Jugendliche	Essstörungen: 8 Skalen	Validität und Reliabilität sind nachgewiesen	Deutsche Version von Steinhausen (1999)
FBB-TES	Döpfner u. Lehmkuhl (2000)	Nicht festgelegt	Eltern Lehrer	Tiefgreifende Entwicklungsstörungen	Inhaltliche Validität	Teil des DISYPS-KJ Döpfner u. Lehmkuhl (2000)
Leyton-Fragebogen	Berg et al. (1988)	13–18 Jahre	Jugendliche	Zwangsstörungen	Reliabilität im Jugendalter nachgewiesen	Deutsche Bearbeigung von Döpfner (1999), Kurzform des Leyton Obsessional-Inventory

Für hyperkinetische Störungen sind die sehr einfachen, ökonomischen und in vielen Studien erprobten Conners-Skalen (Abb. 6.2) durchaus weiterhin zu empfehlen.

Das nur 11 vierstufige Items umfassende Kurzinstrument ist für häufige Wiederholungsmessung in Therapiestudien wie auch in der Diagnostik als erster Eindruck verschiedener Beurteiler (Vater, Mutter, Erzieher, Lehrer, Stationspersonal) durchaus geeignet. Die Empfehlungen für einen klinisch bedeutsamen Summenwert über die ersten 10 Items schwanken hierbei zwischen 15 und 20 Punkten. Im Sinne einer eher zurückhaltenden Vergabe der Diagnose „hyperkinetische Störung“ sollte der Cut-Off am oberen Ende dieses Wertebereichs liegen.

Für Diagnostik und Therapiekontrolle von Angststörungen kann der neu bearbeitete Kinderangsttest II (Thurner u. Tewes 2000), der zwischen State- und Trait-Angst unterscheidet, empfohlen werden. Die deutsche Bearbeitung der revidierten Fear Survey Schedule for Children (FSSC - R) durch Döpfner et al. 2000 (PHOKI) lässt mit 7 Subskalen Aufschlüsse über themenbezogene Ängste (Angst vor Gefahren und Tod, Trennungsangst, Sozialangst, Angst vor Bedrohlichem und Unheimlichem, vor Tieren, medizinischen Eingriffen sowie Schul- und Leistungsängsten) erwarten.

Für die Diagnostik und Therapie von depressiven Störungen empfiehlt sich die Neubearbeitung des Depressionsinventars für Kinder und Jugendliche (DIKJ) von Stiensmeier-Pelster et al. (2000).

Das DIKJ stellt eine deutsche Bearbeitung des Childrens Depression Inventory (CDI) von Kovacs (1985) dar, welches seinerseits das Beck-Depressions-Inventar zum Vorbild hatte. Sein Anwendungsbereich soll das Alter von 8–17 Jahren umfassen. Eigene Untersuchungen (Mannheimer Risikokinderstudie) zeigten jedoch, dass 8-Jährige mit der Itemvorgabe (je Item müssen 3 schriftlich vorgegebene Aussagen verglichen und bezüglich des Zutreffens für die eigene Person bewertet werden) deutlich überfordert sind. Die Eichstichprobe des Tests umfasst im übrigen weder 8-jährige noch 9-jährige Kinder. Die faktorielle Struktur des DIKJ ist inkonsistent, eine Unterscheidung zwischen Kardinalsymptomen (A-Kriterien) und akzessorischen (B-Kriterien, somatischen Beschwerden) erfolgt nicht. Damit können Kinder ohne depressive Verstimmung und Interessenverlust auffällige Gesamtwerte erzielen.

Der Depressionstest für Kinder von Rossmann (1993) ist eine genuin deutschsprachige Konstruktion und enthält 55 Fragen im Ja/Nein-Format, die 3 getrennten Skalen zugeordnet sind: dysphorische Stimmung, agitiertes Verhalten, Müdigkeit/autonome Reaktionen. Damit wird eine klare Trennung zwischen obligatorischen, im engeren Sinne depressiven Symptomen, und den im Kindes- und Jugendalter zum Teil zusätzlichen Symptomen agitiertes Verhalten und psychosomatische Beschwerden vollzogen. Die hohe Korrelation (0,59–0,67) der Skala agitiertes Verhalten mit externalisierenden Störungen aus der YSR (Rossmann 1993) unterstreicht die Notwendigkeit der Abgrenzung.

Zur Erfassung von Essstörungen liegen im deutschen Sprachraum insgesamt 3 gut evaluierte Verfahren vor (Steinhausen 1999). 2 von ihnen sind Übersetzungen angloamerikanischer Verfahren (EAT und EDI), eines ist im deutschsprachigen Raum entwickelt worden (ANIS). Der Eating Attitude Test von Garner u. Garfinkel (1979) wurde von Steinhausen übersetzt und enthält 40 Fragen, die auf einer 6-stufigen Likert-Skala beantwortet werden und auf 3 Faktoren laden: einem sehr starken Faktor „Diät“, einem zweiten „Bulimie und Beschäftigung mit Nahrung“ sowie einem dritten Faktor mit der Bezeichnung „orale Kontrolle“. Der Faktor Diät unterscheidet schlecht zwischen adipösen und anorektischen Personen. Der EAT wurde in vielen Forschungsprojekten als Screeningverfahren eingesetzt.

Das Eating Disorder Inventory (EDI, Garner et al. 1983) verfolgt das Ziel, nicht nur Symptome der Anorexie, sondern auch typische Abweichungen von Essstörungen zu erfassen. Das EDI besteht aus 8 Skalen (vgl. Steinhausen 1999):

- Drang nach Schlanksein
- Bulimie
- Unzufriedenheit mit dem Körper
- Ineffektivität – Gefühle der Unzulänglichkeit und der mangelnder Kontrolle des eigenen Lebens
- Perfektionismus
- zwischenmenschliches Misstrauen

Conners Lehrer-Eltern-Fragebogen

Name des Kindes: ....

geb.: ....

Name des Beurteilers: ....

Schule: ....

Datum: ....

Sie finden unten einige Feststellungen über problematisches Verhalten, das Kinder manchmal zeigen. Streichen Sie an, was für das Kind zutrifft. Lassen Sie bitte keine Feststellung aus.
Vielen Dank für Ihre Mühe!

	überhaupt nicht	ein wenig	ziem-lich	sehr viel
1. unruhig, dauernd in Bewegung	0	1	2	3
2. erregbar, impulsiv	0	1	2	3
3. stört andere Kinder	0	1	2	3
4. beendet angefangene Aufgaben nicht (kurze Aufmerksamkeitsspanne)	0	1	2	3
5. zappelig	0	1	2	3
6. unaufmerksam, ablenkbar	0	1	2	3
7. seinen Forderungen muss sofort nachgekommen werden, kann nicht warten, rasch enttäuscht	0	1	2	3
8. weint schnell	0	1	2	3
9. abrupte Stimmungsschwankungen	0	1	2	3
10. Qualität der Arbeit ist sehr unterschiedlich (z. B. sorgfältig – unordentlich)	0	1	2	3
11. für wie problematisch halten Sie zurzeit das Verhalten des Kindes?	0	1	2	3

Andere Auffälligkeiten (z. B. sozial isoliert, arbeitet langsam usw.) bitte auf der Rückseite angeben

Abb. 6.2 Conners Lehrer-Eltern-Fragebogen

- interozeptives Bewusstsein – Schwierigkeiten der adäquaten Identifizierung von Gefühlen oder körperlichen Zuständen wie Hunger oder Sättigung
- Reifungsängste

Der Fragebogen, dessen faktorielle Struktur in Deutschland bestätigt werden konnte (Thiel u. Paul 1988) ist neben der Diskrimination von Essgestörten von Normalpersonen in der Lage, auch verschiedene Typen von Essgestörten (z.B. bulimischer und restriktiver Typ) zu differenzieren.

Das Anorexia-nervosa-Inventar zur Selbstbeurteilung (ANIS, Fichter u. Keeser 1980) besteht aus 32 Items, die auf einer 6-stufigen Likert-Skala eingeschätzt werden und 6 stabile Faktoren abbilden:

- Figurbewusstsein
- Überforderung
- Anankasmus
- negative Auswirkungen des Essens
- sexuelle Ängste
- Bulimie

Die ersten beiden Faktoren gehen auf die von Hilde Bruch entworfenen Konzepte Körperschemastörung und Gefühl von Ineffektivität zurück. Wie EAT und EDI verfügt auch das ANIS über eine befriedigende Validität, interne Konsistenz und Veränderungssensibilität (Steinhausen 1999).

Als Screeningverfahren zur Erfassung von Zwangsstörungen bzw. zwanghaftem Verhalten wurde eine Kurzform des Leyton Obsessional Inventory von Berg et al. (1988) für Kinder entwickelt. Die deutsche Bearbeitung erfolgte durch Döpfner (1999). Der aus 20 Items bestehende Fragebogen konnte bei Jugendlichen (nicht bei Kindern) eine ausreichende Reliabilität aufweisen. Die Validität war durch einen hohen Anteil falsch Positiver gemindert (Berg 1989). Dies weist auf die Schwierigkeiten hin, mit Hilfe von Fragebögen zwischen sorgfältigem, gewissenhaftem Verhalten und Zwangssymptomen zu unterscheiden.

Zusammenfassung

Als ökonomische standardisierte Messinstrumente ergänzen Fragebögen die übrigen Verfahren der klinischen Diagnostik. Aufgrund von Fragebögen allein sind klinische Diagnosen nicht zu stellen. Die verfügbaren Verfahren sind in eindimensionale und mehrdimensionale Fragebogen zu untergliedern. Unter den mehrdimensionalen Verfahren sind der VBV, die CBCL (mit TRF und YSR) sowie der MEF besonders hervorzuheben. Unter den eindimensionalen Verfahren haben sich die Fragebogen aus dem DISYPS- KJ für 5 verschiedene Störungsbereiche bewährt. Für hyperkinetische Störungen ist zudem die Conners-Skala zu empfehlen, im Bereich von Angststörungen der neue KAT II sowie die PHOKI. Für depressive Störungen können das DIKJ und der DTK, für Essstörungen der EAT und das EDI sowie das ANIS empfohlen werden.

Literatur

Achenbach TM. Manual for the Child Behavior Checklist / 4-18 and 1991 profile. Burlington: University of Vermont, Department of Psychiatry; 1991a.

Achenbach TM. Manual for the Teacher´s Report Form and 1991 profile. Burlington: University of Vermont, Department of Psychiatry; 1991b.

Achenbach TM. Manual for the Youth Self-Report Form and 1991 Profile. Burlington: University of Vermont, Department of Psychiatry; 1991c.

Achenbach TM. Manual for the Child Behavior Checklist/2-3 and 1992 profile. Burlington: University of Vermont, Department of Psychiatry 1992.

Achenbach TM, Edelbrock CS. Empirical based taxonomy: How to use syndromes and profile types derived from the CBCL/4-18, TRF and YSR. Burlington: University of Vermont, Department of Psychiatry; 1993.

Achenbach TM. Empirically based assessment and taxonomy: Applications to clinical research. Psychol Assessm. 1995;7:261-74.

Achenbach TM, Crijnen AAM, Verhulst FC. Problems reported by parents of children in multiple cultures: The Child Behavior Checklist syndrome constructs. Am J Psychiat. 1999;156:569-74.

Arbeitsgruppe Deutsche Child Behavior Checklist Lehrerfragebogen über das Verhalten von Kindern und Jugendlichen; deutsche Bearbeitung der Teacher´s Report Form der Child Behavior Checklist (TRF). Einführung und Anleitung zur Handauswertung. Köln: Arbeitsgruppe Kinder-, Jugend- und Familiendiagnostik (KJFD); 1993a

Arbeitsgruppe Deutsche Child Behavior Checklist Elternfragebogen über das Verhalten von Kleinkindern (CBCL /2-3). Köln: Arbeitsgruppe Kinder-, Jugend- und Familiendiagnostik (KJFD); 1993b.

Arbeitsgruppe Deutsche Child Behavior Checklist Elternfragebogen über das Verhalten von Kindern und Jugendlichen; deutsche Bearbeitung der Child Behavior Checklist (CBCL / 4-18). Einführung und Anleitung zur Handauswertung. Köln: Arbeitsgruppe Kinder-, Jugend- und Familiendiagnostik (KJFD); 1998a.

Arbeitsgruppe Deutsche Child Behavior Checklist Fragebogen für Jugendliche; deutsche Bearbeitung der Youth Self-Report Form der Child Behavior Checklist (YSR). Einführung und Anleitung zur Handauswertung. 2. Aufl. Köln: Arbeitsgruppe Kinder-, Jugend- und Familiendiagnostik (KJFD); 1998b.

Berg CZ, Whitaker A, Davies M, Flament M, Rapoport JL. The survey form from the Leyton Obsessional Inventory – Child Version: Norms from an epidemiological study. J Am Acad Child Psychiat. 1988;27: 759-63.

Berg CZ. Behavioral assessment techniques for childhood obsessive-compulsive disorder. In: Rapoport JL. Ed. Obsessive compulsive disorder in children and adolescents, 41-70. Washington: American Psychiatric Press; 1989.

Biedermann J, Faraone SV, Doyle A, Krifcher-Lehmann B, Kraus I, Perrin J, Tsuang, MT. Convergence of the Child Behavior Checklist with structured interview-based psychiatric diagnoses of ADHD children with and without comorbidity. J Child Psychol Psychiat All Disc. 1993;34:1241-51.

Borys C. Evaluation des Mannheimer Elternfragebogens. Selektion und diagnostische Zuordnung von psychisch auffälligen Kindern und Jugendlichen auf der Basis von Elternurteilen. Psychologisches Institut der Universität Potsdam: Unveröffentlichte Diplomarbeit; 2000.

Brown JS, Achenbach TM. Bibliography of published studies using the Child Behavior Checklist and related materials. Burlington: University of Vermont, Department of Psychiatry; 1998.

Bruch H. Der goldene Käfig. Frankfurt: Fischer Taschenbuch; 1995.

Conners CK. A teacher rating scale for use in drug studies with children. Am J Psychiat. 1969;126:884-88.

Conners CK. Rating scales for use in drug studies with children. Psychopharmacol Bull Spec Issue. 1973;22-84.

Döpfner M, Berner W, Fleischmann T, Schmidt MH. Verhaltensberurteilungsbogen für Vorschulkinder (VBV). Weinheim: Beltz; 1993.

Döpfner M. Zwangsstörungen. In: Steinhausen H-C, Aster M von, Hrsg. Verhaltenstherapie und Verhaltensmedizin bei Kindern und Jugendlichen. Weinheim: Psychologie Verlags Union; 1999.

Döpfner M, Lehmkuhl G. Diagnose- und Symptomchecklisten zur Erfassung psychischer Störungen im Kindes- und Jugendalter nach ICD-10 und DSM-IV (DISYPS-KJ). 2. Aufl. Bern: Huber; 2000a.

Döpfner M, Schnaberl M, Ollendick T. Phobiefragebogen für Kinder und Jugendliche. Göttingen: Hogrefe: 2000b.

Ehlers B, Ehlers T, Makus H. Marburger Verhaltensliste (MVL). Göttingen: Hogrefe; 1978.

Esser G. Über den Zusammenhang von Verhaltens- und Leistungsstörungen im Vorschulalter (und Grundschulalter)., Universität Mannheim: Phil. Dissertation; 1980.

Esser G, Blanz B, Geisel B, Laucht M. Mannheimer Elterninterview. Weinheim: Beltz Test; 1989.

Esser G. Der Mannheimer Elternfragebogen – Form für Eltern und Jugendliche. Göttingen: Hogrefe; 2004 i.V.

Fichter MM, Keeser W. Das Anorexia-nervosa-Inventar zur Selbstbeurteilung (ANIS). Arch Psychiat Nervenkrankh. 1980;228:67-89.

Fisseni HJ. Lehrbuch der psychologischen Diagnostik. Göttingen: Hogrefe; 1991.

Fombonne E. The use of questionnaires in child psychiatry research: measuring their performance and choosing an optimal cut-off. J Child Psychol Psychiat Allied Discipl. 1991;32: 677-93.

Garner DM, Garfinkel PE. The Eating Attitude Test: An index of the symptoms of anorexia nervosa. Psychol Med. 1979;9:273-79.

Garner DM, Olmsted MP, Polivy I. The Eating Disorder Inventory: A measure of cognitive behavioral dimensions of anorexia nervosa and bulimia. In: Garfinkel P, Garner D, eds. Anorexia nervosa: Recent development in research. New York: Liss; 1983.

Geisel B, Eidert HG, Schmidt MH, Schwarzbach H. Entwicklung und Erprobung eines Screeningverfahrens für kinderpsychiatrisch auffällige Achtjährige (SKA 8). Prax. Kinderpsychol. Kinderpsychiat. 1982;31:173ff.

Guldner D. Lassen sich kinderpsychiatrische Diagnosen durch einen Elternfragebogen erfassen? Validierung des Mannheimer Elternfragebogens. Psychologisches Institut der Universität des Saarlandes: Unveröffentlichte Diplomarbeit; 1995.

Hartmann CA, Hox J, Auerbach J et al. Syndrome Dimensions of the Child Behavior Checklist and the Teacher Report Form: A Critical Empirical Evaluation. J. Child Psychol. Psychiat. 1999;40:7,1095-116.

Kovacs M. The Children´s Depression Inventory (CDI). Psychopharmacol Bull. 1985;21:995-9.

Merten T. Über den Sinn und Unsinn der Verwendung von Screening-Instrumenten in der neuropsychologischen Diagnostik. Diagnostika. 1999;45:154-62.

Petermann F, Petermann U. Erfassungsbogen für aggressives Verhalten in konkreten Situationen (EAS-I/EAS-M). 4. Aufl. Göttingen: Hogrefe; 2000.

Poustka F, Schwarzbach H, Hennicke K. Mannheimer epidemiologisches Elterninterview. Mannheim: Zentralinstitut für Seelische Gesundheit; 1978.

Poustka F. Kinderpsychiatrische Untersuchungen: In Remschmidt H, Schmidt MH, Hrsg. Kinder- und Jugendpsychiatrie in Klinik und Praxis. Bd. I, Stuttgart: Thieme; 1988.

Richman N, Graham P. A behavioural screening questionnaire for use with three-year old children: preliminary findings. J Child Psychol Psychiat. 1971;12:5-33.

Richman N. Is a behaviour checklist for preschool children useful? In: Graham PJ, ed. Epidemiological Approaches in Child Psychiatry. London: Academic Press; 1977.

Rossmann P. Depressionstest für Kinder. Göttingen: Hogrefe; 1993.
Rutter M. A children´s behaviour questionnaire for completion by teachers: prelimary findings. J Child Psychol Psychiat. 1967;8,1.
Rutter M. A children´s behaviour questionnaire for completion by parents. In: Rutter M, Tizard J, Whitmore K, eds. Education, Health and Behavior. London: Longman; 1970.
Schmidt MH, Göhring J, Armbruster F. Einschätzung von Verhaltensauffälligkeiten im Einschulungsalter durch Screening-Fragen an die Eltern. Öff. Gesundh.-Wesen. 1984;46:237.
Steinhausen H-C. Psychische Störungen bei Kindern und Jugendlichen. Lehrbuch der Kinder- und Jugendpsychiatrie. München: Urban & Schwarzenberg; 1996.
Steinhausen H-C. Anorexia und Bulimia nervosa. In: Steinhausen H-C, Aster M von, Hrsg. Verhaltenstherapie und Verhaltensmedizin bei Kindern und Jugendlichen. 2. Auf. Weinheim: Beltz; 1999.
Stiensmeier-Pelster J, Schürmann M, Duda K. Depressionsinventar für Kinder und Jugendliche (DIKJ). 2. Aufl. Göttingen: Hogrefe; 2000.
Thiel A, Paul T. Entwicklung einer deutschsprachigen Version des Eating-Disorder-Inventory (EDI). Z Different Diagn Psychol. 1988;9:267-78.
Thurner F, Tewes U. Der Kinder-Angst-Test II (KAT-II). Göttingen: Hogrefe; 2000.
Wagner H. Hamburger Verhaltensbeurteilungsliste (HAVEL). Göttingen: Hogrefe; 1981.
Westhoff K, Geusen-Asenbaum C, Leutner D, Schmidt M. Problemfragebogen für 11-14jährige (PF 11-14).Göttingen: Hogrefe; 1981.
Wieczerkowski W, Nickel H, Janowski A, Fittkau B, Rauer W. Angstfragebogen für Schüler (AFS). Braunschweig: Westermann; 1981.

Prüfungsfragen

1. Welche Vorzüge haben Fragebogenverfahren im Rahmen einer multimethodalen Diagnostik?
2. Wo liegen die Grenzen von Fragebogenverfahren?
3. Was wird unter mehrdimensionalen Fragebögen zur Erfassung psychischer Störungen verstanden?
4. Welche Parallelformen der CBCL existieren?
5. Für welchen Einsatz ist die Kurzform der Conners-Skala vorzusehen?
6. Diskutieren Sie die Vorzüge von DIKJ und DTK.

7 Verhaltensdiagnostik

G. Esser

Grundlagen der Verhaltensdiagnostik

Unter Verhaltensdiagnostik versteht man ein Bündel diagnostischer Instrumente, die darauf abzielen, die Änderungsmöglichkeiten von Problemverhalten zu eruieren. Verhaltensdiagnostik ist das klassische diagnostische Vorgehen der Verhaltenstherapie. Ausgehend von einer Analyse des Problemverhaltens und der Bedingungen seines Auftretens werden durch verschiedene Techniken Hinweise zu seiner Genese und seiner Aufrechterhaltung erwartet. Vertreter der Verhaltensdiagnostik sehen sie als Alternative und im Gegensatz zur klassischen Eigenschaftsdiagnostik (Reinecker-Hecht u. Baumann 1998), zu der die Ergebnisse aus psychologischen Testverfahren zur Erfassung von Intelligenzleistungen und Persönlichkeitsmerkmalen ebenso zählen wie die diagnostischen Klassifikationssysteme (z.B. ICD-10 oder DSM-IV).

Die Verhaltensdiagnostik versteht sich als funktional (auf die Therapie ausgerichtet) und problemorientiert (Kanfer et al. 1996). Als Hauptkritikpunkt an der Eigenschaftsdiagnostik werden herausgestellt: Der in der Eigenschaftsdiagnostik verwendete Diagnosebegriff beschreibe eine zeitlich stabile, vom Setting und von der Situation unabhängige Störung, der eine spezifische Ätiologie und Prognose unterstellt werde. Die auf der Diagnose aufbauende Therapie sei lediglich auf die Person (den Patienten) ausgerichtet und beabsichtige die Beseitigung der den Problemen zugrunde liegenden Ursachen.

Im Gegensatz dazu sei die Verhaltensdiagnose dynamisch, sie verändere sich im Verlauf der Diagnostik und Therapie und beziehe sich stets auf das spezifische Setting. Das Problemverhalten sei stets im Kontext und als Resultat der individuellen Lebenserfahrung des Klienten zu sehen. Die Therapie variiere mit jedem Patienten und sei somit absolut individuell. Ziel der Therapie sei nicht Heilung, sondern das Wohlbefinden des Patienten. Die Behandlung beziehe stets alle Komponenten eines gestörten Systems (soziale, biologische und Verhaltensebene) mit ein.

Ausgangspunkt der Verhaltensdiagnostik war die Verhaltensformel von Kanfer u. Saslow (1965): S – O – R – K – C.

„S" steht hierbei für die Stimulusbedingungen. Sie werden unterteilt in Stimuli oder situative Bedingungen (S_d), die mit hoher Wahrscheinlichkeit ein bestimmtes Problemverhalten („R" für Reaktion) hervorrufen, und situative Bedingungen (S_{Δ};), unter denen das Problemverhalten mit hoher Wahrscheinlichkeit nicht auftritt. „O" steht für Organismus und beschreibt stabile, aber auch veränderliche Zustände der Person, die die Auftretenswahrscheinlichkeit des Problemverhaltens beeinflussen. Körperliche Krankheiten und Behinderungen sind unter stabilen organismischen Zuständen genauso zu subsumieren wie chronische psychische Beeinträchtigungen (z.B. erhöhte allgemeine Ängstlichkeit oder Lese-Rechtschreib-Störung). Veränderliche organismische Zustände beinhalten z.B. Müdigkeit, Hypoglykämie, Erschöpfung, sexuelle Deprivation oder eine herabgesetzte Steuerungsfähigkeit nach Alkoholkonsum.

Die Kontingenz (K) beschreibt den Verknüpfungsmodus zwischen Reaktion (R) und den auf sie folgenden Konsequenzen (C). Unterschieden werden eine unmittelbare vs. verzögerte, sowie eine stetige vs. intermittierende Kontingenz. Aufgrund der Lerngesetze sind die unmittelbaren Konsequenzen wirkungsvoller als verzögerte Konsequenzen. Eine stetige Verstärkung (Konsequenz) bewirkt einen rascheren Verhaltensaufbau, intermittierende Verstärkung macht das Verhalten weitgehend löschungsresistent.

Die Konsequenzen werden unterteilt in positive (C+, Verstärker) und negative (C-, Strafen). Die Beendigung eines positiven Zustandes (z.B.

Beispiel für Verhaltensformel

Michael wird körperlich aggressiv (R) gegen seine Mitschüler in der Schule, wenn ihn Jungen auf sein leichtes Übergewicht oder seine schlechten Schulleistungen ansprechen (S_d). Dieses Verhalten zeigt er außerhalb der Schule und gegenüber Mädchen nicht (S_Δ). Michael wiegt 37 kg bei 130 cm Körpergröße und leidet unter einer Lese-Rechtschreib-Störung (O). Wegen seines Verhaltens wird Michael von der Lehrerin getadelt (C-), die ihn jedoch nur manchmal erwischt (K intermittierend, unmittelbar), die Jungen stellen das Hänseln von Michael sofort ein, wenn dieser auf sie einschlägt ($\not{C}$-, unmittelbar, stetig). Michaels Anspannung (Ärger) lässt im Anschluss an das Schlagen nach ($\not{C}$-). Michael wird aufgrund seines aggressiven Verhaltens von anderen Kindern gefürchtet und geachtet (C+, verzögert). Die Lehrerin berichtet Michaels Mutter von seinem Verhalten, worauf die Mutter Michael Hausarrest erteilt (C-, verzögert, intermittierend). Der Vater ist stolz auf Michael, weil dieser sich von anderen nichts gefallen lässt (C+, verzögert, stetig).

Game-Boy-Spielen) stellt ebenfalls eine negative Konsequenz ($\not{C}$+) dar, während die Beendigung eines unangenehmen Zustandes (z. B. Hausarrest, Angst, Tadel) als negative Verstärkung ($\not{C}$-) bezeichnet wird.

In neueren Ansätzen wurde die klassische Verhaltensformel von Kanfer u. Saslow in ein dynamisches Selbstregulationsmodell (vgl. Reinecker 1997) überführt.

Im Gegensatz zur klassischen Formel berücksichtigt das dynamische Selbstregulationsmodell auch Rückkopplungen zwischen den beteiligten Variablenblöcken. In Anlehnung an Karoly (1993) werden S, R und C unterteilt in

- α; externe, behaviorale Variablen und situative Einflüsse bzw. beobachtbares Verhalten,
- β; innere, psychologische Variablen, wie Gedanken, Erwartungen und Einstellungen sowie die individuelle Lerngeschichte,
- γ; biologische, physiologische Variablen.

Für die Organismusvariable entfallen die externen, behavioralen Komponenten (α), es werden somit Gedanken und Erwartungen (β) und physiologische Zustände (γ) unterschieden. Die Übertragung des Beispiels für die klassische Verhaltensformel (linker Kasten) zeigt klar (vgl. Kasten unten) die Vorzüge des Dynamischen Selbstregulationsmodells, jedoch auch einige Nachteile: Fehlen der Unterscheidung von S_d und S_Δ und die Nichtberücksichtigung der Kontingenz. Das dynamische Selbstregulationsmodell muss daher als wichtige Ergänzung, jedoch nicht als vollständiger Ersatz der klassischen Verhaltensformel angesehen werden.

Das Schema der Verhaltensanalyse wurde vor allem von Schulte (1974 u. 1996) weiterentwickelt. Neben die horizontale Verhaltensanalyse, die mit den Mitteln der klassischen Verhaltensformel oder der dynamischen Selbstregulation beschrieben werden kann und die somit ein aktuelles Verhalten als Funktion der vorausgehenden und nachfolgenden Bedingungen erfasst, traten die vertikale Verhaltensanalyse, auch Plananalyse genannt, und die Systemanalyse.

Beispiel für das Dynamische Selbstregulationsmodell

Michael denkt, „euch geb' ich es, ihr haltet jetzt sofort den Mund" (R_β), er ist sehr erregt, sein Herz schlägt bis zum Hals (R_γ), und er schlägt auf seine Mitschüler ein (R_α). Andere Jungen sprechen ihn auf seine schlechten Leistungen oder sein Übergewicht an (S_α). Michael hat sich schon vorher gedacht, „wenn ich heute vorlesen muss, werden die anderen gleich wieder dumme Bemerkungen machen" (S_β). Michael wiegt 37 kg bei 130 cm Körpergröße (O_γ) und leidet unter einer Lese-Rechtschreib-Störung (O_β). Wegen seines Verhaltens wird Michael von seiner Lehrerin getadelt ($C-_\alpha$), die Jungen stellen ihr Hänseln sofort ein ($\not{C}_\alpha$-), Michael denkt, „denen hab ich es gegeben, die halten jetzt den Mund" ($C_{\beta+}$), Michaels Anspannung (Ärger) lässt nach ($\not{C}_\gamma$-), Michael denkt, „ich bin der Stärkste, die anderen haben Angst vor mir" ($C_{\beta+}$). Die Mutter erteilt Michael Hausarrest ($C_{\alpha-}$), der Vater ist stolz auf Michael ($C_{\alpha+}$), Michael denkt, "ich bin ein ganzer Kerl, ich lasse mir nichts gefallen, Papa hat mich lieb" ($C_{\beta+}$). Wenn Michael Hausarrest erhält, ärgert er sich so, dass er sich weigert, die zusätzlichen Lese-Rechtschreib-Übungen zu absolvieren, dadurch vergrößert sich sein Leistungsabstand zu seinen Klassenkameraden (O_β), er hat mehr Misserfolge in der Schule (S_α), läuft häufiger Gefahr, gehänselt zu werden (S_α), hat ein schlechteres Selbstbild (O_β), erwartet, noch stärker provoziert zu werden (S_β) und so weiter.

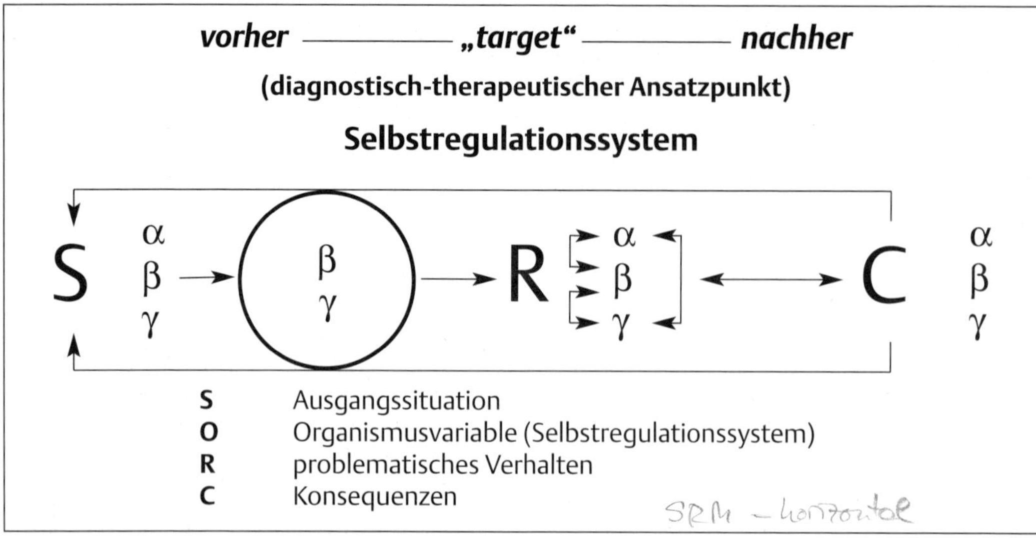

Abb. 7.**1** Dynamische Selbstregulation

Unter der vertikalen Verhaltensanalyse oder Plananalyse (Caspar 1989) versteht man das Eruieren der übergeordneten Ziele und Pläne eines Individuums, die für ein Problemverhalten Bedeutung besitzen. Teilweise sind die übergeordneten Ziele (z.B. von allen geliebt zu werden oder ein erfolgreicher Geschäftsmann zu sein) dem Patienten nicht bewusst, sie müssen dann mithilfe des Therapeuten aus dem konkreten Verhalten des Patienten induktiv geschlossen werden. In anderen Fällen sind die Ziele und Pläne des Patienten direkt zu erfragen, dann können aus ihnen deduktiv bestimmte Verhaltensweisen abgeleitet werden. Neben der Aufdeckung von Plänen und den sich aus ihnen ableitenden Regeln, die ihrerseits konkrete Verhaltensweisen bedingen, ist es ein Ziel der vertikalen Verhaltensanalyse, Bruchstellen im Plansystem aufzufinden. Diese Bruchstellen ergeben sich überall dort, wo das konkrete Verhalten nicht mit den Plänen und den sich aus ihnen ableitenden Regeln übereinstimmen.

Diese Inkongruenzen zwischen Zielen und Verhalten sind nicht selten eine Hauptursache für die gestörte Befindlichkeit des Patienten. Dabei sind im einzelnen Hypothesen darüber aufzustellen, ob für die Inkongruenzen vor allem unrealistische Pläne oder aber Verhaltensdefizite verantwortlich sind. Die Plananalyse gibt somit wichtige Hinweise darauf, ob das Problemverhalten eher mit Mitteln der Verhaltensmodifikation oder mit kognitiven Verfahren behandelt werden sollte (vgl. Beispiel in Abb. 7.**2**). Nach Reinecker (1997) ist die vertikale Verhaltensanalyse eine differenzierte Ausgestaltung der Variablen O aus dem dynamischen Selbstregulationsmodell.

Da das menschliche Verhalten, insbesondere auch das Problemverhalten, eingebettet ist in eine Struktur des wechselseitigen Austauschs mit anderen Personen und deren Problemen, ist zum besseren Verständnis der problem- und systemstabilisierenden Faktoren eine Systemanalyse nützlich (Kanfer et al. 1996, Bartling et al. 1992). In einer Systemanalyse, die versucht, die interdependenten Zusammenhänge auf einer mittleren Abstraktionsebene zu beschreiben, wird das Problemverhalten als Funktion der Systembedingungen begriffen, ohne seinen eigenen Einfluss auf das System zu übersehen. Abb. 7.**3** zeigt beispielhaft die Systemanalyse für einen 10-jährigen Jungen mit Störungen des Sozialverhaltens. Das dargestellte Modell ist bewusst auf die wesentlichen Einflussgrößen reduziert, da „vollständige Modelle" mit einer großen Zahl von Einzelfaktoren und deren Interdependenzen in der Praxis nur schwierig zu handhaben sind und damit wenig Auswirkung auf die Therapieplanung haben.

Plananalyse

Das Beispiel in Abb. 7.2 zeigt einen Ausschnitt der Plananalyse für die 15-jährige Marianne, die unter bulimischen Attacken leidet. Marianne ist eine sehr gute Leichtathletin (Weitsprung und Hürdensprint) und hat sich das Ziel gesetzt, bei den Landesmeisterschaften den Endlauf bzw. Endkampf zu erreichen. Mit ihren Zielen in Einklang trainiert sie 5-mal pro Woche 3 Stunden, raucht nicht und trinkt keinen Alkohol. Entgegen ihrer Zielsetzung hat sie in den letzten 2 Monaten insgesamt 4-mal das Training geschwänzt und statt dessen gefaulenzt und ferngesehen. Durchschnittlich 2-mal pro Woche, meist am Abend, kommt es zu Essattacken, bei denen Marianne durchschnittlich 2 Liter Eiscreme und 4–6 Fruchtjoghurt oder Schokoladenpudding verschlingt, um anschließend alles wieder zu erbrechen. An den Tagen nach den Essattacken fühlt sich Marianne im Training nicht so leistungsfähig wie an den anderen Tagen. Im letzten Vierteljahr hat Marianne insgesamt 3-mal an Parties teilgenommen, ist spät nach Hause gekommen und hat die beiden letzten Male auch Ecstasy konsumiert.

Marianne bewundert ihren Vater, einen sehr erfolgreichen Architekten, der nach Mariannes Einschätzung an ihr besonders die guten Schulleistungen und ihr gutes Aussehen schätzt, während er ihre sportlichen Ambitionen nicht besonders unterstützt. Um dem Vater zu gefallen, lernt Marianne täglich zusätzlich eine Stunde und versucht ihre gute Figur durch Sport und bewusste Ernährung zu erhalten, denn sie neigt nach eigener Auffassung zum Dickwerden. Eine seit wenigen Wochen bestehende sexuelle Beziehung zu einem 17-jährigen Jungen verheimlicht Marianne vor ihrem Vater ebenso wie ihre Essattacken, da sie fürchtet, der Vater könne sich wegen des Erbrechens vor ihr ekeln.

Störungen des Sozialverhaltens

Im dargestellten Beispiel ist Jochens Störung des Sozialverhaltens eng mit dem inkonsistenten Erziehungsstil der Mutter verknüpft und letztlich durch ihn ausgelöst worden. Auf der anderen Seite fällt es der Mutter besonders dann schwer, ein konsistentes Steuerungsverhalten zu zeigen, wenn Jochen sich sehr aufsässig verhält. Auch in ihren depressiven Phasen hat die Mutter Schwierigkeiten, ein angemessenes Steuerungsverhalten zu zeigen. Die depressiven Verstimmungen der Mutter werden durch die häufigen Auseinandersetzungen mit ihrem Lebensgefährten verstärkt. Jochens Verhaltensprobleme sind auf der anderen Seite ein wichtiges Streitthema zwischen Mutter und Stiefvater.

Daneben trägt der Bereich Schule ebenfalls zur Verfestigung der Verhaltensprobleme bei. Schlechte Schulleistungen und die erfahrene Ablehnung durch die Klassenkameraden bedingen das Problemverhalten und werden ihrerseits durch das Problemverhalten bedingt.

Methoden der Verhaltensdiagnostik

■ Exploration

Die Exploration verfolgt neben dem Erstellen einer Verhaltensdiagnose auch eine motivierende und therapeutische Funktion. Motivierend sollen die Transparenz der Therapie und die Aussicht auf Erfolg wirken. Therapeutische Aspekte der Exploration sind in dem Beziehungsaufbau zwischen Therapeut und Patient zu sehen. Außerdem tragen bereits durch den diagnostischen Prozess angeregte neue Sichtweisen der Problematik durch den Patienten zu einer Neubewertung des Problems bei, was im Einzelfall als wichtiger therapeutischer Schritt bezeichnet werden muss.

Ziel der verhaltensdiagnostischen Exploration ist das Erstellen der horizontalen und vertikalen Verhaltensanalyse sowie eines Systemmodells. Das SORKC-Modell und das Modell der dynamischen Selbstregulation geben mit ihren Faktoren das Explorationsraster vor. Das Verfahren kann somit als halbstandardisiertes Interview beschrieben werden, dessen Ziel es ist, möglichst konkrete, operationalisierbare Verhaltens- und Erlebnisqualitäten entlang der horizontalen Verhaltensanalyse zu erfassen. Die vertikale Verhaltensanalyse sowie das Systemmodell werden mit niedriger strukturierten Explorationstechniken erfasst.

■ Verhaltensbeobachtung

Können mit den Mitteln der Exploration die Häufigkeiten, Auslöser oder Konsequenzen eines Problemverhaltens nicht zuverlässig erfasst werden, sind Registrierverfahren angezeigt, die eine regelmäßige und präzise Aufzeichnung von Komponenten der Verhaltensanalyse möglich machen. Hierzu zählen Verfahren wie die Kontrolle der Einnässmenge (anhand der Größe des

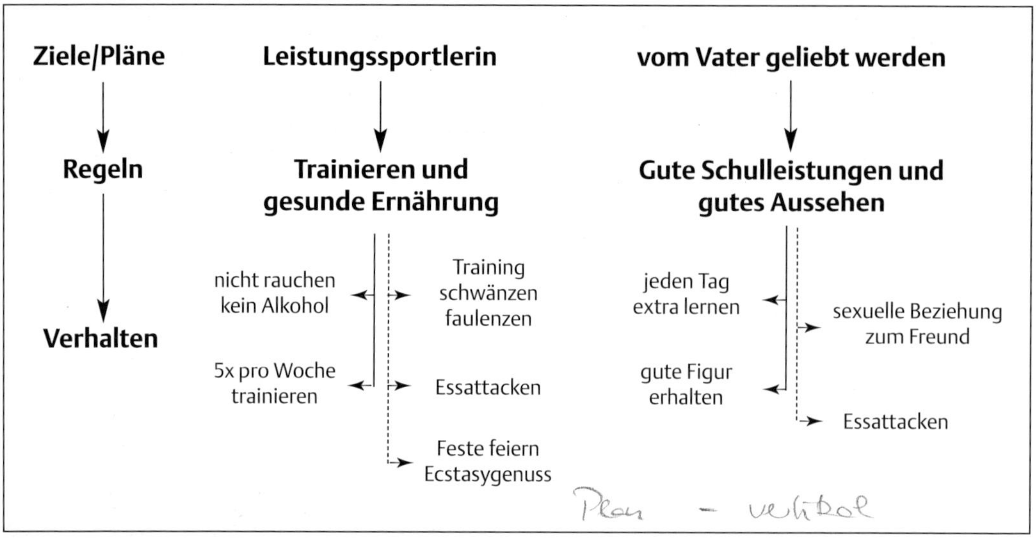

Abb. 7.**2** Plananalyse für ein 15-jähriges Mädchen mit Bulimie

Flecks) zu festgesetzten Zeiten durch die Mutter oder die Bestimmung der Häufigkeit von Wutanfällen eines Kindergartenkindes durch die Erzieherin. Die Registrierung des eigenen Verhaltens durch das betroffene Kind kann z.B. mithilfe der Detektivbögen von Petermann u. Petermann (1997) erfolgen (Abb. 7.**4**).

Neben Registrierverfahren, die von dem Kind oder den Bezugspersonen erstellt werden, stehen Verhaltensbeobachtungen seitens des Diagnostikers, die sich in freie vs. systematische, teilnehmende vs. nichtteilnehmende Beobachtungen sowie strukturierte vs. nichtstrukturierte Situationen aufgliedern lassen.

Freie Beobachtungen sind stets explorativ, sie dienen der Eingrenzung eines Problemverhaltens (z. B. der Frage, ob das Verhalten des Kindes autistische Züge trägt). Systematische Beobachtungen erfassen die Häufigkeit, Antezedenzien oder Konsequenzen eines exakt definierten Problemverhaltens (z. B. Stören des Unterrichts durch Aufstehen und Hereinrufen).

Bei teilnehmender Beobachtung befindet sich der Diagnostiker im gleichen Raum oder sogar in Interaktion mit dem Kind, dessen Verhalten eingeschätzt werden soll. Je höher der Grad der Teilnahme, desto höher sind auch die durch sie bedingten Fehleranteile. Während beispielsweise die Teilnahme des Beobachters am Unterricht in der Schule eine vergleichsweise geringe Beeinflussung des kindlichen Verhaltens darstellt, sind Beobachtungen aus Testsituationen in hohem Maße durch die Interaktionsqualität von Untersucher und Kind bestimmt. Durch Videoaufzeichnungen sind systematische Beobachtungen auch ohne Teilnahme des Untersuchers sowohl in dessen Praxis als auch in der häuslichen Situation möglich.

Der Strukturierungsgrad der Situation ist eng mit der Validität und Reliabilität der aus ihr gewonnenen Ergebnisse verknüpft. Hochstrukturierte Situationen (wie z. B. eine vorgegebene Hausaufgabensituation oder die testpsychologische Untersuchung) sind immer dann niedriger strukturierten Situationen überlegen, wenn sie einen repräsentativen Verhaltensausschnitt (z. B. Mutter-Kind-Interaktion während der Hausaufgaben) erfassen. Höher strukturierte Situationen erleichtern das Erstellen und Interpretieren des verwendeten Kategoriensystems. Sie sind immer dann niedriger strukturierten Verfahren (z. B. einer Beobachtung des freien Spiels) vorzuziehen, wenn klare Hypothesen über die auslösende Situation bestehen und sich diese Situationen entweder leicht experimentell herstellen lassen oder einer Beobachtung im natürlichen Umfeld (z. B. im Schulunterricht) zugänglich sind. Den höher strukturierten Beobachtungssituationen

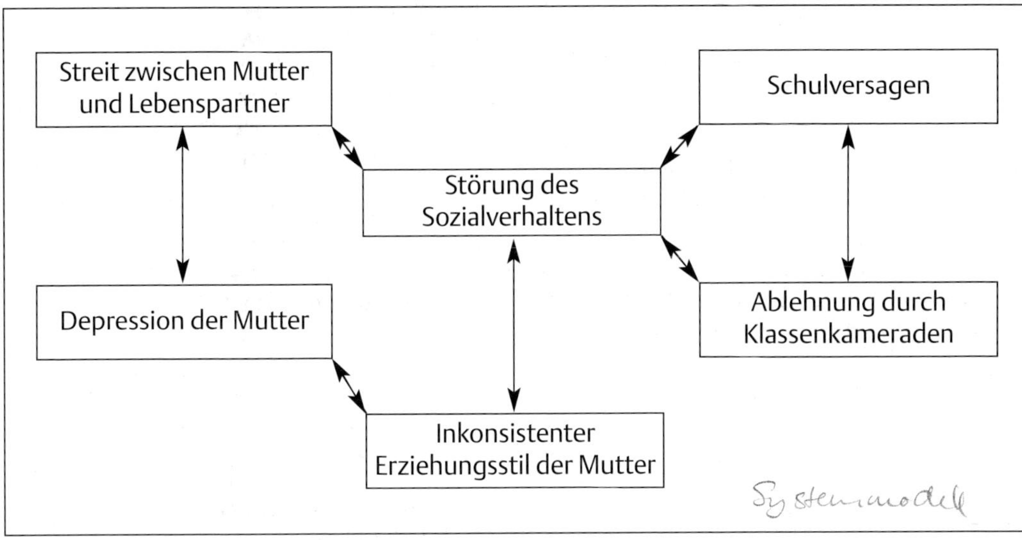

Abb. 7.**3** Systemmodell für einen 10-jährigen Jungen mit Störung des Sozialverhaltens

ist auch der Situations-Verhaltens-Test zuzuordnen. Hier wird zu diagnostischen Zwecken eine Verhaltensprobe durchgeführt, die das symptomatische Verhalten unmittelbar beobachtet und registriert (Fliegel u. Heyden 1994). Dieses im Bereich der Erwachsenenverhaltenstherapie vor allem bei Angst- und Zwangsstörungen zur Erfassung des Vermeidungsverhaltens eingesetzte Verfahren wird im Kindesalter vielfältig vor allem zur Erfassung von expansiven Verhaltensweisen (z.B. Beobachtung der Hausaufgabensituation, des Verhaltens im Unterricht, beim Regelspiel mit Gleichaltrigen) realisiert.

Das verwendete Kategoriensystem sollte sich auf einfaches, gut beobachtbares und operationalisierbares Verhalten beziehen (z.B. Verlassen des Schreibtisches bei den Hausaufgaben) und wenn möglich (z.B. auf dem Spielplatz oder im Klassenzimmer) vergleichende Bewertungen des Verhaltens anderer Kinder mit umfassen. Bewährt haben sich Verfahren, die während des Unterrichts ein Indexkind z.B. im Hinblick auf aufgabenbezogenes vs. nicht aufgabenbezogenes Verhalten in Intervallen von 30 Sekunden (20 s Beobachtungszeit, 10 s Zeit für die Registrierung) nacheinander mit allen Mitschülern vergleichen (T1: Indexkind, T2: Nachbar, T3: Indexkind, T4: nächster Nachbar, T5: Indexkind, T6: übernächster Nachbar usw.).

Ich, *Stephan*,
bin mein eigener Detektiv:
Was habe ich diese Woche alles geschafft?

	1. Beweis: *In der Deutschstunde bin ich heute auf meinem Platz sitzen geblieben*				2. Beweis: *Ich habe meine Schultasche für morgen gepackt*			
Montag *20.2.*	Nein	☹	Ja	O	Nein	O	Ja	☺
Dienstag *21.2.*	Nein	O	Ja	☺	Nein	O	Ja	☺
Mittwoch *22.2*	Nein	O	Ja	☺	Nein	O	Ja	☺
Donnerstag *23.2.*	Nein	O	Ja	☺	Nein	☹	Ja	O
Freitag *24.2.*	Nein	☹	Ja	O	Nein	O	Ja	☺
Samstag *25.2.*	Nein	☹	Ja	O	Nein	O	Ja	O
Sonntag *26.2.*	Nein	O	Ja	O	Nein	☹	Ja	O

Zusatzbeweis: *keinen*

Abb. 7.**4** Detektivbogen (aus: Petermann F, Petermann U. Training mit aggressiven Kindern, 8. Aufl. Psychologie Verlags-Union, Weinheim 1997)

Zusammenfassung

Verhaltensdiagnostik ist das klassische diagnostische Vorgehen der Verhaltenstherapie. Die Verhaltensdiagnostik versteht sich als funktional problemorientiert. Ausgangspunkt ist die Verhaltensformel von Kanfer u. Saslow. In neueren Ansätzen wurde die klassische Verhaltensformel in ein dynamisches Selbstregulationsmodell überführt. Das Schema der Verhaltensanalyse wurde von Schulte weiterentwickelt. Neben die horizontale Verhaltensanalyse traten die vertikale Verhaltensanalyse und die Systemanalyse. Zu den Methoden der Verhaltensdiagnostik zählen die Exploration, die sich am Leitfaden der Verhaltensanalyse orientiert sowie Verfahren der Verhaltensbeobachtung, die in Registrierverfahren durch den Betroffenen, Bezugspersonen und den Diagnostiker unterteilt werden können. Verhaltensbeobachtungen unterteilen sich in freie vs. systematische, teilnehmende vs. nicht-teilnehmende Beobachtung sowie strukturierte vs. nicht-strukturierte Situationen.

Prüfungsfragen

1. Stellen Sie die Unterschiede zwischen Verhaltens- und Eigenschaftsdiagnostik heraus!
2. Beschreiben Sie die Bestimmungsstücke der klassischen Verhaltensformel von Kanfer u. Saslow!
3. Beschreiben Sie nach der klassischen Verhaltensformel das Verhalten eines Rauchers!
4. Zeichnen Sie das dynamische Selbstregulationsmodell mit seinen Bestimmungsgrößen.
5. Erläutern Sie das dynamische Selbstregulationsmodell am Beispiel einer Essstörung!
6. Was versteht man unter einer Plananalyse, geben Sie ein Beispiel aus dem Bereich von Angststörungen!
7. Was versteht man unter einer Systemanalyse?
8. Über welche Methoden verfügt die Verhaltensdiagnostik?
9. Beschreiben Sie unterschiedliche Strukturierungsgrade von Verhaltensbeobachtung!
10. Beschreiben Sie unterschiedliche Grade der Teilnahme an Verhaltensbeobachtungen!

Literatur

Bartling G, Echelmeyer L, Engberding M, Krause R. Problemanalyse im therapeutischen Prozess. Leitfaden für die Praxis. 3. Aufl. Stuttgart: Kohlhammer; 1992.

Caspar F. Beziehungen und Probleme verstehen. Eine Einführung in die psychotherapeutische Plananalyse. Bern: Huber; 1989.

Fliegel S, Heyden T. Verhaltenstherapeutische Diagnostik I, Problemanalyse und Methoden der Informationsgewinnung, Band 2. Tübingen: dgvt Verlag; 1994.

Kanfer FH, Saslow G. Behavioral analysis: An alternative to diagnostic classification. Arch Gen Psychiat. 1965;12:529-38.

Kanfer FH, Reinecker H, Schmelzer D. Selbstmanagement-Therapie. Ein Lehrbuch für die klinische Praxis. 2. Aufl. Berlin: Springer; 1996.

Karoly P. Mechanisms of self-regulation: A systems view. Ann Rev Psychol. 1993;44:23-52.

Petermann F, Petermann U. Training mit aggressiven Kindern. 8. Aufl. Weinheim: Psychologie Verlags Union; 1997.

Reinecker H. Verhaltenstherapie. In: Senf W, Broda M, Hrsg. Praxis der Psychotherapie. Theoretische Grundlagen von Psychoanalyse und Verhaltenstherapie. (Studienausgabe) Stuttgart: Thieme; 1997.

Reinecker-Hecht Ch, Baumann U. Klinisch-psychologische Diagnostik: Allgemeine Gesichtspunkte. In: Baumann U, Perrez M, Hrsg. Lehrbuch Klinische Psychologie - Psychotherapie. 2. Aufl. Bern: Huber; 1998.

Schulte D. Diagnostik in der Verhaltenstherapie. München: Urban & Schwarzenberg; 1974.

Schulte D. Therapieplanung. Göttingen: Hogrefe; 1996.

III Klinisch relevante Störungsbilder

8 Störungen des Säuglingsalters

M. Papoušek

Fallvignette

Lisa wurde im Alter von 6 Monaten wegen Essunlust, Nahrungsverweigerung und einmonatiger Gewichtsstagnation in der Sprechstunde für Schreibabys vorgestellt. Von Geburt an habe sie nie Hunger signalisiert. Beim Trinken sei sie unruhig, ablenkbar, seit 3 Monaten wehre sie sich mit Schreien und Steifmachen gegen die Flasche, die sie nur noch im Halbschlaf, vor allem nachts, akzeptiere und nur so die vom Kinderarzt verordnete minimale tägliche Trinkmenge erreiche. Wiederholte Milchwechsel, Ausschluss einer Eiweißunverträglichkeit und anderer organischer Ursachen in der Kinderklinik, Zwangsfüttern und Reizabschirmung blieben ohne Einfluss.

Lisa war seit den ersten Lebenswochen durch motorische Unruhe, grundloses Schreien in den Abendstunden, Ablehnung horizontaler Körperlagen und körperlicher Einschränkungen aufgefallen. Mit 6 Monaten war Lisa ein neugieriges, an Sozialkontakt und Umwelt interessiertes, körperlich gesundes, altersgemäß entwickeltes Mädchen in überwiegend ausgeglichener Stimmungslage. Gewicht und Länge lagen auf der 25. Perzentile. Im Zwiegespräch und Spiel stimmte die Mutter ihre Anregungen intuitiv und kompetent auf Lisas Interessen und Bedürfnisse ab. Überfürsorglich reagierte sie meist allzu prompt auf jedes Quengeln, das Lisa gezielt einsetzte, um herumgetragen und unterhalten zu werden. Im Temperamentsfragebogen zeigten sich Hyperreaktivität, erhöhtes Aktivitätsniveau, Ablenkbarkeit und Persistenz.

Beim Füttern mit Flasche oder Löffel bändigte die Mutter Lisas motorische Unruhe durch festes Halten. Lisa trank oder aß wenige Minuten lang konzentriert, signalisierte dann die beginnende Sättigung durch Mundschließen, Abwenden, Aufbäumen und Schreien. Unter hoher Anspannung suchte die geängstigte Mutter trotzdem für weitere 15 Minuten, Lisa den Rest der Nahrung einzuflößen.

Lisa war das erste Kind, ein Wunschkind des noch jungen Elternpaares. Die Schwangerschaft war durch körperliche Erkrankungen der Mutter mit stationären Behandlungsindikationen und dadurch ausgelöste Ängste um Gesundheit und Gedeihen des Kindes kompliziert. Bei der Geburt erlebte die Mutter unter Periduralanästhesie einen Anfall von Erstickungs- und Todesangst. Kurz danach erlitt Lisa beim ersten Anlegen an die Brust einen Zyanoseanfall und wurde ohne weitere Erklärung abrupt von der Mutter getrennt und für eine Woche zur Beobachtung in die Kinderklinik verlegt. Die Ängste der Mutter verstärkten sich, als Lisa nach der Entlassung zu Hause stundenlang schrie und dabei erneut zyanotisch wurde. Aus Angst vor dem Anlegen war die Mutter nicht mehr in der Lage zu stillen.

Die Fütterstörung stand im Rahmen einer seit der Geburt bestehenden Regulationsstörung, die die ängstlich-überfürsorgliche Mutter überforderte und die Partnerschaft belastete. An der Entstehung und Aufrechterhaltung wirkten kindliche und mütterliche Faktoren zusammen. Fehlen von Hungersignalen, Hyperreaktivität und Zyanoseanfälle des Kindes bei den ersten Stillversuchen, die eigene Todesangst der Mutter bei der Geburt und die frühe Trennung lösten bei der Mutter Ängste um Lisas Gedeihen, Angst vor drohender Sondenernährung und Versagensängste aus. Die Mutter geriet durch die anhaltende Trinkunlust des Kindes zunehmend unter Druck, sodass sie dazu überging, Lisa mit Zwang zu füttern, was Lisa mit Nahrungsverweigerung und Abwehr beantwortete. Unwillkürlich wiederholte die verzweifelte Mutter dabei, was sie selbst als Jugendliche im lebensbedrohlichen Zustand einer Anorexia nervosa erfahren hatte, als ihr Vater ihr durch Zwangsernährung das Leben rettete. Die psychodynamischen Mechanismen der Entstehung und Aufrechterhaltung der Regulationsprobleme ließen sich in therapeutischen Gesprächen aufdecken und auflösen.

Die ambulante Therapie führte mithilfe von Essensregeln, videogestützter Interaktionsanleitung, Unterstützung entspannter Spielinteraktionen und psychotherapeutischen Gesprächen innerhalb von 3 Wochen mit 5 Terminen zur Lösung des Fütterproblems, zur Entlastung der Mutter-Kind-Beziehung und der Paarbeziehung der Eltern.

Einführung

Störungen der psychischen Entwicklung und Gesundheit lassen sich im Säuglingsalter besonders schwer definieren. Sie stellen keine abgrenzbaren Krankheitsbilder im medizinischen Sinne mit umschriebener Ätiologie und Symptomatologie dar und haben, von wenigen Ausnahmen abgesehen, bis heute in den internationalen Klassifikationssystemen ICD10 und DSM IV noch keinen Raum gefunden.

Das eigens für das Säuglings- und Kleinkindalter (0–3 Jahre) ausgearbeitete diagnostische Manual, „Zero-to-three" (National Center for Clinical Infant Programs,1999), sucht die klassifikatorische Lücke in Form eines multiaxialen Systems mit den Achsen *primäre Diagnose, Beziehungsstörung, pädiatrische und Entwicklungsstörungen, psychosoziale Stressoren und funktionales emotionales Entwicklungsniveau* zu schließen.

Die Autoren betrachten das vorgeschlagene System ausdrücklich als vorläufig und als Arbeitsgrundlage zur Überprüfung und Validierung der Achsen und Diagnosen. Der multiaxiale Ansatz erfasst die wichtigsten Einflussfaktoren; die diagnostische Abgrenzung der Störungsbilder ist jedoch speziell im 1. Lebensjahr auf Achse I (1. traumatische Stressstörung, 2. Affektstörungen, 3. Anpassungsstörung, 4. Regulationsstörungen, 5. Schlafverhaltensstörung, 6. Essverhaltensstörung, 7. multisystemische und pervasive Entwicklungsstörung) und Achse II (Beziehungsstörungen) konzeptionell problematisch und mangels ausreichender empirischer Grundlagen und Methoden in der klinischen Diagnostik nicht reliabel durchführbar.

Die Suche nach spezifischen Störungsbildern des Säuglingsalters oder nach psychopathologischen Frühsymptomen späterer kinderpsychiatrischer Störungen hat die Aufmerksamkeit auf alltägliche Probleme der frühkindlichen Verhaltensregulation gelenkt, auf exzessives Schreien, Schlafstörungen, Fütter- und Gedeihstörungen, exzessives Klammern, motorische Umtriebigkeit und exzessives Trotzverhalten (Papoušek et al. 1994). Als traditionelle Domäne der kinderärztlichen Praxis sind diese Störungsbilder der frühen Kindheit trotz hoher Prävalenzraten lange ein Stiefkind der entwicklungspsychologischen und klinisch-psychologischen Forschung geblieben. Für ihr Verständnis ist jedoch ein entwicklungsorientierter Zutritt unverzichtbar, der der besonderen Entwicklungsdynamik des Säuglingsalters mit seinen rasch ablaufenden Reifungs-, Anpassungs- und Lernprozessen im Kontext der frühen sozialen Interaktionen gerecht wird (Emde et al. 1993).

Die altersspezifischen Besonderheiten prädestinieren das Säuglingsalter dazu, Störungen zum Zeitpunkt ihrer Entstehung – in statu nascendi – zu erfassen, die Bedingungsfaktoren, Mechanismen und Prozesse ihrer Entstehung und Aufrechterhaltung zu analysieren und in prospektiven Verlaufsstudien ihre prognostische Bedeutung in Bezug auf Störungen des späteren Kindesalters zu ermitteln. Hierbei haben sich speziell auch im Rahmen klinischer Diagnostik und Intervention Modelle bewährt, die sich an den dynamischen Systemtheorien orientieren, die von normativen Entwicklungskonzepten und linearen Ursache-Wirkungs-Modellen Abstand nehmen und die der Entwicklungsdynamik, der individuellen Variabilität auf beiden Seiten, den psychosomatischen und transaktionalen Wechselbeziehungen, den Einflüssen multipler Risikobelastungen und Schutzfaktoren und der zentralen Vermittlungsrolle der vorsprachlichen Kommunikation Rechnung tragen (Esser et al. 1995, Papoušek u. Papoušek 1990).

Die Störungsbilder des Säuglingsalters unterscheiden sich von Störungen des späteren Kindesalters in einer Reihe von altersspezifischen Merkmalen. Aufgrund ihrer überraschenden Gemeinsamkeiten ist es sinnvoll, sie unter dem diagnostischen Oberbegriff „Regulationsstörungen der frühen Kindheit" zusammenzufassen (Emde et al. 1993, Papoušek 1999).

Sie werden in der Literatur in Bezug auf ihren Krankheitswert auffallend unterschiedlich eingeschätzt: als extreme Ausprägungen eines an sich normalen Verhaltens (Largo 1992), als kritische Belastung und Risikofaktor für die Eltern-Kind-Beziehungen (Papoušek u. von Hofacker 1998) oder als im Säugling angesiedelte psychiatrische Störung mit der Diagnose „regulatory disorder" (Greenspan u. Wieder 1993). In Bezug auf ihre Genese liegt der Akzent einmal mehr auf den ganz normalen Krisen oder passageren Turbulenzen der normalen Entwicklung (Barr 1990, Largo 1992), auf dispositionellen Faktoren im Sinne eines „schwierigen Temperamentes" (Carey u.

McDevitt 1995), auf Störungen der sensorischen Integration (Greenspan u. Wieder 1993), auf einem Mis-fit von Disposition und Erwartungen der sozialen Umwelt (Largo 1995) oder auf Störungen der Mutter-Kind-Beziehung („Beziehungssyndrome", Anders 1989; „Bindungs- und Separationsstörungen", Chatoor et al. 1998).

Jede der Forschungsperspektiven fokussiert auf wichtige Teilaspekte der Genese früher Verhaltensauffälligkeiten. Auf dem gegenwärtigen Wissensstand ist jedoch eine generelle ätiologische Abgrenzung von konstitutionellen, reifungsbedingten, interaktionellen oder psychosozial bedingten Störungen ebenso wenig möglich wie eine prognostische Einschätzung. Vielmehr scheint ein Forschungsansatz angemessen, der einseitige Ursachenzuschreibungen a priori offen lässt, das Zusammenspiel kindlicher und elterlicher Faktoren im systemischen Kontext der in Entwicklung befindlichen Eltern-Kind-Beziehungen erfasst und den Fokus auf die Dynamik und Prozesse der Entwicklung lenkt.

8.1 Regulationsstörungen der frühen Kindheit

Erscheinungsbild und diagnostische Abgrenzung

Regulationsstörungen der frühen Kindheit sind im Erscheinungsbild, je nach Alter und Verhaltensdomäne, außerordentlich vielgestaltig, aber weitgehend unspezifisch in Bezug auf Entstehungsbedingungen, Auswirkungen und langfristige Folgen. Zu spezifischen Ausprägungen kommt es in Zusammenhang mit phasenspezifischen regulatorischen Anpassungs- oder Entwicklungsaufgaben der frühen Kindheit (Papoušek 1999). Im 1. Trimenon werden die kindlichen Fähigkeiten zur Selbstregulation vor allem durch überlebenswichtige Reifungs- und Anpassungsprozesse in Bezug auf Nahrungsaufnahme und Verdauung, Immunabwehr, Thermoregulation und Organisation von ruhig aufmerksamem Wachen und regelmäßigen Schlaf-Wach-Zyklen in Anspruch genommen. Sind die anfänglichen regulatorischen Hürden genommen, treten affektive Erregungssteuerung und Aufmerksamkeitsregulation in Bezug auf die Integration neuer Erfahrungen in den Vordergrund sowie die Regulation von konsolidiertem Nachtschlaf. Mit Beginn der Lokomotion rücken Nähe-Distanz-Regulation, Bindungs-Explorations-Balance und die Regulation von Bindung und Lösung in den Mittelpunkt, im 2. Lebensjahr die Regulation von Abhängigkeit und Autonomie, das Austesten und Aushandeln von Regeln und Grenzen (von Hofacker u. Papoušek 1998).

Diese und andere Entwicklungsaufgaben der frühen Kindheit werden normalerweise in der vorsprachlichen Kommunikation beim Füttern, Beruhigen, Schlafenlegen, Wickeln, Zwiegespräch oder Spiel von Kind und Eltern gemeinsam reguliert, ausgehandelt und gelöst. Dabei ist der Säugling mit seinen noch eingeschränkten selbstregulatorischen Fähigkeiten auf eine komplementär abgestimmte Unterstützung und Anleitung vonseiten der sozialen Umwelt angewiesen, für die die Eltern mit universellen intuitiven Kompetenzen ausgestattet sind (Papoušek u. Papoušek 1987). Regulationsstörungen sind Ausdruck eines Misslingens der gemeinsamen Regulation. Zum Erscheinungsbild gehören daher neben den phasentypischen Verhaltensproblemen des Kindes (z.B. unstillbares Schreien) dysfunktionale Kommunikationsmuster in den zugehörigen Alltagskontexten (z.B. überstimulierende Beruhigungsinteraktionen).

Die Verhaltensauffälligkeiten stellen extreme Ausprägungen von an sich normalen Verhaltensformen dar. Die Dynamik der Frühentwicklung mit den ihr eigenen rasch ablaufenden Reifungs-, Anpassungs- und Lernprozessen und ihrer Abhängigkeit von den frühen sozialen Beziehungen bedingt eine ausgeprägte intra- und interindividuelle Variabilität in Entwicklungstempo und Ausprägung des kindlichen Verhaltens. Der fließende Übergang zwischen normaler Variabilität und Abweichung erschwert eine objektivierbare Abgrenzung von pathologischen Störungen, zumal temporäre Abweichungen infolge passagerer Anpassungsprobleme zu den ganz „normalen Krisen" der Entwicklung gehören (Fegert et al. 1997, Largo 1992).

Von besonderer Bedeutung in der Abgrenzung frühkindlicher Regulationsstörungen ist die subjektive Belastung und Beeinträchtigung der Eltern und die Funktionalität bzw. Dysfunktionalität ihres Interaktionsverhaltens. Die einzelnen Störungsbilder stellen erhebliche Anforderungen an die intuitiven elterlichen Kompetenzen und können sich als kritische Belastungen und Gefährdungen der frühen Eltern-Kind-Beziehungen auswirken, die lange in ihrer prognostischen Relevanz verkannt wurden. Das offenkundige Versagen in genuin mütterlichen Aufgaben – Ernähren, Zufriedenstellen, Beruhigen, Schlafenlegen – führt fast immer zu Krisen im Selbstwertgefühl der Mutter. Zu den regelmäßigen Befunden gehören physische Erschöpfung, psychische Überforderung und Depressivität der Mutter oder beider Eltern, sowie Frustration, Verunsicherung, verletztes Selbstwertgefühl und Belastung der Partnerschaft (Papoušek 1997).

Diagnostisch haben Verhaltensbeobachtung und videogestützte Verhaltens- und Interaktionsanalysen einen zentralen Stellenwert, da Kommunikation und Beziehung sowie die innerpsychischen Prozesse des Säuglings (Integration von Erfahrungen, affektive Verhaltensregulation, emotionale Bindung) nur auf der Verhaltensebene zugänglich, hier aber am gesamten Verhalten des Organismus ablesbar sind.

Aufgrund der engen Wechselbeziehungen zwischen somatischen und psychischen Aspekten der frühen Verhaltensregulation hat sich eine integrierte Zusammenarbeit von Psychologen, Pädiatern und Entwicklungsneurologen bewährt.

Regulationsstörungen verlangen die Ausrichtung auf mindestens 2 Generationen und setzen nicht nur eine detaillierte Kenntnis der kindlichen Entwicklungsprozesse voraus, sondern ebenso ein Verständnis des elterlichen Verhaltens, der innerpsychischen Repräsentanzen der Eltern und der psychischen Reorganisationsprozesse der Eltern beim Übergang von der Schwangerschaft zur Geburt und beginnenden Elternschaft (Stern 1995).

Prävalenz, Verlauf und Prognose

Die Regulationsstörungen der frühen Kindheit sind epidemiologisch mit Prävalenzraten zwischen 15 und 30% aller gesunden Säuglinge bemerkenswert häufig.

In der Klientel der „Münchner Sprechstunde für Schreibabys" finden sich in der Mehrzahl der Fälle bei dem gleichen Kind mehrere der Störungsbilder gleichzeitig und/oder aufeinander folgend (von Hofacker et al. 1996), wobei bei 80% der Kinder, die erstmals im Alter von 7–24 Monaten wegen Schlaf- und Fütterstörungen, exzessivem Klammern oder Trotzanfällen untersucht werden, rückblickend die ersten Auffälligkeiten im typischen Erscheinungsbild des exzessiven Schreiens in den ersten Lebenswochen zu finden sind. Die Inanspruchnahme der Sprechstunde weist eine Altersverteilung mit Altersgipfeln bei 3, 7–10 und 18 Monaten auf. Sie entsprechen etwa den in der Literatur beschriebenen biopsychosozialen Entwicklungsschüben (Emde et al. 1976) oder Reorganisationsphasen der Entwicklung ebenso wie den so genannten „touchpoints" (Brazelton 1994), d.h. Phasen erhöhter Krisenanfälligkeit, in denen Eltern aufgrund der „normalen Krisen" (Largo 1992) in der Verhaltensregulation am häufigsten Hilfe suchen.

Prognostisch sind die Störungen trotz ihres nicht selten dramatischen Verlaufs in der Mehrzahl der Fälle harmlos, selbstlimitierend und leicht zu beeinflussen (Barr 1990, St. James-Roberts u. Halil 1991). Unter ungünstigen Bedingungen multipler Risikobelastungen und maladaptiver Interaktionsmuster können die Störungen jedoch persistieren, und es kommt nicht nur zu langfristigen Gefährdungen der Eltern-Kind-Beziehungen, sondern auch zu erhöhten Risiken in Bezug auf expansive und introversive Verhaltensstörungen (Esser et al. 1995, Laucht et al. 1998, Rautava et al. 1995, von Hofacker et al. 1997).

Genese

Auch wenn sich Regulationsstörungen im Verhalten von Säugling und/oder Eltern niederschlagen, sind sie nicht im Individuum, weder im Kind, noch in der Mutter, noch im psychosozialen Umfeld angesiedelt, sondern interindividuell in den alltäglichen Interaktionen, in den sich entwickelnden Eltern-Kind-Beziehungen, im gesamten System (Anders 1989, Barth 1998, Fraiberg et al. 1980).

Die Entstehungsbedingungen der einzelnen Störungsbilder sind trotz ihrer phänomenologischen Vielfalt bemerkenswert ähnlich. Sie scheinen entwicklungspsychopathologisch eine Einheit mit unterschiedlichen, jeweils phasentypischen Manifestationsformen darzustellen. Sie lassen sich in der Regel weder einseitig auf eine pädiatrische Ursache, auf Unreife, Temperamentsmerkmale oder eine Wahrnehmungsstörung des Kindes noch auf mütterliches Versagen, Stressbelastung in der Schwangerschaft oder eine primäre Beziehungsstörung zurückführen. Vielmehr handelt es sich um das Zusammenwirken multipler, untereinander vernetzter organischer und psychosozialer Risikofaktoren aufseiten von Kind und Eltern (Benoit 1993, Papoušek u. von Hofacker 1995, Sadeh u. Anders 1993).

Unter den kindlichen Risikofaktoren stehen bei allen Störungsbildern Merkmale eines „schwierigen" Temperaments an erster Stelle, die sich insbesondere auf Extremvarianten im Bereich der sensorischen Erregbarkeit und Erregungsmodulation zurückführen lassen (Rothbart et al. 1994, Zentner 1998) und die die Bewältigung sämtlicher regulatorischer Entwicklungsaufgaben erschweren können. Im gleichen Sinne können sich passagere zentralnervöse Unreife, pränatale Stressbelastung und organische Risikofaktoren auswirken.

Auf der elterlichen Seite stehen psychosoziale Risikofaktoren im Vordergrund, insbesondere Angst-, Stress- und Konfliktbelastungen der Schwangerschaft, aktualisierte Partnerschaftskonflikte und/oder transgenerationale Konflikte mit den Herkunftsfamilien, belastete Kindheit und psychopathologische Auffälligkeiten, unter denen Wochenbettdepressionen, Persönlichkeitsstörungen und Überforderungssyndrome im Rahmen neurotischer Beziehungsstörungen am häufigsten sind.

Den zentralen Austragungsort organischer und psychosozialer Risikobelastungen mit ihren kindlichen und elterlichen Beeinträchtigungen stellt die Kommunikation zwischen Eltern und Säugling in den alltagstypischen Interaktionskontexten dar (Papoušek u. Papoušek 1990). Sie sind im Gesamtsystem die alltägliche Arena, in der kindliche Unreife, Temperament und organische Risikofaktoren ebenso wie mütterliche Befindlichkeit, Repräsentanzen, transgenerationale Transmission von Bindungserfahrungen oder „Gespenster im Kinderzimmer" (Fraiberg et al. 1980) wirksam werden und ihre störenden Einflüsse auf die selbstregulatorischen Kompetenzen des Säuglings und die intuitiven elterlichen Kompetenzen erkennen lassen; wo der Kampf zwischen Ressourcen und Risikobelastungen ausgetragen wird und die Weichen in Richtung funktionaler oder dysfunktionaler Interaktionsmuster gestellt werden.

Die zentrale Bedeutung der vorsprachlichen Kommunikation erklärt sich aus dem Zusammenspiel der noch begrenzten selbstregulatorischen Fähigkeiten des Kindes und der komplementär angelegten regulatorischen und didaktischen Unterstützung der intuitiven elterlichen Früherziehung (Papoušek u. Papoušek 1987). Gelingt das Zusammenspiel im Sinne funktionaler Kommunikationsmuster mit positiver Gegenseitigkeit, gewinnt der Säugling eine ausgewogene, auf seine Bedürfnisse abgestimmte kompensatorische Unterstützung seiner heranreifenden Verhaltensregulation und seiner integrativen und kommunikativen Fähigkeiten. Gleichzeitig werden die Eltern durch positive Rückkoppelungssignale vonseiten des Kindes in ihrem Selbstwertgefühl und im Verlass auf ihre intuitiven Kompetenzen bestärkt. In Bezug auf die Bewältigung der basalen Anpassungs- und Entwicklungsaufgaben der frühen Kindheit kann so die vorsprachliche Kommunikation als psychobiologisch angelegte Ressource wirksam werden. Sie kann damit gerade auch in Anbetracht von Risikobelastungen als Schutzfaktor zu einer positiven Entwicklung beitragen (Papoušek u. Papoušek 1979, 1990).

Überwiegen im Gesamtsystem jedoch die Beeinträchtigungen auf kindlicher und/oder elterlicher Seite, kommt es zu Irritationen der selbstregulatorischen Fähigkeiten des Säuglings oder der intuitiven elterlichen Kompetenzen. In der Folge entstehen zunächst kurzfristige Entgleisungen in Form von dysfunktionalen Kommunikationsmustern mit negativer Gegenseitigkeit, in denen die kindlichen Verhaltensprobleme als negative Rückkoppelungssignale die intuitiven elterlichen Kompetenzen blockieren, während der Säugling in Bezug auf eine normale elterliche Unterstützung depriviert wird. Zu langfristig problematischen Dekompensationen und Weichenstellungen kommt es meist erst unter dem kumulativen Einfluss multipler Risikobelastungen, speziell dann, wenn in den Alltagskontexten dysfunktionale Kommunikationsmuster überwiegen, zunehmend rigider werden und chronifizieren, sodass mit negativen Auswirkungen auf die kindliche Entwicklung und die Eltern-Kind-Beziehungen zu rechnen ist (Papoušek 1996, von Hofacker et al. 1996).

Das ursprünglich aus der Grundlagenforschung abgeleitete Modell, das dem Gelingen oder Misslingen der frühen Eltern-Kind-Kommunikation eine prognostisch bedeutsame Vermittlungsfunktion zuschreibt, konnte in der Mannheimer Risikolängsschnittstudie verifiziert werden (Esser et al. 1993, 1995, Laucht et al. 1998). So hat sich gezeigt, dass bei sehr kleinen Frühgeborenen ebenso wie bei postpartal depressiven Müttern das Gelingen oder Misslingen der frühen Kommunikation die Weichen für eine bis ins Schulalter nachweisbare, eher günstige oder ungünstige Entwicklung stellt.

Eine ebenso wichtige Bestätigung des Modells ergab sich aus der direkten Umsetzung in klinische Diagnostik- und Behandlungskonzepte für Regulationsstörungen der frühen Kindheit (Papoušek et al. 1994), wo es sich als wirksamer Ansatz früher Prävention und Intervention bewährt hat und, orientiert am klinischen Bedarf und an den systematisch gewonnenen Forschungsergebnissen, weiter differenziert wurde (Papoušek u. von Hofacker 1998). Wie die Auswertung der klinischen Daten aus der Klientel der Münchner Sprechstunde zeigt, ist die Mutter-Kind-Beziehung umso mehr belastet und gefährdet und die Prognose umso ungünstiger, je länger eine dysfunktionale Wechselseitigkeit bereits in einem Teufelskreis aufrechterhalten wird, je generalisierter die Störung ist, je mehr Interaktionskontexte des Alltags dysfunktional entgleist sind und je mehr die Ressourcen auf beiden Seiten durch eine Kumulation von Belastungsfaktoren erschöpft sind (von Hofacker et al. 1996, von Hofacker u. Papoušek 1998).

Therapie

In der Literatur wird eine Vielzahl unterschiedlicher Behandlungsansätze diskutiert, von pädiatrischen Interventionen, Entwicklungsberatung und psychosozialen Unterstützungsmaßnahmen über verhaltenstherapeutische Techniken bis hin zu Interaktionsanleitung und psychoanalytischen Eltern-Säuglings-Psychotherapien. Nach den wenigen kontrollierten Therapie-Evaluations- und -Vergleichsstudien hat sich bisher keine dieser Therapieformen als überlegen herausgestellt (z. B. Cramer 1995).

Das Münchner Modell einer interaktionszentrierten Eltern-Säuglings-Beratung und -Psychotherapie (Papoušek 1998) geht von einer systemischen Sichtweise aus, die alle Regulationsstörungen der frühen Kindheit, eine primär kindliche regulatorische Unreife ebenso wie eine Wochenbettsdepression der Mutter, im Kontext eines dynamischen transaktionalen Entwicklungsprozesses zu analysieren sucht. Zentraler Umschlagplatz dieses Prozesses ist die Kommunikation zwischen Eltern und Säugling in typischen Kontexten des Alltags. Die Säuglings-Eltern-Kommunikation im Hier und Jetzt des therapeutischen Settings erlaubt einen unmittelbaren Zugang zum System. Die Behandlung zielt auf eine rasche Auflösung dysfunktionaler Kommunikationsmuster in den Eltern-Kind-Beziehungen und Ersatz durch beiderseits belohnende Kommunikations- und Beziehungserfahrungen ab. Unterschiedliche Techniken aus bewährten Therapieverfahren und Disziplinen werden in Abstimmung auf Störungsbild und individuelle Bedürfnisse von Kind, Eltern und Familie flexibel kombiniert und in den Behandlungsplan integriert. Dazu gehören Maßnahmen zur physischen und psychischen Entlastung der Eltern, entwicklungsorientierte Beratung, verhaltenstherapeutische Techniken, ergo- und physiotherapeutische Interventionen sowie psychodynamisch orientierte Einzel- und Paargespräche. Wie in anderen Eltern-Säuglings-Therapien wird die Eltern-Therapeut-Beziehung als sichere Basis genutzt. Sie wirkt empathisch und unterstützend für Eltern und Säugling, sie kann zum Schauplatz einer Reinszenierung neurotischer Beziehungsmuster werden, die eine Bearbeitung der Übertragungs-/Gegenübertragungsmuster verlangen, und ermöglicht den Eltern eine korrektive emotionale Beziehungserfahrung (Cramer 1995).

Dezidierter als in anderen Therapien werden die systemimmanenten Ressourcen der vorsprachlichen Kommunikation genutzt, die intuitiven elterlichen Kompetenzen, das kindliche Entwicklungspotenzial und seine in Entwicklung befindlichen Fähigkeiten und inneren Motivationen. Durch Aktivierung dieses Potenzials an Selbstheilungskräften kann das System auf der Ebene einer positiven Gegenseitigkeit neue Stabilität finden (Papoušek 1997, 1998).

Die folgenden Abschnitte beschränken sich auf die häufigsten Regulationsstörungen der frühen Kindheit, exzessives Schreien, Schlafstörungen und Fütter- und Gedeihstörungen, da für die übrigen Störungen noch kaum systematische Untersuchungen vorliegen. Die empirische Datenbasis schließt Feldstudien, Risikolängsschnittstudien und Studien an klinischen Stichproben ein ebenso wie Forschungsergebnisse von den ersten 180 Kindern der Münchner Sprechstunde sowie diagnostische und therapeutische Erfahrungen mit insgesamt 2000 regulationsgestörten Säuglingen und Kleinkindern.

8.2 Exzessives Schreien im ersten Lebenshalbjahr

Erscheinungsbild und diagnostische Abgrenzung

In der pädiatrischen Literatur wird das Syndrom des exzessiven Schreiens unter dem Namen „3-Monats-Koliken" beschrieben. Hauptmerkmal sind anfallsartige Episoden von unstillbarem Schreien ohne erkennbaren Grund (Wessel et al. 1954). Die Begleitsymptome – geblähter Bauch, Anziehen der Beinchen im Wechsel mit Überstreckung von Kopf und Rumpf, hochrotes Hautkolorit und hohe Schreiintensität – erinnern an das Verhalten von Säuglingen mit akuten Schmerzen im Magen-Darm-Bereich (Lester et al. 1992). Die Suche nach organischen Ursachen bleibt jedoch in der Regel erfolglos (Miller u. Barr 1991). Die Wachphasen sind durch chronische motorische Unruhe, Schreckhaftigkeit, Irritierbarkeit, häufiges Quengeln, Schreien und die Ablehnung von horizontaler Lagerung in Rücken- oder Bauchlage gekennzeichnet. Ruhig-aufmerksame Wachphasen sind selten und kurz, eher reagieren die Kinder auf eine angebotene Stimulation mit heftiger Erregung (Hyperreaktivität), sind rasch überreizt, halten sich aber mit Hilfe eines ständigen Wechsels von Reizen und intensiven vestibulären Reizen (Herumtragen, Schaukeln, Hüpfen) eine Zeit lang in Balance. Durch heftiges Schaukeln oder andere Reize maskierende Geräusche (Föhn, Staubsauger, Auto) lassen sich gelegentlich auch exzessive Schreizustände unterbrechen. Das Hauptproblem der Kinder liegt in ihrer Unfähigkeit, abzuschalten und sich selbst zu beruhigen (Papoušek u. von Hofacker 1995, 1998).

Typisch ist die tageszeitliche Abhängigkeit der Verhaltensauffälligkeiten. Trotz Überreiztheit finden die Säuglinge tagsüber nur selten in erholsamen Schlaf. Die über den Tag hin eskalierende Übermüdung kulminiert in den späten Nachmittags- und Abendstunden in stundenlangem Quengeln und Schreien und ist Ausdruck einer mangelnden Balance zwischen erregenden und erregungshemmenden Prozessen (Lester et al. 1992, Rothbart et al. 1994). Die Säuglinge sind nicht in der Lage, sich selbst zu beruhigen und dann einzuschlafen. Der protrahierte Übergang vom Wachen zum Schlafen imponiert als „Kampf gegen das Einschlafen“. Erst gegen Mitternacht verfallen die Kinder in ruhigen Schlaf, der, nur von Fütterepisoden unterbrochen, bis in den Vormittag anhalten kann. Insgesamt schlafen exzessiv schreiende Säuglinge durchschnittlich 1½ Stunden weniger als Säuglinge ohne Schreiproblem (Papoušek u. Papoušek 1996). Wegen eines vermehrten Anteils an Übergangsstadien (indeterminate sleep) ist der Schlaf unruhiger, leichter störbar und möglicherweise auch weniger erholsam.

Differenzialdiagnostisch ist eine kinderärztlich-entwicklungsneurologische Anamnese und Untersuchung zur Erfassung somatischer Ursachen oder Begleiterkrankungen erforderlich. So finden sich in der Klientel der Münchner Sprechstunde z.B. bei 51% der Säuglinge Zeichen einer neuromotorischen Unreife in Form von Tonusregulationsstörungen, Aufrichtungsmangel und/ oder Asymmetrien (Papoušek u. von Hofacker 1995).

Die Abgrenzung des exzessiven Schreiens von normalem Schrei- und Quengelverhalten ist in Anbetracht der ausgeprägten individuellen Variabilität eher willkürlich. In der internationalen Forschung hat sich die so genannte „Dreier-Regel“ (Wessel et al. 1954) durchgesetzt, d.h., um die 6. Lebenswoche wird eine durchschnittliche Schrei-/Unruhedauer von mehr als 3 Stunden pro Tag an mindestens 3 Tagen der Woche für mindestens 3 Wochen festgestellt. Eine ausreichend verlässliche Erfassung von Dauer und tageszeitlicher Verteilung von Schreien, Quengeln, Schlafen, Füttern und elterlichen Interventionen gelingt mit einem von den Eltern über mehrere Tage ausgefüllten 24-Stunden-Verhaltensprotokoll. Klinisch greift die Regel mit ihrer ausschließlich quantitativen Orientierung zu kurz; denn ausschlaggebend ist das Ausmaß der elterlichen Belastung, die nur z.T. vom Schreiquantum und von der Dauer der Störung abhängt.

Regelmäßig ist das exzessive Schreien mit elterlichen Überforderungs- und Anpassungssyndromen assoziiert, die durch ihre zeitliche Verknüpfung mit Wochenbett und Übergang zur Elternschaft ihr spezifisches Gepräge erhalten. Sie äußern sich je nach Persönlichkeitsstruktur, Risikobelastung, Ressourcen und Schweregrad des Schreiproblems in hochgradiger Erschöpfung, erhöhter Erregbarkeit, Depressivität, verletztem Selbstwertgefühl, Selbstunsicherheit, aggressiven Impulsen, ohnmächtiger Wut und/oder Ablehnung des Kindes (Papoušek u. von Hofacker 1995, St. James-Roberts et al. 1995).

Die Eltern-Kind-Interaktionen sind vor allem in den störungsspezifischen Kontexten des Beruhigens und Schlafenlegens durch dysfunktionale Interaktionsmuster in gekennzeichnet. Unstillbares Schreien induziert zwar normale Beruhigungsstrategien aufseiten der Eltern, die jedoch infolge ihrer Unwirksamkeit und der gleichzeitig ausgelösten affektiven Erregung zunehmend heftiger und abwechslungsreicher werden und im Sinne einer „negativen Gegenseitigkeit" zur wechselseitigen Eskalation von Erregung und Überreiztheit beitragen. In klinischen Stichproben sind dysfunktionale Interaktionsmuster darüber hinaus bei 34 % der Mutter-Kind-Paare auch im Fütterkontext und bei 40% im ruhigen Zwiegespräch von Mutter und Kind zu beobachten. Bei letzteren überwiegen unterschiedliche Formen überregulierender Störungsmuster (Papoušek 1996). Zu achten ist auch auf Zeichen einer manifesten oder drohenden Vernachlässigung oder Misshandlung, die Ursache, Folge oder Verstärkungsfaktor des exzessiven Schreiens sein können (Frodi 1985).

In der klinischen Arbeit hat sich in Anlehnung an Anders (1989) eine Differenzierung des Schweregrades der Störung in Bezug auf die Belastung, Gefährdung oder Störung der Eltern-Kind-Beziehungen bewährt (von Hofacker et al. 1996). Diese wird durch tägliche Schrei-/Unruhedauer, Gesamtdauer der Störung, Grad der Generalisierung von dysfunktionalen Interaktionsmustern in Bezug auf weitere alltagstypische Kontexte (Nachtschlaf, Füttern, Wickeln, Spiel), psychische Belastbarkeit der Mutter und der Partnerschaft sowie Anzahl und Schweregrad von psychosozialen Risikofaktoren und Schutzfaktoren bestimmt.

Exzessives Schreien im 1. Halbjahr sollte von späteren Formen exzessiven Schreiens abgegrenzt werden. Allerdings wurde bisher weder die normale noch die gestörte Entwicklung des Schreiverhaltens ausreichend erforscht. Die vorliegenden Befunde machen deutlich, dass das Schreien in den ersten Lebensmonaten einen Verhaltens- und Befindlichkeitszustand des gesamten Organismus darstellt, der sich u.a. in langsam an- und abschwellendem, tonischem Schreiverhalten äußert (Wolff 1987). Im 2. Halbjahr entwickelt sich das Schreien zu einem kurzen Signal mit phasischem Charakter. In Bezug auf die Verhaltenssteuerung erfolgt die Entwicklung vom unwillkürlichen Ausdruck zum instrumentellen und schließlich intentionalen Signal. In Bezug auf die emotionale Befindlichkeit differenziert sich das Schreien vom anfänglich unspezifischen Ausdruck von Missbehagen zum Ausdruck von Ärger, Protest, Trauer oder Frustration. Aus klinischer Sicht tauchen jenseits des 1. Halbjahres Quengeln und Schreien im Kontext späterer phasentypischer Regulationsstörungen auf.

Prävalenz, Verlauf und Prognose

Feldstudien zufolge betrifft das exzessive Schreien, das die Kriterien der Dreierregel (Wessel et al. 1954) erfüllt, im Alter von 6 Wochen zwischen 15 und 29% aller reif geborenen gesunden Säuglinge (Lehtonen 1994, St. James-Roberts u. Halil 1991). Die Verlaufsmerkmale machen eine enge zeitliche Bindung an postpartale Anpassungs- und Reifungsprozesse deutlich. Der Beginn liegt meist in der 2. Lebenswoche, seltener bei Geburt, bei Frühgeborenen in der 2. Woche nach dem errechneten Geburtstermin. Das Schreien gipfelt in der 6. Lebenswoche, lässt in der Regel, oft schlagartig, um das Alter von 3 Monaten deutlich nach (Barr 1990, St. James-Roberts u. Halil 1991, St. James-Roberts et al. 1998), kann jedoch gelegentlich bis zum 6. Monat persistieren (Papoušek u. von Hofacker 1995). Prospektive Verlaufsstudien an repräsentativen Stichproben kommen übereinstimmend zu dem Ergebnis, dass das exzessive Schreien des frühen Säuglingsalters harmlos und selbstlimitierend ist (St. James-Roberts u. Halil 1991). Stabilität von „negativem Verhalten" findet sich zwischen 6 Wochen und 5 Monaten und zwischen 5 und 15 Monaten, nicht aber von der 6. Woche bis zum 15. Monat (St. James-Roberts et al. 1998).

Untersuchungen in klinischen Stichproben, in denen die Eltern wegen exzessiven Schreiens spezielle Beratung suchten, weisen auf eine Untergruppe von schätzungsweise 4% aller Säuglinge hin, bei denen die Störung länger aufrechterhalten bleibt, schwerer ausgeprägt ist und bei denen langfristig im späteren Säuglings- und Kleinkindalter auffällige Temperamentsmerkmale, Schlafstörungen, Fütterstörungen, expansive und introversive Verhaltensstörungen und Störungen der Eltern-Kind-Beziehungen und des Familienklimas beschrieben wurden (Rautava et al. 1995, von Hofacker et al. 1997). In der Mannheimer Risiko-Längsschnittstudie weisen 3-monatige Säuglinge mit auffälligen Temperamentsmerkmalen eine erhöhte Prävalenzrate von Verhaltensauffälligkeiten im Kleinkindalter auf (Esser et al. 1993).

Genese

Das exzessive Schreien der ersten Lebensmonate kulminiert in der Phase der postpartalen Anpassungs- und Reifungsprozesse. Funktional steht es mit Störungen der Schlaf-Wach-Organisation in Zusammenhang, die in den Nachmittags- und Abendstunden gipfeln und die soziale Umwelt zu intensiven Beruhigungs- und Einschlafhilfen herausfordern (Papoušek u. Papoušek 1996). Die proximale Ursache des scheinbar grundlosen Schreiens findet sich fast immer in Einschlafproblemen, Schlafdefizit und Übermüdung. Exzessives Schreien ist damit Ausdruck einer Regulationsstörung der zirkadianen (etwa 24-stündigen) und ultradianen (3- bis 4-stündigen) Schlaf-Wach-Organisation.

Die durch das unstillbare Schreien ausgelöste Erschöpfung, Erregung, Verunsicherung, Depressivität und ohnmächtige Wut der Eltern interferieren mit den intuitiven Kompetenzen, mit der Folge, dass sich Unruhe und Schreien verstärken. Der entstehende Teufelskreis dysfunktionaler Interaktionsmuster beim Beruhigen und Schlafenlegen führt rasch zu wechselseitiger Eskalation.

Säuglinge mit exzessivem Schreien zeichnen sich durch Hyperexzitabilität, Hyperreaktivität, Probleme der Erregungsmodulation, mangelnde Tröstbarkeit und mangelnde Rhythmizität aus; das sind Extremausprägungen von Verhaltensdimensionen, die großen individuellen Schwankungen unterliegen und gemeinhin als konstitutionell bedingte Merkmale dem so genannten schwierigen Temperament zugeordnet werden (Blum u. Carey 1996, Lester et al. 1992, Lehtonen et al. 1994). Im frühen Säuglingsalter lassen sich die genannten Temperamentsmerkmale jedoch weder von reifungsabhängigen Problemen der Erregungssteuerung noch von den Folgen der Schlafdeprivation abgrenzen.

Ätiologisch sind im frühen Säuglingsalter eine Reihe somatischer Erkrankungen auszuschließen, wie Eiweiß-Intoleranz und andere Nahrungsmittelunverträglichkeiten, gastroösophagealer Reflux (GÖR), neurologische Auffälligkeiten nach perinataler Hirnschädigung, kopfgelenksinduzierte Symmetriestörung (KISS) und andere Störungen mit rezidivierenden Schmerz- und Unruhezuständen wie Mittelohrentzündung, Neurodermitis, unerkannte Frakturen u. a. Die genannten Störungen können exzessives Schreien bedingen, aufrechterhalten oder verstärken, geben sich jedoch in der Regel durch zusätzliche Symptome wie Erbrechen, Durchfall, fixierten Schiefhals u. a. zu erkennen (von Hofacker 1998).

In klinischen Stichproben zeigt sich, dass die Familien von extrem schreienden Säuglingen durch eine Kumulation organischer und psychosozialer Risikofaktoren belastet werden. Darunter sind Stress und Ängste in der Schwangerschaft (62%), schwere Paarkonflikte (59%) und psychische Störungen der Mutter (49%) am häufigsten (Papoušek u. von Hofacker 1998).

Therapie

Klinische Literatur und Elternratgeber überbieten sich in Empfehlungen, Tipps und Tricks zur Prävention und Behandlung von exzessivem Schreien und beschreiben eine verwirrende Vielfalt von meist unzureichend überprüften medikamentösen, homöopathischen, diätetischen, manualtherapeutischen, verhaltenstherapeutischen und interaktionsorientierten Interventionen (Übersicht s. Wolke 1992, 1993). Ihre Wirksamkeit lässt sich aufgrund der hohen Spontanremissionsrate mit 3 Monaten und des entlastenden Effekts von diagnostischen Maßnahmen methodisch kaum befriedigend überprüfen.

Der Einfluss spezieller, auch kommerziell vermarkteter Beruhigungshilfen, wie Schaukeln (Lullababy, Breathing Bear), Vibration (Sleeptight, Wasserbett), festes Wickeln, vermehrtes Herumtragen, auditive Stimulation mit mütterlichem Herzschlag, intrauterinen Geräuschen, White Noise, Maschinengeräuschen oder Baby-CDs, erweisen sich bei normal schreienden Säuglingen als wirksame Beruhigungsmittel, jedoch nicht bei exzessivem Schreien (Barr et al. 1991, Wolke 1993). Statt durch zusätzliche vestibuläre oder auditive Stimulation wurden durch Reduktion von Überstimulation und Reizen bemerkenswerte Beruhigungseffekte erzielt (McKenzie 1991). Entwicklungsorientierte Interventionen auf der Interaktionsebene, die eine auf die kindlichen Signale abgestimmte, differenzierte Responsivität unterstützen, zeigen sich in Vergleichsstudien anderen Interventionsformen überlegen (Taubman 1988, Wolke 1993).

Im Rahmen der entwicklungsorientierten, interaktionszentrierten Eltern-Säuglings-Beratung- und Psychotherapie der Münchner Sprechstunde kommen die unterschiedlichen Therapiebausteine individuell abgestimmt zum Einsatz – z. B. Handling und Physiotherapie bei neuromotorischer Unreife (Papoušek 1998). Fast immer stehen physische und psychische Entlastung der Mutter und Entwicklungsberatung an erster Stelle, mit dem Ziel, den Tagesablauf zu strukturieren, einen regelmäßigen zyklischen Wechsel von Füttern, ruhigen Wachzeiten und Schlaf zu unterstützen, sowie Reizreduktion zur Vermeidung von Überstimulation, rechtzeitige Schlafinduktion und Ausnutzen der Wachzeiten zu ruhigen, beiderseits belohnenden Zwiegesprächen anzuregen. Dieses Vorgehen führt innerhalb von 2–5 Terminen bei 69% der Fälle zu vollständiger Besserung, bei weiteren 17% zu partieller Besserung (von Hofacker u. Papoušek 1998). Die Besserung äußert sich nicht nur im Sistieren des Schreiens, sondern in vermehrtem Schlafen, gut regulierten Wachphasen, regelmäßigerem Rhythmus und entspannteren Beziehungserfahrungen.

8.3 Schlafstörungen

Erscheinungsbild und diagnostische Abgrenzung

Im Säuglings- und Kleinkindalter äußern sich Schlafstörungen überwiegend in der Schwierigkeit des Kindes, sich ohne elterliche Hilfe seinem Schlafbedürfnis anheimzugeben und/oder bei nächtlichem Erwachen wieder einzuschlafen (Ferber 1987, Richman 1981). Je nach Alter signalisiert das Kind seine Probleme durch Schreien, Rufen oder Aufstehen. Wiederholtes nächtliches Aufwachen bis zu 10 Minuten Dauer ist in diesem Lebensalter physiologisch; die Mehrzahl der Säuglinge erwirbt im Laufe des 1. Lebensjahres die Fähigkeit, sich selbst zu beruhigen und den Übergang vom Wachen zum Schlafen selbst zu regulieren (Anders u. Keener 1985). Säuglinge mit Schlafproblemen dagegen fordern durch Schreien und Rufen die bislang gewohnten Einschlafhilfen ein. Zum Erscheinungsbild gehören daher speziell auch die kindlichen und elterlichen Reaktionen auf das Erwachen.

Typischerweise gehen die Schlafstörungen mit aufwendigen, mit zunehmendem Alter ritualisierten und oft bizarren Beruhigungs- und Einschlafinteraktionen einher (Fegert et al. 1997, Ferber 1987). Die Mehrzahl der Mütter fällt durch besondere Fürsorglichkeit auf. Unterschiedliche Beruhigungsmaßnahmen (Stillen, Tee, Milchflasche, Schnuller, von den Eltern als störend empfundenes Schlafen im Elternbett, Körperkontakt, Herumtragen, Singen, Nachtlicht, Spielen, zum Kind legen, Finger, Ohr oder Haare zum Festhalten anbieten) werden erprobt, variiert und kombiniert, um das schreiende Kind „um jeden Preis" zum Weiterschlafen zu bewegen. Das Kind beruhigt sich in der Regel rasch, wenn sich seine Erwartung erfüllt, und schreit erneut, sobald sich die Mutter entfernt, bevor es tief eingeschlafen ist.

Individuelle Variabilität und Altersabhängigkeit des Schlafverhaltens erschweren die Definition und Abgrenzung von Abweichungen und Störungen (Basler et al. 1980). Als klinisch bedeutsam gilt, wie beim Schreien, vor allem der Grad der subjektiven Belastung der Eltern und das Vorliegen dysfunktionaler, das Schlafproblem aufrechterhaltender Bettzeitinteraktionen (Fegert et al. 1997, Minde et al. 1993).

Objektive Kriterien haben sich in wissenschaftlichen Untersuchungen bisher nur eingeschränkt durchgesetzt (Richman 1981, Minde et al. 1993, Wolke et al. 1994): Eine Einschlafstörung liegt vor, wenn das Kind mit Einschlafhilfen der Eltern länger als 30 Minuten zum Einschlafen benötigt. Eine Durchschlafstörung wird diagnostiziert, wenn das Kind mindestens 3-mal pro Nacht in mindestens 4 Nächten pro Woche mit Unruhe und Schreien aufwacht, ohne selbstständig wieder einzuschlafen, und/oder wenn die nächtlichen Aufwachphasen pro Nacht länger als 20 Minuten dauern. Nicht maßgebend ist dagegen die Dauer des Gesamtschlafes, die zwar beim einzelnen Kind relativ stabil ist, aber großen interindividuellen Schwankungen unterliegt – im 1. Halbjahr zwischen 12,5 und 17,5 Stunden pro 24 Stunden (Basler et al. 1980). Ob ein Kind ausreichend schläft, lässt sich nur indirekt an seiner Wachbefindlichkeit ablesen. Schlafmangel geht in der Regel mit abnormer Schläfrigkeit, Quengeln und chronischer Unruhe in den Wachzeiten einher. Viele schlafgestörte Kinder sind jedoch „tagsüber das liebste Kind".

In der Diagnostik haben sich zur objektiven Erfassung des Schlafproblems vor allem 2 Verfahren bewährt, die Videosomnographie, die auch im häuslichen Milieu einsetzbar ist (Anders u. Keener 1985), und ein mehrtägiges Schlaftagebuch, das von den Eltern geführt wird. Letzteres gibt im Vergleich zur objektiveren Videosomnographie bei Schlafstörungen ein reliables Abbild des Problems, während die Eltern bei guten Schläfern dazu neigen, die eigentliche Schlafzeit zu überschätzen, indem sie nächtliche Aufwachphasen mit Selbstberuhigung überschlafen. Die Videosomnographie hat den Vorteil, dass sie noninvasiv auch qualitative Merkmale des Schlafverhaltens, Schlafstadien und elterliche Interventionen und Bettzeitinteraktionen zu differenzieren erlaubt. Sie ist jedoch in der Durchführung und Auswertung um vieles aufwendiger. Invasivere Methoden wie polygraphische Schlafableitungen bleiben speziellen Indikationen zum Ausschluss von Schlafapnoe, SIDS-Gefährdung, Anfallsleiden oder anderweitigen hirnorganischen Störungen vorbehalten.

Zur Erfassung des Schweregrades der Schlafstörung dient ein Schlafscore, der sich aus Bewertungen von Bettgeh- und Aufwachzeit, im Elternbett verbrachter Zeit, elterlichen Interventionen, Einschlafdauer und Anzahl und Dauer der nächtlichen Aufwachepisoden zusammensetzt (Minde et al. 1993, Richman et al. 1985).

Unerlässlich ist eine genaue anamnestische Befragung in Bezug auf den gesamten 24-Stunden-Tag, Schlafgewohnheiten der Familie, Stillen und nächtliches Füttern, Schlafsetting, räumliche Voraussetzungen, Einschlafritual, elterliche Interventionen, kindliches Verhalten, Ablauf der Beruhigungs- und Einschlafinterventionen und Bettzeitinteraktionen. Fragen nach Verhaltensauffälligkeiten in den Wachzeiten können Zusammenhänge mit exzessivem Klammern oder Grenzsetzungskonflikten aufzeigen. Akute und chronische Erkrankungen (z. B. chronische Neurodermitis) sind pädiatrisch abzuklären (von Hofacker 1998).

Abzugrenzen von den bisher genannten Schlafstörungen ist der Pavor nocturnus, der gelegentlich auch schon gegen Ende des 1. Lebensjahres auftritt. Typischerweise wacht das Kind in der 1. Nachthälfte aus dem Tiefschlaf heraus schreiend auf, ohne richtig zu sich zu kommen, schlägt um sich, wehrt sich gegen Beruhigungsversuche und schläft nach 10–15 Minuten problemlos wieder ein (Ferber 1987).

Prävalenz, Koinzidenz und Verlauf

Legt man die genannten strengen Kriterien zu Grunde (Aufwachen ≥ 3-mal pro Nacht in 4 oder mehr Nächten pro Woche, Anders u. Keener 1985, Richman 1981), so liegen die Prävalenzraten von ausgeprägten Ein- und Durchschlafstörungen im 1. und 2. Lebensjahr zwischen 15 und 20%. Regelmäßiges nächtliches Aufwachen findet sich im Alter von 5 und 20 Monaten zwischen 22% (Wolke et al. 1994) und 29% (Laucht et al. 1992). Der jüngsten prospektiven Längsschnittstudie einer multizentrischen Geburtskohorte nach wecken jeweils 40–43% der Kinder im Alter von 6, 12, 18, 24 und 36 Monaten ihre Eltern regelmäßig mindestens einmal pro Nacht auf, die Hälfte von ihnen mehrmals pro Nacht (Fegert et al. 1997). Schlafstörungen sind insgesamt häufiger und persistieren länger bei Säuglingen, die lange gestillt werden und/oder mit den Eltern gemeinsam im Elternbett oder Elternschlafzimmer schlafen (Fegert et al. 1997, Wolke et al. 1995).

In Feldstudien fühlen sich nur etwa die Hälfte der Eltern durch das Schlafproblem ihres Kindes gestört (Wolke et al. 1994, Fegert et al. 1997). Die subjektive Belastung steigt mit der Persistenz der Schlafstörungen, die bemerkenswert hoch ist. Bereits mit 6 Monaten scheinen die Weichen gestellt zu werden (Fegert et al. 1997). Über die Hälfte der Kinder mit ausgeprägten Schlafstörungen wachen auch mit 12 Monaten noch mehrmals pro Nacht auf, drei Viertel mindestens einmal. Von den 1-jährigen Schlechtschläfern persistieren die Probleme bei 86% bis zu 18 Monaten (Fegert et al. 1997), bei 50–70% bis ins 3. Lebensjahr, während Schlafstörungen der 3-Jährigen bis ins Schulalter persistieren (Jenkins et al. 1980).

In der klinischen Stichprobe der Münchner Sprechstunde treten die Schlafstörungen bei den 7- bis 24-monatigen Kindern in etwa 53% der Fälle isoliert auf, bei den übrigen Kindern besteht eine Koinzidenz mit Fütterstörungen (34%) und/oder mit exzessivem Klammern, chronischer Unruhe, exzessivem Trotzverhalten und aggressiven Verhaltensproblemen (von Hofacker u. Papoušek 1998).

Genese

Auch die Ein- und Durchschlafprobleme stellen extreme Ausprägungen von normalen entwicklungsabhängigen Schlafverhaltensmustern dar (Fegert et al. 1997, Largo 1995). Häufig sind sie lediglich Ausdruck mangelnder Kenntnisse und fehlgeleiteter Erwartungen der Eltern in Bezug auf Schlafentwicklung und Schlafbedürfnis des Säuglings (Largo u. Hunziker 1984).

Die Ontogenese des Schlafes unterliegt im 1. Lebensjahr besonders raschen und komplexen hirnorganischen Reifungs-, Anpassungs- und Reorganisationsprozessen. Diese betreffen den zyklischen Wechsel von aktivem (REM-) und ruhigem (NREM-) Schlaf im 50- bis 60-Minuten-Takt, die kontinuierliche Abnahme von REM-Schlaf und unreifen Übergangsstadien zu Gunsten einer Zunahme und Ausreifung der ruhigen Schlafstadien, die zirkadiane Verlagerung des Hauptschlafbedarfs in die Nacht, des NREM-Schlafes in die 1. und des REM-Schlafes in die 2. Hälfte der Nacht sowie den Übergang von einem polyphasischen Schlaf-Wach-Zyklus mit einer ultradianen 3- bis 4-Stunden-Periodik zum monophasischen Nachtschlaf mit zirkadianer Periodik (Anders u. Keener 1985, Emde u. Walker 1976). Im Zuge von Reifung und Anpassung verbessert sich die Regulation der Stadienübergänge, die Schlafstadien konsolidieren, die Störanfälligkeit nimmt ab, und die Dauer der längsten ununterbrochenen Schlafphase nimmt zu. Während der Entwicklungsschub mit 3 Monaten die Fähigkeit zur Selbstregulation von Ein- und Durchschlafen verbessert, führt die angenommene Reorganisationsphase im Alter von 7–9 Monaten erneut und gehäuft zu nächtlichem Aufwachen und Schreien. Gegen Ende des 1. Lebensjahres ist der kindliche Schlaf bereits dem Schlaf der Erwachsenen bemerkenswert ähnlich (Wolke 1994).

Schlafstörungen des Säuglingsalters entstehen zu 80% im Kontext von exzessivem Schreien im 1. Trimenon (Papoušek u. von Hofacker 1995), das mit einer Unreife der Schlaf-Wach-Organisation assoziiert ist (Papoušek u. Papoušek 1996). Der Säugling hat gelernt, sich beim Einschlafen und nächtlichen Erwachen auf die gewohnten Rituale (z.B. Einschlafen an der Brust) und auf immer aufwendigere Einschlafhilfen (z.B. Hüpfen auf Gymnastikball) zu verlassen und diese durch Schreien einzufordern. Er hat dabei nicht gelernt, den Übergang vom Wachen zum Schlaf selbst zu regulieren und sich seinem Schlafbedürfnis anheimzugeben. Besonders hartnäckig halten sich die Gewohnheiten bei gestillten Kindern, bei denen das Saugen als Einschlafhilfe etabliert wurde (Richman 1981, Wolke et al. 1995).

Während in der Entstehungsgeschichte von Schlafstörungen im 1. Halbjahr noch zentralnervöse Reifungsprozesse überwiegen, gewinnen mit zunehmendem Alter konstitutionelle Faktoren und dysfunktionale Eltern-Kind-Interaktionen an Gewicht, die die Probleme aufrecht erhalten, verstärken oder auch auslösen (Laucht et al. 1992). Im 2.-4. Halbjahr entstehen Schlafstörungen bei vorübergehenden Veränderungen der Schlafgewohnheiten oder bei Überbeanspruchung der selbstregulatorischen Fähigkeiten, vor allem im Kontext von Erkrankungen, Impfungen,

Urlaub oder Zahnen (Sadeh u. Anders 1993). Die in solchen Situationen angemessene Unterstützung wird rasch zur angenehmen Gewohnheit, die der Säugling nicht mehr kampflos aufzugeben bereit ist.

In den physiologisch-chronobiologischen Regulationsprozessen spielt von Anfang an auch die Strukturierung des Tagesablaufs als sozialer Zeitgeber und das gemeinsame Regulieren und Ritualisieren von Schlaf- und Einschlafgewohnheiten eine kritisch wichtige Rolle. Die Neigung zu Gewohnheitsbildungen und Ritualen ist rund um das Einschlafen besonders hoch.

Ähnlich wie beim exzessiven Schreien sind auch bei Schlafstörungen Temperamentsmerkmale wie hohes Aktivitätsniveau, Hyperexzitabilität, Ablenkbarkeit, mangelnde Voraussagbarkeit und Persistenz („Dickköpfigkeit", „starker Wille") signifikant gehäuft (Blum u. Carey 1996, Lehtonen et al. 1994, Lester et al. 1992, Minde et al. 1993, Sadeh u. Anders 1993). In klinischen Stichproben sind Schlafstörungen mit multiplen organischen und psychosozialen Belastungsfaktoren assoziiert. Organische Faktoren (prä- und perinatale Probleme, anschließende Monitorüberwachung, chronische Neurodermitis u.a.) sind deutlich seltener als psychosoziale Faktoren, unter denen, wie beim exzessiven Schreien, Partnerschaftskonflikte, Konflikte mit den Herkunftsfamilien, die Psychopathologie der Mutter oder Überforderung eines allein erziehenden Elternteils im Vordergrund stehen (von Hofacker et al. 1996).

Die Belastungsfaktoren stehen in engen wechselseitigen Beziehungen mit den dysfunktionalen Interaktionsmustern beim Einschlafen und nächtlichen Aufwachen. Regelmäßig finden sich bei schweren chronischen Schlafstörungen in der Klientel der Münchner Sprechstunde aufseiten der Mutter oder beider Eltern hochgradige Erschöpfung, affektive Erregung und Ambivalenzen zwischen Fürsorglichkeit, Ängsten, aggressiven Phantasien und Schuldgefühlen. Die Interaktionsmuster spiegeln allgemeine Abgrenzungs- und Grenzsetzungskonflikte wider und folgen aus elterlicher Sicht meist dem Gesetz des geringsten Widerstandes. Weitaus am häufigsten imponieren die Interaktionen als Machtkämpfe, in denen es um Durchsetzung vertrauter Einschlafhilfen und Aushandeln von Abhängigkeit und Autonomie geht und in denen die Eltern infolge von Konfliktvermeidungsstrategien dem schreiend protestierenden Kind zwangsläufig unterliegen. Bei überfürsorglich-überängstlichen Eltern, nach elterlichen Verlusttraumen oder bei engen symbiotischen Beziehungen, die mit erhöhtem Nähebedürfnis aufseiten der Eltern einhergehen, stehen Konflikte in Bezug auf Bindung und Lösung im Mittelpunkt. Bei schwelenden, nicht offen ausgetragenen Paarkonflikten der Eltern gewinnt eine hartnäckig aufrechterhaltene Schlafstörung häufig eine Statthalterfunktion, indem das schlafgestörte Kind einen Elternteil aus dem gemeinsamen Schlafzimmer vertreibt (Sadeh u. Anders 1993).

Die das elterliche Interaktionsverhalten prägenden psychodynamisch relevanten Themen können im Gespräch mit den Eltern herausgearbeitet werden (Barth 1998, Papoušek 1998, von Hofacker u. Papoušek 1998). Besonders typisch sind eigene Erfahrungen mit Schlafstörungen und nächtlichen Verlassenheitsängsten, eigene Trennungs- und Verlustängste oder Nähebedürfnisse, die durch das Schreien reaktiviert und in das Kind projiziert werden, die die Eltern verunsichern und es ihnen erschweren, dem Kind in der Einschlafsituation mit eindeutigen Botschaften Sicherheit und unmissverständliche Regeln zu vermitteln.

Eher selten scheinen im Säuglingsalter primär kindliche Trennungs- oder Verlassenheitsängste die Ursache von Schlafstörungen zu sein, wenn nicht aktuelle Trennungserfahrungen vorliegen, die von der Mutter konflikthaft erlebt werden – z.B. bei beginnender Berufstätigkeit der Mutter oder bei einer Krippeneingliederung ohne ausreichende Eingewöhnungszeit. Bekommt ein Kind im Alltag zu wenig Aufmerksamkeit und emotionale Zuwendung – z.B. bei Geburt eines Geschwisterkindes, großer Geschwisterzahl, Überforderung der Mutter, Deprivation –, holt es sich nachts die entbehrte Nähe.

Therapie

Jeder Intervention sollte eine möglichst konkrete Abklärung mit Schlafprotokoll und Beschreibung der Bettzeitinteraktionen vorausgehen. Daraus ergeben sich häufig relativ einfache konkrete Beratungshilfen, vor allem in Bezug auf die Unterstützung eines regelmäßigen Schlaf-Wach-Zyklus. Stellt sich eine Diskrepanz zwischen Bettzeit und eigentlicher Schlafzeit heraus, zielt die Intervention darauf ab, falsche normorientierte Erwartungen der Eltern abzubauen und die Bettzeit an das Schlafbedürfnis anzupassen (Largo u. Hunziker 1984).

Medikamentöse Interventionen mit Beruhigungs- oder Schlafmitteln oder Neuroleptika sind noch immer verbreitet, haben sich aber außer in akuten Krisensituationen nicht bewährt (Wolke 1992), da sie die Entwicklung einer normalen Schlaforganisation und normalen Schlafverhaltens in der Regel nicht fördern, sondern hinausschieben.

In der Behandlung von Ein- und Durchschlafstörungen stehen unterschiedliche verhaltenstherapeutische Techniken im Vordergrund – Löschung, positive Verstärkung, schrittweises Shaping, vorzeitiges Wecken (Übersicht s. Wolke 1992). Darunter hat sich die von Richman et al. (1985) entwickelte Methode des „Checking" am raschesten durchgesetzt und in den letzten Jahren auch in Deutschland verbreitet (Kast-Zahn u. Morgenroth 1994). Nach einem gemeinsamen Einschlafritual mit den Eltern bei enger körperlicher Nähe wird das Kind wach in das eigene Bett gelegt. Aufgabe der Eltern ist es, dem Kind beim Einschlafen und nächtlichen Aufwachen in kurzen regelmäßigen Abständen mit eindeutigen Botschaften das Gefühl von Sicherheit und Nähe zu vermitteln und ihm in den Intervallen Gelegenheit zu geben, sich selbst zu beruhigen und seinem Schlafbedürfnis anheimzugeben. Dabei werden die Einschlafhilfen auf die Mittel reduziert, die das Kind selbst kontrollieren kann (z.B. Schmusewindel).

Verhaltenstherapeutische Techniken reichen vor allem dann nicht aus, wenn die dysfunktionalen Einschlafinteraktionen durch langwierige Abstillprobleme, „Gespenster im Kinderzimmer", Verlustängste der Mutter, generalisierte Grenzsetzungskonflikte und schwere Paarkonflikte aufrechterhalten werden (Barth 1998) oder durch eine schwere Störung der Eltern-Kind-Beziehungen, u.U. sogar mit manifester Vernachlässigung oder Misshandlung.

Während sich die Mehrzahl von Schlafstörungen mithilfe verhaltenstherapeutischer Interventionen erstaunlich rasch und anhaltend bessern, gelingt es, Schlafstörungen im Rahmen einer Beziehungsproblematik mithilfe einer längerfristigen interaktionszentrierten Eltern-Säuglings-Psychotherapie zu behandeln, in der das Checking ein wirksamer Bestandteil ist (Minde et al. 1993, Papoušek 1998, Sadeh u. Anders 1993).

8.4 Fütter- und Gedeihstörungen

Erscheinungsbild und Diagnosestellung

Nach ICD10 (F 98.2) bestehen Fütterstörungen im frühen Kindesalter in einer anhaltenden Unfähigkeit, adäquat zu essen oder in Rumination oder Regurgitation von Speisen in Kombination mit mangelnder Gewichtszunahme.

Fütter- und Gedeihstörungen sind im Säuglingsalter im Erscheinungsbild – je nach Alter, Fütterungsweise, Nahrungsangebot und Entstehungsbedingungen – äußerst vielgestaltig und schließen ein breites Spektrum von transienten einfachen Verhaltensproblemen beim Essen bis zu vollständiger Nahrungsverweigerung und lebensbedrohlichen Gedeihstörungen ein.

Die unterschiedlichen Probleme der Nahrungsaufnahme lassen sich eigenen Beobachtungen nach grob 5 Gruppen zuordnen:

- allgemeine Hyperexzitabilität, Ablenkbarkeit, motorische Unruhe und exzessives Schreien;
- angstgetönte, u.U. panische Abwehr mit oder ohne Kombination mit anatomisch oder neurophysiologisch bedingten Saug-, Kau- oder Schluckproblemen, unwillkürlichem Würgen oder Erbrechen;
- passive Vermeidung (Mund verschlossen halten, automatisches Mundöffnen, Nahrung im Mund behalten oder herauslaufen lassen);
- provokative Abwehr mit aktiver Nahrungsverweigerung, gezieltem Abwenden, Zusammenpressen der Lippen, Schreien beim An-

blick der Nahrung, Ausspucken, Würgen, Wegstoßen oder Wegwerfen von Löffel oder Teller
- oder fehlender Appetit und scheinbare Essunlust bei gleichzeitigem „Erlebnishunger", Füttern beim Herumlaufen, „Spielen" mit dem Essen, Ablenkungsmanöver, automatisches Essen nur bei attraktiver Ablenkung.

Nicht selten richtet sich die Nahrungsverweigerung selektiv auf neue Fütterungsmodi (Stillen, Flasche, Löffelkost) oder auf Nahrung mit neuen Geschmacksrichtungen, Texturen oder Konsistenzen.

Der Tagesablauf ist meist durch unregelmäßige Mahlzeiten, kontinuierliches Nahrungsangebot, abnorm häufige (Intervall <2 Stunden) und/oder langwierige Mahlzeiten ohne klares Ende (>45 min) gekennzeichnet, wobei die Hauptnahrungsaufnahme oft zwischen den Mahlzeiten oder im Halbschlaf erfolgt (Benoit 1993, Chatoor et al. 1997a, 1998).

Zur Klassifikation der unterschiedlichen Erscheinungsbilder hat sich in der Literatur der Begriff „Fütterstörung" durchgesetzt, der deutlich macht, dass abnormes Essverhalten in der frühen Kindheit immer (auch) Ausdruck dysfunktionaler Interaktionsmuster darstellt (von Hofacker 1998). Gemeinsam ist ihnen, dass aufseiten des Kindes keine eindeutigen Hunger-, Durst- oder Sättigungssignale erkennbar sind. Nach eigenen Beobachtungen füttert die Mutter in der Regel ohne Rücksicht auf kindliche Signale, wobei entweder Kontrolle, Druck und Zwang, ängstlich-überfürsorgliche Zuwendung oder Ablenkstrategien im Vordergrund stehen (Chatoor et al. 1998). Die Nahrungszufuhr unterliegt nahezu vollständig der Außensteuerung und Kontrolle durch die Mutter, während das Kind das dysfunktionale mütterliche Verhalten kontrolliert, indem es die Nahrungsverweigerung instrumentalisiert, um Zuwendung, interessante Ablenkung oder eine andere, bevorzugte Nahrung zu erlangen oder unangenehmen Sensationen im Mundbereich zu entgehen. Die Fütterinteraktionen lassen sich daher als dysfunktionale Teufelskreise negativer Gegenseitigkeit charakterisieren (Papoušek 1999).

Fütterstörungen können, müssen aber nicht mit einer Gedeihstörung einhergehen. Gewicht und Größenwachstum weisen erhebliche individuelle Unterschiede auf, in Zusammenhang mit Konstitution, Gesundheitszustand, Ernährung, Lebensweise und emotionalem Stress. Im Allgemeinen gilt, dass die Wachstumskurve den vorausgegangenen Ernährungsstatus anzeigt, die auf die Größe bezogene Gewichtskurve den momentanen Ernährungszustand (Benoit 1993).

Das Vorliegen einer Gedeihstörung lässt sich anhand der jeweils aktuellen normativen Wachstums- und Gewichtskurven ermitteln. In Feldstudien beginnen sich folgende Kriterien einer Gedeihstörung durchzusetzen: Bei normalem Geburtsgewicht über der 3. Perzentile: Gewichtsabfall durch Gewichtsstagnation oder -verlust über 2 Perzentilen hinweg oder unter die 3. Perzentile über einen Zeitraum von 2 Monaten (Säugling unter 6 Monate) bzw. 3 Monaten (Säugling über 6 Monate). Bei Geburtsgewicht unter der 3. Perzentile: Gewichtsstagnation oder -verlust über einen Zeitraum von mindestens 1 Monat.

Diagnostisch ist in allen Fällen eine interdisziplinäre pädiatrisch-neurologisch-psychologische Anamnese und Befunderhebung unter Einschluss organischer und nicht organischer, kindlicher und elterlicher Faktoren unverzichtbar. Sie sollte eine genaue Still-/Ernährungsanamnese, anthropometrische Daten, Fütterprotokolle, Untersuchung von Mundmotorik und -sensorik und Verhaltensbeobachtungen im Fütterkontext und in anderen relevanten Kontexten einschließen (von Hofacker 1998). Als diagnostische Instrumente wurden in einzelnen Studien das Adult Attachment Interview von Main (Chatoor et al. 1998), das diagnostische Interview zur Eltern-Kind-Beziehung von Zeanah (Dunitz u. Scheer 1991), eine Verhaltenscheckliste zum kindlichen Essverhalten (Benoit u. Coolbear 1998) und Fütterskalen (Chatoor et al. 1997a) eingesetzt. Als Grundlage für eine gezielte videogestützte Interaktionsanleitung haben sich in der Münchner Sprechstunde Einschätzungen und Analysen der individuellen Interaktionsmuster und Verhaltenskontingenzen im Fütterkontext bewährt.

Prävalenz und Zusammentreffen mit anderen Regulationsproblemen

Bei der Mehrzahl der in der Münchner Sprechstunde für Schreibabys im Alter von 7–24 Monaten behandelten Kinder bestand gleichzeitig eine Schlafstörung und/oder exzessives Klammern oder Trotzverhalten. Prospektive Prävalenzstudien über das gleichzeitige oder sukzessive Auftreten von anderen Regulationsstörungen fehlen.

Vorübergehende Fütterprobleme sind außerordentlich häufig. Die Abgrenzung in Bezug auf normale Anpassungsprobleme an neue Ernährungsmodi und Nahrungsmittel unbekannter Konsistenz, Geschmack oder Textur orientiert sich zum einen an der Dauer der Fütterprobleme (mindestens 1 Monat) und an der subjektiven Belastung der Mutter bzw. der Eltern. Die auf mütterlichen Angaben beruhenden Prävalenzraten von Fütterstörungen erreichen 25% bei gesunden Säuglingen und 35% bei Kindern mit Entwicklungsstörungen (Benoit 1993, Wolke et al. 1995). Schwere Gedeihstörungen werden im 1. Lebensjahr mit 1–2% angegeben.

Genese

Regulation und Entwicklung einer ungestörten altersangemessenen Nahrungsaufnahme im Säuglingsalter schließen komplexe sensomotorische Anpassungs- und Regulationsprozesse ein, zu deren Gelingen oder Misslingen Kind und Eltern mit ihren angeborenen Verhaltensbereitschaften beitragen. Das Neugeborene verfügt nicht nur über bemerkenswerte Fähigkeiten zur aktiven Nahrungsaufnahme (Signalisieren von Hunger und Sättigung, Saugen, Schlucken), sondern ist auch in der Lage, die Trink-/Nahrungsmenge, angepasst an den Kaloriengehalt der Nahrung, selbst zu regulieren (Übersicht s. Drewett 1993). Im zyklischen Wechsel von Hunger und Sättigung lernt es, dass das anfangs noch undifferenzierte Missbehagen bei Hunger und Durst mithilfe der Nahrungsaufnahme von einem Zustand von Wohlbehagen und Zufriedenheit abgelöst wird. Die Anpassung an neue Geschmacksrichtungen, an breiige und feste Nahrung, an unterschiedliche Texturen und an Flaschen- und Löffelkost scheint in bestimmten kritischen Perioden des 1. Lebensjahres leichter zu gelingen (Harris 1993).

Nach eigenen Beobachtungen spielen bei der Nahrungsaufnahme die inneren Motivationen des Kindes eine zentrale Rolle, an erster Stelle Hunger, Durst oder Appetit, aber auch das Bedürfnis, die befriedigende Sättigung durch eigenes Zutun und schließlich durch selbstständiges Essen herbeizuführen. Ebenso zentral ist die regulatorische Unterstützung seitens der sozialen Umwelt, die für eine altersangemessene Qualität des Nahrungsangebotes, die Verteilung der Mahlzeiten, eine reizarme Umgebung und angemessene Fütterposition Sorge trägt und die Nahrung in intuitiver Abstimmung auf die Hunger- und Sättigungssignale des Kindes füttert.

Zur Ätiologie von Fütter- und Gedeihstörungen existiert eine reichhaltige Literatur, deren Ergebnisse aber wegen der Vielfalt von diagnostischen Begriffen, Definitionen, Methoden und geringer Größe und Selektivität der Stichproben großenteils nicht generalisierbar sind.

Die in der klinischen Praxis auch heute noch vorherrschende kategorische Trennung von organischen (organic failure-to-thrive, OFT) und nicht organischen Gedeihstörungen (non-organic failure-to-thrive, NOFT) hat ihre Wurzeln in der älteren pädiatrischen Literatur. Ein Ausschluss organischer Ursachen hatte demnach fast zwangsläufig die Diagnose NOFT zur Folge, die in der Tradition von Spitz mit mütterlicher Ablehnung, Vernachlässigung, emotionaler Misshandlung, Hospitalismus und anaklitischer Depression in Verbindung gebracht wird (Übersicht s. Benoit 1993). Dies kommt in den diagnostischen Bezeichnungen „mütterliches Deprivationssyndrom“, „reaktive Bindungsstörung“, „infantile Anorexia nervosa“ oder „psychogener Zwergwuchs“ zum Ausdruck. Auch wenn ein enger psychogenetischer Zusammenhang von tiefgreifender Beziehungsstörung und Gedeihstörung für eine hochbelastete klinische Subgruppe zutrifft, die insbesondere in pädiatrischen Abteilungen zur Aufnahme kommt, greift eine generelle Gleichsetzung von NOFT und Beziehungsstörung zu kurz. Dennoch setzt sich die Annahme, dass den Fütter- und Gedeihstörungen eine Beziehungs-, Bindungs- oder Separationsstörung zugrunde liegt, auch in der neueren Literatur fort (Chatoor et al. 1998, Dunitz u. Scheer 1991), allerdings ohne Klärung, ob die assoziierte Interaktions- oder Beziehungsstörung Ursache, Folge oder aufrechterhaltender Faktor der Fütterstörung ist.

In klinischen Stichproben schwerer Gedeihstörungen finden sich gehäuft schwerwiegende psychosoziale Risikobelastungen wie Armut, niedrige Intelligenz und geringer Bildungsstand oder psychiatrische Erkrankungen der Eltern

(Benoit 1993). Neuere empirische Untersuchungen belegen jedoch, dass emotionale Vernachlässigung als solche nicht die Hauptursache der Fütter- und Gedeihstörungen darstellt (Wolke 1996). In einer repräsentativen kommunalen Stichprobe von gedeihgestörten Säuglingen aus einem sozial deprivierten Londoner Stadtteil und einer normal gewichtigen Kontrollgruppe aus demselben Milieu waren niedriger IQ und psychiatrische Probleme der Mutter sowie maladaptive Interaktionsmuster im Fütter- und Spielkontext in beiden Gruppen gleich häufig. Der einzige Unterschied lag in einer um 25% verminderten Kalorienzufuhr während der Mahlzeiten bei den gedeihgestörten Kindern. Als proximale Ursache der Gedeihstörung stellte sich demzufolge eine Mangelernährung aufgrund inadäquater Kalorienzufuhr heraus, die ihrerseits vielfältige mütterliche (Vernachlässigung, inadäquates Angebot, kulturelle Tabus) und kindliche Ursachen (funktionelle Probleme der Nahrungsaufnahme, Verweigerung) haben kann (Wolke 1996).

In der neueren epidemiologischen und klinischen Literatur setzen sich zunehmend systemische Sichtweisen und Forschungsansätze durch. So lässt sich die Entstehungsgeschichte von Fütter- und Gedeihstörungen durch dynamische Wechselbeziehungen von multiplen organischen und psychosozialen, kindlichen und elterlichen Faktoren verstehen, die sich in der alltäglichen Arena der Fütterinteraktionen geltend machen. Entsprechend geht man dazu über, die kategorische Trennung von OFT und NOFT und von Fütterstörungen und Gedeihstörungen fallen zu lassen (Benoit 1993, Ramsay et al. 1993). Auch bei eindeutig organisch bedingten Gedeihstörungen sind die Fütterinteraktionen häufig maladaptiv und die Eltern-Kind-Beziehungen belastet oder gestört. Umgekehrt gehen nichtorganische Fütter- und Gedeihstörungen häufig ursprünglich auf eine frühe funktionelle Beeinträchtigung der angeborenen mundmotorischen, sensorischen oder motivationalen Essfertigkeiten (feeding skills disorder) zurück, die erstmals im Neugeborenenalter beim Stillen oder Saugen an der Flasche oder beim Einführen von Löffelkost manifest werden (Ramsay et al. 1993). Den offenkundigen Zusammenhang zwischen Entwicklungsphase und Erscheinungsbild von Fütter- und Gedeihstörungen verdeutlicht die entwicklungsorientierte Klassifikation von Chatoor et al. (1998). Demnach werden Störungen zwischen 0 und 2 Monaten regulatorischen Problemen der Erregungssteuerung (Homöostase), zwischen 2 und 6 Monaten Problemen früher Bindungsprozesse und zwischen 7 und 18 Monaten Problemen von Separation und Individuation zugeordnet.

Auf kindlicher Seite finden sich gehäuft Merkmale eines schwierigen Temperamentes mit Hyperreaktivität, Ablenkbarkeit, erschwerter Anpassung an Unbekanntes und Persistenz („starkem Willen"), (Chatoor et al. 1998). Organische Erkrankungen als ursächliche Faktoren von Gedeihstörungen finden sich in Stichproben hospitalisierter Kinder bei 20–40%, in Feldstudien dagegen nur bei 6% (Wolke 1994). Infrage kommen alle Erkrankungen, die mit chronischem Appetitverlust, Erbrechen, Beeinträchtigung der Nahrungsaufnahme und Verdauung einhergehen. Einen ursächlichen Zusammenhang mit vorausgegangenen aversiven Erfahrungen im Mund-Schlund-Ösophagus-Bereich (z. B. nach Intubationen, Sondenernährung, Erstickungsanfällen, bei neurologischen Störungen von Mundmotorik und Sensorik, nach Zwangsernährung) lässt sich bei einer Untergruppe, den so genannten posttraumatischen Fütterstörungen (PTF) rekonstruieren, die auf der Verhaltensebene durch antizipatorische Angst vor jeder Stimulation im Mundbereich und phobische Vermeidungsreaktionen gekennzeichnet und auf eine erlernte Assoziation von aversiven Sensationen im oberen Nahrungstrakt mit Schmerzen, Angst oder Unbehagen zurückzuführen sind (Benoit und Coolbear 1998, Ramsay et al. 1993).

Auf mütterlicher bzw. elterlicher Seite stehen nach eigenen Untersuchungen in der Regel tiefgreifende Ängste um Überleben und Gedeihen des Kindes im Vordergrund, Versagensgefühle in Bezug auf die genuine mütterliche Rolle als Ernährerin, Verunsicherung, verletztes Selbstwertgefühl und Depression, in seltenen Fällen auch tiefgreifende Ambivalenzen in der Beziehung zu dem Kind mit latenter Ablehnung und mit Schuldgefühlen. Die Mutter-Kind-Beziehung wird umso mehr in Mitleidenschaft gezogen, je mehr die Sorge um Gewicht oder Trinkmenge zum alles beherrschenden Thema wird und auch andere Alltagskontexte durch dysfunktionale Interaktionsmuster mit negativer Gegenseitigkeit geprägt werden.

In klinischen Stichproben sind die mütterlichen Ressourcen gehäuft durch psychische Erkrankungen, Persönlichkeitsstörungen oder Essstörungen der Mutter sowie Paarkonflikte der Eltern erheblich eingeschränkt (Skuse 1993); in Feldstudien sind Nahrungsverweigerung von Mutter und Vater in der eigenen Kindheit, Ängste in der Schwangerschaft und gesundheitliche Probleme der Mutter überzufällig häufig (Dahl et al. 1986). Auf psychodynamischer Ebene können lebensbedrohliche Krisen in der Frühentwicklung, tiefgreifende Ambivalenzkonflikte in der Beziehung zum Kind, Verlusttraumen oder traumatisierende Kindheitserfahrungen der Mutter als „Gespenster in der Füttersituation" die Kommunikation mit dem Kind verzerren und die Beziehungsentwicklung gefährden (Fraiberg et al. 1980). Auf der Interaktionsebene stehen überwiegend allgemeine Konflikte um Autonomie und Abhängigkeit oder Machtspiele um Kontrolle und Selbstständigkeit im Vordergrund (Chatoor et al. 1998).

Therapie

Für die Behandlung von Fütter- und Gedeihstörungen werden in der Literatur unterschiedliche verhaltenstherapeutische Techniken, aber auch familientherapeutische und psychotherapeutische Interventionen beschrieben, die sich jedoch gemessen an Häufigkeit und Schweregrad von Fütter- und Gedeihstörungen im Allgemeinen noch wenig durchgesetzt haben (Benoit u. Coolbear 1998, Chatoor et al. 1997b, Harris 1993, Messer 1993, Süss u. Brack 1984). Auch im Rahmen der interaktionszentrierten Eltern-Säuglings-Beratung und -Psychotherapie stehen videogestützte Interaktionsanleitungen im Mittelpunkt (Papoušek 1998). Diese unterscheiden sich grundsätzlich danach, ob die Interaktionsproblematik auf einer durch klassische Konditionierung erworbenen angstgetönten Abwehr beruht oder durch instrumentelles Lernen erworben wurde. Während im 1. Fall Flooding-Methoden und systematische Desensibilisierung eine höhere Erfolgsquote haben (Benoit u. Coolbear 1998), werden im 2. Fall Aufmerksamkeitsentzug bei unerwünschtem, Zuwendung und andere positive Verstärkung bei esskonformem Verhalten empfohlen (Süss u. Brack 1984).

In der Münchner Sprechstunde ist es erklärtes Ziel der Behandlung, dem Kind statt der bisherigen Außensteuerung eine von Hunger und Appetit gesteuerte und zunehmend selbstständigere Nahrungsaufnahme zu ermöglichen (Papoušek 1998). Dies lässt sich zum einen durch Einführung von 4 Essensregeln unterstützen:

- feste Mahlzeiten,
- Nahrungskarenz zwischen den Mahlzeiten,
- Kontrolle eines altersadäquaten Nahrungsangebotes durch die Mutter und
- Kontrolle der Nahrungsmenge durch Hunger- und Sättigungssignale des Kindes (Chatoor et al. 1997b, Papoušek 1998).

Zum andern gilt es einzuüben, provokative Abwehr, Ablenkung oder Vermeidung durch Ignorieren zu beantworten, Interesse am Essen und aktive Teilnahme an der Nahrungsaufnahme dagegen mit positiver Zuwendung.

Probleme der Mutter bei der Umsetzung der Essensregeln und beim Einüben funktionaler Interaktionsmuster stehen meist mit psychodynamisch relevanten Themen in Zusammenhang, mit Ängsten um das Gedeihen oder Ambivalenzkonflikten in der Beziehung zum Kind, die in begleitenden psychotherapeutischen Gesprächen bearbeitet werden sollten. Der Erfolg kann bei konsequenter Durchführung, speziell im stationären Setting, überraschend schnell einsetzen, wenn keine tiefgreifende Beziehungsstörung im Rahmen einer psychopathologischen Störung der Mutter vorliegt, die eine längerfristige individuelle Psychotherapie erfordert. Ungleich langwieriger und schwieriger ist das Vorgehen bei posttraumatischen Fütterstörungen, das, insbesondere bei sensomotorischen Beeinträchtigungen im Mundbereich und Vorliegen einer Gedeihstörung, im stationären Setting unter pädiatrischer Überwachung durchgeführt werden sollte.

Zusammenfassung

Störungen des Säuglingsalters manifestieren sich in phasenspezifischen Problemen der Verhaltensregulation in Zusammenhang mit normalen Reifungs- und Anpassungsprozessen der frühen Kindheit. Als „Regulationsstörungen der frühen Kindheit" schließen sie das exzessive Schreien im 1. Trimenon, Schlafstörungen sowie Fütter- und Gedeihstörungen ein, die bisher in Feldstudien und klinischen Stichproben am besten untersucht wurden. Die je nach Alter und Funktionsbereich unterschiedlichen Erscheinungsbilder haben entwicklungspathogenetisch viele Gemeinsamkeiten. Sie betreffen rund ein Drittel aller gesunden Säuglinge, sind im Erscheinungsbild oft dramatisch, im Verlauf jedoch aufgrund einer deutlichen „Selbstheilungstendenz" in der Regel harmlos. Sie treten einzeln, aufeinander folgend oder gleichzeitig mit anderen Regulationsstörungen auf. Sie sind nicht im Kind angesiedelt, sondern in dysfunktionalen Interaktionsmustern beim Beruhigen, Schlafenlegen oder Füttern und ziehen dadurch die in Entwicklung begriffenen Eltern-Kind-Beziehungen und das gesamte Familiensystem in Mitleidenschaft.

Regulationsstörungen der frühen Kindheit werden nicht als psychopathologische Syndrome, wohl aber als Risikofaktoren in Bezug auf Störungen der Eltern-Kind-Beziehungen und Verhaltensstörungen des Kleinkind- und Vorschulalters bewertet. Das Langzeitrisiko wird unter dem kumulativen Einfluss organischer und/oder psychosozialer Risikofaktoren erhöht. Austragungsort der Belastungsfaktoren sind die alltäglichen Eltern-Kind-Interaktionen, in denen Regulationsprobleme durch Teufelskreise negativer Gegenseitigkeit entstehen, aufrechterhalten werden, exazerbieren, chronifizieren oder generalisieren.

Regulationsstörungen der frühen Kindheit stellen einzigartige Ansatzpunkte für die frühe Prävention von Verhaltens- und Beziehungsstörungen des späteren Kindesalters dar. Hierfür wurden spezielle Formen entwicklungsorientierter, interaktionszentrierter Eltern-Säuglings-Beratung und -Psychotherapie entwickelt.

Literatur

Anders TF, Keener M. Developmental course of nighttime sleep-wake patterns in full-term and premature infants during the first year of life. I. Sleep. 1985;8: 173-92.

Anders TF. Clinical syndromes, relationship disturbances, and their assessment. Sameroff AJ, Emde RN, eds. Relationship disturbances in early childhood. A developmental approach. New York: Basic Books; 1989.

Barr RG. The normal crying curve: what do we really know? Developmental Medicine and Child Neurology. 1990;32:356-62.

Barr RG, McMullan SJ, Spiess H, Leduc DG, Yaremko J, Barfield R, Francoeur E, Hunziker UA. Carrying as colic "therapy": a randomized controlled trial. Pediatrics. 1991;87:623-30.

Barth R. Psychotherapie und Beratung im Säuglings- und Kleinkindalter. Klitzing K von. Hrsg. Psychotherapie in der frühen Kindheit. Göttingen: Vandenhoeck & Ruprecht; 1998.

Basler K, Largo RH, Molinari L. Die Entwicklung des Schlafverhaltens in den ersten Lebensjahren. Helv Paed Acta. 1980;35:211-23.

Benoit D, Coolbear J. Post-traumatic feeding disorders in infancy: Behaviors predicting treatment outcome. Inf Ment Health J. 1998;19:409-21.

Benoit D. Failure to thrive and feeding disorders. In: Zeanah CH, ed. Handbook of infant mental health. New York: The Guilford Press; 1993.

Blum NJ, Carey WB. Sleep problems among infants and young children. Pediatr Rev. 1996;17:87-93.

Brazelton TB. Touchpoints: Opportunities for preventing problems in the parent-child relationship. Acta Paediat. 1994;394 (suppl):35-39.

Carey WB, McDevitt SC. Coping with children's temperament. New York: Basic Books; 1995.

Chatoor I, Getson P, Menvielle E, Brasseaux C, O'Donnell R, Rivera Y. A feeding scale for research and clinical practice to assess mother-infant interactions in the first three years of life. Inf Ment Health J. 1997a;18:76-91.

Chatoor I, Hirsch R, Persinger M. Facilitating internal regulation of eating: A treatment model for infantile anorexia. Infants & Young Children. 1997b;9:12-22.

Chatoor I, Hirsch R, Ganiban J, Persinger M, Hamburger E. Diagnosing infantile anorexia: the observation of mother-infant interactions. J Am Acad Child Adol Psychiatry. 1998;37:959-67.

Cramer B. Short-term dynamic psychotherapy for infants and their parents. Child Adolesc Psychiat Clin N Am. 1995;4:649-60.

Dahl M, Eklund G, Sundelin C. Early feeding problems in an affluent society. II Determinants. Acta Paed Scand. 1986;75:380-7.

Drewett RF. The infant's regulation of nutritional intake. In: St. James-Roberts I, Harris G, Messer D, eds. Infant crying, feeding and sleeping. New York: Harvester Wheatsheaf; 1993.

Dunitz M, Scheer PJZ. Diagnostik und Therapie der frühen Mutter-Kind-Störung – Die sogenannte Gedeihstörung des Säuglings. M Kinderheilk. 1991;139:465-70.

Emde RN, Walker S. Longitudinal study of infant sleep: Results of 14 subjects studied at monthly intervals. Psychophysiology.1976;13:456-61.

Emde, RN, Gaensbauer, TJ, Harmon RJ. Eds. Emotional expression in infancy: A biobehavioral study. Psychol Issues.1976;10:Monograph No. 37.

Emde RN, Bingham RD, Harmon RJ. Classification and the diagnostic process in infancy. In: Zeanah CH, ed. Handbook of infant mental health. New York: The Guilford Press; 1993.

Esser G, Dinter R, Jörg M, Rose F, Villalba P, Laucht M, Schmidt MH. Bedeutung und Determinanten der frühen Mutter-Kind-Beziehung. Z Psychosom Med. 1993;39:246-64.

Esser G, Laucht M, Schmidt MH. Der Einfluß von Risikofaktoren und der Mutter-Kind-Interaktion im Säuglingsalter auf die seelische Gesundheit des Vorschulkindes. Kindh Entwickl. 1995;4:33-42.

Fegert JM, Schulz J, Bergmann R, Tacke U, Bergmann KE, Wahn U. Schlafverhalten in den ersten drei Lebensjahren. Prax Kinderpsychol Kinderpsychiat.1997;46:69-91.

Ferber R. Sleeplessness, night awakening, and night crying in the infant and toddler. Pediat Review. 1987,9:69-82.

Fraiberg S, Adelson E, Shapiro V. Ghosts in the nursery: A psychoanalytic approach to the problems of impaired infant-mother relationships. In: Fraiberg S, ed. Clinical studies in infant mental health: The first year of life. New York: Basic Books; 1980.

Frodi A. When empathy fails: Aversive infant crying and child abuse. Lester BM, Boukydis CF, eds. Infant Crying: Theoretical and research perspectives. New York; Plenum: 1985.

Greenspan SI, Wieder S. Regulatory disorders. In: Zeanah CH. Handbook of infant mental health. New York: The Guilford Press; 1993.

Harris G. Feeding problems and their treatment. In: St. James-Roberts I, Harris G, Messer D, eds. Infant crying, feeding and sleeping: Development, problems and treatments. New York: Harvester/Wheatsheaf; 1993.

Hofacker N von, Jacubeit T, Malinowski M, Papoušek M. Diagnostik von Beeinträchtigungen der Mutter-Kind-Beziehung bei frühkindlichen Störungen der Verhaltensregulation. Kindh Entwickl.1996;5:160-67.

Hofacker N von, Papoušek M, Santavicca G. Persistent crying in early infancy: a 30-month follow-up of clinical and community samples. Vortrag 6th International Workshop on Infant Cry Research. Lancaster, UK, 1.-4. 7. 1997.

Hofacker N von, Papoušek M. Disorders of excessive crying, feeding and sleeping: The Munich Interdisciplinary Research and Intervention Program. Inf Ment Health J. 1998;19:180-201

Hofacker N v. Frühkindliche Störungen der Verhaltensregulation und der Eltern-Kind-Beziehungen. Zur differentiellen Diagnostik und Therapie psychosomatischer Probleme im Säuglingsalter. In: Klitzing K von, Hrsg. Psychotherapie in der frühen Kindheit. Göttingen: Vandenhoeck & Ruprecht; 1998.

Jenkins S, Owen C, Bax M, Hart H. Continuities of common problems in preschool children. J Child Psychol Psychiat.1980;25:75-89

Kast-Zahn, Morgenroth. Jedes Kind kann schlafen lernen. Oberstebrink: 1994

Largo RG, Hunziker H. A development approach in the management of children with sleep disturbances in the first three years of life. Europ J Ped. 1984;141:698-703.

Largo RH. Die normalen Krisen der kindlichen Entwicklung. Kindh Entwickl. 1992;1:72-6.

Largo RH. Kindliche Entwicklung und psychosoziale Umwelt. In: Schlack HG, Hrsg. Sozialpädiatrie: Gesundheit - Krankheit - Lebenswelten. Jena: Gustav Fischer; 1995.

Laucht M, Esser G, Schmidt MH. Verhaltensauffälligkeiten bei Säuglingen und Kleinkindern: Ein Beitrag zu einer Psychopathologie der frühen Kindheit. Z Kinder Jugendpsych. 1992;20:12-21.

Laucht M, Esser G, Schmidt MH. Frühe Mutter-Kind-Beziehung: Risiko- und Schutzfaktor für die Entwicklung von Kindern mit organischen und psychosozialen Risikobelastungen: Ergebnisse einer prospektiven Studie von der Geburt bis zum Schulalter. Vjahrschr Heilpädagog Nachbargeb. 1998;4.

Lehtonen L Infantile colic. Ann Univ Turkuensis, Sarja - Ser. D., Medica-odontologica. 1994;151.

Lehtonen L, Korhonen T, Korvenranta H. Temperament and sleeping patterns in colicky infants during the first year of life. J Dev Behav Ped. 1994;15:416-20.

Lester BM, Boukydis ZF, Garcia-Coll CT, Hole W, Peucker M. Infantile colic: Acoustic cry characteristics, maternal perception of cry, and temperament. Inf Behav Dev. 1992;15:15-26.

McKenzie SA. Troublesome crying in infants: effect of advice to reduce stimulation. Arch Dis Childhood. 1991;66:1416-20.

Messer D. The treatment of sleeping difficulties. In: St. James-Roberts I, Harris G, Messer D, eds. Infant crying, feeding and sleeping: Development, problems and treatments. New York: Harvester/Wheatsheaf; 1993.

Miller AR, Barr RG. Infantile colic: Is it a gut issue? Ped Clin N Am. 1991;38:1407-23.

Minde K, Popiel K, Leos N, Falkner S, Parker K, Handley-Derry M. The evaluation and treatment of sleep disturbances in young children. J Child Psychol Psychiat. 1993;34:521-33.

Papoušek H, Papoušek M. Care of the normal and high risk newborn: A psychobiological view of parental behavior. In: Harel S, ed. The at risk infant. International Congress Series: 492. Amsterdam, Oxford, Princeton: Excerpta Medica;1979.

Papoušek H, Papoušek M. Intuitive Parenting: A dialectic counterpart to the infant's integrative competence. In: Osofsky JD. ed. Handbook of Infant Development, 2. Aufl. New York: Wiley; 1987.
Papoušek M, Papoušek H. Excessive infant crying and intuitive parental care: Buffering support and its failures in parent-infant interaction. Early Child Develop Care. 1990;65:117-26.
Papoušek M, Hofacker N von, Malinowski M, Jacubeit T, Cosmovici B. Münchner Sprechstunde für Schreibabies. Erste Ergebnisse zur Früherkennung und Prävention von Störungen der Verhaltensregulation und der Eltern-Kind-Beziehungen. Sozialpädiat Pädiat. 1994,16:680-6.
Papoušek M, Hofacker N von. Persistent crying and parenting: search for a butterfly in a dynamic system. Early Develop Parent.1995;4:209-24.
Papoušek M. Die intuitive elterliche Kompetenz in der vorsprachlichen Kommunikation als Ansatz zur Diagnostik von präverbalen Beziehungsstörungen. Kind Entwickl.1996;5:140-46.
Papoušek M, Papoušek H. Infantile colic, state regulation, and interaction with parents: A systems approach. In: Bornstein MH, Genevro J, eds. Child development and behavioral pediatrics: toward understanding children and health. Hillsdale N; Lawrence Erlbaum: 1996.
Papoušek M. Entwicklungsdynamik und Prävention früher Störungen der Eltern-Kind-Beziehungen. Analyt Kinder- Jugendl-Psychother. 1997;28:5-30.
Papoušek M. Das Münchner Modell einer interaktionszentrierten Säuglings-Eltern-Beratung und -Psychotherapie. In: Klitzing K von, Hrsg. Psychotherapie in der frühen Kindheit. Göttingen; Vandenhoeck & Ruprecht: 1998.
Papoušek M, Hofacker N von. Persistent crying in early infancy: a non-trivial condition of risk for the developing mother-infant relationship. Child Care Health Developm.1998;24:395-424.
Papoušek M. Regulationsstörungen der frühen Kindheit: Entstehungsbedingungen im Kontext der Eltern-Kind-Beziehungen. In: Oerter R, Hagen C von, Röper G, Noam G, Hrsg. Klinische Entwicklungspsychologie. Weinheim: Psychologie Verlags-Union; 1999.
Ramsay M, Gisel E, Boutry M. Non-organic failure to thrive: growth failure secondary to feeding-skills disorder. Develop Med Child Neurol. 1993;35:285-97.
Rautava P, Lehtonen L, Helenius H, Sillanpää M. Infantile colic: child and family three years later. Pediatrics 1995;96:43-7.
Richman N. A community survey of characteristics of one- to two-year-olds with sleep disruptions. J Am Acad Child Psychiat. 1981;20:281-291.
Richman N, Douglas J, Hunt H, Lansdown R, Levere R. Behavioural methods in the treatment of sleep disorders – a pilot study. J Child Psychol Psychiatr 1985;26:581-90.
Rothbart MK, Derryberry D, Posner MI. A psychobiological approach to the development of temperament. In: Bates JE, Wachs TD, Hrsg. Temperament: Individual differences at the interface of biology and behavior. Washington: American Psychological Association; 1994.
Sadeh A, Anders TF. Sleep disorders. In: Zeanah CH, ed. Handbook of infant mental health. New York: The Guilford Press; 1993.
Skuse D. Epidemiological and definitional issues in failure to thrive. Child Adolesc Psychiatr Clin North Am. 1993;2:37-59.
St. James-Roberts I, Halil T. Infant crying patterns in the first year: normative and clinical findings. J Child Psychol Psychiat. 1991;32:951-68.
St. James-Roberts I, Conroy S, Wilsher C. Clinical, developmental and social aspects of infant crying and colic. Early Develop Parent. 1995;4:177-89.
St. James-Roberts I, Conroy S, Wilsher C. Stability and outcome of persistent crying. Infant Behav Develop. 1998;21:411-36.
Stern DN. The motherhood constellation. A unified view of parent-infant-psychotherapy. New York: Basic Books; 1995.
Süss H, Brack U. Extreme Nahrungsverweigerung bei Säuglingen, Kleinkindern und retardierten Kindern. Sozialpädiatrie. 1984;6:660-64.
Taubman, B. Parental counseling compared with elimination of cow's milk or soy milk protein for the treatment of infant colic syndrome: a randomized trial. Pediatrics. 1988;81:756-60.
Wessel, MA., Cobb JC, Jackson, EB, Harris, GS, Detwiler, AC. Paroxysmal fussing in infancy, sometimes called "colic". Pediatrics. 1954;14:421-34.
Wolff, PH. The development of behavioral states and the expression of emotions in early infancy: New proposals for investigation. Chicago/London: The University of Chicago Press; 1987.
Wolke D. Schlafprobleme und exzessives Schreien im Vorschulalter. In: Petermann F, Hrsg. Verhaltenstherapie mit Kindern. München: Gerhard Rottger Verlag; 1992.
Wolke D. The treatment of problem crying behavior. St. James-Roberts J, Harris G, Messer D, eds. Infant crying, feeding and sleeping: Development, problems and treatments. New York: Harvester/Wheatsheaf; 1993.
Wolke D. Failure to thrive: The myth of maternal deprivation syndrome. The Signal. 1996;4:1–6.
Wolke D, Meyer R, Ohrt B, Riegel K. Häufigkeit und Persistenz von Ein- und Durchschlafproblemen im Vorschulalter: Ergebnisse einer prospektiven Untersuchung an einer repräsentativen Stichprobe in Bayern. Prax Kinderpsychol Kinderpsychiat. 1994;43:331-9.
Wolke D. Feeding and sleeping across the life span. Rutter M, Hay D, eds. Development through life: A handbook for clinicians. Oxford: Blackwell Scientific Publications; 1994.
Wolke D, Meyer R, Ohrt B, Riegel K. Co-morbidity of crying and feeding problems with sleeping problems in infancy: Concurrent and predictive associations. Early Develop Parent. 1995;4:191-208.
Zentner MR. Die Wiederentdeckung des Temperaments. Frankfurt: Fischer; 1998.
Zero to three: National Center for Infants, Toddlers, and Families, Hrsg. Diagnostische Klassifikation: 0-3: Seelische Gesundheit und entwicklungsbedingte Störungen bei Säuglingen und Kleinkindern. Wien: Springer; 1999.

Prüfungsfragen

1. Welche Faktoren tragen zur Genese des exzessiven Schreiens im frühen Säuglingsalter bei?
2. Welche Charakteristika haben die so genannten 3-Monats-Koliken, Schlafstörungen und Fütter- und Gedeihstörungen gemeinsam?
3. Welche Rolle spielt die frühe Kommunikation zwischen Eltern und Kind in der Entwicklungspsychopathologie von Verhaltensstörungen des Vorschulalters?
4. Worin unterscheiden sich Störungen des Säuglingsalters von Störungen des späteren Kindesalters?
5. Unter welchen Bedingungen wird exzessives Schreien zum Risikofaktor für die seelische Gesundheit des Kindes?
6. Welche allgemeinen und spezifischen Behandlungsmethoden sind beim exzessiven Schreien des frühen Säuglingsalters indiziert?
7. Mit welchen zusätzlichen Verhaltensstörungen ist bei Schlafstörungen des Säuglingsalters zu rechnen?
8. Was sind die Hauptursachen von Schlafstörungen im Säuglingsalter?
9. Was versteht man unter „intuitiver elterlicher Kompetenz“?
10. Welche elterlichen Faktoren spielen in der Genese von Fütter- und Gedeihstörungen eine Rolle?
11. Welche diagnostischen Kriterien werden zur Abgrenzung einer Gedeihstörung herangezogen?
12. Welche Grundregeln haben sich in der Behandlung von Fütter- und Gedeihstörungen bewährt?
13. Welche Erklärungsmodelle gibt es für die Weichenstellungsfunktion der frühen Eltern-Kind-Kommunikation?

9 Störungen des Kleinkind- und Vorschulalters

M. Laucht

Fallvignette

Symptomatik mit 2 Jahren

Als Kleinkind war Thomas sehr lebhaft und umtriebig, er kletterte auf alle für ihn erreichbaren Möbelstücke, war dabei waghalsig und furchtlos. Seine Aufmerksamkeit wechselte schnell von einer Beschäftigung zur nächsten, er hatte keine Ausdauer, ruhige Spiele waren ihm nicht möglich. Auch nachts beschäftigte er seine Eltern. Er wurde jede Nacht wach und verlangte Zuwendung. Die Essenssituation gestaltete sich schwierig, weil Thomas nicht sitzen bleiben konnte und sehr unregelmäßig Nahrung zu sich nahm. Gegenüber den Eltern war er häufig trotzig, er schrie laut und warf mit Gegenständen, er hielt sich nicht an Verbote und machte immer genau das, was er nicht tun sollte, und beharrte hartnäckig auf seinem Willen. Trennungen von den Eltern tolerierte er nur nach „großem Theater". Mit seiner jüngeren Schwester (6 Monate) ging er grob, aber nicht offen aggressiv um. Im Kontakt mit anderen Kindern gab es häufig Streit, weil Thomas Spielsachen wegnahm und sich mit körperlicher Aggressivität (Schlagen, Umstoßen) durchsetzte.

Anamnese

Thomas kam durch Notsectio vor der 32. SSW zur Welt. In der Postnatalzeit traten mehrere Komplikationen auf (Atemschwäche, Herzfunktionsstörung, Neugeborenen-Sepsis). Nach der Entlassung aus der Neonatalogie entwickelte sich Thomas positiv. Mit 3 Monaten entsprach sein motorischer, geistiger und sozialer Entwicklungsstand der Altersnorm. Wegen weiter bestehender neurologischer Auffälligkeiten (Hypotonie der Bein- und Hypertonie der Rumpfmuskulatur) wurde er 5 Monate krankengymnastisch (nach Vojta) behandelt. Als Säugling verhielt sich Thomas im Kontakt aufgeschlossen und freundlich. In der Untersuchungssituation mit 3 Monaten fiel er durch vermehrte motorische Unruhe auf. Die Eltern klagten über häufige Verdauungs- und Schlafprobleme (Thomas wachte mehrmals nachts auf und musste beruhigt werden). Mit 2 Jahren war er neurologisch unauffällig und in seinen motorischen, kognitiven und sprachlichen Fähigkeiten altersgemäß entwickelt.

Thomas war das erste Kind seiner Eltern. Seine Ankunft kam etwas überraschend, da die Partnerschaft erst kurze Zeit bestand. Die Eltern heirateten in der Schwangerschaft. Der Vater war als Jugendlicher durch mehrere Verkehrsdelikte, kleinere kriminelle Handlungen und durch Suizidversuche auffällig geworden. Er litt unter Alkoholproblemen. Die Mutter war in ihrem psychischen Erleben eher oberflächlich und labil, neigte zur Dramatisierung und zur Selbstdarstellung. Als Thomas 2 Jahre alt war, hatte sich die Beziehung der Eltern deutlich verschlechtert. Viele fruchtlose Auseinandersetzungen vergifteten das Klima, häufiger lauter Streit war an der Tagesordnung. Beide Eltern gingen sehr verwöhnend mit ihrem Sohn um. Seinem expansiven Verhalten setzten sie wenig entgegen. Grenzen konnten sie nicht konsistent durchhalten. Meistens verhielten sich die Eltern großzügig und gewähren lassend, nur in einigen wenigen Situationen gaben sie sich kompromisslos.

Verlauf bis ins Schulalter

Im Vorschulalter hatten sich die Verhaltensprobleme von Thomas verfestigt. Es zeigte sich eine ausgeprägte hyperkinetische Symptomatik mit Aufmerksamkeitsschwäche, Überaktivität und Impulsivität. Auch das nächtliche Durchschlafen und die Essenssituation waren weiterhin mit Schwierigkeiten verbunden. Verstärkt hatte sich das oppositionelle Verhalten, sodass Thomas nur sehr schwer durch die Eltern zu lenken war. Auch gegenüber seiner Schwester verhielt er sich vermehrt aggressiv. Im Kindergarten fiel er durch Impulsivität, mangelnde Eigensteuerung und durch Streitlust auf.

Mit 4½ Jahren nässte Thomas noch ein. Die motorische Entwicklung war altersgemäß, und seine kognitiven Leistungen lagen im Normalbereich. Auffällig waren leichte Artikulationsprobleme und Störungen der visuomotorischen Koordination. Das elterliche Erziehungsverhalten war vonseiten der Mutter unverändert durch großzügiges Gewährenlassen und unwirksame Reglementierungen gekennzeichnet. Der Vater hatte sich inzwischen weitgehend aus der Erziehungsverantwortung zurückgezogen.

Als mit fast 6 Jahren die Einschulung bevorstand, gaben die Eltern dem Drängen des Kindergartens nach und stellten Thomas zur Behandlung vor. Während einer 1-jährigen verhaltenstherapeutischen Intervention gelang es jedoch nicht, eine entscheidende Verbesserung der Symptomatik zu erreichen. Als hinderlich erwies sich dabei die mangelnde Kooperation der Eltern, denen es meist nicht möglich war, vereinbarte Maßnahmen konsequent durchzuhalten. Mit 8 Jahren wurde die Diagnose einer „hyperkinetischen Störung des Sozialverhaltens" gestellt. Neben einer ausgeprägten hyperkinetischen Symptomatik fiel Thomas durch vermehrte dissoziale Verhaltensprobleme auf, die sich als Aggressivität gegenüber Mitschülern, Disziplinprobleme in der Schule, häufiges Lügen, Stehlen und destruktive Handlungen zeigten. Seine Leistungen in der 1. Schulklasse waren noch befriedigend, in Tests zur Erfassung von Rechtschreib- und Lesefertigkeiten schnitt er jedoch unterdurchschnittlich ab. Wegen der Schwere der Störung, der ungünstigen Prognose und dem wenig veränderungsfähigen familiären Umfeld wurde nunmehr eine stationäre Behandlung eingeleitet. Während eines 3-monatigen Aufenthaltes wurde eine Stimulanzientherapie begonnen und versucht, mit Hilfe verhaltenstherapeutischer Techniken die dissoziale Symptomatik abzubauen. Als weiterhin schwierig erwies sich die Übertragung entsprechender Maßnahmen auf das häusliche Umfeld. Dies gelang auch in einer anschließenden ambulanten Behandlung nur unzureichend, sodass die hyperkinetische Symptomatik durch die Stimulanzientherapie zwar gebessert werden konnte, die dissozialen Auffälligkeiten aber im Wesentlichen unverändert bis zum Ende des Katamnesezeitraums (frühe Adoleszenz) persistierten.

Einführung

Im Kleinkind- und Vorschulalter werden die Grundlagen für die Persönlichkeitsentwicklung des Kindes gelegt. Im Altersabschnitt von 2–5 Jahren löst sich das Kind aus der engen Abhängigkeit von den ersten Bezugspersonen und erweitert seine Erfahrungswelt über die Grenzen der Familie hinaus bis hin zu Kindergarten und Schule. Zu den wichtigen Errungenschaften dieser Entwicklungsphase zählen

- die Anfänge selbstständigen Verhaltens,
- die Ausbildung des Selbstkonzepts,
- der Erwerb der Fähigkeit zur Impulskontrolle und Selbststeuerung,
- die Entstehung von Norm- und Moralvorstellungen
- und die Entwicklung sozialer Rollenkonzepte (Geschlechtsrolle, Rolle als Mitglied der Familie und der Gleichaltrigengruppe).

Die Auseinandersetzung mit diesen „Entwicklungsaufgaben" und die jeweils individuellen Bewältigungsformen bilden die „Leitthemen" für die charakteristischen Probleme und Störungen der psychischen Entwicklung von Klein- und Vorschulkindern.

Dass diese Lebensphase, insbesondere der Übergang zum Kleinkindalter, nicht nur den Kindern, sondern auch den Eltern große Anpassungsleistungen abverlangt, lässt sich an Bezeichnungen wie „Trotzalter" oder „the terrible twos" ablesen, mit denen dieser Entwicklungsabschnitt in der Erziehungsratgeberliteratur häufig umschrieben wird. Auf der weiten Verbreitung von „Erziehungsproblemen" in dieser Entwicklungsperiode gründet sich auch die noch bis vor kurzem gängige Lehrmeinung, dass psychische Probleme des Klein- und Vorschulkindes ohne klinische und prognostische Bedeutung seien und im weiteren Verlauf der Entwicklung spontan remittieren würden. Erst die Ergebnisse neuerer wissenschaftlicher Untersuchungen haben in jüngster Zeit zu einem Umdenken geführt. Aus ihnen geht nämlich hervor, dass sich psychische Auffälligkeiten von 2- bis 5-Jährigen in ihrer Persistenz nur wenig von den Auffälligkeiten älterer Kinder unterscheiden und dass sich die Anfänge vieler Störungen bei Schulkindern, Jugendlichen und sogar Erwachsenen bis in die frühe Kindheit zurückverfolgen lassen.

Gegen eine Frühdiagnostik von psychischen Störungen sind verschiedentlich Einwände erhoben worden. So wurde auf die geringe Kontinuität und große Variabilität des kindlichen Verhaltens in den ersten Lebensjahren verwiesen, die eine zuverlässige und valide psychodiagnostische Einschätzung eines Kleinkindes erschwerten. Viele problematische Verhaltensformen, wie z. B. Trennungsängste, Impulsivität oder Trotzanfälle, die bei älteren Kindern als auffällig beurteilt werden, seien bei jüngeren Kindern als charakteristische Bewältigungsversuche phasenspezifischer „Entwicklungsaufgaben" anzusehen, die nicht pathologisiert werden dürften. Verhaltensprobleme des Klein- und Vorschulkindes könnten auch nicht isoliert betrachtet werden, sondern seien immer vor dem Hintergrund der familiären Beziehungsmuster zu interpretieren, die einen wesentlichen Bestandteil der Problematik selbst darstellten. Mehr als in späteren Phasen der Entwicklung sei die Abhängigkeit des Kindes von der Qualität der Beziehung zu seinen Bezugspersonen in die diagnostische Beurteilung einzubeziehen. Kritisiert wurde darüber hinaus, dass die in der frühen Kindheit vorfindlichen Muster von Verhaltensauffälligkeiten keine klar definierten diagnostischen Kategorien bildeten, sondern in verschiedene Einzelformen zerfielen, die keine Entsprechung in den Krankheitsbildern der traditionellen Klassifikationssysteme fänden.

Um klinisch relevante Störungen der psychischen Entwicklung im Kleinkind- und Vorschulalter von isolierten entwicklungsspezifischen Problemen abzugrenzen, hat Campbell (1990) eine Reihe von Kriterien formuliert. Sie umfassen:

- das Vorliegen eines Musters von Auffälligkeiten,
- das eine gewisse zeitliche Stabilität aufweist,
- in verschiedenen (auch außerfamiliären) Lebenskontexten auftritt
- und einen bestimmten Schweregrad besitzt,
- der sich in Beeinträchtigungen des sozialen Funktionsniveaus und bei der Bewältigung altersangemessener Entwicklungsaufgaben niederschlägt.

Erscheinungsformen

Psychische Auffälligkeiten des Kleinkind- und Vorschulalters werden mit den internationalen Klassifikationssystemen psychischer Störungen ICD-10 und DSM-IV unzureichend erfasst. In diesen Manualen sind nur einige wenige schwerwiegende Krankheitsbilder der frühen Kindheit aufgeführt, die vergleichsweise selten auftreten. Hierzu zählen der frühkindliche Autismus, Gedeihstörungen und frühe Essstörungen. Für andere, schon im Kleinkindalter beginnende Störungen, wie z. B. hyperkinetische oder Verhaltensstörungen, fehlen altersspezifische Diagnosekriterien, sodass bei der Einschätzung die gleichen Maßstäbe angelegt werden müssen wie für ältere Kinder. Werden entwicklungsspezifische Ausprägungen des Erscheinungsbildes einer Störung außer Acht gelassen, sind jedoch diagnostische Fehlentscheidungen unvermeidlich. In vielen Fällen werden Fehlentwicklungen unerkannt bleiben, in anderen aber vorhandene Probleme in ihrer Bedeutung überschätzt werden.

Eine Beseitigung der genannten Mängel und eine erhebliche Verbesserung der Frühdiagnostik verspricht das in der jüngsten Vergangenheit vom National Center for Clinical Infant Programms vorgelegte Klassifikationsschema „Zero to Three" (1994, dtsch. 1999), das speziell für Störungen der psychischen Entwicklung in den ersten 3 Lebensjahren konzipiert wurde. Allerdings sind für die in diesem Katalog beschriebenen 7 Störungskategorien bis heute noch wenig Angaben zur Epidemiologie, Reliabilität und Validität verfügbar (Dunitz et al. 1996).

Die im Folgenden getroffene Auswahl an psychischen Auffälligkeiten des Klein- und Vorschulkindes beruht zum einen auf den Vorstellungen der Entwicklungspsychopathologie, die von einer Kontinuität zwischen normaler und gestörter Entwicklung und einem kontinuierlichen Übergang von einer Entwicklungsperiode in die andere ausgeht. Zum anderen stützt sich die Auswahl auf die Ergebnisse epidemiologischer Studien zur Häufigkeit und zum Verlauf psychischer Auffälligkeiten in der frühen Kindheit, aus denen sich Schlussfolgerungen über die klinische Relevanz einzelner Störungsbilder ableiten lassen. Danach können 3 Hauptgruppen von Störungen unterschieden werden:

- Verhaltensauffälligkeiten
- emotionale Auffälligkeiten
- und umschriebene Auffälligkeiten

Verhaltensauffälligkeiten

Verhaltensprobleme stellen die größte Gruppe psychischer Auffälligkeiten des Kleinkind- und Vorschulalters. Zu den typischen Schwierigkeiten zählen oppositionelles Verhalten mit Trotz- und Wutanfällen, aggressives und destruktives Verhalten im Kontakt mit Gleichaltrigen sowie ausgeprägte motorische Unruhe und Ablenkbarkeit. Die häufigsten elterlichen Klagen beziehen sich auf **oppositionelle** Verhaltensprobleme des Kindes, die von heftigen Konflikten mit den Eltern begleitet sind. Das Kind weigert sich beharrlich, elterlichen Anforderungen nachzukommen und die von den Eltern gesetzten Grenzen (Verbote und Regeln) zu akzeptieren und einzuhalten. Bei Kleinkindern geht oppositionelles Verhalten oft mit heftigen Wutausbrüchen und mit sichtbaren körperlichen Reaktionen einher (Um-sich-Schlagen, Sich-auf-den-Boden-Werfen). Die im Alter zwischen 2 und 4 Jahren ihren Höhepunkt erreichenden Trotzanfälle sind Ausdruck der in dieser Zeit beginnenden Selbstständigkeitsentwicklung des Kindes und nehmen danach typischerweise in ihrer Häufigkeit deutlich ab. Problematische Formen oppositionellen Verhaltens zeichnen sich dadurch aus, dass sie die Alltagskontakte zu den Bezugspersonen beherrschen, durch restriktive Erziehungsmaßnahmen (im Rahmen so genannter koerziver Interaktionsmuster, bei denen Eltern und Kind in einen „Teufelskreis" geraten) verstärkt und auf andere soziale Kontexte (z.B. Kindergarten) generalisiert werden.

Auch die verschiedenen Formen **aggressiven** Verhaltens gehören zu den entwicklungsspezifischen Auffälligkeiten, die in der Altersperiode zwischen 2 und 5 Jahren gehäuft auftreten. In ihrer Zunahme schlägt sich die gestiegene Bereitschaft und Fähigkeit zur Kontaktaufnahme und Interaktion mit anderen Kindern nieder, die auch die Zahl der Konflikte anwachsen lässt. In der Auseinandersetzung mit Gleichaltrigen lernt das Kind, eigene Bedürfnisse zu artikulieren und mit denjenigen anderer abzustimmen. Dieser Lernprozess kann durch regelmäßigen Kontakt mit Gleichaltrigen, z.B. durch Besuch des Kindergartens, gefördert werden. Das Arsenal aggressiver Verhaltensmuster umfasst zu Beginn des Kleinkindalters vor allem die verschiedenen Spielarten körperlicher Aggressivität wie Beißen, Kratzen, Schlagen und Umstoßen; im weiteren Verlauf der Entwicklung treten verbale Aggressionen wie Schimpfen oder Drohen hinzu. Typische Auslöser für aggressive Auseinandersetzungen im Kleinkindalter sind Konflikte um die Verfügung über begehrte Spielobjekte.

Die Häufigkeit aggressiven Verhaltens weist eine beträchtliche interindividuelle Variabilität auf. Eine bedeutsame Rolle spielen dabei sowohl geschlechterspezifische Faktoren, denn Jungen verhalten sich weitaus aggressiver als Mädchen, als auch die kindlichen Erfahrungen mit Konfliktlösungen im Elternhaus. Bereits im Vorschulalter werden Kinder, die sich vermehrt aggressiv in Szene setzen, von Gleichaltrigen abgelehnt und im Kontakt gemieden. Auf diese Weise entsteht ein Teufelskreis, der ein aggressives Kind in seiner Entwicklung sozialer Kompetenzen zunehmend in Rückstand geraten lässt.

Eine weitere Gruppe von Auffälligkeiten, die von Eltern und Kindergärtnerinnen häufig im Zusammenhang mit den oben beschriebenen Verhaltensproblemen beobachtet werden, bezieht sich auf Verhaltensweisen, die bei älteren Kindern als Symptome eines hyperkinetischen Syndroms gelten: eine verstärkte **motorische Unruhe** und erhöhte **Ablenkbarkeit**. Auch sie sind im Kleinkindalter zunächst einmal als Ausdruck der in diesem Alter wachsenden Mobilität und dem damit verbundenen steigenden Explorationsdrang des Kindes zu verstehen. Eine Abgrenzung zwischen einem „normalen" und einem „pathologischen" Aktivitätsniveau ist deshalb häufig schwierig vorzunehmen. Allerdings gilt auch hier, dass eine übermäßige, das in dieser Altersgruppe normalerweise zu erwartende Maß überschreitende Aktivität und Unaufmerksamkeit eine erhebliche Gefährdung für eine spätere Entwicklung darstellen. So wird heute einvernehmlich gesehen, dass hyperkinetische Störungen, auch wenn sie in aller Regel erst im Grundschulalter sicher diagnostiziert werden können, in dieser Entwicklungsphase ihren Ursprung haben (s. dazu das Fallbeispiel). Soll die Gefährdung eines Kindes im Hinblick auf die Entstehung einer hyperkinetischen Symptomatik eingeschätzt werden, sind neben der Intensität der beobachteten Auffälligkeiten auch ihre Pervasivität (Anzahl der betroffenen Kontexte) und ihre Komorbidität zu berücksichtigen (Häufigkeit des Zusammenvorkommens mit anderen, vor allem mit den oben dargestellten Verhaltensproblemen).

Emotionale Auffälligkeiten

An 2. Stelle der Häufigkeitsskala stehen emotionale Auffälligkeiten bei den 2- bis 5-Jährigen. Dabei nehmen kindliche Ängste eine wichtige Rolle ein. Regelmäßige Klagen der Eltern beziehen sich auf Trennungsängste, die an Häufigkeit, Intensität und Dauer über das für das jeweilige Alter zu erwartende Maß hinausgehen. Trennungsängstliche Kinder reagieren auf Situationen, die eine Trennung von ihrer Bezugsperson erfordern (Babysitting, Kindergartenbesuch), mit heftigem Schreien, Weinen und Anklammern, sodass eine Trennung häufig überhaupt nicht oder nur nach langen Auseinandersetzungen möglich ist. Auch das abendliche Zubettgehen und das nächtliche Alleinschlafen lassen sich den Trennungssituationen zurechnen. Deshalb können die bei Klein- und Vorschulkindern häufigen Schlafprobleme (s. u.) in vielen Fällen als spezifische Ausprägungen einer kindlichen Trennungsangst angesehen werden. Das Auftreten von Angst in Trennungssituationen ist eine typische entwicklungsspezifische Reaktion im Säuglings- und Kleinkindalter, die erstmals zwischen 6 und 8 Monaten beobachtet wird („Fremdeln"), ihren Häufigkeitsgipfel mit 18 Monaten erreicht und danach bis zum Alter von 3 Jahren deutlich abnimmt. Auffällige Formen von Trennungsangst unterscheiden sich von „normalen" Ausprägungen sowohl durch ihre über die typische Altersstufe hinausgehende Dauer als auch durch die damit verknüpften sozialen Beeinträchtigungen (z. B. kein Kindergartenbesuch, starke Bindung der Bezugspersonen, heftige Auseinandersetzungen).

Eine Reihe weiterer **objekt- und situationsgebundener Ängste** tritt typischerweise im Kleinkind- und Vorschulalter auf. In ihnen spiegelt sich die fortschreitende Differenzierung der kognitiven Entwicklung des Kindes wider. So fürchten sich 2-Jährige vermehrt vor konkreten Objekten, wie z. B. vor Tieren, während bei den 3- bis 5-Jährigen Ängste vor imaginären Gefahren im Vordergrund stehen, die sich als Angst vor Phantasiegestalten oder vor der Dunkelheit ausdrücken. Angst als Gefahrensignal und als Vermeidungsreaktion gegenüber einer Bedrohung besitzt eine sinnvolle biologische Funktion. Sie bildet eine wichtige Basis für die emotionale Entwicklung des Kindes und ermöglicht den Erwerb grundlegender Fähigkeiten für die Bewältigung von Belastungssituationen. Wenn kindliche Ängste jedoch über einen längeren Zeitraum persistieren und sich auf für die jeweilige Entwicklungsphase atypische Objekte und Situationen beziehen oder so ausgeprägt sind, dass sie mit deutlichen sozialen Einschränkungen einhergehen, z. B. durch starkes Vermeidungsverhalten oder unkontrollierbare Furchtreaktionen, wird man eine pathologische Ausprägung (Phobie) diagnostizieren.

Eine weitere Gruppe kindlicher Ängste betrifft **soziale Situationen**. Dabei ist die Bereitschaft und Fähigkeit des Kindes beeinträchtigt, Kontakt zu Gleichaltrigen oder Erwachsenen aufzunehmen. Kontaktängstliche Kinder meiden den Umgang mit fremden Personen, sind scheu und gehemmt in unvertrauten Situationen und isolieren sich in der Gruppe von Gleichaltrigen. Zumeist besteht eine enge Bindung an vertraute Personen, zu denen sich sozial ängstliche Kinder bei Konflikten schutzsuchend zurückziehen. In extremer Ausprägung ist die Kontaktverweigerung von einer Sprechverweigerung (Mutismus) begleitet.

Ein gewisses Maß an Besorgnis und Unsicherheit gegenüber fremden Personen und neuen Situationen ist während der gesamten frühen Kindheit normal. Auffällig sind allein diejenigen Formen kontaktängstlichen Verhaltens, die zu erheblichen sozialen Beeinträchtigungen führen, z. B. durch eine soziale Isolierung in der Gruppe Gleichaltriger oder dadurch, dass das Kind häufig Opfer aggressiver Handlungen wird, aber auch durch eine ausgeprägte Unselbstständigkeit.

Über die Bewertung möglicher **„depressiver"** Auffälligkeiten in der frühen Kindheit besteht heute noch Unklarheit. Zwar zeigen Klein- und Vorschulkinder durchaus Zustände ausgeprägter Traurigkeit, ob es sich dabei jedoch um Abweichungen der Stimmung handelt, die mit denjenigen älterer Kinder und Erwachsener vergleichbar sind und die für diese Störung typischen Symptome wie Hoffnungslosigkeit und Interessenverlust beinhalten, lässt sich schwer ergründen. Ob frühkindliche Reaktionen auf den Verlust einer

Bezugsperson oder das apathische Verhalten von Kleinkindern, die in einem vernachlässigenden oder missbrauchenden Milieu aufwachsen, wie von Bowlby (1983) und im Manual „Zero to Three" (1994) vorgeschlagen, als frühe Erscheinungsformen kindlicher Depressivität interpretiert werden können, bedarf der weiteren empirischen Prüfung.

■ Umschriebene Auffälligkeiten

Zu den aus der Sicht der Eltern häufigsten Problemen der ersten Lebensjahre gehören kindliche **Schlafstörungen**. Als schwierig beschrieben werden dabei sowohl das Zubettgehen und Einschlafen als auch das nächtliche Alleinsein und Durchschlafen. Unter einer Einschlafstörung versteht man häufige Konflikte beim abendlichen Zubettgehen, verbunden mit Weinen und mehrmaligem Verlassen des Bettes durch das Kind, sowie regelmäßiges Einschlafen im Elternbett. Eine Durchschlafstörung liegt vor, wenn das Kind regelmäßig nachts aufwacht und dies zu einer Störung der Eltern führt, z.B. durch nächtliches Weinen oder durch Schlafen im Elternbett. Schlafprobleme spiegeln alterstypische Anpassungsprozesse an biologische und soziale Regulationsvorgänge wider (Schlaf-Wach-Rhythmus, familiäre Abläufe). Sie stehen meist in engem Zusammenhang mit erzieherischem Fehlverhalten der Eltern, das die Entstehung und die Aufrechterhaltung des problematischen Schlafverhaltens des Kindes begünstigt. In vielen Fällen bestehen Schlafprobleme auch im Rahmen einer umfassenderen Symptomatik, zumeist einer kindlichen Trennungsangst oder einer oppositionellen Störung. Eine weitere Gruppe von Durchschlafstörungen, die insgesamt selten, im Vorschulalter aber vermehrt auftreten und oft dramatisch ablaufen, stellen Albträume mit ausgeprägter Angstthematik und Pavor nocturnus dar (panikartiges Aufwachen in Verbindung mit starker autonomer Erregung).

Essstörungen manifestieren sich im Kleinkind- und Vorschulalter durch Nahrungsverweigerung und durch extrem wählerisches Essen. Dabei wird die Essenssituation von Eltern und Kind als hochgradig konfliktbehaftet erlebt. Die essgestörten Kinder verhalten sich während des Essens häufig gereizt oder apathisch zurückgezogen, während sich die Eltern durch die Verweigerungshaltung des Kindes abgelehnt und gekränkt fühlen. In vielen Fällen sind Essstörungen deshalb von Störungen der Eltern-Kind-Beziehung begleitet, die auch außerhalb der Essenssituation bestehen, z.B. im Rahmen einer oppositionellen Problematik. Da Essprobleme geringeren Ausmaßes in der frühen Kindheit weit verbreitet sind, wird man erst dann von einer Störung sprechen, wenn sie mit einer kontinuierlich unzureichenden Nahrungsaufnahme (ausbleibende Gewichtszunahme bzw. Gewichtsverlust) verbunden sind bzw. zu einer erheblichen, den Alltag beherrschenden Konfliktbelastung der Familie führen. Weitere Formen von Essstörungen des Kleinkindalters, die vergleichsweise selten und zumeist bei deutlich entwicklungsverzögerten Kindern vorkommen, sind Pica, das regelmäßige Essen von ungeniessbaren Substanzen wie z.B. Schmutz oder Haare, und Rumination, das wiederholte Heraufwürgen und Wiederkäuen der Nahrung. Bei allen genannten Essstörungen muss eine organische Erkrankung als Ursache ausgeschlossen werden.

Störungen der Ausscheidung werden ab dem Erreichen eines Alters von 4 Jahren (**Einkoten**) bzw. von 5 Jahren (**Einnässen**) diagnostiziert. Dabei ist zu berücksichtigen, dass der Erwerb der Kontrolle über die Ausscheidungsfunktionen eine hohe interindividuelle Variabilität aufweist. Vielen Kindern gelingt bereits im Verlauf des 3. Lebensjahres, in dem die Sauberkeitserziehung üblicherweise forciert wird, eine zufrieden stellende Stuhl- und Blasenkontrolle; bis zum Alter von 4 Jahren haben die meisten Kinder diese Stufe der Selbstständigkeitsentwicklung erreicht. Dabei zeigt sich eine typische Abfolge: Während Stuhlkontinenz und Blasenkontrolle über Tag als Erstes beherrscht werden, kann nächtliches Bettnässen noch bis ins Schulalter vorkommen.

Eine Reihe weiterer Verhaltensauffälligkeiten, die typischerweise bei 2- bis 5-Jährigen auftreten und von unklarer klinischer Relevanz sind, lässt sich unter dem Begriff der **Stereotypien** zusammenfassen. Dazu zählen Bewegungsstereotypien mit und ohne Selbstschädigung, wie Körper- oder Kopfschaukeln, Haarezupfen, Ins-Gesicht-Schlagen oder In-die-Hände-Beißen, die eher selten und häufig in Verbindung mit einer schweren Entwicklungsverzögerung vorkommen. Darüber hinaus finden sich so genannte nervöse Angewohnheiten wie Daumenlutschen, Nägelkauen oder Masturbation, die eine weite Verbreitung in dieser Altersgruppe aufweisen. Als problematisch beurteilt werden Stereotypien, wenn sie über längere Zeit, etwa bis ins Schulalter, andauern, mit schweren und chronischen körperlichen Schädigungen verknüpft sind und die kindliche Entwicklung deutlich beeinträchtigen.

Epidemiologie

Da es sowohl an einvernehmlichen Kriterien zur Diagnostik als auch an hinreichend standardisierten und für die Altersgruppe der 2- bis 5-Jährigen validierten Untersuchungsmethoden mangelt, sind Angaben zur Epidemiologie psychischer Störungen im Kleinkind- und Vorschulalter mit erheblichen Unsicherheiten belastet. Dies erklärt auch die in einigen Übersichtsarbeiten berichteten großen Schwankungen in den Häufigkeitsangaben. Lässt man Extremschätzwerte und die Ergebnisse älterer Untersuchungen außer Acht, muss man bei Kleinkindern mit einer Prävalenzrate von 5–15% und bei Vorschulkindern von 10–20% psychisch auffälliger Kinder rechnen (Tab. 9.**1**). Einer der ersten Versuche zur Bestimmung epidemiologischer Kennwerte mithilfe standardisierter Instrumente geht auf Richman et al. (1975) zurück. Unter Verwendung des Behaviour Screening Questionnaire BSQ, in dem 12 Problembereiche aufgrund elterlicher Auskünfte von Experten eingeschätzt werden, wurden an einer großen Zufallsstichprobe von über 700 3-Jährigen eines Londoner Stadtbezirks 7% deutlich bis ausgeprägt auffällige und 15% leicht auffällige Kinder ermittelt. Vergleichbare Resultate erhielt man in einer Reihe weiterer Studien, in denen die gleichen oder ähnliche Fragebogeninstrumente zur Erfassung kindlicher Verhaltensauffälligkeiten in Großbritannien, den USA und in Kanada verwendet wurden (Campbell 1995). Auch bei Einsatz der an das Kleinkindalter angepassten Version der Child Behavior Checklist CBCL/2-3 (Achenbach 1992) gelangte man an verschiedenen Repräsentativstichproben 2- bis 3-Jähriger in den Niederlanden, Deutschland und Nordamerika zu Prävalenzschätzungen, die sich in einem vergleichbaren Rahmen bewegten (Fegert 1996). Einige Studien berichten von einem Anstieg der Auffälligkeitsraten im frühen Vorschulalter (zwischen 3 und 4 Jahren), dem ein Absinken bis zum Schulalter folgt.

Betrachtet man die Prävalenzraten getrennt nach Störungsgruppen, so zeigt sich, dass Verhaltensstörungen mit zunehmenden Alter gegenüber emotionalen und umschriebenen Störungen überwiegen (Koot u. Verhulst 1991). In einer eigenen Untersuchung an 351 Risikokindern im Alter von 2 und 4½ Jahren (Mannheimer Risikokinderstudie, vgl. Laucht et al. 1993) stieg die Rate verhaltensgestörter Kinder von 9,6% bei den 2-Jährigen auf 17,7% bei den 4½-Jährigen an, während im gleichen Zeitraum der Anteil emotional und umschrieben auffälliger Kinder mit 7,9% und 8% nahezu konstant blieb. Zu den einzelnen Auffälligkeiten, die bei 2-Jährigen vergleichsweise häu-

Tabelle 9.**1** Häufigkeit psychischer Auffälligkeiten in der frühen Kindheit: Ergebnisse epidemiologischer Studien

Autor (Jahr)	Land	n	Alter	Instrument	Prävalenz
Achenbach (1992)	USA	368	2–3	CBCL/2–3	12,0
Koot u. Verhulst (1991)	NL	421	2–3	CBCL/2–3	7,8
Fegert (1996)	D	751	2½	CBCL/2–3	11,6
Cornely u. Bromet (1986)	USA	565	2½–3½	BSQ	11,3
Richman et al. (1975)	UK	705	3	BSQ	7,0
Larson et al. (1988)	CAN	756	3	CBCL/2–3	11,1
Stallard (1993)	UK	1.170	3	BCL	10,0
Breuer (1985)	D	209	3–5	BSQ	15,8
Döpfner et al. (1993)	D	194	3–6	VBV	13,2
Esser (1980)	D	203	4	BCL	20,2
		219	5	BCL	19,2

Prävalenzraten in %; Instrumente: CBCL/2–3: Child Behavior Checklist for Ages 2–3; BSQ: Behavior Screening Questionnaire; BCL: Behavior Checklist; VBV3–6: Verhaltensbeurteilungsbogen für Vorschulkinder

fig vorkamen, d.h., bei mehr als einem Fünftel der Kinder, gehörten Schlafstörungen, Wutanfälle, Ablenkbarkeit sowie Trotzverhalten. Häufige Symptome von Kindergartenkindern waren oppositionelles Verhalten, Stereotypien, Hyperaktivität, Schlafstörungen, Impulsivität, Wutanfälle und Schüchternheit. Selten diagnostiziert wurden dagegen Stottern, Enkopresis, Tics und Mutismus. Zu den seltenen Auffälligkeiten zählten auch depressive Symptome. Kashani et al. (1986) berichten Prävalenzraten, die bei Vorschulkindern unter 1 % lagen.

Die für das Schulalter gut belegten Geschlechterunterschiede bestehen bereits – wenngleich weniger markant – im Kleinkind- und Vorschulalter. Jungen weisen im Vergleich zu Mädchen eine um den Faktor 1,5–2 erhöhte Rate psychischer Störungen auf. Dabei ist das Übergewicht der Jungen bei den Verhaltensauffälligkeiten (Hyperaktivität, oppositionelles und aggressives Verhalten) am deutlichsten ausgeprägt, während beide Geschlechter sich hinsichtlich der Zahl emotionaler und umschriebener Auffälligkeiten nur wenig unterscheiden.

Entwicklungsverlauf und Prognose

Entgegen weit verbreiteter Ansichten haben die Ergebnisse verschiedener Studien zum Verlauf und zur Prognose psychischer Störungen von Klein- und Vorschulkindern gezeigt, dass es sich bei vielen frühen Auffälligkeiten nicht um passagere Probleme handelt, denen keine prognostische Bedeutung zukommt. So wurden in der oben angeführten Studie von Richman et al. (1975) immerhin 63 % der auffälligen 3-Jährigen auch mit 4 Jahren als auffällig eingeschätzt, und in der Mannheimer Risikokinderstudie betrug die Störungspersistenz von 2 nach 4½ Jahren knapp 60 % (Abb. 9.**1**). Ähnlich hohe Persistenzraten wurden auch für spätere Nachfolgeuntersuchungen im Alter von 6 und 8 Jahren ermittelt (Campbell 1995). Dabei überdauerte nicht nur das Ausmaß der Auffälligkeit eines Kindes vom Vorschul- zum Schulalter, Kontinuität bestand auch bezüglich der Art der jeweiligen Symptomatik. So ergaben sich Zusammenhänge zwischen dem Merkmal „Hyperaktivität" der 3-Jährigen und der Diagnose „Verhaltensstörung" mit 8 Jahren sowie zwischen

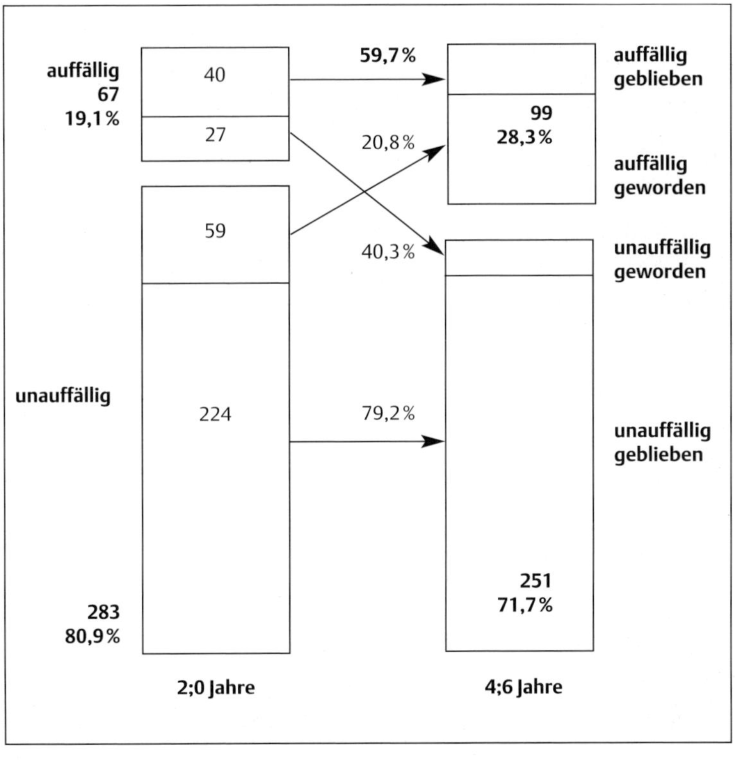

Abb. 9.**1** Verlauf psychischer Auffälligkeiten vom Kleinkind- zum Vorschulalter

früher Ängstlichkeit und der späteren Diagnose „emotionale Störung" (Richman et al. 1984). Außerdem zeigte sich, dass Verhaltensstörungen ähnlich wie in der späteren Kindheit eine größere Stabilität besitzen als emotionale Auffälligkeiten (Abb. 9.**2**). Neben der Art der Symptomatik erwies sich auch das Geschlecht als bedeutsam für die Persistenz von Auffälligkeiten: In der oben erwähnten Längsschnittstudie von Richman et al. (1984) wurden 73% der 8-jährigen Jungen gegenüber 47% der Mädchen als weiterhin auffällig beurteilt. Die ungünstige Prognose früher Verhaltensstörungen bei Jungen wird auch durch die Studien von Campbell (1995) unterstrichen, die 2 Kohorten erziehungsschwieriger (hyperaktiver und aggressiver) 3- bis 4-Jähriger in ihrer Entwicklung bis in die Adoleszenz begleitet haben. Bei mehr als der Hälfte der verhaltensauffälligen Jungen bestanden die anfänglichen Probleme bis zum Alter von 13 Jahren fort. In vielen Fällen hatte sich die Problematik durch zusätzliche Lern- und Schulschwierigkeiten verschärft.

Dass auch die Prognose anderer Störungen des Kleinkindalters bei differenzierter Frühdiagnostik weniger günstig ausfällt als bislang angenommen, zeigen jüngste Ergebnisse der Mannheimer Risikokinderstudie. Danach weist die Hälfte von 27 2-Jährigen mit emotionalen und umschriebenen Problemen bei einer Nachuntersuchung mit 8 Jahren behandlungsbedürftige psychische Störungen auf, darunter mehrheitlich Kinder mit emotionalen Auffälligkeiten.

Genese

Eine wichtige Rolle bei der Entstehung und dem Verlauf psychischer Störungen der frühen Kindheit spielen **entwicklungsspezifische** Faktoren. So resultieren viele Auffälligkeiten daraus, dass phasentypische Entwicklungsschritte nicht angemessen oder nicht zeitgerecht bewältigt werden. Dies gilt zum Beispiel für persistierende kindliche Trennungsängste oder für anhaltendes Trotzverhalten. Derartige Verhaltensprobleme lassen sich als Verzögerungen der normalen Entwicklung interpretieren, die etwa durch eine verlangsamte zerebrale Reifung oder durch ein deprivierendes Milieu begründet sein können. Sie erhöhen die

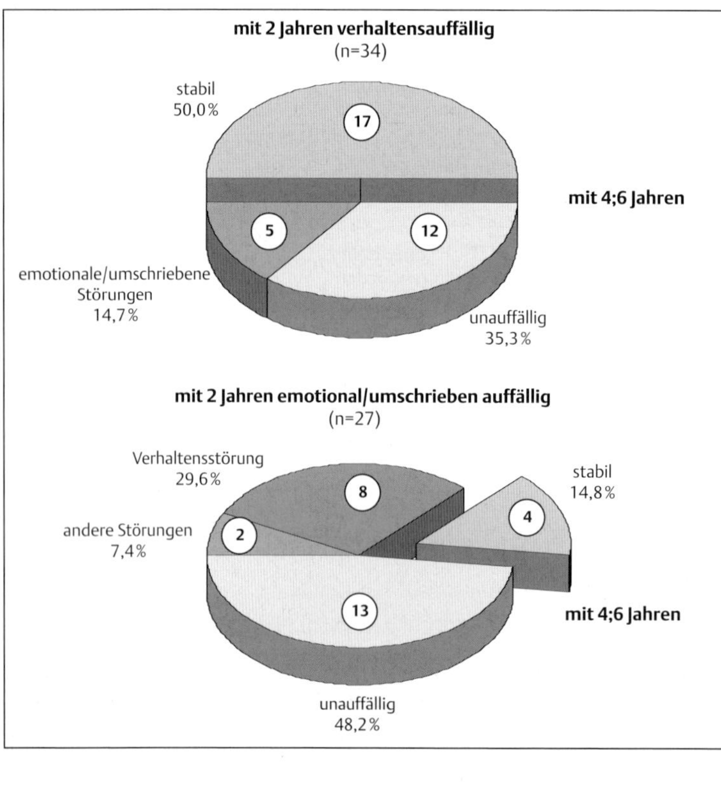

Abb. 9.**2** Störungsspezifischer Verlauf vom Kleinkind- zum Vorschulalter.

Vulnerabilität eines Kindes für weitere Entwicklungsabweichungen, indem sie mit den Anforderungen der sozialen Umgebung an das Kind in Konflikt geraten und zugleich den Entwicklungsfortschritt in anderen Funktionsbereichen beeinträchtigen. Ob Entwicklungsverzögerungen als Probleme fortbestehen oder sich zu gravierenden Auffälligkeiten auswachsen, wird deshalb wesentlich davon abhängen, wie Familie und Gleichaltrigengruppe damit umgehen. Ein Bereich, dem eine große Bedeutung in dieser Altersgruppe zukommt, ist der Spracherwerb. Viele Untersuchungen zeigen, dass sprachentwicklungsverzögerte Kinder ein deutlich erhöhtes Risiko für psychische Störungen aufweisen (Esser 1991). Die meisten der oben beschriebenen emotionalen und Verhaltensauffälligkeiten besitzen eine hohe Komorbidität mit Störungen der Sprachentwicklung.

Eine 2. Gruppe von Faktoren, die für die Genese von psychischen Störungen bei 2- bis 5-Jährigen bedeutsam ist, umfasst **biologische** Entwicklungsbedingungen. Bereits oben wurde erwähnt, dass ab dem Vorschulalter deutliche **Geschlechterunterschiede** hinsichtlich des Vorkommens und des Verlaufs von Auffälligkeiten bestehen. So finden sich bei Jungen bis zu 2-mal höhere Gesamtauffälligkeitsraten, wobei einzelne Störungsbilder (z.B. hyperkinetische Symptome) ein noch weitaus deutlicheres Überwiegen der Jungen zeigen. Zudem besitzen psychische Probleme von Jungen eine stärkere Tendenz, bis ins Schulalter zu persistieren. Als Begründung werden neben Einflüssen geschlechtsspezifischer Sozialisation vor allem genetische Faktoren, wie z.B. ein unterschiedliches zerebrales Reifungstempo, angenommen.

Genetische Faktoren haben in jüngster Zeit als Erklärungsansätze für psychische Störungen zunehmendes Gewicht erlangt. Ausgangspunkt sind zum einen neue Erkenntnisse aus Familienuntersuchungen, die Belege für die Übertragung psychischer Probleme von einer Generation auf die andere (intergenerative Transmission) liefern, zum anderen der in den letzten Jahren beträchtliche Wissenszuwachs auf dem Gebiet der neurophysiologischen Grundlagen psychischer Störungen. Diskutiert wird heute eine genetische Disposition sowohl für Verhaltensstörungen als auch für emotionale, insbesondere depressive Störungen. Dabei gilt allgemein, dass ein frühzeitiger Beginn einer Störung auf eine stärkere genetische Belastung hinweist. Ein Beispiel für die neuen Untersuchungsansätze liefert die Forschung zur so genannten Frontalhirnasymmetrie im Alpha-Band des Spontan-EEG, das in der Literatur als Indikator interindividuell unterschiedlicher Arten der emotionalen Verarbeitung beschrieben wird (Fox 1994). Aktuelle Befunde (vgl. Dawson et al. 1997) zeigen, dass sich bereits bei Säuglingen und Kleinkindern depressiver Mütter Abweichungen im Spontan-EEG nachweisen lassen, wie sie auch für eine „depressive" Verarbeitung emotionaler Stimulation bei Erwachsenen kennzeichnend sind.

Als Ausdruck unterschiedlicher genetischer Dispositionen werden auch Merkmale des kindlichen **Temperaments** interpretiert, das bereits im Säuglingsalter erhebliche interindividuelle Differenzen erkennen lässt (Thomas et al. 1968). In verschiedenen Studien wurden Merkmale eines „schwierigen" Säuglingstemperaments (leicht irritierbar, häufiges Weinen, wenig belastbar) isoliert, die als Vorläufer späterer Verhaltensauffälligkeiten im Kleinkind- und Vorschulalter gelten (Sanson et al. 1991). Allerdings blieb bei diesen Untersuchungen offen, in welchem Umfang elterliche Erwartungen und Überzeugungen an der ungünstigen Prognose beteiligt waren.

Seit langem gelten **prä- und perinatale Komplikationen** als Risikofaktoren für eine gesunde Entwicklung von Klein- und Vorschulkindern (Werner u. Smith 1982). Zwar hat sich die Forschung überwiegend mit deren negativen Auswirkungen auf die motorische und kognitive Entwicklung befasst, doch berichten einige Untersucher auch über erhöhte Raten psychischer Probleme bei frühgeborenen Vorschulkindern (Breslau 1996). Ob die bei den Frühgeborenen vermehrt beobachteten „hyperkinetischen" Auffälligkeiten (Aufmerksamkeitsprobleme und erhöhte motorische Unruhe) allerdings als spezifische Verhaltensstörung nach Schwangerschafts- und Geburtskomplikationen anzusehen sind oder lediglich eine Folge der von diesen bewirkten kognitiven Beeinträchtigungen darstellen, ist derzeit Gegenstand wissenschaftlicher Diskussion (Campbell 1995).

Unter dem Oberbegriff **psychosoziale** Faktoren wird eine 3. Gruppe die Genese psychischer Störungen beeinflussender Entwicklungsbedingungen zusammengefasst, die sich auf Merkmale der Familie (wie z.B. psychische Gesundheit der Eltern), ihrer Lebenssituation (z.B. kritische Lebensereignisse) sowie auf Merkmale des weiteren sozialen Umfelds (z.B. Freundeskreis, Kindergarten, Schule) beziehen. Den von diesen Faktoren ausgehenden Belastungen wird in der Literatur zumeist die größte Bedeutung für Störungen der sozial-emotionalen Entwicklung von Klein- und Vorschulkindern zugeschrieben (Werner u. Smith 1982, Meyer-Probst u. Teichmann 1984). Dies bestätigen auch die Ergebnisse der Mannheimer Risikokinderstudie. Von 2 Jahren an besitzen psychosoziale Risikofaktoren den höchsten Erklärungswert für die Entstehung und den Verlauf von psychischen Problemen des Kindes (Laucht et al. 1996). Dabei stehen ungünstige familiäre Lebensbedingungen vor allem im Zusammenhang mit einer Zunahme von Verhaltensstörungen. So zeichnen sich 2- bis 5-Jährige aus psychosozial belasteten Familien besonders durch ein höheres Maß an hyperkinetischem, oppositionellem und aggressivem Verhalten aus. In geringerem Maße ist bei ihnen auch die Zahl emotionaler Auffälligkeiten erhöht.

Zu den familiären Lebensumständen des Kindes, die mit einem erhöhten Risiko für eine psychische Störung verknüpft sind, zählen an 1. Stelle Merkmale der Eltern wie psychische Auffälligkeit oder Delinquenz, niedriges Bildungsniveau, jugendliches Alter oder die Herkunft aus zerrütteten familiären Verhältnissen („Broken Home"). So steigt beispielsweise das Risiko für eine psychische Störung um den Faktor 2–3 an, wenn ein Kind bei einem depressiven Elternteil aufwächst (Murray u. Cooper 1997). Höhere Auffälligkeitsraten werden auch für Kinder allein stehender Eltern, nach Scheidung oder Trennung der Eltern oder aus chronisch disharmonischen Partnerschaften berichtet (Campbell 1995).

Unter den psychosozialen Entwicklungsbedingungen nimmt die Qualität der **Mutter-Kind-Beziehung** eine entscheidende Rolle ein. 2 Dimensionen des mütterlichen Verhaltens im Umgang mit dem Kind kommt dabei in der frühen Kindheit besondere Bedeutung zu, zum einen der mütterlichen Wärme und einfühlsamen Responsivität für die Entwicklung einer sicheren emotionalen Bindung, zum anderen dem Setzen von Grenzen und dem mütterlichen Kontrollverhalten im Hinblick auf die kindliche Autonomieentwicklung. Nach den Studien von Ainsworth (1969) beeinflusst die Art und Weise des frühen Fürsorgeverhaltens der Mutter gegenüber dem Kind in erheblichem Maße die Qualität der emotionalen Beziehung, die zwischen Mutter und Kleinkind entsteht.

Die Sicherheit dieser als **Bindung** bezeichneten ersten sozialen Beziehung wird durch einen den Signalen des Kindes gegenüber feinfühligen, verlässlichen und akzeptierenden Umgang mit dem Kind gefördert. Ihr kommt nicht nur eine wichtige Schutzfunktion für das Kind zu, sie gilt auch als sichere Basis, von der aus das Kind seine Umwelt erkundet. Umgekehrt haben mangelnde Verfügbarkeit, Ablehnung und fehlende Reaktivität seitens der Mutter eine unsichere Bindung zur Folge. Unsicher gebundene Kinder erleben ihre Umwelt als wenig verlässlich und abweisend; das sich daraus entwickelnde Selbstkonzept ist durch die Vorstellung der eigenen Wertlosigkeit bestimmt. Im Kontakt mit anderen sind bindungsunsichere Kinder häufig gehemmt, leicht reizbar und unberechenbar. In Trennungs- und Belastungssituationen lehnen sie fremde Hilfe ab oder meiden den Kontakt zu Betreuungspersonen. Nach Ainsworth besteht ein Zusammenhang zwischen frühen Bindungserfahrungen und der Entwicklung späterer Verhaltensauffälligkeiten. Je nach Typ der jeweiligen Bindungsunsicherheit (vermeidend vs. ambivalent) sollen sich bindungsunsichere Säuglinge als Kleinkinder vermehrt oppositionell und aggressiv oder eher sozial unsicher und ängstlich verhalten. Die empirische Forschung konnte Ainsworths Hypothesen allerdings nur teilweise unterstützen. Offensichtlich ist mit einer gestörten Bindungsqualität lediglich eine erhöhte Vulnerabilität für spätere psychische Auffälligkeiten verbunden, die erst dann manifest wird, wenn weitere psychosoziale Belastungsfaktoren hinzutreten (Lyons-Ruth et al. 1993).

Als besonders problematisch für die kindliche Autonomieentwicklung und begünstigend für die Entstehung oppositioneller und aggressiver Verhaltensstörungen gilt ein **inkonsequenter** mütterlicher Umgang mit expansivem und störendem Verhalten des Kindes. Er ist durch einen Wechsel zwischen fehlender und übermäßiger Kontrolle gekennzeichnet: Einmal werden dem Kind zu wenig Grenzen gesetzt, in einem anderen Zusammenhang wird es zu sehr reglementiert, wobei jedoch die Einhaltung von Grenzen unzureichend überwacht wird. Auf diese Weise provoziert und verstärkt die Mutter anfängliches Problemverhalten des Kindes (Trotz, Aggressivität und Unfolgsamkeit) und unterstützt damit die Ausbildung späterer ausgeprägter Verhaltensstörungen. Aus verschiedenen Längsschnittstudien ist bekannt (vgl. u.a. Patterson 1995), dass schwere Störungen des Sozialverhaltens von Jugendlichen, verbunden mit ausgeprägter Dissozialität in vielen Fällen ihren Ursprung im Vorschulalter haben. Am Beginn der Störung stand dabei häufig aufsässiges, trotziges oder unfolgsames Verhalten, das durch problematisches elterliches Kontrollverhalten begünstigt wurde. Ein Interaktionsmuster, dem bei der Entstehung und Aufrechterhaltung von Verhaltensstörungen im Vorschulalter große Bedeutung beigemessen wird, stellt das Konzept der negativen Verstärkung in den Mittelpunkt (Patterson 1995). Dabei lernen Eltern und Kinder durch einen Prozess wechselseitiger negativer Verstärkung sich gegenseitig unter Druck zu setzen („coercive cycle"). Bestimmend für die Interaktion wird das Erzwingen des Verhaltens des anderen: Das Kind setzt die Eltern durch sein aversives Verhalten so unter Druck, dass sie ihre Anforderungen an das Kind manchmal aufgeben, während die Eltern ihrerseits durch Strafen und Drohen erreichen, dass das Kind zeitweilig nachgibt. Eine Eltern-Kind-Beziehung, die sich durch eine erhöhte Rate solcher „koerziver" Interaktionsmuster auszeichnet, wird von Patterson als frühes Training dissozialer Verhaltensweisen angesehen. Im weiteren Verlauf der Entwicklung überträgt das Kind die in der Familie erworbenen Beeinflussungstechniken auf andere soziale Kontexte (Kindergarten, Schule, Gleichaltrige). In mehreren Längsschnittstudien ließ sich zeigen, dass „koerzive" Austauschmuster der frühen Kindheit spätere Verhaltensstörungen vorhersagen können (vgl. McCord 1995).

Therapie

Da die klinische Relevanz psychischer Probleme von Klein- und Vorschulkindern lange Zeit unterschätzt wurde, ist das Angebot an standardisierter und evaluierter Therapie, das auf die Bedürfnisse dieser Altersgruppe zugeschnitten ist, vergleichsweise schmal. Im Vordergrund stehen dabei Behandlungsansätze, die sich auf die soziale Umgebung des Kindes konzentrieren (Eltern, Familie, Kindergarten), da die 2- bis 5-Jährigen in ihrem Verhalten und Erleben noch in starkem Maße von ihrem Umfeld abhängig und zugleich in ihren Selbststeuerungsfähigkeiten eingeschränkt sind. Die Arbeit mit den Eltern oder im Kindergarten kann mit kindzentrierten Interventionen, z.B. mit Programmen zur Verbesserung der Spielfähigkeit, bei älteren Vorschulkindern auch mit Selbstmanagement-Techniken, kombiniert werden. Nur eine geringe Bedeutung kommt der medikamentösen Behandlung in dieser Altersgruppe zu.

Verhaltensauffälligkeiten

Zur Behandlung oppositionellen, hyperaktiven und aggressiven Verhaltens im Vorschulalter haben sich verhaltenstherapeutisch orientierte Elterntrainingsverfahren bewährt. Sie zielen darauf ab, die Interaktion zwischen Eltern und Kind direkt zu beeinflussen. Durch Methoden der Stimuluskontrolle und des Kontingenzmanagements sollen die Bedingungen in der Familie verändert werden, die an der Auslösung und Aufrechterhaltung der Symptomatik wesentlich beteiligt sind. Verhaltenstherapeutische Strategien, die dabei eingesetzt werden, richten sich auf den Aufbau einer positiven Eltern-Kind-Beziehung, die effektive Anwendung positiver Verstärkung und den geplanten Einsatz negativer Konsequenzen.

Das derzeit einzige im deutschen Sprachraum vorliegende standardisierte Therapieprogramm zur Behandlung von Verhaltensstörungen, das auch im Vorschulalter einsetzbar ist („Therapieprogramm für Kinder mit hyperkinetischem und oppositionellem Problemverhalten" THOP, Döpfner et al. 1997) enthält als wesentliche Bausteine eines Elterntrainings:

- Maßnahmen zur Förderung positiver Eltern-Kind-Interaktionen: Eltern und Kind lernen, ihre Aufmerksamkeit auf positive Interaktionen zu lenken, Eltern zeigen Zuwendung bei positiven Verhaltensansätzen des Kindes, positiv erlebte Spielinteraktionen werden gefördert;
- Interventionen zur Verminderung von impulsivem und oppositionell-aggressivem Verhal-

ten: Eltern werden angeleitet, Erziehungspraktiken wirkungsvoll anzuwenden (Aufforderungen geben, Zuwendung bei angemessenem Verhalten und negative Konsequenzen bei Problemverhalten einsetzen);
- Einübung operanter Methoden: Eltern lernen, bei hartnäckigen Problemen spezielle verhaltenstherapeutische Techniken, wie z.B. „Token- und Response-Cost"-Systeme oder Auszeit, erfolgreich anzuwenden;
- Interventionen zur Verbesserung der kindlichen Spielfähigkeit: Eltern unterstützen das Kind dabei, intensiver und kreativer zu spielen.

Ein weiteres im deutschen Sprachraum verbreitetes Therapieprogramm, das von Petermann u. Petermann (1994a) entwickelte „Training mit aggressiven Kindern", kann ebenfalls im Vorschulalter eingesetzt werden, ist jedoch durch seinen Schwerpunkt auf kindzentrierte Interventionen (Einzel- und Gruppentrainings mit Kindern) vor allem auf Schulkinder zugeschnitten.

Die Arbeit mit Eltern und Kind gewinnt an Effektivität, wenn das Elterntraining mit Interventionen im Kindergarten kombiniert wird. Dazu werden die oben beschriebenen verhaltenstherapeutischen Techniken auf den Kindergarten übertragen und von den Erzieherinnen in Absprache mit den Therapeuten angewendet.

Die Wirksamkeit von Elterntrainings ist durch zahlreiche, vor allem im angelsächsischen Raum durchgeführte Evaluationsstudien belegt (Robins 1991). Als besonderer Vorteil dieser Interventionsform hat sich dabei erwiesen, dass Eltern-Kind-Programme nicht nur kurativ, sondern auch präventiv bei psychosozialer Gefährdung des Kindes in Problemfamilien eingesetzt werden können.

Dass man andererseits die therapeutische Effizienz von Elterntrainings im Hinblick auf langfristige Verhaltensänderungen nicht überschätzen darf, ist ein weiteres Ergebnis der Evaluationsforschung. Wenn ungünstige familiäre Lebensbedingungen fortbestehen, steigt die Wahrscheinlichkeit für eine Chronifizierung früher Verhaltensstörungen. Sollen Behandlungseffekte stabilisiert werden, müssen Elterntrainings um familienzentrierte Interventionen ergänzt werden, mit denen an der Bewältigung familiärer Belastungen und Probleme gearbeitet wird. Dazu zählt neben Maßnahmen zur Stützung der Familien auch die Behandlung von psychischen Erkrankungen der Eltern und von Partnerproblemen.

Emotionale Auffälligkeiten

Zur Behandlung kindlicher Ängste stehen verschiedene verhaltenstherapeutische Methoden zur Verfügung, die aus der Angsttherapie bei älteren Kindern und Erwachsenen bekannt sind. Zur Anwendung bei Klein- und Vorschulkindern bedürfen sie einer besonderen Abstimmung auf deren entwicklungsbedingte Möglichkeiten und Grenzen. So sind jüngere Kinder durch das übliche Vorgehen bei der systematischen Desensibilisierung und durch Konfrontationstechniken überfordert. Eine wichtige Funktion kommt dagegen dem **Modell-Lernen** in dieser Altersgruppe zu. Als besonders erfolgreich haben sich Methoden des „teilnehmenden" Modell-Lernens erwiesen, die in der Regel mit Verhaltensübungen und schrittweiser Annäherung an das angstmachende Objekt verbunden werden. Der größte therapeutische Effekt ließ sich erzielen, wenn gleichaltrige Kinder, die eigene Befürchtungen und ihr Bewältigungsverhalten bei der Annäherung an ein als bedrohlich erlebtes Objekt verbalisierten, als Modelle fungierten. **Verhaltensübungen** werden in der Regel in vivo, bei älteren Vorschulkindern auch in Form von Rollenspielen durchgeführt. Therapeutisch wirksame Elemente sind dabei neben genauen Handlungsanweisungen und der Verhaltensrückmeldung auch Fremd- und Selbstverstärkung (Lob bei Fortschritten). Auch **kognitive** Techniken können bei ängstlichen Vorschulkindern mit Erfolg eingesetzt werden. Dabei kommen im Wesentlichen 3 Interventionsformen zur Anwendung:

- Informationsvermittlung zur Wahrnehmungsdifferenzierung,
- Selbstinstruktionstraining zur Reduzierung negativer und zum Aufbau positiver Selbstaussagen
- und Problemlösetraining.

Mit Verhaltensübungen kombiniert, können kognitive Techniken die Wirksamkeit einer Behandlung erhöhen, während ihr therapeutischer Effekt, allein verwendet, bei jüngeren Kindern meist nur von kurzer Dauer ist.

Die genannten Interventionsmethoden haben ihr Haupteinsatzfeld bei der Behandlung sozialer Ängste. Sie finden sich als Bestandteile verschiedener in den USA entwickelter Trainingsprogramme zur Förderung sozialer Fertigkeiten, und sie sind Bausteine des im deutschen Sprachraum verbreiteten „Trainings mit sozial unsicheren Kindern", das eine spezielle Differenzierung für das Vorschulalter besitzt. Das von Petermann u. Petermann (1994b) konzipierte Therapieprogramm besteht aus Einzel- und Gruppentrainings, die von einer Elternberatung begleitet werden. Die dabei verfolgten Ziele umfassen u.a. das Einüben kommunikativer Fertigkeiten und angemessener Selbstbehauptung, den Aufbau von Selbstkontroll- und Stressbewältigungsfähigkeiten sowie die Entwicklung sozialer Problemlösekompetenzen. Die Beratung der Eltern und anderer Bezugspersonen ist ein wichtiges Element der Behandlung, da diese oft unbeabsichtigt das ängstliche Verhalten des Kindes durch besondere Zuwendung, Förderung von Vermeidungsverhalten oder durch forcierte Konfrontation aufrecht erhalten und unterstützen.

Umschriebene Auffälligkeiten

Zur Behandlung von **Schlafstörungen** bei 2- bis 5-Jährigen haben sich verhaltenstherapeutische Methoden am wirksamsten erwiesen (Kast-Zahn u. Morgenroth 1995). Die Therapie beinhaltet im Wesentlichen eine Veränderung der Kontingenzen für das problematische Schlafverhalten. Die Verstärkung von mit Schlaf inkompatiblem Verhalten wird entzogen und zugleich werden alle Verhaltensweisen unterstützt, die schlafvorbereitend und schlafförderlich sind. Zusätzlich werden allgemeine Prinzipien der Verhaltensregulation eingesetzt. Durch die Einführung von Signalreizen und den Entzug von Verstärkern für unangemessenes Verhalten soll das Kind Regeln lernen, die es zu einer internen Verhaltenskontrolle befähigen. In einem Verhaltensmanagement-Programm zur Behandlung von Schlafproblemen von Wolke (1994) werden folgende Maßnahmen empfohlen: Aufbau eines geregelten Tagesablaufs (Einschlafzeiten, Tagesaktivitäten), Einführung einer klaren Einschlafroutine, Vermeidung von (vorabendlicher) Überstimulation und abgestufte Löschung („checking") von unangemessenem Schlafverhalten (Schreien, Verlassen des Bettes). Dabei kommt ein Elternteil nach einer im Verlauf zunehmenden Wartezeit an das Bett des Kindes bzw. bringt das Kind ins Bett zurück, das Kind erhält eine kurze verbale Versicherung der elterlichen Zuwendung, andere Verstärker (Körperkontakt, Aufnahme ins Elternbett, „Unterhaltungsprogramm") werden jedoch entzogen. Diese Maßnahmen sind sowohl bei Einschlaf- als auch bei Durchschlafproblemen wirksam. Schnellen Erfolg verspricht auch die Löschung störenden Schlafverhaltens, indem die Eltern auf das abendliche oder nächtliche Schreien des Kindes nicht reagieren. Wegen der damit verbundenen Belastungen für Eltern und Nachbarschaft ist diese Methode jedoch häufig nicht einsetzbar.

Wichtige Voraussetzungen für die Anwendung von Extinktionstechniken sind eine emotional ungestörte Beziehung zwischen Eltern und Kind sowie die Fähigkeit der Eltern, ihre Zuneigung zum Kind bei erwünschtem Verhalten angemessen auszudrücken. Gehen die Schlafprobleme des Kindes mit umfassenderen Beeinträchtigungen des Kindes (ausgeprägte Trennungsangst, oppositionelles Verhalten) oder multiplen familiären Belastungen (Partnerprobleme, psychische Erkrankung eines Elternteils) einher, werden die beschriebenen Interventionstechniken zu keinem dauerhaften Erfolg führen. Hier ist eine Kombination mit therapeutischen Maßnahmen angezeigt, die weitere Problemfelder in die Behandlung einbeziehen.

Mehr noch als Schlafproblemen liegen **Essproblemen** im Kleinkind- und Vorschulalter Störungen der Eltern-Kind-Beziehung zugrunde, die auch unabhängig von der Essenssituation bestehen (Ablehnung, Überfürsorge) und einer therapeutischen Intervention bedürfen. Als Bausteine einer verhaltenstherapeutischen Intervention bei **Essverweigerung** werden von Wolke (1996) folgende Elemente beschrieben:

- Schaffung förderlicher Umgebungsbedingungen (keine Ablenkungen),
- Angebot einer breiten Palette von Nahrungsqualitäten (Herstellen von Akzeptanz gegenüber neuen und unvertrauten Nahrungsmitteln),
- Desensibilierung im Mundbereich (Abbau von Aversionen),

- Schaffung einer entspannten Eltern-Kind-Interaktion (Entlastung der Mutter)
- und eine Strukturierung des Tagesablaufs (geregelter Mahlzeitenplan).

Ebenso wie bei Schlafstörungen können essspezifische Interventionen mit weiteren Maßnahmen kombiniert werden, die auf Veränderungen in anderen Problembereichen abzielen, in die Essprobleme häufig eingebettet sind, z. B. oppositionelles Verhalten des Kindes.

Auf die Behandlung von Störungen der Ausscheidung bei jüngeren Kindern wird in Kapitel 21 und 22 näher eingegangen.

Zusammenfassung

In den letzten beiden Jahrzehnten hat das wissenschaftliche Interesse an der psychischen Entwicklung in der frühen Kindheit beträchtlich zugenommen. In den Vordergrund gerückt sind damit nicht nur neue Theorien und Forschungsansätze, z. B. Bindungstheorie, Mutter-Kind-Interaktion, Forschung und Praxis haben sich auch vermehrt mit den für diese Lebensphase charakteristischen Störungen der Entwicklung beschäftigt. Im Kontext entwicklungspsychopathologischer Konzepte wurde deutlich, dass psychische Probleme der frühen Kindheit nur auf dem Hintergrund der kindlichen Auseinandersetzung mit den für diesen Altersabschnitt charakteristischen „Entwicklungsaufgaben" zu verstehen sind. So resultieren viele Auffälligkeiten daraus, dass phasentypische Entwicklungsschritte nicht angemessen oder nicht zeitgerecht bewältigt werden.

Lange Zeit ist die klinische Bedeutung früher Auffälligkeiten unterschätzt worden. Erst die Ergebnisse neuerer wissenschaftlicher Untersuchungen haben gezeigt, dass viele frühe Auffälligkeiten mehr sind als vorübergehende Entwicklungsprobleme und eine deutliche Tendenz zur Chronifizierung aufweisen. Um klinisch relevante Störungen der psychischen Entwicklung im Kleinkind- und Vorschulalter von isolierten entwicklungsspezifischen Problemen abzugrenzen, müssen verschiedene Kriterien erfüllt sein. Dazu zählen das Vorliegen eines Musters von Auffälligkeiten, das eine gewisse zeitliche Stabilität besitzt, in verschiedenen (auch außerfamiliären) Lebenskontexten auftritt und einen bestimmten Schweregrad aufweist, der sich in Beeinträchtigungen des sozialen Funktionsniveaus und bei der Bewältigung altersangemessener Entwicklungsaufgaben niederschlägt.

Mit den internationalen Klassifikationssystemen psychischer Störungen ICD-10 und DSM-IV werden psychische Auffälligkeiten der frühen Kindheit unzureichend erfasst. Aufgrund der Ergebnisse epidemiologischer Untersuchungen lassen sich 3 Hauptgruppen von Störungsbildern unterscheiden. Dabei stellen Verhaltensprobleme die größte Gruppe. Zu den typischen Schwierigkeiten zählen oppositionelles Verhalten mit Trotz- und Wutanfällen, aggressives und destruktives Verhalten im Kontakt mit Gleichaltrigen sowie ausgeprägte motorische Unruhe und Ablenkbarkeit. An 2. Stelle der Häufigkeitsskala bei den 2- bis 5-Jährigen stehen emotionale Auffälligkeiten. Eine wichtige Rolle nehmen dabei kindliche Ängste (Trennungsangst, phobische und soziale Ängste) ein. Dagegen ist bis heute noch unklar, wie „depressive" Auffälligkeiten in der frühen Kindheit zu bewerten sind. Zu den – aus der Sicht der Eltern – häufigsten Problemen der ersten Lebensjahre gehört eine Reihe umschriebener Auffälligkeiten, wie z. B. Schlaf- und Essstörungen. Sie stehen meist in engem Zusammenhang mit erzieherischem Fehlverhalten der Eltern, das die Entstehung und die Aufrechterhaltung des kindlichen Problemverhaltens begünstigt.

Da es sowohl an einvernehmlichen Kriterien zur Diagnostik als auch an hinreichend standardisierten und für die Altersgruppe der 2- bis 5-Jährigen validierten Untersuchungsmethoden mangelt, sind Angaben zur Epidemiologie psychischer Störungen im Kleinkind- und Vorschulalter notwendigerweise ungenau. Lässt man Extremschätzwerte und die Ergebnisse älterer Untersuchungen außer Acht, so muss man bei Kleinkindern mit einer Prävalenzrate von 5–15 % und bei Vorschulkindern von 10–20 % psychisch auffälliger Kinder rechnen. Dabei zeigt sich, dass Verhaltensstörungen mit zunehmendem Alter gegenüber emotionalen und umschriebenen Störungen überwiegen. Die für das Schulalter gut belegten Geschlechterunterschiede bestehen bereits – wenngleich weniger markant – im Kleinkind- und Vorschulalter. Am deutlichsten ausgeprägt ist das Übergewicht der Jungen bei Verhaltensauffälligkeiten; hinsichtlich der Zahl emotionaler und umschriebener Auffälligkeiten unterscheiden sich beide Geschlechter hingegen nur wenig.

Wie in späteren Entwicklungsabschnitten ist eine Vielzahl von biologischen und psychosozialen Faktoren an der Genese psychischer Störungen in der frühen Kindheit beteiligt. Eine wichtige Rolle spielen dabei entwicklungsspezifische Einflüsse sowie die Qualität der Eltern-Kind-Beziehung. Zahlreiche Untersuchungen zeigen, dass Störungen der frühen Mutter-Kind-Interaktion einen Risikofaktor für die gesunde psychische Entwicklung des Klein- und Vorschulkindes darstellen, während umgekehrt eine sichere Bindung zwischen Mutter und Kind vor den negativen Auswirkungen eines belasteten psychosozialen Umfeldes schützen kann.

Wegen der geringen Bedeutung, die den psychischen Problemen von Klein- und Vorschulkindern in der Vergangenheit zugemessen wurde, sind standardisierte und evaluierte Therapieverfahren, die auf die Bedürfnisse dieser Altersgruppe zugeschnitten sind, vergleichsweise rar. Da die 2- bis 5-Jährigen in ihrem

Verhalten und Erleben noch in starkem Maße von ihrem Umfeld abhängig und zugleich in ihren Selbststeuerungsfähigkeiten eingeschränkt sind, stehen dabei Behandlungsansätze im Vordergrund, die sich auf die soziale Umgebung des Kindes konzentrieren (Eltern, Familie, Kindergarten). Die Arbeit mit den Eltern oder im Kindergarten kann mit kindzentrierten Interventionen, z. B. mit Programmen zur Verbesserung der Spielfähigkeit, bei älteren Vorschulkindern auch mit Selbstmanagement-Techniken, kombiniert werden. Nur eine geringe Bedeutung kommt der medikamentösen Behandlung in dieser Altersgruppe zu.

Literatur

Achenbach TM. Manual for the Child Behavior Checklist 2-3 and 1992 Profile. Burlington: University of Vermont; 1992.

Ainsworth MDS. Object relations, dependency, and attachment: A theoretical review of the infant-mother-relationship. Child Dev. 1969;40:969-1025.

Bowlby J. Verlust, Trauer und Depression. Frankfurt: Fischer; 1983.

Breslau N, Brown GG, Deldotto JE, Kumar S. Psychiatric sequelae of low birth weight at 6 years of age. J Abnorm Child Psychol. 1996;24:385-400.

Breuer H. Verhaltensauffälligkeiten im Vorschulalter. Universität Freiburg: Medizinische Dissertation; 1985.

Campbell SB. Behavior problems in preschool children: Clinical and developmental issues. New York: Guilford Press; 1990.

Campbell SB. Behavior problems in preschool children: A review of recent research. J Child Psychol Psychiat. 1995;36:113-49.

Cornely P, Bromet E. Prevalence of behavior problems in three-year-old children living near Three Mile Island: A comparative analysis. J Child Psychol Psychiat. 1986;27:489-98.

Dawson G, Frey K, Panagiotides H, Osterling J, Hessl D. Infants of depressed mothers exhibit atypical frontal brain activity: A replication and extension of previous findings. J Child Psychol Psychiat. 1997;38:179-86.

Döpfner M. Verhaltensstörungen im Vorschulalter. Kindh Entwickl. 1993;2:177-90.

Döpfner M, Schürmann S, Frölich J, Quast Ch, Wolf-Metternich T, Lehmkuhl G. THOP – Das Therapieprogramm zur Behandlung von Kindern mit hyperkinetischem und oppositionellem Problemverhalten. Kindh Entwickl. 1997;6:230-46.

Dunitz M, Scheer PJ, Kvas E, Macari S. Psychiatric diagnoses in infancy. Inf Mental Hlth J. 1996;17:12-23

Esser G. Über den Zusammenhang von Verhaltens- und Leistungsstörungen im Vorschulalter (und Grundschulalter). Universität Mannheim: Psychologische Dissertation; 1980.

Esser G. Was wird aus Kindern mit Teilleistungsschwächen? Stuttgart: Enke; 1991.

Fegert JM. Verhaltensdimensionen und Verhaltensprobleme bei zweieinhalbjährigen Kindern. Prax Kinderpsychol Kinderpsychiat. 1996;45:83-94.

Fox NA. Dynamic cerebral processes underlying emotion regulation. Fox NA, ed. The development of emotion regulation: Biological and behavioral considerations. Monographs of the Society of Research in Child Development. 1994;59.

Kashani JH, Holcomb WR, Orvaschel H. Depression and depressive symptoms in preschool children from the general population. Am J Psychiat. 1986;143:1138-43.

Kast-Zahn A, Morgenroth H. Jedes Kind kann schlafen lernen. Ratingen: Oberstebrink; 1995.

Koot HM, Verhulst FC. Prevalence of problem behavior in Dutch children aged 2-3. Acta Psych Scand. 1991;Suppl 367,83:1-37.

Larson DP, Pless IB, Mietinen O. Preschool behavior disorders: Their prevalence in relation to determinants. J Ped. 1988;113:278-285.

Laucht M, Esser G, Schmidt MH. Psychische Auffälligkeiten im Kleinkind- und Vorschulalter. Kindh Entwickl. 1993;2:143-49.

Laucht M, Esser G, Schmidt MH, Ihle W, Marcus A, Stöhr RM, Weindrich D. Viereinhalb Jahre danach: Mannheimer Risikokinder im Vorschulalter. Z Kinder-Jugendpsych. 1996;23:67-81.

Lyons-Ruth K, Alpern L, Repacholi B. Disorganized infant attachment classification and maternal psychosocial problems as predictors of hostile-aggressive behavior in the preschool classroom. Child Develop. 1993;64:572-85.

McCord J, ed. Coercion and punishment in long-term perspectives. Cambridge: University Press; 1995.

Meyer-Probst B, Teichmann H. Risiken für die Persönlichkeitsentwicklung. Leipzig: Thieme; 1984.

Murray L, Cooper PJ, eds. Postpartum depression and child development. New York: Guilford Press; 1997.

Patterson GR. Coercion as a basis for early age of onset for arrest. In: McCord J, ed. Coercion and punishment in long-term perspectives. Cambridge: University Press; 1995.

Petermann F, Petermann U. Training mit aggressiven Kindern. Einzeltraining – Kindergruppe – Elternberatung. Weinheim: Psychologie Verlags Union; 1994a.

Petermann F, Petermann U. Training mit sozial unsicheren Kindern. Einzeltraining, Kindergruppen, Elternberatung. Weinheim: Psychologie Verlags Union; 1994b.

Richman N, Stevenson JE, Graham PJ. Prevalence of behaviour problems in 3-year-old children: An epidemiological study in a London borough. J Child Psychol Psychiat. 1975;16:277-87.

Richman N, Stevenson JE, Graham PJ. Sex-differences in outcome of preschool behavior problems. In: Nicol R, ed. Longitudinal studies in child psychology and psychiatry: practical lessons from research experience. Chichester: Wiley; 1984.

Robins LN. Conduct disorder. J Child Psychol Psychiat. 1991;32:193-12.

Sanson A, Oberklaid F, Pedlow R, Prior M. Risk indicators: Assessment of infancy predictors of preschool behavioural maladjustment. J Child Psychol Psychiatry. 1991;32:609-26.
Stallard P. The behaviour of 3-year-old children: Prevalence and parental perception of problem behaviour: A research note. J Child Psychol Psychiat. 1993;34:413-21.
Thomas A, Chess A, Birch HG. Temperament and behaviour disorders in children. New York: University Press; 1968.
Werner EE, Smith RS. Vulnerable but invincible: A study of resilient children. New York: McGraw Hill; 1982.
Wolke D. Die Entwicklung und Behandlung von Schlafproblemen und exzessivem Schreien im Vorschulalter. In: Petermann F, Hrsg. Verhaltenstherapie mit Kindern. Baltmannsweiler: Röttger; 1994.
Wolke D. Probleme bei Neugeborenen und Kleinkindern. In: Margraf J. Hrsg. Lehrbuch der Verhaltenstherapie (Bd. 2). Stuttgart: Springer; 1996.
Zero to Three Diagnostic Classification: 0-3. Arlington: National Center for Clinical Infant Programs; 1994 (deutsch: Diagnostische Klassifikation der seelischen Gesundheit und entwicklungsbedingten Störungen der Säuglings- und Kleinkindzeit. Berlin: Springer; 1999).

Weiterführende Literatur

Döpfner D, Schmidt MH. Kinderpsychiatrie: Vorschulalter. München: Quintessenz; 1993.
Egeland B, Kalkoske M, Gottesman N, Erickson M.F. Preschool behavior problems: Stability and factors accounting for change. J Child Psychol Psychiat. 1990;31:891-909.
Gordon BN, Schroeder CS, Hawk B. Clinical problems of the preschool child. In: Walker CE, Roberts MC, eds. Handbook of clinical child psychology (2nd ed). New York: Wiley; 1992.
Laucht M, Esser G, Schmidt MH. Verhaltensauffälligkeiten bei Säuglingen und Kleinkindern: Ein Beitrag zu einer Psychopathologie der frühen Kindheit. Z Kinder- Jugendpsychiat. 1992;20:22-33.
Lyons-Ruth K, Zeanah CH, Benoit D. Disorder and risk for disorder during infancy and toddlerhood. In: Mash EJ, Barkley RA, eds. Child psychopathology. New York: Guilford Press; 1996.
Petermann F, Petermann U. Angst und Aggression bei Kindern und Jugendlichen. München: Quintessenz; 1993.
Richman N, Stevenson J, Graham PJ. Preschool to school: A behavioral study. London: Academic Press; 1982.
Richman N. Disorders in pre-school children. In: Rutter M, Hersov L, eds. Child and adolescent psychiatry (2nd ed). I, Oxford: Blackwell; 1985.
Richman N, Lansdown R, eds. Problems of preschool children. London: Wiley; 1988.

Prüfungsfragen

1. Welche Gründe sprechen für eine Frühdiagnostik psychischer Probleme im Kleinkind- und Vorschulalter?
2. Was sind wichtige Entwicklungsaufgaben von Klein- und Vorschulkindern?
3. Wie lassen sich bei 2- bis 5-Jährigen klinisch relevante Auffälligkeiten von entwicklungsspezifischen Problemen abgrenzen?
4. Was sind typische Erscheinungsformen psychischer Probleme bei Klein- und Vorschulkindern?
5. Worin unterscheiden sich psychische Probleme von 2- bis 5-jährigen Mädchen und Jungen?
6. Welche Bedeutung kommt prä- und perinatalen Komplikationen für die Genese psychischer Auffälligkeiten im Kleinkind- und Vorschulalter zu?
7. Welche Rolle spielt die Bindungsqualität zwischen Mutter und Kind bei der Entstehung psychischer Probleme von Klein- und Vorschulkindern?
8. Welche Auswirkungen hat ein inkonsequentes elterliches Erziehungsverhalten im Umgang mit kindlichem Trotzverhalten?
9. Was sind wichtige Elemente eines Elterntrainings zum Abbau von hyperkinetischem und oppositionell-aggressivem Verhalten?
10. Welche Bausteine gehören zu einer Therapie frühkindlicher Schlafstörungen?
11. Welche Interventionstechniken haben sich zur Behandlung kindlicher Ängste bewährt?

10 Störung der Intelligenzentwicklung

A. Marcus

Fallvignette

Zustand

Peter ist ein 12-jähriger Junge, er wird vorgestellt, nachdem es zu Hause zu sehr schwerwiegenden selbstverletzenden Handlungen gekommen war.

In der Sprechstunde zeigte Peter keine Blickkontaktaufnahme, er sitzt auf dem Stuhl und bewegt den Oberkörper in stereotyper Weise vor und zurück (Jaktationen).

Bisweilen hebt er die rechte Hand vor seine Augen und führt die Hand mit gespreizten Fingern auf und ab. Eine verbale Kommunikation ist nicht möglich, bisweilen lallt Peter unverständliche Worte, und es tritt ein nicht situationsangemessenes Lachen auf.

Anamnese

Die Vorgeschichte, die mit den Eltern gemeinsam erhoben wurde, ergab Folgendes: Peter ist das mittlere von insgesamt 3 Kindern (ein Bruder, Jürgen, 13 Jahre alt, zeigt ein gleiches Problemverhalten, eine Schwester Janina, 8 Jahre alt, ist unauffällig im Verhalten), nicht blutsverwandter Eltern. Die Mutter ist jetzt 42 Jahre alt und Hausfrau, der Vater jetzt 55 Jahre und von Beruf Techniker.

Von der Persönlichkeit fällt der Vater durch eine etwas eigenartige Weise sich zu kleiden auf (etwa im Stil der 20er-Jahre); wirkt etwas bizarr sowohl in seiner Gestik als auch in seiner Ausdrucksweise, die diagnostischen Kriterien einer Persönlichkeitsstörung werden aber nicht erfüllt. Die Mutter erscheint unauffällig.

Die Schwangerschaft sei komplikationslos verlaufen, die Geburt zum errechneten Termin problemlos erfolgt. Das Geburtsgewicht lag bei 3500 g. Der postpartale Verlauf sei unauffällig gewesen, die statomotorische Entwicklung verlief altersgemäß.

In seiner sozialen Interaktion sei der Junge im Säuglings- und frühen Kindesalter altersgemäß gewesen. Er habe Blickkontakt aufgenommen, gelächelt und auf Ansprache sich zu der entsprechenden Person hingewendet. Im Alter von 12 Monaten habe er zu sprechen begonnen und eine zunächst unauffällige Sprachentwicklung gezeigt. Im Alter von 2½ Jahren habe die Sprachentwicklung plötzlich sistiert, er habe sich im Sozialkontakt zurückgezogen, den Blickkontakt vermieden, plötzlich stereotype Verhaltensweisen gezeigt und es sei fortschreitend zu einem Verlust der sprachlichen Interaktion gekommen. Schließlich sei die gesamte soziale Interaktion unmöglich geworden.

Die Untersuchungen zur Abklärung einer organischen Genese hätten keinerlei auffällige Befunde ergeben, sowohl hinsichtlich von Stoffwechselstörungen (keine pathologische Aminosäureausscheidungen im Urin, Liquoruntersuchungen unauffällig). EEG einschließlich eines Langzeit-EEGs ergab eine unspezifische Allgemeinveränderung, computertomographische Untersuchungen sowie Kernspintomographie erbrachten einen unauffälligen Befund. Eine Untersuchung auf Chromosomenanomalien ergab keine Hinweise auf numerische oder strukturelle Chromosomenstörungen. Es wurde die Diagnose einer desintegrativen Psychose des Kindesalters gestellt. Die Diagnose wurde begründet mit der bis zum Alter von 3 Jahren unauffälligen Entwicklung und dem Fehlen degenerativer Veränderungen oder von Stoffwechselstörungen als kausale Ursache der Intelligenzminderung des Jungen. Es liegt eine schwerste Intelligenzminderung mit einem IQ < 20 vor.

Zur Behandlung des selbstverletzenden Verhaltens wurden Neuroleptika eingesetzt sowie Morphin-Antagonisten. Letzteres brachte eine deutliche Reduktion des selbstverletzenden Verhaltens. Peter und sein älterer Bruder besuchen eine Schule für geistig behinderte Kinder.

Einleitung

In diesem Kapitel soll Störungen der Intelligenzentwicklung nachgegangen werden. Das heißt, dementive Prozesse, bei denen ein Abbau bereits vorhandener intellektueller Leistungen stattfindet, wären hiervon auszuschließen. Problematisch wird eine solche Abgrenzung bei Stoffwechselstörungen, die bereits während der Schwangerschaft und zum Zeitpunkt der Geburt zu einer Beeinträchtigung der Hirnentwicklung beitragen, deren Ausmaß aber erst mit der Reifung deutlicher wird. Daher sollen hier lediglich solche Prozesse ausgeschlossen werden, die im Erwachsenenalter beginnen, wie beispielsweise die Alzheimer- oder die Creutzfeld-Jacob-Erkrankung. Vorübergehende kognitive Beeinträchtigungen im Rahmen organischer Erkrankungen sollen gleichfalls nicht behandelt werden. Die hier vorgenommene Gliederung der Störungen nach kausalen Zusammenhängen ist willkürlich, da beispielsweise Stoffwechselstörungen und Fehlbildungen des Zentralnervensystems ebenso eine genetische Basis haben wie die Fehlverteilungen von Chromosomen während der Reifeteilung. Häufige Ursachen von Störungen der Intelligenzentwicklung werden beispielhaft beschrieben. Eine Übersicht gibt die Tab. 10.**1** auf S. 121.

Definition

Wenn wir uns mit Störungen der Intelligenzentwicklung auseinandersetzen wollen, muss zunächst der Begriff Intelligenz definiert werden (vgl. auch Kapitel 4). Verschiedene Autoren haben versucht, Intelligenz in einer mehrdimensionalen Betrachtung zu erfassen (Thurston u. Thurston 1941). Vereinfacht lässt sich mit Cattel (1971) eine flüssige (fluid) Komponente von einer kristallisierten (cristalized) unterscheiden.

Bei den flüssigen Intelligenzleistungen spielt die Geschwindigkeit der Informationsverarbeitungsprozesse eine wesentliche Rolle. Prüfungsverfahren, die speziell diese Komponente einschätzen sollen, werden auch als Speed-Tests bezeichnet. Hierbei wird nicht das erworbene Wissen abgerufen, welches milieu- und bildungsabhängig ist, sondern es werden die Fertigkeiten zur Aufnahme und Bearbeitung von Informationen verlangt. Dieser Anteil zeigt eine deutliche Beziehung zur Genetik.

Die über die Zeit und in Abhängigkeit von der spezifischen Förderung erworbenen Leistungen ergeben die kristallisierte Komponente der Intelligenz. Es wurden verschiedene Prüfverfahren entwickelt, mit denen flüssige und kristallisierte Intelligenz getrennt und gemeinsam eingeschätzt werden können. Das Ergebnis einer so durchgeführten Intelligenzmessung wurde früher als Intelligenquotient angegeben. Dieser gab das Verhältnis von Intelligenzalter zum Lebensalter (×100) an. Heute wird darunter die Abweichung des Ergebnisses aus der individuellen Intelligenzmessung einer Person vom Mittelwert (üblicherweise 100) der Altersgruppe oder der gleichen Schulleistungsstufe (Schulstandardwerte) verstanden. In der Internationalen Klassifikation psychischer Störungen (ICD-10, WHO 1991) werden 4 Schweregrade geistiger Behinderung überwiegend aufgrund des Intelligenzniveaus unterschieden, eingeschätzt mittels standardisierter Testverfahren (Tab. 10.**2**, S. 122). Zur Einschätzung dient jeweils das aktuell erhobene Funktionsniveau.

Prävalenzraten für mentale Retardierungen

Die Häufigkeitsangaben über geistige Behinderungen schwanken. Unterschiede ließen sich zwischen ländlicher und städtischer Bevölkerung zeigen. In ländlichen Gebieten liegt die Rate leicht höher. Insgesamt beträgt der Anteil (IQ < 70) an der Gesamtbevölkerung zwischen 2 und 3 %. Benassi et al. (1990) geben für Kinder mit stärkerer mentaler Retardierung, also mindestens mittelgradiger Intelligenzminderung (IQ < 50), in einer städtischen Region eine Häufigkeit von 0,3 % an, in West-Australien liegt der Anteil bei 0,8 % aller Lebendgeburten (Bower et al. 2000). In der Häufigkeitsrate gibt es Geschlechtsunterschiede. Jungen sind häufiger betroffen, bei ihnen betrug die Rate solcher ausgeprägter Intelligenzminderungen 0,4 %, bei Mädchen nur 0,25 %. Schwankungen in den Prävalenzangaben ergeben sich auch bei der Betrachtung verschiedener Altersgruppen. Da Kinder mit schwerer geistiger Behinderung oft begleitende körperliche und neurologische Erkrankungen haben, ist deren Lebenserwartung

Tabelle 10.**1** Mögliche Ursachen geistiger Behinderung (nach Steinhausen 1993)

1. Pränatal entstandene Formen geistiger Behinderung:

1.1 Genmutationen als Ursache geistiger Behinderung:

- *X-chromosomal gebundene Störungen mit geistiger Behinderung*
- *X-chromosomal rezessiv vererbte Formen geistiger Behinderung*
- *X-chromosomal dominant vererbte Störungen mit geistiger Behinderung*
- *Dominant vererbte Genmutationen:*
  - Phakomatosen:
    - Neurofibromatose Typ 1 und 2
- *Stoffwechselstörungen:*
  - Phenylketonurie
  - Galaktosämie und Mukopolysaccharidosen
  - Sanfilippo-Syndrom
  - Lipidosen
  - Störung von Zellorganellen
  - hormonelle Störungen
  - Störungen des Kupferstoffwechsels
  - Störung des Purinstoffwechsels

1.2 Monogen und multifaktoriell bedingte Störungen als Ursache geistiger Behinderung (Fehlbildungs-Retardierungs-Syndrome):

- Alexander-Syndrom
- Cockayne-Syndrom
- Coffin-Lowry-Syndrom
- Cornelia-de-Lange-Syndrom
- Dubowitz-Syndrom
- Hallermann-Streiff-Syndrom
- Laurence-Moon/Biedl-Bardet-Syndrom
- Lenz-Mikrophthalmie-Syndrom
- Lowe-Syndrom
- Möbius-Syndrom
- Marinescu-Sjögren-Syndrom
- Noonan-Syndrom
- Prader-Willi-Syndrom
- Rubinstein-Taybi-Syndrom
- Smith-Lemli-Opitz-Syndrom
- Sjögren-Larsson-Syndrom
- Sotos-Syndrom
- Wiedemann-Beckwith-Syndrom
- Williams-(Beuren)-Syndrom

1.3 Fehlbildungen des Nervensystems:

- *Dysrhaphische Fehlbildungen:*
  - Fehlbildungen der Holoprosenzephalie-Arrhinenzephalie-Gruppe
  - Porenzephalie
  - Megalenzephalie (Makrozephalie)
  - Mikrenzephalie und Mikrozephalie

1.4 Chromosomenanomalien:

- *Trisomien:*
  - Down-Syndrom
  - andere Trisomien
- *Deletionen:*
  - Katzenschrei-Syndrom
  - Wolf-Hirschhorn-Syndrom
  - 18p-Syndrom
  - 18q-Syndrom
  - Ringchromosomen
- *Translokationen*
- *Gonosomale Aberrationen:*
  - X0-Konstitution (Turner-Syndrom)
  - XXY-Konstitution (Klinefelter-Syndrom)
  - XYY-Konstitution
  - XXX-Konstitution

1.5 Exogen verursachte pränatale Entwicklungsstörungen

- Infektionen als exogene Ursache pränataler Schädigung:
  - Zytomegalie
  - HIV-Infektion
  - Röteln-Infektion
  - andere Virusinfektionen
  - konnatale Toxoplasmose
  - Lues
- Chemische Einflüsse auf die Entwicklung:
  - Alkohol
  - teratogene Wirkung von Medikamenten
- Strahlen
- Umweltbelastung:
  - chronische Bleiintoxikation

1.6 Idiopathische geistige Behinderung

2. Perinatale Komplikationen als Ursache geistiger Behinderung:

- Hypoxisch-ischämische Enzephalopathie
- Frühgeburt
- Erkrankungen des Neugeborenen

3. Postnatale Ursachen geistiger Behinderung:

- Entzündliche Erkrankungen des Zentralnervensystems
- Schädel-Hirn-Trauma
- Hirntumoren
- Hirnschädigung durch Intoxikationen, Hypoxie, Stoffwechselkrisen
- Psychiatrische Störungen:
  - tiefgreifende Entwicklungsstörungen

Tabelle 10.2 Einteilung und Klassifikation der Intelligenzminderungen (Nach der 10. Revision der ICD, WHO, 1992)

Intelligenzminderung	IQ-Bereich	Klassifikation
Leichte	50–70	F 70
Mittelgradige	35–49	F 71
Schwere	20–34	F 72
Schwerste	< 20	F 73

verkürzt. Das heißt, ihr Anteil an der Gesamtbevölkerung nimmt ab. Andererseits kommen mit zunehmendem Alter die erworbenen Intelligenzminderungen hinzu (degenerative Prozesse, psychiatrische Störungen, Schädel-Hirn-Verletzungen etc.) und erhöhen die Prävalenzrate. Kognitive Leistungen und die soziale Anpassung lassen sich zwar durch Training verbessern, doch ist das Ausmaß der Veränderungen gering. Sie schlagen sich daher nicht in den Prävalenzraten nieder. Ungünstige soziale Bedingungen können andererseits zu einer Verschlechterung der Leistungen beitragen und lassen damit die Rate an schwer Intelligenzgeminderten ansteigen.

Diagnostik

■ Kognitive und sozialemotionale Entwicklung

Zur Einschätzung der kognitiven Leistungsfähigkeit bei geistig behinderten Kindern können je nach biologischem Alter verschiedene Verfahren herangezogen werden. Beispielsweise kann mithilfe der Griffiths-Entwicklungsskalen GES (Brandt 1983) oder den Bayley Scales II of Infant Development (Motorische und geistige Entwicklung, Bayley 1993) bereits im Kleinkindalter ein Anhalt dafür gewonnen werden, ob sich ein Kind altersgemäß entwickelt oder eine Retardierung bzw. geistige Behinderung vorliegt. Die Münchner Funktionelle Entwicklungsdiagnostik MFED (Hellbrügge 1997) gibt für verschiedene Leistungs- und Verhaltensbereiche das jeweilige Entwicklungsalter an. Testmaterialien liegen für das 1. sowie das 2. und 3. Lebensjahr vor. Für geistig behinderte Kinder zwischen 7 und 12 Jahren besteht die Möglichkeit, mit der Testbatterie für geistig behinderte Kinder TBGB (Bondy et al. 1995) verschiedene Dimensionen ihrer Entwicklung objektiv einzuschätzen.

■ Klinisch-medizinische Diagnostik

Pränatal

Ultraschalluntersuchungen (Sonographie) können während der Schwangerschaft ohne Risiko für das Ungeborene durchgeführt werden. Dieses bildgebende Verfahren ermöglicht es Missbildungen zu erkennen und das Wachstum, insbesondere des Schädels, verfolgen zu können. Während der Schwangerschaft lassen sich mithilfe der Fruchtwasseruntersuchung (Amniozentese) Zellen aus dem Plazentagewebe (Chorionzotten) und der Amnionflüssigkeit (Amniozyten) gewinnen und kultivieren. An diesen Zellen können durch Chromosomenanalyse oder molekulargenetische Untersuchungen, basierend auf der Polymerase-Ketten-Reaktions-Technik (PCR), beispielsweise Mutationen und Prämutationen des fragilen X-Syndroms erfasst werden (u. a. Brown et al. 1996). In der Fruchtwasserflüssigkeit lassen sich solche Eiweiße nachweisen, die mit dem Auftreten bestimmter Miss- oder Fehlbildungssyndrome einhergehen.

Durch eine sorgfältig erhobene Anamnese müssen Umweltbelastungen (berufliche oder medizinische Exposition gegenüber Strahlen oder teratogenen Stoffen) und Infektionserkrankungen während der Schwangerschaft erfasst werden.

Postnatal

Treten unter der Geburt Komplikationen auf, so liefern Ultraschalluntersuchungen wertvolle Hinweise auf das Ausmaß einer Hirnschädigung. Diese Methode ist nicht invasiv und kostengünstig. Ohne apparativen Aufwand kann schon das klinische Bild – wie bei der Trisomie 21 (Mongolismus) – eine Diagnose ermöglichen. Bei mentaler Retardierung unklarer Genese sollten eine Chromosomenanalyse oder molekulargenetische Untersuchungen durchgeführt werden. Bei Speicherkrankheiten kann im Serum der Mangel der Enzyme nachgewiesen werden, die für die daraus resultierende Anhäufung von Zwischenprodukten des Stoffwechsels verantwortlich sind. Im

Urin kann das Ausscheiden bestimmter Stoffwechselprodukte Hinweis auf eine angeborene Stoffwechselstörung mit mentaler Retardierung sein.

Die routinemäßige Untersuchung der Zerebrospinalflüssigkeit geistig behinderter Personen auf pathologisches Auftreten von Aminosäuren, Purinkörpern und Pyrimidinen hat nur einen sehr begrenzten Wert (Gerrits et al. 1993). Serologisch kann hingegen im Blut oder in der Zerebrospinalflüssigkeit der Nachweis geführt werden, ob eine Infektion stattgefunden hat.

Ursachen von Störungen der Intelligenzentwicklung

Bei mehr als der Hälfte aller Individuen ist die Ursache der Minderbegabung unbekannt. Neben den zahlenmäßigen Abweichungen von Chromosomen können mehr oder weniger ausgedehnte strukturelle Chromosomenveränderungen verantwortlich sein. Sie können zu Störungen der Hirnentwicklung oder von Stoffwechselfunktionen führen, die wiederum die Hirnreifung oder die Hirnleistungen beeinträchtigen. Daneben spielen erworbene Schädigungen des Zentralnervensystems eine Rolle. Weber (1994) hypothetisierte für den pathogenetischen Mechanismus ein einheitliches Schädigungsprinzip. Freie Radikale, die beispielsweise im Intermediärstoffwechsel entstanden sind, sollen die besonders empfindlichen Membranphospholipide oxidieren. Besonders empfindlich sind dabei Myelin-Hüllen. In der Folge kommt es zum Tod der Neuronen und der myelinbildenden Gliazellen. Besonders die Rolle der Gliazellen, und hier vor allem der Astrozyten, wird zumeist unterschätzt. Ihre Aufgaben gehen über die einfachen Stütz- und Ernährungsfunktionen hinaus. Interaktionen von Gliazellen und Neuronen werden zunehmend in Beziehung mit der so genannten neuronalen Plastizität gebracht. Im Verlauf der Entwicklung wird, je nach neuronaler Aktivität, die zunächst unspezifische Ausbildung neuronaler Fortsätze (Dendriten) und Verbindungen zu anderen Neuronen (Synapsen) selektiver (Müller 1993), indem unter Beteiligung der Glia dysfunktionale Strukturen eliminiert werden. Erste tierexperimentelle Ergebnisse weisen auf eine Zunahme der synaptischen Effizienz hin; Frequenz und Amplitude elektrischer Erregungen an der Synapse nehmen in Anwesenheit von Gliazellen zu (Pfrieger et al. 1997).

Betrachtet man das sehr komplexe Gebilde der Synapse, also der Verbindungsstelle von Nervenzellen untereinander, oder deren Verknüpfung mit Muskel-, Drüsen- oder Muskelzellen, so werden noch andere mögliche Störmöglichkeiten in der Informationsverarbeitung denkbar. An der Entwicklung von Synapsen sind zahlreiche Eiweiße beteiligt, deren Bedeutung und Funktion derzeit erst ansatzweise verstanden wird.

■ Genetik

Zahlreiche Untersuchungen zeigen, dass unter den Nachkommen blutsverwandter Eltern die Rate an organischen Störungen höher ist und Minderbegabungen häufiger sind (Jain et al. 1993, Temtamy et al. 1994). Das kann als Hinweis auf die ätiologische Bedeutung genetischer Faktoren gewertet werden.

Zur Zeit wird davon ausgegangen, dass bei Kindern mit einer gestörten Intelligenzentwicklung (IQ < 70) in ca. 40% eine genetische Basis vorliegt (z. B. Wellesley et al. 1991).

■ Numerische Chromosomenanomalien

Trisomie 21

Die häufigste Ursache von Chromosomenanomalien stellt die zahlenmäßige Abweichung des autosomalen Chromosoms 21 dar. Bei dieser Störung, dem Down-Syndrom (Mongolismus), liegt in der Mehrzahl der Fälle ein überzähliges Chromosom vor (das Chromosom 21 ist 3fach im Zellkern vorhanden, daher auch Trisomie 21). Bei einer Untergruppe von Individuen kann das Erscheinungsbild aber auch durch die Anwesenheit der so genannten Down-Syndrom-Region (21q22) verursacht werden, ohne dass ein überzähliges Chromosom vorliegt (nichtbalancierte Translokation). Das Down-Syndrom kommt mit einer Häufigkeit von etwa 0,2% vor. Die Prävalenz ist bei Kindern jüngerer Mütter (0,06%) deutlich geringer als bei älteren Müttern (1% bei 40-Jährigen). Die Vervielfältigung der Gene des Chromosom 21 ist vermutlich die Ursache der meisten ZNS-Störungen. Bei Individuen mit Down-Syndrom ist darüber hinaus das Vorkommen von klinischen Symptomen einer Alzheimer-Erkrankung deutlich erhöht. Als bedeutender Risikofaktor für eine Alzheimer-Erkrankung gilt allgemein das Auftreten der Epsilon-4-Isoform des Apolipoproteins E. Erste Studien zeigen aber, dass die Häufigkeit dieses Apolipoproteins bei Personen mit Down-Syndrom nicht erhöht und wohl nicht mit der Entwicklung der Alzheimer-Symptomatik bei diesen Individuen assoziiert ist (van Gool et al. 1995).

Klinisches Bild: Mongoloide Augenstellung, Epikanthus, große Zunge, Vierfinger-Furche.

Strukturelle Chromosomenanomalien

X-chromosomal assoziierte Störungen

Fragiles-X-mentale-Retardierung-Syndrom (Martin-Bell-Syndrom): Neben der Trisomie 21 ist das Fragiles-X-Syndrom (Fra-X) die häufigste genetische Ursache intellektueller Minderbegabung. In der Gesamtbevölkerung lässt sich bei etwa 1 : 2000–4000 männlichen und etwa 1 : 4000–6000 weiblichen Individuen ein Fragiles-X-Syndrom zytogenetisch nachweisen (u.a. Arvio et al. 1997, Turner et al. 1996). Möglicherweise liegt die tatsächliche Prävalenzrate deutlich höher. Unterschieden werden Träger für fragiles X (Prämutationen), die zwar den Defekt weitergeben können, aber noch keine Anzeichen des Syndroms aufweisen und Personen mit der Vollmutation.

Es handelt sich um eine X-chromosomal vererbte Störung, bei der eine mentale Retardierung zu den wichtigsten Merkmalen gehört. Das Merkmal der Minderbegabung geht in die Nomenklatur für das verantwortliche Gen ein: FMR-Gen = **F**ragiles-X-**m**entale-**R**etardierung-Gen. Die brüchige (fragile) Stelle liegt bei Xq27.3. Das Fragiles-X-Syndrom ist die erste Störung, bei der eine so genannte dynamische Mutation gefunden wurde. Bei diesem Vorgang werden instabile Abschnitte des Trägers der Erbinformation (Desoxyribonucleinsäure DNS) verlängert. Es kommt zu einer Vervielfältigung von CGG-Basentripletts innerhalb des 1. Exons des **F**ragiles-X-**m**entale-**R**etardierung-(FMR1-)Gens, die von Generation zu Generation weitergegeben wird, ohne dass es zur Ausbildung des Phänotypes kommt. Die Häufigkeit eines solchen Trägerstatus wird, basierend auf den Daten einer kanadischen Untersuchung, auf 1 : 260 Frauen geschätzt (Boue u. Simon-Bouy 1997). Überschreitet der Abschnitt eine bestimmte Länge, dann kommt es offensichtlich wie bei einer Alles-oder-Nichts-Regel zur mentalen Retardierung. Es ließen sich nämlich bei Kindern mit einer Intelligenzminderung in den Bereich der so genannten Lernbehinderung, wie auch bei normal intelligenten Individuen, keine höheren Prävalenzraten für die Vollmutation des Fra-X zeigen (Mazzocco et al. 1997; O'Dwyer et al. 1997).

Klinisches Bild: Die Symptomatik variiert interindividuell sehr stark. Chudley u. Hagerman (1987) geben als phänotypische Merkmale unter anderem ein langes, schmales Gesicht, große Ohren, vorgewölbte Stirn, vergröberte Gesichtszüge, Makrozephalie, Makroorchidie, Muskelhypotonie, überstreckbare Gelenke an. Die Merkmale sind beim Kleinkind noch nicht so ausgeprägt. Es imponiert aber die leichte bis schwere mentale Behinderung (vgl. von Gontard 1992).

Rett-Syndrom: Eine weitere X-chromosomal assoziierte Erkrankung, die mit mentaler Retardierung einhergeht, ist das Rett-Syndrom. Es handelt sich um eine Störung aus dem Autismusspektrum. Amir et al. (1999) gelang es, bei der Mehrzahl der Betroffenen als Ursache eine Mutation des Gens für das Enzym (MeCP2) an der Stelle q28 des X-Chromosoms nachzuweisen. Das Ausmaß der physiologischen Inaktivierung am betroffenen X-Chromosom sowie Lage und Art der Mutation vermögen den Ausprägungsgrad zu beeinflussen (Amir et al. 2000, Cheadle et al. 2000).

Klinisches Bild: Beim klassischen Rett-Syndrom scheint die frühkindliche Entwicklung bis zum Alter von 6–18 Monaten unauffällig zu verlaufen. Dann gehen sukzessive die erworbenen kulturabhängigen Fertigkeiten (Sprache, sinnvoller Gebrauch der Hände) verloren und die Betroffenen fallen durch zunehmend geringeren Gebrauch der Sprache, sporadisch auftretende Hyperventilationen, stereotype Handbewegungen (ähnlich Händewaschen), Verlust der wechselseitigen sozialen Interaktionen, Ataxien, zerebrale Anfällen und zu geringen Kopfumfang auf.

Dieser Prozess kommt nach einiger Zeit zum Stillstand, die Betroffenen leben bis in das Erwachsenenalter.

Autosomal vererbte Störungen

Neurofibromatosen

Die Neurofibromatose des Typs 1 (von Recklinghausen) ist eine relativ häufige, autosomal dominant vererbte Erkrankung, deren Symptome das Nervensystem und die Haut betreffen. Die Prävalenz beträgt etwa 0,03 %, etwa die Hälfte der Neuerkrankungen sind Neumutationen. Unterdessen konnte das Gen (NF1 17q11), welches mit der Erkrankung in Verbindung gebracht wird, ebenso wie dessen Genprodukt, identifiziert werden. Es handelt sich um das Protein Neurofibromin, das neben Tumorsuppressoreigenschaften weitere Aufgaben bei der Organentwicklung hat.

Klinisches Bild: Charakteristisch sind multiple Café-au-lait-Flecken, Neurofibrome (zum Teil in sehr großer Ausdehnung und zur Entstellung führend), Lisch-Knötchen, Makrozephalus, Optikusgliome. Häufig ist eine Intelligenzminderung. Tumoren des VIII. Hirnnervs sind – ebenso wie intrakranielle und spinale Neubildungen – typische Merkmale beim Typ 2 des Von-Recklinghausen-Syndroms (codiert auf NF2 22q12).

Williams-Syndrom (Williams-Beuren-Syndrom)

Beim Williams-Syndrom handelt es sich um eine vererbte Störung aus der Gruppe der so genannten angeborenen multiplen Fehlbildungs-Retardierungs-Syndrome. Das Gen für das Williams-Syndrom wurde auf dem Chromosom 7 lokalisiert und dem Elastin-Gen zugeordnet (Gustafson u. Traub 1997).

Klinisches Bild: Charakterisiert ist die Störung durch mentale Retardierung, Gefäßanomalien und eine extreme Hyperakusis (Van Borsel et al. 1997). Bei relativ gut erhaltenen sprachlichen Fertigkeiten imponiert ein deutlich gestörtes optisch räumliches Vorstellungsvermögen. Probleme kann auch die Nahrungsverweigerung der Betroffenen bereiten (Sarimski 1996).

Angeborene Stoffwechselstörungen

Im Stoffwechsel der Zelle kann in spezifischen Zellstrukturen (z. B. Lysosomen) ein für die Verarbeitung oder den Transport notwendiges Enzym fehlen oder eine zu geringe Aktivität besitzen. Dadurch kommt es zur Anhäufung von Zwischenprodukten des Zellstoffwechsels (Speicherkrankheit). Die Ablagerung erfolgt beispielsweise in den lysosomalen Speichern der Zelle. Die Konzentration der Zwischenprodukte kann Werte erreichen, die für die Zelle letal sind.

Speicherkrankheiten

Zu den häufigsten, mit mentaler Retardierung einhergehenden Speicherkrankheiten gehören die Glykoproteinosen Gaucher Typ II (akut-infantile oder akut-neuronopathische Form) und Typ III (juvenile oder subakut-neuronopathische Form) sowie Tay-Sachs.

Gaucher Typen II und III

In den Niederlanden wird ihre Häufigkeit mit 1,16 auf 100 000 Geburten angegeben (Porthuis et al. 1999). Die Störung in der Funktion der Glucocerebrosidase, deren Gen auf dem Chromosom 1q21 lokalisiert ist, wird rezessiv vererbt. Trotz einem relativ einheitlichen Erscheinungsbild sind bis heute mehr als 100 unterschiedliche Mutationen des Gens bekannt. Eine enge Assoziation zwischen Art der Mutation und klinischer Symptomatik konnte bisher nicht gefunden werden (ausführliche Übersicht bei Stone et al. 2000).

Klinisches Bild: Neben der Intelligenzminderung fallen starke Vergrößerungen von Milz und Leber sowie schmerzhafte kolbenförmige Auftreibungen des Oberschenkelschaftes auf.

Tay-Sachs- und Sandhoff-Krankheit (G_{M2}-Gangliosidosen)

Bei diesen autosomal rezessiv vererbten Störungen liegt ein Mangel in der Aktivität der β-Untereinheit (Tay-Sachs) oder beider α- und β-Untereinheiten der N-Acetylhexosaminidase vor. Es kommt zur exzessiven Speicherung des G_{M2}-Gangliosids in den Nervenzellen und zu deren Untergang. Die genetischen Analysen weisen auf eine große Heterogenität in den Mutationen hin.

Mehr als 80 Varianten, die zum Teil endemisch auftreten (Meyerowitz 1997), wurden bisher beschrieben.

Klinisches Bild: Neben dem kirschroten Fleck in der Makula der Netzhaut des Auges, der Sehnervenatrophie, Krampfanfällen und der mentalen Retardierung fällt eine Überempfindlichkeit gegen Geräusche auf.

Aspartylglukosaminurie

Eine ähnlich hohe Prävalenzrate unter mental retardierten Kindern (1 : 4000) wurde auch für die Aspartylglukosaminurie gefunden (Mononen et al. 1991). Ursache ist ein Defekt der Aspartylglucosylaminase.

Klinisches Bild: Es ist gekennzeichnet durch eine zunächst verlangsamte, aber erkennbare Entwicklung kognitiver Leistungen während der Kindheit, gefolgt von einem fortschreitenden Verlust bereits erworbener Fertigkeiten während der Pubertät und einem rapiden Abfall im jungen Erwachsenenalter (Arvio 1993). Zur Abklärung einer Stoffwechselstörung als Ursache einer mentalen Retardierung sollte – nicht nur bei der Aspartylglucosaminurie – ein entsprechendes Screening im Urin auf pathologische Aminosäureausscheidung erfolgen.

Phenylketonurie (PKU)

Unbehandelt stellt die **P**henyl**k**eton**u**rie (PKU) die häufigste auf biochemischer Grundlage basierende Ursache für Störungen der Intelligenzentwicklung dar. Der wichtige und hierbei defizitäre Stoffwechselschritt stellt die Umwandlung des mit der Nahrung aufgenommenen Phenylalanins in Tyrosin durch das Enzym Tyrosinhydroxylase dar. Die Behandlung besteht in einer phenylalaninarmen Diät. Dadurch kann das Ungleichgewicht zwischen der Konzentration an Phenylalanin und Tyrosin zwar vermindert, aber nicht ausgeglichen werden. In einer Längsschnittstudie zeigten Diamond et al. (1997), dass bereits eine geringe Senkung der Phenylkonzentration im Blut im Kleinkindalter zu einer besseren Leistung des Arbeitsgedächtnisses und der Fähigkeiten zur inhibitorischen Kontrolle führt. Die Defizite werden von ihnen auf die Beteiligung eines spezifischen neuronalen Systems zurückgeführt. Es sollen die präfrontal projizierenden dopaminergen Neurone involviert sein, die als besonders empfindlich für Schwankungen in der Tyrosinkonzentration gelten.

Kupferstoffwechselstörungen

Morbus Wilson: Kupfer ist ein wichtiges Spurenelement und notwendiger Bestandteil mehrerer Zellenzyme. In zu hoher Konzentration schädigt Kupfer andererseits die Zelle. Neben Leberparenchymzellen sind die Zellen des Zentralnervensystems von der Einlagerung des Kupfers betroffen.

Klinisches Bild: Bei der hepato-lentikulären Degeneration (Morbus Wilson) werden klinisch 2 Varianten unterschieden. Eine Form betrifft vorwiegend extrazerebrale Organsysteme (hepatischer Typ), der andere Verlaufstyp schädigt das Zentralnervensystem (zerebraler Typ). Bewegungsstörungen sind frühe Hinweise auf eine Beteiligung des Nervensystems. Die Lebenserwartung ist verkürzt. Eine mentale Retardierung kann auftreten und Folge der Kupferspeicherung im ZNS und der mangelnden Entgiftungsfunktion der geschädigten Leber sein.

Menkes- und Ehlers-Danlos-Syndrom: Da Kupfer andererseits wichtiger Bestandteil von Zellenzymen ist – beispielsweise bei der Kollagensynthese im Bindegewebe – treten beim Fehlen Mangelzustände auf. Beim Menkes- und Ehlers-Danlos-Syndrom werden niedrige Serumkonzentrationen an Kupfer und Coeruloplasmin, seinem Transporteiweiß, gefunden.

Klinisches Bild: Neben den körperlichen Merkmalen (Kinky Hair, überstreckbare Gelenke) kommt es zu einer mentalen Retardierung (Ozawa u. Aoki 1996).

Schilddrüsenunterfunktion (Hypothyreose)

Durch einen Mangel an Schilddrüsenhormon kommt es bereits während der Embryonalentwicklung zu Wachstumsstörungen, von denen neben anderen Organsystemen auch das Zentralnervensystem betroffen ist (Kretinismus). Durch die Gabe von Schilddrüsenhormonen lassen sich postnatal die Symptome bessern. Bis zu welchem

Zeitpunkt eine solche Behandlung noch sinnvoll erscheint, ist unklar. Eine eindrucksvolle Verbesserung der kognitiven Leistungen um 10 IQ-Punkte (von 68 auf 78) wurde bei einem jungen Mann, dessen Schilddrüsenstörung erstmals mit 17 Jahren diagnostiziert worden war (Chen et al. 1990), 2 Jahre nach begonnener Schilddrüsenhormonsubstitution beobachtet.

Eine weitere Ursache kann in der angeborenen Unempfindlichkeit der Bindungsstellen in den Zielgeweben gegenüber Schilddrüsenhormonen liegen. Es konnten Mutationen in der Schilddrüsen-b-Hormonrezeptor-Region der Betroffenen gefunden werden. Für die unterschiedlichen Ausprägungsgrade der dominant vererbten Störung werden Interaktionen zwischen mutierten und intakten Bindungsstellen vermutet (Refetoff 1994). Typisch ist – neben dem Erscheinungsbild – die mentale Retardierung.

Fehlbildungen des Zentralnervensystems

Diese Missbildungen entstehen überwiegend spontan, meist infolge der Einwirkung exogener Faktoren. Für einige Syndrome ließ sich unterdessen auch die genetische Ursache zeigen. Daher werden die Krankheitsbilder an dieser Stelle des Kapitels beschrieben.

Nach der Zellteilung in einem Gebiet um den Neuralkanal wandern die zukünftigen Nervenzellen an ihren späteren Bestimmungsort. Die Wanderung (Migration) erfolgt in 6 Wellen und geschieht in der 1. Hälfte der Schwangerschaft (Abb. 10.**1**).

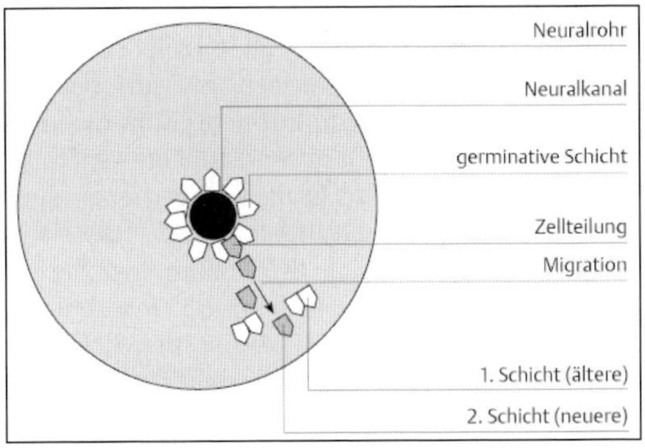

Abb. 10.**1** Zellteilung und Migration der noch undifferenzierten Nervenzellen zu ihrem zukünftigen Bestimmungsort

Genetische Faktoren und potenziell schädigende Ereignisse vermögen einen negativen Einfluss auf die Migration zu nehmen. Die meisten Migrationsstörungen sind daher erworben und treten sporadisch auf. Bei Kindern mit Migrationsstörungen lassen sich in mehr als der Hälfte bedeutsame Traumata finden (Palmini et al. 1994). In einigen Fällen waren familiäre Häufungen mit möglichen rezessiven und dominanten Erbgängen zu verzeichnen. Bisher gelang es, ein Gen, welches für ein solches Missbildungssyndrom (Lissenzephalie) verantwortlich gemacht wird, dem Chromosom 17p zuzuordnen (Aicardi 1994).

Klinisches Bild: Diffuse Migrationsstörungen gehen mit einer starken Häufung an geistigen Behinderungen und grobmotorischen Störungen einher. Bei den fokalen Migrationsanomalien überwiegt hingegen das Auftreten von Epilepsien (Aicardi 1994).

Spaltbildungen der Mittellinie

Gaumenspalten

Geistige Behinderungen sind gehäuft bei Kindern mit Gaumenspalte und angeborenen Herzfehlern (velokardiofaziales Syndrom [VCFS]). Dieses Missbildungssyndrom geht oft mit einer Mikrodeletion am Chromosom 22q11 einher. In einer dänischen Studie konnte die Herkunft von mütterlicher Seite gezeigt werden. Molekulargenetische Techniken zur Sicherung der genetischen Basis existieren und können zur Grundlage einer genetische Beratung herangezogen werden.

Pränatale Ursachen

Durchblutungsstörungen der Plazenta

Zur Versorgung des ungeborenen Kindes mit Nährstoffen und Sauerstoff, aber auch zur Entsorgung der Stoffwechselendprodukte bedarf es auf mütterlicher und fetaler Seite eines funktionsfähigen Kreislaufes. In den letzten beiden Dritteln der Schwangerschaft (2. und 3. Trimenon) erfüllt die Plazenta diese Aufgabe. Der Stoffaustausch erfolgt über die dicht nebeneinander verlaufenden Kapillargefäße von mütterlichem und fetalem Kreislauf in den Zotten.

Entzündungen im Bereich der Zotten und der Amnionhöhle verschlechtern die Durchblutung in den Kapillaren (Chorangiosis) oder führen zu Gewebeschäden (Villitis) in der Plazenta. Zu einer weiteren Minderdurchblutung des fetalen Gehirns tragen möglicherweise die im Rahmen der Entzündung gebildeten Schadstoffe bei (Altshuler 1995). Aufgrund der Schädigung des sich entwickelnden Nervensystems (s. auch Migrationsstörungen) können unterschiedlich schwere mentale Retardierungen die Folge sein.

Frühgeburtlichkeit (insbesondere unreife Frühgeborene)

Durch Intensivierung und Fortschritte der Neonatologie konnte eine Verbesserung der Überlebenschancen extremer Frühgeborener (mit Geburtsgewichten zwischen 500 und 1250 g) erzielt werden. In 2 Kohortenstudien stieg beispielsweise die 1-Jahr-Überlebensrate von 36% in den Jahren 1978–79 auf 67% in den Jahren 1988–1989. Zu den häufigsten Komplikationen gehörte neben der Zerebralparese die mentale Retardierung (bei ca. 5% in der 2. Kohorte). Auch dabei ist eine Abnahme der Häufigkeit beim Vergleich der 1. mit der 2. Kohorte zu verzeichnen. Je niedriger das Geburtsgewicht ist, desto höher ist das Risiko einer Behinderung (Robertson et al. 1992, Aziz et al. 1995).

Traumata in peri- und postnataler Zeit

Bei der Geburt kann es, bedingt durch bestimmte Umstände (protrahierter Verlauf, Nabelschnurumschlingung etc.), zu einem Sauerstoffmangel beim Neugeborenen kommen. Die schwerste Folge einer solchen Hypoxie ist die multizystische Enzephalomalazie (Enzephalopathie). Hierbei wird geschädigtes Hirngewebe durch Zysten unterschiedlicher Größe ersetzt. Zwillingsschwangerschaften und perinataler Sauerstoffmangel (Asphyxie) waren am häufigsten mit einer multizystischen Enzephalomalazie assoziiert. Mehr als die Hälfte der betroffenen Kinder waren mental retardiert (Orejon de Luna et al. 1997). In einer größeren kanadischen Untersuchung an allen Frühgeborenen eines Regierungsbezirkes ließ sich zeigen, dass isolierte intraventrikuläre Blutungen keinen Hinweis auf eine schlechte Prognose darstellen. Die Kombination mehrerer Läsionen – also eine zusätzliche Parenchymläsion – ergab hingegen eine sichere Vorhersage für eine schlechte Entwicklung (Robertson et al. 1992; Aziz et al. 1995).

Folgen oder Begleitung psychiatrischer Störungen

Tiefgreifende Entwicklungsstörungen (Störungen aus dem Autismusspektrum)

Im Kindesalter sind schizophrene Störungen die Ausnahme. Bei der – seltenen – desintegrativen Psychose, einer Erkrankung, die zu den Störungen des Autismus-Spektrums gerechnet wird (vgl. Rapin 1998) kommt es nach anfänglich unauffälliger Entwicklung bereits im Kleinkindalter zu einem Verlust der sprachlichen Kommunikation und der wechselseitigen Interaktion. Ohne Nachweis eines organischen Korrelates gehen die intellektuellen Leistungen verloren, die Kinder zeigen eine schwere mentale Retardierung. Es wird aber auch von Besserungen, jedoch ohne vollständige Wiederherstellung, berichtet.

Zu den – häufigeren – tiefgreifenden Entwicklungsstörungen gehört der frühkindliche Autismus (Kanner 1943). Im Gegensatz zum Asperger-Autismus (Asperger 1944) geht diese Störung mit einer schweren mentalen Retardierung einher. Mitunter kann die Abgrenzung gegenüber geistig behinderten Kindern, bei denen autistische Verhaltensweisen nicht selten sind, schwer fallen. Bei Kindern mit Autismus wurden strukturelle Auffälligkeiten des Kleinhirns im Bereich des Vermis cerebellaris (Courchesne et al. 1988, 1994) und gehäuft Migrationsstörungen gefunden. Diskutiert werden auch Zusammenhänge mit Infektionserkrankungen in der Pränatalzeit (Übersicht bei Rapin 1998). Bei Kindern mit autistischen Störungen ohne erkennbaren organpathologischen Befund wird – basierend auf Untersuchungen von Familien und Zwillingsstudien – eine polygenetische Ursache angenommen (Folstein u. Piven 1991, Rutter et al. 1997). Eine Assoziation zwischen einigen MHC-Genen auf dem kurzen Arm von Chromosom 6 mit Autismus wurde von Warren (Übersicht 1998) berichtet. Mit dem Begriff der **M**ajor-**H**isto-**C**ompatibilität (MHC) beschreibt man die für jedes Individuum typische Kennzeichnung seiner eigenen Zellen durch bestimmte Oberflächenmarker, um sie gegen fremde Zellen abzugrenzen. Das Rett-Syndrom wurde hier ausgenommen, da dessen vorrangig genetische Ursache unterdessen geklärt wurde (s.o.).

Klinisches Bild: Es imponiert die deutliche Beeinträchtigung in der sozialen Interaktion (Blickkontakt wird vermieden), das Kind bedient sich einer inadäquaten Sprache oder die Sprache fehlt, in seinen Interessen ist es eingeengt und es fallen stereotype und repetitive Verhaltensweisen auf.

Eine genetische Basis konnte für das seltenere Rett-Syndrom, eine auf Mädchen beschränkte Erkrankung aus dem Autimusspektrum gefunden werden.

Exogene Einflüsse

Teratogene Wirkung von Arzneistoffen

Beispielsweise können Gaben von Antikoagulanzien (Cumarinderivate, Warfarin), welche mit der Wirkung von Vitamin K interferieren, Intelligenzminderungen begünstigen (Astedt 1995). Missbildungen werden auch häufiger bei Einnahme von Derivaten der Vitamin-A-Säure beobachtet. Maßgebend ist vor allem der Einnahmezeitpunkt während der Schwangerschaft, weniger die Substanz.

Strahlenexposition

Zur Röntgendiagnostik werden energiereiche Strahlen (Röntgenstrahlen) angewendet. Diese ionisierenden Strahlen können Zellen schädigen. Wenngleich ausgereifte Nervenzellen relativ unempfindlich gegenüber einer Strahlenexposition sind, gilt das nicht für die sich entwickelnde Zelle. Während der Embryonalentwicklung findet in den Zellschichten, welche das Neuralrohr umgeben, eine rasche Zellteilung statt. In dieser Entwicklungsphase sind die Zellen besonders strahlensensibel. Die Folgen für den Organismus sind abhängig von der Dosisleistung der Strahlung und vom Zeitpunkt der Strahlenexposition. Es wird eine Schwellendosis von 5 cGy für das sich entwickelnde Nervensystem diskutiert, von der an Schädigungen wahrscheinlich sind (Ogris 1997). Mit einer Beeinträchtigung der mentalen Entwicklung muss bei einer Strahlenexposition zwischen der 8. und 15. Schwangerschaftswoche gerechnet werden. Das unterstreichen auch die Ergebnisse von Untersuchungen an pränatal strahlenexponierten Personen. Linear zur absorbierten Dosis kam es zu fetalen Hirnschädigungen, die sich in schlechteren Schulleistungen äußerten. Dabei waren die Beeinträchtigungen der Leistungen in den ersten Schuljahren deutlicher als in den späteren (Yoshimaru et al. 1991).

Berufliche Exposition

Decoufle et al. (1993) beobachteten eine signifikante Assoziation zwischen mütterlicher Beschäftigung in der Textil- und Bekleidungsbranche und geistiger Behinderung bei deren Kindern. Deutlich geringer als den Erwartungen entsprechend waren die Zusammenhänge bei Lehrern und Mitarbeitern des Gesundheitswesens. Welche Risikofaktoren bei den Textilarbeitern vorliegen, ist nicht klar.

Chronische Bleiintoxikation

Anders sieht es mit der Exposition gegenüber Blei aus. Die als gesundheitsgefährdend angesehenen Grenzwerte wurden zwischen 1950 und 1990 ständig gesenkt. Im Serum waren es zunächst >80 µg/dl, jetzt werden Blei-Konzentrationen von >10 µg/dl als bedenklich angesehen (Berney 1993, Taylor et al. 1992). Bleiexposition gilt in den USA als eine weitverbreitete Gesundheitsgefährdung von Kindern.

Alkoholexposition

Fetales Alkoholsyndrom und Alkoholembryopathie

Das fetale Alkoholsyndrom (FAS) ist eine häufige Ursache mentaler Retardierung. In einer 10 Jahre-follow-up-Studie fanden Spohr et al. (1993) bei Kindern mit sicherer Diagnose eines fetalen Alkoholsyndroms eine Besserung der typischen Missbildungszeichen im Bereich des Gesichts und des Schädels im Verlauf der Entwicklung. Eine hohe Persistenz hatten – bei den Jungen – die geringe Körpergröße, das Untergewicht und die Mikrozephalie. Keine Besserung zeigte sich auch beim Schweregrad der geistigen Behinderung. Andere Umgebungsbedingungen und besondere Fördermaßnahmen hatten keinen kompensatorischen Einfluss.

Klinisches Bild: Häufig sind geringe Kopfgröße (Mikrozephalie), tiefsitzende Ohren, Epikanthus, kleiner Unterkiefer, schmales Lippenrot, Anomalien der Handfurchen, Kleinwuchs, Untergewicht und mentale Retardierung zu finden (vgl. Majewski 1987).

Zerebrale Anfälle

Zerebrale Anfälle kommen bei geistig behinderten Personen häufiger vor. Krampfanfälle können Begleiterscheinung der zugrunde liegenden Hirnschädigung sein. Andererseits können Krampfanfälle zu Schädigungen des Gehirns führen. In medizinischen Spezialeinrichtungen zur Behandlung von Kindern mit Epilepsien findet man bei 20–30% der Kinder eine mentale Retardierung. Andererseits ist die Rate an Kindern mit geistiger Behinderung, betrachtet man die gesamte Gruppe mit kindlichen Epilepsien, mit etwa 1,8% nicht höher als in der Bevölkerung (Oka et al. 1997). Eine noch niedrigere Prävalenzrate von 1,7/1000 Kinder mit mentaler Retardierung bei gleichzeitig vorhandener Epilepsie beobachteten Sidenvall et al. (1996) an einer großen Stichprobe in Nordschweden.

Lennox-Gastaut-Syndrom

Zu den außerordentlich schwer zu behandelnden Epilepsien des Kindesalters gehört das Lennox-Gastaut-Syndrom (LGS). Es handelt sich um eine heterogene Störung unterschiedlicher Herkunft. Die Pathogenese der Störung ist bisher unbekannt. Sicher ist hingegen der Verlauf, der bisher meist in eine schwere mentale Retardierung mündet (Wheless u. Constantinou 1997). Neue antiepileptisch wirksame Medikamente lassen hier zukünftig Besserungen im Verlauf erwarten.

Klinisches Bild: Es besteht eine schwere mentale Retardierung, besonders häufig treten tonische Anfälle, gefolgt von atypischen Absencen auf. Nicht selten kommt es zum Status epilepticus. Im Hirnstrombild zeigt sich eine diffuse Slow-Wave-Aktivität (Hirt 1996).

Matricardi et al. (1990) fanden bei einer kleinen Gruppe mittel bis schwer geistig behinderter Kinder mit ungenügend behandelbarer Epilepsie für jedes Kind typische visuelle Muster, mit denen es selbst Krampfanfälle auslösen konnte.

Infektionen prä-, perinatal, in früher Kindheit

Infektionen mit Beteiligung des Zentralnervensystems können zu einer Schädigung mit dauerhaften Beeinträchtigungen führen. Als Erreger kommen Viren, Prionen, Bakterien, Pilze und Einzeller in Frage. Die Läsionen im Zentralnervensystem können umschrieben oder diffus sein.

Therapie

Eine gesicherte ursächliche Behandlung lässt sich derzeit nur für einen kleinen Teil der Intelligenzminderungen angeben. Bei Stoffwechselstörungen, die auf eine diätetische Behandlung ansprechen, wie die Phenylketonurie (PKU) oder die Kupferstoffwechselstörung des Morbus Wilson, muss eine entsprechende Ernährung über einen definierten Entwicklungszeitraum eingehalten werden, und zwar bei der Phenylketonurie mindestens bis zum 12. Lebensjahr (Poustie u. Rutherford [2000] diskutieren die Dauer und enge Reglementierung der Diät) und bei Frauen erneut während der Schwangerschaft (nach Platt et al. [2000] von der 8.–10. Schwangerschaftswoche an ein Phenylalaninspiegel <600 µmol/l), beim Morbus Wilson dagegen dauerhaft. Selbst geistig behinderte Jugendliche mit unbehandelter Phenylketonurie profitieren von einer entsprechenden Diät und zeigen bessere Konzentration, ausgeglichenere Stimmung, und die soziale Anpassung gelingt besser.

Eine antiepileptische Behandlung muss konsequent erfolgen und mit Wirkstoffen durchgeführt werden, die keine zusätzliche kognitive Beeinträchtigung verursachen.

Andere Interventionen gelten den oft begleitenden Verhaltensauffälligkeiten. Kinder mit niedriger Intelligenz und einer begleitenden hyperkinetischen Störung zeigen eine schlechtere Prognose hinsichtlich ihrer gesellschaftlichen Integration als normal intelligente Kinder mit einer hyperkinetischen Störung (Aman et al. 1996). Früh auftretende extroversive Sozialverhaltensstörungen haben, verglichen mit normal intelligenten Kindern und hyperkinetischen Störungen, eine besonders hohe Stabilität (Handen et al. 1994, 1997). Neben verhaltensmodifizierender Techniken kann auch bei intellektuell retardierten Kindern eine Methylphenidat-Medikation eingesetzt werden. Allerdings belegen bisherige Untersuchungen lediglich Verbesserungen in Teilbereichen schulischer Fertigkeiten. So ließ sich die Ausdauer bei der Erledigung von Aufgaben steigern, und bestimmte Funktionen, die Aufmerksamkeit erfordern, besserten sich. Keine Wirksamkeit zeigte die Pharmakotherapie bezüglich der kognitiven Leistungen und der sozialen Interaktionsprobleme (Handen et al. 1992). Im Gegensatz zu normal intelligenten Kindern scheint die Neigung, unter der Medikation motorische Tics und soziale Rückzugstendenzen zu entwickeln, deutlich stärker ausgeprägt zu sein (Handen et al. 1991). Impulsartig auftretendes aggressives und selbstschädigendes Verhalten spricht gut auf moderne so genannte atypische Neuroleptika wie Risperidon an. Die Medikation ist aber lediglich Teil eines individuell abgestimmten multimodalen Behandlungsplanes.

Zusammenfassung

Die Häufigkeitsangaben über geistige Behinderungen schwanken und lassen Unterschiede zwischen ländlichen und städtischen Regionen erkennen. In ländlichen Gebieten liegt die Rate leicht höher. Insgesamt beträgt der Anteil (IQ <70) an der Gesamtbevölkerung zwischen 2 und 3%. Benassi et al. (1990) geben für Kinder mit stärkerer mentaler Retardierung, also mindestens mittelgradiger Intelligenzminderung (IQ <50), in einer städtischen Region eine Häufigkeit von 0,3% an. In der Häufigkeitsrate gibt es Geschlechtsunterschiede, Jungen sind häufiger betroffen. Durch Training lassen sich die kognitiven Leistungen und die soziale Anpassung nur geringfügig verbessern. Zur Einschätzung der kognitiven Leistungsfähigkeit können je nach biologischem Alter verschiedene standardisierte Verfahren herangezogen werden. Als Ursache von Störungen der Intelligenzentwicklung werden genetische Faktoren, Infektionserkrankungen, prä-, peri-, und postnatale Traumata, Umweltbelastungen, psychiatrische Störungen und Hirnschäden infolge von häufig rezidivierenden zerebralen Anfällen diskutiert. Zur Diagnostik stehen bildgebende Verfahren wie Ultraschall, Computertomographie und Kernspin-Tomographie zur Verfügung. Zyto- und molekulargenetische Untersuchungen erlauben, auch schon pränatal, eine Abklärung genetischer Ursachen. Stoffwechselstörungen lassen sich durch Serum- oder Urinuntersuchungen nachweisen. Die Anamneseerhebung kann Aufschlüsse über Traumata, Umweltbelastungen, Infektionen oder Medikamenteneinnahmen während der Schwangerschaft geben.

Literatur

Aicardi J. The place of neuronal migration abnormalities in child neurology. Can J Neurol Sci. 1994;21:185-93.

Altshuler G. Placental insights into neurodevelopmental and other childhood diseases. Sem Pediat Neurol. 1995;2:90-9.

Aman MG, Pejeau C, Osborne P, Rojahn J, Handen B. Four-year follow-up of children with low intelligence and ADHD. Res Devel Disab. 1996;17:417-32.

Amir RE, Veyver IB van den, Wan M, Tran CQ, Francke U, Zoghbi HY. Rett syndrome is caused by mutations in X-linked MECP2, encoding methyl-CpG-binding protein 2. Nat Genet. 1999;23:185-8.

Amir RE, Veyver IB van den, Schultz R, Malicki DM, Tran CQ, Dahle EJ, Philippi A, Timar L, Percy AK, Motil KJ, Lichtarge O, Smith EO, Glaze DG, Zoghbi HY Effects of rett syndrome mutations of the methyl-CpG binding domain of the transcriptional repressor MeCP2 on Influence of mutation type and X chromosome inactivation on Rett syndrome phenotypes. Ann Neurol. 2000;47:670-9.

Arvio M. Follow-up in patients with aspartylglucosaminuria. Part I. The course of intellectual functions. Acta Paediat. 1993;82:469-71.

Arvio M, Peippo M, Simola KO Applicability of a checklist for clinical screening of the fragile X syndrome. Clin Genet. 1997;52:211-5.

Asperger H. Die autistischen Psychopathen im Kindesalter. Arch Psychiat Nervenkrankh. 1944;117:76-136.

Astedt B. Antenatal drugs affecting vitamin K status of the fetus and the newborn. Sem Thromb Hemost. 1995;21:354-70.

Aziz K, Vickar DB, Sauve RS, Etches PC, Pain KS, Robertson CM. Province-based study of neurologic disability of children weighing 500 through 1249 grams at birth in relation to neonatal cerebral ultrasound findings. Pediatrics. 1995;95:837-44.

Bayley N. Manual for the Bayley scales of infant development II. New York: Psychological Corporation; 1993.

Benassi G, Guarino M, Cammarata S, Cristoni P, Fantini MP, Ancona A, Manfredini M, D'Alessandro R. An epidemiological study on severe mental retardation among schoolchildren in Bologna, Italy. Develop Med Child Neurol. 1990;32:895-901.

Berney B. Round and round it goes: the epidemiology of childhood lead poisoning, 1950-1990. Milbank Quart. 1993;71:3-39.

Bondy C, Cohen R, Eggert D, Lüer G. (Hrsg. Ingenkamp K). Testbatterie für geistig behinderte Kinder (TBGB). 3. Aufl. Weinheim: Beltz; 1995.

Borsel J van, Curfs LM, Fryns JP. Hyperacusis in Williams syndrome: a sample survey study. Genet Counsel. 1997;8:121-6.

Boue J, Simon-Bouy B. La genetique du syndrome de l'X fragile et sa prevention. J Gynec Obstet Biol Reprod. 1997;26:273-9.

Brand I. Griffiths Entwicklungsskalen (GES) zur Beurteilung der Entwicklung in den ersten beiden Lebensjahren. Deutsche Bearbeitung; 1983.

Brondum-Nielsen K, Christensen K. Chromosome 22q11 deletion and other chromosome aberrations in cases with cleft palate, congenital heart defects and/or mental disability. A survey based on the Danish Facial Cleft Register. Clin Genet. 1996;50:116-20.

Brown WT, Nolin S, Houck G Jr, Ding X, Glicksman A, Li SY, Stark-Houck S, Brophy P, Duncan C, Dobkin C, Jenkins E. Prenatal diagnosis and carrier screening for fragile X by PCR. Am J Med Genet. 1996;64:191-5.

Cattel RB. Abilities: their structure, growth, and action. Boston: Houghton; 1971.

Cheadle JP, Gill H, Fleming N, Maynard J, Kerr A, Leonard H, Krawczak M, Cooper DN, Lynch S, Thomas N, Hughes H, Hulten M, Ravine D, Sampson JR, Clarke A. Long-read sequence analysis of the MECP2 gene in Rett syndrome patients: correlation of disease severity with mutation type and location. Hum Molecul Genet. 2000;9:1119-29

Chen GW, Huang HS, Wang PW, Lin JD, Huang BY, Huang MJ. Growth catch-up in the case of congenital hypothyroidism after delayed treatment–a case report. Chang Keng I Hsueh Chang Gung Med J. 1990;13:125-33.

Chudley AE, Hagermann RJ. Fragile X syndrome. J Pediat. 1987;110:821-31.

Courchesne E, Yeung-Courchesne R, Press GA, Hesselink MD, Jernigan TL. Hypoplasia of cerebellar vermal lobules VI and VII in autism. New Engl J Med. 1988;318:1349-54.

Cruysberg JR, Wevers RA, Engelen BG van, Pinckers A, Spreeken A van, Tolboom JJ. Ocular and systemic manifestations of cerebrotendinous xanthomatosis. Am J Ophthal. 1995;120:597-604.

Decoufle P, Murphy CC, Drews CD, Yeargin-Allsopp M. Mental retardation in ten-year-old children in relation to their mothers' employment during pregnancy. Am J Indust Med. 1993;24:567-86.

Deimling A von, Krone W, Menon AG. Neurofibromatosis type 1: pathology, clinical features and molecular genetics. Brain Pathol. 1995;5:153-62.

Diamond A, Prevor, MB, Callender G, Druin DP. Prefrontal cortex cognitive deficits in children treated early and continuously for PKU. Monographs of the Society for Research in Child Development. 1997;62:1-208

Fitzgerald B, Morgan J, Keene N, Rollinson R, Hodgson A, Dalrymple-Smith J. An investigation into diet treatment for adults with previously untreated phenylketonuria and severe intellectual disability. J Intell Disab Res. 2000;44:53-9.

Folstein SE, Piven J. Etiology of autism: genetic influences. Pediatrics. 1991;87:767-73.

Gerrits GP, Monnens LA, Gabreels FJ, Abreu RA de, Koster A, Trijbels JM. Cerebrospinal fluid amino acids, purines and pyrimidines as a tool in the study of metabolic brain diseases. J Inherit Metab Dis. 1993;16:670-5.

Gontard A von, Hillig U, Herold D. Klinische und zytogenetische Probleme bei der Diagnose des Fragilen-X-Syndroms. Z Kinder Jugendpsych. 1992;20:113-20.

Gool WA van, Evenhuis HM, Duijn CM van. A case-control study of apolipoprotein E genotypes in Alzheimer's disease associated with Down's syndrome. Dutch Study Group on Down's Syndrome and Ageing. Ann Neurol. 1995;38:225-30.

Gustafson R, Traub D. Williams syndrome: a guide to diagnosis and treatment. South Dakota J Med. 1997;50:89-91.

Handen BL, Feldman H, Gosling A, Breaux AM, McAuliffe S. Adverse side effects of methylphenidate among mentally retarded children with ADHD. J Am Acad Child Adoles Psychiat. 1991;30:241-5.

Handen BL, Breaux AM, Janosky J, McAuliffe S, Feldman H, Gosling A. Effects and noneffects of methylphenidate in children with mental retardation and ADHD. J Am Acad Child Adoles Psychiat. 1992;31:455-61.

Handen BL, Janosky J, McAuliffe S, Breaux AM, Feldman H. Prediction of response to methylphenidate among children with ADHD and mental retardation. J Am Acad Child Adoles Psychiat. 1994;33:1185-93.

Handen BL, Janosky J, McAuliffe S. Long-term follow-up of children with mental retardation/borderline intellectual functioning and ADHD. J Abnorm Child Psychol. 1997;25:287-95.

Hellbrügge T. Münchener Funktionelle Entwicklungsdiagnostik (MFED). 5. Aufl. Lübeck: Hansisches Verlagskontor; 1997.

Hirt HR. Zur Nosologie des Lennox-Gastaut-Syndroms. Nervenarzt. 1996;67:109-22.

Kanner L. Autistic disturbances of affective contact. Nerv Child. 1943;2:217-50.

Majewski F. Die Alkoholembryopathie – eine häufige und vermeidbare Schädigung. In: Majewski F, Hrsg. Die Alkohol-Embryopathie. Frankfurt/Main: Umwelt- und Medizinverlagsgesellschaft; 1987.

Matricardi M, Brinciotti M, Trasatti G, Porro G. Self-induced pattern-sensitive epilepsy in childhood. Acta Paed Scand. 1990;79:237-40.

Mazzocco MM, Sonna NL, Teisl JT, Pinit A, Shapiro BK, Shah N, Reiss AL. The FMR1 and FMR2 mutations are not common etiologies of academic difficulty among school-age children.Authors. J Develop Behav Pediat. 1997;18:392-8.

Mononen T, Mononen I, Matilainen R, Airaksinen E. High prevalence of aspartylglycosaminuria among school-age children in eastern Finland. Hum Genet. 1991;87:266-8.

Müller CM. Glial cell functions and activity-dependent plasticity of the mammalian visual cortex. Perspect Develop Neurobiol. 1993;1:169-77.

Myerowitz R. Tay-Sachs disease-causing mutations and neutral polymorphisms in the Hex A gene. Hum Mutat. 1997;9:195-208.

O'Dea D, Parfrey PS, Harnett JD, Hefferton D, Cramer BC, Green J. The importance of renal impairment in the natural history of Bardet-Biedl syndrome. Am J Kidney Dis. 1996;27:776-83.

O'Dwyer J, Holmes J, Mueller R, Taylor G. The prevalence of fragile-X syndrome in an institution for people with learning disability. Psychiat Genet. 1997;7:115-9.

Ogris E. Exposition mit radioaktivem Jod in der Schwangerschaft: Bedeutung fuer Mutter und Kind. Acta Med Austriaca. 1997;24:150-3.

Oka E, Sanada S, Asano T, Ishida T. Mental deterioration in childhood epilepsy. Acta Med Okayama. 1997;51:173-8.

Orejon de Luna G, Mateos Beato F, Simon de las Heras R, Miralles Molina M. Encefalomalacia multiquistica. Revision de 19 casos, (Multicystic encephalomalacia. Review of 19 cases). Anal Espan Pediat. 1997;46:33-9.

Ozawa M, Aoki T. Inherited neurological disease- relationship between an essential trace elements and Wilson/Menkes disease. Nippon Rinsho. Jap J Clin Med. 1996;54:117-22.

Palmini A, Andermann E, Andermann F. Prenatal events and genetic factors in epileptic patients with neuronal migration disorders. Epilepsia. 1994;35:965-73.

Pfrieger FW, Barres BA. Synaptic efficacy enhanced by glial cells in vitro. Science. 1997;277(5332):1684-7.

Platt LD, Koch R, Hanley WB, Levy HL, Matalon R, Rouse B, Trefz F, Cruz F de la, Guttler F, Azen C, Friedman EG. The international study of pregnancy outcome in women with maternal phenylketonuria: report of a 12-year study. Am J Obstet Gynec. 2000;182:326-33.

Poorthuis BJ, Wevers RA, Kleijer WJ, Groener JE, Jong JG de, Weely S van, Niezen-Koning KE, Diggelen OP van. The frequency of lysosomal storage diseases in the Netherlands. Hum Genet. 1999;105:151-6.

Poustie VJ, Rutherford P. Dietary interventions for phenylketonuria. Cochrane Database System Rev. 2000;2:CD001304.

Rapin I. Progress in the neurobiology of autism. CNS Spectrums. 1998;3:50-60.

Refetoff S. Resistance to thyroid hormone and its molecular basis. Acta Paediat Japon. 1994;36:1-15

Robertson CM, Hrynchyshyn GJ, Etches PC, Pain KS. Population-based study of the incidence, complexity, and severity of neurologic disability among survivors weighing 500 through 1250 grams at birth: a comparison of two birth cohorts. Pediatrics. 1992;90:750-5.

Rutter M, Bailey A, Simonoff E, Pickles A. Genetic influences and autism. In: Cohen DJ, Volkmar FR, eds. Handbook of autism and pervasive developmental disorder. 2nd ed. New York: John Wiley & Sons; 1997.

Sarimski K Specific eating and sleeping problems in Prader-Willi and Williams-Beuren syndrome. Child: Care Health Develop. 1996;22:143-50.

Sidenvall R, Forsgren L, Heijbel J. Prevalence and characteristics of epilepsy in children in northern Sweden. Seizure. 1996;5:139-46.

Spohr HL, Willms J, Steinhausen HC. Prenatal alcohol exposure and long-term developmental consequences. Lancet. 1993;341:8850: 907-10.

Steinhausen HC. Psychische Störungen bei Kindern. Lehrbuch der Kinder- und Jugendpsychiatrie. 3. Aufl. München: Urban & Schwarzenberg; 1993.

Stone DL, Tayebi N, Orvisky E, Stubblefield B, Madike V, Sidransky E. Glucocerebrosidase gene mutations in patients with type 2 Gaucher disease. Hum Mutat. 2000;15:181-8.

Thurston LL, Thurston TG. Factorial studies of intelligence. Psychomet Monogr. 1941;2.

Turner G, Webb T, Wake S, Robinson H. Prevalence of fragile X syndrome. Am J Med Genet. 1996;64:196-7.

Vries BB de, Ouweland AM van den, Mohkamsing S, Duivenvoorden HJ, Mol E, Gelsema K, Rijn M van, Halley DJ, Sandkuijl LA, Oostra BA, Tibben A, Niermeijer MF. Source screening and diagnosis for the fragile X syndrome among the mentally retarded: an epidemiological and psychological survey. Collaborative Fragile X Study Group. Authors: Am J Hum Genet. 1997;61:660-7.

Warren RP. An immunologic theory for the development of some cases of autism. CNS Spectrums. 1998;3:71-9.

Weber GF. The pathophysiology of reactive oxygen intermediates in the central nervous system. Med Hypothes. 1994;43:223-30.

Wheless JW, Constantinou JE. Lennox-Gastaut syndrome. Pediat Neurol. 1997;17:203-11.

Yoshimaru H, Otake M, Fujikoshi Y, Schull WJ. Effect on school performance of prenatal exposure to the Hiroshima atomic bomb. Nippon Eiseigaku Zasshi. Jap J Hyg. 1991;46:747-54

Prüfungsfragen

1. Mit welchen Prävalenzraten muss insgesamt bei geistigen Behinderungen gerechnet werden, wie hoch ist der Anteil mindestens mittelgradig Behinderter?
2. Welche diagnostischen Verfahren sind zur Einschätzung der kognitiven Leistungsfähigkeit geeignet?
3. Was sind die häufigsten Ursachen für mindestens mittelgradige Intelligenzänderungen?
4. Wie können eventuell vorliegende morphologische Veränderungen des Gehirns nachgewiesen werden?
5. Mit welchen Verfahren können genetische Ursachen bereits pränatal diagnostiziert werden?
6. Welche Rolle spielt die Anamnese bei der Ursachensuche?
7. Wie sieht eine Therapie der geistigen Behinderung aus? Geben Sie Beispiele für die Behandlung von bestimmten Grundstörungen.

11 Umschriebene Entwicklungsstörungen

G. Esser

Fallvignette 1

Christian ist 9 Jahre alt, besucht die 3. Klasse der Grundschule und wird wegen schlechter Noten in Deutsch (5) und Mathematik (4) sowie wegen Unaufmerksamkeit, Zappeligkeit und störenden Verhaltens in der Klasse vorgestellt. Ihm droht eine Umsetzung in eine Förderschule. Zu Hause entzünden sich endlose Auseinandersetzungen an den Hausaufgaben, die die Mutter mit Christian während des gesamten Nachmittages macht.

Aus der Vorgeschichte ist, neben der Trennung der Eltern, als Christian 8 Monate alt war, ein verspäteter Sprachbeginn – erste Worte mit 28 Monaten – erwähnenswert.

Heute lebt Christian mit Mutter (Hausfrau), Stiefvater (gelernter Schreiner, jetzt Fernfahrer) und dem 4-jährigen Halbbruder zusammen. Christians Beziehung zum Stiefvater ist relativ eng, die Beziehung zur Mutter durch die täglichen Auseinandersetzungen um die Hausaufgaben belastet. Das Verhältnis zum Halbbruder ist überwiegend positiv. Christian hat keine Freunde, er trifft sich nur selten mit einem 7-jährigen Jungen aus der Nachbarschaft. In der Schulklasse ist er wegen seines störenden Verhaltens Außenseiter.

Im CFT 1 zeigte Christian eine gut durchschnittliche nonverbale Intelligenz (IQ = 112), die sprachlichen Fertigkeiten (Verbalteil des HAWIK) sind deutlich schlechter (VIQ = 89). Auffällig sind sehr geringe Leistungen im Lesen (Züricher Lesetest Prozentrang < 1) und im Rechtschreiben (DRT 2 Prozentrang = 3), dagegen waren die Leistungen im Rechnen (aus Kaufman-ABC) durchschnittlich (SW = 105). Aufgrund der gezeigten Leistungen erfüllt Christian die Kriterien für eine umschriebene Entwicklungsstörung des Lesens und Rechtschreibens. Daneben konnte durch Eltern- und Lehrerbefragung eine einfache Aktivitäts- und Aufmerksamkeitsstörung diagnostiziert werden.

Neben einer Beratung von Eltern und Lehrern sowie einer medikamentösen Therapie mit Methylphenidat nahm Christian 2-mal wöchentlich an einem neuropsychologisch fundierten Lese-Rechtschreib-Programm teil, das insbesondere seinen Schwierigkeiten in der Lautverschmelzung (T-Wert = 24 im Lauteverbinden PET) durch ein Silbentraining Rechnung trägt, darüber hinaus aber auch Übungen zu Rechtschreibregeln und zu einem reflexiven Antwortstil enthält. Nach 20-monatiger Behandlung waren Christians Rechtschreibleistungen (T = 44, WRT 4/5) und Leseleistungen (ZLT PR 25--50) durchschnittlich, die Deutschnote in der Schule bewegte sich zwischen 3 und 4. Das störende Verhalten war abgeklungen, die Beziehung zur Mutter und zu Gleichaltrigen hatte sich deutlich gebessert.

Fallvignette 2

Die 11-jährige Martina wurde wegen einer seit Schulbeginn bestehenden Schwäche im Rechnen und weil sie Kontaktschwierigkeiten hat, vorgestellt. Sie ist die mittlere von 3 Töchtern eines 39-jährigen Bankkaufmanns und seiner 37-jährigen Frau. Die Familie lebt abgeschieden auf einem Dorf. Auch die beiden Schwestern leiden unter einer Rechenschwäche und unter Kontaktproblemen. Diese werden dadurch verstärkt, dass alle 3 Kinder eine konfessionelle Schule in der 15 km entfernten Großstadt besuchen und deshalb kaum Kontakt zu Klassenkameraden unterhalten können. Im Gegensatz zu ihren Schwestern ist bei Martina auch ein gemindertes Kontaktbedürfnis festzustellen. Sie beschäftigt sich am liebsten allein und verlässt nur ungern das elterliche Grundstück.

Die Schwangerschaft mit Martina war durch eine EPH-Gestose kompliziert, die jedoch nicht medikamentös behandelt wurde. Die Geburt erfolgte zwar in der 35. Schwangerschaftswoche, mit 3030 g war das Neugeborene jedoch reif. Laufen und Sprachbeginn erfolgten zeitgerecht mit 12 Monaten. Im Kindergarten gab es massive Eingewöhnungsprobleme. Martina war überaus zurückgezogen. Die neurologische Untersuchung ergab keine Auffälligkeiten. Sie fiel lediglich durch eine Kontaktarmut auf, sie vermied jede Blickaufnahme, antwortete in knappen Sätzen und nur, wenn es sich nicht mehr vermeiden ließ. Während mehrerer Untersuchungstage lächelte sie kein einziges Mal. Martina hat große Angst vor Krankheiten und Verletzungen.

Martina ist durchschnittlich intelligent (IQ nach PSB = 93) bei inhomogenem Leistungsprofil. In den sprachlichen Aufgaben zeigte sie gut durchschnittliche bis überdurchschnittliche, in Aufgaben zum nonverbalen abstrakt-logischen Denken deutlich unterdurchschnittliche Leistungen. Im Rechentest für die 3. Klasse, sie besucht die 5. Klasse (!) konnte Martina nur eine der 40 Aufgaben lösen. Besondere Probleme hatte sie mit der Reihenfolge der Ziffern; sie hat keine Vorstellungen von den Begriffen „Hälfte", „Drittel" oder „Viertel".

Martina erfüllt eindeutig die Kriterien für eine umschriebene Entwicklungsstörung des Rechnens, daneben weist sie im Kontaktverhalten deutlich autistische Züge auf, ohne jedoch die Diagnosekriterien für Autismus zu erfüllen. Neben einem besonderen Förderprogramm zur Behandlung der Rechenschwäche wurde bei Martina zunächst im Rahmen einer Einzeltherapie (in Anlehnung an das Programm von Petermann u. Petermann 1994) versucht, die soziale Kompetenz zu erhöhen. Die Behandlung musste jedoch wegen des Widerstands des Mädchens und wegen mangelnder Kooperation seiner Eltern abgebrochen werden.

Einleitung

Der Begriff **„umschriebene Entwicklungsstörung"** hat den im deutschen Sprachraum von Graichen (1973) geprägten Begriff der **„Teilleistungsstörung"** ersetzt, auch wenn die Begriffe heute noch weitgehend synonym gebraucht werden.

Aufgrund der häufig missbräuchlichen Verwendung des Begriffs „Teilleistungsstörung", z.T. wurden darunter lern- und geistig behinderte Kinder, Kinder mit einer Zerebralparese oder auch mit einem hyperkinetischen Syndrom verstanden, war ein neuer, unbelasteter Begriff überfällig, um die Gruppe der wirklich betroffenen Kinder zu kennzeichnen.

Im Unterschied zum Begriff „Teilleistungsstörung" suggeriert der Begriff „umschriebene Entwicklungsstörung" allerdings, es handle sich um eine vorübergehende, im Entwicklungsverlauf passagere Störung mit insgesamt günstiger Prognose.

Langzeitstudien aber zeigen im Gegenteil, dass viele Formen umschriebener Entwicklungsstörungen keinen günstigen Verlauf nehmen und dass bei einem vergleichsweise hohen Prozentsatz der Betroffenen mit dauernden Beeinträchtigungen zu rechnen ist.

Umschriebene Entwicklungsstörungen fassen eine Gruppe von isolierten Leistungsstörungen zusammen, die aufgrund von spezifischen Störungen der Informationsverarbeitung und Handlungsorganisation zustande kommen. Die Störungen der Informationsverarbeitung und Handlungsorganisation dürfen dabei nicht so umfassend sein, dass davon auch das abstraktlogische Denken in seiner Gesamtheit betroffen wäre, für Teile des abstrakt-logischen Denkens (z.B. sprachlich-schlussfolgerndes Denken) kann dies allerdings durchaus zutreffen. Es handelt sich somit um Kinder, die trotz normaler Denkfähigkeit aufgrund von Informationsverarbeitungsdefiziten spezifische Leistungsstörungen (z.B. eine Lese-Rechtschreib-Schwäche) aufweisen. Die Definition schließt ein, dass die Leistungsstörung nicht Folge fehlender häuslicher oder schulischer Förderung oder der Motivation des Kindes ist. Da in der Praxis gerade diese Abgrenzung schwierig zu treffen ist, wurde der Rahmen für eine normale Förderung des Kindes weit gesteckt.

Letztlich fällt all das unter eine normale Förderung, was nicht durch Vernachlässigung, fehlende Anregung, z.B. durch geistig oder sinnesbehinderte Eltern, häufiges Versäumen des Schulunterrichts oder völlige Leistungsverweigerung gekennzeichnet ist.

Obwohl die Informationsverarbeitungsdefizite von entwicklungsgestörten Kindern eine neuropsychologische Grundlage haben sollen, sind Leistungsstörungen im Zuge von Sinnesschädigungen und neurologischen Erkrankungen, wie z.B. einer Epilepsie oder Zerebralparese, ausgeschlossen. Die Voraussetzungen – normale Intelligenz, fehlende Sinnesschädigung und fehlende neurologische Erkrankung sowie angemessene Förderung – grenzen die Kinder mit umschriebenen Entwicklungsstörungen von behinderten und deprivierten Kindern ab. Diese Forderungen werden als Normalitätsannahme zusammengefasst.

Die Abgrenzung von Kindern mit umschriebenen Entwicklungsstörungen gegen ungestörte Kinder bzw. solche mit leichten Auffälligkeiten, erfolgt durch die so genannte Diskrepanzannahme. Diese beinhaltet einerseits eine absolut niedrige Leistung in den gestörten Teilbereichen, z.B. in Sprache, Lesen oder Rechnen, und andererseits eine möglichst große Differenz zwischen gestör-

Tabelle 11.1 Nach ICD-10 werden folgende umschriebene Entwicklungsstörungen unterschieden

F 80	**Umschriebene Entwicklungsstörungen des Sprechens und der Sprache**
F 80.0	Artikulationsstörung
F 80.1	Expressive Sprachstörung
F 80.2	Rezeptive Sprachstörung
F 81	**Umschriebene Entwicklungsstörung schulischer Fertigkeiten**
F 81.0	Lese- und Rechtschreibstörung
F 81.1	Isolierte Rechtschreibstörung
F 81.2	Rechenstörung
F 81.3	Kombinierte Störung schulischer Fertigkeiten
F 82	**Umschriebene Entwicklungsstörung der motorischen Funktionen**
F 83	**Kombinierte umschriebene Entwicklungsstörungen**

ter Teilleistung und dem übrigen ungestörten Denkniveau. Die gestörte Teilleistung soll mindestens 1½ Standardabweichungen unter dem Mittelwert der Alters- oder Klassengruppe liegen – d.h., das Kind zählt mit seinen Leistungen zu den 7 % Schlechtesten seiner Bezugsgruppe – und die Denkfähigkeit mindestens 1½ Standardabweichungen über der gestörten Teilleistung. Für Forschungsansätze werden von der ICD-10 jeweils 2 Standardabweichungen Differenz gefordert.

Die Festlegung benachteiligt sehr intelligente Kinder, bei denen die gestörte Teilleistung oft nicht 1½ Standardabweichungen unter dem Mittelwert der Altersgruppe liegt, obwohl die Teilleistung im Vergleich zum übrigen Leistungsniveau deutlich aus dem Rahmen fällt. Andererseits fällt es schwer, bei weniger gut begabten Kindern Tests zu finden, die so weit im unteren Leistungsbereich differenzieren, dass z.B. gestörte Teilleistungen, die 2½ oder 3 Standardabweichungen unter dem Mittelwert der Altersgruppe liegen, noch valide gemessen werden können. Letztlich kommen nach den Definitionen nur Kinder in Frage, die mindestens durchschnittlich intelligent sind. Bei einigen lernbehinderten Kindern lassen sich trotzdem z.B. Rechtschreibleistungen nachweisen, die so gering ausfallen, dass noch die nötige Diskrepanz zur niedrigen Intelligenz erreicht wird.

Das Gesamtniveau der Denkfähigkeit soll aus den von der gestörten Teilleistung unabhängigen Intelligenzbereichen bestimmt werden. Für Störungen der Sprache oder des Lesens und Rechtschreibens ist somit die nonverbale Intelligenz, für Störungen des Rechnens die verbale Intelligenz als Bezugspunkt zu wählen. In ICD-10 werden unter F 80 umschriebene Entwicklungsstörungen des Sprechens und der Sprache, unter F 81 umschriebene Entwicklungsstörungen schulischer Fertigkeiten und unter F 82 umschriebene Entwicklungsstörungen motorischer Funktionen unterschieden (Tab. 11.**1**). Die Anwendung der genannten Kriterien auf eine Zufallsstichprobe 8-jähriger Kinder (Esser 1991, Esser u. Schmidt 1994) führt zu den in Tab. 11.**2** aufgeführten Prävalenzraten.

Die ermittelten Gesamtprävalenzraten zeigen, dass umschriebene Entwicklungsstörungen zu den häufigsten Störungsbildern zählen und dass die Definitionskriterien auf keinen Fall aufgeweicht werden dürfen. Die früher häufig verwendeten klinischen Definitionen mit nur je einer Standardabweichung Differenz führen zu einer Gesamtprävalenz von über 30 %!

Die folgende Darstellung konzentriert sich auf die Störungen, die in der klinisch-psychologischen Arbeit mit Kindern und Jugendlichen besondere Bedeutung erlangen. An 1. Stelle ist die umschriebene Lese-Rechtschreib-Schwäche zu nennen, an 2. Stelle die umschriebene Rechenstörung.

Tabelle 11.2 Prävalenzraten

	Klinische Kriterien 1½ Standardabweichung	Forschungskriterien 2 Standardabweichungen	DSM-IV
F 80.0	5,6%	5,6%	2–3 %
F 80.1 + F 80.2	6,9%	4,6%	3–5 %
F 81.0 + F 81.1	5,6%	3,7%	4–5 %
F 81.2	nicht erhoben	nicht erhoben	1 %
F 82	3,2%	1,4%	6 %
Gesamt	17,6%	13,0%	keine Angaben
Darunter F 83	3,7%	2,3%	keine Angaben

11.1 Umschriebene Entwicklungsstörung des Lesens und Rechtschreibens

Erscheinungsbild und Diagnosestellung

In der Vorgeschichte fällt mehr als die Hälfte der betroffenen Kinder durch eine verzögerte Sprachentwicklung auf, z.B. verspäteten Sprachbeginn, geringen Wortschatz, Dysgrammatismus (Warnke u. Roth 2002, Klicpera u. Gasteiger-Klicpera 1995). Die schweren Formen manifestieren sich meist bereits in den ersten Monaten des Schulbesuchs durch große Probleme beim Erwerb des Lesens und Rechtschreibens. Beim Erlernen der Buchstaben werden zahlreiche Verwechslungen insbesondere beim Benennen gestaltähnlicher oder visuomotorisch komplexer Grapheme beobachtet. Beim Lesen kommt es zu Auslassungen, dem Ersetzen, Verdrehen oder Hinzufügen von Buchstaben, Wortteilen oder ganzen Wörtern. Die Lesegeschwindigkeit ist stark herabgesetzt, einige Kinder „verrutschen" in den Textzeilen. Aufgrund der erheblichen Probleme beim korrekten Vorlesen des Textes ist zwangsläufig die Möglichkeit, das Gelesene zu verstehen oder wiederzugeben, stark eingeschränkt.

Beim Rechtschreiben sind alle Fehlertypen gehäuft anzutreffen. Insofern gibt es die legastheniespezifischen Fehler nicht. Allerdings treten gewisse Fehlertypen (wie Verdrehungen von Buchstaben, z.B. b–d, u–n, Umstellungen, Auslassungen und Einfügungen von Buchstaben im Wort) in so hoher Zahl und noch zu so einem späten Zeitpunkt (z.B. noch in der 4. Klasse) auf, wie dies bei Kindern ohne Lese-Rechtschreib-Störung nicht beobachtet wird. An diesen klassenuntypischen Fehlern lassen sich Kinder mit einer Lese-Rechtschreib-Schwäche gut erkennen.

Zur Beurteilung weniger geeignet sind die so genannten Regelfehler (Dehnungen, Schärfungen, Groß- und Kleinschreibung), die allerdings ebenfalls ungewöhnlich häufig von Kindern mit Lese-Rechtschreib-Schwäche begangen werden. Die große Unsicherheit im Rechtschreiben dokumentiert sich darin, dass dasselbe Wort im gleichen Text einmal richtig und einmal falsch oder unterschiedlich falsch geschrieben wird. Die phonologische Bewusstheit, z.B. das Wissen über die Reihenfolge der Phoneme in unbekannten Wörtern, ist bei Kindern mit Lese-Rechtschreib-Störung beeinträchtigt. Dies ist bei einem Teil der Kinder als Folge von Schwierigkeiten bei der Durchgliederung des Wortes bzw. bei der akustischen Reihenbildung (Seriation) anzusehen.

Intelligente und gut geförderte Kinder kompensieren ihre Lese-Rechtschreib-Störung anfangs durch Auswendiglernen und fallen erst in der 3. Klasse, wenn ungeübte Diktate geschrieben werden, auf. Drei Viertel bis vier Fünftel der lese-rechtschreib-schwachen Kinder sind Jungen.

Nach Ausschluss einer Sinnesschädigung, einer neurologischen Erkrankung sowie einer unangemessenen Förderung muss als Minimalforderung die Lese- und Rechtschreibleistung mit standardisierten Testverfahren, z.B. dem Zürcher Lesetest und dem diagnostischen Rechtschreibtest für die entsprechende Klassenstufe, sowie die nonverbale Intelligenz erfasst werden. Erfüllt das Kind die Kriterien (T-Wert im Rechtschreib- bzw. Lesetest <35 und T-Wert im Intelligenztest mind. 15 Punkte höher) für eine umschriebene Entwicklungsstörung, folgt die Suche nach Störungen in der Informationsverarbeitung. Wertvolle Aufschlüsse ergibt dabei die Fehleranalyse des Lese- und Rechtschreibtests. Sie gibt immer auch Hinweise auf die erforderlichen Therapieschwerpunkte. Daneben werden weitere neuropsychologische Funktionen (z.B. Sprachfunktionen mithilfe des Heidelberger Sprachentwicklungstests oder des Psycholinguistischen Entwicklungstests) sowie Gedächtnisfunktionen (z.B. mithilfe des Kaufman-ABCs, der Skala Einzelheitliches Denken) sowie der Visuomotorik (z.B. Göttinger Formreproduktions-Test) sowie zum visuellen Gliedern (z.B. Objekte finden aus PET) und Parameter der Aufmerksamkeit (z.B. KHV, bp-Test oder Test d2) untersucht. Eingeschränkt werden muss allerdings, dass diese weitergehende Diagnostik nicht in allen Fällen hilfreich ist, denn ein größerer Teil der betroffenen Kinder weist in keinem der genannten Bereiche Auffälligkeiten auf. Es muss bei diesen Kindern davon ausgegangen werden, dass die grundlegenderen Informationsverarbeitungsprozesse ungestört sind und dass lediglich die Kombination der verschiedenen Prozesskomponenten für das Lesen bzw. Rechtschreiben gestört ist.

Komorbidität und Verlauf

Erwartungsgemäß sind die Schulleistungen lese-rechtschreib-schwacher Kinder in hohem Maße gestört. Insgesamt machen sie im Grundschulalter knapp die Hälfte aller nicht intelligenzbedingten Schulleistungsstörungen aus. Jedoch nicht nur der Schulerfolg im Grundschulalter, sondern auch die spätere Schulkarriere ist bei Lese-Rechtschreib-Schwachen erheblich beeinträchtigt. Aufgrund einer eigenen epidemiologischen Untersuchung (Esser u. Schmidt 1994) konnte gezeigt werden, dass nur ca. 3% der Kinder mit einer Lese-Rechtschreib-Störung nach der Grundschule auf das Gymnasium wechseln, ein Viertel besucht die Realschule, während über die Hälfte auf der Hauptschule verbleibt und immerhin ein Sechstel der Kinder die Förderschule besuchen muss. Im weiteren Verlauf gelingt es zwar einigen nach Abschluss der Realschule noch aufs Gymnasium zu wechseln, und die meisten Förderschüler erreichen noch den Hauptschulabschluss, insgesamt bleibt jedoch der endgültige Schulerfolg weit hinter dem normal begabter Kinder ohne umschriebene Entwicklungsstörung zurück und entspricht im Gesamtniveau exakt dem von minderbegabten Kindern (IQ-Bereich 70–85). Resultat des geringeren Schulerfolgs ist, dass im Alter von 18 Jahren mit einer um den Faktor 3 (12% vs. 4%) erhöhten Rate von Jugendarbeitslosigkeit zu rechnen ist. Der weitere Verlauf bis zum Alter von 25 Jahren (1995) zeigt darüber hinaus, dass in Zeiten zunehmender Probleme am Arbeitsmarkt lese-rechtschreib-schwache junge Erwachsene wesentlich härter von der Situation getroffen werden. In der vorliegenden Studie stieg die Zahl der Arbeitslosen unter denen ohne umschriebene Entwicklungsstörung zwischen 1989 und 1995 nicht an (verblieb also bei 4%), während die Rate unter den Lese-Rechtschreib-Gestörten von 12 auf immerhin 26 % anstieg (Esser et al. 2002) (Abb. 11.**1**).

Im Einklang mit den Arbeiten von Graichen (1979) und Strehlow et al. (1992) steht der Befund, dass ohne spezifische Therapie nicht mit einer allgemeinen Verbesserung der Rechtschreibleistung zu rechnen ist. Obwohl Kinder mit einer Lese-Rechtschreib-Störung im Vergleich zu ihren ungestörten Klassenkameraden in Bezug auf das Lesen und Schreiben zwar auch nicht zusätzlich an Boden verlieren, so können sie über einen Zeitraum von 5 Jahren allein unter den

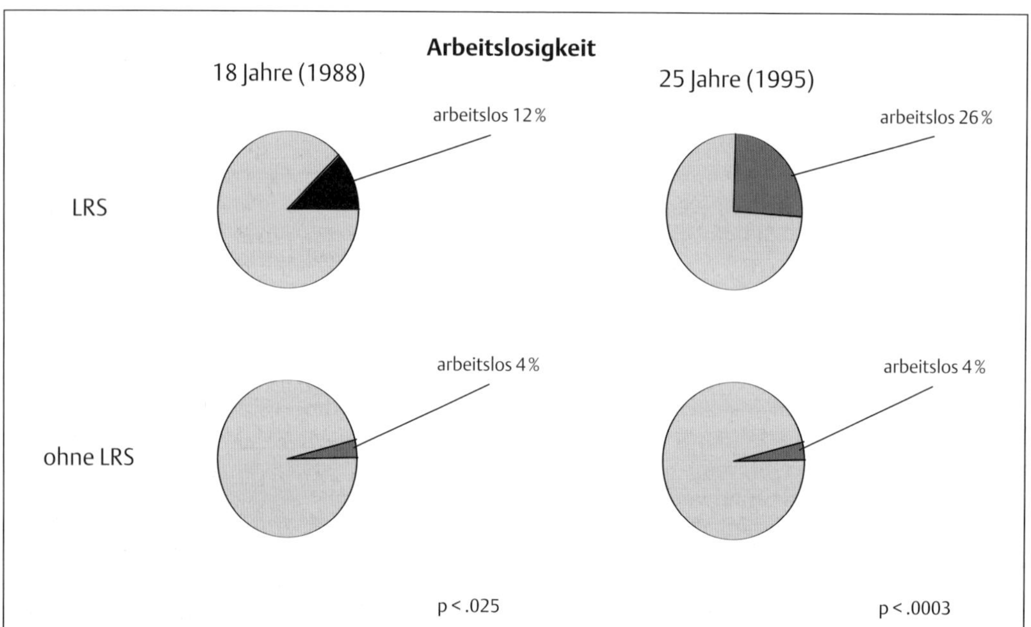

Abb. 11.**1** Der langfristige Verlauf von Lese-Rechtschreib-Störungen (LRS)

Bedingungen der schulischen Förderung den Abstand in der Lese-Rechtschreib-Leistung nicht vermindern (Esser u. Schmidt 1993). Aufgrund der der Lese-Rechtschreib-Störung zugrunde liegenden Informationsverarbeitungsdefizite könnte angenommen werden, dass im weiteren Verlauf auch die allgemeine Intelligenz der Kinder beeinträchtigt werde. Die Ergebnisse aus der Kurpfalz-Erhebung belegen, dass dies nicht der Fall ist. Die Intelligenz der lese-rechtschreib-schwachen Kinder blieb zwischen 8 und 13 Jahren konstant.

Über 40% der Kinder mit Lese-Rechtschreib-Störung zeigen im Grundschulalter und der Frühadoleszenz zusätzliche psychische Störungen von klinischer Bedeutsamkeit. Nach Beendigung der Schule sinkt diese Rate um ca. 10% bei weiter fallender Tendenz. Im Alter von 25 Jahren war die Gesamtrate der psychischen Störungen unter den ehemals Lese-Rechtschreib-Schwachen nicht mehr signifikant erhöht. Die psychischen Störungen der Lese-Rechtschreib-Schwachen weisen dabei im Durchschnitt einen höheren Schweregrad auf. Abb. 11.**2** zeigt die signifikant erhöhte Summe dissozialer Symptome über den gesamten Beobachtungszeitraum mit einem besonders steilen Anstieg im Jugendalter in der Gruppe der Lese-Rechtschreib-Schwachen. Die signifikante Interaktion von Gruppe und Zeit unterstreicht die Bedeutung dieses Anstiegs und

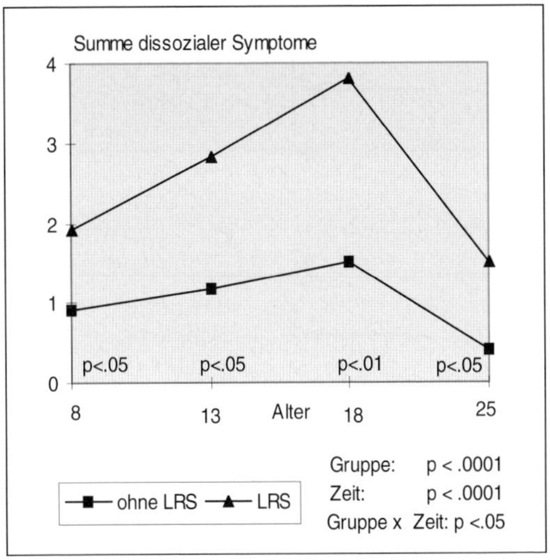

Abb. 11.**2** Dissoziale Auffälligkeiten bei Kindern mit und ohne LRS

wirft die Frage nach der Beteiligung der Lese-Rechtschreib-Störung an der Entstehung dissozialer Störungen auf. Die drastisch angestiegene Symptomsumme dissozialen Verhaltens fand ihren Niederschlag auch in einer fast um den Faktor 5 erhöhten (25% vs. 5,3%) Jugenddelinquenz in der Gruppe der Lese-Rechtschreib-Gestörten. Gezählt wurden hierbei nur diejenigen, die zwischen 14 und 18 Jahren vor dem Jugendrichter standen und dort auch verurteilt wurden. Darüber hinaus zeigten die Lese-Rechtschreib-Gestörten im jungen Erwachsenenalter deutlich vermehrt Nikotin- und Alkoholabusus.

Neben den dissozialen Störungen finden sich bei Kindern mit Lese-Rechtschreib-Störung vor allem im Grundschulalter vermehrt hyperkinetische Syndrome mit Aufmerksamkeitsstörung und Hyperaktivität. Mit zunehmendem Alter ist die hyperkinetische Symptomatik bei Kindern mit einer Lese-Rechtschreib-Störung wie im Übrigen auch bei hyperkinetischen Störungen ohne Lese-Rechtschreib-Störung, rückläufig.

Störungen aus dem emotionalen Bereich (Ängste, Depressionen, Kontaktstörungen) sind für Lese-Rechtschreib-Störungen nicht spezifisch.

Genese

Als Hauptursache für eine Lese-Rechtschreib-Störung werden genetische Faktoren angenommen (Stevenson et al. 1987, Childs u. Finucci 1984, Warnke 1990, Schulte-Körne et al. 1993). Diese Annahme beruht auf den erhöhten Konkordanzraten in einigen wenigen Zwillingsuntersuchungen und auf beobachteten familiären Häufungen der Störung. Im deutschen Sprachraum werden außerdem prä- und perinatale Schädigungen als Ursache diskutiert. Eine Annahme, für die sich kaum eine empirische Basis finden lässt (Esser u. Schmidt 1994, Stewart 1984), solange die Lese-Rechtschreib-Schwäche tatsächlich als **umschriebene Entwicklungsstörung** definiert wird. Definitionsansätze, die das Intelligenzniveau unberücksichtigt lassen und somit allgemeine Entwicklungsrückstände beschreiben, finden entsprechende Zusammenhänge (Stewart 1984).

Ein geringeres Gewicht wird, von Ausnahmen abgesehen (Coles 1987, 1989), psychosozialen Faktoren eingeräumt. Störungen aufgrund schwerer Förderungsdefizite sind zudem per definitionem ausgeschlossen. Trotzdem finden sich in epidemiologischen Untersuchungen (z. B. Esser u. Schmidt 1994) durchaus enge Beziehungen zwischen psychosozialen Belastungen, z. B. der Anzahl der Stressoren in früher Kindheit oder dem Ausmaß widriger familiärer Bedingungen und Lese-Rechtschreib-Störungen. Damit ist der ursächliche Zusammenhang zwischen psychosozialen Faktoren und Lese-Rechtschreib-Störungen jedoch nicht hinreichend belegt. Psychosoziale Risikofaktoren enthalten stets auch die Kovarianz mit genetischen Faktoren. Das Ausmaß dieser Kovarianz ist unbekannt. Theoretisch könnte der gesamte Zusammenhang zwischen psychosozialen Faktoren und Lese-Rechtschreib-Störung letztlich auf genetischen Einflüssen beruhen. Der Vergleich mit anderen umschriebenen Entwicklungsstörungen zeigt jedoch, dass gerade stark förderungsabhängige Formen (Lese-Rechtschreib-Störung, rezeptive und expressive Sprachstörung) mit psychosozialen Faktoren eng verknüpft sind, während dies für andere, z. B. motorische Störungen oder Artikulationsstörungen, nicht zutrifft (Esser 1991). Auf der anderen Seite ist unstrittig, dass auch unter günstigsten familiären und Förderbedingungen schwere Formen der Lese-Rechtschreib-Schwäche auftreten können. Nach dem heutigen Wissensstand muss von einem Vulnerabilitätsmodell der Entstehung der Lese-Rechtschreib-Störung ausgegangen werden. Nach diesem Modell liegen genetisch bedingt unterschiedliche Grade von Informationsverarbeitungsdefiziten vor. Bei schwerer Ausprägung dieses Defizits wird sich auch bei guter Förderung eine klinisch relevante Lese-Rechtschreib-Schwäche ausbilden. Bei mittlerer oder nur leichter Ausprägung dieses Defizits sind die Lernbedingungen des Kindes jedoch von wesentlicher Bedeutung. Darunter ist nicht allein die häusliche Förderung zu verstehen, sondern ebenfalls das familiäre Klima, das das Kind in die Lage versetzt, die Stimuli aufzunehmen und umzusetzen. Zu den psychosozialen Einflussgrößen zählen schließlich auch die Qualität des schulischen Kurrikulums und die pädagogischen Fertigkeiten der Lehrperson. Dass auch insbesondere die frühe elterliche Stimulation eine Rolle spielt, konnte in einer eigenen Untersuchung zur Bedeutung der frühen Mutter-Kind-Interaktion gezeigt werden. Kinder, die später eine Lese-Rechtschreib-Störung entwickelten, erfuhren im Alter von 2 Jahren durch ihre Mütter weniger Stimulation und weniger supportive Steuerung.

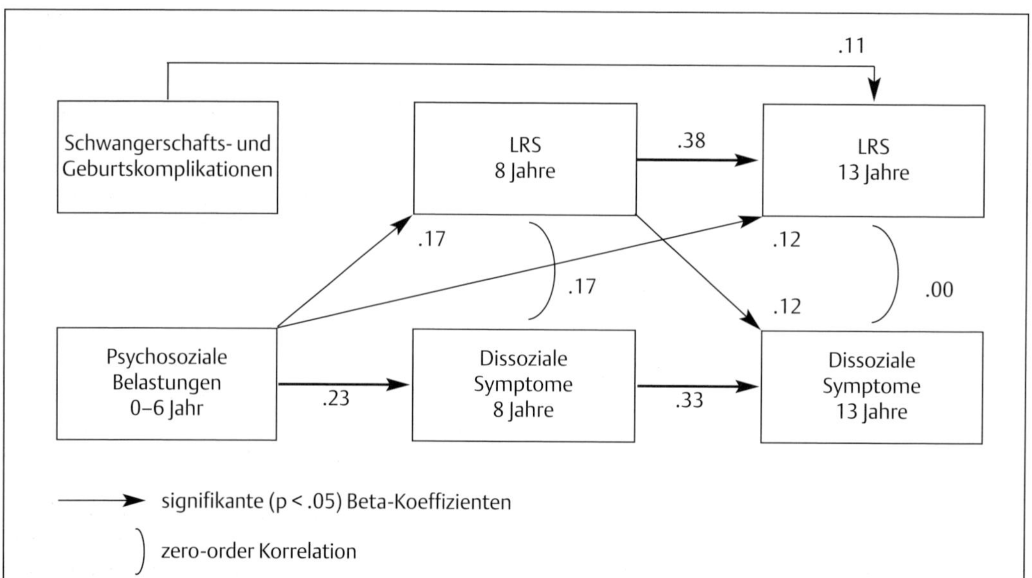

Abb. 11.**3** Die Entstehung von Lese-Rechtschreib-Schwäche und dissozialen Symptomen im Schulalter

Der gut dokumentierte Zusammenhang zwischen Lese-Rechtschreib-Störung und Dissozialität (Rutter et al. 1976, Spreen 1981, Offord et al. 1978, Esser u. Schmidt 1993, 1994) hat zu verschiedenen Hypothesen über die Kausalitätsrichtung geführt. Yule u. Rutter (1976) fanden, dass Kinder, die sowohl eine Lese-Rechtschreib-Störung als auch eine dissoziale Störung aufweisen, denjenigen, die nur eine dissoziale Störung zeigen, ähnlicher sind, als denjenigen, die nur eine Lese-Rechtschreib-Störung zeigen. Sie folgerten daraus, dass die Lese-Rechtschreib-Störung eher Ursache als Folge der Dissozialität ist. Demgegenüber fanden McGee et al. (1986), dass Kinder mit einer späteren Lese-Rechtschreib-Störung schon bei Schuleintritt bedeutende Verhaltensprobleme aufweisen. Sie folgerten daraus, dass beide Störungen durch einen gemeinsamen Faktor verursacht werden.

Mithilfe einer Pfadanalyse wurden beide Hypothesen anhand der Daten der Kurpfalz-Erhebung (Esser et al. 1994) geprüft. Abb. 11.**3** zeigt, dass in Übereinstimmung mit McGee et al. (1986) sowohl dissoziale Störungen als auch Lese-Rechtschreib-Schwächen von psychosozialen Faktoren abhängen. In Übereinstimmung mit Rutter findet sich zusätzlich zur Stabilität dissozialer Störungen zwischen 8 und 13 Jahren ein separater Einfluss der Lese-Rechtschreib-Störung auf das Ausmaß dissozialer Störungen. Dieser Einfluss ist geringer als die Stabilität dissozialen Verhaltens und kann über schulische Misserfolgserlebnisse oder mangelnde verbale Kommunikationsfähigkeiten erklärt werden.

Die Probleme der Informationsverarbeitung visuell oder akustisch dargebotenen verbalen Materials sind in zahlreichen Untersuchungen, allerdings mit durchaus widersprüchlichen Ergebnissen nachgewiesen worden. Insbesondere im visuellen Bereich sind die Probleme lese-rechtschreib-schwacher Kinder an die Nähe zur Schriftsprache gebunden, d.h., Unterschiede finden sich in der Regel erst dann, wenn tatsächlich Lesen bei der Lösung der Aufgabe eine Rolle spielt (Warnke 1990). Insgesamt werden die Störungen der Verarbeitung akustischer Reize als häufiger und bedeutsamer für die Entstehung der Lese-Rechtschreib-Schwäche angesehen. Der engere Zusammenhang ergibt sich bereits durch die Überschneidung zwischen Lese-Rechtschreib-Störung und Sprachstörung. Auf anatomischer Ebene ergeben sich Hinweise auf eine fehlende Hemisphärenasymmetrie in der parieto-okzipitalen Region bei Dyslektikern, bei Normalen ist die Region linkshemisphärisch größer als rechts. Diese Hinweise stehen in Zusammenhang mit einer fehlenden Asymmetrie des Planum temporale, was zu der Behauptung (Marx 1983) veranlasste, dass das linke Planum temporale im Vergleich zu anderen Hirnstrukturen bei Lese-Rechtschreib-Gestörten langsamer reife. In Untersuchungen mit ereigniskorrelierten Potenzialen fanden sich linksparietal reduzierte Amplituden. Insgesamt scheint sich ein Defizit auf unterschiedliches Stimulationsmaterial linkszentral posterior am deutlichsten nachweisen zu lassen. Die Effekte treten vor allem dann zutage, wenn es sich um verbal sehr anspruchsvolle Aufgaben handelt. Daneben ergeben sich Hinweise darauf, dass die interhemisphärische Übertragung bei lese-rechtschreib-schwachen Erwachsenen langsamer als bei normalen Erwachsenen erfolgt.

Zusammenfassend ist festzuhalten, dass heute von einem weit verzweigten funktionalen System des Lesens und Rechtschreibens ausgegangen wird, sodass verschiedene zentralnervöse Entwicklungsdefizite für Lese-Rechtschreibstörungen verantwortlich sein können. Auch bei eindeutigen morphologischen Änderungen bleibt immer die Frage offen, ob sie Ursache oder Folge der Lese-Rechtschreib-Störung sind. Ist also die entsprechende Hirnstruktur weniger gut ausgebildet, weil die schlechtere Informationsverarbeitung zu einer geringeren Erregung führt und damit die Entwicklung dieser Struktur verhindert, oder ist sie tatsächlich Ursache für die Informationsverarbeitungsdefizite?

Therapie

Eine erfolgreiche Therapie der Lese-Rechtschreib-Störung wird von vielen therapeutischen Richtungen beansprucht. Leider sind viele der angebotenen „Hilfen" allenfalls im Sinne einer Verbesserung des Allgemeinbefindens unspezifisch wirksam. Eine erfolgreiche Therapie setzt zunächst eine ausführliche test- und neuropsychologische Diagnostik voraus. Daneben müssen die häufig komorbiden Verhaltensstörungen und hyperkinetischen Störungen beachtet werden.

Schließlich ist zu berücksichtigen, inwieweit die Motivation des Kindes, die Interaktion mit den Eltern und die Beziehung zum Lehrer durch die Lese-Rechtschreib-Störung beeinträchtigt wurde. In Abhängigkeit von der Stärke der Beeinträchtigung in den verschiedenen Bereichen werden die Therapieziele formuliert.

Im Zentrum der Behandlung sollte ein spezifisches, auf die individuellen Informationsverarbeitungsdefizite abgestimmtes Übungsprogramm stehen. Dieses Übungsprogramm

- orientiert sich am Erstlese- und Erstrechtschreibprozess,
- benutzt computergesteuerte Rechtschreibprogramme genauso wie
- Papier- und Bleistiftverfahren,
- geht in kleinen Lernschritten voran,
- schafft viele Erfolgserlebnisse für das Kind,
- benutzt motivierende Lernmaterialien,
- verstärkt das Kind systematisch für alle richtigen Antworten,
- erleichtert durch Regeltraining das Durchschauen der Rechtschreibstrukturen,
- gliedert das Wahrnehmungsfeld sowohl visuell zur Erleichterung des Lesens als auch akustisch zur Erleichterung des Rechtschreibens,
- kontrolliert regelmäßig den Therapieerfolg.

Übungsbehandlung

Aus ökonomischen und motivationalen Gründen wird die Übungsbehandlung in kleinen Gruppen (3–6 Kinder) durchgeführt. Der Erfolg stellt sich nur bei hoher Therapiefrequenz (2-mal pro Woche 2 Stunden) ein. Die Therapiedauer richtet sich nach dem Lernrückstand des Kindes. In der Regel ist von 2 Jahren Therapiedauer auszugehen. Die Therapie wird beendet, wenn das Kind in der Schule befriedigende bis ausreichende Leistungen im Lesen und Rechtschreiben zeigt. Eine erfolgreiche Übungsbehandlung reduziert häufig bereits die Verhaltensstörung des Kindes, wobei unklar ist, ob der Lernerfolg selbst oder das therapeutische Setting in der Kleingruppe zum Abbau dissozialen und zum Aufbau prosozialen Verhaltens führen.

Wenn die Verhaltensstörungen des Kindes allerdings so im Vordergrund stehen, dass die Teilnahme an der Übungsbehandlung unmöglich wird, muss zunächst eine Verhaltensmodifikation mit Verfahren wie Response-Cost, Time-out oder Stressimpfung erfolgen. Bei lese-rechtschreib-schwachen Kindern mit gleichzeitigem hyperkinetischem Syndrom ist zur Behandlung der Aufmerksamkeitsdefizite der zur Übungsbehandlung parallele Einsatz von Psychostimulanzien (Methylphenidat) zur Schaffung günstiger Lernvoraussetzungen zu empfehlen.

Die Eltern können die Leistungen ihrer lese-rechtschreib-schwachen Kinder aufgrund der normalen Intelligenz und der zum Teil stark schwankenden Fehler nur schlecht einschätzen. Nicht selten werden diese Kinder daher überfordert oder ihre spezifische Leistungsschwäche mangelnder Anstrengungsbereitschaft zugeschrieben. Endlose Auseinandersetzungen um die Hausaufgaben und zusätzliche Übungen haben häufig die Qualität der Eltern-Kind-Interaktion beeinträchtigt. Eine intensive Beratung der Eltern und die Übertragung der Förderung auf eine andere Institution bewirken daher häufig eine Entlastung und eine Verbesserung der Eltern-Kind-Interaktion. Die seelische Gesundheit und Belastbarkeit der Mutter erwies sich nicht zuletzt deshalb als wichtiger protektiver Faktor zur Verhinderung sekundärer psychischer Störungen des Kindes. Eine supportive Erziehungshaltung und ein positives Familienklima sind daher Faktoren, die für einen günstigen Verlauf der Lese-Rechtschreib-Störung mit ursächlich sind.

In gleicher Weise ist der Therapieerfolg davon abhängig, inwieweit es gelingt, die Schule in die Behandlung einzubeziehen. Enge Absprachen mit den Lehrern helfen einer Überforderung des Kindes entgegenzuwirken und ihm auch im schulischen Kontext vermehrt Erfolgserlebnisse durch Aufgabenstellungen, die dem Leistungsstand des Kindes angemessen sind, zu vermitteln. Neben der besonders belastbaren Mutter erwies sich eine vertrauensvolle Beziehung zu seinem Lehrer als wichtiger protektiver Faktor für psychische Störungen des Kindes (Schmidt u. Esser 1993).

Der insgesamt häufig ungünstige Spontanverlauf führt zur Forderung nach einer Früherkennung der Lese-Rechtschreib-Störung. Mithilfe von Testverfahren zur Erfassung der Intelligenz, Sprachentwicklung und Visuomotorik sind bereits bei 4-Jährigen relativ verlässliche Prognosen über spätere Lernstörungen möglich (vgl. Kapitel über diagnostische Verfahren). Eine rechtzeitige Sprachheilbehandlung, eine Therapie der Visuomotorik und der Arbeitshaltung versprechen eine zumindest weniger gravierende Lese-Rechtschreib-Störung sowie die Verhinderung sekundärer Verhaltensprobleme.

11.2 Umschriebene Rechenstörung (F 81.2)

Erscheinungsbild und Diagnosestellung

Unter einer umschriebenen Rechenstörung wird eine spezifische Schwäche im Rechnen verstanden, die den allgemeinen Kriterien für eine umschriebene Entwicklungsstörung entspricht. Besonders hervorzuheben sind in der Vorgeschichte Raumorientierungsschwächen und Schwächen bei der Erkennung von Richtungen. Daneben fallen Schwierigkeiten bei der Erfassung von Größen und Mengen auf. Nach der Einschulung werden daneben Schwierigkeiten in den grundlegenden mathematischen Operationen Addition, Subtraktion, Multiplikation und Division beobachtet. Die Rechenhandlungen werden ohne Verständnis durchgeführt. Es kommt zum Verwechseln von Ziffern, die eindeutige Zuordnung von Menge, Zahlwort und Ziffer ist erschwert, teilweise kommt es zu Schwierigkeiten bei der Unterscheidung ähnlicher Zahlworte (z.B. 13 und 30), dementsprechend häufig zum Verwechseln der Ziffernreihenfolge. Die Bedeutung der Rechenoperationen wird häufig nicht verstanden, zum Rechnen werden meist die Finger benutzt, wobei es aufgrund fehlerhaften Zählbeginns bzw. -endes zum typischen Verrechnen um eins kommt.

Die Diagnostik einer umschriebenen Rechenschwäche setzt nach Ausschluss mangelnder Förderung, geistiger Retardierung, neurologischer Erkrankungen und emotionaler Störungen den Einsatz eines standardisierten Rechentests sowie eines Intelligenztests voraus. Erfüllt das Kind die Kriterien (Rechenleistung 1½ Standardabweichungen unter der Klassennorm, Intelligenzleistungen um 1½ Standardabweichungen besser als die Rechenleistung) muss eine umfassende neuropsychologische Diagnostik erfolgen, um die zugrunde liegenden Defizite der Informationsverarbeitung offen zu legen. Hierzu zählen Tests zur Erfassung des räumlichen Gedächtnisses (z.B. aus Kaufmann-ABC), zum nonverbalen abstrakt-logischen Denken (z.B. durch Untertests 3–5 aus CFT-1), des Lesens und Rechtschreibens (zum Ausschluss einer generalisierten Lese-Rechtschreib-Störung), des Kurzzeitgedächtnisses über entsprechende Verfahren zum Zahlennachsprechen sowie Verfahren, die die Reihenfolge von Symbolen berücksichtigen (Symbolfolgengedächtnis aus dem Psycholinguistischen Entwicklungstest), oder solche, die die Zuordnung von Zahlen zu Symbolen erfassen (wie der Zahlen-Symbol-Test aus dem HAWIK-R). Die Forschung über umschriebene Rechenstörungen befindet sich noch im „Säuglingsstadium" verglichen mit der Forschung über umschriebene Lese-Rechtschreib-Störungen (Semrud-Clikeman u. Hynd 1992), erst in den letzten Jahren (z.B. von Aster 1992) wurden neuere Ergebnisse vorgelegt.

Traditionell wird unterschieden zwischen rechenschwachen Kindern mit Lese-Rechtschreib-Störung und rechenschwachen Kindern ohne Lese-Rechtschreib-Störung. Bei der ersten Gruppe handelt es sich nicht um eine Rechenstörung im eigentlichen Sinn, sondern eher um eine generalisierte Lese-Rechtschreib-Störung. Dies lässt sich z.B. auch am Geschlechterverhältnis zeigen, das für die erste Gruppe dem der Lese-Rechtschreib-Störungen (3–4 : 1 zuungunsten der Jungen) entspricht, während wir bei den reinen Rechenstörungen ein ausgeglichenes Geschlechterverhältnis vorfinden.

Komorbidität, Langzeitverlauf und Genese

Über den Langzeitverlauf der Problematik bei Kindern mit Rechenstörungen ist nichts bekannt, ebenso gibt es keine verlässlichen Angaben über die Häufigkeit und Art weiterer Verhaltensauffälligkeiten. Klinische Studien zeigen Tendenzen auf, dass Kinder mit einer umschriebenen Rechenstörung eher vermehrt emotionale Störungen (Angst, Depression, Kontaktstörung) aufweisen als expansive Störungen. Nach einer Untersuchung von Rourke (1985) werden Kinder mit umschriebenen Rechenstörungen meist erst in der frühen oder mittleren Adoleszenz diagnostiziert. Für eine erfolgreiche Behandlung ist jedoch eine frühe Identifikation dieser Kinder erforderlich. Eine intensivere Erforschung der Rechenstörung muss nachdrücklich gefordert werden. Durch nicht-invasive Techniken wie evozierte Potenziale oder die Magnetresonanztomographie sind Wege für eine Erforschung der Hirnfunktionsstörungen von rechengestörten Kindern vorgegeben.

Therapie

Für die Therapie von Rechenstörungen gelten die gleichen allgemeinen Empfehlungen wie für die Übungsbehandlung einer Lese-Rechtschreib-Störung. Vorgefertigte Therapieprogramme, ob computergestützt oder als Papier-und-Bleistift-Verfahren, sind praktisch nicht verfügbar. Anregungen lassen sich bei Lernhilfen der Schulbuchverlage finden (z.B. Dürr u. Kessler, Crüwell, Heinevetter, Schroedel u. Maier). Grissemann u. Weber (1993) haben 4 Stufen des Behandlungsprozesses definiert:

- Beachtung quantitativer Strukturen im konkreten Handlungsvollzug durch die Förderung anschaulich-praktischer Intelligenzleistungen, ein visuelles Wahrnehmungstraining, die Sicherung des Zahlbegriffs und die Förderung der Einsicht in das dekadische Positionssystem,
- Verstehen der bildlichen Darstellung von Operationen unter Vorstellung des Vollzuges (insbesondere Training des anschaulichen Gedächtnisses),
- Verstehen der Ziffernrgleichung unter Ausblendung der Vorstellung und Maßnahmen zur Festigung
- und Automatisierung arithmetischer Grundbeziehungen.

Das therapeutische Angebot ist bislang eher spärlich, viele betroffene Eltern müssen mit ihren Kindern in die wenigen privaten Therapiezentren reisen, die nicht ausnahmslos eine hohe Qualität der Förderung garantieren. Kinder mit einer umschriebenen Rechenstörung werden häufig immer noch als minderbegabt eingeschätzt, daher muss insbesondere in Schulen und im Elternhaus über diese Störungsart aufgeklärt werden. Die Therapiedauer wird wahrscheinlich ähnlich der Lese-Rechtschreib-Störung mindestens 1–2 Jahre erfordern.

Die zukünftigen Forschungsbemühungen sollten die Bedeutung der umschriebenen Rechenschwäche für die weitere schulische Entwicklung, die Komorbidität von Verhaltens- und emotionalen Störungen, neuropsychologische und neurophysiologische Korrelate sowie die Entwicklung von Therapieprogrammen in den Vordergrund stellen.

11.3 Expressive und rezeptive Sprachstörungen (F 80.1, F80.2)

Erscheinungsbild und Diagnosestellung

Erste Hinweise auf eine expressive oder rezeptive Sprachstörung ergeben sich oft schon im Alter von 2 Jahren, wenn bis dahin die Sprachproduktion völlig fehlt und auch das Sprachverständnis so gering ist, dass einfachste Anweisungen und Bezeichnungen ohne begleitende Gestik nicht verstanden werden. In der Folge sind die betroffenen Kinder in ihrer Sprachentwicklung stets weit hinter ihrem Alter und der nichtsprachlichen Intelligenz zurück. Diese Sprachrückstände dokumentieren sich im Einzelnen durch:

- einen eingeschränkten aktiven und passiven Wortschatz,
- Schwierigkeiten in der Auswahl passender Begriffe,
- Verwechslung inhaltsähnlicher Begriffe,
- Schwierigkeiten bei Gebrauch und Verständnis grammatikalischer Strukturen (z.B. der Pluralbildung, der Auswahl von Pronomen, Präpositionen, der Bildung von Komparativ und Superlativ sowie der Zeiten),
- das mangelnde Verständnis der Prosodie (Sprachmelodie) für den Sinngehalt der Sprache.

Kinder mit rezeptiven und expressiven Sprachstörungen meiden das Sprechen, wirken zum Teil mutistisch und ersetzen sprachliche Kommunikation häufig durch Gesten.

Wegen der vielfältigen Ursachen von Sprachstörungen ist die konsequente Anwendung der Definitionskriterien für eine umschriebene Entwicklungsstörung dringend erforderlich. Die wichtigsten Differenzialdiagnosen sind:

- geistige Behinderung (wobei viele sprachbehinderte Kinder als geistig behindert verkannt werden);
- Taubheit bzw. Schwerhörigkeit;
- Autismus; die Abgrenzung ist immer dann besonders schwer, wenn sprachretardierte Kinder zudem leichte Formen von Kontaktstörungen und gewisse stereotype Verhaltensmuster aufweisen;
- Mutismus, hier ist die Unterscheidung nur anamnestisch möglich.

Die Erfassung einer umschriebenen Entwicklungsstörung der rezeptiven oder expressiven Sprache verlangt also neben der Erfassung der Sprachfunktionen mit standardisierten Testverfahren (vgl. Kapitel 4) eine Erfassung der nichtsprachlichen Intelligenz, der Anamnese und weiterer psychischer Auffälligkeiten.

Komorbidität und Verlauf

Umschriebene rezeptive und expressive Sprachstörungen sind häufig mit Schulleistungsproblemen verknüpft (Schery 1985). Diese Verknüpfung ist wesentlich über die Komorbidität von umschriebenen Sprachentwicklungsstörungen und Lese-Rechtschreib-Störungen zu erklären (Cantwell u. Baker 1987). In der Kurpfalz-Erhebung zeigten 60% der sprachgestörten Kinder auch Lese-Rechtschreib-Schwächen. Zwischen 50 und 90% haben gravierende Schulleistungsprobleme (King et al. 1982, Aram et al. 1984, Esser 1991). Insgesamt besuchen bis zu 50% die Förderschule für Lernbehinderte, und nur ein geringer Prozentsatz erreicht die Gymnasialstufe. Für viele junge Menschen mit expressiven oder rezeptiven Sprachstörungen steht daher zu Beginn der beruflichen Karriere der nachträgliche Erwerb eines qualifizierten Schulabschlusses. Nicht zuletzt deshalb sind die Zukunftsvorstellungen bezüglich des eigenen Berufs zunächst weniger konkret und weniger realistisch als in einer Kontrollgruppe ungestörter Kinder. Neben der definitionsgemäß hohen Differenz zwischen verbaler und nonverbaler Intelligenz – in der eigenen Untersuchung waren dies 24 IQ-Punkte zugunsten der nichtsprachlichen Anteile – ergeben sich weitere Leistungsprobleme im Bereich des Kurzzeitgedächtnisses, der Konzentrationsfähigkeit sowie im Lösungsverhalten. Mit Spontanremissionen von Sprachstörungen kann nicht gerechnet werden.

Bereits die Arbeitsgruppe um Cantwell u. Baker (1987) berichtete von einer erhöhten Rate psychischer Auffälligkeiten bei sprachentwicklungsverzögerten Kindern. Nachuntersuchungen an epidemiologischen Stichproben (Stevenson et al. 1985, Esser 1991) zeigten, dass bis zu 60% der sprachentwicklungsgestörten Kinder psychische Auffälligkeiten aufweisen, wobei sich die diagnostischen Schwerpunkte im Bereich hyperkinetischer Störungen, Störungen des Sozialverhaltens sowie entwicklungsabhängiger Störungen, z. B. Einnässen, Essstörungen und Tics, finden. Während die Rückbildung entwicklungsabhängiger Störungen langsamer verläuft als bei Kindern ohne Sprachentwicklungsstörung, minderte sich die Rate hyperkinetischer Störungen deutlich. Bei der Gruppe der Kinder mit zusätzlicher Lese-Rechtschreib-Störung war vor allem im Jugendalter mit einer Verstärkung der Störungen des Sozialverhaltens zu rechnen. Im Erwachsenenalter (zwischen 18 und 25 Jahre) zeigten sich auch vermehrt Angst- und depressive Störungen.

Genese

Als Ursache für umschriebene Sprachentwicklungsstörungen werden überwiegend genetische Faktoren angenommen (Bishop 1987). Wegen der engen Verknüpfung zwischen Sprachentwicklungsstörungen und Lese-Rechtschreib-Störungen sind auch die genetischen Studien über Lese-Rechtschreib-Störungen als Belege für die genetische Verursachung von Sprachentwicklungsstörungen zu sehen. Obwohl Sprachentwicklungsstörungen eng mit psychosozialen Faktoren verknüpft sind und unstrittig viele sprachentwicklungsgestörte Kinder eine schlechtere Sprachanregung erfahren, wird davon ausgegangen (Paul 1992), dass Kinder ohne genetische Sprachentwicklungsstörung auch unter ungünstigen familiären Bedingungen ein normales Sprachverhalten entwickeln. Damit wird den Umgebungsfaktoren zwar eine Beteiligung am Ausmaß, jedoch nicht die Verursachung der Sprachentwicklungsstörung zugeschrieben. Dieses Erklärungsmodell ist kompatibel mit dem im Abschnitt Lese-Rechtschreib-Störung beschriebenen Vulnerabilitätsmodell, das auch für Sprachentwicklungsstörungen als gültig angesehen werden kann.

Therapie

Die zum Teil schweren Beeinträchtigungen im schulischen Bereich und die hohe Rate zusätzlicher psychischer Störungen verlangt nach einer frühzeitigen Behandlung des Störungsbildes. Eine frühzeitige Behandlung der Sprachentwicklungsstörung kann unter Umständen die nachfolgende Lese-Rechtschreib-Störung verhindern bzw. mildern und insbesondere den vermehrten Verhaltensproblemen der Kinder vorbeugen.

Die Grundprinzipien einer Sprachheilbehandlung seien im Folgenden skizziert:

- Sprachheilbehandlungen folgen dem Ablauf der ontogenetischen Sprachentwicklung, aktive Sprache entsteht erst aufgrund von Sprachverständnis.
- Als besonders günstige Phase der Förderung gilt das Alter zwischen 1½ und 4 Jahren.
- Eine vertrauensvolle Therapeut-Kind-Beziehung ist für den Erfolg unabdingbar.
- Die Kooperation zwischen Therapeut und Eltern muss sehr eng sein, damit das, was in den Therapiestunden geübt wurde, auch in den Alltag übertragen wird.
- Die Kinder müssen in der Therapie erfahren, dass der Gebrauch von Sprache das Leben erleichtert.

Die Therapie durchläuft folgende 10 Schritte:

- Der Therapeut begibt sich auf das Sprachniveau des Kindes, um dem Kind das Verständnis von Sprache zu erleichtern.
- Der Therapeut initiiert bei stark retardierten Kindern eine Selbstnachahmung, indem er Äußerungen des Kindes in dessen Tonfall und Rhythmus wiederholt.
- Der Therapeut verstärkt Versuche des Kindes, den Therapeuten nachzuahmen.
- Der Therapeut kommentiert in einfachen Sätzen die Tätigkeiten des Kindes.
- Der Therapeut kommentiert in einfachen Sätzen die Abläufe im Umfeld des Kindes, auf die das Kind gerade seine Aufmerksamkeit richtet.
- Der Therapeut kommt nur noch sprachlich geäußerten Wünschen des Kindes nach.
- Der Therapeut expandiert die sprachlichen Äußerungen des Kindes (Kind: „Mama Bett", Therapeut: „Die Mama liegt auf dem Bett.").
- Das Kind wird für das Wiederholen der Expansion gelobt.
- Der Therapeut erweitert die sprachlichen Äußerungen des Kindes semantisch (Kind: „Hund bellen", Therapeut: „Ja, aber er beißt nicht.").
- Das Kind wird für das Wiederholen der semantischen Erweiterung gelobt.

11.4 Artikulationsstörung (F 80.0)

Erscheinungsbild und Diagnosestellung

Artikulationsfehler sind im Laufe der Entwicklung bei nahezu allen Kindern zu beobachten. Die Definition einer umschriebenen Entwicklungsstörung der Artikulation bedarf daher strenger Kriterien. Sie ist in aller Regel erst ab dem vollendeten 4. Lebensjahr zu stellen, wenn die meisten Kinder den Gesamtbestand mit Ausnahme einiger schwieriger Lautkombinationen beherrschen. Am häufigsten sind Artikulationsfehler im Bereich der Zischlaute (s, z, tz, sch, ch). Seltener und bedeutender sind fehlerhafte Artikulationen gebräuchlicher Lautkombinationen (z. B. bl, fl, dr, br, kr, kn, nk). Eine umschriebene Artikulationsstörung setzt voraus, dass keine weiteren rezeptiven oder expressiven Sprachstörungen vorliegen, es sich also um eine rein artikulomotorische Störung handelt. Daraus folgt, dass die betroffenen Kinder sich ihrer Fehler bewusst sind, sie aber ohne fremde Hilfe nicht korrigieren können.

Neben einer Artikulationsstörung in Form einer umschriebenen Entwicklungsstörung sind Artikulationsstörungen auch im Zusammenhang mit anderen, vor allem organischen Erkrankungen zu beobachten, so insbesondere in Verbindung mit einer Kiefer-Gaumen-Spalte und anderen anatomischen Anomalitäten oder als Folge eines Hörverlustes. Die Diagnose darf nur dann gestellt werden, wenn derartige Grunderkrankungen ausgeschlossen wurden. Die Artikulationsleistung des Kindes muss mithilfe standardisierter Testverfahren bestimmt werden. Der Schwerpunkt der Diagnostik liegt im Vorschulalter.

Komorbidität und Verlauf

Im Gegensatz zu umschriebenen Sprachstörungen und umschriebenen Störungen schulischer Fertigkeiten sind umschriebene Artikulationsstörungen nicht mit vermehrten Schulleistungsproblemen verknüpft. In unserer eigenen Untersuchung (Esser 1991) besuchten immerhin 70 % der betroffenen Kinder das Gymnasium oder die Realschule und waren genauso erfolgreich wie Kinder ohne umschriebene Entwicklungsstörungen. Der günstige Verlauf ist nicht zuletzt darauf zurückzuführen, dass das Gros der betroffenen Kinder lediglich über einen Sigmatismus verfügt. Darüber hinaus gehende Artikulationsstörungen sind ab dem Schulalter selten und zeigen womöglich einen ungünstigeren Verlauf. Die Besserungsrate der Kinder mit Sigmatismus lag zwischen 8 und 13 Jahren immerhin bei 62% und war damit deutlich günstiger als bei Kindern mit anderen umschriebenen Entwicklungsstörungen.

Mit Ausnahme einer geringfügig erniedrigten Konzentrationsleistung ergaben sich keine Hinweise auf eine gestörte Informationsverarbeitung. Eine gewisse Komorbidität war jedoch mit hyperkinetischen Störungen und den so genannten entwicklungsabhängigen Störungen, vor allem Enuresis, Ess- oder Schlafstörungen, zeitweise zu beobachten. Im Schulalter wies ungefähr ein Drittel der artikulationsgestörten Kinder zusätzliche psychische Störungen auf. Diese Störungen bildeten sich zum größten Teil im Jugendalter zurück, sodass mit Beginn des Erwachsenenalters keine vermehrten psychischen Auffälligkeiten bei den ehemals Artikulationsgestörten vorlagen.

Genese

Obwohl umschriebene Artikulationsstörungen im Wesentlichen motorische Störungen sind, lassen sich in der Vorgeschichte der Kinder keine vermehrten prä- und perinatalen Belastungsfaktoren nachweisen. Auch die Zahl feinneurologischer Zeichen war bei Kindern mit Artikulationsstörungen nicht erhöht. Damit ergeben sich keine weiteren Hinweise auf frühkindliche Hirnschädigungen als Ursache für Artikulationsstörungen. Genetische Studien über die umschriebenen Artikulationsstörungen liegen nicht vor, psychosoziale Belastungsfaktoren sind bei den betroffenen Kindern nicht häufiger zu beobachten als bei ihren normal entwickelten Altersgenossen. Somit ist die Genese umschriebener Artikulationsstörungen unbekannt. Aufgrund der Art der Störung ist am ehesten von einer eng umschriebenen motorischen Reifungsverzögerung auszugehen.

Therapie

Der insgesamt eher günstige Verlauf von artikulationsgestörten Kindern ermöglicht den sehr gezielten Einsatz von therapeutischer Intervention. Eine unbedingte Behandlungsindikation besteht nur für diejenigen Kinder, die so starke Artikulationsstörungen aufweisen, dass sie von ihrer Umgebung nur schwer verstanden werden. Die Behandlung des einfachen Sigmatismus ist nur dann angezeigt, wenn das betroffene Kind einen entsprechenden Leidensdruck aufweist oder eine soziale Benachteiligung eingetreten oder zu befürchten ist. Der subjektive Wert kann dabei den objektiven Nutzen einer Behandlung weit übertreffen, somit kann eine Behandlung auch bei geringem Schweregrad der Störung im Sinne einer höheren Lebensqualität durchaus sinnvoll sein. Auf der anderen Seite relativieren sich therapeutische Versuche bei Kindern, die unter ihrer Störung nicht leiden. Eine Behandlung ist auch im späteren Grundschulalter oder in der Adoleszenz noch erfolgreich möglich. Sie zielt darauf, dem Kind durch neue Bewegungen und Stellungen der Artikulationsorgane (Lippen,

Zunge, Gaumen) die korrekte Lautbildung zu ermöglichen. Dabei wird häufig der zu erlernende Ziellaut aus einem benachbarten Laut gebildet, z. B. das S aus dem F. Durch vielfältige Übungen wird versucht, das Kind zu motivieren, möglichst viele Anstrengungen auf die korrekte Bildung des Ziellautes zu verwenden. Das therapeutische Vorgehen kann z. B. in 6 Schritte gegliedert werden:

- Therapeut und Kind artikulieren abwechselnd den zu erlernenden Laut.
- Das Kind versucht dabei, seine Artikulation möglichst genau der des Therapeuten anzugleichen.
- Das Kind spricht eine Serie von Wörtern, in denen der Laut am Anfang, in der Wortmitte oder am Ende erscheint, und entscheidet selbst, welcher seiner Ausspracheversuche am besten war.
- Das Kind benennt eine Reihe von Bildern mit Begriffen, die den betreffenden Laut enthalten und ordnet die Bildkarten den Kategorien „gute", „mittelmäßige" und „schlechte" Aussprache zu. Ein von dem Kind auf Band gesprochener Text wird durch das Kind selbst kontrolliert, indem es die Zahl der korrekt ausgesprochenen Ziellaute zählt.
- In der Spontansprache des Kindes wird anfangs jede, später jede 3. oder 5. korrekte Artikulation des Ziellautes durch die Vergabe von Tokens verstärkt.
- Die Verstärkung korrekt ausgesprochener Ziellaute in der Spontansprache wird in der natürlichen Umgebung (z. B. durch die Eltern) systematisch unterstützt.

11.5 Umschriebene Entwicklungsstörung der motorischen Funktionen (F 82)

Erscheinungsbild und Diagnosestellung

Kinder mit einer umschriebenen Entwicklungsstörung der motorischen Funktionen fallen durch staksige, plumpe Bewegungen mit fehlender Geschmeidigkeit und mangelhaftem Gleichgewicht auf. Häufig war bereits das Erlernen des Laufens verzögert. Die Kinder lernen verspätet Rad fahren, schwimmen und haben extreme Schwierigkeiten beim Rollschuh bzw. Schlittschuh laufen. Sie gelten als unbeholfen und ungeschickt, sie können schlecht hüpfen, Ball werfen oder fangen, auch beim Anziehen oder Zeichnen haben sie erhebliche Schwierigkeiten. Aufgrund mangelnder Geschicklichkeit vermeiden viele dieser Kinder sportliche Aktivitäten und körperliche Anstrengungen, ein Teil der Kinder ist übergewichtig. Die körperliche Ungeschicklichkeit und die geringen Leistungen im Sportunterricht führen dazu, dass die Kinder häufig Opfer von Hänseleien werden.

Die Abgrenzung der Kinder mit einer umschriebenen Entwicklungsstörung der motorischen Funktionen von Kindern mit einer Zerebralparese oder einer anderen neurologischen Erkrankung mit Störungen des Bewegungsapparates ist, da die Übergänge fließend sind, nicht leicht zu treffen. Der Ausschluss der Kinder mit einer neurologischen Diagnose führt zu einer niedrigen Prävalenzrate der Kinder mit einer umschriebenen Entwicklungsstörung (vgl. Kap. 11.1). Obwohl sie keine neurologische Diagnose aufweisen dürfen, ist eine erhöhte Zahl so genannter weicher neurologischer Zeichen zulässig, da diese Soft-Signs Koordinationsstörungen erfassen, z. B. Ein-Bein-Stand, Seiltänzer- oder Hackengang rückwärts, die auch von jüngeren normal entwickelten Kindern nicht bewältigt werden. Trotzdem ist eine Abgrenzung insbesondere zwischen leichteren Formen der Zerebralparese und den so genannten ungeschickten Kindern (clumsy children) nicht immer zuverlässig möglich, ebenfalls muss eine allgemeine Retardierung ausgeschlossen werden, denn auch geistig behinderte Kinder bleiben motorisch hinter ihren Altersgenossen zurück.

Das diagnostische Vorgehen schließt somit immer eine sorgfältige neurologische Untersuchung ein, daneben sind die für umschriebene Entwicklungsstörungen allgemeinen Kriterien zu beachten.

Im Bereich normaler Intelligenz sind motorische Leistungen und Intelligenzleistungen nicht korreliert. Die Erfassung der motorischen Funktionen soll mithilfe eines standardisierten Testverfahrens erfolgen, hier bietet sich z.B. der Körper-Koordinations-Test von Kiphardt u. Schilling an. Zur Problematik seiner Normen vergleiche Kapitel 4. Im Vorschulbereich ist der MOT 4–6 einsetzbar; feinmotorische Leistungen werden jedoch von beiden Verfahren nicht ausreichend berücksichtigt, hier erweist sich die Lincoln-Oseretzky-Scale als umfassender.

Komorbidität und Verlauf

Kinder mit umschriebenen motorischen Entwicklungsstörungen zeigen keine schlechteren Schulleistungen als Kinder ohne umschriebene Entwicklungsstörungen. Der von vielen Autoren konstruierte Zusammenhang zwischen motorischer Entwicklung und Schulleistungen trifft für umschriebene Entwicklungsstörungen nicht zu. Im Gegenteil, in der bereits mehrfach zitierten Kurpfalz-Erhebung, in der Kinder mit einem IQ <70 ausgeschlossen waren, korrelierte die Leistung im KTK schwach negativ (– 0,20) mit den erzielten Schulleistungen der Kinder. Auch weitere kognitive Defizite in Form von Konzentrationsstörungen, Störungen des Kurzzeitgedächtnisses und des kognitiven Lösungsstils lagen bei Kindern mit motorischen Entwicklungsstörungen nicht vor. Das Gleiche gilt für die verbale und nonverbale Intelligenz. Allerdings zeigen Kinder mit motorischen Entwicklungsstörungen vermehrt psychische Auffälligkeiten, die sich vor allem im Jugendalter verstärken. Die Störungen betreffen, anders als bei allen anderen umschriebenen Entwicklungsstörungen, vor allem den emotionalen Bereich, d.h., Kinder mit motorischen Entwicklungsstörungen sind ängstlicher, depressiver als andere Kinder und haben häufiger Kontaktstörungen. Im weiteren Verlauf erweisen sich diese Kinder als unselbstständig mit geringerer sozialer Reife. Sie nehmen erheblich später eine Partnerbeziehung auf und lösen sich auch später vom Elternhaus als andere Kinder.

Genese

Motorische Entwicklungsstörungen werden weit überwiegend auf frühkindliche Hirnschädigungen zurückgeführt. Wir finden motorische Entwicklungsstörungen vor allem bei Kindern mit gravierenden Schwangerschafts- und Geburtskomplikationen. Hinweise auf vermehrte psychosoziale Belastungen dieser Kinder ergaben sich nicht, das Erziehungsverhalten der Eltern ist jedoch häufiger durch Überbehütung geprägt. Das überbehütende Verhalten kann als Reaktion auf die motorische Ungeschicklichkeit des Kindes und die damit erhöhte Verletzungsgefahr verstanden werden. Sie führt jedoch nicht selten dazu, dass die Kinder in ihrer motorischen Entwicklung durch Übervorsicht zusätzlich gehemmt werden, sodass die motorische Ungeschicklichkeit durch fehlende motorische Übung verstärkt wird.

Therapie

Die Behandlung motorisch entwicklungsgestörter Kinder muss sich auf die sozialen Beeinträchtigungen konzentrieren. In der Regel ist eine Kombination aus krankengymnastisch-mototherapeutisch übenden Verfahren und psychotherapeutischen Ansätzen, z.B. eines Selbstsicherheitstrainings (vgl. Petermann u. Petermann 1994), zu empfehlen. Krankengymnastische und mototherapeutische Ansätze versuchen, nach einer ausführlichen Diagnostik das Kind an eigene Bewegungsabläufe heranzuführen und ihm so Körpererfahrungen zu vermitteln. Die Auseinandersetzung mit den Bewegungen muss immer angstfrei erfolgen, um die Freude an der Bewegung zu stärken. Das Kind bestimmt daher selbst den Behandlungsfortschritt. Das 3. Behandlungselement stellt eine intensive Beratung der Eltern dar, die lernen müssen, dass das Kind auch gewissen Risiken ausgesetzt werden muss, um eigene Erfahrungen sammeln zu können, es dann durch das Erwerben einer höheren motorischen Kompetenz in die Lage zu versetzen, solche Risiken zu mindern.

Zusammenfassung

Umschriebene Entwicklungsstörungen fassen eine Gruppe isolierter Leistungsstörungen zusammen, die aufgrund von spezifischen Störungen der Informationsverarbeitung und Handlungsorganisation zu Stande kommen. Diese Störungen sind weder durch die allgemeine Intelligenz noch die Förderung der Kinder oder durch bestehende psychische Störungen zu erklären. Die Leistung im umschriebenen Störungsbereich soll mindestens 1½ Standardabweichungen unter dem Mittelwert der Altersgruppe und der individuellen Intelligenzleistung liegen. *Die ICD-10 unterscheidet umschriebene Entwicklungsstörungen des Sprechens und der Sprache, schulischer Fertigkeiten sowie der motorischen Funktionen.* Die Prävalenzraten für die einzelnen Untergruppen bewegen sich zwischen 1 und 7 %. Mit besonders ungünstigen Verläufen ist bei Kindern mit einer Lese-Rechtschreib-Störung oder einer Sprachstörung zu rechnen. Beide Gruppen weisen extrem schlechte Schulleistungen, eine hohe Rate zusätzlicher psychischer Störungen sowie eine geringe Besserungsrate der Auffälligkeit auf. Einen günstigeren Verlauf weisen Artikulationsstörungen und motorische Störungen auf. Letztere sind durch eher introversive psychische Probleme gekennzeichnet, während Sprach- und Lese-Rechtschreib-Störungen eine hohe Komorbidität mit expansiven Auffälligkeiten aufweisen. Relativ schlecht erforscht sind bislang umschriebene Rechenstörungen, bei denen als Einziger das Geschlechterverhältnis ausgeglichen ist. Die Therapie umschriebener Entwicklungsstörungen muss sich streng an den ausführlich diagnostizierten Störungen der Informationsverarbeitung orientieren. Im Rahmen der neuropsychologischen Übungsbehandlung ist die Motivationslage der Kinder zu berücksichtigen, daneben sollte eine Beratung der Eltern und Lehrer erfolgen. Zusätzliche psychische Störungen können sich entweder im Zuge der Leistungsverbesserung zurückbilden oder bedürfen einer spezifischen zusätzlichen Therapie. Der ungünstige langfristige Spontanverlauf macht Früherkennung und rechtzeitigen Therapiebeginn erforderlich.

Literatur

Aram DM, Ekelman B, Nation JE. Preschooler with language disorders: 10 years later. J Speech Hearing Res. 1984;27:232-44.

Aster MG von. Neuropsychologie der Dyskalkulie. In: Steinhausen HC, Hrsg. Hirnfunktionsstörungen und Teilleistungsschwächen. Berlin: Springer; 1992.

Bishop DVM. The causes of specific developmental language disorders („developmental dysphasia"). J Child Psychol Psychiat. 1987;28:1-8.

Cantwell DP, Baker L. Developmental speech and language disorders. New York: The Guilford Press; 1987.

Childs B, Finucci JM. Genetics, epidemiology and specific reading retardation. In: Rutter M, ed. Developmental neuropsychiatry. Edinburgh: Churchill Livingstone; 1984.

Coles GS. The learning mystique: A critical look at „learning disabilities". New York: Pantheon Books; 1987.

Coles GS. LD theory and tale from town of chelm. J Learn Disab. 1989;22:305-7.

Esser G. Was wird aus Kindern mit Teilleistungsschwächen? Stuttgart: Enke; 1991.

Esser G, Schmidt MH. Die langfristige Entwicklung von Kindern mit Lese-/Rechtschreibschwäche. Z Klin Psych. 1993;22:100-16.

Esser G, Schmidt MH. Teilleistungsstörungen und Depression. Kindh Entwickl. 1994;3.

Esser G, Wyschkon A, Schmidt MH. Was wird aus Achtjährigen mit einer Lese- und Rechtschreibstörung? Z Klin Psych Psychoth. 31(4):235-42.

Graichen J. Teilleistungsschwächen, dargestellt an Beispielen aus dem Bereich der Sprachbenutzung. Z Kinder- Jugendpsych. 1973;1:113-43.

Graichen J. Zum Begriff der Teilleistungsstörungen. In: Lempp R. Hrsg. Teilleistungsstörungen im Kindesalter. Bern: Huber; 1979.

Grissemann H, Weber A. Spezielle Rechenstörungen. Ursachen und Therapie. Bern: Huber, 1993.

King R, Jones C, Lasky E. In retrospect a 15 year follow-up of speech-language-disordered children. Language Speech Hearing Services Schools. 1982;13:24-32.

Klicpera C, Gasteiger-Klicpera B. Psychologie der Lese- und Schreibschwierigkeiten. Weinheim: Beltz; 1995.

Marx L. The two sides of the brain. Science. 1983;488-90.

McGee R, Williams S, Share DL, Anderson J, Silva PhA. The relationship between specific reading retardation, general reading backwardness and behavioural problems in a large sample of Dunedin Boys: an longitudinal study from five to eleven years. J Child Psychol Psychiat. 1986;27:597-610.

Offord DR, Poushinsky MF, Sullivan D. School performance, IQ and delinquency. Brit J Crim. 1978;18:110-27.

Paul R. Language and Speech Disorders. In: Hoope SR, Hynd GW, Mattison RE, eds. Developmental disorders: Diagnostic criteria and clinical assessment. 1992.

Petermann U, Petermann F. Training mit sozial unsicheren Kindern. Psychologie. 5. Aufl. Weinheim: Verlags Union; 1994.

Rourke BP. Neuropsychology of learning disabilities. New York: The Guildford Press; 1985.

Rutter M, Graham P, Chadwick OFD, Yule W. Adolescent turmoil: fact or fiction? J Child Psychol Psychiat. 1976;17:35-56.

Schery T. Correlates of language development in language disordered children. J Speech Hearing Disord. 1985;50:73-83.

Schmidt MH, Esser G. Determinanten des Verlaufs psychischer Störungen im Jugendalter. Unveröffentlichter Abschlussbericht, Mannheim; 1993.

Schulte-Körne G, Remschmidt H, Hebebrand J. Zur Genetik der Lese-/Rechtschreibschwäche. Z Kinder Jugendpsych. 1993;21:242-52.

Semrud-Clikeman M, Hynd GW. Developmental arithmetic disorders. In: Hooper SR, Hynd GW, Mattison RE, eds. Developmental disorders: Diagnostic criteria and clinical assessment; 1992.

Spreen O. The relationsship between learning disabilities, neurological impairment and delinquency. Results of a follow-up study. J Nerv Ment Dis. 1981;169:791-99.

Stevenson J, Graham P, Fredman G, McLoughlin V. A twin study of genetic influences on reading and spelling ability and disability. J Child Psychol Psychiat. 1987;28:229-47.

Stevenson J, Richman N, Graham P. Behaviour problems an language abilities at three years and behavioural deviance at eight years. J Child Psychol Psychiat. 1985;26:215-30.

Stewart A. Severe perinatal hazards. In: Rutter M, ed. Developmental neuropsychiatry. Edinburgh: Churchill Livingstone; 1984.

Strehlow U, Kluge R, Möller H, Haffner J. Der langfristige Verlauf der Legasthenie über die Schulzeit hinaus: Katamnesen aus einer kinderpsychiatrischen Ambulanz. Z Kinder- Jugendpsych. 1992;20:254-65.

Warnke A. Legasthenie und Hirnfunktion. Bern: Huber; 1990.

Warnke A, Roth E. Umschriebene Lese-Rechtschreibstörung. In: Petermann F (Hrsg.). Lehrbuch der klinischen Kinderpsychologie und -psychotherapie. Göttingen: Hogrefe; 2002.

Yule W, Rutter M. Epidemiological and social implications of specific reading retardation. In: Knights RM, Bakker DJ, eds. The neuropsychology of learning disorders: Theoretical approaches. Baltimore: University Park Press; 1976.

Prüfungsfragen

1. Was versteht man unter der Normalitätsannahme bei umschriebenen Entwicklungsstörungen?
2. Was versteht man unter der Diskrepanzannahme bei umschriebenen Entwicklungsstörungen?
3. Wie unterscheidet sich die klinische von der Forschungsdefinition für UES?
4. Welche Prävalenzraten nimmt das DSM-IV für UES des Lesens und Rechtschreibens an?
5. Wie ist der langfristige Schulerfolg von Kindern mit LRS?
6. Mit welchen zusätzlichen psychischen Störungen ist bei LRS zu rechnen?
7. Wie ist die Genese von LRS und Sprachstörungen zu erklären?
8. Welchen therapeutischen Prinzipien sollte eine Behandlung der LRS folgen?
9. Wovon ist der Therapieerfolg außerdem abhängig?
10. Beschreiben Sie die Diagnostik einer UES des Rechnens!
11. Was kennzeichnet eine expressive und rezeptive Sprachstörung?
12. Wie hoch ist die Rate psychischer Störungen bei expressiven und rezeptiven Sprachstörungen?
13. Welche Grundprinzipien gelten für eine Sprachheilbehandlung?
14. Wie gestaltet sich der Schulerfolg von artikulationsgestörten Kindern?
15. Wann ist eine Behandlung von Artikulationsstörungen notwendig?
16. Was mindert die Prävalenzrate der Kinder mit einer UES der motorischen Funktionen?
17. Wie ist der Schulerfolg von Kindern mit einer UES der motorischen Funktionen einzuschätzen?
18. Was sind die hauptsächlichen Ursachen für motorische Entwicklungsstörungen?
19. Mit welchen psychischen Störungen ist bei Kindern mit motorischen Entwicklungsstörungen zusätzlich zu rechnen?
20. Durch welches Erziehungsverhalten werden motorische Entwicklungsstörungen unter Umständen verstärkt?

12 Autistische Syndrome

H. Remschmidt und M. Martin

Fallvignette 1

Frühkindlicher Autismus (Kanner)

Die 16 Jahre alte Natalie wird wegen schwerwiegender Autoaggressionen und Fremdaggressionen vorgestellt. Sie lebte seit mehreren Monaten in einem Heim für lern- und geistig behinderte Kinder, um dort eine hauswirtschaftliche Ausbildung unter spezieller Berücksichtigung ihrer autistischen Behinderung zu machen. Zu dem jetzigen Zustand kam es, als man anlässlich einer Heimrenovierung das Zimmer der Patientin völlig ausräumte und ihre Sachen weggebracht wurden.

Aus der Vorgeschichte war zu erfahren, dass sie 3 gesunde ältere Geschwister hat. Im 2. Monat der Schwangerschaft kam es zur Exposition mit Rötelnviren, woran 2 Geschwister der Patientin erkrankt waren. Nach normaler Geburt wurde sie 4 Monate gestillt, im 4. Monat kam es beim Umstellungsversuch auf Löffelnahrung zu einer auffällig hartnäckigen Verweigerung. Die Sprachentwicklung war extrem verzögert. Nach spezieller Sprachförderung begann sie mit 7 Jahren zu sprechen. Früh fielen Stereotypien und mangelnde Umweltbezogenheit auf. Das Laufen erlernte sie erst mit 22 Monaten. Um die Zeit des 1. Geburtstages fiel den Eltern ein zunehmend autistisches Verhalten auf: Vernachlässigung von altersgemäßem Spielzeug, Beschäftigung mit Fäden und Schnipseln, Verweigerung von Körper- und Blickkontakt, verminderte und zeitweilig fehlende Reaktion auf die Umwelt, keine Reaktion auf laute Geräusche. Mit 3 Jahren ging sie zusammen mit den älteren Geschwistern in den Kindergarten, war dort autistisch zurückgezogen, spielte nicht mit den anderen Kindern. Sie wurde in eine Vorklasse der Sonderschule für Lernbehinderung mit 5 Jahren eingeschult. Dort wechselnde Zustände mit Angepasstheit, z. T. lautem Stören und autoaggressiven Handlungen, sodass sie aus der Schule herausgenommen wurde. Natalie wurde dann 2 Jahre zu Hause mit einer Einzellehrerin beschult, machte dabei gute Fortschritte in Grundschulkenntnissen. Anschließend Wiedereinschulung in eine Schule für geistig Behinderte. Wegen der sich abzeichnenden positiven Entwicklung wurde dann die Fortsetzung der Förderung in einem Heim für geistig und Lernbehinderte empfohlen.

Die Behandlung erfolgte zunächst kombiniert mit neuroleptischer Medikation, verhaltenstherapeutischen Maßnahmen und mittels intensiver Zuwendung durch eine heilpädagogische Einzelbetreuung. Nach diesen Therapiemaßnahmen sistierten Auto- und Fremdaggressivität und es gelang, Natalie in eine andere Heimeinrichtung zu vermitteln, in der sie ihr hauswirtschaftliches Training fortsetzen konnte.

Fallvignette 2

Asperger-Autismus

Der 8-jährige Samuel wird vorgestellt, weil die heimatliche Grundschule sich nicht in der Lage sieht, ihn in die 1. Schulklasse aufzunehmen. Zur Vorgeschichte ist zu erfahren, dass die ersten Probleme mit Samuel mit Eintritt in den Kindergarten auftraten. Er habe sich von Anfang an nicht für die anderen gleichaltrigen Kinder interessiert und habe auch nicht mit Kinderspielzeug spielen wollen. Er habe sich hauptsächlich für die Geschirrspülmaschine interessiert und sei immer aus dem Kindergarten ausgerissen, um in einem nahegelegenen Gebäude den Erwachsenen bei der Arbeit mit Computern und der Schreibmaschine zuzusehen. Während der ganzen Kindergartenzeit sei er vollständig isoliert gewesen. Zu Hause habe er sich nicht für sein Spielzeug interessiert, sondern sich auf das Sammeln von Staubsaugerdüsen spezialisiert. Wegen der Verhaltensstörungen wurde Samuel in die Vorschulklasse aufgenommen, aber auch hier konnte er nur stundenweise beschäftigt werden. Er lief ständig in der Klasse herum, wollte nicht sitzen bleiben, hielt der Klasse größere Vorträge, wenn er nicht gefragt war, fiel anderen Kindern ins Wort oder lief auch aus der Klasse weg. Er interessierte sich fast ausschließlich für Erwachsene, insbesondere für den Hausmeister, da dieser wegen des Umgangs mit technischen Geräten für ihn besonders interessant war. Es fiel auf, dass er an vielen Dingen schnüffelte, insbesondere an Waschmitteln, Lösungsmitteln und Klebstoff. Seine Tätigkeiten begleitete er mit stereotypen Lautäußerungen. Er zeigte ein großes Interesse an Plastikdinosauriern, wünschte sich ständig Bücher über Dinosaurier und verwendete lateinische und griechische Gattungsnamen.

Bei der neurologischen Untersuchung fielen Störungen in der Körperkoordination auf. In Frostigs Entwicklungstest der visuellen Wahrnehmung zeigte er gleichfalls unterdurchschnittliche Leistungen. Zur Überprüfung seiner intellektuellen Leistungsfähigkeit wurden verschiedene Verfahren eingesetzt. Er erreichte insgesamt (HAWIK-R) ein Gesamtergebnis an der unteren Normgrenze. Überragende Leistungen zeigte er in den Bereichen Wortschatz, sprachliches Ausdrucksvermögen und Faktenwissen. Es wurde die Diagnose Asperger-Syndrom gestellt. Während der stationären Therapie fielen wiederum seine Vorlieben für technisches Gerät auf. Klares Setzen von Regeln und Strukturen ermöglichte es Samuel, sich in eine Spielgruppe zu integrieren. Er lernte es zunehmend besser, Einfälle und Impulse zu steuern, sodass er zunehmend besser an gemeinsamen Unternehmungen und Aktivitäten teilnehmen konnte. Durch intensive Beschäftigung mit dem Patienten und vor allem in Form von Spielen und sportlichen Aktivitäten wie z. B. Schwimmen, gelang es, Samuels Sonderinteressen einzugrenzen. Um für die weitere Entwicklung des Jungen eine entsprechende Beschulung sowie eine heilpädagogische Förderung zu ermöglichen, schlugen wir im Anschluss als stationären Aufenthalt eine heilpädagogische Institution vor, die auch über eine Spezialbeschulungsmöglichkeit verfügte. Hier gelang es Samuel, den Hauptschulabschluss mit durchschnittlichen Leistungen zu erzielen.

Der Begriff Autismus

Der Begriff Autismus wurde von Eugen Bleuler (1911) eingeführt, der mit diesem Begriff ein Grundsymptom der Schizophrenie beschrieb. Bleuler charakterisierte mit diesem Begriff das Verhalten schizophren Erkrankter, sich in eine gedankliche Binnenwelt zurückzuziehen und zunehmend weniger Kontakt zu Mitmenschen aufrechtzuerhalten. Diesen Begriff aufnehmend, beschrieben fast gleichzeitig der austroamerikanische Kinderpsychiater Leo Kanner (1943) und der österreichische Pädiater Hans Asperger (1944) autistische Störungsbilder bei Kindern. Da autistische Kinder sich aber nicht aktiv in eine Phantasiewelt zurückziehen, sondern primär unfähig bzw. eingeschränkt fähig sind, soziale Kontakte zu entwickeln, trifft die Bezeichnung in der ursprünglich von Bleuler definierten Form nicht auf sie zu. Verschiedene Autoren haben sich aber für die Beibehaltung des Begriffes ausgesprochen, weil er weltweit gebräuchlich ist (Weber 1985). Eine kurze Übersicht zum Autismus gibt Remschmidt (2000).

Frühkindlicher Autismus (Kanner)

■ Epidemiologie

Nach Untersuchungen in auslesefreien Stichproben findet man etwa 4–5 Autisten auf 10 000 Kinder und Jugendliche (Lotter 1966, 1967, Wing u. Gould 1979). Die höchsten Prävalenzraten von 10 Kindern auf 10 000 wurde von Gillberg (1989) beschrieben. Jungen sind deutlich überrepräsentiert, die Geschlechterrelation beträgt etwa 3 zu 1.

■ Definition und Klassifikation

Nach den Diagnoseschlüsseln ICD 10 und DSM IV werden die beiden autistischen Syndrome „frühkindlicher Autismus" (Kanner-Syndrom) und „autistische Persönlichkeitsstörung" (Asperger-Syndrom) den tiefgreifenden Entwicklungsstörungen zugeordnet. Die ICD 10 Kategorie F 84 „tiefgreifende Entwicklungsstörungen" ist definiert als eine Gruppe von Störungen, die gekennzeichnet ist durch qualitative Beeinträchtigungen in den wechselseitigen sozialen Interaktionen und Kommunikationsmustern und durch ein eingeschränktes, stereotypes, sich wiederholendes Repertoire von Interessen und Aktivitäten. Diese qualitativen Auffälligkeiten sind in allen Situationen ein grundlegendes Funktionsmerkmal des Kindes. Neben dem frühkindlichen Autismus (ICD 10: F 84.0) und dem Asperger-Syndrom (ICD 10: F 84.5) wird der atypische Autismus abgegrenzt (ICD 10: F 84.1). Diese Form der tiefgreifenden Entwicklungsstörung unterscheidet sich vom frühkindlichen Autismus entweder durch das Alter bei Krankheitsbeginn oder dadurch, dass die diagnostischen Kriterien nicht in allen Bereichen erfüllt werden. Zu den tiefgreifenden Entwicklungsstörungen werden weiterhin das Rett-Syndrom (F 84.2), die sonstigen desintegrativen Störungen des Kindesalters (F 84.3) und die überaktive Störung mit Intelligenzminderung und Bewegungsstereotypien (F 84.4) gezählt.

Symptomatik

Der frühkindliche Autismus ist ein vom Verhalten her definiertes, d.h. ein psychopathologisches Syndrom, dessen Umgrenzung allerdings nicht sicher geklärt ist. Es gibt auch Kinder, die nicht alle charakteristischen Symptome zeigen, oder Kinder mit dem Kernsyndrom, aber einem späteren Entwicklungsalter (atypischer Autismus).

Die Hauptsymptome nach dem ICD 10 und dem DSM IV, die für die Diagnosestellung vorhanden sein müssen, sind in Tab. 12.**1** wiedergegeben.

Der frühkindliche Autismus manifestiert sich bereits vor dem 3. Lebensjahr. Charakteristisch und für die Diagnose ausschlaggebend sind Funktionsbeeinträchtigungen in 3 Bereichen. Es besteht eine schwerwiegende Störung in der wechselseitigen sozialen Interaktion, auch mit den nächsten Bezugspersonen (Vater und Mutter). Diese Unfähigkeit, Beziehungen herzustellen, hat dem Syndrom seinen Namen (Autismus) gegeben. Bereits im Säuglingsalter nehmen die Kinder keinen Blickkontakt auf, die Lächelreaktion bei Zuwendung der Mutter bleibt aus, das Kind streckt die Arme nicht aus, um aufgenommen zu werden. Die Kinder sind meist ruhige, bequeme, unbeteiligte Säuglinge, Zärtlichkeiten gegenüber sind sie oft gleichgültig, oder sie wehren sie auch ab. Wenn sie älter werden, fällt auf, dass autistische Kinder ihre Eltern bei Abwesenheit nicht vermissen, sie zeigen keine Reaktion beim Wiedersehen mit ihnen. Es besteht eine Unfähigkeit, Beziehungen zu Gleichaltrigen aufzunehmen mit gemeinsamen Interessen, Aktivitäten und Gefühlen. Andererseits zeigen autistische Kinder vielfältige symbiotische Verhaltensweisen speziell im Umgang mit den Eltern, z.B. essen sie nur, wenn sie gefüttert werden, und geben auf diese Weise zu verstehen, dass sie umsorgt sein wollen. Überhaupt finden sie im Laufe der Entwicklung besser Kontakt zu Erwachsenen als zu Kindern, die von ihnen als uneinfühlsam und bedrängend erlebt werden. Die Beeinträchtigung der wechselseitigen sozialen Interaktion zeigt sich häufig auch in devianten Reaktionen auf die Emotionen anderer und in dem Mangel, spontan Freude, Interessen oder Tätigkeiten mit anderen zu teilen.

Zweites Hauptsymptom des frühkindlichen Autistmus sind die qualitativen Beeinträchtigungen der Kommunikation. Diese manifestieren sich in einer Entwicklungsstörung der gesprochenen Sprache. Die Sprachentwicklung ist geprägt durch späteren Beginn, ein stark verlängertes echolalisches Stadium der Sprachentwicklung und die so genannte pronominale Umkehr, d.h.

Tabelle 12.**1** Diagnostische Leitlinien bzw. Kriterien für den frühkindlichen Autismus nach ICD-10 und DSM-IV (gekürzt und sinngemäß), (Weber u. Remschmidt 1999)

ICD-10	DSM-IV
1. Qualitative Beeinträchtigungen wechselseitiger sozialer Aktionen (z.B. unangemessene Einschätzung sozialer und emotionaler Signale; geringer Gebrauch sozialer Signale)	1. Qualitative Beeinträchtigung der sozialen Interaktion (z.B. bei nonverbalen Verhaltensweisen wie Blickkontakt etc.; Beziehungsaufnahme zu Gleichaltrigen; Ausdruck von Gefühlen)
2. Qualitative Beeinträchtigungen der Kommunikation (z.B. Fehlen eines sozialen Gebrauchs sprachlicher Fertigkeiten; Mangel an emotionaler Resonanz auf verbale und nonverbale Annäherungen durch andere Menschen; Veränderungen der Sprachmelodie)	2. Qualitative Beeinträchtigung der Kommunikation (z.B. verzögerte oder ausbleibende Sprachentwicklung, stereotyper oder repetetiver Gebrauch der Sprache; Fehlen von entwicklungsgemäßen Rollen- und Imitationsspielen)
3. Eingeschränkte Interessen und stereotype Verhaltensmuster (z.B. Starre und Routine hinsichtlich alltäglicher Beschäftigungen; Widerstand gegen Veränderungen)	3. Beschränkte repetetive und stereotype Verhaltensweisen, Interessen und Aktivitäten
4. Unspezifische Probleme wie Befürchtungen, Phobien, Schlaf- und Essstörungen, Wutausbrüche, Aggressionen, Selbstverletzungen	4. Beginn vor dem 3. Lebensjahr und Verzögerungen oder abnorme Funktionsfähigkeit
5. Manifestation vor dem 3. Lebensjahr	

die Verwendung des Wortes „du“ statt des Wortes „ich“ oder durch die Tatsache, dass das Kind, wenn es „ich“ sagen will, seinen eigenen Vornamen verwendet. Diese pronominale Umkehr erklärt sich aus der Echolalie. Die Kinder haben eine auffällige Sprechstimme und Sprachmelodie, vor allen Dingen Besonderheiten der Stimmlage, der Betonung, der Stimmstärke und des Sprechrhythmus. Die Sprache ist gekennzeichnet durch stereotype und repetitive oder idiosynkratische Verwendung. 50% der Kinder entwickeln keine Sprache. Diese Kinder haben die deutlichsten Defizite auch im intellektuellen Bereich (etwa vergleichbar den Schweregraden einer mittleren bis schweren geistigen Behinderung), bei ihnen bleiben auch im Jugendlichen- und Erwachsenenalter Intelligenzminderungen, Stereotypien und fehlende Sprachentwicklung sowie zahlreiche andere Verhaltensauffälligkeiten bestehen.

Neben den Beeinträchtigungen wechselseitiger sozialer Interaktion und der qualitativen Beeinträchtigung der Kommunikation sind die eingeschränkten Interessen und stereotypen, repetitiven Verhaltensmuster der dritte diagnostisch relevante Bereich. Autistische Kinder zeigen ein begrenztes stereotypes Verhaltensmuster. Dies beruht auf dem ängstlich-zwanghaftem Bedürfnis nach Gleicherhaltung der dinglichen Umwelt. Dies auch als Veränderungsangst bezeichnete Verhalten ist auf die für das jeweilige Kind subjektiv wichtigen Gegebenheiten ausgerichtet. Die Veränderungesängste, die sich in regelrechten Panik- und Schreiattacken äußern können, können sich auf neue Spazierwege, neue Speisen, neue Kleider, Umstellungen in der Wohnung, auf Änderungen des Tagesablaufs beziehen. Nur mühevoll gelingt es, Neues zu lernen. Die Stereotypien betreffen auch Inhalte und Schwerpunkte ihrer Beschäftigungen, die oft abnorm und ungewöhnlich erscheinen. Es besteht eine zwanghafte Anhänglichkeit an spezifische, nicht funktionale Handlungen oder Rituale. Weiterhin fallen stereotype und repetitive motorische Manierismen mit Hand- und Fingerschlagen oder -verbiegungen oder komplexe Körperbewegungen auf sowie vorherrschende Beschäftigungen mit Teilobjekten oder nicht funktionalen Elementen des Spielmaterials (z. B. Geruch, Oberfläche, Geräusch, Vibration). Es fallen bei autistischen Kindern vielerlei Stereotypien auf, die als Selbststimulation von Sinnesbereichen zu deuten sind, z. B. Augenbohren, Fächerbewegungen der Hände vor den Augen, rasches Herumpendeln mit dem Kopf, Schlagen mit den Händen auf die Ohren. Zusätzliche mögliche Störungen sind das Auftreten verschiedener Verhaltensauffälligkeiten wie phobische Ängste, Schlaf- und Essstörungen, unmotiviert erscheinende Wutausbrüche, Aggressionen und Selbstverletzungen. Es besteht wohl immer eine panische Angst vor Hunden.

Weber (1985) hat darauf hingewiesen, dass manche Verhaltensweisen autistischer Kinder auch bei gesunden Kindern in einem Stadium ihrer Entwicklung zu beobachten sind, beim autistischen Kind jedoch zeitlich verschoben, was den Zeitpunkt ihres Auftretens im Entwicklungsverlauf und die Dauer und Intensität des Auftretens betrifft. Dies betrifft die Echolalie, die Angst vor dem Ungewohnten, verschiedene stereotype Verhaltensweisen und rituelle Gewohnheitshandlungen, die Entwicklung von symbiotischen Beziehungsstrukturen, aber auch motorische Auffälligkeiten wie der Gang auf dem Vorderfuß.

Schließlich ist das Kanner-Syndrom geprägt durch eine außerordentlich starke Variation des Intelligenzniveaus. Die Intelligenz autistischer Kinder ist meist beeinträchtigt, ca. 60% sind geistig behindert, ca. 20% lernbehindert, bei ca. 17% liegt ein IQ im Grenzbereich, und bei ca. 3% im durchschnittlichen Bereich oder darüber. Hierfür hat sich der Begriff „High-functioning“-Autismus (HFA) eingebürgert. Dies führt zu Abgrenzungsschwierigkeiten gegenüber dem Asperger-Syndrom (Gillberg 1998).

Unter dem Gesichtspunkt der Entwicklung und der schulischen und beruflichen Integrationsmöglichkeit kann man den frühkindlichen Autismus nach dem im späteren Jugendalter erreichten Entwicklungniveau unterteilen. Die Höhe dieses Niveaus wird durch Intelligenz und Sprachentwicklung, durch das Ausmaß des autistischen Verhaltens sowie durch das Vorhandensein besonderer Fertigkeiten bestimmt. Es lassen sich grundsätzlich 3 Stufen differenzieren:

- Autistische Menschen mit hohem Entwicklungsniveau: Dies betrifft etwa 15–20% der autistischen Jugendlichen. Sie sind zurückgezogen, kontaktgestört und haben reduzierte soziale Fertigkeiten, besitzen aber leicht unterdurchschnittliche oder auch durchschnittliche intellektuelle und sprachliche

Fähigkeiten. Sie können sich von den Kontaktstörungen etwas befreien, bleiben aber auffällig im sprachlichen Bereich, im Denken und im Sozialverhalten. Beispielsweise sprechen sie gestelzt und beachten gesellschaftliche Konventionen wenig.

- Autistische Menschen mit mittlerem Entwicklungsniveau sind in ihren Intelligenzleistungen oft eingeschränkt, haben in der Regel die Schule für geistig Behinderte besucht, sie ziehen sich stärker zurück und sprechen entweder gar nicht oder sehr reduziert oder schwer verständlich. Sie zeigen auch später deutlichere emotionale Auffälligkeiten sowie vielfältige Stereotypien und zwanghaftes Verhalten. Was die Beschäftigung betrifft, sind sie auf die Tätigkeit in einer beschützenden Werkstatt angewiesen.
- Autistische Menschen mit niedrigem Entwicklungsniveau weisen ähnliche Merkmale auf wie die mittlere Gruppe, haben aber noch deutlichere Defizite im intellektuellen Bereich. Eine sprachliche Entwicklung hat oft nicht stattgefunden, das klinische Bild wird kompliziert durch multiple Verhaltensauffälligkeiten wie unmotiviertes Schreien, psychomotorische Unruhe, selbstverletztendes Verhalten und oft nicht vorhersehbare Aggressionszustände.

Diagnose und Differenzialdiagnose

Die Diagnose wird aufgrund der Anamnese und der klinischen Symptomatologie gestellt. Daneben gibt es Kriterienlisten bzw. Beobachtungsskalen, die zur Verfeinerung der Diagnostik geeignet sind und die auch erlauben, verschiedene Schweregrade autistischen Verhaltens festzulegen. Die bislang am besten erprobte Skala dieser Art ist die von Schopler et al. (1980) entwickelte Childhood-Autism-Rating-Scale (CARS), die aus 15 verschiedenen Items besteht. Mithilfe dieser Skala konnten 3 Gruppen von Kindern unterschieden werden: Kinder mit ausgeprägtem Autismus, Kinder mit leichten bis mittelgradigen autistischen Verhaltensweisen und Kinder mit Kommunikationsstörung ohne autistisches Verhalten. Angesichts der Heterogenität der Symptomatik autistischer Kinder und Jugendlicher und ihrer mitunter sehr unterschiedlichen Entwicklungsstadien ist es auch von Bedeutung, den Entwicklungsstand und die Fähigkeiten der einzelnen Kinder zu untersuchen. Auch hierfür besteht in Form der Psycho-educational-Profile (PEP) eine Erfassungsmöglichkeit (Schopler u. Reichler 1979). Die Stellung der Diagnose wird dadurch erschwert, dass sich das psychopathologische Bild des frühkindlichen Autismus ständig unter den Entwicklungsprozessen wandelt (Weber 1970). Beispielsweise treten die Veränderungsängste erst im Laufe des 2. Lebensjahres auf, wenn die Beziehungen zur dinglichen Umwelt geknüpft werden. Nach dem 6. Lebensjahr lassen, vor allem bei den weniger gestörten Kindern, viele Besonderheiten nach oder verschwinden auch ganz und normale Entwicklungsprozesse setzen vermehrt ein. Weiterhin muss bei der Diagnostik berücksichtigt werden, dass Kinder zu finden sind, die einzelne, aber nicht alle Symptome zeigen (atypischer Autismus) und dass der Ausprägungsgrad der Störung sehr unterschiedlich sein kann.

Viele Symptome des frühkindlichen Autismus lassen sich aus normalen Entwicklungsvorgängen ableiten, verändert in Bezug auf den Zeitpunkt des Auftretens, die Intensität und die Dauer des Bestehens. Dies betrifft die Sprachauffälligkeiten, die Veränderungsängste, motorische Verhaltensweisen wie der Zehengang und die symbiotischen Verhaltensweisen. Differenzialdiagnostisch müssen zunächst die beiden autistischen Syndrome voneinander abgegrenzt werden. Die Unterschiede zwischen frühkindlichem Autismus und autistischer Psychopathie liegen vor allem im Krankheitsbeginn, im sprachlichen und intellektuellen Bereich sowie in den motorischen Besonderheiten (Weber 1985). Bei Mädchen muss das Rett-Syndrom abgegrenzt werden. Differenzialdiagnostisch ist diese dementive Erkrankung durch zahlreiche neurologische Symptome sowie klassische Bewegungsstereotypien der Hände abgrenzbar.

Differenzialdiagnostisch müssen weiterhin Intelligenzminderungen sowie andere Sinnesdefekte vom frühkindlichen Autismus abgegrenzt werden.

Im Allgemeinen zeigen Kinder mit Intelligenzminderung nicht das charakteristische Syndrom des frühkindlichen Autismus, dies trifft auch auf blinde oder taube Kinder zu. Aufgrund der sprachlichen Besonderheiten muss auch eine Hörstummheit (Audimutitas) abgegrenzt werden, was bei diesen Kindern manchmal schwierig ist. Hörstumme Kinder können sich auch nonverbal, durch Gesten, Mimik und Gebärden verständigen, was autistischen Kindern nicht gelingt.

Schließlich muss der frühkindliche Autismus von den früh beginnenden kindlichen schizophrenen Erkrankungen abgegrenzt werden. Die schizophrene Erkrankung des Kindesalters ist ebenfalls durch eine schwere Beziehungsstörung geprägt. Während der frühkindliche Autismus jedoch meist von Geburt an besteht, beginnt die kindliche Schizophrenie akut oder schleichend erst im Entwicklungsverlauf. Die differenzialdiagnostische Abgrenzung beruht auf Unterschieden in der familiären Belastung, der Geschlechterverteilung, der Prognose und der Häufigkeit von zerebralorganischen Schäden sowie der Tatsache, dass der frühkindliche Autismus nicht in eine Schizophrenie des Erwachsenenalters übergeht (Weber 1985).

■ Ätiologie und Genese

Die Diskussion zur Ätiologie und Genese des frühkindlichen Autismus haben sich, nachdem jahrzehntelang verschiedene Thesen zur Psychogenese dominierten, in den letzten Jahren wieder auf die Seite biologischer Ursachen verlagert (ausführliche Übersicht bei Weber 1985). Dies geschah unter dem Eindruck einer ganzen Reihe neurobiologischer Besonderheiten, die für autistische Kinder typisch sind, die man aber bei gesunden Kindern nicht findet und auch bei geistig behinderten Kindern nicht in gleichem Maße. Folgende Faktoren sind an der Ätiologie und Genese des frühkindlichen Autismus beteiligt: genetische Einflüsse, Hirnschädigungen und Hirnfunktionsstörungen, biochemische Besonderheiten, Störungen kognitiver Prozesse, der Sprachentwicklung und der emotionalen Entwicklung. Dabei muss mit einer Wechselwirkung der genannten Faktoren gerechnet werden. Für die Wirksamkeit genetischer Faktoren in der Ätiologie des frühkindlichen Autismus sprechen Zwillingsstudien mit Konkordanzraten für monozygote Zwillinge zwischen 36% (Folstein u. Rutter 1977) und 95,7% (Ritvo et al. 1985). Bei den dizygoten Zwillingen variieren die Konkordanzraten zwischen 0% (Steffenburg et al. 1989, Folstein u. Rutter 1977) und 23,5% (Ritvo et al. 1985). Auch für kognitive Störungen, die mit dem Autismus assoziiert sind, ergeben sich zwischen eineiigen und zweieiigen Zwillingen deutliche Unterschiede (Steffenburg et al. 1989). In den Familienstudien finden sich Wiederholungsrisiken von ca. 3% bei Geschwistern von Betroffenen (Folstein u. Rutter 1988). Dieses Risiko ist ca. 50- bis 100-mal höher als das Risiko in der allgemeinen Bevölkerung. Molekulargenetische Untersuchungen brachten die bisher signifikantesten Ergebnisse auf Chromosom 7 (International Moleculargenetic Study of Autism Consortium 1998).

Die Bedeutsamkeit von Hirnschädigungen und Hirnfunktionsstörungen für die Ätiologie autistischer Störungen ist mittlerweile zweifelsfrei. Der frühkindliche Autismus kommt zusammen mit vielerlei ätiologisch unterschiedlichen Hirnschäden vor. Ein überzufällig häufiges Zusammentreffen ist für Rötelnembryopathie, die tuberöse Sklerose, die Epilepsie mit BNS-Krämpfen, die Phenylketonurie und das Marker-X-Syndrom anzunehmen. Die Beteiligung folgender Faktoren an der Ätiologie konnten wahrscheinlich gemacht werden: Störung früher kognitiver Prozesse (Martinius 1974, Rutter 1968), Störungen der zentralen Aktivierung und Wahrnehmungsstörungen (Ornitz u. Ritvo 1968, Weber 1970), Hirnschädigungen und neuropsychologische Ausfälle (De Long 1978, Weber 1970, 1985) sowie biochemische Besonderheiten (Todd et al. 1990).

Das Spezifische des psychopathologischen Bildes könnte erklärt werden aus Art, Ausmaß und Lokalisation der Schädigung des Gehirns, dem frühen Zeitpunkt der Schädigung, dem anlagemäßigen Potenzial der Primärpersönlichkeit und der Auseinandersetzung des geschädigten Kindes mit der Umwelt. Die Genese des Kanner-Syndroms wird noch lebhaft diskutiert, vielfältig sind die aus klinischen Befunden und subtilen Untersuchungen abgeleiteten Hypothesen. Es fehlen jedoch bedauerlicherweise systematische Untersuchungen und Beobachtungen autistischer Kinder aus den ersten beiden Lebensjahren, und zwar, weil die Diagnose (aus vielerlei Gründen) meist nicht so früh gestellt wird. Diese Entwicklungsspanne ist aber für Erkenntnisse über die Genese wahrscheinlich die wichtigste (Weber u. Remschmidt 1999).

Therapie

Vieles in Ätiologie und Genese des frühkindlichen Autismus muss als noch ungeklärt gelten. Unstrittig ist die Tatsache, dass genetische und hirnorganische Faktoren in der Genese und Ätiologie ausschlaggebend sind. Für die Therapie bedeutet dies, dass zur optimalen Förderung der Kinder mit dem Ziel wechselseitiger Adaptation zwischen dem Kind und seiner Umwelt multimodale Behandlungsprogramme am sinnvollsten sind, eingedenk der Tatsache, dass es weder eine Psychotherapie noch eine Somatotherapie gibt, mit der autistische Störungen geheilt werden können.

Als Leitlinien für die Therapie autistischer Störungen lassen sich folgende Prinzipien formulieren (Weber u. Remschmidt 1997, Remschmidt 1998).

- Stärker verhaltensorientierte, direkte und strukturierte Behandlungsmethoden haben größere Erfolge als solche, die Patienten zu sehr ihrem eigenen Entwicklungsgang überlassen (Schopler et al. 1971, Schopler 1989).
- Auch die Umgebung autistischer Kinder sollte eher eine strukturierte und organisierte als eine gewährend nachgiebige Ausrichtung haben (Bartak 1978, Schopler et al. 1971, Schopler 1989).
- Autistische Kinder mit einem niedrigen Entwicklungsstand lassen sich durch strukturierte Maßnahmen stärker fördern als solche mit einem höheren Entwicklungsniveau.
- Jede Behandlung muss vom individuellen Entwicklungsprofil des Kindes ausgehen und gezielt einzelne Bereiche in die Behandlung einbeziehen (z.B. Anbahnung der Entwicklungsstufen des Spielverhaltens, Sprachanbahnung, Förderung der Eigenaktivität, Abbau von Stereotypien und Autoaggressivität.
- Alle therapeutischen Vorgehensweisen sollen in ein Gesamtkonzept eingeordnet werden, welches an einem übergeordneten Therapieziel ausgerichtet ist.
- Jede Behandlung muss die Eltern und sonstigen Bezugspersonen einbeziehen.
- In der Adoleszenz sind die besonderen entwicklungstypischen Problemkreise zu berücksichtigen. Hier spielen Stimmungsschwankungen, aggressive Verhaltensweisen, sexuelle Triebimpulse, machmal auch selbstverletzendes Verhalten, zerebrale organische Anfälle oder auch psychotische Phasen eine wichtige Rolle.

Schließlich ist zu berücksichtigen, dass nicht alle Maßnahmen unter dem Begriff Therapie subsumiert werden können, sondern dass autistische Kinder und Jugendliche auch der Erziehung bedürfen; therapeutische und erzieherische Maßnahmen müssen im Sinne eines Gesamtkonzeptes aufeinander abgestimmt sein. Hierbei ist ein strukturierter Tagesablauf genauso wichtig wie das Gewähren von Freiräumen für eigene Aktivitäten.

Ein möglichst früher Beginn der therapeutischen Bemühungen ist von allergrößter Bedeutung für deren Erfolgsaussichten. Dies hat auch in der Hirnentwicklung seine Begründung. Um einer schwerwiegenden Behinderung vorzubeugen bzw. die Beeinträchtigung möglichst gering zu halten, sollten autistische Kinder frühzeitig entsprechenden Fördermaßnahmen zugeführt werden. Dies setzt voraus, dass die Diagnose abgesichert ist, was leider auch heute noch oft zu spät geschieht. Nach Diagnosestellung erfolgt die Aufklärung und Beratung der Eltern über die Natur der Störung und die Erarbeitung eines Förder- und Behandlungskonzeptes mit den Eltern. Hierbei ist es wichtig, von einem exakten Entwicklungsprofil des Kindes auszugehen und auch die Möglichkeiten der Eltern realistisch einzuschätzen. Einzubeziehen sind alle Personen und Institutionen, die mit dem Kind zu tun haben.

Verhaltenstherapeutische Ansätze

Das Vorgehen der Verhaltenstherapie bei autistischen Störungen ist nicht grundsätzlich anders als bei anderen Störungsbildern. Lovaas (1974), der als einer der Ersten verhaltenstherapeutische Methoden bei autistischen Störungen angewendet hat, geht bezüglich der Anwendung dieser Methode von 3 Grundannahmen aus (Janetzke 1993):

- Autismus wird nicht primär als Beziehungsstörung angesehen, sondern als eine Störung der Perzeption und der Kognition.
- Obwohl Ätiologie und Genese des Autismus noch nicht bekannt sind, ist eine Modifikation

des Verhaltens auch unabhängig von einer genauen Ursachenkenntnis möglich. Sie besteht im Aufbau erwünschten und im Abbau unerwünschten bzw. störenden Verhaltens.
- Verhaltenstherapeutische Maßnahmen können nicht nur von Experten, sondern auch von Eltern und anderen Bezugspersonen durchgeführt werden.

Auf der Grundlage dieser Überlegungen kann eine Vielzahl von verhaltenstherapeutischen Methoden angewendet werden: operantes Konditionieren unter Benutzung von Belohnern und aversiven Reizen bis zum Prompting (Geben von Hilfestellungen), Shaping (Verhaltensformung) und Fading (schrittweises Zurücknehmen der Hilfestellung), (Tab. 12.**2**).

Verhaltenstherapeutische Strategien können in 3 Gruppen eingeteilt werden (Bregmann u. Gerdtz 1997):

- Vorausgehende Interventionen; sie werden präventiv angewandt, also bevor ein erwartetes Verhalten auftritt;
- nachfolgende Interventionen, die nach dem Auftreten eines Zielverhaltens angewendet werden und
- Interventionen zur Entwicklung von Fähigkeiten.

Intensive verhaltenstherapeutische Programme

Lovaas (1974) entwickelte ein verhaltenstherapeutisches Programm, in dem autistische Vorschulkinder in einem häuslichen verhaltensthe-

Tabelle 12.**2** Verhaltenstherapeutische Ansätze beim frühkindlichen Autismus (Weber u. Remschmidt 1997)

	Anwendungsbereich	**Therapieziele**	**Verhaltenstherapeutische Methode**
Aufbau von Verhaltensweisen	Sprachanbahnung und Förderung der sprachlichen Kommunikation	Nonverbale Imitation, sprachliche Äußerungen, kommunikative Nutzung der Sprache	Operantes Konditionieren, Diskiminationslernen, Prompting (Hilfestellung geben), Fading (schrittweise Rücknahme von Hilfestellungen)
	Förderung der sozialen Interaktion und Kommunikation	Wahrnehmen und Erkennen von Emotionen, angemessenes Sozialverhalten in natürlichen Situationen	Modelllernen, Regellernen unter Nutzung des operanten Konditionierens
Abbau von Verhaltensweisen	Reduktion von Selbststimulation, Stereotypien und selbstverletzendem Verhalten	Beeinflussung des jeweiligen „Störverhaltens" in Einzel-, Gruppen- und anderen sozialen Situationen	Aversionsbehandlung, Kombination von Aversionstherapie (z. B. des selbstverletzenden Verhaltens) und Verstärkung alternativer Verhaltensweisen, sensorische Extinktionsprogramme, Kombination von Verhaltenstherapie und Pharmakotherapie
	Wutausbrüche und aggressives Verhalten	Versuch der Ursachenklärung, direkte Beeinflussung des Störverhaltens und der Rahmenbedingungen	Aversionsbehandlung, Kombination von Aversionstherapie (z. B. des selbstverletzenden Verhaltens) und Verstärkung alternativer Verhaltensweisen, sensorische Extinktionsprogramme, Kombination von Verhaltenstherapie und Pharmakotherapie, Vermeidung der für den jeweiligen Patienten typischen Auslösesituationen

rapeutischen Programm über 40 Stunden pro Woche 2 Jahre oder länger behandelt wurden. Das Programm hat eine Verbesserung in verschiedenen Bereichen des Verhaltens hervorgebracht; gegenüber der Kontrollgruppe konnten Unterschiede, z. B. im mittleren Intelligenzquotienten und in den sozialen Fertigkeiten aufgezeigt werden. Schopler et al. (1983, 1995) hat ein gut strukturiertes pädagogisches Programm für autistische Kinder beschrieben (TEACCH-Programm). Das Programm hat eine verhaltenstherapeutische Basis, hebt die Bedeutung des individuellen Lehrens und Lernens hervor, ebenso wie die Einbeziehung anderer verhaltens- und kognitiver Zugänge. Sie beinhaltet eine große Zahl an Berichten zur Effektivität dieses Vorgehens (Campbell et al. 1996).

Körperbezogene Therapieansätze

Körperbezogene Psychotherapieverfahren gehen von der Vorstellung aus, den Körper der Patientinnen und Patienten in die Therapie einzubeziehen mit dem Ziel, auf diese Weise zu neuen positiven Verhaltensweisen anzuregen, um störende Verhaltensweisen abzubauen. Der bekannteste funktionelle Ansatz ist die sensorische Integrationstherapie, die von der Überlegung ausgeht, dass dem Störungsbild eine gestörte Wahrnehmungsverarbeitung zugrunde liegt. Das Therapieziel ist es, über eine Verknüpfung verschiedener Sinnesleistungen die Wahrnehmungen besser zu koordinieren, um auf diese Weise zu einer realistischeren Wahrnehmung der Umgebung und einer besseren Anpassung an diese zu führen.

Im Rahmen der körperbezogenen Therapieansätze hat die so genannte Festhaltetherapie einen besonderen Stellenwert. Sie beruht auf der Annahme der amerikanischen Kinderpsychiaterin Maria Welch (1984), dass der Widerstand autistischer Kinder gegen Nähe und Körperkontakt durch Festhalten so lange überwunden werden muss, bis das Kind seinen Widerstand aufgibt. Nach Überwinden dieses Widerstandes wird die „Angst vor Nähe" deutlich reduziert. Dieses Vorgehen ist mit der verhaltenstherapeutischen Methode zur Behandlung von Ängsten, dem Flooding (Reizüberflutung), verwandt.

Medikamentöse Maßnahmen

Psychopharmaka sind im derzeitigen Stadium der Erkenntnis keine kausalen Behandlungsmethoden bei autistischen Syndromen. Sie müssen nach Maßgabe von Zielsymptomen oder Zielsyndromen (Angst, Depression, Aggression, Selbstverletzung) verordnet werden. Sie sind notwendig im Rahmen der Krisenintervention. Das atypische Neuroleptikum Risperidon in einer Dosierung bis 3,5 mg/Tag erwies sich als wirksam auf aggressives und selbst verletzendes Verhalten (McCracken jr et al. 2002). Die Verordnung von Medikamenten muss in einen Therapieplan (umgebungsbezogene Maßnahmen, verhaltensbezogene Maßnahmen, familienbezogene Maßnahmen) eingebunden sein (Weber u. Remschmidt 1997).

Verlauf und Prognose

Die Prognose des Kanner-Syndroms lässt sich im Allgemeinen vom 6. Lebensjahr an einschätzen, allerdings kann es bei einzelnen Kindern mit geringer ausgeprägter Störung noch nach dem 6. Lebensjahr zu überraschenden Entwicklungsschüben kommen, und zwar auch ohne Therapie. Für die Beurteilung der Prognose haben sich der IQ (vor allem der Handlungs-IQ des HAWIK), der Entwicklungsstand der Sprache, insbesondere das Ausmaß der kommunikativen Sprachfunktion, die Dauer der Echolaliephase, der Entwicklungsstand des Spielverhaltens und der Schulerfolg als brauchbar erwiesen (Weber u. Remschmidt 1997).

Insgesamt ist die Prognose als nicht sehr günstig anzusehen; etwa die Hälfte der autistischen Patienten bleibt lebenslang stumm. Die Prognose kann im Jugendalter noch gedrückt werden durch das Auftreten von epileptischen Anfällen, psychotischen Phasen (vermutlich exogene Psychosen), die Zunahme aggressiver Durchbrüche, autoaggressiver Handlungen und ritualistischer Phänomene, die auch im Erwachsenenalter in vermehrter Heftigkeit fortbestehen können. Auch die wenigen Erwachsenen mit Autismus, die über eine durchschnittliche oder gar überdurchschnittliche Intelligenz verfügen, zeigen noch gewisse Auffälligkeiten. Am schwerwiegendsten für ihre Lebenssituation ist die Störung der sozialen Orientierung (Weber 1987).

In der Literatur finden sich nur wenige Angaben über Erwachsene mit frühkindlichem Autismus, die verheiratet sind oder mit Partnern bzw. Partnerinnen zusammenleben.

Asperger-Autismus

Seit der 1. Beschreibung dieses Syndroms durch Hans Asperger (1944) hat das Interesse an dieser Störung zugenommen, insbesondere, seit Lorna Wing (1981) das Syndrom auch in der englischsprachigen Welt bekannt gemacht hat.

Sula Wolff (1995) wies auf eine frühere Veröffentlichung von Ssucharewa (1926) „Die schizoiden Psychopathen im Kindesalter" hin, in der eine ähnliche Störung bei 6 Jungen beschrieben wird. Dieses Syndrom scheint mit dem von Ernst Kretschmers „schizoidem Charakter" verwandt, den er zuerst in seinem berühmten Buch „Körperbau und Charakter" (1921) beschrieben hat. In neuerer Zeit ist der Aspekt aus Sicht der modernen Gewichtsregulationsforschung von Interesse, dass Kinder und Jugendliche mit Asperger-Syndrom und schizoider Persönlichkeit im Vergleich zu alterskorrigierten Kontrollpersonen ein niedrigeres Gewicht aufweisen (Hebebrand et al. 1997). Neueste Übersichtsarbeiten über das Asperger-Syndrom stammen von Klin u. Volkmar (1997), von Gillberg (1998) und von Remschmidt und Hebebrand (2001).

■ Epidemiologie

Im Gegensatz zum frühkindlichen Autismus gibt es wenige epidemiologische Studien über das Asperger-Syndrom. Angaben zur Prävalenz jeder Störung hängen von der Definition ab. Da die Definitionen der verschiedenen Autoren sich unterscheiden, sind auch die Zahlenangaben der verschiedenen Untersuchungen uneinheitlich.

Eine der ersten epidemiologischen Untersuchungen wurde von Wing u. Gould (1979) durchgeführt. Diese Studie bezog sich nicht speziell auf das Asperger-Syndrom, sondern insgesamt auf schwere Beeinträchtigungen des sozialen Kontaktverhaltens bei Kindern. Nach dieser Untersuchung besteht eine Prävalenz von 0,6–1,1 % der Kinder unter 15 Jahren mit leichter geistiger Behinderung. Das Geschlechterverhältnis wurde in dieser Untersuchung mit 9 zu 1 angegeben. Die Untersuchung von Wing (1981) hat ein Geschlechterverhältnis von 3 zu 1. Gillberg u. Gillberg (1989) gaben Prävalenzraten zwischen 10 und 26 pro 10 000 Kindern mit normaler Intelligenz und 0,4 pro 10 000 Kindern mit geistiger Behinderung an.

Die einzige auf die Allgemeinbevölkerung bezogene Studie wurde in Göteborg von Ehlers u. Gillberg durchgeführt (1993). Sie fanden eine Prävalenzrate von 7,1 pro 1 000 Kinder im Alter zwischen 7 und 16 Jahren. Wahrscheinlich wurden dabei Kinder mit einer wenig ausgeprägten Form des Syndroms ausgeschlossen.

Auf der Grundlage klinischer Stichproben schätzt Wolff (1995), dass 2 % der Bevölkerung Asperger-Syndrome haben. Diese Schätzung schließt auch Kinder mit einer schizotypen Störung ein bzw. mit Asperger-Syndrom, die eine Disposition zur Schizophrenie haben.

Wenn man bedenkt, dass die Definition von Wolff weiter gefasst ist und daher auch wenig ausgeprägte Fälle einschließt, unterscheiden sich diese Prävalenzangaben nur unerheblich von den Zahlen von Ehlers u. Gillberg (1993). Vergleicht man diese Zahlen mit Angaben von frühkindlichem Autismus, zeigt sich, dass die Prävalenz für das Asperger-Syndrom höher ist.

■ Definition und Klassifikation

In beiden heute gängigen Klassifikationssystemen (ICD 10 und DSM IV) wird das Asperger-Syndrom unter die tiefgreifenden Entwicklungsstörungen eingeordnet. Während das Asperger-Syndrom nach ICD 10 eine eigene klassifikatorische Kategorie darstellt (F 84.5) gibt es keine eigene Kategorie im DSM IV. Dort werden das Rett-Syndrom, andere tiefgreifende Entwicklungsstörungen und das Asperger-Syndrom in einer Kategorie zusammengefasst (299.80). Diese Einteilung erscheint unangemessen und sollte modifiziert werden, da sich die 3 Syndrome in Bezug auf das klinische Bild, die Verlaufsform, die Prognose und auch wahrscheinlich die Ätiologie unterscheiden.

Anhand der diagnostischen Leitlinien ist eine Differenzierung zwischen Asperger-Syndrom, frühkindlichem Autismus (ICD 10: F 84.0) und autistischer Störung (DSM IV: 299.0) möglich. Allerdings kann es schwierig sein, das Asperger-Syndrom vom „High-functioning"-Autismus zu differenzieren, insbesondere, da ausdrückliche

Tabelle 12.3 Vergleich von 7 verschiedenen klinischen Kriterienbereiche zur Definition des Asperger-Syndroms (nach Klin u. Volkmar 1997)

Symptombereich	vorhandene Kriterien
Soziale Beeinträchtigung (eingeschränkte nonverbale Kommunikation, eingeschränkte Empathie, Unfähigkeit, Freundschaften zu erweitern)	7
Beeinträchtigung der Sprache / Kommunikation	5 von 7
Motorische Ungeschicklichkeit	5 von 7
Sonderinteressen	5 von 7
Ausschluss von Autismus	3 von 7

1: Asperger (1944, 1979); 2: Wing (1981); 3: Gillberg u. Gillberg (1989); 4: Tantam (1988a); 5: Szatmari et al. (1990); 6: DSM-IV (APA 1994); 7: ICD-10 (WHO 1992).

diagnostische Leitlinien für „High-functioning“-Autismus fehlen (Gillberg 1998). Nach Gillberg soll der „High-functioning“-Autismus nach den diagnostischen Leitlinien der ICD 10 für den kindlichen Autismus und/oder die Leitlinien des DSM IV für die autistische Störung diagnostiziert werden. Die Leitlinien sollten angewandt werden, wenn der Gesamt-IQ über 65–70 liegt. Doch auch dann bleiben die diagnostischen Kriterien für das Asperger-Syndrom unklar.

Tab. 12.3 zeigt den Vergleich von klinischen Kriterien, die das Asperger-Syndrom definieren (modifiziert nach Klin u. Volkmar 1997). Wie aus der Tabelle hervorgeht, stimmen alle Kriterien nur in Bezug auf die soziale Beeinträchtigung überein. Alle anderen Kriterien unterscheiden sich beträchtlich. Dies hängt möglicherweise mit der allgemeinen Schwierigkeit zusammen, das Asperger-Syndrom vom „High-functioning“-Autismus zu unterscheiden.

Wolff (1995) hat diagnostische Forschungskriterien vorgeschlagen, die beachtenswert sind. 2 der Ausschlusskriterien für die Störung (Fehlen einer klinisch bedeutsamen rezeptiven oder expressiven Sprachstörung und Fehlen einer schizotypischen Störung) sollten aus der ICD-Definition gestrichen werden. Diese Argumentation basiert auf den Katamneseuntersuchungen von Wolff mit schizotypen Kindern bzw. mit Asperger-Syndrom, bei denen sie häufig eine spezifische Sprachentwicklungsstörung nachweisen konnte. Bei der Mehrzahl der betroffenen Kinder konnte eine schizotypische Störung diagnostiziert werden. Als weiteres positives diagnostisches Kriterium postuliert sie „ungewöhnliche Phantasien“, da ein signifikanter diesbezüglicher Unterschied sowohl in der Kindheit als auch im Erwachsenenalter zwischen schizoiden Kindern und der Kontrollgruppe nachweisbar war.

Zusammenfassend kann gesagt werden, dass die diagnostischen Kriterien nicht ganz klar sind. Dem DSM IV fehlt eine eigene diagnostische Kategorie für das Asperger-Syndrom, und die Frage der Differenzierung zwischen „High-functioning“-Autismus und Asperger-Syndrom bleibt offen. Das erfordert weitere Forschung auf diesem Gebiet.

Weiterhin ist zu fragen, ob der Autismus ein Kontinuum darstellt, welches den Kanner-Autismus, den Asperger-Autismus, den „High-functioning“-Autismus, das Rett-Syndrom, die desintegrative Psychose und den atypischen Autismus („pervasive developmental disorder not otherwise specified“, PDDNOS) einschließt, wie dies von Wing u. Gould (1979) vorgeschlagen wurde. Dabei ist der Begriff „Kontinuum“ ein komplexes Konzept, das nicht auf die Dimension des Schweregrades (schwere bis leichte Beeinträchtigung) reduziert werden kann.

Im Gegensatz zu dieser Vorstellung eines Kontinuums basieren die Definitionen der tiefgreifenden Entwicklungsstörung sowohl in der ICD 10 als auch im DSM IV auf der Annahme einer klassifikatorischen Validität aller unter der Überschrift „tiefgreifende Entwicklungsstörung“ subsumierten Diagnosen (Tsay 1992).

Symptomatik

Das klinische Bild hat Weber (1988) eingehend beschrieben. Es besteht eine Beziehungsstörung, vor allem zur personalen, aber auch zur dinglichen Umwelt und zu sich selbst: Asperger-autistische Kinder sind nur zu begrenztem sozialem Kontakt fähig, es ist für sie schwierig, sich auf Personen und soziale Situationen einzustellen, und sie haben kein Gefühl für persönliche Distanz. Beim Durchsetzen ihrer Absichten und Wünsche verhalten sie sich rücksichtslos und zwanghaft.

Gelegentlich können sie ihre Schwierigkeiten verstandesmäßig erkennen. Häufig sehnen sie sich nach Kontakt, wissen aber nicht, wie sie Freundschaften gewinnen oder stabil erhalten sollen. Sie kommen besser mit Erwachsenen als mit Gleichaltrigen aus, sie nehmen Dinge oft nur ganz selektiv zur Kenntnis und haben häufig an einzelne Dinge absonderliche, z.T. fetischhafte Bindungen.

Im Allgemeinen entwickelt sich ihre Sprache frühzeitig, und es entsteht rasch eine in Grammatik und Wortwahl gute Sprache, oft mit originellen Wortschöpfungen. Doch die Sprache ist in ihrer kommunikativen Funktion gestört, die Kinder reden, wann es ihnen gefällt und über Themen, die sie interessieren, ohne Anpassung an die Zuhörer. Oft fällt auf, dass der Blickkontakt selten oder nur flüchtig ist.

Auch in der Intelligenzstruktur zeigen sich Besonderheiten, obwohl sie meist über eine gute bis überdurchschnittliche Intelligenz verfügen.

Es bestehen eine Reihe ritualistischer Phänomene und auch Veränderungsängste; beeindruckend sind oftmals die Heimwehreaktionen dieser Kinder.

Weiterhin finden sich eine Reihe sensorieller Besonderheiten mit Zu- und Abneigung auf dem Gebiet des Geschmacks-, aber auch des Geruchssinns sowie Abneigungen gegen bestimmte Berührungsempfindungen.

Ein besonders ins Auge fallendes Symptom ist die Entwicklung von Sonderinteressen: Viele Kinder haben ein eng umgrenztes, manchmal realitätsfernes und praktisch nicht brauchbares Sonderinteresse, das hypertrophisch entwickelt ist.

Schließlich fallen die Kinder durch eine betonte motorische Ungeschicklichkeit und vielfältig dyspraktische Störungen auf.

Trotz der guten Intelligenz kommt es zu Störungen im schulischen Lernen. Die Kinder sind sehr auf ihre Sonderinteressen fixiert und nur in begrenztem Maße zu motivieren. Sie zeigen eine Störung der aktiven Aufmerksamkeit, d.h., sie sind von innen her ablenkbar durch ihre eigenen Einfälle und Impulse und sind nicht geneigt, ihre Aufmerksamkeit auf das zu richten, was die Außenwelt von ihnen verlangt.

Kritik, Einschränkungen und Anforderungen können zu massiven Wutanfällen führen. Schließlich ist ein auffälliges Symptom die Schadenfreude der Kinder. Sie haben manchmal eine direkt übermäßige Freude am Ärger der anderen und versuchen, den Ärger gelegentlich durch eigene Aktivitäten zu schüren.

Diagnose und Differenzialdiagnose

Es gibt mehrere Störungen, die sowohl Ähnlichkeiten wie auch Unterschiede zum Asperger-Syndrom aufweisen, daher kann die Differenzialdiagnose schwierig sein, insbesondere, da widersprüchliche und umstrittene diagnostische Fragen und Leitlinien eine Rolle spielen. Insbesondere die Abgrenzung zum „High-functioning“-Autismus bereitet Schwierigkeiten. Wenn die Vorstellung Gillbergs (1998) zutrifft, dass es in manchen Fällen angemessen ist, zu einem Zeitpunkt Autismus und zu einem anderen Zeitpunkt Asperger-Syndrom zu diagnostizieren, ist eine klare Differenzialdiagnose unmöglich.

Andererseits haben Klin et al. (1995) gezeigt, dass die beiden Syndrome voneinander unterschieden werden können, indem neuropsychologische Profile verglichen werden, wobei die beiden Gruppen bezüglich Lebensalter und IQ vergleichbar sein sollten. In dieser Untersuchung unterscheiden sich die beiden Störungen in 11 neuropsychologischen Bereichen signifikant. Diese 11 Bereiche erstrecken sich auf nicht-verbale Lernstörungen. Von den 11 Faktoren erwiesen sich 6 als gute Prädiktoren für die Diagnose eines Asperger-Syndroms (Defizite in der Feinmotorik, visuomotorische Integration, visuelle Raumwahrnehmung, verbale Konzeptbildung, Grobmotorik und visuelles Gedächtnis). 5 Faktoren erwiesen sich als gute Prädiktoren für den Ausschluss eines Asperger-Syndroms in Zusammenhang mit „High-functioning“-Autismus (Störung der Artikulation, verbaler Ausdruck, auditorische Wahrnehmung, Wortschatz und verbales Gedächtnis).

Ozonoff et al. (1991) fanden, dass „High-functioning“-Autismus und Asperger-Syndrom anhand mehrerer neuropsychologischer Parameter empirisch unterscheidbar sind. Im Gegensatz zu diesen Ergebnissen fanden Szatmari et al. (1990) keine Unterschiede zwischen den beiden Gruppen, woraus sie die Schlussfolgerung zogen, dass Asperger-Syndrom und „High-functioning“-Autismus unter der allgemeineren Bezeichnung „tiefgreifende Entwicklungsstörung“ zusammengefasst werden können. Ungeachtet der Frage, ob Asperger-Syndrom und „High-functioning“-Autismus tatsächlich unterschiedliche diagnostische Entitäten darstellen, schlugen Klin et al. (1995) vor, dass die Behandlungsstrategien in beiden Gruppen je nach den vorliegenden Defiziten unterschiedlich sein sollten.

Weiterhin muss differenzialdiagnostisch die schizoide Persönlichkeitsstörung abgegrenzt werden. Die diagnostischen Leitlinien der ICD 10 für spezifische Persönlichkeitsstörungen (F 60) definieren eine spezifische Persönlichkeitsstörung als „eine schwere Störung der charakterlichen Konstitution und des Verhaltens, die mehrere Bereiche der Persönlichkeit betrifft". Sie geht meist mit persönlichen und sozialen Beeinträchtigungen einher. Die Diagnose einer Persönlichkeitsstörung sollte nicht vor einem Lebensalter von 16 oder 17 gestellt werden. Die Diagnose einer schizoiden Persönlichkeitsstörung ist damit bei einem Lebensalter unter 16 Jahren nicht möglich. Ferner schließt die Diagnose einer schizoiden Persönlichkeitsstörung (F 61.1) ein Asperger-Syndrom aus. Andererseits schließt das Asperger-Syndrom (F 84.5) eine schizoide Störung des Kindesalters ein. Letztere wurde von Wolff et al. (Wolff u. Barlow 1979, Wolff u. Chick 1980, Wolff 1995) in Anlehnung an Kretschmers Konzept der Schizothymie (Kretschmer 1925) als eine Art der Persönlichkeitsstörung beschrieben. Eine katamnestische Untersuchung dieser Kinder (Wolff 1995) zeigte, dass in etwa 75 % der Fälle die Symptome persistierten und etwa 5 % der schizoiden (Asperger) Kinder später eine Schizophrenie entwickelten. Diese Rate ist etwa 12-mal höher als erwartet (Wolff 1995). Andererseits ist bekannt, dass Patienten mit Schizophrenie überdurchschnittlich häufig eine schizotypische oder schizoide Persönlichkeitsstörung hatten, bevor sie die Schizophrenie entwickelten (Foerster et al. 1991, McCreadie et al. 1994). Vergleicht man diese Ergebnisse mit denen von Langzeituntersuchungen an Kindern mit frühkindlichem Autismus, ist festzustellen, dass es bei frühkindlichem Autismus keinen Übergang zur Schizophrenie im späteren Verlauf gibt. Es gibt nur wenige Studien, die versuchen, die Merkmale des Asperger-Syndroms und der schizoiden Persönlichkeitsstörung im Kindesalter zu differenzieren (Tantam 1988, Nagy u. Szatmari 1986), sodass dieses Problem bisher als noch nicht gelöst betrachtet werden muss. Derzeit ist nicht klar, wie weit das Asperger-Syndrom und die schizoide Persönlichkeit im Kindesalter die gleiche Entität darstellen und in welcher Weise die beiden Syndrome sich voneinander unterscheiden.

Einige Patienten mit Asperger-Syndrom erfüllen die Kriterien für eine Zwangserkrankung oder eine zwanghafte Persönlichkeitsstörung. In den meisten Fällen einer Zwangsstörung ist eine zuverlässige Differenzialdiagnose möglich. Vielleicht gibt es einen konstitutionellen Zusammenhang von Patienten mit einer Zwangsstörung und Asperger-Syndrom bzw. einer schizoiden Persönlichkeitsstörung des Kindesalters.

Das Asperger-Syndrom geht in manchen Fällen mit einem Tourette-Syndrom einher. In einer epidemiologischen Studie zum Asperger-Syndrom fanden Ehlers u. Gillberg (1993) bei einem von 5 Schulkindern mit Asperger-Syndrom zusätzlich ein Tourette-Syndrom und Tics bei weiteren 3 von 5 Kindern.

Diese Befunde führen zu der Frage, ob das Tourette-Syndrom als komorbide Störung des Asperger-Syndroms aufgefasst werden kann oder ob beide Störungen die gleiche Grundlage haben. Sowohl Tics als auch das Tourette-Syndrom sind ebenfalls mit frühkindlichem Autismus beginnend festgestellt worden.

Das Konzept der nonverbalen Lernstörung (nonverbal learning disability, NLD) (Myklebust 1975) umfasst verschiedene neuropsychologische Störungen (z. B. Defizite bei der Psychomotorik und Koordination, Tastsinn, nonverbale Problemlösefähigkeit, visuelle Raumwahrnehmung usw.), die ein Kind bei der Entwicklung seiner Lernfähigkeit und Persönlichkeitsentwicklung einschränken.

Man nimmt an, dass diese Defizite, die auch einen ungeschickten Sprachgebrauch sowie wesentliche Beeinträchtigungen der sozialen Wahrnehmung, sozialen Einschätzung und sozialen Interaktion umfassen (Klin u. Volkmar 1997) schließlich zu sozialem Rückzug, der Entwicklung affektiver Störungen und sogar zum Suizid führen können (Rourke et al., 1989). Klin u. Volkmar (1997) haben darauf hingewiesen, dass diese Eigenschaften bei der nonverbalen Lernstörung als eine Art neurokognitives Modell für das Asperger-Syndrom aufgefasst werden können; das gilt jedoch nicht für den frühkindlichen Autismus.

Derzeit ist jedoch unklar, ob sich das Asperger-Syndrom und die nonverbale Lernstörung überlappen. Die Merkmale der nonverbalen Lernstörung sind offenbar mit einigen anderen Störungen verbunden (Klin et al. 1995). Daher bleibt die Abgrenzung dieser beiden Syndrome unklar. Die frühe Feststellung nonverbaler Lernstörungen bei Kindern und Verlaufsstudien bei ihnen könnten dazu beitragen, diese Fragen zu klären.

Gillberg (1998) hat darauf hingewiesen, dass bei der Diagnose eines Asperger-Syndroms verschiedene andere Störungen differenzialdiagnostisch in Betracht gezogen werden müssen. Die Ergebnisse mehrerer epidemiologischer Studien weisen darauf hin, dass mehrere psychiatrische Störungen zu einem relativ hohen Prozentsatz mit dem Asperger-Syndrom assoziiert sind. Eine epidemiologische Studie über die Anorexia nervosa zeigte, dass das Asperger-Syndrom in 6 von 51 Fällen im frühen Erwachsenenalter vorlag (Gillberg et al. 1994). In einer anderen Studie über Kinder mit Störungen der Aufmerksamkeit, Motorik und Wahrnehmung erfüllten 3 von 14 alle Kriterien des Asperger-Syndroms (Gillberg u. Gillberg 1989).

Ähnliche Ergebnisse erfassten eine Studie an Kindern mit Asperger-Syndrom: Eines von 5 Schulkindern mit Asperger-Syndrom hatte auch ein Tourette-Syndrom (Ehlers u. Gillberg 1993).

Aus diesen Befunden schloss Gillberg, dass möglicherweise eine gemeinsame Hirnfunktionsstörung besteht oder zumindest eine funktionelle Variabilität, die das Kernsymptom ausmacht und nicht eine Anzahl verschiedener klinischer Syndrome, die sich bis zu einem gewissen Grade überlappen, aber dennoch in den meisten Fällen voneinander unterschieden werden können.

Gillberg ordnet einige dieser Störungen unter „Störung der Empathie“ ein, einschließlich Asperger-Syndrom, Autismus, einige Fälle von Tourette-Syndrom, Zwangsstörungen, Persönlichkeitsstörungen und auch Anorexia nervosa. Das Konzept der „Störung der Empathie“ umfasst eine Gruppe klinischer Syndrome, in denen die gegenseitige soziale Interaktion in realen Lebensbezügen schwer beeinträchtigt ist (Gillberg 1992).

Ätiologie und Genese

In 4 Bereichen sind ätiologische Faktoren identifiziert worden: Genetik, Auffälligkeiten und funktionelle Defizite des Gehirns, neuropsychologische Dysfunktion und abnorme Gewichtsregulationen (Gillberg 1998, Klin u. Volkmar 1997).

Genetische Faktoren

Asperger (1944) fand, dass fast alle der 200 Kinder, die er untersucht hatte, mindestens einen Elternteil mit ähnlichen Persönlichkeitsmerkmalen hatten. Ferner fand er, dass die Väter der Kinder oft sehr intellektuell ausgerichtet waren. Wolff (1995) hat eine Stichprobe schizoider Kinder bzw. Kinder mit Asperger-Syndrom analysiert. Von den 32 Jungen, die sie untersucht hat, hatten 12 Mütter und 7 Väter gesicherte schizoide Merkmale, verglichen mit einer Mutter und keinem Vater der 32 Jungen in der Kontrollgruppe. Bei den 33 Mädchen der Stichprobe fand sie eine Mutter und 4 Väter mit eindeutigen schizoiden Merkmalen, verglichen mit 2 Müttern und 2 Vätern der Kontrollgruppe. Diese Befunde stimmen mit den Untersuchungsergebnissen Aspergers und anderer überein (Wing 1981, Gillberg 1989).

DeLong und Noria (1994) haben darauf hingewiesen, dass Kinder mit Asperger-Syndrom oder „High-functioning“-Autismus häufig nahe Verwandte haben, die an einer bipolaren oder unipolaren affektiven Störung leiden. Daraus ziehen sie den Schluss, dass „High-functioning“-Autismus bzw. Asperger-Syndrom möglicherweise in manchen Fällen die früheste Manifestation einer affektiven Störung sein kann. Bisher sind diese Befunde aber nicht repliziert worden. Allgemein herrscht die Vorstellung, dass die Störungen auf genetische Faktoren zurückzuführen sind, die durch Hirnschädigung und andere Umweltfaktoren modifiziert werden.

Dieses Modell wurde bereits von van Krevelen (1971) und auch schon von Asperger vorgeschlagen. Umfangreiche Familienuntersuchungen sind erforderlich, um die Hypothese einer genetischen Ursache zu überprüfen. Neuere Untersuchungsergebnisse, nach denen Autismus in Zusammenhang mit bestimmten chromosomalen Regionen zu sehen ist, werden möglicherweise erhebliche Auswirkungen auf das Verständnis des Asperger-Syndroms haben.

Schädigungen des Gehirns und Gehirnfunktionsstörungen

In mehreren Untersuchungen wird berichtet, dass Kinder mit Asperger-Syndrom zwischen 43% (Gillberg 1989) und bis zu 67% (Rickarby et al. 1991) prä- oder perinatale Komplikationen hatten. Insgesamt scheint die Häufigkeit zerebraler Dysfunktion nach prä- oder perinatalen Komplikationen bei Kindern mit Asperger-Syndrom niedriger zu sein als bei Kindern mit „High-functioning"-Autismus.

Weitere Untersuchungsergebnisse beziehen sich auf histologische Auffälligkeiten des Hippokampus oder auf neurophysiologische Auffälligkeiten des parietalen und frontalen Kortex. Aus diesen und anderen Defiziten (einschließlich neuropsychologischer Defizite) kann geschlossen werden, dass sowohl das Asperger-Syndrom als auch andere autistische Syndrome die Konsequenz einer Entwicklungsstörung neuronaler Vernetzung ist. Dies führt zu einer Störung der Verarbeitung komplexer Informationen. Diese Fehlentwicklung wird möglicherweise durch genetische Faktoren, Hirnschädigungen und/oder Umwelteinflüsse mitbedingt. Die Untersuchungen von Patienten mit Asperger-Syndrom anhand moderner bildgebender Verfahren haben keine einheitlichen Befunde hervorgebracht, sodass auch keine übereinstimmenden Schlussfolgerungen aus diesen Untersuchungen gezogen werden konnten. Studien an jungen Männern mit Asperger-Syndrom ergaben Hinweise auf eine Dysfunktion des Frontallappens (Happé et al. 1996).

Neuropsychologische Defizite

Klin et al. (1995) haben 6 neuropsychologische Defizite beschrieben, die sich als gute Prädiktoren für das Asperger-Syndrom erwiesen. Diese Prädiktoren gehören in den Bereich der nonverbalen Lernbehinderung inklusive Feinmotorik, visuomotorische Integration, visuelle Raumwahrnehmung, nonverbale Konzeptbildung, Grobmotorik und visuelles Gedächtnis. Bezüglich des IQ stimmen mehrere Studien darin überein, dass der IQ beim Asperger-Syndrom in der Regel höher ist als beim „High-functioning"-Autismus. Sprech- und Sprachstörungen kommen beim „High-functioning"-Autismus häufiger vor als beim Asperger-Syndrom.

Ein weiteres interessantes Konzept ist das der „Theory of Mind". Dieser Begriff beschreibt die Fähigkeit, psychische Zustände (Gefühle und Gedanken) bei anderen Personen und bei sich selbst zu identifizieren.

Mehrere Studien haben gezeigt, dass Kinder mit einer autistischen Störung und „High-functioning"-Autismus Defizite in Bezug auf diese Funktion haben. Das Gleiche trifft auch auf Kinder mit Asperger-Syndrom zu (Frith 1991, Happé 1994). Die Fähigkeit von Patienten mit Asperger-Syndrom scheint sich aber mit zunehmendem Alter diesbezüglich zu verbessern (Bowler 1992, Happé et al. 1996).

Es gibt weitere Befunde bezüglich des Asperger-Syndroms und des „High-functioning"-Autismus in Bezug auf die visuelle Wahrnehmung, Wahrnehmung des Gesichtsausdrucks und der Wiedererkennung von Gesichtern (Kracke 1994).

■ Therapie

Derzeit gibt es keine wirksamen Therapiemethoden, mit denen die Ursachen der Störung behandelt werden könnten. Die Behandlung ist immer unterstützender und symptomatischer Art, sie muss die jeweilige Altersstufe, den Entwicklungsstand und die individuellen Gegebenheiten des Einzelfalles berücksichtigen.

Tabelle 12.**4** Behandlung beim Asperger-Syndrom und beim „High-Functioning"-Autismus (nach Mesibov 1992)

1. *Individuelle Behandlung:*
   - Klärung der eigenen Perspektiven
   - Therapiebündnis aufbauen und Vertrauen entwickeln
   - Denken, Analysieren und Organisieren
   - Betonung der Wichtigkeit von Beziehungen
   - Bewältigung alltäglicher Probleme
2. *Training von sozialen Fertigkeiten in der Gruppe:*
   - Erweckung von Interessen an sozialer Interaktion
   - Hilfen beim Verständnis sozialer Regeln
   - Soziale Erfahrung und Möglichkeiten anbieten
3. *Berufsfindung und berufliche Adaptation:*
   - Besondere Fähigkeiten für die Berufstätigkeit einsetzen
   - An die individuellen Möglichkeiten angepasste Berufschancen bieten
   - Vermeidung von Arbeit mit intensivem Sozialkontakt
4. *Medikation:*
   - Einsatz von Medikamenten aus Symptomatologie und Verhaltensstörung
   - Die Medikation muss immer Teil eines umfassenden Behandlungskonzeptes sein

Die Grundprinzipien der Behandlung des Asperger-Syndroms und des „High-functioning"-Autismus sind in Tab. 12.**4** zusammengefasst. Selbstverständlich gibt es verschiedene Vorgehensweisen zur Umsetzung der in der Tabelle aufgeführten Komponenten. Der für den einzelnen Patienten ausgewählte Behandlungszugang muss in ein umfassendes Behandlungskonzept integriert werden, das auf die Bedürfnisse des jeweiligen Patienten und seine Familie zugeschnitten ist. In manchen Fällen ist die Verlegung in eine Einrichtung (z. B. Psychotherapieheim, betreute Wohngruppe) unumgänglich.

Es gibt nur wenige Studien, die die in der Tab. 12.**2** aufgelisteten Komponenten untersucht haben (Übersicht Gillberg 1998, Klin u. Volkmar 1997, Mesibov 1992). Einige Prinzipien seien genannt, die wirksam zu sein scheinen und bei den meisten Patienten angewendet werden können. Strukturierte Zugangsweisen sind auch hier wirksamer als eine Strategie des Laissez-faire. Pädagogische Maßnahmen wie das TEACCH-Programm können bei zahlreichen Patienten angewendet werden und scheinen hilfreich und wirksam zu sein (Schopler 1990).

Es hat sich bewährt, anfangs immer die besonderen Fähigkeiten des Patienten zu berücksichtigen und diese Fähigkeiten und Entwicklungsmöglichkeiten auf ein breiteres Aktivitätsspektrum hinzuführen und zu erweitern (van Bourgondien u. Woods 1992).

Es ist hilfreich, gesunde Gleichaltrige in den Lernprozess einzubeziehen, um dem Patienten soziale Verhaltensweisen nahezubringen (McHale et al. 1981, Wooten u. Mesibov 1986). Auch ist der Versuch unternommen worden, Jugendliche mit „High-functioning"-Autismus „Theory of Mind" zu lehren. Untersuchungen an diesen Patienten ergaben, dass die Intervention wirksam ist, doch die Befragung von Eltern und Lehrern erbrachte, dass keine Veränderung der sozialen Kompetenz eingetreten war (Ozonoff u. Miller 1995). Dieser Befund bestätigt die Ergebnisse mehrerer Therapiestudien, die zu dem Ergebnis kamen, dass keine wirkliche Generalisation aus der experimentellen Situation ins tägliche Leben stattfindet.

Es gibt nur wenige Studien zur medikamentösen Behandlung des Asperger-Syndroms und des „High-functioning"-Autismus. Dies steht in krassem Gegensatz zu der Tatsache, dass mehr als drei Viertel der autistischen Kinder und Jugendlichen Stimulantien einnehmen und über ein Drittel andere Medikamente, einschließlich Neuroleptika und Antidepressiva verordnet bekommen (Klin u. Volkmar 1997). Es gibt positive Berichte in Bezug auf Clomipramin bei Zwangssymptomen und ritualisierten Handlungen (Gordon et al. 1992).

Ferner gibt es Hinweise darauf, dass Stimulanzien schwere Aufmerksamkeitsstörungen verbessern (Strayhorn 1989). Insgesamt sind die Behandlungsleitlinien von Rutter (1985) und Gillberg (1998) zu empfehlen.

■ Verlauf und Prognose

Bisher gibt es keine systematischen Verlaufsstudien auf der Grundlage standardisierter Definitionen des Syndroms. Die wenigen vorhandenen Studien beruhen auf unterschiedlichen Definitionen und infolgedessen erfassen sie unterschiedliche Schweregrade der Störung. So schloss die Studie von Tantam (1988a, 1988b, 1991) eher schwer gestörte Patienten mit Asperger-Syndrom und anderen Störungen ein, wobei die Kriterien von Wing zugrunde gelegt wurden. Infolgedessen erscheinen die Ergebnisse nicht sehr vielversprechend und weisen auf eine „lebenslange Absonderlichkeit und Isolation" hin. Von einer Gruppe von 60 Erwachsenen, die zu einem früheren Zeitpunkt psychiatrische Hilfe in Anspruch genommen hatten, erhielten 46 die Diagnose Autismus oder eine „dem Autismus verwandte Störung wie das Asperger-Syndrom", 6 erfüllten die ICD 9-Kriterien für eine schwere Persönlichkeitsstörung und die verbliebenen 8 zeigten Merkmale mehrerer anderer Persönlichkeitssstörungen.

Das Geschlechterverhältnis männlich/weiblich war 6 zu 1, die meisten Patienten hatten eine normale Intelligenz. Alle waren dauerhaft schwer sozial beeinträchtigt, und fast die Hälfte zeigte antisoziales Verhalten. Mehr als die Hälfte der Gruppe lebt in Einrichtungen und nur 2 von 60 lebten allein. 48% der Patienten hatten eine 2. psychiatrische Diagnose, davon 11,7% eine Psychose. Die Ergebnisse dieser Studie ähneln denen, die eine Studie von Rumsey et al. (1985) in einer Verlaufsstudie von relativ wenig beeinträchtigten autistischen Kindern ergab.

Zu einer besseren prognostischen Einschätzung kommt Wolff (1991a, b, c, 1995) in ihrer Studie an 32 schizoiden Kindern, die bis ins Erwachsenenalter regelmäßig nachuntersucht wurden (durchschnittliches Alter zum Zeitpunkt der Untersuchung: 27 Jahre). Diese Studie basierte auf schizoiden Kindern einschließlich Asperger-Syndrom und auch solchen Kindern, die von Cohen et al. (1986) und van der Gaag (1993) mit „multiplex developmental disorder" (MDD) beschrieben wurden.

Die Ergebnisse von Wolff zeigen, dass die Diagnose in der Mehrzahl der Fälle stabil war, doch der Verlauf viel besser als in den retrospektiven Studien von Tantam (1988a, b, 1991). 14 von 32 schizoiden jungen Männern hatten eine Vollbeschäftigung zum Zeitpunkt der Nachuntersuchung gegenüber 16 von 32 Kontrollpersonen. 2 der schizoiden jungen Erwachsenen hatten eine Schizophrenie entwickelt.

Es gab kein erhöhtes Risiko in der Gruppe Schizoidie/Asperger-Syndrom in Bezug auf Alkohol- und Drogenabusus sowie Delinquenz. Die Mädchen hatten häufiger eine psychiatrische Begleiterkrankung als die Jungen, insbesondere hinsichtlich der Störung des Sozialverhaltens. Der Anteil der Mädchen mit einer Entwicklungsstörung entsprach dem der Jungen, sie war jedoch höher als bei den Mädchen, die wegen anderer Diagnosen behandelt wurden. Die Gruppe umfasste insgesamt 33 schizoide Mädchen, von denen 25 nachuntersucht werden konnten (Wolff 1995).

Die Ergebnisse von Wolff stimmen eher mit Aspergers Erwartung überein, dass die Langzeitprognose relativ gut sei. Diese Einschätzung basiert auf ähnlichen Eigenschaften der Familienmitglieder von Kindern mit Asperger-Syndrom. Asperger glaubte, dass die Prognose dieser Kinder besser ist als die der Kinder mit Kanner-Autismus. Es ist auch zu berücksichtigen, dass alle bisher durchgeführten Verlaufsuntersuchungen an klinischen Stichproben durchgeführt wurden. Die Tatsache ist insofern wichtig, als etwa die Hälfte der Probanden mit Asperger-Syndrom aus der Bevölkerung im Schulalter nicht bei Ärzten oder Psychologen vorgestellt werden, auch wenn sie Probleme zeigen (Ehlers u. Gillberg 1993). Daher kann man annehmen, dass viele der Kinder und Jugendlichen mit Asperger-Syndrom undiagnostiziert bleiben und offenbar ohne ärztlich-psychologische Hilfe leben können.

Zusammenfassung

Die autistischen Syndrome frühkindlicher Autismus (Kanner) und das Asperger-Syndrom zählen (nach ICD 10 und DSM IV) gemeinsam mit einer Reihe anderer Störungen zu den „tiefgreifenden Entwicklungsstörungen". Hauptsymptome des Kanner-Autismus sind eine schwerwiegende Beeinträchtigung der wechselseitigen sozialen Interaktion, qualitative Beeinträchtigungen der Kommunikation, die Neigung zu Stereotypien und zwanghaftem Verhalten. Das Kanner-Syndrom ist außerdem durch eine außerordentlich starke Variation des Intelligenzniveaus geprägt, wobei 60–70% autistischer Kinder als geistig behindert gelten müssen. Frühkindlicher Autismus bei Patienten mit normaler Intelligenz werden als „High-functioning"-Autismus bezeichnet. Hier bestehen differenzialdiagnostische Abgrenzungsschwierigkeiten gegenüber dem Asperger-Syndrom. In der Ätiologie spielen genetische Einflüsse, Hirnschädigungen und Hirnfunktionsstörungen, biochemische Besonderheiten, Störungen kognitiver Prozesse, der Sprachentwicklung und der emotionalen Entwicklung eine Rolle.

Bei der Therapie haben sich stärker verhaltensorientierte und strukturierte Behandlungsmethoden bewährt. In die Therapie muss die Umgebung mit einbezogen werden, jede therapeutische Maßnahme muss vom individuellen Entwicklungsprofil des Kindes ausgehen. Die Prognose lässt sich im Allgemeinen vom 6. Lebensjahr an einschätzen.

In den letzten Jahren hat das Asperger-Syndrom in zunehmendem Maße wissenschaftliches Interesse erweckt. Das Asperger-Syndrom ist mit 4–7 pro 1000 Kinder häufiger als der frühkindliche Autismus. Es ist umstritten, ob das Asperger-Syndrom zuverlässig vom „High-functioning"-Autismus abgegrenzt werden kann, doch einige Untersuchungen weisen darauf hin, dass dies möglich ist. Eine weitere offene Frage ist, ob das Asperger-Syndrom und der „High-functioning"-Autismus lebenslänglich anhaltende, stabile Zustände darstellen oder ob es im Verlauf Übergänge von einer Störung zur anderen gibt.

Auch beim Asperger-Syndrom besteht eine Beziehungsstörung insbesondere zur personalen Umwelt. Die Sprachentwicklung setzt frühzeitig ein und ist häufig durch Neologismen gekennzeichnet. Es bestehen Besonderheiten in der Intelligenzstruktur, auch gibt es eine Reihe ritualistischer Phänomene und Veränderungsängste. Imponierend ist die Ausbildung von so genannten Sonderinteressen.

Das Syndrom ist mit der Kategorie der schizoiden Störungen im Kindesalter verwandt, allerdings ist unklar, in welchem Maße sich beide Syndrome überschneiden. Differenzialdiagnostisch müssen ferner Störungsbilder wie die Schizophrenie, Zwangsstörungen, Tourette-Syndrom, nonverbale Lernstörung und verschiedene andere Störungen des Kindes- und Jugendalters in Erwägung gezogen werden. Hinsichtlich der Ätiologie gibt es überzeugende Hinweise für eine genetische Grundlage sowie auf Hirnfunktionsstörungen und neuropsychologische Defizite. Die Behandlung schließt eine Vielfalt verschiedener Therapietechniken ein, wobei den Prinzipien moderner Verhaltenstherapie und Erziehungsprogramme eine besondere Bedeutung zukommt. In manchen Fällen ist eine zusätzliche Pharmakotherapie erforderlich.

Derzeit gibt es nicht viele Verlaufsstudien. Vorhandene Untersuchungen weisen auf eine bemerkenswerte Stabilität des Syndroms hin. Mit der Zeit stellt sich eine gewisse Verbesserung ein, in etwa 5% der Fälle gibt es Übergänge zur Schizophrenie. Der Grad der sozialen Anpassung ist unterschiedlich, ein bedeutender Anteil der Patienten (etwa 50%) sind nicht in der Lage, alleine zu leben.

In der Ätiologie spielen genetische Faktoren sowie Hirnfunktionsstörungen und neuropsychologische Defizite eine Rolle. Die Therapiemaßnahmen sind heilpädagogisch und verhaltenstherapeutisch. Die Prognose ist günstiger als die Prognose des Kanner-Syndroms.

Literatur

American Psychiatric Association. Diagnostic and Statistical Manual of Mental Disorders. 4th ed. Washington: American Psychiatric Press; 1994.

Asperger H. Die „autistischen Psychopathen" im Kindesalter. Arch Psychiat Nervenkrankh. 1944;117:76-136.

Asperger H. Problems of infantile autism. Communication. 1979;13:45-52.

Bartak L. Educational approaches. In: Rutter M, Schopler E, Hrsg. Autism, reappraisal of concepts and treatment. New York: Plenum Press; 1978.

Bleuler E. Dementia praecox oder Gruppe der Schizophrenen. In: Aschaffenburg G, Hrsg. Handbuch der Psychiatrie, Abt. 4, Teil 1. Leipzig: Deuticke; 1911.

Bourgondien ME van, Woods AV. Vocational possibilities for high-functioning adults with autism. In: Schopler E, Mesibov GB, eds. High-functioning individuals with autism. New York: Plenum Press; 1992.

Bowler DM. „Theory of mind" in Asperger's syndrome. J Child Psychol Psychiat. 1992;33:877-93.

Bregman JD, Gerdtz J. Behavioral Interventions. In: Cohen DJ, Volkmar FR, eds. Handbook of Autism and Developmental Disorders. 2nd ed. New York: Wiley & Sons; 1997.

Campbell M, Schopler E, Cueva J, Hallin A. Treatment of autistic disorders. J Am Acad Child Adol Psychiat. 1996;35:134-43.

Cohen DJ, Paul R, Volkmar FR. Issues in the classification of pervasive developmental disorders: Toward DSM-IV. J Am Acad Child Adol Psychiat. 1986;25:213-20.

DeLong GR. A neuropsychologic interpretation of infantile autism. In: Rutter M, Schopler E, eds.. Autism. A Reappraisal of Concepts and Treatment. New York: Plenum; 1978.

DeLong GR, Nohria C. Psychiatric Family history and neurological disease in autism spectrum disorders. Devel Child Neurol. 1994;36:441-8.

Ehlers S, Gillberg C. The epidemiology of Asperger's syndrome: A total population study. J Child Psychol Psychiat. 1993;34:1327-50.

Foerster A, Lewis SW, Owen MJ, Murray RM. Premorbid adjustment and personality in the psychoses: Effects of sex and diagnosis. Brit J Psychiat. 1991;158:171-6.

Folstein S, Rutter M. Infantile autism: a genetic study of 21 twin pairs. J Child Psychol Psychiat. 1977;18:297-321.

Folstein S, Rutter M. Autism. familian aggregation and genetic implications. J Autism Dev Disord. 1988;18:3-30.

Frith U, ed. Autism and Asperger syndrome. Cambridge: Cambridge University Press; 1991.

Gaag JR van der. Multiplex developmental disorder: An exploration of borderlines on the autistic spectrum. MD-thesis, University of Utrecht; 1993.

Gillberg C. Asperger syndrome in 23 Swedish children. Devel Med Child Neurol. 1989a;31:520-31.

Gillberg C. The etiology of autism. In: Gillberg C, Hrsg. Diagnosis and treatment of autism. New York: Plenum Press; 1989b.

Gillberg IC, Gillberg C. Asperger syndrome - some epidemiological considerations. A research note. J Child Psychol Psychiat. 1989c;30: 631-8.

Gillberg C. The Emmanuel Miller Memorial Lecture (99): Autism and autisticlike conditions: Subclasses among disorders of empathy. J Child Psychol Psychiat. 1992;33:813-42.

Gillberg C, Råstam M, Gillberg C. Anorexia nervosa outcome: Six year controlled longitudinal study of 51 cases including a population cohort. J Am Acad Child Adol Psychiat. 1994;33:729-39.

Gillberg C. Asperger syndrome and high-functioning autism. Brit J Psychiat. 1998;172:200-9.

Gordon, CD, State RC, Nelson JE, Hamburger SD et al. A double-blind comparison of clomipramine, desipramine, and placebo in the treatment of autistic disorder. Arch Gen Psychiat. 1993;50:441-7.

Happé FGE. Current psychological theories of autism: The "theory of mind" account and rival theories. J Child Psychol Psychiat. 1994;35:215-29.

Happé F, Ehlers S, Fletcher P, Frith U, Johansson M, Gillberg C, Dolan R, Frackowiak R, Frith C. „Theory of mind" in the brain. Evidence from a PET scan study of Asperger Syndrome. Neuroreport. 1996;8:197-201.

Hebebrand J, Remschmidt H. Anorexia nervosa viewed as an extreme weight condition: genetic implications. Human Genetics. 1995;95:1-11.

Hebebrand J, Hennighausen K, Nau S, Himmelmann GW, Schulz E, Schäfer H, Remschmidt H. Low body weight in male children and adolescents with schizoid personality disorder or Asperger's disorder. Acta Psychiat Scand. 1997;96:64-7.

International Molecular Genetic Study of Autism Consortium. A full genome screen for autism with evidence for linkage to a region on chromosome 7q. Hum Mol Genet. 1998;7:571-8.

Janetzke HRP. Stichwort Autismus. München: Wilhelm-Heyne-Verlag; 1993.

Kanner L. Autistic disturbances of affective contact. Nerv Child. 1943;2:217-50.

Klin A, Volkmar FR, Sparrow SS, Cicchetti DV, Rourke BP. Validity and neuropsychological characterization of Asperger syndrome: Convergence with non-verbal learning disabilities syndrome. J Child Psychol Psychiat. 1995;36:1127-40.

Klin A., Volkmar FR. Asperger's syndrome. In: Cohen DJ, Volkmar FR eds. Handbook of autism and pervasive developmental disorders (pp. 94-122). New York: Wiley; 1997.

Kracke I. Developmental prospagnosia in Asperger syndrome: Presentation and discussion of an individual case. Develop Med Child Neurol. 1994;36:873-86.

Kretschmer E. Körperbau und Charakter. Berlin: Springer; 1921.

Kretschmer E. Physic and character. London: Kagan-Paul, Trench and Trubner; 1925.

Krevelen DA van. Early infantile autism and autistic psychopathy. J Autism Childh Schizophr. 1971;1:82-6.

Lotter V. Epidemiology of autistic conditions in young children: I. Prevalence. Social Psychiat. 1966;1:124-37.

Lotter V. Epidemiology of autistic conditions in young children: II. Some chracteristics of the parents and children. Social Psychiat. 1967;1:163-73.

Lotter, V. Social adjustment and placement of autistic children in Middlesex: a follow-up study. J Autism Childh Schizophr. 1974;4:11-32.

Lovaas OI, Schreibman L, Koegel R. A behavior modification approach to the treatment of autistic children. J Autism Childh Schizophr. 1974;4:111-29.

Martinius J. Der neuropsychologische Ansatz zum Verständnis des frühkindlichen Autismus. Z Kinder-Jugendpsychiat. 1974;2:187-99.

McCracken jr et al. Risperidone in children with autism and serious behavioural problems. N Engl J Med. 2002;347:314-21.

McCreadie RG, Conolly MA, Williamson DJ, Athawes RWB, Tilak-Singh D. The Nithsdale schizophrenia surveys. XII: „Neurodevelopmental" schizophrenia: A search for clinical correlates and putative aetiological factors. Brit J Psychiat. 1994;165:340-6.

McHale SM, Olley JG, Marcus LN, Simeonsson RJ. The effectiveness of non-handicapped peers as tutors for autistic children. Except Children. 1981;48:263-4.

Mesibov, G.B. Treatment issues with high-functioning adolescents and adults with autism. In: Schopler E, Mesibov GB, eds. High-functioning individuals with autism. Current issues in autism. New York: Plenum Press; 1992.

Minshew NJ. Neurological localization in autism. In: Schopler E, Mesibov GB, eds. High-functioning individuals with autism. Current issues in autism. New York: Plenum Press; 1992.

Myklebust HR. Non-verbal learning disabilities: Assessment and intervention. In: Myklebust HR, ed. Progress in learning disabilities. New York: Rune & Stratton; 1975.

Nagy J, Szatmari P. A chart review of schizotypical personality disorders in children. J Autism Develop Disord. 1986;16:351-67.

Ornitz EM, Ritvo ER. Perceptual inconstancy in early infantile autism. The syndrome of early infant autism and its variants including certain cases of childhood Schizophrenia. Arch Gener Psychiat. 1968;18:76-98.

Ozonoff S, Roge SJ, Pennington BF. Asperger's syndrome: Evidence of an empirical distinction from high-functioning autism. J Child Psychol Psychiat. 1991; 32:1107-22.

Ozonoff S, Miller JN. Teaching theory of mind: A new approach to social skills training for individuals with autism. J Autism Develop Disord. 1995;25:415-33.

Remschmidt H. Psychotherapie im Kindes- und Jugendalter. Stuttgart: Thieme; 1997.

Remschmidt H. Was hat sich in der Therapie autistischer Störungen bewährt. Autismus 1998;45:15-24.

Remschmidt H. Autismus. Erscheinungsformen, Ursachen, Hilfen. München: Beck; 2000

Remschmidt H, Hebebrand J. Das Asperger Syndrom. Eine aktuelle Übersicht. Z Kinder- Jugendpsychiat Psychother. 2001;29:59-69

Rickarby G, Carruthers A, Mitchell M. Brief report: Biological factors associated with Asperger's syndrome. J Autism Develop Disord. 1991;21: 341-8.

Ritvo ER, Freeman BJ, Mason-Brothers A, Mo A, Ritvo AM. Concordance for the syndrome of autism in 40 pairs of afflictet twins. Am J Psychiat. 1985;142:74-7.

Rourke B, Young GC, Leenaars AA. A childhood learning disability that predisposes those afflicted to adolescent and adult depression and suicide risk. J Learn Disab. 1989;22:169-85.

Rumsey JM, Rapoport JL, Screery WR. Autistic children as adults: Psychiatric, social, and behavioral outcomes. J Am Acad Child Psych. 1985;24:465-73.

Rumsey JM, Neuropsyhological studies of high-level autism. In: Schopler E, Mesibov GB, eds. High-functioning individuals with autism. Current issues in autism, New York: Plenum Press; 1992.

Rutter M. Concepts of autism. A review of research. J Child Psychol Psychiat. 1968;9:1-25.

Rutter M. The treatment of autistic children. J Child Psychol Psychiat. 1985;26:192-214.

Schopler E, Brehm SS, Kinsbourne M, Reichler RJ. Effect of treatment structur of development in autistic children. Arch Gen Psychiat. 1971;24:415-21.

Schopler E, Reichler RJ, DeVellis RF, Daly K. Toward objective classification of childhood autism.: childhood autism rating scale (CARS). J Autism Develop Disord. 1980;10:91-103.

Schopler E, Reichler RJ (dt. Bearb. Horn A) (1981). P.E.P. Entwicklungs- und Verhaltensprofil (Psychoedicational Profile). Modernes Lernen, Dortmund (Förderung autistischer und entwicklungsbehinderter Kinder, Bd. I) (Orig.: Individualized assessment and treatment for autistic and developmentally disabled children, vol. I: Psychoeducational profile. Baltimore: Univ. Park Press; 1979)

Schopler E. New developments in the definition and diagnosis of autism. In: Lahey BB, Kazdin AE, eds. Advances in Clinical Child Psychology, vol. 6. New York: Plenum; 1983.

Schopler E. Principles for directin both educational treatment and research. In: Gillberg C, Hrsg. Diagnosis and treatment of autism. New York: Plenum Press; 1989.

Schopler E. Principles for directing both educational treatment and research. In: Gillberg C, ed. Diagnosis and treatment of autism. New York: Plenum Press; 1990.

Schopler E, Mesibov GB, Hearsey K. Structured teaching in the TEACCH system. In: Schopler E, Mesibov GB, eds. Learning and cognition in autism. Current issues in autism. New York: Plenum Press; 1995.

Ssucharewa GE. Die schizoiden Psychopathen im Kindesalter. MS Psych Neurol. 1926;60:235-61.

Steffenburg S, Gillberg C, Hellgren L, Andersson L, Gillberg C, Jakobsson G, Bohman M. A twin study of autism in Denmark, Finland, Iceland, Norway and Sweden. J Child Psychol Psychiat. 1989;30:405-16.

Strayhorn J. More on methylphenidate in autism (letter). J Am Acad Child Adol Psychiat. 1989;28:299.

Szatmari P, Tuff L, Finlayson MA, Bartolucci G. Asperger's syndrome and autism: Neurocognitive aspects. J Am Acad Child Adol Psychiat. 1990;29:130-6.

Tantam D. Life-long excentricity and social isolation. I. Psychiatric, social, and forensic aspects. Brit J Psychiat. 1988a;153:777-82.

Tantam D. Life-long excentricity and social isolation. II. Asperger's syndrome or schizoid personality disorder? Brit J Psychiat. 1988b;153:783-91.

Tantam D. Asperger's syndrome in adoulthood. In: Frith U, ed. Autism and Asperger-syndrome. Cambridge: Cambridge University Press; 1991.

Todd RD, Aschauer-Treiber G, Sikich L. Neuroimmunologische Studien bei Autismus. In: Kaschka WP, Aschauer HN, eds. Psychoimmunologie. Stuttgart: Thieme; 1990.

Tsay LY. Diagnostic issues in high-functioning autism. In: Schopler E, Mesibov GB, eds. High-functioning individuals with autism. New York-London: Plenum Press; 1992.

Weber D. Der frühkindliche Autismus unter dem Aspekt der Entwicklung. Bern: Huber; 1970.

Weber D. Autistische Syndrome. In: Remschmidt H, Schmidt MH, Hrsg. Kinder- und Jugendpsychiatrie in Klinik und Praxis, Bd. II, 269-98. Stuttgart: Thieme: 1985.

Weber D. Zur Prognose frühkindlich-autistischer Kinder. In: Nissen G, Hrsg. Prognose psychischer Erkrankungen im Kindes-und Jugendalter. Bern: Huber; 1987.

Weber D. Autistische Syndrome. In: Kisker KP, Later H, Meyer J-E, Müller C, Strömgren E, Hrsg. Psychiatrie der Gegenwart Bd. 7, Kinder- und Jugendpsychiatrie. Berlin: Springer; 1988.

Weber D, Remschmidt H. Autismus. In: Remschmidt H, Hrsg. Psychotherapie im Kindes- und Jugendalter. Stuttgart: Thieme; 1997.

Weber D, Remschmidt H. Autistische Syndrome. In: Remschmidt H. Hrsg.: Kinder- und Jugendpsychiatrie. Stuttgart: Thieme; 1999.

Welch MG. Heilung vom Autismus durch die Mutter-und-Kind-Haltetherapie. In: Tinbergen N, Tinbergen EA, Hrsg. Autismus. Berlin und Hamburg: Paul Parey; 1984.

Wing L, Gould J. Severe impairments of social interaction and associated abnormalities in children: Epidemiology and classification. J Autism Develop Disord. 1979;9:11-29.

Wing L. Asperger's syndrome: A clinical account. Psychol Med. 1981:11;115-29.

Wolff S, Barlow A. Schizoid personality in childhood. A comparative study of schizoid, autistic and normal children. J Child Psychol Psychiat. 1979;20:19-46.

Wolff S, Chick J. Schizoid personality in childhood: A controlled follow-up study. Psychol Med. 1980;10:85-100.

Wolff S. „Schizoid“ personality disorder in childhood and adult life. I: The vararies and diagnostic labelling. Brit J Psychiat. 1991a;159:615-20.

Wolff S, Townshend S, McGuire RJ, Weeks DJ. „Schizoid“ personality in childhood and adult life. II: Adult adjustment and the continuity with schizotypical personality disorder. Brit J Psychiat. 1991b;159:620-29.

Wolff S. „Schizoid“ personality in childhod and adult life. III: The childhood picture. Brit J Psychiat. 1991c;159:629-35.

Wolff S. Loners. The life path of unusual children. London-New York: Routledge; 1995.

Wooten M, Mesibov GB. Social skills training for elementary school autistic children with normal peers. In: Schopler E, Mesibov GB, eds. Social behavior in autism. New York: Plenum Press; 1986.

World Health Organization. The ICD-10 classification of mental and behavioural disorders: clinical descriptions and diagnostic guidelines. Geneva: WHO; 1992.

World Health Organization. Pocket guide to the ICD-10 classification of mental behavioural disorders: with glossary and diagnostic criteria for research. Edinburgh: Churchill Livingstone; 1994.

Prüfungsfragen

1. Wie häufig sind die verschiedenen autistischen Syndrome?
2. Charakterisieren Sie die Symptomatologie des frühkindlichen Autismus und des Asperger-Autismus.
3. Welche Störungen sind beim Kanner-Syndrom bzw. beim Asperger-Syndrom differenzialdiagnostisch abzugrenzen?
4. Erläutern Sie den Begriff des „High-functioning“-Autismus.
5. Charakterisieren Sie verhaltenstherapeutische Strategien beim Kanner-Syndrom.
6. Welchen Stellenwert hat die Pharmakotherapie bei autistischen Syndromen?
7. Machen Sie Angaben zur Prognose des frühkindlichen Autismus und des Asperger-Syndroms.
8. Welche ätiologischen Faktoren konnten für das Kanner-Syndrom beschrieben werden?
9. Was versteht man unter einer schizoiden Persönlichkeitsstörung?
10. Erläutern Sie die Zusammenhänge von schizophrener Erkankung, frühkindlichem Autismus und Asperger-Syndrom.

13 Hyperkinetische Störungen

M. Döpfner

Fallvignette

Die 9-jährige Britta wird von ihrer Mutter vorgestellt, weil sie in der Schule wie in der Familie ausgeprägt motorisch unruhig, ablenkbar und unkonzentriert sei. Ihr Unvermögen, bei der Sache zu bleiben, bringe es mit sich, dass Britta in der Schule weit unter ihrem Leistungsniveau bleibe. Zu Hause falle es ihr neben Zappeligkeit und Impulsivität schwer, Regeln und Anweisungen zu akzeptieren, die sie mit Verhaltensweisen wie Nörgeln, Trödeln und tränenreichen Wutausbrüchen zu umgehen versuche. Darüber hinaus könne Britta keine freundschaftlichen Kontakte zu anderen Kindern herstellen bzw. aufrechterhalten. In Gleichaltrigengruppen befinde sie sich stets in einer Außenseiterposition.

Britta lebt als einziges Kind mit ihrer 39-jährigen Mutter und seit einigen Monaten mit deren neuem Lebensgefährten zusammen. Schwangerschaft und Geburt werden als unauffällig beschrieben. Laufen mit 9 Monaten; altersgerechte Sprachentwicklung; keine ernsthaften Krankheiten. Britta besuchte mit 3 ½ Jahren den Kindergarten und wurde mit 6 Jahren eingeschult. Bereits im Kleinkindalter sei Britta durch extreme Unruhe und Trotzverhalten aufgefallen. Die Mutter trennte sich von Brittas leiblichem Vater als die Tochter 2 Jahre alt war. Im Abstand von 2–3 Wochen besucht Britta ihren leiblichen Vater. Mutter und Lebensgefährte befinden sich zum Zeitpunkt der Vorstellung in einer ganztägigen beruflichen Umschulungsmaßnahme. Deshalb besucht Britta nach Beendigung der Schule (3. Klasse Grundschule) nachmittags einen Kinderhort.

In einer ausführlichen klinischen Exploration von Brittas Mutter konnte anhand von Diagnose-Checklisten (DCL; Döpfner u. Lehmkuhl 1998c) festgestellt werden, dass bei Britta die Kriterien für eine hyperkinetische Störung des Sozialverhaltens erfüllt waren. Mit der Klassenlehrerin wurde telefonisch ein klinisches Interview durchgeführt. Auf der Basis dieser Exploration ließ sich anhand der Diagnose-Checklisten die Diagnose einer hyperkinetischen Störung bestätigen; das oppositionelle Verhalten war in der Schule jedoch deutlich geringer ausgeprägt. Damit muss die hyperkinetische Symptomatik als eine situationsübergreifende Störung eingeschätzt werden, die sowohl in der Familie als auch in der Schule auftritt. Auch in der Untersuchungssituation ließ sich motorische Unruhe, impulsives Verhalten sowie eine leicht gestörte Aufmerksamkeit feststellen. Darüber hinaus beobachtete die Mutter bei Britta Stimmungsschwankungen zwischen gereizt-dysphorischer und depressiv-trauriger Verstimmung.

Im Elternfragebogen über das Verhalten von Kindern und Jugendlichen (CBCL 4-18; Arbeitsgruppe Deutsche Child Behavior Checklist 1998) beschreibt die Mutter auf den Skalen „Soziale Probleme“, „Aufmerksamkeitsstörungen“ und „Aggressives Verhalten“ überdurchschnittliche Auffälligkeiten. Im analog aufgebauten Lehrerfragebogen über das Verhalten von Kindern und Jugendlichen (TRF; Arbeitsgruppe Deutsche Child Behavior Checklist 1993) beschreibt die Lehrerin eine hohe Ablenkbarkeit und eine ausgeprägte motorische Unruhe sowie ausgeprägte Probleme, von Klassenkameradinnen akzeptiert zu werden (Skala „Soziale Probleme“).

Brittas Probleme, Aufforderungen, Anweisungen oder Regeln im familiären Rahmen zu befolgen, werden im Elternfragebogen zu Problemsituationen in der Familie (HSQ-D; Döpfner et al. 1997a) überdeutlich. Brittas Mutter erlebt nur eine von 16 erfragten Situationen als nicht problematisch.

Im Rahmen der psychologischen Leistungsdiagnostik erreichte Britta im Grundintelligenztest (CFT 1) eine durchschnittliche Intelligenzleistung. Als unterdurchschnittlich kennzeichneten sich ihre Leistungen im Diagnostischen Rechtschreibtest (DRT 3). Während die neurologische Untersuchung ohne Befund blieb, zeigte das Hirnstrombild (EEG) leichte Auffälligkeiten.

Die Behandlung wurde nach dem Therapieprogramm für Kinder mit hyperkinetischem und oppositionellem Problemverhalten (THOP) durchgeführt. Nach einer allgemeinen Beratung und Aufklärung der Mutter, der Lehrerin und von Britta selbst wurden zunächst Interventionen zur Förderung einer positiven Eltern-Kind-Interaktion nach dem Therapieprogramm THOP durchgeführt. Da

Britta teils noch eifersüchtig auf den neuen Partner der Mutter reagierte, wurde eine „Spaß- und Spielzeit" (Baustein F 06) ausschließlich zwischen Mutter und Tochter vereinbart. Die „Spaß- und Spielzeit" beinhaltete Spiele, auf die sich Mutter und Tochter zuvor geeinigt hatten, wurde an 3 Wochentagen jeweils 20 Minuten lang durchgeführt und auf einem Wochenplan eingetragen. Die Durchführung der Spielzeit brachte es mit sich, dass einerseits Brittas Motivation bezüglich der Veränderung problematischer Verhaltensweisen in der Familie stieg. Andererseits zeigte sich auch die Mutter durch die Intervention entlastet, da sie sich bisher immer vorgeworfen hatte, sich nicht genug um ihre Tochter zu kümmern.

Im 2. Schritt wurde vor allem mit der Mutter und deren Partner erarbeitet, wie wirkungsvolle Aufforderungen (Baustein F 07 und F 08) gestellt werden können. In Gesprächen wurden die unterschiedlichen Erziehungsstile der erwachsenen Bezugspersonen herausgestellt und auf konkrete Situationen bezogen. Immer wieder wurden in diesem Zusammenhang die starken Schuldgefühle der Mutter („Ich habe zu wenig Zeit für mein Kind, kümmere mich nicht ausreichend") thematisiert, die zu einer inkonsequenten Haltung gegenüber Britta und teils zu einer unzureichenden Abgrenzung ihrer eigenen Bedürfnisse führten. Die Eltern wurden angeleitet, Aufforderungen so zu stellen, dass die Wahrscheinlichkeit einer Befolgung durch Britta ansteigt. Da Britta zudem noch explizit gelobt wurde, wenn sie einer Aufforderung spontan nachkam, reduzierte sich in der Eltern-Kind-Interaktion das belastende Erleben von ständigen Ermahnungen und Frustrationen, auch wenn die Problematik sich nicht vollständig auflöste.

Im nächsten Schritt wurden systematische positive Konsequenzen für angemessenes Verhalten und negative Konsequenzen für problematisches Verhalten entwickelt. Da durch diese pädagogisch-therapeutischen Interventionen sich die Verhaltensprobleme von Britta in der Familie zwar verminderten, aber nicht völlig abbauen ließen, wurde ein Token-System entwickelt. Britta erhielt täglich für angemessenes Verhalten in den definierten Situationen (morgens zügig anziehen, mittags Hausaufgaben zügig beginnen) Punkte, die gegen vorher definierte Belohnungen, in diesem Fall gemeinsame Freizeitaktivitäten, eingetauscht wurden.

Die verhaltenstherapeutischen Interventionen in der Schule wurden zeitlich etwas verschoben aufgegriffen. Da Britta bereits in der Familie Erfahrungen mit einem Belohnungssystem gesammelt hatte und hochmotiviert war, Punkte zu bekommen, wurde dasselbe Vorgehen auch für die Schule gewählt. Im Sinne einer Sensibilisierung des Kindes für die zu bearbeitenden Bereiche, hatte Britta zuerst 2 Wochen lang Gelegenheit, ihre Verhaltensprobleme, wie sie von der Lehrerin definiert wurden, selbst zu beobachten und einzuschätzen. Danach wurde die Punktevergabe an die Einschätzung der Lehrerin gekoppelt. Britta erhielt verschieden gewichtete Punkte, wenn sie alle erforderlichen Materialien für den jeweiligen Unterricht rechtzeitig auf dem Tisch hatte und wenn es ihr gelang, in zunehmend erweiterter Stundenzahl aktiv am Unterricht teilzunehmen. In Einzelstunden wurde mit Britta im Sinne eines Selbstmanagements erarbeitet, was „besser aufpassen" im Einzelnen bedeutet. Da sie positiv für eine aktive Teilnahme am Unterricht verstärkt wurde, bemühte sie sich stark, bei der Sache zu bleiben und konnte ihre geistige Abwesenheit und Verträumtheit erheblich vermindern. Bedingt durch eine gesteigerte Aufmerksamkeit während des Unterrichts verminderten sich gleichzeitig ihre Hausaufgabenprobleme, sodass Britta ihre Schularbeiten tatsächlich nachmittags im Hort vollständig bearbeitete und der Punkt in der Familie nicht mehr aufgegriffen werden musste. Da die Rechtschreibprobleme persistierten, wurde eine Nachhilfe empfohlen.

Anhand der Eltern- und der Lehrerbeurteilungen auf standardisierten Fragebögen konnte eine deutliche Verminderung der hyperkinetischen und der aggressiven Symptomatik beobachtet werden. Nach Beendigung der insgesamt 24-wöchigen Intensivphase mit einem wöchentlichen Kontakt wurde die Therapie in einem zunächst 14-tägigen, später monatlichen Rhythmus weitergeführt. Beim 2. Nachuntersuchungszeitpunkt, 1 Jahr nach Beendigung der Intensivphase, wird Britta von ihrem Lehrer auf der mittlerweile weiterführenden Realschule als gänzlich unauffällig beurteilt. Als persistierend zeigt sich im Elternurteil das oppositionelle Trotzverhalten des Kindes, welches mit Eintritt Brittas in die Pubertät in großen zeitlichen Abständen noch Beratungstermine notwendig machte.

Erscheinungsbild der Störung

Hyperkinetische Störungen stellen zusammen mit den aggressiven Verhaltensstörungen (Störungen des Sozialverhaltens) die häufigsten psychischen Störungen im Kindesalter dar. Sie sind durch eine Beeinträchtigung der Aufmerksamkeit (Aufmerksamkeitsstörung, Ablenkbarkeit), der Impulskontrolle (Impulsivität) und der Aktivität (Hyperaktivität) gekennzeichnet. Diese Auffälligkeiten treten bereits vor dem Alter von 6 Jahren auf und sind in mehreren Situationen und Lebensbereichen nachweisbar – in der Familie, im Kindergarten, in der Schule oder auch in der Untersuchungssituation (vgl. Barkley 1990, Döpfner 1998, Döpfner et al. 1997). Tab. 13.**1** zeigt die Kriterien für die Diagnose dieser Störung, wie sie in den beiden derzeit gültigen internationalen Klassifikationssystemen, dem ICD-10 (Dilling et al. 1991, 1994) und dem DSM-IV (Saß et al. 1996), definiert werden. Die Störungen der Aufmerksamkeit, der Aktivität und der Impulskontrolle müssen über einen Zeitraum von mindestens 6 Monaten in einem Ausmaß vorhanden sein, das zu einer Fehlanpassung führt und das dem Entwicklungsstand des Kindes nicht angemessen ist.

Tabelle 13.**1** Symptom-Kriterien der hyperkinetischen Störung nach ICD-10 (Forschungskriterien) und der Aufmerksamkeitsdefizit- bzw. Hyperaktivitätsstörung nach DSM-IV

A. Unaufmerksamkeit

1. Beachtet häufig Einzelheiten nicht oder macht Flüchtigkeitsfehler bei den Schularbeiten, bei der Arbeit oder bei anderen Tätigkeiten.
2. Hat oft Schwierigkeiten, längere Zeit die Aufmerksamkeit bei Aufgaben oder Spielen aufrechtzuerhalten.
3. Scheint häufig nicht zuzuhören, wenn andere sie/ihn ansprechen.
4. Führt häufig Anweisungen anderer nicht vollständig durch und kann Schularbeiten, andere Arbeiten oder Pflichten am Arbeitsplatz nicht zu Ende bringen (nicht aufgrund von oppositionellem Verhalten oder Verständnisschwierigkeiten).
5. Hat häufig Schwierigkeiten, Aufgaben und Aktivitäten zu organisieren.
6. Vermeidet häufig, hat eine Abneigung gegen oder beschäftigt sich häufig nur widerwillig mit Aufgaben, die länger andauernde geistige Anstrengungen erfordern (wie Mitarbeit im Unterricht oder Hausaufgaben).
7. Verliert häufig Gegenstände, die er/sie für Aufgaben oder Aktivitäten benötigt (z. B. Spielsachen, Hausaufgabenhefte, Stifte, Bücher oder Werkzeug).
8. Lässt sich oft durch äußere Reize leicht ablenken.
9. Ist bei Alltagstätigkeiten häufig vergesslich.

B. Hyperaktivität:

1. Zappelt häufig mit Händen oder Füßen oder rutscht auf dem Stuhl herum.
2. Steht [häufig] in der Klasse oder in anderen Situationen auf, in denen Sitzenbleiben erwartet wird.
3. Läuft häufig herum oder klettert exzessiv in Situationen, in denen dies unpassend ist (bei Jugendlichen oder Erwachsenen kann dies auf ein subjektives Unruhegefühl beschränkt bleiben).
4. Hat häufig Schwierigkeiten, ruhig zu spielen oder sich mit Freizeitaktivitäten ruhig zu beschäftigen.
5. Ist häufig „auf Achse" oder handelt oftmals als wäre er/sie „getrieben." *

   Zeigt ein anhaltendes Muster exzessiver motorischer Aktivität, das durch die soziale Umgebung oder durch Aufforderungen nicht durchgreifend beeinflussbar ist. **

C. Impulsivität:

1. Platzt häufig mit der Antwort heraus, bevor die Frage zu Ende gestellt ist.
2. Kann häufig nur schwer warten, bis er/sie an der Reihe ist (bei Spielen oder in Gruppensituationen **).
3. Unterbricht und stört andere häufig (platzt z. B. in Gespräche oder in Spiele anderer hinein).
4. Redet häufig übermäßig viel (ohne angemessen auf soziale Beschränkungen zu reagieren. **)
   (Im DSM-IV unter Hyperaktivität subsumiert. *)

* = nur DSM-IV; ** = nur ICD-10

Beide Diagnosesysteme unterscheiden sich zwar nur unwesentlich in der Definition der einzelnen Kriterien, wohl aber in der Bestimmung der Anzahl und der Kombination dieser Kriterien, die für die Diagnose einer hyperkinetischen Störung vorliegen müssen.

Wie Abb. 13.**1** zeigt, fordert ICD-10, dass sowohl Störungen der Aufmerksamkeit als auch Störungen der Impulskontrolle und Störungen der Aktivität für die Diagnose einer Störung von Aktivität und Aufmerksamkeit (F 90.0) vorhanden sein müssen. Sind zusätzlich die Kriterien einer Störung des Sozialverhaltens erfüllt, dann wird eine hyperkinetische Störung des Sozialverhaltens (F 90.1) diagnostiziert.

Demgegenüber unterscheidet das DSM-IV zwischen:

- dem gemischten Subtypus der Aufmerksamkeitsdefizit- bzw. Hyperaktivitätsstörung, bei dem wie beim ICD-10 alle Kernsymptome auftreten,

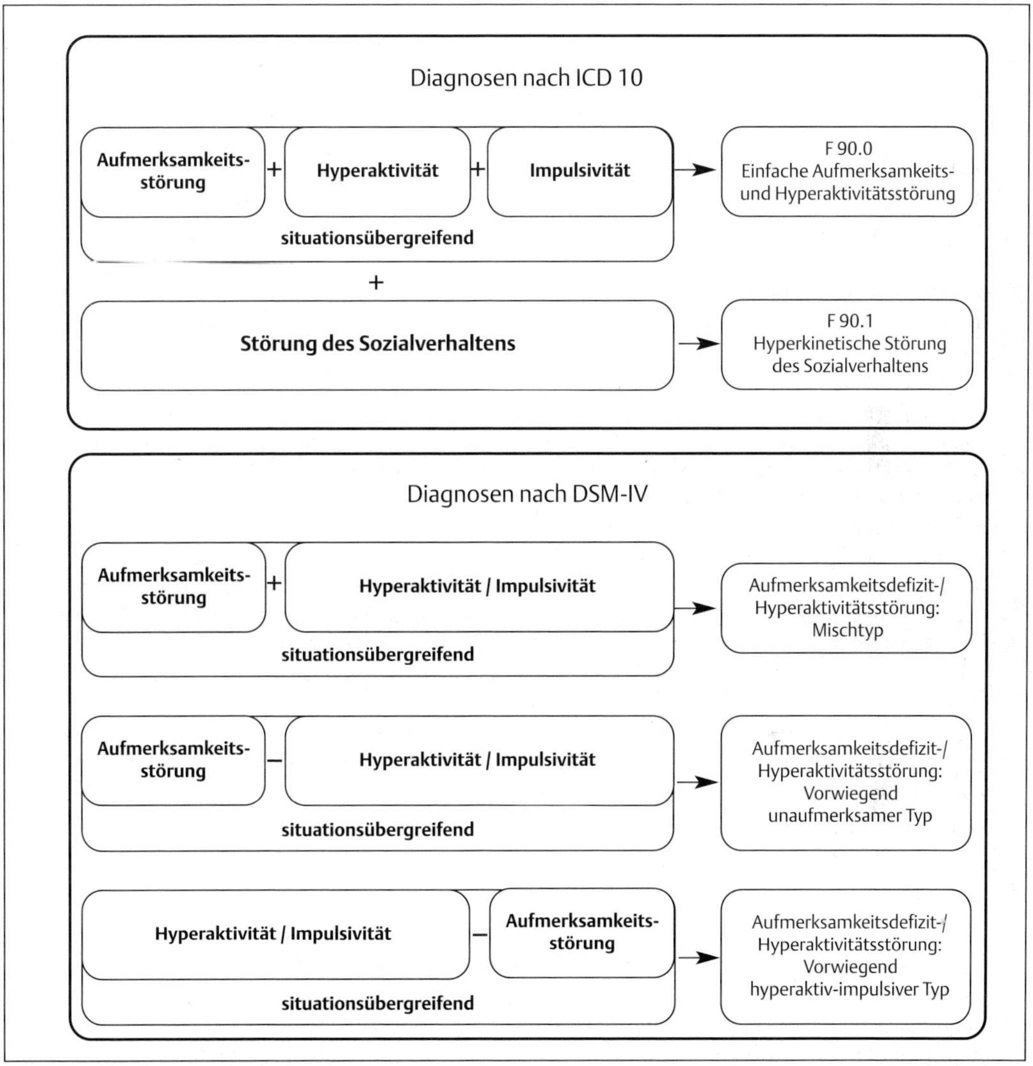

Abb. 13.**1** Kriterien für die Diagnose einer hyperkinetischen Störung nach ICD-10 und einer Aufmerksamkeitsdefizit- bzw. Hyperaktivitätsstörung nach DSM-IV (aus Döpfner et al. 1998).

- dem vorherrschend unaufmerksamen Subtypus und
- dem vorherrschend hyperaktiv-impulsiven Subtypus.

Bei Jugendlichen, die nicht mehr alle für eine Diagnose notwendigen Symptome zeigen, kann nach DSM-IV die Diagnose durch den Zusatz „in partieller Remission" spezifiziert werden.

Differenzialdiagnostisch müssen hyperkinetische Störungen von folgenden Phänomenen und Störungen abgegrenzt werden (vgl. Döpfner et al. 2000a):

Altersgemäße Verhaltensweisen bei aktiven Kindern: Vor allem bei jüngeren Kindern sind die Grenzen zwischen einem noch altersgemäßen Bewegungsdrang und hyperaktivem Verhalten oft nur schwer zu ziehen. In zunehmendem Maße wird jedoch akzeptiert, dass die hyperkinetische Störung keine diskrete, gut von der Normvariation abgrenzbare diagnostische Einheit darstellt, sondern dass eine dimensionale Betrachtung eher angemessen ist. Die Bestimmung von Grenzwerten für die Definition von Auffälligkeit muss unter diesem Gesichtspunkt immer fragwürdig bleiben (vgl. Döpfner u. Lehmkuhl 1997).

Durch Medikamente oder durch neurologische Störungen bedingte hyperkinetische Symptomatik: Hyperkinetische Symptome können durch bestimmte Medikamente (z.B. manche Antikonvulsiva) oder auch durch eindeutige neurologische Erkrankungen (z.B. Schädel-Hirn-Trauma) ausgelöst werden.

Hyperkinetische Symptome bei Intelligenzminderung: Vor allem Symptome der Aufmerksamkeitsschwächen, aber auch erhöhte Unruhe und Impulsivität treten bei Kindern mit Intelligenzminderung üblicherweise auf. Dennoch kann auch bei lernbehinderten Kindern eine hyperkinetische Störung diagnostiziert werden. Die Symptome müssen in diesen Fällen jedoch deutlich stärker ausgeprägt sein als bei Kindern gleicher Intelligenz.

Hyperkinetische Symptome bei schulischer Überforderung: Kinder, die schulisch überfordert sind, können im Unterricht als leicht ablenkbar, konzentrationsschwach und unruhig imponieren. Deshalb ist eine Intelligenzdiagnostik bei hyperkinetisch wirkenden Kindern mit Schulleistungsschwächen unabdingbar. Schulleistungsschwächen können aber auch als komorbide Störungen auftreten.

Hyperkinetische Symptome bei schulischer Unterforderung: Bei weit überdurchschnittlich begabten Schülern, die schulisch unterfordert sind, können Symptome einer hyperkinetischen Störung auftreten. Bei Steigerung der schulischen Anforderungen verschwinden diese Symptome jedoch rasch.

Hyperkinetische Symptome als Folge chaotischer psychosozialer Bedingungen: In extrem desorganisierten Familien können Kinder hyperkinetische Symptome entwickeln. Sie zeigen diese Symptomatik jedoch nicht, wenn sie sich in strukturierten Umgebungen aufhalten.

Oppositionelle Verhaltensweisen: Kinder mit oppositionellen Verhaltensauffälligkeiten können gegen Arbeiten oder schulische Aufgaben Widerstand leisten, die Anstrengung und Aufmerksamkeit verlangen, da sie nicht gewillt sind, sich den Forderungen anderer anzupassen. Oppositionelle Verhaltensweisen treten aber bei Kindern mit hyperkinetischen Störungen häufig auch als komorbide Störung auf.

Psychomotorische Erregung und Konzentrationsstörungen bei affektiven Störungen und Angststörungen: Diese Symptome lassen sich manchmal nur schwer von der Hyperaktivität und den Aufmerksamkeitsstörungen einer hyperkinetischen Störung unterscheiden. Ein Unterscheidungsmerkmal kann der Verlauf sein: Hyperkinetische Störungen haben einen kontinuierlichen Verlauf mit Beginn im Vorschulalter, affektive Störungen und Angststörungen treten meist später auf und verlaufen üblicherweise weniger kontinuierlich. Bei Angststörungen treten die Symptome in der Regel ausschließlich in den ängstigenden Situationen auf.

Autismus, Schizophrenie und Manie: Bei autistischen Störungen sind häufig im Kindesalter auch hyperkinetische Symptome zu beobachten. Schizophrene Störungen und Manie treten fast ausschließlich im Jugendalter auf und gehen häufig auch mit Symptomen von Unruhe und Antriebssteigerung sowie Impulsivität und Aufmerksamkeitsstörungen einher. Werden diese Störungen diagnostiziert, die durch andere charakteristische Symptome gekennzeichnet sind, dann entfällt die Diagnose einer hyperkinetischen Störung.

Komorbidität

Hyperkinetische Störungen gehören zu jenen Störungsbildern, bei denen in der Regel nicht ein einzelner, sondern mehrere Funktions- und Lebensbereiche beeinträchtigt sind. Neben den Kernsymptomen (Aufmerksamkeitsstörung, Impulsivität und Hyperaktivität), die in unterschiedlicher Intensität in verschiedenen Lebensbereichen (Familie, Schule, Gleichaltrigengruppe) auftreten können, liegen häufig komorbide Störungen vor. In klinischen Stichproben sind hyperkinetische Störungen ohne komorbide Störungen eher die Ausnahme – bei bis zu zwei Drittel aller Kinder werden komorbide Störungen diagnostiziert (Biederman et al. 1991, Richters et al. 1995, Jensen et al. 1997):

- bis zu 50% aller Kinder zeigen eine oppositionelle Störung des Sozialverhaltens,
- 30–50% eine Störung des Sozialverhaltens (ohne oppositionelle Verhaltensstörung);
- 15–20% zeigen affektive Störungen (vor allem depressive Störungen);
- 20–25% zeigen Angststörungen;
- 10–25% haben Lernstörungen;
- Ticstörungen sowie Sprech- und Sprachstörungen werden ebenfalls gehäuft beobachtet.

In einer eigenen Studie (Döpfner 1996) wurden annähernd 90 % der Kinder mit einer hyperkinetischen Störung von den Eltern als aggressiv oder dissozial auffällig beschrieben und bei 63% wurde eine Störung des Sozialverhaltens (einschließlich oppositioneller Verhaltensstörung) diagnostiziert. Mehr als 60% der Eltern stellten bei ihren Kindern emotionale Auffälligkeiten fest (Angst/Depressivität, sozialer Rückzug, somatische Probleme).

In epidemiologischen Studien mit repräsentativen Populationen sind die Komorbiditätsraten nicht wesentlich geringer, teilweise liegen sie sogar über den in klinischen Stichproben berichteten Komorbiditätsraten. So wird in der Puerto-Rico-Studie eine Komorbidität mit Störungen des Sozialverhaltens (einschließlich oppositioneller Verhaltensstörungen) von 93% berichtet; 50% der hyperkinetisch gestörten Kinder hatten zusätzlich eine Angststörung und knapp 30% eine depressive Störung. In anderen epidemiologischen Studien liegen die Raten allerdings deutlich darunter. Jensen et al. (1997) schlussfolgern nach einer Übersicht über entsprechende Studien, dass die Komorbiditätsraten in epidemiologischen Stichproben für Störungen des Sozialverhaltens einschließlich oppositioneller Verhaltensstörungen zwischen 43% und 93% liegen und für internalisierende Störungen (Angststörungen, depressive Störungen) zwischen 13% und 51%.

Mehrere Studien zeigen, dass komorbide aggressive Verhaltensstörungen bei Jungen häufiger auftreten als bei Mädchen und dass diese Gruppe, die nach ICD-10 die Diagnose einer hyperkinetischen Störung des Sozialverhaltens (F 90.1) erhalten würde, den ungünstigsten Verlauf mit einem hohen Risiko persistierender Störungen des Sozialverhaltens aufweist.

Neben komorbiden Störungen treten bei hyperkinetischen Kindern gehäuft zusätzliche Probleme und Belastungen auf. Hyperkinetisch gestörte Kinder wiederholen häufiger eine Klasse, haben schlechtere Schulnoten und erreichen geringere Leistungen in Sprach-, Lese-, Rechtschreib- und Rechentests (McGee et al. 1984). Die Beziehungen hyperkinetischer Kinder zu Gleichaltrigen, zu Eltern und zu Lehrern sind häufig extrem belastet. Die Kinder haben eine geringere soziometrische Position in der Gleichaltrigengruppe, und die Eltern-Kind- wie die Lehrer-Kind-Beziehungen sind durch ein hohes Maß an negativen, bestrafenden und kontrollierenden Interaktionen gekennzeichnet (vgl. Barkley 1990, Döpfner 2000).

Prävalenz

In einer deutschen bundesweit repräsentativen Stichprobe werden hyperkinetische Kernsymptome (Unruhe, Aufmerksamkeitsstörung, Impulsivität) im Urteil der Eltern bei 3% bis knapp 10% aller Kinder im Alter von 4–10 Jahren als deutlich ausgeprägt vorhanden eingeschätzt. (Lehmkuhl et al. 1998). In dem Altersbereich von 4–18 Jahren werden Jungen in allen Altersstufen im Vergleich zu Mädchen auf der Skala, die Aufmerksamkeitsprobleme, hyperkinetische Auffälligkeiten und verwandte Merkmale erfasst, von den Eltern als deutlich auffälliger eingeschätzt. Bei älteren Kindern und Jugendlichen sind diese Merkmale nach Einschätzung der Eltern geringer ausgeprägt als bei jüngeren Kindern. Im Selbsturteil von Jugendlichen sind ab dem Alter von 11 Jahren allerdings weder eindeutige Alters- noch Geschlechtseffekte nachweisbar (Döpfner et al. 1997). Deutsche Eltern unterscheiden sich nicht von Eltern in den Niederlanden und in den USA in der Beurteilung hyperkinetischer Auffälligkeiten von Kindern und Jugendlichen (Döpfner et al. 1996b).

Angaben zur Häufigkeit von hyperkinetischen Störungen entsprechend den Diagnosekriterien weisen aufgrund der unterschiedlichen diagnostischen Kriterien ein breites Spektrum auf. Die wesentlich niedrigeren DSM-IV-Kriterien für die Diagnose einer Aufmerksamkeitsdefizit- bzw. Hyperaktivitätsstörung führen dazu, dass die Prävalenz von Aufmerksamkeitsdefizit- bzw. Hyperaktivitätsstörungen deutlich höher ist als die der Störung von Aktivität und Aufmerksamkeit nach ICD-10. In Abhängigkeit von Diagnosekriterien, Alter und Erhebungsmethode wird die Diagnose in den USA nach DSM (meist nach DSM-III oder DSM-III-R) bei 7–17 % aller Jungen und bei 3,3–6 % aller Mädchen gestellt (z. B. Szatmari et al. 1989; Cohen et al. 1993).

In den wenigsten Studien werden jedoch die Angaben von Eltern und von Lehrern über hyperkinetische Auffälligkeiten des Kindes in der Schule und in der Familie miteinander kombiniert. Die relativ hohen Prävalenzraten in diesen Studien können daher nicht als Prävalenz situationsübergreifender hyperkinetischer Störungen betrachtet werden. DSM-IV schätzt die Prävalenz situationsübergreifender Aufmerksamkeitsdefizit- bzw. Hyperaktivitätsstörungen im Schulalter auf 3–5 %. Prävalenzraten nach ICD-10 liegen deutlich darunter. Nach Taylor (1991) werden sie nur bei 1,7 % aller Jungen im Grundschulalter festgestellt. Auf der Basis von ICD-9 stellten Esser et al. (1990) in einer deutschen Stichprobe im Alter von 8 Jahren bei 8,3 % aller Jungen und 5 Jahre später im Alter von 13 Jahren bei 3 % aller Jungen eine hyperkinetische Störung fest.

In einer Studie an deutschen Grundschulen stellten Baumgaertel et al. (1995) auf der Grundlage eines Lehrerfragebogens nach DSM-IV eine Rate von Kindern mit einer Aufmerksamkeitsdefizit- bzw. Hyperaktivitätsstörung von 17,8 % fest, wobei 4,8 % eine Störung vom gemischten Subtypus, 3,9 % eine Störung vom vorherrschend hyperaktiv-impulsiven Subtypus und 9 % eine Störung vom vorherrschend unaufmerksamen Subtypus aufwiesen. Angaben über die Ausprägung der Symptomatik in der Familie liegen auch in dieser Studie nicht vor.

Jungen sind gegenüber Mädchen deutlich häufiger von der Symptomatik betroffen. Das Verhältnis wird in den meisten Studien zwischen 3:1 und 9:1 angegeben (vgl. Döpfner et al. 2000a). In der deutschen Studie von Baumgaertel et al. (1995) lag die Jungen-Mädchen-Relation je nach Subtypus zwischen 2:1 beim vorherrschend unaufmerksamen Subtypus und 5:1 beim hyperaktiv-impulsiven Subtypus.

Genese und Verlauf der Störung

■ Genese

Generell wird eine multifaktorielle Genese hyperkinetischer Störungen angenommen, wobei biologischen und konstitutionellen Merkmalen vermutlich eine entscheidende ursächliche Rolle zukommt, während psychosoziale Faktoren die Ausprägung und den Verlauf der Störung wesentlich beeinflussen können. Im Einzelnen werden folgende ätiologische Faktoren vermutet:

- strukturell bedingte Störungen der Hirnfunktionen
- funktionelle, physiologische oder biochemische Faktoren
- allergische Reaktionen
- genetische Faktoren
- psychosoziale Bedingungen

Jahrzehntelang wurde angenommen, dass Kinder mit hyperkinetischen Störungen eine **strukturell bedingte Störung der Hirnfunktionen** aufgrund von Hirnschädigungen aufweisen, selbst dann, wenn klare Hinweiszeichen dafür fehlen. Der Begriff des minimalen Hirnschadens oder der **minimalen zerebralen Dysfunktion** (MCD; minimal brain dysfunction; Wender 1971) wurde dafür gewählt. Als Ursachen einer minimalen Hirnfunktionsstörung wurden prä-, peri- und postnatale Komplikationen betrachtet, die eine Verzögerung der frühkindlichen Entwicklung bewirken. Neben diesen anamnestischen Angaben wurden neurologische und neurophysiologische Auffälligkeiten, Teilleistungsschwächen bei zumindest durchschnittlicher Grundintelligenz und spezifische Verhaltensauffälligkeiten, u. a. Konzentrationsschwächen, für die Diagnosestellung hinzugezogen (Lempp 1980). Viele Studien lassen diese Hypothese jedoch als nicht haltbar erscheinen. Im deutschen Sprachraum konnten Esser u. Schmidt (1987) zeigen, dass zwischen den verschiedenen Hinweisen auf eine zerebrale Dysfunktion nur sehr geringe Überschneidungen vorhanden sind und keine eindeutigen Beziehungen zu hyperkinetischen Störungen vorliegen. Die Autoren schlussfolgern, dass die Diagnose einer MCD im bislang praktizierten Sinne klinisch unbedeutend und irreführend sei. Hauptproblem bei der Diagnose einer MCD ist vermutlich, dass dieses Konzept nicht hinreichend spezifisch ist. Vermutlich beeinflussen die Art und der Schweregrad der Noxe die Auftretenswahrscheinlichkeit hyperkinetischer Störungen. So konnte in einer neueren Studie nachgewiesen werden, dass bei 23 % der Kinder mit sehr geringem Geburtsgewicht im Alter von 12 Jahren hyperkinetische Störungen diagnostiziert werden; das war fast 4-mal häufiger als in einer Kontrollgruppe von Kindern mit normalem Geburtsgewicht (Botting et al. 1997). Bildgebende Verfahren zur Untersuchung von Hirnstrukturen (Computertomographie, Magnetresonanztomographie) weisen relativ übereinstimmend auf strukturelle Veränderungen in einigen Hirnregionen hin, vor allem im präfrontalen Kortex, in den Basalganglien und im Corpus callosum (vgl. Tannock 1998). Die Ursachen dieser Veränderungen (Hirnschädigungen oder genetische Faktoren) sind jedoch nicht geklärt.

Funktionelle, physiologische oder biochemische Faktoren: Einige, jedoch nicht alle Studien mit **funktionellen Verfahren** (z. B. Positronenemissionstomographie, PET) konnten eine verminderte zerebrale Durchblutung des Frontalhirns bei hyperkinetisch auffälligen Kindern, Jugendlichen und Erwachsenen belegen (Ernst et al. 1994, Lou et al. 1984, Zametkin et al. 1990, 1993). Elektrophysiologische Verfahren (EEG, evozierte Potenziale) weisen auf veränderte hirnelektrische Aktivität vor allem im Frontalkortex hin, wenn die Kinder während der Ableitung Aufgaben lösen müssen (vgl. Brandeis 1995).

Andere Studien weisen Auffälligkeiten im **Neurotransmittersystem** nach, wenngleich die Ergebnisse nicht einheitlich sind. Zametkin u. Rapoport (1987) sowie Greenhill (1990) fassen die Literatur dazu zusammen und schlussfolgern, dass offensichtlich nicht ein Neurotransmittersystem alleine gestört ist, sondern es sich eher um eine Imbalance der Systeme handelt. Allerdings wird in letzter Zeit vor allem auch aufgrund genetischer Studien dem dopaminergen System eine zentrale Funktion zugeschrieben.

Allergische Reaktionen: In mehreren Untersuchungen wurde das gehäufte Auftreten von allergischen Reaktionen auf Milcheiweiß, Pollen, Staub, Lösungsmittel, Farb- und Aromastoffe bei hyperkinetischen Kindern beschrieben. Roth et al. (1991) und Egger et al. (1985) berichten von einer Häufung von atopischen Störungen (atopische Dermatitis, Heuschnupfen, Asthma) bei hyperkinetisch gestörten Kindern. Tryphonas u. Trites (1979) stellten bei 47 % der untersuchten hyperkinetisch gestörten Kinder eine Nahrungsmittelallergie auf zumindest ein Nahrungsmittel fest. In Studien von Egger et al. (1985), Trites et al. (1980) und Schmidt et al. (1997) konnten mittels spezifischer Diäten Verminderungen der hyperkinetischen Störungen erzielt werden. Diese Studien weisen allerdings mehrere methodische Schwächen auf (vgl. Marshall 1989). Vermutlich reagiert eine eher kleine Subgruppe positiv auf eine solche Diät. Methodisch besser fundierte Studien sind notwendig, um die Beziehung von Nahrungsmittelallergien und hyperkinetischen Störungen zu klären und die Wirksamkeit diätetischer Behandlungen zu überprüfen. Marshall (1989) legt ein neurochemisches Modell vor, in dem angenommen wird, dass allergische Reaktionen ein Ungleichgewicht im cholinergen bzw. adrenergenen System verursachen und dadurch hyperkinetische Störungen auslösen können.

In letzter Zeit rückten **genetische Faktoren** als Ursachen hyperkinetischer Störungen stärker in den Mittelpunkt des Interesses. In mehreren neueren Studien konnte eine erhöhte Rate an hyperkinetischen Störungen bei den erstgradig Verwandten hyperkinetisch gestörter Kinder festgestellt werden (vgl. Faraone u. Biederman 1994). Diese Befunde dürfen nur als relativ schwache Hinweise auf eine genetische Beteiligung an der Entwicklung der Störung gewertet werden, da eine familiäre Häufung auch durch psychosoziale Faktoren erklärbar ist. Eindeutigere Hinweise lassen sich aus Zwillingsstudien und aus molekulargenetischen Studien ableiten. In mehreren größeren Zwillingsstudien lagen die Konkordanzraten bei monozygoten (eineiigen) Zwillingen (mit identischer genetischer Ausstattung) bei 66 und damit wesentlich höher als bei dizygoten Zwillingen mit einer Konkordanzrate von 28% (vgl. Tannock 1998).

Neuere Zwillingsstudien untersuchten nicht die Übereinstimmung zwischen den diskreten Diagnosekategorien (hyperkinetische Störung versus keine Störung), sondern betrachten hyperkinetische Symptomatik entlang eines Kontinuums. Mithilfe von Regressionsanalysen kann die Heretabilität (der Varianzanteil des Merkmals, der genetisch bestimmt wird) berechnet werden. In diesen Studien, die Tannock (1998) zusammenfasst, liegen die Heretabilitäten zwischen 56% und 96%. In der neuesten Studie, der Virginia Twin Study, wird eine Heretabilität in Abhängigkeit von den Messinstrumenten zur Erfassung hyperkinetischer Symptomatik sowie in Abhängigkeit vom Beurteiler der Symptomatik (Eltern oder Lehrer) und vom Geschlecht des Kindes zwischen 54% und 82% errechnet. Die Heretabilität für hyperkinetische Störungen liegt damit deutlich über der Heretabilität für Störungen des Sozialverhaltens, für Angststörungen und für depressive Störungen (Eaves et al. 1998). Molekulargenetische Studien konnten Zusammenhänge zwischen Dopamin-Rezeptor-Genen (DRD4 und DRD2) sowie Dopamin-Transporter-Genen (DAT) und hyperkinetischer Symptomatik nachweisen (z.B. Cook et al. 1995, Gill et al. 1997, Swanson et al. 1998), wenngleich die Befunde teilweise uneinheitlich sind.

Psychosoziale Bedingungen als primäre Ursachen hyperkinetischer Störungen wurden relativ selten untersucht. Eine Häufung hyperkinetischer Störungen in Familien mit geringerem sozioökonomischem Status wurde nur in einigen Studien nachgewiesen, andere konnten keinen Zusammenhang finden (z.B. Campbell et al. 1986a, 1986b, McGee et al. 1984). Deutlichere Zusammenhänge konnten mit ungünstigen familiären Bedingungen, u.a. unvollständigen Familien, überbelegten Wohnungen und einer psychischen Störung der Mutter, nachgewiesen werden (z.B. Barkley et al. 1993). Allerdings gehen ungünstige familiäre Bedingungen stärker mit aggressiven und dissozialen Verhaltensauffälligkeiten einher als mit hyperkinetischen Störungen (u.a. McGee et al. 1985). Längsschnittstudien zeigen jedoch auch, dass überwiegend negative Eltern-Kind-Interaktionen im Vorschulalter mit der Stabilität hyperkinetischer Auffälligkeiten korrelieren (Campbell 1990).

Insgesamt weisen die Studien zur Ätiologie hyperkinetischer Störungen darauf hin, dass sich diese Störungen mit großer Wahrscheinlichkeit überwiegend auf einer genetischen Grundlage entwickeln und dass funktionelle Auffälligkeiten vor allem im Bereich des Frontalhirns und der Basalganglien vorliegen und der Dopamin-Stoffwechsel eine bedeutende Rolle spielt. Wenngleich die Entwicklung hyperkinetischer Störungen vermutlich primär durch biologische Faktoren bestimmt wird, so wird ihr Verlauf wahrscheinlich durch psychosoziale Faktoren erheblich beeinflusst. Der Eltern-Kind-Interaktion muss dabei eine wichtige Bedeutung beigemessen werden.

In den letzten Jahrzehnten wurden verschiedene **psychologische Modelle** entwickelt, welche die komplexen Auffälligkeiten bei Kindern mit hyperkinetischen Störungen auf basale Störungen oder Defizite zurückführen. Die meisten dieser Modelle gehen in Übereinstimmung mit der empirischen Literatur davon aus, dass die basalen Störungen oder Defizite auf einer biologischen Grundlage entstehen. Besonders einflussreich war das von Douglas (1980, 1988) vorgelegte Störungsmodell, das die hyperkinetische Symptomatik als Störung der Selbstregulation interpretiert, die sich manifestiert in einer verminderten Fähigkeit, andauernd Aufmerksamkeit und Mühe in anfordernde Aufgaben zu investieren, sowie einer weitgehenden Unfähigkeit, impulsive Reaktionen zu hemmen. Außerdem gelingt es hyperkinetischen Kindern nicht, Aktivierung oder Wachheit den situativen Anforderungen jeweils anzupassen, und sie neigen dazu, ständig nach Stimulierung und unmittelbarer Belohnung zu suchen und auf hervorstechende Umgebungs- und Aufgabenmerkmale zu reagieren.

Barkley (1989) entwickelte ein Modell der Störung des regelgeleiteten Verhaltens, in dem er ebenfalls eine neuropsychologische Disposition als Grundlage der Störung annimmt. Das Modell geht davon aus, dass hyperkinetische Verhaltensstörungen unter einer starken Kontrolle von Umweltkontingenzen stehen müssen, weil sie sich in wechselnden Situationen dramatisch ändern können. Als grundlegende psychologische Defekte werden nicht Verhaltens- oder kognitive Defizite, sondern Störungen in der Beziehung von Umweltereignissen (Stimuli, Regeln, Konsequenzen) und dem Verhalten postuliert (s. Döpfner et al. 2000a).

In neuester Zeit wird von verschiedenen Autoren der Fähigkeit zur Hemmung exekutiver Funktionen die zentrale Rolle bei der Entwicklung hyperkinetischer Störungen zugeschrieben. Diese Hemmung exekutiver Funktionen ist bei der Selbstregulation, der Planung und der Organisation von Verhaltensweisen von zentraler Bedeutung. Barkley (1997) legt ein Modell vor, in dem ein Defizit in der Fähigkeit zur Hemmung von Impulsen und Handlungsabläufen zu Störungen exekutiver Funktionen in 4 Funktionsbereichen führt: im Bereich des Arbeitsgedächtnisses, im Bereich der Selbstregulation von Affekten, Motivation und der Aufmerksamkeit, im Bereich der Internalisierung und Automation von Sprache sowie im Bereich der Wiederherstellung und Entwicklung von Handlungssequenzen.

Verlauf

Mittlerweile liegt eine größere Anzahl von Längsschnittstudien vor, die bei allen Unterschieden in Details ein relativ konsistentes Bild über den Verlauf hyperkinetischer Störungen bieten (vgl. Döpfner et al. 1998):

- **Säuglings- und Kleinkindalter:** Kleinkinder mit extrem hohem Aktivitätsniveau, die auch nur kurz auf Objekte reagieren, entwickeln vermutlich eher hyperkinetische Symptome (Hartsough u. Lambert 1985). Generell scheinen schwierige Temperamentsmerkmale, Schlafprobleme, Essschwierigkeiten und gereizte Stimmungslage im Kleinkind- und Vorschulalter zwar ein Risikofaktor für die Entwicklung psychischer Auffälligkeiten im späteren Kindesalter zu sein, doch steigt das Risiko noch einmal erheblich, wenn neben diesen Temperamentsmerkmalen auch psychische Störungen der Eltern, Eheprobleme, feindselige Einstellung zum Kind sowie negative und überwiegend kritisierende Interaktionen der Mutter mit dem Kind berücksichtigt werden. Wenn es der Hauptbezugsperson nicht gelingt, die Belastungen zu bewältigen, die durch ungünstige Temperamentsmerkmale auftreten und sich eine angespannte, negative Eltern-Kind-Interaktion entwickelt, dann ist die Wahrscheinlichkeit zur Entwicklung psychischer Störungen im späteren Kindesalter und die Persistenz hyperkinetischer Symptomatik deutlich erhöht (Cameron 1977, 1978; Earls u. Young 1987, Campbell 1990).
- **Kindergarten- und Vorschulalter:** Die Mehrzahl der hyperkinetisch auffälligen Kinder fallen durch Überaktivität, eine geringe Aufmerksamkeitsspanne und oppositionelles Verhalten bereits im Alter von 3 Jahren auf, wobei die Abgrenzung von einer noch altersgemäßen Aufmerksamkeitsspanne und motorischen Unruhe oft schwer fällt und viele unruhige 3-Jährige später keine hyperkinetische Störung entwickeln. Bei Kindern im Kindergarten- und Vorschulalter zeigen sich als deutlichste Merkmale allgemeine Anzeichen von motorischer Unruhe und extremer Umtriebigkeit. Die relativ hohe Stabilität der Symptomatik vom Vorschulalter bis ins Grundschulalter hinein ist in mehreren Studien nachgewiesen worden. Etwa die Hälfte der im Alter von 3 Jahren auffälligen Kinder zeigen mit 6 Jahren weiterhin hyperkinetische Auffälligkeiten. Kinder mit stabilen Störungen unterscheiden sich im Alter von 3 Jahren von jenen, deren hyperkinetische Störungen sich in den folgenden 3 Jahren vermindern, durch eine stärker ausgeprägte Hyperaktivität und Aufmerksamkeitsschwäche, durch erhöhte Aggressivität und durch eine erhöhte Rate an negativ-kontrollierenden Eltern-Kind-Interaktionen (Campbell et al. 1986a, 1986b, Campbell 1990). Entwicklungsrückstände in der motorischen Entwicklung, der Sprachentwicklung und in der Entwicklung der visuellen Wahrnehmungsfähigkeit treten gehäuft auf (vgl. Barkley 1990).
- **Grundschulalter:** Durch den Schuleintritt steigern sich die Probleme hyperkinetischer Kinder häufig schlagartig, weil sie plötzlich mit Anforderungen konfrontiert werden, denen sie kaum gewachsen sind. Die größten Probleme im Grundschulalter betreffen die kurze

Aufmerksamkeitsspanne, oppositionelles Verhalten sowie motorische Überaktivität, besonders in strukturierten und stärker fremdbestimmten Situationen (Unterricht!). In diesem Altersbereich treten häufig auch Störungen in den Beziehungen zu Gleichaltrigen auf (Pelham u. Bender 1982), relative Leistungsschwächen in der Schule, beginnende dissoziale Verhaltensweisen (Lügen, Stehlen), Wutausbrüche und – vor allem in den späteren Jahren – verminderte Selbstwertgefühle. In diesem Altersbereich liegt die Stabilität der Störung bei mindestens 60–70%.

- **Jugendalter:** Viele Kinder mit hyperkinetischen Störungen zeigen auch im Jugendalter die Kernsymptome Hyperaktivität, Aufmerksamkeitsstörungen und Impulsivität, wobei sich die motorische Unruhe meist deutlich vermindert, während Aufmerksamkeitsstörungen eher persistieren. Allerdings führten verschiedene Studien zu sehr divergenten Ergebnissen, die Rate der weiterhin hyperkinetisch Auffälligen liegt zwischen 30% (Gittelman et al. 1985) und 70% (Lambert et al. 1987, Barkley et al. 1990). Der Anteil der Jugendlichen, die dissoziale Störungen des Sozialverhaltens entwickeln, liegt auch in Deutschland bei etwa 40% (Schmidt et al. 1991); Studien aus den USA berichten teilweise von deutlich höheren Dissozialitätsraten (z. B. Barkley et al. 1990). Klassenwiederholungen, Sonderbeschulungen, Schulverweise und Schulabbrüche sind deutlich häufiger als bei unauffälligen Kindern zu beobachten, und die Schule wird häufiger mit einem niedrigeren Schulabschluss beendet (z. B. Barkley et al. 1990).
- **Erwachsenenalter:** Die beschriebenen Verhaltensformen können sich bis ins Erwachsenenalter hinein fortsetzen. Die meisten Nachuntersuchungen an Erwachsenen, die im Kindesalter als hyperkinetisch auffällig diagnostiziert wurden, zeigen, dass die soziale Einbindung, das psychische Wohlbefinden und auch der Beschäftigungsstatus vermindert ist. Es gibt ein spezifisch erhöhtes Risiko zur Entwicklung einer antisozialen Persönlichkeitsstörung sowie zur Entwicklung von Alkoholismus, Drogenmissbrauch und interpersoneller Beziehungsstörungen (vgl. Barkley 1990, Steinhausen 1995).

Diese Entwicklung ist glücklicherweise nicht für alle Kinder mit hyperkinetischen Störungen vorgezeichnet. Längsschnittstudien haben verschiedene Risikofaktoren isolieren können, die mit einem ungünstigeren Verlauf der Symptomatik in Beziehung stehen. Dazu zählen vor allem geringere Intelligenz, aggressives und oppositionelles Verhalten im Kindesalter, schlechte Beziehungen zu Gleichaltrigen, emotionale Instabilität und das Ausmaß der psychischen Störungen bei den Eltern (u. a. Hechtman et al. 1984, Fischer et al. 1993). Eine intensive multimodale Langzeitbehandlung bis in die Adoleszenz hinein scheint den Verlauf der Störung günstig zu beeinflussen (Satterfield et al. 1987). Bei geringerer Behandlungsintensität konnten bislang keine eindeutigen Effekte auf den Verlauf im Jugend- und Erwachsenenalter nachgewiesen werden (Hechtman et al. 1984). Diese Ergebnisse legen es nahe, hyperkinetische Störungen als eine Entwicklungsstörung der Selbstkontrollprozesse und des Sozialverhaltens mit einem chronischen Verlauf und mit begrenzten Heilungschancen aufzufassen. In der Therapie steht deshalb die Bewältigung der Störung im Vordergrund.

Therapieansätze und Prognose

Übersicht über Therapieansätze und ihre Indikation

Aufgrund der vielfältigen Lebens- und Funktionsbereiche, die bei Kindern mit hyperkinetischen Störungen beeinträchtigt sind, verwundert es nicht, dass mit einem isolierten Behandlungsansatz häufig nicht die gewünschten Effekte erzielt werden, sondern eine multimodale Therapie notwendig ist. Entsprechend fordern Behandlungsleitlinien, die in letzter Zeit publiziert wurden (American Academy of Child and Adolescent Psychiatry 1997, Taylor et al. 1998, Döpfner et al. 2000a) ein multimodales Vorgehen unter Einbeziehung von Psychotherapie, von psychosozialen Interventionen und von Pharmakotherapie.

Bei der Planung einer multimodalen Behandlung und der Auswahl der Interventionsformen sollte darauf geachtet werden, dass die Therapie dort ansetzt, wo die Probleme auftreten - beim Kind, in der Familie, in der Schule, bei den Aufmerksamkeitsschwächen, der Impulsivität, der Hyperaktivität oder der Aggressivität. Dieses

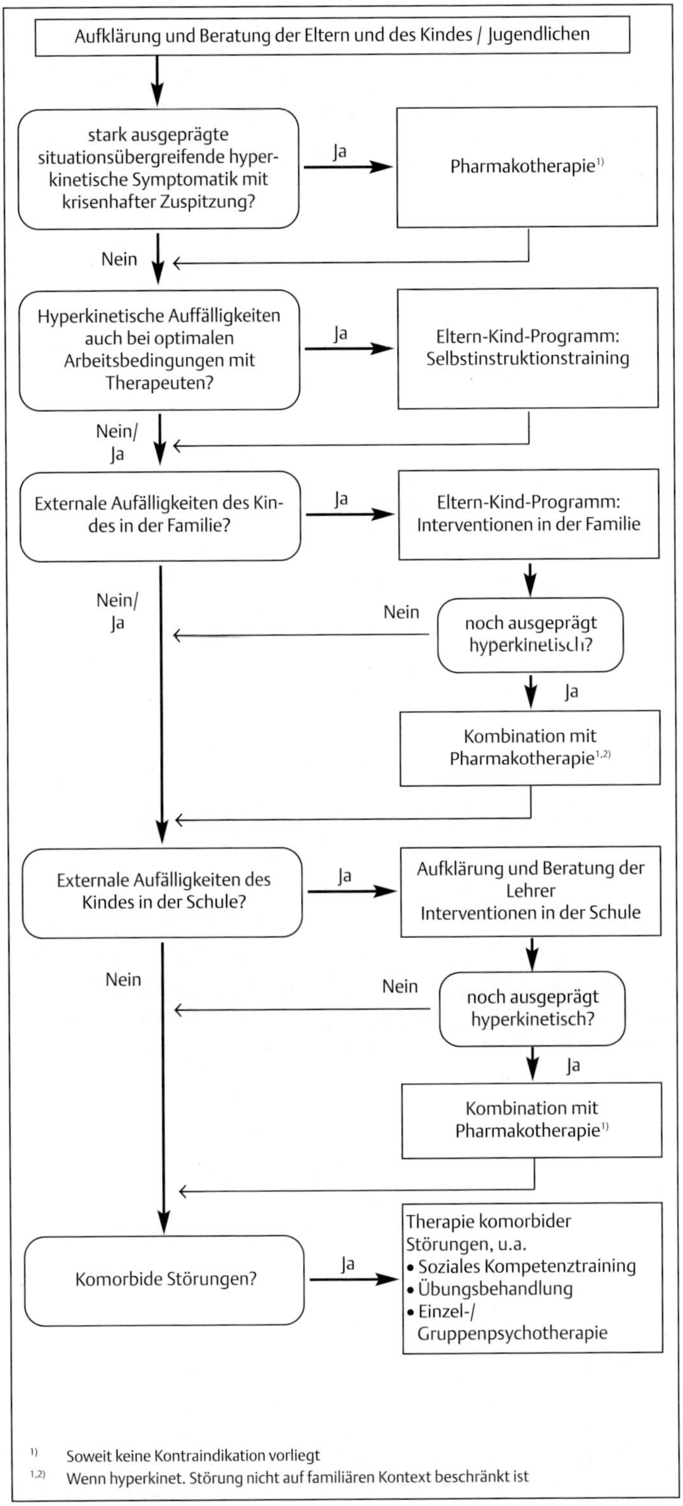

Abb. 13.**2** Entscheidungsbaum zur Planung einer multimodalen Therapie bei external auffälligen Schulkindern (aus Döpfner et al. 2002).

Prinzip ist deshalb von außerordentlicher Bedeutung, weil eine Generalisierung von Therapieeffekten von einem Lebensbereich auf den anderen oder von einer Störungsform auf die andere bestenfalls unvollständig, häufig aber gar nicht gelingt. Abb. 13.**2** stellt einen Entscheidungsbaum zur Planung einer **multimodalen Therapie bei Schulkindern mit hyperkinetischen Störungen** dar (Döpfner et al. 2000a).

Grundlage jeder therapeutischen Intervention ist die **Aufklärung und Beratung** der Eltern und auch des Kindes selbst in altersangemessener Form. Die Aufklärung bezieht sich auf Informationen über das Störungsbild, die Diagnose, die möglichen Ursachen, den vermutlichen Verlauf und über die möglichen Behandlungsansätze. Die Beratung der Eltern sollte allgemeine Strategien des Umgangs mit dem Kind umfassen und dabei auch andere Belastungen in der Familie (beispielsweise Partnerschaftsprobleme) berücksichtigen.

Eine **primäre medikamentöse Therapie mit Psychostimulanzien** ist indiziert, wenn eine ausgeprägte und situationsübergreifende hyperkinetische Symptomatik (in der Familie, in der Schule und in der Untersuchungssituation beobachtbar) diagnostiziert wurde, unter der sich eine krisenhafte Zuspitzung in der Schule und/oder der Familie entwickelt hat und wenn keine Kontraindikationen für eine Stimulanzientherapie vorliegen.

Eine krisenhafte Entwicklung zeigt sich typischerweise darin, dass die weitere Beschulung des Kindes unmittelbar bedroht ist. Die Symptome sind also so massiv ausgeprägt, dass die Situation von der Klassenlehrerin/dem Klassenlehrer nicht mehr bewältigt werden kann; Hausaufgaben lassen sich in der Familie dann oft nur noch mit höchstem Aufwand bewältigen. Solche Situationen erfordern möglichst rasche Symptomminderung, die durch Stimulanzientherapie am ehesten erreicht werden kann. Erfolge verhaltenstherapeutischer Interventionen sind mit einer größeren Zeitverzögerung verbunden und bei massiven Störungen im allgemeinen schwerer zu erzielen.

Liegt eine krisenhafte Zuspitzung aufgrund hyperkinetischer Symptome nicht (mehr) vor und sind ausgeprägte Aufmerksamkeitsstörungen und Impulsivität auch unter optimalen Arbeitsbedingungen in der Untersuchungssituation zu beobachten, dann kann die Durchführung eines **Selbstinstruktionstrainings** mit dem Kind indiziert sein. Das Kind ist dann typischerweise nicht in der Lage, auch bei dem Angebot von attraktiven Belohnungen, Hausaufgaben über eine der Klassenstufe des Kindes angemessene Zeit mit angemessenem Arbeitstempo organisiert durchzuführen. Meist lassen sich diese Probleme bereits bei der Durchführung der Intelligenz- und Leistungstests beobachten. Zur Absicherung ist es jedoch sinnvoll, dass das Kind unter den genannten optimalen Rahmenbedingungen gemeinsam mit dem Therapeuten seine Hausaufgaben durchführt. Die klinische Wirksamkeit von Selbstinstruktionstrainings, die auf den Aufbau von reflexiven Arbeitsstrategien zielen, konnte in der Mehrzahl der Studien allerdings nicht eindeutig belegt werden. Nach den vorliegenden Ergebnissen kommt diesem Ansatz zwar keine zentrale Bedeutung in der multimodalen Behandlung zu, er kann aber eine ergänzende Rolle spielen. Da prinzipiell nicht von vornherein erwartet werden kann, dass sich die meisten Auffälligkeiten in der Familie und in der Schule durch ein Selbstinstruktionstraining vermindern lassen, ist es grundsätzlich sinnvoll, parallel Interventionen in der Familie und in der Schule durchzuführen und nicht den Effekt eines isolierten Selbstinstruktionstrainings abzuwarten.

Sind bei optimalen Arbeitsbedingungen in der Untersuchungssituation keine ausgeprägten hyperkinetischen Auffälligkeiten beobachtbar (was bei älteren Kinder eher die Regel ist), dann verfügt das Kind prinzipiell über entsprechende Selbststeuerungsfähigkeiten, ein Selbstinstruktionstraining ist daher auch nicht indiziert. In diesem Fall sind ausschließlich Interventionen angezeigt, die unmittelbar in dem Lebensbereich ansetzen, in dem die Probleme auftreten. Liegen hyperkinetische oder oppositionelle bzw. aggressive (externale) Auffälligkeiten des Kindes in der Familie vor, dann sind **Interventionen in der Familie** indiziert. Zeigt das Kind danach auch weiterhin ausgeprägte hyperkinetische Auffälligkeiten in der Familie, dann kann die Kombination mit **Psychostimulanzien** indiziert sein. Dies ist jedoch nur dann angezeigt, wenn hyperkinetische Auffälligkeiten auch in der Schule auftreten. Ist das nicht der Fall, wird die Störung vermutlich durch spezifische familiäre Bedingungen aufrecht erhalten, die es mit anderen Interventionen zu behandeln gilt. Treten hyperkinetische oder oppositionelle bzw. aggressive (externale) Verhaltensstörungen im Unterricht auf, dann sind **verhaltenstherapeutische Interventionen in der Schule** indiziert. Sind diese Interventionen nicht oder nicht hinreichend erfolgreich, dann wird alternativ oder ergänzend mit **Psychostimulanzien** behandelt.

Bei Kindern, die sowohl in der Familie als auch in der Schule behandlungsbedürftige Auffälligkeiten zeigen, sollten Interventionen in der Familie und in der Schule parallel durchgeführt werden, da Generalisierungen von einem Lebensbereich auf den anderen nicht von vornherein erwartet werden können. Schließlich können, wie Abb. 13.**2** zeigt, **weitere Interventionen** indiziert sein, wenn komorbide Störungen weiterhin persistieren.

Die **multimodale Behandlung von Kindern im Vorschulalter** unterscheidet sich von den Interventionen im Schulalter erstens in der Indikation für Pharmakotherapie. Die Behandlungsrichtlinien empfehlen in erster Linie Elterntraining, flankierende Maßnahmen und Platzierung in speziellen Vorschuleinrichtungen. Eine medikamentöse Therapie sollte erst erwogen werden, wenn diese Interventionen nicht ausreichen. Die vorliegenden Studien lassen zudem den Schluss zu, dass Pharmakotherapie bei hyperkinetisch auffälligen Vorschulkindern weniger wirkungsvoll ist als im Schulalter. Außerdem liegt bei Vorschulkindern zwar häufiger eine ausgeprägte situationsübergreifende hyperkinetische Symptomatik vor als im Schulalter; eine krisenhafte Zuspitzung in der Schule und der Familie, wie sie bei Schulkindern typisch ist, lässt sich jedoch seltener beobachten. Dies liegt sicher daran, dass die Anforderungen und Erwartungen an das Vorschulkind hinsichtlich seiner Selbststeuerungsfähigkeit weitaus geringer sind als im Schulalter. Kindergärten können darüber hinaus in der Regel flexibler auf die Probleme external auffälliger Kinder reagieren als Schulen.

Zudem können bestimmte Interventionen im Vorschulalter aufgrund des Entwicklungsstandes der Kinder nicht durchgeführt werden. Dies gilt vor allem für das Selbstinstruktionstraining. Sind ausgeprägte motorische Unruhe, Aufmerksamkeitsstörungen und Impulsivität auch in Spielsituationen mit dem Therapeuten zu beobachten, dann ist ein **Spieltraining** angezeigt, das darauf abzielt, intensiveres und ausdauernderes Spielverhalten aufzubauen. Am wichtigsten erscheinen jedoch verhaltenstherapeutische Interventionen in der Familie bzw. im Kindergarten. Sind diese Maßnahmen nicht hinreichend erfolgreich, dann kann die Kombination mit einer Stimulanzientherapie indiziert sein.

Pharmakotherapie

In der Pharmakotherapie haben sich vor allem 2 Wirkstoffgruppen als wirkungsvoll erwiesen: Psychostimulanzien und Antidepressiva. Die Wirksamkeit der Psychostimulanzientherapie ist von allen Therapieformen am besten belegt. Methylphenidat (Ritalin) gilt als Mittel der ersten Wahl. Die Ergebnisse der Studien zur **Wirksamkeit von Methylphenidat** können wie folgt zusammengefasst werden (vgl. Döpfner u. Lehmkuhl 1998a, 1998b, Döpfner et al. 2000a):

- Zwischen 70% und 90% der Kinder über dem Alter von 4 Jahren sprechen auf die Behandlung positiv an (Responder). Bei Kindern unter 5 Jahren liegt die Responder-Rate darunter (ca. 50%). Der Anteil der Kinder, deren Verhalten sich im Unterricht **normalisiert**, liegt bei 50–70%. Die Haupteffekte beziehen sich auf eine Verbesserung der Konzentrationsfähigkeit und die Verminderung des hyperkinetischen, störenden, unangemessenen und impulsiven Verhaltens. Oppositionelles Verhalten gegenüber Erwachsenen vermindert sich und die Beziehungen zu Gleichaltrigen können sich verbessern, hauptsächlich aufgrund der Verminderung der aggressiven Verhaltensauffälligkeiten. Außerdem hat die Verminderung der hyperkinetischen Symptomatik häufig auch eine Verbesserung der schulischen Leistungsfähigkeit zur Folge.
- Die Behandlung ist nur wirksam, solange sie durchgeführt wird. Positive Veränderungen nach Absetzen der Medikation konnten nicht nachgewiesen werden. Eine Langzeitbehandlung (meist über mehrere Jahre) ist deshalb notwendig, um die positiven Effekte aufrechtzuerhalten.
- Die Nebenwirkungen sind in der überwiegenden Zahl der Fälle gering, treten häufig

vorübergehend auf und verschwinden mit Absetzen der Medikation. Die häufigsten Nebenwirkungen sind leichtere Durchschlafstörungen und eine Verminderung des Appetits. Nach Barkley (1990) sind ernsthafte Appetitminderungen bei 6–12% der Kinder und ernsthafte Schlafstörungen bei etwa 11% der Kinder zu beobachten. Einige Kinder reagieren anfangs mit Bauch- und Kopfschmerzen, die jedoch im Verlauf der Therapie in der Regel verschwinden. In etwa 1–2% der Fälle treten motorische oder vokale Ticstörungen auf; wenn Ticstörungen bereits vor Beginn der Pharmakotherapie vorhanden sind, können sich diese verschlimmern. Obwohl die Literatur hierzu kontrovers ist, wird in solchen Fällen die Durchführung oder Fortsetzung einer Stimulanzientherapie nicht empfohlen. Gelegentlich sind leichte Steigerungen des Blutdrucks und der Herzfrequenz zu beobachten. Wachstumsverzögerungen bei Langzeitmedikation sind offenbar passager und lassen sich durch medikationsfreie Intervalle beheben.
- Dem eindeutigen empirischen Nachweis über die Kurzzeit-Wirksamkeit von Methylphenidat steht eine geringe Anzahl von Untersuchungen über Langzeiteffekte gegenüber, die eine bessere Prognose von ausschließlich mit Psychostimulanzien behandelten Kindern nach **Absetzen der Medikation** überwiegend nicht nachweisen konnten.
- Stimulanzien sind keine Wundermittel für Kinder mit hyperkinetischen Störungen. Durch Medikamente lernt das Kind nichts hinzu. Sie vermindern lediglich die Auftretenswahrscheinlichkeit problematischer Verhaltensweisen. Die vielfältigen Kompetenzdefizite von Kindern mit hyperkinetischen Störungen erfordern zusätzliche Interventionen. Die Medikation kann jedoch die Wirksamkeit anderer Interventionen steigern, weil sie dem Kind hilft, auf die Umwelt besser zu achten und erfolgreicher zu reagieren.

Weitere Hinweise zur Durchführung und Kontrolle einer Stimulanzientherapie geben Döpfner u. Lehmkuhl (1999a).

■ Verhaltenstherapie

Verhaltenstherapeutische Interventionen lassen sich danach unterscheiden, wer im Mittelpunkt der Intervention steht:

- **Patientenzentrierte Verfahren** setzen direkt beim hyperkinetischen Kind oder Jugendlichen an. Dazu zählen erstens Spieltrainings, die darauf abzielen, intensives und ausdauerndes Spielverhalten aufzubauen, zweitens Selbstinstruktionstrainings, durch die ein reflexives Arbeitsverhalten aufgebaut werden soll und drittens Selbstmanagement-Verfahren, mit denen ältere Kinder und Jugendliche zu einer eigenständigen Verhaltensänderung angeleitet werden sollen.
- **Eltern- und familienzentrierte Verfahren**, wie Elterntrainings oder Eltern-Kind-Therapien zielen auf eine Verminderung problematischer Verhaltensweisen in der Familie durch Veränderung der Eltern-Kind-Interaktionen.
- **Kindergarten- und schulzentrierte Interventionen** versuchen, konkrete Verhaltensauffälligkeiten des Kindes oder Jugendlichen im Kindergarten oder in der Schule hauptsächlich durch operante Methoden zu vermindern.

Das **Therapieprogramm für Kinder mit hyperkinetischem und oppositionellem Problemverhalten** (THOP; Döpfner et al. 2002) ist ein multimodales Interventionsprogramm, in dem verhaltenstherapeutische Interventionen in der Familie, im Kindergarten bzw. in der Schule und beim Kind selbst mit medikamentösen Interventionen entsprechend der individuellen Problemkonstellation miteinander kombiniert werden können. Es kann zur Behandlung von Kindern im Alter von 3 bis etwa 12 Jahren eingesetzt werden. Das Programm wurde im Rahmen der Kölner Multimodalen Therapiestudie bei Kindern mit hyperkinetischen Störungen entwickelt. Das Programm ist allerdings auch bei Kindern mit ausschließlich oppositionellen Verhaltensstörungen einsetzbar. THOP besteht aus 2 Teilprogrammen:

- **dem Eltern-Kind-Programm**, das auf die Verminderung von hyperkinetischen und oppositionellen Verhaltensstörungen in der Familie abzielt und das Eltern und Kind anleitet, Problemsituationen in der Familie zu bewältigen;

- **den Interventionen im Kindergarten bzw. in der Schule**, die hyperkinetische und oppositionelle Verhaltensstörungen in diesen Lebensbereichen vermindern sollen.

Das Eltern-Kind-Programm besteht aus 21 Behandlungsbausteinen, in denen 2 Interventionsformen miteinander verknüpft sind: die familienzentrierten und die kindzentrierten Interventionen. Die kind- und die familienzentrierten Interventionen eines jeden Therapiebausteins sind aufeinander bezogen und werden miteinander kombiniert. Bei den familienzentrierten Interventionen steht die Arbeit mit den Eltern im Mittelpunkt, und das Kind wird je nach Behandlungsbaustein, Problematik und Alter unterschiedlich stark integriert. Bei den kindzentrierten Interventionen des Eltern-Kind-Programms steht die therapeutische Arbeit mit dem Kind im Mittelpunkt, die Eltern werden jedoch auch hier integriert. Die kindzentrierten Interventionen werden nicht unabhängig von den familienzentrierten Interventionen durchgeführt.

Ziel der Eltern-Kind-Programme sind Veränderungen der alltäglichen Eltern-Kind-Interaktionen auf der Mikroebene (Microteaching), die notwendig sind, um die Verhaltensprobleme des Kindes in der Familie zu vermindern. Das familiäre und psychosoziale Bedingungsgefüge (Makroebene), in dem diese Interaktionen stattfinden, darf jedoch dabei nicht übersehen werden. Erfolgreiche und vor allem stabile Veränderungen auf der Mikroebene lassen sich nur erreichen, wenn sie auf der Makroebene verankert sind. Ausgangspunkt der Therapie ist deshalb das familiäre Bedingungsgefüge, das gemeinsam mit den Eltern erarbeitet wird. Dabei werden neben den Eigenschaften, Temperamentsmerkmalen und Bedürfnissen des Kindes auch Eigenschaften, Temperamentsmerkmale, psychische Auffälligkeiten und Bedürfnisse der Eltern sowie familiäre Belastungen (z.B. durch Partnerschaftsprobleme, durch berufliche oder finanzielle Probleme) berücksichtigt.

Auf der Mikroebene ist der Ausgangspunkt des Eltern-Kind-Programms wie auch der Interventionen im Kindergarten bzw. in der Schule das in Abb. 13.**3** dargestellte Modell der Interaktionen zwischen erwachsenen Bezugspersonen und hyperkinetisch oder oppositionell auffälligen Kindern (Döpfner et al. 2002).

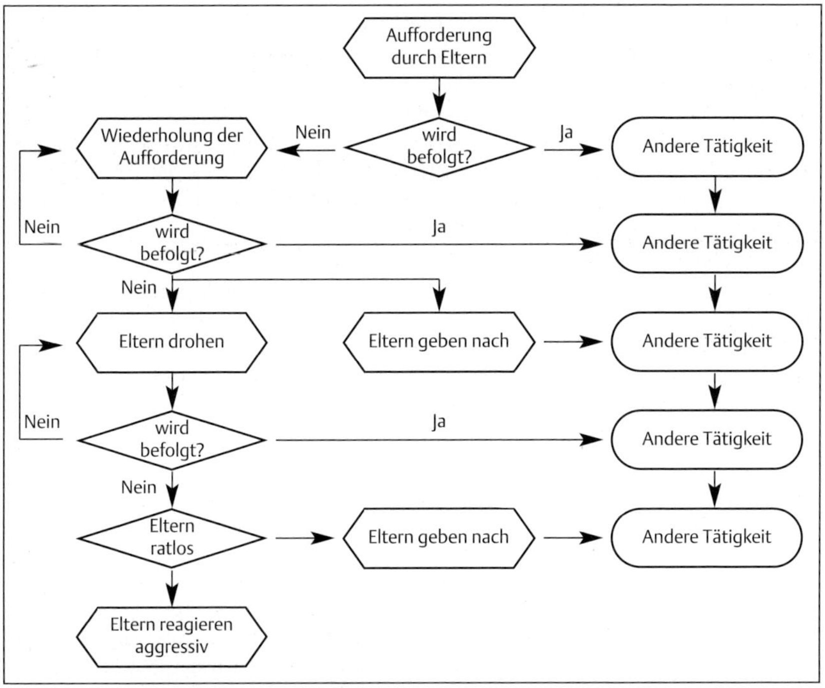

Abb. 13.**3** Entwicklung negativ kontrollierender Interaktionen mit external auffälligen Kindern (aus Döpfner et al. 2000a).

Aufforderungen und Grenzsetzungen der Eltern, aber auch von anderen erwachsenen Bezugspersonen (Erziehern, Lehrern) werden von aufmerksamkeitsgestörten und impulsiven Kindern und auch von oppositionell auffälligen Kindern gehäuft nicht beachtet. Im Allgemeinen wiederholen Eltern ihre Aufforderungen dann mehrfach. Die Wahrscheinlichkeit, dass diese Kinder die Aufforderung wiederum nicht befolgen, ist erhöht. Kommt es aber einmal dazu, dass das Kind eine Aufforderung befolgt, dann beachten die Eltern dies nicht, entweder weil sie meinen, das folgsame Verhalten ihres Kindes sei schließlich mehr als selbstverständlich, oder weil sie endlich das tun wollen, was durch die Beschäftigung und Auseinandersetzung mit dem Kind liegengeblieben ist.

Auffälliges, nämlich nicht folgsames Verhalten des Kindes hat jedenfalls vermehrte, wenn auch negativ getönte Aufmerksamkeit zur Folge. Angemessenere Handlungen dagegen werden kaum beachtet. Die Spirale des familiären Konfliktes kann sich natürlich noch weiter drehen, und dies wird auch zunehmend häufiger geschehen: Eltern beginnen (meist sehr impulsiv) zu drohen, das Kind reagiert wieder nicht, sie werden schließlich ratlos und geben entweder nach oder sie werden ungezielt aggressiv. Beides hat zur Folge, dass mangelnde Regelbefolgung, impulsives, oppositionelles und aggressives Verhalten des Kindes eher noch zunehmen. Das Kind wird nämlich durch das Nachgeben der Eltern letztendlich für sein oppositionelles Verhalten belohnt (negativ verstärkt) oder es bekommt durch das Vorbild der Eltern am eigenen Leibe zu spüren, dass Aggressivität sich lohnt, zumindest dann, wenn der andere schwächer ist. Vielleicht wird es zu Hause in besonders kritischen Situationen eher zum Nachgeben neigen; außerhalb der Familie, auf der Straße, wird es jedoch das in der Familie gelernte aggressive Verhalten gegenüber Schwächeren häufiger einsetzen. In der Bilanz überwiegen die negativen Eltern-Kind-Interaktionen gegenüber positiven Interaktionen. Das Interaktionsschema verdeutlicht die Ansatzpunkte von Interventionen in der Familie, im Kindergarten oder in der Schule. Zur Unterbrechung der dysfunktionalen Interaktionsmuster werden im Wesentlichen 3 Strategien eingesetzt:

- der Aufbau positiver Erzieher-/ Lehrer-/ Eltern-Kind-Interaktionen;
- die Anwendung positiver Verstärkung zur Verminderung umschriebener Verhaltensprobleme;
- der geplante Einsatz von negativen Konsequenzen, wenn positive Verstärkung nicht hinreichend erfolgreich ist.

Die 21 Therapiebausteine des Eltern-Kind-Programms sind in 6 Themenkomplexe gruppiert:

- Die ersten 4 Einheiten werden immer durchgeführt. Sie dienen der **Problemdefinition, der Entwicklung eines Störungskonzeptes und der Behandlungsplanung**. Zunächst werden die Verhaltensprobleme des Kindes definiert, die Gegenstand der Therapie sein sollen. In den folgenden Bausteinen wird ein gemeinsames Störungskonzept erarbeitet, das neben den Verhaltensstörungen des Kindes familiäre Belastungen sowie psychische Probleme und Temperamentsmerkmale der Eltern berücksichtigt. Aus diesem Störungskonzept werden die Behandlungsziele abgeleitet, die sich nicht nur auf die Verhaltensprobleme des Kindes, sondern auch auf andere Probleme in der Familie oder einzelner Familienmitglieder beziehen können.
- Die Bausteine des 2. Themenkomplexes dienen der **Förderung positiver Eltern-Kind-Interaktionen**. Sie sind indiziert, wenn in der Interaktion zwischen Eltern und Kind negativ-kontrollierende Elemente dominieren und die Eltern-Kind Beziehung stark beeinträchtigt ist. Die Aufmerksamkeit von Eltern und Kind werden in diesen Einheiten auf positive Interaktionsanteile gelenkt, und durch spezielle Spielzeiten wird der Anteil der positiven Eltern-Kind-Interaktionen erhöht.
- Die Therapiebausteine des 3. Themenkomplexes sollen den Eltern helfen, impulsives und oppositionelles Verhalten durch **pädagogisch-therapeutische Interventionen** besser zu bewältigen. Die Eltern werden angeleitet, ihrem Kind wirkungsvolle Aufforderungen zu geben, sich bei angemessenem Verhalten des Kindes ihm positiv zuzuwenden, eine hinreichende Kontrolle über das Kind aufzubauen und bei problematischem Verhalten angemessene negative Konsequenzen zu setzen.

Im Wesentlichen werden also allgemeine Erziehungspraktiken eingeübt und auf dem Hintergrund verhaltenstheoretischer Konzepte auf die spezifische Problematik angewandt.

- In den folgenden Einheiten werden **spezielle verhaltenstherapeutische Methoden**, insbesondere Tokensysteme (Münzverstärkungsprogramme), Response-Cost-Systeme (Verstärker-Entzug) und Time-out (Auszeit), eingeführt. Sie dienen der Verminderung von umschriebenen Verhaltensproblemen und zum Aufbau angemessener Verhaltensalternativen. Sie finden hauptsächlich bei Problemen Anwendung, die sich durch die pädagogisch-therapeutischen Interventionen nicht hinreichend vermindern ließen.
- **Interventionen zur Verminderung von spezifischen Verhaltensproblemen** werden im 5. Block zusammengefasst. Ein Spieltraining dient der Verbesserung von Spielintensität und Spielproduktivität hauptsächlich bei Vorschulkindern mit hyperkinetischen Störungen. Das Selbstinstruktionstraining ist für Kinder im Schulalter konzipiert und dient der Verbesserung von reflexivem, planvollem Arbeitsverhalten. Das umfassendste Selbstinstruktionstraining stellt das von Lauth u. Schlottke (1995) vorgelegte Aufmerksamkeitstraining dar. Im Rahmen von THOP wird dieser Ansatz weniger stark betont und nur bei spezifischer Indikation eingesetzt.
- In einem weiteren Baustein (**Selbstmanagement**) werden mit dem Kind Möglichkeiten der Selbstbeobachtung und Selbstkontrolle erarbeitet, die ergänzend zu verschiedenen anderen familienzentrierten Interventionen eingesetzt werden können. Die Bausteine, die das Spieltraining, das Selbstinstruktionstraining und Selbstmanagement umfassen, führt der Therapeut zunächst mit dem Kind alleine durch. Später können die Eltern in diese Behandlung integriert werden. Weitere Bausteine dieses Themenkomplexes zielen auf die Verminderung von Problemen während der Hausaufgabenzeit und thematisieren die Übertragung der Interventionen auf außerfamiliäre Situationen. Schließlich wird in der letzten Einheit mit den Eltern erarbeitet, wie sie künftig Probleme eigenständig bewältigen können.

In einem Elternbuch, das sich an das Therapieprogramm für Kinder mit hyperkinetischem und oppositionellem Problemverhalten anlehnt, werden Eltern die wichtigsten Informationen zum Störungsbild vermittelt und konkrete Anleitungen zur Umsetzung von Interventionen in der Familie gegeben (Döpfner et al. 2000b). Dieses Elternbuch kann von Eltern eigenständig oder mit therapeutischer Unterstützung bearbeitet werden.

Interventionen im Kindergarten bzw. in der Schule sind analog zum Eltern-Kind-Programm aufgebaut:

- Zunächst werden die therapierelevanten Verhaltensauffälligkeiten des Kindes im Kindergarten bzw. in der Schule gemeinsam mit den Erziehern bzw. Lehrern eingegrenzt und definiert. Danach werden Informationen zur Problematik des Kindes vermittelt, ein gemeinsames Störungskonzept aufgebaut und Interventionsstrategien abgeleitet.
- Anschließend werden pädagogisch-therapeutische Interventionen diskutiert und erarbeitet, die durch wirkungsvolle Aufforderungen, durch positive Aufmerksamkeit bei angemessenem Verhalten und durch negative Konsequenzen bei auffälligem Verhalten Verhaltensprobleme im Kindergarten bzw. in der Schule reduzieren sollen.
- Schließlich können spezielle verhaltenstherapeutische Techniken, vor allem Token-Systeme und Response-Cost-Verfahren eingesetzt werden, vor allem dann, wenn die Problematik sich durch pädagogisch-therapeutische Interventionen nicht hinreichend vermindern lässt.

■ Wirksamkeit verhaltenstherapeutischer und multimodaler Interventionen

Die gut belegten Kurzzeiteffekte von **Stimulanzientherapie** wurden bereits zusammenfassend dargestellt (s. Kap. 5).

Kindzentrierte verhaltenstherapeutische Interventionen: Die Wirksamkeit des Spieltrainings zum Aufbau intensiven und ausdauernden Spielverhaltens ist bislang noch nicht umfassend untersucht worden. Die Wirksamkeit einzelner Behandlungskomponenten, die beim Spieltraining eingesetzt werden, wurden allerdings in einem einzelfallanalytischen Design bei hyperkinetisch auffälligen Vorschulkindern belegt (Döpfner u. Sattel 1992).

Der anfängliche Enthusiasmus bezüglich des Stellenwertes von Selbstinstruktionstrainings bei hyperkinetisch gestörten Kindern ist im Lichte empirischer Untersuchungen verflogen. Insgesamt konnte die klinische Wirksamkeit nicht überzeugend nachgewiesen werden (vgl. Abikoff 1987). Ausgenommen gelegentlicher Belege über verbesserte Leistungen in Tests zur Erfassung visuomotorischer Fähigkeiten oder kognitiver Impulsivität liegen keine sicheren Hinweise dafür vor, dass kognitive Interventionen Aufmerksamkeits- oder Gedächtnisprozesse verbessern. Einige Studien zeigen, dass gezielte Verstärkungsprogramme eingesetzt werden müssen, um auch im Unterricht entsprechende Effekte zu erzielen. Lauth et al. (1996) können allerdings für ihr Aufmerksamkeitstraining auch Effekte bei der Veränderung von hyperkinetischem Verhalten in der Schule und in der Familie nachweisen. Dieses Trainingsprogramm enthält jedoch neben der Selbstinstruktion auch operante Techniken und Elternarbeit, sodass die Effekte möglicherweise hauptsächlich durch die begleitenden Interventionen erzielt wurden.

Die Effekte von Selbstmanagement in Verbindung mit Selbstinstruktion wurde im Rahmen einer Vorstudie zur der Kölner Multimodalen Therapiestudie bei Kindern mit hyperkinetischen Störungen überprüft (Frölich 1993). Gegenüber der Wartezeit konnte mit dieser Intervention eine deutliche Verminderung der hyperkinetischen und der aggressiven Symptomatik sowohl im Urteil der Eltern als auch der Lehrer festgestellt werden.

Interventionen im Kindergarten und in der Schule: Viele Studien belegen, dass die positive Verstärkung von angemessenem Verhalten (durch soziale Verstärkung oder Tokensysteme) sowie die Anwendung von Response-Cost und negativen Konsequenzen bei unangemessenem Verhalten zumindest kurzfristig zu einer deutlichen Verminderung hyperkinetischer Verhaltensweisen führen kann (vgl. Pfiffner u. Barkley 1990, DuPaul u. Stoner 1994, Döpfner u. Lehmkuhl 2002).

Elterntrainings und Interventionen in der Familie: Bei oppositionell und aggressiv auffälligen Kindern ist sowohl die Kurzzeit- als auch die Langzeitwirksamkeit von Elterntrainings sehr gut belegt (vgl. Miller u. Prinz 1990). Auch bei Kindern mit hyperkinetischen Störungen ist die Kurzzeitwirksamkeit von Elterntrainings, bei denen vor allem Methoden des Kontingenzmanagements verwandt wurden, in mehreren Studien nachgewiesen worden (vgl. Döpfner et al. 1996c). Andere Studien untersuchten die Wirksamkeit von umfassenden verhaltenstherapeutischen Interventionen in der Familie und in der Schule. In einer solchen Untersuchung konnten Pelham et al. (1988) die Wirksamkeit einer 5-monatigen verhaltenstherapeutischen Intervention in der Familie und im Unterricht belegen. Dabei wurde eine hohe individuelle Variabilität festgestellt: 45–80% der Kinder zeigten Therapieeffekte (Verbesserung um mindestens 20%) abhängig vom Erfolgsmaß. Pistermann et al. (1989) überprüften die Wirksamkeit eines Elterntrainings bei hyperkinetisch auffälligen Vorschulkindern und konnten eine deutliche Verminderung des oppositionellen Verhaltens nachweisen; hyperkinetische Verhaltensweisen änderten sich jedoch nicht.

Frölich (1993) belegt in der bereits zitierten Studie, dass durch die Ergänzung von Elterntraining zusätzlich zu Selbstinstruktion und Selbstmanagement die Verhaltensauffälligkeiten in der Familie noch einmal deutlich vermindert werden. Das Verhalten in der Schule änderte sich jedoch nicht im gleichen Maße. Dies lässt auf einen spezifischen, auf das Verhalten in der Familie begrenzten Effekt des Elterntrainings schließen, der auch aus anderen Studien mit Elterntrainings bei oppositionell auffälligen Kindern bekannt ist.

Multimodale Therapie: In mehreren Studien wurde die Wirksamkeit einer Kombination von Stimulanzienbehandlung mit verhaltenstherapeutischen Interventionen in der Familie und im Unterricht (u. a. Pelham et al. 1988, vgl. Döpfner u. Lehmkuhl 2002) oder mit kognitiven Trainings (z. B. Abikoff u. Gittelman 1985) oder durch eine Kombination aller 3 Interventionsformen (Horn et al. 1991, Ialongo et al. 1993) untersucht. Die Mehrzahl dieser Untersuchungen weist auf eine gegenüber einer ausschließlichen Stimulanzientherapie geringfügig erhöhte unmittelbare Wirksamkeit multimodaler Interventionen hin. Zwar können Pelham u. Murphy (1986) anhand einer Übersicht über Einzelfall- und Gruppenstudien nachweisen, dass 13 von 19 Studien eine

Überlegenheit einer multimodalen Therapie gegenüber Einzelbehandlungen auf zumindest einem Erfolgsmaß zeigen; Kontrollgruppenstudien geben jedoch nur teilweise Hinweise auf eine höhere unmittelbare Wirksamkeit multimodaler Therapien. In der Studie von Gittelman et al. (1980) ließ sich eine größere Effektivität der Kombinationsbehandlung (verhaltenstherapeutische Interventionen in der Familie und der Schule plus Stimulanzientherapie) gegenüber Stimulanzientherapie alleine auf den meisten Maßen nicht nachweisen.

Bei der Verminderung der durch Lehrer beurteilten motorischen Unruhe war die multimodale Behandlung der Stimulanzientherapie jedoch überlegen. Horn et al. (1991) konnten ebenfalls keine bessere Wirksamkeit einer kombinierten Behandlung gegenüber einer Stimulanzienbehandlung mit höherer Dosierung nachweisen. Unter niedriger Stimulanziendosierung erwies sich die Behandlungskombination bei der Veränderung von Verhaltensauffälligkeiten im Unterricht jedoch als effektiver. Eine Nachuntersuchung 9 Monate nach Beendigung der Therapien belegte vor allem, dass sämtliche durch die medikamentöse Therapie erzielten Effekte im Unterricht verschwunden waren. Im Elternurteil erwiesen sich die verhaltenstherapeutischen Interventionen der medikamentösen Therapie überlegen. Diese Effekte konnten aber durch andere Maße (Verhaltensbeobachtung, Lehrerurteil, Konzentrationsleistung) nicht bestätigt werden.

In mehreren Studien wurde die Wirksamkeit kognitiver Interventionen mit den Effekten der Stimulanzientherapie verglichen. Die kombinierte Behandlung erwies sich dabei in keiner Studie gegenüber einer ausschließlichen Behandlung mit Methylphenidat überlegen (vgl. Abikoff 1987).

Bei der Beurteilung der Langzeitwirksamkeit zeichnet sich allerdings eine Überlegenheit multimodaler Interventionen gegenüber einer Stimulanzientherapie ab. Satterfield et al. (1981) konnten in einer Nachuntersuchung 3 Jahre nach Beginn einer multimodalen Behandlung nachweisen, dass weniger intensiv behandelte Kinder (durchschnittlich 9 Monate), von ihren Lehrern als aufmerksamkeitsschwächer beurteilt wurden, in höherem Maße antisoziale Verhaltensweisen zeigten, größere Leistungsdefizite aufwiesen und in der Schule und zu Hause weniger angepasst waren als intensiver behandelte Kinder (durchschnittlich 35 Monate). In einer weiteren Nachkontrolle untersuchten Satterfield et al. (1987) die Langzeitwirksamkeit einer multimodalen Behandlung im Vergleich zu einer ausschließlichen Stimulanzientherapie. Die Delinquenzrate der multimodal behandelten Jugendlichen lag mit 8% deutlich unter der von ausschließlich mit Stimulanzien behandelten Patienten (22%). Patienten, die weniger als 2 Jahre eine multimodale Behandlung erhielten, zeigten einen weniger günstigen Verlauf als Patienten, die 2–3 Jahre lang behandelt wurden. Diese Ergebnisse müssen jedoch aufgrund methodischer Schwächen der Studie mit Vorsicht interpretiert werden.

Zusammenfassung

Hyperkinetische Störungen sind durch eine Beeinträchtigung der Aufmerksamkeit (Aufmerksamkeitsstörung, Ablenkbarkeit), der Impulskontrolle (Impulsivität) und der Aktivität (Hyperaktivität) gekennzeichnet. Diese Auffälligkeiten treten bereits vor dem Alter von 6 Jahren auf und sind in mehreren Situationen und Lebensbereichen nachweisbar. In klinischen Stichproben werden bei bis zu zwei Dritteln aller Kinder komorbide Störungen diagnostiziert, vor allem Störungen des Sozialverhaltens (in mehr als der Hälfte der Fälle), aber auch Lernstörungen, Ticstörungen sowie depressive Störungen und Angststörungen (jeweils in etwa einem Viertel der Fälle oder weniger). Die Prävalenz situationsübergreifender hyperkinetischer Störungen wird auf 3–5% geschätzt. In Abhängigkeit von den Diagnosekriterien und den Beurteilern (Eltern oder Lehrern) wurden allerdings auch geringere, meist jedoch deutlich höherer Prävalenzraten ermittelt. Jungen sind gegenüber Mädchen mindestens 3-mal so häufig von der Symptomatik betroffen.

Generell wird eine multifaktorielle Genese hyperkinetischer Störungen angenommen, wobei biologischen und konstitutionellen Merkmalen vermutlich eine entscheidende ursächliche Rolle zukommt, während psychosoziale Faktoren die Ausprägung und den Verlauf der Störung wesentlich beeinflussen können. Das Konzept der minimalen zerebralen Dysfunktion als Folge von Schwangerschafts- und Geburtskomplikationen ist als generelle Ursache für die Entwicklung dieses Störungsbildes obsolet. Allerdings können Hirnschädigungen bei einzelnen Kindern für die Entwicklung einer hyperkinetischen Symptomatik von Bedeutung sein. Wichtiger sind jedoch genetische Faktoren, die wahrscheinlich am stärksten die Entwicklung einer solchen Störung beeinflussen. Vermutlich primär genetisch bedingte Auffälligkeitendes Neurotransmittersystems wurden mehrfach nachge-wiesen. Typischerweise vermindert sich die motorische Unruhe im Jugendalter, während Symptome der Aufmerksamkeitsstörung und Impulsivität bis ins Erwachsenenalter hinein persistieren können.

In der Behandlung ist eine multimodale Therapie, die mehrere Komponenten miteinander kombiniert, die Methode der Wahl. Die generelle Nichtbeachtung der Pharmakotherapie (mit Psychostimulanzien) muss nach dem heutigen Stand der Erkenntnisse als Kunstfehler betrachtet werden. Allerdings ist bei einem großen Anteil der Kinder mit diesem Störungsbild auch eine verhaltenstherapeutische Behandlung wirkungsvoll. Dabei werden kindzentrierte Interventionen (z. B. Spieltraining, Selbstmanagement, Selbstinstruktionstraining) mit eltern- und familienzentrierten Interventionen (Eltern-Kind-Therapie zur Verminderung von problematischem Verhalten in der Familie) und kindergarten- bzw. schulzentrierten Interventionen kombiniert. Da die Störung zumindest im Kindesalter häufig auch im Jugendalter chronisch verläuft, ist häufig eine langfristige Therapie indiziert.

Literatur

Abikoff H, Gittelman, R. Hyperactive children treated with stimulants: Is cognitive training a useful adjunct? Arch Gen Psychiat. 1985;42:953-61.

Abikoff H. An evaluation of cognitive behavior therapy for hyperactive children. In: Lahey BB, Kazdin AE, eds. Adv Clin Child Psychol. 1987;10:171-216.

American Academy of Child and Adolescent Psychiatry. Practice parameters for the assessment and treatment of attention-deficit hyperactivity disorder J Am Acad Child Adol Psych. 1991;30:I-III.

American Academy of Child and Adolescent Psychiatry. Practice parameters. J Am Acad Child Adol Psych. 1997;36, supplement.

Arbeitsgruppe Deutsche Child Behavior Checklist. Lehrerfragebogen über das Verhalten von Kindern und Jugendlichen; deutsche Bearbeitung der Teacher's Report Form der Child Behavior Checklist (TRF). Einführung und Anleitung zur Handauswertung, bearb. Döpfner M, Melchers P. Arbeitsgruppe Kinder-, Jugend- und Familiendiagnostik (KJFD), Köln: 1993.

Arbeitsgruppe Deutsche Child Behavior Checklist. Elternfragebogen über das Verhalten von Kindern und Jugendlichen; deutsche Bearbeitung der Child Behavior Checklist (CBCL/4-18). Einführung und Anleitung zur Handauswertung. 2. Aufl. m. dt. Normen, bearb. Döpfner M, Plück J, Bölte S, Lenz K, Melchers K, Heim K. Arbeitsgruppe Kinder-, Jugend- und Familiendiagnostik (KJFD), Köln: 1998.

Baumgaertel A, Wolraich M, Dietrich M. Comparison of diagnostic criteria for attention deficit disorders in a German elementary school sample. J Am Acad Child Adol Psych. 1995;34: 629-38.

Barkley RA. The problem of stimulus control and rule-governed behavior in attention deficit disorder with hyperactivity. In: Bloomingdale LM, Swanson JM, eds. Attention deficit disorder, Volume IV: 203-234. Oxford: Pergamon; 1989.

Barkley RA. Attention deficit hyperactivity disorder: A handbook for diagnosis and treatment. New York: Guilford; 1990.

Barkley RA, Fischer M, Edelbrock CS, Smallish L. The adolescent outcome of hyperactive children diagnosed by research criteria: I. An 8-year prospective follow-up study. J Am Acad Child Adol Psych. 1990; 29: 546-57.

Barkley RA, Fischer M, Edelbrock C, Smallish L. The adolescent outcome of hyperactive children diagnosed by research criteria - III. Mother-child interactions, family conflicts and maternal psychopathology. J Child Psychol Psychiat. 1993; 32: 233-55.

Barkley RA. Behavioral Inhibition, sustained attention, and executive functions: constructing a unifying theory of ADHD. Psychol Bull. 1997; 121: 65-94.

Biederman J, Newcorn J, Sprich S. Comorbidity of attention deficit hyperactivity disorder with conduct, depressive, anxiety, and other disorders. Am J Psychiat. 1991; 148: 564-77.

Botting N, Powls A, Cooke RW, Marlow N. Attention deficit hyperactivity disorders and other psychiatric outcomes in very low birthweight children at 12 years. J Child Psychol Psychiat. 1997; 38: 931-41.

Brandeis D. Psychophysiologie der hyperkinetischen Störungen. In: Steinhausen HC, Hrsg. Hyperkinetische Störungen im Kindes- und Jugendalter. Stuttgart: Kohlhammer; 1995.

Cameron JR. Parental treatment, children's temperament, and the risk of childhood behavioral problems: I. Relationships between parental characteristics and changes in children's temperament over time. Am J Orthopsychiat. 1977;47:568-76.

Cameron JR. Parental treatment, children's temperament, and the risk of childhood behavioral problems: II. Initial temperament, parental attitudes and the incidence and form of behavioral problems. Am J Orthopsychiat. 1978;48:140-7.

Campbell SB, Breaux AM, Ewing LJ, Szumowski EK. Correlates and predictors of hyperactivity and aggression: A longitudinal study of parent-referred problem preschoolers. J Abnorm Child Psychol. 1986a;14:217-34.

Campbell SB, Breaux AM, Ewing LJ, Szumowski EK, Pierce EW. Parent-identified problem preschoolers: Mother-child interaction during play at intake and 1-year follow-up. J Abnorm Child Psychol. 1986b;14:425-40.

Campbell SB. Behavior problems in preschool children. New York: Guilford; 1990.

Cohen P, Cohen J, Kasen S, Velez CN, Hartmark C, Johnson J, Rojas M, Brook J, Struening EL. An epidemiological study of disorders in late childhood and adolescence: I. Age and gender-specific prevalence. J Child Psychol Psychiat . 1993;34:851-67.

Cook EH, Stein M, Krasowski MD, Cox NJ, Olkon DM, Kieffer JE, Leventhal BL. Association of attention-deficit disorder and the dopamine transporter gene. Am J Hum Genet. 1995;56:993-8.

Dilling H, Mombour W, Schmidt MH, Hrsg. Internationale Klassifikation psychischer Störungen - ICD 10, Kapitel V (F) Klinisch-diagnostische Leitlinien. Bern: Huber; 1991.

Dilling H, Mombour W, Schmidt MH, Schulte-Markwort E, Hrsg. Internationale Klassifikation psychischer Störungen - ICD 10, Kapitel V (F) Forschungskriterien. Bern: Huber; 1994.

Döpfner M, Sattel H. Verhaltenstherapeutische Interventionen bei hyperkinetischen Störungen im Vorschulalter. Z Kinder-Jugendpsychiat. 1992;19:254-62.

Döpfner M, Lehmkuhl G. Zur Notwendigkeit von Qualitätsstandards in der Kinder- und Jugendpsychiatrie. Z Kinder-Jugendpsychiat. 1993;21:188-93.

Döpfner M. Entwicklung, Bearbeitung und Überprüfung diagnostischer Verfahren zur Erfassung hyperkinetischer Störungen bei Kindern. Habilitationsschrift, Universität zu Köln. 1996.

Döpfner M, Lehmkuhl G, Roth N. Kombinationstherapien. Themenheft Aufmerksamkeitsdefizit-/Hyperaktivitätsstörungen. Kindh Entwickl. 1996a;5:118-23.

Döpfner M Lehmkuhl G, Schürmann S. Das Therapieprogramm für Kinder mit hyperkinetischem und oppositionellem Problemverhalten (THOP) – Aufbau und Einzelfall-Evaluation. Z Kinder- Jugendpsychiat Psychother. 1996b;24:145-63.

Döpfner M, Schürmann S, Lehmkuhl G. Elternberatung, Elternanleitung, Elterntraining. Themenheft Aufmerksamkeitsdefizit-/Hyperaktivitätsstörungen. Kindh Entwickl. 1996c;5:124-8.

Döpfner M, Schmeck K, Poustka F, Berner W, Lehmkuhl G, Verhulst F. Verhaltensauffälligkeiten von Kindern und Jugendlichen in Deutschland, den Niederlanden und den USA. Eine kulturvergleichende Studie mit der Child Behavior Checklist. Nervenarzt. 1996d;67,960-7.

Döpfner M, Schürmann S, Frölich J. Therapieprogramm für Kinder mit hyperkinetischem und oppositionellem Problemverhalten (THOP). 3. vollständig überarb. Aufl. Weinheim: Psychologie Verlags Union; 2002.

Döpfner M, Plück J, Berner W, Fegert J, Huss M, Lenz K, Schmeck K, Lehmkuhl U, Poustka F, Lehmkuhl G. Psychische Auffälligkeiten von Kindern und Jugendlichen in Deutschland – Ergebnisse einer repräsentativen Studie: Methodik, Alters-, Geschlechts- und Beurteilereffekte. Z Kinder- Jugendpsychiat Psychother. 1997;25:218-33.

Döpfner M. Hyperkinetische Störungen. In: Petermann F, Hrsg. Lehrbuch der klinischen Kinderpsychologie, 4. Aufl. Göttingen: Hogrefe; 2000.

Döpfner M, Lehmkuhl G. Die multimodale Therapie von Kindern mit hyperkinetischen Störungen: I. Indikation und medikamentöse Interventionen. Der Kinderarzt. 1998a;29:171-81.

Döpfner M, Lehmkuhl G. Die multimodale Therapie von Kindern mit hyperkinetischen Störungen, Teil II: Psychologische Interventionen. Der Kinderarzt. 1998b;29:331-5.

Döpfner M, Lehmkuhl G. Diagnostik-System für psychische Störungen im Kindes- und Jugendalter nach ICD-10 und DSM-IV (DISYPS-KJ). Bern: Huber; 1998c.

Döpfner M, Frölich J, Lehmkuhl G. Hyperkinetische Störungen. Leitfaden Kinder- und Jugendpsychotherapie, Band 1. Göttingen: Hogrefe; 2000a.

Döpfner M, Schürmann S, Lehmkuhl G. Wackelpeter, Trotzkopf. Hilfen für Eltern bei hyperkinetischem und oppositionellem Verhalten. Weinheim: Psychologie Verlags Union; 2000b.

Döpfner M, Lehmkuhl G. Evidenzbasierte Therapie von Kindern und Jugendlichen mit Aufmerksamkeitsdefizit-/Hyperaktivitätsstörung (ADHS). Praxis der Kinderpsychologie und Kinderpsychiatrie. 2002;51:419-40.

Douglas V. Treatment and training approaches to hyperactivity: Establishing internal or external control. In: Wahlen CK, Henker B, eds. Hyperactive children. The social ecology of identification and treatment (283-318). New York: Academic Press; 1980.

Douglas V. Cognitive deficits in children with attention deficit disorder with hyperactivity. In: Bloomingdale LM, Sergeant JA, eds. Attention deficit disorder. Criteria, cognition, intervention (65-82). Oxford: Pergamon; 1988.

DuPaul GJ, Stoner G. ADHD in the schools. Assessment and intervention strategies. New York: Guilford; 1994.

Earls F, Young KG. Temperament and home environment characteristics as causal factors in the early development of childhood psychopathology. J Am Acad Child Adol Psych. 1987;26:491-8.

Eaves LJ, Silberg JL, Meyer JM, Maes HH, Simonoff E, Pickles A, Rutter M, Neale MC, Reynolds CA, Erikson MT, Heath AC, Loeber R, Truett KR, Hewitt JK. Genetics and developmental psychopathology: 2. The main effects of genes and environment on behavioral problems in the Virginia Twin Study of adolescent behavioral development. J Child Psychol Psychiat. 1997;38:965-80.

Egger J, Carter CM, Graham PJ, Gumley D, Soothill JF. Controlled trial of oligoantigenic treatment in the hypercinetic syndrome. Lancet I. 1985;540-55.

Ernst M, Liebenhauer LL, King AC, Fitzgerald GA, Cohen RM, Zametkin AJ. Reduced brain metabolism in hyperactive girls. J Am Acad Child Adol Psych. 1994;33:858-68.

Esser G, Schmidt M. Minimale cerebrale Dysfunktion. Stuttgart: Enke; 1987.

Esser G, Schmidt M, Woerner W. Epidemiology and course of psychiatric disorders in school-age children - results of a longitudinal study. J Child Psychol Psychiat. 1990;31:243-63.

Faraone SV, Biederman J. Genetics of attention-deficit hyperactivity disorder. In: Greenhill LL, ed. Child and adolescent psychiatric clinics of North America: Disruptive diorders. 1994;3:285-301.

Fischer M, Barkley RA, Fletcher KE, Smallish L. The adolescent outcome of hyperactive children: III. predictors of psychiatric, academic, social, and emotional adjustment. J Acad Child Adol Psychiat. 1993;32:324-332.

Gill M, Daly G, Heron S, Hawi Z, Fitzgerald H. Confirmation of association between attention deficit hyperactivity disorders and a dopamin transporter polymorphism. Biol Psychiat. 1997;2:311-3.

Gittelman R, Abikoff H, Pollack E, Klein DF, Katz S, Mattes JA. A controlled trial of behavior modification and methylphenidate in hyperactive children. In: Wahlen CK, Henker B, eds. Hyperactive children: The social ecology of identification and treatment (221-243). New York: Academic Press; 1980.

Gittelman R, Mannuzza S, Henker R, Bonagura N. Hyperactive boys almost grown up: I. Psychiatric status. Arch Gen Psychiat. 1985;42:937-47.

Greenhill LL. Attention-deficit disorder in children. In: Garfinkel B, Carlson G, Weller E, eds. Psychiatric disorders in children and adolescents., Philadelphia: Saunders; 1990.

Hartsough CS, Lambert NM. Medical factors in hyperactive and normal children: Prenatal, developmental, and health history findings. Am J Orthopsychiat. 1985;55:190-201.

Hechtman L, Weiss G, Perlman T. Young adult outcome of hyperactive children who received long-term stimulant treatment. J Am Acad Child Psychiat. 1984;23:261-9.

Horn WF, Ialongo NS, Pascoe JM, Greenberg G, Packard T, Lopez M, Wagner A, Puttler L. Additive effects of psychostimulants, parent training, and self-control therapy with ADHD Children. J Am Acad Child Adol Psych. 1991;30:233-40.

Ialongo NS, Horn WF, Pascoe JM, Greenberg G, Packard T, Lopez M, Wagner A, Puttler L. The effects of a multimodal intervention with attention - deficit hyperactivity disorder children: A 9-month follow-up. J Am Acad Child Adol Psych. 1993;32:182-9.

Jensen PS, Martin D, Cantwell DP. Comorbidity in ADHD: Implications for research, practice, and DSM-V. J Am Acad Child Adol Psych. 1997;36:1065-79.

Lambert NM, Hartsough CS, Sassone D, Sandoval J. Persistence of hyperactivity symptoms from childhood to adolescence and associated outcomes. Am J Orthopsychiat. 1987;57:22-32.

Lauth GW, Schlottke PF. Training mit aufmerksamkeitsgestörten Kindern, 2. Aufl. Weinheim: Psychologie Verlags Union: 1995.

Lauth GW, Naumann K, Roggenkämper A, Heine A. Verhaltensmedizinische Indikation und Evaluation einer kognitiv-behavioralen Therapie mit aufmerksamkeitsgestörten/hyperaktiven Kindern. Z Kinder Jugendpsych Psychotherap. 1996;24:145-63.

Lehmkuhl G, Döpfner M, Plück J, Berner W, Fegert J, Huss M, Lenz K, Schmeck K, Lehmkuhl U, Poustka F. Häufigkeit psychischer Auffälligkeiten und somatischer Beschwerden bei vier- bis zehnjährigen Kindern in Deutschland im Urteil der Eltern - ein Vergleich normorientierter und kriterienorientierter Modelle. Z Kinder Jugendpsych Psychother. 1998;26:83-96.

Lempp R. Organische Psychosyndrome. In: Harbauer R, Lempp G, Nissen P, Strunk A, Hrsg. Lehrbuch der speziellen Kinder- und Jugendpsychiatrie, 2. Auf. Berlin: Springer; 1980.

Lou HC, Henriksen L, Bruhn P. Focal cerebral hypoperfusion in children with dysphasia and/or attention deficit disorder. Arch Neurol. 1984;41:825-9.

Marshall P. Attention deficit disorder and allergy: A neurochemical model of the relation between the illness. Psychol Bull. 1989;106:434-46.

McGee R, Williams S, Silva PA. Behavioral and developmental characteristics of aggressive, hyperactive, and aggressive-hyperactive boys. J Am Acad Child Psychiat. 1984;23:270-9.

McGee R, Williams S, Bradshaw J, Chapel J, Robins A, Silva PA. The Rutter Scale for completion by teachers: Factor structure and relationships with cognitive abilities and family adversity for a sample of New Zealand children. J Child Psychol Psychiat. 1985;26:727-39.

Miller GE, Prinz RJ. Enhancement of social learning family interventions for childhood conduct disorder. Psychol Bull. 1990;108:291-307.

Pelham WE, Bender ME. Peer relationships in hyperactive children: Description and treatment. In: Gadow K, Bialer I, eds. Advances in learning and behavioral disabilities: A research annual, Vol.1. Greenwich: JAI Press; 1982.

Pelham WE, Murphy HA. Attention deficit and conduct disorders. In: Hersen M, ed. Pharmacological and behavioral treatment: An integrative approach. New York: Wiley; 1986.

Pelham WE, Schnedler RW, Bender ME, Nilsson DE, Miller J, Budrow MS, Ronnei M. The combination of behavior therapy and methylphenidate in the treatment of attention deficit disorders: A therapy outcome study. In: Bloomingdale L, ed. Attention deficit disorder; Volume 3 (29-48). Oxford: Pergamon; 1988.

Pfiffner LJ, Barkley RA. Educational placement and classroom mangement. In: Barkley RA. Ed. Attention deficit hyperactivity disorder: A handbook for diagnosis and treatment. New York: Guilford; 1990.

Pisterman S, McGrath P, Firestone P, Goodman JT, Webster I, Mallory R. Outcome of parent mediated treatment of preschoolers with attention deficit disorder with hyperactivity. J Consult Clin Psychol. 1989;57:628-35.

Richters JE, Arnold LE, Jensen PS, Abikoff H, Conners CK, Greenhill LL, Hechtman L, Hinshaw SP, Pelham WE, Swanson JM. NIMH collaborative multisite mulitmodal treatment study of children and ADHD: I. background and rationale. J Am Acad Child Adol Psych. 1995;34:987-1000.

Roth N, Beyreiss J, Schlenzka K, Beyer H. Coincidence of attention deficit disorder and atopic disorders in children: Empirical findings and hypothetical background. J Abnorm Child Psychol. 1991;19:1-13.

Saß H, Wittchen HU, Zaudig M, Hrsg. Diagnostisches und statistisches Manual psychischer Störungen DSM-IV. Hogrefe: Göttingen; 1996.

Satterfield JH, Satterfield BT, Cantwell DP. Three-year multimodality treatment study of 100 hyperactive boys. Pediatrics. 1981;98:650-5.

Satterfield JH, Satterfield BT, Schell AM. Therapeutic interventions to prevent delinquency in hyperactive boys J Am Acad Child Adol Psych. 1987;26:56-64.

Schmidt MH, Möcks P, Lay B, Eisert HG, Fojkar R, Fritz-Sigmund D, Marcus A, Musaeus B. Does oligoantigenic diet influence hyperactive/conduct-diordered children – a controlled trial. Eur Child Adoles Psychiat. 1997;6:88-95.

Steinhausen HC Der Verlauf hyperkinetischer Störungen. In: Steinhausen HC, Hrsg. Hyperkinetische Störungen im Kindes- und Jugendalter. Stuttgart: Kohlhammer; 1995.

Swanson JM, Sunohara GA, Kennedy JL, Regino R, Fineberg E, Wigal T, Lerner M, Williams L, LaHoste GL, Wigal S. Association of the dopamine receptor D4 (DRD4) gene with a refinded phenotype of attention deficit hyperactivity disorder (ADHD): A family based approach. Molec Psychiat. 1998;3:38-41.

Szatmari P, Offord DR, Boyle MH. Ontario child health study: Prevalence of attention deficit disorder with hyperactivity. J Child Psychol Psychiat. 1989;30:219-30.

Tannock R. Attention deficit hyperactivity disorder: Advances in cognitive, neurobiological, and genetic research. J Child Psychol Psychiat. 1998;39:65-99.

Taylor E, Sandberg S, Thorley G. The epidemiology of childhood hyperactivity. Oxford: Oxford University Press; 1991.

Taylor E, Sergeant J, Doepfner M, Gunning B, Overmeyer S, Möbius H, Eisert HG. Clinical guidelines for hyperkinetic disorder. Eur Child Adoles Psychiat. 1998; 7:184-200.

Trites RL, Ferguson HB, Tryphonas H. Diet treatment for hyperactive children with food allergies. In: Knights RM, Bakken D, eds. The rehabilitation, treatment and management of learning disabilities. Baltimore: University Park Press; 1980.

Tryphonas H, Trites R. Food allergy in children with hyperactivity, learning disabilities and/or minimal brain dysfunction. Ann Allergy. 1979;42:22-7.

Wender PH. Minimal Brain Dysfunction in Children. New York: Wiley; 1971.

Zametkin AJ, Liebenauer LL, Fitzgerald GA, King AC, Minkunas DV, Herscovitch P, Yamada EM, Cohen RM. Brain metabolism in teenagers with attention-deficit hyperactivity disorder. Arch Gen Psychiat. 1993;50:333-40.

Zametkin AJ, Nordahl TE, Groß J, King AC, Semple WE, Rumsey J, Hamberger MA, Cohen RM. Cerebral glucose metabolism in adults with hyperactivity of childhood onset. New Engl J Med. 1990;323:1361-6.

Zametkin AJ, Rapoport JL. Neurobiology of attention deficit disorder with hyperactivity: where have we come in 50 years? J Am Acad Child Adol Psychiat. 1987;26:676 86.

Prüfungsfragen

1. Welches sind die Kernsymptome einer hyperkinetischen Störung?
2. Wie häufig treten hyperkinetische Störungen auf?
3. Welches sind die häufigsten komorbiden Störungen bei Kindern und Jugendlichen mit hyperkinetischer Störung?
4. Von welchen anderen Störungen müssen hyperkinetische Störungen differenzialdiagnostisch abgegrenzt werden?
5. Welche Faktoren spielen bei der Entwicklung von hyperkinetischen Störungen vermutlich eine wichtige Rolle?
6. Beschreiben Sie die typischen Eltern-Kind-(oder auch Lehrer-Kind-) Interaktionsmuster?
7. Was versteht man unter einer multimodalen Therapie hyperkinetischer Störungen?
8. Welche Behandlungsansätze haben sich bei hyperkinetischen Störungen als wirkungsvoll erwiesen?
9. Wie ist die Wirksamkeit pharmakologischer Behandlung hyperkinetischer Störungen zu beurteilen?
10. Welche patientenzentrierten verhaltenstherapeutischen Ansätze können in der Behandlung hilfreich sein?
11. Beschreiben Sie einige Interventionen, die im Rahmen verhaltenstherapeutischer Interventionen in der Familie und im Kindergarten / in der Schule durchgeführt werden können.
12. Beschreiben Sie Kriterien für die Indikation einzelner Behandlungskomponenten einer multimodalen Therapie hyperkinetischer Störungen.

14 Störungen des Sozialverhaltens und Jugenddelinquenz

B. Blanz

Fallvignette

Die Vorstellung des 14-jährigen Volker, der zurzeit die 8. Klasse der Hauptschule wiederholt, erfolgte wegen deutlich nachlassender Schulleistungen, Schuleschwänzens und stark ausgeprägten aggressiven Verhaltens in Form von körperlichen Übergriffen sowohl in der Familie als auch in der Schule. Bei Auseinandersetzungen zwischen den Eltern hatte sich Volker auf die Seite der Mutter gestellt und den Vater mehrfach körperlich angegriffen, wegen körperlicher Angriffe auf Lehrer und Mitschüler war die disziplinarische Schulentlassung angedroht worden. Die Ausprägung der Symptomatik und die krisenhafte Zuspitzung der familiären sowie der schulischen Situation machten eine stationäre Aufnahme unumgänglich.

Der Junge ist das ältere von 2 Geschwistern und lebt bei seinen leiblichen Eltern. Aggressives Verhalten zeigte sich erstmals im Alter von 8 Jahren, Schuleschwänzen und Schulleistungsabfall begannen mit 12 Jahren. Beim Vater besteht Alkoholabusus, deswegen kommt es zwischen den Eltern häufig zu Auseinandersetzungen. Der Erziehungsstil ist inkonsistent und unpädagogisch, d. h., auf Regelverletzungen erfolgen keine wirksamen, also für ihn spürbaren pädagogischen Reaktionen.

Im HAWIK-R zeigte sich eine durchschnittlich ausgeprägte kognitive Leistungsfähigkeit (108 IQ-Punkte). Seine Lese- (Zürcher Lesetest PR = 2–5 %) und Rechtschreibleistungen (WRT 6+ PR = 0,3 %) waren deutlich unterdurchschnittlich entwickelt, sodass zusätzlich eine Lese- und Rechtschreibstörung vorliegt.

Unter verhaltenstherapeutischer Behandlung in Form von Kontingenzmanagement, bei der erwünschtes Verhalten positiv verstärkt wurde, kam es innerhalb von 3 Wochen zu einer deutlichen Verbesserung des aggressiven Verhaltens, während der stationären Behandlung besuchte er die Schule regelmäßig. 2-mal wöchentlich wurde ein neuropsychologisch fundiertes Übungsprogramm zur Verbesserung seiner Defizite im Lesen und Schreiben durchgeführt. Familiengespräche wurden wöchentlich mit dem Ziel angeboten, die chronische Streitbeziehung der Eltern zu bearbeiten und die Erziehungskompetenz zu verbessern.

Weil vom Vater die Teilnahme verweigert wurde und die Mutter nicht in der Lage war, pädagogisch sinnvolle Erziehungsstrukturen zu etablieren, wurde im Einvernehmen mit den Beteiligten und unter Einschaltung des Jugendamtes eine Fremdunterbringung des Jungen initiiert. Kurz vor der Aufnahme in ein geeignetes Kinderheim entschlossen sich die Eltern unverhofft und gegen ärztlichen Rat, den Jungen weiterhin in der Familie zu betreuen. Nach Entlassung aus der stationären Behandlung stellte sich die beschriebene Symptomatik ziemlich schnell wieder ein. Ein ambulantes Behandlungsangebot wurde nicht wahrgenommen.

Definition

In allen Gesellschaften wird das Sozialverhalten ihrer Mitglieder von Normen bestimmt; Verletzungen solcher Normen werden in der Regel gesellschaftlich sanktioniert, auch von Kindern und Jugendlichen wird schon angemessenes Sozialverhalten erwartet.

Während leichtere Regelverletzungen wie Lügen, Stehlen geringwertiger Gegenstände, mildere Formen von Sachbeschädigung oder Fahren ohne Fahrschein im Kindes- und Jugendalter eher die Regel als die Ausnahme sind und deshalb häufig in den erweiterten Normbereich eingestuft werden, müssen ausgeprägtere Formen der Dissozialität insbesondere dann als krankheitswertig angesehen werden, wenn sie wiederholt vorkommen: In diesem Sinne sind Störungen des Sozialverhaltens durch ein sich wiederholendes bzw. andauerndes Muster dissozialen, aggressiven und aufsässigen Verhaltens gekennzeichnet, bei dem die grundlegenden Rechte anderer sowie wichtige altersentsprechende soziale Erwartungen verletzt werden. Solche Auffälligkeiten sind schwerwiegender als gewöhnlicher kindlicher Unfug oder jugendliche Aufmüpfigkeit. Weil

Störungen des Sozialverhaltens ein durchgängiges Verhaltensmuster implizieren, bedingen isolierte dissoziale oder kriminelle Handlungen die Diagnose noch nicht.

Der Begriff „Delinquenz" bezeichnet im deutschen Sprachraum eine Gruppe bestimmter dissozialer Handlungen, die gegen geltendes Recht verstoßen und mit Strafe bedroht sind; im angelsächsischen Sprachgebrauch ist der Begriff weiter gefasst und schließt auch Handlungen ein, die zwar die gesellschaftliche Ordnung stören und deshalb von Kontrollinstanzen verfolgt werden, aber kein Verstoß gegen die Strafgesetzgebung sind wie z. B. das Schuleschwänzen.

Symptomatik

Die Variabilität der Symptomatik von Störungen des Sozialverhaltens ist außerordentlich groß, bei ihrer Bewertung muss das Entwicklungsniveau des Betroffenen unbedingt berücksichtigt werden. So sind häufige Wutausbrüche bei einem Jugendlichen anders zu bewerten als bei einem Vorschulkind. Folgende Symptome treten bei Störungen des Sozialverhaltens einzeln oder in Kombination typischerweise auf:

- ausgeprägte Neigung zum Streiten oder Tyrannisieren,
- deutliches Maß an Ungehorsam,
- ungewöhnlich häufige und schwere Wutausbrüche,
- Aggressivität im Sinne von körperlichen Auseinandersetzungen bzw. körperlicher Grausamkeit,
- Tierquälerei,
- Beschädigung oder Zerstörung fremden Eigentums,
- Feuerlegen,
- Gebrauch von Waffen,
- Stehlen,
- Raub,
- Einbruch,
- häufiges Lügen,
- Schuleschwänzen,
- Weglaufen von zuhause,
- unerlaubtes Wegbleiben von zuhause über Nacht
- und sexuelle Nötigung.

Bei wiederholtem Auftreten reicht jedes einzelne der genannten Symptome aus, um eine Störung des Sozialverhaltens zu begründen.

Betroffene mit einer Störung des Sozialverhaltens zeigen in der Regel eine geringe Frustrationstoleranz sowie Reizbarkeit mit Wutausbrüchen, außerdem nehmen sie kaum Rücksicht auf die Gefühle, Wünsche und das Wohlergehen anderer. Sie tendieren zu der Grundeinstellung, dass ihnen andere vorsätzlich schaden wollten und neigen deshalb dazu, sich auch in harmlosen Situationen bedroht zu fühlen. Sie reagieren dann mit aggressivem Verhalten, das sie als begründet und gerechtfertigt empfinden (Crick u. Dodge 1994, Stadler et al. 1997). Die Beziehungen zu Gleichaltrigen sind deshalb nicht selten gestört und von Ablehnung geprägt. Weil ihnen Schuldgefühle eher fremd sind, kann die Beurteilung reumütigen Verhaltens schwierig sein, denn die Betroffenen haben häufig aus der Erfahrung gelernt, dass durch das Eingeständnis von Schuld eine Strafe zumindest gemildert werden kann; außerdem neigen sie im Sinne von externaler Attribuierung dazu, anderen die Schuld für ihr eigenes Fehlverhalten zu geben. Bei gering ausgeprägtem Selbstwertgefühl verhalten sie sich gerne „hart" bzw. „cool".

Störungen des Sozialverhaltens sind häufig mit früh beginnenden sexuellen Aktivitäten, Alkohol- und Nikotinabusus, Drogengebrauch sowie rücksichtslosem und riskantem Verhalten assoziiert. Substanzmissbrauch wird umso wahrscheinlicher, je mehr aggressiv-dissoziale Symptome die Betroffenen aufweisen. Das Risiko für suizidale Handlungen ist ebenfalls erhöht. Schulleistungsstörungen, auch aufgrund umschriebener Entwicklungsstörungen, wie z. B. einer Lese-Rechtschreib-Störung, sind in unterschiedlicher Ausprägung eher Regel als Ausnahme.

Diagnosekategorien

Nach der ICD-10 werden folgende Einzeldiagnosen unterschieden:

F 91.0 Auf den familiären Rahmen beschränkte Störung des Sozialverhaltens; hier ist das abnorme Verhalten völlig oder fast völlig auf den häuslichen Rahmen oder auf Interaktionen mit Mitgliedern der Kernfamilie beschränkt (z. B.

Stehlen, Zerstören, Zündeln oder aggressive Übergriffe zuhause).

F 91.1 Störung des Sozialverhaltens bei fehlenden sozialen Bindungen: Zusätzlich zu der Leitsymptomatik besteht eine deutliche und umfassende Beeinträchtigung der Beziehungen des betroffenen Kindes oder Jugendlichen zu anderen Gleichaltrigen, meist auch zu Erwachsenen. Beeinträchtigte Beziehungen zu Gleichaltrigen zeigen sich hauptsächlich in Isolation, Zurückweisung oder durch Unbeliebtheit bei anderen Kindern und durch das Fehlen enger Freunde sowie dauerhafter, einfühlender und wechselseitiger Beziehungen zu Gleichaltrigen. Gute Beziehungen zu einzelnen Erwachsenen schließen die Diagnose nicht aus.

F 91.2 Störung des Sozialverhaltens bei vorhandenen sozialen Bindungen: Hier besteht die Leitsymptomatik bei überwiegend guter Einbindung in die Altersgruppe, wobei es sich häufig um dissoziale oder delinquente Gleichaltrige handelt; das betroffene Kind kann aber auch einer unauffälligen Gruppe Gleichaltriger angehören, dann tritt das dissoziale Verhalten außerhalb dieses Rahmens auf. Die Beziehungen zu Erwachsenen sind zwar ebenfalls häufig schlecht, gute Beziehungen zu einzelnen Erwachsenen schließen aber auch hier die Diagnose nicht aus.

F 91.3 Störung des Sozialverhaltens mit oppositionellem, aufsässigem Verhalten: Diese Form der Störung tritt typischerweise bei Kindern unter 10 Jahren auf, sie ist durch ein deutlich aufsässiges, ungehorsames und trotziges Verhalten gekennzeichnet, ausgeprägte dissoziale oder aggressive Handlungen fehlen aber. Bei niedriger Frustrationstoleranz sind Wutausbrüche häufig. Das dissoziale Verhalten richtet sich typischerweise gegen Erwachsene, nur selten gegen Gleichaltrige.

F 92 Kombinierte Störung des Sozialverhaltens und der Emotionen: Bei dieser Störung müssen zusätzlich die Leitsymptome einer altersspezifischen emotionalen Störung (F 93), einer erwachsenentypischen neurotischen Störung (F 40-F 49) oder einer affektiven Störung (F 30-F 39) erfüllt sein. Am häufigsten ist eine begleitende depressive Störung (F 92.0).

Untergruppen

Alter

Wegen ihrer prognostischen Aussagekraft gewinnt die Subtypisierung, die das Alter bei Störungsbeginn berücksichtigt, an Bedeutung (Schmidt 1998).

- **Beginn in der Kindheit:** Die Störung beginnt vor dem 10. Lebensjahr. Die Betroffenen sind meist Jungen, im Vordergrund stehen körperliche Aggressionen und gestörte Beziehungen zu Gleichaltrigen. Das Risiko für einen chronifizierten Verlauf und die Entwicklung einer antisozialen Persönlichkeitsstörung ist hoch.
- **Beginn in der Adoleszenz:** Die Symptomatik beginnt erst nach dem 10. Lebensjahr. Die Jungenwendigkeit und aggressive Verhaltensweisen sind geringer ausgeprägt, zu Gleichaltrigen bestehen bessere Beziehungen. Insgesamt ist die Prognose günstiger.

Schweregrade

- **Leicht:** Zusätzlich zu den für die Diagnose erforderlichen Symptomen liegen nur wenige oder keine weiteren Symptome vor, der Schaden für Dritte ist vergleichsweise gering (z.B. Lügen, Schuleschwänzen, unerlaubtes Wegbleiben von zuhause).
- **Schwer:** Neben den für die Diagnose erforderlichen Symptomen treten eine Vielzahl von Problemen auf, der Schaden für Dritte ist beträchtlich (z.B. erzwungene sexuelle Handlungen, Körperverletzung, Waffengebrauch, Raub oder Einbruchsdelikte).

Komorbidität

Eine gleichzeitig bestehende hyperkinetische Störung (in 45–70% der Fälle, Fergusson et al. 1991) führt zur Diagnose einer **hyperkinetischen Störung des Sozialverhaltens** (F 90.1). Störungen des Sozialverhaltens werden häufig von niedrigem Selbstwertgefühl und emotionalen Beeinträchtigungen begleitet, insbesondere von depressiven, Angst- und Zwangssymptomen (Hinshaw et al. 1993, Walker et al. 1991). Sind diese so ausgeprägt, dass sie die entsprechenden diagnostischen Kriterien erfüllen, muss die

Gesamtsymptomatik unter der Diagnose einer **kombinierten Störung des Sozialverhaltens und der Emotionen** (F 92) subsumiert werden. Begleitender Substanzmissbrauch (F 1) ist insbesondere im Jugendalter relativ häufig (Milin et al. 1991).

Differenzialdiagnosen

Kinder mit einer **einfachen Aktivitäts- und Aufmerksamkeitsstörung** (F 90.0) zeigen häufig hyperaktive und impulsive Symptomatik, die ebenfalls sozial störend sein kann. Dieses Verhalten unterscheidet sich aber von einer Störung des Sozialverhaltens dadurch, dass altersentsprechende soziale Normen nicht verletzt werden. Bei älteren Jugendlichen kann delinquentes Verhalten auch im Rahmen einer **dissozialen Persönlichkeitsstörung** (F 60.2) auftreten; generell ist man aber im Jugendalter mit der Diagnose einer Persönlichkeitsstörung wegen der damit verbundenen Festschreibung von Persönlichkeitsmerkmalen unter Negierung des Entwicklungsaspekts zurückhaltend. Dissoziales oder delinquentes Verhalten im Rahmen einer Schizophrenie (F 20) oder einer manischen Episode (F 30) ist selten. Weitere mögliche Differenzialdiagnosen sind Intelligenzminderungen (F 7), autistische Syndrome (F 84), hirnorganische Psychosyndrome (F 07), Impulskontrollstörungen (F 63) sowie posttraumatische Belastungsstörungen (F 43.1) oder Anpassungsstörungen (F 43.2) z.B. nach sexuellem Missbrauch. Isolierte Diebstahlshandlungen können im Kontext von Substanzmissbrauch (F 1, Beschaffungskriminalität) und im Rahmen von Bulimia nervosa (F 50.2; Stehlen von Nahrungsmitteln) auftreten.

Epidemiologie

Die Prävalenzraten für Störungen des Sozialverhaltens weisen eine große Variabilität auf und sind von der untersuchten Population und den Erhebungsmethoden abhängig. Konservative Schätzungen nehmen für das Grundschulalter Prävalenzraten von 1–2% an, für das Jugendalter zwischen 4–6% (Blanz et al. 1990, Schmidt 1998). Die Raten sind in den letzten Jahrzehnten wahrscheinlich angestiegen und in Städten höher als auf dem Land. In klinischen Stichproben gehören die Störungen des Sozialverhaltens zu den häufigsten Diagnosen. Der Anteil von Störungen des Sozialverhaltens an der psychiatrischen Gesamtmorbidität beträgt in der späten Kindheit fast 50% und im Jugendalter rund 40% (Kazdin 1985, Schmidt 1998). Jungen sind 4- bis 5-mal häufiger betroffen als Mädchen, in der Spätadoleszenz verschiebt sich das Geschlechterverhältnis noch weiter zum Nachteil der Jungen, sie tendieren zu früherem Störungsbeginn sowie zu stärker ausgeprägten Störungsbildern (Boyle et al. 1992).

Von den Strafverfolgungsbehörden registrierte delinquente Handlungen, die nicht mit der Diagnose einer Störung des Sozialverhaltens gleichzusetzen sind, werden von weniger als 2% der Kinder und von etwa 5% der Jugendlichen begangen. Die Hälfte dieser Kinder und Jugendlichen wird mehrfach auffällig. Weil die Betroffenen im Verlauf der Störung nicht selten mit verschiedenen Diensten bzw. Institutionen, z.B. Familienberatungsstellen, schulpsychologischen Diensten, der Jugendhilfe, dem Gesundheitssystem, den Strafverfolgungsbehörden, mit den Gerichten oder dem Strafvollzug in Kontakt kommen, gehören Störungen des Sozialverhaltens zu der Gruppe der psychiatrischen Störungen, die die höchsten Kosten verursachen (Robins 1981).

Im Gegensatz zu den relativ niedrigen Raten registrierter delinquenter Handlungen zeigen Dunkelfelduntersuchungen, die mittels anonymisierter Befragungen von Kindern und Jugendlichen auch unentdeckte delinquente Handlungen erfassen, die weite Verbreitung delinquenten Verhaltens.

So werden z.B. von fast allen 14-jährigen Jungen und Mädchen Handlungen eingeräumt, die gegen geltende Rechtsnormen verstoßen, dabei sind Kinder aus der unteren Sozialschicht stärker betroffen, ebenso Jungen, die schwerwiegendere Delikte angeben. Mehrheitlich werden in Dunkelfelduntersuchungen aber leichtere Vergehen wie Schwarzfahren, Mundraub oder Sachbeschädigung angegeben, die im Rahmen der entwicklungsbedingten Auseinandersetzung mit sozialen Normen in der Regel auf bestimmte Entwicklungsphasen beschränkt bleiben.

Genese

Psychosoziale, insbesondere familiäre Risikofaktoren, wie chronische Streitbeziehungen, Partnerprobleme der Bezugspersonen, absolut dominantes Verhalten einer Bezugsperson, ablehnende oder inkonsistente Beziehungsmuster – Fehlen von Wärme, Akzeptanz und emotionaler Unterstützung –, psychiatrisch auffällige Familienmitglieder, insbesondere durch Delinquenz, Alkoholabhängigkeit, affektive Störungen, Schizophrenie oder in der Vorgeschichte durch einfache Aktivitäts- und Aufmerksamkeitsstörung, spielen in der **Entstehungsgeschichte von Störungen des Sozialverhaltens** eine führende Rolle (Steiner et al. 1997). In von solchen Bedingungen geprägten Familien werden gemeinsame Aktivitäten nur selten oder überhaupt nicht unternommen, weitere ungünstige Konstellationen sind Kinderreichtum der Familien sowie beengte bzw. ungünstige Wohnverhältnisse.

Weil von diesen widrigen psychosozialen Umständen in der Regel alle Familienmitglieder betroffen sind, reduzieren sie die Möglichkeiten, insbesondere der Bezugspersonen, mit den Alltagsbelastungen adäquat umzugehen. Es kann geradezu als Regel gelten, dass mit diesen Familienmerkmalen ein defizitäres Erziehungsverhalten verbunden ist, das in der Pathogenese von Störungen des Sozialverhaltens und von delinquentem Verhalten entscheidende Bedeutung hat. Zu diesen Erziehungsdefiziten gehören vor allem das Fehlen eindeutiger Regeln, unzureichende Information der Bezugspersonen über den Aufenthalt und das Verhalten des Kindes außerhalb der Familie (wobei auch die betroffenen Kinder und Jugendlichen davon ausgehen, dass die Bezugspersonen nichts wissen und deshalb Regelverletzungen unentdeckt bzw. ohne pädagogische Folgen bleiben), eine inkonsistente pädagogische Führung (fehlende, unangemessene oder unvorhersehbare Reaktionen auf erwünschtes bzw. unerwünschtes Verhalten) sowie die mangelnde Fähigkeit, mit familiären Konflikten adäquat umzugehen, sodass diese nicht zu Lösungen, sondern zu andauernden Spannungen und zu Streit führen (Frick 1998, Kazdin 1995). Aggressives Verhalten Erwachsener kann zusätzlich als ungünstiges Modell für Konfliktlösungsverhalten dienen. Insbesondere bei der auf den familiären Rahmen beschränkten Störung des Sozialverhaltens können Konflikte mit einem neu in die Familie aufgenommenen „Ersatzelternteil" von Bedeutung sein.

Familien-, Zwillings- und Adoptionsstudien verweisen auf eine vergleichsweise geringe Beteiligung genetischer Faktoren bei der Entstehungsgeschichte von Störungen des Sozialverhaltens und von delinquentem Verhalten (Blanz 1998a, 1998b, Rutter et al. 1990). Dies belegen vor allem die relativ hohen, jedoch kaum unterschiedlichen Konkordanzraten ein- und zweieiiger Zwillinge. Im Gegensatz dazu sprechen an Erwachsenen erhobene Befunde für eine stärkere Beteiligung genetischer Faktoren beim Auftreten von Delinquenz und bei dissozialen Persönlichkeitsstörungen jenseits des Jugendalters.

Interessanterweise unterliegen mildere Formen rezidivierender Delinquenz genetischen Einflüssen stärker als schwerwiegende Einzelstraftaten. Diese Befunde werden insgesamt als Hinweis darauf gewertet, dass delinquentes Verhalten im Jugendalter genetisch anders determiniert sein könnte als Delinquenz im Erwachsenenalter. Bisher ungeprüft ist die nahe liegende Hypothese, ob bei delinquentem Verhalten, das im Kindes- oder Jugendalter beginnt und bis ins Erwachsenenalter persistiert, genetische Faktoren eine größere Rolle spielen. In diese Richtung weist der Befund, dass der genetische Einfluss bei der hyperkinetischen Störung des Sozialverhaltens, die eine besonders ungünstige Prognose aufweist, höher ist als bei den reinen Formen.

Die Bedeutung hirnorganischer Einflussfaktoren ist wahrscheinlich ebenso gering wie die isolierten aggressiven Verhaltens. Als auf das Individuum bezogene Risikofaktoren persistierender Störungen des Sozialverhaltens bzw. der Delinquenz gelten dagegen der frühe Beginn, hyperaktives, impulsives und unaufmerksames Verhalten, eine reduzierte autonome Reagibilität auf Belastungen, die sich z.B. durch reduzierten Hautwiderstand, durch Puls und Blutdruck ausdrückt, sowie ausgeprägte Kontakt- und Schulleistungsstörungen. Wahrscheinlich erschweren oder behindern diese Merkmale das Erlernen prosozialen Verhaltens und/oder sie erhöhen die Vulnerabilität für psychosoziale Risikokonstellationen. Insgesamt wird das Risiko für die Persistenz von Störungen des Sozialverhaltens und von Delinquenz aber weniger durch spezifische Verhaltenscharakteristika bestimmt als vielmehr durch das Zusammentreffen verschiedener Risikokonstellationen; die Gefährdung ist dann am größten, wenn individuum- und familienbezogene Belastungsfaktoren in ungünstiger Weise zusammenwirken (Steiner et al. 1997).

Verlauf

Eine Störung des Sozialverhaltens kann zwar bereits im frühen Grundschulalter auftreten, üblicherweise entwickelt sich die typische Symptomatik jedoch im Altersbereich zwischen später Kindheit und frühem Jugendalter. Selten beginnt die Störung nach dem 16. Lebensjahr. Der Verlauf ist unterschiedlich, insgesamt ist die Prognose jedoch eher ungünstig: So erfüllen bis zu 50% der Betroffenen (Jungen deutlich häufiger als Mädchen) im Erwachsenenalter die Kriterien einer **dissozialen Persönlichkeitsstörung** (F 60.2). Auch die Resultate der Mannheimer Längsschnittstudie belegen die hohe zeitliche Stabilität der Störungen des Sozialverhaltens (Schmidt 1998).

Von den 8-Jährigen mit dissozialem Verhalten (ausschließlich Jungen) waren mit 13 Jahren noch 91% psychiatrisch auffällig, davon der größte Teil als dissozial; mit 18 bzw. 25 Jahren waren von ihnen jeweils noch 55% psychiatrisch auffällig, wiederum der größte Teil mit dissozialen Störungen. Von allen 13-jährigen Dissozialen der Studie waren im Alter von 18 Jahren noch 76% psychiatrisch auffällig, mit 25 Jahren noch 55%, jeweils überwiegend mit dissozialer Symptomatik. Umgekehrt wurden von den 25-Jährigen mit dissozialem Verhalten zwei Drittel schon im Alter von 18 Jahren als auffällig eingestuft, davon wiederum zwei Drittel mit dissozialen Bildern, ebenfalls zwei Drittel im Alter von 13 Jahren und immerhin 40% bereits als 8-Jährige.

Die Analyse der Vorhersage der psychischen Störungen im Alter von 25 Jahren aus häufigen Symptomen der 8-Jährigen ergab folgendes Bild: Führend unter den Symptomen waren Disziplinstörungen in der Schule, die das Risiko für Langzeitauffälligkeit vervierfachten; Schuleschwänzen in der 2. Klasse versiebenfachte das Risiko, häufige Wutanfälle verdoppelten es zumindest. Diese 3 Symptome der 8-Jährigen, mit denen sich die psychiatrische Symptomatik im Alter von 25 Jahren am besten voraussagen ließ, gehören ausnahmslos zum Bereich dissozialer Auffälligkeiten.

Aus anderen Verlaufsstudien ist bekannt, dass die Diagnose einer Störung des Sozialverhaltens im Kindes- und Jugendalter das Risiko erhöht, im Erwachsenenalter an einer Abhängigkeitsstörung, einer affektiven Störung, einer Angststörung oder einer somatoformen Störung zu erkranken. Früher Beginn, hoher Ausprägungsgrad, hohe Symptomzahl, eine breite Streuung der Symptome über verschiedene Bereiche, Aggressivität, fehlende soziale Bindungen, wiederholte Kontakte mit der Polizei und antisoziale Persönlichkeitsstörungen bei den Bezugspersonen verschlechtern die Prognose, Beginn im Jugendalter, geringer ausgeprägte Symptome und Beschränkung auf den familiären Kontext verbessern sie. Die Prognose der kombinierten hyperkinetischen Störung des Sozialverhaltens, die typischerweise relativ früh beginnt und teilweise schon im Vorschulalter erkennbar wird, ist ungünstiger als die der reinen Formen (Laucht et al. 1997, Taylor et al. 1991).

Typischerweise sind die Raten delinquenter Handlungen im frühen Erwachsenenalter deutlich rückläufig, insofern ist die spezifische Prognose für delinquentes Verhalten nicht so ungünstig. Dies gilt allerdings nicht für die Subgruppe delinquenter Jugendlicher, bei denen eine Störung des Sozialverhaltens vorliegt und deren Symptomatik bis ins Erwachsenenalter persistiert; bei ihnen bleiben die Raten delinquenter Handlungen stabil hoch.

Die Beeinträchtigungen von Kindern und Jugendlichen mit einer Störung des Sozialverhaltens, die im weiteren Verlauf auftreten können, gehen aber weit über das erhöhte psychiatrische Erkrankungsrisiko hinaus. Dies belegen z.B. die Ergebnisse einer Langzeit-Katamnese-Untersuchung von dissozialen und delinquenten Kindern einer Child Guidance Clinic in New York, die im Erwachsenenalter nachuntersucht wurden. Im Vergleich mit einer gesunden Kontrollgruppe hatten diese dissozialen Jungen ein sehr viel höheres Risiko, als Erwachsene mit dem gesamten Spektrum ungünstiger Lebensumstände konfrontiert zu werden. Sie wurden als Erwachsene 3-mal so häufig geschieden; ihr Risiko, arbeitslos zu werden, war auf das 10fache erhöht; sie wechselten häufiger ihren Arbeitsplatz; die Wahrscheinlichkeit, eine ungelernte Tätigkeit auszuüben, war doppelt so hoch und um ein Vielfaches höher, im Erwachsenenalter keine zuverlässigen Freunde zu haben. Offensichtlich trugen bestimmte Eigenschaften bzw. Verhaltensweisen dieser dissozialen Jungen dazu bei, dass sie als Erwachsene in besonders ungünstige soziale und daher problemträchtige Situationen gerieten (Robins 1966).

Therapie

Therapeutische Grundregeln

Bei isolierten delinquenten Handlungen und ansonsten unauffälliger Entwicklung sind die Beratung der Eltern und die weitere Beobachtung in der Regel ausreichend. Aus der generell unsicheren Prognose von Störungen des Sozialverhaltens und von rezidivierendem delinquentem Verhalten ergibt sich grundsätzlich Behandlungsbedarf, insbesondere bei frühem Beginn, hohem Ausprägungsgrad, fehlenden sozialen Bindungen und bei Begleitstörungen. Störungen des Sozialverhaltens sind durchgängig komplexe und tiefgreifende Störungsbilder. Aus diesem Grund und auch wegen der Tendenz, die betroffenen Kinder und Jugendlichen relativ spät vorzustellen, ist ihre Behandlung in der Regel schwierig und langwierig.

Wegen der erforderlichen hohen fachlichen Kompetenz gehört die Behandlung immer in die Hand des Spezialisten. Hauptziel der Behandlung ist die Reduktion der dissozialen Symptomatik bzw. des delinquenten Verhaltens.

Ergänzende Behandlungsziele können sein (Schmidt 1993):

- die Verbesserung der Beziehungsfähigkeit und der sozialen Kompetenz,
- die Verbesserung der Strategien zur Konfliktbewältigung,
- die Entwicklung eines realistischen Selbstkonzeptes (insbesondere Bearbeitung der defizitären Ich-Entwicklung),
- die Bearbeitung von Bildungs- und Ausbildungsdefiziten,
- die adäquate Bewältigung alterstypischer Entwicklungsaufgaben,
- die Ablösung von dissozialen Gruppen und Integration in Gruppen mit normenkonformem Verhalten,
- die Verbesserung des familiären Beziehungs- und Kommunikationsmusters und der Aufbau eines angemessenen Erziehungsverhaltens, insbesondere eines pädagogisch-strukturierten Erziehungsstils.

Auch weil die erzielten Behandlungseffekte langfristig wirksam sein sollen, werden in der klinischen Praxis meist verhaltens- und familientherapeutische Interventionen kombiniert; sie können bei Bedarf durch supportive Psychotherapie sowie Übungsbehandlungen ergänzt werden. Die effektivsten Behandlungsprogramme orientieren sich an den Theorien des sozialen Lernens und berücksichtigen folgende Gesichtspunkte:

- Definition des problematischen Verhaltens.
- Definition der Behandlung als gemeinsame Aufgabe unter engagierter Beteiligung der Familie, mindestens aber der Bezugspersonen.
- Erfassen und Offenlegen (gegebenenfalls Bearbeitung) der familiären Kommunikationsstile und Beziehungsmuster.
- Erfassen der bisher praktizierten elterlichen Maßnahmen und deren Einfluss auf das Problemverhalten (z. B. willkürliche Reaktionen, körperliche Bestrafungsaktionen, Laissez-faire-Erziehung mit fehlenden Reaktionen).
- Erarbeiten wirksamer pädagogischer Interventionen mit klaren Regeln, effektivem Monitoring und vorab definierten, so weit wie möglich unmittelbaren elterlichen Reaktionen auf erwünschtes bzw. unerwünschtes Verhalten im Sinne von Verstärkung bzw. Sanktionierung. Als Verstärker können Taschengeldzulagen, Privilegien bei der Freizeitgestaltung sowie Punkt- oder Token-Systeme, die später gegen eine Belohnung eintauschbar sind, eingesetzt werden. Vermittelt werden muss auch, dass pädagogische Reaktionen grundsätzlich dem Bedürfnis der Betroffenen entsprechen, ernst genommen zu werden, während insuffiziente Interventionen ihre Infantilisierung verstärken.
- Verstärken prosozialen Verhaltens.
- Erarbeiten eines konstruktiven, konsistenten und respektvollen Umgangs der Familienmitglieder.
- Verbesserung der Selbst- und Handlungskontrolle der Bezugspersonen durch Selbstbe-

obachtung, Entspannung und kritisches Hinterfragen irrationaler Einstellungen und Erwartungen.
- Stabilisieren des Behandlungsergebnisses durch Aufzeigen der Verbesserungen und ihr Rückführen auf den Einsatz der Eltern.

Ein Problem der Behandlung kann darin bestehen, dass delinquentes Verhalten wie Diebstähle oder Sachbeschädigung häufig verdeckt und deshalb schwer kontrollierbar auftritt. Bei Delinquenz im Rahmen eines umfassenderen dissozialen Verhaltensmusters ist deshalb empfehlenswert, die therapeutischen Interventionen zunächst auf leichter zu kontrollierende Symptome wie Wutausbrüche oder Schuleschwänzen zu konzentrieren und das verdeckte delinquente Verhalten erst nach erfolgreicher Behandlung dieser Symptome einzubeziehen.

Generell ist von einer längerfristigen Behandlungsdauer auszugehen, da neben der Verbesserung der Zielsymptomatik die weiteren Behandlungsziele berücksichtigt und die Behandlungserfolge stabilisiert werden müssen. Erfolgsaussichten bestehen, wenn die Betroffenen in der Lage sind, ihre Probleme und Behandlungsziele eindeutig zu benennen. Sie verbessern sich durch die Einbeziehung der relevanten Bezugspersonen, wenn deren Fehlwahrnehmungen bearbeitet und alternative Verhaltens- und Erziehungsmuster sowie prosoziales Verhalten der Betroffenen aufgebaut werden können. Desolate familiäre Rahmenbedingungen können eine Fremdplatzierung z.B. in Form einer Heimunterbringung notwendig werden lassen.

Aussichtsreiche Therapieverfahren

In der Behandlung von Störungen des Sozialverhaltens werden in der Praxis zahlreiche und sehr unterschiedliche Therapiemaßnahmen, insbesondere Psychotherapie, Psychopharmakotherapie, ambulante, teil- und vollstationäre Behandlung, erlebnispädagogische Maßnahmen, Heimunterbringung, angewandt; allerdings wurde die überwiegende Mehrheit in Bezug auf Störungen des Sozialverhaltens entweder nie evaluiert, oder eine positive Beeinflussung dieser Störungen war nicht nachweisbar (Kazdin 1988, 1997). Von Therapieverfahren mit wissenschaftlich belegter Wirksamkeit ist zu fordern, dass sie nicht nur die Symptomatik reduzieren, sondern auch die der Störung zugrunde liegenden Defizite (z.B. intrapsychisch, familiär) fassbar modifizieren; weiterhin sollten die Veränderung der Symptomatik und die Verbesserung der zugrunde liegenden Defizite assoziiert sein. In diesem Sinn ist z.B. von einem familientherapeutischen Verfahren zu verlangen, dass die Modifikation familiärer Beziehungsmuster oder des pädagogischen Umgangs, also von Mechanismen, die für Störungen des Sozialverhaltens als maßgeblich angenommen werden, mit der Symptomreduzierung in Verbindung steht. Nach Kazdin (1997) erfüllen nur 4 Therapieverfahren, die bei Störungen des Sozialverhaltens praktiziert werden, diese Kriterien, nämlich Training von Problemlöseverhalten, Elterntraining, funktionelle Familientherapie und multisystemische Therapie; alle sind mehr oder weniger einem kognitiv-verhaltenstherapeutischen Ansatz verpflichtet.

Training von Problemlöseverhalten

Training von Problemlöseverhalten zielt auf die Modifikation von Wahrnehmungen, Attribuierungen und Einstellungen in Bezug auf Konfliktsituationen. So wird aggressives Verhalten nachhaltig davon beeinflusst, wie eine bestimmte Situation wahrgenommen wird, welche Absichten dem Gegenüber unterstellt, welche Reaktionen von ihm erwartet und wie eigene Reaktionen begründet werden. Wie oben ausgeführt tendieren aggressive Kinder und Jugendliche grundsätzlich dazu, anderen Feindseligkeit zu unterstellen, was eigenes aggressives Verhalten evoziert und rechtfertigt (Crick u. Dodge 1994, Shirk 1988). Mittels des Trainings von Problemlöseverhalten sollen die Betroffenen lernen, die verschiedenen Aspekte von Konfliktsituationen und die Konsequenzen des eigenen Verhaltens wahrzunehmen, ein alternatives Konfliktlösungsverhalten zu entwickeln sowie prosoziales Verhalten aufzubauen. Der Therapeut nimmt dabei eine aktive Rolle ein; er fungiert als Modell, initiiert Rollenspiele, gibt Feed-back und verstärkt erwünschtes Verhalten.

Interventionsstudien haben gezeigt, dass Training von Problemlöseverhalten dissoziales und aggressives Verhalten signifikant reduzieren kann (Kazdin 1993, 1997, Kendall 1991). Die Effekte blieben bis zu einem Jahr stabil. Reifungsbedingt sprechen Jugendliche besser an als Kinder (Durlak et al. 1991). Komorbidität, Schulleistungsstörungen, insbesondere Lese-Rechtschreib-Störungen sowie Herkunft aus psychosozial hochbelasteten Familien reduzierten den Therapieerfolg (Kazdin 1995). Vorteilhaft für die Praxis ist, dass für das Training von Problemlöseverhalten Therapie-Manuale zur Verfügung stehen (Finch et al. 1993).

Eltern-Training

Eltern-Training soll die Bezugspersonen in die Lage versetzen, das Verhalten ihrer Kinder zu modifizieren, also regelverletzendes Verhalten zu unterbinden und prosoziales Verhalten zu fördern. Dieses Therapieverfahren fußt auf der Annahme, dass Entwicklung und Fortbestehen dissozialen Verhaltens durch nachteilige Eltern-Kind-Interaktionen, z.B. Verstärken regelverletzenden Verhaltens durch Zuwendung, unwirksame Anweisungen, willkürliche pädagogische Reaktionen und unangemessene Bestrafung, begünstigt wird (Patterson 1982, Patterson et al. 1991, 1992); dabei ist zu berücksichtigen, dass solche Interaktionen nicht unidirektional von den Bezugspersonen ausgehen, sondern zumindest teilweise auch von den Kindern evoziert werden. Spezifisches Ziel des Eltern-Trainings ist deshalb, das Interaktionsmuster zwischen den Bezugspersonen und dem betroffenen Kind so zu modifizieren, dass erwünschtes Verhalten verstärkt und unerwünschtes unterdrückt wird. Aus diesem Grund fokussiert die Behandlung vor allem auf die Bezugspersonen, während direkte Interventionen des Therapeuten in Richtung des betroffenen Kindes Ausnahmen sind. Mittels eines strukturierten Vorgehens sollen die Bezugspersonen lernen, regelverletzendes bzw. erwünschtes Verhalten zu erkennen, zu bewerten und darauf adäquat sowie konsistent zu reagieren, z.B. mit milden Sanktionen (Entzug von Vergünstigungen) bzw. positiver Verstärkung. Dabei gilt es, die Bezugspersonen davon zu überzeugen, dass nicht, wie häufig angenommen, die „Härte" der Strafen, sondern die Konsistenz der Reaktionen auf regelverletzendes Verhalten das entscheidende verhaltensmodifizierende Element sind. Während zunächst der Schwerpunkt auf Verhaltensweisen liegt, die von den Bezugspersonen unmittelbar beobachtbar sind, werden im weiteren Verlauf unter Einbindung der Lehrer das Verhalten in der Schule sowie das außerhäusliche Freizeitverhalten einbezogen.

Eltern-Training gehört zu den am besten untersuchten Therapieverfahren in der Behandlung von Störungen des Sozialverhaltens (Kazdin 1993, Patterson et al. 1993). In Interventionsstudien zeigten sich Therapieeffekte auf verschiedenen Ebenen, u.a. in Eltern- und Lehrerbewertungen sowie bei direkten Beobachtungen zuhause und in der Schule. Sogar bei den Geschwistern der behandelten Kinder kam es zur Verbesserung von dissozialer Symptomatik, obwohl diese überhaupt nicht in die Behandlung einbezogen waren (Kazdin 1997; wegen der ausgeprägten familiären Häufung von Störungen des Sozialverhaltens sind nicht selten auch Geschwister gleichermaßen betroffen). Die ausgeprägtesten Effekte zeigten sich bei längerfristig angelegten Therapien (bis zu 60 Sitzungen), während Kurztherapien (weniger als 10 Sitzungen) in klinischen Populationen relativ unwirksam waren (Kazdin 1985). Erfahrene und in Bezug auf das Eltern-Training spezifisch ausgebildete Therapeuten haben wahrscheinlich die größeren und länger andauernden Erfolge, was allerdings noch nicht endgültig belegt ist. Psychosozial hochbelastete Familien profitieren vom Eltern-Training in geringerem Umfang (Dadds u. McHugh 1992); generell sind die Effekte bei Kindern ausgeprägter als bei Jugendlichen. Für die Effektivität des Eltern-Trainings und seine Einbettung in ein fundiertes Konzept spricht auch, dass die Symptomreduktion mit dem veränderten Verhalten der Bezugspersonen direkt korreliert ist. Weil die Hintergründe für bestimmtes Elternverhalten erfahrenen Therapeuten bekannt sind, kann meist sehr konkret interveniert werden, falls der therapeutische Prozess ins Stocken gerät. Die Verfügbarkeit von Therapie-Manualen ist ein weiterer Vorteil. Insgesamt gehört Eltern-Training zu den aussichtsreichsten Verfahren in der Behandlung von Jugendlichen und insbesondere von Kindern mit einer Störung des Sozialverhaltens (Dishion u. Patterson 1992), weil die notwendigen Maßnahmen in der natürlichen Umgebung der Betroffenen ansetzen und von den primären Bezugspersonen ausgeführt werden, die wegen ihrer ständigen Verfügbarkeit die notwendigen Interventionen beherrschen und ausreichend lange durchführen können.

Funktionelle Familientherapie

Funktionelle Familientherapie fasst die dissoziale Symptomatik als ein Verhalten auf, das im Familiensystem eine bestimmte, meist systemstabilisierende Funktion hat und aus diesem Grund unterstützt wird (Alexander u. Parsons 1982). Ziel der funktionellen Familientherapie ist deshalb, das Interaktions- und Kommunikationsmuster der Familienmitglieder so zu modifizieren, dass die dissoziale Symptomatik als systemstabilisierendes Element überflüssig und dem betroffenen Kind oder Jugendlichen ein angepassteres bzw. regelkonformeres Verhalten möglich wird. Dieser therapeutische Ansatz schließt auch ein symptomorientiertes Vorgehen ein, bei dem das problematische Verhalten identifiziert und der adäquate Umgang der Bezugspersonen damit systematisch verstärkt werden. Z. B. konnte gezeigt werden, dass im Kommunikationsmuster von Familien mit einem delinquenten Mitglied häufiger Vorwürfe und negative Attributionen vorkommen als in Kontrollfamilien (Kazdin 1997). Die Veränderung solcher Kommunikationsmuster ist ebenso Ziel der funktionellen Familientherapie wie der Aufbau einer positiven Einstellung der Familienmitglieder zueinander, die Etablierung eines unzweideutigen Kommunikationsstils, die Klärung von gegenseitigen Erwartungen, das Ermöglichen konstruktiven Streitens sowie die gemeinsame Suche nach Lösungen. Kommunikationsstil und Beziehungsmuster werden vom Therapeuten direkt modifiziert, z. B. durch Verstärken.

Bei delinquenten Jugendlichen erwies sich die funktionelle Familientherapie anderen Therapieverfahren (z. B. psychodynamisch orientierte Familientherapie, klientenzentrierte Familiengruppe) und unbehandelten Kontrollgruppen gegenüber eindeutig überlegen (Alexander et al. 1994). Sowohl die Symptomatik als auch die familiäre Kommunikation hatten sich gebessert. Die Effekte waren bis zu 2,5 Jahren stabil. Die weitere Forschung konzentriert sich jetzt darauf, welche Kind-, Eltern- und Familiencharakteristika den Therapieerfolg beeinflussen.

Multisystemische Therapie

Auch die multisystemische Therapie ist einem familienbezogenen Ansatz verpflichtet (Henggeler u. Borduin 1990). Neben der Familie werden aber weitere relevante Bezugssysteme wie die Gleichaltrigengruppe, die Schule und die Nachbarschaft eingeschlossen. Deshalb werden familienbezogene durch solche Interventionen ergänzt, die sich z. B. auf das Kontakt- oder das Schulverhalten beziehen. Im Sinne eines Behandlungsprogramms werden unterschiedliche Therapiemethoden und -techniken so kombiniert, dass sie der spezifischen Problematik eines Behandlungsfalles gerecht werden. Die Stärke dieses Ansatzes ist aber nicht die Kombination verschiedener Techniken, sondern die Berücksichtigung der verschiedenen Bezugssysteme und ihrer Interdependenzen; denn das auffällige Verhalten von Kindern und Jugendlichen mit Störungen des Sozialverhaltens führt in aller Regel nicht nur zu Beeinträchtigungen in verschiedenen Funktionsbereichen, z. B. innerhalb der Familie, in der Schule oder in der Gleichaltrigengruppe, sondern die Symptomatik wird meistens auch durch ungünstige Konstellationen und Einflüsse in den einzelnen Bereichen verschlimmert bzw. perpetuiert.

Die multisystemische Therapie geht konzeptionell davon aus, dass alle Funktionsbereiche relevant und deshalb therapeutisch zu berücksichtigen sind. Im Zentrum steht der familientherapeutische Ansatz, der sich ähnlicher Techniken wie bei der funktionellen Familientherapie bedient. Je nach Bedarf können Paartherapie, Elterntraining oder Training von Problemlöseverhalten eingesetzt werden, aber auch ausgesprochen direktive Interventionen wie ein Kontaktverbot mit einer Gruppe delinquenter Gleichaltriger.

Im Gegensatz zum klassischen familientherapeutischen Ansatz wird explizit davon ausgegangen, dass bestimmte Eigenschaften und Verhaltensstile der betroffenen Kinder und Jugendlichen dazu beitragen können, für sie ungünstige psychosoziale Bedingungen zu fördern. Bei entsprechendem Bedarf werden deshalb spezifische Interventionen im Rahmen einer ergänzenden Einzelbehandlung angeboten, um diese Eigenschaften und Verhaltensstile positiv zu beeinflussen (z. B. durch soziales Kompetenztraining zum Aufbau prosozialen Verhaltens oder durch Psychopharmakotherapie bei ausgeprägten Impulskontrollstörungen). Diese Einzelbehandlungen sind stets in das Gesamtkonzept integriert und berücksichtigen immer die Auswirkungen des symptomatischen Verhaltens in den verschiedenen Bezugssystemen. Ein Problem dieses Ansatzes kann darin bestehen, dass je nach Bedarf verschiedene therapeutische Techniken kompetent eingesetzt werden müssen, was an die Ausbildung der Therapeuten hohe Ansprüche stellt.

In Interventionsstudien mit besonders ausgeprägt delinquenten Jugendlichen hat sich die multisystemische Therapie anderen Maßnahmen (z. B. gerichtliche Auflagen, individuelle Beratung, Jugendhilfemaßnahmen) überlegen gezeigt, und zwar sowohl im Blick auf die Reinhaftierungsraten als auch auf das familiäre Kommunikations- und Beziehungsmuster (z. B. weniger Konflikte und Feindseligkeit, mehr prosoziale Verhaltensweisen; Borduin et al. 1995, Henggeler et al. 1992). Die Reduzierung der dissozialen Symptomatik war mit der Veränderung dieser Familienmerkmale direkt korreliert. Die Therapieeffekte erwiesen sich für die Dauer von bis zu 5 Jahren als stabil. Insgesamt ist die multisystemische Therapie ein Verfahren, das auch bei älteren Kindern und Jugendlichen mit ausgeprägten Störungen des Sozialverhaltens positive Effekte zeigt.

Auch wenn die Wirksamkeit dieser beschriebenen Therapieansätze belegt werden konnte, lassen sich die Resultate aus folgenden Gründen nicht generalisieren:

- Es wurden zwar signifikante Verbesserungen der Zielsymptomatik beschrieben, überwiegend wurde aber nicht auf deren klinische Relevanz eingegangen, also z. B. wie viele der Betroffenen nach der Behandlung symptomfrei waren.
- In der Regel wurde ausschließlich die Reduktion der Symptomatik als Wirksamkeitskriterium berücksichtigt, nicht aber die verschiedenen Funktionsbeeinträchtigungen, obwohl diese von hoher prognostischer Relevanz sind; es ist daher nicht auszuschließen, dass erhebliche Funktionsbeeinträchtigungen auch dann fortbestanden, wenn die Symptomatik deutlich reduziert werden konnte.

Weil Störungen des Sozialverhaltens generell eine ungünstige Prognose aufweisen, ist entscheidend, welche zeitliche Stabilität die erzielten Behandlungserfolge aufweisen, denn die unmittelbar am Behandlungsende effektivere Methode braucht nicht die auf Dauer wirksamere zu sein. Deshalb ist die Bedeutung der Resultate vergleichender Therapiestudien auch davon abhängig, ob und in welchem zeitlichen Abstand Nachuntersuchungen durchgeführt wurden. Die vorliegenden methodisch anspruchsvolleren Studien schlossen zwar Nachuntersuchungen ein, diese waren jedoch auf maximal. 12 Monate begrenzt, sodass die Angaben über die zeitliche Stabilität der Therapieergebnisse limitiert sind (Kazdin 1997). Außerdem sind viele Studien mit hohen Dropout-Raten belastet. Weil alle Studien zu Behandlungseffekten bei Störungen des Sozialverhaltens solche methodischen Probleme aufweisen, müssen ihre Resultate generell mit Zurückhaltung aufgenommen werden.

■ Kombinationsbehandlung

Wegen der ausgeprägten Funktionsbeeinträchtigungen, der häufigen familiären Konflikte, der ungünstigen Prognose und der begrenzten Wirksamkeit vieler Therapiemethoden werden in der klinischen Praxis häufig verschiedene Therapieverfahren in Kombination angewandt. Dies macht auch deshalb Sinn, weil an der Entwicklung von Störungen des Sozialverhaltens in der Regel verschiedene Einflüsse in unterschiedlichen Konstellationen beteiligt sind, so dass singuläre Therapieansätze zu kurz greifen. Allerdings wird dabei nicht selten davon ausgegangen, dass sich in Kombinationsbehandlung auch mit begrenzt wirksamen oder nicht evaluierten Therapieverfahren synergistische Effekte erzielen lassen; das ist zwar nahe liegend, jedoch keinesfalls empirisch belegt. Vielmehr hat sich herausgestellt, dass die Wirksamkeit kombinierter Therapieansätze in hohem Maße von der Wirksamkeit der einzelnen Verfahren, die in die Kombination eingehen, abhängt. In einzelnen Studien konnte sogar gezeigt werden, dass unwirksame Methoden die Effektivität erprobter Ansätze reduzieren können (Kazdin 1997). Außerdem konnte bisher noch nicht empirisch nachgewiesen werden, mit welcher Kombination von Einzelverfahren sich bei einer bestimmten Problemkonstellation positive Therapieeffekte erzielen lassen.

Andererseits sind aber wirksame Therapieansätze wie die funktionelle Familientherapie und die multisystemische Therapie kombinierte Verfahren. Dabei muss jedoch berücksichtigt werden, dass in diesen Fällen ausschließlich Methoden mit belegter Wirksamkeit kombiniert und die Kombinationsbehandlung als Gesamtpaket evaluiert wurde. Allerdings konnte bisher noch nicht belegt werden, dass die multisystemische Therapie als Kombinationsbehandlung dem wirksamsten Einzelverfahren innerhalb dieser Kombination wirklich überlegen ist.

Bei der Frage, welche Gruppe der betroffenen Kinder und Jugendlichen von einer adäquaten Behandlung am meisten profitiert, zeigt sich, dass der Behandlungserfolg von den gleichen Risikofaktoren beeinflusst wird wie Entstehung und Verlauf der Störung: Ungünstig sind früher Beginn, hohe Symptombelastung, ausgeprägte Schulleistungsstörungen, Begleitstörungen, Unterschichtzugehörigkeit, unvollständige Familien, belastende Lebensereignisse und Stress sowie eine Störung des Sozialverhaltens in der Vorgeschichte der Bezugspersonen (Kazdin 1997).

Unwirksame Methoden

Bei der Fülle der Therapiemethoden und -techniken, die in der Behandlung von Kindern und Jugendlichen mit psychiatrischen Störungen zur Anwendung kommen, wäre hilfreich zu wissen, welche Therapieverfahren bei Störungen des Sozialverhaltens entweder nur geringe oder überhaupt keine Wirkung entfalten.

Weil die meisten Therapieverfahren aber nicht evaluiert sind, können darüber keine gesicherten Angaben gemacht werden. Dies trifft auch auf häufig angewandte Methoden wie die psychodynamisch orientierte Therapie und die Spieltherapie zu. Wenn solche Methoden gelegentlich in Evaluationsstudien als Kontrollbedingung eingesetzt wurden, waren sie bezüglich ihrer Wirksamkeit den beschriebenen Verfahren unterlegen. Die empirische Basis ist aber zweifellos zu schmal, um diese Methoden definitiv als unwirksam zu bewerten. Bis zur Klärung sollte zur Sicherheit auf Methoden mit empirisch besser belegter Wirksamkeit zurückgegriffen werden. Dafür spricht auch, dass Störungen des Sozialverhaltens in der Regel zu Beeinträchtigungen auf verschiedenen Funktionsebenen führen; deshalb sollten breiter angelegte Therapiekonzepte, die möglichst viele Problembereiche einbeziehen, solchen Verfahren überlegen sein, die lediglich auf Teilaspekte der Gesamtproblematik (z.B. psychische Konflikte) fokussieren.

Auf der Grundlage der vorliegenden Befunde gilt als relativ sicher, dass Behandlung in Gruppen, die sich ausschließlich aus Kindern und Jugendlichen mit einer Störung des Sozialverhaltens zusammensetzen, nicht nur unwirksam ist, sondern die Symptomatik verschlimmern kann; solche Gruppenbehandlungen sind deshalb kontraindiziert.

Zusammenfassung

Störungen des Sozialverhaltens sind durch ein sich wiederholendes bzw. andauerndes Muster dissozialen, aggressiven und aufsässigen Verhaltens gekennzeichnet, bei dem die grundlegenden Rechte anderer sowie wichtige altersentsprechende soziale Erwartungen verletzt werden. Der Begriff „Delinquenz" bezeichnet eine bestimmte Gruppe dissozialer Handlungen, die gegen geltendes Recht verstoßen und mit Strafe bedroht sind. Typische Symptome sind u. a. heftige Wutausbrüche, häufiges Lügen, Diebstähle, Beschädigung fremden Eigentums, Schuleschwänzen, Weglaufen bzw. unerlaubtes Wegbleiben von zu Hause, Feuerlegen, Gebrauch von Waffen, Raub und sexuelle Nötigung. Begleitend treten häufig hyperkinetische und emotionale Störungen sowie Substanzmissbrauch auf. Die Prävalenz beträgt im Grundschulalter etwa 1–2 %, im Jugendalter zwischen 4–6 %, Jungen sind deutlich häufiger betroffen als Mädchen. Die Verlaufsprognose ist insbesondere bei frühem Beginn, hohem Ausprägungsgrad, hoher Symptombelastung, aggressivem Verhalten, fehlenden sozialen Bindungen oder bei gleichzeitig bestehender hyperkinetischer Störung ungünstig. In der Entstehungsgeschichte spielen psychosoziale, insbesondere familiäre Risikofaktoren eine entscheidende Rolle, weil sie das Erziehungsverhalten massiv beeinträchtigen; genetische (außer bei hyperkinetischen Störungen des Sozialverhaltens) und hirnorganische Faktoren sind dagegen nur von untergeordneter Bedeutung. Wegen der ungünstigen Prognose ist der Behandlungsbedarf hoch. Die Behandlung ist schwierig und langwierig, sie gehört in die Hand des Spezialisten. Aussichtsreiche Therapieverfahren sind Training von Problemlöseverhalten, Eltern-Training, funktionelle Familientherapie und multisystemische Therapie. Lediglich psychodynamisch orientierte Therapieverfahren sind wahrscheinlich unwirksam. Behandlung in Gruppen, die sich ausschließlich aus Kindern und Jugendlichen mit einer Störung des Sozialverhaltens zusammensetzen, kann die Symptomatik verschlimmern und ist deshalb kontraindiziert.

Literatur

Alexander JF, Parsons BV. Functional family therapy. Monterey: Brooks/Cole; 1982.

Alexander JF, Holtzworth-Munroe A, Jameson PB. The process and outcome of marital and family therapy research: Review and evaluation. In: Bergin AE, Garfield SL, eds. Handbook of psychotherapy and behavior change. New York: John Willey; 1994.

Blanz B. Psychosoziale Faktoren und kindliche Entwicklung – Zum Stand der Forschung. Nervenheilkunde. 1998;17:75-9.

Blanz B. Biologische Korrelate aggressiven Verhaltens. Z Kinder- Jugendpsychiat Psychother. 1998;26:43-52.

Blanz B, Schmidt MH, Esser G. Conduct disorders (CD): The reliability and validity of the new ICD-10-categories. Acta Paedopsychiatrica. 1990;53:93-103.

Borduin CM, Mann BJ, Cone LT, Henggler SW, Fucci BR, Blaske DM, Williams RA. Multisystemic treatment of serious juvenile offenders: Longterm prevention of criminality and violence. J Consult Clin Psychol. 1995;63:569-78.

Boyle M, Offord D, Racine Y, Szatmari P, Fleming J, Links P. Predicting substance use in late adolescence: results from the Ontario child health study follow-up. Am J Psychiat.1992;149:761-7.

Crick NR, Dodge KA. A review and reformulation of social information processing mechanisms in children's social adjustment. Psychol Bull. 1994;115:74-101.

Dadds MR, McHugh TA. Social support and treatment outcome in behavioral family therapy for child conduct problems. J Consult Clin Psychol. 1992;60:252-259.

Dishion TJ, Patterson GR. Age effects in parent training outcomes. Behav Ther. 1992;23:719-29.

Durlak JA, Fuhrmann T, Lampmann C. Effectivenes of cognitive-behavioral therapy for maladapting children: A meta-analysis. Psycholog Bull. 1991;110:204-14.

Fergusson DM, Horwood LJ, Lloyd M. Confirmatory factor models of attention deficit and conduct disorder. J Child Psychol Psychiat. 1991;32:257-74.

Finch AJ Jr, Nelson WM, Ott ES. Cognitive-behavioral procedures with children and adolescents: A practical guide. Needham Heights: Allyn & Bacon; 1993.

Frick PJ. Conduct disorders and severe antisocial behavior. New York, London: Plenum Press; 1998.

Henggeler SW, Borduin CM. Family therapy and beyond: A multisystemic approach to teaching the behavior problems of children and adolescents. Pacific Grove: Brooks/Cole; 1990.

Henggeler SW, Melton GB, Smith LA. Family preservation using multisystemic therapy: An effective alternative to incarcerating serious juvenile offenders. J Consult Clin Psychol. 1992;60:953-61.

Hinshaw SP, Lahey BB, Hart EL. Issues of taxonomy and comorbidity in the development of conduct disorder. Devel Psychopathology. 1993;5:31-49.

Kazdin AE. Treatment of antisocial behavior in children and adolescents. Homewood: Dorsey Press; 1985.

Kazdin AE. Child psychotherapy: Developing and identifying effective treatments. Needham Hights: Allyn & Bacon; 1988.

Kazdin AE. Treatment of conduct disorders: Progress and directions in psychotherapy research. Devel Psychopathology. 1993;5:277-310.

Kazdin AE. Child, parent, and family dysfunction as predictors of outcome in cognitive-behavioral treatment of antisocial children. Behav Res Ther. 1995;33:271-81.

Kazdin AE. Practitioner review: Psychosocial treatments for conduct disorder in children. J Child Psychol Psychiat. 1997;38:161-78.

Kendall PC, ed. Child and adolescent therapy: Cognitive-behavioral procedures. New York: Guilford; 1991.

Laucht M, Esser G, Schmidt MH. Developmental outcome of infants born with biological and psychosocial risks. J Child Psychol Psychiat. 1997;38:453-63.

Milin R, Halikas J, Meller J, Morse C. Psychopathology among substance abusing juvenile offenders. J Am Acad Child Adol Psychiat. 1991;30:569-74.

Patterson GR. Coercive family process. Eugene: Castalia; 1982.

Patterson GR, Capaldi D, Bank L. An early starter model for predicting delinquency. In: Pepler DJ, Rubin KH, eds. The development and treatment of childhood aggression. Hillsdale: Earlbaum; 1991.

Patterson GR, Ried JB, Dishion TJ. Antisocial boys. Eugene: Castalia; 1992.

Patterson GR, Dishion TJ, Chamberlain P. Outcomes and methodological issues relating to treatment of antisocial children. In: Giles TR, ed. Handbook of effective psychotherapy. New York: Plenum; 1993.

Robins L. Deviant children grown up. Baltimore: Williams & Wilkins; 1966.

Robins LN. Epidemiological approaches to natural history research: Antisocial disorders in children. J Am Acad Child Psychiat. 1981;20:566-80.

Rutter M, Macdonald H, LeCouteur A, Harrington R, Bolton P, Bailey A. Genetic factors in child psychiatric disorders - II. Empirical findings. J Child Psychol Psychiat. 1990;31:39-83.

Schmidt MH. Kinder- und Jugendpsychiatrie. Köln: Deutscher Ärzte-Verlag; 1993.

Schmidt MH. Dissozialität und Aggressivität: Wissen, Handeln und Nichtwissen. Z Kinder- Jugendpsychiat Psychother. 1998;26:53-62

Shirk SR, ed. Cognitive development and child psychotherapy. New York: Plenum; 1988.

Stadler C, Janke W, Schmidt-Atzert L. Der Einfluss der Intentionsattribuierung auf aggressives Verhalten im Vorschulalter. Z Entwicklungspsychol Päd Psychol. 1997;29: 43-61.

Steiner H, Williams SE, Benton-Hardy L, Kohler M, Duxbury E. Violent crime paths in incarcerated juveniles: Psychological, environmental, and biological factors. In: Raine A, Farrington D, Brennan P, Mednick SA, eds. Biosocial bases of violence. New York: Plenum; 1997.

Taylor E, Sandberg S, Thorley G, Giles S. The epidemiology of childhood hyperactivity. Maudsley Monographs 33. Oxford: Oxford University Press; 1991.

Walker JL, Lahey BB, Russo MF, Christ MAG, McBurnett K, Loeber R, Stouthamer-Loeber M, Green SM. Anxiety, inhibition, and conduct disorder in children: I. Relation to social impairment. J Am Acad Child Adolesc Psychiat. 1991;30:187-91.

Prüfungsfragen

1. Durch welches Muster sind Störungen des Sozialverhaltens gekennzeichnet?
2. Welche Handlungen werden mit dem Begriff Delinquenz bezeichnet?
3. Welche typischen Symptome treten bei Störungen des Sozialverhaltens auf?
4. Welche Einstellungen, Attribuierungen und Reaktionen werden bei Kindern und Jugendlichen mit einer Störung des Sozialverhaltens häufig gefunden?
5. Welche Diagnosekategorien unterscheidet ICD-10?
6. Welche weitere Untergruppierung ist prognostisch bedeutsam?
7. Was unterscheidet schwerere von leichter ausgeprägten Störungen?
8. Welche emotionalen Symptome treten bei Störungen des Sozialverhaltens häufig begleitend auf?
9. Nennen Sie die wichtigsten Differenzialdiagnosen!
10. Von welchen Prävalenzraten gehen konservative Schätzungen aus?
11. Wie hoch ist der Anteil von Störungen des Sozialverhaltens in klinischen Stichproben?
12. Wie ist die Geschlechterverteilung?
13. In welchem Altersbereich entwickelt sich in der Regel die typische Symptomatik?
14. Wie ist die Verlaufsprognose generell, welche Faktoren verschlechtern sie?
15. Ist die Prognose der hyperkinetischen Störung des Sozialverhaltens besser als die der reinen Formen?
16. Welche Rolle spielen familiäre Risikofaktoren in der Entstehungsgeschichte von Störungen des Sozialverhaltens?
17. Nennen Sie 5 solcher Familienmerkmale!
18. Welche Ziele hat eine adäquate Behandlung?
19. Welche Therapieverfahren sind aussichtsreich?
20. Welche Therapiemethoden sind unwirksam?

15 Ängste, Phobien und Kontaktstörungen

F. Mattejat

Fallvignette

Trennungsangststörung und Schulphobie

Die 11-jährige Karin wurde uns in der Poliklinik vorgestellt, weil sie seit 2 Monaten nicht mehr zur Schule ging. Vorher war sie noch sporadisch in die Schule gegangen, mit häufigen Unterbrechungen, die mit körperlichen Beschwerden begründet wurden. Der Hausarzt hat Karin mehrfach für jeweils 2 Wochen „krank geschrieben". Frau E., Karins Mutter, hat mehrfach versucht, ihre Tochter trotzdem in die Schule zu bringen; manchmal gelangten die beiden sogar bis in das Klassenzimmer. Karin vermochte jedoch nicht dort zu bleiben, sondern verließ es wieder mit der Mutter. Da sich dies nun in den vergangenen 2 Monaten nicht gebessert, sondern eher verschlechtert habe, wurde von der Lehrerin eine Psychotherapie angeraten. Aus der Diagnostik können folgende Aspekte hervorgehoben werden:

- Karin ist Einzelkind. Zwischen Karin und ihrer Mutter besteht eine sehr enge Beziehung; der Vater ist nur am Wochenende zu Hause; während der Woche ist er auf Montagearbeiten.
- Testpsychologisch ergaben sich Hinweise auf ausgeprägte schulbezogene Ängste; Karins intellektuelle Leistungsfähigkeit ist gut (Kaufman-ABC: IQ 114), ebenso wie ihre Schulnoten. Karin ist auch gut in die Klasse integriert, sie hat Freundinnen. Es ergaben sich keine Anhaltspunkte für reale schulbezogene Ängste und ebenso wenig Anhaltspunkte für dissoziale Tendenzen (Differenzialdiagnose Schuleschwänzen).
- Schon als Kleinkind zeigte Karin z. B. bei der Eingliederung in den Kindergarten erhebliche Trennungsprobleme. Abgesehen davon ergaben die Anamnese ebenso wie die körperliche Untersuchung keine schwerwiegenden psychischen oder körperlichen Auffälligkeiten oder Erkrankungen bei Karin.

Nach der ausführlichen Anfangsuntersuchung wurde die Diagnose „Trennungsangststörung/ Schulphobie" gestellt. Karins Antworten im Satzergänzungstest (Abb. 15.1) sind hierfür ausgesprochen charakteristisch.

Ich mag gern...	Pferde
Die glücklichste Zeit...	bei meinen Eltern und bei Pferden
Ich möchte wissen...	ob ich zu meinen Eltern immer kann
Nach Hause zurück...	Zu meinen Eltern
Ich bedaure...	Dass ich manchmal nicht nach Hause kann
Wenn ich ins Bett gehe...	Heule ich
Männer...	nichts
Das Beste...	Wenn ich bei meinen Eltern bleiben kann
Was mich ärgert...	Wenn ich nicht bei meinen Eltern bleiben kann
Leute...	nichts
Eine Mutter...	ist gut
Ich fühle...	Dass ich zu Hause bleiben will
Meine größte Furcht...	Wenn ich von zu Hause weg muss
In der Schule...	bin ich die erste Zeit traurig

Abb. 15.1 Karins Antworten im Rotter-Satzergänzungstext.

Zur Vorbereitung der Therapie wird mit Karin das „Angstthermometer“, das sie „weinerliches Angstthermometer“ nennt, durchgesprochen. Bei der Darstellung des subjektiven Angstverlaufes (Abb. 15.**2**) zeigt sich sehr schön,

- dass der Angstgipfel bei der Abfahrt des Schulbusses liegt und
- dass die Angst danach wieder schnell abfällt; d.h., in der Schule selbst sinkt die Angst auf einen sehr geringen Wert.
- Die Angst steigt erst wieder im Verlauf des Nachmittags zum Abend hin.

Die Mutter wollte diese Darstellung des Angstverlaufes zunächst gar nicht glauben, da sie davon überzeugt war, dass Karin in der Schule selbst schlimme Ängste auszustehen hatte. Durch die Diskussion dieses Angstverlaufes konnte die Mutter für unser Therapiekonzept der schnellen Rückgliederung in die Schule gewonnen werden. Mit Karin und ihrer Mutter wurden der dargestellte Vertrag vereinbart (Abb. 15.**3**).

Nachdem wir mit der Lehrerin und dem Hausarzt telefoniert hatten, wurde der Vertrag in Kraft gesetzt und Karin war in der Lage, sofort wieder die Schule vollständig zu besuchen (s. das Therapieprotokoll für die erste Woche in Abb. 15.**4**). Im weiteren Verlauf der Therapie wurde zunächst versucht, die Fortschritte zu stabilisieren. Dabei zeigte sich, dass die Mutter und die Lehrerin größere Probleme mit diesem Therapieprogramm hatten – sie wollten z. B. nicht, dass Karin gezwungen wird, in die Schule zu gehen – als Karin, die gut damit zurecht kam und zur Therapeutin einen guten Kontakt entwickelte. Neben der festgelegten Registrierung brachte Karin auch freie Aufzeichnungen mit (Abb. 15.**5**).

In den weiteren Therapiesitzungen wurden neben Fragen von Karins Selbstständigkeit auch Trennungsprobleme und depressive Tendenzen der Mutter selbst thematisiert. Es gelang leider nicht, den Vater mit in die Therapie einzubeziehen. Nach insgesamt 7 ambulanten Sitzungen wurde die Therapie abgeschlossen; die katamnestische Befragung nach einem Jahr zeigte, dass der Therapieerfolg stabil blieb.

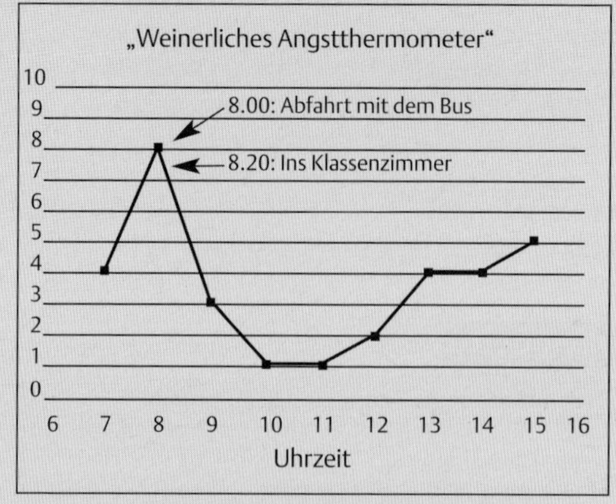

Abb. 15.**2** Angstverlauf bei Karin E. vor Beginn der Therapie.

1. Karin verpflichtet sich, jeden Tag wenigstens 1 Stunde in die Schule zu gehen.
2. Karin bemüht sich, die Stundenzahl zu steigern.
3. Karin führt selbst Protokoll über ihre Angst nach dem vorgegebenen Muster.
4. Frau E. erklärt das Programm der Lehrerin und bietet ihr und dem Hausarzt telefonische Rücksprache in der Poliklinik an.
5. Frau E. begleitet Karin nicht mehr zur Schule, sondern bleibt zu Hause, auch wenn Karin jammert und weint.
6. Wenn Karin nur an einem Tag nicht zur Schule geht, erfolgt die stationäre Aufnahme

Unterschriften

(Karin E.) (Frau E.) (Dr. B.)

Abb. 15.**3** Therapievertrag für Karin E

Angstwerte	Wochentag						
	Do.	Fr.	Sa.	So.	Mo.	Di.	Mi.
Morgens	6	7	1	0	4	5	3
Mittags	0	0	0	0	0	0	0
Abends	7	0	0	4	2	1	1
Schul-stunden	5/5*	5/5	0/0	0/0	5/5	5/5	3/6

* bedeutet z. B. 5 Stunden teilgenommen von 5 Stunden insgesamt. Am Mittwoch wurden wegen der Therapie nur 3 von 6 Stunden besucht.

Abb. 15.**4** Therapieprotokoll von Karin E.

Der Freitag

Freitagmorgens und abends denke ich: Super jetzt ist Wochenende. Freitagmorgens denke ich, dass ich ja nur eine Stunde zu gehen brauche. Und weil ich auch zuhause bei meiner Mutter bleiben will. Passt das alles ganz gut zusammen. Aber meistens geht es sowieso nicht länger. Also komme ich nach 1, 2 oder 3 Stunden nach Hause. Und dann sind zwei Tage frei, und das ist schön. Schade, dass nicht jeder Tag Wochenende ist!

Abb. 15.**5** Freie Aufzeichnungen von Karin E.

Einführung

■ Begriffsbestimmung

Angst ist eine Grundform menschlichen Erlebens und Verhaltens. Sie gehört zum biologisch verankerten menschlichen Verhaltensrepertoire und hat für das einzelne Individuum eine bedeutsame Schutzfunktion: Angst entsteht, wenn sich das Individuum eingeengt, schutzlos oder bedroht fühlt; mit der Angst werden Vermeidungs- und Fluchtreaktionen aktiviert, die dazu dienen, der Bedrohung zu entrinnen. Im Bereich des normalen Verhaltensspektrums stellen somit die Angst und die mit ihr verbundenen Verhaltensweisen für das Individuum sinnvolle Reaktionen dar (vgl. auch Remschmidt 1992, 1997). Gleichzeitig ist die Angst ein zentrales Phänomen bei vielen psychischen Störungen[1)].

Sowohl im normalen wie im psychopathologischen Bereich äußert sich Angst durch eine Vielzahl von einzelnen Merkmalen bzw. Symptomen, die auf 3 unterschiedlichen „Ebenen" angeordnet werden können[2)]:

- **Die Ebene des subjektiven Erlebens:** Hierzu gehören z.B. Sorgen und Befürchtungen, z.B. verletzt zu werden, Gedanken an Gefahren, Überlegungen zur Vermeidung oder Kontrolle von befürchteten Situationen.
- **Die Ebene des beobachtbaren Verhaltens:** Hier zeigt sich die Angst bei Kindern z.B. durch Weinen, Schreien, Jammern, Nägelbeißen, Daumenlutschen, durch Vermeidungsverhalten, Weglaufen, Verstecken, Erstarrung oder durch Versuche, Schutz durch andere Menschen zu bekommen.
- **Die Ebene der körperlichen Begleiterscheinungen und Symptome:** Hierzu gehören z.B. eine

1) „Die Angst gilt allgemein als zentraler Fokus von Störungen des psychischen Lebens. Bezieht man sich auf die klassischen Neuroseformen, dann wird die Angst in der Hysterie demonstriert, in der Zwangsneurose abgewehrt, in der Phobie auf einen Schlüsselreiz eingegrenzt, in der reaktiven Depression in Schuldgefühle umgesetzt. Auch die Verhaltenstherapie stellt die Angst in den Mittelpunkt ihrer Erklärungen." (Pongratz 1973, S. 39/40). „Das Thema der Angst reicht weit." (Pongratz 1973, S. 94).

2) D. h., in der wissenschaftlichen Psychologie verstehen die meisten Autoren unter Angst ein komplexes Konstrukt, das durch die angeführten Einzelaspekte bestimmt werden kann.

gesteigerte Aktivität des autonomen Nervensystems mit Beschleunigung der Puls- und Atemfrequenz, Schweißausbrüche, Zittern, diffuse Bauchschmerzen oder Unwohlsein, Übelkeit, Kopf- oder Brustschmerzen und Erröten.

Unterscheidung zwischen normaler und pathologischer Angst

Zwischen normaler Angst und pathologischer Angst bestehen fließende Übergänge. Die wichtigsten Kriterien, nach denen pathologische Ängste von normalen Ängsten unterschieden werden können, sind nach Remschmidt (1992):

- übermäßig ausgeprägte Angstintensität (quantitativer Aspekt),
- ungewöhnliche Inhalte bzw. Objekte der Angst (qualitativer Aspekt),
- Unangemessenheit der Angstreaktion im Verhältnis zur Situation, in der sie auftritt,
- Chronifizierung der Angstreaktionen,
- Fehlen von Möglichkeiten des Individuums zur Reduktion bzw. Bewältigung der Angst
- und spürbare Beeinträchtigung der alterstypischen Lebensvollzüge durch den Angstzustand.

Entwicklungsmuster von Angstinhalten im Kindes- und Jugendalter

Die Äußerungsformen der Angst folgen einem normalen Entwicklungsverlauf (Klein 1994): Im Säuglingsalter sind sensorische Erfahrungen die Hauptquelle von Angst, z. B. laute Geräusche oder der plötzliche Verlust von körperlichem Halt. In dem Maße, in dem die kognitive Entwicklung im ersten Lebensjahr fortschreitet und das Kind Objektkonstanz gewinnt und sich die Bindung zu seinen Bezugspersonen festigt, tauchen die Angst vor Fremden („Fremdeln") auf und Angst in Situationen, in denen sich die Bezugsperson entfernt (erste Äußerungsformen der Trennungsangst). Im Kleinkindalter zeigen sich wiederum neue Ängste, z. B. vor Tieren, vor der Dunkelheit und vor imaginären Lebewesen (Geister, Gespenster, Hexen). In der Grundschulzeit treten Ängste und Befürchtungen bezüglich der eigenen Leistungsfähigkeit auf, während sich interpersonale bzw. soziale Angst besonders deutlich in der Pubertät und Adoleszenz manifestieren. Der normale Entwicklungsverlauf kann somit auch dadurch charakterisiert werden, dass zunächst globale, imaginäre Angstinhalte vorherrschen, die sich z. B. auf unkontrollierbare Objekte oder Situationen beziehen (Monster, Dunkelheit); im weiteren Verlauf werden die Angstinhalte spezifischer, differenzierter und im Inhalt realistischer (z. B. soziale Akzeptanz und schulische Leistung; vgl. Bauer 1976; Kendall et al. 1991). Dabei ist allerdings mitzubedenken, dass die skizzierte Entwicklung von Äußerungsformen und Inhalten der Angst individuell erheblichen Variationen unterworfen ist.

Pathologische Ängste folgen vielfach dem gleichen Altersmuster wie altersangemessene Angstmanifestationen: Tierphobien haben z. B. häufig ihren Beginn in der früheren Kindheit, schwere Leistungsängste in der Grundschulzeit und soziale Angst in der Adoleszenz. Häufig stellen sich psychopathologische Ängste zunächst als normale alterstypische Ängste dar, die erst durch ihre besondere Intensität und ihre Chronifizierung psychopathologische Wertigkeit gewinnen.

Diagnostische Klassifikation

Übersicht: Angststörungen in ICD und DSM

Pathologisch übersteigerte Ängste kommen bei sehr vielen psychiatrischen Erkrankungen vor. Bei einem Teil der psychischen Störungen steht die Angst und das mit ihr assoziierte Vermeidungsverhalten als Hauptsymptomatik im Vordergrund. Diese Störungen können unter dem Oberbegriff **„Angstsyndrome"** zusammengefasst werden. Bei allen Angststörungen finden wir neben der subjektiv empfundenen Angst ein ausgeprägtes Vermeidungsverhalten. Dies zeigt sich besonders augenfällig in sozialen Situationen. Angst, Vermeidungsverhalten, soziale Unsicherheiten und Kontaktschwierigkeiten sind deshalb häufig miteinander assoziiert. Diese Assoziation muss aber nicht immer gegeben sein. Tab. 15.**1** gibt eine Übersicht über die diagnostische Klassifikation der wichtigsten Angstsyndrome[3)] entsprechend den beiden international gebräuchlichsten Klassifikationssystemen ICD und DSM. Bei allen in Tab. 15.**1** angeführten Störungen stellt

Tabelle 15.**1** Klassifikation der Angststörungen nach ICD-10 und DSM-IV. Eine vergleichende Übersicht

ICD-10	**(vgl. „MAS" Remschmidt u. Schmidt 1994)**	**DSM-IV**	**(vgl. Saß et al. 1996)**
(F 40	*Phobische Störungen)*		
F 40.0	Agoraphobie(nicht weiter differenziert)	300.21 300.22	Panikstörung mit Agoraphobie Agoraphobie ohne Panikstörung
F 40.1	Soziale Phobien		
F 40.2	Spezifische (isolierte) Phobien	300.23 300.29	Soziale Phobie Spezifische Phobie
(F 41	*Sonstige Angststörungen)*		
F 41.0	Panikstörung (episodische paroxysmale Angst)	300.1	Panikstörung ohne Agoraphobie
F 41.1	Generalisierte Angststörung	300.02	Generalisierte Angststörung
F 41.2	Angst und depressive Störung, gemischt		– keine Entsprechung –
(F 43	*Reaktion auf schwere Belastung und Anpassungsstörung)*		
F 43.0	Akute Belastungsreaktion	308.3	Akute Belastungsstörung
F 43.1	Posttraumatische Belastungsstörung	309.81	Posttraumatische Belastungsstörung
F 43.22	Anpassungsstörungen - mit vorwiegender Beeinträchtigung anderer Gefühle (u. a. Angst)	309.24	Anpassungsstörung mit Angst
F 43.23	Anpassungsstörungen - Angst und depressive Reaktion gemischt	309.28	Anpassungsstörung mit Angst und depressiver Stimmung, gemischt
(F93	*Emotionale Störungen des Kindesalters)*		
F 93.0	Störung mit Trennungsangst des Kindesalters	309.21	Störung mit Trennungsangst
F 93.1	Phobische Störung des Kindesalters		– keine Entsprechung –
F 93.2	Störung mit sozialer Ängstlichkeit des Kindesalters (Überempfindlichkeit)		– keine Entsprechung –
F 93.80	Generalisierte Angststörung des Kindesalters („Störung mit Überängstlichkeit")		– keine Entsprechung –
(F 93.8	Sonstige emotionale Störung des Kindesalters)		

die pathologische Angst das Haupt- und Leitsymptom dar. Aus der Tabelle ist ersichtlich, dass die beiden Klassifikationssysteme weitgehend übereinstimmen, in folgenden Bereichen zeigen sich allerdings Unterschiede.

Zu einigen Kategorien, die in der ICD unter der Rubrik **F 93 „Emotionale Störungen des Kindesalters"** auftauchen, finden sich im DSM keine Entsprechung. In diesem Bereich bietet die ICD differenziertere Möglichkeiten als das DSM. In der ICD sind diese zusätzlichen Kategorien aus 2 Gründen aufgeführt:

Zum einen soll die Möglichkeit geboten werden, psychopathologische Auffälligkeiten, die sich bei Kindern und Jugendlichen in anderer Weise zeigen als bei Erwachsenen, zu klassifizieren. So können z. B. manche Kinder, die nicht die Kriterien für eine generalisierte Angststörung (**F 41.1**) erfüllen, unter der Diagnose **„generalisierte Angststörung des Kindesalters" („Störung mit Überängstlichkeit"; F 93.80)** eingeordnet werden. Zum Anderen können Störungen, die zunächst als normale alterstypische Angstäußerungen im Kindes- und Jugendalter beginnen, von den Störungen des Erwachsenenalters abgehoben werden. Dies gilt für die Diagnosen **„phobische Störung des Kindesalters" (F 93.1)** und **„Störung mit sozialer Ängstlichkeit des Kindesalters" (F 93.29)**.

D. h., in diesem Bereich werden in der ICD stärker entwicklungspsychopathologische Aspekte des Kindes- und Jugendalters betont.

[3)] Manche Autoren fassen den Begriff der Angststörungen bzw. Angstsyndrome noch weiter und subsumieren z. B. auch die Zwangsstörungen unter diesen Oberbegriff. D. h., wir haben hier die Sammelkategorie „Angststörungen" noch relativ eng definiert.

Darüber hinaus besteht noch ein bedeutsamer inhaltlicher Unterschied bei der Diagnose **„Störung mit Trennungsangst des Kindesalters" (F 93.0)**. Damit diese Störung in der ICD-10 diagnostiziert werden darf, wird verlangt, dass sie erstmals vor dem 6. Lebensjahr aufgetreten ist. Das DSM dagegen ist weitaus weniger restriktiv: Die Störung kann diagnostiziert werden, wenn sie vor dem 18. Lebensjahr beginnt. Die restriktive Definition in der ICD (die übrigens auch noch bei der Kategorie F 93.2 verwendet wird) ist u. E. klinisch nicht sonderlich sinnvoll, denn wir haben in der Praxis Schwierigkeiten, Störungen mit Trennungsangst (und Schulphobien) zu verschlüsseln, da bei vielen dieser Störungen ein Beginn vor dem 6. Lebensjahr nicht nachweisbar ist. In solchen Fällen muss die Störung – wenn man sich strikt an die Regeln der ICD-10 hält – in eine Kategorie eingeordnet werden, die sich nicht auf das Wesentliche der Störung, nämlich die Trennungsangst bezieht[4].

Die Ausführungen im vorliegenden Artikel orientieren sich primär an der ICD-10 und am multiaxialen Klassifikationsschema (Remschmidt u. Schmidt 1994), das auf der ICD beruht. Wenn dies nicht hinreicht[5], können die ICD-10-Forschungskriterien zugrunde gelegt werden (in der deutschsprachigen Version im Internet verfügbar unter der Adresse: http://www.informatik.fh-luebeck.de/icdger/). Bei der Darstellung der diagnostischen Kriterien und der therapeutischen Hauptmethoden werden außerdem die DSM-Kriterien (Saß et al. 1996, Unnewehr et al. 1995) und die störungsspezifischen Leitlinien, die zurzeit von der Deutschen Gesellschaft für Kinder- und Jugendpsychiatrie und Psychotherapie (DGKJPP) erarbeitet und zur Veröffentlichung vorbereitet werden, berücksichtigt (Blanz et al. 1998; Resch et al. 1998; im Internet verfügbar unter der Adresse: http://www.uni-duesseldorf.de/WWW/AWMF).

Bei der diagnostischen Klassifikation von Angststörungen ist zu beachten, dass in der Tab. 15.1 nicht alle Störungen, bei denen die Angst im Vordergrund steht, angeführt sind. Weitere psychische Störungen, bei denen die Angst das Hauptsymptom darstellt, sind z. B. Angststörungen mit einer körperlichen Ursache (ICD-Nr. F 06.4 „Organische Angststörung" bzw. DSM-Nr. 293.89).

Darüber hinaus weisen psychische Störungen, bei denen soziale Kontaktprobleme im Vordergrund stehen, einen engen Bezug zu den Angststörungen auf. Zu diesen „verwandten" Auffälligkeiten zählen einige Störungen aus der ICD-Gruppe F 94 (Störungen sozialer Funktionen mit Beginn in der Kindheit und Jugend), wie z. B. der elektive Mutismus (F 94.0) und der gehemmte Typus der reaktiven Bindungsstörung des Kindesalters (F 94). (Entsprechende DSM-Kategorien: 313.23 Selektiver Mutismus; 313.89 Reaktive Bindungsstörung im Säuglingsalter oder in der frühen Kindheit.)

Schließlich ist bei der Diagnostik von Angststörungen mitzubedenken, dass frei flottierende Ängste, phobische Ängste und auch Panikattacken bei sehr vielen weiteren psychischen Störungen vorkommen können. Zu diesen Störungen zählen z. B. Albträume bzw. Angstträume (F 51.5) und der Pavor nocturnus (F 51.4), der durch nächtliche Episoden äußerster Furcht und Panik mit heftigem Schreien und starker Erregung gekennzeichnet ist. Die betroffene Person setzt sich oder steht mit einem Panikschrei auf, manchmal stürzt sie zur Tür, als wolle sie entfliehen, meist aber ohne den Raum zu verlassen. Nach dem Erwachen fehlt die Erinnerung an das Geschehen oder ist auf bruchstückhafte Vorstellungen begrenzt. Schwere Angstsymptome können sich darüber hinaus bei fast allen bedeutsamen psychischen Störungen, z. B. den Schizophrenien und schizotypen Störungen, affektiven Störungen (ICD-Kapitel F 2 und F 3) zeigen; Essstörungen sind sehr häufig mit einer Gewichtsphobie" verbunden und auch bei anderen neurotischen Störungen (z. B. F 42: Zwangsstörungen; F 43: Anpassungsreaktionen; F 44: Dissoziative Störungen) können sich ausgeprägte Angstsymptome manifestieren. Weiterhin zeigt sich ausgeprägte Angst im Rahmen von Misshandlungssyndromen (T 74) oder in der Folge von sexuellem Missbrauch (Z 61.4 - Z 61.6). Dabei ist es allerdings

[4] Im selben Sinne argumentiert Klein (1994) aus anderen Gründen: Bisher kann durch empirische Befunde die der diganostischen Regel des ICD zugrunde liegende Annahme nicht gestützt werden, Trennungsangststörungen, die sich vor dem 6. Lebensjahr manifestierten, wären psychopathologisch von den Trennungsangststörungen, die sich später manifestieren, zu unterscheiden.

[5] Wie dies z.B. bei der Kategorie F 93.80 der Fall ist.

Tabelle 15.**2** Einteilung der Angststörungen in Hauptgruppen

Hauptgruppen	Zugehörige ICD-Klassifikation	
1 Umgrenzte Phobien	F 40.2 F 93.1	Spezifische (isolierte) Phobien Phobische Störung des Kindesalters
2 Panikstörungen und Agoraphobien	F 41.0 F 40.0	Panikstörung Agoraphobie
3 Generalisierte Angststörungen	F 41.1 F 93.80	Generalisierte Angststörung Generalisierte Angststörung des Kindesalters (Überängstlichkeit)
4 Trennungsangst und Schulphobie	F 93.0	Störung mit Trennungsangst des Kindesalters
5 Soziale Ängste (Ängstlichkeit, Überempfindlichkeit und soziale Phobien)	F 40.1 F 93.2	Soziale Phobien Störung mit sozialer Ängstlichkeit des Kindesalters (Überempfindlichkeit)

sehr wichtig, zu klären, ob es sich um eine reale Angst handelt, d.h., ob die Gefahr der Misshandlung noch besteht oder ob die Angst als psychopathologische Folge der Traumatisierung zu verstehen ist.

Die Abgrenzung von normalen bzw. realen Ängsten ist im Übrigen bei der Diagnostik von Angststörungen immer von Bedeutung; d.h., es ist immer genau zu prüfen, ob die berichteten Ängste möglicherweise eine reale Grundlage haben. Häufig – z.B. bei Ängsten, die sich auf den Kontakt mit Gleichaltrigen und auf die Schulsituation beziehen – ist diese Abgrenzung nicht immer leicht, und manchmal sind psychopathologische Ängste mit realen Ängsten assoziiert, da gerade Kinder und Jugendliche mit psychischen Auffälligkeiten sowohl im häuslichen Milieu als auch unter Gleichaltrigen und in der Schule leicht Opfer von körperlichen oder seelischen Misshandlungen und Abwertungen werden können. Aus diesen Gründen sind bei der Diagnostik von Angststörungen die differenzialdiagnostischen Abgrenzungen und die Klärung der Frage, ob es sich um reale oder pathologische Ängste handelt, von besonderer Bedeutung.

Die diagnostische Klassifikation stellt sich darüber hinaus auch deshalb nicht immer einfach dar, da Angststörungen eine hohe Komorbidität aufweisen und die Zuverlässigkeit der diagnostischen Klassifikation nicht bei allen Angststörungen von Kindern und Jugendlichen gut ist. Empirische Untersuchungen zur Reliabilität bei der Erfassung von Angststörungen (Klein 1994) ergaben gute bis akzeptable Werte für Trennungsangststörungen und auch für einfache Phobien. Die Reliabilität bei der Klassifikation der anderen Angststörungen, insbesondere der generalisierten Angststörung und der sozialen Ängste ist dagegen eher mäßig bis gering. Um einen komprimierten Überblick zu gewinnen und zum Zwecke der praktischen Orientierung können die wichtigsten Angststörungen bei Kindern und Jugendlichen in 5 große Gruppen eingeteilt werden, die in Tab. 15.**2** dargestellt sind.

■ Umgrenzte Phobien

Die spezifischen Phobien (Tab. 15.**3**) beziehen sich immer auf eindeutig identifizierbare Objekte oder Situationen. Häufig sind Tierphobien, z.B. vor Spinnen, Schlangen, Hunden, Insekten, weitere Beispiele sind Ängste vor hohen Plätzen (Höhenphobie), vor Blut, vor der Dunkelheit - tritt bei Kindern gehäuft auf –, vor dem Fliegen, vor geschlossenen Räumen, vor Aufzügen, vor dem Genuss von Speisen. Die Angst ist anhaltend, und der Patient erkennt, dass sie übertrieben bzw. unvernünftig ist. Bei Kindern allerdings kann diese Einsicht fehlen. Der phobische Reiz löst massive Angstreaktionen und ein Vermeidungsverhalten aus.

Tabelle 15.**3** F 40.2 – Spezifische (isolierte) Phobien – Leitsymptome

- Abnorm gesteigerte oder objektiv unbegründete und anhaltende Angst, die durch Erwartung bestimmter Objekte oder die Konfrontation mit ihnen oder durch Situationen hervorgerufen wird (Auslöser: bestimmte Tiere, hohe Plätze, geschlossene Räume, Zahnarztbesuch, Anblick von Blut etc. [Ausgenommen Angst vor sozialen Situationen; siehe hierzu F 40.1 Soziale Phobien]).
- Bei Konfrontation oder Erwartung des phobischen Reizes tritt fast immer eine Angstreaktion auf, die sich in somatischen (z. B. Herzklopfen, Schwitzen), psychischen (z. B. Angstgefühl) oder behavioralen (z. B. Schreien, Flucht) Symptomen zeigt und sich bis zu einem Panikanfall steigern kann.
- Der phobische Reiz wird vermieden oder nur mit großem Unbehagen ertragen.
- Die Lebensführung oder die Entwicklungsmöglichkeiten sind deutlich beeinträchtigt, und/oder es besteht ein erheblicher Leidensdruck.

Tabelle 15.**5** F 41.0 – Panikstörung – Leitsymptome

- Es treten wiederholt Angstattacken auf, die nicht auf bestimmte Objekte oder Situationen bezogen und nicht vorhersehbar sind und deshalb häufig zu Erwartungsängsten oder Sorgen über das Auftreten von weiteren Attacken oder zu deutlichen Verhaltensänderungen führen.
- Eine Panikattacke ist eine klar abgrenzbare Episode von intensiver Angst oder Unbehagen, die spontan und abrupt beginnt, innerhalb weniger Minuten ein Maximum erreicht und mindestens einige Minuten andauert.
- Die Panikattacken sind nicht verbunden mit besonderer Anstrengung, gefährlichen oder lebensbedrohlichen Situationen.
- Zu einer Panikattacke gehören darüber hinaus mehrere körper- und gesundheitsbezogene Symptome wie z. B. Herzklopfen, Schwitzen, Atembeschwerden, Mundtrockenheit, Schwindelgefühl, Schwächegefühl, Derealisationsgefühle, Angst vor Kontrollverlust, Angst zu sterben.

Tabelle 15.**4** F 93.1 – Phobische Störung des Kindesalters – Leitsymptome

- Die Leitsymptome entsprechen den Leitsymptomen der spezifischen (isolierten) Phobien (F 40.2)
- Darüber hinaus muss die Störung einen entwicklungsphasenspezifischen Beginn aufweisen, d.h. die phobische Angst ist charakteristisch für den Entwicklungsstand des Kindes und tritt bei vielen Kindern dieser Altersstufe auf, allerdings in einem geringeren Ausprägungsgrad.
- (Ängste und Befürchtungen, die im Kindesalter auftreten und nicht Bestandteil der normalen Entwicklung sind [z. B. Agoraphobie] sind im Abschnitt F 4 zu klassifizieren.)

Panikstörungen und Agoraphobien

Hauptmerkmal der Panikstörungen (Tab. 15.**5**) ist die plötzlich auftretende schwere Panikattacke, die nicht auf eine spezifische Situation oder auf besondere Umstände beschränkt und deshalb in der Regel auch nicht vorhersehbar ist. Zu ihren Symptomen gehören Herzklopfen, Brustschmerzen, Erstickungsgefühle, Schwindel, Entfremdungsgefühle. Oft ist die Panikattacke verbunden mit der Angst vor Kontrollverlust oder der Angst, wahnsinnig zu werden oder zu sterben. Die Anfälle dauern häufig nur wenige Minuten und steigern sich innerhalb kurzer Zeit bis auf ihren maximalen Gipfel; ihre Häufigkeit ist sehr unterschiedlich, und reicht von mehreren Anfällen täglich bis zu Anfällen in Abständen von mehreren Wochen.

Da die Anfälle nicht vorhersehbar sind, führen sie häufig zu einer tiefgreifenden Verunsicherung der Patienten und einer Veränderung ihrer Lebensführung, sodass sie solche Situationen, in denen Panikattacken besonders unangenehm oder peinlich oder in denen sie schwer kontrollierbar wären, von ihnen vermieden werden. D. h., infolge von Panikattacken können sich agoraphobische Tendenzen entwickeln, dies muss aber nicht der Fall sein. Panikattacken und Agoraphobien können auch unabhängig voneinander auftreten.

Unter Agoraphobie (Tab. 15.**6**) verstand man früher die Angst vor großen weiten Plätzen; heute wird eine weitere Definition verwendet. Man versteht unter Agoraphobie die Angst vor öffentlichen Plätzen und Menschenansammlungen und davor, sich zu weit von zu Hause zu entfernen und alleine zu reisen. Schwere Agoraphobien können dazu führen, dass die betroffenen Personen das Haus überhaupt nicht mehr verlassen.

Tabelle 15.6 F 40.0 – Agoraphobie – Leitsymptome

- Ausgeprägte und anhaltende Angst vor oder Vermeidung von Menschenmengen, öffentlichen Plätzen, alleine zu Reisen oder sich zu weit von zu Hause zu entfernen.
- In den gefürchteten Situationen treten mehrere körper- und gesundheitsbezogene Symptome auf, wie z.B. Herzklopfen, Schwitzen, Atembeschwerden, Mundtrockenheit, Schwindelgefühl, Schwächegefühl, Derealisationsgefühle, Angst vor Kontrollverlust, Angst zu sterben.
- Die gefürchteten Situationen werden vermieden oder mit deutlichem Unbehagen durchgestanden.
- Die Symptome beschränken sich auf die gefürchteten Situationen oder Gedanken an sie.
- Die Symptome verursachen eine deutliche emotionale Belastung und/oder Beeinträchtigungen im sozialen, schulisch-beruflichen und anderen wichtigen Funktionsbereichen.

Generalisierte Angststörungen

Diese Störung (Tab. 15.**7** und 15.**8**) ist durch exzessive Ängste und Sorgen gekennzeichnet, die sich auf viele verschiedene vergangene, aktuelle oder zukünftige Ereignisse und Situationen beziehen. Die Störung ist nicht auf bestimmte Situationen oder Themen eingeschränkt, sondern persistiert als relativ dauerhafte Grundbefindlichkeit. Die Ängste und Befürchtungen treten nahezu täglich auf und können sich symptomatisch extrem unterschiedlich äußern. Sie beziehen sich z. B. auf frühere Interaktionen, in denen andere Menschen gekränkt oder verletzt wurden, aktuelle Umstände und Verhaltensweisen, durch die die eigene schulische Leistungsfähigkeit oder die sozialen Kontakte beeinträchtigt werden, und auf zukünftige Ereignisse wie z. B. Urlaube oder Arztbesuche. Häufig zeigen sich zusätzlich somatische Beschwerden, Angst vor Beschämung und das Bedürfnis, von anderen beruhigt zu werden.

Tabelle 15.7 F 41.1 – Generalisierte Angststörung – Leitsymptome

- Ausgeprägte Ängste oder Sorgen (ängstliche Erwartungen), die nicht in einzelnen paroxysmalen Episoden auftreten (wie bei Panikstörung) und sich nicht nur auf ein Thema, sondern auf mehrere Ereignisse, Situationen oder Tätigkeiten (z. B. Schulleistungen) beziehen.
- Die Angst und Sorgen treten über eine Dauer von mindestens mehreren Wochen in der Mehrzahl der Tage auf.
- Die Ängste bzw. Sorgen sind mit mehreren verschiedenen Einzelsymptomen verbunden. Zu diesen gehören Befürchtungen (z. B. Sorge über Unglück, Angst zu sterben), motorische Anspannung (z. B. körperliche Unruhe, Spannungskopfschmerz, Zittern, Unfähigkeit zur Entspannung) und insbesondere vegetative Symptome (z. B. erhöhte Herzfrequenz, Tremor, Mundtrockenheit, Schweißausbrüche, Schwindelgefühle). Bei Kindern zeigen sich oft psychosomatische Beschwerden und das Bedürfnis nach Beruhigung. (Bei Kindern, bei denen sich die typischen Symptome der Angststörung bei Erwachsenen nicht zeigen, wird die Kodierung F 93.80 vorgenommen.)
- Die Angst bzw. Sorgen verursachen eine deutliche emotionale Belastung und/oder Beeinträchtigungen im sozialen, schulisch-beruflichen und anderen wichtigen Bereichen.

Tabelle 15.8 F 93.80 – Generalisierte Angststörung des Kindesalters („Störung mit Überängstlichkeit") – Leitsymptome

- Ausgeprägte Ängste oder Sorgen (ängstliche Erwartungen), die nicht in einzelnen paroxysmalen Episoden auftreten (wie bei Panikstörung) und sich nicht nur auf ein Thema, sondern auf mehrere Ereignisse, Situationen oder Tätigkeiten (z. B. Schulleistungen) beziehen.
- Die Angst und Sorgen treten über eine Dauer von mindestens mehreren Wochen in der Mehrzahl der Tage auf.
- Kinder klagen weniger über die bei Erwachsenen typischen Beschwerden und vegetativen Angstsymptome, sodass sie deshalb die Kriterien der generalisierten Angststörung (F 41.1) nicht erfüllen. Eine generalisierte Angststörung des Kindesalters (F 93.80) liegt vor, wenn mehrere der folgenden Symptome zu erkennen sind: Ruhelosigkeit, Erschöpfungsgefühl, Konzentrationsprobleme, Reizbarkeit, Muskelverspannung, Schlafstörungen aufgrund von Ängsten oder Sorgen.
- Die Angst und die Sorgen verursachen eine deutliche emotionale Belastung und/oder Beeinträchtigungen im sozialen, schulisch-beruflichen und anderen wichtigen Bereichen.

Die Diagnose hat eine relativ geringe Zuverlässigkeit. Ein Grund hierfür liegt darin, dass die Abgrenzung zwischen klinisch auffälligen Sorgen und „normalen“ Sorgen oft schwierig ist; ein weiterer Grund ist sicherlich die hohe Komorbidität mit anderen Angststörungen und affektiven Störungen. Manche Untersuchungen kommen zum Ergebnis, dass die überwiegende Mehrzahl der Patienten mit der primären Diagnose „generalisierte Angststörung“ eine weitere psychiatrische Störung aufweisen.

Tabelle 15.**9** F 93.0 – Störung mit Trennungsangst des Kindesalters – Leitsymptome

- Die Trennungsangst unterscheidet sich von der normalen Trennungsangst durch ihre abnorme Intensität und dadurch, dass sie über die alterstypische Stufe hinaus andauert.
- Die Trennungsangst ist charakterisiert durch mehrere (mindestens 3) der folgenden Symptome:
  - Unrealistische und anhaltende Besorgnis über mögliches Unheil, das der Hauptbezugsperson zustoßen könnte oder über den Verlust dieser Person
  - Angst vor Trennung von der Hauptbezugsperson
  - Aufgrund dieser Angst andauernde Abneigung oder Weigerung, die Schule oder den Kindergarten zu besuchen
  - Trennungsprobleme am Abend (z. B. Schwierigkeiten, ins Bett zu gehen oder häufiges Aufstehen nachts, Schwierigkeiten auswärts zu schlafen)
  - Anhaltende und ungangemessene Angst davor, alleine zu Hause zu sein
  - Alpträume mit Trennungsthemen
  - Wiederholtes Auftreten von körperlichen Symptomen (Übelkeit, Bauch- und Kopfschmerzen, Erbrechen), vor oder während einer Trennung bzw. wenn eine Trennung gefordert wird (z. B. Schulbesuch, Verlassen des Hauses)
  - Extremes und wiederholtes Unbehagen bzw. Leiden in Situationen, in denen Trennungen erwartet oder befürchtet werden; dieses Unbehagen kann sich in Angst, Weinen, Schreien, Wutausbrüchen äußern
- Durch die Störung wird das Funktionsniveau im schulischen, sozialen oder anderen Bereichen bedeutsam beeinträchtigt.
- Die Störung mit Trennungsangst soll nur diagnostiziert werden, wenn sie mehrere Wochen andauert und wenn eine solche Störung erstmals in der frühen Kindheit vor dem Alter von 6 Jahren auftrat (ICD-10) bzw. wenn die Störung vor der Vollendung des 18. Lebensjahres beginnt (DSM-IV).

Trennungsangst und Schulphobie

Trennungsangst-Störungen (Tab. 15.**9**) zeigen sich bei jüngeren Kinder typischerweise in der Form, dass sie mit Angst und Widerstand reagieren, wenn sie sich von ihrer Hauptbezugsperson (z. B. von der Mutter) oder von zu Hause trennen sollen. Häufig führt schon die Drohung, dass eine Trennung bevorsteht, zu starker Angst, etwa wenn die Eltern abends ausgehen wollen. Häufig zeigt sich das Kind auch darüber besorgt, dass den Eltern etwas zustoßen könnte oder dass sie selbst z. B. krank werden könnten. Das Kind versucht oft schon im Vorfeld, solche Trennungssituationen zu vermeiden, z. B. durch Schreien, Weinen, Betteln, verbale Drohungen und körperlichen Widerstand. Häufig verschwinden diese Symptome schnell, wenn das Kind nicht mehr unter der Forderung steht, sich von den Bezugspersonen zu trennen. Bei Schulkindern und Jugendlichen manifestiert sich die Trennungsangst-Störung als Schulphobie; d. h., sie zeigt sich, wenn das Kind in die Schule gehen soll. Die Schulphobie ist diagnostisch abzugrenzen von der Schulangst, bei der die Angst nicht durch die Trennung, sondern durch die Schulsituation ausgelöst wird, und vom Schuleschwänzen. Das Schuleschwänzen ist im Gegensatz zur Schulphobie nicht durch Angst motiviert.

Soziale Ängste

Kinder und Jugendliche mit diesen Störungen (Tab. 15.**10** und 15.**11**) fürchten und vermeiden soziale Kontakte, insbesondere Kontakte zu Gleichaltrigen. Im Zentrum steht die Befürchtung, in sozial peinliche Situationen zu geraten, beschämt zu werden oder sich zu blamieren. Die Störung zeigt sich insbesondere im Zusammenhang mit der Schule und den dort geforderten Aktivitäten (sich melden; in der Klasse sprechen; Sportunterricht; an die Tafel treten; an Ausflügen teilnehmen). Häufig machen sich diese Kinder auch Sorgen darüber, dass sie z.B. durch Erröten, durch ihre Kleidung oder ihr sonstiges Aussehen auffallen könnten. Auch hier zeigt sich hohe Komorbidität mit anderen Angststörungen; die Reliabilität der Diagnose ist problematisch.

Tabelle 15.**10** F 40.1 – Soziale Phobien – Leitsymptome

- Ausgeprägte Furcht, im Zentrum der Aufmerksamkeit zu stehen bzw. sich peinlich oder beschämend bzw. erniedrigend zu verhalten oder deutliche Vermeidung von solchen Situationen.
- Die Ängste beziehen sich auf soziale Situationen wie z. B. Essen oder Sprechen in der Öffentlichkeit, Begegnung von Bekannten in der Öffentlichkeit, Hinzukommen zu Gruppen wie z. B. in Klassenräumen.
- Mindestens 2 Angstsymptome (so wie bei spezifischen Phobien beschrieben) sind aufgetreten sowie zusätzlich ein Symptom wie Erröten, Zittern, Angst zu erbrechen, Angst vor bzw. Drang zu Miktion bzw. Defäkation.
- Deutliche emotionale Belastung durch die Angstsymptome oder durch das Vermeidungsverhalten und Einsicht, dass die Symptome übertrieben oder unvernünftig sind.

Tabelle 15.**11** F 93.2 – Störung mit sozialer Ängstlichkeit des Kindesalters (Überempfindlichkeit) – Leitsymptome

- Anhaltende Ängstlichkeit in sozialen Situationen gegenüber Fremden oder in neuen sozialen Situationen. Die Angst kann gegenüber Erwachsenen und/oder Gleichaltrigen auftreten.
- Die Angst äußert sich durch Befangenheit, Verlegenheit, übertriebene Sorge über die Angemessenheit des eigenen Verhaltens Fremden gegenüber oder in ausgeprägten Vermeidungstendenzen gegenüber neuen oder fremden sozialen Situationen.
- Die Furcht erreicht ein Ausmaß, das außerhalb der altersspezifisch üblichen Grenzen liegt und zu einem deutlichen Leiden und Unglücklichsein oder zu einer deutlichen sozialen Beeinträchtigung führt.
- Die Störung beginnt in der Regel in der Entwicklungsphase, in der diese sozial ängstlichen Reaktionen als angemessen angesehen werden. Sie unterscheidet sich von den alterstypischen Ängsten durch ihre abnorme Intensität und dadurch, dass sie über die alterstypische Stufe hinaus andauert.
- Die Beziehungen zu Familienangehörigen und Gleichaltrigen sind gut (normale selektive Bindung). Die Kategorie soll nur für Störungen verwendet werden, die vor dem 6. Lebensjahr beginnen (ICD-10).

Edemiologie und Verlauf

Prävalenz

Die Prävalenzraten für diagnostizierbare psychische Störungen liegen bei Kindern und Jugendlichen bei 15–20% (Bird et al. 1989, Costello 1989a, Offord et al. 1989, Velez et al. 1989, Zill u. Schoenborn 1990; vgl. auch Remschmidt u. Walter 1990); wenn man ein sehr strenges Kriterium zugrunde legt (eindeutig behandlungsbedürftige Störungen), gelangt man zu Prävalenzraten von ca. 10%. Emotionale Störungen mit ängstlich-gehemmten und depressiven Verhaltensweisen wiederum machen knapp die Hälfte der Gesamtprävalenz bei psychischen Störungen im Kindesalter aus (Target u. Fonagy 1996, Rutter et al. 1970, Yule 1981, Esser et al. 1990)[6]. Alle anderen Störungen haben geringere Prävalenzraten (Target u. Fonagy 1996; Übersichtsarbeit von Costello 1989b über störungsspezifische Epidemiologie).

Das bedeutet, dass Angststörungen ähnlich wie bei Erwachsenen auch bei Kindern und Jugendlichen zu den häufigsten psychischen Störungen gehören. Hinweise über die Häufigkeit der einzelnen Untergruppen von Angststörungen können aus einer Untersuchung von Lewinsohn et al. (1993) entnommen werden (vgl. hierzu auch Schneider 1996), in der die Prävalenz von

Tabelle 15.**12** Häufigkeit von verschiedenen Angststörungen bei Jugendlichen (nach Lewinsohn et al. 1993)

	Punktvalenz	**Lebenszeitvalenz**
	bei den Schülern	
1. Spezifische Phobien	1,40	1,99
2. Paniksyndrom	0,35	0,82
3. Agoraphobie	0,41	0,70
4. Störung mit Überängstlichkeit	0,47	1,29
5. Trennungsangst	0,18	4,21
6. Sozialphobie	0,94	1,46
Angststörungen insgesamt	**3,16**	**8,77**

[6] Auf Angststörungen im engeren Sinne entfallen deutlich mehr als 10% der Gesamtprävalenz.

psychischen Störungen (diagnostiziert nach DSM-III-R) bei 14- bis 18-jährigen amerikanischen Schülern untersucht wurde. In dieser Untersuchung erfüllten ca. 10% der Schüler die Kriterien für eine psychische Störung (Punktprävalenz). Die in dieser Untersuchung ermittelten Häufigkeiten von Angststörungen sind in Tab. 15.**12** dargestellt. Hieraus ist ersichtlich, dass spezifische Phobien in der untersuchten Altersgruppe am häufigsten sind, gefolgt von Sozialphobien. Weitere Hinweise zur Häufigkeit der verschiedenen Angststörungen finden sich in Tab. 15.**13**.

Bezüglich der Geschlechterverteilung konnte in vielen Untersuchungen festgestellt werden, dass Mädchen etwa im Verhältnis 60 : 40 häufiger betroffen sind (Remschmidt 1992). Der Geschlechterunterschied zeigt sich insbesondere in der Pubertät und Adoleszenz, in der bei Mädchen sehr viel häufiger als bei Jungen Angst und depressive Störungen auftreten. In epidemiologischen Daten finden sich auch Geschlechterunterschiede bezüglich der Anzahl der Ängste. Nach Angaben der Mutter ebenso wie nach Angaben der Kinder selbst zeigen Mädchen mehr Ängste als Jungen (Kendall et al. 1991, Ollendick et al. 1985).

Komorbidität

Klinische Studien haben eine sehr hohe Komorbidität zwischen den verschiedenen Angststörungen gezeigt: In manchen Studien ergeben sich

Tabelle 15.**13** Hinweise zur Epidemiologie verschiedener Angststörungen

1. Umgrenzte Phobien	Die angegebenen Prävalenzraten für einfache spezifische Phobien in der Gesamtbevölkerung schwanken sehr stark von etwa 5% bis 15% Öst (1996). Eisen u. Kearney (1995) geben für umgrenzte Phobien bei Kindern Prävalenzraten von 1–3 % an.
2. Panikstörungen und Agoraphobien	Agoraphobien sind in der Gesamtbevölkerung häufig: Die Halbjahresprävalenzraten liegen zwischen 2 und 6 %, die Lebenszeitprävalenz zwischen 3 und 9% (Remschmidt 1992). Das Paniksyndrom ist im Vergleich dazu seltener, die 6-Monats-Prävalenzraten liegen zwischen 0,5 und 1% und die Lebenszeitprävalenzraten zwischen 1 und 2,5%. Die epidemiologischen Zahlenangaben über Panikstörungen im Kindes- und Jugendalter schwanken sehr stark. In einigen Untersuchungen werden hohe Zahlen von 5–10% berichtet. In anderen Untersuchungen aber liegt die Prävalenzrate unter 1%. Diese starken Diskrepanzen sind auf methodische Unterschiede zurückzuführen. Panikattacken sind bei Mädchen häufiger als bei Jungen, und zwar im Verhältnis 1:3 bis 1:4. Bei jüngeren Kindern wird die Diagnose seltener gestellt, da sich bei ihnen zwar physiologische Symptome zeigen können, aber weniger die typischen kognitiven Symptome.
3. Generalisierte Angststörungen	Die Störung ist relativ häufig, die mittlere Prävalenzrate liegt bei ca. 4% sowohl bei Kindern als auch bei Jugendlichen; die Lebenszeitprävalenz liegt bei etwa 5%. Trotzdem kommen diese Patienten relativ selten in Behandlung. Wie bei allen Angststörungen zeigt sich auch bei der generalisierten Angststörung ein Überwiegen des weiblichen Geschlechts.
4. Trennungsangst und Schulphobie	Trennungsangst ist nicht ungewöhnlich und kommt häufiger bei Kindern (Prävalenzraten 3–5 %) als bei Jugendlichen (Prävalenz: 0,5–2%) vor. Außerdem gibt es Hinweise, dass die Diagnose einer Trennungsangststörung bei Mädchen etwas häufiger ist als bei Jungen (Last et al. 1987).
5. Soziale Ängste	Mit einer Lebenszeitprävalenz von 10–15% stellt die Sozialphobie nach der Depression und Alkoholkrankheit die dritthäufigste psychische Störung dar (Juster et al. 1996). Die 6-Montats-Prävalenz liegt bei Frauen ca. 1,5–3% und bei Männern bei etwa 1–2%. Die Störung ist bei Kindern nicht so häufig wie die Trennungsangststörung (Kindheit 0,5–1,5%; Adoleszenz: 1,0–1,5%). Es zeigt sich aber in der Adoleszenz tendenziell eine Zunahme der Störung; insbesondere bei Mädchen.

Komorbiditätsraten bis zu 50%, d.h., die Hälfte der Angststörungen ist mit einer weiteren Angststörung assoziiert[7]. Auch in epidemiologischen Studien zeigte sich eine hohe Überschneidung zwischen den verschiedenen Angststörungen (Klein 1994, Lewinsohn et al. 1993). Darüber hinaus (vgl. hierzu Klein 1994) wurde in einigen klinischen Studien (mit Inanspruchnahmepopulationen) mit Kindern, die unter Angststörungen litten, eine sehr hohe Komorbidität mit depressiven Erkrankungen festgestellt (30–80%); in einigen anderen Studien konnten jedoch diese Ergebnisse nicht repliziert werden, sodass sich das Erkenntnisbild diesbezüglich noch etwas uneinheitlich darstellt. Wenn man dagegen in klinischen Studien von Kindern mit depressiven Störungen ausgeht, zeigen die vorhandenen Studien relativ konsistent eine hohe Komorbidität mit Angststörungen. Insofern kann auf jeden Fall festgehalten werden, dass Angststörungen und depressive Störungen bei Kindern und Jugendlichen überzufällig miteinander zusammentreffen. Die Komorbidität zwischen kindlichen Angststörungen und Depressionen bei Kindern konnte auch in epidemiologischen Studien nachgewiesen werden; die Komorbiditätsrate liegt zwischen 10% und 30%. Doch auch hier ist die Erkenntnisbasis noch etwas schmal; einige Befunde deuten darauf hin, dass die Ergebnisse nach Geschlecht differenziert werden müssen (Klein 1994) und dass auch der Altersfaktor zu berücksichtigen ist (Kendall et al. 1991). So untersuchten z.B. Strauss et al. (1988) Entwicklungsaspekte bei Kindern mit generalisierten Angststörungen: Jugendliche (12–19 Jahre) hatten häufiger gleichzeitig eine depressive Störung und einfache Phobien; jüngere Kinder (5–11 Jahre) hatten dagegen häufiger zusätzlich eine Trennungsangststörung oder Aufmerksamkeits-Defizit-Störungen.

[7] Bei solch hohen Komorbiditätsraten kann natürlich der Sinn einer so konzipierten diagnostischen Klassifikation in Zweifel gezogen werden. Wenn mehrere Angststörungen diagnostiziert werden, handelt es sich in vielen Fällen nicht um getrennte diagnostische Entitäten, sondern um eine Angststörung mit vielfältigen und weit generalisierten Äußerungsformen. Hier besteht sicherlich noch Bedarf, die vorhandenen Klassifikationsschemata weiter zu differenzieren, um zu klinisch sinnvolleren Klassifikationskonventionen zu gelangen

Verlauf

Die vorhandenen empirischen Daten sprechen für eine erhebliche Persistenz psychischer Störungen auch bei Kindern und Jugendlichen (Target u. Fonagy, 1996). In einer großen epidemiologischen Untersuchung zeigte sich z.B., dass etwa 1/3 derjenigen, bei denen zwischen 9 und 18 Jahren eine psychische Störung diagnostiziert worden war, 2½ Jahre später immer noch die gleiche Diagnose aufwiesen (Cohen et al. 1993). Analoge Befunde konnten auch im deutschen Sprachraum gewonnen werden: In einer epidemiologischen Untersuchung von Esser et al. (1992) lag die Persistenzrate für psychische Störungen bei Kindern zwischen 8 und 13 Jahren bei etwa 50%. Dabei zeigte sich allerdings – wie in vielen anderen Untersuchungen – eine deutliche Diskrepanz zwischen introversiven Störungen (ängstlich-gehemmte und depressive Verhaltensweisen), die zumindest im Kindesalter eine relativ günstige Prognose haben und extraversiven Störungen mit einer ungünstigen Prognose. Diese Ergebnisse bedeuten aber nicht, dass Angststörungen überwiegend spontan remittieren. Neuere Längsschnittstudien (Ollendick u. King 1994) und retrospektive Studien deuten darauf hin, dass zumindest bei manchen introversiven Auffälligkeiten eine erhebliche Persistenz anzunehmen ist (Fischer et al. 1984, Harrington et al. 1990, 1991, 1994, Flament et al. 1990).

Darüber hinaus dürfen Angststörungen bei Kindern in ihren möglichen negativen Auswirkungen nicht unterschätzt werden. Dies wird unterstrichen durch Untersuchungen, in denen die Langzeitwirkung von Angststörungen auf die allgemeine Entwicklung analysiert wurde, mit dem Ergebnis, dass Kinder mit Angststörungen in allen Altersbereichen eine höhere Belastung mit anderen psychischen Störungen bzw. Auffälligkeiten aufweisen als Kinder ohne Angststörungen. Negative Auswirkungen von Angststörungen sind also durchgängig vorhanden und nehmen mit steigendem Alter sogar zu (Cantwell u. Baker 1989, Kashani u. Orvaschel 1990).

Bei der Abschätzung der Prognose ist außerdem zu berücksichtigen, dass verschiedene Angststörungen wahrscheinlich einen unterschiedlichen Verlauf haben (Agras et al. 1972, Francis u. Ollendick 1986, Ollendick u. King 1994) einige Angaben hierzu finden sich in Tab. 15.**14**.

Tabelle 15.14 Hinweise zu Verlauf und Prognose verschiedener Angststörungen

1. Umgrenzte Phobien	Die Stabilität von einfachen Phobien ist eher gering. So sprechen einige Befunde dafür, dass frühe Kindheitsphobien meist einen gutartigen Verlauf nehmen. Auch die Therapieprognose ist recht günstig einzuschätzen: Durch verhaltenstherapeutische Methoden kann in relativ kurzer Zeit (2–10 Sitzungen) ein klinisch signifikanter Fortschritt erreicht werden. Stabile Erfolge können etwa bei 80 % erreicht werden.
2. Panikstörungen und Agoraphobien	Der Verlauf ist stark fluktuierend, d. h., Phasen mit hohen Symptombelastungen wechseln ab mit Phasen, in denen die Patienten ziemlich symptomfrei sind. Sowohl bei Panikattacken als auch noch mehr bei agoraphobischer Symptomatik besteht die Gefahr der Chronifizierung, wenn keine Behandlung erfolgt. Außerdem haben beide Störungen schwerwiegende soziale Folgen. Es besteht darüber hinaus die Gefahr, dass die Patienten ihre Symptomatik durch Medikamenten- oder Alkoholeinnahme oder Alkoholgenuss kontrollieren bzw. zu vermindern versuchen mit dem Risiko einer Alkohol- oder Medikamentenabhängigkeit.
3. Generalisierte Angststörungen	Überängstlichkeit bzw. generalisierte Angststörungen haben tendenziell eine hohe Persistenz und sind in der Adoleszenz zusätzlich mit Depressionen (s. Husain u. Kashani 1992; Last et al. 1987) assoziiert. Eine Follow-up-Untersuchung fand, dass 47 % von Kindern mit schwerer Überängstlichkeit die Störung auch noch 2,5 Jahre später hatten, fast alle in dem selben Schweregrad wie zuvor (Cantwell u. Baker 1989, Strauss et al. 1988).
4. Trennungsangst und Schulphobie	Leichte Trennungsangststörungen im Kindesalter sind häufig passager und instabil. Schwere und chronische Trennungsangststörungen dagegen stehen im gesamten weiteren Leben mit Schwierigkeiten sich zu trennen in Zusammenhang (Target u. Fonagy 1996); außerdem gibt es Hinweise darauf, dass es eine spezifische Assoziation zwischen Trennungsangst bei Kindern und Panikstörungen bei Erwachsenen gibt (Klein 1994).
5. Soziale Ängste	Die Stabilität von sozialen Ängsten und Sozialphobien ist relativ hoch.

Bei der Abschätzung der Prognose ist neben der Art der Störung auch das Alter und Geschlecht des Kindes zu berücksichtigen: Die Ergebnisse von Esser et al. (1992) zeigen, dass emotionale Störungen zwar im Kindesalter eine gute Prognose haben, im Jugendalter aber ist die Prognose speziell bei Mädchen relativ ungünstig.

Zusammenfassend kann festgehalten werden, dass Angststörungen nicht unterschätzt werden dürfen, da durch sie die Entwicklung von Kindern und Jugendlichen erheblich beeinträchtigt werden kann. Ihr Verlauf ist zwar günstiger als der von extraversiven Störungen. Diese allgemeine Aussage ist aber nach Störungstyp, Alter und Geschlecht des Kindes zu differenzieren, da sich die Prognose in Abhängigkeit von diesen Faktoren sehr unterschiedlich darstellt. Die bisher verfügbaren Informationen und Daten über den „natürlichen" Verlauf von emotionalen Störungen und speziell von Angststörungen sind im Vergleich zu anderen diagnostischen Gruppen noch unzureichend und es besteht hier ein erheblicher Forschungsbedarf.

Genese: Bedingungsfaktoren und theoretische Modelle

Für die Erklärung von Angststörungen können wir auf eine Reihe von verschiedenen theoretischen Modellen zurückgreifen, die aus ganz unterschiedlichen Traditionen stammen: Zu den psychologischen Erklärungsmodellen zählen die psychodynamischen Theorien, die lerntheoretischen und die kognitiven Angstmodelle; die psychologischen Konzepte werden ergänzt durch biologische Erklärungskonzepte. Diese Modelle werden schließlich durch Studien ergänzt, in denen die Bedeutsamkeit von familiären und genetischen Faktoren aufgewiesen wird. Die psychologischen Modelle unterscheiden sich z.T. sehr stark hinsichtlich der Beschreibung der Prozesse, durch die Angst ausgelöst wird, aber sie stimmen darin überein, dass der pathologischen Angst ähnliche psychologische Mechanismen zugrunde liegen wie der normalen Angst. In allen diesen Modellen unterscheiden sich pathologische und normale Angstzustände nur in ihrem Schweregrad und in ihrer Realitätsangemessenheit, nicht aber in ihrer fundamentalen Qualität.

Psychodynamische Modelle

Es gibt nicht ein einziges psychodynamisches Modell der Angstentstehung, sondern eine ganze „Familie" von solchen Modellen, die sich auf die von Freud begründete theoretische Tradition stützen. In einem der bekanntesten Fälle, über die Freud berichtet, wurde der 5-jährige „kleine Hans" wegen einer Pferdephobie behandelt[8]. Freud interpretierte diese Phobie als unbewusste (verdrängte) und auf Pferde verschobene Furcht vor dem Vater: „Hinter der erst geäußerten Angst, das Pferd werde ihn beißen, ist die tiefer liegende Angst, die Pferde werden umfallen, aufgedeckt worden und beide, das beißende wie das fallende Pferd, sind der Vater, der ihn strafen wird, weil er so böse Wünsche gegen ihn hegt." (Freud 1941). Diese Furcht vor dem Vater wiederum wurde als Ausdruck einer ödipalen Konfliktlage (libidinöse Wünsche gegenüber der Mutter, aggressive Impulse gegen den Vater) gedeutet: Das „Motiv seines Krankseins" liegt darin, dass der kleine Hans bei der Mutter sein will und mit ihr „schmeicheln" will, die „gesteigerte Zärtlichkeit für die Mutter ist es, die in Angst umschlägt". Hans ist „wirklich ein kleiner Ödipus, der den Vater ,weg', beseitigt haben möchte, um mit der schönen Mutter allein zu sein, bei ihr zu schlafen" (Freud 1941). Andere psychodynamische Konzepte gehen davon aus, dass Ängste und Phobien dadurch entstehen, dass es in frühen Phasen der Entwicklung (z.B. aufgrund von traumatischen Erlebnissen) zu „Fixierungen" gekommen ist. D.h. Ängste, die sich in späteren Lebensphasen zeigen, können dadurch erklärt werden, dass frühere phasenspezifische Entwicklungen in unangemessener Weise oder unvollständig durchlaufen worden sind.

Psychodynamische Konzepte dieser Art waren in Fachkreisen weit verbreitet und prägen bis heute auch das öffentliche Bewusstsein und die Vorstellungen über psychische Störungen in der Allgemeinbevölkerung, z.B. die Annahme, dass Ängste unbewusste Ursachen haben, die in einer Therapie „aufgearbeitet" werden müssen. In neuerer Zeit, insbesondere in den letzten 10 Jahren ist ihre Bedeutung jedoch zumindest in Fachkreisen erheblich gesunken. Zum Teil ist dies darauf zurückzuführen, dass die empirische Fundierung dieser Theorien äußerst mangelhaft ist, und zum anderen auch darauf, dass mittlerweile konkurrierende Theorien vorliegen, die besser empirisch gestützt sind und auf deren Grundlage effektive therapeutische Methoden entwickelt werden konnten.

Lerntheoretische Modelle

Klassisches Konditionieren: Watson u. Rayner (1920) riefen bei dem 11 Monate alten „kleinen Albert" eine Phobie nach dem Modell des klassischen Konditionierens hervor. Albert zeigte vor einer weißen Ratte keine Angst, reagierte aber erschrocken und ängstlich auf plötzliche laute Geräusche. Nachdem die Versuchsleiter in 2 Sitzungen Tier und Geräusch zusammen auftreten ließen, reagierte Albert schon auf die Ratte allein mit Weinen, heftiger Angst und Fluchtversuchen. Auch andere Reize, wie z.B. ein Hund, lösten ähnliche Angstreaktionen bei Albert aus[9]. Durch dieses Experiment konnte somit nachgewiesen werden, dass manche Phobien durch klassisches Konditionieren experimentell erzeugt und somit durch diesen plausiblen „Mechanismus" erklärt werden können. Gleichwohl ist die Erklärungskraft dieses Modells begrenzt, denn nicht alle

[8] Freud berichtet in seiner erstmals 1909 erschienenen Arbeit „Analyse der Phobie eines fünfjährigen Knaben" (Freud 1941) über die Behandlung des „kleinen Hans", den Freud allerdings nach seinen Angaben nur einmal gesehen hat. Freud regte seine Anhänger an, Beobachtungen „über das zumeist geschickt übersehene oder absichtlich verleugnete Sexualleben der Kinder" zu sammeln. Einer seiner Anhänger, der Vater des kleinen Hans, lieferte in diesem Zusammenhang ausführlich Notizen über die sexuelle Entwicklung seines Sohnes. Als Hans eine Pferdephobie entwickelt, liegen bereits viele Beobachtungen und Notizen vor und Freud leitet den Vater bei der Analyse der Phobie an. Der Vater des kleinen Hans also hat die psychoanalytische Behandlung seines Sohnes selbst durchgeführt.

wichtigen Aspekte von Phobien können durch das klassische Konditionieren erklärt werden:

- Die „Fähigkeit" von Reizen, Angst auszulösen, ist bei verschiedenen Reizen sehr unterschiedlich. So können z. B. Schlangen leicht zu Angstreizen werden, nicht aber Bäume. Dies aber widerspricht dem Konzept der beliebigen Konditionierbarkeit.
- Das Modell des klassischen Konditionierens erklärt nicht die Ängste, die ohne direkten Kontakt zum Angstobjekt entstehen.
- Schließlich entwickeln viele Kinder Ängste vor Objekten, ohne dass diese mit einem traumatischen bzw. aversiven Reiz gekoppelt waren.

Operantes Konditionieren: Das Konzept besagt, dass solche Verhaltensweisen, die unmittelbar belohnt werden, aufrecht erhalten und verstärkt werden. Dieses Konzept ist gerade bei der Erklärung der Ängste von Kindern und Jugendlichen häufig sehr plausibel: Viele Eltern verstärken Angstreaktionen und Vermeidungsverhalten von Kindern, in der Regel, ohne dass sie dies bewusst beabsichtigten. Die Verstärkung kann dabei in einer Reduktion der Anforderungen bestehen (= negative Verstärkung durch Aufhebung einer aversiven/gefürchteten Situation) oder in direkter Belohnung oder Zuwendung bei Angstreaktionen (= positive Verstärkung). Ähnlich wie das Modell des klassischen Konditionierens, so ist auch das Modell des operanten Konditionierens geeignet, einige Aspekte der Angstentstehung zu erklären; doch die oben angeführten Einschränkungen gelten auch hier in analoger Weise.

[9] Ein solches Experiment ist – aus unserer heutigen Sichtweise – ethisch völlig inakzeptabel; offensichtlich hatte man aber damals eine andere Einstellung zu dieser Frage. Man kann Watson u. Rayner zugute halten, dass sie eine Behandlung des kleinen Albert nach dem Konfrontationsmodell („forced solution") in Erwägung zogen (evtl. kombiniert mit angenehmen Reizen), aber der kleine Albert kam nicht mehr in den Genuss dieses Programms. Solche Therapiepläne wurden erst später unter Watsons Anleitung durchgeführt: M.C. Jones behandelte den kleinen Peter (Jones 1924 zit. n. Pongratz 1973, S. 295), der eine phobische Angst vor Kaninchen und ähnlichen Objekten hatte, mit der Methode der sukzessiven Annäherung und der sozialen Nachahmung. Mit dieser Behandlung nahm Jones die von Wolpe entwickelte Methode der Desensibilisierung vorweg. Der kleine Peter ist nach Pongratz der erste Fall der Verhaltenstherapie, dessen Behandlungsgeschichte wir kennen (Pongratz 1973, S. 296).

Zwei-Faktoren-Theorie und Annäherungs-Vermeidungs-Theorie: Mowrer (1960) hat in seiner „Zwei-Faktoren-Theorie der Angst" eine Kombination von klassischem und operantem Konditionieren angenommen: Ursprünglich wird die Angst durch klassische Konditionierung ausgelöst. Die Angst und die Vermeidungsreaktion werden durch eine negative Verstärkung aufrechterhalten. Die negative Verstärkung ergibt sich einfach daraus, dass der angstauslösende Reiz vermieden wird („automatische negative Verstärkung durch Vermeidung"). In ähnlicher Weise wird in der „Annäherungs-Vermeidungs-Theorie" eine Kombination der schon genannten „Mechanismen" angenommen: Ängste entwickeln sich ursprünglich durch klassische Konditionierung. Sie werden dadurch aufrecht erhalten, dass das Individuum bedrohliche Bereiche vermeidet und gleichzeitig unbedrohliche, angenehmere Bereiche aufsucht. D. h., es geschieht beides gleichermaßen, die Vermeidung einer aversiven Situation und hierdurch negative Verstärkung und die Annäherung bzw. Suche einer angenehmen und sicheren Situation, die bei Zielerreichung positiv verstärkt wird.

Kognitive Modelle

Mit der Verbreitung von kognitiven und kognitiv-behavioralen Ansätzen haben auch kognitive Modelle zur Erklärung von Ängsten an Popularität gewonnen. Als Beispiel sei hier das Konzept von Beck u. Emery (1985) angeführt. Danach entwickeln Individuen aufgrund ihrer bisherigen Erfahrungen (z. B. mit unangenehmen bzw. traumatischen Situationen) kognitive Strukturen, d.h. Wahrnehmungs-, Interpretations- und Bewertungsmuster, die bei der Beurteilung von neuen Situationen oder Ereignissen aktiviert werden. Eine wichtige Rolle spielt dabei die Frage, ob Objekte und Situationen als bedrohlich oder nicht bedrohlich bewertet werden (primäre Bewertung) und wie das Individuum seine eigenen Möglichkeiten beurteilt, schwierige Situation zu meistern (sekundäre Bewertung). Diese Bewertungen sind häufig nicht bewusst, d. h., sie geschehen gleichsam „automatisch". Personen mit Angststörungen nehmen z. B. viele objektiv harmlose Situationen als bedrohlich wahr bzw. bewerten sie als gefährlich, oder sie unterschätzen bzw. unterbewerten ihre eigenen Handlungsmöglichkeiten in solchen Situationen. Charakteristisch für Angststörungen sind „katastrophisierende" Interpretationen, rigide Denkschemata und ein geringes Selbstvertrauen bezüglich der eigenen Bewältigungsmöglichkeiten. Für die Therapie ergibt sich hieraus eine Strategie, in der zunächst diese „automatischen" Kognitionen identifiziert und an der Realität überprüft werden, um alternative kognitive Strategien zu entwickeln.

Für kognitive Therapieansätze ist ein von Clark (1986) entwickeltes Konzept zur Erklärung von Panikattacken besonders bedeutsam geworden. In diesem Konzept wird das Zusammenwirken von kognitiven und physiologischen Prozessen angenommen: Panikattacken entstehen dadurch, dass eigene Körperempfindungen (z. B. Herzrhythmus) in „katastrophisierender" Weise als hochgefährlich missinterpretiert werden. Diese Interpretation führt zu Angstreaktionen mit entsprechenden physiologischen Erscheinungen, durch die wiederum die Angst gesteigert wird. Die Panikattacke wird nach dieser Auffassung durch die kognitiven Fehlinterpretationen von Körperwahrnehmungen in Gang gesetzt und gesteigert[10] (Abb. 15.**6**). Für dieses Modell sprechen viele Therapieerfahrungen, die zeigen, dass durch eine Veränderung dieser Missinterpretationen Panikattacken gemildert oder vermieden werden können. Kognitive Erklärungs- und Therapiemodelle wurden unter Bezug auf erwachsene Patienten entwickelt; sie können aber auch gut auf Jugendliche angewandt werden. Auf Kinder sind diese kognitiven Modelle dagegen nicht uneingeschränkt übertragbar, da die kognitiven Strukturen bei Kindern weniger differenziert sind; bei der Anwendung auf Kinder muss deshalb der jeweilige kognitive Entwicklungsstand berücksichtigt werden.

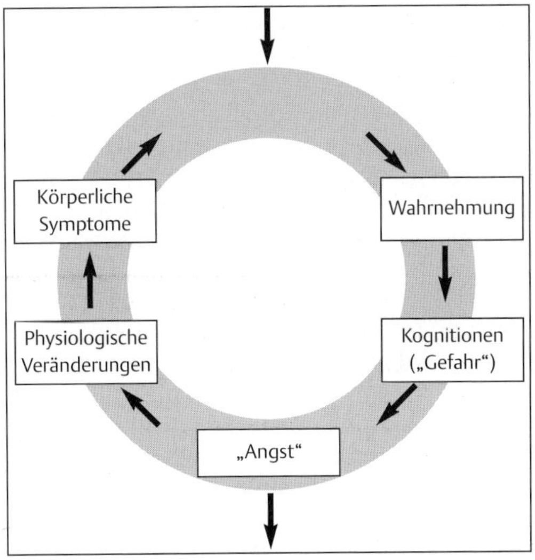

Abb. 15.**6** Offenes Verhalten. Modell der positiven Rückkoppelung bei Panikanfällen (allgemeines Schema nach Margraf u. Schneider 1989, 1996)

Biologische Modelle

Ein biologisch fundiertes Modell, das zur Erklärung von Angstentstehung herangezogen werden kann, ist das von Seligman (1971) entwickelte Konzept der Prädisposition („Preparedness"). Es besagt, dass wir biologisch prädisponiert sind, bestimmte Reize eher zu fürchten als andere, da es in der menschlichen Evolution notwendig wurde, ganz spezifische Reize, z. B. gefährliche Schlangen, zu meiden. Durch dieses Konzept wird die Annahme der Lerntheorie zurückgewiesen, dass Reize jeweils die gleiche Potenz haben bezüglich ihrer Fähigkeiten Angst hervorzurufen. Durch diese Theorie wird erklärt, warum es schwierig ist, Ängste auf manche Objekte (z. B. Einrichtungsgegenstände, technische Gegenstände) zu konditionieren, und warum es im Vergleich dazu leicht ist, z. B. Ängste auf Tiere zu konditionieren.

Andere biologische Modelle nehmen Bezug auf die neurophysiologischen Prozesse: So wurde darauf hingewiesen, dass Angstreaktionen das Ergebnis von Hyperventilation sein können. Symptome, die hieraus wiederum folgen (z. B. Benommenheit, erhöhte Herzschlagfrequenz) können wiederum zu Angstreaktionen führen bzw. eine bereits vorhandene Angstreaktion steigern. Auf das Zusammenwirken von kognitiven

[10] Das kognitiv-physiologische Modell des Paniksyndroms besagt somit, dass Panikattacken durch einen Aufschaukelungsprozess (Teufelskreis; Eskalation; positive Rückmeldung) zwischen körperlichen Symptomen, ihrer Interpretation als gefährlich und der darauf folgenden Angstreaktionen entstehen: Innere Veränderungen (z. B. Herzklopfen) und/oder äußere Reize werden von der betroffenen Person als gefährlich wahrgenommen; dies führt zu Angstreaktionen mit entsprechenden sichtbaren Verhaltensweisen. Die Angstreaktion führt zu physiologischen Veränderungen, körperlichen oder kognitiven Symptomen (z. B. Erhöhung des Herzrhythmus, Schwitzen). Durch die Wahrnehmung dieser körperlichen Veränderung wird die Panikreaktion weiter gesteigert.

und physiologischen Prozessen beim Entstehen von Panikattacken wurde bereits verwiesen.

Wiederum andere Modelle der Angstregulation wurden durch die Entwicklung von anxiolytischen Medikamenten, insbesondere von Benzodiazepinen angeregt. Einer ihrer Protagonisten, Gray (1987), hat ein Modell entwickelt, in dem ein neurophysiologisches System angenommen wird, das – wenn es aktiviert ist – subjektive Angst verursacht. Die verhaltensmäßigen Konsequenzen der Aktivierung dieses Systems bestehen darin, dass das motorische Verhalten reduziert wird und gleichzeitig die allgemeine Vigilanz und das Erregungsniveau erhöht werden. Anxiolytische Medikamente (wie z. B. Benzodiazepine) gewinnen nach diesem Modell ihren Effekt dadurch, dass dieses System gedämpft wird. Konfrontationstherapie ist danach durch den wohlbekannten Mechanismus der Habituation wirksam (Klein 1994).

■ Familiale und genetische Faktoren

Mehrere Familienstudien konnten zeigen, dass die Familienangehörigen von Patienten mit Angststörungen ebenfalls ein erhöhtes Risiko für Angststörungen haben. Insbesondere wurden familiäre Häufungen bei Panikstörungen, bei einfachen Phobien, bei der Sozialphobie und bei der generalisierten Angststörung festgestellt. Bezüglich der Entstehung von Angststörungen bei Kindern und Jugendlichen kann als gesichert festgehalten werden, dass bei depressiven Erkrankungen und Angstsyndromen ein deutlicher Zusammenhang zwischen elterlichen und kindlichen Störungen nachgewiesen ist; dabei kann man davon ausgehen, dass sowohl genetische, als auch psychosoziale Transmissionsmechanismen für die festgestellten Zusammenhänge verantwortlich sind. Wie spezifisch diese Zusammenhänge sind, wie sie im Einzelnen vorzustellen sind und wie sie zustande kommen, ist bisher noch nicht hinreichend geklärt und Aufgabe der künftigen Forschung. Für die Abschätzung des genetischen Anteils von Angststörungen lieferte die Zwillingsstudie von Torgersen (1983, 1993) erste wichtige Hinweise. Die Konkordanzrate bei allen Arten von Angststörungen, außer den generalisierten Angststörungen, war für die eineiigen Zwillinge etwa doppelt so hoch (34 %) wie für die zweieiigen Zwillinge (17 %).

Diagnostische Methoden

■ Anamnese

Zur Diagnostik von Angststörungen bei Kindern und Jugendlichen kann eine Vielfalt von Methoden eingesetzt werden (Tab. 15.**15**). An erster Stelle steht das Gespräch mit den Ratsuchenden, d. h. die ausführliche Anamnesenerhebung mit den Eltern und die Exploration des Kindes bzw. Jugendlichen; diese Methoden können durch (teil)standardisierte klinische Interviews ergänzt werden. Die Anamnesenerhebung und Exploration können darüber hinaus durch einfache Befragungsleitfäden und Checklisten erleichtert und strukturiert werden, so wie sie z. B. in gebräuchlichen Basisdokumentationen vorkommen (vgl. z. B. Knölker et al. 1997). Zur Erleichterung der Diagnostik nach den gängigen Diagnose-Klassifikationsschemata ICD und DSM sind außerdem Interviews und Checklisten verfügbar, z. B. die ICD-10 Checklisten ICDL (Hiller et al. 1995) oder das strukturierte klinische Interview für DSM-IV von Wittchen et al. (1997). Von Margraf (1994) wurde ein diagnostisches Kurzinterview bei psychischen Störungen (Mini-DIPS ; Margraf 1994) vorgestellt, das in der klinischen Praxis wegen seiner Ökonomie gut einsetzbar ist. Speziell für Kinder wurde das Kinder-DIPS von Unnewehr et al. (1995) entwickelt, das auch in der klinischen Praxis nutzbringend einsetzbar ist.

■ Screening-Untersuchung

Zur Diagnostik von Angststörungen gehören weiterhin eine intern-neurologische Screening-Untersuchung, um körperliche Ursachen auszu-

Tabelle 15.**15** Diagnostische Methoden bei Angststörungen

- Anamnese, Exploration, klinische Interviews
- Körperliche (intern-neurologische) und psychologische Standarduntersuchung
- Fragebögen, insbes. Angstfragebogen und andere Selbstberichtsmethoden
- Eltern-Fragebögen und -Ratings
- Lehrer-Fragebögen und -Ratings
- Familiendiagnostische Maße
- Verhaltensdiagnostische Methoden
- Psychophysiologische Maße

schließen und eine psychologische Standarduntersuchung. Zu dieser psychologischen Untersuchung kann z.B. die Überprüfung der Intelligenz mit Intelligenztests oder von Teilleistungsschwächen gehören, um mögliche Ursachen realer Ängste (z.B. Überforderung) abzuklären. Weiterhin können bei Angststörungen projektive Verfahren wie z.B. der „Schweinchen-Schwarzfuß-Test" (Cormann 1977) eingesetzt werden, um die emotionale Erlebniswelt des Kindes genauer kennenzulernen. Als nützlich haben sich auch einfache projektive Verfahren wie z.B. der Satz-Ergänzungstest nach Rotter erwiesen (vgl. hierzu das in der Fallvignette dargestellte Beispiel).

Schließlich gehört zur psychologischen Standarddiagnostik bei Angststörungen auch die familien- und umfelddiagnostische Prüfung der Frage, welche möglichen angstauslösenden Faktoren im Umfeld des Kindes auszumachen sind, z.B. um reale Ursachen der Angst wie Gewalttätigkeit, Misshandlung etc. ausschließen zu können. Auf diese Abklärungen ist große Sorgfalt zu legen, da es ein schwerer Kunstfehler wäre, berichtete Ängste, die eine reale Ursache haben, fälschlicherweise als psychopathologisch zu interpretieren.

Selbstberichtsmethoden

Die Fragebogenverfahren bzw. Selbstberichtsmethoden sind in der Tab. 15.**16** gesondert aufgeführt, da ihnen bei der Diagnostik von Angststörungen eine besondere Bedeutung zukommt. Angstbereitschaft, Ängstlichkeit und soziale Ängstlichkeit können mit Persönlichkeitsfragebogen, wie z.B. dem deutschen HSPQ (High School Personality Questionnaire) von Schuhmacher u. Cattell (1977) oder dem Persönlichkeitsfragebogen für Kinder zwischen 9 und 14 Jahren (PFK 9–14; Seitz u. Rausche 1992) erfasst werden. In diesem Verfahren sind z.B. die Skalen für „Zurückhaltung und Scheu im Sozialkontakt (VS4)" und „Selbsterleben von allgemeiner (existentieller) Angst (SB1)" im Hinblick auf Angststörungen von Bedeutung. Fragebogenverfahren, die speziell darauf abzielen, Angstbereitschaft und -zustände zu erfassen, sind z.B. das Stait-Trait-Angstinventar (STAI von Laux et al. 1981), das ab 15 Jahren einsetzbar ist. Das differenzielle Leistungs-Angst-Inventar von Rost u. Schermer (1997) erfasst leistungsbezogene Ängste bei Schülern; der Fragebogen zu körperbezogenen Ängsten, Kognitionen und Vermeidung (AKV) von Ehlers et al. (1993) ist speziell für die Diagnostik bei Agoraphobien und Panikattacken konzipiert und primär für Erwachsene gedacht, aber auch bei Jugendlichen verwendbar. Zu den Angstfragebögen, die speziell für Kinder entwickelt wurden, zählen der Kinder-Angst-Test (Thurner u. Tewes 1975), der Schulangst-Test (Husslein 1978) und der Angstfragebogen für Schüler (AFS; Wieczerkowski et al. 1981). Der Youth Self Report (YSR; Remschmidt u. Walter 1990) schließlich ist ein Fragebogenverfahren für Jugendliche, in dem eine große Bandbreite von psychopathologischen Symptomen erfasst werden, unter anderem auch Angstsymptome. Entsprechende Angaben aus der Sicht der Eltern können mit der Child Behavior Check List (CBCL, s. ebenfalls Remschmidt u. Walter 1990) gewonnen werden. Mit der Child Behavior Check List ist auch der wichtigste und am häufigsten eingesetzte Elternfragebogen bei psychischen Störungen von Kindern und Jugendlichen genannt, der sich auch in der klinischen Praxis als nützliches und gut einsetzbares Instrument erwiesen hat. Zum CBCL gibt es schließlich auch eine Lehrer-Version, die aber bisher im deutschen Sprachraum noch nicht so ausführlich überprüft ist. Ein anderes Beispiel für einen Elternbogen ist der Verhaltensbeurteilungsbogen für Vorschulkinder (VBV 3–6) von Döpfner et al. (1995); allerdings erscheint dieser eher für ausagierende Störungen geeignet als für Kinder mit Angstsyndromen.

Tabelle 15.**16** Spezielle verhaltensdiagnostische Methoden bei Angststörungen

- Verhaltensbeobachtung und -Rating (z.B. Verhalten in Trennungssituationen)
- Selbst-Monitoring: systematische Beobachtung und Registrierung des eigenen Verhaltens
- Erfassung negativer Selbst-Statements und Registrierung von Kognitionen
- Verhaltenstests (z.B. „BAT" = Behavioral-Approach-Test)
- Rollenspiel-Tests (role-play-tests), lautes Denken u.ä., z.B. für soziales Assertivitätstraing oder soziale Kontaktübungen, gegebenenfalls mit Nutzung der Videotechnik

Psychosoziales Umfeld und Verhaltensdiagnostik

Weiterhin ist es bei Angststörungen häufig sinnvoll, das psychosoziale Umfeld und die Familienbeziehungen des Patienten in systematischer Form zu erfassen; dies geschieht z. B. durch die Achse V des multiaxialen Klassifikationsschemas (Remschmidt u. Schmidt 1994). Häufig sind Ängste von Kindern oder Jugendlichen mit familiären Beziehungsstörungen verbunden; sehr häufig werden Angststörungen auch durch die Reaktionen der anderen Familienmitglieder aufrecht erhalten. In solchen Fällen ist es besonders wichtig, dass die Eltern intensiv in die Therapie mit einbezogen werden. Zur Diagnostik von familiären Beziehungen stehen uns eine ganze Reihe von Verfahren zur Verfügung (vgl. hierzu das Kapitel 34 „Familientherapie").

Im Hinblick auf die Therapie sind schließlich die verhaltensdiagnostischen Methoden von ganz besonderer Bedeutung. Hier ist zunächst einmal die Beobachtung des Verhaltens durch den Diagnostiker selbst oder durch andere Personen (z. B. klinisches Stationspersonal, Eltern) zu nennen. In unsystematischer Form gehört die Verhaltensbeobachtung (z. B. Verhalten bei Kontaktaufnahme, bei Trennung von den Eltern, bei schweren Testaufgaben etc.) zu den wichtigsten Informationsquellen; sie kann durch Verwendung von einfachen Protokollbögen, Ratingskalen oder Checklisten systematisiert werden. Genauso wichtig wie die Verhaltensbeobachtung sind die Selbstbeobachtungsmethoden, durch die das Kind bzw. der Jugendliche selbst sein eigenes Verhalten in systematischer Verhalten registriert. In der Regel werden dabei in der praktischen Arbeit keine vorgefertigten Bögen verwendet, sondern die Bögen werden individuell konzipiert und an die jeweilige Problemlage und die zu erfassende Symptomatik und weiterhin an die Bedürfnisse und den Entwicklungsstand des Kindes angepasst. Bezüglich kognitiver Therapieansätze ist die Erfassung negativer Selbst-Statements von Interesse.

Im Englischen gibt es schon einige spezielle Instrumente zur Erfassung von solchen Selbstbewertungen (Eisen u. Kearney 1995). Speziell zur Diagnostik von Angststörungen konzipiert ist der „Behavioral Aviodance Test (BAT)" nach Lang u. Lazovik (1963; zum BAT s. a. Schneider 1996). Bei diesem Verhaltenstest wird im typischen Fall das Kind dem phobischen Reiz ausgesetzt, z.B. in den Raum mit dem phobischen Stimulus geführt, und es werden

- die Häufigkeit und Latenz des Annäherungsverhaltens,
- der räumliche Abstand zum phobischen Stimulus
- und die Zeitdauer, in der das Kind sich in der Nähe des phobischen Stimulus aufhält,

erfasst. Eisen u. Kearney (1995) berichten darüber, dass sie in ihrer praktischen Arbeit mit dem BAT auch die Herzfrequenz der Kinder messen. Ansonsten werden psychophysiologische Maße in der klinischen Praxis bisher kaum angewandt; Kendall et al. (1991) aber plädieren zu Recht dafür, auch solche Maße in die praktische Versorgung einzuführen.

Therapie

Die wichtigsten Therapiemethoden und ihre Wirksamkeit

Für die Therapie von Angststörungen bei Kindern und Jugendlichen kommt ein sehr breites Spektrum an Therapiemethoden in Betracht: Behaviorale und kognitive Methoden, Methoden aus anderen psychotherapeutischen Schulrichtungen insbes. psychodynamische und klientenzentrierte Therapieformen, Elternarbeit und familientherapeutische Ansätze und schließlich die Pharmakotherapie. In Tab. 15.**17**[11)] sind die wichtigsten Therapiemethoden aufgeführt.

Bisher liegen noch viel zu wenige empirische Ergebnisse zur Frage der Wirksamkeit verschiedener Therapieformen bei Angstsyndromen von Kindern und Jugendlichen vor. Das hat seinen Grund in dem Umstand , dass es bisher nur sehr wenige kontrollierte Therapiestudien oder andere methodisch gut ausgearbeitete Studien gibt, die sich speziell auf diese Diagnosengruppe bei Kindern und Jugendlichen beziehen.

[11)] Die dargestellte Liste ist unvollständig; so sind z. B. suggestive Methoden, hypno- und trancetherapeutische Methoden, das NLP und andere kurzzeittherapeutische Methoden (noch) nicht aufgeführt, obwohl sie in der Praxis eine zunehmende Bedeutung gewinnen. Klinische Kasuistiken weisen darauf hin, dass diese Methoden bei der Angstbehandlung (insbes. auch bei Phobien) hocheffektiv sein können.

Tabelle 15.17 Die wichtigsten Therapiemethoden bei Angststörungen von Kindern und Jugendlichen

- Entspannungsverfahren
- Systematische Desensibilisierung
- Massierte Konfrontation (Flooding)
- Modell-Lernen
- Kognitive Methoden (z. B. kognitive Umstrukturierung; Aufbau eines kognitiven Coping-Schemas; strukturierte Problemlösung)
- Operante Methoden (kontingente Verstärkung)
- Eltern- und familienorientierte Behandlungsansätze: Elternberatung, Elterntraining und Familientherapie
- Nicht-behaviorale Therapieformen: Klientenzentrierte oder psychodynamisch fundierte Spiel- oder Gesprächstherapie
- Pharmakotherapie

Das empirische Wissen ist somit in diesem Bereich noch sehr mangelhaft. Für den Bereich der Erwachsenen ist die empirische Basis zwar breiter, aber die Ergebnisse bei Erwachsenen sind nur bedingt auf Kinder und Jugendliche übertragbar. Die Situation wird darüber hinaus dadurch erschwert, dass bei der Therapie von verschiedenen Angststörungen unterschiedliche Ansätze im Vordergrund stehen. Aufgrund des heutigen Wissensstandes sind folgende vorläufige Aussagen gerechtfertigt (vgl. auch Roth u. Fonagy, 1996):

- Die bisher vorliegenden empirischen Befunde ebenso wie die klinischen Erfahrungen sprechen dafür, dass alle in der Tab. 15.17 aufgeführten psychotherapeutischen Methoden bei Angststörungen von Kindern und Jugendlichen im erwünschten Sinne wirksam sind, wobei die Wirksamkeit der Therapieverfahren aus dem Bereich der kognitiv-behavioralen Methoden am klarsten nachgewiesen ist. Diese zeigen in einer Reihe von kontrollierten Therapiestudien die höchsten Effektivitätswerte. Damit zeigt sich auch bei den Angststörungen ein Trend, der bei nahezu allen psychischen Störungen aufgewiesen ist, dass nämlich die behavioral-kognitiven Methoden in Therapiestudien am besten abschneiden.
- Bei Angststörungen sind durch psychotherapeutische Methoden im Durchschnitt bessere Wirkungen zu erzielen, als bei vielen anderen psychischen Störungen. Für diese Annahme sprechen auch die Ergebnisse von Casey u. Berman (1985), die in ihrer Metaanalyse von Kinder- und Jugendlichentherapien zum Schluss kommen, dass Angstsymptome und phobische Symptome im Vergleich zu anderen Symptombereichen die günstigsten Werte bezüglich der Therapieeffektivität zeigen: Die Effektstärken für diese Symptome liegen in kontrollierten Therapiestudien bei 1.0 und höher. Das bedeutet, dass die Therapiegruppe mehr als eine Standardabweichung günstiger abschneidet als die Kontrollgruppe.
- Weitere vorläufige Hinweise zur Wirksamkeit psychotherapeutischer Verfahren bei Angststörungen von Kindern und Jugendlichen sind (Target u. Fonagy 1996):
  - Bei Schulphobie ist eine schnelle Wiedereingliederung in die Schule - auch unter Ausübung von psychischem Druck – häufig effektiver als vorsichtigere Strategien; d. h., die Wirksamkeit von massierter Konfrontation[12] bei Kindern und Jugendlichen ist insbesondere für die Schulphobie gut nachgewiesen.
  - Bezüglich der Desensibilisierung besteht noch ein erheblicher Forschungsbedarf; ihre Wirksamkeit bei Kindern ist noch nicht hinreichend nachgewiesen.
  - Kognitiv-behaviorale Behandlungen zeigen bei umgrenzten phobischen Symptomen ebenso wie bei generalisierter Angst vermutlich gute Ergebnisse, obwohl auch hier die vorhandenen Studien noch nicht hinreichend sind.
  - Die vorhandenen Ergebnisse sprechen auch für die Wirksamkeit von psychodynamischen und klientenzentrierten Therapieformen, die allerdings in der Regel längere Zeit als behaviorale Therapien in Anspruch nehmen. Diese Therapieformen erscheinen bei generalisierten Angststörungen relativ gut geeignet zu sein.

[12] Gemeint ist die schnelle Wiedereingliederung. Ob der Ausdruck „massierte Konfrontation" hier gerechtfertigt ist (die Schule ist ja nicht das gefürchtete „Objekt"), ist eine andere Frage.

- Hinsichtlich der pharmakotherapeutischen Behandlungsmöglichkeiten[13] wurden bisher in kontrollierten Studien trizyklische Antidepressiva und Benzodiazepine auf ihre Wirksamkeit überprüft. In der Mehrzahl der Studien konnte eine Überlegenheit der Pharmakotherapie gegenüber Placebo nicht nachgewiesen werden; d.h., bisher ist die Wirksamkeit der pharmakotherapeutischen Behandlung nicht gesichert. Dabei ist jedoch zu berücksichtigen, dass alle vorhandenen Studien gravierende methodische Mängel aufweisen, sodass eine abschließende Bewertung der Pharmakotherapie nicht möglich ist. Mit Benzodiazepinen und trizyklischen Antidepressiva wurden darüber hinaus bereits über viele Jahre klinische Erfahrungen gesammelt, die dafür sprechen, dass die Pharmakotherapie in manchen Fällen eine wichtige Ergänzung zur psychotherapeutischen Behandlung darstellen kann. Dennoch ist, bei empirisch nicht gesicherter Wirkung der Pharmakotherapie, Zurückhaltung beim Einsatz von Pharmaka in der Therapie kindlicher Angststörungen geboten und die Indikation sollte eng gestellt werden (s.u. die Hinweise zur Indikation).

In der klinischen Praxis wird man nur sehr selten auf eine einzige Methode zurückgreifen; in der Regel besteht die Therapie aus einer Kombination von mehreren methodischen Komponenten, die durch eine differenzierte Indikationsstellung zu bestimmen sind (Mattejat 1997). Die Effektivität der Behandlung wird unter anderem davon abhängen, ob die richtigen Methoden zum richtigen Zeitpunkt eingesetzt wurden, wie gut sie aufeinander abgestimmt wurden und von der Art und Weise, wie diese Methoden realisiert wurden. Welche Methodenkombination in einem individuellen Fall am günstigsten erscheint, ist von mehreren Faktoren abhängig. Zu ihnen zählen das Alter, der Entwicklungsstand, die Kontextbedingungen (Familie etc.), der Schweregrad der Störung und die Art der Angststörungen. Die Behandlung ist am ehesten erfolgversprechend, wenn sie störungsspezifisch ist und darüber hinaus auf die individuelle Problemkonstellation abgestimmt ist. Im Folgenden werden zunächst die wichtigsten Methoden erläutert, um abschließend einige kombinierte Behandlungsansätze exemplarisch darzustellen.

[13] Ich danke Herrn Prof. Dr. Dr. H. Remschmidt und Frau Dr. S. Skrzypek für die Hilfe bei der Erstellung der Abschnitte, die sich auf die pharmakotherapeutischen Methoden beziehen.

Systematische Desensibilisierung

Alle Behandlungsformen, bei denen der Patient den angstauslösenden Reizen oder Situationen ausgesetzt wird, um die Angstreaktion auf diesen Reiz und die Vermeidungsreaktionen zu vermindern bzw. abzubauen, können als Expositionsbehandlungen im weiteren Sinne bezeichnet werden. Expositionsbehandlungen können sich auf äußere (externe) oder innere (interne) angstauslösende Stimuli beziehen. Sie können in der Vorstellung durchgeführt werden („In-sensu"-Behandlung) oder sich auf den realen äußeren Reiz beziehen („In-vivo"-Behandlung). Die Exposition kann schließlich graduell und verteilt oder plötzlich und massiert erfolgen. Anhand der zuletzt genannten Polaritäten können die beiden Grundformen der Expositionsbehandlung unterschieden werden: Die systematische Desensibilisierung und die massierte Konfrontation.

Bei der systematischen Desensibilisierung erfolgt die Annäherung an den angstauslösenden Reiz in kleinen Schritten (graduell und verteilt); darüber hinaus wird die angstauslösende Situation mit positiven Körperzuständen (meist: angenehme Entspannung) oder Reaktionen/Verhaltensweisen (z.B. Essen) kombiniert, die mit der Angst inkompatibel sind. Die Annäherung in kleinen Schritten verbunden mit der Entspannung (oder sonstige angst-antagonistische Reaktion) soll dazu führen, dass die **Angst nicht mehr oder in möglichst geringen Intensitätsgraden auftritt** und der Patient erfahren kann, dass er die gefürchteten Situationen ohne Angst erleben kann. Die systematische Desensibilisierung wird in 3 Schritten durchgeführt:

1. Schritt: Entspannungstraining: Grundlage der Desensibilisierung ist das Entspannungstraining. Hierfür kommen verschiedene methodische Varianten in Betracht: Das autogene Training nach Schulz (1978), die progressive Muskelentspannung nach Jacobson (1938), Entspannungsformen, die auf imaginative oder trancetherapeutische Methoden (NLP) zurückgreifen, und es können schließlich auch die Methoden des Biofeedback genutzt werden. Bei der Einübung von Entspannungstechniken empfiehlt es sich, Instruktionen zu nutzen, die speziell für Kinder bzw. Jugendliche in altersgerechter Sprache formuliert sind.

2. Schritt: Erstellung einer Angsthierarchie und Vorbereitung der Desensibilisierung: Parallel zur Einübung der Entspannung, die in der Regel mehrere Sitzungen dauert, wird gemeinsam mit dem Patienten eine Angsthierarchie erstellt, in der verschiedene Angstsituationen nach dem Schweregrad der Angst geordnet sind. Hierzu wird dem Patienten zunächst die Skalierung der subjektiv empfundenen Angst erläutert. In der Regel ist es sinnvoll eine 10-stufige Skala von „0 = überhaupt keine Angst" bis zu „10 = maximale Angst" vorzuschlagen. Manchmal ist es auch sinnvoller, das „Angstthermometer" von 0 bis 100 (100 = maximale Angst) zu skalieren.

3. Schritt: Verbindung der Entspannung mit den Items der Angsthierarchie: Im 3. und letzten Schritt, der Desensibilisierung im eigentlichen Sinne wird in den meisten Fällen zunächst eine Exposition in sensu durchgeführt. D.h., der Patient entspannt sich und stellt sich zuerst das Angstitem mit den geringsten Angstwerten vor. Falls keine Angst bzw. Anspannung auftritt, bzw. sich die Angst nur geringfügig erhöht, kann zum nächsten Item weitergegangen werden. Sobald die Angst deutlich auftritt, wird die Prozedur unterbrochen, die Entspannung vertieft und in der Angsthierarchie zunächst wieder bei „leichteren" Items begonnen und langsam gesteigert.

Tabelle 15.**18** Beispiel für eine Angsthierarchie

Situation	Angstwert
In der Schule aufgerufen werden, wenn ich mich nicht gemeldet habe.	90
Auf eine Feier mit Klassenkameraden gehen.	88
Den Klassenkameraden F. bei sich zu Hause besuchen.	75
Turnunterricht.	70
Ins Schwimmbad gehen.	60
Pause auf dem Schulhof.	30
In die Klasse gehen.	15
Im Restaurant etwas bestellen.	10

Massierte Konfrontation

Der Grundmechanismus der massierten Konfrontation (Synonyme: „Flooding", „massierte bzw. andauernde Exposition" „Implosionsbehandlung"; häufig wird auch nur der Ausdruck „Konfrontation" [im engeren Sinne] verwendet) besteht darin, dass der Patient der ängstigenden Situation ausgesetzt wird, bis er sich „akklimatisiert" hat. Ähnlich wie bei der Desensibilisierung kann die Konfrontation prinzipiell in vivo oder in sensu durchgeführt werden; in der Regel ist bei der massierten Konfrontation die In-vivo-Variante sinnvoller. Die Habituation an die angstauslösenden Situationen und die „Erschöpfung" der Angstreaktion sind die grundlegenden Wirkmechanismen. Damit diese Habituation eintreten kann, ist es in der Konfrontationsbehandlung erwünscht, dass die **Angst möglichst deutlich auftritt** und dass Flucht- oder Vermeidungsreaktionen unterbunden werden. Dabei wird gelernt, dass die befürchteten Ereignisse oder Konsequenzen nicht eintreten, z.B. jemand stirbt, und dass die Angst sich aushalten lässt und mit der Zeit abnimmt. Damit die Konfrontationsbehandlung im erwünschten Sinne wirksam werden kann, ist wesentlich, dass die Exposition durchgehalten und nicht abgebrochen wird. Dies setzt voraus, dass der Patient vom Behandlungskonzept überzeugt und entschlossen ist, die Behandlung durchzustehen, auch wenn sie unangenehm ist (Therapiemotivation); dies wiederum erfordert eine sehr intensive und ausführliche Vorbereitung, in der das Behandlungskonzept, der erwartete und tatsächliche Angstverlauf (Abb. 15.**7**) und mögliche Schwierigkeiten genau erläutert werden. Darüber hinaus ist die Beziehung zwischen Therapeut und Patient wichtig; je besser das Vertrauensverhältnis ist, umso eher kann die therapeutische Bindung zur Ermutigung und Stärkung der Durchhaltekraft des Patienten genutzt werden.

Voraussetzung dafür, dass eine massierte Konfrontationsbehandlung mit einem Kind oder Jugendlichen durchgeführt werden kann, ist eine sorgfältige Indikationsstellung. Einige Regeln, die dabei beachtet werden sollten, sind:

- Konfrontation soll nur in solchen Situationen durchgeführt werden, die nicht wirklich gefährlich sind, damit die befürchteten Konsequenzen nicht tatsächlich eintreten und zu

einer weiteren Traumatisierung führen können. Bei gefährlichen bzw. peinlichen Situationen ist die In-sensu-Variante vorzuziehen.
- Auch dann, wenn nur ein mäßiges Risiko der weiteren Sensibilisierung besteht, sollte die Konfrontation bei Kindern nicht versucht werden.
- Je jünger das Kind ist, umso eher ist anstelle der massierten Konfrontation die schrittweise Desensibilisierung angemessen.
- Wenn die Angst sehr extrem ist, ist zumindest bei Kindern die schrittweise Annäherung in der Regel sinnvoller.
- Wenn Expositionen bisher nicht erfolgreich waren und wenn die angstauslösenden Situationen breit gestreut sind ist, z. B. bei sozialen Ängsten oder generalisierten Angststörungen, sind anstelle von massierter Konfrontation oder systematischer Desensibilisierung andere Methoden (z. B. Kompetenztraining) vorzuziehen.

Die massierte Konfrontation erfolgt in mehreren Schritten:

1. Schritt: sehr ausführliche Vorbereitung;
2. Schritt: Auswahl der Reizsituation und Durchführung der Konfrontation;
3. Schritt: Generalisierung auf Situationen des realen Lebens.

Eine spezielle Form der massierten Konfrontation ist die „interozeptive Exposition" bei Panikattacken ohne äußeren Auslöser. Hierzu werden unangenehme bzw. ängstigende Körperempfindungen (z. B. beschleunigter Puls) gezielt hervorgerufen (z. B. durch körperliche Anstrengung) bzw. provoziert, mit dem Ziel, eine Habituation nach dem Prinzip der Konfrontationsbehandlung zu erreichen. Auch hier ist vorher eine sehr ausführliche Vorbereitung notwendig, die in der Regel auch eine kognitive Umstrukturierung beinhaltet. D. h. die „katastrophisierende" Bewertung der äußeren Reize und der inneren Körperwahrnehmung (z. B. als gefährlich etc.) muss thematisiert, in Frage gestellt, an der Erfahrung überprüft und durch andere Bewertungen ersetzt werden. Zur Vorbereitung gehört selbstverständlich auch eine ausführliche medizinische Untersuchung, sodass sichergestellt ist, dass der Patient den Belastungen gewachsen ist. Dieses Vorgehen, das sich bei Erwachsenen sehr bewährt hat, ist bei Kindern bisher noch kaum erprobt. Es ist aber für ältere Adoleszente, die unter intensiven physiologischen Angstsymptomen leiden, gut geeignet. Hierfür gibt es mehrere Gründe: Sie scheinen das Behandlungskonzept besser zu verstehen als jüngere Kinder, und sie leiden auch häufiger unter Panikattacken.

Modell-Lernen

Modell-Lernen ist Lernen durch Beobachtung, wie sich eine andere Person (das Modell) in einer bestimmten z. B. angstauslösenden Situation verhält. Prozesse des Modell-Lernens finden ständig statt, sie können z. B. in stationären Behandlungen, wenn die Patienten ihre Symptome voneinander übernehmen (z. B. Suiziddrohungen), von den Therapeuten als sehr störend erlebt werden. In gruppentherapeutischen Settings (mit Erwachsenen ebenso wie mit Kindern) können Prozesse des Modell-Lernens im positiven wie im negativen Sinne wirksam werden. Im Zentrum des therapeutischen Modell-Lernens steht die Beobachtung und Einübung eines positiven Bewältigungsverhaltens.

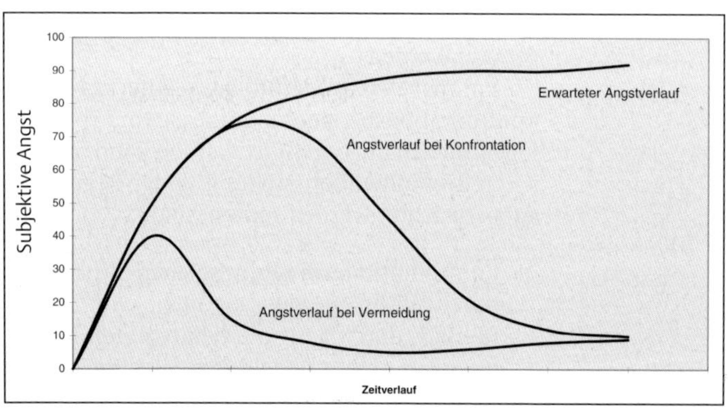

Abb. 15.7 Erwarteter und tatsächlicher subjektiver Angstverlauf bei Konfrontation

Besonders Kinder und Jugendliche sind daraufhin orientiert, durch Beobachtung von Vorbildern zu lernen (vgl. hierzu die Ausführungen im Familien-Identifikations-Test bei Remschmidt u. Mattejat 1999). Deshalb stellt das Modell-Lernen bei jungen Patienten eine sehr wichtige und effektive therapeutische Möglichkeit dar, die allerdings noch viel zu wenig in systematischer Weise genutzt wird. So können z.B. Desensibilisierung ebenso wie Konfrontationsbehandlung bei Kindern gut mit Modell-Lernen oder auch mit sozialer oder materieller Verstärkung kombiniert werden.

Beim direkten Modell-Lernen (auch „teilnehmendes Modell-Lernen") wird in folgenden Schritten vorgegangen:

1. Schritt: Darstellung des Modellverhaltens.
2. Schritt: Das Kind ahmt das gezeigte Verhalten nach.
3. Schritt: Andere (Therapeut, andere Kinder) vermitteln differenziertes Feedback; hierzu kann auch die Videotechnik gut genutzt werden.
4. Schritt: Das Kind erhält Instruktionen zur Übertragung des geübten Verhaltens auf reale Situationen.
5. Schritt: Die verfügbaren empirischen Daten und klinischen Erfahrungen sprechen klar für eine gute Wirksamkeit von Ansätzen, in denen Modell-Lernen genutzt wird. Modell-Lernen ist sehr gut geeignet für spezifische Phobien und auf soziale Situationen bezogene Angststörungen und soziale Kontaktstörungen. In anderen Fällen (Panikstörungen, Trennungsangststörungen) kann es eine Ergänzung zur primären Strategie (Expostionsbehandlung) sein.

Kognitive Methoden

Kognitive Methoden sind Behandlungsformen, bei denen dysfunktionale kognitive Muster durch adaptive Kognitionen ersetzt werden. Beispiele für häufige kognitive Verzerrungen sind (Eisen u. Kearney 1995):

- **Polarisiertes Denken:** Eine Tendenz, Ereignisse und Situationen in polarisierender Weise zu interpretieren und zu bewerten (Schwarz-Weiß-Denken oder Alles-oder-Nichts-Denken).
- **Übergeneralisierung:** Einzelne Ereignisse und Situationen werden unbegründet verallgemeinert (...ist immer so; ...alle sind so.).
- **Arbiträre Schlussfolgerung:** Es werden negative Schlussfolgerungen gezogen, ohne dass tatsächliche Erfahrungen diese Folgerung stützen (negative Interpretationen ohne Datenbasis).
- **Selektiver Filter:** Negative Ereignisse werden besonders herausgehoben und betont, positive Gegenbeispiele dagegen werden ignoriert.
- **Personalisierung:** Tendenz, sich selbst als persönlich verantwortlich zu fühlen, obwohl die Daten dies nicht stützen.
- **Katastrophisieren:** Tendenz, die Bedeutung von negativen Ereignissen zu amplifizieren und übertrieben zu bewerten.

Bei der Therapie von Angstsyndromen umfassen kognitive Techniken (Tab. 15.**19**) mindestens folgende Schritte:

1. Schritt: Der Therapeut leitet das Kind an, dysfunktionale Kognitionen zu identifizieren und ihren negativen Einfluss auf das Verhalten zu erkennen. Hierzu vermittelt er Informationen über Angstentstehung, analysiert die angstfördernden Gedanken mit dem Kind und überprüft gemeinsam mit ihm diese Gedanken an der Realität. Dysfunktionale kognitive Prozesse sind z. B. negative Glaubensüberzeugungen, Fehlwahrnehmungen (z. B. als bedrohlich oder gefährlich) und negative Selbstbewertungen.
2. Schritt: Anleitung, wie diese schädlichen Gedankenmuster durch andere angemessenere und nützlichere ersetzt werden können und Entwicklung von Gedanken, die realitätsangemessener sind und die einen angstfreien Umgang mit der Situation erlauben; Erlernen positiver Selbstinstruktionen.
3. Schritt: Anleitung zu Realitätstests durch Exposition. In realen Situationen wird überprüft, ob die kognitiven Veränderungen tatsächlich eine bessere Bewältigung der angstbesetzten Situation ermöglichen. Dies dient dazu, das Erarbeitete durch die eigene Erfahrung zu bestätigen und führt außerdem zu einer positiven Verstärkung der neu entwickelten kognitiven Muster.

Operante Methoden

Angst und Vermeidungsreaktionen werden häufig durch die Reaktionen der Umwelt aufrechterhalten und verstärkt; ängstliches Verhalten wird z.B. häufig durch elterliche Zuwendung verstärkt (C+); Vermeidungsverhalten (z.B. sich weigern, weinen) wird – wenn das Kind sich damit durchsetzt – durch eine Rücknahme der Forderung an das Kind (z.B. Forderung, in die Schule zu gehen) negativ verstärkt (C–). Hier liegt der Ansatzpunkt für operante Techniken, die darauf abzielen, anstelle des symptomatischen Verhaltens alternative Verhaltensweisen, z.B. positive Bewältigungsstrategien zu verstärken. Als Verstärker kommen bei Kindern sowohl materielle Verstärker (z.B. Spielsachen) wie auch soziale Verstärker (Zuwendung, gemeinsame Aktivitäten) in Betracht. Solche operante Methoden können auch zu „Belohnerplänen" ausgearbeitet werden, bei denen die Verstärkung durch „Chips" erfolgt, die gesammelt und später in eine größere Belohnung eingetauscht werden können (token economy) oder bei denen die Verstärkung zunächst in einer Registrierung der Häufigkeit des erwünschten Verhaltens besteht, die später ausgewertet und in konkrete Belohnungen umgesetzt werden können. Häufig stellt die Registrierung positiven Verhaltens für das Kind schon ein Erfolgserlebnis und damit eine bedeutsame Verstärkung dar, sodass sich weitere Belohner erübrigen.

Tabelle 15.**19** Beispiel für kognitive Selbstkontrolle

Die „FEAR"-Methode (nach Kendall et al. 1991)	Deutsche Version
Feeling frightended? (recognizing physical symptoms of anxiety)	Zeichen von Angst?
Expecting bad things to happen? (recognizing self-talk and what you are worried about)	Erwartest Du, dass was Schlimmes passiert?
Actions and attitudes that will help (different behaviors and coping statements the child can use in the anxiety provoking situation based on problem-solving)	Handlungen und Einstellungen, die Dir helfen (andere Verhaltensweisen und positive Sätze, die das Kind nutzen kann)
Results and rewards (self-evaluation and self-rewards)	Ergebnisse und Belohnung

Eltern- und familienorientierte Ansätze

Die operanten Methoden können im stationären Setting eingesetzt werden; im ambulanten Bereich können sie im Rahmen der Elternarbeit genutzt werden (Eltern als Kotherapeuten). Grundlage der Arbeit mit Eltern sind eine ausführliche gemeinsame Diagnostik und Beratung (Aufklärung der Eltern), die Analyse der Zusammenhänge zwischen elterlichen und kindlichem Verhalten und die Ermutigung der Eltern, ihre eigenen positiven Einflussmöglichkeiten nicht zu unterschätzen (Warnke 1997). In der weiteren Arbeit mit den Eltern können dann unterschiedliche Aspekte im Vordergrund stehen, wie z.B.

- Verbesserung der elterlichen Aufmerksamkeit und Beobachtungsfähigkeiten,
- Training der Fähigkeiten, das Kind zu führen,
- differenzielle Verstärkung von angst-inkompatiblen Verhaltensweisen oder alternativem Verhalten, ggf. durch Verstärkerpläne,
- sukzessive Annäherung an eine erwünschtes Verhalten durch operante Konditionierung (Shaping),
- Kommunikationstraining und gemeinsames Problemlösetraining mit Eltern und Kind.

Schon im Schulkindalter können viele therapeutische Absprachen und Festlegungen auch in Form von Familienverträgen geschehen, die in gemeinsamen Familiensitzungen festgelegt werden. Eine möglichst enge Abstimmung mit den Eltern und gegebenenfalls weiteren Familienmitgliedern ist immer anzustreben; häufig wird eine Einzeltherapie für das Kind mit parallelen familientherapeutischen Sitzungen kombiniert, und in vielen Fällen können Angstsyndrome bei Kindern und Jugendlichen primär oder ausschließlich familientherapeutisch behandelt werden. Dies gilt insbesondere für Angstsyndrome, die mit Beziehungsproblemen assoziiert sind, wie die Trennungsangst und die Schulphobie. Aber auch bei anderen Angstsyndromen können familientherapeutische Interventionen sehr hilfreich sein; dabei kann die ganze Palette der familientherapeutischen Interventionsmethoden genutzt werden (s. Kapitel 34 „Familientherapie"; dort finden sich auch Hinweise zu den Indikationskriterien). So ist z.B. die familientherapeutische Perspektive hilfreich, wenn erkennbar ist, dass die kindliche Angststymptomatik von den Eltern direkt verstärkt wird oder wenn die Angst in ähnlicher Weise bei einem Elternteil vorkommt (Modell-Lernen). In manchen Fällen stehen Angstsymptome im Zusammenhang mit einem ängstlich-misstrauischen Familienklima oder mit Ablösungskonflikten (Probleme von Eltern, ihren heranwachsenden Kindern mehr Unabhängigkeit und Autonomie zuzugestehen. Angst von Eltern, wenn ihre Kinder sich verselbstständigen). Schließlich ist immer auch mitzubedenken, dass kindliche Ängste auch eine reale Grundlage haben können, z.B. bei Trennungsängsten die reale und möglicherweise begründete Angst davor, dass die Familie zerbricht.

Nichtbehaviorale Therapieformen: Spiel- oder Gesprächstherapie

Die bisher angeführten Therapiemöglichkeiten werden ergänzt durch die psychodynamische oder klientzentrierte Gesprächstherapie oder Spieltherapie (nichtbehaviorale Thearpieformen). Angststörungen zählen zu den „klassischen" Indikationen der Spieltherapie, und die empirischen Daten sprechen für die Wirksamkeit dieser Therapieformen, die hier nicht ausführlich dargestellt werden sollen (siehe hierzu die Darstellung dieser Therapieformen in den entsprechenden Kapiteln dieses Bandes). Aufgrund der empirischen Daten ebenso wie der klinischen Erfahrungen kann vorläufig festgehalten werden, dass diese Therapieformen dann besonders in Erwägung zu ziehen sind, wenn die Symptomatik breit, unspezifisch, fluktuierend und schwer fassbar ist und die emotionale Ausdrucksfähigkeit und die Persönlichkeit insgesamt gefördert werden sollten. Wenn dagegen echte Kompetenzdefizite vorliegen oder wenn die Symptomatik klar umschreibbar und durch gezielte behavioral-kognitive Methoden gut behandelbar ist, sollten diese Methoden auch primär genutzt werden. Spiel- und gesprächstherapeutische Methoden können aber in solchen Fällen, ähnlich wie allgemeine Entspannungsmethoden, und als sekundäre Maßnahmen, z.B. zur Entwicklung und Verbesserung der therapeutischen Beziehung, erwogen werden. Darüber hinaus können in der Spieltherapie und Gesprächstherapie nichtdirektive und direktive Aspekte in abgestufter Form genutzt und auf diese Weise sehr gut mit typischen verhaltenstherapeutischen Methoden kombiniert werden (Döpfner 1993, Mattejat 1997).

Pharmakotherapeutische Methoden

Pharmakotherapie bei Angststörungen von Kindern sollte äußerst zurückhaltend verwendet werden. Sie sollte nur von Kinder- und Jugendpsychiatern oder Ärzten, die eine vergleichbare Qualifikation im Hinblick auf psychisch gestörte Kinder und Jugendliche haben, eingesetzt werden, und sie ist nur indiziert als Ergänzung der psychotherapeutischen Interventionen, nicht aber als Hauptbehandlung. Schließlich sollte ihr Einsatz zeitlich möglichst umgrenzt sein. Konkret ist eine pharmakotherapeutische Behandlung in Erwägung zu ziehen,

- wenn der Patient hochgradig gequält und eine relativ schnelle Hilfe notwendig ist (z.B. auch bei Selbst- oder Fremdgefährdung) und er durch psychologische Mittel nicht erreicht werden kann,
- um durch die Medikamentengabe die Angstsymptomatik so weit zu reduzieren, dass der Patient für eine Psychotherapie „erreichbar" ist, d.h., dass er in der Lage ist, in der Psychotherapie mitzuarbeiten
- und um Stockungen und Schwellensituationen in der Therapie zu überwinden.

Kombinierte Programme

In der klinischen Praxis werden sehr häufig mehrere Methoden miteinander kombiniert, um ein möglichst optimales Ergebnis erreichen zu können. Aus diesem Grunde sind Behandlungsmodelle, in denen mehrere Komponenten (Methoden etc.) zu einem störungsspezifischen Therapiekonzept integriert sind, für die praktische Arbeit von besonderem Interesse (Beispiele s. Maercker 1997, Boerner et al. 1997, Petermann 1986, Walter 1998). Solche Behandlungsmodelle können für die therapeutische Praxis als Vorbild und Anregung dienen, wobei das konkrete Behandlungsangebot natürlich immer auf den Patienten direkt zugeschnitten sein sollte.

Als ein Beispiel für ein kombiniertes Programm sei das von Kendall et al. (1991) entwickelte Konzept zur Therapie von Angststörungen bei Kindern und Jugendlichen genannt (zu einem ähnlichen Programm vgl. Eisen u. Kearney 1995). Zu den Komponenten des von Kendall et al. entwickelten Therapieprogramms zählen:

- Modell-Lernen von Bewältigungsstrategien (Therapeut als Modell),
- kognitive Techniken wie z.B. die Identifikation und Modifikation von ängstlichen Selbstgesprächen,
- Exposition mit angstauslösenden Situationen,
- Rollenspiel und kontingente Belohnungsprozeduren,
- Hausaufgaben („Zeigen-dass-ich-es-kann"-Aufgaben)
- und Entspannungstechniken.

Ein anderes Beispiel ist das von uns selbst entwickelte störungsspezifische Konzept zur Behandlung der Schulphobie (Remschmidt u. Mattejat 1990, Mattejat 1981), dessen Zielsetzungen in Tab. 15.**20** dargestellt sind.

Tabelle 15.**20** Die wichtigsten Behandlungsziele bei der Schulphobie

Bereiche:	**Therapieziele:**
Symptomatik des Patienten:	(1) Stabiler Schulbesuch (2) Abbau psychosomatischer Symptome (3) Verminderung der Angstsymptomatik
Persönlichkeit und Sozialverhalten des Patienten:	(1) Verminderung der Abhängigkeit von den Eltern und Erhöhung der Selbstständigkeit (2) Verminderung der allgemeinen sozialen Angst und Erhöhung der Durchsetzungsfähigkeit gegenüber Gleichaltrigen
Familieninteraktion und Einstellung der Eltern:	(1) Verbesserung der emotionalen Abgrenzung zwischen Eltern und Kind; Abbau überprotektiv-symbiotischer Tendenzen der Eltern; Abbau von Ängsten und Trennungsproblemen der Eltern (2) Entwicklung klarer generationaler Grenzen in der Familie. Verbesserung der Durchsetzungs- und Führungsfähigkeit der Eltern gegenüber dem Patienten

Zusammenfassung

Nach einer einführenden Definition von Angststörungen und der Abgrenzung zwischen normaler und pathologischer Angst wird ausführlich auf die diagnostische Klassifikation der Angststörungen in ICD und DSM eingegangen. Die Angststörungen umfassen eine Gruppe von mehreren Störungen, die sich in ihrer Erscheinungsform recht deutlich unterscheiden und darüber hinaus noch unterschiedliche altersspezifische Äußerungsformen im Kindes- und Erwachsenenalter aufweisen. Im 2. Abschnitt wird auf die Epidemiologie und die Verlaufsprognose bei verschiedenen Angststörungen eingegangen. Während z. B. umgrenzte Phobien eher eine geringe Stabilität aufweisen, ist die Stabilität von generalisierten Angststörungen eher höher.

Der Verlauf bei Panikstörungen und Agoraphobien ist häufig stark fluktuierend mit der Gefahr zur Chronifizierung. Leichte Trennungsstörungen sind im Kindesalter häufig passager und instabil, schwere und chronische Angststörungen dagegen zeigen eine relativ hohe Persistenz.

In den weiteren Abschnitten wird auf die Genese (Bedingungsfaktoren und theoretische Modelle der Angststörungen) eingegangen. Es folgt ein Abschnitt über diagnostische Methoden. Schließlich werden die therapeutischen Methoden abgehandelt. Im Erwachsenenalter sind in den letzten Jahren die Konfrontationsmethoden und kognitiven Methoden neben die traditionelle Behandlungsmethode getreten. Im Kindes- und Jugendalter spielen darüber hinaus die systematische Desensibilisierung, das Modelllernen und operante Methoden eine wichtige Rolle.

Literatur

Agras WS, Chapin HH, Oliveau D. The natural history of phobias: Course and prognosis. Arch Gen Psychiat. 1972;26:315-17.

Bauer D. An exploratory study of developmental changes in children's fears. J Child Psychol Psychiat. 1976;17:69-74.

Beck AT, Emery E. Anxiety disorders and Phobieas: A Cognitive Perspective. New York: Basic; 1985.

Bird HR, Gould MS, Yager T, Staghezza B, Canino G. Risk factors for maladjustment in Puerto Rican children. J Am Acad Child Adol Psychiat. 1989;28:847-50.

Blanz B, Georgiewa P, Gerhard U-J, Vieweg U. Angststörungen. Leitlinien für Diagnostik und Therapie in der Kinder- und Jugendpsychiatrie. Vorläufiger Entwurf (unv. Manuskript); 1998.

Boerner RJ, Gülsdorff B, Margraf J, Osterheider M, Philipp M, Wittchen H-U. Die Panikstörung. Diagnose und Behandlung. Stuttgart: Schattauer; 1997.

Cantwell DP, Baker L. Stability and natural history of DSM-III childhood diagnoses. J Am Acad Child Adol Psychiat. 1989;28:691-700.

Casey RJ, Berman JS. The outcome of psychotherapy with children. Psychol Bull. 98:388-400.

Clark DM. A cognitive approach to panic. Behav Res Ther. 1985;24:461-70.

Clark DB, Smith MG, Neighbors BD, Skerlec LM, Randall J. Anxiety disorders in adolescence: Characteristics, prevalence, and comorbidities. Clin Psychol Rev. 1994;14:113-37.

Cohen P, Cohen J, Brook J. An epidemiological study of disorder in late childhood and adolescence. II. Persistence of disorders. J Child Psychol Psychiat. 1993a;34:869-97.

Cohen P, Cohen J, Kasen S, Velez CN, Hartmark C, Johnson J, Rojas M, Brook J, Streuning EL. An epidemiological study of disorder in late childhood and adolescence. I. Age- and gender-specific prevalence. J Child Psychol Psychiat. 1993b;34:851-65.

Cormann J. Der Schwarzfuß-Test. München: Reinhardt; 1977.

Costello EJ. Child psychiatric disorders and their correlates: A primary care paediatric sample. J Am Acad Child Adol Psychiat. 1989a;28:851-55.

Costello EJ. Development in child psychiatric epidemiology. J Am Acad Child Adol Psychiat. 1989b;28,836-41.

Döpfner M. Grundlegende Interventionsmethoden und ihre Integration. Döpfner M, Schmidt MH, Hrsg. Kinderpsychiatrie. Vorschulalter. 1993;Quintessenz: 65-94.

Döpfner M, Berner W, Fleischmann T, Schmidt M. Verhaltensbeurteilungsbogen für Vorschulkinder (VBV 3-6). Weinheim: Beltz; 1995.

Ehlers A, Margraf J, Chambless D. Fragebogen zu körperbezogenen Ängsten, Kognitionen und Vermeidung (AKV). Göttingen: Hogrefe; 1993.

Eisen AR, Kearney CA. Practitioner's guide to treating fear and anxiety in children and adolescents: A cognitive-behavioral approach (Child Therapy Series). London: Jason Aronson; 1995.

Esser G, Schmidt MH, Woerner W. Epidemiology and course of psychiatric disorders in school-age children. J Child Psychol Psychiat. 1990;31:243-63.

Esser G, Schmidt MH, Blanz B, Fätkenheuer B, Fritz A, Koppe T, Laucht M, Rensch B, Rothenberger W. Prävalenz und Verlauf psychischer Störungen im Kindes- und Jugendalter. Ergebnisse einer prospektiven epidemiologischen Längsschnittstudie von 8-18 Jahren. Z Kinder- Jugendpsychiat. 1992;20:232-42.

Fischer M, Rolf JE, Hasazi JE, Cummings L. Follow-up of a pre-school epidemiological sample: Cross-age continuities and predictors of later adjustment with internalizing and externalizing dimensions of behavior. Child Devel. 1984;55:137-50.

Flament MF, Koby E, Rapoport JL, Berg CJ, Zahn T, Cox C, Denckla M, Lenane M. Childhood compulsive disorder: A prospective follow-up study. J Child Psychol Psychiat. 1990;31:363-80.

Francis G, Ollendick TH. Anxiety disorders. Frame CL, Matson JL, eds. Handbook of Assessment in child psychopathology: Applied issues in differenzial diagnosis and treatment evaluation. New York: Plenum Press; 1986.

Freud S. Analyse der Phobie eines fünfjährigen Knaben. Freud S. Gesammelte Werke, Band VII (1906-1909). London: Imago Publ. Co.; 1941.

Gray JA. The psychology of fear and stress, 2nd ed. Cambridge: Cambridge Univ. Press; 1987.

Harrington R, Fudge H, Rutter M, Pickles A, Hill J. Adult outcomes of childhood and adolescent depressions. Arch Gen Psychiat. 1990;47:465-73.

Harrington R, Fudge H, Rutter M, Pickles A, Hill, J. Adult outcomes of childhood and adolescent depressions: II. Links with antisocial disorders. J Am Acad Child Adol Psychiat. 1991;30:434-39.

Harrington R, Bredenkamp D, Groothues C, Rutter M, Fudge H, Pickles A, Hill J. Adult outcomes of childhood and adolescent depressions: III. Links with suicidal behaviors. J Psychol Psychiat. 1994;35:1309-19.

Hiller W, Zaudig M, Mombour W. Internationale Diagnosen Checklisten für ICD 10 (IDCL für ICD-10). Göttingen: Hogrefe; 1995.

Husain SA, Kashani JH. Anxiety disorders in children and adolescents. Washington: American Psychiatric Press; 1992.

Husslein E. Der Schulangst-Test (SAT). Göttingen: Hogrefe; 1978.

Jacobson. Progressive relaxation. Chicago: Univ. of Chicago Press; 1938.

Jones MC. A laboratory study of fear: The case of Peter. Pedagog Sem. 1924;31:308-15 (zit. n. Pongratz, 1973).

Juster HR, Brown EJ, Heimberg RG. Sozialphobie. Margraf J, Hrsg. Lehrbuch der Verhaltenstherapie. Bd 2. Springer: Berlin, Heidelberg, New York; 1996.

Kashani JH, Orvaschel H. A community study of anxiety in children and adolescents. Am J Psychiat. 1990;147:313-18.

Kendall PC, Chansky TE, Freidman M, Kim R, Kortlander E, Sessa FM, Siqueland L. Treating anxiety disorders in children and adolescents. Kendall PC, ed. Child and adolescent therapy. Cognitive-behavioral procedures. New York, London: The Guilford Press; 1991.

Klein RG. Anxiety disorders. Rutter M, Taylor E, Hersov L, eds. Child and adolescent psychiatry, 3rd ed. Oxford: Blackwell; 1994.

Knölker U, Mattejat F, Schulte-Markwort M. Kinder- und Jugendpsychiatrie systematisch. Bremen und Lorch: Uni-med-Verlag; 1997.

Lang PJ, Lazovik AD. Experimental desensitization of phobias. J Abnorm Soc Psychol. 1963;66:519-25.

Last CG, Hersen M, Kazdin AE et al. Comparison of DSM-III separation anxiety and overanxious disorders: demographic characteristics and patterns of comorbidity. J Am Acad Child Adol Psychiat. 1987;26:527-31.

Laux L, Glanzmann P, Schaffner P, Spielberger CD. Das Stait-Trait Angstinventar (STAI). Göttingen: Hogrefe; 1981.

Lewinsohn PM, Hops H, Roberts RE, Seely JR, Andrews JA. Adolescent psychopathology: I. Prevalence and incidence of depression and other DSM-III-R disorders in high school students. J Abnorm Psychol. 1993;102:133-44.

Maercker A, Hrsg. Therapie der posttraumatischen Belastungsstörungen. Berlin, Heidelberg: Springer; 1997.

Margraf J. Mini-DIPS. Diagnostisches Kurzinterview bei psychischen Störungen (Mini-DIPS). Berlin: Springer; 1994.

Margraf J, Schneider S. Panik. Angstanfälle und ihre Behandlung. Berlin, Heidelberg: Springer; 1989.

Margraf J, Schneider S. Paniksyndrom und Agoraphobie. Margraf J, Hrsg. Lehrbuch der Verhaltenstherapie. Bd 2. Berlin, Heidelberg, New York: Springer; 1996.

Mattejat F. Schulphobie: Klinik und Therapie. Prax Kinderpsychol Kinderpsychiat. 1981;30:286-97.

Mattejat F. Indikationsstellung und Therapieplanung. Remschmidt H, Hrsg. Psychotherapie im Kindes- und Jugendalter. Stuttgart: Thieme; 1997.

Mowrer OH. Learning theory and behavior. New York: Wiley; 1960.

Offord DR, Boyle MH, Racine Y. Ontario Child and Health Study: Correlates of disorder. J Am Acad Child Adol Psychiat. 1989;28:856-60.

Ollendick TH, Matson JL, Helsel WJ. Fears in children and adolescents: Normative data. Behav Res Ther. 1985;23:465-67.

Ollendick TH, King NJ. Diagnosis, assessment, and treatment of internalizing problems in children: The role of longitudinal data. J Consult Clin Psychol. 1994;62:918-27.

Öst LG. Spezifische Phobien. Margraf J, Hrsg. Lehrbuch der Verhaltenstherapie. Bd 2. Berlin, Heidelberg, New York: Springer; 1996.

Petermann U. Training mit sozial unsicheren Kindern. Einzeltraining, Kindergruppen, Elternberatung. 2. Aufl. München-Weinheim: Psychologie Verl. Union, Urban & Schwarzenberg; 1986.

Pongratz L. Lehrbuch der Klinischen Psychologie. Psychologische Grundlagen der Psychotherapie. Göttingen: Hogrefe: 1973.

Remschmidt H, Walter R. Evaluation kinder- und jugendpsychiatrischer Versorgung. Analysen und Erhebungen in drei Landkreisen. Stuttgart: Enke; 1989.

Remschmidt H, Mattejat F. Treatment of school phobia in children and adolescents. Chiland C, Young JG, eds. Why children reject school. New Haven: Yale Univ. Press; 1990.

Remschmidt H, Walter R. Psychische Auffälligkeiten bei Schulkindern. Mit deutschen Normen für die Child Behavior Checklist. Göttingen: Hogrefe; 1990.

Remschmidt H. Psychiatrie der Adoleszenz. Stuttgart: Thieme; 1992.

Remschmidt H, Schmidt MH, Hrsg. Multiaxiales Klassifikationsschema für psychische Störungen des Kindes- und Jugendalters nach ICD-10 der WHO. Mit einem synoptischen Vergleich von ICD-10 mit ICD-9 und DSM-III-R. 3. Aufl. Bern: Huber; 1994.

Remschmidt H. Angstsyndrome. Remschmidt H, Hrsg. Psychotherapie im Kindes- und Jugendalter. Stuttgart: Thieme; 1997a.

Remschmidt H, Hrsg. Psychotherapie im Kindes- und Jugendalter. Stuttgart: Thieme; 1997b.

Remschmidt H, Mattejat F. Der Familien-Identifikations-Test (FIT). Göttingen: Hogrefe; 1999.

Resch F, Strehlow U, Koch E, Haffner J, Brunner R, Engellandt-Schnell. Phobien. Leitlinien für Diagnostik und Therapie in der Kinder- und Jugendpsychiatrie. Vorläufiger Entwurf (unveröff. Manuskript); 1998.

Rost DH, Schermer FJ. Differentielles Leistungs-Angst-Inventar (DA). Frankfurt: Swets & Zeitlinger; 1997.

Roth A, Fonagy P. What works for whom? New York, London: The Guilford Press; 1996.

Rutter M, Tizard J, Whitmore K, eds. Education, health and begaviour. London: Longmans; 1970.

Saß H, Wittchen H-U, Zaudig M. Houben I. American Psychiatric Association: Diagnostisches und statistisches Manual psychischer Störungen. DSM-IV. Übersetzt nach der 4. Aufl. des DSM der American Psychiatric Association. Göttingen, Bern, Toronto, Seattle: Hogrefe; 1996.

Schneider S. Psychische Störungen im Kindes- und Jugendalter. Margraf J, Hrsg. Lehrbuch der Verhaltenstherapie, Bd 2. Berlin, Heidelberg, New York: Springer; 1996.

Schuhmacher G, Cattell RB. Deutscher HSPQ (High School Personality Questionnaire). Göttingen: Hogrefe; 1977.

Schulz IH. Das autogene Training. Stuttgart: Thieme; 1978.

Seitz W, Rausche A. Persönlichkeitsfragebogen für Kinder zwischen 9 und 14 Jahren (PFK 9-14). 3. Aufl. Göttingen: Hogrefe; 1992.

Seligman MEP. Phobias and preparedness. Behav Ther. 1971;2:307-20.

Strauss CC, Lease CA, Last CG, Francis G. Overanxious disorder: An examination of dvelopmental differences. J Abnorm Child Psychol. 1988;16:433-43.

Strauss CC, Last CG, Hersen M et al. Association between anxiety and depression in children and adolescents with anxiety disorders. J Abnorm Child Psychol. 1988;16:57-68.

Target M, Fonagy P. Psychol treatment of child and adolescent psychiatric disorders. Roth A, Fonagy P, eds. What works for whom? New York, London: The Guilford Press; 1996.

Thurner F, Tewes U. Der Kinder-Angst-Test (KAT). 3. Aufl., Göttingen: Hogrefe; 1975.

Torgersen S. Genetic factors in anxieatzy disorders. Archives of General Psychiatry. 1983;40:1085-89.

Torgersen S. Relationship beween adult and childhood anxiety disorders: genetic hypothesis. Last CG, ed. Anxiety across the lifespan: A developmental perspective. New York: Springer; 1993.

Unnewehr S, Schneider S, Margraf J, Hrsg. Kinder DIPS. Diagnostisches Interview bei psychischen Störungen im Kindes- und Jugendalter. Berlin: Springer; 1995.

Velez CN, Johnson J, Cohen P. Longitudinal analyses of selected risk factors for childhood psychopathology. J Am Acad Child Adol Psychiat. 1989;28:861-64.

Walter R. Psychotherapie bei Panikstörungen. Remschmidt H, Hrsg. Praxis der Psychotherapie mit Kindern und Jugendlichen. Störungsspezifische Behandlungsformen und Qualitätssicherung. Köln: Deutscher Ärzte-Verlag; 1998.

Warnke A. Elterntraining. Remschmidt H, Hrsg. Psychotherapie im Kindes- und Jugendalter. Stuttgart: Thieme; 1997.

Watson JB, Rayner R. Conditioned emotional reactions. J Exper Psychol. 1920;3:1-14.

Wieczerkowski W, Nickel H, Janowski A, Fittkau B, Rauer W. Angstfragebogen für Schüler (AFS), 6. Aufl. Göttingen: Hogrefe; 1981.

Wittchen H-U, Zaudig M, Fydrich T. Strukturiertes Klinisches Interview für DSM-IV (SKID-I und SKID-II). Göttingen: Hogrefe; 1997.

Yule W. The epidemiology of child psychopathology. Lahey BB, Kazin AE, eds. Advances in clinical child psychology (Vol 4). New York: Plenum Press; 1981.

Zill N, Schoenborn CA. Developmental learning, and emotional problems: Health of our nation's children. United States 1988. Advance Data: National Center for Health Statistics, Number 190;1990.

Prüfungsfragen

1. Auf welchen Ebenen manifestieren sich Angstsymptome?
2. Worin unterscheidet sich normale Angst von pathologischer Angst?
3. Nennen Sie einige Angststörungen, so wie sie im ICD oder DSM klassifiziert werden!
4. Was sind die Leitsymptome von spezifischen (isolierten) Phobien?
5. Was sind die Leitsymptome von Panikstörungen?
6. Was sind die Leitsymptome von generalisierten Angststörungen?
7. Was sind die Leitsymptome von Störungen mit Trennungsangst?
8. Was sind die Leitsymptome von sozialen Phobien?
9. Wie häufig kommen Angststörungen bei Kindern und Jugendlichen vor?
10. Was ist über den „natürlichen Verlauf" von Angststörungen bei Kindern und Jugendlichen bekannt?
11. Was sind die wichtigsten theoretischen Modellvorstellungen zur Erklärung von Angststörungen?
12. Welche diagnostischen Methoden sollten bei Angststörungen eingesetzt werden (Beispiele)?
13. Was sind die wichtigsten Therapiemethoden bei Angststörungen?
14. Was ist über deren Wirksamkeit bekannt?
15. Worin besteht der wesentliche Unterschied zwischen systematischer Desensibilisierung und massierter Konfrontation?
16. Was sind die Hauptschritte einer systematischen Desensibilisierung?
17. Welche Voraussetzungen sollten gegeben sein bzw. welche Regeln sollten beachtet werden, wenn man eine massierte Konfrontation mit Kindern durchführen will?
18. In welchen Abfolgeschritten kann Modell-Lernen in der Therapie realisiert werden?
19. Nennen Sie ein Beispiel für kognitive Methoden bzw. operante Methoden bei der Therapie von Angststörungen!

16 Zwangsstörungen

M. Döpfner

Fallvignette

Der 9 Jahre alte Peter leidet seit etwa einem halben Jahr unter immer massiver werdenden Ängsten und Zwängen, die nach Einschätzung der Eltern das Familienleben sehr stark beeinträchtigen. Begonnen habe seine Problematik mit sehr quälenden sexuellen Gedanken, die sich Peter zu Beginn vor allem abends aufdrängten. Er habe dann seine Eltern über Stunden Fragen gestellt, wie „Jetzt habe ich gedacht, die Mama ist sexy, ist das schlimm?", „Heute in der Schule wollte ich mit meiner Lehrerin ‚ficken', ist das schlimm?"

Später habe Peter dann begonnen, seine Nachttischlampe immer an- und auszumachen, seinen Schreibtischstuhl immer wieder an den Tisch zu rücken, seine Zimmertür immer wieder möglichst weit aufzudrücken und die Kuscheltiere in seinem Bett immer wieder zurechtzurücken. Damit habe er seine „schlimmen Gedanken" vertreiben können. Heute müsse er diese Dinge auch ohne die „schlimmen Gedanken" tun, weil er sonst so ein „schlechtes Gefühl" habe. Seit etwa einem Monat habe sich zudem ein Waschzwang entwickelt. Peter wasche sich täglich etwa 2–3 Stunden nach einem bestimmten Ritual die Hände. Seine Ängste und Ekelgefühle bezögen sich in der Hauptsache auf seine Mutter.

Obwohl seine Zwangsstörung in der Hauptsache zuhause auftrete, fühle er sich im gemeinsamen Spiel mit anderen Kindern zunehmend mehr eingeschränkt, da er mittlerweile Berührungen generell „eklig" fände. Peter, der eigentlich ein sehr geselliges Kind sei, spiele in der letzten Zeit aus diesen Gründen weitgehend alleine. Die familiäre Situation wird bis zum Beginn der Symptomatik als recht harmonisch beschrieben. Seit etwa 2 Wochen jedoch sei es zuhause so weit eskaliert, dass Peter sich meistens bei seiner Großmutter aufhalte und auch übernachte, weil dort seine Zwänge nur in verminderter Form aufträten.

Konkrete Auslöser und spezifische biografische Hinweise für die Entwicklung der Zwangssymptomatik sind nicht zu eruieren.

[1] Nach Breuer u. Döpfner (1998); gekürzte Fassung

Das entwicklungsphasentypische Aufkommen sexueller Impulse irritierte Peter möglicherweise; seine sexuellen Impulse lösten vermutlich Schamgefühle aus. Das kindliche Bedürfnis nach körperlicher Nähe vor allem zur Mutter und die sexuellen Impulse ließen ihn einen intrapsychischen Konflikt entwickeln. Durch das zwanghafte Fragen erfolgte ein kurzfristig wirkungsvoller Spannungsabbau (negative Verstärkung). Zusätzlich wird durch die Symptomatik die Zuwendung der Eltern vermehrt eingefordert (positive Verstärkung).

Aufgrund des geringen Chronifizierungsgrades der Symptomatik und weil die familiäre Interaktion vermutlich wesentlich zu ihrer Aufrechterhaltung beitrug, wurden zunächst familienzentrierte Interventionen zum Abbau der vermutlich aufrechterhaltenden Bedingungen durchgeführt. Im Einzelgespräch konnte Peter zunächst nur zögerlich, später zunehmend besser über seine sexuellen Gefühle sprechen. Im gemeinsamen Gespräch mit Peter und den Eltern wurde erarbeitet, dass die beruhigenden Erklärungen der Eltern, die dem zwanghaften Fragen folgten, die Zwangssymptome stabilisierten.

Die Eltern und Peter konnten erkennen, dass das Nachgeben gegenüber den Zwängen eine Zunahme der Symptomatik bewirkt. Auf dieser Basis wurden die ersten Therapieziele festgelegt, die Peter als gut erreichbar einschätzte. Im Sinne einer graduierten Exposition und Reaktionsverhinderung wurden zunächst folgende Interventionen vereinbart und schriftlich fixiert:

Peter darf sich nur einmal im Beisein seiner Mutter zu jeder vollen Stunde eine Minute lang die Hände waschen. Dadurch sollte das Händewaschen unter eine externe Kontrolle (Zeitintervall) gebracht werden und Peter sollte erste Habituationserfahrungen machen.

Vor den Mahlzeiten sollte Peter sich selbst lediglich eine Gabel bzw. ein Messer aussuchen und diese nicht vor Gebrauch säubern. Falls Peter sich weigern sollte, danach mit dieser Gabel zu essen, sollte diese Mahlzeit für ihn vollständig ausfallen. Diese Übung wurde deshalb gewählt, weil Peter vor den Mahlzeiten fast alle Gabeln bzw. Messer aus dem Besteckkasten nahm, um sich „die saubersten" auszusuchen. Trotzdem wusch er sie vor Gebrauch mehrmals ab.

Peter sollte bereits sehr früh lernen, sich bewusst mit seinen Ängsten direkt auseinander zu setzen. Darum sollte er einmal täglich seine Mutter für etwa 10 Sekunden berühren und sich danach nicht die Hände waschen.

Die Eltern sollten auf die Einhaltung dieser Abmachungen achten und Peter unterstützen, diese Übungen zu bewältigen, ihn für jeden noch so kleinen Erfolg loben und ihn bei gescheiterten Übungen ermuntern, weiterzumachen. Peter sollte von diesem Tag an wieder regelmäßig zuhause übernachten.

In der 1. Woche konnte Peter relativ gut die vereinbarten Übungen umsetzen. Nach einer Woche berichteten beide Eltern, Peter verhalte sich zuhause „lockerer". Er bewege sich freier und habe die „Händewaschzeiten" nun akzeptiert. Peter berichtete, sein Drang, sich die Hände zu waschen, habe generell nachgelassen. Er habe seine Mutter jeden Tag im Rahmen der Übungen berühren können. Dies sei ihm nach eigenen Angaben von Mal zu Mal weniger schwer gefallen. Allerdings würden sich die Abende weiterhin hoch dramatisch gestalten. Die Mutter sitze mitunter bis zu einer Stunde an seinem Bett und beantworte alle seine Fragen, hauptsächlich über sexuelle Inhalte. Deshalb wurde die Reaktionsverhinderung intensiviert, indem mit Peter und der Mutter vereinbart wurde, dass er jeden Abend für 10 Minuten die Möglichkeit habe, seiner Mutter Fragen zu stellen, die sich ausschließlich dafür Zeit nehmen werde. Auf weiteres Rufen von Peter würde die Mutter keine Rücksicht nehmen. Auf zwanghaftes Fragen tagsüber sollte die Mutter nur einmal sagen, dass Peter ihre Antwort kenne.

Nach 4-wöchiger Behandlung berichtet die Mutter von einer 80-prozentigen Verbesserung. Das Händewaschen habe sich normalisiert. Peter sei ihr gegenüber deutlich anhänglicher geworden und empfinde Zärtlichkeiten wieder als angenehm. Er stelle kaum noch Fragen sexuellen Inhaltes. Peter meint, dass es ihm jetzt wieder gut gehe. Er wisse jetzt, dass er genau das machen müsse, wovon er die ganze Zeit über glaubte, es nicht zu können. Er spiele auch wieder mit anderen Kindern. Die Mutter bestätigte dies und meinte, dass der Familienalltag wieder normal sei. Weitere 2 Monate später sprachen beide Eltern von einer 99-prozentigen Symptomverbesserung.

Die Falldarstellung illustriert, wie im Kindes- und Jugendalter aktuelle Familienbeziehungen und -interaktionen zur Aufrechterhaltung von Zwangssymptomen beitragen können. In dem vorliegenden Fall konnte die Zwangssymptomatik durch die familienzentrierten Interventionen relativ rasch abgebaut werden. Dazu trug der geringe Chronifizierungsgrad der Störung, die gute Kooperationsfähigkeit der Eltern und des Patienten sowie die Tatsache bei, dass sowohl Peter als auch die Eltern keine weiteren psychischen Auffälligkeiten zeigten. Die Eltern und Peter konnten die Interventionen mit entsprechender therapeutischer Stützung gut umsetzen. Daher waren Expositionssitzungen im häuslichen Umfeld gemeinsam mit der Therapeutin nicht notwendig. Bei stärker chronifizierten Störungen und bei geringeren Ressourcen beim Patienten und in der Familie sind solche Expositionssitzungen jedoch meist indiziert.

Erscheinungsbild der Störung

Hauptmerkmale einer Zwangsstörung sind immer wiederkehrende Zwangsgedanken oder Zwangshandlungen, die in den internationalen Klassifikationssystemen ICD-10 (Dilling et al. 1991, 1994) und DSM-IV (Saß et al. 1996) wie folgt definiert sind:

- **Zwangsgedanken** sind Ideen, Vorstellungen oder Impulse, die sich dem Betroffenen aufdrängen und ihn immer wieder stereotyp beschäftigen. Sie sind fast immer quälend, weil sie ängstigend sind, als sinnlos erlebt werden, weil der Betroffene erfolglos versucht, Widerstand zu leisten, oder weil sie einen gewalttätigen oder obszönen Inhalt haben. Die Person versucht, solche Gedanken zu ignorieren, zu unterdrücken oder sie mit Hilfe anderer Gedanken oder Handlungen auszuschalten. Sie werden jedoch als eigene Gedanken erlebt, selbst wenn sie als unwillkürlich oder abstoßend empfunden werden.
- **Zwangshandlungen** sind wiederholte, zweckmäßige und beabsichtigte Verhaltensweisen, die meist auf einen Zwangsgedanken hin nach bestimmten Regeln oder in stereotyper Form ausgeführt werden. Das Verhalten dient meist dazu, Unbehagen oder schreckliche Ereignisse bzw. Situationen unwirksam zu machen oder zu verhindern. Dem Verhalten liegt also häufig eine Furcht vor einer Gefahr zugrunde, die den Betroffenen bedroht oder die von ihm ausgeht. Die Handlung wird mit

dem Gefühl des subjektiven Zwangs durchgeführt, wobei zumindest anfangs gleichzeitig der Wunsch vorhanden ist, Widerstand zu leisten. Die Person sieht im Allgemeinen ein, dass ihr Verhalten übertrieben oder unvernünftig ist. Die betroffene Person hat keine Freude am Ausführen der Handlung, obwohl sie zu einer Spannungsreduktion führt.

Zwangsstörungen von Krankheitswert sind so schwer, dass sie erhebliches Leiden verursachen, zeitraubend sind oder den normalen Tagesablauf, die schulischen und beruflichen Leistungen oder die sozialen Aktivitäten und Beziehungen beeinträchtigen. Zwangshandlungen können täglich stundenlang anhalten.

Die Diagnose einer Zwangsstörung kann nach ICD-10 entsprechend dem Vorherrschen von Zwangsgedanken oder Zwangshandlungen differenziert werden in Zwangsstörungen

- vorwiegend mit Zwangsgedanken oder Grübelzwang (F 42.0),
- vorwiegend mit Zwangshandlungen (F 42.1),
- oder Zwangsgedanken und -handlungen gemischt (F 42.2).

Von diesen Zwangsstörungen ist die **zwanghafte (anankastische) Persönlichkeitsstörung** (ICD-10: F 60.5) abzugrenzen. Sie zeichnet sich vor allem durch Unentschlossenheit, Zweifel und übermäßige Vorsicht und Perfektionismus, Bedürfnis nach ständiger Kontrolle und peinlich genaue Sorgfalt aus, wobei die beschriebenen Symptome charakteristische dauerhafte innere Erfahrungs- und Verhaltensmuster darstellen müssen, die insgesamt deutlich von kulturell erwarteten und akzeptierten Vorgaben abweichen; darüber hinaus ist der Nachweis zu erbringen, dass die Abweichung stabil und von langer Dauer ist und im späten Kindesalter oder in der Adoleszenz begonnen hat.

Zwangsgedanken ohne Zwangshandlungen sind bei Kindern und Jugendlichen eher selten. Noch seltener werden Zwangshandlungen ohne assoziierte Zwangsgedanken beschrieben . Multiple Zwangshandlungen und -gedanken sind dagegen eher die Regel (Flament et al. 1988: 70%, Last u. Strauss 1989: 50%). Die häufigsten Zwangshandlungen bei Kindern und Jugendlichen sind Waschzwänge (in etwa 85% aller Fälle), Kontrollzwänge, Wiederholungszwänge, Ordnungs- und Zählzwänge. Dagegen werden selten Berührungszwänge, zwanghafte Langsamkeit, Sammel-, Schreib- oder Bet-Zwänge beobachtet. Damit verteilen sich die im Kindes- und Jugendalter anzutreffenden Zwangshandlungen ähnlich wie im Erwachsenenalter. Zu den häufigsten Zwangsgedanken im Kindes- und Jugendalter zählen Angst vor Verschmutzung, Verseuchung oder Vergiftung; aggressive und gewalttätige Vorstellungen; Angst, sich selbst oder andere zu verletzen; auf den eigenen Körper bezogene Gedanken sowie religiöse oder sexuelle Inhalte (Swedo u. Rapoport 1989).

Etwa ein Drittel aller Kinder und Jugendlichen berichten, dass Zwangshandlungen durch bestimmte Stimuli ausgelöst werden (Swedo et al. 1989) – Wiederholungszwänge beim Durchschreiten einer bestimmten Türe, Sammelzwänge, wenn bestimmte Materialien auf der Straße liegen. Meist versuchen die Patienten, diese spezifischen Stimuli zu vermeiden – das Haus wird durch eine andere Tür betreten, die Augen werden geschlossen, um nicht die Gegenstände zu sehen, die einen Sammelzwang auslösen.

Differenzialdiagnostische Abgrenzung

Differenzialdiagnostisch sind Zwangsstörungen von folgenden Störungen abzugrenzen (vgl. Döpfner 2000):

- **Depression:** Auch im Kindes- und Jugendalter zeigen Patienten mit Zwangsstörungen häufig zusätzlich depressive Störungen. Andererseits tendieren Patienten, die unter wiederholten depressiven Störungen leiden, häufig zu zwanghaftem Grübeln über mögliche unerfreuliche Umstände oder mögliche alternative Handlungen. Dabei werden die Gedanken allerdings im Gegensatz zu Zwangsstörungen nicht als sinnlos empfunden.
- **Anorexia nervosa** ist mit einer oft zwanghaft anmutenden Beschäftigung mit Essen, dem eigenen Körpergewicht und Möglichkeiten der Gewichtsreduktion verbunden. Jedoch werden auch hierbei die Gedanken und Handlungen nicht als unsinnig empfunden.
- **Wahn:** Im Gegensatz zur Gedankeneingebung im Rahmen einer psychotischen Störung erkennt die Person, dass die Zwangsgedanken

von ihr selbst kommen und nicht von außen aufgezwungen werden. Manchmal kann der Zwangsgedanke jedoch zur überwertigen Idee werden, die sich von einem echten Wahn dadurch unterscheidet, dass der zwangsgestörte Patient nach einiger Diskussion die Möglichkeit anerkennt, dass der Glaube unbegründet ist. Allerdings können Zwangssymptome bei einer Schizophrenie auftreten.

- **Tics** beinhalten meist plötzliche und einfachere Bewegungsabläufe. Patienten mit einer Ticstörung berichten von sich aufbauenden Spannungen, die durch die Tics abgebaut werden. Zwangshandlungen sind intendierte Bewegungen, die meist dazu dienen, einen Gedanken zu neutralisieren oder Angst abzubauen; demgegenüber sind Tics nicht intendierte Bewegungen. Patienten mit Gilles-de-la-Tourette-Syndrom entwickeln jedoch häufig im Verlauf der Störung auch Zwänge.
- **Stereotypien**, wie sie vor allem bei autistischen oder geistig behinderten Kindern und Jugendlichen beobachtet werden, unterscheiden sich von Zwangshandlungen dadurch, dass sie normalerweise einfachere Bewegungsabläufe beinhalten und nicht ichdyston sind. Sie wirken meist lustbetont, Zwangshandlungen werden dagegen nie lustvoll erlebt.
- **Automutilative Handlungen** (z.B. Ritzen) muten häufig zwanghaft an, sie wirken jedoch wie Stereotypien eher lustbetont und dienen häufig dazu, Spannungen zu reduzieren. Sie werden jedoch nicht eingesetzt, um Ängste zu vermindern oder Gefahren abzuwenden, wie dies bei Zwängen der Fall ist.

Genese und Verlauf der Störung

Mehrere empirische Befunde weisen darauf hin, dass genetische Einflüsse eine wichtige Rolle bei der Entwicklung von Zwangsstörungen spielen. Zwangsstörungen sind in 25–30 % bei den Eltern zwangsgestörter Kinder und Jugendlicher nachweisbar (Swedo et al. 1989, Lenane et al. 1990). Bei den Vätern tritt die Störung fast 3-mal häufiger auf als bei den Müttern. Die Art der Zwangsstörung bei erstgradig Verwandten und dem Patienten differiert jedoch erheblich, sodass unmittelbare Modell-Lerneinflüsse offensichtlich keine bedeutende Rolle spielen. Die Häufung von Zwangsstörungen bei erstgradig Verwandten von Patienten mit Tourette-Syndrom werden ebenfalls als Hinweis auf genetische Einflüsse interpretiert (Pauls et al. 1986, 1991a). Bei Erwachsenen weisen Zwillingsstudien übereinstimmend auf einen erheblichen genetischen Faktor bei der Entwicklung von Zwangsstörungen hin. Die Konkordanzrate bei eineiigen Zwillingen liegt im Durchschnitt bei 65 % während sie bei dizygoten Zwillingen im Durchschnitt 15 % beträgt (vgl. Pauls et al. 1991b). Die Zwillingsstudien zeigen aber ebenfalls, dass neben genetischen in erheblichem Maße auch andere Faktoren eine Rolle spielen müssen.

Neuroanatomische Studien fanden bei erwachsenen Patienten mit einer Zwangsstörung einen erhöhten Glukosemetabolismus in verschiedenen Hirnregionen, vor allem im Frontalkortex und im Nucleus caudatus und ein geringeres Volumen des Nucleus caudatus (vgl. March et al. 1995, Sallee u. Greenawald 1995). Mehrere Studien weisen auch auf neurophysiologische und biochemische Auffälligkeiten bei Patienten mit Zwangsstörungen hin. Dysregulationen des Serotoninstoffwechsels werden sowohl durch Therapiestudien mit Serotonin-Wiederaufnahmehemmern als auch durch experimentelle Studien mit Substanzen nahegelegt, die den Serotoninstoffwechsel beeinflussen; allerdings liegen dazu auch widersprüchliche Befunde vor (vgl. Swedo u. Rapoport 1990, March et al. 1995).

Ein Drittel bis die Hälfte der erwachsenen Patienten mit einer Zwangsstörung berichten, dass die Störung im Kindes- und Jugendalter begonnen habe (Rasmussen u. Eisen 1990, Black 1978). Meist liegt der Beginn in der Adoleszenz, seltener beginnt diese Symptomatik in der Kindheit. Ritualistische und repetitive Verhaltensweisen und Spiele sowie abergläubisches Verhalten sind Bestandteil einer normalen kindlichen Entwicklung und treten in verschiedenen Entwicklungsphasen in unterschiedlicher Intensität auf. Möglicherweise sind jedoch ausgeprägte ritualistische und repetitive Verhaltensweisen im Kindesalter Vorläufer von Zwangssymptomen. Die Zusammenhänge sind jedoch eher schwach (Leonard et al. 1990).

Fast alle Patienten geben einen plötzlichen oder zumindest deutlichen Beginn der Zwangssymptomatik an; mehr als die Hälfte der Patienten bzw. ihrer Eltern beschreiben ein auslösendes

Ereignis, das sie mit dem Auftreten der Symptomatik in Zusammenhang bringen. Die Ereignisse betreffen Krankheiten des Patienten oder nahe stehender Bezugspersonen, Todesfälle in der Familie, Ablösungs- und Trennungserfahrungen, Sexualität und Religion (Knölker 1987) sowie Medienereignisse, wie Fernsehnachrichten oder Kinofilme (Rettew et al. 1992). In nahezu allen Fällen ist im Verlauf der Störung ein Wechsel der Symptomatik zu beobachten (Swedo et al. 1989, Rettew et al. 1992).

Die meisten Kinder oder Jugendlichen entwickeln zu Beginn einen einzelnen Zwangsgedanken oder eine isolierte Zwangshandlung. Meist dominiert ein spezifischer Zwang mehrere Monate oder Jahre lang und wird dann von einer anderen Zwangsstörung abgelöst. Mindestens 85% aller Patienten entwickeln im Verlauf der Zwangsstörung einen Waschzwang. Zwangsgedanken mit sexuellen Inhalten treten häufiger in der Adoleszenz auf, verschwinden aber gewöhnlich im Alter von etwa 18 Jahren (Swedo et al. 1989). Die Intensität der Zwangsstörung kann erheblichen Fluktuationen ausgesetzt sein.

Insgesamt weisen die vorliegenden Studien darauf hin, dass von einer vermutlich genetisch bedingten Vulnerabilität als einer Grundlage für die Entwicklung von Zwangsstörungen auszugehen ist. Diese biologische Komponente kann in verhaltenstheoretische Modelle über die Entwicklung und Aufrechterhaltung von Zwangsstörungen integriert werden. Zwangsstörungen werden in diesen Modellvorstellungen auf der Basis von Mowrers Zweifaktoren-Theorie unter Zuhilfenahme kognitiver Konzepte erklärt (Abb. 16.1). Zwangsgedanken enthalten die Antizipation katastrophaler Konsequenzen einer Handlung oder einer Situation („Wenn ich das verseuchte Handtuch berühre, werde ich an Krebs sterben"). Dadurch werden Ängste ausgelöst, die durch Zwangshandlungen (Waschen) vermindert werden können. Die Angstreduktion wirkt als negative Verstärkung der Zwangshandlung und erhöht somit deren künftige Intensität oder Frequenz. Andererseits wird durch die Zwangshandlung die Konfrontation mit der angstauslösenden Situation und die Erfahrung vermieden, dass die antizipierten katastrophalen Konsequenzen nicht eintreten (fehlende Realitätstestung), was zur Persistenz der Zwangsgedanken beiträgt. Dieses Modell erklärt vor allem, warum Zwangsstörungen über die Zeit so stabil sind, die Entstehung der Symptomatik lässt sich damit jedoch kaum nachvollziehen.

Kognitive Erklärungsansätze, die auch auf die Entstehung der Symptomatik eingehen, wurden von Salkovskis (1985, 1989) und Foa u. Kozak (1986) entwickelt. Eine zentrale Annahme dieser kognitiven Modelle besagt, dass aufdringliche Gedanken Bestandteil eines normalen Gedankenablaufs sind, der sich handlungsbegleitend annähernd automatisiert vollzieht. Diese Gedan-

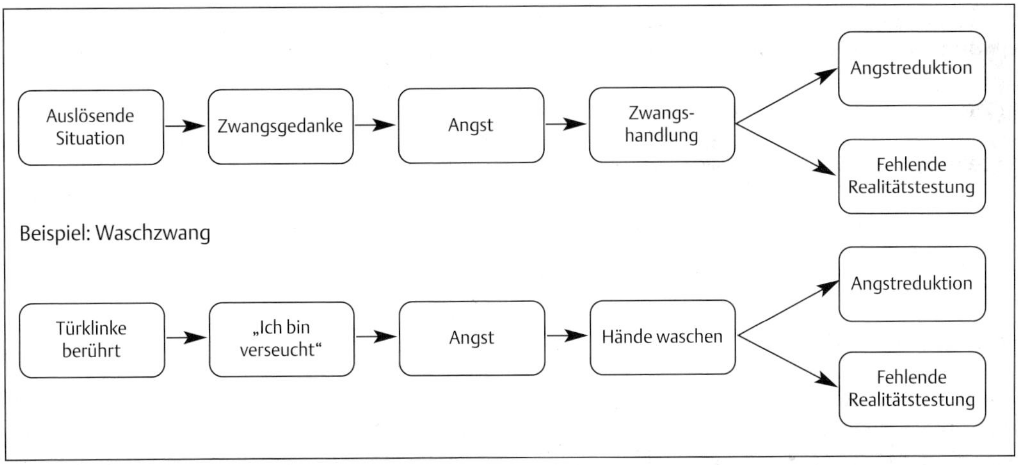

Abb. 16.1 Behaviorales Modell zur Entwicklung von Zwangsstörungen (aus Döpfner u. Hastenrath 2000)

ken werden vom Individuum fortlaufend bewertet, damit wichtige Gedanken und Ideen aus dem Strom der Informationsverarbeitung herausgefiltert werden können. Wie Abb. 16.2 zeigt, entsteht eine Zwangssymptomatik dann, wenn aufdringliche Gedanken als negativ bewertet werden („Der Gedanke ist fürchterlich!" „So etwas darf ich gar nicht denken!") und dadurch Unruhe und Erregung auslösen, die wiederum dazu führen, dass der Betroffene versucht, sie zu neutralisieren. Die Neutralisierung erfolgt über gedankliche Rituale oder über Rituale des Verhaltens. Allerdings gelingt die Neutralisierung des Gedankens nur vorübergehend und nicht vollkommen, weil die Neutralisierungsaktivität einen weiteren Hinweis auf die Bedeutsamkeit des Gedankens darstellt, und sich Erregung und Unruhe dadurch wieder erhöhen. Dies ist ein erneuter Beleg für die Bedeutsamkeit des Gedankens, der durch stetige Beschäftigung mit ihm aus eigener Kraft immer bedrängender und intensiver wird.

Das Chronifizierungsrisiko von Zwangsstörungen, die nicht erfolgreich behandelt werden können, ist erheblich. In einer Zehnjahres-Katamnese an 20 Kindern und Jugendlichen mit Zwangsstörungen, die überwiegend stationär verhaltenstherapeutisch behandelt wurden, konnten Allsopp u. Verduyn (1988) bei allen Patienten, deren Zustand sich während der Behandlung nicht besserte oder sogar verschlechterte, entweder eine Persistenz der Zwangsstörung oder die Entwicklung einer schizophrenen Störung (bei 2 von 6 Patienten) nachweisen. Demgegenüber zeigte keiner der Patienten mit einer kompletten Remission der Störung während der Behandlung zum Katamnesezeitpunkt eine Zwangssymptomatik. An 4 von 5 Patienten, bei denen zwar keine Symptomfreiheit, wohl aber eine Symptomverminderung während der Behandlung erzielt werden konnte, wurde zum Katamnesezeitpunkt eine Zwangsstörung diagnostiziert, nur 1 Patient war symptomfrei. Eine epidemiologische Längsschnittstudie (Berg et al. 1989) weist allerdings darauf hin, dass auch günstigere Verläufe vorkommen können, als dies aus klinischen Studien bekannt ist.

Komorbidität

In klinischen Stichproben liegen die Komorbiditätsraten bei etwa 70% (Riddle et al. 1990, Swedo et al. 1989, Hanna 1995, Last u. Strauss 1989, Toro et al. 1992), teilweise auch deutlich darüber (Geller et al. 1996).

- **Angststörungen** und **Depression/Dysthymie** sind die häufigsten komorbiden Störungen (in der Mehrzahl der Studien bei 20–40 %). Diese Störungen entwickeln sich etwa in der Hälfte der Fälle vor Beginn der Zwangssymptomatik, während bei den restlichen Patienten Angst oder Depression erst nach der Zwangserkrankung auftreten (Swedo et al. 1989).
- **Aufmerksamkeitsstörungen** und **oppositionelle** bzw. **dissoziale Störungen** (einschließlich Alkohol- bzw. Medikamentenmissbrauch) sind eher selten (10–15%) und entwickelten sich ausnahmslos vor Beginn der Zwangssymptomatik (Swedo et al. 1989).
- **Ticstörungen** treten in 17–40% der Fälle auf, wobei in einigen Studien Patienten mit einer Tourette-Störung nicht in die Stichproben aufgenommen wurden.

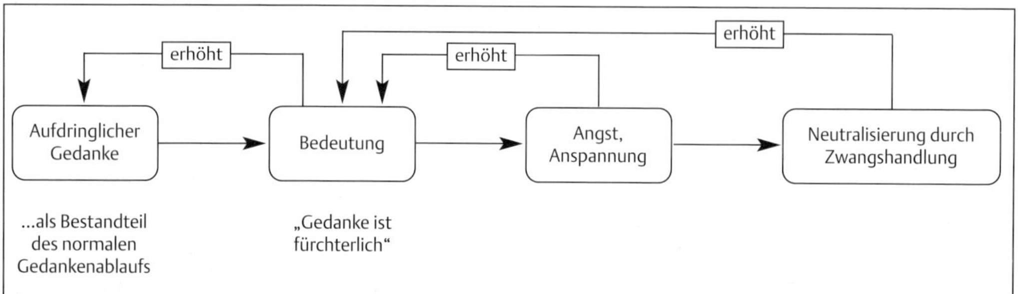

Abb. 16.2 Kognitives Modell zur Entwicklung von Zwangsstörungen in Anlehnung an Salkovskis (1989) und Reinecker (1994), (aus Döpfner u. Hastenrath 2000)

- **Zwanghafte Persönlichkeitsstörungen** wurden in 11–14% der Fälle und damit wesentlich seltener als bei erwachsenen Patienten diagnostiziert.

Prävalenz

Im Jugendalter liegt die Häufigkeit von Zwangsstörungen zwischen 1% (Flament et al. 1988) und 3–3,5% (Apter et al. 1996, Valleni-Basile et al. 1994, Zohar et al. 1992). Bei 18-Jährigen wurde eine Prävalenzrate von 4% nachgewiesen (Douglass et al. 1995). Die Prävalenzrate im Jugendalter liegt damit etwas höher als im Erwachsenenalter, für das Raten von 1,2–2,4% ermittelt wurden (Karno et al. 1988). In der epidemiologischen Studie von Flament et al. (1988) wird die Prävalenz zwanghafter Persönlichkeitsstörungen in der Adoleszenz mit 0,3 % angegeben, wobei 17 % der als zwangsgestört diagnostizierten Jugendlichen auch die Diagnose einer zwanghaften Persönlichkeitsstörung erhielten.

Die Mehrzahl der Studien weist auf eine erhöhte Rate von Zwangsstörungen bei Jungen hin (Geller et al. 1998, Swedo et al. 1989). Nach Swedo et al. (1989) liegt die Jungen-Mädchen Relation bei 2:1, wobei Jungen eher früher erkranken.

Therapieansätze und Prognose

Übersicht über Therapieansätze und ihre Indikation

Die Therapie von Zwangsstörungen setzt eine differenzierte Diagnostik voraus. Das diagnostische Vorgehen und die spezifischen Verfahren der Diagnostik und Verlaufskontrolle sind an anderer Stelle ausführlich beschrieben worden (Döpfner 1999, 2000, Döpfner u. Breuer 2000). In der Therapie lassen sich im Wesentlichen 3 Ansätze voneinander abgrenzen:

- psychodynamische Ansätze
- Pharmakotherapie
- verhaltenstherapeutische Verfahren

Psychodynamische Ansätze

Zentrale Faktoren bei der Entwicklung der Störung aus psychodynamischer Sicht, die lange Zeit in der Therapie psychischer Störungen dominierte, sind Fixierungen in der analen Stufe der psychosexuellen Entwicklung sowie ein strenger und moralisierender Erziehungsstil, der zum Aufbau eines besonders ausgeprägten Über-Ichs beiträgt. Die Therapie besteht hauptsächlich in einer aufdeckenden Arbeit an den daraus resultierenden zentralen intrapsychischen Konflikten. Die Prognose dieser Symptomatik galt als besonders ungünstig (vgl. Strunk 1985). Allerdings liegen mit Ausnahme einzelner Fallberichte keine systematischen Studien über die Wirksamkeit dieses Ansatzes vor (vgl. Thomsen 1996). Insgesamt zählen heutzutage psychodynamische Therapien nicht mehr zu den Behandlungsmethoden der ersten Wahl. Wesentliche von der psychodynamischen Theorie herausgearbeitete Aspekte wie der Einfluss von überzogenen internalisierten Normen und von Selbstbestrafungstendenzen werden auch weiterhin im Rahmen neuerer kognitiver Therapieansätze betont.

Pharmakotherapie

In der Pharmakotherapie dominierte lange Zeit die Behandlung mit trizyklischen Antidepressiva, vor allem mit Clomipramin (Anafranil), die sich in mehreren Studien auch im Kindes- und Jugendalter als wirkungsvoll erwiesen (z. B. DeVeaugh-Geiss et al. 1992). Die Rate der jugendlichen Patienten, die auf eine medikamentöse Therapie ansprechen (Leonard et al. 1988: 75% der Patienten zeigen eine mittlere bis starke Symptomreduktion) ist vergleichbar mit dem Prozentsatz der erwachsenen Patienten, die von Expositionsbehandlung plus Reaktionsverhinderung profitieren (ca. 80%). Allerdings treten mit Beendigung der Therapie Rezidive bei bis zu 70% der erwachsenen Patienten auf (Ananth 1986). Außerdem berichtet ein nicht unerheblicher Anteil der jugendlichen Patienten von beeinträchtigenden Nebenwirkungen: vor allem Benommenheit, Müdigkeit und Mundtrockenheit (DeVeaugh-Geiss et al. 1992). In den letzten Jahren werden zunehmend selektive Serotonin-Wiederaufnahmehemmer (z. B. Fluoxetin, Fluvoxamin) nicht nur bei Erwachsenen, sondern auch bei Jugendlichen eingesetzt. Die vorliegenden Studien zeigen, dass diese Substanzen ähnlich wirkungsvoll sind wie trizyklische Antidepressiva, wobei geringere Nebenwirkungen festgestellt werden (z. B. Thomsen 1996, March u. Leonard 1996). Gelegentlich wird von kombinierter Pharmako- und Verhaltenstherapie berichtet, systematische Therapievergleichsstudien zur Wirksamkeit medikamentöser, verhaltenstherapeutischer und kombinierter Behandlungsansätze fehlen jedoch bislang.

Verhaltenstherapeutische Verfahren

Bei erwachsenen Patienten hat sich die Expositionsbehandlung (Reizkonfrontation) in Verbindung mit Reaktionsverhinderung als die wirkungsvollste verhaltenstherapeutische Intervention bei Zwangshandlungen bewährt. Auch im Kindes- und Jugendalter, für das insgesamt wesentlich weniger kontrollierte Therapiestudien vorliegen, konnte diese Methode erfolgreich eingesetzt werden. Außerdem haben sich Interventionen in der Familie – vor allem Veränderung der Reaktionen der Familienmitglieder auf die Symptomatik – als wirkungsvoll erwiesen. Besonders im Kindes- und im frühen Jugendalter scheinen Zwangssymptome häufig durch familiäre Interaktionsprozesse unterstützt und aufrechterhalten zu werden, deshalb stehen bei Patienten dieser Altersgruppe Interventionen im Vordergrund, die auf die Veränderung familiärer Interaktionsmuster zielen. Für die Behandlung von Patienten mit Zwangsgedanken ohne Zwangshandlungen wurden zusätzlich spezifische Interventionen (hauptsächlich Gedankenstopp und Habituationstraining) entwickelt. Im Wesentlichen lassen sich also 3 Interventionsansätze für die symptomzentrierte Behandlung voneinander abgrenzen, die sich jedoch nicht gegenseitig ausschließen, sondern häufig ergänzen:

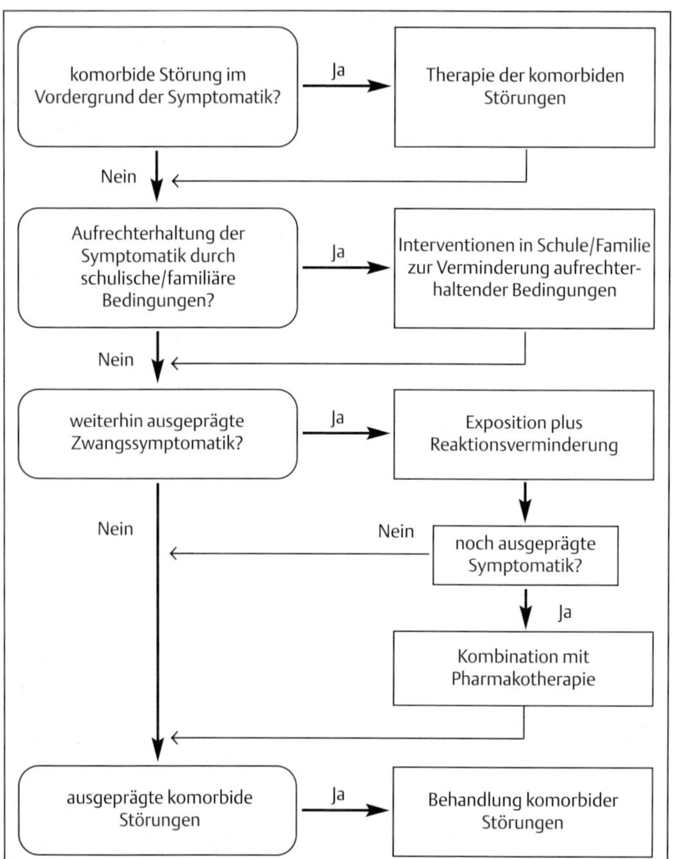

Abb. 16.**3** Differenzialtherapeutischer Entscheidungsbaum für Zwangsstörungen im Kindes- und Jugendalter (aus Döpfner u. Hastenrath 2000).

- Familienzentrierte Interventionen zur Verminderung familiärer Bedingungen, welche die Symptomatik aufrechterhalten,
- Expositionsbehandlung plus Reaktionsverhinderung,
- Interventionen zur Verminderung von Zwangsgedanken.

In der Regel ist eine multimodale verhaltenstherapeutische Behandlung indiziert. Allerdings müssen auch die Indikationen für eine Kombination mit einer pharmakologischen Therapie beachtet werden.

Indikationen

Abb. 16.**3** zeigt einen Entscheidungsbaum, der die Indikationen für einzelne Interventionsverfahren verdeutlicht (vgl. Döpfner u. Hastenrath 2000). Liegen neben der Zwangssymptomatik weitere Störungen vor, so ist zu entscheiden, ob zunächst die Zwangssymptomatik oder die begleitenden Verhaltensstörungen im Zentrum der Behandlung stehen oder ob eine mehrgleisige Therapie indiziert ist. Werden andere Verhaltensauffälligkeiten in starkem Maße als Folgen der Zwangssymptomatik interpretiert, beispielsweise eine durch die Zwangsstörung bedingte soziale Isolation des Patienten, dann wird die Behandlung der Zwangsstörung eher im Vordergrund stehen; unterstützen dagegen andere Verhaltensprobleme die Entwicklung der Zwangssymptomatik (z.B. Depression), dann werden zunächst diese im Zentrum der Therapie stehen.

Wenn schulische oder familiäre Bedingungen vermutlich wesentlich zur Aufrechterhaltung der Zwangssymptomatik beitragen (z.B. starke schulische Überforderung; erhebliche Konflikte in der Familie), dann sollten Interventionen durchgeführt werden, die auf eine Verminderung dieser aufrechterhaltenden Bedingungen abzielen. Sind die Zwangssymptome jedoch sehr stark ausgeprägt und besteht die Symptomatik über einen längeren Zeitraum (ein Jahr und länger), dann genügen solche Interventionen in der Regel nicht und müssen durch Exposition mit Reaktionsverhinderung ergänzt werden. Eine Ergänzung der Verhaltenstherapie durch eine medikamentöse Therapie sollte erwogen werden, falls sich die Exposition mit Reaktionsverhinderung als nicht hinreichend erfolgreich herausstellt.

Nach Durchführung der symptomzentrierten Therapie wäre nochmals die Indikation zur Behandlung komorbider Störungen und Probleme zu überprüfen, da Folgestörungen wie sozialer Rückzug, Unselbstständigkeit oder Depressivität, insbesondere bei chronifizierten Zwangsstörungen häufig persistieren und einer gezielten Therapie bedürfen.

Familienzentrierte Interventionen

Familienzentrierte Interventionen zielen auf Veränderung familiärer Bedingungen, die zur Aufrechterhaltung der Symptomatik beitragen (vgl. Döpfner 1993, 1997). Tab. 16.**1** gibt eine Übersicht über diese Interventionen. Zunächst werden die Probleme des Patienten und deren Auswirkungen auf die Familie aus der Perspektive der einzelnen Familienmitglieder in Familiengesprächen beleuchtet. Erfahrungen der einzelnen Familienmitglieder über verschiedene Formen des Umgangs mit der Problematik werden zusammengetragen. Danach kann der Versuch unternommen werden, ein gemeinsames Störungskonzept zu entwickeln. Der Therapeut versucht, ein Verständnis für die Symptomatik zu vermitteln und Fehlzuschreibungen abzubauen.

Konnten perfektionistische Ansprüche, zwanghafte Tendenzen oder sogar manifeste Zwangsstörungen bei den Eltern in der diagnostischen Phase identifiziert werden, dann werden diese Verhaltensweisen mit den Eltern thematisiert und die strukturellen Ähnlichkeiten zwischen ihrem Verhalten und der Zwangsstörung des Kindes erarbeitet, mit dem Ziel, perfektionistische Ansprüche und zwanghafte Verhaltenstendenzen zu vermindern. Liegen bei einem Elternteil manifeste Zwangsstörungen vor, dann ist in der Regel eine getrennte Therapie des zwangsgestörten Elternteils erforderlich.

Häufig werden die Ressourcen der Familien so sehr durch die Zwangssymptomatik in Anspruch genommen, dass kaum noch Freiräume für gemeinsame angenehme Beschäftigungen und Aktivitäten verbleiben und das zwangsgestörte Kind allein durch seine Symptomatik Aufmerksamkeit und Zuwendung erreichen kann, die es dann auch oft mit Macht einfordert. Deshalb kann, vor allem bei Kindern und jüngeren Jugendlichen, die Einführung regelmäßiger Beschäftigungen und Aktivitäten mit dem Kind oder Jugendlichen hilfreich sein. Über die Zwangssymptomatik darf in dieser Zeit nicht gesprochen werden. Das Spiel wird abgebrochen, wenn Zwangssymptome auftreten.

Auf der Basis eines gemeinsamen Störungs- und Interventionskonzeptes wird schließlich die elterliche Unterstützung bei der Durchführung von Zwangshandlungen in Absprache mit dem Patienten schrittweise vermindert. Auch stellvertretende Zwangshandlungen durch andere Familienmitglieder (z. B. Kontrolle von Türen durch die Eltern) werden beendet. In einem weiteren Schritt wird auch die Unterstützung für die Tendenz des Patienten abgebaut, jene Situationen zu vermeiden, die Zwangssymptome auslösen: Türen, die man bisher immer offen stehen ließ, damit die „verseuchte" Türklinke nicht benutzt werden musste, werden wieder geschlossen usw.

Um den Patienten nicht zu überfordern, ist eine schrittweise Verminderung der Einbindung der Familienmitglieder in die Zwangssymptomatik notwendig, die nach gemeinsamer Absprache mit dem Patienten durchgeführt wird.

Der Patient sollte davon überzeugt sein, dass er auch den nächsten Schritt bewältigen kann; wenn nicht, dann sollten weitere Hilfestellungen (meist kleinere Schritte) überlegt werden. Wichtig ist, dass die Verminderung der Zuwendung bei der Ausführung der Zwangssymptomatik durch eine Erhöhung der Zuwendung in symptomfreien Situationen kompensiert wird, z. B. in gemeinsamem Spiel.

Die vermehrten Anstrengungen des Patienten bei der Bewältigung von Situationen sollten zusätzlich gezielt verstärkt werden. Neben Lob und Anerkennung durch die Eltern und den Therapeuten ist häufig ein Token-System hilfreich – der Patient wird durch Tokens verstärkt, wenn es ihm gelingt, die Hilfestellung der Eltern bei seinen Kontrollen nicht mehr einzufordern oder Wutausbrüche zur Erzwingung von solchen Hilfestellungen zu unterdrücken.

Bei Kindern und bei Jugendlichen mit weniger chronifizierten Zwangsstörungen können diese Maßnahmen eine deutliche Verminderung der Zwangssymptomatik bewirken, möglicherweise weil die Symptomatik in einem stärkeren Maße durch Interaktionsprozesse unterstützt und aufrechterhalten wird als bei älteren Patienten mit ausgeprägter Symptomatik. Lassen sich jedoch innerhalb weniger Wochen allenfalls geringfügige Veränderungen erzielen oder erscheint die Symptomatik von Anfang an sehr verfestigt und chronifiziert oder sind die Kooperationsmöglichkeiten der Familie sehr begrenzt, dann sollte der Therapeut eine Expositionsbehandlung mit Reaktionsverhinderung beginnen.

Tabelle 16.**1** Familienzentrierte Interventionen bei Kindern und Jugendlichen mit Zwangsstörungen (aus Döpfner 1997)

1.	Familiengespräche über die Zwangsstörung und ihre Auswirkungen auf die Familie und Erfahrungen mit bisherigen Bewältigungsversuchen in der Familie.
2.	Erarbeitung eines gemeinsamen angemessenen Störungs- und Interventionskonzeptes und Begründung von familienzentrierten Interventionen.
3.	Bearbeitung von Konflikten in der Familie, die vermutlich zur Aufrechterhaltung der Zwangssymptomatik beitragen (z. B. Geschwisterrivalität, Partnerkonflikte der Eltern, Konflikte im Rahmen der Autonomie-Tendenzen des Jugendlichen).
4.	Thematisierung von perfektionistischen Ansprüchen, zwanghaften Tendenzen oder manifesten Zwangsstörungen bei den Eltern, wenn vorhanden.
5.	Aufbau von regelmäßigen gemeinsamen angenehmen familiären Interaktionen, die durch das Auftreten von Zwangssymptomen beendet werden.
6.	Kontinuierliche Beobachtung und Aufzeichnung der Symptomatik durch den Patienten und eventuell auch durch Bezugspersonen.
7.	Verminderung der elterlichen Unterstützung und Zuwendung bei der Durchführung von Zwangshandlungen.
8.	Verminderung der elterlichen Unterstützung bei der Vermeidung von Situationen, welche die Zwangssymptomatik auslösen.
9.	Positive Verstärkung von adäquaten Bewältigungsbemühungen des Patienten und von Symptomreduktion.

Expositionsbehandlung und Reaktionsverhinderung

Einige der dargestellten familienzentrierten Interventionen enthalten Aspekte einer von den Eltern durchgeführten Expositionsbehandlung plus Reaktionsverhinderung. Durch eine hinreichend lange Konfrontation mit angst- und zwangsauslösenden Stimuli (Exposition) wird die Angst reduziert. Die Verhinderung von Zwangshandlungen (Reaktionsverhinderung) bewirkt eine Verlängerung der Exposition. Wird die Vermeidung der angstauslösenden Reizkonfiguration und die Angstreduktion durch Zwangshandlungen verhindert, dann erfährt der Patient, dass er die Situation bewältigen kann und das gefürchtete Ereignis nicht eintritt, wodurch sich die Angst vermindert.

Die Expositionsbehandlung kann graduiert (gestuft) erfolgen, indem der Patient schrittweise mit zunehmend intensiveren zwangsauslösenden Reizbedingungen konfrontiert wird (**graduierte Exposition**), oder der Patient setzt sich sofort den intensivsten Reizen aus (**Reizüberflutung; flooding**). Beide Methoden haben sich in Therapievergleichsstudien bei erwachsenen Patienten als gleichermaßen wirkungsvoll erwiesen (Hodgson et al. 1972), klinisch überwiegt der Eindruck, dass Reizüberflutung einem graduierten Vorgehen überlegen ist. Die psychische Belastung des Patienten ist bei der graduierten Exposition geringer. Deshalb sollte bei Kindern und jüngeren Jugendlichen der graduierten Exposition der Vorzug gegeben werden. Reizüberflutung sollte dann angewandt werden, wenn sich die graduierte Exposition nicht bewährt hat (für eine genauere Darstellung von Reizüberflutung s. Döpfner 1993).

Die Exposition kann in vivo oder auf der Vorstellungsebene (in sensu) durchgeführt werden. Die In-vivo-Exposition gilt als die wirkungsvollere Methode (Turner u. Beidel 1988, Grayson et al. 1985, Reinecker 1994). Die Exposition auf der Vorstellungsebene wird angewandt, wenn die zwangsauslösenden Reizbedingungen nicht beliebig häufig herstellbar sind. Eine Kombination beider Expositionsformen hat sich bei jenen Zwangsstörungen als wirkungsvoller erwiesen, bei denen Zwangsgedanken um künftige katastrophale Folgen (Tod, Vergiftung usw.) kreisen. Turner u. Beidel (1988) beschreiben einige Fälle, bei denen In-vivo-Exposition nicht erfolgreich war, wohl aber Exposition auf der Vorstellungsebene und vermuten, dass diese Patienten während der In-vivo-Exposition kognitive Vermeidungsstrategien entwickelt hatten, die bei der Exposition in sensu nicht angewendet werden konnten.

Die Schritte einer graduierten In-vivo-Exposition mit Reaktionsverhinderung sind in Tab. 16.2 dargestellt. Bei einer In-sensu-Exposition werden die gleichen Schritte eingehalten (genauere Darstellung s. Döpfner 1999).

Tabelle 16.2 Behandlungsschritte bei einer graduierten In-vivo-Exposition mit Reaktionsverhinderung

- Überprüfung der Voraussetzungen für eine Expositionsbehandlung
- Entscheidung über die Einbeziehung der Eltern in die Expositionsbehandlung
- Aufbau einer therapeutischen Beziehung zum Patienten
- Entwicklung einer Hierarchie von angst- und zwangsauslösenden Situationen
- Erarbeitung eines Störungs- und Interventionskonzeptes
- Behandlungskontrakt
- Durchführung der Exposition in Anwesenheit des Therapeuten
- Exposition ohne Anwesenheit des Therapeuten.
- Reaktionsverhinderung im natürlichen Umfeld.

Überprüfung der Voraussetzungen für eine Expositionsbehandlung

Bei der Durchführung der Expositionsbehandlung sollten folgende Richtlinien berücksichtigt werden:

- Bei Patienten mit einer Psychose ist die Expositionsbehandlung kontraindiziert. Manchmal können ausgeprägte Zwangsgedanken den Charakter von überwertigen Ideen annehmen, von denen der Patient sich kaum distanzieren kann. In diesen Fällen ist eine sorgfältige differenzialdiagnostische Untersuchung notwendig.
- Bei Patienten mit ausgeprägten Depressionen sollte zunächst die Depression behandelt werden, da eine Habituation während der Exposition bei ausgeprägter Depression oft

nicht gelingt (vgl. Foa 1979). Bei verminderter Depressivität steigt darüber hinaus die Motivation der Patienten zur Konfrontation mit den angstauslösenden Reizbedingungen und das Vertrauen des Patienten, die Situationen bewältigen zu können, verbessert sich.

- Bei Jugendlichen sollte der Alkoholkonsum auf ein Minimum reduziert werden. Falls anxiolytisch wirkende Medikamente eingenommen wurden, sollte die Therapie beendet werden, da die Exposition wirkungsvoller sein kann, wenn die Angst pharmakologisch nicht blockiert wird. Falls bereits eine medikamentöse Behandlung mit trizyklischen Antidepressiva oder mit selektiven Serotonin-Wiederaufnahmehemmern durchgeführt wird, sollte die Dosierung während der Expositionsbehandlung nicht verändert werden, um Behandlungseffekte eindeutig zuordnen zu können.
- Körperliche Beschwerden, vor allem Herz-Kreislauf-Erkrankungen, Asthma oder Colitis ulcerosa können durch die psychische Belastung der Behandlung aggravieren. Diese Erkrankungen sollten deshalb entweder zuvor behandelt worden sein und/oder eine graduierte Exposition sollte präferiert werden, bei der das Angstniveau besser dosiert werden kann.
- Der Patient muss bereit sein, über einen Zeitraum von einigen Wochen einen erheblichen zeitlichen Aufwand für die Behandlung in Kauf zu nehmen, und der Therapeut muss ebenfalls mit einem hohen Zeitaufwand rechnen. Der Therapeut sollte die ambulante Expositionsbehandlung am besten an 2–3 Tagen pro Woche durchführen. Bei graduierter Exposition im Therapieraum sollte pro Expositionssitzung zunächst ein Zeitraum von 2–3 Stunden gerechnet werden; bei Expositionssitzungen in der Familie sollte man mindestens einen halben Tag einplanen. Häufig gelingen aber auch Expositionen in kürzerer Zeit, was aber oft nicht vorhersehbar ist – mitunter sind jedoch auch längere Expositionssitzungen nötig. Einschließlich der Übungen, die der Patient eigenständig durchführt, sind je nach Vorgehen etwa 5–6 Stunden täglich zu veranschlagen.
- Die Einbindung der Familienmitglieder in die Zwangsstörung sollte zu diesem Zeitpunkt schon deutlich vermindert sein. Wenn das bislang nicht gelungen ist, sollte die Exposition im häuslichen Umfeld durchgeführt werden. Die Generalisierungsübungen zuhause sollten in der Regel von Eltern begleitet werden, wenn die Eltern-Kind-Beziehung hinreichend tragfähig ist. Eine Ausführung der häuslichen Übungen durch den Jugendlichen allein wird nur bei hochmotivierten Patienten gelingen können. Ist eine Unterstützung durch Bezugspersonen nicht möglich, dann ist entweder eine Durchführung der Expositionsbehandlung durch den Therapeuten im häuslichen Milieu angezeigt oder eine stationäre Therapie ist indiziert.

Entscheidung über die Einbeziehung der Eltern in die Expositionsbehandlung

Die Behandlung sollte in der Regel unter Einbeziehung der Eltern erfolgen. Die enge Einbindung der Eltern in die Behandlung bedarf allerdings einer sorgfältigen Planung. Sie setzt voraus, dass die Eltern die Symptomatik verstehen und sie nicht z. B. als aggressiven Akt fehldeuten. Darüber hinaus ist die Rolle der Eltern in Absprache mit dem Patienten eindeutig zu definieren. Vor allem dürfen die Eltern nicht für die Einhaltung der Behandlungsrichtlinien durch den Patienten oder für den Erfolg der Behandlung verantwortlich gemacht werden. Die Behandlung sollte als eine Angelegenheit des Patienten und des Therapeuten definiert werden.

Die Rolle der Eltern ist es, dem Patienten zusätzliche Hilfestellungen bei der Durchführung der einzelnen Behandlungskomponenten zu geben und das Verhalten des Patienten aufzuzeichnen, dadurch können Eltern-Kind-Konflikte, die durch die Intervention ausgelöst werden, minimiert werden.

Bei angespannter Eltern-Kind-Beziehung ist die Einbeziehung der Eltern meist nicht sinnvoll, weil die Beziehungsprobleme durch die Einbindung der Eltern in die Behandlung aggravieren. In diesen Fällen wird die Einbeziehung der Eltern in der Regel vom Patienten auch abgelehnt. Wenn die Eltern in die Behandlung einbezogen werden, ist es wichtig, im Verlauf der Behandlung darauf zu achten, dass der Patient seine Probleme zunehmend eigenständig bewältigt.

Aufbau einer therapeutischen Beziehung zum Patienten

Die Entwicklung einer vertrauensvollen und tragfähigen therapeutischen Beziehung zum Patienten ist besonders wichtig, weil die Expositionsbehandlung nur bei aktiver Mitarbeit des Patienten gelingen kann und weil die Interventionen emotional belastend sein können. Der Therapeut sollte sich daher ausreichend Zeit lassen, um zu dem Patienten eine Beziehung aufzubauen. Dabei ist es hilfreich, nicht nur die Probleme zu thematisieren, sondern auch an den Ressourcen und Interessen des Patienten anzusetzen. Bei Kindern kann das Medium Spiel sehr hilfreich sein.

Entwicklung einer Hierarchie von angst- und zwangsauslösenden Situationen

Die Durchführung der graduierten Expositionsbehandlung setzt die Entwicklung einer Hierarchie angst- und zwangsauslösender Situationen voraus. Bei multiplen Zwängen (beispielsweise Wasch- und Kontrollzwängen) werden mit dem Patienten getrennte Hierarchien erarbeitet. Zur Erstellung einer Angsthierarchie wird ein Angstthermometer mit einer Skala von 0 bis 100 benutzt (Döpfner 2000), wobei 100 die maximal gefürchtete, die am meisten belastende Situation darstellt .

Erarbeitung eines Störungs- und Interventionskonzeptes

Mit dem Patienten wird ein lerntheoretisch fundiertes Erklärungsmodell seiner Störung (entsprechend Abb. 16.**1**) erarbeitet (Störungskonzept), aus dem die einzelnen Therapieschritte abgeleitet werden können (Interventionskonzept). Zur Information des jugendlichen Patienten und der Eltern kann eine Informationsbroschüre (Döpfner u. Rothenberger 1997) eingesetzt werden, die von der Deutschen Gesellschaft für Zwangserkrankungen vertrieben wird (*Adresse: Deutsche Gesellschaft für Zwangserkrankungen, Katharinenstr. 48, 49078 Osnabrück*).

Meist lassen sich auch konkrete Erfahrungen der Patienten nutzen, z. B. die Erfahrung, dass die Problematik desto mehr zunimmt, je mehr man vor ihr zurückweicht, und dass die Ängste und Zwänge sich vermindern, wenn die Zwangshandlung nicht durchgeführt werden kann. Die Expositionsübungen und die Reaktionsverhinderung werden als Möglichkeit zur Angstbewältigung und -reduktion sowie als Mittel der Realitätstestung beschrieben. Die zu erwartende emotionale Belastung wird genauso klar herausgestellt wie die Freiheit des Patienten, in jeder Situation die Exposition bzw. Reaktionsverhinderung zu unterbrechen. Die Information, dass etwa 50–70 % der Patienten von der Behandlung erheblich profitieren, kann die Behandlungsmotivation fördern. Am Ende dieser Behandlungsstufe sollte der Patient von dem Interventionskonzept möglichst weitgehend überzeugt sein. Die klinische Erfahrung zeigt, dass das Risiko eines Misserfolges in dem Maß steigt, in dem der Patient an dem Behandlungskonzept zweifelt.

Behandlungskontrakt

Wenn eine tragfähige therapeutische Beziehung zu einem Patienten aufgebaut und ein gemeinsames Störungs- und Interventionskonzept entwickelt werden konnte, wird mit dem Patienten ein Behandlungskontrakt geschlossen. In diesem Kontrakt werden zentrale Modalitäten der geplanten Behandlung spezifiziert: die geplante Zahl, Ort und Dauer der Sitzungen (z. B. zunächst 6 Sitzungen innerhalb der nächsten 2 Wochen, davon mindestens 3 Sitzungen in der Familie), die Bereitschaft des Patienten zu einem graduierten Expositionsvorgehen in Verbindung mit Reaktionsverhinderung, das Recht des Patienten, nach einer entsprechenden Diskussion mit dem Therapeuten Expositionssitzungen zu beenden und die Funktion der Eltern in der Behandlung. Bei Patienten mit stark ausgeprägter Symptomatik und fraglicher Therapiemotivation können auch Kriterien für die Überführung der ambulanten in eine stationäre Therapie spezifiziert werden: wenn der Patient sich erstens nicht in der Lage sieht, die Behandlungsrichtlinien für Exposition und Reaktionsverhinderung umzusetzen und wenn zweitens im Zeitraum von einigen Behandlungswochen keine Symptomminderung eintritt.

Durchführung der Exposition in vivo in Anwesenheit des Therapeuten

Die Exposition mit dem Therapeuten kann im Therapieraum oder im familiären Umfeld durchgeführt werden. Die Exposition im Therapieraum ist zwar weniger zeitaufwendig, sie setzt aber voraus, dass auslösende Situationen im Therapieraum herstellbar sind. Bei massiv ausgeprägten Zwängen, bei ausgeprägter Einbindung von Bezugspersonen in die Zwänge und wenn Zwänge sehr stark an häusliche Situationen gekoppelt sind, sollte die Exposition auf jeden Fall im häuslichen Umfeld durchgeführt werden. Anderenfalls kann zunächst mit einer Exposition im Therapiezimmer begonnen und in Abhängigkeit von dem Ausmaß, in dem sich Behandlungserfolge als auf das häusliche Umfeld übertragbar erweisen, kann von einer Exposition im häuslichen Umfeld abgesehen werden.

Für die graduierte Exposition im Therapiezimmer sollte der Therapeut 2–3 Stunden, für eine Exposition in der Familie einen halben Tag einplanen. Die Exposition sollte möglichst 2- bis 3-mal pro Woche durchgeführt werden. Eine Verminderung der Ängste muss bereits während der 1. Exposition erkennbar sein. Eine Langzeit-Anwendung der Expositionsbehandlung ist nicht indiziert (Hand 1981). Tritt nach einigen Behandlungsstunden keine symptomreduzierende Wirkung ein, so können Motivationsprobleme des Patienten dafür ursächlich sein und Expositionsübungen die Funktion von Ersatzritualen übernehmen, oder aber eine psychophysiologische Habituation tritt trotz guter Kooperation des Patienten nicht ein. Bei den meisten Zwangsstörungen im Kindes- und Jugendalter genügt eine Intensivbehandlung von 2–6 Wochen, an die aber in der Regel noch eine weitere Behandlung mit regelmäßigen wöchentlichen Kontakten angeschlossen werden muss.

Bei der graduierten In-Vivo-Exposition werden die Patienten mit den angsterzeugenden bzw. zwangsauslösenden Objekten oder Situationen in graduierter Form konfrontiert. Die Auswahl der Expositionssituationen trifft der Therapeut zusammen mit dem Patienten. Die erste Exposition beginnt in der Regel mit Objekten bzw. Situationen, die einen mittleren Leidensdruck erzeugen (Angstgrad 50 auf dem Angstthermometer).

Zur Erleichterung des Behandlungsbeginns kann die 1. Exposition auch mit weniger angstauslösenden Situationen beginnen. Wenn der Patient erlebt, dass er eine weniger angstinduzierende Situation durch die Exposition bewältigen kann, dann kann dies die Motivation zur Durchführung der Expositionsbehandlung auch bei stärker angstauslösenden Situationen deutlich erhöhen.

Wenn nötig, wird der Kontakt mit dem gefürchteten Objekt vom Therapeuten modellhaft vorgeführt. Der Therapeut ermuntert und unterstützt den Patienten, die aufkommende Angst auszuhalten. Der Patient soll sich auf die Angst konzentrieren und sie nicht durch ablenkende Tätigkeiten zu vermindern suchen. Alle 5–10 Minuten soll der Patient sein Angstniveau anhand des Angstthermometers einschätzen, seine Gefühle, seine Gedanken und seine körperlichen Reaktionen beschreiben. Gedanken über potenzielle Gefahren (z.B. bei Kontrollzwängen) werden diskutiert und Risiken, dass die gefürchteten Ereignisse eintreten, eingeschätzt. Dabei besteht die Aufgabe darin, den Patienten in einem sokratischen Dialog zu einer realistischen Beurteilung der Situation zu führen, ohne ihn zu überreden.

Nach klinischer Erfahrung beginnt sich bei Kindern und Jugendlichen der Leidensdruck nach einer Expositionszeit von maximal 30–60 Minuten zu verringern, häufig auch schon früher. Die Exposition sollte nicht beendet werden, bevor der Patient eine Angstverminderung verspürt. Wenn der Patient die Exposition vorzeitig beenden möchte, sollte er durch Einschätzung des aktuellen Angstgrades, durch Identifikation angstauslösender Gedanken und deren kognitiver Bearbeitung sowie durch Hinweis auf das Interventionskonzept dazu bewogen werden, die Exposition fortzuführen. Der Wechsel zur nächst schwierigeren Situation kann erfolgen, wenn der Patient mit deutlicher Erleichterung einen Angstabfall signalisiert. Ziel ist, erst einmal eine Verminderung der Angst um etwa 50% zu erreichen.

Der Einsatz von Entspannungsverfahren während der Exposition wird kontrovers diskutiert. Manche Autoren bewerten solche Techniken als kontraindiziert, da die Expositionsbehandlung nicht auf dem Prinzip der Gegenkonditionierung, sondern auf einem Extinktions- oder Habituationsmodell basiert, nachdem ein verlängerter Kontakt mit dem angsterzeugenden Stimulus notwendig ist, damit die Angst sich vermindert. Andere Autoren (z.B. Steketee 1993) lassen Entspannungsverfahren zu, schätzen sie aber als wenig hilfreich ein. Die eigene klinische Erfahrung zeigt, dass diese Verfahren nicht notwendig sind. Um die Motivation zur Exposition zu fördern, sollte besonders bei jüngeren Patienten und bei Patienten, die durch die Symptomatik ein hohes Maß an Zuwendung erhalten haben, von Verstärkungsprogrammen intensiv Gebrauch gemacht werden. Dabei können auch Token-Systeme eingesetzt werden, bei denen der Patient beispielsweise für seinen Mut verstärkt wird, den er bei der Durchführung der Exposition aufbringen muss.

Wenn die Eltern in die Behandlung einbezogen werden können, dann ist deren Teilnahme an den Expositionssitzungen beim Therapeuten sinnvoll. Dadurch kann das Verständnis der Eltern für die Symptomatik vertieft und genaue Anweisungen für die Exposition zuhause können entwickelt werden.

Exposition ohne Anwesenheit des Therapeuten

Gegen Ende jeder Expositionssitzung wird mit dem Patienten vereinbart, welche Expositionsübungen er zuhause durchführen kann. Der Patient setzt sich gezielt jenen Situationen aus, die in der Expositionssitzung mit dem Therapeuten Gegenstand der Exposition waren. Diese Expositionen können vom Patienten eigenständig oder mit Unterstützung der Eltern durchgeführt werden. Anhand eines Expositions-Tagebuches notiert der Patient den Beginn und das Ende der selbstgesteuerten Exposition zuhause sowie die Art der Exposition und die Stärke des empfundenen Leidensdruckes bei Expositionsbeginn und bei Expositionsende.

In der Regel sollten die Expositionsübungen täglich durchgeführt werden. Die Expositionsübungen können bis zu 2 Stunden pro Tag beanspruchen, manchmal auch mehr. Je langsamer der Patient in der Exposition mit dem Therapeuten habituiert, desto wichtiger sind diese Expositionen ohne Anwesenheit des Therapeuten.

Reaktionsverhinderung im natürlichen Umfeld

Die Reaktionsverhinderung kann als vollständige oder als partielle Reaktionsverhinderung durchgeführt werden. Ideal ist die **vollständige Reaktionsverhinderung**, bei der in jeder Situation, in der bisher die Zwangshandlung ausgeführt wurde, der Zwang völlig unterbleiben soll. Mit Patienten, die an einem Waschzwang leiden, wird beispielsweise vereinbart, dass jeder Kontakt mit Wasser und Reinigungsmitteln unterbleibt, ausgenommen ein 10-minütiges Duschen an jedem 2. Tag. Patienten mit Kontrollzwängen dürfen in Situationen, in denen die meisten Menschen eine Kontrolle durchführen (z. B. Türkontrolle beim Verlassen des Hauses), einmal kontrollieren.

Eine vollständige Reaktionsverhinderung gilt generell zwar als optimale Behandlungsstrategie, doch kann auch eine **graduierte Reaktionsverhinderung** eingeführt werden: die Intensität und Frequenz der Zwangshandlung wird zunächst lediglich begrenzt, ohne den Zwang völlig zu unterbinden (z. B. Händewaschen nur noch 4-mal täglich für 5 Minuten ohne Seife).

Die graduierte Reaktionsverhinderung wird die Behandlungscompliance bei vielen jugendlichen Patienten verbessern helfen, allerdings sind Therapieerfolge dann eher mühsam zu erreichen. Deshalb sollte das Ausmaß der Reaktionsverhinderung in kurzen Abständen zügig gesteigert werden.

Der Patient notiert täglich in einem Selbstbeobachtungsbogen die aufkommenden Zwangsgedanken und ausgeführte oder vermiedene Zwangshandlungen, die auslösenden Situationen, den dabei auftretenden Leidensdruck und die dafür benötigte Zeit.

Diese Selbstaufzeichnungen, vor allem Probleme bei der Einhaltung der Reaktionsverhinderung, werden möglichst häufig (anfangs täglich per Telefon) mit dem Therapeuten besprochen. Gelingt es dem Patienten, die Zwangshandlungen in dem vereinbarten Umfang zu verhindern, dann sollte eine deutliche positive Verstärkung in Form von sozialer Verstärkung, Aktivitätsverstärkung aber auch materieller Verstärkung erfolgen. Bei Kindern sind oft Token-Systeme hilfreich.

Die Reaktionsverhinderung kann mit oder ohne Supervision durch die Eltern durchgeführt werden. Können die Eltern zur Unterstützung der Behandlung eingesetzt werden, dann erhalten sie die Aufgabe, bei der Reaktionsverhinderung zu unterstützen, indem sie den Patienten ermutigen, mit der Behandlung fortzufahren und aufkommende Impulse zu bekämpfen, oder ihm helfen, sich in kritischen Situationen abzulenken. Außerdem sollten die Eltern auftretende Zwangshandlungen protokollieren. Eine körperliche Reaktionsverhinderung durch die Eltern ist nicht empfehlenswert.

Interventionen zur Verminderung von Zwangsgedanken

Die Behandlung von Patienten mit Zwangsgedanken ohne Zwangshandlungen gilt als besonders schwierig. In der diagnostischen Phase ist die Unterscheidung zwischen angstauslösenden Zwangsgedanken und kognitiven Ritualen (z.B. Zähl-Ritualen), die meist durch andere Zwangsgedanken ausgelöst werden und die der Angstreduktion dienen, zu beachten. Diese Differenzierung ist für die Planung der Interventionsansätze von besonderer Bedeutung: Gedanken, die Angst oder Unruhe auslösen, erfordern eine Konfrontation des Patienten mit diesem Stimulus, damit eine Habituation und schließlich Verminderung der Angst erfolgen kann. Dies erfolgt in der Regel durch eine Exposition in sensu (vgl. Döpfner 1993). Gedankliche Rituale, die der Angstreduktion dienen, sind dagegen primär mit Interventionen der Reaktionsverhinderung zu behandeln.

Bei der Behandlung (angstreduzierender) **kognitiver Rituale** wird wie bei offenen Zwangshandlungen Exposition in vivo und/oder in sensu in Verbindung mit Reaktionsverhinderung eingesetzt. Dabei kann sich die Reaktionsverhinderung besonders schwierig gestalten, da die Ausführung des Rituals nicht beobachtbar und damit nicht von außen kontrollierbar ist. Darüber hinaus laufen kognitive Rituale häufig hochgradig automatisiert und mit großer Geschwindigkeit ab, wodurch die Behandlung zusätzlich erschwert wird. Zur Verhinderung des kognitiven Rituals kann **Gedankenstopp** eingesetzt werden. Beim Gedankenstopp wird der Patient aufgefordert, die Augen zu schließen und den Zwangsgedanken willentlich auszulösen. Daraufhin ruft der Therapeut sehr laut „stopp". Der Patient übernimmt schließlich das laute Rufen selbst. Nach mehrfachen Wiederholungen kann dann damit begonnen werden, die Lautstärke des Stopp-Signals langsam zu vermindern bis sich der Patient nur noch vorstellt, „stopp" zu rufen. Der Patient sollte die Übungen zuhause mindestens 2-mal täglich für etwa 5–10 Minuten selbst durchführen. Zusätzlich zu diesen Trainingszeiten soll die Technik immer dann angewandt werden, wenn der unerwünschte Gedanke auftritt.

Die Wirksamkeit dieser Intervention ist empirisch nicht hinreichend abgesichert und auch ihr klinischer Nutzen wird bezweifelt. Für das Kindes- und Jugendalter liegen lediglich Fallberichte vor (z.B. Campbell 1973), nach eigener klinischer Erfahrung ist Gedanken-Stopp bei Kindern und Jugendlichen in wenigen Fällen hilfreich.

Stabilisierung des Behandlungserfolges und Behandlung komorbider Störungen

Für eine Stabilisierung des Therapieerfolges sind vor allem 3 Faktoren von Bedeutung:

- der Aufbau von Verhaltensalternativen zur Zwangssymptomatik,
- die Verminderung noch persistierender komorbider Störungen und Probleme,
- die langfristige Nachbetreuung mit Anleitung des Patienten zur selbstständigen Weiterführung der Interventionen.

Patienten mit ausgeprägten Zwangsstörungen sind durch ihre Erkrankung in vielen Lebensbereichen, vor allem in ihrem Freizeitverhalten, ihrer Integration in Gleichaltrigengruppen und in ihren schulischen oder beruflichen Funktionen deutlich behindert. Die Ausführung der Zwangssymptomatik beansprucht oft einen beträchtlichen Teil des Tages. Durch die Verminderung der Symptomatik werden Freiräume geschaffen, die es sinnvoll zu gestalten gilt. Im Verlauf einer erfolgreichen Therapie rückt die Ausgestaltung dieser Freiräume stärker in den Mittelpunkt der Therapie. Vor allem Methoden des sozialen Kompetenztrainings können hierbei hilfreich sein, aber auch – je nach Problematik – andere Formen der Einzel-, Gruppen- oder Familientherapie.

Die beste Rückfallprophylaxe besteht in einem weitestgehenden Abbau der Zwangssymptomatik. Bei Patienten, die durch eine Symptomminderung eine deutliche Entlastung erfahren haben, können Motivationsprobleme zu Weiterführung der Therapie bis zu weitgehender Symptomfreiheit auftreten. Bei allen Patienten sollte das Rückfallrisiko in psychisch belastenden Situationen angesprochen und Möglichkeiten zur eigenständigen Fortführung bzw. Wiederaufnahme der Interventionen, wenn Symptome (erneut) auftreten, erarbeitet werden. Auf jeden Fall ist nach Beendigung der Intensivbehandlung eine Nachbetreuung mit Kontakten in zunehmend größeren Zeitabständen über 2 Jahre hinweg angezeigt.

Wirksamkeit verhaltenstherapeutischer Interventionen

Systematische Untersuchungen zur Wirksamkeit verhaltenstherapeutischer Interventionen bei Kindern und Jugendlichen mit Zwangsstörungen liegen bislang nur in geringer Zahl vor. Berg et al. (1989) konnten in ihrer Übersicht zwar 20 Studien (an insgesamt 43 Patienten) nachweisen, von denen allerdings 16 Arbeiten überwiegend nicht hinreichend kontrollierte Einzelfallberichte und -studien darstellen. Demgegenüber konnten Foa et al. (1985) für das **Erwachsenenalter** die Wirksamkeit von Expositionsbehandlung plus Reaktionsverhinderung anhand von Gruppenstudien mit insgesamt über 200 erwachsenen Patienten eindrucksvoll belegen. Danach lässt sich durch die Behandlung bei 51% der Patienten eine weitgehende Symptomminderung oder Symptomfreiheit und bei weiteren 39% eine deutliche Symptomminderung erzielen; lediglich 10% der Patienten profitieren nicht von der Behandlung. Diese Therapieeffekte stabilisierten sich größtenteils – insgesamt stieg bei der Nachuntersuchung die Rate der Misserfolge von 10 auf 24%.

Einige Übersichtsarbeiten fassen die Ergebnisse der angloamerikanischen Studien zur Wirksamkeit verhaltenstherapeutischer Interventionen im **Kindes- und Jugendalter** zusammen (Wolf u. Rapoport 1988, Berg et al. 1989, Leonard et al. 1991, March 1995, March u. Leonard 1996, Thomsen 1996). Die Arbeiten sind überwiegend Einzelfallberichte oder Einzelfallstudien. In einzelnen Arbeiten werden auch gruppenstatistische Auswertungen vorgenommen, Kontrollgruppenstudien fehlen bislang.

In der Mehrzahl der Studien wurden sowohl Exposition als auch Reaktionsverhinderung eingesetzt, da beide Komponenten für eine wirkungsvolle Behandlung als notwendig erachtet werden. Die überwiegende Mehrzahl der Studien belegt, dass die verhaltenstherapeutischen Interventionen Zwangssymptome erfolgreich vermindern können.

Von der eigenen Arbeitsgruppe wurden 3 kontrollierte Einzelfallstudien publiziert, in denen Exposition und Reaktionsverhinderung erfolgreich durchgeführt wurden (Breuer u. Döpfner 1998, Döpfner 1997, Döpfner u. Breuer 1997). In einem Fall wurde die Behandlung frühzeitig abgebrochen und die Therapieeffekte konnten sich nicht stabilisieren (Döpfner 1997). March u. Mitarbeiter (1994) berichten von einem offenen Behandlungsversuch mit dem bei 9 von 15 Patienten eine zumindest 50-prozentige Symptomreduktion erreicht werden konnte, die sich in einer Nachuntersuchung bis zu 18 Monate nach Behandlungsende stabilisierte. Bei 6 Patienten konnten eine bereits vor Beginn der Verhaltenstherapie begonnene medikamentöse Therapie beendet werden. Scahill et al. (1996) konnten bei 7 Kindern und Jugendlichen durch Exposition plus Reaktionsverhinderung (durchschnittlich 14 Sitzungen) eine durchschnittliche Symptomreduktion von 60% erreichen, die sich über eine Zeitraum von 3 Monaten als stabil erwies. Noch höhere Erfolgsraten berichten Franklin et al. (1998). Kearny u. Silverman (1990) setzten Exposition zur Verminderung von Zwangshandlungen und rational emotive Therapie zur Verminderung von Zwangsgedanken erfolgreich ein. In anderen Studien konnten Behandlungserfolge mit Hilfe von Extinktion (z.B. Nichtbeachten von zwanghaftem Fragen) von positiver Verstärkung und Desensibilisierungstechniken erzielt werden (Francis 1988, Phillips u. Wolpe 1981, Queiroz et al. 1981). Nach Knölker (1987) erreichen 50% der verhaltenstherapeutisch stationär behandelten Patienten bei Behandlungsende annähernde Symptomfreiheit, während gesprächspsychotherapeutisch behandelte Kinder und Jugendliche nur zu 20% und tiefenpsychologisch behandelte Patienten zu 30% erfolgreich waren.

Der Gedanke, der einer verhaltenstherapeutischen Behandlung zugrunde liegt, erscheint, wie Turner u. Beidel (1988) betonen, recht simpel: Bringe den Patienten in Situationen, die Zwangssymptome auslösen und verhindere die Ausführung von Zwangshandlungen. Die Entwicklung individuell angemessener und wirksamer Interventionen erfordert jedoch nicht nur umfassende Kenntnisse der Psychopathologie von Zwangsstörungen und der theoretischen Grundlagen verhaltenstherapeutischer Strategien, sondern vor allem eine beträchtliche gedankliche Durchdringung der individuellen Problematik und möglichst viel Kreativität bei der Umsetzung der Grundstrategien.

Zusammenfassung

Hauptmerkmale einer Zwangsstörung sind immer wiederkehrende Zwangsgedanken oder Zwangshandlungen. Zwangsgedanken sind Ideen oder Vorstellungen, die sich dem Betroffenen aufdrängen und ihn immer wieder stereotyp beschäftigen. Zu den häufigsten Zwangsgedanken im Kindes- und Jugendalter zählen Angst vor Verschmutzung, Verseuchung oder Vergiftung sowie aggressive und gewalttätige Vorstellungen. Zwangshandlungen sind wiederholte und beabsichtigte Verhaltensweisen, die meist auf einen Zwangsgedanken hin nach bestimmten Regeln oder in stereotyper Form ausgeführt werden. Die häufigsten Zwangshandlungen bei Kindern und Jugendlichen sind Wasch-, Kontroll- und Wiederholungszwänge.

Bei bis zur Hälfte der erwachsenen Patienten mit einer Zwangsstörung beginnt die Störung im Kindes- und Jugendalter. Meist liegt der Beginn in der Adoleszenz, seltener beginnt die Symptomatik in der Kindheit. Im Jugendalter liegt die Häufigkeit von Zwangsstörungen zwischen 1 % und 3,5 %. Bei Jungen tritt die Störung häufiger auf. Das Chronifizierungsrisiko von Zwangsstörungen, die nicht erfolgreich behandelt werden können, ist erheblich. In klinischen Stichproben liegen die Komorbiditätsraten bei etwa 70 %, vor allem treten Angststörungen und Depression bzw. Dysthymie auf.

Genetische Einflüsse spielen vermutlich eine wichtige Rolle bei der Entwicklung von Zwangsstörungen. Die Störung geht mit Dysregulationen des Serotoninstoffwechsels einher. Verhaltenstheoretische Modelle betonen die angstreduzierende Funktion von Zwangshandlungen, die zur Persistenz der Störung beiträgt. Kognitive Erklärungsansätze sehen in der negativen Bewertung aufdringlicher Gedanken eine zentrale Ursache für die Entwicklung der Störung.

Verhaltenstherapeutische Verfahren mit familienzentrierten Interventionen zur Verminderung familiärer Bedingungen, welche die Symptomatik aufrechterhalten und mit Exposition plus Reaktionsverhinderung stellen die wichtigsten Behandlungsverfahren im Kindes- und Jugendalter dar. Durch eine hinreichend lange Konfrontation mit angst- und zwangsauslösenden Stimuli (Exposition) wird die Angst reduziert. Die Verhinderung von Zwangshandlungen (Reaktionsverhinderung) bewirkt eine Verlängerung der Exposition. Der Patient erfährt, dass er die Situation bewältigen kann und das gefürchtete Ereignis nicht eintritt, wodurch sich die Angst vermindert. Neben der verhaltenstherapeutischen Behandlung ist die Pharmakotherapie mit trizyklischen Antidepressiva oder mit selektiven Serotonin-Wiederaufnahmehemmern von Bedeutung.

Literatur

Allsopp M, Verduyn C. A follow-up of adolescents with obsessive-compulsive disorder. Brit J Psychiat. 1988;154:829-34.

Ananth J. Clomipramine: An antiobsessive drug. Can J Psychiat. 1986;31:253-8.

Apter A, Fallon TJ, King RA, Ratzoni G, Zohar AH, Binder M, Weizman A, Leckman JF, Pauls DL, Kron S, Cohne D. Obsessive-compulsive characteristics: From symptoms to syndrome. J Am Acad Child Adol Psychiat. 1996;35: 907-12.

Berg CZ, Rapoport JL, Wolff RP Behavioral treatment for obsessive compulsive disorder in childhood. In: Rapoport JL, ed. Obsessive compulsive disorder in children and adolescents. Washington: American Psychiatric Press; 1989a.

Berg CZ, Rapoport JL, Whitaker A, Davies M, Leonard H, Swedo SE, Brainman S, Lenane MC. Childhood obsessive compulsive disorder: a two-year prospective follow-up of a community sample. J Am Acad Child Adol Psychiat. 1989b;28:528-33

Black A. The natural history of obsessional neurosis. In: Beech HR, ed. Obsessional States. London: Methuen; 1978.

Breuer B, Döpfner M. Die Behandlung von Zwangsstörungen bei Kindern und Jugendlichen – eine Fallbeschreibung. Psycho. 1998;24:43-5.

Campbell LM. A variation of thought stopping in a twelve-year-old boy: A case report. J Behav Ther Experim Psychiat. 1973;4: 69-70.

DeVeaugh-Geiss J, Moroz G, Biederman J, Cantwell D, Fontaine R, Greist JH, Reichler R, Katz R, Landau P. Clomipramine hydrochloride in childhood and adolescent obsessive compulsive disorders – a multicenter trial. J Am Acad Child Adol Psychiat. 1992;31:45-9.

Dilling H, Mombour W, Schmidt MH. Hrsg. Internationale Klassifikation psychischer Störungen – ICD 10, Kapitel V (F). Klinisch-diangostische Leitlinien. Bern: Huber; 1991.

Dilling H, Mombour W, Schmidt MH, Schulte-Markwort E. Hrsg. Internationale Klassifikation psychischer Störungen – ICD 10, Kapitel V (F). Forschungskriterien. Bern: Huber; 1994.

Döpfner M. Verhaltenstherapeutische Behandlung eines Jugendlichen mit Zwangsstörungen. Kindheit und Entwicklung. 1997;6:90-7.

Döpfner M, Rothenberger A. Zwangsstörungen bei Kindern und Jugendlichen – Fragen und Antworten. Eine Information für Betroffene und ihre Eltern. Osnabrück: Deutsche Gesellschaft Zwangserkrankungen e.V., 1997.

Döpfner, M. Zwangsstörungen. In: Steinhausen HC, Aster M von. Hrsg. Handbuch Verhaltenstherapie und Verhaltensmedizin bei Kindern und Jugendlichen, 2. Aufl. Weinheim: Beltz, Psychologie-Verlags-Union; 1999.

Döpfner M. Diagnostik und funktionelle Analyse von Angst- und Zwangsstörungen bei Kindern und Jugendlichen – ein Leitfaden. Kindh Entwickl. 2000:143-160.

Döpfner M, Hastenrath B. Zwangsstörungen. In: Petermann F, Hrsg. Fallbuch der klinischen Kinderpsychologie, 2. Aufl. Göttingen: Hogrefe, 2000.

Douglass HM, Moffitt TE, Dar R, McGee R, Silva P. Obsessive-compulsive disorder in a birth cohort of 18 year-olds: Prevalence and predictors. J Am Acad Child Adol Psychiat. 1995;34:1424-31.

Flament MF, Whitaker A, Rapoport JL, Davies M, Berg CZ, Kalikow K, Sceery W. Obsessive compulsive disorder in adolescence: An epidemiological study. J Am Acad Child Adol Psychiat. 1988;27:764-71.

Foa EB. Failure in treating obsessive-compulsives. Behav Res Ther. 1979;17:169-76.

Foa EB, Kozak MJ. Emotional processing of fear: Exposure to corrective information. Psychol Bull. 1986;99:20-35.

Foa EB, Steketee GS, Ozarow BJ. Behavior therapy with obsessive-compulsives: From theory to treatment. In: Mavissakaliam M, Turner SM, Michelson L, eds. Obsessive-compusive disorder. Psychological and pharmacological treatment. Plenum. New York: 1985.

Francis G. Childhood obsessive-compulsive disorder: Extinction of compulsive reassurance seeking. J Anx Disord. 1988;2:361-8.

Franklin ME, Kozak MJ, Cashman LA, Coles M, Rheingold AA, Foa E. Cognitive-behavioral treatment of pediatric obsessive-compulsive disorder: an open clinical trial. J Am Acad Child Adol Psychiat. 1998;37:412-9.

Geller DA, Biederman J, Griffin S, Jones J, Lefkowitz TR. Comorbidity of juvenile obsessive-compulsive disorder with disruptive behavior disorder. J Am Acad Child Adol Psychiat. 1996;35:1637-46.

Geller D, Biederman J, Jones J, Park K, Schwartz S, Shapiro S, Coffey B. Is juvenile obsessive-compulsive disorder a developmental subtype of the disorders? A review of pediatric literature. J Am Acad Child Adol Psychiat. 1998;37:420-7.

Grayson JB, Foa EB, Steketee G. Obsessive-compulsive disorder. In: Hersen M, Bellack Ass, eds. Handbook of clinical behavior therapy with adults. New York: Plenum Press; 1985.

Hand I. Expositionsbehandlung. In: Linden M, Hautzinger M. Hrsg. Psychotherapie – Manual. Berlin: Springer; 1981.

Hanna GL. Demographic and clinical features of obsessive-compulsive disorder in children and adolescents. J Am Acad Child Adol Psychiat. 1995;34:19-27.

Hodgson R, Rachman S, Marks I. The treatment of chronic-obsessive-compulsive neurosis: Follow-up and further findings. Behav Res Ther. 1972;10:181-4.

Karno M, Golding JM, Sorenson SB, Burnam MA. The epidemiology of obsessive compulsive disorder in five US communities. Arch Gen Psychiat. 1988;42:1094-9.

Kearny CA, Silverman WK. Treatment of adolescent with obsessive-compulsive disorder by alternating response prevention and cognitive therapy: An empirical analysis. J Behav Ther Exp Psychiat. 1990;19:134-44.

Knölker U. Zwangssyndrome im Kindes- und Jugendalter. Göttingen: Vandenhoeck & Ruprecht; 1987.

Last CG, Strauss CC. Obsessive-compulsive disorder in childhood. J Anx Disord. 1989;3:295-302.

Lenane MC. Families and obsessive-compulsive disorder. In: Rapoport JL, ed. Obsessive compulsive disorder in children and adolescents. Washington: American Psychiatric Press; 1989.

Lenane MC, Swedo SE, Leonard H, Pauls DL, Sceery W, Rapoport JL. Psychiatric disorders in first degree relatives of children and adolescents with obsessive compulsive disorder. J Am Acad Child Adol Psychiat. 1990;29:407-12.

Leonard HL, Goldberger EL, Rapoport JL, Cheslow DL, Swedo SE. Childhood rituals: Normal development or obsessive-compulsive symptoms? J Am Acad Child Adol Psychiat. 1990;29:17-23.

Leonard HL, Swedo S, Rapoport JL. Diagnosis and treatment of obsessive compulsive disorder in children and adolescents. In: Tortora M, Zohar J, eds. Current treatments of obsessive-compulsive disorder. Washington: American Psychiatric Press; 1991.

March JS, Mulle K, Herbel B. Behavioral psychotherapy for children and adolescents with obsessive-compulsive disorder: An open trial of a new protocol driven treatment package. J Am Acad Child Adol Psychiat. 1994;33:333-41.

March JS. Cognitive-behavioral psychotherapy for children and adolescents with OCD: A review and recommendations for treatment. J Am Acad Child Adol Psychiat. 1995;34:7-18.

March JS, Leonard HL, Swedo S. Obsessive-compulsive disorder. In: March JS, ed. Anxiety disorders in children and adolescents. New York: Guilford; 1995.

March JS, Leonard HL. Obsessive-compulsive disorder in children and adolescents: A review of the past 10 years. J Am Acad Child Adol Psychiat. 1996;35:1265-73.

Pauls D, Towbin K, Leckman JF, Zahner G. Gilles de la Tourette syndrome and obsessive compulsive disorder: Evidence supporting a genetic relationship. Arch Gen Psychiat. 1986;43:1180-82.

Pauls D, Raymond C, Stevenson J. A family study of Gilles de la Tourette syndrome. Human Genetics. 1991a;48:154-63.

Pauls D, Raymond C, Robertson J. The genetics of obsessive-compulsive disorder: A review. In: Hohar J, Insel T, Rasmussen S, eds. The psychobiology of obsessive-complusive disorder. New York: Springer; 1991b.

Pauls D, Aslobrook JP, Goodman W, Rasmussen S. A family study of obsessive compulsive disorder. Am J Psychiat. 1995;152:76-84.

Phillips D, Wolpe S. Multiple behavioral techniques in severe separation anxiety of a twelve-year-old. J Behav Therapy Exp Psychol. 1981;12:329-32.

Queiroz L, Motta M, Madi M et al. A functional analysis of obsessive compulsive problems with related therapeutic procedures. Behav Res Ther. 1981;19:377-88.

Rasmussen SA, Eisen JL. Epidemiology of obsessive compulsive disorder. J Clin Psychol. 1990;56:11-6.

Reinecker HS. Zwänge. Diagnose, Theorien und Behandlung. 2. Aufl. Bern: Huber; 1994.

Rettew DC, Swedo S, Leonard HL, Lenane MC, Rapoport JL. Obsessions and compulsions across time in 79 children and adolescents with obsessive-compulsive disorder. J Am Acad Child Adol Psychiat. 1992;31:1050-6.

Riddle MA, Scahill L, King R, Hardin MT, Towbin KE, Ort SI, Leckman JF, Cohen DJ. Obsessive compulsive disorder in children and adolescents: Phenomenology and familiy history. J Am Acad Child Adol Psychiat. 1990;29:766-72.

Salkovskis PM. Obsessional-compulsive problems: A cognitive-behavioural analysis. Behav Res Ther. 1985;23:571-83.
Salkovskis PM. Obsessions and compulsions. In: Scott J, Williams JM, Beck AT, eds. Cognitive therapy in clinical practice. An illustrative casebook. London: Rutledge; 1989.
Sallee R, Greenawald J. Neurobiology. In: March JS, ed. Anxiety disorders in children and adolescents. New York: Guilford; 1995.
Saß H, Wittchen HU, Zaudig M, Hrsg. Diagnostisches und Statistisches Manual Psychischer Störungen DSM-IV. Göttingen: Hogrefe; 1996.
Scahill L, Vitulano LA, Brenner EM, Lynch KA, King RA. Behavioral therapy in children and adolescents with obsessive-compulsive disorder: A pilot study. J Child Adol Psychopharm. 1996;6:191-202.
Steketee GS. Treatment of obsessive compulsive disorder. New York: Guilford; 1993.
Strunk P. Zwangssyndrome. In: Remschmidt H, Schmidt MH, Hrsg. Kinder- und Jugendpsychiatrie in Klinik und Praxis, Band III: Alterstypische, reaktive und neurotische Störungen. Stuttgart: Thieme; 1985.
Swedo S, Rapoport JL. Phenomenology and differential diagnosis of obsessive-compulsive disorder in children and adolescents. In: Rapoport JL, ed. Obsessive compulsive disorder in children and adolescents. Washington: American Psychiatric Press; 1989.
Swedo S, Rapoport JL. Neurochemical and neuroendocrine considerations of obsessive-compulsive disorders in childhood. In: Deutsch W, Weizman A, Weizman R, eds. Applications of basic neuroscience to child psychiat. New York: Plenum Press, 1990.
Swedo S, Rapoport JL, Leonard H, Lenane M, Cheslow D. Obsessive-compulsive disorder in children and adolescents. Arch Gen Psychiat. 1989;46:335-41.
Thomsen PH. Obsessive-compulsive disorder in children and adolescents: A study of parental psychopathology and precipitating events in 20 consecutive Danish cases. Psychopathology. 1995;28:161-7.
Thomsen PH. Treatment of obsessive-compulsive disorder in children and adolescents. Europ Child Adol Psychiat. 1996;5:55-66.
Toro J, Cervera M, Osejo E, Salamero M. Obsessive-compulsive disorder in childhood and adolescence: A clinical study. J Child Psychol Psychiat. 1992;33:1025-37.
Turner SM, Beidel D. Treating obsessive-compulsive disorder. New York: Pergamon; 1988.
Valleni-Basile LA, Garrison CZ, Jackson KL, Waller JL, McKeown RE, Addy CL, Cuffe SP. Frequency of obsessive-compulsive disorder in a community sample of young adolescents. J Am Acad Child Adol Psychiat. 1994;33:782-91.
Wolff R, Rapaport J. Behavioral treatment of childhood obsessive-compulsive disorder. Behav Modif. 1988;12:252-66.
Zohar AH, Ratzoni G, Pauls DL et al. An epidemiological study of obsessive compulsive disorder and related disorders in Israeli adolescents. J Am Acad Child Adol Psychiat. 1992;31:1057-61.

Prüfungsfragen

1. Wie werden Zwangsgedanken definiert?
2. Wie werden Zwangshandlungen definiert?
3. Wie unterscheiden sich Zwangsstörungen von zwanghaften Persönlichkeitsstörungen?
4. Welche sind die häufigsten Zwangsgedanken und die häufigsten Zwangshandlungen im Kindes- und Jugendalter?
5. Wie lassen sich Zwangshandlungen differenzialdiagnostisch von Tics, von Stereotypien und von automutilativen Handlungen abgrenzen?
6. Wie lassen sich Zwangsgedanken differenzialdiagnostisch von Wahnphänomenen abgrenzen?
7. Welches sind die häufigsten komorbiden Störungen bei Kindern und Jugendlichen mit Zwangsstörungen?
8. Welche Befunde weisen auf biologische Faktoren bei der Entwicklung von Zwangsstörungen hin?
9. Wie wird die Entstehung und Aufrechterhaltung von Zwängen in verhaltenstheoretischen Modellen erklärt?
10. Welche Behandlungsansätze haben sich bei Zwangsstörungen als wirkungsvoll erwiesen?
11. Beschreiben Sie die wichtigsten familienzentrierten Interventionen zur Verminderung von Zwangsstörungen.
12. Was versteht man unter Exposition plus Reaktionsverhinderung?
13. Welche Effektivität haben verhaltenstherapeutische Verfahren bei der Behandlung von Zwangsstörungen?

17 Depressive Störungen

P. Rossmann

Fallvignette

Pia, 12 Jahre, besucht die 5. Schulstufe eines Gymnasiums. Ihre Mutter, eine 45-jährige Frau, wandte sich an eine Psychologin, weil Pias Schulleistungen im laufenden Schuljahr sehr schlecht waren und sie im Halbjahreszeugnis in fast allen Hauptgegenständen negativ beurteilt worden war. Die Mutter berichtete außerdem, dass Pia, die ihr einziges Kind sei, meist einen gedrückten, traurigen Eindruck mache, schlechten Appetit zeige und oft wegen geringfügiger Anlässe zu weinen beginne. Die Familie lebt in einem eigenen Einfamilienhaus am Rande einer größeren Stadt, der Vater ist Techniker, die Mutter konnte seit mehr als 4 Jahren keiner außerhäuslichen Berufstätigkeit nachgehen, weil sie ihren bettlägerigen Vater im Haus der Familie pflegt. Diese Aufgabe, so sagt sie, nehme sie sehr in Anspruch und bestimme ihren ganzen Tagesablauf. Sie sei sehr erschöpft und habe für andere Aspekte ihres Lebens keine Kraft mehr. Besonders nachts, wo die Atmung des alten Herrn erschreckend unregelmäßig sei, bestehe nach ihrer Einschätzung im Falle möglicher Komplikationen hohe Erstickungsgefahr, weshalb sie seit Jahren im Zimmer des Großvaters schlafe. Pia teile seitdem mit ihrem Vater das Ehebett. Ihr Mann sei beruflich sehr erfolgreich und verdiene gut, arbeite aber auch hart, weshalb er wenig Zeit für sie und die Familie habe. Pia habe wenig außerfamiliäre Kontakte und beschäftige sich lieber mit Fernsehen und Handarbeiten. Besondere Sorge machte der Mutter neben den schlechten Schulleistungen Pias offensichtlicher Appetitmangel. Ihre Tochter esse, abgesehen von einem morgendlichen Fläschchen mit Babynahrung, den ganzen Tag über praktisch nichts und sei erschreckend dünn. Im weiteren Verlauf der Gespräche berichtete sie von massiven ehelichen und familiären Beziehungsproblemen, die nie wirklich angesprochen oder gar ausgetragen worden waren, sowie von einer weitgehenden Infantilisierung Pias, die zuhause offensichtlich ihr Heil im möglichst langen Verbleib in der Kinderrolle suchte. Der Vater schließlich war von seinem Beruf viel zu sehr in Anspruch genommen, um sich mit Problemen dieser Art beschäftigen zu wollen. Er fand auch keine Zeit, je zur Beratung mitzukommen.

Im Gespräch mit der noch sehr kindlich wirkenden Pia wurden die Berichte der Mutter weitgehend bestätigt. Pia war in der Schule, abgesehen von ihren Schulleistungsproblemen, recht unauffällig. In der Klasse verhielt sie sich angepasst, still und zurückgezogen, hatte wenig Kontakt mit ihren Mitschülerinnen und auch keine „beste Freundin". Sie sprach im Unterricht wenig, und wenn, dann nichts über sich selbst. Auffällig an ihrem Auftreten war ein etwas zu kindlicher Sprechstil, der sich aber recht gut in ihren kindlichen Gesamteindruck fügte. Ihr offensichtliches Bemühen, es möglichst allen recht zu machen, stand in einem merkwürdigen Gegensatz zu ihrer Unfähigkeit, die an sie gestellten schulischen Anforderungen zu bewältigen. Zu Hause hatte sie weder einen fixen Arbeitsplatz noch geregelte Lernzeiten. Sie erzählte, dass sie zwar ein eigenes Zimmer habe, es aber praktisch nicht nütze, weil sie sich zuhause ohnehin überall niederlassen könne. Durch die dauernden Misserfolge, so meinte sie, sei sie aber schon so entmutigt, dass sie sich beim Lernen gar nicht mehr richtig konzentrieren könne und sich selbst auch nichts mehr zutraue. Weder Mutter noch Vater kümmerten sich um ihre schulischen Belange. Wenn sie von der Schule nach Hause komme, sei sie meist ausgesprochen müde und energielos. Freundinnen habe sie in der Gegend keine. Den Rest des Tages verbringe sie üblicherweise zuhause, und zwar meist mit Fernsehen. Dies sei in den letzten Jahren im Wesentlichen immer so gewesen, es habe jedenfalls im Laufe der letzten Zeit keine berichtenswerte Veränderung ihres Befindens, Verhaltens oder sonstiger Aspekte ihres Lebens gegeben.

Diagnose

Dysthyme Störung. Depressionstest für Kinder (DTK): Skala „Dysphorie/Selbstwertprobleme": Prozentrang 97; Skala „Agitiertes Verhalten" Prozentrang 58; Skala „Müdigkeit/autonome Reaktionen": Prozentrang 94.

Die Interventionen, die sich insgesamt über den Zeitraum von 4 Monaten erstreckten, bestanden aus einer Kombination folgender Maßnahmen und Empfehlungen:

Für die Mutter: Regelmäßige Gespräche mit der Mutter zur Bearbeitung ihrer Probleme bezüglich ihrer Partnerschaft und ihres sozialen Lebens. Ermutigung zur Inanspruchnahme zweier professioneller Pflegepersonen, die den Nachtdienst und auch tagsüber die Betreuung des bettlägerigen Großvaters jeweils für die Hälfte des Tages übernahmen. Dies konnte, erleichtert durch das relativ hohe Familieneinkommen, in kurzer Zeit organisiert werden und führte zu einer massiven Entlastung der Mutter. Ermutigung zur Planung verstärkender Aktivitäten in den so plötzlich gewonnenen freien Zeiten, was zu Beginn der Beratung hauptsächlich auf die Planung von Erholungsaktivitäten hinauslief. Ermutigung zu jeder Art von sozialen und von gemeinsamen familiären Aktivitäten. Angebot von Familien- und/oder Paartherapie, welches wegen der ablehnenden Haltung des Vaters vorerst nicht in Anspruch genommen wurde. Ermutigung der Mutter zur Rückkehr ins eheliche Schlafzimmer und Durchsetzung des Umzugs Pias in ihr eigenes Zimmer.

Für Pia: Systematische Lernhilfe durch eine Lernbetreuerin, wobei besonders auf den systematischen Aufbau von Lernkompetenzen und -strategien geachtet wurde. Dazu gehörte auch die Schaffung von geeigneten Rahmenbedingungen in räumlicher, zeitlicher und organisatorischer Hinsicht und der Einsatz von Verstärkungsplänen zur Belohnung der Erreichung angestrebter Teilziele. Die anfängliche Fremdkontrolle wurde in einem systematischen Selbstkontrolltraining zunehmend Pia selbst übertragen.

Kognitiv-behaviorale Interventionen: Die Inhalte der kindbezogenen Lektionen des Therapieprogrammes von Stark et al. (1994) wurden mit Pia im Zeitraum von 12 Wochen erarbeitet, wobei besonderer Wert auf die Vermittlung der Zusammenhänge zwischen Verhalten, Kognition und Befinden sowie auf den Erwerb altersadäquater sozialer Fertigkeiten gelegt wurde. Damit im Zusammenhang stand die Ermutigung zur Durchführung sozialer Aktivitäten (Einladen von Schulfreundinnen nach Hause, Annehmen von entsprechenden Gegeneinladungen, gemeinsamer Besuch von Konzerten beliebter Teenie-Bands).

Katamnese nach 6 Monaten: Deutliche Verbesserung der Schulleistungen Pias, lediglich eine Nachprüfung in Mathematik war nicht zu verhindern. Wesentliche Verbesserung ihres Befindens, DTK-Werte im Durchschnittsbereich. Außerdem deutliche Verbesserung des Aussehens, des Befindens und Veränderung des Lebensstils von Pias Mutter. Pias Vater vermied weiterhin jeden Kontakt zur Therapeutin.

Erscheinungsbild

Die Hauptsymptome depressiver Störungen bei Kindern und Jugendlichen sind gedrückte oder gereizte Stimmung, Interessenverlust, Freudlosigkeit, Müdigkeit und Energiemangel. Oft treten auch Selbstwertprobleme, Schuldgefühle, Schlafstörungen, Konzentrationsprobleme, psychomotorische Unruhe oder Verlangsamung, verminderter oder gesteigerter Appetit, Gewichtsverlust oder Gewichtszunahme, Suizidgedanken und Suizidhandlungen auf. Nach den derzeit gängigen psychiatrischen Klassifikationssystemen wird ein depressives Zustandsbild von hinreichender Schwere und mindestens zweiwöchiger Dauer als „depressive Episode" (ICD-10) oder „Episode einer Major Depression" (DSM-IV) betrachtet, wenn ausgeschlossen werden kann, dass die Symptome auf die direkte körperliche Wirkung einer Droge, auf eine organmedizinische Erkrankung, auf eine andere psychische Störung oder einfach auf Trauer zurückzuführen sind. Bei wiederholtem Auftreten depressiver Episoden wird von einer „rezidivierenden depressiven Störung" (ICD-10) bzw. einer „Major Depression, rezidivierend" (DSM-IV) gesprochen. Die verwendeten diagnostischen Kriterien sind für Kinder, Jugendliche und Erwachsene weitgehend gleich, kleinere Unterschiede beziehen sich nur auf einige entwicklungsspezifische Besonderheiten. In beiden Klassifikationssystemen ist eine Reihe von Zusatzkodierungen bezüglich des Schweregrades und der Zugehörigkeit zu Subtypen möglich. Neben diesen auf der Basis des Auftretens depressiver Episoden zu diagnostizierenden Störungen werden auch leichtere, dafür aber jahrelang (bei Kindern und Jugendlichen mindestens ein Jahr) anhaltende chronische Verstimmungszustände beschrieben, die als „Dysthymia" (ICD-10) bzw. als „dysthyme Störung" (DSM-IV) bezeichnet werden.

Manisch-depressive Störungsbilder, also solche, die auch Stimmungswechsel zur gehobenen Stimmung hin beinhalten, werden als bipolare Störungen bezeichnet und als eigene Kategorie affektiver Störungen betrachtet, die sich nicht nur im klinischen Bild, sondern auch im Hinblick auf epidemiologische, ätiologische und therapeutische Aspekte von den unipolaren depressiven Störungen unterscheidet (vgl. Carlson 1994, American Academy 1997). Auf bipolare Störungen wird in diesem Kapitel nicht eingegangen.

Die auf operationalen Diagnosekriterien beruhenden Klassifikationsansätze haben zu einem verstärkten Interesse an strukturierten klinischen Interviewverfahren geführt (Rossmann 1991). Das Angebot an einschlägigen Verfahren ist im deutschsprachigen Raum aber noch gering (s. Kapitel 3). Zur testpsychologischen Beurteilung des Schweregrades depressiver Verstimmungszustände liegen 2 Fragebogen vor, nämlich das Depressionsinventar für Kinder und Jugendliche (DIKJ) von Stiensmeier-Pelster et al. (1989) und der Depressionstest für Kinder (DTK) von Rossmann (1993). Bei Jugendlichen bietet sich auch die Anwendung diagnostischer Verfahren aus dem Erwachsenenbereich an.

Die Übereinstimmung zwischen den Informationen, die bei der getrennten Befragung von Kindern bzw. Jugendlichen und ihren Eltern erhalten werden, ist in Bezug auf affektive Symptome ausgesprochen schwach (Cantwell et al. 1997, Kazdin 1994, Rossmann u. Pichler-Janisch 1998, Unnewehr et al. 1995). Offensichtlich können die Eltern die Befindlichkeit ihrer Kinder nur schwer einschätzen. Umso wichtiger ist die Befragung der Kinder im diagnostischen Prozess.

Genese

Die Genese depressiver Störungen wird als multifaktorieller Prozess betrachtet, an dem biologische und psychologische Vulnerabilitäten, Stressoren und protektive Faktoren beteiligt sein dürften. Das komplexe Zusammenwirken dieser Faktoren, das im Übrigen noch keineswegs hinreichend erforscht ist, beeinflusst die Befindlichkeit und kann, so wird nach biopsychosozialen Modellen der Depressionsgenese (vgl. Whybrow et al. 1984, Hautzinger u. de Jong-Meyer 1994) angenommen, über eine Beeinträchtigung psychobiologischer Regulationsmechanismen in eine gemeinsame Endstrecke („final common pathway") klinisch depressiver Syndrome führen. Eine einheitliche Theorie der Ätiologie depressiver Störungen liegt jedoch derzeit weder für das Erwachsenenalter noch für das Kindes- und Jugendalter vor. In der Folge sollen einige der Faktoren skizziert werden, die in diesem Zusammenhang im Rahmen der empirisch-psychologischen Forschung Beachtung gefunden haben.

■ Biologisch-somatische Faktoren

Genetische Prädispositionen

Familienstudien, Adoptionsstudien und Zwillingsstudien zeigen, dass bei der Entstehung depressiver Störungen im Erwachsenenalter auch genetische Faktoren von Bedeutung sind (Papolos u. Lachman 1994). Die Ergebnisse von Zwillingsstudien deuten darauf hin, dass auch das Auftreten einer depressiven Symptomatik im Kindes- und Jugendalter von genetischen Faktoren mitbestimmt wird (Murray u. Sines 1996, Thapar u. McGuffin 1996). In Familienstudien wurde ein gehäuftes Auftreten depressiver Störungen bei Verwandten von Kindern und Jugendlichen mit einer Major Depression festgestellt (Anderson u. Weissman 1993). Umgekehrt ist auch das erhöhte Depressionsrisiko von Kindern aus Familien mit depressiven Elternteilen durch viele empirische Arbeiten belegt (Hammen 1991, Wüthrich et al. 1997), wobei allerdings das relative Gewicht genetischer Faktoren nicht genauer bestimmbar ist, da das Aufwachsen in einem psychopathologisch belasteten familiären Umfeld natürlich auch einen chronischen Belastungsfaktor darstellt (s. u. Psychische Störungen der Eltern S. 268) und außerdem die Möglichkeit für eine „soziale Transmission" depressiven Verhaltens durch Erziehungs- und Lernprozesse besteht.

Neurobiologische Dysfunktionen

Eine Reihe von Studien an Erwachsenen legt nahe, dass Dysregulationen zentraler adrenerger, cholinerger und serotonerger Transmittersysteme Risikofaktoren für die Entwicklung depressiver Zustände sein könnten. Es gibt auch erste Hinweise auf serotonerge Abnormitäten bei depressiven Kindern (Birmaher et al. 1996a) und cholinerge Auffälligkeiten bei depressiven Jugendlichen (Emslie et al. 1994).

Im Gegensatz zu der bei erwachsenen Depressiven gefundenen Verminderung der Ausschüttung von Wachstumshormon (GH) während der ersten Stunden des Nachtschlafes wurde bei depressiven Kindern und Jugendlichen eher eine Erhöhung der GH-Ausschüttung während der Nachtstunden beobachtet (DeBellis et al. 1996). Ähnlich wie bei Erwachsenen gibt es auch bei Kindern und Jugendlichen eine Reihe von pharmakologischen Provokationstests, mittels derer die GH-Ausschüttung bei Depressiven, nicht aber bei Kontrollpersonen unterdrückt werden kann. Allerdings ist noch unklar, inwieweit diese Effekte depressionsspezifisch sind (Birmaher et al. 1996a).

Bei depressiven Erwachsenen wird oft eine im Vergleich zu Nichtdepressiven erhöhte Cortisolsekretion beobachtet, die auch durch die Gabe von Dexamethason kaum unterdrückt werden kann. Diesbezüglich zeigten sich bei Studien mit Kindern und Jugendlichen relativ inkonsistente Ergebnisse. Entsprechend schwach fällt auch die Sensitivität und die Spezifität des Dexamethason-Suppressionstests aus (Birmaher et al. 1996a).

Auch die in Schlaflaborstudien bei erwachsenen Depressiven relativ konsistent gefundenen polysomnografischen Auffälligkeiten konnten bei depressiven Kindern und Jugendlichen nicht in konsistenter Weise beobachtet werden. Am ehesten zeichnet sich noch ein Trend zu einer Verkürzung der REM-Latenzen ab (Emslie et al. 1994).

Es ist schwer zu beurteilen, ob die festgestellten neurobiologischen Auffälligkeiten als Ursache oder als Folge depressiver Störungen zu betrachten sind. Derzeit wird deshalb nach so genannten „trait markern" für das Vorliegen einer Vulnerabilität gesucht. Darunter sind Auffälligkeiten zu verstehen, die bereits vor der Entwicklung einer depressiven Störung festgestellt werden können und die sich in prospektiven Untersuchungen als valide Prädiktoren erweisen.

■ Psychologische Faktoren

Kognitive Dysfunktionen

Die Forschung über kognitive Dysfunktionen Depressiver wurde von der Annahme „kognitiver" Theoretiker angeregt, dass Prozesse der Wahrnehmung, des Denkens und Schlussfolgerns die Entstehung und Aufrechterhaltung von Depressionen bedingen oder mitbedingen können. Nach dem bekannten Ansatz von Beck und seinen Mitarbeitern (vgl. Haaga u. Beck 1992) wird angenommen, dass Depressive ungünstige kognitive Schemata, unhinterfragte Grundannahmen, aufweisen, welche speziell in Stresssituationen aktiviert werden und dann im Sinne automatischer Gedanken zu einer ins Negative verzerrten Sicht der Welt, der eigenen Person und der Zukunft führen. Dies konnte in einer Reihe empirischer Arbeiten auch bei depressiven Kindern und Jugendlichen gezeigt werden (Kaslow et al. 1994a). Weitgehend unklar ist aber noch, ob die festgestellten Auffälligkeiten Ursache, Symptom oder Folge depressiver Störungen sind und inwieweit sie auch bei anderen psychischen Störungen auftreten.

Auch im Rahmen der Weiterentwicklungen des Konzeptes der gelernten Hilflosigkeit werden kognitive Prozesse als an der Depressionsentstehung beteiligte Faktoren betrachtet (Seligman u. Peterson 1986, Robins u. Hayes 1995). Wiederholtes Erleben von Hilflosigkeit, so wird dabei angenommen, also die Erfahrung, persönlich bedeutsame negative Ereignisse nicht durch das eigene Verhalten kontrollieren zu können, kann zur Entwicklung von Hoffnungslosigkeit und zu depressiven Zuständen führen, und zwar besonders dann, wenn die Betroffenen geneigt sind, sich die Schuld für das Auftreten der unerfreulichen Ereignisse selbst zuzuschreiben (internale Attribution) und allgemeine (globale Attribution) und in Bezug auf zukünftige Ereignisse zeitlich stabile Misserfolgserwartungen (stabile Attribution) zu entwickeln, was als depressiogener Explanationsstil betrachtet wird. In empirischen Studien zeigt sich relativ konsistent, dass depressive Kinder und Jugendliche bei der Erklärung des Zustandekommens negativer Ereignisse zu genau diesen Mustern tendieren (Joiner u. Wagner 1995, Gladstone u. Kaslow 1995). Allerdings kann auf der Basis solcher Querschnittsdaten nicht geklärt werden, ob die beobachteten Auffälligkeiten Ursache oder Symptome depressiver Störungen sind. Die Ergebnisse einiger Längsschnittstudien in quasi-experimentellen Designs (Hilsman u. Garber 1995, Stiensmeier-Pelster et al. 1994, Rossmann et al. 1998) sprechen zwar für die ätiologische Signifikanz des Explanationsstils, es handelt sich dabei bislang aber ausschließlich um Analogiestudien im subklinischen Bereich.

Verhaltensdefizite

Verhaltenspsychologische Modelle der Entstehung depressiver Störungen (vgl. Lewinsohn u. Gotlib 1995) beruhen auf der Annahme, dass eine Depression gewisse Ähnlichkeiten mit den psychologischen Vorgängen bei der Extinktion ursprünglich positiv verstärkten Verhaltens aufweist. Eine reduzierte Rate oder reduzierte Wirksamkeit positiver Verstärker führt zu einer reduzierten Rate ursprünglich verstärkten Verhaltens und gleichzeitig auch zu spezifischen Beeinträchtigungen von Motivation und Stimmung. Die so bewirkte Verhaltensreduktion vermindert ihrerseits wieder die Wahrscheinlichkeit, positive Verstärker zu erlangen. Dies kann in einen Teufelskreis von Stimmungsbeeinträchtigung und weiterer Verhaltensreduktion führen, aus dem sich die Betroffenen nur noch schwer selbst befreien können. Die auftretende depressive Verstimmung kann durch kurzfristige Aufmerksamkeit und Zuwendung seitens wichtiger Kontaktpersonen noch zusätzlich verstärkt werden. Am Zustandekommen solcher Prozesse können sowohl ungünstige Umweltgegebenheiten als auch ungünstige Verhaltensmerkmale der Betroffenen beteiligt sein. Verhaltensdefizite in Bezug auf soziale Fertigkeiten werden dabei als besonders wichtige Faktoren angesehen. Bei depressiven Erwachsenen konnten in einer Vielzahl von empirischen Studien Verhaltensdefizite im Umgang mit anderen Menschen, mit Fremden genauso wie mit Partnern und Kindern, gezeigt werden. Klare Belege für ihre ätiologische Signifikanz fehlen allerdings noch (Blöschl 1998a). Auch bei Kindern und Jugendlichen kann die Annahme von sozial dysfunktionalen Verhaltenstendenzen Depressiver und depressiv Verstimmter als empirisch belegt gelten. Eine Reihe von Befunden spricht dafür, dass zwischen sozialer Dysfunktion und depressiver Verstimmung kausale Zusammenhänge in beiden Richtungen bestehen (Blöschl 1998b, Reicher 1998).

Persönlichkeitsmerkmale

Bei der Suche nach psychologischen Vulnerabilitätsfaktoren für die Entwicklung depressiver Störungen haben auch Persönlichkeitsmerkmale, u. a. „interpersonelle Dependenz“ und „Selbstwertschätzung“, relativ große Aufmerksamkeit erhalten (Bornstein 1993, Klein et al. 1993). Die Befundlage zeigt, dass bei depressiven Erwachsenen in der Regel erhöhte interpersonelle Dependenzbedürfnisse und gravierende Selbstwertprobleme festzustellen sind. Jedoch ist auch hier die Frage, ob es sich dabei um Antezedenzien, Symptome oder Folgen einer depressiven Störung handelt, noch nicht schlüssig zu beantworten. Auch die Frage nach der Spezifität einer eventuellen Prädisposition ist noch nicht hinreichend geklärt. Bei Kindern und Jugendlichen ist die Befundlage ähnlich, wobei die vergleichsweise wenigen einschlägigen Studien allerdings hauptsächlich aus dem subklinischen Bereich stammen. Die vorliegenden Daten zeigen jedenfalls, dass auch im Kindes- und Jugendalter Dependenz und Probleme der Selbstwertschätzung bzw. Kompetenzeinschätzung mit Depressivität korrelieren (Allgood-Merten et al. 1990, Fichman et al. 1997, Rossmann u. Kristopheritsch 1984, Steinhausen u. Winkler-Metzke 1997).

Kritische Lebensereignisse und chronische Belastungen

In allen Modellen der Depressionsgenese wird dem Auftreten belastender Lebensereignisse im Vorfeld depressiver Störungen eine wesentliche Mitbeteiligung zuerkannt. Die Forschung an Erwachsenen zeigt, dass speziell interpersonelle Verlust- und Separationsereignisse, aber auch soziale Rang- und Rollenverluste das Risiko für das Auftreten depressiver Störungen erhöhen (Blöschl 1998a). Ereignisse dieser Art werden auch von depressiven Kindern und Jugendlichen mit erhöhter Wahrscheinlichkeit berichtet, am häufigsten wird der Verlust eines Elternteils durch Tod, Scheidung oder Trennung (Compas et al. 1994) genannt. Allerdings dürften alltägliche, dafür aber chronische Belastungen in einem vergleichsweise engeren Zusammenhang mit der Depressivität stehen als kritische Lebensereignisse (Seiffge-Krenke 1993). Auf einige chronisch-aversive Aspekte, die oft in der Lebenswelt depressiver Kinder und Jugendlicher zu finden sind, wird in der Folge genauer eingegangen. Hier soll aber noch betont werden, dass ein bestimmter Stressor weder ganz spezifisch nur das Auftreten depressiver Störungen bewirkt, noch bei allen exponierten Personen den gleichen schädigenden Effekt haben muss. Vielmehr scheinen Menschen ganz unterschiedlich auf Belastungen zu reagieren, und zwar teilweise wiederum in Abhängigkeit von bestimmten Person- und Umfeldmerkmalen, die bei ihnen vorliegen. Die meisten Modelle zur Depressionsgenese sind folglich als Diathese-Stress-Modelle formuliert. Der Einfluss von Stressoren wird dabei nicht statisch gesehen, sondern als komplexe Interaktion mit Einflussgrößen, die die Wirkung der Stressoren verstärken oder abmildern können. Als solche kommen u. a. alle Prädispositionen, Vulnerabilitäten, Umfeldbedingungen und protektiven Faktoren in Frage, die in diesem Beitrag angeführt werden.

Chronische familiäre Konflikte

Es ist eine empirisch gut abgesicherte Tatsache, dass Eheprobleme der Eltern und chronische familiäre Konflikte das Risiko für das Auftreten psychopathologischer Auffälligkeiten bei den Kindern erhöhen. Dies wurde besonders im Zusammenhang mit externalisierenden Problemen gezeigt, trifft jedoch auch für internalisierende Probleme zu. Die aus der wiederholten Konfrontation mit chronischen elterlichen Konflikten resultierenden emotionalen Spannungs- und Erregungszustände dürften für die betroffenen Kinder das Erlernen einer adäquaten Emotionsregulierung erschweren und damit die Wahrscheinlichkeit für das Auftreten emotionaler und behavioraler Dysregulation erhöhen (Cummings u. Davies 1994). Zusätzlich bietet auffälliges Verhalten (z. B. Toben, Schreien, Weinen) den Kindern eine Möglichkeit, die Eskalation der Auseinandersetzungen zwischen den Eltern wenigstens kurzfristig zu unterbrechen, was zum Aufbau von Verhaltensauffälligkeiten durch negative Verstärkung führen kann. Dass die Wirkung elterlicher Verhaltensmodelle ebenfalls ins Kalkül zu ziehen ist, versteht sich von selbst.

Psychische Störungen der Eltern

In empirischen Arbeiten zeigt sich regelmäßig, dass das Auftreten depressiver Störungen bei Kindern mit dem Vorliegen psychischer Störungen bei den Eltern in Zusammenhang steht (Hammen 1991, Wüthrich et al. 1997). Besonders Kinder aus Familien mit einem depressiven Elternteil weisen ein vielfach erhöhtes Risiko auf, ihrerseits bereits im Laufe ihrer Kindheit und Jugend depressive Störungen zu entwickeln. Neben dem Einfluss genetischer Effekte darf dabei nicht außer Acht gelassen werden, dass psychisch gestörte Eltern chronische Stressoren im Leben ihrer Kinder sind. Depressive Eltern unterscheiden sich sowohl im Erziehungsverhalten als auch in ihrer Erziehungskompetenz von klinisch unauffälligen Eltern. Außerdem ist eine psychische Störung eines Elternteils häufig mit weiteren psychosozialen Belastungsfaktoren verknüpft, die ihrerseits wieder als Risikofaktoren für die kindliche Entwicklung zu betrachten sind, wie beispielsweise chronische Eheprobleme, beeinträchtigte familiäre Beziehungen, mangelhafte soziale Unterstützung, soziale Isolation und ungünstigere ökonomische Lebensbedingungen. Auch in diesem Bereich herrscht keine strenge Spezifität in Bezug auf die Übereinstimmung zwischen den bei Eltern und Kindern auftretenden psychischen Störungen. So ist für die Nachkommen depressiver Eltern zwar das Depressionsrisiko besonders hoch, aber auch das Risiko für das Auftreten anderer psychischer Störungen ist erhöht (Beardslee u. Wheelock 1994). Umgekehrt finden sich bei den Eltern depressiver Kinder zwar gehäuft affektive Störungen, doch treten auch andere psychische Störungen und Probleme überzufällig häufig auf (Kaslow et al. 1994b).

■ Protektive Faktoren

Unter Schutzfaktoren werden Ressourcen verstanden, deren Vorhandensein die Wirkung von Stressoren mildert oder völlig ausgleicht und solcherart bei exponierten Personen die Wahrscheinlichkeit, eine Krankheit oder Störung zu entwickeln, vermindert. In der Depressionsforschung wird in diesem Zusammenhang dem Konstrukt der sozialen Unterstützung und den Strategien bei der Bewältigung auftauchender Probleme und Belastungen große Beachtung geschenkt. Ob allerdings die diesbezüglich bei erwachsenen Depressiven festgestellten Mängel als Antezedentien oder Folgen einer depressiven Störung zu betrachten sind, lässt sich beim gegenwärtigen Stand der Forschung noch nicht eindeutig sagen. Einiges spricht für die Annahme bidirektionaler Effekte (Blöschl 1998a).

Soziale Unterstützung

Die protektive Wirkung sozialer Unterstützung wird vor allem durch die Bereitstellung von Hilfe bei der Bewältigung auftauchender Probleme erklärt. Dies beeinflusst die Art und Weise, in der von den Betroffenen ein Belastungsfaktor bewertet wird, und verbessert ihre Möglichkeiten, darauf zu reagieren. Die positive Wirkung sozialer

Unterstützung sollte sich demnach vor allem angesichts gleichzeitig vorhandener Stressoren entfalten. Es gibt einige Hinweise darauf, dass soziale Unterstützung bei Erwachsenen, die belastenden Lebensereignissen ausgesetzt sind, das Depressionsrisiko vermindert. Daneben scheint das Fehlen supportiver Beziehungen im Zusammenhang mit der Entstehung depressiver Störungen aber auch ein unabhängiger Risikofaktor mit additiver Wirkung zu sein. Auch depressive Kinder und Jugendliche berichten erwartungsgemäß von weniger sozialen Ressourcen, geringerer sozialer Unterstützung und beeinträchtigten Beziehungen zu ihren Eltern, Geschwistern und Altersgenossen. Dies wird auch durch Fremdberichte, z.B. von Klassenkameraden und Lehrern, bestätigt (Blöschl 1998b, Puig-Antich et al. 1993, Kaslow et al. 1994b). Einige Untersuchungen sprechen dafür, dass auch im Kindes- und Jugendalter, von einem additiven Effekt abgesehen, durch soziale Unterstützung der Effekt von Stressoren abgepuffert werden kann. Allerdings scheint sich in den entsprechenden Studien auch abzuzeichnen, dass sowohl in verschiedenen Altersstufen als auch bei Jungen und Mädchen jeweils unterschiedliche supportive Aspekte aus verschiedenen Bereichen des sozialen Umfelds bedeutsam sind. Die entsprechenden Zusammenhänge und Interaktionen zwischen den beteiligten Faktoren sind noch keineswegs hinreichend geklärt (Licitra-Kleckler u. Waas 1993, Seiffge-Krenke 1993).

Strategien zur Problembewältigung

Die Fähigkeit, auf Stressoren adäquat reagieren zu können, hat einen nicht unerheblichen Einfluss auf die Befindlichkeit. Die in diesem Zusammenhang eingesetzten Strategien haben im Wesentlichen 2 Ziele, nämlich die Bewältigung des Problems (problemzentriertes Coping) und die Regulation der eigenen Emotionen (emotionszentriertes Coping). Empirische Untersuchungen legen nahe, dass problemzentrierte Strategien eher zur Bewältigung akuter und kontrollierbarer Stressoren herangezogen werden, während emotionszentrierte Strategien typischerweise bei der Auseinandersetzung mit chronischen und unkontrollierbaren Stressoren eingesetzt werden. Während für die Anwendung problemzentrierter Strategien kein Alterstrend bekannt ist, werden emotionszentrierte Strategien erst im Laufe des Schulkind- und Jugendalters gelernt und mit zunehmendem Alter immer häufiger angewandt. In Bezug auf emotionszentrierte Strategien sind außerdem Geschlechterunterschiede festzustellen. Während für Männer Ablenkung und Problemmeidung die bevorzugten Strategien der Emotionsregulierung darstellen, tendieren Frauen eher zur Suche nach sozialer Unterstützung, zum ausführlichen Besprechen der Probleme und damit tendenziell zu einer eher grüblerisch-ruminativen Beschäftigung mit ihrer Situation (Boekaerts 1996). Diese Strategie scheint jedoch die Gefahr zu erhöhen, durch Zentrierung der Aufmerksamkeit auf die eigene Stimmung die Beeinträchtigung der Befindlichkeit weiter aufrechtzuerhalten. Von einigen Forschern wird angenommen, dass dies eine der Ursachen für die höheren Prävalenzraten für depressive Störungen bei Frauen und für die ab dem Jugendalter festzustellende erhöhte Depressionsanfälligkeit von Mädchen sein könnte (Compas et al. 1993).

Komorbidität

Zwischen 60% und 80% der depressiven Kinder und Jugendlichen erfüllen auch die Kriterien für mindestens eine weitere psychische Störung. Die am häufigsten auftretenden komorbiden Störungen sind Angststörungen einschließlich Zwangsstörungen. Fast gleich häufig finden sich auch expansive Verhaltensstörungen, speziell Störungen mit oppositionellem Trotzverhalten und Störungen des Sozialverhaltens (Angold u. Costello 1993, Anderson u. McGee 1994, Hammen u. Compas 1994). Komorbide Störungen mit Aufmerksamkeitsdefizit treten im Kindesalter häufiger als im Jugendalter auf. Bei depressiven Jugendlichen ist dagegen eine erhöhte Wahrscheinlichkeit für komorbide Alkohol- und Drogenprobleme festzustellen. Die Problematik depressiver Kinder und Jugendlicher kann durch das Vorliegen komorbider Störungen massiv verschärft werden (Lewinsohn et al. 1995). In der überwiegenden Zahl der Fälle geht die komorbide Störung der Depression voraus (Rohde et al. 1991).

Nicht selten erfüllt eine Person sowohl die Kriterien für eine Major Depression als auch für eine dysthyme Störung. Wenn die dysthyme Störung vor der Major Depression bestanden hat, kann angenommen werden, dass die dysthyme Störung von einer Major Depression „überlagert" wird. In diesem Fall werden beide Diagnosen gestellt („double depression").

Prävalenz

Im Kleinkind- und Vorschulalter werden depressive Störungen sehr selten und meist nur bei extremer Milieubelastung im Zusammenhang mit Vernachlässigung und Kindesmisshandlung beobachtet. In unausgelesenen Stichproben liegen die Punktprävalenzen für eine Major Depression um 0,3% und auch in kinderpsychiatrischen Patientenkollektiven werden Raten unter 1% gefunden (Kashani u. Carlson 1987). Allerdings wird von Klinikern immer wieder darauf hingewiesen, dass sich die Symptome depressiver Störungen bei Kindern oft in maskierter Form zeigen (beispielsweise in Form von Kopfschmerzen, Bauchschmerzen, Einnässen, Einkoten, selbststimulierendem Verhalten wie Daumenlutschen und genitalen Manipulationen usw.), weshalb die Anwendung von diagnostischen Kriterien, die eigentlich für das Erwachsenenalter entwickelt wurden, zur Unterschätzung der Prävalenz führen könnte.

Im Schulalter werden in unausgelesenen Stichproben Punktprävalenzen von etwa 2% für eine Major Depression und etwa 1% für eine dysthyme Störung gefunden (Fleming u. Offord 1993). In kinderpsychiatrischen Inanspruchnahmepopulationen liegen die Prävalenzraten für eine Major Depression zwischen 13% und 28% (Poznanski u. Mokros 1994). Die Mädchen sind unter den depressiven Kindern dieser Altersgruppe noch nicht in der Überzahl, in einigen Studien wurde sogar ein Überwiegen der Jungen gefunden.

Im Jugendalter liegen die Punktprävalenzen für eine Major Depression in unausgelesenen Stichproben bereits um 5% und für eine dysthyme Störung bei 3%, womit sich die Raten nicht mehr von den im Erwachsenenalter gefundenen unterscheiden (Fleming u. Offord 1990). In dieser Altersgruppe ist auch erstmalig das aus dem Erwachsenenbereich bekannte Überwiegen von Frauen unter Personen mit depressiven Störungen zu beobachten (Poznanski u. Mokros 1994). In psychiatrischen Inanspruchnahmepopulationen liegen die Prävalenzschätzungen etwa gleich hoch wie im Schulalter.

Einige der vorliegenden epidemiologischen Daten sprechen dafür, dass in westlichen Industrienationen in den heute jüngeren Geburtskohorten depressive Störungen mit höherer Lebenszeitprävalenz und mit einem früheren Erstmanifestationsalter auftreten, als dies in älteren Geburtskohorten der Fall war (Ryan et al. 1992, Lewinsohn et al. 1993, Kessler et al. 1994). Die Gründe dafür liegen noch weitgehend im Dunkeln.

Die mediane Dauer einer Episode einer Major Depression dürfte in der Kindheit mit etwa 9 Monaten etwas kürzer sein als im Erwachsenenalter. Bereits nach 6 Jahren wird von 99% der betroffenen Kinder wenigstens einmal ein symptomfreies Intervall erreicht (kumulative Remissionsrate). Bei einer dysthymen Störung dauert es im Median 4 Jahre, bis ein symptomfreier Zeitraum erreicht ist, und erst nach 9 Jahren liegt die kumulative Remissionsrate über 90%. Gleichzeitig ist innerhalb dieses Beobachtungszeitraumes von 9 Jahren bei 80% der Betroffenen wieder eine affektive Störung zu diagnostizieren. Auch bei fast der Hälfte der von einer Major Depression Betroffenen war in diesem Beobachtungszeitraum noch mindestens einmal das Auftreten einer affektiven Störung festzustellen. Depressive Störungen, die in der Kindheit beginnen, nehmen also mit hoher Wahrscheinlichkeit einen rezidivierenden Verlauf bis ins Erwachsenenalter (Harrington et al. 1990, Kovacs et al. 1994, 1997, Kovacs 1996ab, McCauley et al. 1993).

Therapieansätze und Prognose

■ Medikamentöse Interventionen

Wie bei Erwachsenen werden auch zur Behandlung depressiver Kinder und Jugendlicher häufig trizyklische Antidepressiva eingesetzt. In placebokontrollierten Doppelblindstudien zeigt sich allerdings, dass die Wirksamkeit trizyklischer Antidepressiva in dieser Altersgruppe nicht über jene eines Placebos hinausgeht (Hazell et al. 1995). Außerdem ist bei der Verabreichung dieser Substanzen an Kinder und Jugendliche mit der Gefahr ernster kardiotoxischer Nebenwirkungen zu rechnen. Von Todesfällen bei therapeutischer Dosis wurde berichtet (Varley u. McClellan 1997). Hinsichtlich der Wirksamkeit selektiver Serotonin-Wiederaufnahme-Hemmer bei der Behandlung depressiver Kinder und Jugendlicher gibt es zwar einige ermutigende klinische Berichte, größere placebokontrollierte Doppelblindstudien sind jedoch noch ausständig. Im Hinblick auf ihre Nebenwirkungen scheinen diese Substanzen relativ ungefährlich zu sein (Stilke 1997). Zur Wirksamkeit von Monoaminoxidase-Hemmern sind ebenfalls einige Hinweise vorhanden, jedoch erfordert eine Behandlung mit diesen Substanzen zur Vermeidung ernster Nebenwirkungen (Bluthochdruckkrisen durch den Genuss tyraminhaltiger Nahrungsmittel) unbedingt die genaue Einhaltung von Diätvorschriften, weshalb der Einsatz bei Kindern und Jugendlichen meist als zu riskant erachtet wird. Zur Anwendung der nebenwirkungsärmeren spezifischen MAO-A-Hemmer bei depressiven Kindern und Jugendlichen liegen noch keine kontrollierten Studien vor, ebenso wenig über die Anwendung von Lithium. Beim derzeitigen Stand der Dinge sollte der Einsatz antidepressiver Medikation primär bei jenen depressiven Kindern und Jugendlichen in Erwägung gezogen werden, bei denen sich eine psychologische Intervention als unwirksam oder undurchführbar erwiesen hat (Birmaher et al. 1996b).

■ Psychologische Therapieansätze

Die Ansätze zur psychologischen Behandlung depressiver Kinder und Jugendlicher orientieren sich in ihren Grundlagen stark an den zur Behandlung von Erwachsenen üblichen Vorgangsweisen. Als Antwort auf eine offensichtlich multifaktoriell bedingte Problematik wurden multimodale Behandlungsansätze entwickelt, bei denen jene Interventionen kombiniert werden, die sich in kontrollierten Studien als wirksam erwiesen haben oder die aufgrund klinischer Erfahrung als hilfreich erachtet werden. In den letzten Jahren ist eine Reihe solcher Therapiepakete publiziert worden (Clarke et al. 1990, Kaslow u. Racusin 1994, Mufson et al. 1993, Stark et al. 1994, Vostanis u. Harrington 1994 und Wilkes et al. 1994). In der Folge sollen, in Anlehnung an das Therapieprogramm von Stark et al. (1994), exemplarisch einige typische kindbezogene, elternbezogene und familienbezogene Interventionsansätze dargestellt werden.

Kindbezogene Interventionen

Kognitiv-behaviorale Interventionen für depressive Kinder und Jugendliche haben im Wesentlichen 3 Ziele: Aufbau angenehmer Aktivitäten, Beseitigung spezifischer Verhaltensdefizite bzw. maladaptiver Verhaltensweisen und Veränderung dysfunktionaler Kognitionen. Hierfür sind etwa 12–16 ein- bis zweistündige Einzel- oder Gruppensitzungen vorgesehen.

Die aus verstärkungspsychologischen Ansätzen (Lewinsohn u. Gotlib 1995) abzuleitenden Interventionen, die auf eine gezielte Planung und Einbeziehung angenehmer und zielgerichteter Aktivitäten in den Tagesablauf der Betroffenen abzielen, haben gewöhnlich einen unmittelbar stimmungsaufhellenden Effekt. Sie sind daher schon in der 1. Phase der Akutbehandlung einsetzbar. Durch Einsicht in die Zusammenhänge zwischen Aktivität und Befindlichkeit, durch Identifizieren von in Frage kommenden günstigen Aktivitäten und Erarbeitung konkreter strukturierter Tagespläne wird eine sehr wirksame Strategie zur Bewältigung und Vorbeugung depressiver Verstimmungszustände vermittelt. Besondere Aufmerksamkeit soll in diesem Zusammenhang auch der Anleitung zu Aktivitäten geschenkt werden, deren Bewältigung für die Kinder einen positiven Wert darstellt, beispielsweise die Bewältigung schulischer Hausaufgaben. Besonders beim Vorliegen von komorbiden Angststörungen oder expansiven Verhaltensstörungen stellt darüber hinaus die Vermittlung von Strategien zur Bewältigung von Angst und von Ärger, wobei auch Entspannungstechniken eingesetzt werden, eine weitere wichtige Grundlage für die weiteren Therapieschritte dar.

In Bezug auf die Bearbeitung von Verhaltensdefiziten sind Trainingsprogramme zur Vermittlung sozialer Fertigkeiten in fast allen Therapieansätzen zur Behandlung depressiver Kinder und Jugendlicher zu finden, da diesen Fertigkeiten für das Erlangen positiver Verstärker in sozialen Situationen zentrale Bedeutung zugeschrieben wird. Nach ausführlicher Diagnostik, anhand derer die Ursachen, Quellen und Folgen sozialer Verhaltensdefizite identifiziert werden, folgt die Vermittlung der fehlenden Fertigkeiten in konkreten Trainingssitzungen (vgl. Kapitel 33). In diesem Zusammenhang sollen auch andere Probleme beim Erlangen positiver Verstärker bearbeitet werden, beispielsweise muss die Funktion der bei depressiven Kindern und Jugendlichen bisweilen massiv auftretenden ausagierenden oder störenden Verhaltensweisen analysiert und sollten Alternativen dafür erarbeitet werden.

Die Arbeit an dysfunktionalen Kognitionen ist vom Ansatz her weitgehend vergleichbar mit dem kognitiven Restrukturieren, das für die Therapie von Erwachsenen entwickelt wurde (Haaga u. Beck 1992), wird aber in einem altersentsprechenden Setting und mit altersgemäßen Methoden durchgeführt. Anhand der Analyse und Bearbeitung automatischer Gedanken und unhinterfragter Überzeugungen werden dysfunktionale kognitive Schemata identifiziert und die betroffenen Kinder und Jugendlichen auf Fehler in ihrer Informationsverarbeitung aufmerksam gemacht. Altersgemäße Varianten einer Selbstkontrolltherapie nach Rehm et al. (1987) dienen dazu, ungünstige Prozesse bei der Selbstbeobachtung, Selbstbewertung und Selbstverstärkung aufzudecken und die Angemessenheit der Standards zu überprüfen, an denen die Betroffenen sich bei ihrer Selbstbewertung orientieren. In Problemlösetrainings sollen allgemeine Strategien vermittelt werden, die erfahrungsgemäß bei der Lösung auftauchender Probleme hilfreich sind.

Zur Überprüfung der Effizienz kognitiv-behavioraler Interventionen bei depressiven Kindern und Jugendlichen liegt bereits eine Reihe kontrollierter Studien vor, die – mit wenigen Ausnahmen – sehr günstige Ergebnisse erbracht haben (Butler et al. 1980, Clarke et al. 1995, Kahn et al. 1990, Lewinsohn et al. 1990, Liddle u. Spence 1990, Reynolds u. Coats 1986, Stark et al. 1987, Vostanis et al. 1996).

Elternbezogene Interventionen

Da das familiäre Umfeld an der Entstehung und Aufrechterhaltung depressiver Störungen bei Kindern und Jugendlichen meist nicht unbeteiligt ist, wird auch der Arbeit mit den Eltern große Bedeutung beigemessen. Je jünger das betroffene Kind, desto wichtiger wird in der Regel der Einbezug der Eltern in das Therapieprogramm sein.

Einen großen Stellenwert nehmen Bemühungen zur Bewältigung psychischer Störungen und/oder Partnerschaftsprobleme der Eltern ein. Wenn schwerwiegende Probleme dieser Art das Familienleben nachhaltig beeinflussen, soll nach dem Aufbau einer tragfähigen Beziehung mit der Familie schrittweise damit begonnen werden, den betroffenen Eltern Einsicht in ihre eigene Behandlungsbedürftigkeit zu vermitteln.

Der 2. Ansatzpunkt in der Arbeit mit den Eltern ist ihr Erziehungsverhalten. Dieser Teil des Therapieangebotes wird meist in einer eigenen Elterngruppe durchgeführt und soll den Eltern ermöglichen, ihre volle erzieherische Handlungsfähigkeit zu erlangen oder wiederzugewinnen. Der dafür vorgesehene Zeitrahmen liegt bei etwa 9 zweistündigen Sitzungen. In aufeinander abgestimmten Schritten werden die Eltern darin trainiert, Lob und positive Verstärkung für erwünschtes Verhalten als hauptsächliche Erziehungsmittel im Umgang mit ihren Kindern einzusetzen und Strafen oder Zwangsmaßnahmen gezielt durch positive Strategien zu ersetzen. Besonderes Augenmerk wird auf die Beseitigung destruktiver Eltern-Kind-Interaktionen gelegt.

Zur Überprüfung der Wirksamkeit elternbezogener Interventionen bei der Behandlung depressiver Kinder und Jugendlicher liegt derzeit nur eine kontrollierte Studie vor (Lewinsohn et al. 1990). In dieser Arbeit wurde die Wirksamkeit des Therapieprogramms für depressive Jugendliche von Clarke et al. (1990) mit und ohne Einbeziehung der Eltern geprüft. Das Programm war unter beiden Bedingungen gleich wirksam. Hier sind weitere kontrollierte Studien dringend erforderlich.

Familienbezogene Interventionen

Im weitesten Sinne familientherapeutische Interventionen, die mit dem betroffenen Kind, seinen Eltern und Geschwistern durchgeführt werden, sind ebenfalls in fast allen multimodalen Programmen zur Behandlung depressiver Kinder und Jugendlicher vorgesehen. Ganz explizit findet sich ein solcher Ansatz im Programm von Kaslow u. Racusin (1994). Weitgehend unabhängig von der theoretischen Orientierung, der ein konkretes familientherapeutisches Vorgehen zuzuordnen ist, herrscht in diesen Ansätzen große Übereinstimmung in Bezug auf die Annahme, dass die Depression eines Familienmitgliedes (des „Symptomträgers") Ausdruck einer allgemeineren Dysfunktion der Familie ist. Eine effiziente Behandlung der Probleme sollte daher auch in dem Kontext stattfinden, in dem sie entstanden sind. Die Interventionen zielen im Allgemeinen darauf ab, die Kommunikation zwischen den Familienmitgliedern zu verbessern, dysfunktionale aufeinander bezogene Verhaltensmuster der Familienmitglieder zu verändern und Allianzen zu bearbeiten, durch die die Familienstruktur insgesamt ungünstig beeinflusst wird (vgl. Kap. 34). Auch im Therapiepaket von Stark et al. (1994) werden familienbezogene Interventionen eingesetzt, um einen direkten, offenen und ehrlichen Kommunikationsstil zwischen den Familienmitgliedern zu fördern und ihnen konkrete Strategien zur Bewältigung alltäglicher familiärer Meinungsverschiedenheiten zu vermitteln. Die Bearbeitung chronischer Konflikte zwischen Familienmitgliedern nimmt erwartungsgemäß einen relativ breiten Raum ein. Interaktionsmuster, die geeignet sind, die Depression des Patienten zu verstärken oder aufrechtzuerhalten, sollen mit allen zur Verfügung stehenden psychotherapeutischen Mitteln einer Veränderung zugeführt werden. Trotz der vielfach geäußerten Anerkennung der Wichtigkeit familientherapeutischer Interventionen bei der Behandlung depressiver Kinder und Jugendlicher liegen bislang keine kontrollierten Studien über ihre Wirksamkeit vor.

Zusammenfassung

Depressive Störungen in Kindheit und Jugend manifestieren sich durch gedrückte oder gereizte Stimmung, Interessenverlust, Freudlosigkeit, Müdigkeit und Energiemangel, Selbstwertprobleme, Schuldgefühle, gestörten Schlaf und Appetit, psychomotorische Unruhe oder Verlangsamung, Konzentrationsprobleme, Suizidgedanken und -handlungen. Zu den depressiven Störungen wird neben den episodischen und rezidivierenden Depressionen auch die dysthyme Störung gezählt. Bipolare Störungen werden hingegen klar davon abgegrenzt. Bei depressiven Kindern und Jugendlichen ist mit hoher Wahrscheinlichkeit komorbid mindestens eine weitere psychische Störung zu beobachten, wobei in erster Linie Angststörungen und expansive Verhaltensstörungen zu nennen sind.

Die Prävalenz depressiver Störungen nimmt in Kindheit und Jugend mit dem Alter deutlich zu. Ab der Pubertät sind Mädchen häufiger betroffen als Jungen. Depressive Störungen scheinen während der letzten Jahrzehnte in allen Altersgruppen häufiger geworden zu sein.

Depressive Störungen mit Beginn in Kindheit und Jugend tendieren zu einem rezidivierenden Verlauf bis ins Erwachsenenalter. Die Genese depressiver Störungen wird als multifaktorieller Prozess betrachtet. In diesem Zusammenhang finden insbesondere genetische Prädispositionen, neurobiologische und kognitive Dysfunktionen, Verhaltensdefizite, Persönlichkeitsmerkmale, kritische Lebensereignisse, psychische Störungen der Eltern, chronische familiäre Konflikte, mangelnde soziale Unterstützung und ungünstige Problembewältigungsstrategien Beachtung. Bei der medikamentösen Behandlung depressiver Kinder und Jugendlicher entfalten trizyklische Antidepressiva keine über die eines Placebos hinausgehende therapeutische Wirkung, bringen aber ein erhöhtes Risiko für das Auftreten schwerer kardiotoxischer Nebenwirkungen. Zur Wirksamkeit anderer Psychopharmaka ist bislang noch wenig Information aus kontrollierten Studien vorhanden. Im Rahmen der psychologischen Behandlung werden kindbezogene, elternbezogene und familienbezogene Interventionen durchgeführt. Die kindbezogenen Interventionen bezwecken in erster Linie den Aufbau verstärkender Aktivitäten, die Beseitigung sozialer Verhaltensdefizite und die Veränderung dysfunktionaler Kognitionen. Die elternbezogenen Interventionen haben die Bewältigung psychischer Störungen und Probleme der Eltern sowie die Förderung ihrer Erziehungskompetenz zum Ziel. Familienbezogene Interventionen sollen die Kommunikation zwischen den Familienmitgliedern verbessern und dysfunktionale familiäre Prozesse verändern. Kontrollierte Evaluationsstudien über die Wirksamkeit psychologischer Interventionen liegen für einige der genannten Komponenten und Therapiepakete vor.

Literatur

Allgood-Merten B, Lewinsohn PM, Hops H. Sex differences and adolescent depression. J Abnorm Psychol. 1990;99:55-63.

American Academy of Child and Adolescent Psychiat. Practice parameters for the assessment and treatment of children and adolescents with bipolar disorder. J Am Acad Child Adol Psychiat. 1997;36:157S-176S.

Anderson CE, Weissman MM. Family studies of affective disorders. In: Koplewicz HS, Klass E, eds. Depression in children and adolescents. Chur: Harwood; 1993.

Anderson JC, McGee R. Comorbidity of depression in children and adolescents. In: Reynolds WM, Johnston HF, eds. Handbook of depression in children and adolescents. New York: Plenum; 1994.

Angold A, Costello EJ. Depressive comorbidity in children and adolescents: Empirical, theoretical, and methodological issues. Am J Psychiat. 1993;150:1779-91.

Beardslee WR, Wheelock I. Children of parents with affective disorders: Empirical findings and clinical implications. In: Reynolds WM, Johnston HF, eds. Handbook of depression in children and adolescents. New York: Plenum; 1994.

Birmaher B, Ryan ND, Williamson DE, Brent DA, Kaufman J, Dahl RE, Perel J, Nelson B. Childhood and adolescent depression: A review of the past 10 years. Part I. J Am Acad Child Adol Psychiat. 1996a;35:1427-39.

Birmaher B, Ryan ND, Williamson DE, Brent DA, Kaufman J. Childhood and adolescent depression: A review of the past 10 years. Part II. J Am Acad Child Adol Psychiat. 1996b;35:1575-83.

Blöschl L. Depressive Störungen: Ätiologie. In: Baumann U, Perrez M, Hrsg. Lehrbuch Klinische Psychologie (Band 1: Grundlagen, Diagnostik, Ätiologie) 2. Aufl. Bern: Huber; 1998a.

Blöschl L. Soziale Interaktion und Depression im Kindes- und Jugendalter. In: Lenz W, Hrsg. Bildungswege. Von der Schule zur Weiterbildung. Innsbruck: Studienverlag; 1998b.

Boekaerts M. Coping with stress in childhood and adolescence. In: Zeidner M, Endler NS, eds. Handbook of coping. Theory, research, applications. New York: Wiley; 1996.

Bornstein RF. The dependent personality. New York: Guilford; 1993.

Butler L, Miezitis S, Friedman R, Cole E. The effect of two school-based intervention programs on depressive symptoms in preadolescents. Am Educ Res J. 1980;17:111-9.

Cantwell DP, Lewinsohn PM, Rohde P, Seeley JR. Correspondence between adolescent report and parent report of psychiatric diagnostic data. J Am Acad Child Adol Psychiat. 1997;36:610-9.

Carlson GA. Adolescent bipolar disorder: Phenomenology and treatment implications. In: Reynolds WM, Johnston HF, eds. Handbook of depression in children and adolescents. New York: Plenum; 1994.

Clarke G, Hawkins W, Murphy M, Sheeber L, Lewinsohn P, Seeley J. Targeted prevention of unipolar depressive disorder in an at-risk sample of high school adolescents: A randomized trial of a group cognitive intervention. J Am Acad Child Adol Psychiat. 1995;34:312-21.

Clarke G, Lewinsohn P, Hops H. Leader´s manual for adolescent groups: Adolescent coping with depression course. Eugene: Castalia; 1990.

Compas BE, Orosan PG, Grant KE. Adolescent stress and coping: Implications for psychopathology during adolescence. J Adolescence. 1993;16:331-49.

Compas BE, Grant KE, Ey SE. Psychosocial stress and child and adolescent depression: Can we be more specific? In: Reynolds WM, Johnston HF, eds. Handbook of depression in children and adolescents. New York: Plenum; 1994.

Cummings EM, Davies PT. Maternal depression and child development. J Child Psychol Psychiat. 1994;35:73-112.

De Bellis MD, Dahl RE, Perel JM, Birmaher B, Al-Shabbout M, Williamson DE, Nelson B, Ryan ND. Nocturnal ACTH, cortisol, growth hormone, and prolactin secretion in prepubertal depression. J Am Acad Child Adol Psychiat. 1996;35:1130-8.

Emslie GJ, Weinberg WA, Kennard BD, Kowatch RA. Neurobiological aspects of depression in children and adolescents. In: Reynolds WM, Johnston HF, eds. Handbook of depression in children and adolescents. New York: Plenum; 1994.

Fichman L, Koestner R, Zuroff DC. Dependency and distress at summer camp. J Youth Adolesc. 1997;26:217-32.

Fleming JE, Offord DR. Epidemiology of childhood depressive disorders: A critical review. J Am Acad Child Adol Psychiat. 1990;29:571-80.

Fleming JE, Offord DR. Childhood depression. In: Cappeliez P, Flynn RJ, eds. Depression and the social environment. Research and intervention with neglected populations. Montreal: McGill-Queen´s University Press; 1993.

Gladstone TRG, Kaslow NJ. Depression and attributions in children and adolescents: A meta-analytic review. J Abnorm Child Psychol. 1995;23:597-606.

Haaga DAF, Beck AT. Cognitive therapy. In: Paykel ES, ed. Handbook of affective disorders. 2nd ed. Edinburgh: Churchill Livingstone, 1992.

Hammen C. Depression runs in families. The social context of risk and resilience in children of depressed mothers. New York: Springer; 1991.

Hammen C, Compas BE. Unmasking unmasked depression in children and adolescents: The problem of comorbidity. Clin Psychol Rev. 1994;14:585-603.

Harrington R, Fudge H, Rutter M, Pickles A, Hill J. Adult outcomes of childhood and adolescent depressions. I. Psychiatric status. Arch Gen Psychiat. 1990;47:465-73.

Hautzinger M, de Jong-Meyer R. Depressionen. In: Reinecker H, Hrsg. Lehrbuch der Klinischen Psychologie – Modelle psychischer Störungen. 2. Aufl. Göttingen: Hogrefe; 1994.

Hazell P, O´Connell D, Heathcole D, Robertson J, Henry D. Efficacy of tricyclic drugs in treating child and adolescent depression: A meta-analysis. Brit Med J. 1995;310:897-907.

Hilsman R, Garber J. A test of the cognitive diathesis-stress model of depression in children: Academic stressors, attributional style, perceived competence, and control. J Personality Soc Psychol. 1995;69:370-80.

Joiner TE, Wagner KD. Attributional style and depression in children and adolescents: A meta-analytic review. Clin Psychol Rev. 1995;15:777-98.

Kahn JS, Kehle TJ, Jenson WR, Clark E. Comparison of cognitive-behavioral, relaxation, and self-modeling interventions for depression among middle-school students. School Psychol Rev. 1990;19:196-211.

Kashani JH, Carlson GA. Seriously depressed preschoolers. Am J Psychiat. 1987;144:348-50.

Kaslow NJ, Brown RT, Mee LL. Cognitive and behavioral correlates of childhood depression: A developmental perspective. In: Reynolds WM, Johnston HF, eds. Handbook of depression in children and adolescents. New York: Plenum; 1994a.

Kaslow NJ, Deering CG, Racusin GR. Depressed children and their families. Clin Psychol Rev. 1994b;14:39-59.

Kaslow NJ, Racusin GR. Family therapy for depression in young people. In: Reynolds WM, Johnston HF. Eds. Handbook of depression in children and adolescents. New York: Plenum; 1994.

Kazdin AE. Informant variability in the assessment of childhood depression. In: Reynolds WM, Johnston HF, eds. Handbook of depression in children and adolescents. New York: Plenum; 1994.

Kessler RC, McGonagle KA, Nelson CB, Hughes M, Swartz M, Blazer DG. Sex and depression in the national comorbidity survey: II. Cohort effects. J Affect Disord. 1994;30:15-26.

Klein MH, Kupfer DJ, Shea MT, eds. Personality and depression. A current view. New York: Guilford; 1993.

Kovacs M, Akiskal HS, Gatsonis C, Parrone PL. Childhood-onset dysthymic disorder: Clinical features and prospective naturalistic outcome. Arch Gen Psychiat. 1994;51:365-74.

Kovacs M. The course of childhood-onset depressive disorders. Psychiatric Annals. 1996a;26:326-30.

Kovacs M. Presentation and course of major depressive disorder during childhood and later years of the life span. J Am Acad Child Adol Psychiat. 1996b;35:705-15.

Kovacs M, Obrosky S, Gatsonis C, Richards C. First-episode major depressive and dysthymic disorder in childhood: Clinical and sociodemographic factors in recovery. J Am Acad Child Adol Psychiat. 1997;36:777-84.

Lewinsohn PM, Clarke GN, Hops H, Andrews J. Cognitive-behavioral treatment for depressed adolescents. Behav Ther. 1990;21:385-401.

Lewinsohn PM, Rohde P, Seeley JR, Fischer SA. Age-cohort changes in the lifetime occurrence of depression and other mental disorders. J Abnorm Psychol. 1993;102:110-20.

Lewinsohn PM, Gotlib IH. Behavioral theory and treatment of depression. In: Beckham EE, Leber WR, eds. Handbook of depression. 2nd ed. New York: Guilford; 1995.

Lewinsohn PM, Rohde P, Seeley JR. Adolescent Psychopathology: III. The clinical consequences of comorbidity. J Am Acad Child Adol Psychiat. 1995;34:510-9.

Licitra-Kleckler DM, Waas GA. Perceived social support among high-stress adolescents: The role of peers and family. J Adol Res. 1993;8:381-402.

Liddle B, Spence SH. Cognitive-behaviour therapy with depressed primary school children: A cautionary note. Behav Psychother. 1990;18:85-102.

McCauley E, Myers K, Mitchell J, Calderon R, Schloredt K, Treder R. Depression in young people: Initial presentation and clinical course. J Am Acad Child Adol Psychiat. 1993;32:714-22.

Mufson L, Moreau D, Weissman MM, Klerman GL. Interpersonal psychotherapy for depressed adolescents. New York: Guilford; 1993.

Murray KT, Sines JO. Parsing the genetic and nongenetic variance in children´s depressive behavior. J Affect Disord. 1996;36:23-34.

Papolos DF, Lachman HM, eds. Genetic studies in affective disorders. New York: Wiley; 1994.

Poznanski EO, Mokros HB. Phenomenology and epidemiology of mood disorders in children and adolescents. In: Reynolds WM, Johnston HF, eds. Handbook of depression in children and adolescents. New York: Plenum; 1994.

Puig-Antich J, Kaufman J, Ryan ND, Williamson DE, Dahl RE, Lukens E, Todak G, Ambrosini P, Rabinovich H, Nelson B. The psychosocial functioning and family environment of depressed adolescents. J Am Acad Child Adol Psychiat. 1993;32:244-53.

Rehm LP, Kaslow NJ, Rabin A. Cognitive and behavioral targets in a self-control therapy program for depression. J Consulting Clin Psychol. 1987;55:60-7.

Reicher H. Depressionen bei Kindern und Jugendlichen. Münster: Waxmann; 1998.

Reynolds WM, Coats KJ. A comparison of cognitive-behavioral therapy and relaxation training for the treatment of depression in adolescents. J Consult Clin Psychol. 1986;54:653-60.

Robins CJ, Hayes AM. The role of causal attributions in the prediction of depression. In: Buchanan GM, Seligman MEP, eds. Explanatory style. Hillsdale: Lawrence Erlbaum; 1995.

Rohde P, Lewinsohn PM, Seeley JR. Comorbidity of unipolar depression: II. Comorbidity with other mental disorders in adolescents and adults. J Abnorm Psychol. 1991;100:214-22.

Rossmann P, Kristopheritsch E. Psychosoziale Dependenz bei depressiven Kindern und deren Müttern. Z Kinder- Jugendpsychiat. 1984;12:189-200.

Rossmann P. Depressionsdiagnostik im Kindesalter: Grundlagen, Klassifikation, Erfassungsmethoden. Bern: Huber; 1991.

Rossmann P. Depressionstest für Kinder (DTK). Bern: Huber; 1993.

Rossmann P, Gratz A, Engel E. Explanationsstil und Depressivität im Kindesalter: Eine prospektive Studie unter besonderer Berücksichtigung der Kontrollattribution. In: Lenz W. Hrsg. Bildungswege – Von der Schule zur Weiterbildung. Innsbruck: Studienverlag; 1998.

Rossmann P, Pichler-Janisch P. Zur Eltern-Kind-Übereinstimmung bei der Beurteilung von Depressivität, Neurotizismus und Extraversion von Kindern mittels DTK und HANES-KJ: Eine Multitrait-Multiinformant-Studie. Diagnostica 1998;44:182-8.

Ryan ND, Williamson DE, Iyengar S, Orvaschel H, Reich T, Dahl RE, Puig-Antich J. A secular increase in child and adolescent onset affective disorder. J Am Acad Child Adol Psychiat. 1992;31:600-5.

Seiffge-Krenke I. Depressive Verstimmungen im Jugendalter: Der relative Beitrag von familiären und Freundschaftsbeziehungen. Z Klin Psychol. 1993; 22:117-36.

Seligman MPE, Peterson C. A learned helplessness perspective on childhood depression: Theory and research. In: Rutter M, Izard CE, Read PB, eds. Depression in young people: Developmental and clinical perspectives. New York: Guilford; 1986.

Stark KD, Reynolds WM, Kaslow NJ. A comparison of the relative efficacy of self-control therapy and a behavioral problem-solving therapy for depression in children. J Abnorm Child Psychol. 1987;15:91-113.

Stark KD, Rouse LW, Kurowski C. Psychological treatment approaches for depression in children. In: Reynolds WM, Johnston HF, eds. Handbook of depression in children and adolescents. New York: Plenum; 1994.

Steinhausen HC, Winkler-Metzke C. Die Züricher Längsschnittstudien zur Entwicklungspsychologie und -psychopathologie im Jugendalter. Z Sozialisationsforsch Erziehungssoziol. 1997;17:256-69.

Stiensmeier-Pelster J, Schürmann M, Duda K. Depressions-Inventar für Kinder und Jugendliche (DIKJ). Göttingen: Hogrefe; 1989.

Stiensmeier-Pelster J, Schürmann M, Eckert C, Pelster A. Attributionsstil-Fragebogen für Kinder und Jugendliche (ASF-KJ). Göttingen: Hogrefe; 1994.

Stilke D. Selektive Serotonin-Wiederaufnahmehemmer (SSRI) im Kindes- und Jugendalter. Z Kinder- Jugendpsychiat. 1997;25:106-16.

Thapar A, McGuffin P. The genetic etiology of childhood depressive symptoms: A developmental perspective. Develop Psychopathol. 1996;8:751-60.

Unnewehr S, Schneider S, Margraf J. Diagnostisches Interview bei psychischen Störungen im Kindes- und Jugendalter (Kinder-DIPS). Berlin: Springer; 1995.

Varley CK, McClellan J. Case study: Two additional sudden deaths with tricyclic antidepressants. J Am Acad Child Adol Psychiat. 1997;36:390-4.

Vostanis P, Feehan C, Grattan E, Bickerton W. Treatment for children and adolescents with depression: Lessons from a controlled trial. Clin Child Psychol Psychiat. 1996;1:199-212.

Vostanis P, Harrington R. Cognitive-behavioural treatment of depressive disorder in child psychiatric patients: Rationale and description of a treatment package. Europ Child Adoles Psychiat. 1994;3:111-23.

Whybrow PC, Akiskal HS, McKinney WT. Mood disorders. Toward a new psychobiology. New York: Plenum; 1984.

Wilkes TCR, Belsher G, Rush AJ, Frank E. Cognitive therapy for depressed adolescents. New York: Guilford; 1994.

Wüthrich C, Mattejat F, Remschmidt H. Kinder depressiver Eltern. Kindheit u. Entwicklung. 1997;6:141-6.

Prüfungsfragen

1. Welche Symptome treten im Rahmen depressiver Störungen auf?
2. Welche komorbiden Störungen sind bei depressiven Kindern und Jugendlichen häufig zu beobachten?
3. Welche Prävalenzraten werden für depressive Störungen in Kindheit und Jugend berichtet?
4. Welche Faktoren sind vermutlich an der Depressionsgenese beteiligt?
5. Welche neurobiologischen Auffälligkeiten wurden bei depressiven Kindern und Jugendlichen gefunden?
6. Skizzieren Sie kognitive Modelle der Entstehung depressiver Störungen!
7. Skizzieren Sie ein verhaltenspsychologisches Modell der Entstehung depressiver Störungen!
8. Welche chronischen Belastungsfaktoren sind bei depressiven Kindern häufig zu beobachten?
9. Welche Rolle spielen Bewältigungsstrategien bei der Depressionsgenese?
10. Was ist über die Wirksamkeit von Medikamenten bei der Behandlung depressiver Kinder und Jugendlicher bekannt?
11. Skizzieren Sie kognitiv-behaviorale Interventionen zur Behandlung depressiver Kinder und Jugendlicher!
12. Beschreiben Sie Grundzüge und Ziele der therapeutischen Arbeit mit den Eltern und Familien depressiver Kinder und Jugendlicher!

18 Suizidalität

A. Schmidtke und S. Schaller

Fallvignette

Erwin, ein 15-jähriger Realschüler, schluckte 40, in verschiedenen Apotheken besorgte Schlaftabletten an einer entlegenen, normalerweise menschenleeren Stelle außerhalb seines Wohnorts. Als Anlass für den Suizidversuch nennt er Schwierigkeiten in der Schule: Seit einigen Wochen habe er öfter in der Schule gefehlt und auch keine Hausaufgaben gemacht, worauf ihm die Schule einen Verweis angedroht habe. Als er am Tag vor dem Suizidversuch erneut zu spät gekommen sei, habe er daher einen Arztbesuch vorgetäuscht und eine Entschuldigung gefälscht. Als der Lehrer ein Attest verlangte, sei er nicht zur Schule gegangen, sondern habe stattdessen die Tabletten eingenommen. Wie er ins Krankenhaus gekommen sei, wisse er nicht, aber er sei traurig, dass es nicht geklappt habe, und würde es wieder tun.

Vor dem Suizidversuch habe er mit niemandem geredet. Mit der Mutter habe er früher zwar häufig über Suizidabsichten geredet, diese habe seine Andeutungen aber nicht ernst genommen.

In letzter Zeit sei die Beziehung zu den Eltern eher gleichgültig, feindlich und distanziert. Auch der Kontakt zu den Mitschülern habe sich in letzter Zeit verschlechtert.

Erwin berichtet über häufige Einsamkeitsgefühle, Schüchternheit und Angst vor Menschen, Empfindlichkeit bei Misserfolgen, Entschlusslosigkeit, häufig auftretende Stimmungslabilität und Niedergeschlagenheit. An körperlichen Symptomen fielen ihm eine vermehrte Unruhe, Schlaflosigkeit und schnelle Ermüdbarkeit auf. Seit 2 Jahren habe er häufig Selbstmordgedanken, die vor allem dann aufgetreten seien, wenn ihn sein Vater geschlagen habe oder wenn es Schwierigkeiten in der Schule gegeben habe. Medikamenten- oder Rauschmittelgebrauch verneint er.

An diagnostischen Maßnahmen ist v. a. die Abklärung einer depressiven Störung indiziert, die medikamentös behandelt werden muss. Außerdem sollten die Bedingungen für die Schulschwierigkeiten (situationale Bedingungen, wie Schulfach, Lehrpersonen, Noten, oder personale Bedingungen, z. B. Leistungsvermögen, Überforderung, Motivation) und die Interaktionsprobleme in der Schule (Position in der Gleichaltrigengruppe, Liebeskummer) und der Familie genauer erfasst werden. Psychotherapeutische Maßnahmen können sich entsprechend auf eine Verbesserung der Kommunikations- und Problemlösefähigkeit in Konfliktsituationen (anstelle der bisherigen Vermeidungsreaktionen), ein Selbstsicherheitstraining (soziale Angst) und eine Verbesserung der emotionalen Regulationsfähigkeit (Stimmungslabilität) beziehen.

Phänomenologie

Suizide und Suizidversuche bei Kindern und Jugendlichen werden in vielen europäischen und außereuropäischen Ländern als besorgniserregendes Problem angesehen. Suizide sind bei Jugendlichen und jungen Erwachsenen nach Verkehrsunfällen die zweithäufigste Todesursache.

Suizide und Suizidversuche werden weder in der ICD-10 noch in DSM IV als eigene nosologische Entität aufgeführt. Suizidversuche werden als Symptome meist bei affektiven, Sucht- und einigen Persönlichkeitsstörungen aufgeführt.

Als „Suizid" wird eine Handlung definiert, die vom Individuum im Bewusstsein des letalen Ausgangs eingeleitet wird und die zum Tod (der als unabänderliche Größe verstanden werden muss) führt. Es ist daher umstritten, ab welchem Alter man von Suizid sprechen kann.

Ein Suizidversuch bzw. eine „parasuizidale Handlung" wird laut WHO definiert als „eine Handlung mit nichttödlichem Ausgang, bei der ein Individuum absichtlich ein nicht-habituelles Verhalten beginnt, das ohne Intervention von dritter Seite eine Selbstschädigung bewirken würde oder absichtlich eine Substanz in einer Dosis einnimmt, die über die verschriebene oder im Allgemeinen als therapeutisch angesehene Dosis hinausgeht und die zum Ziel hat, durch die aktuellen oder erwarteten Konsequenzen Veränderungen zu bewirken."

Die Suizidmethoden werden in der ICD-10 unter den X-Codes (X60-X84) aufgeführt. Es wird dabei zwischen vorsätzlicher Selbstvergiftung durch Einnahme oder Exposition gegenüber verschiedenen Substanzen (X60-X69) und vorsätzlicher Selbstbeschädigung (X70-X84, z.B. Erhängen, Ertränken, Erschießen, Sturz aus der Höhe oder willentlich herbeigeführte Unfälle) unterschieden.

Im Gegensatz zu den Befunden bei Erwachsenen fehlt im Kindes- und Jugendalter der enge Zusammenhang zwischen Suizidalität und psychiatrischer Diagnose. In der WHO-Multicentre-Studie (Schmidtke et al. 1996) wurde bei männlichen Jugendlichen nach Suizidversuch(en) in 24% der Fälle eine affektive Psychose und in 53% der Fälle eine akute Belastungsreaktion diagnostiziert.

In einer repräsentativen Münchener Stichprobe von Jugendlichen und jungen Erwachsenen zwischen 14 und 24 Jahren (Bronisch u. Wunderlich 1998) weisen 49,2% der Gesamtstichprobe mindestens eine psychiatrische Diagnose auf. 91,6% der Probanden mit einem selbstberichteten Suizidversuch in der Vergangenheit weisen mindestens eine, 79,2% mehr als eine DSM-IV-Lebenszeitdiagnose auf. Dabei steigt das Suizidversuchsrisiko mit der Anzahl der Diagnosen von 3,5% bei 2 Diagnosen auf 18,4% bei 4 und mehr Diagnosen. Angststörungen scheinen mit dem höchsten Risiko einherzugehen. Bei Jugendlichen kovariiert suizidales Verhalten auch häufig mit externalisierenden Symptomen wie Ärger, Aggressivität, Dissozialität und Impulsivität. Marttunen et al. (1998) schließen aus ihren Daten, dass bei Jugendlichen ohne psychiatrische Diagnosen der zum Suizid führende Prozess relativ schnell abläuft. Ernste Warnzeichen sind v.a. Disziplinprobleme sowie Äußern von Suizidgedanken.

Prävalenz

Bis zum Alter von 10 Jahren sind **Suizide** sehr selten. Gelegentlich wird sogar generell bezweifelt, ob Kinder vor der Entwicklung eines Todeskonzepts überhaupt Suizid im eigentlichen Sinne begehen können (Nissen u. Trott 1995). Bei den 10- bis 14-jährigen männlichen Jugendlichen liegt die Suizidrate (Anzahl der Suizide auf 100000 Personen der gleichen Altersgruppe) im Jahr 2001 bei 1,45, bei den gleichaltrigen weiblichen Jugendlichen bei 0,48. Für die Altersgruppe der 15- bis 19-Jährigen erhöht sie sich auf 8,69 (männliche Jugendliche) bzw. 2,39 (weibliche Jugendliche). Die Entwicklung der Suizidzahlen ist jedoch in den verschiedenen europäischen Ländern uneinheitlich.

Männliche Jugendliche begehen häufiger vollendete Suizide als weibliche Jugendliche, was auf die höhere Wahrscheinlichkeit der Wahl letaler Methoden durch männliche Jugendliche zurückgeführt werden kann. Erhängen steht mit 53% der Fälle bei den männlichen Jugendlichen an 1. Stelle (bei den weiblichen Jugendlichen 35%). Vergiftungen nahmen dagegen in den letzten 30 Jahren ab.

Die auf der Basis einer WHO-Multicentre-Studie geschätzten **Suizidversuchsraten** liegen bei den männlichen Jugendlichen der Altersgruppe 15–19 Jahre im Jahr 2001 bei 193, bei den weiblichen Jugendlichen bei 392. Die Raten scheinen, nach einem Absinken in den 80er-Jahren, vor allem bei weiblichen Jugendlichen wieder anzusteigen. Als **Methoden** dominierten Vergiftungen bei den weiblichen und Schneiden und Stechen bei den männlichen Jugendlichen (Schmidtke et al. 1996).

Suizidgedanken sind bei Jugendlichen recht häufig zu finden. In einer Untersuchung von Bronisch u. Wunderlich (1998) berichteten 10,2% der befragten Jugendlichen von Suizidideen.

Ursachen

Neuere verhaltenstheoretische Modellvorstellungen selbstschädigenden und suizidalen Verhaltens rekurrieren auf transaktionale Verhaltens- und Persönlichkeitstheorien, in denen eine vielfache gegenseitige Abhängigkeit von biologischen, psychologischen und sozialen Faktoren angenommen wird (Schmidtke 1988, Schmidtke u. Schaller 1988). Suizidales und selbstschädigendes Verhalten wird in diesen Modellen als subjektiv sinnvolle Problemlösestrategie angesehen, wenn der Jugendliche sich in einer Situation befindet, in der Auslösebedingungen, Reaktionsalternativen und (mögliche) Konsequenzen der Handlungen nur noch selektiv wahrgenommen werden. Selbstschädigendes oder suizidales Verhalten scheint dann die einzige (plausible) Handlungsalternative zur Modifikation dieser aversiven Situation zu sein (i. S. einer „Belastungsregulation"; Schmidtke 1988, Schmidtke u. Schaller 1988). Suizidales Verhalten von Jugendlichen kann daher auch nicht ohne die Einbeziehung von normativen Entwicklungsprozessen und Bewältigung von Entwicklungsaufgaben (Havighurst 1974) erklärt werden. Die oft als Ursache zitierten Auswirkungen biographischer Einflüsse (z. B. Scheidung bzw. Tod oder psychiatrische Erkrankung eines Elternteils; Pfeffer 2000) werden dagegen kontrovers diskutiert (vgl. zusammenfassend Schaller u. Schmidtke 1991).

Zu den intrapersonalen Bedingungen, die suizidales Verhalten auf kognitiver Ebene beeinflussen, werden im Allgemeinen negative selbstbezogene Kognitionen, eingeschränkte oder mangelnde kognitive Problemlösefähigkeit und kognitive Rigidität, dichotomes Denken, inadäquate Zeitperspektive, insbesondere eine negative Zukunftsperspektive, Dissimulationstendenzen, Feldabhängigkeit, egozentrisches und idiosynkratisches Denken sowie eine reduzierte Fähigkeit, positive Gedächtnisinhalte aufzurufen, gezählt. Wesentliche suizidfördernde Variablen auf der emotionalen Ebene sind Depressivität, Angst, Ärger sowie vor allem Impulsivität und mangelnde emotionale Regulationsfähigkeit. Hoffnungslosigkeit scheint, im Gegensatz zu den Befunden bei Erwachsenen, bei Jugendlichen ein weniger bedeutsamer Faktor für suizidales Verhalten zu sein (Goldston et al. 2001), sondern generell mit einer Vielzahl dysfunktionaler Kognitionen und Verhaltensweisen zusammenzuhängen (Fritsch et al. 2000).

Bei Kindern und Jugendlichen scheint auch Imitation eine wesentliche Rolle zu spielen. Im Vergleich zu Erwachsenen werden häufiger Suizidversuchs- bzw. Suizidcluster und Nachahmungen suizidaler Modelle in Musik, Film, TV und Presse berichtet, insbesondere, wenn die Modelle „bekannt" und im Alter den potenziellen Nachahmern ähnlich waren (Schmidtke u. Schaller 2000).

Therapie und Prognose

Der sicherste Prädiktor für eine Suizidhandlung sind Suizidhandlungen in der Vergangenheit (Wichstrom 2000). Bei Jugendlichen scheint auch die Letalität des Versuchs bzw. die Intensität der Krise mit der Anzahl der fehlgeschlagenen Suizidversuche zu kovariieren. Hinsichtlich der Dauer der Krisen finden sich dagegen keine Unterschiede (Joiner et al. 2000).

Ähnlich dem von Ringel bei Erwachsenen beschriebenen präsuizidalen Syndrom definiert Löchel (1983) ein präsuizidales Syndrom bei Jugendlichen mit zunehmender Einengung im Denken, Fühlen und Handeln, Aggressionsstau und Aggressionsumkehr gegen die eigene Person, Suizidphantasien und psychosomatischen Beschwerden.

Wie bei der Therapie erwachsener Suizidenten muss auch bei Jugendlichen zwischen Krisenmanagement und Therapie unterschieden werden. Bei der Therapie ist „therapeutischer Aktivismus" erforderlich, der folgende Schritte beinhaltet:

- Bei der Therapiestrukturierung und -planung sollte man von der „Kommstruktur" abgehen. Patienten, die nicht zu vereinbarten Sitzungen erscheinen, sollten aktiv aufgesucht werden – das erhöht einerseits die Sicherheit des Patienten, dass er nicht durch Untätigkeit von der Therapie ausgeschlossen wird, gibt ihm aber auch das Gefühl der Wertschätzung – er ist bedeutend genug, dass man sich bei Abwesenheit um ihn kümmert.
- Die Patienten müssen klare Anweisungen und Informationen erhalten, wie und wann der Therapeut erreichbar ist. Der Therapeut muss nicht jederzeit verfügbar sein, es sollte jedoch sichergestellt werden, dass Patienten bei dringendem Bedarf auch bei Abwesenheit des Therapeuten therapeutische Hilfe erhalten können, z. B. indem Adressen und Telefonnummern von psychiatrischen Ambulanzen, Beratungsstellen oder einer therapeutischen Vertretung auf „Notfallkarten" ausgehändigt und die „Zugangswege" besprochen werden.

Dabei sollte mehr als eine Kontaktmöglichkeit angegeben werden. Zwischen den Therapiesitzungen sollte, z.B. über vereinbarte Telefongespräche, Kontakt gehalten werden. Es sollte auch vorher vereinbart werden, wie bei Nichterscheinen des Patienten zu einem vereinbarten Termin Kontakt aufgenommen werden soll. Die telefonischen Kontakte können in späteren Abschnitten der Therapie auch dazu dienen, dem Patienten häufige und kontingente Rückmeldung über seine Fortschritte zu geben.

- Es sollten „Hausaufgaben" vereinbart werden, die der Strukturierung des Patienten dienen: Strukturierung des alltäglichen Lebens (z.B. Zeiten des Aufstehens und Zubettgehens, Essenszeiten, Arbeitszeiten), Zeitstrukturierung bei aversiv empfundenen Tätigkeiten (z.B. Zimmer aufräumen, solange Lieblings-CD läuft), Vereinbarung von Tätigkeiten, die inkompatibel mit suizidalen oder selbstschädigenden Handlungen sind (z.B. Joggen zur Aggressionsabfuhr, Entspannungsübungen, Besuch von Freunden).
- Mit dem Patienten sollte vereinbart werden, dass suizidale Handlungen während einer vorher definierten Zeitspanne unterlassen werden (Nicht-Suizid-Pakt). Dabei sollte betont werden, dass im Gegensatz zur Irreversibilität des Suizids ein „Aufschub" einer suizidalen Handlung während der therapeutischen Arbeit weniger schwerwiegend ist.
- Der Therapeut sollte schon präventive Maßnahmen zur Beseitigung der Auslösebedingungen einleiten, wenn in der Bedingungsanalyse Situationen ermittelt wurden, bei oder in denen suizidales Verhalten verstärkt auftritt (z.B. Langeweile am Abend; kein Besuch von Freund[in] usw.). Konkret sollten mit dem Patienten in einem solchen Fall Aktivitäten geplant werden, deren Ausführung kontrolliert wird (z.B. Planung des Wochenendes, evtl. zusätzlicher kurzer telefonischer Kontakt zu einer festgelegten Zeit während des Wochenendes). Damit wird verhindert, dass erst auf suizidales Verhalten mit Zuwendung reagiert wird.
- Ein Kontakt zum Arzt des Patienten ist wegen der Gefahr der Verschreibung von Suizidmitteln notwendig. Vorhandene Suizidmittel sollten dem Patienten, wenn nötig auch unter Mithilfe der Familie, weggenommen werden.
- Da suizidale Handlungen Jugendlicher oft durch interpersonale Konflikte (bei mangelnder emotionaler Kontrolle) bedingt sind, sollten spezifische Problemlöse- und Kommunikationstechniken eingeübt werden. Bestandteile des therapeutischen Vorgehens sind die adäquate Identifizierung und Prioritätensetzung der Probleme, Auswahl realitätsnaher, konkreter Ziele, Umsetzung in handlungsbezogene Schritte und Strategien, den persönlichen Erfolg zu bestimmen und zu überwachen. Bei neu auftretenden Konfliktsituationen sollen dem Patienten dann adäquate Problembewältigungsstrategien zur Verfügung stehen, sodass auch aus seiner Sicht kein Rückgriff auf „Strategien" wie selbstschädigende Handlungen und Suizidversuche mehr nötig ist. Zur Verbesserung sozialer Fertigkeiten kann z.B. auf Elemente einschlägiger Trainingsprogramme zurückgegriffen werden, die gegebenenfalls patientenspezifisch modifiziert werden (Hinsch u. Pfingsten 1983, Kessler 1989). Als hilfreich haben sich auch Selbstkontrolltechniken, wie z.B. Techniken des inneren Sprechens (Meichenbaum 1977) oder Selbstbelohnungsstrategien erwiesen. Generell können solche „problemzentrierte" Techniken – mit dem vorrangigen Ziel, dem Patienten Fähigkeiten zu vermitteln, die Konfliktsituationen zu ändern oder zu bewältigen – Stress beim Patienten reduzieren.
- Gleichzeitig muss eine kognitive Restrukturierung der Denkstile erfolgen, die die Anwendung adäquater Problemlösungsstrategien behindern und suizidales Verhalten auslösen. Hierzu gehören im kognitiven Bereich vor allem Methoden, wie sie etwa von Beck (1976) und Meichenbaum (1977) entwickelt wurden, die von Ellis (1977) propagierte rational-emotive Therapie oder Verfahren, die sich bei Zwangspatienten als erfolgreich erwiesen (Reinecker 1995). Mithilfe dieser Verfahren sollen v. a. die Kognitionen und Idiosynkrasien der Patienten modifiziert und z.B. „Irrtümer" im Denken verändert werden. Gedanken, die Hoffnungslosigkeit, negative Selbstbewertungen und negative Zukunftsperspektiven ausdrücken, sollen in positiveres Denken umgewandelt werden. Dabei ist darauf zu achten, dass der

Patient nicht bloß ermutigt wird, sondern z.B. Stärken des Patienten erarbeitet und kurzfristig erreichbare Ziele definiert werden. Negative Gedanken können durch Gedankenstopp-Techniken reduziert oder, wenn die Gedanken zwanghaften Charakter haben, die Zeit, die auf negative oder grüblerische Gedanken verwendet wird, sukzessiv verringert werden.

- Bei Jugendlichen ist auch das Training emotionaler Regulation (vor allem Umgang mit Ärger und Aggression) und eine Erhöhung der Frustrationstoleranz wichtig. Techniken beinhalten kognitive Kontrolle (adäquate Erkennung, Benennung und Verstehen der Gefühle, Vorbereiten von Statements bei der Konfrontation mit emotionalen Stimuli, z.B. auch i.S. eines Realititätstrainings), emotionale Kontrolle mit Entspannung und Humor, Verhaltenskontrolle mit effektiver Kommunikation, Problemlösen und Selbstsicherheitstraining. Die Neigung zu impulsivem Verhalten muss durch ein Einüben reflexiveren Verhaltens, also Denken vor der Tat, ersetzt werden. Ziel ist eher, dem Patienten zu vermitteln, wie er Traumen akzeptiert, emotionalen Stress aushält, als ihn aus den Krisen selbst herauszunehmen bzw. zu versuchen, sie für den Patienten zu lösen.
- „Skilltrainingsteil" und „emotionaler" Teil der Therapie sollten klar voneinander getrennt werden. Dies geschieht in optimaler Weise, wenn 2 Therapeuten zur Verfügung stehen, die in enger Kooperation den jeweiligen Part übernehmen können (z.B. bei stationärer Therapie). In ambulanter Therapie, wo dies im Allgemeinen nicht möglich ist, sollte eine klare zeitliche Trennung dieser Therapieteile erfolgen (z.B. 1/3 „emotionaler" Part, 1/3 „Skilltraining", 1/3 Sonstiges, wie z.B. Besprechen der Hausaufgaben, Vor- und Nachbereitung der Therapiesitzung mit dem Patienten).
- Der Einbezug von Familie und Freunden in die Therapie hat sich im Allgemeinen als vorteilhaft erwiesen, auch wenn mancher Patient dies zunächst ablehnt. Bei intakter Familie kann dies als wichtige Ressource zur Verhütung weiterer Suizidhandlungen angesehen werden. Bei dysfunktionalen Familien liegt eine wesentliche Ursache für Suizidhandlungen in der Familie und es muss versucht werden, diese Bedingungen zu verändern. Unter Umständen ist dann auch die Herausnahme aus der Familie angezeigt.
- Trotz der Imitationsgefahr wird von einigen Autoren auch Gruppentherapie bei suizidalen Jugendlichen eingesetzt, die Indikation sollte jedoch eng gefasst werden. Voraussetzungen beim Patienten sind das Bedürfnis nach sozialem Kontakt und die Fähigkeit, eigene Bedürfnisse, z.B. jederzeit über sein Problem und sich selbst zu reden, zurückstellen zu können. Kontraindikationen sind extreme Depressivität, schwere Impulsivität, destruktive Handlungen sowie Sucht oder Psychosen. Es wird empfohlen, die Gruppe durch einen männlichen und einen weiblichen Therapeuten leiten zu lassen, um a) eine Familienatmosphäre zu schaffen, b) adäquate Rollenmodelle zu bieten, c) Modelle in der adäquaten Diskussion und Behandlung von Differenzen zu bieten.

Die Anzahl der Studien zu Intervention und Prävention suizidalen Verhaltens bei Jugendlichen ist noch sehr gering. Zur Effektivität verhaltenstherapeutischer Therapiestrategien im engeren Sinn liegen bisher bei Jugendlichen – außer Einzelfalluntersuchungen – keine kontrollierten Studien vor. Auch für kognitiv-therapeutische Strategien bei Jugendlichen fehlen bisher noch Belege für die Effektivität. Dies korrespondiert mit Ergebnissen aus Therapiestudien bei erwachsenen Suizidenten, bei denen sich weniger die Änderung kognitiver Strukturen und Einstellungen als die Reduzierung der Impulsivität als relevant erwies (Linehan et al. 1991, Schmidtke 1992).

Da zum jetzigen Zeitpunkt noch keine gesicherten Aussagen über die Effektivität einzelner Behandlungsansätze bei suizidalem und selbstschädigendem Verhalten vorliegen, sind „standardisierte" Therapieempfehlungen nicht möglich. Aufgrund des vorgeschlagenen transaktionalen Modells und ausgehend von der Funktionalität der suizidalen bzw. selbstschädigenden Handlung sind daher individualisierte multimodale und multimethodale Behandlungsstrategien zu verfolgen.

Prävention

In den USA werden zunehmend mehr Suizidpräventionsprogramme an Schulen durchgeführt. Um die Effektivität derartiger Programme zu gewährleisten, sollten die folgenden Punkte beachtet werden (Berman u. Jobes 1991):

- Präventionsprogramme sollten bei der Erklärung suizidalen Verhaltens nicht einem allgemeinen Stressmodell folgen, sondern eher auf psychopathologische Besonderheiten abheben.
- Präventionsprogramme sollten auch diagnostische Methoden zur Erfassung aktuellen suizidalen Verhaltens mit einschließen. Das setzt eine besondere Schulung und Vertrautheit der für das Programm Verantwortlichen mit diesen Verfahren voraus.
- Die Programme sollten sich auf Risikogruppen bzw. Personen mit erhöhtem Suizidrisiko konzentrieren.
- Die Zusammenarbeit zwischen Forschungs- und Behandlungseinrichtungen sowie politischen Stellen sollte intensiviert werden.
- Dabei werden v.a. folgende Punkte betont: die frühe Erkennung von Risikosymptomen durch Lehrer und Schüler, die Gründe sowie die Vorgehensweise für eine schnelle und gezielte Überweisung an professionelle Therapeuten, Benennung kompetenter Therapeuten und Institutionen, Ermutigung und Verstärkung, adäquate Hilfe zu suchen, Information der Eltern bezüglich der Erkennung von Risikofaktoren, adäquate Reaktionen und aktive Beteiligung bei der Beseitigung möglicher Suizidmittel, Training von Coping Skills, wie Problemlösetechniken, Umgang mit Angst, Selbstsicherheitstraining bereits im Grundschulalter. Besonderer Wert wird auch auf die schulische Aufarbeitung von Suizidhandlungen innerhalb der Schule, die Reintegration eines Schülers nach einem Suizidversuch und die Arbeit mit sog. „Survivors", d. h. den Bezugspersonen eines Suizidenten, gelegt.

Zusammenfassung

Suizidale Handlungen sind bis zum Alter von 10 Jahren sehr selten. Bei Jugendlichen und jungen Erwachsenen sind Suizide dagegen die zweithäufigste Todesursache.

Suizidale Handlungen werden in neueren verhaltenstheoretischen Modellvorstellungen auf sich gegenseitig beeinflussende biologische, psychologische und soziale Bedingungen zurückgeführt. Sie werden als subjektiv sinnvolle Problemlösestrategie i. S. einer „Belastungsregulation" aufgefasst. Ein besonders großer Stellenwert bei suizidalen Handlungen Jugendlicher kommt der Einstellung zu suizidalen Handlungen und der Nachahmung suizidaler Modelle in Musik, Film, Fernsehen und Presse zu.

Diagnostische Hinweise für ein erhöhtes Suizidrisiko können v. a. „Brüche" in den Lebensumständen des Jugendlichen sein: plötzlicher Leistungsabfall, Aufgabe von Hobbies und Freundeskreis, Disziplinprobleme, erhöhte Aggressivität, zunehmende Einengung im Denken, Fühlen und Handeln, psychosomatische Beschwerden und Suizidphantasien. Das Risiko für eine suizidale Handlung erhöht sich bei Vorliegen einer psychiatrischen Störung, auch wenn ein enger Zusammenhang zwischen Suizidalität und psychiatrischer Diagnose bei Jugendlichen nicht feststellbar ist.

Bei der Therapie ist „therapeutischer Aktivismus" erforderlich, der aktives Handeln des Therapeuten, z. B. Aufsuchen des Patienten bei Nichterscheinen, Strukturierung, Anti-Suizid-Pakt, Präventivmaßnahmen für potenzielle Krisensituationen, Beschränkung der Verfügbarkeit von Suizidmitteln sowie Regeln für Kontaktaufnahmen bei dringendem Bedarf beinhalten sollte. Spezifische therapeutische Maßnahmen beziehen sich auf die Emotionsregulation, Selbstkontrolltechniken, Stressimpfungsprogramme, Problemlösetechniken, Modifikation dysfunktionaler Denkstile sowie Kommunikationstechniken und Training sozialer Fertigkeiten. Als effektiv haben sich auch Präventivprogramme mit Betroffenen („survivors") nach dem Suizid eines Jugendlichen erwiesen – z. B. Präventivarbeit mit Klassenkameraden nach dem Tod eines Mitschülers, Einrichten von Hotlines nach dem Suizid populärer „Modelle", um die Gefahr von Nachfolgesuiziden zu reduzieren.

Literatur

Beck AT. Cognitive therapy and the emotional disorders. New York: International Universities Press; 1976.

Berman AL, Jobes DA. Adolescent suicide: Assessment and intervention. Washington, DC: American Psychological Association; 1991.

Bronisch T, Wunderlich U. Psychische Störungen und Komorbidität bei Jugendlichen und jungen Erwachsenen mit Suizidversuch. Suizidprophylaxe. 1998;(3):92-9.

Ellis A. Die rational-emotive Therapie. München: Pfeiffer; 1977.

Fritsch S, Donaldson D, Spirito A, Plummer B. Personality characteristics of adolescent suicide attempters. Child Psychiat Human Devel. 2000;30:219-35.

Goldston DB, Daniel SS, Reboussin BA, Reboussin DM, Frazier PH, Harris AE. Cognitive risk factors and suicide attempts among formerly hospitalized adolescents: A prospective naturalistic study. J Am Acad Child Adol Psychiat. 2001;40:91-9.

Havighurst RJ. Developmental tasks and education, 3rd ed. New York: MacKay; 1974.

Hinsch R, Pfingsten U. Gruppentraining sozialer Kompetenzen. München: Urban & Schwarzenberg; 1983.

Joiner TE, Rudd MD, Rouleau MR, Wagner K-D. Parameters of suicide crises vary as a function of previous suicide attempts in youth. J Am Acad Child Adol Psychiat. 2000;39:876-80.

Kessler A. Der erfolgreiche Umgang mit täglichen Belastungen - Streßbewältigungsprogramm A. Materialien für den Kursleiter. München: Röttger; 1989.

Linehan MM, Heard HL, Armstrong HE. Naturalistic follow-up of a behavioral treatment for chronically parasuicidal borderline patients. Arch Gener Psychiat. 1991;50:971-4.

Linehan MM. Cognitive-behavioral treatment for borderline personality disorders: The dialectics of effective treatment. New York: Guilford Press; 1993.

Löchel M. Die präsuizidale Symptomatik bei Kindern und Jugendlichen - ein Beitrag zur Früherkennung der Selbstmordgefährdung. In: Jochmus I, Förster E, Hrsg. Suizid bei Kindern und Jugendlichen. Stuttgart: Enke; 1983;61-5.

Marttunen MJ, Henriksson MM, Isometsa ET, Heikkinen ME, Aro HM, Lönnqvist JK. Completed suicide among adolescents with no diagnosable psychiatric disorder. Adolescence. 1998;33:669-81.

Meichenbaum D. Cognitive-behavioral modification. New York: Plenum; 1977.

Nissen G, Trott G-E. Psychische Störungen im Kindes- und Jugendalter. 3. Aufl. Berlin: Springer; 1995.

Reinecker H. Verhaltenstherapie bei Zwangsstörungen. Psycho. 1995;21:329-38.

Pfeffer C. Suicidal behaviour in children: an emphasis on developmental influences. In: Hawton K, van Heeringen K, eds. The international handbook of suicide and attempted suicide. Chichester: Wiley; 2000;237-48.

Schaller S, Schmidtke A. Strukturell und funktional abweichende Familienverhältnisse und suizidales Verhalten. In: Felber W, Reimer C, Hrsg. Klinische Suizidologie - Praxis und Forschung. Berlin: Springer; 1991;61-82.

Schmidtke A. Verhaltenstheoretisches Modell suizidalen Verhaltens. Regensburg: Roderer; 1988.

Schmidtke A. Struktur und Invarianz kognitiver Stile und ihre Abhängigkeit von emotionalen und motivationalen Faktoren während depressiver Symptomatik und suizidaler Krisen. Habilitationsschrift. Würzburg: Universität; 1992.

Schmidtke A, Schaller S. Kognitive Therapie bei suizidalem und selbstschädigendem Verhalten. Psychobiologie. 1988;36:51-9.

Schmidtke A, Schaller S. The role of mass media in suicide prevention. In: Hawton K, van Heeringen K, eds. The international handbook of suicide and attempted suicide. Chichester: Wiley; 2000;675-97.

Schmidtke A, Weinacker B, Fricke S. Suizid- und Suizidversuchsraten bei Kindern und Jugendlichen in den alten Ländern der Bundesrepublik und in der ehemaligen DDR. Kinderarzt. 1996;27:151-62.

Wichstrom L. Predictors of adolescents suicide attempts: A nationally representative longitudinal study of Norwegian adolescents. J Am Acad Child Adol Psychiat. 2001;39:603-10.

Prüfungsfragen

1. Welcher Zusammenhang besteht zwischen Suizidalität im Kindes- und Jugendalter und psychiatrischen Erkrankungen?
2. Können schon im frühen Kindesalter suizidale Handlungen auftreten?
3. Welche Verhaltensweisen weisen im Kindes- und Jugendalter auf suizidale Tendenzen hin?
4. Wie ist das Verhältnis Jungen : Mädchen bei Suiziden bzw. Suizidversuchen?
5. Was sind die bevorzugten Suizid- und Suizidversuchsmethoden bei männlichen und weiblichen Jugendlichen?
6. Wie wird suizidales Verhalten in neueren verhaltenstheoretischen Modellvorstellungen erklärt?
7. Welche intrapersonalen Bedingungen spielen bei suizidalem Verhalten von Kindern und Jugendlichen eine Rolle?
8. Welche Prädiktoren für suizidales Verhalten gibt es bei Jugendlichen?
9. Was ist unter „therapeutischem Aktivismus" bei der Behandlung suizidalen Verhaltens von Kindern und Jugendlichen zu verstehen?
10. Was verstehen Sie unter einem „Nicht-Suizid-Pakt"?
11. Welche präventiven Maßnahmen zur Verhinderung eines Suizids sind sinnvoll und möglich?
12. Welche Punkte sind beim Einsatz von Präventionsprogrammen für Jugendliche zu beachten?
13. Welche Rolle spielen Imitationseffekte bei suizidalen Handlungen von Kindern und Jugendlichen?
14. Welche soziodemographischen Variablen sind bei Kindern und Jugendlichen mit suizidalem Verhalten häufig zu finden?

19 Mutismus

H. Remschmidt

Fallvignette

Der 9-jährige Hermann kam in Begleitung seiner Eltern zur stationären Aufnahme, weil er vor 10 Monaten das Sprechen völlig eingestellt hatte und sich seit einigen Wochen weigerte, die Schule zu besuchen. Seit Einsetzen des mutistischen Verhaltens habe er weder mit Mitgliedern seiner Familie, noch mit Freunden, noch in der Schule gesprochen. Im Zusammenhang mit dem Einstellen sprachlicher Äußerungen habe er vermehrt über Bauchschmerzen geklagt, was zur Vorstellung in einer Kinderklinik führte, wo kein pathologischer Befund erhoben werden konnte. Im weiteren Verlauf habe er sich zunehmend von sozialen Kontakten zurückgezogen und habe unter Appetitlosigkeit, Gewichtsverlust und Schlafstörungen gelitten. Vor Eintreten der Symptomatik habe er noch an einer Klassenfahrt teilgenommen, die ihn aufgrund einer abwertenden Äußerung einer Lehrerin sehr belastet habe. Auch während dieser Fahrt habe er unter Bauchschmerzen gelitten.

Aus der **Vorgeschichte** ist erwähnenswert, dass Hermann, der durch Sectio geboren wurde, in der 5. Lebenswoche im Rahmen eines respiratorischen Infektes einen Atem- bzw. Herzstillstand erlitten hatte und wiederbelebt werden musste. Damals sei auch einmalig ein Krampfanfall aufgetreten, der als hypoxisch bedingt angesehen wurde. Die frühkindliche motorische Entwicklung sei insgesamt verzögert verlaufen, die Sprachentwicklung jedoch zeitgerecht.

Nach problemlosem Besuch des Kindergartens sei der Junge im 6. Lebensjahr eingeschult worden. Die schulische Entwicklung verlief zunächst regelrecht, bis dann vor Eintreten der mutistischen Symptomatik erste psychosomatische Beschwerden, hauptsächlich Bauchschmerzen, aufgetreten seien. Das Verhältnis zu seinen beiden Geschwistern, einer 13-jährigen Schwester und einem 10-jährigen Bruder, wurde von den Eltern als unauffällig geschildert. Die Eltern berichteten über Hermann, dass sie ihn aufgrund seiner Entwicklungsstörungen sehr behütet und verwöhnt hätten, weshalb er in einigen Bereichen noch relativ unselbstständig sei.

Bei der **Untersuchung** des körperlich zarten und hinsichtlich Größe und Gewicht in den unteren Perzentilenrängen liegenden Jungen ergab sich eine deutliche Störung der Grob- und Feinmotorik ohne pathologische Reflexauffälligkeiten. Sämtliche Laborparameter bewegten sich im Normbereich. Bei der psychologischen Untersuchung erzielte er im sprachfreien Intelligenztest CFT-20 ein durchschnittliches Ergebnis (IQ = 104). Die Auswertung des GFT ergab einen extrem hohen, nicht mehr austabellierten Prozentrang von über 96,7, der auf eine Störung der visuomotorischen Koordination hinweist.

Nach dem Ergebnis des Angstfragebogens für Schüler leidet Hermann unter einer extrem hohen Prüfungsangst und Schulunlust. Im Merkmal „manifeste Angst" erreichte er ebenfalls einen Maximalwert.

Im HANES fand sich ein weit überdurchschnittlicher Neurotizismuswert; die Werte der übrigen Skalen (E und L) lagen im Normbereich. Der Persönlichkeitsfragebogen für Kinder (PFK 9-14) konnte nicht ausgewertet werden, da der Patient fast alle Fragen mit „ja" beantwortet hatte.

Auf projektiver Ebene (Familie in Tieren, Satzergänzungstest, Düss-Fabeln) fanden sich deutliche Hinweise darauf, dass Hermann lebhafte aggressive Fantasien hat, die auf der Verhaltensebene offensichtlich nicht zum Vorschein kommen, wenn man von einer einschlägigen Deutung des mutistischen Verhaltens absieht.

Charakteristisch für Hermann waren ferner seine ausgeprägten existenziellen Ängste, die dazu führten, dass er sich ständig bedroht fühlte. Beispielsweise lehnte er es ab, sich im Fantasiespiel in Tiere, Bäume oder Pflanzen verwandeln zu lassen, mit der Begründung, dass diese Lebewesen keine Waffen tragen könnten. Als Wunsch gab er an, ein „stahlharter Mensch" werden zu wollen, weil sein Berufsziel Polizist sei. Im Satzergänzungstest (Rotter) problematisierte Hermann vor allem den Schulbesuch. Er äußerte Gefühle von Angst und gab an, unter Bauchschmerzen zu leiden. Insgesamt wurde eine resignativ-depressive Grundstimmung deutlich.

Therapie und Verlauf

Nach anfänglich starker Heimwehreaktion lebte sich Hermann gut auf der Station ein. Er nahm zunächst nur Blickkontakt auf, vermied aber jegliche mimische oder gestische Kommunikation und hielt den Mund fest verschlossen. Im Einzelkontakt mit der Bezugsbetreuerin und in den Therapiestunden (Spieltherapie kombiniert mit Verhaltenstherapie) vermochte sich Hermann in kleinen Schritten auf eine Wiederaufnahme der Kommunikation, zunächst schriftlich, dann mimisch und gestisch und zuletzt auch in Form von Lautäußerungen einzulassen. Als Hauptbelastungsfaktor äußerte er schriftlich wiederholt seine große Angst vor der Institution Schule. Diese äußerte sich in starken Angstreaktionen beim ersten Schulbesuch in der Klinik sowie in Form von Bauchbeschwerden. Nachdem der Schulbesuch mit steigender Stundenzahl und „Ausschleichen" der Begleitung durch die Einzelbetreuerin zunehmend angstfrei gelang, begann Hermann, wiederum begleitet von starken Angstreaktionen, zu sprechen, wobei er zunächst keinerlei Blickkontakt aufnahm.

In der Spieltherapie sowie in Spielsituationen mit anderen Mitpatienten und durch Beurlaubungen nach Hause stark motiviert, stellte sich dann relativ schnell wieder ein normales Kommunikationsverhalten ein. Auffällig war dabei, dass Hermann in Phasen starker emotionaler Beteiligung größere Schwierigkeiten in der Sprachmotorik hatte als in entspannten Phasen. Während der krankengymnastischen Betreuung wurde beobachtet, dass Hermann sich jeweils entweder auf die Sprache oder auf die Körpermotorik konzentrierte, beides jedoch nicht adäquat koordinieren konnte. Dadurch traten die Schwierigkeiten in dem jeweils vernachlässigten Bereich deutlicher zu Tage.

Im gesamten Verlauf war eine deutliche Verbesserung der Stimmungslage zu beobachten. Rückzugstendenzen, Klammern an Betreuern und somatische Beschwerden nahmen ab, sodass der Junge nach 9-wöchiger stationärer Therapie, unterbrochen durch Beurlaubungen, nach Hause entlassen werden konnte.

Um eine Wiederholung der als Überforderung erlebten Schulsituation zu vermeiden, wurde mit den Eltern ein Schulwechsel auf eine andere Schule vereinbart.

Einleitung

Unter Mutismus verstehen wir Nicht-Sprechen bei erhaltenem Sprachvermögen. Mutistisches Verhalten kommt vorwiegend bei Kindern und Jugendlichen vor, ist aber auch bei Erwachsenen zu beobachten.

Nicht-Sprechen kann aus sehr verschiedenen Ursachen resultieren:

- aus einem reduzierten Sprechantrieb,
- aus Angst,
- als Reaktion auf Konflikte,
- als Trotz und Kommunikationsverweigerung, aber auch
- aus organischen Gründen oder
- im Rahmen von Psychosen.

Manche Autoren haben daher vorgeschlagen, die Bezeichnung „Mutismus" auf **alle** Zustände des Nicht-Sprechens bei erhaltenem Sprachvermögen auszudehnen.

In der ICD-10 ist mutistisches Verhalten unter der Überschrift „Störungen sozialer Funktionen mit Beginn in Kindheit und Jugend" (F 94) zusammengefasst. Diese Störungen werden als eine heterogene Gruppe aufgefasst mit Auffälligkeiten in den sozialen Funktionen, die sich, im Gegensatz zu den tiefgreifenden Entwicklungsstörungen, nicht primär durch eine konstitutionelle soziale Beeinträchtigung oder ein generelles Defizit in allen Bereichen sozialer Funktionen charakterisieren lassen. Bei diesen Störungen wird vielmehr angenommen, dass Milieufaktoren oder Deprivationen eine wichtige Rolle spielen.

In der ICD-10 werden folgende Störungen sozialer Funktionen mit Beginn in Kindheit und Jugend (F 94) unterschieden:

- F 94.0 elektiver Mutismus
- F 94.1 reaktive Bindungsstörung des Kindesalters
- F 94.2 Bindungsstörung des Kindesalters mit Enthemmung.

Die bedeutsamste dieser Störungen ist der **elektive Mutismus**, auf den hier ausführlich eingegangen wird. Die beiden anderen Störungen wurden nicht berücksichtigt.

Man unterscheidet einen **elektiven Mutismus** vom **totalen Mutismus**. In ersterem Falle spricht die betroffene Person elektiv mit bestimmten Menschen und mit anderen nicht, während beim totalen Mutismus der sprachliche Kontakt zu allen Personen eingestellt wird.

Der elektive Mutismus tritt meist in der frühen Kindheit erstmals auf und ist bei Jungen und Mädchen gleich häufig. Das mutistische Verhalten findet sich meist bei sozial ängstlichen, empfindsamen und scheuen Kindern, die typischerweise in der vertrauten Umgebung (z. B. innerhalb der Familie oder mit Freunden) sprechen, im Kindergarten, in der Schule oder in fremden Situationen jedoch nicht.

Die diagnostischen Leitlinien nach der ICD-10 stützen sich auf folgende Kriterien:

- normales oder nahezu normales Sprachverständnis,
- eine für die soziale Kommunikation ausreichende sprachliche Kompetenz,
- klare Hinweise darauf, dass die betroffene Person in einigen Situationen normal oder fast normal sprechen kann.

Für die Diagnose ist ferner erforderlich, dass eine gewisse Konstanz und Persistenz der Symptomatik vorliegt. Obwohl in der ICD-10 keine genaue Zeitdauer vorgegeben ist, ist die Störung dadurch gekennzeichnet, dass sie mindestens mehrere Monate anhält und dass eine Voraussage möglich ist für Situationen, in denen das Kind spricht und für solche, in denen es nicht spricht.

Die Bezeichnung **„elektiver Mutismus"** wurde von Tramer (1934) für solche Kinder geprägt, bei denen sich der sprachliche Kontakt nur auf einen „ausgewählten, umschriebenen Kreis von Personen" bezieht; die Bezeichnung „Mutismus" als solche geht auf Kußmaul zurück (1977).

Erscheinungsbild und Diagnosestellung

Mutistisches Verhalten kann entweder die Kommunikation mit allen Menschen berühren (totaler Mutismus) oder mit einer bestimmten Gruppe von Menschen (elektiver Mutismus). Je nach Beginn der Störung kann man von einem plötzlich einsetzenden traumatischen Mutismus sprechen oder von einem, der sich eher kontinuierlich entwickelt. In die zuletzt genannte Kategorie gehört meist der elektive Mutismus. Ein plötzlicher Eintritt der Symptomatik ist häufig durch dramatische und belastende Ereignisse bedingt. Das allmähliche Auftreten des Syndroms findet man meist bei Kindern und Jugendlichen, die sich zunächst annähernd normal entwickeln, auch in ihrer Sprachentwicklung nicht unbedingt verzögert sind, deren Persönlichkeit aber durch Scheu, Zurückhaltung, Ängstlichkeit, starke Gehemmtheit, Antriebsarmut, in manchen Fällen auch durch Entwicklungsverzögerungen, gekennzeichnet ist. Eine genauere Untersuchung der Kinder und/oder Jugendlichen zeigt, dass sie vielfach auch noch andere Verhaltensauffälligkeiten aufweisen und dass man in der Familie elektiv mutistischer Patienten auch häufig ähnliche Persönlichkeitszüge findet oder auch eine Häufung psychiatrischer Erkrankungen (Steinhausen u. Juzi 1996).

Nach Kolvin u. Fundudis (1981) sind mutistische Kinder durch folgende Eigenschaften gekennzeichnet:

- Entwicklungsverzögerung, speziell im sprachlichen Bereich, häufiges Vorkommen von Sprech- und Sprachanomalien,
- eine höhere Quote an Verhaltensauffälligkeiten (z. B. Enuresis, Enkopresis),
- Vorliegen bestimmter prämorbider Persönlichkeitszüge wie extreme Scheu und Gehemmtheit, die bis in die ersten Lebensjahre zurückreichen,
- leicht erniedrigte Intelligenz im Vergleich zu gesunden Kontrollkindern und
- eine hohe Quote psychiatrischer Auffälligkeiten innerhalb der Familie, unter denen hauptsächlich Persönlichkeitsstörungen i. S. extremer Zurückgezogenheit oder auch aggressives Verhalten dominieren.

Die Diagnose wird durch die Anamnese und die direkte Beobachtung gestellt, wobei die o. a. Kriterien gegeben sein müssen.

Differenzialdiagnostisch ist mutistisches Verhalten von folgenden anderen Störungen abzugrenzen:

- *Sprachverlustsyndrome* aufgrund hirnorganischer Schädigungen: Hier sind vor allem die Aphasien zu bedenken, bei denen der Sprachverlust stets aufgrund einer hirnorganischen Schädigung (Entzündung, Trauma, Tumor) zustande kommt. Die differenzialdiagnostische Abgrenzung ist in der Regel nicht schwierig.

- *Hörstummheit (Audimutitas):* Sie kann vom Mutismus dadurch unterschieden werden, dass mutistische Kinder im Allgemeinen vor Eintritt der Störung normal gesprochen haben, selbst wenn ihre Sprachentwicklung etwas verzögert war. Kinder und Jugendliche mit Hörstummheit (wird oft auch als Entwicklungsaphasie bezeichnet) haben jedoch nie flüssig gesprochen, sodass dadurch eine Abgrenzung im Allgemeinen möglich ist. Im Übrigen findet man bei sorgfältiger neuropsychologischer Untersuchung bei der Audimutitas meist noch eine organische oder funktionelle Ursache der Störung.
- *Schizophrene Psychosen:* Ihre Abgrenzung vom elektiven Mutismus erfolgt durch das Vorliegen zusätzlicher und für die Schizophrenie typischer Symptome, wobei auch die Antriebsseite zu berücksichtigen ist. Ein schwerer Antriebsmangel im Rahmen einer Depression kann ebenfalls für mutistisches Verhalten verantwortlich sein.
- *Taubheit oder eingeschränkte Hörfähigkeit:* Auch bei Taubheit oder eingeschränkter Hörfähigkeit kann mutistisches Verhalten auftreten. Es lässt sich durch eine sorgfältige Prüfung des Gehörs oder neuropsychologische Zusatzuntersuchungen abgrenzen.

Epidemiologie

Beim elektiven Mutismus handelt es sich um eine seltene Störung. Sie tritt am häufigsten im Kindesalter auf (meistens zwischen 5 und 9 Jahren), in seltenen Fällen wird Mutismus erst in der Adoleszenz beobachtet. Bei einer sehr engen Definition des Syndroms fanden Fundudis et al. (1979) eine Rate von 0,8 auf 1000 bei 7-jährigen Kindern. Nach Salfield (1950) liegt die Rate von elektivem Mutismus in der Inanspruchnahmepopulation einer Erziehungsberatungsstelle bei 0,4%. Im Hinblick auf den Zeitpunkt des Auftretens weisen manche Autoren darauf hin, dass die Erstmanifestation überwiegend im Vorschulalter festzustellen ist. So berichtet Hayden (1980), dass 79% aller Fälle im Vorschulalter beginnen, und Wright (1968) stellte ein mittleres Erstmanifestationsalter von 3,6 Jahren fest. Trotz dieses frühen Erstmanifestationsalters vergehen aber oft Jahre, bis fachkundige Hilfe gesucht wird.

Genese

Nach neueren Erkenntnissen kann nicht mehr davon ausgegangen werden, dass es sich beim Mutismus um eine ausschließlich psychogene Störung handelt. Die Bedingungsfaktoren lassen sich in 3 Bereichen finden:

- *Entwicklungsverzögerungen:* Ein Großteil der mutistischen Kinder und Jugendlichen zeigt deutliche Entwicklungsverzögerungen, besonders im sprachlichen Bereich. Die Patienten haben meist verspätet sprechen gelernt, auch die Reinlichkeitsentwicklung war häufig verzögert. Einnässen und Einkoten kommt bei mutistischen Kindern deutlich häufiger vor als bei psychisch nicht auffälligen gleichaltrigen Kindern und Jugendlichen. Auch aus EEG-Untersuchungen ist bekannt, dass unter mutistischen Kindern die Quote solcher mit einem „unreifen EEG-Muster" höher ist (Kolvin u. Fundudis 1981).
- *Persönlichkeitsstruktur und Temperamentseigenschaften:* Aus mehreren Untersuchungen geht hervor, dass elektiv mutistische Kinder auch vor Einsetzen ihrer Störung auffällig scheu, zurückgezogen, empfindsam und ängstlich waren. Sie haben meist eine übermäßig starke Bindung an ihre Mutter und sind demgemäß auch ausgesprochen trennungsängstlich (Rutter 1977). Trotz dieser Persönlichkeitszüge unterscheiden sich mutistische Kinder von solchen mit einer schizoiden Persönlichkeit. Letztere kommt häufiger bei Jungen vor und ist in der Regel nicht mit mutistischem Verhalten vergesellschaftet (Wolff u. Barlow 1979).
- *Familienpathologie:* In Familien mit mutistischen Kindern und Jugendlichen findet man gehäuft Persönlichkeitsstörungen und psychiatrische Erkrankungen der Eltern sowie eine hohe Rate an Disharmonie, Auseinandersetzungen und gegenseitiger Ablehnung und Feindseligkeit (Steinhausen u. Adamek 1997).

Die Ergebnisse empirischer Untersuchungen legen folgende Hypothese zur Erklärung mutistischen Verhaltens nahe: Durch die Entwicklungsverzögerungen, die prämorbiden Persönlichkeitsauffälligkeiten und die Familienpathologie werden die Voraussetzungen für mutistisches

Verhalten geschaffen, welches bei Hinzutreten äußerer Belastungserlebnisse ausgelöst wird. Dabei wird auf ein Reaktionsmuster zurückgegriffen, das einerseits beim betroffenen Kind oder Jugendlichen bereitliegt (verzögerte Sprachentwicklung, Auffälligkeiten im sprachlichen Bereich, Ängstlichkeit und Scheu) und das darüber hinaus durch die häufig pathologische Familiensituation (intrafamiliäre Kommunikationsstörungen) nahe gelegt wird. Diese Vorstellung von der Genese mutistischen Verhaltens lässt sich auch mit anderen Erklärungsansätzen in Einklang bringen.

Komorbidität und Verlauf

In der Literatur wurde immer wieder diskutiert, ob es sich beim Mutismus eher um ein negativistisch-oppositionelles Verhalten handelt oder ob die Einstellung der sprachlichen Kommunikation eher mit Angst, Furchtsamkeit und Scheu zusammenhängt (Hayden 1980, Kolvin u. Fundudis 1981, Wergeland 1979). Möglicherweise existieren fallbezogen beide Zusammenhänge. Dementsprechend werden als komorbide Störungen häufig Angststörungen und depressive Störungen berichtet (Wilkins 1985), aber auch zwanghaftes Verhalten (Hayden 1980, Kolvin u. Fundudis 1981) sowie hysterische Verhaltensweisen (Lowenstein 1979). Darüber hinaus wird eine Assoziation mutistischen Verhaltens mit Sprachentwicklungsstörungen beschrieben in einer Häufigkeit bis zu 50% (Kolvin u. Fundudis 1981).

Die wenigen bislang vorliegenden Verlaufsuntersuchungen erbrachten zusammengefasst folgende Ergebnisse: Zwischen 30 und 50% der mutistischen Kinder und Jugendlichen zeigen in einem Katamneseintervall von 5–10 Jahren ein normales Sprechverhalten und eine relativ gute psychosoziale Anpassung. In diese Gruppe gehören auch die Spontanremissionen (Friedman u. Karagan 1973). Die übrigen Patientinnen und Patienten zeigen meist deutliche Besserungen im Sprechverhalten, weisen aber auch noch nach vielen Jahren Kommunikationsstörungen auf, die durch Sprechscheu, Rückzugstendenzen und Angst vor zwischenmenschlichen Kontakten gekennzeichnet sind. Dies zeigt sich z. B. auch daran, dass sie bereits Telefongespräche als eine starke Belastung empfinden und diese lieber Familienangehörigen überlassen.

Als Prädiktor für eine ungünstige Prognose erwies sich in einer Studie die Sprechverweigerung innerhalb der eigenen Kernfamilie (Poller 1989, Remschmidt et al. 2001). Ein wichtiges Merkmal für den Langzeitverlauf scheint auch die Zeitdauer mutistischen Verhaltens zu sein. So stellten Kolvin u. Fundudis (1981) fest, dass die Kinder, deren Symptomatik mehrere Jahre bestand und die bis zum 10. Lebensjahr keine Besserung aufwiesen, auch 5–10 Jahre später noch mutistisches Verhalten zeigten. In einer Katamneseuntersuchung an 45 Patienten über einen Zeitraum von 5 Jahren zeigten ein Drittel der Patienten eine komplette Remission (Remschmidt et al. 2001).

Therapie

Zur Behandlung des Mutismus im Kindes- und Jugendalter wurden verschiedene Methoden angewandt. Die bisherigen Schilderungen bewegen sich meist auf kasuistischer Ebene; umfangreichere Behandlungsprogramme sind aufgrund der Seltenheit der Störung bislang kaum durchgeführt worden. Die Kasuistiken sind wiederum nicht ohne weiteres vergleichbar, da schon die Definition mutistischer Störungen sehr unterschiedlich ist und demgemäß auch die Therapieerfolge nicht ohne weiteres verglichen werden können. Übereinstimmung herrscht heute jedoch darüber, dass alle Formen der Behandlung mehrdimensional sein müssen, d. h. sie müssen verschiedene Behandlungselemente umfassen. Zumindest ist eine individuelle Behandlung des einzelnen Patienten erforderlich, kombiniert mit entsprechenden Behandlungsmaßnahmen, die auch seine Umgebung einbeziehen.

Unter Berücksichtigung dieser allgemeinen Prinzipien wurden folgende Therapieelemente bzw. -methoden erfolgreich angewandt.

■ Verhaltenstherapie

Nach der erstmaligen Anwendung des operanten Konditionierens auf die Behandlung mutistischen Verhaltens durch Reed (1963) ist dieser Ansatz recht erfolgreich praktiziert worden. Allgemeines Prinzip ist, Sprechen mit Erwachsenen und Therapeuten operant zu verstärken, um allmählich eine Generalisierung aufzubauen. Dabei wird zunächst mit einer Förderung des nonverbalen Kommunikationsverhaltens begonnen (Augenkontakt, Kommunikation durch schriftliche oder zeichnerische Verständigungsmöglichkeiten, Förderung der mimischen und gestischen Kommunikation). Im nächsten Schritt wird dann das sprachliche Verhalten systematisch gefördert und belohnt.

In den letzten Jahren wurden vermehrt kognitive Elemente i.S. der kognitiven Verhaltenstherapie einbezogen, wobei von der Grundthese ausgegangen wird, dass die Ängstlichkeit des Kindes für das Nicht-Sprechen verantwortlich ist und dass das Nicht-Sprechen eine Art Angstreduktionsmechanismus verkörpert. Unter dieser Prämisse bieten sich 2 Strategien an: einerseits angstmildernde Maßnahmen, die dem Kind die Angst vor dem Sprechen nehmen, und zum anderen eine positive Verstärkung aller sprachlichen Äußerungen. Diese Prinzipien müssen in einen auf das einzelne Kind zugeschnittenen Behandlungsplan integriert werden, wobei der Aufbau einer vertrauensvollen Beziehung zum jeweiligen Therapeuten eine entscheidende Rolle spielt. Erst wenn eine gewisse Vertrauensbasis aufgebaut ist, kann mit der Strategie der Sprechanbahnung begonnen werden.

Von ebenso entscheidender Bedeutung ist die Einbeziehung der Familie, mit der auch darüber gesprochen werden muss, welche Verhaltensweisen der Erwachsenen das mutistische Verhalten möglicherweise aufrechterhalten oder gar verstärken.

Psychodynamische Behandlungsansätze

Diese gehen davon aus, dass das Symptom Ausdruck eines intrapsychischen Konfliktes ist, der in einer Regression auf frühere Entwicklungsstadien, z.B. auf die orale Phase, seinen Ausdruck findet. Generell wird heute davon ausgegangen, dass ein verhaltenstherapeutischer Zugang unter Einbeziehung der Familie effektiver ist als eine psychodynamische Vorgehensweise (Leonard u. Dow 1995, Wright 1985).

Familientherapeutische Maßnahmen

Da familiäre Einflüsse bei der Auslösung und Verursachung mutistischen Verhaltens eine wesentliche Rolle spielen, ist die Einbeziehung der Familie von großer Bedeutung. Der familientherapeutische Zugang versucht zunächst, jene Einflüsse und Bedingungen ausfindig zu machen, die die Störung verursacht oder ausgelöst haben oder sie aufrechterhalten. Freilich kann bei der Behandlung des Mutismus die Familientherapie nicht den Schwerpunkt darstellen, schon deshalb, weil der Patient in dieser Situation in der Regel hartnäckig schweigt. Es empfiehlt sich eine Kombination von Einzeltherapie und Familienberatung. Entscheidend ist, dass neben den individuellen Maßnahmen auch Gruppenaktivitäten stattfinden und man alle Ebenen der Kommunikation (besonders auch die nicht-sprachlichen) nutzt.

Psychosoziale Interventionen

Unter diesem Gesichtspunkt werden alle Maßnahmen zusammengefasst, die das jeweilige Lebensumfeld des Kindes einbeziehen. Es geht dabei neben der Familie um die jeweilige Bezugsgruppe (Kindergarten, Schule), die Freizeitaktivitäten, die Gruppen Gleichaltriger, es geht im klinischen Setting auch um die Einbeziehung des jeweiligen Patienten in kreative Einzel- und Gruppenaktivitäten, um körperliche Betätigung und Sport, also um die Herstellung eines normalen kommunikativen Verhaltens auf allen altersgemäßen sozialen Ebenen.

Psychopharmaka

Entsprechend der von vielen Klinikern geteilten Auffassung, wonach sich mutistisches Verhalten im Assoziationsdreieck von Angst (soziale Phobie), Zwang und Depression bewegt, wurden auch einschlägige Medikamente angewandt, wobei vorerst die kasuistischen Berichte überwiegen. Diese erstrecken sich auf den in Deutschland nicht verfügbaren MAO-Hemmer Phenelzin (Golwyn und Weinstock 1990) sowie auf den selektiven Serotonin-Reuptake-Hemmer Fluoxetin (Black u. Uhde 1992, 1994). Während für Phenelzin, das wegen der notwendigen Diäteinschränkungen nicht empfohlen werden kann, nur kasuistische Erfahrungen vorliegen, existieren für Fluoxetin auch offene (Dummit et al. 1993) und kontrollierte Studien (Black u. Uhde 1994), die zu positiven Ergebnissen geführt haben. Insofern kann Fluoxetin als eine wirksame Komponente im Behandlungsprogramm mutistischen Verhaltens angesehen werden, nicht jedoch als einzige oder dominierende Behandlungsmaßnahme.

Zusammenfassung

Unter Mutismus verstehen wir Nichtsprechen bei erhaltenem Sprachvermögen, wobei die Ursachen hierfür verschieden sein können. Man unterscheidet den **elektiven Mutismus**, bei dem nur mit bestimmten Personen gesprochen wird, vom **totalen Mutismus**, bei dem der sprachliche Kontakt zu allen Personen eingestellt wird.

Je nach Beginn der Störung kann man von einem plötzlich einsetzenden traumatischen Mutismus sprechen oder von einem eher kontinuierlich sich entwickelnden. Die Diagnose wird gestellt durch die direkte Beobachtung und eine eingehende kinder- und jugendpsychiatrische und psychologische Untersuchung.

Die Störung tritt am häufigsten im Kindesalter auf (unter 1‰) bei 7- bis 8-jährigen Kindern. Die Ätiologie wird heute mehrdimensional gesehen, wobei Entwicklungsverzögerungen, Persönlichkeitseigenschaften und die Familienpathologie eine wichtige Rolle spielen. Die Behandlung umfasst verhaltens- und familientherapeutische Maßnahmen, psychosoziale Interventionen, die das außerfamiliäre Umfeld einbeziehen, und (nicht immer) eine unterstützende Behandlung mit Psychopharmaka, wobei – nicht zuletzt aufgrund der hohen Komorbidität mit Zwängen und Depressionen – die modernen selektiven Serotoninwiederaufnahmehemmer im Vordergrund stehen.

Verlaufsuntersuchungen zeigen, dass zwischen 30 und 50 % der mutistischen Kinder und Jugendlichen nach 5 Jahren ein normales Sprechverhalten zeigen; die übrigen Patienten weisen eine deutliche Besserung im Sprechverhalten auf, neigen aber noch nach Jahren zu Ängsten vor zwischenmenschlichen Kontakten, einer gewissen Sprechscheu und Rückzugstendenzen.

Literatur

Black B, Uhde TW. Elective mutism as a variant of social phobia. J Am Acad Child Adol Psychiat. 1992;31:1090-4.

Black B, Uhde TW. The treatment of elective mutism with fluoxetin: A double-blind placebo-controlled study. J Am Acad Child Adol Psychiat. 1994;33:1000-6.

Dummit ES, Tänzer N, Klein RG. Systematic assessment and fluoxetin treatment of children with elective mutism. In: Scientific Proceedings of the 40th Annual Meeting of the American Academy of Child and Adolescent Psychiat. 1993; Vol. IX, NR-160.

Friedman R, Karagan N. Characteristics and management of elective mutism in children. Psychol Schools. 1973;10:249-54.

Fundudis T, Kolvin I, Garside RF. Speech retarded and deaf children. Their psychological development. London: Academic Press; 1979.

Golwyn DH, Weinstock RC. Phenelzine treatment of elective mutism: A case report. J Clin Psychiat. 1990;51:384-5.

Hayden TL. The classification of elective mutism. J Am Acad Child Psychiat. 1980;19:118-33.

Leonard H, Dow S. Selective mutism. In: March JS, ed. Anxiety disorders in children and adolescents. Guilford Press: New York-London; 1995.

Lowenstein LF. The result of 21 elective mute cases. Acta Paedopsychiat. 1979;45:17-23.

Kolvin I, Fundudis T. Elective mute children: Psychological development and background factors. J Child Psychol Psychiat. 1981;22:219-32.

Krohn DD, Weckstein SN, Wright HL. A study of the effectiveness of a specific treatment for elective mutism. J Am Acad Child Adol Psychiat. 1992;31:711-8.

Kußmaul, A. Die Störungen der Sprache. Leipzig: Vogel; 1977.

Poller M. Mutismus bei Kindern und Jugendlichen. Eine katamnestische Untersuchung. Marburg: Med. Dissertation; 1989.

Reed GF. Elective mutism in children: a re-appraisal. J Child Psychol Psychiat. 1963;4:99-107.

Remschmidt H, Poller M, Herpertz-Dahlmann B, Henninghausen M, Gutenbrunner C. A follow-up study of 45 patients with elective mutism. Eur Arch Psychiatry Clin Neurosci. 2001;251(6):284-96.

Rutter M. Speech delay. In: Rutter M, Hersov L, eds. Child psychiatry. Modern approaches, Oxford: Blackwell; 1977.

Salfield DJ. Observations on elective mutism children. J Mental Science. 1950;96:1024-32.

Steinhausen HC, Juzi C. Elective mutism: An analysis of 100 cases. J Am Acad Child Adol Psychiat. 1996;35:606-14.

Steinhausen HC, Adamek R. The family history of children with elective mutism: a research report. Eur Child Adol Psychiat. 1997;6:107-11.

Tramer M. Elektiver Mutismus bei Kindern. Z Kinderpsychiat. 1934;1:30-5.

Wergeland H. Elective mutism. Acta Psychiat Scand. 1979;59:218-28.

Wilkins R. A comparison of elective mutism and emotional disorders in children. Brit J Psychiat. 1985;146:198-203.
Wolff S, Barlow A. Schizoid personality in childhood. A comparative study of schizoid, autistic, and normal children. J Child Psychol Psychiat. 1979;20:29-46.
Wright HL. A clinical study of children who refuse to talk in school. J Am Acad Child Psychiat. 1968;7:603-17.
Wright HH. Early identification and intervention with children who refuse to speak. J Am Acad Child Adol Psychiat. 1985;24:739-46.

Prüfungsfragen

1. Wie kann man Mutismus bzw. mutistisches Verhalten definieren und von anderen verwandten Störungen abgrenzen?
2. Mit welchen anderen Störungen geht Mutismus häufig einher (Komorbidität)?
3. Wie lauten die diagnostischen Leitlinien nach der ICD-10 für die Diagnose des elektiven Mutismus?
4. Wie häufig kommt elektiver Mutismus vor, und was ist das mittlere Erstmanifestationsalter?
5. Welche Thesen werden im Hinblick auf Ätiologie und Genese mutistischen Verhaltens in der Literatur vertreten?
6. Welche Kenntnisse liegen über den Verlauf mutistischen Verhaltens vor?
7. Welches sind die wichtigsten Behandlungsprinzipien (Elemente) beim elektiven Mutismus?
8. Welche Rolle spielt die Psychopharmakotherapie in der Behandlung?
9. Welche Gesichtspunkte spielen bei der Beratung der Familie eines mutistischen Kindes eine Rolle?
10. Welche Hinweise kann man Lehrern und Betreuern eines mutistischen Kindes im Hinblick auf die pädagogische Betreuung geben?

20 Tic-Störungen

T. Banaschewski und A. Rothenberger

Fallvignette 1

Entspannungstraining und Reaktionsumkehr
Ein 13-jähriges Mädchen, das im Alter von 10 Jahren einfache motorische Tics (Augenblinzeln, Augenrollen, Kopfschütteln), 2 Jahre später zusätzlich vokale Tics (kurze Schreie, Koprolalie) entwickelt hatte, zeigte unter medikamentöser Behandlung mit Tiaprid bzw. Pimozid + Clomipramin Nebenwirkungen in Form vom Galaktorrhö bzw. depressiver Verstimmung, sodass über die Dauer von 4 Wochen mittels einer Kombination von Risperidon (2,5 mg/d) und verhaltenstherapeutischer Verfahren (progressive Muskelrelaxation (20 min/d), Training der Reaktionsumkehr (10 min/d) behandelt wurde. Unter der Behandlung reduzierte sich die Häufigkeit der Tics nach der Yale-Tourette-Syndrom Symptomliste um 60%. Aufgrund mangelnder Compliance konnte jedoch kein dauerhafter Behandlungserfolg erzielt werden.

Fallvignette 2

Selbstbeobachtung und Reaktionsumkehr
Ein 16-jähriger Junge, der seit dem 5. Lebensjahr an einem Tourette-Syndrom erkrankt war, konnte aufgrund der Verschlechterung der Symptomatik im Jugendalter schließlich die Schule nicht mehr besuchen und musste über 16 Wochen stationär behandelt werden. Neben motorischen und vokalen Tics (Kopfwerfen, Hand an den Kopf schlagen, Koprolalie) bestanden ausgeprägte soziale Ängste und eine depressive Symptomatik. Unter multimodaler Therapie mit einer medikamentösen Kombinationstherapie (Tiaprid u. Clomipramin), Selbstbeobachtung, einem Training der Reaktionsumkehr und stützenden Einzelgesprächen (2-mal 45 min wöchentlich) konnte bis zum Behandlungsende eine deutliche Besserung der Symptomatik (Reduktion der Tics nach der Tourette-Syndrom-Symptomliste um 75%) und eine Wiedereingliederung in die Schule erreicht werden.

Definition und Klinisches Bild

Tics sind plötzliche, unwillkürliche Bewegungen und/oder Lautäußerungen, bei denen funktionell zusammenhängende Skelettmuskelgruppen in einem oder mehreren Körperbereichen gleichzeitig oder nacheinander einbezogen sind. Sie sind typischerweise schnell, abrupt einschießend und kurz andauernd, wobei sie sich oft in kurzen Serien stereotyp wiederholen (Rothenberger 1991, 1995a). Tics zeigen in ihrer Erscheinungsform eine weite Spannbreite; sie lassen sich nach ihrer **Qualität** (motorisch/vokal) und ihrem **Komplexitätsgrad** unterscheiden (Tab. 20.**1**).

Motorische Tics variieren von einfachen abrupten Bewegungen zu komplexeren Verhaltensweisen. Im Extremfall können sie obszön (Kopropraxie) oder selbstverletzend sein. Vokale Tics reichen vom einfachen Räuspern und Schniefen bis zum Auftreten von Sprachfragmenten, Silben, Worten oder Wortabfolgen (obszöne Inhalte: Koprolalie). Einige Tourette-Patienten wiederholen unwillkürlich und unabsichtlich Bewegungen (Echopraxie) und Gesprochenes (Echolalie) anderer Menschen oder die eigenen Worte (Palilalie).

Tabelle 20.**1** Einteilung der Tics

	motorisch	**vokal**
einfach	z. B. Blinzeln, Schulterzucken, Kopfrucken	z. B. Räuspern, Pfeifen, Husten, Schnüffeln
komplex	z. B. Hüpfen, Klatschen, Berühren	z. B. Wörter, Sätze, Kurzaussagen
Besonderheiten	Echokinesie, Kopropraxie	Palilalie, Echolalie, Koprolalie

Tabelle 20.2 Klassifikation der Tic-Störungen

Diagnose	wichtigste Kriterien	ICD-10-Ziffer
Vorübergehende Tic-Störung des Kindesalters	Vollständiges und endgültiges Verschwinden der meist nur motorischen Tics nach spätestens einem Jahr	F 95.0
Chronische Tic-Störung	Mehr als 1 Jahr dauernde chronische motorische oder chronische vokale Tics	F 95.1
Tourette-Syndrom	Mehr als 1 Jahr dauernde motorische und vokale Tics	F 95.2
Andere bzw. nicht näher bezeichnete Tic-Störung	Sie erfüllt nicht die Kriterien der vorgenannten Störungen, wie z. B. Dauer mehr als 4 Wochen, Beginn der Tics vor dem 18. Lebensjahr	F 95.8/95.9

Die Tic-Störungen werden aufgrund des vorliegenden Chronifizierungsgrades und des isolierten, bzw. gemeinsamen Auftretens von motorischen und/oder vokalen Tics anhand der üblichen, empirisch entwickelten Klassifikationssysteme ICD-10 (WHO 1991), DSM-IV (APA 1994) eingeteilt (Tab. 20.2).

Mittlerweile werden die Tic-Störungen als ein **Störungskontinuum** betrachtet, das von den transitorischen Tics des Kindesalters über die chronisch motorische oder vokale Tic-Störung bis zu den Varianten eines Tourette-Syndroms (TS) reichen kann (Cohen u. Leckman 1994, Rothenberger 1996a). Die Einteilungen nach gängigen klinischen Klassifikationsmerkmalen erscheint dennoch sinnvoll, da sich die Tic-Störungen im Querschnitt gut abgrenzen lassen und sich verschiedene medizinische und/oder psychologische Behandlungsindikationen ergeben.

Das Alter bei **Erstmanifestation** der Tic-Störung liegt in der Regel zwischen 2 und 15 Jahren, mit einem Median von 7 Jahren (Shapiro et al. 1978, Singer u. Walkup 1991). Zu Beginn der Erkrankung treten oft Tics im Gesichtsbereich auf, die auch später häufiger sind als Tics in anderen Körperregionen. Im weiteren Verlauf breiten sie sich typischerweise vom Kopf-Schulter-Bereich zu den Extremitäten aus. Der Beginn vokaler Tics erfolgt zumeist 2–4 Jahre später und stellt einen qualitativen Sprung dar (Rothenberger 1991).

Zu Erkrankungsbeginn besitzen die meisten Kinder keine Kontrolle über die Tics und bemerken häufig auch nicht, wann ihre Tics auftreten. Im Verlauf von Monaten bis Jahren lernen viele Betroffene dann zunehmend, das Auftreten der Tics bewusst wahrzunehmen. Im Alter von etwa 10–11 Jahren berichten viele Kinder über **sensorische Vorgefühle** (z. B. Kitzeln, Stechen, Jucken, Verspannen), die den Tics vorausgehen und die durch das Ausführen der Tics vorübergehend erleichtert werden (Bliss 1980, Cohen u. Leckman 1992, Kurlan et al. 1989, Rothenberger 1991). Gelegentlich werden diese Vorgefühle auch als eine erhöhte diffuse innere Anspannung und Unruhe beschrieben, die in Form einer erhöhten Sensitivität, einer Irritation, eines inneren Drang-, Enge- oder Druckgefühles erlebt wird. Oft werden sie auch fokal in einem umschriebenen Gelenk-, Haut- oder Muskelbereich wahrgenommen (Rothenberger 1996a).

Ältere Kinder können das Ausführen der Tics häufig für einen gewissen Zeitraum, Minuten bis Stunden, bewusst und **willkürlich verzögern oder unterdrücken**. Dies führt vielfach zu einer Verstärkung der inneren Anspannung und des Unwohlseins, gefolgt von einem kompensatorischen Anstieg der Tic-Frequenz, wenn der Betroffene sich wieder unbeobachtet weiß oder in vertrauter Umgebung befindet. Einige ältere Jugendliche und junge Erwachsene entwickeln ein Schamgefühl, da sie die Tics zwar aufschieben können und ihnen diese als grundsätzlich kontrollierbar erscheinen, es ihnen aber nicht gelingt, sie vollständig zu kontrollieren.

Bisweilen vollführen die Patienten das Bewegungsmuster eines Tics mehrfach willentlich, bis es „richtig“ ausgeführt ist, wobei dies mit Ärger,

Wut, Unruhe, Resignation und dem kurzfristigen Gefühl der Entlastung von innerer Anspannung verbunden sein kann (Rothenberger 1996a).

Die Tic-Symptomatik kann hinsichtlich Komplexität, Art, Intensität und Häufigkeit der Tics im zeitlichen Verlauf der Erkrankung unregelmäßig, oft über einen Zeitraum von 6–12 Wochen, meist **spontan schwanken** (Bornstein et al. 1990, Dure u. Tucker 1997). Die Symptome können auch unter emotionaler Beteiligung (z.B. Angst, Ärger, Freude), Stress und Ermüdung zunehmen und lassen oft unter Konzentration, bei Ablenkung, Entspannung sowie im Liegen nach; sie interferieren kaum mit intendierten Bewegungen und kommen seltener und abgemildert im Schlaf vor (Drake et al. 1992, Rothenberger et al. 2001, Kostanecka-Endress et al. 2000).

Nach einer präpubertären Verschlechterung erfolgt im weiteren **Krankheitsverlauf** während der Spätadoleszenz und im frühen Erwachsenenalter eher eine Abmilderung der Symptomatik, eine bessere soziale Anpassung und ein wirkungsvollerer Einsatz von Selbst-Kontroll- und Bewältigungsstrategien (Cohen u. Leckman 1994, Peterson 1996, Shapiro et al. 1978). Trotz der psychopathologischen Belastung durch die Tic-Symptomatik und die assoziierten psychischen Auffälligkeiten kommt es nur in einem Teil der Fälle zu wesentlichen Beeinträchtigungen der schulischen, beruflichen und sozialen Entwicklung und nur bei einer Minderheit der Patienten zu einer Verschlechterung der Symptomatik im Erwachsenenalter.

Als **prognostisch ungünstig** zu werten sind das Vorliegen vokaler oder komplexer Tics, ein begleitendes hyperkinetisches Syndrom, ein zunehmendes Auftreten von Zwangssymptomen und das Hinzutreten von Fremd- und Selbstaggression. Die Schwere der Tic-Symptomatik während der Kindheit hat nur einen eingeschränkten Voraussagewert für den weiteren Krankheitsverlauf. Etwa zwei Drittel der Kinder mit nur mäßigen Tics zeigen auch als Erwachsene lediglich leicht ausgeprägte Tics. 80% derjenigen mit schweren Tics leiden als Erwachsene unter mittelgradigen oder schweren Tics, von denen sich etwa ein Drittel dadurch schwer beeinträchtigt fühlt. Bei etwa der Hälfte der Patienten ist auch im Erwachsenenalter eine weitere pharmakologische Behandlung erforderlich (Peterson 1996).

Eine **günstige Prognose** hinsichtlich des zukünftigen schulischen und sozialen Erfolges der Kinder und ihres späteren emotionalen Wohlbefindens hängt jedoch nicht allein von der Stärke, Häufigkeit und Komplexität der Tics ab, sondern wird vor allem bestimmt vom Ausmaß der interpersonalen Beziehungsfähigkeit und der sozialen Eingebundenheit in Freundschaften mit Gleichaltrigen, der Impulskontrolle und der Affektregulation, der kognitiven Fähigkeiten, der Fähigkeiten zur Krankheitsbewältigung und der familiären und schulischen Unterstützung (Cohen u. Leckman 1994, Peterson 1996).

Prävalenz

Nach den vorliegenden Prävalenzschätzungen treten Tic-Störungen bei 4–12% der Kinder im Grundschulalter auf; für das Tourette-Syndrom wird eine Prävalenz von mindestens 0,5‰ geschätzt (Apter et al. 1992). Kinder und Jugendliche erkranken etwa 10fach häufiger als Erwachsene (Kerbeshian u. Burt 1992), was auf eine Tendenz zur Spontanremission der Symptomatik im Entwicklungsverlauf hinweist. Die **Spontanremissionsraten** für einfache/multiple Tics liegen bei 50–70%, für das TS zwischen 3 und 40% (Erenberg et al. 1986, Golden 1987, Rothenberger 1997). Tic-Störungen finden sich bevorzugt beim männlichen Geschlecht (im Verhältnis von etwa 3:1) und familiär gehäuft.

Pathogenese

Der typische Verlauf und die charakteristische Psychopathologie der Tic-Störungen (u.a. Erkrankungsbeginn, Geschlechterunterschiede, anatomische Verteilung der motorischen Tics und der dranghaften Vorgefühle, Komorbidität mit HKS und Zwangsstörungen, Einflüsse zentralnervöser Zustände wie Müdigkeit, Entspannung, Schlaf) werden durch vielfältige Wechselwirkungen genetischer, neurobiologischer, psychologischer Faktoren und Umwelteinflüsse bestimmt (Leckman et al. 1997).

Zwillings- und Familienuntersuchungen zeigen die Bedeutung **genetischer Faktoren** bei etwa 30–50% der Betroffenen. Das Tourette-Syndrom, die chronische multiple Tic-Störung und die Zwangsstörung werden als alternative Manifestationen dieser genetischen Disposition diskutiert (Pauls et al. 1990, Singer u. Walkup 1991). Allerdings zeigt sich im klinischen Erscheinungsbild der Nachkommen eine große Bandbreite von zumeist leichten, seltener schweren Fällen. Art und Schwere des klinischen Phänotyps werden auch durch **nichtgenetische Faktoren** mitbestimmt (Leckman et al. 1997). Als Risikofaktoren gelten verschiedene unspezifische Schwangerschafts- (z.B. schwerer Schwindel und Erbrechen, mütterlicher Stress) und Geburtskomplikationen (z.B. perinatale Hypoxie), ein niedriges Geburtsgewicht und Streptokokken-Infektionen (vermutet wird, dass Anti-Streptokokken-Antikörper mit Neuronen des Putamens und Caudatums kreuzreagieren).

Im Hinblick auf den **neurobiologischen Hintergrund** der Pathogenese der Tic-Störung wird davon ausgegangen, dass die Basalganglien, der Thalamus und der motorische Kortex betroffen sind (Blanz u. Rothenberger 2000, Leckman et al. 1997, Ziemann et al. 1997). Auf der Neurotransmitterebene werden neben einer Überaktivität des dopaminergen Systems im Bereich der Basalganglien auch Störungen des serotonergen Transmittersystems, die die Aktivität kortiko-striato-pallido-thalamiko-kortikaler Regelkreise beeinflussen und auch bei Zwangsstörungen beteiligt sein sollen, vermutet (Campbell u. Cueva 1995, Leckman et al. 1997). Zwischen der Höhe der Dopamin-Spiegel und der Dichte der D1/D2-Rezeptoren in den Basalganglien, die während des Schulkindalters am höchsten ist, einerseits sowie der Schwere der Tic-Symptomatik andererseits bestehen enge Zusammenhänge, sodass die Entwicklung und Reifung des dopaminergen Systems auch den Verlauf der Tic-Störungen erklären könnte (Leckman et al. 1997, Müller-Vahl et al. 2000, Seeman et al. 1987). Dagegen sind die mit Frontalhirnleistungen und Selbstregulationsvorgängen verbundenen exekutiven Funktionen sowie die frontalhirnbezogene hirnelektrische Aktivität nicht grundsätzlich gestört (Rothenberger 1996a, Pennington u. Ozonoff 1996).

Ein von Rothenberger (1990) entwickeltes Modell der Pathogenese der Tic-Störung postuliert ein Funktionsdefizit im Bereich der Basalganglien als Störung der subkortikalen Eigenhemmung aufgrund einer Überempfindlichkeit der Dopamin-Rezeptoren, sodass es zu einem unwillkürlichen Ingangsetzen motorischer Subroutineprogramme komme. Die mangelnde Eigenhemmung der subkortikalen Spontanentladungen muss dann durch andere (kortikale) Kontrollinstanzen kompensiert werden, wenn es nicht zu Tics kommen soll. Neuere Untersuchungen unserer Arbeitsgruppe zeigen, dass auch auf der Ebene des Motorkortex eine mangelnde inhibitorische Fähigkeit vorliegt (Ziemann et al. 1997, Moll et al. 2001).

Komorbidität

Tics treten isoliert, häufig aber in Kombination mit vielfältigen sensomotorischen, kognitiven, emotionalen und/oder sozialen Verhaltensauffälligkeiten auf (Singer u. Rosenberg 1989). Die Beachtung der Komorbidität der Tic-Störungen spielt daher im Rahmen der kinder- und jugendpsychiatrische Diagnostik und Behandlung eine große Rolle. Insbesondere ist familienanamnestisch auf das Vorliegen eines hyperkinetischen Syndroms, von Zwangsphänomenen und/oder depressiver Merkmale zu achten. Aber auch gegebenenfalls vorliegende Teilleistungsstörungen, die intellektuelle Leistungsfähigkeit und die familiären Bedingungen und Beziehungen müssen eingeschätzt werden, da sie als zusätzliche Belastungs- und/oder Bewältigungsfaktoren Symptomatik und Behandlung beeinflussen können (Banaschewski u. Rothenberger 1997, 1998).

Bei etwa der Hälfte der Kinder, die aufgrund chronischer Tics oder eines Tourette-Syndroms behandelt werden, besteht ein **hyperkinetisches Syndrom** (HKS) (Comings u. Comings 1987, Rothenberger 1991, Rothenberger et al. 1994). Bisher sprechen die Befunde aber gegen eine gemeinsame genetische Disposition für das HKS und die Tic-Störung (Pauls u. Leckman 1988, Yordanova et al. 1996, 1997). Die HKS-Symptomatik läuft der Tic-Symptomatik im Durchschnitt etwa 2–3 Jahre voraus, verschlechtert sich mitunter mit der Entwicklung der Tic-Symptomatik (Cohen u. Leckman 1994). Häufig sind die Patienten durch die komorbid vorliegenden Aufmerksamkeitsprobleme deutlich stärker beeinträchtigt als durch die Tics. Je stärker die HKS-Symptomatik ausgeprägt ist, desto deutlicher treten die psychischen Auffälligkeiten der Tic-Kinder hervor (Rothenberger 1996a). Oft sind es die impulsiven und aggressiven Verhaltensauffälligkeiten im Rahmen des HKS, die zur klinischen Vorstellung führen (Peterson 1996).

Phänomenologisch, genetisch und epidemiologisch besteht ein enger Zusammenhang zwischen **Zwangsstörungen** und Tic-Störungen. Zwischen 30 und 60 % der Tourette-Patienten leiden unter Zwangsgedanken und -handlungen (Frankel et al. 1986, Hebebrand et al. 1997, Robertson 1994, Rothenberger 1996b). Zwangsphänomene entwickeln sich gewöhnlich mehrere Jahre nach Beginn der motorischen Tics und liegen vor allem im Jugendalter vor. Mitunter kann es schwierig sein, zwischen Zwangshandlungen und motorischen Tics zu unterscheiden, z.B. dann, wenn das Verhalten in wiederholtem Antippen, Berühren, Reiben von Gegenständen, Personen und des eigenen Körpers besteht. Manche Patienten beschreiben einen starken Drang, Körperbewegungen auf beiden Körperseiten so auszuführen, dass sich das Gefühl von Symmetrie der Körperempfindungen „genau richtig" einstellt (Cohen u. Leckman 1994, Leckman et al. 1994, Peterson 1996). Wenngleich bei einem großen Teil der TS-Patienten Zwangssymptome in Form von Ansteckungs- und Verschmutzungsbefürchtungen und in Form von Kontroll- und Waschhandlungen vorliegen können, scheinen Zwangssymptome beim TS häufiger sexuelle und aggressive Handlungsimpulse zu beinhalten und in Form von Zählen, Abmessen, Berühren oder in Handlungen, die ausgeführt werden, um „die innere Melodie herzustellen", vorzuliegen (Baer 1994, de Groot et al. 1995, George et al. 1993, Holzer et al. 1994, Peterson 1996).

Auch **emotionale Störungen**, vor allem depressive Merkmale (Niedergeschlagenheit, Selbstwertprobleme, Rückzugsverhalten, Somatisierungsneigung), ebenso wie Ängstlichkeit, Panikattacken und Phobien finden sich gehäuft und nehmen im Jugendalter eher zu.

Weiterhin werden selbstverletzendes und fremdaggressives Verhalten und im Jugend- und Erwachsenenalter auch autistische und schizoide Persönlichkeitsmerkmale beschrieben. Soziale und/oder emotionale Auffälligkeiten sind bei TS-Patienten 5- bis 20-mal so häufig wie in Kontrollgruppen (Comings u. Comings 1987, Frankel et al. 1986, Pauls et al. 1994) und bestehen zumeist schon früh im Krankheitsverlauf, wobei ihr Ausmaß mit der Zeit zunehmend durch die Schwere der Symptomatik beeinflusst wird (Rosenberg et al. 1995).

Schlafstörungen (Einschlafschwierigkeiten, nächtliches Erwachen, Somnambulismus, Parasomnien, Albträume etc.) sind bei 12–44% der TS-Patienten vorhanden und am ehesten mit hyperkinetischen Merkmalen verbunden (Comings u. Comings 1987, Erenberg et al. 1986, Rothenberger 1996a, Rothenberger et al. 2001, Singer u. Walkup 1991).

Trotz normaler Intelligenz zeigen 36–60% der Kinder mit einem TS **leichte neurologische Auffälligkeiten, neuropsychologische Defizite** und **Lernschwierigkeiten** (Davidovicz 1984, Dure u. Tucker 1997, Erenberg et al. 1986). Beschrieben sind Beeinträchtigungen der visuellen Perzeption, der Feinmotorik und der Sprachrezeption und -flüssigkeit, Legasthenie und Dyskalkulie (Bornstein et al. 1985, Erenberg et al. 1986, Shapiro et al. 1978). Auch hier ist an den Zusammenhang mit einem HKS zu denken.

Sekundäre Abweichungen der Eltern-Kind-Beziehung finden sich in den betroffenen Familien häufig (Bunk et al. 1988, Cohen et al. 1988), wobei in der Regel die Mütter über eine besondere Sensibilität für die Störung des Kindes verfügen und Probleme mit der Krankheitsbewältigung haben. Familiäre Konflikte, Spannungen und Beziehungsprobleme können sich in Form häufiger elterlicher Kritik an misslungenen Kontrollversuchen des Kindes, beständigen Moralisierungen und Schuldzuweisungen, Zuschreibung negativer Rollen, latenter oder offener Feindseligkeit oder gar überstrenger Disziplinierungen äußern. Die Krankheitssymptome werden dann zumeist als Disziplinlosigkeit, Boshaftigkeit oder als „Charakterdefizit" interpretiert.

Derart negativ getönte Interaktionsmuster, bei vorauslaufender hyperkinetischer Symptomatik umso wahrscheinlicher, können ebenso wie Überbehütung, Schonung und Entlastung sekundäre emotionale Störungen und psychopathologisch auffällige Verarbeitungsformen mitbedingen, die im weiteren Krankheitsverlauf u.U. fälschlicherweise als primäre Ursache der Tic-Symptomatik interpretiert werden und die Kompensationsfähigkeiten des Patienten im Umgang mit sozialen Stressoren weiter reduzieren (Banaschewski u. Rothenberger 1997, 1998). Zudem muss man auch damit rechnen, dass ein Tic-Patient (am ehesten Jugendliche) seine Bewegungsstörung i. S. eines sekundären Krankheitsgewinns einsetzt, um Anforderungen zu vermeiden (z.B. Schularbeiten).

Therapie

Die Ausprägung der Tics und der begleitenden neuropsychiatrischen Symptomatik im psychosozialen Kontext, d.h. das Ausmaß der Beeinträchtigung der alltäglichen Funktionsfähigkeit, der psychosozialen Entwicklung, der zwischenmenschlichen Beziehungen und des emotionalen Wohlbefindens sowie das Fehlen hinreichender Selbstkontroll- und Bewältigungsmechanismen gibt Gesichtspunkte für die Überlegungen zu einer **Behandlungsindikation**, wobei stets mit Patient und Eltern eine fallbezogene Entscheidung erarbeitet werden sollte. Zu berücksichtigen ist dabei auch die Erwartung bezüglich des natürlichen Verlaufs der Erkrankung und des bestehenden Ausmaßes der familiären und sozialen Unterstützung.

Fachliche Information, **Beratung** und Schulung des Patienten und seiner Familie über den Verlauf der Erkrankung und die damit verbundenen Probleme und Hilfsmöglichkeiten reichen als Hilfestellung häufig aus. Zumeist genügt eine ambulante Therapie. Bei Notwendigkeit einer komplexen Diagnostik, bei starker Ausprägung der Symptome oder bestehenden assoziierten Störungen kann aber, insbesondere um eine optimale medikamentöse Einstellung zu erzielen und/oder die Nützlichkeit einer verhaltenstherapeutischen Behandlung zu prüfen, eine stationäre Behandlung indiziert sein (s. Banaschewski u. Rothenberger 1997, 1998, Rothenberger 1991, 1996a).

Neben der medikamentösen Behandlung sollten sowohl bei „reinen" Tic-Störungen als auch bei Tic-Störungen mit assoziierten neuropsychiatrischen Erkrankungen psychotherapeutische Interventionen beachtet werden.

Die **tiefenpsychologische Psychotherapie** kann aber ausdrücklich nicht als primäre Behandlungsmethode zur Behandlung der Tics empfohlen werden (Singer u. Walkup 1991). Stehen sekundäre emotionale Störungen des Kindes ohne unmittelbaren interaktionellen Bezug (z.B. Depressivität, erhöhte Ängstlichkeit, sozialer Rückzug, negatives Selbstbild, mangelndes Selbstvertrauen, niedriges Selbstwertgefühl und Selbstbehauptungsprobleme) im Vordergrund, die die Krankheitsbewältigung und den subjektiven Leidensdruck oft stärker als die objektive Symptombelastung durch die unmittelbaren Tic-Störungen bedingen, sind mitunter bei Jugendlichen auch tiefenpsychologische und gesprächstherapeutische Verfahren, die die Selbstwahrnehmung, Selbstakzeptanz und die emotionale Ausdrucksfähigkeit verbessern können, indiziert (Wolff 1988).

Verhaltenstherapeutische Verfahren (z.B. Reaktionsumkehr, kognitive Umstrukturierung) sind nicht nur für die symptomzentrierte Behandlung von Tics angezeigt, sondern auch für die Therapie evtl. begleitender Probleme im Bereich der komorbid auftretenden emotionalen Störungen und Verhaltensauffälligkeiten (Zwangssymptome, Aufmerksamkeitsstörungen, Frustrationsintoleranz, Depressivität) und der sekundären psychopathologischen Verarbeitungsmechanismen geeignet.

Da bei ausgeprägter Tic-Symptomatik aber in der Regel die Compliance des Patienten und seiner Bezugspersonen für verhaltenstherapeutische Interventionen zur Tic-Behandlung, die in der Regel sehr aufwendig sind, sinkt (Döpfner 1993), ist deren exploratorischer Einsatz vor allem dann sinnvoll und aussichtsreich, wenn oligosymptomatische Tics vorliegen. Kriterien der relativen Indikation von Verhaltenstherapie und Psychopharmakotherapie bei Tic-Störungen wurden an anderer Stelle ausführlich erörtert (Banaschewski u. Rothenberger 1997, 1998).

Bei ausgeprägten familiären Interaktionsstörungen ist u.U. neben der Eltern- und Familienberatung auch die Indikation einer strukturierten **Familientherapie** gegeben. Weitere Interventionen können erforderlich sein, wenn eine mögliche, durch die Tic-Erkrankung bedingte Beeinträchtigung der Kompensationsmöglichkeiten oder Außenkontakte von Angehörigen (z.B. durch Schuld- und Schamgefühle der Eltern, Eifersucht der Geschwister) in Erscheinung tritt.

Auch **Selbsthilfegruppen** spielen eine bedeutende Rolle, um den Patienten und den Familien im Umgang mit chronischen Erkrankungen zu helfen. Für Patienten mit Tourette-Syndrom und ihre Angehörigen gibt es in Deutschland mittlerweile ein Netz von Selbsthilfegruppen. Oft hilft ein persönlicher Austausch und eine gegenseitige Unterstützung, die eigene Isolation zu überwinden, Fachinformationen zu erhalten und ohne die zusätzliche Hilfe von Professionellen selbstverantwortlich Lösungsmöglichkeiten für verschiedene, mit der Krankheit verbundene Probleme zu entwickeln.

Medikation

Vor Beginn der medikamentösen Behandlung sollten Art und Ausmaß der **Zielsymptomatik** (Tics, komorbide Symptome) und die voraussichtliche **Zeitdauer** der Behandlung spezifiziert werden. Denn die Verbesserung der Tic-Symptomatik hat mitunter wenig Wirkung auf das Ausmaß der mit der komorbiden Symptomatik assoziierten Probleme. Ist ein pharmakologischer Behandlungsversuch indiziert, so sollte, abhängig vom Alter und der Wirksamkeit der Medikation, diese über einen Zeitraum von einem Jahr gegeben werden, ehe über eine Fortsetzung der Medikamentengabe entschieden wird. Bei gutem Erfolg ist spätestens nach der Adoleszenz ein langsames Ausschleichen der Medikation zu empfehlen, um zu überprüfen, ob eine weitere medikamentöse Behandlung überhaupt noch nötig ist.

Ziel ist, ein individuell optimales Gleichgewicht von Wirkungen und Nebenwirkungen zu erreichen, nicht aber das Auftreten von Tics vollständig zu unterdrücken. Daher sollte die Aufdosierung der Medikation langsam erfolgen (Kurlan 1997).

Aufgrund des häufig stark schwankenden Verlaufs der Erkrankung sind während kurzzeitiger Verschlechterungen der Symptomatik, die häufig in Zeiten besonderer Anspannung oder Veränderung (z.B. Prüfungen, Beginn des Schuljahres, der Schulferien) eintreten, für gewöhnlich unterstützende und beruhigende Gespräche ausreichend. Kurzfristige Dosisanpassungen sind zu vermeiden. Nur wenn die Symptomverschlechterung über einen Zeitraum von mehreren Wochen bestehen bleibt und die Tics eine deutliche Zunahme der Beeinträchtigung verursachen, ist eine Änderung der medikamentösen Therapie angezeigt. Eine Missachtung dieses Prinzips kann die Einschätzbarkeit der Wirksamkeit der Medikation erschweren und zu einer unnötig hohen Dosierung führen (Peterson 1996).

In der Therapie ist die pharmakologische Intervention mit D2-Rezeptor-Antagonisten (z.B. Tiaprid, Pimozide, Sulpirid) primär (Rothenberger 1996a). Sulpirid und Tiaprid zeigen weniger extrapyramidale Nebenwirkungen und ein geringeres Risiko von Spätdyskinesien als Neuroleptika der Butyrophenon- oder der Phenothiazingruppe. Pimozide besitzt ebenfalls ein günstiges Verhältnis von Wirksamkeit und Nebenwirkungen; allerdings ist auf vorhandene EKG-Veränderungen zu achten, da unter Pimozide Q-T-Verlängerungen beschrieben wurden. Gelegentlich werden auch atypische Neuroleptika (z.B. Risperidon) gegeben.

Bei bestehender Komorbidität von Tics und HKS-Merkmalen ist bei geringer Ausprägung die Gabe von Tiaprid empfehlenswert, bei mittlerer Ausprägung kann eine kombinierte Behandlung von Tiaprid und Methylphenidat sinnvoll sein; bei stark ausgeprägtem HKS mit leichten begleitenden Tics muss nicht auf die Erstgabe von Methylphenidat verzichtet werden, obwohl die Tic-Symptomatik unter Stimulantien exazerbieren kann. In diesem Fall sollte der Einsatz von Tiaprid bzw. Pipamperon erwogen werden.

Bei der Kombination von Zwangsphänomenen mit einer Tic-Störung sollte primär an Sulpirid, danach an eine Kombinationsbehandlung von „Tiaprid plus Clomipramin" oder „Pimozide plus Clomipramin" oder auch „Pimozide plus Serotonin-Wiederaufnahmehemmer" gedacht werden (Banaschewski u. Rothenberger 1997, 1998, Delgado et al. 1990, Rothenberger 1996a).

Verhaltenstherapie

„Jeder Bewegung gehen bestimmte sensorische Signale voraus. Jede Bewegung gibt ein wenig Erleichterung, wenngleich keine muskuläre Bewegung den Drang jemals komplett befriedigt" (Bliss 1980).

Tic-Patienten verwenden spontan verschiedene Strategien, um ihre Tic-Symptomatik willkürlich zu beeinflussen und im Alltag ein gewisses Maß an Selbstkontrolle zu erlangen. Eine entscheidende Voraussetzung für die Möglichkeit, Eigenkontrolle über die Tics zu erlangen, besteht in der Fähigkeit, möglichst frühzeitig vorauslaufende sensorische Signale zu erkennen und auch zu unterdrücken (Bliss 1980, Rothenberger 1991). Gelingt eine komplette Unterdrückung des Tics nicht, versuchen die Patienten auch, das Auftreten der Tics durch ihren Einbau in sozial unauffälligeres Verhalten zu maskieren. Ziel der verschiedenen verhaltenstherapeutischen Verfahren ist es, von den Patienten spontan angewandte Selbstregulationsmechanismen als Ansatzpunkt für das Erlernen erfolgreicher **Selbstkontrollstrategien** aufzugreifen und zu **systematisieren**.

Zur direkten Behandlung und Reduktion der Tic-Symptomatik werden verschiedene Techniken, nämlich Kontingenzmanagement (Belohnungen für das Unterlassen von Tics), massierte Übungen (willkürliches Ausführen der Tic-Bewegung über einen bestimmten Zeitraum), Entspannungstraining (Muskelrelaxation, Atemübungen, katathymes Bilderleben), Selbst-Beobachtung (tägliches Protokollieren der Tics), Reaktionsumkehr (z.B. isometrisches Anspannen der den Tic-Bewegungen entgegengesetzten Muskelgruppen) und die Modifikation sensorischer Vorgefühle (z.B. spezifische Muskelrelaxation), verwandt. Übersichtsarbeiten (Azrin u. Peterson 1988a, 1988b, 1990, Shapiro et al. 1978, Turpin 1983) unterstreichen allerdings diverse methodologische Unzulänglichkeiten vieler bisheriger Evalutionsstudien, die häufig eine objektive Beurteilung der Behandlungserfolge ausschließen (Banaschewski u. Rothenberger 1997, 1998, Döpfner 1999).

Die Basis der verhaltenstherapeutischen Therapieplanung ist die **funktionale Verhaltensanalyse** (Kanfer u. Saslow 1969), die ein hypothetisches Bedingungsmodell der Tic-Symptomatik liefert; dies wurde an anderer Stelle ausführlich beschrieben (Banaschewski u. Rothenberger 1997, 1998).

Neben der möglichst umfassenden Beschreibung der aktuellen Tic-Symptomatik gilt es, die unmittelbar vorausgehenden und begleitenden Gedanken, emotionalen Befindlichkeiten und physiologischen Empfindungen zu erheben. Ein Teil der Patienten, insbesondere Erwachsene, kann im Vorfeld des ausgelösten Tics spezifische Frühwarnzeichen, etwa in Form sensorischer, emotionaler oder kognitiver Vorboten, wahrnehmen, was eine günstige und u. U. notwendige Voraussetzung der Entwicklung und Anwendung von Selbstkontrollstrategien zu sein scheint. Anamnestisch sollte auch die bisherige Entwicklung der Tic-Symptomatik (Spontanschwankungen, Symptomwechsel, Chronifizierungsgrad) erfragt werden. Situationale Bedingungen, die das Auftreten der Tics beeinflussen können (z.B. familiäre Stresssituationen, spezifische überdauernde Gestimmtheiten, Lebensereignisse) sollten erfasst und wenn möglich in ihrer Bedeutung als Auslösefaktoren ergründet werden. Auch die verschiedenen Aspekte der Konsequenzen müssen möglichst genau exploriert werden.

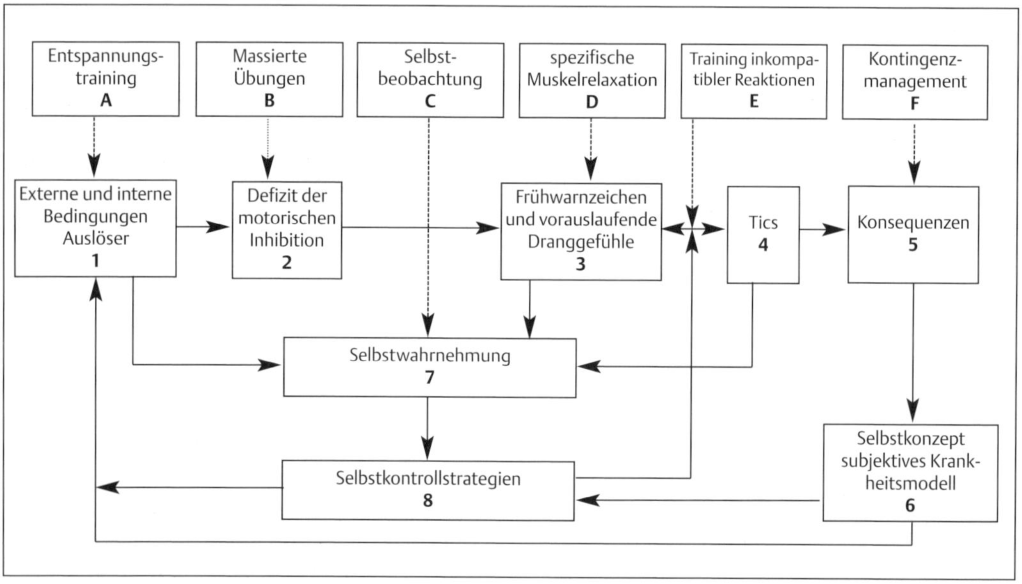

Abb. 20.1 Zusammenhänge zwischen Tic-relevanten Variablen (1–8); hypothetische Ansatzpunkte verhaltenstherapeutischer Techniken (A–F), (modifiziert nach Banaschewski u. Rothenberger 1997).

Als Folge des Tics können unmittelbar ein Gefühl der Entlastung, aber auch (reaktiv) Scham oder Schuld erlebt werden und negative soziale Rückmeldungen erfolgen. Längerfristig können negative Selbstkognitionen, ein spezielles Krankheitsverhalten und weitere Sekundärfolgen den weiteren Verlauf der Erkrankung beeinflussen und die Manifestationsbedingungen der Symptomatik (z. B. erhöhter Stress) modifizieren. Außerdem sollten bisherige Selbstkontrollstrategien und Behandlungsversuche, das Selbstbild und das subjektive Krankheitsmodell mit entsprechenden Kausal- und Kontrollattributionen erhoben werden (Abb. 20.**1**).

Spezifische verhaltenstherapeutische Verfahren

Um die Selbstwahrnehmung des Patienten hinsichtlich der Tic-Symptomatik zu verbessern, wurde von Azrin u. Nunn (1973) ein systematisiertes, aus **5 Komponenten** bestehendes **Wahrnehmungstraining** entwickelt. Neben der Analyse von Topographie und Häufigkeit der Tics wird deren detaillierte Beschreibung, die frühzeitige Reaktionserkennung, die Wahrnehmung vorauslaufender sensorischer Anzeichen und die Wahrnehmung situativer Einflüsse auf das Ausmaß der Tic-Symptomatik trainiert, damit der Patient lernt, sich schon möglichst frühzeitig auf Situationen, in denen die Symptomatik besonders ausgeprägt auftritt, einzustellen. Die Technik des Wahrnehmungstrainings kann zu einer gewissen Symptomreduktion führen, die aber oft zeitlich begrenzt bleibt (Turpin 1983). Allerdings kann sich die Intensität und Frequenz der Tics durch die Fokussierung der Aufmerksamkeit auf die Symptomatik unter Selbstbeobachtung auch verstärken (Burd u. Kerbeshian 1987), wobei dies zumeist ein vorübergehender Effekt zu sein scheint. Insgesamt kann das Verfahren aufgrund seiner Ökonomie empfohlen werden.

Kontingenzmanagementtechniken stellen weitere Möglichkeiten verhaltenstherapeutischer Interventionen dar (vgl. dazu Banaschewski u. Rothenberger 1997, 1998). Zumeist ist eine gleichzeitige medikamentöse Behandlung Voraussetzung. Auch ist erforderlich, dass alle Beteiligten die weitgehende Unwillkürlichkeit der Tics akzeptiert haben, um nicht in ungünstige Interaktionsmuster zu geraten („der kann ja, wenn er nur will“). Am ehesten können Selbstverstärkungsprozeduren benutzt werden, wobei die unangenehmen Aspekte der Tic-Symptomatik und die positiven Aspekte einer Symptomverminderung verdeutlicht werden; aversive Konsequenzen erweisen sich dagegen gerade für Kinder mit Tic-Störungen, die oft starke negative Reaktionen der Umwelt erfahren haben und deren Selbstwerterleben häufig massiv beeinträchtigt ist, zumeist als wenig hilfreich. Spezifische positive Effekte des Kontingenzmanagements sind bislang nicht belegt, sodass es u. U. im Rahmen von Mehrkomponentenbehandlungsprogrammen eingesetzt werden kann.

Die **Technik der massierten oder negativen Übung** basiert darauf, dass das exzessive Ausführen der Tics eine kurzfristige Entlastung von weiteren Tic-Impulsen darstellen kann (Yates 1970). Entsprechend muss der Patient die Tic-Bewegung in Anwesenheit des Therapeuten, meist vor dem Spiegel, über einen längeren Zeitraum (z. B. 6 Blöcke à 4 min Übung, 1 min Pause), so schnell, genau und kräftig wie möglich willentlich ausführen. Gerade Kinder reagieren wegen der massiven Konfrontation mit der eigenen Symptomatik oft abwehrend auf diese Behandlungsform (Döpfner 1999). Da längerfristige Interventionseffekte nicht gesichert werden konnten und in mehreren Studien gar über eine Verschlechterung berichtet wurde, können massierte Übungen insgesamt nur in Ausnahmefällen und eher zur kurzfristigen situativen Entlastung empfohlen werden (Banaschewski u. Rothenberger 1997, 1998, Peterson et al. 1994).

Entspannungstechniken werden isoliert oder als Teil multimodaler verhaltenstherapeutischer Behandlungsprogramme eingesetzt, um die Coping-Fähigkeiten im aktuellen Umgang mit situationsspezifischer Ängstlichkeit, Stress, Anspannung und begleitender physiologischer Erregung zu verbessern. Am häufigsten wird die progressive Muskelrelaxation (Jacobson 1938), daneben aber auch Atemtechniken (Cappo u. Holmes 1984), imaginative Verfahren (Suinn 1975) und das autogene Training (Schultz 1978) angewandt. Wichtig ist es, die Techniken, die ihre volle Wirksamkeit oft erst nach etwa 2 Wochen Übung entfalten, mindestens einmal täglich einzuüben. Die Effektivität des Entspannungstrainings zur Reduktion der Tic-Symptomatik ist bisher nur in wenigen Studien isoliert untersucht worden. Die Wirkungen sind zumeist kurzfristig und nur schwer auf Alltagssituationen zu generalisieren (Turpin 1983). Entspannungsverfahren können aber, gezielt eingesetzt, hilfreich genutzt werden, um kritische Alltagssituationen (z.B. vor einer Prüfung) zu bewältigen und eine sinnvolle Ergänzung der Behandlung darstellen.

Die bislang erfolgversprechendste verhaltenstherapeutische Vorgehensweise zur Tic-Behandlung ist das Training einer willentlichen motorischen Gegenantwort, das die Hauptkomponente des von Azrin u. Nunn (1973) entwickelten Multikomponentenprogramms der Reaktionsumkehr (Tab. 20.**3**) darstellt (Azrin u. Peterson 1990). Im Anschluss an das bereits skizzierte **Wahrnehmungtraining** werden mit den Tic-Bewegungen **motorisch inkompatible Reaktionen erlernt**, die bei motorischen Tics in der isometrischen Kontraktion antagonistischer Muskelgruppen, bei vokalen Tics in der Kontraktion funktional antagonistischer Muskulatur (z.B. Verschluss der Glottis) oder einer bestimmten Atemtechnik, bei Blinzeltics in einer bestimmten Blinzeltechnik bestehen können. Wichtig ist es, für alle einzelnen Tics spezifische und im sozialen Kontext möglichst unauffällige Gegenregulationsreaktionen zu entwickeln. Entscheidend für deren gezielten frühzeitigen Einsatz ist die Vorfeldwahrnehmung der sich anbahnenden Tic-Reaktion. Auf detaillierte praktische Übersichten sei verwiesen (Azrin u. Peterson 1988a, 1988b, 1990, Carr 1995, Döpfner 1999). Anschließend wird im **Generalisierungstraining** die Anwendung in kritischen Alltagssituationen schrittweise eingeübt.

Tabelle 20.**3** Training der motorischen Gegenregulation und Reaktionsumkehr nach Azrin u. Nunn (1973; vgl. Döpfner 1993, 1996; Banaschewski u. Rothenberger 1997, 1998)

1. Wahrnehmungstraining
   a) Selbstbeobachung
   b) Beschreibung der Tic-Reaktionen
   c) Training der Reaktionserkennung
   d) Training der Wahrnehmung früher Zeichen einer Ticreaktion
   e) Training der Wahrnehmung situativer Einflüsse
2. Training motorisch inkompatibler Reaktionen
3. Generalisierungstraining
4. Entspannungsverfahren
5. Kontingenzmanagement

Begleitend werden ein **Entspannungstraining** zur Stressreduktion und ein **Kontingenzmanagement** zur Förderung der Motivation durchgeführt (Banaschewski u. Rothenberger 1997, 1998, Döpfner 1996, Döpfner u. Reister 1997).

Das Verfahren der Reaktionsumkehr wurde in einer Reihe von Studien evaluiert (Azrin u. Peterson 1988a, 1990, Döpfner 1996, Döpfner u. Reister 1997, Finney et al. 1983, Peterson u. Azrin 1992), wobei die Tic-Häufigkeit insgesamt deutlich reduziert werden konnte. Erfolge sind stark von der Mitarbeit der Patienten, hoher Eigenmotivation und Selbstkontrollfähigkeit abhängig. Vereinfachte Behandlungsversionen wurden erprobt (Woods et al. 1996). Hinsichtlich der Langzeitwirksamkeit sind aber weitere Studien wünschenswert.

Eine verhaltenstherapeutische Behandlung der Tics durch die **Modifikation sensorischer Vorgefühle mit ticspezifischer Muskelrelaxation** wird von Evers u. van de Wetering (1994) postuliert. Ausgehend von der Hypothese, dass bei einem Teil der Patienten verschiedenene sensorische Phänomene den Tics vorausgehen, die aus einer erhöhten Anspannung spezifischer Muskelgruppen stammen und zum Teil nur nicht bewusst erlebt werden, betrachten sie Tics als über negative Verstärkung operant konditionierte Reaktionen, die zur Reduktion dieser unangenehmen Körperempfindungen führen. Im Rahmen der Behandlung wird geübt, die je spezifischen sensorischen Vorläufer und die erhöhte Anspannung der an den Tics beteiligten Muskelgruppen genau wahrzunehmen und – basierend auf Übungen der progressiven Muskelrelaxation nach Jacobson (1938) – alternative, sozial akzeptablere Reaktionen einzusetzen, um die Anspannung abzubauen. Im Gegensatz zum Verfahren der Reaktionsumkehr (Azrin u. Nunn 1973), in der den Tics motorisch gegenreguliert wird, setzt die hier beschriebene Technik schon an den vorauslaufenden sensorischen Stimuli an, sodass das alternative Verhalten subtiler und diskreter sein kann. U.E. ist allerdings noch zweifelhaft, ob wirklich allen motorischen Tics sensorische Stimuli vorauslaufen oder ob einige Tics nicht eher als bloßer Ausdruck neuronaler Spontanentladungen in motorischen Regelkreisen, die motorische Routineprogramme in Gang setzen, zu verstehen sind. Evaluationsstudien stehen derzeit noch aus.

Verhaltenstherapie bei zusätzlicher komorbider Symptomatik

Bei Vorliegen einer **komorbiden hyperkinetischen Symptomatik** sind die Erfolgsaussichten verhaltenstherapeutischer Techniken oft aufgrund erhöhter Impulsivität, herabgesetzter Konzentrationsfähigkeit, geringer Toleranz gegenüber Belohnungsaufschub und Frustration oder eingeschränkter Fähigkeit zur adäquaten Selbstwahrnehmung und Einschätzung sozialer Situationen beeinträchtigt.

Bei **komorbider Zwangssymptomatik** empfiehlt sich das Training der Selbstwahrnehmung, da es sowohl für die Diagnostik und Therapie der Tic-Störungen als auch bei Zwangsstörungen einsetzbar ist; allerdings kann sich bei einigen Patienten die Zwangssymptomatik durch Aufmerksamkeitsfokussierung auch verstärken und bei diesen Patienten Ablenkung hilfreicher als Selbstbeobachtung sein. Nützlich sind weiterhin Entspannungstechniken und das Verfahren der inkompatiblen Gegenreaktion, wobei Letzteres auf einem ähnlichen Wirkprinzip wie die Techniken der Reizexposition und der Reaktionsverhinderung bei der Behandlung von Zwangsstörungen beruht.

Finden sich zusätzlich behandlungsrelevante **depressive Symptome**, ist die Indikation verhaltenstherapeutischer Verfahren zur primären Behandlung der Tics besonders kritisch zu prüfen; denn insbesondere Entspannungsübungen und Selbstbeobachtung können auch die Intensität depressiver und ängstlicher Affekte steigern (vgl. dazu Banaschewski u. Rothenberger 1997, 1998).

Zusammenfassung

Tic-Störungen sind durch Muskelzuckungen (motorische Tics) und Lautäußerungen (vokale Tics) charakterisiert. Sie beginnen zumeist in der Kindheit und bilden ein Kontinuum, das von den transitorischen Tics des Kindesalters über die chronisch motorische oder vokale Tic-Störung bis zu den Varianten eines Tourette-Syndroms reichen kann.

Die Tic-Symptomatik kann in Art und Ausmaß während des Krankheitsverlaufes vielfach wechseln und spontan schwanken. Viele Tic-Patienten nehmen sensorische Vorgefühle wahr und verwenden spontan verschiedene Strategien, um ihre Tic-Symptomatik willkürlich zu beeinflussen und im Alltag ein gewisses Maß an Selbstkontrolle zu erlangen. Bei insgesamt günstiger Prognose wird das Ausmaß der psychosozialen Beeinträchtigung wesentlich durch das Ausmaß komorbid bestehender neuropsychiatrischer Symptomatik (HKS, Zwangsstörungen, emotionale Beeinträchtigungen, Persönlichkeitsstörungen, Teilleistungsstörungen) mitbestimmt.

Neben der ätiologischen Bedeutung genetischer Faktoren konnten auch nicht-genetische Faktoren identifiziert werden. Auf neurobiologischer Ebene wird ein inhibitorisches Defizit im Bereich der Basalganglien und des Motorkortex (bei Vorliegen einer Überaktivität des dopaminergen Systems) angenommen. In der Therapie ist daher die pharmakologische Behandlung von Tic-Störungen mit D2-Rezeptor-Antagonisten primär. Bei gut erhaltenen Frontalhirnressourcen haben aber auch verschiedene verhaltenstherapeutische Verfahren (Wahrnehmungstraining, Entspannungstechniken, Training inkompatibler Reaktionen) evtl. in Kombination mit medikamentöser Behandlung, im Rahmen eines multimodalen Therapiekonzeptes, das der bio-psycho-sozialen Gesamtsituation des Patienten Rechnung trägt, ihren Stellenwert.

Ziel verhaltenstherapeutischer Techniken ist, vorrangig von den Patienten spontan angewandte Selbstregulationsmechanismen als Ansatzpunkt für das Erlernen erfolgreicher Selbstkontrollstrategien aufzugreifen und zu systematisieren.

Wesentlich für die Anwendung selbstgesteuerter Gegenregulationen erscheint die Möglichkeit der Wahrnehmung sensorischer, emotionaler und kognitiver Vorsignale zu sein. Von verhaltenstherapeutischen Techniken zu profitieren scheinen insbesondere solche Patienten, die über eine hohe Motivation, über ein gewisses Maß an Selbstbeobachtungsfähigkeit sowie kognitiver und emotionaler Steuerungsfähigkeit verfügen und wenig komorbide Symptomatik aufweisen.

Literatur

American Psychiatric Association Diagnostic and statistical manual of mental disorders. DSM-IV. 4th ed. Washington; 1994.

Apter A, Pauls DL, Bleich A, Zohar AH, Kron S, Ratzone G, Dycion A, Kotler M, Weizman A, Cohen DJ. A population based epidemiological study of Tourette syndrome among adolescents in Israel. In: Chase TN, Friedhoff AJ, Cohen DJ, eds. Tourette syndrome: genetics, neurobiology and treatment, advances in neurology, vol. 58. New York: Raven Press; 1992.

Azrin NH, Nunn RG. Habit-reversal: a method of eliminating nervous habits and tics. Behav Res Ther. 1973;11:619-28.

Azrin NH, Peterson AL. Behavior therapy for Tourette's syndrome and tic disorders. In: Cohen DJ, Bruun RD, Leckman JF, eds. Tourette's syndrome and tic disorders. New York: Wiley; 1988a.

Azrin NH, Peterson AL. Habit reversal for the treatment of the Tourette syndrome. Behav Res Ther. 1988b;26:347-51.

Azrin NH, Peterson AL. Treatment of Tourette syndrome by habit reversal. Behav Ther. 1990;21:305-18.

Baer L. Factor analysis of symptom subtypes of obsessive compulsive disorder and their relation to personality and tic disorders. J Clin Psychiat. 1994;55:18-22.

Banaschewski T, Rothenberger A. Verhaltenstherapie bei Tic-Störungen. In: Petermann F, Hrsg. Kinderverhaltenstherapie. Baltmannsweiler: Schneider-Verlag Hohengehren; 1997.

Banaschewski T, Rothenberger A. Diagnostische Leitlinien und verhaltenstherapeutische Verfahren bei Tic-Störungen. Kindh Entwickl. 1998;7: 99-111.

Blanz B, Rothenberger A. Kinder- und Jugendpsychiatrie. In: Hentschel F, Stoppe G, Munz DL. Hrsg. Bildgebende Verfahren in der Psychiatrie. Stuttgart: Thieme; 2000;179-84.

Bliss J. Sensory experiences of Gilles de la Tourette syndrome. Arch Gen Psychiat. 1980;37:1343-47.

Bornstein RA, Carroll A, King G. Relationship of age to neuropsychological deficit in Tourette's syndrome. J Developm Behav Pediat. 1985;6:284.

Bornstein RA, Stefl ME, Hammond L. A survey of Tourette syndrome patients and their families: The 1987 Ohio Tourette survey. J Neuropsychiat. 1990;2:275-81.

Bunk D, Rothenberger A, Eggers C. Familiäre Interaktion und Beziehungsmuster bei Kindern mit chronischen multiplen Tics. Acta paedopsychiat. 1988;51:156-63.

Burd L, Kerbeshian J. Treatment-generated problems associated with behavior modification in Tourette disorder. Developm Med Child Neurol. 1987;29:831-33.

Campbell M, Cueva JE. Psychopharmacology in child and adolescent psychiat: A review of the past seven years. Part I. J Am Acad Child Adol Psychiat. 1995;34:1124-32.

Cappo BM, Holmes DS. The utility of prolonged respiratory exhalation for reducing physiological and psychological arousal in non-threatening and threatening situations. J Psychosom Res. 1984;28:265-73.

Carr JE. Competing responses for the treatment of Tourette syndrome and tic disorders. Beh Res Therapy. 1995;33:455-56.

Cohen DJ, Ort SI, Leckman JF, Riddle MA, Hardin MT. Familiy functioning and Tourette's syndrome. In: Cohen DJ, Bruun RD, Leckman JF, eds. Tourette's syndrome and tic disorders. New York: John Wiley; 1988.

Cohen DJ, Leckman JF. Sensory phenomena associated with Gilles de la Tourette's syndrome. J Clin Psychiat. 1992;53:319-23.

Cohen DJ, Leckman JF. Developmental psychopathology and neurobiology of Tourette's syndrome. J Am Acad Child Adol Psychiat. 1994;33:2-15.

Comings DE, Comings BG. A controlled study of Tourette syndrome. Am J Hum Gen. 1987;41:701-886.

Davidovicz H. Learning problems and the TS child. Tourette Syndrome Association Newsletter. 1984.

Groot CM de, Bornstein RA, Janus MD, Maviskalian MR. Patterns of obsessive compulsive symptoms in Tourette subjects are independent of severity. Anxiety. 1995;1:268-74.

Delgado PL, Goodman WK, Price LH, Heninger GR, Charney DS. Fluvoxamine/Pimozide treatment of concurrent Tourette's and obsessive-compulsive disorder. Brit J Psychiat. 1990;157:762-65.

Döpfner M. Tics. In: Steinhausen HC, Aster M von. Hrsg. Verhaltenstherapie und Verhaltensmedizin bei Kindern und Jugendlichen. 2. Aufl. Weinheim: Psychologie Verlagsunion; 1999.

Döpfner M. Behandlung eines Jugendlichen mit Tourette-Syndrom durch Reaktionsumkehr (habit reversal) und Verstärkerrückgabe (response-cost). Kindh Entwickl. 1996;5:189-96.

Döpfner M, Reister C. Tic-Störungen. In: Petermann F, Hrsg. Fallbuch der klinischen Kinderpsychologie. Göttingen: Hogrefe; 1997.

Drake ME, Hietter SA, Bogner JE, Andrews JM. Cassette EEG sleep recordings in Gilles de la Tourette syndrome. Clin Electroencephalogr. 1992;23:142-6.

Dure LS, Tucker DM. Tourette syndrome. Current Opinion in Neurology. 1997;10:153-9.

Erenberg G, Cruse RP, Rothner AD. Tourette syndrome: An analysis of 200 pediatric and adolescent cases. Clevel Clin J Med. 1986;53:127-31.

Evers RAF, Wetering, BJM van de. A treatment model for motor tics based on a specific tension-reduction technique. J Beh Ther Exper Psychiat. 1994;25:255-60.

Finney JW, Rapoff MA, Hall C, Christophersen ER. Replication and social validation of habit reversal treatment for tics. Behav Ther. 1983;14:116-26.

Frankel M, Cummings JL, Robertson MM, Trimble MR, Hill MA, Benson DF. Obsessions and compulsions in Gilles de la Tourette's syndrome. Neurology. 1986;36:378-82.

George MS, Trimble MR, Ring HA, Sallee FR, Robertson MM. Obsessions in obsessive-compulsive disorder with and without Gilles de la Tourette's syndrome. Am J Psychiat. 1993;150:93-7.

Golden GS. Tic disorders in childhood. Pediat Rev. 1987;8:229-34.

Hebebrand J, Klug B, Fimmers R, Wettke-Schäfer R, Deget F, Camps Alisch S, Gontard A von, Lehmkuhl G, Poustka F, Schmidt M, Baur M, Remschmidt H. Rates for tic disorders and obsessive compulsive symptomatology in families of children and adolescents with Tourette's syndrome. Psychiatry Research 1997; 31:510-530

Holzer J, Goodman WK, Price LH, Baer L, Leckman JF, Heninger GR. Obsessive compulsive disorder with and without a chronic tic disorder: A comparison of symptoms in 70 patients. Brit J Psychiat. 1994;164:469-73.

Jacobson E. Progressive relaxation. Chicago: University of Chicago Press; 1938.

Kanfer FH, Saslow G. Behavioral diagnosis. In: Franks CM, ed. Behavior therapy. Appraisal and stauts. New York: McGraw Hill; 1996.

Kerbeshian J, Burd L. The North Dakota prevalence studies of Tourette syndrome, and other developmental disorders. In: Chase TN, Friedhoff AJ, Cohen DJ, eds. Tourette syndrome: genetics, neurobiology and treatment, advances in neurology, vol. 58. New York: New Raven Press; 1992.

Kostanecka-Endress T, Woerner W, Hajak G, Rothenberger A. Tag und Nacht in Bewegung? Schlafverhalten bei hypermotorischen Kindern. Mschr Kinderheilk. 2000;148.1113-1128.

Kurlan R, Lichter D, Hewitt D. Sensory tics in Tourette's syndrome. Neurology. 1989;39:731-4.

Kurlan R. Treatment of tics. Neurol Clin North Am. 1997;15:403-9.

Leckmann JF, Bradley S, Peterson GM, Anderson AFT, Arnsten DL, Pauls DL, Cohen DJ. Pathogenesis of Tourette's Syndrome. J Child Psychol Psychiat. 1997;38:119-42.

Leckman JF, Walker DE, Goodman WK, Pauls DL, Cohen DJ. „Just right" perceptions associated with compulsive behavior in Tourette's syndrome. Am J Psychiat. 1994;51:675-80.

Moll GH, Heinrich H, Trott GE, Wirth S, Bock N, Rothenberger A. Children with comorbid attention deficit hyperactivity disorder and tic disorder: evidence for additive inhibitory deficits within the motor system. Ann Neurol. 2001;49:393-6.

Müller-Vahl KR, Berding G, Kolbe H, Meyer GJ, Hundeshagen H, Dengler R, Knapp WH, Emrich HM. Dopamine D2 receptor imaging in Gilles de la Tourette syndrome. Acta Neurol Scand. 2000;101:165-171.

Pauls DL, Leckman JF. The genetics of Tourette's syndrome. In: Cohen DJ, Bruun RD, Leckman JF, eds. Tourette's syndrome and tic disorders. New York: Wiley & Sons; 1988.

Pauls DL, Pakstis AJ, Kurlan R, Kidd KK, Leckman JF, Cohen DJ, Kidd JR, Como P, Sparkes R. Segregation and linkage analysis of Tourette's syndrome and related disorders. J Am Acad Child Adol Psychiat. 1990;29:195-203

Pauls DL, Leckman JF, Cohen DJ. Evidence against a genetic relationship between Tourette's syndrome and anxiety, depression, panic and phobic disorders. Brit J Psychiat. 1994;164:215-21.

Pennington BF, Ozonoff S. Executive functions and developmental psychopathology. J Child Psychol Psychiat. 1996;37:51-87.

Peterson AL, Azrin NH. An evaluation of behavioral treatments for Tourette syndrome. Beh Res Ther. 1992;30:167-74.

Peterson AL, Campise RL, Azrin NH. Behavioral and pharmacological treatments for tic and habit disorders: a review. Developm Behav Pediat. 1994;15:430-41.

Peterson BS. Considerations of natural history and pathophysiology in the psychopharmacology of Tourette's syndrome. J Clin Psychiat. 1996;57:24-34.

Robertson MM. Annotation: Gilles de la Tourette syndrome – an update. J Child Psychol Psychiat. 1994;4:397-411.

Rosenberg LA, Brown J, Singer HS. Behavior problems and severity of tics. J Clin Psychology. 1995;51:760-7.

Rothenberger A. Behandlung von Tic-Störungen bei Kindern. Verhaltenstherapeutische Aspekte. Prax Klin Verhaltensmed Rehab. 1990;9:16-21.

Rothenberger A. Wenn Kinder Tics entwickeln. Stuttgart: Fischer; 1991.

Rothenberger A, Woerner W, Dumais-Huber C, Moll G, Röhrkohl N, Yordanova Y. Welche Bedeutung haben Merkmale des Hyperkinetischen Syndroms bei Kindern mit Tic-Störungen? In: Todt H, Heinicke D, Hrsg. Aktuelle Neuropädiatrie 1993. Wehr: Ciba-Geigy-Verlag; 1994.

Rothenberger A. Was ist ein Tourette-Syndrom? In: Hartung S, Hrsg. Leben mit dem Tourette-Syndrom. Hamburg: Rasch und Röhring; 1995a.

Rothenberger A. Electrical brain activity in children with hyperkinetic syndrome: evidence of a frontal cortical dysfunction. In: Sergeant J, ed. European approaches to hyperkinetic disorder. Zürich: Trümpi; 1995b.

Rothenberger A. Tics und Zwänge – eine enge Nachbarschaft. In: Nissen G, Hrsg. Zwangskrankheiten – Prävention und Therapie. Bern: Huber; 1996a.

Rothenberger A. Tourette-Syndrom und assoziierte neuropsychiatrische Auffälligkeiten. Z Klin Psychol. 1996b;25:259-79.

Rothenberger A. Sensory aspects in tic-disorders. Bib Psychiat. 1997;167:244-6.

Rothenberger A, Kostanecka T, Kinkelbur J, Cohrs S, Woerner W, Hajak G. Sleep and Tourette's syndrome. In: Cohen DJ, Jankovic J, Goetz C, eds. Tourette Syndrome, Advances in Neurology, Vol 85. Philadelphia: Lippincott Williams and Wilkins; 2001:245-59.

Schultz H. Das autogene Training. Stuttgart: Thieme; 1978.

Seeman P, Bzowej NH, Guan HC, Bergeron C, Becker LE, Reynolds GP, Bird ED, Riederer P, Jellinger K, Watanabe S, Tourtelotte WW. Human brain dopamine receptors in children and aging adults. Synapse. 1987;1:399-404.

Shapiro AK, Shapiro ES, Bruun RD, Sweet RD. Gilles de la Tourette syndrome. New York: Raven Press; 1978.

Singer HS, Rosenberg LA. The development of behavioral and emotional problems in Tourette syndrome. Pediat Neurol. 1989;5:41-4.

Singer HS, Walkup JT. Tourette Syndrome and Other Tic Disorders. Medicine. 1991;70:15-32.
Suinn RM. Anxiety management training for general anxiety. In: Suinn RM, Weigel RG, eds. The innovative psychological therapies: critical and creative contributions. New York: Harper & Row; 1975.
Turpin G. The behavioral management of tic disorders: a critical review. Adv Behav Res Ther. 1983;5:203-45.
Weltgesundheitsorganisation. Internationale Klassifikation psychischer Störungen. ICD-10. Bern, Göttingen, Toronto: Huber; 1991.
Wolff EC. Psychotherapeutic interventions with Tourette's syndrome. In: Cohen DJ, Bruun RD, Leckman JF, eds. Tourette's syndrome and other tic disorders. New York: Wiley; 1988.
Woods DW, Miltenberger RG, Lumley VA. Sequential application of major habit-reversal components to treat motor tics in children. J App Beh Analys. 1996;29:483-93.
Yates AJ. Behavior therapy. New York: Wiley; 1970.
Yordanova J, Dumais-Huber C, Rothenberger A. Coexistence of tics and hyperactivity in children: no additive effect at the psychophysiological level. Int J Psychophysiol. 1996;21:121-33.
Yordanova J, Dumais-Huber C, Rothenberger A, Woerner W. Frontocortical activity in children with comorbidity of tic disorder and attention deficit hyperactivity disorder. Biol Psychiat. 1997;41:585-94.
Ziemann U, Paulus W, Rothenberger A. Decreased motor inhibition in Tourette's disorder: Evidence from transcranial magnetic stimulation. Am J Psychiat. 1997;154:1277-84.

Prüfungsfragen

1. Wodurch sind Tics typischerweise charakterisiert?
2. In welchem Alter, an welchen Körperregionen und unter welchen Bedingungen treten Tics vor allem auf?
3. Wie häufig sind Tic-Erkrankungen, und wie häufig kommt es zu Spontanremissionen?
4. Was versteht man unter sensorischen Vorgefühlen, und welche Bedeutung besitzen diese?
5. Welchen Einfluss besitzen genetische Faktoren für die Tic-Störung und das Auftreten komorbider Störungen?
6. Wodurch ist der Spontanverlauf der Tic-Störungen gekennzeichnet?
7. Wovon hängen die prognostischen Einschätzungen hinsichtlich des Fortbestehens der Tic-Symptomatik und des Auftretens psychosozialer Beeinträchtigungen ab?
8. Welche neuroanatomischen Strukturen und welche Neurotransmittersysteme scheinen insbesondere an der Pathogenese beteiligt zu sein?
9. Welche Bedeutung besitzt ein komorbid bestehendes hyperkinetisches Syndrom, und wann tritt es zumeist auf?
10. Wie unterscheiden sich Zwangssymptome bei Tourette-Patienten von „klassischen" Zwangssymptomen?
11. Welche emotionalen Störungen liegen bei Tourette-Patienten gehäuft vor?
12. Wovon hängt die Behandlungsindikation bei Tic-Störungen ab, und welche Behandlungsverfahren werden bevorzugt eingesetzt?
13. Welche Prinzipien sollten bei der medikamentösen Behandlung beachtet werden?
14. Welches sind die Voraussetzungen und Ziele verhaltenstherapeutischer Verfahren, und welchen Stellenwert hat die funktionale Verhaltensanalyse?
15. Aus welchen Komponenten besteht das Wahrnehmungstraining nach Azrin und Nunn?
16. Welchen Stellenwert haben Entspannungstechniken, Kontingenzmanagementtechniken und massierte Übungen?
17. Was ist unter dem Training der motorischen Gegenregulation zu verstehen, und woraus besteht die Behandlung der Reaktionsumkehr?
18. Welche verhaltenstherapeutischen Verfahren sind besonders zu empfehlen, und welche Patienten können besonders profitieren?
19. Was muss bei Vorliegen zusätzlich bestehender komorbider Symptomatik beim Einsatz verhaltenstherapeutischer Verfahren besonders beachtet werden?
20. Welcher Umgang mit Tic-Kindern ist den Eltern und Lehrern zu empfehlen?

21 Enuresis

A. Wyschkon und G. Esser

Fallvignette

Christian, ein 9½-jähriger Viertklässler, wurde wegen nächtlichen Einnässens vorgestellt. Er war noch nie trocken und nässte am Behandlungsbeginn nahezu jede Nacht ein, in etwa 50 % der Fälle 2-mal innerhalb einer Nacht. Während des Einnässens oder danach wachte er in der Regel nicht auf, sondern registrierte das nasse Bett erst nach dem morgendlichen Aufwachen. Die Eltern führten das Einnässen des Jungen auf ein zu geringes Blasenvolumen und die Tatsache zurück, dass er zu tief schlafe. Der Vater berichtete, selbst bis zum Alter von 8 Jahren nachts eingenässt zu haben und deshalb nicht sonderlich besorgt zu sein, sondern darauf zu vertrauen, dass sich das Einnässen schon geben werde. Den größten Leidensdruck zeigte die Mutter, welche die Wäsche wusch, die nassen Laken abzog sowie das Bett neu herrichtete. Die Eltern hatten es sich angewöhnt, Christian zu wecken, bevor sie selbst schlafen gingen, die Mutter stand über Jahre hinweg nachts gegen 3.00 Uhr nochmals auf, um ihren Sohn zu wecken und zur Toilette zu schicken. Christian selbst störte, dass er nicht bei Freunden übernachten könne und für eine Klassenfahrt besondere Vorkehrungen getroffen werden müssten (Windelhosen).

Die Familie hatte vor ca. 3½ Jahren bereits einen Behandlungsversuch mit einem Alarmgerät durchgeführt, erhielt hierbei jedoch keinerlei Betreuung und Beratung und brach nach anfänglichen Misserfolgen die Behandlung ab. Bei der ärztlichen Untersuchung wurden keine Auffälligkeiten festgestellt.

Zu Beginn der Behandlung wurden die Eltern gebeten, das nächtliche Wecken des Jungen zu unterlassen und einen Protokollbogen zur Erhebung der Baseline zu führen. Die Familie war aufgrund der vorangegangenen gescheiterten Behandlungsversuche insgesamt sehr skeptisch gegenüber möglichen Behandlungsmethoden. Unter Berücksichtigung des Erklärungsmodells der Familie für das Einnässen (zu geringe Blasenkapazität) und für die Schaffung eines möglichst raschen Anfangserfolges wurde mit einem RCT begonnen. Nach 1½ Monaten war Christian in der Lage, die Entleerung der Blase nach dem ersten Auftreten von Harndrang noch 45 min hinauszuzögern. Die Motivation, an der Behandlung teilzunehmen, war durch die gut sichtbaren Anfangserfolge bei Kind und Familie deutlich angestiegen. Noch vor Beendigung des RCT wurde parallel dazu ein Einnässkalender eingeführt, der an externe Verstärker gekoppelt wurde. Da Christian große Schwierigkeiten hatte, nachts aufzuwachen, wurde neben den Symbolen „Sonne" für eine trockene Nacht und „Wolke" für das Einnässen ein 3. Symbol eingeführt, das immer dann eingezeichnet werden sollte, wenn der Junge während des Einnässens erwacht war und den Rest der Blase auf der Toilette entleert hatte. Dadurch sollten auch kleinere Erfolge besonders sichtbar gemacht werden, selbst wenn er noch nicht völlig trocken geblieben war. Auf diese Weise konnte innerhalb kurzer Zeit erreicht werden, dass er regelmäßig zumindest während des Einnässens aufwachte und die Blase nicht mehr vollständig ins Bett entleerte. Außerdem nässte er jetzt stabil maximal 1-mal pro Nacht ein. Allerdings erfolgte dann ein Einbruch, Christian nässte wieder häufiger ein, teilweise auch 2-mal pro Nacht. Die Mutter führte dies auf vermehrten familiären Stress durch besondere berufliche Belastungen zurück. Außerdem hatte die Motivation des Jungen nachgelassen, und seine Mutter nahm ihm sämtliche Verpflichtungen wieder ab, die im Laufe der Behandlung eingeführt worden waren (die Mutter führte seinen Kalender und bezog auch wieder selbst das Bett neu, nachdem der Junge eingenässt hatte). Dadurch verstärkte sich der Leidensdruck der Mutter, während der des Jungen schwand. Daraufhin wurde mit der Familie ausführlich besprochen, wer wofür die Verantwortung übernimmt bzw. übernehmen sollte, schriftlich wurde vereinbart, dass Christian in Zukunft sein Bett wieder selbst beziehen und auch die Protokollbögen selbstständig führen solle. Zusätzlich wurde mit der Familie über den Einsatz eines Alarmgerätes gesprochen und nach möglichen Ursachen für den früheren Misserfolg mit dem Weckgerät gesucht. Außerdem wurden alle Beteiligten detailliert über Funktionsweise und Erfolgsaussichten bei der Behandlung mit einem Alarmgerät informiert, und es wurde genau besprochen, was von wem zu tun sei, wenn das Gerät klingele. Trockene Nächte sind nach einem vereinbarten Verstärkerplan belohnt worden. Nach 3 Wochen waren deutliche Verbesserungen der Symptomatik zu verzeichnen. In 7 von 14 Nächten blieb er trocken, das Einnässen bestand in drei Viertel der Fälle nun lediglich darin, dass die Hose feucht war. Diese Erfolge motivierten Christian und seine Familie stark, die Behandlung fortzusetzen. Nach 3 Monaten war das nächtliche Einnässen gänzlich beseitigt. Auch unter erhöhter Flüssigkeitszufuhr (Überlernen) erwies sich der Erfolg als stabil.

Erscheinungsbild der Störung

Die meisten Kinder werden im 2. und 3. Lebensjahr am Tage und in der Nacht trocken (Fielding u. Doleys, 1988). Gemäß den klinisch-diagnostischen Leitlinien der ICD-10 (WHO 1993) spricht man von einer Enuresis, wenn es am Tage oder in der Nacht zu einem Entleeren der Blase in die Kleidung bzw. das Bett kommt, das relativ zum geistigen Entwicklungsstand der Person abnorm ist und nicht auf organische Ursachen zurückgeführt werden kann. Die Störungen der Blasenkontrolle dürfen nicht als Folge einer neurologischen Erkrankung, epileptischer Anfälle oder einer strukturellen Anomalie der ableitenden Harnwege auftreten. Gemäß den Forschungskriterien der ICD-10 (WHO 1994) muss das einnässende Kind nach seinem Lebens- und geistigen Alter mindestens 5 Jahre alt sein, damit von einer nichtorganischen Enuresis (F 98.0) gesprochen werden kann (in den klinisch-diagnostischen Leitlinien wird ein geistiger Entwicklungsstand gefordert, der mindestens dem eines 4-Jährigen entspricht). In der Literatur wird synonym mit dem Begriff der „nichtorganischen Enuresis" häufig die Bezeichnung „funktionelle Enuresis" verwendet. Für die Begriffsbestimmung ist festgelegt, dass die Häufigkeit des Einnässens bei Kindern unter 7 Jahren 2-mal, bei über 7-jährigen oder älteren Kinder wenigstens 1-mal im Monat beträgt. Die Symptomdauer wird mit mindestens 3 Monaten angegeben.

Auch nach dem DSM-IV (Sass et al. 1996) sollten die Kinder für die Diagnose einer Enuresis (307.6) mindestens ein Entwicklungsalter von 5 Jahren aufweisen, und die Symptomatik muss wenigstens seit 3 Monaten bestehen. Im Unterschied zur ICD-10 wird das Einnässen erst dann als klinisch bedeutsam beurteilt, wenn es mindestens 2-mal wöchentlich auftritt. Ist dies nicht gegeben, kann die Diagnose dennoch gestellt werden, wenn durch das Einnässen klinisch bedeutsames Leiden hervorgerufen wird oder Beeinträchtigungen in sozialen, schulischen (beruflichen) oder anderen wichtigen Funktionsbereichen entstehen. Die Forderung eines 2-maligen wöchentlichen Einnässens erscheint deutlich zu streng, während das 1- bzw. 2-malige Einnässen pro Monat ein sehr weiches Kriterium darstellt. V. Gontard (1998b) empfiehlt, Einnässen dann als klinisch bedeutsam einzuschätzen, wenn dies mindestens 1-mal wöchentlich auftritt.

Primäre vs. sekundäre Enuresis

Hinsichtlich des Störungsverlaufs können die primäre und die sekundäre Enuresis voneinander abgegrenzt werden. Allerdings fehlt sowohl in der ICD-10 als auch dem DSM-IV eine Angabe des Zeitraumes, den die Blasenkontrolle mindestens bestanden haben muss, damit von sekundärer Enuresis gesprochen werden kann. Eine primäre Enuresis besteht von Geburt an, d.h., die betreffende Person war zu keinem Zeitpunkt ihres Lebens in der Lage, über längere Zeit hinweg eine stabile Blasenkontrolle zu erlangen (Ronen u. Abraham 1996; v. Gontard u. Lehmkuhl 1997a). Für die Diagnose einer sekundären Enuresis wird in der Literatur häufig ein trockenes Intervall von mindestens 6 Monaten verlangt (Schmidt u. Esser 1981, Eggers 1993, Ronen u. Abraham 1996, v. Gontard 1998b, Grosse 1999, Richter u. Goldschmidt 1999). Die sekundäre Enuresis beginnt in der Regel zwischen dem 5. und 8. Lebensjahr, kann aber prinzipiell zu jedem Zeitpunkt auftreten (Sass et al. 1996). Ein Beginn nach dem Alter von 11 Jahren ist allerdings sehr ungewöhnlich (Shaffer 1994).

Enuresis nocturna vs. Enuresis diurna

In Abhängigkeit vom Zeitpunkt des Urinabganges wird zwischen Personen unterschieden, die lediglich nachts während des Schlafens einnässen (Enuresis nocturna), solchen, die ausschließlich am Tage im Wachzustand einnässen (Enuresis diurna), und Individuen, bei denen unkontrollierte Blasenentleerungen sowohl im Wachzustand als auch während des Schlafes auftreten (Enuresis nocturna et diurna).

Enuresis nocturna

Olbing et al. (1993) beschreiben eine typische Anamnese für eine primäre isolierte Enuresis nocturna folgendermaßen: Seit der Geburt nässt das Kind jede Nacht ein, wobei das Bett „schwimmt", die Person erwacht weder durch Harndrang, durch den Harnabgang, noch durch ein nasses oder kaltes Bett, der Betreffende ist durch Geräusche oder Berührung nur schwer aufzuwecken. Die Kinder sind tagsüber trocken, die Miktionsabstände und -abläufe sind normal, es treten keine pathologischen Drangsymptome oder Haltemanöver auf.

Enuresis diurna

Kinder, die tagsüber einnässen, bilden eine sehr heterogene Gruppe mit verschiedenen Syndromen. Von Gontard u. Lehmkuhl (1997b) beschreiben folgende 3 Formen der funktionellen Harninkontinenz als die wichtigsten:

- idiopathische Dranginkontinenz,
- Harninkontinenz bei Miktionsaufschub und
- Detrusor-Sphinkter-Dyskoordination.

Idiopathische Dranginkontinenz: Diese wahrscheinlich häufigste Form des Einnässens tagsüber zeigt sich im Einnässen mit plötzlichem von Beginn an überstarkem Harndruck, einer häufigen Entleerung kleiner Harnmengen (mehr als 7 Entleerungen täglich sind pathologisch), einer verminderten Blasenkapazität und dem Einsatz von Haltemanövern (z.B. Anspannung der Beckenbodenmuskulatur, Aneinanderpressen der Oberschenkel, von einem Bein auf das andere hüpfen, Hockstellung, Fersensitz), um eine drohende Blasenentleerung zu verhindern. Bei diesen Kindern, insbesondere bei Mädchen, kommt es häufig zu Harnwegsinfekten (Meadow 1990, Olbing 1993a, v. Gontard u. Lehmkuhl 1997a, 1997b). Mädchen sind im Vergleich zu Jungen bis zu 10-mal häufiger von Dranginkontinenz betroffen (Meadow 1990). Wenn nachts eingenässt wird, erwachen die Betroffenen häufig während des Einnässens oder danach; meist sind die Urinmengen gering, und relativ zu Patienten mit Enuresis nocturna sind diese Personen leichter zu wecken (Olbing 1993a, v. Gontard u. Lehmkuhl 1997b). Nach Olbing (1993a) ist eine Dranginkontinenz dann mit Sicherheit pathologisch, wenn das Kind mindestens 5 Jahre alt ist und aktuell keine Harnwegsinfektion aufweist. Im Vergleich zur Enuresis nocturna ist die familiäre Belastung deutlich geringer (Olbing 1993a).

Harninkontinenz bei Miktionsaufschub: Dies ist die so genannte „klassische" Form der Enuresis. Hier wird von den betroffenen Kindern die Miktion so lange hinausgezögert, bis es trotz Haltemanövern, die immer intensiver werden, zum Einnässen am Tage kommt (Olbing 1993b, v. Gontard u. Lehmkuhl 1997a, b). Meist tritt eine solche Harninkontinenz in Situationen auf, in denen ein Aufschub des Toilettenganges dem Kind die Weiterführung einer angenehmen Tätigkeit ermöglicht bzw. ihm die Vermeidung eines unangenehmen Ereignisses gestattet (Olbing 1993b, v. Gontard u. Lehmkuhl 1997a). Typische Situationen, in denen die Miktion aufgeschoben wird, sind:

- Heimweg nach der Schule,
- Ekel vor dem Toilettenraum,
- Angst vor Störung auf der Toilette,
- Scheu, während der Unterrichtsstunde vor der Klasse um Erlaubnis für den Toilettengang zu bitten,
- weit entfernte Lage der Toilette,
- Angst, etwas Spannendes beim Spiel, Fernsehen oder Lesen zu verpassen (Olbing 1993b).

Bei diesen Kindern liegen keine urodynamischen Auffälligkeiten vor, der Harndrang weist zunächst eine normale Stärke auf (Olbing 1993b, v. Gontard u. Lehmkuhl 1997b); zusätzlich besteht häufig eine sekundäre Enuresis nocturna (Olbing 1993b). Oft wird von einem fehlenden bzw. sehr geringen Leidensdruck berichtet, der eine geringe Kooperationsbereitschaft nach sich zieht. Bei diesen Kindern wurden erhöhte Raten von Störungen des Sozialverhaltens und des hyperkinetischen Syndroms gefunden (v. Gontard u. Lehmkuhl 1997b).

Detrusor-Sphinkter-Dyskoordination: Hier liegen eine fehlende Relaxation und unkoordinierte Kontraktion des Sphinkter externus während des Harnlassens vor. Die Miktionszeit ist verlängert, die maximale Harnflussrate ist verringert, es kommt zu ausgeprägten Kontraktionen des Beckenbodens und zu stakkatoartigen oder unterbrochenen Miktionen mit unvollständiger Blasenentleerung. Zu Beginn des Wasserlassens wird häufig stark gepresst (Olbing 1993c, v. Gontard u. Lehmkuhl 1997a). Hinman (1986) sieht dies als erlerntes Verhalten an. Oft werden zusätzlich Harnwegsinfekte, Obstipation und Enkopresis festgestellt (v. Gontard u. Lehmkuhl 1997b).

Bei Kindern, die am Tage einnässen, sollten gemäß den Empfehlungen von v. Gontard und Lehmkuhl (1997b) unbedingt die folgenden diagnostischen Maßnahmen durchgeführt werden:

- genaue Anamnese,
- körperliche Untersuchung,
- Urinstatus,
- bei Auffälligkeiten Bakteriologie,
- 24-Stunden-Miktionsprotokoll,
- Sonographie mit Resturinbestimmung und Uroflowmetrie, möglichst mit Beckenboden-EMG,
- und ein Screening für psychische Symptome.

Komorbidität

Zur Komorbidität bei Enuresis finden sich in der Literatur sehr verschiedene Angaben. Grundsätzlich sollte zwischen Kindern mit primärer bzw. sekundärer Enuresis sowie solchen mit Enuresis nocturna bzw. Enuresis diurna unterschieden werden. In der Regel werden bei primärer Enuresis und nächtlichem Einnässen weniger zusätzliche Verhaltensauffälligkeiten gefunden als bei Kindern, die am Tage einnässen bzw. eine sekundäre Enuresis zeigen.

Von Gontard et al. (1997) berichteten, dass die Rate von zusätzlichen Verhaltensproblemen bei primärer monosymptomatischer Enuresis nocturna derjenigen in der Allgemeinbevölkerung entspricht (vgl. auch Hirasing et al. 1997, Friman et al. 1998).

Demgegenüber fanden Kaffman u. Elizur (1977) bei ihren Untersuchungen in Kibbuzim, dass die Erzieherinnen der 4-jährigen Bettnässer relativ zu trockenen Gleichaltrigen signifikant häufiger über das Vorhandensein eines oder mehrerer zusätzlicher Verhaltensauffälligkeiten berichteten. Friman et al. (1998) kommen zu dem Ergebnis, dass Kinder mit primärem Bettnässen in der Zahl berichteter Verhaltensprobleme nicht von unauffälligen Kindern abweichen, dass jedoch der Mittelwert der Intensität von Problemverhalten signifikant über dem der Kontrollgruppe liegt. Verglichen mit Kindern, die wegen anderer Verhaltensauffälligkeiten vorgestellt worden waren, blieben die Bettnässer sowohl hinsichtlich der Zahl der Probleme sowie in Bezug auf deren Intensität bedeutsam zurück.

Bei Kindern mit sekundärer Enuresis nocturna wurde relativ zu solchen mit primärer Enuresis nocturna eine fast 4-mal höhere Rate (75 % vs. 19,5 %) von zusätzlichen kinderpsychiatrischen Störungen gefunden (v. Gontard et al. 1997). Bei primärer Enuresis lagen überwiegend expansive Störungen (hyperkinetische Störungen und Störungen des Sozialverhaltens) vor (vgl. auch Kaffman u. Elizur 1977), während bei den sekundären Enuretikern emotionale Störungen signifikant häufiger auftraten (v. Gontard 1998b). Im Unterschied hierzu konnten Hirasing et al. (1997) keine Unterschiede zwischen primären und sekundären Bettnässern im Hinblick auf Verhaltens- und emotionale Probleme feststellen.

Kinder, die tagsüber einnässen, zeigen häufiger psychiatrische Auffälligkeiten als solche, die ausschließlich nachts einnässen (Fielding u. Doleys 1988, Meadow 1990).

Ungeklärt ist, inwieweit Verhaltensprobleme, die neben dem Einnässen bestehen, Ursache oder Folge der Enuresis sind oder ob beide, Verhaltensprobleme und Einnässen, auf das Wirken einer bzw. mehrerer weiterer Variablen zurückgehen.

Prävalenz

Trockenheit am Tage wird früher erreicht als in der Nacht. Bettnässen stellt mit etwa 70–90 % der betroffenen Kinder die bei weitem häufigste Form des Einnässens dar (Eggers 1993, Grosse 1999). Zur Häufigkeit des Einnässens am Tage finden sich in der Literatur Angaben zwischen 20 und 30 %, wobei die Enuresis diurna sehr selten allein auftritt (ca. 5 %), sondern häufiger in Kombination mit der Enuresis nocturna zu beobachten ist (15–20 %) (Eggers 1993, Grosse 1999). Einnässen am Tage tritt häufiger bei Mädchen als bei Jungen auf (Meadow 1990, Grosse 1999).

Kinder mit primärem nächtlichem Einnässen ohne Verhaltensstörungen bilden die größte Gruppe (Ronen u. Abraham 1996). Die primäre Enuresis tritt relativ zur sekundären Form bis zu 5-mal häufiger auf (Eggers 1993, Houts et al. 1994, Grosse 1999), nach Fergusson et al. (1986) sind ab dem Alter von 5 Jahren etwa die Hälfte bis zu 2/3 der Bettnässer primäre Einnässer, die übrigen weisen eine sekundäre Enuresis nocturna auf.

In Tab. 21.**1** sind Prävalenzangaben zum Einnässen zu finden. Zum Teil gelten die Angaben lediglich für die Enuresis nocturna, häufig werden jedoch tag- und nachtnässende Kinder zusammengefasst.

Tabelle 21.**1** Prävalenzraten für das Einnässen

Alter	Autoren	Form der Enuresis	Kriterium	Prävalenz
5 Jahre	Fergusson et al. (1986)	Enuresis nocturna	Mutter: Kind ist nicht jede Nacht trocken	gesamt: 15,7 %
	Feehan et al. (1990)	Enuresis	1× monatlich	Jungen: 19,0 % Mädchen: 15,0 %
	Saß et al. (1996)	Enuresis	2× wöchentlich	Jungen: 7,0 % Mädchen: 3,0 %
6 Jahre	Fergusson et al. (1986)	Enuresis nocturna	Mutter: Kind ist nicht jede Nacht trocken	gesamt: 13,1 %
7 Jahre	Rutter et al. (1973)	Enuresis	1× wöchentlich	Jungen: 6,7 % Mädchen: 3,3 %
	Fergusson et al. (1986)	Enuresis nocturna	Mutter: Kind ist nicht jede Nacht trocken	gesamt: 10,3 %
	Feehan et al. (1990)	Enuresis	1× monatlich	Jungen: 16,0 % Mädchen: 14,0 %
8 Jahre	Fergusson et al. (1986)	Enuresis nocturna	Mutter: Kind ist nicht jede Nacht trocken	gesamt: 7,4 %
	Esser et al. (1990)	Enuresis	3× monatlich	Jungen: 2,8 % Mädchen: 4,6 %
9/10 Jahre	Rutter et al. (1973)	Enuresis	1× wöchentlich	Jungen: 2,9 % Mädchen: 2,2 %
	Feehan et al. (1990)	Enuresis	1× monatlich	Jungen: 9,0 % Mädchen: 9,0 %
	Saß et al. (1996)	Enuresis	2× wöchentlich	Jungen: 3,0 % Mädchen: 2,0 %
11 Jahre	Essen u. Peckham (1976)	Enuresis nocturna	1× monatlich	Jungen: 6,0 % Mädchen: 3,5 %
	Feehan et al. (1990)	Enuresis	1× monatlich	Jungen: 9,0 % Mädchen: 4,0 %
13 Jahre	Esser et al. (1990)	Enuresis	3× monatlich	Jungen: 1,0 % Mädchen: 5,0 %
	Feehan et al. (1990)	Enuresis	1× monatlich	Jungen: 4,0 % Mädchen: 3,0 %
14 Jahre	Rutter et al. (1973)	Enuresis	1× wöchentlich	Jungen: 1,1 % Mädchen: 0,5 %
18 Jahre	Saß et al. (1996)	Enuresis	2× wöchentlich	Männer: 1,0 % Frauen: < 1,0 %

Bei Betrachtung der Prävalenzraten in den verschiedenen Altersgruppen wird erwartungsgemäß deutlich, dass der Anteil enuretischer Kinder bzw. Jugendlicher über die Zeit deutlich abnimmt. Shaffer (1994) berichtete über einen geringen Anstieg der Auftretenshäufigkeit von Enuresis im Alter zwischen 4 und 7 Jahren, da Kinder hinzukamen, die zunächst trocken geworden waren, danach aber eine sekundäre Enuresis zeigten. Fergusson et al. (1990) gaben folgende Rückfallraten für Enuresis nocturna bei den Kindern ihrer Längsschnittuntersuchung an, die mindestens seit einem Jahr trocken waren: bis 5 Jahre: 3,3%; bis 6 Jahre: 4,7%; bis 7 Jahre: 6,2%; bis 8 Jahre: 7,0%; bis 9 Jahre: 7,5%; bis 10 Jahre: 7,9%. Der deutlichste Anstieg findet danach zwischen 5 und 7 Jahren statt.

Genese der Störung

Bezüglich der Genese enuretischen Verhaltens wird eine Vielzahl möglicher Ursachen in Betracht gezogen. Im Folgenden soll ein Überblick über häufig diskutierte Variablen gegeben werden.

■ Genetik

Bei 60–80% der einnässenden Kinder lassen sich betroffene Verwandte 1. Grades finden. Bei einem Elternteil mit Enuresis liegt das Wiederholungsrisiko bei 44%, wenn beide Eltern Enuretiker waren, bei 77% (Bakwin 1973). Die Konkordanzraten für eineiige Zwillinge liegen deutlich über denen bei zweieiigen Zwillingen (68% vs. 36%), (Bakwin 1973). Für eine erbliche Bedingtheit sprechen daneben die von Kaffman u. Elizur (1977) an Geschwistern in Kibbuzim gefundenen Ergebnisse: 67% der bettnässenden 4-Jährigen hatten mindestens ein älteres Geschwisterkind, welches ebenfalls enuretisch war, im Vergleich zu 22% bei den Kindern, die im Alter von 4 Jahren trocken waren. Bei Kindern in Kibbuzim wird das Sauberkeitstraining für jedes Geschwisterkind durch eine andere Pflegeperson in verschiedenen Häusern durchgeführt, ohne direktes elterliches Eingreifen. Fergusson et al. (1986) fanden, dass Kinder mit 2 Verwandten 1. Grades, welche von einer Enuresis betroffen waren, eine perfekte Blasenkontrolle im Durchschnitt 1½ Jahre später erreichten als Kinder ohne betroffene Verwandte.

Es konnten keine Unterschiede in den Raten betroffener Verwandter bei allen Formen der Enuresis nocturna (primäre monosymptomatische, primäre nichtmonosymptomatische sowie primäre und sekundäre Enuresis nocturna) nachgewiesen werden (v. Gontard et al. 1997, v. Gontard 1998b). Dies bedeutet, dass es eine gemeinsame genetische Ätiologie bei der primären und sekundären Enuresis nocturna geben muss (v. Gontard 1998a). Mit der Enuresis nocturna werden die Chromosomen 8, 12 und 13 in Zusammenhang gebracht, wobei das Produkt dieser Gene unbekannt ist (v. Gontard et al. 1997, v. Gontard 1998b). Möglicherweise beeinflusst die genetische Basis das Alter, in dem bei primärem Bettnässen Trockenheit erreicht wird und bildet eine Prädisposition zum Rückfall in das Einnässen (Fergusson et al. 1990, v. Gontard et al. 1997). Fergusson et al. (1990) fanden in ihrer Längsschnittuntersuchung, dass Kinder, die relativ spät eine stabile Blasenkontrolle erlangten, mit höherer Wahrscheinlichkeit eine sekundäre Enuresis nocturna entwickelten. Relativ zu Kindern, die vor dem Alter von 3 Jahren eine stabile Blasenkontrolle erreicht hatten, war das Risiko für sekundäres Einnässen bei Kindern, welche erst mit 5 Jahren oder später trocken wurden, um den Faktor 3,4 erhöht.

■ Veränderungen der zirkadianen Rhythmik der ADH-Sekretion

Das antidiuretische Hormon (ADH) bewirkt eine Wasserretention an der Niere sowie eine Erhöhung der Harnkonzentration. In den Untersuchungen von Nørgaard et al. (1985) sowie von Rittig et al. (1989) wurden bei Patienten mit Enuresis keine Unterschiede im ADH-Spiegel zwischen Tag und Nacht festgestellt, während nichteinnässende Kontrollpersonen eine zirkadiane Rhythmik im ADH-Spiegel aufwiesen, wobei die Werte in der Nacht höher lagen.

■ Polyuria

Unter Polyuria versteht man eine erhöhte Urinproduktion. Auch diese wurde für Enuresis nocturna als Ursache in Betracht gezogen. Allerdings erklärt die Polyurie-Theorie nicht, warum die Kinder nicht aufwachen, wenn die Blase voll ist.

Schlaf

Viele Eltern enuretischer Kinder äußern den Eindruck, dass das Kind zu tief schlafe. Tatsächlich wurde durch Fragebogenuntersuchungen festgestellt, dass enuretische Kinder schwerer zu wecken sind als ihre nicht einnässenden Altersgenossen (Wille 1994, Nevéus et al. 1998). Kaffman u. Elizur (1977) fanden im Unterschied dazu keine bedeutsame Beziehung zwischen Schlaftiefe und primärem Bettnässen. Es konnte wiederholt gezeigt werden, dass die Schlafarchitektur bei Enuresis nocturna unauffällig ist, dass in jedem der Schlafstadien Einnässen auftreten kann und dass dem Einnässen keine spezifischen EEG-Muster vorausgehen. In den ersten Schlafstunden kommt es zu einer Häufung des Einnässens (v. Gontard 1998b).

Sozioökonomische Faktoren

Von Gontard u. Lehmkuhl (1997c) berichten, dass Kinder aus höheren Schichten schneller trocken werden als Kinder aus niedrigeren Schichten (vgl. auch Essen u. Peckham 1976). In der Untersuchung von Fergusson et al. (1986) konnte demgegenüber kein Zusammenhang zwischen dem Alter beim Erreichen der Blasenkontrolle und dem sozioökonomischen Status gefunden werden. Auch Rutter et al. (1973) berichten lediglich über eine schwache und inkonsistente Beziehung zwischen Enuresis und dem elterlichen Beschäftigungsstatus im Alter von 9–10 Jahren, während bei 14-Jährigen keine Zusammenhänge gefunden wurden. Die Autoren vermuten, dass die soziale Schicht lediglich dann mit Enuresis in Zusammenhang steht, wenn die Divergenzen im Beschäftigungsstatus der Eltern von Unterschieden in der Häufigkeit kritischer Lebensereignisse begleitet werden.

Kinder mit primärer und sekundärer Enuresis nocturna unterscheiden sich nicht bedeutsam hinsichtlich soziodemographischer Variablen wie Alter, väterliche Schichtzugehörigkeit und Nationalität (v. Gontard et al. 1997).

Kritische Lebensereignisse

Bei Kindern mit Enuresis wurde eine höhere Rate gewichteter Life-events relativ zur Kontrollgruppe gefunden, wobei die Trennung der Eltern das wichtigste kritische Lebensereignis darstellte (Järvelin et al. 1990). Außerdem fanden Järvelin et al. (1990) bei den sekundären Bettnässern im Jahr vor dem Wiederbeginn des Einnässens eine vermehrte Zahl gewichteter kritischer Lebensereignisse.

Kritische Lebensereignisse scheinen insbesondere für das Auftreten einer sekundären Enuresis von Bedeutung zu sein, während sich kaum Zusammenhänge zwischen dem Vorhandensein von kritischen Lebensereignissen und dem Alter beim ersten Erreichen der Blasenkontrolle nachweisen lassen (vgl. die Ergebnisse von Kaffman u. Elizur 1977, Fergusson et al. 1986). Die Eltern von Kindern mit sekundärem Bettnässen berichten im Vergleich zu Eltern primärer Einnässer vermehrt über eine Vielzahl von Problemen, wie Scheidung, Geburt eines Geschwisterkindes, Eintritt in den Kindergarten und Schulschwierigkeiten (v. Gontard et al. 1997). Fergusson et al. (1990) fanden, dass neben dem Alter bei der 1. Blasenkontrolle auch die Zahl von Lebensereignissen das Auftreten einer sekundären Enuresis nocturna begünstigt. Für Kinder, die 4 oder mehr Lebensereignissen innerhalb eines Jahres ausgesetzt waren, erhöhte sich das Risiko des Auftretens einer sekundären Enuresis in diesem Jahr um den Faktor 2,6. Kinder, die erst mit 5 Jahren oder später trocken wurden und mindestens 4 Lebensereignissen in einem bestimmten Jahr ausgesetzt waren, hatten in diesem Jahr ein mehr als 8faches Risiko für die Entwicklung einer sekundären Enuresis, verglichen mit Kindern, die bis zum Alter von 3 Jahren trocken geworden waren und die keinem kritischen Lebensereignis ausgesetzt waren. Die Autoren gehen davon aus, dass das Alter, in dem ein Kind die Trockenheit erreicht, einen Vulnerabilitätsfaktor darstellt und dass Stress in Form von Lebensereignissen als provozierender Faktor wirkt, der bei vulnerablen Kindern eine Enuresis hervorruft.

Enuresis als „Hilferuf"

Bei Durchsicht der Literatur zum Thema Enuresis stößt man auch auf die Annahme, dass das Einnässen einen Versuch darstellt, Belastungen im Alltag zu bewältigen. Eine herausragende Vertreterin dieser These im deutschsprachigen Raum ist Haug-Schnabel (1990, 1991, Haug 1980). Enuresis wird als Signal gedeutet, dass dem Kind Kontaktmöglichkeiten, die ihm Sicherheit geben, Unterstützung und Aufmunterung fehlen (Einnässen als Mittel, um Zuwendung zu erhalten). Haug (1981) fand bei 10 Bettnässern, die über einen Zeitraum von 334–551 Tagen beobachtet wurden, signifikante Zusammenhänge zwischen belastenden Tagesereignissen und Einnässen in der unmittelbar darauf folgenden Nacht. Eine Medikamentengabe konnte die erhöhte Einnässhäufigkeit nach Belastungstagen nicht oder nur unwesentlich beeinflussen. Die Behandlungsempfehlung lautet, keine symptomorientierten Therapieversuche zu unternehmen, da diese nach Ansicht der Autorin meist Bestrafungscharakter haben, sondern sich stattdessen darauf zu konzentrieren, dem Kind bei der Alltagsbewältigung zu helfen. Wenn eine Enuresis tatsächlich ausschließlich Ausdruck von Schwierigkeiten bei der Alltagsbewältigung sowie ein Zeichen mangelnder Zuwendung und Aufmerksamkeit durch die Betreuungspersonen ist, wäre zu erwarten, dass es nach einer Beseitigung des Einnässens durch Konditionierungsmethoden zu so genannten Symptomverschiebungen kommt, da die wirkliche „Ursache" nicht angegangen wurde. In seiner Überblicksarbeit berichtete Lovibond (1964) jedoch, dass es nach der Anwendung von Konditionierungsmethoden in keinem Falle zu einer Symptomverschiebung kam (vgl. auch Baker 1969).

Derzeit wird davon ausgegangen, dass es sich bei der Enuresis nocturna um eine Reifungs- und Funktionsstörung des zentralen Nervensystems handelt (v. Gontard 1998b). So konnten Zusammenhänge zwischen Enuresis nocturna und Entwicklungsverzögerungen im sprachlichen und motorischen Bereich nachgewiesen werden (Essen u. Peckham 1976, Fergusson et al. 1986).

Therapieansätze und Prognose

Enuresis-nocturna-Therapiempfehlungen

Als Kriterium eines Therapieerfolges wird in der Literatur häufig gefordert, dass das Kind 14 trockene Nächte nacheinander erreichen muss (Grosse 1999). Wenn für die Enuresis die Definition der Forschungskriterien der ICD-10 für Kinder, die älter als 7 Jahre sind, zugrunde gelegt wird, die bereits bei Kindern, die 1-mal monatlich einnässen, von Enuresis spricht, bedeutet dies, dass unter Umständen gar keine Veränderung stattgefunden hat, da das Kind die meiste Zeit ohnehin trocken ist. Daher sollten mindestens 4 Wochen als Kriterium angesetzt werden und bei Kindern, die so selten einnässen, wie der eben genannte Extremfall, noch deutlich längere Intervalle (3–4 Monate).

Zur Einleitung einer geeigneten Therapie sowie zu deren Evaluation ist eine umfassende Diagnostik notwendig, in deren Rahmen neben der medizinischen Untersuchung, der Erhebung der Baseline, der Dauer des Einnässens, des Verlaufes, vorangegangener Therapieversuche und Hypothesen von Eltern und Kind zur Entstehung und Aufrechterhaltung des Einnässens auch weitere Verhaltens- und emotionale Probleme erfasst werden müssen (Grosse 1999). Außerdem sollten die Einstellungen der Bezugspersonen sowie des Kindes selbst zum Einnässen erfragt werden. Dies liefert wichtige Informationen über die Therapiemotivation sowie Hinweise dafür, welche Therapiemethoden von der Familie wahrscheinlich am besten akzeptiert werden können.

Bei der Erfassung des derzeitigen Einnässverhaltens (Baseline) müssen die Eltern angewiesen werden, alle Maßnahmen zur Verhinderung des Einnässens (z. B. Windeln, Flüssigkeitsreduktion, Belohnungen, Bestrafungen) einzustellen (Grosse 1999). Eine den Eltern vorgeschlagene Therapie muss mit den Einstellungen und Ursachenerklärungen der Eltern in Übereinstimmung zu bringen sein, anderenfalls kann keine Compliance erwartet werden. Negative Einstellungen von Familienmitgliedern des Kindes senken die Erfolgsaussichten der Behandlung (Grosse 1999). Die Belastbarkeit der Mutter, welche in der Regel die Hauptlast bei einer ambulanten Therapie zu tragen hat, erwies sich als wichtiges Kriterium, das bei der Methodenwahl zu berücksichtigen ist (Grosse 1999).

Bevor mit der eigentlichen Therapie begonnen wird, ist es oft notwendig, das Kind über Nieren- und Blasenfunktionen aufzuklären (Brünger 1994).

Wenn im Laufe der Diagnostik organische Beeinträchtigungen gefunden werden, sind zunächst medizinische Maßnahmen angezeigt, um sicherzustellen, dass das urogenitale System funktionstüchtig ist (Grosse 1999). Dem Trockenwerden darf also aus medizinischer Sicht nichts Wesentliches im Wege stehen.

Bei der Besprechung der Therapiefortschritte mit den Eltern sowie dem Kind selbst ist es wichtig, auch kleinere Verbesserungen hervorzuheben, um die Therapiemotivation zu stärken und aufrecht zu erhalten. Nach Grosse (1999) sollten folgende Merkmale beachtet werden, die Hinweise auf einen Therapieerfolg geben: Abnahme der Miktionsfrequenz; Verschieben der Einnässzeit zum Aufstehen hin (Kind kann den Urin jetzt länger anhalten); Abnahme der Einnässmenge; Zunahme der freiwilligen Miktionen; schnelleres Wachwerden auf das Signal hin; Serie von mehreren trockenen Nächten. Bei den Rückmeldungen ist es wichtig, Verhaltensmerkmale zu betonen, die prognostisch wichtig zur Stabilisierung des Erfolges erscheinen (Grosse 1999). Kinder, bei denen bisher noch keine freiwilligen Toilettengänge beobachtet wurden, sollten anfangs für nächtliches Aufstehen besonders gelobt werden. Allerdings sollte das Kind im weiteren Verlauf lernen, möglichst trocken durchzuschlafen, da Kinder, die ihr Trockenwerden dadurch erreichen, dass sie nachts öfter freiwillig auf die Toilette gehen, besonders rückfallgefährdet sind (Grosse 1999).

Operante Methoden

Hierbei ist es bedeutsam, für das betreffende Kind geeignete Verstärker zu finden. Bei enuretischen Kinder scheinen vor allem emotionale Verstärker (z. B. positiver Körperkontakt) wirksam zu sein. Bestrafungen in Form von Beschämung, Zurückweisung oder Schlagen führen eher zu einer Beeinträchtigung der Lernvorgänge (Grosse 1999).

Oft werden das Führen eines Kalenders durch das Kind und spezifisch auf das Kind zugeschnittene Belohnungsprogramme als Behandlungsmethoden, entweder allein oder in Kombination mit weiteren Verfahren, verwendet (Grosse 1999).

Beim Kalender soll das Kind für trockene und nasse Nächte (bzw. Tage) vorher abgesprochene Symbole einzeichnen oder einkleben. Der Kalender soll deutlich sichtbar über dem Bett des Kindes aufgehängt und von diesem selbstständig geführt werden. Natürlich können auch weitere Abstufungen erfolgen, mit dem Ziel, insbesondere zu Beginn der Behandlung möglichst schnell Anfangserfolge sichtbar zu machen. So wäre beispielsweise beim Bettnässen ein 3. Symbol denkbar, wenn das Kind zwar eingenässt hat, davon aber (anders als bisher) erwacht ist und den Rest freiwillig auf der Toilette entleeren konnte. Allerdings sollten nicht mehr als 3 Symbole verwendet werden, um sicherzustellen, dass die Kinder die Bedeutung der Symbole genau verstehen, und um die Differenzierungsfähigkeit der Kinder nicht zu überfordern. Die Bedeutung jedes Symbols sollte detailliert an Beispielen besprochen werden und den Kindern möglichst auch schriftlich mitgegeben werden.

Zusätzlich zum Führen eines Kalenders besteht die Möglichkeit, das Kind beim Erreichen vorher festgelegter Ziele mit ebenfalls zuvor benannten materiellen Belohnungen zu verstärken. Dies könnten beispielsweise Süßigkeiten, kleinere Geldbeträge oder bestimmte Spielsachen ebenso sein wie Aktivitäten, die das Kind gerne durchführen würde (z. B. Zoobesuch, gemeinsames Spiel mit den Eltern, Einladung von Freunden, Übernachtung bei Freunden oder Verwandten).

Bestrafung sollte möglichst nicht, und wenn ihr Einsatz unbedingt notwendig erscheint, nur in Kombination mit konsequenter Verstärkung eingesetzt werden (Grosse 1999). Nach Grosse (1999) sind Bestrafungen dann wirksam und indiziert, wenn sie dazu beitragen, den Leidensdruck des Kindes zu erhöhen, indem dem Kind die negativen Effekte aus dem Einnässen demonstriert werden (z. B. muss das Kind sein Bett selbst neu beziehen). Auf diese Weise kann eine zum Teil nicht oder nicht ausreichend vorhandene Veränderungsmotivation aufgebaut werden.

Retention-Control-Training (Blasentraining): Viele Kinder mit Enuresis weisen relativ zu Gleichaltrigen ohne Enuresis eine geringere Blasenkapazität auf. Eine kleinere Blase ist schneller gefüllt, und es ist schwieriger, ihre Signale wahrzunehmen (Ronen u. Abraham 1996). Durch das Retention Control Training (RCT) sollen die Kinder lernen, Kontrolle über die Muskeln auszuüben und sensibel für den Füllungsstand der Blase zu werden. Die Blasenkapazität soll gesteigert werden (Ronen u. Abraham 1996, Grosse 1999).

Das Training verläuft folgendermaßen: Das Kind wird angewiesen, beim Auftreten von Harndruck die Miktion noch eine bestimmte Zeit zurückzuhalten. Die Zeitspanne des Aufschiebens des Harnlassens wird schrittweise verlängert, angefangen von 3 Minuten bis hin zu 45 Minuten (Grosse 1991). Ist das Kind in der Lage, das Urinieren an 2 hintereinander liegenden Tagen hinauszuzögern, wird die Einhaltezeit um weitere 3 Minuten erhöht usw. Das Kind soll zu Beginn möglichst unter erhöhter Flüssigkeitszufuhr trainieren, um eine hohe Zahl an Trainingsdurchgängen zu erreichen. Das Gelingen oder Misslingen des Einhaltens soll detailliert protokolliert werden, je nach Alter des Kindes mit Hilfestellung der Eltern oder ohne sie.

RCT ist sicher nicht bei jeder Form der Enuresis effektiv. So ist kaum anzunehmen, dass Kinder, die lediglich 1-mal monatlich einnässen, ein zu geringes Blasenvolumen bzw. eine zu geringe Sensitivität für interne Reize aufweisen. Gleiches gilt für Kinder mit sekundärer Enuresis (Ronen u. Abraham 1996). Ronen u. Abraham (1996) konnten zeigen, dass sich nach einem 4-wöchigen RCT die Blasenkapazität von enuretischen Kindern signifikant erhöht hatte. Shaffer (1994) berichtet jedoch auch von Studien mit gegenteiligen Ergebnissen, in denen nicht nachgewiesen werden konnte, dass RCT das Blasenvolumen steigere. Außerdem könne es zusammen mit einem Alarmgerät angewendet keine zusätzlichen Verbesserungen erbringen, verglichen mit der alleinigen Verwendung des Alarmgerätes. Einigkeit besteht dahingehend, dass RCT keinesfalls für eine vollständige Heilung der Enuresis ausreicht (Doleys 1977, Shaffer 1994, Ronen u. Abraham 1996, Grosse 1999). RCT kann jedoch ein bedeutsamer erster Schritt sein, der die Effektivität nachfolgender Interventionen erhöht. Eigene Erfahrungen zeigen, dass das Blasentraining von Eltern und Kindern gut angenommen wird, da etwas Konkretes geschieht und zugleich Erfolge rasch sichtbar werden (vgl. auch Grosse 1991, 1999).

Eine weitere Form des Blasentrainings ist das Unterbrechertraining. Wichtigstes Ziel hierbei ist, dass das Kind lernt, das Urinieren willkürlich und beliebig oft zu unterbrechen. In der Nacht soll dann das Austreten von kleinen Urinmengen eine Kontraktion des Schließmuskels nach sich ziehen (Grosse 1999).

Bettnässer-Alarmgerät: Mowrer u. Mowrer entwickelten 1938 das erste Alarmgerät. Durch den Kontakt von Urin mit dem Alarmgerät wird ein Stromkreis geschlossen, durch den ein Signal (in der Regel akustisch) ausgelöst wird, von dem das Kind erwacht. Wichtig ist, dass zwischen dem Beginn des Einnässens und dem Anspringen des Alarmgerätes möglichst wenig Zeit vergeht (Doleys 1977), damit eine Assoziation zwischen der (noch) gut gefüllten Blase und dem Aufwachen erfolgen kann.

Ob es sich tatsächlich (wie von Mowrer u. Mowrer angenommen) um eine klassische Konditionierung handelt oder ob hier insbesondere instrumentelle Lernvorgänge (Weckreiz als Strafreiz) bedeutsam sind, ist bis heute strittig. Sicher ist jedoch die gute Wirksamkeit. In seinem Überblicksartikel berichtet Doleys (1977), dass in den verschiedenen Untersuchungen über einen Zeitraum von 5-12 Wochen etwa 75% der Kinder trocken wurden (vgl. auch Fincham u. Spettell 1984). Davon erlitten ca. 41% der Kinder Rückfälle, wobei die meisten dieser Rückfälle innerhalb von 6 Monaten erfolgten. Von den erneut einnässenden Kindern, die einer wiederholten Behandlung mit dem Bettnässer-Alarmgerät unterzogen wurden, erreichten gut zwei Drittel das Therapieziel, in der Untersuchung von Houts et al. (1986) waren es 44%. Um die hohe Rückfallgefahr einzudämmen, wird eine enge Supervision der Eltern, das Überlernen (gesteigerte Flüssigkeitszufuhr vor dem Schlafengehen) und der Einsatz von intermittierenden Weckplänen (das Alarmgerät springt nicht bei jedem Einnässen, sondern nur in einem festgelegten Prozentsatz der Einnässereignisse an) empfohlen (Lovibond 1964, Doleys 1977, Houts et al. 1986, Shaffer 1994). In ihrer Metaanalyse fanden Houts et al. (1994), dass alle Methoden, die ein Klingelgerät mit einbezogen, im Vergleich zu Therapien ohne Gerät die besten Ergebnisse erbrachten. Im Hinblick auf den Langzeiterfolg wurden Kinder, die mit einem Alarmgerät behandelt wurden, etwa 2-mal so häufig trocken wie Kinder, die andere Behandlungen erhalten hatten. Je länger ein Kind mit einem Alarmgerät behandelt wurde, desto höher waren die Raten der trockenen Kinder. Primäre und sekundäre Enuretiker und solche mit einer positiven Familiengeschichte oder ohne diese scheinen in gleicher Weise auf ein Alarmgerät anzusprechen (Shaffer 1994). Heilungen und bedeutsame Verbesserungen wurden auch von retardierten Kindern berichtet, wobei diese häufig über einen längeren Zeitraum hinweg behandelt werden müssen (Shaffer 1994).

Wenn innerhalb von 4-8 Wochen keine erkennbaren Fortschritte eingetreten sind, sollten zusätzlich zum Alarmgerät spezifische Behandlungsmaßnahmen ergriffen werden (Grosse 1991).

Mögliche Ursachen nicht erfolgreicher Therapien bzw. von Therapieabbrüchen sind schlechte häusliche und Schlafbedingungen, Trennungen in der Familie, das Nichterwachen des Kindes von dem Alarm, Ängste des Kindes vor dem Gerät, unsachgemäße Handhabung des Gerätes aus Unkenntnis (Doleys 1977). Hat das Kind Schwierigkeiten, auf das Signal hin zu erwachen, empfiehlt es sich, zu Beginn der Behandlung bereits das Aufwachen zu verstärken.

Es kann zwischen einer Klingelmatte, die unter das Bettlaken des Kindes gelegt wird und einer Klingelhose, welche das Kind anzieht, gewählt werden. Bei der Entscheidung darüber, welches der Geräte als günstigstes für ein bestimmtes Kind verwendet werden soll, ist es wichtig, die Stärken und Schwächen beider Geräte zu kennen und zu berücksichtigen. Eine detaillierte Beschreibung der Geräte und eine Auflistung der Vor- und Nachteile findet sich bei Grosse (1991, S. 79-80 und S. 92-94). Geräte, die dem Kind beim Einnässen einen milden Elektroschock verabreichen, sind für die Familie nicht nur weniger akzeptabel, sie scheinen auch nicht effektiver zu sein als solche mit akustischem Signal (Shaffer 1994).

Dry-Bed-Training: Das Dry-Bed-Training (DBT) ist ein Therapieprogramm, welches aus verschiedenen Einzeltechniken zusammengesetzt ist. Das Training wurde von der Arbeitsgruppe um Azrin ursprünglich für die Behandlung von retardierten institutionalisierten bettnässenden Erwachsenen entwickelt und dann für die Anwendung mit Kindern adaptiert. Das Training besteht aus einer Intensivnacht und einer darauf folgenden Posttrainingsphase.

Das Vorgehen in der **Intensivnacht** beschreiben Azrin et al. (1974) folgendermaßen: Eine Stunde vor dem Schlafengehen wird das Kind über alle Phasen der Trainingsprozedur informiert, und am Bett wird ein Alarmgerät installiert. Dann folgen 20 Durchgänge des so genannten „Toilettentrainings". Das Kind liegt hierbei zunächst im Bett und zählt bis 50. Dann geht es zur Toilette, versucht dort zu urinieren und begibt sich danach wieder zu Bett. Damit soll bei dem Kind die Gewohnheit entstehen, aufzustehen und sich auf der Toilette korrekt zu verhalten. Zur Schlafenszeit soll das Kind von seinem Lieblingsgetränk soviel wie möglich trinken, außerdem soll es die Trainingsinstruktionen für die kommende Nacht wiederholen, um Verständnisprobleme aus dem Weg räumen zu können. Das Kind wird dann stündlich durch den Trainer geweckt; wichtig ist hierbei, dass der Trainer nur das Mindestmaß an notwendigen Weckreizen einsetzt. Das Kind soll dann sofort ins Bad gehen. Dort wird es gefragt, ob es jetzt urinieren müsse oder eine weitere Stunde durchhalten könne. Wenn das Kind nicht mehr warten kann, benutzt es die Toilette, wird dafür vom Trainer gelobt und wieder ins Bett geschickt. Im anderen Falle lobt der Trainer das Kind für sein Aushalten und schickt es wieder ins Bett. Dort soll das Kind die Bettwäsche anfassen und deren Trockenheit registrieren, gefolgt vom Lob des Trainers für das trockene Bett. Anschließend bekommt das Kind wieder zu trinken und schläft weiter. Wenn es während der Schlafenszeiten einnässt, springt das Alarmgerät an, der Trainer weckt das Kind sofort und rügt es für das Einnässen. Das Kind wird ins Badezimmer geschickt, wo es das Urinieren beenden soll, im Anschluss daran wird das so genannte „Sauberkeitstraining" durchgeführt. Dieses besteht darin, dass das Kind sein Nachtzeug auszieht, die nasse Bettwäsche abzieht und zur schmutzigen Wäsche bringt sowie das Bett neu herrichtet. Dann wird das Kind informiert, dass sein Einnässen darauf hindeutet, dass es mehr Übung im Auf-die-Toilette-Gehen benötigt, um in Zukunft trocken zu bleiben, und es schließen sich 20 Durchgänge des Toilettentrainings an. Wenn in der Nacht eingenässt wurde, müssen am Abend vor der nächsten Nacht 20 weitere Durchgänge des Toilettentrainings absolviert werden.

Das Vorgehen in der **Posttrainingsphase** wird von Azrin et al. (1974) folgendermaßen beschrieben: Vor dem Schlafengehen wird das Alarmgerät installiert. Wenn in der vorausgegangenen Nacht eingenässt wurde, ist das Toilettentraining zu absolvieren, das Kind wird daran erinnert, dass bei Einnässen in der folgenden Nacht Sauberkeits- und Toilettentraining notwendig werden und das Instruktionsverständnis wird geprüft. Wenn die Eltern zu Bett gehen, wecken sie das Kind und schicken es zur Toilette. Nach jeder trockenen Nacht wird das Kind 30 Minuten früher geweckt, solange bis der Abstand vom Schlafengehen des Kindes bis zum Wecken weniger als eine Stunde betragen würde. Nach einer trockenen Nacht loben beide Eltern das Kind. Im Laufe des Tages soll das Kind mindestens 5 weitere Male durch die Eltern gelobt werden. Vom Kind bevorzugte Personen aus dem Verwandtenkreis werden ebenfalls dazu angehalten, das Kind besonders zu loben. Nach 7 trockenen Nächten hintereinander wird die Posttrainingsphase beendet. Kommt es danach wieder zum Bettnässen, wird das Kind morgens durch die Eltern angehalten, das Bett neu zu beziehen, und es muss vor der darauf folgenden Nacht wieder das Toilettentraining absolvieren. Erfolgt das Bettnässen nach Abschluss der Posttrainingsphase an 2 Nächten innerhalb einer Woche, wird erneut die Posttrainingsphase eingesetzt, bis wieder 7 trockene Nächte nacheinander erreicht werden.

Azrin et al. (1974) behandelten insgesamt 26 Kinder, die im Mittel 8 Jahre alt waren und mit Ausnahme von 2 Kindern seit dem Kleinkindalter jede Nacht einnässten; 13 dieser Kinder erhielten eine herkömmliche Behandlung mit einem Alarmgerät, die andere Hälfte bekam das DBT. In der Kontrollgruppe sank die Häufigkeit des Bettnässens innerhalb der 1. Woche von 7 auf 6 und während der 2. Woche auf 5 Ereignisse. Nach der Intensivnacht des DBT lag der Median des Einnässens in der 1. und 2. Woche lediglich bei einem Ereignis, nach der 3. Woche bis zum Ende des 6-Monats-Intervalls bei keinem Ereignis. Dieser Unterschied in der Zahl der Einnässereignisse konnte statistisch abgesichert werden. Keines der mit dem DBT behandelten Kinder erlitt während der folgenden 6 Monate einen Rückfall auf das Niveau des Bettnässens vor Beginn des Trainings. Bollard (1982) beobachtete erfolgreich behandelte Kinder über einen 2-Jahres-Zeitraum. Hierbei stellte sich heraus, dass 39% der mit dem DBT behandelten Kinder innerhalb dieser Zeit einen Rückfall (in 1 Monat wird mehr als 1-mal wöchentlich eingenässt) erlitten, verglichen mit 41% aus der Gruppe, die lediglich mit einem Alarmgerät behandelt wurde, ein Unterschied, der statistisch nicht bedeutsam ist. In der Untersuchung von Bollard et al. (1982) erlitten innerhalb von 3 Monaten 10 von 29 Kindern (34%) einen Rückfall.

Shaffer (1994) und Grosse (1999) berichteten, dass bei einer Durchführung des DBT ohne Verwendung eines Alarmgerätes keine durchschlagenden Erfolge erreicht werden können (vgl. auch Bollard et al. 1982). In der Untersuchung von Fincham u. Spettell (1984) erreichten 41% der Kinder, die mit DBT ohne Alarmgerät behandelt wurden, innerhalb von 8 Wochen das Kriterium von 14 trockenen Nächten, verglichen mit drei Viertel der Gruppe, die ein Alarmgerät erhielt. Die Eltern aus dieser Untersuchung bewerteten den Einsatz eines Alarmgerätes als akzeptabler verglichen mit dem DBT. In der DBT-Gruppe wurde häufiger über Schwierigkeiten bei der Anwendung des Programms berichtet, die insbesondere darin bestanden, dass die Kinder die Teilnahme verweigerten oder dass die Eltern bestimmte Prozeduren als Überforderung empfanden (z.B. Überwachung des Toilettentrainings). Wirksame Einzeltechniken des DBT sind die Intensivnacht, das Toiletten- und das Sauberkeitstraining (Grosse 1999).

Full-Spectrum-Home-Training: Dieses Training wurde von Houts et al. (1983) mit dem Ziel entwickelt, die Erfolgsrate zu maximieren, die Kooperation der Eltern und Kinder zu erhöhen, Rückfällen vorzubeugen und die Kosten möglichst gering zu halten. Es setzt sich aus 4 Bausteinen zusammen:

- Klingelapparat
- Sauberkeitstraining
- RCT
- Überlernen (Whelan u. Houts 1990)

Hiermit konnten 81,4% (Houts et al. 1983) bzw. 75,6% (Whelan u. Houts 1990) der Kinder erfolgreich behandelt werden, innerhalb eines Jahres erlitten 24% (Houts et al. 1983) bzw. 21% (Whelan u. Houts 1990) einen Rückfall, 4 der 6 Kinder mit einem Rückfall blieben nach einer erneuten Behandlung mit dem „Full-Spectrum-Home-Training" im darauf folgenden Jahr trocken (Whelan u. Houts 1990). Whelan u. Houts (1990) fanden, dass die zusätzliche Einführung eines Weckplanes analog zum DBT keinen Einfluss auf den Therapieerfolg hatte. Ob ein Weckplan vorhanden war oder nicht hatte bei unterschiedlichen Gruppen keinen Einfluss auf die Dauer bis zum Erreichen des Erfolgskriteriums (14 trockene Nächte nacheinander), die Zahl erfolgreich behandelter Kinder und bezüglich der Rückfallraten.

Mehrstufige verhaltenstherapeutische Behandlung: Schmidt u. Esser (1981) erprobten an insgesamt 47 Kindern im Alter zwischen 5 und 15 Jahren (AM = 8; 10 Jahre, SD = 2; 9 Jahre) ein schrittweises Vorgehen bei der Behandlung der Enuresis nocturna. Alle 38 Kinder, deren Eltern die Behandlung nicht abbrachen, erreichten damit das Therapieziel der Trockenheit für mindestens 4 Wochen. Insgesamt beinhaltete das Vorgehen 3 Stufen, die nacheinander vorgegeben wurden, bis ein Erfolg erzielt wurde. Nach 4 Wochen, in denen sich auf der entsprechenden Stufe kein Erfolg einstellte, wurde zur nächsten übergegangen. Im Folgenden sollen die 3 Stufen kurz beschrieben werden.

- **Stufe 1:** Schaffung günstiger, klientenzentrierter Bedingungen. Auf dieser Stufe sollen Informationslücken geschlossen und Fehlinformationen korrigiert werden. Die Eltern werden in Gegenwart des Kindes detailliert über die Grundsätze der Therapie aufgeklärt. Die Kinder sollen in Wochenplänen markieren, ob sie trocken geblieben sind oder nass waren, was von den Eltern zu kontrollieren ist. Die Eltern werden angewiesen, negative Erziehungspraktiken, z. B. Windeln, Bestrafungen, Flüssigkeitsreduktionen zu unterlassen und ihrem Kind am Morgen nach trockenen Nächten sehr viel Zuwendung, nach nassen Nächten wenig Zuwendung entgegen zu bringen. Insgesamt soll eine zielorientierte, hoffnungsfrohe Atmosphäre geschaffen werden.
- **Stufe 2:** Einsatz von zusätzlichen Verstärkern. Für trockene Nächte werden neben der vermehrten Zuwendung durch die Eltern und der Kennzeichnung im Wochenkalender zusätzliche Verstärker eingeführt. Der erstellte Verstärkerplan wird in einem schriftlichen Vertag festgehalten.
- **Stufe 3:** Anwendung des Bettnässeralarmgerätes. Wichtig für den Erfolg dieser Maßnahme ist die sorgfältige und kontrollierende Begleitung durch den Therapeuten.

Auf Stufe 1 erreichten bereits 27,7% der Kinder das Kriterium der 4-wöchigen Trockenheit. Auf Stufe 2 kamen weitere 12,8% hinzu und 40,4% auf Stufe 3. Die übrigen 19,9% hatten die Therapie abgebrochen.

Nächtliches Wecken durch die Eltern, Flüssigkeitseinschränkung und Windeln des Kindes sind Maßnahmen, die häufig von Eltern ergriffen werden. Diese Methoden verhindern jedoch letztlich, dass das Kind Gelegenheit erhält, die Organfunktionen unter natürlichen Bedingungen wahrzunehmen und Organfunktionen und Verhaltensabläufe zu trainieren (Grosse 1991).

Medikamentöse Behandlung

Von Gontard u. Lehmkuhl (1996; 1997a) halten eine Pharmakotherapie bei Enuresis nocturna unter folgenden Bedingungen für indiziert:

- Therapieresistenz gegenüber anderen Methoden,
- Kombination mit nicht-pharmakologischen Methoden,
- bei familiären und sonstigen Belastungen, die eine aufwendige Behandlung nicht erlauben,
- andere spezifische Indikationen, z. B. Notwendigkeit von kurzfristigem Trockenwerden vor Schulausflügen.

Desmopressin (Minerin): Desmopressin (abgekürzt DDAVP) ist ein synthetisches Analogon des antidiuretischen Hormons (ADH). Bei Personen mit Enuresis nocturna ist wiederholt festgestellt worden, dass ADH in den frühen Abendstunden in geringerer Menge ausgeschüttet wird als bei Personen ohne Einnässen (v. Gontard u. Lehmkuhl 1996). Desmopressin wurde in der Studie von Bath u. a. (1996) bei 26 Kindern zwischen 7 und 15 Jahren eingesetzt. Hier gab es eine hohe Rate an Non-Respondern (62 %), also Kinder, bei denen innerhalb eines Zeitraums von 4 Monaten auch in hoher Dosierung nicht erreicht wurde, dass sie 14 aufeinander folgende trockene Nächte erreichten. Von den 10 Kindern, die nach 5 Monaten mindestens 14 trockene Nächte hintereinander erreicht hatten, erlitten 80% in den folgenden 2 Monaten einen Rückfall, als die Medikation abgesetzt wurde; in der Untersuchung von Terho (1991) waren es sogar 90% der Kinder. Es gibt Hinweise darauf, dass Kinder, die älter als 9 Jahre sind, und Personen mit geringerer Einnässfrequenz besser auf das Medikament ansprechen. Das Geschlecht scheint keine Bedeutung zu haben (v. Gontard u. Lehmkuhl 1996). Hogg u. Husmann (1993) fanden bei Kindern mit positiver familiärer Belastung ein deutlich besseres Ansprechen auf Desmopressin (91%) als bei solchen ohne familiäre Belastung (7%).

Die bei Enuresis nocturna empfohlene Dosis liegt bei 20–40 µg/die (v. Gontard u. Lehmkuhl 1996). Minirin wird am günstigsten intranasal mit einem Dosierspray verabreicht. Die antidiuretische Wirkungsdauer liegt bei 6–26 Stunden, im Mittel bei 10 Stunden (v. Gontard u. Lehmkuhl 1996). Die wichtigste Nebenwirkung, welche jedoch sehr selten auftritt, ist Hyponatriämie und Wasserintoxikation (v. Gontard u. Lehmkuhl 1996). Wenn mit Desmopressin nur eine kurzzeitige Trockenheit erreicht werden soll (z.B. Ausflug), muss rechtzeitig begonnen werden, um gegebenenfalls die Dosis noch erhöhen zu können. Wird das Kind unter der Behandlung trocken, sollte das Medikament in der niedrigstmöglichen Dosierung für insgesamt 8 Wochen verabreicht werden, nur in Ausnahmefällen sollte eine mehrmonatige Behandlung durchgeführt werden (v. Gontard u. Lehmkuhl 1996).

Imipramin (Tofranil) und Desipramin (Pertofran): Imipramin und Desipramin gehören zur Gruppe der trizyklischen Antidepressiva. Der Wirkmechanismus bei Enuresis ist bisher noch nicht bekannt (v. Gontard u. Lehmkuhl 1996).

Imipramin sollte ausschließlich bei Enuresis nocturna gegeben werden, unabhängig vom Schweregrad des Einnässens und der Tatsache, ob es sich um eine primäre oder sekundäre Enuresis handelt (v. Gontard u. Lehmkuhl 1996). Mögliche Nebenwirkungen bei der Behandlung mit Imipramin umfassen: Mund- und Schleimhauttrockenheit, Pupillenerweiterung, Akkomodationsschwäche, Schwitzen, Obstipation, Appetitlosigkeit, Schwindelgefühl, Schlafstörungen, Steigerung des Augeninnendrucks bei Glaukom, Miktionsstörungen, motorische Unruhe, Angst, Hypomanie und Manie, zerebrale Anfälle durch Absenken der Krampfschwelle und Blutbildveränderungen (v. Gontard u. Lehmkuhl 1996). Aufgrund kardialer Nebenwirkungen traten 4 Todesfälle unter Desipramin auf, seitdem wird das Medikament wegen der Intoxikationsgefahr und der hohen Rückfallquote seltener verordnet (v. Gontard u. Lehmkuhl 1996).

In ihrer Analyse zahlreicher Arbeiten zur Behandlung der Enuresis fanden Houts et al. (1994), dass 40% der mit Trizyklika behandelten Kinder bei Behandlungsende trocken waren, nach Absetzen des Medikaments waren zum Follow-up jedoch lediglich 17% trocken. Shaffer (1994) berichtet, dass etwa 85% der Bettnässer die Häufigkeit des Einnässens reduzieren und bei ca. 30% vollständige Trockenheit beobachtet wird. Innerhalb von 3 Monaten nach Absetzen der Behandlung mit Imipramin nässen nahezu alle Kinder wieder ein, und zwar auf oder nahe bei ihrem früheren Häufigkeitsniveau. Die Art, in der das Medikament abgesetzt wird (schrittweise vs. abrupt), scheint die Rückfallrate nicht zu beeinflussen (Shaffer 1994).

Vor der Behandlung mit trizyklischen Antidepressiva sind die Durchführung eines EKGs, einer kardiologischen Untersuchung sowie das Erheben des Blutbildes notwendig (v. Gontard u. Lehmkuhl 1996). Es sollte mit einer niedrigen Dosierung begonnen werden (1 mg pro kg), die, falls erforderlich, alle 4–5 Tage um 20–30% gesteigert wird, bis auf maximal 3,5 mg pro kg (v. Gontard u. Lehmkuhl 1996). Unter der Voraussetzung, dass die Dosis angemessen ist, wird der Effekt nahezu immer innerhalb einer Woche nach Beginn oder Veränderung der Behandlung beobachtet (Shaffer 1994). Von Gontard u. Lehmkuhl (1996) nennen folgende Indikationsbereiche für die Gabe von Imipramin: Resistenz gegenüber anderen Methoden, Komorbidität von Enuresis nocturna und anderen psychiatrischen Störungen, insbesondere Depression und hyperkinetisches Syndrom.

■ Enuresis-diurna-Therapieempfehlungen

Allgemeine Therapieempfehlungen

Operante Methoden: Zunächst sollten Zeiten identifiziert werden, an denen das Tagnässen gewöhnlich auftritt. Dann erfolgen Belohnungen für das vorsorgliche Auf-die-Toilette-Gehen (Shaffer 1994).

Alarmgeräte: Es stehen tragbare Alarmgeräte mit einem Sensor zur Verfügung, der in der Unterhose platziert wird. Halliday et al. (1987) fanden, dass damit etwa zwei Drittel der Tagnässer erfolgreich behandelt werden konnten und dass die große Mehrheit dieser Kinder (82%) in den folgenden 2 Jahren trocken blieb; 2 verschiedene Varianten sind getestet worden:

- das Signal ertönt, nachdem das Einnässen stattgefunden hat,
- das Signal ertönt in zuvor festgelegten Zeitabständen, das Kind wird instruiert, beim Klingeln die Toilette aufzusuchen und seine Blase zu entleeren.

Bedeutsame Unterschiede im Erfolg beider Varianten konnten nicht festgestellt werden. Nach Ansicht der Autoren ist die zweite zu bevorzugen, da sie die Unannehmlichkeit eines Sensors und dem Kind die Peinlichkeit erspart, wenn das Gerät nach dem Einnässen in der Schule klingelt (vgl. auch Meadow 1990). Meadow (1990) empfiehlt, ein festes Intervall von 90 Minuten einzustellen. Innerhalb von 4–8 Wochen erwerben viele Kinder so die Gewohnheit, in regelmäßigen Abständen die Toilette aufzusuchen und werden auf diese Weise trocken. Wenn mit dem 90-Minuten-Intervall keine Trockenheit erreicht werden kann, soll das Intervall verkürzt werden.

Therapieempfehlungen für verschiedene Formen des Tagnässens

Idiopathische Dranginkontinenz: Als Therapieziel bei idiopathischer Dranginkontinenz beschreiben v. Gontard u. Lehmkuhl (1997b) die zentrale Kontrolle der Drangsymptome, wobei auf motorische Haltemanöver verzichtet werden kann. Die Kinder sollen lernen, den Harndrang wahrzunehmen, daraufhin sofort eine Toilette aufzusuchen und motorische Haltemanöver zu unterlassen. Dafür werden Kalender geführt, in denen Harnlassen mit bzw. ohne Einnässen durch verschiedene Symbole dargestellt wird, wobei zusätzliche Verstärker eingeführt werden können. Meadow (1990) empfiehlt für die Behandlung von Kindern mit Dranginkontinenz Geräte, die in festen Zeitabständen klingeln.

Oxybutinin (Dridase) kann zur medikamentösen Behandlung verwendet werden. Dieses Medikament ist ausschließlich bei der idiopathischen Dranginkontinenz indiziert (Olbing 1993a, v. Gontard u. Lehmkuhl 1996). Bei einer primären Enuresis nocturna zeigt es keine positiven, sondern lediglich Nebenwirkungen. V. Gontard u. Lehmkuhl (1996) gehen davon aus, dass die Behandlungsdauer mindestens 8 Wochen betragen sollte, wobei eine längere Einnahme vermutlich effektiver ist. Das Absetzen soll langsam erfolgen. Die Autoren empfehlen bei idiopathischer Dranginkontinenz folgendes Vorgehen:

- mindestens 4 Wochen verhaltenstherapeutische Behandlung,
- falls kein Erfolg eintritt mindestens 4 Wochen 0,3 mg/kg Oxybutinin unter Fortsetzung der Verhaltenstherapie (langsames Einschleichen 2–3 Dosen/die),
- bei ungenügender Wirkung Steigerung auf maximal 0,6 mg/kg Oxybutinin.

Mögliche Nebenwirkungen des Medikamentes sind: Mundtrockenheit, fleckige Hautrötung und Akkomodationsstörungen, Abnahme der Schweißdrüsensekretion, Glaukomauslösung, Tachykardie, Miktionsstörung, Müdigkeit, Schwindel und Übelkeit (Olbing 1993a, v. Gontard und Lehmkuhl 1996).

Harninkontinenz bei Miktionsaufschub: Zunächst sollen die Eltern entlastet sowie Eltern und Kind die Zusammenhänge zwischen Einnässen und Aufschieben des Harnlassens erklärt werden (Olbing 1993b, v. Gontard u. Lehmkuhl 1997b). Wenn beim Harnlassen Begleitumstände vorhanden sind, die das Kind als unangenehm empfindet, sollten diese möglichst beseitigt werden (Olbing 1993b). Die Anwendung verhaltenstherapeutischer Maßnahmen, wie z.B. Kalenderführung mit regelmäßigen Schickzeiten, wird empfohlen (v. Gontard u. Lehmkuhl 1997b). Bewährt hat sich die Einführung einer Digitaluhr, von der alle 3 bis 4 Stunden ein Alarm ausgelöst wird, der das Kind an den Toilettengang erinnert (Hallidey et al. 1987, Meadow 1990).

Detrusor-Sphinkter-Dyskoordination: Die Therapie findet häufig im stationären Setting statt. Es werden kognitive und verhaltenstherapeutische Trainingselemente durchgeführt, verbunden mit Motivationsaufbau. Ein Biofeedbacktraining (Uroflow-Biofeedback) wird als das entscheidende und effektivste Element der Therapie angesehen (Olbing 1993c, v. Gontard u. Lehmkuhl 1997b). Ein solches Training kann bei normal entwickelten Kindern ab einem Alter von 5–6 Jahren erfolgreich durchgeführt werden (Olbing 1993c). Bei Rückfällen ist in den meisten Fällen eine Wiederholung des Trainings erfolgreich (Kjølseth et al. 1993). Daneben wird in der Literatur von erfolgreichen Therapien durch Hypnose berichtet (Hinman 1986, Kjølseth et al. 1993).

Die Prognose der primären Enuresis ist günstiger als die der sekundären. Bei beiden Formen finden jedoch in der Pubertät häufig Spontanremissionen statt (Brünger 1994). Die Spontanremissionsraten für Enuresis nocturna sowie Enuresis nocturna et diurna sind nach den Ergebnissen von Forsythe u. Redmond (1974) sehr ähnlich, sie liegen im Alter von 5–9 Jahren durchschnittlich bei 14% jährlich und zwischen 10 und 19 Jahren bei etwa 16% pro Jahr (vgl. auch Grosse 1999). Etwas geringere Raten werden im DSM-IV angegeben. Danach erleben nach dem 5. Lebensjahr jährlich zwischen 5 und 10% der Enuretiker ein spontanes Verschwinden der Symptomatik (Sass et al. 1996, vgl. auch Kaffman u. Elizur 1977). Grosse (1999) betont jedoch, dass die relativ hohe Rate spontaner Besserungen nicht dazu verleiten sollte, mit Therapiebemühungen so lange wie möglich zu warten, da aufgrund der sozialen Ächtung und des persönlichen Leidensdrucks die Ausbildung von Sekundärproblemen wahrscheinlich ist. An einer Gruppe erfolgreich behandelter Bettnässer konnten relativ zur Untersuchung vor Beginn der Therapie signifikante Verbesserungen im Selbstkonzept nachgewiesen werden (Moffatt et al. 1987). Eine Behandlung der Enuresis ist gleichzeitig Prävention für sekundäre Störungen (Brünger 1994).

Houts et al. (1994) fanden in ihrer Metaanalyse, dass Kinder, die zu Beginn der Therapie seltener einnässten, und solche, die ausschließlich nachts einnässten, also Kinder mit einem geringeren Schweregrad der Störung, erwartungsgemäß die bessere Prognose aufwiesen. Auch Eggers (1993) sieht in der Einnässhäufigkeit einen prognostisch bedeutsamen Faktor. Knapp 95% der 5-Jährigen, die lediglich intermittierend einnässen, sind mit 9 Jahren trocken. Dem stehen lediglich 56 % der 5-jährigen Kinder gegenüber, welche jede Nacht einnässen.

Für die Effizienz der Behandlung sowie die Rückfallgefährdung sind weder das Alter, das Geschlecht noch die Art der Enuresis (primär vs. sekundär) von Bedeutung (Bollard 1982, Houts et al. 1994).

Zusammenfassung

Eine Enuresis liegt vor, wenn eine Person, die nach ihrem Lebens- und geistigen Alter mindestens 5 Jahre alt ist, ihre Blase am Tag oder in der Nacht in die Kleidung bzw. das Bett entleert, ohne dass organische Auffälligkeiten vorliegen, die ein solches Verhalten hinreichend erklären. In Abhängigkeit davon, ob seit dem Kleinkindalter durchweg eingenässt wird oder ob zwischenzeitlich eine stabile Blasenkontrolle erreicht wurde, kann zwischen primärer und sekundärer Enuresis unterschieden werden.

Beim Einnässen am Tage lassen sich die idiopathische Dranginkontinenz, die Harninkontinenz bei Miktionsaufschub und die Detrusor-Sphinkter-Dyskoordination voneinander differenzieren. In Bezug auf die Komorbidität bei Enuresis liegen widersprüchliche Ergebnisse vor. Gesichert scheint, dass Kinder, die tagsüber einnässen, häufiger psychiatrische Auffälligkeiten zeigen als Kinder, die unter einer Enuresis nocturna leiden.

Bettnässen stellt die häufigste Form des Einnässens dar, eine Enuresis diurna wird nur sehr selten allein beobachtet (ca. 5 % der Fälle), sondern häufiger in Kombination mit dem nächtlichen Einnässen (ca. 15–20 %). Mit 5 Jahren nässen etwa 7 % der Jungen und 3 % der Mädchen mindestens 2-mal wöchentlich ein. Bis zum Alter von 18 Jahren reduziert sich dies auf ca. 1 % bei den Männern und weniger als 1 % bei den Frauen. Mit der Entstehung einer Enuresis werden insbesondere folgende Faktoren in Zusammenhang gebracht: Genetik, Veränderungen der zirkadianen Rhythmik der ADH-Sekretion, Polyuria, Schlaftiefe, sozioökonomische Faktoren, kritische Lebensereignisse und Schwierigkeiten bei der Alltagsbewältigung. Bei der Therapie der Enuresis kommen vor allem verhaltenstherapeutische Verfahren (operante Methoden, Retention Control Training, Bettnässer-Alarmgerät, Dry-Bed-Training, Full-Spectrum Home Training) und medikamentöse Behandlungsansätze zum Einsatz. Letztere führen jedoch bei der Mehrzahl der Kinder nach Absetzen des Medikaments zum Rückfall.

Literatur

Azrin NH, Sneed TJ, Fox RM. Dry-bed training: Rapid elimination of childhood enuresis. Behav Res Ther. 1974;12:147-56.

Baker BL. Symptom treatment and symptom substitution in enuresis. J Abnorm Psychol. 1969;74:42-9.

Bakwin H. The genetics of enuresis. In: Kolvin I, Mac Keith RCI, Meadow SR, eds. Bladder control in enuresis. London: Heinemann; 1973.

Barth R, Morton R, Uing A, Williams C. Nocturnal enuresis and the use of desmopressin: is it helpful? Child Care Health Devel. 1996;22:73-84.

Bollard J. A 2-year follow-up of bedwetters treated by dry-bed training and standard conditioning. Behav Res Ther. 1982;20:571-80.

Bollard J, Nettelbeck T, Roxbee L. Dry-bed training for childhood bedwetting: A comparison of group with individually administered parent instruction. Behav Res Ther. 1982;20:209-17.

Brünger M. Enuresis. In: Mark N, Bischoff C, Hrsg. Psychosomatische Grundversorgung. Köln: Deutscher Ärzte-Verlag; 1994.

Doleys DM. Behavioral treatments for nocturnal enuresis in children: A review of the recent literature. Psychol Bull. 1977;84:30-54.

Eggers Ch. Psychologisch-psychiatrische Aspekte der Enuresis im Kindes- und Jugendalter. In: Olbing H, Hrsg. Enuresis und Harninkontinenz bei Kindern. München: Hans Marseille Verlag; 1993.

Essen J, Peckham C. Nocturnal enuresis in childhood. Devel Med Child Neurol. 1976;18:577-89.

Esser G, Schmidt MH, Woerner W. Epidemiology and course of psychiatric disorders in school-age children – Results of a longitudinal study. J Child Psychol Psychiat. 1990;31:243-63.

Feehan M, McGee R, Stanton W, Silva PA. A 6 year follow-up of childhood enuresis: Prevalence in adolescence and consequences for mental health. J Ped Child Health. 1990;26:75-9.

Fergusson DM, Horwood LJ, Shannon FT. Factors related to the age of attainment of nocturnal bladder control: An 8-year longitudinal study. Pediatrics. 1986;78:884-90.

Fergusson DM, Horwood LJ, Shannon FT. Secondary enuresis in a birth cohort of New Zealand children. Paed Perinat Epidem. 1990;4:53-63.

Fielding DM, Doleys DM. Elimination problems: Enuresis and encopresis. In: Mash EJ, Terdal LG, eds. Behavioral assessment of childhood disorders, 2nd edition. New York: Guilford; 1988.

Fincham FD, Spettell C. The acceptability of dry bed training and urine alarm training as treatments of nocturnal enuresis. Behav Ther. 1984;15:388-94.

Forsythe WI, Redmond A. Enuresis and spontaneous cure rate: Study of 1129 enuretics. Arch Dis Childh. 1974;49:259-63.

Friman PC, Handwerk ML, Swearer SM, McGinnis JC, Warzak WJ. Do children with primary nocturnal enuresis have clinically significant behavior problems? Arch Pediat Adol Med. 1998;152: 537-9.

Gontard A von, Lehmkuhl G. Pharmakotherapie der Enuresis. Z Kinder- Jugendpsych Psychother. 1996;24, 18-33.

Gontard A von, Lehmkuhl G. Differenzielle Therapie der Enuresis im Kindesalter. In: Mundt C, Linden M, Barnett W, Hrsg. Psychotherapie in der Psychiatrie. Wien: Springer; 1997a.

Gontard A von, Lehmkuhl G. „Enuresis diurna" ist keine Diagnose – neue Ergebnisse zur Klassifikation, Pathogenese und Therapie der funktionellen Harninkontinenz im Kindesalter. Prax Kinderpsychol Kinderpsychiat. 1997b;46:92-112.

Gontard A von, Lehmkuhl G. Enuresis nocturna – neue Ergebnisse zu genetischen, pathophysiologischen und psychiatrischen Zusammenhängen. Prax Kinderpsychol Kinderpsychiat. 1997c;46:709-26.

Gontard A von, Hollmann E, Eiberg H, Benden B, Rittig S, Lehmkuhl G. Clinical enuresis phenotypes in familial nocturnal enuresis. Scandi J Urol Nephrol. 1997;183:11-6.

Gontard A von. Annotation: Day and night wetting in children – A paediatric and child psychiatric perspective. J Child Psychol Psychiat. 1998a;39:439-51.

Gontard A von. Gibt es einen Verhaltensphänotyp der Enuresis nocturna? Kindh Entwickl. 1998b;7:70-8.

Grosse S. Bettnässen: Diagnostik und Therapie, 2. Aufl. München: Beltz; 1991.

Grosse S. Enuresis. In: Steinhausen HC, Aster M von, Hrsg. Verhaltenstherapie und Verhaltensmedizin bei Kindern und Jugendlichen. 2. Aufl. Weinheim: Beltz; 1999.

Halliday S, Meadow SR, Berg I. Successful management of daytime enuresis using alarm procedures: a randomly controlled trial. Arch Dis Childh. 1987;62:132-7.

Haug G. Enuresis in langfristiger Familienbeobachtung. Prax Kinderpsychol Kinderpsychiat. 1980;3:90-4.

Haug G. Alltagsbelastung und Einnässverhalten: Eine verhaltensbiologische Untersuchung an Enuretikerkindern. Kinderarzt. 1981;11:1607-18.

Haug-Schnabel G. Die Sauberkeitserziehung: Lernen oder Reifen? – Eine biologische Herausforderung an die Sozialpädiatrie und die Elternbildung. Prävention. 1990;13:35-40.

Haug-Schnabel G. Das erste große Erziehungsziel: Das saubere Kind. Kindergarten heute. 1991;21:36-43.

Hinman F. Nonneurogenic neurogenic bladder (the Hinman syndrome) – 15 years later. J Urol. 1986;136:769-77.

Hirasing R A, Leerdam FJ M van, Bolk-Bennink L B, Bosch JD. Bedwetting and behavioural and/or emotional problems. Acta Paediat. 1997;86:1131-4.

Hogg RJ, Husmann D. The role of family history in predicting response to desmopressin in nocturnal enuresis. J Urol. 1993;150:444-5.

Houts AC, Liebert RM, Padawer W. A delivery system for the treatment of primary enuresis. J Abnorm Child Psychol. 1983;11:513-20.

Houts AC, Peterson JK, Whelan JP. Prevention of relapse in full-spectrum home training for primary enuresis: A component analysis. Behav Ther. 1986;17:462-9.

Houts AC, Berman JS, Abramson H. Effectiveness of psychological and pharmalogical treatments for nocturnal enuresis. J Consult Clin Psychol. 1994;62:737-45.

Järvelin MR, Moilanan I, Vikeväinen-Tervonen L, Huttunen NP. Life changes and protective capacities in enuretic and non-enuretic children. J Child Psychol Psychiat. 1990;31:763-74.
Kaffman M, Elizur E. Infants who become enuretics: A longitudinal study of 161 kibbutz children. Monografs of the Society for research in child development. 1977;42 (Serial No. 170).
Kjølseth D, Knudsen LM, Madsen B, Nørgaard JP, Djurhuus JC. Urodynamic biofeedback training for children with bladder-sphincter dyscoordination during voiding. Neurol Urodynam. 1993;12:211-21.
Lovibond SH. Conditioning and Enuresis. Oxford: Pergamon Press; 1964.
Meadow SR. Day wetting. Pediat Nephrol. 1990;4:178-84.
Moffatt MEK, Kato C, Pless IB. Improvements in self-concept after treatment of nocturnal enuresis: Randomized controlled trial. J Pediat. 1987;110:747-52.
Nevéus T, Läckgren G, Stenberg A, Tuvemo T, Hetta J. Sleep and night-time behaviour of enuretics and non-enuretics. Brit J Urol. 1998;81:67-71.
Nørgaard JP, Pedersen EB, Djurhuus JC. Diurnal anti-diuretic-hormone levels in enuretics. J Urol. 1985;134;1029-31.
Olbing H. Idiopathische Dranginkontinenz (Detrusorinstabilität). In: Olbing H, Hrsg. Enuresis und Harninkontinenz bei Kindern. München: Hans Marseille Verlag; 1993a.
Olbing H. Harninkontinenz bei Miktionsaufschub. In: Olbing H, Hrsg. Enuresis und Harninkontinenz bei Kindern. München: Hans Marseille Verlag; 1993b.
Olbing H. (1993c). Harninkontinenz bei Stakkatomiktion (Detrusor-Sphinkter-Dyskoordination). In: Olbing H, Hrsg. Enuresis und Harninkontinenz bei Kindern. München: Hans Marseille Verlag.
Olbing H, Nørgaard JP, Djurhuus JC. Primäre isolierte Enuresis nocturna. In: Olbing H, Hrsg. Enuresis und Harninkontinenz bei Kindern. München: Hans Marseille Verlag; 1993.
Richter D, Goldschmidt H. Enuresis – Diagnose und Therapie in der stationären Rehabilitation. In: Petermann F, Warschburger P, Hrsg. Kinderrehabilitation. Göttingen: Hogrefe; 1999.
Rittig S, Knudsen B, Nørgaard JP, Pedersen EB, Djurhuus JC. Abnormal diurnal rhythm of plasma vasopressin and urinary output in patients with enuresis. Am J Physiol. 1989;256,F664-F71.
Ronen T, Abraham Y. Retention control training in the treatment of younger versus older enuretic children. Nursing Research. 1996;45:78-82.
Rutter M, Yule W, Graham P. Enuresis and behavioral deviance: Some epidemiological considerations. In: Kolvin I, MacKeith RC, Meadow SR, eds. Bladder control and enuresis. London: Heinemann; 1973.
Sass H, Wittchen HU, Zaudig M. Diagnostisches und statistisches Manual psychischer Störungen DSM-IV. Göttingen: Hogrefe; 1996.
Schmidt NJ, Esser G. Einflüsse auf die Effizienz der verhaltenstherapeutischen Behandlung der Enuresis: Eine klinische Studie an 47 Fällen. Z Kinder- Jugendpsychiat Psychother. 1981;9:217-32.
Shaffer D. Enuresis. In: Rutter M, Taylor E, Hersov L, eds. Child and adolescent psychiatry: Modern approaches, 3rd edition. Oxford: Blackwell Science; 1994.
Terho P. Desmopressin in nocturnal enuresis. J Urol. 1991;145:818-20.
Whelan JP, Houts AC. Effects of a waking schedule on primary enuretic children treated with full-spectrum home training. Health Psychol. 1990;9:164-76.
WHO Internationale Klassifikation psychischer Störungen ICD-10: Klinisch-diagnostische Leitlinien. Bern: Huber; 1993.
WHO Internationale Klassifikation psychischer Störungen ICD-10: Forschungskriterien. Bern: Huber; 1994.
Wille S. Nocturnal enuresis: sleep disturbance and behavioral patterns. Acta Paediat. 1994;83:772-4.

Prüfungsfragen

1. Welche Kriterien müssen für die Diagnose einer funktionellen Enuresis erfüllt sein?
2. Welche beiden Formen der Enuresis werden in Abhängigkeit vom Störungsverlauf unterschieden?
3. Welche Faktoren werden mit der Entstehung einer Enuresis in Zusammenhang gebracht?
4. Nennen Sie Indikatoren für einen Therapieerfolg!
5. Mit welchem Ziel wird das RCT in der Enuresisbehandlung eingesetzt? Beschreiben Sie den Ablauf eines RCT!
6. Wie funktioniert ein Bettnässer-Alarmgerät?
7. Was kann getan werden, um die Gefahr eines Rückfalls nach der Behandlung mit einem Alarmgerät zu verringern?
8. Erläutern Sie das Vorgehen beim DBT!
9. Wann ist eine medikamentöse Behandlung der Enuresis nocturna indiziert?
10. Welche Medikamente werden zur Behandlung der Enuresis nocturna eingesetzt?
11. Welche Methoden eignen sich nicht zur erfolgreichen Behandlung der Enuresis nocturna? Begründen Sie Ihre Antwort!
12. Nennen Sie wirksame Behandlungsmethoden, die bei einer Enuresis diurna eingesetzt werden können!
13. Wie hoch sind die Spontanremissionsraten bei einer Enuresis?

22 Enkopresis

A. Warnke, Chr. Wewetzer und C. Mehler-Wex

Fallvignette

Manuel, 10 Jahre alt, ist Schüler der 4. Klasse einer Hauptschule mit anfangs mittleren, zuletzt jedoch nur ausreichenden bis mangelhaften Leistungen. Anlass zur stationären Behandlung waren neben den schulischen Lern- bzw. Leistungsschwierigkeiten ein mehrmaliges tägliches Einkoten sowie ein zunehmend aggressives, aber auch autoaggressives Verhalten. Das Einkoten begann allmählich nach der Einschulung und verstärkte sich akut im Alter von 9 Jahren im Zusammenhang mit dem Auszug des Stiefvaters aus der gemeinsamen elterlichen Wohnung.

Manuel war seit dem 4. Lebensjahr bis zur Einschulung im Alter von 6 Jahren tags und nachts sauber und trocken gewesen.

Aus der Vorgeschichte ist zu entnehmen, dass mit der Einschulung motorische Unruhe, Ablenkbarkeit und soziale Integrationsprobleme beklagt wurden. Manuel lebt mit der Mutter zusammen, er kennt seinen leiblichen Vater nicht, da sich die leiblichen Eltern bereits im 1. Lebensjahr des Kindes trennten. Die Trennung vom Stiefvater hatte Manuel reaktiv depressiv und aggressiv reagieren lassen.

Psychopathologisch war Manuel zum Untersuchungszeitpunkt motorisch sehr unruhig, emotional deutlich bedrückt. Bezüglich des Einkotens zeigte er große Scham und starken Leidensdruck. Er wirkte sozial unsicher und war kritikempfindlich.

Psychodiagnostisch wurde die Intelligenz im Normbereich gemessen; die Leistungen waren im Verbalteil des HAWIK-R deutlich schlechter (V-IQ 87) als im Handlungsteil (IQ 107). Es bestanden eine Lese-Rechtschreib-Schwäche, Leistungsunsicherheit und Misserfolgsorientierung.

Die körperlich-neurologische Entwicklung war altersgemäß, das EEG war normal. Das Magnetresonanztomogramm des Beckenbodens ergab einen regelrechten Verlauf des Analkanals, normale Beckenbodenmuskulatur, jedoch meteoristische Überblähungen in Rektum und Sigma. Die Sphinktermanometrie zeigte eine normale willkürliche Kontraktion der Schließmuskeln, während die Entspannung unzureichend erschien. Übrige Labor- und apparative Befunde waren unauffällig.

Therapeutisch brachte die stationäre Aufnahme eine deutliche Entlastung von der familiären Konfliktsituation. Die Hyperaktivität wurde sehr deutlich. Im heilpädagogisch konzipierten stationären Rahmen und mit der Tagesdosierung von 25 mg Ritalin wurde die hyperkinetische Symptomatik zufriedenstellend behandelt. Das Toilettentraining erfolgte 3-mal täglich. Die erfolgreichen „sauberen Tage“ wurden dokumentiert und mit kleinen Belohnungen verstärkt. Innerhalb der ersten 3 Wochen wurde das Einkoten seltener, vorübergehend schmierte der Junge ein, nach der 5. Woche bestand bis auf einen einmaligen Rückfall in der 6. Woche Symptomfreiheit. Im schulischen Unterricht kam es unter der Ritalin-Medikation zu einer deutlichen Verbesserung des Leistungsverhaltens, der Konzentration und der Ausdauer. Zur Aufhebung der schulischen Überforderung wurde eine Wiederholung der 4. Klasse empfohlen. Manuel erhielt Einzel- und Gruppentermine in der Beschäftigungstherapie. Er nahm an der Hausaufgaben- und Malgruppe und den milieutherapeutischen Aktivitäten der Station teil. Ab der 4. Woche konnte er am Wochenende regelmäßig nach Hause beurlaubt und die Übertragung des Sauberkeitstrainings in dem familiären Rahmen erprobt werden. Die Beurlaubungen wurden durch Beratungsgespräche mit der Mutter, die Anleitungen zur Sauberkeitserziehung enthielten, vorbereitet.

Eine Beratung der Mutter erfolgte auch hinsichtlich der Konsequenzen aus der elterlichen Trennung und der damit verbundenen Umorientierung der Mutter im Blick auf Wohnung und Beruf sowie der aus dieser Situation folgenden innerfamiliären Konflikte. Zur nachstationären Unterstützung wurde eine sozialpädagogische Familienhilfe eingeleitet und die nachschulische Betreuung Manuels in einer heilpädagogischen Tagesstätte sichergestellt. Die Entlassung erfolgte mit der Empfehlung, unter hausärztlicher Kontrolle das Toilettentraining 3-mal täglich für die Dauer eines Vierteljahres konsequent fortzuführen und die Stimulanzienmedikation zu belassen.

Erscheinungsbild und Diagnostik

Enkopresis bezeichnet das wiederholte unwillkürliche oder willkürliche Absetzen von Stuhl in die Kleidung oder an dafür nicht vorgesehene Stellen. Definitorisch wird ein Entwicklungsalter von mindestens 4 Jahren vorausgesetzt. Das Einkoten sollte mindestens 1-mal pro Monat über die Dauer eines halben Jahres aufgetreten sein.

Das Einkoten bei Enkopresis ist nicht Folge einer organischen Erkrankung wie z. B. dem Megacolon congenitum (aufgrund fehlender Innervation eines Dickdarmabschnittes fällt die Peristaltik aus und es kommt zur Ausweitung des Dickdarmabschnittes) oder Spina bifida (Rückenmarksfehlbildung mit Auswirkung auf die Innervation der Ausscheidungsorgane). Abzugrenzen ist auch die „Überlaufenkopresis", wobei es durch die Stuhlverhaltung im Rahmen einer Obstipation (Verstopfung) zum „überdruckbedingten" Austreten von Stuhl kommt.

Die Enkopresis wird „primär" benannt, wenn das Kind den Stuhlgang zuvor niemals länger als 1 Jahr kontrollieren konnte, als „sekundär", wenn das Kind bereits länger als 1 Jahr sauber war. Die Enkopresis kommt meistens während des Tages vor.

Die Symptomatik kann unterschiedlich sein. Meistens wird tagsüber „eingeschmiert". Gelegentlich ist die Beschmutzung der Wäsche nur so gering, dass die Eltern glauben, die Symptomatik sei ein mangelhaftes hygienisches Verhalten. In den schwereren Fällen werden größere Mengen geformten Stuhls in die Wäsche entleert. Manche Kinder geben dazu an, dass sie selbst das Einkoten zunächst nicht wahrnehmen, sondern erst durch den Geruch darauf aufmerksam werden. In besonderen Fällen wird der Kot an Wände oder an Mobiliar geschmiert. Die meisten Kinder leiden erheblich unter der Symptomatik, und sie versuchen schamhaft, die verschmutzte Wäsche zu verstecken und das Geschehen zu verleugnen. Ein kleinerer Teil der Kinder erweckt den Eindruck, dass sie das Einkoten emotional unberührt lässt.

Die Diagnosestellung setzt eine multiaxiale Diagnostik (Remschmidt u. Schmidt 1994) und damit immer auch eine ärztliche Untersuchung voraus. Die allgemeine Diagnostik beinhaltet Anamnese, Exploration, Erhebung des psychopathologischen Befundes, eine Psychodiagnostik, neurologische und internistische Untersuchungen einschließlich der Ableitung eines EEGs. Die spezielle symptombezogene Enkopresisdiagnostik erfasst die störungsspezifische Entwicklungsgeschichte und die Symptombeschreibung. Dabei ist zu bedenken, dass es für die Patienten und Angehörigen häufig sehr belastend und schambesetzt ist, die Symptomatik zu schildern. Insbesondere ältere Kinder und Jugendliche sind versucht, die Symptomatik zu verbergen und auch in der Untersuchungssituation zu leugnen. Eine vertrauensbildende Zuwendung und Versachlichung sind daher für eine hinreichende Informationserhebung wichtig. Diese beinhaltet:

- Fragen nach Beginn und Form des Sauberkeitstrainings;
- Feststellung der bisherigen symptomfreien Intervalle und der Rückfälle;
- Ermittlung von Leidensdruck der verschiedenen beteiligten Personen
- und des Krankheitskonzepts der Betroffenen;
- Feststellung der bisherigen Therapieversuche und ihres Erfolges.

Die aktuelle Symptomatik ist mit folgenden Merkmalen zu beschreiben:

- Tageszeit des Einkotens;
- situative Zusammenhänge (nur zu Hause oder auch in Kindergarten und Schule; nur im Zusammenhang mit bestimmten erzieherischen Konflikten und Misserfolgserlebnissen);
- Dauer des sauberen Intervalls;
- Häufigkeit des Einkotens;
- Menge und Konsistenz;
- Wohnungssituation (z. B. Erreichbarkeit der Toilette, altersangemessene Toilette, ausreichende Beleuchtung und Beheizung);
- Frage des Umgangs des Kindes mit der Symptomatik (Hygiene, Säuberung der Wäsche, Leidensdruck);
- Frage des erzieherischen Umgangs der Angehörigen nach Auftreten der Symptomatik (Windeln, Behandlungsversuche, Strafen);
- soziale Folgen (Hänseleien, Ausschluss vom Kindergartenbesuch).

Der psychopathologische Befund dient dazu, ergänzend zu Anamnese, Exploration und apparativer Labor- und Testdiagnostik psychopathologische Enwicklungen (wie z. B. hyperkinetisches Syndrom, Depression) auszuschließen bzw. zu ermitteln.

Die spezielle organische ärztliche Diagnostik ist unerlässlich. Sie beinhaltet die internistische und neurologische Untersuchung. Mit Palpation des Abdomens können Stuhlverhärtungen ermittelt werden, die Inspektion der analen Region gibt Aufschluss darüber, ob schmerzhafte Fissuren oder Entzündungen vorliegen und die rektale Untersuchung lässt den Füllungszustand des Rektums erkennen. Das Reflexverhalten der Analmuskulatur (Internusrelaxation) lässt sich prüfen. Kommt es nach konsequenter Behandlung über ein Vierteljahr hinweg nicht zur Symptombesserung, so ist eine Sphinktermanometrie angezeigt. Mit der Perfusionsmanometrie können die Sphinkterkoordination, die Wahrnehmungsfähigkeit, der Ruhetonus der Sphinktermuskulatur und die aktive Reserve (der maximal mögliche willkürliche Sphinkterdruck) gemessen werden (Koletzko 1993, Nissen et al. 1991). Im Einzelfall kann eine kernspintomographische Untersuchung des Beckenbodens hilfreich sein, um Klarheit über das Ausmaß der Obstipation und die anatomischen Verhältnisse (Rektumerweiterung, Ausdehnung des Rektum-Sigma-Winkels, Verkürzung der Mm. sphincter interni et externi, Verdickung der Harnblasenwand) zu gewinnen.

Die Psychodiagnostik beinhaltet Entwicklungs- bzw. Leistungsdiagnostik, Persönlichkeitsdiagnostik und Interaktionsdiagnostik. Unerlässlich ist die Prüfung der allgemeinen Intelligenzentwicklung, die Untersuchung im Hinblick auf Entwicklungsstörungen der Sprache, der Motorik und der schulischen Fertigkeiten (Lesen, Rechtschreiben und Rechnen). Bei kinder- und jugendpsychiatrischen Patienten sind Begleitstörungen häufig, insbesondere ist das hyperkinetische Syndrom zu beachten. Die familiendiagnostischen Bemühungen zielen darauf, den erzieherischen Umgang mit der Symptomatik zu ermitteln und die Funktion der Symptomatik im familiären Beziehungsgefüge festzustellen. Die Ressourcen der Familie für eine Therapie sind zu bestimmen. Differenzialdiagnostisch sind auszuschließen:

- unzureichendes Toilettentraining,
- nicht hinreichendes Entwicklungsalter (z. B. geistige Behinderung),
- eine primäre erklärungsrelevante psychiatrische Erkrankung (z. B. Schizophrenie, Zwangserkrankung),
- internistische und neurologische Erkrankungen.

Komorbidität und Verlauf

Psychische Begleitstörungen sind zu beachten. Die meisten Kinder und Jugendlichen haben deutliche Scham- und Insuffizienzgefühle, und sie sind hinsichtlich der Symptomatik resigniert. Kinder- und jugendpsychiatrische Patienten mit Enkopresis sind häufig dysphorisch, manchmal depressiv, stimmungslabil und frustrationsintolerant. Nicht selten ist ein oppositionelles Verhalten, sodass Widerstand gegen eine Behandlung besteht. In einer kinder- und jugendpsychiatrischen Inanspruchnahmepopulation fanden sich bei 55% der Patienten mit Enkopresis zusätzlich Einnässen tagsüber, bei 34% eine spezifische emotionale Störung (Angst, Depression), 17% litten unter einem hyperkinetischen Syndrom und 7% hatten Störungen im Sozialverhalten (Trott et al. 1994). Oft bestehen insbesondere bei längerem Verlauf hochgradige soziale Beeinträchtigungen (Fraser et al. 1986).

Zur Beurteilung des Verlaufs ist zunächst epidemiologisch zu beachten, dass die Inzidenz der Enkopresis altersabhängig ist, sodass es mit Älterwerden zu einer Spontanremission kommt. Bei 7- bis 8-jährigen Schulkindern koten 1,5–3,1% ein. Bei den 10-jährigen koten nur noch etwa 1,2% der Jungen und 0,3% der Mädchen ein. Ein mehrfaches Einkoten pro Woche findet sich bei 8-jährigen in etwa 0,3%, gelegentliches Einkoten von weniger als einmal pro Woche bei etwa 3,5% (Linna et al. 1991). Bei der Verlaufsbeurteilung ist auch zu beachten, dass die Diagnose der Enkopresis häufiger bei Kindern aus niedrigeren sozialen Schichten gestellt wird. In kinder- und jugendpsychiatrischen Inanspruchnahmepopulationen ist die Häufigkeit der Enkopresis mit bis zu 5,7% höher als in der Allgemeinbevölkerung (Levine 1975, Olatawura 1973, Wille 1984).

Untersuchungen über den Langzeitverlauf zeigten, dass Kinder mit Enkopresis nach einem mittleren Zeitraum von 53 Monaten nach Erkrankungsbeginn zu 58% remittierten, bei 29% Verbesserungen vorlagen und nur bei 13% die Symptomatik unverändert war. Ungünstige prognostische Faktoren sind muskuläre Funktionseinschränkungen (Loening-Baucke 1987), eine Enkopresis, die nicht mit einer Stuhlretention einhergeht, sowie Patienten, die schon vermehrt vorbehandelt eine chronifizierte Symptomatik haben (Steinmüller 1990). Günstige Prognosefaktoren sind unauffällige psychosoziale Bedingungen, höhere Intelligenz, die Abwesenheit von Verstopfung und gering ausgeprägte begleitende Verhaltensstörungen (Steinmüller 1990). Bei Patienten, die noch nach sieben Jahren unter der Enkopresissymptomatik leiden, ist bei der Mehrzahl mit Angststörungen, Lern- und Leistungsstörungen sowie Kontaktstörungen zu rechnen (Wille 1984).

Genese

Ausscheidungsfunktionen sind komplexe Abläufe sensomotorischer Koordination und störungsempfindlich. Sie sind von neurobiologischen Reifungsvorgängen und erzieherischen Lernerfahrungen abhängig (Schärli et al. 1990, Loening-Baucke 1987). Daher ist es nicht verwunderlich, dass sich auf physiologischer Ebene Störungen der Defäkationssteuerung nachweisen ließen (Levine 1983, Loening-Baucke 1992). Hinzu kommen körperlich begründete Risikofaktoren. Im Kleinkindesalter gehören dazu Verstopfung und Essstörungen, im Vorschul- und Grundschulalter schmerzhafter Stuhlgang, Entzündungen im Bereich des Magen-Darm-Traktes und Nahrungsunverträglichkeiten. Psychosoziale Risikofaktoren sind eine übermäßige oder umgekehrt vernachlässigte Sauberkeitserziehung und psychosoziale bzw. emotionale chronische Belastungssituationen. Situative Schwierigkeiten wie etwa der umständliche Besuch der Toilette im Schulbereich und die Scheu des Kindergartenkindes, nach der Toilette zu fragen, können symptomanstoßend wirken.

Funktionelle Störungen des rektoanalen Sphinkterapparates lassen sich durch manometrische Untersuchungen und durch die Magnetresonanztomographie nachweisen (Bestimmung der Kolontransitzeit bei chronischer Obstipation, Beckenboden-MRT; Nissen et al. 1991, Menzel et al. 1992, Koletzko 1993). Durch die Sphinktermanometrie lassen sich eine Koordinationsstörung, Perzeptionsstörung und auch Tonusanomalien der Analmuskulatur aufzeigen (Nissen et al. 1991, Koletzko 1993; Peschke et al. 1999).

Relativ häufig haben auch die Eltern von Kindern mit Enkopresis in ihrer Kindheit unter Ausscheidungsstörungen gelitten (Schaefer 1993). Genetische Zusammenhänge sind allerdings bis heute nicht nachgewiesen.

Emotionale Störungen können von Enkopresis begleitet sein. Zweifellos spielen belastende Lebensereignisse für die Genese und auch den Verlauf insbesondere der sekundären Enkopresis eine wichtige Rolle. Neben den bereits genannten Faktoren sind auch Störungen der Eltern-Kind-Beziehung und allgemeine familiäre Konfliktsituationen zu beachten (Levine 1983, Esser 1993). Es scheint nicht zufällig zu sein, dass Kinder mit Enkopresis oft nicht mehr in ihrer Ursprungsfamilie leben, weil die Eltern entweder geschieden sind oder sich getrennt haben (Bemporad et al. 1971). Generalisierende psychoanalytische Erklärungsansätze, die von einer Abnormität der psychosexuellen Entwicklung ausgehen, sind überholt (Hoag et al. 1971). Das Augenmerk wird heute vielmehr auf Störungen des Lernprozesses gelegt und die Möglichkeit der Entwicklungsstörung verstärkt ins Auge gefasst (Enck et al. 1992, Nissen et al. 1991; Lancioni et al. 2001). So vermögen einige Kinder nicht, die Schließmuskeln koordiniert willentlich zu steuern. Anstatt zu entspannen, wird beim Defäkationsversuch die Sphinktermuskulatur angespannt. Andere Kinder haben offensichtlich eine gestörte Wahrnehmung des Füllungszustandes des Enddarmes. Die unterschiedlichen Erklärungsansätze haben zu einem differenzierten therapeutischen Vorgehen geführt.

Therapie

Die Behandlung der Enkopresis beinhaltet ein Stufenprogramm und ein Progamm, das die organischen, psychischen und psychosozialen Symptombereiche berücksichtigt. Grundannahme der integrierten Therapie ist es, dass die Ausscheidungskontrolle erlernt werden muss, was die verhaltenstherapeutischen und medikamentö-

Tabelle 22.1 Enkopresistherapie

1. Phase	Diagnostik sowie Aufklärung	Aufklärung über das Krankheitsbild; Aufbau eines therapeutischen Bündnisses mit Patient und Eltern; Basisdiagnostik; Erklärung des Behandlungsplanes
2. Phase	Reinigung und Verhaltensführung	Abführende Maßnahmen; Laxanziengabe bei Obstipation; Toilettentraining; Selbstmanagement; emotionale Unterstützung; Belohnerplan
3. Phase	Intensive und ergänzende psychotherapeutische Behandlung	Einzelpsychotherapie; Elternberatung/Elterntraining; Absprachen mit Kindergarten/Schule; weiterführende Diagnostik; Therapie der Begleitstörungen (hyperkinetisches Syndrom; oppositionelles Verhalten bei sozialen Defiziten; Eltern-Kind-Konflikte; bei schulischer Überforderung Schulwechsel)
4. Phase	Spezifische Übungsbehandlung, auch apparativ	Beckenbodengymnastik; Koordinationsübung; Sphinkterstimulation; Biofeedback; Perzeptionstraining
5. Phase	Abschluss der Behandlung	Schrittweise Zurücknahme der medikamentösen Hilfe, der Übungseinheiten

sen Ansätze begründet. Liegen funktionelle Störungen vor (z. B. Wahrnehmungsdefizite), so sind Biofeedback-Techniken indiziert. Bei psychodynamischen Problemen können zusätzlich aufklärende und auch tiefenpsychologische Interventionen angezeigt sein. Immer ist eine Kooperation mit der Familie notwendig.

Die Stufen der Enkopresistherapie sind in Tab. 22.1 zusammengefasst.

Diagnostik und die Erklärung der Diagnose stehen am Anfang **(1. Phase)**. Scham und Schuldgefühle sowie Ratlosigkeit in der Erklärung und erzieherischen Handhabung der Enkopresis herrschen bei Kind und Eltern vor. Das versachlichende Erklären der Ausscheidungsvorgänge und die Entlastung sind im 1. Schritt der Behandlung vorrangig. Entängstigung und Motivierung des Kindes zur Behandlung gehen ihr voraus. Dazu hilft die Erklärung des Behandlungsplanes und der dazu notwendigen diagnostischen Maßnahmen.

Die Reinigung und die therapeutische Führung sind im 2. Schritt notwendig **(2. Phase)**.

Eine Obstipation liegt in der Regel vor. Daher ist eine Entleerung des Dickdarms durch abführende Maßnahmen der Anfang der symptomorientierten Behandlung. Die Volumenbelastung bei ausgeprägter Obstipation führt offenbar bei den chronifizierten Störungen zu einer Einschränkung der Wahrnehmung von Muskeldruck, Peristaltik und Koordination der Ausscheidungsmuskulatur. Abführende Maßnahmen werden 2- bis 3-mal wöchentlich durch Einlauf (z. B. Practoclyss) durchgeführt. Der Stuhlgang kann im Einzelfall zusätzlich durch osmotische Abführmittel (z. B. Lactulose) unterstützt werden, sodass eine schmerzfreie Defäkation sichergestellt ist (Loening-Baucke 1992, Trott et al. 1994). Erst wenn der Dickdarm auf ein normales Niveau entleert ist, empfiehlt sich eine peristaltikfördernde, ballaststoffreiche Kost. Vor Behebung der Obstipation ist die ballaststoffreiche Kost kontraindizert.

Verhaltenstherapeutische Maßnahmen unterstützen die Reinigungsmaßnahme durch Toilettentraining. Zu festgesetzten Tageszeitpunkten erfolgen zwei 10- bis 15-minütige Toilettengänge. Dies ist in der Regel die Zeit vor oder nach dem Frühstück und nach der Mittagsmahlzeit. Erfolgreiche Toilettengänge werden im Rahmen eines Belohnerplanes positiv verstärkt. Kommt es nicht zum Stuhlgang, so erfolgt keine Strafe, sondern eine Hilfe zur Defäkation, in der Regel durch ein Abführzäpfchen. Zusätzlich muss mit dem Kind und den Eltern vereinbart werden, wie mit der verschmutzten Kleidung umzugehen ist.

Je nach dem Grad der Fähigkeit des Kindes, hygienische Aufgaben eigenständig zu regeln, wird es bei der Beseitigung und Reinigung der Wäsche und bei der eigenen Körperhygiene aktiv einbezogen. Dieses Verhalten zum „Selbstmanagement" gilt es wiederum im Rahmen des Belohnerplanes zu stärken.

Auf der Toilette ist für eine bequeme Sitzposition des Kindes zu sorgen, um die Beckenbodenmuskulatur zu entlasten. Dies kann z. B. bei kleineren Kindern durch ein Stühlchen vor der Toilette, welches das Abstützen der Füße erlaubt, geschehen.

Bei ambulanter Behandlung sind die Therapiemaßnahmen von den verantwortlichen Bezugspersonen in den Tagesablauf des Kindes einzuflechten. So ist etwa beim Kindergartenkind eine Absprache mit den Kindergärtnerinnen erforderlich, wenn während der Kindergartenzeit ein Toilettengang notwendig wird. Sollte ein Schulkind auch eine Nachmittagsbeschulung erfahren, so sind Regelungen für das Toilettenverhalten im Schulbereich zu treffen.

Eine intensive Therapie **(3. und 4. Phase)** wird nötig, wenn die beschriebenen Therapieschritte nicht zum Erfolg geführt haben. Insbesondere ist vorher die Frage zu beantworten, ob die notwendigen Maßnahmen im Rahmen einer ambulanten, teilstationären oder stationären Therapie möglich sind. Einzelpsychotherapie und Elternarbeit sind zu intensivieren. Das Kind wird verstärkt darin trainiert, die körperlichen Vorgänge zur Defäkation wahrzunehmen und durch eine Beckenbodengymnastik die muskuläre Koordination einzuüben. Gegebenenfalls ist die Diagnostik zu spezifizieren (z. B. Sphinktermanometrie). Sollten Koordinationsstörungen, Wahrnehmungsstörungen oder Tonusanomalien der Analmuskulatur vorliegen, so sind gezielte Übungen angezeigt. Mit der Sphinktermanometrie lässt sich die Reizwahrnehmung verbessern. Mit Biofeedbackmethodik kann die Koordination der Sphinktermuskulatur trainiert werden, indem gezielt Entspannung und Anspannung des Sphinkter externus angeregt werden (Loening-Baucke 1996 und 2002, Cox et al. 1998, Brooks et al. 2000, Mikkelsen 2001). Bei erniedrigten Druckwerten des Sphinkterapparates lässt sich Sphinktertraining durch Elektrostimulation forcieren.

Die symptomorientierten Behandlungsmaßnahmen sind gegebenenfalls durch eine Psychotherapie der Begleitstörungen zu ergänzen. Bei hyperkinetischem Syndrom kann die Stimulanzienbehandlung eine entscheidende Hilfe darstellen. Oppositionelles Verhalten lässt sich durch heilpädagogische und verhaltenstherapeutische Maßnahmen angehen.

Alle beschriebenen Behandlungsmaßnahmen werden systematisch dokumentiert. Dies gilt insbesondere für erfolgreiche Toilettengänge und adäquate Reinigungsmaßnahmen. Die Erfolge sind nicht nur dem Kind, sondern auch den Eltern deutlich zu machen.

Die Behandlung wird schrittweise beendet **(5. Phase)**. Dabei sind jeweils das Defäkationsverhalten und das Reinigungsverhalten und die psychosozialen Begleitumstände gesondert zu beachten. Hat sich der Stuhlgang normalisiert, so können die Einläufe durch Gleitmittel ersetzt werden. Tritt keine Verschmutzung der Kleidung mehr auf, lassen sich die medikamentösen Abführhilfen beenden und der differenzierte Einsatz der Verstärkerpläne kann aufgehoben werden.

Eine Kontrolle nach Abschluss der Behandlung ist zu empfehlen. Insbesondere ist auf die konsequente Durchführung der Behandlungsmaßnahmen im natürlichen Lebensumfeld des Kindes hinzuwirken. Bei Rückfall in die Symptomatik kann eine kurzfristige Wiederholung der Übungsbehandlung indiziert sein.

Zusammenfassung

Enkopresis bezeichnet das Absetzen von Stuhl in die Kleidung oder an dafür nicht vorgesehene Stellen, das nach einem Entwicklungsalter von mindestens 4 Jahren mindestens 1-mal monatlich über die Dauer eines halben Jahres auftritt. Die Diagnostik beinhaltet Leistungs- und Persönlichkeitsdiagnostik und immer eine neurologische und internistische Untersuchung. Stuhlverhärtungen, Entzündungen im Rektalbereich und Dysfunktionen der anorektalen Schließmuskulatur sind auszuschließen.

Differenzialdiagnostisch sind eine unzureichende Sauberkeitserziehung, ein nicht hinreichendes Entwicklungsalter (z. B. geistige Behinderung), eine primäre psychiatrische Erkrankung sowie internistische und neurologische Erkrankungen auszuschließen. Von den sieben- bis achtjährigen Schulkindern koten 1,5–3,1 % ein, Jungen häufiger als Mädchen. Ungünstige prognostische Faktoren sind muskuläre Funktionseinschränkungen, Enkopresis mit Stuhlverhaltung und eine chronifizierte Symptomatik. Bei der Genese spielen neurobiologische und psychosoziale Faktoren eine Rolle. Die Therapie beinhaltet die Reinigung des Enddarmes, ein Toilettentraining, eine Behandlung der Begleitstörungen und eine Erziehungsberatung. Ein integriertes Vorgehen verbindet medikamentöse, diätetische, verhaltenstherapeutische, in Einzelfällen tiefenpsychologische und immer familienorientierte Interventionen.

Literatur

Bemporad J, Pfeifer C, Gibbs L, Cortner R, Bloom W. Characteristics of encopretic patients and their families. J Am Acad Child Psychiatry 1971;10:272-92.
Brooks RC, Copen RM, Cox DJ. Review of the treatment literature for encopresis, functional constipation and stool-toileting refusal. Ann Behav Med. 2000;22:260-7.
Cox DJ, Sutphen J, Borowitz S, Kovatchev B, Ling W. Contribution of behaviour therapy and biofeedback to laxative therapy in the treatment of pediatric encopresis. Ann Behav Med. 1998;20:70-6.
Enck P, Bielefeldt K, Krasemann T, Legler T, Musial F, Erckenbrecht J. Kann man Verstopfung lernen? Eine experimentelle Untersuchung bei gesunden Probanden. Z Med Psychol. 1992;1:31-7.
Esser G. Diagnostik und Therapie der funktionellen Enkopresis. Kinderarztl Prax. 1993;63(3):104-7.
Fraser A, Taylor D. Childhood encopresis extended into adult life. Br J Psychiat. 1986;149:370-1.
Hoag J, Norris N, Himeno E, Jacobs J. The encopretic child and his family. J Am Acad Child Psychiatry. 1971;10:242-56.
Koletzko S. Enkopresis im Kindesalter. Kontinenz. 1993;2:162-8.
Lancioni GE, O'Reilly MF, Basili G. Treating encopresis in peopole with intellectual disabilities: a literature review. J Appl Res Intellect Disabil. 2001;14:47-63.
Levine M. Children with encopresis: A descriptive analysis. Pediatrics. 1975;56(3):412-6.
Levine M. Encopresis. In: Levine M, Carey W, Crocker A, eds. Developmental behavioral pediatrics. Philadelphia: Saunders; 1983.
Linna S, Moilanen L, Keistinen I. Prevalence of psychosomatic symptoms in children. Psychother Psychosom. 1991;56:85-7.
Loening-Baucke V. Factors responsible for persistence of childhood constipation. J Pediatr Gastroenterol Nutrit 1987;6:915-22.
Loening-Baucke V. Elimination disorders. In: Greydanus D, Wolraich M, eds. Behavioral pediatrics. New York: Springer; 1992.
Loening-Baucke V. Biofeedback training in children with functional constipation. A critical review [see comments]. Digestive Dis Sciences. 1996;41(1):65-71.
Loening-Baucke V. Encopresis. Curr Opin Pediatr. 2002;14:570-5.
Menzel M, Nissen G, Trott G-E, Friese H-J. Enuresis und Enkopresis: Organspezifisches Training führt zum Erfolg. Therapiewoche. 1992;42(11):630-8.
Mikkelsen EJ. Enuresis and encopresis: Ten years of progress. J Am Child Adolesc Psychiatry. 2001;40:1146-58.
Nissen G, Menzel M, Friese H-J, Trott G-E. Enkopresis bei Kindern: Vorläufige Mitteilung über neue therapeutische und diagnostische Aspekte. Z Kinder- Jugendpsychiatrie. 1991;19:170-4.
Olatawura M. Encopresis. Acta Paediat Scand. 1973;62:358-64.
Peschke N, Roth M, Reitzle K, Warnke A. Encopresis: A review of the literature (1988-98). Z Kinder- und Jugendpsychiatrie. 1999;27(4):267-76.
Remschmidt H, Schmidt M (Hrsg). Multiaxiales Klassifikationsschema für psychische Störungen des Kindes- und Jugendalters nach ICD-10 der WHO. Bern: Huber; 1994.
Schaefer E. Childhood encopresis and enuresis: Caoser and therapy. Northvale/N. J.: Jason Aronson; 1993.
Schärli A, Gebbers J. Proktologie im Kindesalter. Stuttgart: Fischer; 1990.
Steinmüller A, Steinhausen H-Ch. Der Verlauf der Enkopresis im Kindesalter. Prax Kinderpsychol Kinderpsychiatrie. 1990;39:74-9.
Trott G-E, Friese H-J, Wirth S, Nissen G. Diagnostik und Therapie der Enkopresis. Psych. 1994;20:81-6.
Wille A. Die Enkopresis im Kindes- und Jugendalter. Berlin: Springer; 1984.

Prüfungsfragen

1. Welches ist die Definition des Begriffes „Enkopresis"?
2. Was unterscheidet die „primäre" Enkopresis von der „sekundären" Enkopresis?
3. Beschreiben Sie die Diagnostik bei Enkopresis!
4. Welche Merkmale beschreiben die aktuelle Symptomatik der Enkopresis?
5. Welche Defizite bzw. Störungen sind differenzialdiagnostisch bei Enkopresis auszuschließen?
6. Nennen Sie Beispiele psychischer Begleitstörungen bei Enkopresis!
7. Welches sind ungünstige prognostische Faktoren im Langzeitverlauf der Enkopresis?
8. Nennen Sie mögliche „Ursachen" für die Genese der Enkopresis!
9. Was sind die wichtigsten inhaltlichen Merkmale des ersten Schrittes (1. Phase) in der Therapie der Enkopresis?
10. Welche therapeutischen Maßnahmen beinhaltet die Behandlung der Enkopresis?
11. Nennen Sie Bestandteile einer spezifischen Übungsbehandlung bei Enkopresis!

23 Substanzmissbrauch und -abhängigkeit

W. Ihle

Fallvignette

Der 19-jährige P. G. wird zur langfristigen Entwöhnungsbehandlung in eine stationäre Therapieeinrichtung überwiesen. P. G. leidet unter Hepatitis A und B und wurde vor 3 Monaten wegen mehrfachen schweren Diebstahls zu 46 Monaten Haft verurteilt. In der Justizvollzugsanstalt wurde auch die Entgiftung durchgeführt. Beide Elternteile waren alkoholabhängig und sind verstorben.

Der Vater wurde in stark betrunkenem Zustand nachts von einem LKW überfahren, als P. G. 11 Jahre alt war, die Mutter verstarb an Leberzirrhose 3 Jahre später.

P. G. hat insgesamt 7 Geschwister, von denen zunächst ein Bruder, später die Schwester die Vormundschaft erhielten. Im Alter von 15 Jahren kam der Patient in ein Heim, da die Geschwister nicht in der Lage waren, die Erziehungsfunktion zu erfüllen. P. G. verließ die Hauptschule im Alter von 16 Jahren ohne Abschluss, was vor allem auf sein ständiges Schuleschwänzen zurückzuführen war. Im Heim begann er eine Autolackiererlehre. Als er nach 1½ Jahren das Heim auf eigenen Wunsch verließ, fand er in der neuen Stadt keine Anschlusswerkstatt und brach die Lehre ab. Die danach begonnene Lehre als Maler schmiss er alsbald wieder. Seit dem 17. Lebensjahr ist P. G. arbeitslos, lebt von Sozialhilfe und wohnt zusammen mit 2 seiner Brüder in einer gemeinsamen Wohnung. Eine weitere Lehre strebt er nicht mehr an, er will endlich Geld verdienen.

Viel Zeit verbringt er zu Hause vor der „Glotze“, bei Freunden, im Jugendtreff oder in verschiedenen Kneipen und Diskos. Er lebt über seine Verhältnisse, trinkt und raucht viel und spielt viel an Geldautomaten.

P. G. hat immer eine Vielzahl von „Kumpels“, bei denen er sich auch Geld leiht. Er bekommt immer mehr Probleme, da er die Schulden nicht zurückzahlen kann.

Freundinnen hatte er schon mehrere, auch längerfristige Beziehungen. Diese sind aber meistens wegen seiner eigenen Untreue gescheitert. Zu 3 Geschwistern hat er heute noch Kontakt, der häufigste (Brief-)Kontakt besteht derzeit zum jüngsten Bruder, der gegenwärtig ebenfalls inhaftiert ist.

P. G. stellt sich in der Exploration sehr zurückhaltend und unsicher dar, v. a. wenn es um emotionale Inhalte geht. Er hinterlässt einen distanzierten Eindruck, beantwortet die Fragen sehr knapp, wie unter Zeitdruck. Als Kind sei P. G. eher zurückhaltend gewesen, als jüngstes von 8 Geschwistern habe er sich jedoch immer durchsetzen müssen. In der Schule habe er von Beginn an zu den schwächsten Schülern gehört, auch häufig die Schule geschwänzt und mehrfach Schlägereien angefangen. Nach einem blauen Brief in der 3. Klasse sei er von zu Hause weggelaufen und von der Polizei 2 Wochen später im Bahnhofsviertel einer 100 km entfernten Großstadt aufgegriffen worden.

Die spezifische Anamnese zum Missbrauch von Alkohol, Nikotin und illegalen Drogen ergab, dass der Patient bereits im Alter von 11 Jahren regelmäßig geraucht und ab dem 12. Lebensjahr auch jede Gelegenheit genutzt habe, um Alkohol zu konsumieren. Den ersten Joint habe er mit 13 Jahren geraucht, seit seinem Heimaufenthalt habe er regelmäßig Cannabis konsumiert. Im Heim sei er auch mit anderen illegalen Drogen (Schnüffelstoffe, LSD) in Kontakt gekommen. Diese hätten ihm aber nicht „sehr viel gebracht“. Im Lauf der Jahre hätte er fast alles mal ausprobiert und mit 17 Jahren habe er dann zum 1. Mal von neugewonnenen Freunden Heroin erhalten. Das hätte ihm zunächst sehr viel gegeben und er hätte das Gefühl gehabt, persönlich weiterzukommen. Er hätte das Gefühl erhalten, auf diese Weise in eine ganz neue, besonders „coole Szene“ Eingang zu finden. Aus heutiger Sicht hätte er sich aber „total in die Scheiße hineingeritten“. Drogenabhängigkeit, schwere gesundheitliche Probleme, totale Verschuldung und soziale Isolation seien die Folgen gewesen. Als er sich nicht mehr zu helfen wusste, habe er sich eine Pistole besorgt und begonnen, Ladendiebstähle zu begehen. Das sei „echt leicht“ gewesen, da er sich vor allem ältere Einzelhändler/-innen für seine Überfälle ausgesucht habe. Aber als eine alte Frau sich gewehrt habe, sei er ausgeflippt, habe durch die Gegend geschossen und sei weinend auf dem Boden liegend von der Polizei aufgegriffen worden.

Einleitung

Störungen durch Substanzgebrauch gehören neben Krebs und Herz-Kreislauf-Erkrankungen zu den häufigsten und schwerwiegendsten Erkrankungen überhaupt. Damit verbunden sind enorme Folgekosten als Ergebnis individuellen Leids und materieller volkswirtschaftlicher Ausgaben. Gemessen an diesen Tatsachen ist das bisherige Wissen bzw. der erreichte Forschungsstand zu diesem Thema bislang unzureichend. Dies erklärt sich u.a. durch die Vernachlässigung dieses Gebiets in der ärztlichen und der psychologischen Ausbildung. Allerdings hat in den letzten Jahren hier eine Trendwende eingesetzt, und erste Erfolge in der epidemiologischen, der Interventions- und der Präventionsforschung werden sichtbar.

Prävalenz von Substanzgebrauch

Im Folgenden soll zunächst auf die aktuellen Zahlen in Deutschland eingegangen und diese mit den vorliegenden Daten anderer EU-Staaten verglichen werden. Dabei wird sowohl auf illegale Drogen (z.B. Cannabis, Heroin) als auch auf legale Drogen (z.B. Alkohol, Tabak) eingegangen. Dabei sollte davon ausgegangen werden, dass illegale Drogenkonsummuster häufig auch legale Substanzen wie Alkohol, Tabak oder legale Psychopharmaka einschließen. Als Datenbasis dienen vor allem

- eine vom Bundesministerium für Gesundheit in Auftrag gegebene Repräsentativerhebung zum Drogenkonsum von 18- bis 59-jährigen Erwachsenen in Deutschland im Jahr 1997 (Kraus u. Bauernfeind 1998) und
- die von der Bundeszentrale für gesundheitliche Aufklärung 1997/1998 durchgeführte Drogenaffinitätsstudie zum Konsum von Tabak, Alkohol und illegalen Drogen von 12- bis 25-Jährigen (Bundeszentrale für gesundheitliche Aufklärung 1998) sowie
- der 4. Jahresbericht der Europäischen Beobachtungsstelle für Drogen und Drogensucht (EMCDDA 1999), welcher einen ersten Schritt hin zu zuverlässigen und vergleichbaren Daten über den Drogenkonsum in Europa darstellt.

Die methodischen Probleme der bisher vorliegenden Repräsentativerhebungen werden eingehend von Perkonigg u. a. (1996) diskutiert.

Illegale Drogen

In den alten Bundesländern haben 14,2% (Männer-Frauen-Verhältnis 3,1:1), in den neuen Bundesländern 4,8% (Männer-Frauen-Verhältnis 2,8:1) der befragten Erwachsenen mindestens einmal im Leben (Lebenszeit-Prävalenz) illegale Drogen genommen. Die höchsten Raten wies die Altersgruppe der 18- bis 29-Jährigen auf. Für 18- bis 20-Jährige ergaben sich Raten von 23,2% (Westdeutschland) bzw. 13,4% (Ostdeutschland). Betrachtet man für diese Altersgruppe die Punkt-Prävalenz (letzte 30 Tage) so zeigen sich Raten von 9,2% (West) bzw. 7,8% (Ost). Zu ähnlichen Ergebnissen kommt auch die Drogenaffinitätsstudie der Bundeszentrale für gesundheitliche Aufklärung (Kraus u. Bauernfeind 1998), die u. a. die langfristige Entwicklung des Anteils der 12- bis 25-Jährigen mit Drogenerfahrungen untersuchte. Nach weitgehender Konstanz der Raten von Mitte der 70er- bis Ende der 80er-Jahre bei ca. 17%, stiegen die Lebenszeitprävalenzraten in den 90er-Jahren demnach auf 22%, was v.a. auf die erhöhte Drogenerfahrung seit 1993 bei den 12- bis 17-Jährigen und den weiblichen Jugendlichen zurückgeführt werden kann. Seit Beginn der 90er-Jahre hat vor allem die Probierbereitschaft von Cannabis (von 18 auf 25%), von Ecstasy (von 2 auf 13%) und Amphetaminen (von 4 auf 7%) zugenommen. Zugenommen hat auch die Erfahrung mit illegalen Substanzen der 12- bis 25-Jährigen in Ostdeutschland, die sich von 6 auf 17% nahezu verdreifachte. Der größte Teil der Drogenerfahrung in Deutschland bezieht sich zwar immer noch auf den Konsum von Cannabis, wobei aber der stärkste Anstieg bei der Designerdroge Ecstasy zu konstatieren ist.

Ecstasy steht beim aktuellen Drogenkonsum (letzte 12 Monate) sogar an der Spitze. Cannabis ist die am häufigsten konsumierte illegale Droge in der EU. Zwischen 5% und 30% der Gesamtbevölkerung und bis zu 40% der jüngeren Erwachsenen in der EU haben dieses Rauschmittel ausprobiert, wobei Westdeutschland im Mittelfeld, Ostdeutschland am unteren Ende der Prävalenzraten liegt. Die höchsten Raten werden mit 35–40% der jungen Erwachsenen aus Dänemark,

Spanien und dem Vereinigten Königreich berichtet. Nach einem raschen Zuwachs von 1985–1994 sind die Raten derzeit in Ländern mit höherer Prävalenz stabil, Länder mit niedrigerer Prävalenz holen hingegen zunehmend auf. Steigende Prävalenzraten werden für synthetische Drogen wie Amphetamine (Lebenszeitprävalenz 1–9% der Erwachsenen und 16% der jungen Erwachsenen) und Ecstasy berichtet, welche die Rangfolge der am häufigsten konsumierten Substanzen nach Cannabis anführen. Dies wird auch durch verschiedene Schulerhebungen in EU-Staaten bei 15- bis 16-jährigen Schülern bestätigt, die insgesamt bei dieser Altersgruppe auch einen leicht gestiegenen Cannabiskonsum feststellen. Ein leichter Anstieg wurde auch für Kokain festgestellt.

Alkohol

Aus den Angaben zum Alkoholkonsum in den letzten 12 Monaten wurde in der o.g. Repräsentativstudie 18- bis 59-Jähriger der Durchschnittskonsum in Gramm Reinalkohol pro Tag berechnet. Einen starken Alkoholkonsum mit durchschnittlich mehr als 40/20 g Reinalkohol pro Tag weisen 15,2% der Männer und 8,4% der Frauen auf. Der regelmäßige wöchentliche Alkoholkonsum der 12- bis 25-Jährigen hat hingegen in den westlichen Bundesländern und bei den männlichen 12- bis 25-Jährigen in den östlichen Bundesländern abgenommen. Der Alkoholkonsum in der Bundesrepublik weist dennoch im europäischen Vergleich ein sehr hohes Niveau auf.

Tabak

Der Anteil der Raucher unter den 18- bis 59-Jährigen in der Bundesrepublik insgesamt beträgt bei den Männern 43%, bei den Frauen 30%. Dabei ist festzustellen, dass seit 1980 bei den 18- bis 24-Jährigen ein Rückgang der Raucherprävalenz festzustellen ist. Dieser erfreuliche Befund wird aber durch die Ergebnisse der Drogenaffinitätsstudie getrübt, wonach bei den 12- bis 17-Jährigen der Raucheranteil wieder steigt. In Westdeutschland zeigte sich hier von 1993 nach 1997 ein Anstieg von 21% auf 26%, in Ostdeutschland sogar von 19% auf 34%. Besonders stark ist hier der Anstieg bei den weiblichen Jugendlichen.

Immer mehr – auch immer früher?

Aus der Beobachtung, dass mehr Jugendliche bereits in jungem Alter über Erfahrungen mit illegalen Drogen verfügen als früher, wird häufig geschlossen, dass sich die Altersverteilung des ersten Konsums insgesamt zu jüngeren Altersgruppen hin verlagert hat. Kraus et al. (1998) führten Survivalanalysen retrospektiver Querschnittsdaten von 1980 bis 1995 durch, um verlässliche Angaben über eine eventuelle Vorverlagerung des Alters bei Erstkonsum illegaler Drogen zu erhalten. Ihre Ergebnisse belegen, dass die Hypothese, die den Prävalenzanstieg bei Kindern und Jugendlichen bis 18 Jahre auf eine Verschiebung des Einstiegsalters zurückführt, nicht bestätigt werden konnte. Obwohl mehr Jugendliche in den Drogenkonsum involviert sind als in den 70er- und 80er-Jahren, hat sich die Altersverteilung des Erstkonsums über einen Zeitraum von 15 Jahren kaum verändert. Gemessen an der gegenwärtigen großen Verbreitung besonders synthetischer Drogen durchläuft nur ein kleiner Teil der Jugendlichen die klassische Drogenkarriere Erwachsener, beginnend mit Nikotin, Alkohol, Cannabis, Halluzinogenen und synthetischen Drogen bis zum Heroin und Kokain (Deutsche Gesellschaft für Kinder- und Jugendpsychiatrie und Psychotherapie 2000). Dabei haben neue epidemiologische Untersuchungen gezeigt, dass für Nikotin und Alkohol das Einstiegsalter auf unter 14 Jahren gesunken ist. Die meisten Jugendlichen benutzen allerdings Suchtstoffe als Probierer und entwickeln keine Abhängigkeitsmerkmale. Das Probierverhalten ist generell typisch für die Entwicklungsphase der Adoleszenz. Neben einer bewussten Verletzung elterlicher und gesellschaftlicher Normen kann Suchtstoffkonsum eine Zugangsmöglichkeit zu Freundesgruppen und die Teilnahme an subkulturellen Lebensstilen darstellen.

Klassifikation und Diagnostik

Klassifikation

Unter den Überschriften „Psychische und Verhaltensstörungen durch psychotrope Substanzen“ im Abschnitt F1 des Kapitels V der ICD-10 (Dilling et al. 1993) bzw. „Störungen im Zusammenhang mit psychotropen Substanzen“ im DSM-IV (Sass et al. 1996) wird ein breites Spektrum von Störungen zusammengefasst, deren Schweregrad von einer unkomplizierten Intoxikation und schädlichem Gebrauch bis zu eindeutig psychotischen und hirnorganischen Störungen reicht. Allen diesen Störungen gemeinsam ist der Gebrauch einer oder mehrerer psychotroper Substanzen.

Verursachende Substanzen

Die verursachende Substanz wird durch die 3. Stelle des ICD-10-Klassifikationssschlüssels gekennzeichnet. Folgende substanzspezifische Subtypen werden erfasst: Störungen durch Alkohol (F10), Störung durch Opioide (F11), Störungen durch Cannabinoide (F12), Störungen durch Sedativa oder Hypnotika (F13), Störungen durch Kokain (F14), Störungen durch sonstige Stimulanzien einschließlich Koffein (F15), Störungen durch Halluzinogene (F16), Störungen durch Tabak (F17), Störungen durch flüchtige Lösungsmittel (F18) und Störungen durch multiplen Substanzgebrauch und Konsum sonstiger psychotroper Substanzen (F19). Die Kodierung F19 soll nur gewählt werden, wenn die Substanzaufnahme chaotisch und wahllos verläuft oder wenn Bestandteile verschiedener Substanzen untrennbar vermischt sind. Eine ausführliche Beschreibung aller in Europa gängiger Substanzen und deren Wirkungen findet sich bei Parnefjord (1999).

Klinische Erscheinungsbilder

Psychische und Verhaltensstörungen durch psychotrope Substanzen lassen sich in 2 Gruppen aufteilen:

- Substanzinduzierte Störungen (F1x.0 = akute Intoxikation, F1x.3 = Entzugssyndrom, F1x.4 = Entzugssyndrom mit Delir, F1x.5 = psychotische Störung, F1x.6 = amnestisches Syndrom und F1x.7 = Restzustand und verzögert auftretende psychotische Störung) und
- Störungen durch Substanzkonsum (F1x.1 = schädlicher Gebrauch und F1x.2 = Abhängigkeitssyndom).

Substanzinduzierte Störungen

Wir gehen an dieser Stelle nicht weiter auf das Entzugssyndrom mit Delir, das amnestische Syndrom und den Restzustand ein, da diese klinischen Störungsbilder bei Kindern und Jugendlichen aufgrund der kurzen Missbrauchsgeschichte in der Regel nicht vorkommen.

Akute Intoxikation (F1x.0)

Unter der akuten Intoxikation wird ein vorübergehendes Zustandsbild nach Aufnahme von Alkohol oder anderen psychotropen Substanzen verstanden, das mit Störungen des Bewusstseins, kognitiver Funktionen, der Wahrnehmung, des Affektes, des Verhaltens oder anderer psychophysiologischer Funktionen und Reaktionen einhergeht. Das klinische Bild unterscheidet sich stark in Abhängigkeit von der betroffenen Person und hängt von der Art der Substanz, der Dosierung, der individuellen Toleranz für die Substanz, der Zeitspanne seit der letzten Einnahme und weiteren personalen und Umgebungsvariablen ab. In der Regel verschwinden die Symptome nach einiger Zeit vollständig, falls es nicht zur Gewebeschädigung oder anderen Komplikationen gekommen ist. Der Übergang von der Berauschung zur Intoxikation vollzieht sich bei jüngeren Jugendlichen bzw. Kindern sehr viel schneller als bei Erwachsenen (Deutsche Gesellschaft für Kinder- und Jugendpsychiatrie und Psychotherapie 2000).

Entzugssyndrom (ICD-10: F1x.3)

Das Hauptmerkmal des Entzugssyndroms ist die Entwicklung substanzspezifischer fehlangepasster Verhaltensweisen mit physiologischen und kognitiven Begleiterscheinungen, die auf die Beendigung oder Reduktion eines langandauernden oder schweren Substanzkonsums zurückzuführen sind. Bei Jugendlichen und Adoleszenten läuft die Entzugssymptomatik in der Regel milder ab als bei den Erwachsenen, da die Zeit des Suchtmittelmissbrauches deutlich geringer war. Die körperlichen Symptome sind je nach verwendeter Substanz unterschiedlich. Neben Symptomen wie Gespanntheit, Unruhe, vegetativer Symptomatik und Kreislaufbeschwerden kommen häufig psychische Probleme wie Schlafstörungen und depressive Verstimmungen vor. Jugendliche reagieren stärker als Erwachsene ängstlich auf die Entzugserscheinungen, was zu einer ausgeprägten Verstärkung der Symptomatik beiträgt.

Beginn und Verlauf des Entzugsyndroms sind zeitlich begrenzt und abhängig von der Substanzart und der Dosis, die unmittelbar vor dem Absetzen verwendet worden ist. Das Entzugssyndrom kann durch Krampfanfälle kompliziert werden. In sehr abgeschwächter Form kann die Entzugssymptomatik noch 3–4 Monate fortbestehen, z.B. in Form von innerer Unruhe, leichten Schlafstörungen oder Appetenz auf Suchtmittel.

Psychotische Störung (F1x.5)

Psychotische Störungen können nach dem derzeitigen Wissensstand im Zusammenhang mit einer Intoxikation durch folgende psychotrope Substanzen verursacht werden: Alkohol, Amphetamin und verwandte Substanzen, Cannabis, Kokain, Halluzinogene, Inhalanzien, Opiate (Meperidin), Phencyclidin (PCP) und verwandte Substanzen, Sedativa, Hypnotika und Anxiolytika (Sass et al. 1996). Lebhafte Halluzinationen, Personenverkennungen, Wahn- und Beziehungsideen treten in der Regel während oder unmittelbar nach dem Substanzgebrauch auf. Psychomotorische Störungen wie Erregung oder Stupor sowie ein abnormer Affekt, der von intensiver Angst bis zur Ekstase reicht, treten auf. Die Art der verwendeten Substanz und Persönlichkeitsunterschiede des Konsumenten werden für die sehr unterschiedlichen Symptommuster und die starke zeitliche Variation des Eintretens der Symptomatik verantwortlich gemacht. Die Störung geht typischerweise innerhalb eines Monats mindestens teilweise, innerhalb von 6 Monaten vollständig zurück. Insbesondere bei polytoxischem Gebrauch, z.B. gleichzeitiger Einnahme von trizyklischen Antidepressiva und Ecstasy, Cannabis oder Kokain, besteht die erhöhte Gefahr einer psychotischen Störung.

Störungen durch Substanzkonsum

Schädlicher Gebrauch (F1x.1): Nach ICD-10 bezeichnet man als schädlichen Gebrauch ein seit mindestens einem Monat bestehendes oder in den letzten 12 Monaten wiederholt auftretendes Konsummuster psychotroper Substanzen, das zu einer Gesundheitsschädigung führt. Die Art der Schädigung sollte klar bezeichnet werden können. Es kann sich dabei um eine körperliche Störung, etwa in Form einer Hepatitis durch Selbstinjektion von Substanzen oder um eine psychische Störung, z.B. eine depressive Episode nach massivem Alkoholkonsum, handeln. Bei Vorhandensein eines Abhängigkeitssyndroms (F1x.2), einer psychotischen Störung (F1x.5) oder bei anderen substanzbedingten Störungen wird die Diagnose schädlicher Gebrauch nicht vergeben. Die Definition für Substanzmissbrauch nach DSM-IV ist wesentlich präziser und ausführlicher und daher besser geeignet, gefährdete Personen diagnostizieren zu können. Substanzmissbrauch liegt nach DSM-IV vor, wenn ein unangepasstes Muster von Substanzgebrauch in klinisch bedeutsamer Weise zu Beeinträchtigungen oder Leiden führt, die Kriterien für Substanzabhängigkeit nicht erfüllt sind und mindestens eines der in Tab. 23.1 aufgeführten Merkmale innerhalb der letzten 12 Monate auftrat.

Abhängigkeitssyndrom (F1x.2): Ein entscheidendes Charakteristikum der Abhängigkeit ist der oft starke, gelegentlich übermächtige Wunsch, Substanzen oder Medikamente (ärztlich verordnet oder nicht), Alkohol oder Tabak zu konsumieren. Gemäß ICD-10 soll die Diagnose „Abhängigkeit" nur gestellt werden, wenn 3 oder mehr der in Tab. 23.2 dargestellten Kriterien zusammen mindestens 1 Monat lang bestanden haben, oder während der letzten 12 Monate für eine kürzere Zeit wiederholt vorhanden waren.

Tabelle 23.**1** Kriterien für Substanzmissbrauch nach DSM-IV

1. Wiederholter Substanzgebrauch, der zu einem Versagen bei der Erfüllung wichtiger Verpflichtungen bei der Arbeit, in der Schule oder zu Hause führt (z.B. Schulschwänzen)
2. Wiederholter Substanzgebrauch in Situationen, in denen es auf Grund des Konsums zu einer körperlichen Gefährdung kommen kann (z.B. Substanzgebrauch beim Führen eines Fahrzeugs im Straßenverkehr oder bei der Bedienung einer Maschine)
3. Wiederkehrende Probleme mit dem Gesetz in Zusammenhang mit dem Substanzgebrauch (z.B. Führerscheinentzug wegen Trunkenheit am Steuer)
4. Fortgesetzter Substanzgebrauch trotz ständiger oder wiederholter sozialer oder zwischenmenschlicher Probleme, die durch die Substanzwirkungen verursacht oder verstärkt werden (z.B. Streit mit Eltern oder Freund/in über die Folgen der Intoxikation)

Tabelle 23.**2** Kriterien für Abhängigkeitssyndrom nach ICD-10

1. Ein starkes Verlangen oder eine Art Zwang, psychotrope Substanzen zu konsumieren
2. Verminderte Kontrollfähigkeit bezüglich des Beginns, der Beendigung und der Menge des Konsums
3. Ein körperliches Entzugssyndrom bei Beendigung oder Reduktion des Konsums, nachgewiesen durch die substanzspezifischen Entzugssymptome oder durch die Aufnahme der gleichen oder einer nahe verwandten Substanz, um Entzugssymptome zu mildern oder zu vermeiden
4. Nachweis einer Toleranzentwicklung gegenüber den Substanzeffekten. Um die ursprünglich durch niedrigere Dosen erreichten Wirkungen der psychotropen Substanz hervorzurufen, sind zunehmend höhere Dosen erforderlich
5. Fortschreitende Vernachlässigung anderer Vergnügen oder Interessenbereiche zugunsten des Substanzkonsums oder erhöhter Zeitaufwand, um die Substanz zu beschaffen, zu konsumieren oder sich von den Folgen zu erholen
6. Anhaltender Substanzkonsum trotz Nachweises eindeutig schädlicher Folgen. Die schädlichen Folgen können körperlicher Art sein, wie z. B. Leberschädigung, oder sozialer Art, wie Schul- bzw. Arbeitsplatzverlust durch substanzbedingte Leistungseinbuße, oder psychisch, wie bei depressiven Zuständen nach massivem Substanzkonsum

Diese Kriterien entsprechen weitgehend den Kriterien für Substanzabhängigkeit im DSM-IV. Lindenmeyer (1999) betont zu Recht, dass die Heterogenität der Diagnosekriterien nach ICD-10 und DSM-IV für den klinischen Alltag nicht voll befriedigend ist und schlägt eine einfach zu handhabende Faustregel vor: Abhängig ist entweder, wer den Substanzkonsum nicht beenden kann, ohne dass unangenehme Zustände körperlicher oder psychischer Art auftreten, oder wer nicht mit dem Konsum aufhören kann, obwohl er sich oder anderen immer wieder schweren Schaden zufügt.

Diagnostik

Die Klassifikation eines schädlichen Gebrauchs oder einer Abhängigkeit ist im klinischen Einzelfall nicht einfach zu treffen (Küfner 1995). Fehlende Krankheitseinsicht und die Angst vor strafrechtlicher Verfolgung tragen dazu bei, den diagnostischen Prozess zu erschweren. Während die Diagnose eines Abhängigkeitssyndroms objektiv über das Auftreten von Entzugserscheinungen bzw. einen pharmakologischen Toleranztest gestellt werden kann, muss bei der Diagnose eines schädlichen Gebrauchs auf anamnestische Selbst- und vor allem Fremdbeurteilungsinformationen zurückgegriffen werden. Neben der Exploration und ausführlichen Diagnostik des Patienten steht daher die Exploration der Eltern und (mit Einverständnis der Eltern) die Informationsgewinnung in der Schule und anderen Institutionen (Jugendamt, Beratungsstellen) im Vordergrund. Die Erfassung von allen wichtigen körperlichen, psychischen und sozialen Symptomen stellt die Voraussetzung für eine gut geplante Intervention dar. In den folgenden Ausführungen stützen wir uns vor allem auf die Leitlinien der Deutschen Gesellschaft für Kinder- und Jugendpsychiatrie und -psychotherapie (2000). Die wichtigsten zu erfassenden Daten für die Diagnostik betreffen (vgl. hierzu Tab. 23.**3**):

Tabelle 23.**3** Mindestanforderungen an die Diagnostik bei Störungen durch Substanzgebrauch

Informationsquellen
Patient, Eltern, Schule und andere Institutionen (z. B. Jugendamt, Beratungsstellen)

Exploration und Interview
- ausführliche Suchtanamnese
- psychopathologischer Befund/ Komorbidität
- ausführliche Problemanalyse
- schulische/berufliche Anamnese
- Freizeitverhalten und Sozialkontakte
- Familienanamnese
- Behandlungsmotivation

Körperliche Untersuchung
- Gesundheitszustand
- neurologische Untersuchung

Apparative, Labor- und Testdiagnostik
- kontrollierte Urin- und Blutproben für Substanznachweis
- Blutbild und -chemie, HIV-Test
- Leber-, Pankreas- und Magen-Darm-Trakt-Diagnostik
- EEG

- Die Suchtanamnese (z. B. Beginn des Substanzkonsums, Substanzwechsel, Konsumfrequenz und -muster, Verlauf des Missbrauchs, körperliche Entgiftungen und Entwöhnungen, Abstinenzphasen, Vernachlässigung früherer Hobbies und Freunde zugunsten der Substanzbeschaffung und des Substanzkonsums, bisherige negative Konsequenzen des Substanzkonsums, kriminelle Aktivitäten, bisherige Strafen wegen Verstoßes gegen das Betäubungsmittelgesetz, Eigentumsdelikte oder aggressive Gewalthandlungen im Zusammenhang mit Drogenkonsum, Auswirkungen auf die Interaktionen in der Familie, in der Gleichaltrigengruppe und auf die schulisch-berufliche Leistung),
- den psychopathologischen Befund einschließlich des Schweregrads der Sucht und die Abklärung komorbider Störungen (z. B. Störungen des Sozialverhaltens, hyperkinetische Störungen, Suizidalität),
- die detaillierte Problemanalyse (z. B. Erfassung der häufigsten Konsumsituationen, Erfassung der Situationsmerkmale, die eng mit dem Wunsch bzw. dem Verlangen nach Substanzkonsum zusammenhängen, Erhebung der Gefühle, Gedanken und Wirkungserwartungen, die dem Konsum vorausgehen, Erfassung der kurzfristig angenehmen Wirkung des Substanzkonsums),
- die schulische bzw. berufliche Anamnese (z. B. aktueller Leistungsstand, Verlauf der Leistungen, Leistungsknick, schulisches und berufliches Versagen, Schuleschwänzen, auffälliges Verhalten in der Schule),
- das Freizeitverhalten und die Sozialkontakte (z. B. Rückzug aus bisherigen sozialen Kontakten, problematische Peergroup, drogenkonsumierende Cliquen, psychosexuelle Gefährdung wie Promiskuität, Frühschwangerschaft und Prostitution),
- die Familienanamnese (z. B. Umgang mit Suchtmitteln, Substanzmissbrauch und -abhängigkeit in der Familie),
- die körperliche Untersuchung (z. B. Zeichen von Verwahrlosung, Zahnstatus, Einstichstellen, gerötete Augen, vegetative Funktionen, gesundheitliche Schäden wie Hepatitis oder HIV),
- die neurologische Untersuchung (z. B. bei Opiatintoxikation: Myosis, Bewusstseinsstörung, Atemdepression, Schläfrigkeit, verwaschene Sprache, Einstichstellen (Arme und Beine), Spritzenabszesse, z. B. bei Kokainintoxikation: Tachykardie, kardiale Arrhythmie, Hypertonie, Pupillenerweiterung) und
- die apparative, Labor- und Testdiagnostik (Alkohol wird über die Atemalkoholkonzentration und die Blutalkoholkonzentration, illegale Drogen wie Opiate, Methadon, Kokain, Cannabinoide, Amphetamine – z. B. Ecstasy – und Beruhigungsmittel – z. B. Benzodiazepine, Barbiturate – werden üblicherweise im Urin nachgewiesen). So sind z. B. Opiate, Kokain und Barbiturate 3 Tage, Amphetamine 4 Tage, Benzodiazepine bis zu 2 Wochen und Cannabinoide bei chronischem Gebrauch bis zu 30 Tage im Urin nachweisbar. In Ausnahmefällen können diese Stoffe im Serum, Schweiß oder über Haaranalysen nachgewiesen werden. Einsatz finden diese Methoden hauptsächlich bei gutachterlichen Fragestellungen. Die Höhe der Medikamenten- oder Drogenspiegel geben nur ungefähre Hinweise auf die Dauer und Höhe des Konsums.

Für den Bereich des Alkoholmissbrauchs liegen mehrere deutschsprachige Fragebögen für Screeningzwecke vor (vgl. Küfner u. Bühringer 1997). Ein geeignetes Verfahren ist vor allem der häufig eingesetzte Münchner Alkoholismustest (MALT) (Feuerlein et al. 1979), der eine Kombination aus Selbst- und Fremdrating darstellt. Für den Bereich des Drogenmissbrauchs gibt es bisher so gut wie keine deutschsprachigen Instrumente (vgl. Küfner u. Bühringer 1997). Ein empfehlenswertes Interview stellt die deutsche Version des Addiction Severity Index (ASI) von Gsellhofer et al. (1999) dar. Dieses ermöglicht einen raschen Überblick über die Suchtproblematik eines Patienten und ihrer sozialen und psychischen Folgen. Zur Komorbiditäts- und Differenzialdiagnostik empfiehlt sich die Anwendung eines der etablierten strukturierten oder standardisierten Interviews wie z. B. des SKID-I (Wittchen et al. 1997). Diese müssen unbedingt durch fremdanamnestische Angaben bzw. durch Elterninterviews ergänzt werden.

Prävalenz, Komorbidität und Verlauf von Störungen durch Substanzgebrauch

Prävalenz

Störungen durch Substanzgebrauch gehören zu den am weitesten verbreiteten psychischen Störungen in der Allgemeinbevölkerung (DSM-IV). Die bisherige Datenlage hinsichtlich methodisch befriedigender Prävalenzangaben zu klinisch relevanten Störungen durch Substanzgebrauch ist unzureichend (Perkonigg et al. 1996). So stellt die EDSP-Studie – Early Developmental Stages of Psychopathology – (Holly et al. 1997, Perkonigg et al. 1997, Wittchen et al. 1998a) die 1. Studie in Deutschland dar, anhand derer eine spezifische Schätzung der Prävalenz von Substanzmissbrauch und -abhängigkeit bei Jugendlichen möglich ist. Bei den befragten 3021 14- bis 24-Jährigen ergaben sich Lebenszeitprävalenzraten (DSM-IV-Diagnosen) von 9,7% für Alkoholmissbrauch (Männer 15,1%, Frauen 4,5%, Männer-Frauen-Verhältnis 3,4:1), 6,2 % für Alkoholabhängigkeit (Männer 10%, Frauen 2,5%, Männer-Frauen-Verhältnis 4:1), 2,9% für Missbrauch illegaler Substanzen (Männer 4,1%, Frauen 1,8%, Männer-Frauen-Verhältnis 2,3:1) und 2,0% für Abhängigkeit von illegalen Substanzen (Männer 2,5%, Frauen 1,6%, Männer-Frauen-Verhältnis 1,6:1). Die ermittelte Lebenszeitprävalenz von 15,9% für Alkoholmissbrauch und -abhängigkeit bzw. von 4,9% für Missbrauch und Abhängigkeit von illegalen Substanzen ist wesentlich höher, als bisher für diese Altersgruppe geschätzt wurde. Für die 15- bis 24-Jährigen im National Comorbidity Survey in den USA (Kessler et al. 1994) ergaben sich für Alkoholmissbrauch und -abhängigkeit bei den Männern vergleichbare Lebenszeitprävalenzraten (DSM-III-R-Diagnosen) von 25,5%, für die Frauen hingegen mit 14,6% wesentlich höhere Raten als in Deutschland. Die Gesamtprävalenz für Missbrauch und Abhängigkeit von illegalen Substanzen fiel in dieser US-Stichprobe mit 7,3% ebenfalls höher aus als in Deutschland (Warner et al. 1995). Bereits 2,4% der untersuchten 14- bis 15-Jährigen der EDSP-Studie waren von Störungen durch Alkohol, 1,8% von Störungen durch illegale Substanzen betroffen. Es zeigte sich auch, dass Jugendliche mit einer Abhängigkeitsdiagnose zwar mehr und öfter Alkohol konsumieren als die Gesamtgruppe der Jugendlichen, dass es aber auch eine Subgruppe von Jugendlichen gibt, die eine DSM-IV-Abhängigkeitsdiagnose bei relativ geringen Trinkmengen erfüllen. Die Autoren schließen aus von ihnen durchgeführten Analysen der Alterskohorten auf eine Zunahme von Alkoholstörungen im frühen Jugendalter. Dabei stellen die Toleranzentwicklung und der Konsum von Alkohol in Situationen mit Gefährdungspotenzial die als erstes auftretenden Auffälligkeiten dar. Essau et al. (1998) berichten in einer vor kurzem vorgestellten Studie bei durchschnittlich 14,3 Jahre alten Bremer Schülern eine sehr hohe Lebenszeitprävalenz von 12,3% Störungen durch Substanzkonsum. Bei den befragten 1035 12- bis 17-Jährigen ergaben sich Lebenszeitprävalenzraten (DSM-IV-Diagnosen) von 9,3% für Störungen durch Alkoholkonsum (Jungen 12,8%, Mädchen 6,8%, Jungen-Mädchen-Verhältnis 1,9:1), und von 6,4% für Störungen durch Cannabiskonsum (Jungen 10,5%, Mädchen 3,6%, Jungen-Mädchen-Verhältnis 2,9:1). Im Rahmen einer von 1978 bis 1995 durchgeführten prospektiven Längsschnittstudie vom Grundschul- zum frühen Erwachsenenalter mit 4 Untersuchungswellen im Alter von 8, 13, 18 und 25 Jahren ergab sich bis zum Alter von 25 Jahren eine Lebenszeitprävalenzrate (ICD-10) von 7,5% für Störungen durch Substanzkonsum (Ihle et al. 2000) und damit wesentlich niedrigere Raten als in den oben dargestellten Studien jüngerer Alterskohorten. Wie in der EDSP-Studie von Wittchen et al. (1998b) wurde auch in der Bremer Jugendstudie von Essau et al. (1998a, 1998b) die Diagnostik mit vollstandardisierten Interviews von Beurteilern mit geringer klinischer Erfahrung durchgeführt, und die Interviewergebnisse wurden keiner klinischen Fallkonferenz zugeführt. Dies und die Erhebung der Lebenszeitprävalenz zu einem Untersuchungszeitpunkt könnte zu einer Überschätzung der wahren Prävalenz der Störungen beitragen. Die Frage einer Zunahme von Störungen durch illegale Substanzen kann daher trotz der belegten Zunahme des Gebrauchs illegaler Drogen anhand der vorliegenden Befunde bisher nur mit Einschränkung beantwortet werden.

Einstiegsalter, Komorbidität und Verlauf

Einige Studien konnten zeigen, dass das Einstiegsalter für Substanzgebrauch von entscheidender Bedeutung für den weiteren Verlauf, d.h. für die Persistenz des Substanzgebrauchs (Robins u. Przybeck 1985) und auch für spätere höhere Raten von Substanzgebrauch ist. So konnten Anthony u. Petronis (1995) zeigen, dass ein früher Beginn des Substanzgebrauchs (vor dem 13. Lebensjahr) im Vergleich mit einem späteren Beginn (nach dem 17. Lebensjahr) das Risiko für Störungen durch Substanzgebrauch im Erwachsenenalter verdoppelte. Vergleichbare Befunde fanden auch Fleming et al. (1982), Patterson (1992) und Tubman et al. (1990). Robins u. McEvoy (1990) leiteten hieraus ab, dass die Verzögerung des Einstiegs in den Substanzkonsum („Just say later") eine wichtige Präventionsstrategie sein könnte. Unabhängig vom Zeitpunkt des Einstiegsalters liegen durchschnittlich 4 Jahre zwischen dem Beginn des Substanzkonsums und dem Störungsbeginn (Anthony u. Petronis 1995).

Andere Studien betonen die entscheidende Bedeutung des Vorhandenseins anderer psychischer Störungen (Komorbidität) für den weiteren Verlauf. Die häufigsten komorbiden Störungen sind vor allem Störungen des Sozialverhaltens, hyperkinetische Störungen, Delinquenz, Suizidalität oder parasuizidale Verhaltensweisen, Angststörungen und depressive Störungen (Bukstein et al. 1989, Lewinsohn et al. 1993). Rohde et al. (1996) fanden einen geschlechtsspezifischen Effekt der zeitlichen Abfolge bei depressiven Störungen und Angststörungen. Während diese Störungen bei den Frauen häufiger den Störungen durch Substanzgebrauch vorausgingen, war bei den Männern ihrer Stichprobe die umgekehrte Abfolge häufiger. Längsschnittstudien belegen, dass verschiedene Probleme wie schlechte Schulleistungen und der Abbruch der Schullaufbahn oder auch aggressives und delinquentes Verhalten vor dem Auftreten von Störungen durch Substanzgebrauch gehäuft auftreten (vgl. u.a. Boyle u. Offord 1991, Fergusson et al. 1993). Bei Jugendlichen treten Verhaltensstörungen und wiederholtes antisoziales Verhalten oft zusammen mit Störungen durch psychotrope Substanzen auf (DSM-IV).

Der Beginn anderer psychischer Störungen geht dabei meist dem Beginn von Störungen durch Substanzgebrauch voraus. Dies ist v.a. für dissoziale Störungen belegt (vgl. u.a. Elliott et al. 1989, van Kammen u. Loeber 1994), wobei die meisten Studien bisher nur mit männlichen Probanden durchgeführt wurden. Loeber (1988) konnte zeigen, dass die zeitliche Abfolge des Beginns delinquenten Verhaltens vor dem Beginn von Störungen durch Substanzgebrauch doppelt so häufig vorkommt wie die umgekehrte Abfolge. Loeber (1988) nimmt daher an, dass sich der prognostische Effekt des frühen Einstiegsalters v.a. durch ein frühes Einstiegsalter von Kindern und Jugendlichen mit dissozialen Störungen erklären lässt. Daraus lässt sich als besonders wirksame Präventionsstrategie die frühe Intervention bei dissozialen Störungen ableiten. Da Alkohol- und Substanzmissbrauch bei Jugendlichen also im häufigsten Falle als Bestandteil einer bereits bestehenden dissozialen Symptomatik auftreten, ist aufgrund der ungünstigen Prognose beider Symptomkomplexe und der hohen Komorbidität mit weiteren psychischen Störungen und familiären Konflikten eine qualifizierte Diagnostik und Therapie zum frühestmöglichen Zeitpunkt anzustreben, um gravierende, z.T. unumkehrbare Fehlentwicklungen (Schulausschluss, Abgang ohne Abschluss, Kriminalität, Vorstrafen) zu verhindern. Zahlreiche Studienbefunde sprechen für eine zeitliche Entwicklung des Drogenkonsums beginnend mit dem Konsum legaler Drogen, gefolgt von Cannabis und schließlich harten Drogen (Kraus et al. 1998), ohne dass es sich dabei um einen zwangsläufigen Ablauf handelt. Allerdings endet der problematische Alkohol- und Drogenkonsum bei den meisten Jugendlichen beim Übergang ins frühe Erwachsenenalter (Silbereisen 1995). Mit der Bewältigung jugendlicher Entwicklungsaufgaben kommt es häufig zu einem veränderten Konsumverhalten, zur Reduktion oder zur Einstellung des Konsums. Franzkowiak (1996) sieht demnach das Erlernen des verantwortungsvollen Umgangs mit Alkohol und anderen psychoaktiven Substanzen als eine der Aufgaben an, die im Jugendalter bewältigt werden müssen.

Risiko- und Schutzfaktoren

Nach den bisherigen Forschungsbefunden stellt sich riskantes Konsumverhalten als mögliches Ergebnis einer Vielzahl von Einflussfaktoren dar

(Hawkins et al. 1992). Zur Erklärung des Substanzmissbrauchs werden biologische, soziale und individuumbezogene Risikofaktoren herangezogen (Hawkins et al. 1992, Dierker et al. 1996). Unter Risikofaktoren verstehen wir Vorboten von Alkohol- und Drogenproblemen. Diese treten vor Auftreten der Störung auf und sind statistisch mit einer erhöhten Wahrscheinlichkeit des Missbrauchs im Vergleich zu einer unbelasteten Kontrollgruppe verbunden. Im Folgenden werden wir eine Übersicht über die bisher zum Thema durchgeführten Studien und ihrer Ergebnisse geben. Die bedeutsamsten Faktoren haben wir in Tab. 23.**4** zusammengefasst.

Dabei ist darauf hinzuweisen, dass es bisher nur wenige gesicherte Erkenntnisse hinsichtlich der relativen Wichtigkeit, der Spezifität und der Interaktion von verschiedenen Risikofaktoren bei der Entstehung von Störungen durch Substanzgebrauch gibt. Außerdem ist darauf hinzuweisen, dass nicht nur Ergebnisse dargestellt sind, die einer stringenten und methodisch sauberen Definition von Risikofaktoren Genüge tun (vgl. hierzu z.B. Kazdin et al. 1997). Im vorliegenden Überblick werden daher Korrelate, Marker und (kausale) Risikofaktoren unter dem Begriff Risikofaktoren subsumiert. Es ist davon auszugehen, dass einzelne Faktoren nicht isoliert wirksam werden, sondern dass die Risikokumulation von entscheidender Bedeutung ist (Hawkins et al. 1992).

Tabelle 23.**4** Risikofaktoren für Substanzmissbrauch und -abhängigkeit

Biologische Faktoren
- genetische Faktoren
- Verringerung der P300-Amplitude im EEG
- Verringerung des Monoaminoxidase-B-Aktivitätsniveaus

Soziale und umweltbezogene Faktoren
- Substanzgebrauch durch Eltern/Geschwister
- gestörte Eltern-Kind-Beziehung/geringe Bindung
- Scheidung der Eltern/ familiäre Konflikte
- psychische Störungen der Eltern
- fehlende soziale Kontrolle
- Substanzgebrauch durch Freunde
- sozialer Kontext: Verfügbarkeit von Drogen, Gesetze und Normen

Individuumbezogene Faktoren
- geringes Selbstwertgefühl
- Mangel an Problemlösefähigkeiten
- emotionale Labilität, Impulsivität, geringe Frustrationstoleranz
- psychische Störungen als Vorläufer
- frühes Einstiegsalter in Substanzkonsum
- individuelle Einstellungen: Nonkonformität, Rebellion, Hedonismus

Biologische Risikofaktoren

Zwillings- und Adoptionsstudien neueren Datums konnten zeigen, dass genetische Faktoren vor allem bei Alkoholabhängigkeit (vgl. u.a. Pickens et al. 1991) signifikant zur Varianzaufklärung beitragen. Die Wahrscheinlichkeit, dass ein Familienangehöriger einer alkoholabhängigen Person selbst eine Alkoholabhängigkeit entwickelt, ist mehr als 3-mal so hoch wie das Risiko eines unbelasteten Familienmitglieds (Lachner u. Wittchen 1995, Maier et al. 1994, Merikangas et al. 1994). Dabei sind verschiedene Wirkungsmechanismen denkbar. Kinder können mit ihrer biologischen Ausstattung gewisse Faktoren erben, die sie direkt (z.B. Drogenstoffwechsel) oder indirekt (Temperament, psychische Störung) für den Substanzmissbrauch prädisponieren.

Als derzeit wichtigste Forschungsstrategien bei der Suche nach genetischen Markern seien an dieser Stelle die Kopplungs- oder Linkage-Studien (z.B. Greenspan et al. 1995) und die Assoziationsstudien (z.B. Devor 1994) genannt. Die Wirkungsweise der Übertragung von Substanzgebrauch innerhalb der Familie ist bisher jedoch ungeklärt (Merikangas 1990). Alle wichtigen Zwillings- und Adoptionsstudien stimmen jedoch darin überein, dass Umweltfaktoren ebenfalls eine große Rolle spielen.

In einer Vielzahl von EEG-Studien wurden verringerte P300-Amplituden (eine als endogene Komponente bekannte Reizantwort im evozierten EEG-Potenzial) bei chronisch Alkoholabhängigen und auch deren nicht erkrankten Kindern gefunden (Begleiter et al. 1984, Steinhauer u. Hill 1993). Die Ergebnisse einer Metaanalyse von 22 Studien (Polich et al. 1994) sprechen dafür, dass die Variation der P300-Amplitude interindividuelle Unterschiede kognitiver und psychopathologischer Faktoren abbildet, die genetisch determiniert sein könnten (vgl. hierzu auch Porjesz u. Begleiter 1991).

Allerdings ist bisher noch unklar, ob diejenigen Risikopersonen, die reduzierte Amplituden aufweisen, auch tatsächlich Störungen entwickeln. Auch weisen die Ergebnisse von Polich et al. (1994) auf die fehlende Spezifität dieses Befundes hin. Als eines der möglichen Kandidatengene für Alkoholismus wurde die Monoaminoxidase-B-(MAOB)-Aktivität, ein Enzym, das eine wichtige Rolle im Metabolismus verschiedener Gehirnneurotransmitterstoffe spielt, identifiziert (Devor 1994). Mehrere Untersuchungen an Alkoholabhängigen sowie deren Kindern fanden zumindest tendenziell ein geringeres Aktivitätsniveau der MAOB. Ein abweichendes Aktivitätsniveau der MAOB tritt jedoch nicht nur bei Alkoholstörungen, sondern auch bei verschiedenen anderen psychischen Störungen auf (Tarter et al. 1985, Buchsbaum et al. 1976), sodass die Spezifität dieses Maßes ebenfalls zu bezweifeln ist.

Soziale und umweltbezogene Risikofaktoren

Die familiale Umwelt kann das Verhalten entweder direkt (Modell für Substanzgebrauch und -missbrauch) oder indirekt (Streit in der Ehe der Eltern oder Scheidung, Gewalterlebnisse) beeinflussen. Diese Faktoren können die Vulnerabilität für Substanzmissbrauch erhöhen. Über den Einfluss elterlichen Konsumverhaltens liegt eine Reihe von Studien vor. Alkoholabhängigkeit und der Gebrauch illegaler Drogen bei den Eltern erhöht das Risiko für Störungen durch Substanzgebrauch bei den Kindern (vgl. u.a. Duncan et al. 1998). Auch zwischen dem elterlichen Marihuanakonsum und dem Gebrauch von illegalen Drogen bei deren Kindern gibt es eine positive Beziehung (Hops et al. 1996).

Die Wahrscheinlichkeit, dass das Kind später einmal Drogen nimmt, steigt mit der Anzahl von Alkohol- und Drogenkonsumenten in der Familie. Raucht ein Mitglied des Haushaltes, so verdoppelt sich die Wahrscheinlichkeit, dass das Kind ebenfalls rauchen wird.

Auch ältere Geschwister spielen eine große Rolle. Needle et al. (1986) fanden, dass ältere Geschwister als Modell für Drogenmissbrauch einen stärkeren Einfluss als elterliche Modelle hatten. Auch die Qualität der Eltern-Kind-Beziehung und familienstrukturelle Merkmale können den Substanzgebrauch Jugendlicher direkt oder indirekt beeinflussen (vgl. u. a. Hoffmann 1993, 1995). So kann durch Faktoren wie die Scheidung der Eltern oder ein geringes Ausmaß an Eltern-Kind-Bindung die Wahrscheinlichkeit des Kontaktes mit drogenkonsumierenden Gleichaltrigen und des initialen oder fortgesetzten Konsums von Cannabis erhöht werden. Mangelnde Wärme zusammen mit überbehütend-kontrollierendem Verhalten der Eltern gilt ebenfalls als Risikofaktor für jugendlichen Alkohol- und Marihuanakonsum (Johnson u. Pandina 1991).

Ein weiterer bedeutsamer Risikofaktor ist die elterliche Psychopathologie. So fanden Wittchen et al., dass elterliche Angststörungen mit einem 3–4fachen Risiko, elterliche depressive Störungen mit einem etwa 2fachen Risiko zur Entwicklung von Alkoholabhängigkeit bei Kindern assoziiert sind. Andere Forscher berichten, dass der Substanzmissbrauch vor allem mit fehlender sozialer Kontrolle einhergeht (Elliott et al. 1989, Jessor u. Jessor 1977). So fanden z.B. Block et al. (1988), dass ein elterlicher Laissez-faire-Erziehungsstil ein signifikanter Prädiktor für den Drogenkonsum jugendlicher Mädchen ist.

In der Studie von Johnson u. Pandina (1991) zeigte sich ein höherer Alkohol- und Marihuanagebrauch bei fehlender elterlicher Kontrolle, aber auch bei einer zu strengen und inkonsistenten Bestrafung, die eine Orientierung auf andere Bezugsgruppen bewirkt.

In der Adoleszenz gewinnt die Gleichaltrigengruppe gegenüber den Eltern deutlich an Einfluss. Ein zunehmender Wunsch nach Autonomie und Selbstbestimmung ist für dieses Entwicklungsstadium charakteristisch (Simmons u. Blyth 1987). Gleichaltrige stellen wichtige emotionale und funktionale Unterstützungsquellen dar, können aber auch eine entscheidende Rolle bei der Entwicklung von Devianz und Drogenmissbrauch spielen (Kandel 1980). Der Anschluss an eine alkohol- und drogenkonsumierende Gleichaltrigengruppe gilt als einer der am besten belegten Prädiktoren für Drogenkonsum (Hundleby u. Mercer 1987, Hoffmann 1993, Kandel 1980). Gleichaltrige fungieren vor allem dann als Verhaltensmodell, wenn die Eltern keine Alkohol- und Drogenkonsumenten sind (Quine u. Stephenson 1990). Die Aufnahme des Konsums von legalen und illegalen Drogen findet überwiegend in der Gleichaltrigengruppe statt (Lachnit u. Kampe 1996, Silbereisen 1995). Dabei können Selektionsprozesse wirksam werden, aufgrund derer sich häufig Jugendliche zusammenfinden, die ohnehin schon durch eine hohe Risikobelastung, beispielsweise durch eigene Verhaltensprobleme oder eine geringe familiäre Bindung gefährdet sind. Erst dann kommt der Drogen- und Alkoholkonsum als weitere Normüberschreitung hinzu (Kandel 1985).

Als weitere Risikofaktoren werden Gesetze und Normen, die Suchtverhalten begünstigen, die Verfügbarkeit von Substanzen sowie der sozioökonomische Status diskutiert und erforscht. Cook u. Tauchen (1982) konnten zeigen, dass die Erhöhung der Alkoholsteuer zu einer sofortigen und jähen Abnahme des Alkoholverbrauchs und der leberzirrhosebedingten Sterberate führte. Ein Absenken des Mindestalters für legalen Alkoholkonsum führte hingegen zu einer Zunahme jugendlichen Trinkens in Verbindung mit Autofahren und Verkehrsunfällen Jugendlicher, während eine Erhöhung zur Abnahme des Fahrens in alkoholisiertem Zustand und dadurch herbeigeführten Todesfällen führte (Cook u. Tauchen 1984, Saffer u. Grossmann 1987).

Einige Studien beschäftigten sich mit der Verfügbarkeit von Substanzen. So konnten Gorsuch u. Butler (1976) zeigen, dass mit der Verfügbarkeit von Alkohol der Verbrauch, die konsumierte Alkoholmenge und der Missbrauch ansteigt. Maddahian et al. (1988) zeigten, dass durch die Verfügbarkeit von Alkohol, Zigaretten und illegalen Drogen der Verbrauch dieser Substanzen bei Jugendlichen ansteigt, sogar nachdem die Geldmenge kontrolliert wurde, die den Probanden zur Verfügung stand. Dembo et al. (1985) zeigten jedoch, dass die Verfügbarkeit kein hinreichender Prädiktor für Substanzmissbrauch ist. Der Einfluss der Verfügbarkeit ist abhängig von anderen Umgebungsvariablen, besonders von Substanzmissbrauch in der Gleichaltrigengruppe.

Hinsichtlich der Bedeutung des sozioökonomischen Status liegen widersprüchliche Ergebnisse vor. Während z. B. Kleiber u. Soellner (1998) oder Bachman et al. (1981) eine leichte positive Korrelation zwischen elterlichem Bildungsstand und Cannabiskonsum fanden, berichten z. B. Höfler et al. (1999) oder Wills et al. (1995), dass ein niedrigerer sozioökonomicher Status mit einer höheren Konsumrate zusammenhängt. Nur wenn die Armut extrem ist und im Zusammenhang mit Verhaltensproblemen in der Kindheit erscheint, zeigt sich ein ansteigendes Risiko für späteren Alkoholismus und für Drogenprobleme.

Personbezogene Risikofaktoren

Jugendliche mit einem geringen Selbstwertgefühl sind einem bedeutend höheren Risiko ausgesetzt, Substanzen zu gebrauchen (Höfler et al. 1999, Kaplan 1980). Auf die Bedeutung von Selbstwirksamkeit und Bewältigungskompetenzen wird im wegweisenden Modell des Rückfallprozesses von Marlatt u. Gordon (1985) eingegangen. Eine geringe Selbstwirksamkeit geht demnach mit Rückfällen und eine hohe Selbstwirksamkeit mit Abstinenz einher. Auch emotionale Labilität, Impulsivität, geringe Frustrationstoleranz sowie Aggressivität während der Kindheit sind als Risiken für den Missbrauch von Alkohol im Jugendalter bekannt (Block et al. 1988, Kellam et al. 1983, Pulkkinen u. Pithauen 1994). Ebenso gebrauchen Jugendliche mehr Alkohol und Drogen, die ein hohes Bedürfnis nach Stimulation gepaart mit geringer Angstvermeidung aufweisen (Zuckerman 1994, Cloninger et al. 1988). Weitere Studien zeigten, dass mangelnde Problemlösefertigkeiten mit Substanzkonsum zusammenhängen (Kandel 1980, Lachnit u. Kampe 1992). Andererseits sind jedoch auch ängstlich-verschlossene und sensitive leicht verletzliche Persönlichkeiten mit geringer Frustrationstoleranz häufig unter den Drogenkonsumenten zu finden (Steinhausen 2000).

Oft stellt der Substanzkonsum einen Versuch der Selbstbehandlung von Angst, Hemmung, Kontaktschwäche, Stimmungslabilität und vereinzelt auch von Psychosen dar (Steinhausen 2000, Walter et al. 1991). Es existieren zahlreiche Studien, die einen Zusammenhang von Substanzmissbrauch und anderen psychischen Störungen fanden (vgl. u. a. Anthony u. Helzer 1991, Bukstein et al. 1989, Kleiber u. Kovar 1998). In zahlreichen Studien konnte die große prädiktive Bedeutung von Störungen des Sozialverhaltens (Robins u. McEvoy 1990, Windle 1993) sowie Aufmerksamkeits- und Hyperaktivitätsstörungen (Wilens u. Biedermann 1993, Windle 1993, Mannuzza et al. 1991) für problematischen Substanzgebrauch im Jugendalter nachgewiesen werden. Dabei gibt es zahlreiche Belege dafür, dass die meisten hyperaktiven Kinder, die später Drogen missbrauchen, entweder vor oder zusammenfallend mit dem Beginn des Substanzmissbrauchs eine Verhaltens- bzw. oppositionelle Störung aufwiesen (Gittelman et al. 1985). Merkmale wie mangelnde Leistungsorientierung und mangelndes akademisches Interesse sowie Schulleistungsschwächen werden immer wieder im Zusammenhang mit Drogenkonsum diskutiert (Hurrelmann 1995). Dabei ist beim derzeitigen Wissensstand davon auszugehen, dass diese Probleme eher als komorbide Probleme bei vorhandenen Störungen des Sozialverhaltens (zusammen mit Schuleschwänzen und nächtlichem Wegbleiben) auftreten, als dass sie einen eigenständigen Erklärungswert für Störungen durch Substanzgebrauch aufweisen. Personen, die auch noch im Erwachsenenalter Schwierigkeiten mit dem Umgang mit Substanzen haben, zeigten bereits während der Kindheit Anpassungsstörungen und dissoziales Verhalten (Moffitt 1993). Ein anderer Transmissionspfad führt von depressiven Störungen und Angststörungen der Eltern über zeitlich vorangehende Angstsyndrome der Kinder zur Entwicklung von Substanzmissbrauch und -abhängigkeit (Merikangas et al. 1992, Wesner 1990).

Knop et al. (1993) zeigten in einer prospektiven Längsschnittstudie über 30 Jahre eine spezifische Verbindung zwischen Angst in der Kindheit und der späteren Entwicklung von Alkoholismus. In einer Studie von Lewinsohn et al. (1995) erhöhten neben den externalisierenden Störungen auch internalisierende Störungen (v. a. bei Mädchen) das Risiko für spätere Störungen durch Substanzkonsum. Höfler et al. (1999) berichten eine erhöhte Auftretenswahrscheinlichkeit gewohnheitsmäßigen Cannabiskonsums bei Vorhandensein von affektiven Störungen.

Der frühe Einstieg in den Konsum und der Beikonsum anderer Drogen sind bedeutsame Prädiktoren für chronischen Substanzkonsum und Substanzmissbrauch bzw. -abhängigkeit (Höfler et al. 1999, Hurrelmann 1995, Lachnit u. Kampe 1996). Ein Einstieg in den Drogenkonsum vor dem 15. Lebensjahr erhöht die Wahrscheinlichkeit für spätere schwere Drogenprobleme. Ebenso korreliert früher Drogenkonsum mit späterer Alkoholabhängigkeit und antisozialer Persönlichkeitsstörung (Robins u. Przybeck 1985).

Die Diskussion über personale Einflussfaktoren auf den Konsum illegaler Substanzen bezieht auch den Bereich individueller Einstellungen wie Nonkonformität, Rebellion und Unabhängigkeit ein (z. B. Kleiber u. Soellner 1998, Steinhausen 2000), wobei aufgrund der querschnittlichen Studienbefunde die Frage nach Ursache und Wirkung offen bleibt. So fanden z. B. Jessor et al. (1986) einen positiven Zusammenhang von Marihuanakonsum mit Merkmalen wie einer geringen Bindung an Schule und Kirche, einer kritischen Haltung gegenüber der Gesellschaft und einer größeren Toleranz gegenüber Normverletzungen. Hedonistische Orientierungen, wie z. B. der Wunsch, Spaß zu erleben bzw. nach jugendtypischer Ungebundenheit, zeigten sich ebenfalls als Prädiktor einer erhöhten Suchtgefährdung (Kleiber u. Soellner 1998, Lachnit u. Kampe 1996).

Schutzfaktoren

Bei der längsschnittlichen Untersuchung von Risikopopulationen konnten immer wieder Subgruppen identifiziert werden, die trotz extremer Risikobelastung einen günstigen Entwicklungsverlauf nahmen, d. h. keine Störungen entwickelten (z. B. Werner u. Smith 1982). Es wird angenommen, dass es Merkmale gibt, die die Effekte des vorhandenen Risikos moderieren und dadurch bei Risikopersonen die Verletzlichkeit (Vulnerabilität) reduzieren, die Widerstandsfähigkeit (Resilienz) steigern und sie vor Entwicklungsstörungen schützen. Diese Faktoren bezeichnet man als protektive oder auch Schutzfaktoren. Sie lassen sich in Merkmale des Kindes (z. B. positive Temperamentsmerkmale, positives Selbstwertgefühl), Merkmale der Familie (z. B. Modelle positiver Bewältigung), Merkmale der Eltern-Kind-Beziehung (z. B. besonders gute emotionale Beziehung, besonders hohes väterliches Engagement) und Merkmale des Umfelds (positive Freundschaftsbeziehungen, positive Kindergarten- und Schulerfahrungen) einteilen.

Die Probleme der Definition von Schutzfaktoren und der Abgrenzung von Risikofaktoren werden ausführlich von Laucht et al. (1997) diskutiert. Es ist nicht verwunderlich, dass auch für den Bereich des Substanzkonsums nach Faktoren geforscht wird, die Risikokinder vor Drogenproblemen schützen. So fanden Brook et al. (1996) 2 Mechanismen, durch die protektive Faktoren das Risiko für den Drogengebrauch von Heranwachsenden reduzieren können. Beim 1. Mechanismus werden Risikofaktoren durch protektive Faktoren in ihren Auswirkungen moderiert. So wird beispielsweise der Risikofaktor der Angehörigkeit zu einer drogenkonsumierenden Gleichaltrigengruppe durch eine besonders starke Bindung zwischen Eltern und Kind moderiert. Beim 2. Mechanismus potenziert ein protektiver Faktor einen anderen und stärkt dadurch dessen Effekt. So konnte durch eine besonders enge Vater-Kind-Bindung der Effekt der Faktoren eheliche Harmonie und positive mütterliche Charakteristiken noch gesteigert werden. Weitere Befunde zeigten, dass Kinder mit hoher Stressbelastung durch chaotische Familienverhältnisse mit Hilfe eines externen unterstützenden Systems gestärkt werden konnten. Widerstandsfähige Kinder entwickeln dabei ein großes Repertoire an Problemlösungsstrategien und glauben an ihre Selbstwirksamkeit. Nach neueren systemischen Familientheorien werden eine hohe emotionale Verbundenheit und zugleich hohe Autonomie unter Familienmitgliedern als zentrale Variablen günstiger Entwicklung angesehen.

Die wichtigsten bisher diskutierten Schutzfaktoren werden in Tab. 23.5 dargestellt.

Die bisherigen Ergebnisse in Bezug auf Schutzfaktoren vor Störungen durch Substanzgebrauch geben wichtige erste Anhaltspunkte, welche Faktoren beim Kind, der Familie und beim außerfamiliären Unterstützungssystem besonders vielversprechende Ansatzpunkte für präventive Bemühungen darstellen.

Tabelle 23.**5** Schutzfaktoren für Substanzmissbrauch und -abhängigkeit

Soziale und umweltbezogene Faktoren

- gutes Verhältnis zu den Eltern (Vertrauen, Unterstützung in schwierigen Situationen)
- Freundschaften zu Gleichaltrigen (Vertrauen, emotionale Unterstützung, positive Modelle)
- geringe Belastungen/Stress durch die schulische Umwelt (gutes Schul- und Klassenklima, vertrauensvolle und mitmenschliche Beziehungen zu den Lehrern)

Individuumbezogene Faktoren

- hohes Maß an Selbstwertgefühl („Sich so annehmen wie man ist")
- hohes Maß an Eigenaktivität („Sich selbst beschäftigen können")
- realistische Selbsteinschätzung („Positive Seiten und Grenzen erkennen")
- Verfügbarkeit eines flexiblen Bewältigungsrepertoires (Stress- und Alltagssituationen)
- gute Beziehungs- und Konfliktfähigkeit

Prävention und Behandlung von Störungen durch Substanzgebrauch

Bisheriger Schwerpunkt der Forschung und Arbeit an dem Drogenproblem war die Entwicklung und Erprobung von verschiedenen Formen der Behandlung von bereits Abhängigen. Es zeigte sich, dass es viele Methoden gibt, mit denen Abstinenz erreicht werden kann. Das größte Problem und die größte Herausforderung ist jedoch die dauerhafte Aufrechterhaltung der Abstinenz. In den letzten Jahren hat sich daher ein verstärktes Bemühen um primärpräventive Strategien entwickelt (Schmitt-Rodermund 1999). Angesichts der vorhandenen Enttäuschung über mangelnde Langzeiteffekte von Behandlungen, dem zunehmenden Bewusstwerden für hohe Kosten im Gesundheitsbereich und der geringen Kapazität der bestehenden Behandlungsangebote sind diese Bemühungen uneingeschränkt zu begrüßen. Die primäre Prävention sollte als Interventionsstrategie die erste Präferenz erhalten.

Prävention

Die Identifikation protektiver Prozesse hat unmittelbare Relevanz für risikobezogene Drogenprävention. Zielsetzungen der risikobezogenen Prävention können durch die Verbindung von Risikoreduktion und die Steigerung protektiver Faktoren erreicht werden. Daher sollte Prävention nicht nur darauf abzielen, Risikofaktoren zu minimieren, sondern immer versuchen, die Aufmerksamkeit auch auf protektive Faktoren zu richten und dadurch positive Effekte zu steigern. Um besonders wirksam zu sein, muss eine Präventionsstrategie daher bei den Faktoren ansetzen, die an der Entstehung von Drogenmissbrauch beteiligt sind. Es ist heute unstrittig, dass der Prävention die zentrale Rolle bei der Bekämpfung des Suchtmittelkonsums zukommen muss. Die Prävention ist im allgemeinen auf die Verhütung jedweden Drogenkonsums – ob illegal oder legal – gerichtet.

Man ist sich heute einig, dass eine umfassende Suchtprävention bei Kindern und Jugendlichen sowohl Maßnahmen zur Förderung von Lebenskompetenzen als auch Maßnahmen zur Steigerung des Gesundheitsbewusstseins als wirksames Gewicht gegen die Gefahr des Drogenkonsums beinhalten sollte (Bundesministerium für Gesundheit 2000).

Suchtprävention ist eine Aufgabe, der sich Familien, Eltern, Kindergärten und -tagesstätten und Schulen stellen müssen. Für eine wirkungsvolle Prävention bedarf es einer konstruktiven Zusammenarbeit zwischen Gesundheitswesen, Sozialhilfe, Bildungswesen und Justiz auf kommunaler, regionaler, nationaler und (zumindest) europäischer Ebene.

Auf eine Darstellung des programmatischen und konzeptionellen Handlungsrahmens in Deutschland (z.B. Nationaler Rauschgiftbekämpfungsplan, Leitlinien für die Prävention von Missbrauchsverhalten, Prinzipien der primären Suchtprävention) und der Strukturen der Suchtprävention (Bundes-, Länder- und EU-Ebene) wird an dieser Stelle verzichtet.

Eine aktuelle Kurzübersicht hierzu findet sich bei Nöcker u. Grundmann (1999). Im Folgenden möchten wir auf aktuelle Präventionsansätze im Vorschulalter eingehen. Dabei orientieren wir uns u. a. an der Übersichtsarbeit von Hawkins et al. (1992).

Wenn Drogenmissbrauch und die damit verbundenen sozialen und gesundheitlichen Probleme bei Kindern mit hohem Risiko verhindert werden sollen, scheint es demnach wichtig, Präventionsstrategien anzuwenden, die auf Risikofaktoren abzielen, die bereits in der frühen Kindheit auftreten und verschiedene Präventionsstrategien kombinieren.

Suchtprävention im Kindesalter

Mit der zunehmenden Ausrichtung auf primärpräventive Strategien rücken zunehmend Kinder – bereits im Vorschulalter – in den Blickpunkt der Maßnahmeplanungen (Nöcker u. Grundmann 1999). Die inhaltliche Ausrichtung dieser Maßnahmen ist dabei auf das Lernen allgemein gesundheitsfördernder Verhaltensweisen und die Entwicklung von psychischer Stärke ausgerichtet. Einen Überblick über die in Deutschland durchgeführten Maßnahmen gibt Kammerer (1999). In den USA wurden hingegen auch Risikopopulationen in Präventionsprogrammen berücksichtigt (Hawkins et al. 1992). Die Nützlichkeit vieler dieser Ansätze ergibt sich daraus, dass sie auf Risikofaktoren abzielen, die bei verschiedenen Störungen wie Drogenmissbrauch, Störungen des Sozialverhaltens und Delinquenz von prädiktiver Bedeutung sind. In einigen der Studien gelang es, zusätzlich protektive Faktoren in Risikopopulationen zu erhöhen. Die meisten dieser Ansätze beruhen auf dem sozialen Entwicklungsmodell (Farrington u. Hawkins 1991). Dieses Modell betont die Rolle von sozialen Bindungen an Familie, Kindergarten, Schule und Gleichaltrigengruppe als Schutz gegen die Entwicklung von Problemverhalten und Drogenmissbrauch. Nach dem sozialen Entwicklungsmodell kann die Bindung an eine soziale Einheit dadurch gestärkt werden, dass dem Heranwachsenden die Gelegenheit zur Beteiligung an dieser Einheit geboten wird und er von ihr Bestätigung erfährt. Dieser Interventionsansatz kann in jeder sozialen Einheit Anwendung finden, an der das Kind beteiligt ist. Um bei schon von Kindheit an Auffälligen Primärprävention gegen den Missbrauch von Substanzen betreiben zu können, muss bereits zu einem sehr frühen Zeitpunkt begonnen werden (Moffitt 1993, Shedler u. Block 1990).

Suchtprävention im Jugendalter

Die Schule ist nach wie vor der wichtigste Ort für Präventivmaßnahmen, um die Mehrheit der Kinder zu erreichen (Hansen 1992, Montagne u. Scott 1993). Eine entsprechende Ausbildung der Lehrer und die Einbindung der Eltern sind hier besonders zu fordern und zu fördern (EMCDDA 1999).

Primärprävention des Missbrauchs von Alkohol und Drogen, bei Jugendlichen mit normaler Risikobelastung, richtet sich auf das Hinauszögern des Beginns bzw. auf die vollständige Vermeidung (Schmitt-Rodermund 1999).

Im Fall von Alkohol geht es um den verantwortungsvollen Umgang damit (Botvin 1996, Hamburg 1997). Wirksame Maßnahmen bestehen in der Verringerung von Risiken bzw. im Aufbau eines wirksamen Schutzes, der selbst in Anwesenheit von Risiken den Missbrauch verhindern könnte. Präventionsprogramme sollten Jugendlichen Werkzeuge in die Hand geben, mit deren Hilfe sie ihre Entwicklungsaufgaben leichter bewältigen können.

Einige der bisher erfolgreichsten Präventionsansätze wurden im schulischen Kontext durchgeführt, so z.B. das Training der sozialen Kompetenz bei sozial abgelehnten bzw. bei aggressiven Kindern. Diese Methode wurde bei verschiedenen

Populationen in unterschiedlichen Versionen unterschiedlicher Dauer angewandt.

Viele Studien fanden positive Wirkungen auf das interpersonelle Verhalten, eine große Auswirkung auf die Bereitschaft, in Problemsituationen nicht zur Droge zu greifen und auf die Stabilität der Intention, keine Drogen mehr zu nehmen. Vergleichsstudien zeigen, dass sich ein 9-wöchiges Training in der 4. Klasse signifikant auf einen geringeren Drogengebrauch in den Klassen 5–12 auswirkt (Kim et al. 1989).

Ein weiterer Ansatzpunkt ist die Unterstützung der akademischen Leistungsfähigkeit bei Problemverhalten in der Schule und geringer Schulbindung.

Die Veränderung der Unterrichtsmethoden zu interaktivem, kooperativen Unterricht führte zu besseren Schulleistungen, einer höheren Bindung an Schule und Mitschüler und zu weniger Schulausschlüssen (Hawkins u. Lam 1987).

Inwiefern die starken Auswirkungen auf die Risikofaktoren den Drogenmissbrauch beeinflussen ist bisher jedoch noch nicht belegt und bedarf weiterer Untersuchungen. Die eindrucksvollsten Effekte erzielten bisher Präventionsprogramme, die auf mehreren Interventionsebenen durchgeführt wurden.

Ein Beispiel für ein solches Programm ist der auf die Gemeinde ausgedehnte Ansatz von Pentz et al. (1989). Hier konnte nach einer 2-jährigen Intervention der Gebrauch von Alkohol, Zigaretten und Marihuana auch bei Risikopersonen deutlich gesenkt werden. Einen besonders vielversprechenden und mehrmals erfolgreich evaluierten Ansatz stellen die Life-Skills-Programme dar (vgl. u. a. Botvin et al. 1990). Ein solches Programm enthält in der Regel 2 übergreifende Programmpunkte: einerseits die Erweiterung und Verbesserung persönlicher Fertigkeiten, die nicht mit dem Gebrauch von Drogen verbunden sind (z. B. Verbesserung der Kommunikations- und Problemlösekompetenz) und andererseits die Verbesserung von Fähigkeiten, die speziell mit dem Gebrauch von Substanzen zusammenhängen (Kompetenzen, die sich direkt auf Wissen und Einstellungen gegenüber Alkohol und Drogen beziehen oder auch dem Druck von Gleichaltrigen widerstehen können).

In den bisher vorliegenden deutschen Untersuchungen konnten jedoch die Befunde von Botvin et al. (1990) nicht in der erwarteten Form repliziert werden (Kröger u. Hanewinkel 1996, Leppin et al., 1994, Petermann et al. 1997). Vieles spricht dafür, dass in den bisherigen Studien mit der Intervention zu spät begonnen wurde. So war ein Interventionsbeginn bei jüngeren Teilnehmern (ca. 5. Klasse) bedeutend erfolgreicher als bei älteren (Leppin et al. 1994). Als besonders vielversprechend werden derzeit Peer-to-Peer-Ansätze angesehen (Bundesministerium für Gesundheit 2000, EMCDDA 1999), wie sie z. B. im Bereich der Technoszene existieren. Die derzeit in Deutschland initiierten Projekte haben ganz unterschiedliche Herangehensweisen, so steht z. B. beim Projekt „eve and rave“ in Köln der „safer use“ im Vordergrund, wohingegen das Projekt „mind zone“ in Bayern eine klare „Clean-Botschaft“ vermitteln möchte (Nöcker u. Grundmann 1999). Eine Übersicht über internationale Ansätze der Suchtprävention findet sich u. a. bei Kolip (1999).

Allgemeine Behandlungsprinzipien

Die Behandlung und Rehabilitation richtet sich auf die Schäden, die durch den Substanzkonsum selbst verursacht sind, die Entzugssymptome, die psychische Abhängigkeit und die primären Ursachen bzw. Begleitstörungen und Lebenskonflikte des Patienten (Warnke 1997). Die Behandlung muss individuell erfolgen, d. h., sie muss auf die spezifische Problemlage und deren Schweregrad zugeschnitten sein.

Vor Einleitung einer psychotherapeutischen Maßnahme ist in jedem Falle zunächst abzuklären, ob die Sicherung des Überlebens, die Verhinderung schwerer körperlicher Folgeschäden, die Sicherung der sozialen Umgebung gegen Beeinträchtigungen bzw. die Verhinderung sozialer Desintegration einer vorrangigen Intervention bedürfen (Lindenmeyer 1999). Zur Klärung der Notwendigkeit einer primären medizinischen Versorgung sollte der Patient zunächst einem Arzt vorgestellt werden. Bei akuter Suizidalität oder substanzinduzierten Psychosen ist eine Überweisung in eine psychiatrische Behandlung indiziert. Neben dem System der medizinischen Überlebenshilfen muss ein integriertes Versorgungssystem auch psychosoziale Überlebenshilfen enthalten (Steinhausen 2000). Hierzu zählen die Vermittlung von Wohn- und Schlafplätzen, die der individuellen Belastbarkeit angepasste

Arbeitsvermittlung oder auch die mit den AIDS-Erkrankungen verbundene Hygiene- und Sexualberatung. An dieser Stelle muss darauf hingewiesen werden, dass sich aufgrund der spezifischen Substanzwirkungen, der Eigenschaften der konsumierenden Personen und der gesellschaftlichen Rahmenbedingungen wichtige Unterschiede in der Behandlung der verschiedenen Abhängigkeitsformen ergeben, auf die in der vorliegenden Arbeit nicht ausführlich eingegangen werden kann (Vollmer u. Krauth 2000). Als weiterführende Literatur kann u. a. Mann u. Buchkremer (1996), Thomasius (2000) und Watzl u. Rockstroh (1997) empfohlen werden.

Strukturelle Elemente der Behandlung

Die Behandlung und Rehabilitation von Drogenabhängigen erfordert ein wirkungsvolles Ineinandergreifen von Maßnahmen der Jugendhilfe, der Drogenhilfe, der Kinder- und Jugendlichenpsychotherapie sowie der Kinder- und Jugendpsychiatrie (Deutsche Gesellschaft für Kinder- und Jugendpsychiatrie und Psychotherapie 2000). Wichtig ist hierbei eine sorgfältige Behandlungsplanung, worunter z.B. die richtige Methodenwahl und eine genaue Zieldefinition unter Einbeziehung der Familie, der Schule, der behandelnden Ärzte und gegebenenfalls des Gerichts zu verstehen sind (Farrell u. Taylor 1994). Dabei stellt die gründliche Beratung und Stützung der Eltern in ihren Erziehungsfunktionen einen ganz wesentlichen Teil der Therapie dar. Unverzichtbares Element einer stabilisierenden Entwicklung ist eine tragfähige Beziehung zwischen Patient und Behandler. Eine einseitige Identifikation des Behandlers mit den Eltern oder mit dem Jugendlichen selbst ist kontraproduktiv.

Im Folgenden soll auf spezielle Aspekte der Motivations-, der Entgiftungs-, der Entwöhnungs- und der Nachsorgephase kurz eingegangen werden. Dabei orientieren wir uns u. a. an Warnke (1997) und der Deutschen Gesellschaft für Kinder- und Jugendpsychiatrie und Psychotherapie (2000)

Motivationsphase

Die Motivationsarbeit ist ein zentraler Baustein im Behandlungsprozess und in allen Therapiephasen von Bedeutung. Hauptaufgabe ist es, den Patienten und seine Familie über die Störung zu informieren und Einsicht in die Krankheit zu vermitteln, für eine Behandlung oder eine Wiederbehandlung zu motivieren und die verschiedenen Behandlungsmöglichkeiten aufzuzeigen.

Dabei ist zu berücksichtigen, dass Abhängige sich hinsichtlich ihres Problembewusstseins, ihrer Bereitschaft zur Abstinenz und zur Therapie deutlich unterscheiden können. Prochaska u. DiClemente (1986) und Prochaska et al. (1992) beschreiben ein sehr gut verständliches Modell der Veränderungsmotivation. Sie unterscheiden in ihrem Modell zwischen vier Veränderungsphasen (precontemplation, contemplation, action und maintenance) in der Suchtbehandlung, bei deren Übergang jeweils unterschiedliche Motivationshürden zu überwinden sind. Diese erfordern ein entsprechendes phasengerichtetes Therapeutenverhalten und spezifische Interventionsformen (Lindenmeyer 1999).

Entgiftung

Indikation zur körperlichen Entgiftung ist die primäre Abhängigkeitsentwicklung mit hohem und regelmäßigem Substanzkonsum (Deutsche Gesellschaft für Kinder- und Jugendpsychiatrie und Psychotherapie 2000). Während der Entgiftungsphase werden auch die körperlichen Entzugssymptome sowie Begleiterkrankungen behandelt. Die Entgiftung kann in Einzelfällen ambulant stattfinden. Meist ist jedoch aufgrund der sozialen Konfliktlage, der sozialen Isolation und der Verstrickung in das Drogenmilieu eine stationäre Entgiftungsbehandlung indiziert. Der körperliche Entzug bei Missbrauch psychotroper Substanzen von Jugendlichen tritt überwiegend beim Konsum illegaler Drogen auf. Aufgrund der spezifischen Substanz-Konsummuster bei Jugendlichen, der hohen Komorbidität mit kinder- und jugendpsychiatrischen Störungen und der erheblichen Bedeutung familientherapeutischer und schulischer Interventionen ist in der Regel die qualifizierte Entgiftung in einer dafür geeigneten kinder- und jugendpsychiatrischen Station oder einer Suchtklinik vorzunehmen. Neben der rein körperlichen Entgiftung erfolgt dort bereits eine ausführliche Auseinandersetzung mit der Erkrankung mit Hilfe psychoedukativer Informationsgruppen, durch Einzelgespräche, Gruppenvisiten, die Einbeziehung der Angehörigen und die Motivierung für eine Entwöhnungsbehandlung. Die Entzugsbehandlung dauert je nach Substanz in der Regel 5–21 Tage und wird gegebenenfalls mit medikamentöser Unterstützung durchgeführt. Der substitutionsgestützte Entzug ist insbesondere bei längerem Methadonkonsum angezeigt und dauert länger als 2 Wochen. Bei Kindern und Jugendlichen mit einem Alkoholabhängigkeitssyndrom treten in der Regel nur leichte Entzugssymptome auf. Die Wirksamkeit angewandter Interventionen muss regelmäßig durch objektive Befunde (z. B. Urinkontrollen) überprüft werden.

Entwöhnung

Die Entwöhnungsbehandlung ist indiziert, wenn eine akute Entwicklungsgefährdung des Jugendlichen vorliegt und dieser nicht eigenständig die Fähigkeit gewinnt, abstinent zu leben. Sie schließt möglichst eng an die vorausgegangene Entzugsbehandlung an und kann ambulant, teilstationär oder stationär, in der Regel in einer Suchtfachklinik oder auch einer Fachambulanz durchgeführt werden. Dem zunehmenden Trend zum Mischkonsum wird auch im therapeutischen Bereich Rechnung getragen, indem mehr und mehr die Behandlung von Drogen-, Alkohol- und Medikamentenproblemen zusammenfasst wird.

Der Vorteil einer ambulanten Behandlung liegt in der Niedrigschwelligkeit des Angebots, der leichteren Einbeziehungsmöglichkeit von Bezugspersonen und in den geringeren Behandlungskosten (Lindenmeyer 1999). Eine ambulante Behandlung erscheint besonders geeignet, wenn der Patient sozial gut integriert ist, die Fähigkeit zumindest zur kurzfristigen Abstinenz vor Beginn der Behandlung vorhanden ist oder es sich um eine Rückfälligkeit bei Patienten mit Therapieerfahrung handelt. Der Patient muss eine Mitwirkungsbereitschaft in der Behandlung zeigen. Dennoch ist gerade bei Drogenabhängigen eine gewisse Unregelmäßigkeit festzustellen, die aber nicht zu einem vorzeitigen Behandlungsabbruch verleiten darf.

Ergänzend zur ambulanten Behandlung ist die Einbindung in tagesstrukturierende Maßnahmen sinnvoll und hilfreich.

Interventionen im Rahmen einer ambulanten Behandlung erfordern einen konkreten Behandlungsplan und eine verbindliche Absprache mit dem Patienten. Darin müssen bereits Behandlungsperspektiven für den Fall aufgezeigt sein, dass das vereinbarte Setting nicht trägt.

Stationäre Behandlungen bieten im Allgemeinen ein umfassenderes und intensiveres Therapieprogramm als ambulante Therapien und ermöglichen eine stärkere Entlastung von Alltagsproblemen (Lindenmeyer 1999). Eine stationäre Entwöhnungsbehandlung ist insbesondere angezeigt bei behandlungsbedürftigen körperlichen Folgeerkrankungen, wiederholten Rückfällen bei ambulanten Behandlungsmaßnahmen, Delinquenz, Vorhandensein komorbider Störungen, fehlendem sozialen Stützungssystem und schwerer kognitiver Beeinträchtigung.

Die langfristige (über 6-monatige) Entwöhnungsbehandlung wird immer in Fachkrankenhäusern durchgeführt. Wichtigstes therapeutisches Ziel ist die Festigung des Abstinenzwunsches. In der Regel werden eklektische Therapien durchgeführt, die ein breites Spektrum von Verfahren, wie Einzel- und Gruppenpsychotherapien, ergotherapeutische, gestaltungs- und soziotherapeutische Behandlungen, Entspannungsverfahren und freizeitpädagogische Aktivitäten umfassen. Da Rückfälle auch während einer Behandlung auftreten können, ist dieses Thema, soweit möglich, in den Rahmen der Therapie zu integrieren und zu bearbeiten. Die Behandlungsprogramme dauern in der Regel über 1 Jahr und sind zunehmend direkt auf den jeweiligen Patienten abgestimmt.

Die besten Erfolge für jugendliche Drogenabhängige werden in hochstrukturierten Behandlungssettings mit dem Schwerpunkt der persönlichen Verantwortlichkeit erreicht. Aus diesem Grund beinhalten viele Therapieprogramme ein Token-System, das zunehmende persönliche Freiheit und Verantwortung als Belohnung einsetzt (Brown et al. 1992).

Jarvis (1995) teilt die Behandlung in 3 Phasen ein:

- Die 1. Phase beinhaltet den Motivationsaufbau und die Festlegung von anzustrebenden Zielen hinsichtlich der persönlichen Entwicklung und des zukünftigen Substanzgebrauchs.
- In der 2. Phase wird mit intra- und interpersonalen Konflikten umgegangen, indem beispielsweise stressreduzierende Methoden oder Kommunikations- und Problemlösefer-

tigkeiten geübt werden. Diese Konflikte können sowohl Ursache als auch Folge des Substanzgebrauchs sein.

- In der 3. Phase wird ein Notfallplan entwickelt, der dabei helfen soll, die Behandlungsziele zu erhalten und einen Rückfall in den Alkohol- oder Drogenmissbrauch (z. B. Rückfallwarnzeichen erkennen) zu verhindern.

Die häufigsten Ursachen für Rückfälle von Jugendlichen liegen im sozialen Bereich, während Erwachsene Rückfälle mehr durch negative emotionale Zustände oder interpersonelle Konflikte erleiden (Brown et al. 1992). Für den weiteren Verlauf zu einer dauerhaften alkohol- und drogenfreien Alltagsgestaltung ist daher die Entwicklung von psychosozialen Kompetenzen und die Steigerung von Selbstwertgefühl und Selbstwirksamkeit (sich selbst besser fühlen, positive Lösungen für Konflikte suchen) von entscheidender Bedeutung.

■ Therapieerfolg

Durchaus umstritten ist die Definition des Therapieerfolges (Polansky u. Horan 1993). Das Ziel der Behandlung von Substanzabhängigkeit ist sicher in der Regel die Abstinenz, d. h. die völlige Aufgabe des Substanzkonsums.

Abstinenz ist zumindest bei den abhängigen Konsumenten eine notwendige Voraussetzung für die Erreichung der wichtigsten allgemeinen Therapieziele in der Suchtbehandlung. Nach Feuerlein (1989) sind dies die Reduktion der substanzbedingten Probleme, die Entwicklung psychosozialer Kompetenz in Beruf, Freizeit und interpersonalen Beziehungen sowie die Gestaltung des Lebens in freier persönlicher Entscheidung.

Absolute Abstinenz ist jedoch nicht immer erreichbar bzw. nicht immer dauerhaft aufrechtzuerhalten. Bei der Behandlung von schädlichem Gebrauch bzw. Missbrauch kann daher unter Umständen auch der kontrollierte Gebrauch, d. h. die Reduktion der Häufigkeit und der Menge des Substanzkonsums als Erfolg einer Interventionsmaßnahme angesehen werden. Dies ist insbesondere dann der Fall, wenn auf diese Weise Patienten, die sonst für eine Therapie unerreichbar gewesen wären, für umfassendere Behandlungsmaßnahmen gewonnen werden können (Beck et al. 1997).

■ Therapieformen

Die Therapieziele der sozialen Verselbstständigung und der eigenständigen Lebensführung erfordern einen Therapieansatz, der medikamentöse, soziotherapeutische und psychotherapeutische Vorgehensweisen kombiniert.

Medikamentöse Ansätze

Bei Substanzmissbrauch und -abhängigkeit im Jugendalter wird die Pharmakotherapie selten verwandt, da ein Missbrauch dieser Medikation oder ein zukünftiger Substanzgebrauch bzw. -missbrauch befürchtet wird (Bukstein 1995). Mögliche Einsatzbereiche der Pharmakotherapie sind die Behandlung von Entzugserscheinungen, die Behandlung von Substanzabhängigkeit durch Verwendung von Drogenersatz (z. B. die Methadon-Substitutionsbehandlung) sowie die Behandlung von komorbiden psychischen Störungen (Steinhausen 2000). Um substanzabhängige Jugendliche vor einem Missbrauch der Medikation zu schützen, ist eine sorgfältige Supervision erforderlich (Deutsche Gesellschaft für Kinder- und Jugendpsychiatrie und Psychotherapie 2000). Die Pharmakotherapie sollte in der Regel nur als Ergänzung der Behandlung eingesetzt werden.

Soziotherapeutische Ansätze

Zu den wichtigsten soziotherapeutischen Ansätzen bei der Behandlung und Rehabilitation von Alkohol- und Drogenabhängigen gehören die Ergotherapie und die Sozialarbeit. An dieser Stelle ist außerdem die Arbeit von Selbsthilfe- und Angehörigengruppen hervorzuheben, die einen besonders wichtigen Beitrag zur langfristigen Rehabilitation leisten. Einen guten Überblick über Ansätze der Angehörigenarbeit und der Sucht-Selbsthilfe geben Kolitzus (1999) und Körtel u. Janßen (1999).

Psychotherapeutische Ansätze

In der Behandlung und Rehabilitation von Alkohol- und Drogenabhängigen werden verschiedene psychotherapeutische Ansätze wie Familientherapie, Verhaltenstherapie, Gesprächs- und Gestalttherapie sowie Psychodrama und andere tiefenpsychologisch fundierte Gruppentherapien eingesetzt (Steinhausen 2000). Im Vordergrund der derzeitigen therapeutischen Versorgung stehen eklektische Ansätze, ohne dass es dafür eine theoretische oder empirische Grundlage gäbe (Bühringer u. Ferstl 1998). Bühringer u. Ferstl (1998) weisen darauf hin, dass v.a. für die Therapieziele der Änderung der Lebensgestaltung, der Selbstbehauptung und der Ablehnung von Drogenangeboten die verhaltenstherapeutischen Programme zum gegenwärtigen Zeitpunkt die vielversprechendsten Perspektiven bieten. Vor allem im Bereich der Behandlung der Alkoholabhängigkeit existieren hierzu im deutschsprachigen Raum inzwischen hervorragende Therapiemanuale (Beck et al. 1997, Lindenmeyer 1999, Petry 1996). Dabei hat sich als therapeutische Grundstrategie eine Kombination von Maßnahmen, die sich auf die Einschränkung des Drogenverhaltens beziehen, mit solchen Maßnahmen bewährt, die zum Aufbau alternativer Stressbewältigungfähigkeiten führen (Petry 2000). Die wichtigsten Verfahren sind in Tab. 23.6 genannt und werden im Folgenden kurz beschrieben.

Maßnahmen zum Aufbau alternativer Stressbewältigungsfähigkeiten

Umfassende Programme zum Aufbau sozialer und Problemlösungskompetenz sind eine gute Wahl zur Prävention und Rückfallprophylaxe von Störungen durch Substanzgebrauch bei Jugendlichen. In den USA wurden verschiedene gut dokumentierte und positiv evaluierte Trainingsprogramme entwickelt (vgl. u.a. Botvin 1996, Holden et al. 1990, Jarvis et al. 1995) Die Programme umfassen in der Regel die Bausteine Problemlösetraining, Training individueller Stressbewältigungsfertigkeiten und interpersonaler Kommunikationsfertigkeiten sowie gesundheits- und lebensstilunterstützende Strategien. Die Jugendlichen werden dabei unterstützt, eine generelle Verbesserung der allgemeinen Problemlösefertigkeiten zu entwickeln, mit deren Hilfe der Alkohol- und Drogenkonsum aktiv verändert werden kann. Beim sozialen Kompetenztraining werden u.a. die Techniken Modelllernen, Verstärkung und Selbstkontrolle eingesetzt. Den Jugendlichen werden u.a. Fertigkeiten beigebracht, die erforderlich sind, um den Substanzgebrauch auf den Level zu reduzieren, der nur minimale gesundheitliche Risiken und soziale Probleme mit sich bringt (Jarvis et al. 1995). Dabei werden Techniken der Selbstbeobachtung und -modifikation eingesetzt. Die wichtigsten Programme zum Aufbau sozialer Kompetenz im deutschsprachigen Raum stammen von Hinsch u. Pfingsten (1998) und Ullrich u. de Muynck (2000). Einen guten Überblick der Herangehensweise beim Problemlösetraining gibt Liebeck (2000). Eine gute Einführung in Entspannungsverfahren bei Kindern und Jugendlichen findet sich in Kapitel 36.

Tabelle 23.**6** Verhaltenstherapeutische Ansätze der Suchtbehandlung

Maßnahmen zum Aufbau alternativer Stressbewältigungsfähigkeiten
• soziales Kompetenztraining
• Problemlösetraining
• Entspannungstraining
Maßnahmen zur Einschränkung des Drogenverhaltens
• Ablehnungstraining
• kognitive Therapie
• Reizkonfrontation mit Reaktionsverhinderung

Ablehnungstraining

„Neinsagen-Können" auch unter Peerdruck ist eine Bewältigungsfähigkeit, die erlernt werden kann. Der Kernpunkt des Ablehnungstrainings ist es, den Jugendlichen zu vermitteln, wie man Angebote, mitzutrinken bzw. Drogen zu nehmen, in angemessener Art und Weise ablehnen kann. Dabei ist ein ressourcenorientierter Ansatz zu wählen, was bedeutet, dass auf vorhandene Stärken des Patienten zurückgegriffen werden sollte (z.B. fester Blickkontakt, kräftige Stimme, klare Gestik). Die Übung von Ablehnungsstrategien erfolgt im Rollenspiel, wobei die Rollen auch gewechselt werden (Ablehner/Anbieter). Ausführliche Darstellungen des vor allem für die Rückfallprophylaxe bedeutsamen Ablehnungstrainings sind bei Lindenmeyer (1999) und Monti et al. (1989) zu finden.

Kognitiv-verhaltenstherapeutische Ansätze

Seit der Publikation von Beck et al. (1997) kommt die kognitive Verhaltenstherapie immer häufiger in der Suchtbehandlung zur Anwendung. Der therapeutische Ansatz zielt darauf ab, den Drang zum Substanzkonsum zu mindern, indem die Grundannahmen, die das Verlangen und den Drang auslösen, hinterfragt werden und den Patienten verschiedene Strategien der Kontrolle vermittelt werden. Für eine erfolgreiche Suchttherapie wird eine Modifizierung grundlegender kognitiver Denkfehler, irrationaler Lebenseinstellungen und übergeordneter Verhaltenspläne als grundlegend angesehen. Wie die kognitive Therapie anderer psychischer Störungen, lässt sich auch die kognitive Therapie der Sucht anhand folgender Prinzipien beschreiben:

- Sie basiert auf einer engen Therapeuten-Klienten-Kooperation,
- sie ist aktiv,
- sie basiert auf der Technik des geleiteten Entdeckens und der empirischen Überprüfung von Grundannahmen,
- sie ist hochstrukturiert und problemorientiert und
- sieht das Drogen- und Alkoholproblem als technisches Problem an, das gelöst werden kann (Beck et al. 1997).

Reizkonfrontation mit Reaktionsverhinderung

In letzter Zeit hat in der Suchtbehandlung die Reizkonfrontation mit äußeren (Risikosituationen) und inneren (Verlangen nach der Substanz) Auslösereizen, verbunden mit der Reaktionsverhinderung, vermehrt Beachtung gefunden, wobei eine Kombination mit dem Verfahren des Gedankenstopps vorgeschlagen wird (Petry 2000). Exposition in vivo wird vor allem zur Rückfallprävention eingesetzt. Als mögliche Wirkmechanismen von Expositionsübungen werden die Dekonditionierung der klassisch konditionierten Reaktionen, die Unterbrechung von automatisierten Verhaltensketten, die Widerlegung der Kontrollverlust-Erwartung des Patienten, die Stärkung von Selbstwirksamkeitsüberzeugungen durch Erfolgserlebnisse und das Training spezifischer Bewältigungsstrategien diskutiert (Lindenmeyer 1999). Eine praxisorientierte Darstellung des Vorgehens findet sich u. a. bei Lindenmeyer (1999).

Zusammenfassung

Unter den Überschriften „Psychische und Verhaltensstörungen durch psychotrope Substanzen" im Abschnitt F1 des Kapitels V der ICD-10 bzw. „Störungen im Zusammenhang mit psychotropen Substanzen" im DSM-IV wird ein breites Spektrum von substanzinduzierten Störungen und Störungen durch Substanzkonsum zusammengefasst. Nach ICD-10 bezeichnet man als schädlichen Gebrauch ein seit mindestens 1 Monat bestehendes oder in den letzten 12 Monaten wiederholt auftretendes Konsummuster psychotroper Substanzen, das zu einer Gesundheitsschädigung führt. Substanzabhängig ist entweder, wer den Substanzkonsum nicht beenden kann, ohne dass unangenehme Zustände körperlicher oder psychischer Art auftreten, oder wer nicht mit dem Konsum aufhören kann, obwohl er sich oder anderen immer wieder schweren Schaden zufügt. Als verursachende Substanzen kommen dabei Alkohol, Opioide, Cannabinoide, Sedativa und Hypnotika, Kokain und sonstige Stimulanzien, Halluzinogene, Nikotin und flüchtige Lösungsmittel in Betracht. Die Klassifikation eines Missbrauchs oder einer Abhängigkeit ist im klinischen Einzelfall nicht immer einfach zu treffen. Neben der Exploration und ausführlichen Diagnostik des Patienten steht daher die Exploration der Eltern und die Informationsgewinnung in der Schule und anderen Institutionen im Vordergrund. Die Erfassung von allen wichtigen körperlichen, psychischen und sozialen Symptomen stellt die Voraussetzung für eine gut geplante Intervention dar. Störungen durch Substanzgebrauch gehören zu den am weitesten verbreiteten psychischen Störungen in der Allgemeinbevölkerung, wobei Störungen durch den Konsum von Alkohol häufiger sind als Störungen durch den Konsum illegaler Substanzen. Dies trifft auch für Jugendliche und junge Erwachsene zu, wobei junge Männer vor allem bei Alkohol, aber auch bei illegalen Drogen höhere Raten problematischer Konsummuster aufweisen. Eine Vielzahl empirischer Studien belegt, dass das Einstiegsalter für Substanzgebrauch von entscheidender Bedeutung für den weiteren Verlauf, d. h. für die Persistenz des Substanzgebrauchs und auch für spätere höhere Raten von Störungen durch Substanzgebrauch ist. Die häufigsten komorbiden Störungen sind Störungen des Sozialverhaltens, hyperkinetische Störungen und Delinquenz, wobei der Beginn anderer psychischer Störungen meist dem Beginn von Störungen durch Substanzgebrauch vorausgeht.

Eine frühe Intervention zur Vermeidung unumkehrbarer Fehlentwicklungen ist anzustreben. Zahlreiche Studienbefunde sprechen für eine zeitliche Entwicklung des Drogenkonsums, der mit dem Konsum legaler Drogen beginnt, gefolgt von Cannabis und schließlich harten Drogen, ohne dass es sich dabei um einen zwangsläufigen Ablauf handelt. Nach den bisherigen Forschungsbefunden stellt sich riskantes Konsumverhalten als mögliches Ergebnis einer Vielzahl von Einflussfaktoren dar. Zur Erklärung werden biologische, soziale und individuelle Risikofaktoren herangezogen. Ausgehend von den Prinzipien des Abbaus von Risikofaktoren und des Aufbaus von Schutzfaktoren sollte die primäre Prävention die Interventionsstrategie erster Wahl sein. Hier bieten sich Interventionen in Kindertageseinrichtungen und Schulen besonders an, wobei hierfür eine konstruktive Zusammenarbeit zwischen Gesundheitswesen, Sozialhilfe, Bildungswesen und Justiz erforderlich ist.

Die Behandlung und Rehabilitation von Substanzabhängigen erfordert ebenfalls eine enge Verzahnung von Maßnahmen der Jugendhilfe, der Drogenhilfe, der Kinder- und Jugendlichenpsychotherapie sowie der Kinder- und Jugendpsychiatrie. Dabei ist die Motivationsarbeit ein wesentlicher Bestandteil des Behandlungsprozesses und in allen Therapiephasen von Bedeutung. Die Therapieziele der sozialen Verselbstständigung und der eigenständigen Lebensführung erfordern einen Therapieansatz, der medikamentöse, soziotherapeutische und psychotherapeutische Vorgehensweisen kombiniert. In der Behandlung und Rehabilitation von Alkohol- und Drogenabhängigen werden verschiedene psychotherapeutische Ansätze wie Familientherapie, Verhaltenstherapie, Gesprächs- und Gestalttherapie sowie Psychodrama und andere tiefenpsychologisch fundierte Gruppentherapien eingesetzt.

Im Vordergrund der derzeitigen therapeutischen Versorgung stehen eklektische Ansätze, ohne dass es dafür eine theoretische oder empirische Grundlage gäbe. Für die Therapieziele der Änderung der Lebensgestaltung, der Selbstbehauptung und der Ablehnung von Drogenangeboten bieten sich verhaltenstherapeutische Ansätze an. Diese sollten Maßnahmen, die sich auf die Einschränkung des Drogenverhaltens beziehen (Ablehnungstraining, kognitive Verhaltenstherapie nach Beck, Reizkonfrontation mit Reaktionsverhinderung) mit solchen Maßnahmen kombinieren, die zum Aufbau alternativer Stressbewältigungfähigkeiten (Training sozialer Kompetenz, Training der Problemlösungsfähigkeiten, Entspannungstraining) führen.

Literatur

Anthony JC, Helzer JE. Syndromes of drug abuse and dependence. In: Robins LN, Regier DA, eds. The Epidemiological Catchment Area Study. New York: Maxwell MacMillan International; 1991.

Anthony JC, Petronis KR. Early-onset drug use and risk for later drug problems. Drug Alcoh Depend. 1995;40:9-15.

Bachman JG, Lloyd DJ, O'Malley PM. Smoking, drinking, and drug use among American high school students: Correlates and trends, 1975-1979. Am J Pub Health. 1981;71:59-69.

Beck AT, Wright FD, Newman CF, Liese BS. Kognitive Therapie der Sucht. Weinheim: Psychologie Verlags Union; 1997.

Begleiter H, Porjesz B, Bihari B, Kissin B. Eventrelated brain potentials in boys at risk for alcoholism. Science. 1984;225:1493-6.

Block J, Block JH, Keyes S. Longitudinally foretelling drug usage in adolescence: Early childhood personality and environmental precursors. Child Develop. 1988;59:336-55.

Botvin GJ, Baker E, Filazzola, AD, Botvin EM. A cognitive-behavioral approach to substance abuse prevention. Addict Behav. 1990;15:47-63.

Botvin GJ. Substance use prevention through life skills training. In: Peters RD, McMahon RJ, eds. Preventing childhood disorders, substance abuse, and delinquency. Thousand Oaks: Sage Publications; 1996.

Boyle, MH, Offord, DR. Psychiatric disorder and substance use in adolescence. Can J Psych. 1991;36:699-705.

Brook JS, Whiteman M, Finch S, Cohen P. Young adult drug use and delinquency: Childhood antecedents and adolescent mediators. J Am Acad Child Adol Psychiat. 1996;35:1584-92.

Brown SA, Mott MA, Stewart MA. Adolescent alcohol and drug abuse. In: Walker CE, Roberts MC, eds. Handbook of clinical child psychology. New York: Wiley; 1992.

Buchsbaum MS, Coursey RD, Murphy DL. The biochemical high-risk paradigm: behavioral and familial correlates of low platelet mnoamine oxidase activity. Science. 1976;194:339-41.

Bühringer G, Ferstl R. Störungen durch psychotrope Substanzen: Intervention. In: Baumann U, Perrez M, Hrsg. Lehrbuch Klinische Psychologie - Psychotherapie. Bern: Huber; 1998.

Bukstein OG. Adolescent substance abuse: Assessment, prevention, and treatment. New York: Wiley; 1995.

Bukstein OG, Brent DA, Kamier Y. Comorbidity of substance abuse and other psychiatric disorders in adolescents. Am J Psychiat. 1989;146:1131-41.

Bundesministerium für Gesundheit, Hrsg. Drogen- und Suchtbericht 1999. Bonn/Berlin: Bundesministerium für Gesundheit; 2000.

Bundeszentrale für gesundheitliche Aufklärung (BzgA). Die Drogenaffinität Jugendlicher in der Bundesrepublik Deutschland. Wiederholungsbefragung 1997. Köln: BzgA; 1998.

Cloninger CR, Sigvardsson S, Bohman M. Childhood personality predicts alcohol abuse in young adults. Alcoholism. 1988;12:494-503.

Cook PJ, Tauchen G. The effect of liquor taxes on heavy drinking. Bell J Econ. 1982;13:379-90.

Cook PJ, Tauchen G. The effect of minimum drinking age legislation on youthful auto fatalities, 1970-1977. J Legal Stud. 1984;13:169-90.

Dembo R, Allan N, Farrow D, Schmeidler J, Burgos W. A causal analysis of early drug involvement in three inner-city neighborhood settings. Int J Addict. 1985;20:1213-37.

Deutsche Gesellschaft für Kinder- und Jugendpsychiatrie und Psychotherapie u.a., Hrsg. Leitlinien zur Diagnostik und Therapie von psychischen Störungen im Säuglings-, Kindes- und Jugendalter. Köln: Deutscher Ärzte Verlag; 2000.

Devor EJ. A developmenatl-genetic model of alcoholism: implications for genetic research. J Consult Clin Psychol. 1994;62:1108-15.

Dierker L, Merikangas KR, Essau CA. Substance use disorders. In: Essau CA, Petermann F, eds. Developmental psychopathology. Epidemiology, diagnostics and treatment, p. 311-349. Amsterdam: Harwood; 1997.

Dilling H, Mombour W, Schmidt MH. Internationale Klassifikation psychischer Störungen. ICD-10 Kapitel V (F). Klinisch-diagnostische Leitlinien. Bern: Huber; 1993.

Duncan SC, Duncan TE, Hops H. Progressions of alcohol, cigarette and marijuna use in adolescence. J Behav Med. 1998;21:375-88.

Elliott DS, Huizinga D, Menard S. Multiple problem youth: Delinquency, substance use and mental health problems. New York: Springer; 1989.

EMCDDA. European Monitoring Centre for Drugs and Drug Addiction. Annual report on the state of the drug problem in the European Union. Lissabon: European Communities; 1999.

Essau CA, Karpinski NA, Petermann F, Conradt J. Häufigkeit und Komorbidität psychischer Störungen bei Jugendlichen: Ergebnisse der Bremer Jugendstudie. Z Klin Psych Psychiat Psychother. 1998a;49:105-24.

Essau CA, Karpinski NA, Petermann F, Conradt J. Störungen durch Substanzkonsum bei Jugendlichen. Kindh Entwickl. 1998b; 7:199-207.

Farrell M, Taylor E. Drug and alcohol use and misuse. In: Rutter M, Taylor E, Hersov L, eds. Child and adolescent psychiatry. Modern approaches, 3rd ed. Oxford: Blackwell; 1994.

Farrington DP, Hawkins JD. Predicting participation, early onset, and later persistence in officially recorded offending. Crim Behav Ment Health. 1991;1:1-33.

Fergusson DM, Horwood LJ, Lynskey MT. Prevalence and comorbidity of DSM-III-R diagnoses in a birth cohort of 15 year olds. J Am Acad Child Adol Psychiat. 1993;32:1127-34.

Feuerlein W, Küfner H, Ringer C, Antons K. Münchner Alkoholismustest. Weinheim: Beltz; 1979.

Feuerlein W. Alkoholismus – Missbrauch und Abhängigkeit. Entstehung – Folgen – Therapie. Stuttgart: Thieme; 1989.

Fleming JP, Kellam SG, Brown CH. Early predictors of age at first ude of alcohol, marijuna and cigarettes. Drug Alcoh Depend. 1982;9:285-303.

Franzkowiak P. Risikokompetenz – eine neue Leitorientierung für die primäre Suchtprävention? Neue Praxis. 1996;5:409-25.

Gsellhofer B, Küfner H, Vogt M, Weiler D. European Addiction Severity Index. EuropASI. Manual für Training und Durchführung. Baltmannsweiler: Schneider; 1999.

Gittelman RS, Mannuzza RS, Bonagura N. Hyperactive boys almost grown up: I. Psychiatric status. Arch Gen Psychiat. 1985;42:937-47.

Gorsuch RL, Butler MC. Initial drug abuse: A review of predisposing social psychological factors. Psychol Bull. 1976;83:120-37.

Greenspan R, Kandel ER, Jessel TM. Gene und Verhalten. In: Kandel ER, Schwartz JH, Jessel TM, Hrsg. Neurowissenschaften. Heidelberg: Spektrum; 1995.

Hamburg DA. Toward a strategy for healthy adolescent debvelopment. Am J Psychiat. 1997;154:7-12.

Hansen WB. School-based substance abuse prevention: A review of the state of the art in curriculum, 1980-1990. Health Educ Res. 1992;7:403-30.

Hawkins JD, Lam T. Teacher practices, social development, and delinquency. In: Burchard JD, Burchard N, eds. The prevention of delinquent behavior. Newbury Park: Sage; 1987.

Hawkins JD, Catalano RF, Miller JY. Risk and protective factors for alcohol and other drug problems in adolescence and early adulthood: Implications for substance abuse prevention. Psychol Bull. 1992;112:64-105.

Hinsch R, Pfingsten U, Hrsg. Gruppentraining sozialer Kompetenzen (GSK). Weinheim: Psychologie Verlags Union; 1998.

Höfler M, Lieb R, Perkonigg A, Schuster P, Sonntag H, Wittchen H-U. Covariates of cannabis use progression in a representative population sample of adolescents: aprospective examination of vulnerability and risk factors. Addiction. 1999;94:1679-94.

Hoffmann JP. Exploring the direct and indirect family effects on adolescent drug use. J Drug Iss. 1993;23:535-57.

Hoffmann JP. The effects of family structure and family relations on adolescent marijuana use. Int J Addict. 1995;30:1207-41.

Holden GW, Moncher MS, Schinke SP. Substance abuse. In: Bellack AS, Hersen M, Kazdin AE, eds. International handbook of behavior modification and therapy. New York: Plenum Press; 1990.

Holly A, Türk D, Nelson CB, Pfister H, Wittchen H-U. Prävalenz von Alkoholkonsum, Alkoholmissbrauch und -abhängigkeit bei Jugendlichen und jungen Erwachsenen. Z Klin Psychol. 1997;26:171-8.

Hops H, Duncan TE, Duncan SC, Stoolmiller M. Parent substance use as a predictor of adolescent use: A six-year lagged analysis. Ann Behav Med. 1996;18:157-64.

Hundleby JD, Mercer GW. Family and friends as social environments and their relationship to young adolescent's use of alcohol, tobacco, and marijuana. J Clin Psychol. 1987;44:125-34.

Hurrelmann K. Lebensphase Jugend. Eine Einführung in die sozialwissenschaftliche Jugendforschung. 4. Aufl., Weinheim: Juventa; 1995.

Ihle W, Esser G, Schmidt MH, Blanz B. Prävalenz, Komorbidität und Geschlechtsunterschiede psychischer Störungen vom Grundschul- bis ins frühe Erwachsenenalter. Z Klin Psychol Psychother. 2000;29:263-75.

Jarvis TJ, Tebbutt J, Mattick RP. Treatment approaches for alcohol and drug dependence: An introductory guide. Chichester: Wiley; 1995.

Jessor R, Jessor SL. Problem behavior and psychosocial development: A longitudinal study of youth., San Diego: Academic Press; 1977.

Jessor R, Donovan JE, Costa F. Psychosocial correlates of marijuana use in young adulthood: the past as prologue. Alcoh Drugs Driv. 1986;2:31-49.

Johnson V, Pandina RJ. Effects of the family environment on adolescent substance use, delinquency, and coping styles. Am J Drug Alcoh Abuse. 1991;17:71-88.

Kammen WB van, Loeber R. Are fluctuations in delinquent activities related to the onset and offset in juvenile illegal drug use and drug dealing? J Drug Iss. 1994;24:9-24.

Kandel DB. Develomental stages in adolescent drug involvement. In: Lettiere DI, ed. Theories on drug abus. Rockville: NIDA Research Monograf, 1980.

Kandel DB. On processes of peer influences in adolescent drug use: a developmental perspective. Alcoh Subst Abuse Adolesc. 1985;4:139-63.

Kaplan HB. Deviant behavior in defense of self. New York: Academic Press, 1980.

Kammerer B, Hrsg. Suchtprävention im Vorschulalter. Konzepte und Projekte. Nürnberg: emwe-Verlag; 1999.

Kellam SG, Brown CH, Rubin BR, Ensmiger ME. Paths leding to teenage psychiatric symptoms and substance use: Developmental epidemiologic studies in Woodlawn. In: Guze SB, Earls FJ, Barrett JE, eds. Childhood psychopathology and development. New York: Raven; 1983.

Kessler RC, McConagle KA, Zhao S, Nelson CB, Hughes M, Eshleman S, Wittchen H-U, Kendler KS. Lifetime and 12-month prevalence of DSM-III-R psychiatric disorders in the United States:results from the National Comorbidity Survey. Arch Gen Psychiat. 1994;51:8-19.

Kim S, McLeod J, Palmgren, CL. The impact of the „I'm special" program on student substance abuse and other related student problem behavior. J Drug Educ. 1989;19:83-95.

Kleiber D, Kovar K-A. Auswirkungen des Cannabiskonsums. Eine Expertise zu pharmakologischen und psychosozialen Konsequenzen. Stuttgart: Wissenschaftliche Verlagsgesellschaft; 1998.

Kleiber D, Soellner R. Cannabiskonsum: Entwicklungstendenzen, Konsummuster, Risiken. Weinheim: Juventa; 1998.

Knop J, Goodwin DW, Jensen P, Penick E, Pollock V, Gabrielli W, Teasdale TW, Mednick SA. A 30-year follow-up study of the sons of alcoholic men. Acta Psychiat Scand. 1993;370 (suppl.):48-53.

Körtel K, Janßen H-J. Neue Wege in der Selbsthilfe für Suchtkranke. Modellprojekte der fünf Abstinenz- und Selbsthilfeverbände in der DHS., Geesthacht: Neuland; 1999.

Kolip P, Hrsg. Programme gegen Sucht. Internationale Ansätze zur Suchtprävention im Jugendalter. Weinheim: Juventa; 1999

Kolitzus H. Angehörige von Suchtkranken. Eine Problemanzeige. Geesthacht: Neuland: 1999.

Kazdin AE, Kraemer HC, Kessler RC, Kupfer DJ, Offord DR. Contributions of risk-factor research to developmental psychopathology. Clin Psychol Rev. 1997;17:375-406.

Kraus L, Bauernfeind R, Herbst K. Hat sich das Alter des Erstkonsums illegaler Drogen verschoben? Survivalanalyse retrospektiver Querschnittsdaten 1980-1995. Z Klein Psychol. 1998;27:20-9.

Kraus L, Bauernfeind R. Repräsentativerhebung zum Gebrauch psychoaktiver Substanzen bei jungen Erwachsenen in Deutschland. Schriftliche Erhebung 1997. Bonn: Bundesministerium für Gesundheit; 1998.

Kröger C, Hanewinkel R. Prävention des Rauchens in der Schule. Praxis Klin Verhaltensmed Rehab. 1996;9:134-9.

Küfner H. Behandlungsfaktoren bei Alkohol- und Drogenabhängigen. Z Klein Psychol. 1995;24:170-83.

Küfner H, Bühringer G. Alkoholismus. In: Hahlweg K, Ehlers A, Hrsg. Enzyklopädie der Psychologie. Klinische Psychologie, Band 2. Psychische Störungen und ihre Behandlung. Göttingen: Hogrefe; 1997.

Lachner G, Wittchen H-U. Familiär übertragene Vulnerabilitätsmerkmale für Alkoholmissbrauch und -abhängigkeit. Z Klein Psychol. 1995;24:118-46.

Lachnit G, Kampe H. Konsumorientierung und Suchtgefährdung. Sucht. 1996;42:6-19.

Laucht M, Esser G, Schmidt MH. Wovor schützen Schutzfaktoren? Anmerkungen zu einem populären Konzept der modernen Gesundheitsforschung. Z Entwicklungspsychol Päd Psychol. 1997;29:260-70.

Leppin A, Hurrelmann K, Freitag M. Schulische Gesundheitsförderung im Kontext von Klassenklima und sozialem Rückhalt durch die Lehrer. Z Päd. 1994;40:871-99.

Lewinsohn PM, Hops H, Roberts RE, Seeley JR, Andrews JA. Adolescent psychopathology: I. Prevalence and incidence of depression and other DSM-III-R disorders in high school students. J Abnorm Psychol. 1993;102:133-44.

Lewinsohn PM, Rohde P, Seeley JR. Adolescent psychopathology: III. the clinical consequences of comorbidity. J Am Acad Child Adol Psychiat. 1995;34:510-9.

Liebeck H. Problemlösetraining. In: Linden M, Hautzinger M, Hrsg. Verhaltenstherapiemanual. Techniken, Einzelverfahren und Behandlungsanleitungen. 4. Aufl. Berlin: Springer; 2000.

Lindenmeyer J. Alkoholabhängigkeit. Göttingen: Hogrefe; 1999.

Loeber R. Natural historys of conduct problems, delinquency, and associated substance use: Evidence for developmental progressions. In: Lahey BB, Kazdin AE, eds. Advances in clinical child psychology, Volume 11. New York: Plenum Press; 1988.

Maddahian E, Newcomb MD, Bentler PM. Adolescent drug use and intention to use drugs: Concurrent and longitudinal analyses of four ethnic groups. Addict Behav. 1988;13:191-5.

Maier W, Lichtermann D, Minges J. The relationship between alcoholism and unipolar depression - a controlled family study. J Psych Res. 1994;28:303-17.

Mann K, Buchkremer G. Sucht. Grundlagen Diagnostik Therapie. Stuttgart: Fischer; 1996.

Mannuzza S, Klein RG, Bonagura N, Malloy P, Giampino TL, Addalli KA. Hyperactive boys almost grown up. V. Replication f psychiatric status. Arch Gen Psychiat. 1991;48:77-83.

Marlatt G A, Gordon JR. Relapse prevention: Maintenance strategies in the treatment of addictive behaviors. New York: Guilford Press; 1985.

Merikangas KR. The genetic epidemiology of alcoholism. Psychol Med. 1990;20:11-22.

Merikangas KR, Rounsaville BJ, Prusoff BA. Familial factors in vulnerability to substance abuse. In: Glantz MD, Pickens R, eds. Vulnerability to drug abuse. Washington: American Psychological Association; 1992.

Merikangas KR, Risch NJ, Weissman MM. Comorbidity and co-transmission of alcoholism, anxiety and depression. Psychol Med. 1994;24:69-80.

Moffitt TE. Adolescence-limited and life-course-persistent antisocial behavior: A developmental taxonomy. Psychol Rev. 1993;100:674-701.

Montagne M, Scott DM. Prevention of substance use problems: Models, factors, and processes. Int J Addict. 1993;28:1177-1208.

Monti PM, Abrams DB, Kadden RM, Cooney NL. Treating alcohol dependence: A coping skills training guide. New York: Guilford Press; 1989.

Needle R, McCubbin H, Wilson M, Reineck R, Lazar A. Interpersonal influence in adolescent drug use: The role of older siblings, parents and peers. Int J Addict. 1986;21:739-66.

Nöcker G, Grundmann D. Suchtprävention in Deutschland. Konzepte – Organisationsstruktur – Maßnahmen. In: Deutsche Hauptstelle gegen die Suchtgefahren Hrsg. Jahrbuch Sucht 2000. Geesthacht: Neuland; 1999.

Parnefjord R. Das Drogentaschenbuch. Stuttgart: Thieme; 1999.

Patterson GR. Developmental changes in antisocial behavior. In: Peters RD, McMahon RJ, Quinsey VL, eds. Aggression and violence throughout the lifespan. Hillsdale: Erlbaum; 1992.

Pentz MA, Dwyer JH, MacKinnon DP, Flay BR, Hansen WB, Wang EYI, Johnson CA. A multi-community trial for primary prevention of adolescent drug abuse: Effects on drug use prevalence. J Am Med Ass. 1989;261:3259-66.

Perkonigg A, Wittchen H-U, Lachner G. Wie häufig sind Substanzmissbrauch und -abhängigkeit? Ein methodenkritischer Überblick. Z Klin Psych. 1996;25:280-95.

Perkonigg A, Beloch E, Garzynski E, Nelson CB, Pfister H, Wittchen H-U. Prävalenz von Drogenmissbrauch und -abhängigkeit bei Jugendlichen und jungen Erwachsenen: Gebrauch, Diagnosen und Auftreten erster Mißbrauchs- und Abhängigkeitsmerkmale. Z Klin Psych. 1997;26:247-57.

Petermann H, Müller H, Kersch B, Röhr M. Erwachsen werden ohne Drogen. Ergebnisse schulischer Drogenprävention. Weinheim: Juventa; 1997.

Petry J. Alkoholismustherapie: Gruppentherapeutische Motivierungsprogramme, 3. Aufl. Weinheim: Psychologie Verlags Union; 1996.

Petry J. Alkoholismus. In: Linden M, Hautzinger M, Hrsg. Verhaltenstherapiemanual. Techniken, Einzelverfahren und Behandlungsanleitungen. 4. Aufl. Berlin: Springer; 2000.

Pickens RW, Svikis DS, McGue M, Lykken DT, Heston LL, Clayton PJ. Heterogeneity of inheritance of alcoholism. Arch Gen Psychiat. 1991;48:19-28.

Polansky J, Horan, JJ. Psychoactive substance use in adolescents. In: Ammermann R T, Hersen M Eds. Handbook of behaviour therapy with children and adolescents. A developmental and longitudinal perspective. Boston: Allyn & Bacon; 1993.

Polich J, Pollock VE, Bloom FE. Meta-analysis of P300 amplitude frommales at risk for alcoholism. Psychol Bull. 1994;115:55-73.

Porjesz B, Begleiter H. Neurophysiological factors in individuals at risk for alcoholism. Rec Develop Alcohol. 1991;9:53-67.

Prochaska JO, DiClemente CC. Towars a comprehensice model of change. In: Miller WR, Heather N, eds. Treating addictive behaviors: Processes of change. New York: Plenum; 1986.

Prochaska JO, DiClemente CC, Norcross JC. In search of how people change: Applications to addictive behaviors. Am Psychol. 1992;47:1102-14.

Pulkkinen L, Pithauen T. A prospective study of the precursors to problem drinking in young adulthood. J Stud Alcohol. 1994;55:578-87.

Quine S, Stephenson JA. Predicting smoking intentions and behavior of pre-adolescents: the influence of parents, siblings and peers. Fam Syst Med. 1990;8:191-200.

Robins L, Mc Evoy L. Conduct problems as predictors of substance abuse. In: Robins L, Rutter M, eds. Traight and devious pathways from childhood to adulthood. Cambridge: Cambridge University Press; 1990.

Robins LN, Przybeck TR. Age of onset of drug use as a factor in drug and other disorders. In: Jones CL, Battjes RJ, eds. Etiology of drug abuse: Implications for prevention. E.S. Washington: Government Pinting Office; 1985.

Robins LN, Regier DA, eds. Psychiatric disorders in America. The Epidemiological Catchment Area Study. New York: Maxwell MacMillan International; 1991.

Rohde P, Lewinsohn PM, Seeley JR. Psychiatric comorbidity in problematic alcohol use in high school students. J Am Acad Child Adol Psychiat. 1996;35:101-9.

Saffer H, Grossmann M. Beer taxes, the legal drinking age, and youth motor vehicle fatalities. J Leg Stud. 1987;16:351-74.

Sass H, Wittchen H-U, Zaudig M, Hrsg. Diagnostisches und statistisches Manual psychischer Störungen. Göttingen: Hogrefe; 1996.

Schmitt-Rodermund E. Entwicklungsorientierte Prävention am Beispiel des Drogengebrauchs im Jugendalter. In: Oerter R, von Hagen C, Röper G, Noam G, Hrsg. Klinische Entwicklungspsychologie. Weinheim: Psychologie Verlags Union; 1999.

Shedler J, Block J. Adolescent drug use and psychological health: A longitudinal inquiry. Am Psychol. 1990;45:612-30.

Silbereisen RK. Entwicklungspsychologische Aspekte von Alkohol- und Drogengebrauch. In: Oerter R, Montada L, Hrsg. Entwicklungspsychologie. Ein Lehrbuch. Weinheim: Psychologie Verlags Union; 1995.

Simmons RG, Blyth DA, eds. Moving into adolescence. The impact of pubertal change and school context. Hawthorne: De Gruyter; 1987.

Steinhauer SR, Hill SY. Auditory event-related potenzials in childern at high risk for alcoholism. J Stud Alcohol. 1993;54:408-21.

Steinhausen H-C. Psychische Störungen bei Kindern und Jugendlichen. Lehrbuch der Kinder- und Jugendpsychiatrie. 4. Auflage. München: Urban & Fischer; 2000.

Tarter RE, Alterman AI, Edwards KL. Vulnerability to alcoholism in men: a behavior-genetic perspective. J Stud Alcohol. 1985;46:329-56.

Thomasius R, Hrsg. Psychotherapie der Suchtkrankheiten. Stuttgart: Thieme; 2000.

Tubman JG, Vicary JR, Eye A von, Lerner JV. Longitudinal substance use and adult adjustment. J Substance Abuse. 1990;2:317-34.

Ullrich R, Muynck R de. Aufbau sozialer Kompetenz: Selbstsicherheitstraining, Assertiveness-Training. In: Linden M, Hautzinger M, Hrsg. Verhaltenstherapiemanual. Techniken, Einzelverfahren und Behandlungsanleitungen. 4. Aufl. Berlin: Springer; 2000.

Vollmer HC, Krauth J. Verhaltenstherapie bei Suchtkrankheiten. In: Thomasius R, Hrsg. Psychotherapie der Suchtkrankheiten. Stuttgart: Thieme; 2000.

Walter HJ, Vaughan RD, Cohall AT. Risk factors for substance use among high school students: Implications for prevention. J Am Acad Child Adol Psychiat. 1991;30:556-62.

Warner LA, Kessler RC, Hughes M, Anthony JC, Nelson CB. Prevalence and correlates of drug use and dependence in the United States. Arch Gen Psychiat. 1995;52:219-29.

Warnke A. Drogenmissbrauch und Sucht. In: Remschmidt H, Hrsg. Psychotherapie im Kindes- und Jugendalter. Stuttgart: Thieme; 1997.

Watzl H, Rockstroh B. Abhängigkeit und Missbrauch von Alkohol und Drogen. Göttingen: Hogrefe; 1997.

Werner EE, Smith RS. Vulnerable but invincible. New York: Mc Graw-Hill; 1982.

Wesner RB. Alcohol use and abuse secondary to anxiety. Psychiat Clin North Am. 1990;13:699-713.

Wilens TE, Biederman J. Psychopathology in preadolescent children at high risk for substance abuse: A review of the literature. Harvard Review Psychiatry. 1993;1:207-18.

Wills TA, McNamara G, Vaccaro D. Parental education related to adolescent stress-coping and substance abuse: Development of a mediational model. Health Psychol. 1995;14:464-78.

Windle M. A retrospective measure of childhood behavior problems and its use in predicting adolescent problem behaviors. J Stud Alcohol. 1993;54:422-31.

Wittchen H-U, Wunderlich U, Gruschwitz S, Zaudig M. SKID-I. Strukturiertes Klinisches Interview für DSM-IV. Achse I: Psychische Störungen. Interviewheft. Göttingen: Hogrefe; 1997.

Wittchen H-U, Höfler M, Perkonigg A, Sonntag H, Lieb R. Wie stabil sind Drogenkonsum und das Auftreten klinisch-diagnostischer Missbrauchs- und Abhängigkeitsstadien bei Jugendlichen? Eine epidemiologische Studie am Beispiel von Cannabis. Kindh Entwickl. 1998a;7:188-98.

Wittchen H-U, Nelson CB, Lachner G. Prevalence of mental disorders and psychosocial impairments in adolescents and young adults. Psychol Med. 1998b;28:109-26.

Zuckerman M. Behavioral expressions and biosocial bases of sensation seeking. New York: Cambridge University Press; 1994.

Prüfungsfragen

1. Welche Altersgruppe weist die höchsten Lebenszeitprävalenzraten beim Konsum illegaler Drogen auf?
2. Welche illegalen Substanzen werden am häufigsten von Jugendlichen konsumiert?
3. Hat sich das Alter bei Erstkonsumenten illegaler Drogen in den letzten Jahren verringert?
4. Welche substanzindizierten Störungen bzw. Störungen durch Substanzkonsum werden in der ICD-10 unterschieden?
5. Wie unterscheidet sich in der ICD-10 die Definition von schädlichem Gebrauch und Abhängigkeitssyndrom?
6. Welche Mindestanforderungen sind an die Diagnostik bei Störungen durch Substanzgebrauch zu stellen?
7. Wie hoch ist die Prävalenz von Störungen durch Substanzgebrauch in Deutschland?
8. Gibt es Geschlechtsunterschiede bei der Prävalenz von Störungen durch Substanzgebrauch?
9. Welche Bedeutung hat das Einstiegsalter für den Verlauf des Substanzkonsums?
10. Welche komorbiden Störungen treten hauptsächlich bei Störungen durch Substanzgebrauch auf?
11. Welches sind die bedeutendsten Komplikationen eines problematischen Substanzgebrauchs?
12. Welche biologischen Risikofaktoren werden in Bezug auf Störungen durch Substanzgebrauch diskutiert?
13. Welche sozialen und umweltbezogenen Risikofaktoren werden in Bezug auf Störungen durch Substanzgebrauch diskutiert?
14. Welche personenbezogenen Risikofaktoren werden in Bezug auf Störungen durch Substanzgebrauch diskutiert?
15. Welches sind die wichtigsten Schutzfaktoren gegen Störungen durch Substanzgebrauch, und was lässt sich daraus für die Prävention ableiten?
16. Welche wichtigen Präventionsstrategien werden eingesetzt?
17. Wann sind ambulante, wann stationäre Behandlungen bei Störungen durch Substanzgebrauch indiziert?
18. Was ist bei der Behandlung von Störungen durch Substanzgebrauch als Therapieerfolg anzusehen?
19. In welchen Fällen ist Pharmakotherapie bei der Behandlung von Störungen durch Substanzgebrauch indiziert?
20. Welche sind die wichtigsten Therapieverfahren bei der Behandlung von Störungen durch Substanzgebrauch?

24 Anorexia und Bulimia nervosa

B. Herpertz-Dahlmann

Fallvignette 1 (Ute)

Ute ist 15 Jahre alt und besucht derzeit die 9. Klasse des Gymnasiums. Grund der Vorstellung in der Poliklinik ist eine rapide Gewichtsabnahme von 50 kg auf 35 kg bei einer Körperlänge von 1,60 m. Die Patientin berichtet, dass sie sich mit 50 kg zu dick gefühlt habe und ihre schlanken und selbstsicheren Freundinnen immer beneidete.

Vor ungefähr 2 Jahren habe sie angefangen, weniger zu essen, habe zuerst das Abendessen weggelassen, später auch das Frühstück und dann das Mittagessen. Obwohl es immer mehr Ärger beim Essen gab, war Ute nicht dazu zu bewegen, mehr zu essen. Ein halbes Jahr nach Beginn der Essstörung starb die Mutter der Patientin an einer bösartigen Erkrankung. Ute weigerte sich, das Grab der Mutter aufzusuchen, mied aber auch zunehmend den Kontakt mit ihren Freundinnen. Stattdessen arbeitete sie immer mehr für die Schule und wurde schließlich Klassenbeste. Nebenbei betrieb sie viel Sport, versuchte, täglich mindestens 1 Stunde Fahrrad zu fahren und half dem Vater im Haushalt, indem sie schon vor der Schule die Wohnung putzte. Obwohl Ute mehrfach von ihrer Hausärztin auf die Gefährlichkeit der Gewichtsabnahme hingewiesen wurde, klagte sie immer noch darüber, dass ihre Oberschenkel hässlich und dick seien.

Der Vorgeschichte war zu entnehmen, dass Ute in der Kleinkindzeit auf die Abwesenheit der Mutter mit Nahrungsverweigerung reagiert hatte. Als sie in den Kindergarten kam, traten schwere Trennungsängste auf, sodass die Mutter über 3 Monate mit Ute gemeinsam den Kindergarten besuchen musste. Bei der Erfragung der Familienanamnese gab der Vater an, dass auch die Mutter auf Stress- und Konfliktsituationen mit Appetitmangel und Gewichtsabnahme reagiert hätte.

Die körperliche Untersuchung von Ute ergab eine trockene Haut, kalte, bläulich verfärbte Extremitäten, einen sehr langsamen Herzschlag, die Laboruntersuchung zeigte eine Verminderung der weißen Blutkörperchen. Auf Nachfrage gab Ute zu, dass die Menstruation bereits vor einem Jahr sistiert habe. Ute konnte die Notwendigkeit der stationären Behandlung nicht einsehen. Im Gespräch mit der Therapeutin gab sie an, immer noch viel zu dick zu sein, vor allem störe sie ein hervorstehender Bauch. Sie äußerte Gefühle der Hoffnungslosigkeit und gab an, weiter abnehmen zu wollen, um von ihren Freundinnen anerkannt zu werden.

Fallvignette 2 (Susanne)

Die 16-jährige Susanne bat selbst um einen Vorstellungstermin in der kinder- und jugendpsychiatrischen Ambulanz, da sie mehrfach am Tage Heißhungerattacken habe und im Anschluss daran erbreche. Sie berichtete, dass ihre Probleme vor ungefähr 2 Jahren begonnen hätten. Einige Klassenkameraden hätten sie wegen ihres pummeligen Aussehens aufgezogen, in der Disko habe sich niemand für sie interessiert, und sie hätte sich selbst aufgrund ihres Aussehens verachtet. Damals wog Susanne 65 kg bei einer Größe von 1,70 m. Zusammen mit einer Freundin habe sie nach Anweisungen einer Zeitschrift eine Diät begonnen. Während die Freundin schon nach kurzer Zeit die Diät abbrach, habe sie immer weiter gemacht und einige kg abgenommen. Ihre Umwelt habe sehr positiv darauf reagiert und sie in ihrem Vorhaben bestätigt. Susanne verzichtete auf alle Süßigkeiten, aß keinen Kuchen mehr, ließ die Butter auf dem Brot weg und ernährte sich vorwiegend von Milchprodukten und Obst. Während des Tages erlaubte sie sich nur morgens und mittags einen kleinen Imbiss, während sie abends eine normale Portion zu sich nahm. Susanne erzählte, dass das Hungergefühl über Tag immer mehr zugenommen hätte. Eines Tages sei sie am frühen Nachmittag an einer Bäckerei vorbeigegangen und habe sich mehrere Kuchenteilchen und ein belegtes Brot mit Schinken gekauft, obwohl sie Vegetarierin war. Sie konnte nicht anders, als alles mit Heißhunger in sich hineinzustopfen. Nach dem Essen verspürte sie ein extrem schlechtes Gewissen und versuchte, auf der Toilette die ganze Mahlzeit zu erbrechen. So – berichtete Susanne – entwickelte sie einen Reflex. Sie erlaubte sich, alles zu essen, worauf sie Hunger hatte, um hinterher zu erbrechen. Auf diese Art und Weise konnte Susanne ihr

Gewicht halten, verspürte aber immer wieder ein schlechtes Gewissen, wenn sie Heißhungerattacken hatte. Bei manchen Attacken aß sie so viel, dass das anschließende Erbrechen nicht mehr ausreichte und Susanne sich zusätzlich Abführmittel besorgte. Außerdem trieb sie täglich Sport, um auch dadurch zur Gewichtsabnahme beizutragen. Schließlich wurde Susannes ganzer Tagesablauf durch das Essen bestimmt. Morgens ging sie zwar noch zur Schule, mittags bereitete sie ihre opulenten Mahlzeiten zu, die sie anschließend wieder erbrach. Nachmittags ging sie für den nächsten Tag einkaufen oder wurde von Gewissensbissen geplagt. Zu Hause gab es zunehmend Ärger, weil Susanne immer wieder die Kühlschrankvorräte der Familie plünderte. Mithilfe der jugendpsychiatrischen Ambulanz konnte der Kontakt zu einer Ernährungsberaterin hergestellt werden, die Susanne bei der Ausarbeitung eines Essensplanes unterstützte. Susanne gelang es weitgehend, sich an den Essensplan zu halten, die Heißhungerattacken traten seltener auf. Gleichzeitig wurden mit der Therapeutin „Notfallmaßnahmen" (z.B. das Anrufen einer Freundin) besprochen, die Susanne bei dem Wunsch nach Heißhungerattacken und Erbrechen ergreifen konnte. In einer Gruppentherapie mit gleichaltrigen essgestörten Patienten gelang es Susanne, die Bedeutung von Figur und Gewicht für ihr Selbstwertgefühl zu hinterfragen. Sie schloss sich einer Theatergruppe an und hatte dort viel Erfolg, der sie bestätigte und selbstbewusster werden ließ. Nach 1½-jähriger Therapie war es Susanne gelungen, bis auf gelegentliche Attacken, die vor allem bei Langeweile oder Frustrationen auftraten, ihre Symptomatik zu überwinden.

Einleitung

Die Essstörungen **Anorexia** und **Bulimia nervosa**, die vornehmlich das weibliche Geschlecht betreffen, gehören zu den häufigsten jugendpsychiatrischen Erkrankungen. Dabei ist die Bezeichnung „Anorexia nervosa" („nervöse Appetitlosigkeit") irreführend, da die Patienten zumeist zu Beginn der Erkrankung nicht an Appetitmangel leiden, sondern die Nahrungsaufnahme aktiv verweigern. Charakteristisch ist der Begriff „Pubertätsmagersucht", da er das tief verwurzelte Verlangen nach Schlankheit hervorhebt und die Erkrankung typischerweise in der Adoleszenz beginnt. Obwohl die beiden Essstörungen Anorexie und Bulimie häufig als neue moderne Erkrankungen angesehen werden, gibt es bereits Überlieferungen aus dem Mittelalter, die das typische Verhalten anorektischer Patienten schildern (z.B. Briefe der heiligen Katharina von Siena). Die Erstbeschreibung der Anorexia nervosa erfolgte unabhängig voneinander im Jahre 1873 durch Gull und Lasègue, während der Begriff der Bulimia nervosa erst 1979 durch Russell geprägt wurde.

Die **Anorexia nervosa** oder Pubertätsmagersucht ist gekennzeichnet durch einen selbstverursachten, bedeutsamen Gewichtsverlust oder eine unzureichende altersentsprechende Gewichtszunahme, die mit der tief verwurzelten Überzeugung einhergeht, trotz Untergewicht zu dick zu sein. Bei Mädchen oder jungen Frauen mit Anorexia nervosa, die keine Hormonsubstitution durchführen, ist die Erkrankung von einer Amenorrhö begleitet.

Die nosologische Beziehung zwischen der Anorexie und Bulimie wird durch das gemeinsame Adjektiv „nervosa" deutlich gemacht. Charakteristisch für die **Bulimie** sind häufig auftretende Essattacken, die von Verhaltensweisen gefolgt sind, die einer Gewichtszunahme entgegenwirken, zum Beispiel Erbrechen, Abführmittelmissbrauch, Fastenepisoden etc. Wie die Magersucht ist auch die Bulimie durch die krankhafte Furcht, zu dick zu werden, gekennzeichnet.

Nach ICD 10 werden folgende anorektische und bulimische Essstörungen unterschieden:

- F50.0 Anorexia nervosa
- F50.1 atypische Anorexia nervosa
- F50.2 Bulimia nervosa
- F50.3 atypische Bulimia nervosa

Die Diagnose der atypischen Störungen soll für solche Formen verwandt werden, bei denen eine oder mehrere Kernmerkmale des Vollbildes fehlen.

Erscheinungsbild der Störung und Diagnosestellung

Der folgende Brief schildert die Not einer betroffenen 14-jährigen Patientin:

„Liebe Mama, lieber Papa,
nun ist der Zeitpunkt erreicht, an dem ich nicht mehr weiter weiß. Ich kann kaum noch richtig denken. Die Ferien mit euch waren für mich das Schönste, das ich in diesem Jahr erlebt habe. Ich weiß, dass ich auf der Reise zu wenig gegessen habe. Ich habe mich wieder selbst belogen, aber ich konnte nicht anders. Ich dachte, es reicht aus, wenn ich irgendetwas anderes für den vereinbarten Essensplan zu mir nehme. Am Donnerstagmorgen habe ich mich heimlich gewogen (33 kg bei 1,70 m). Ich bekam Angst, wusste nicht, wie ich reagieren sollte, und gleichzeitig fühlte ich mich aber nicht schlecht oder schlapp. Ich möchte gerne wieder wie andere sein. Manchmal sehe ich, dass ich viel zu dünn bin, und ich verstehe mich auch nicht, weshalb ich mich nicht überwinden kann, einfach drauflos zu essen. Ich könnte außerdem viel mehr machen, wenn ich mehr Kraft hätte. Ich möchte mich ändern. Andererseits möchte ich so bleiben, weiß aber, dass ich mir damit unheimlich schade. Ich nehme mir ja immer wieder vor, mehr zu essen, aber alleine schaffe ich das nicht, weil ich mich dann selbst belüge. Ich habe auch unheimliche Angst davor, wieder dick zu werden. ..."

Die **Pubertätsmagersucht** beginnt im Allgemeinen damit, dass die Betroffenen hochkalorische Speisen (z. B. Kuchen, Süßigkeiten oder fettreiche Produkte) vermeiden und sich auf spezifische Lebensmittel, die vielfach als besonders gesund und hochwertig gelten, beschränken. Nicht selten stellen Patienten zu Beginn der Erkrankung ihre gemischte Ernährung auf ausschließlich vegetarische Kost um. Im Verlauf wird die täglich „erlaubte“ Nahrungsmenge immer weiter reduziert. Einige Patienten mit schwerer Ausprägung der Störung nehmen schließlich nur noch trockene Stücke Brot und Obst zu sich, wobei viele Patienten den Zeitpunkt des Essens auf den Abend verlegen. Die Betroffene fällt bei Familienmahlzeiten durch ein sehr langsames Essverhalten auf; häufig werden Rituale beobachtet. So essen manche Patienten ihre geringe Speisemenge nur in einer ganz bestimmten Reihenfolge oder zelebrieren die einzige Mahlzeit am Tage durch besonderes Schmücken des Tisches und Kerzenlicht. Angehörige berichten nicht selten, dass von den Patienten gehortete Lebensmittel – oft schon in verdorbenem Zustand – gefunden werden.

Die Mehrzahl der Patienten unterstützt die Gewichtsabnahme durch eine übertriebene körperliche Aktivität, die auch eine Folge des Hungerns ist. Einige Betroffene erbrechen die Mahlzeit oder provozieren den Gewichtsverlust durch den Missbrauch von Abführmitteln oder anderer Substanzen (z. B. Diuretika, Schilddrüsenpräparate). Die Tab. 24.1 zeigt ein typisches Essensprotokoll einer magersüchtigen Patientin.

Bei vielen, wenn auch nicht allen Patienten liegt eine mangelnde Krankheitseinsicht vor, die ihre Ursache vor allem in der für eine Magersucht typischen Körperschema-Störung hat. Hierbei handelt es sich um eine perzeptionelle und konzeptionelle Störung des eigenen Körperbildes, die dazu führt, dass die Patienten sich trotz erheblichen Untergewichts (Abb. 24.1) als zu dick beurteilen, wobei einige Körperteile (Bauch, Hüfte, Oberschenkel) besonders betroffen sind.

Obwohl die Körperschemastörung typisch für die Krankheitsbilder der Essstörungen ist, kommt sie auch bei gesunden jungen Frauen vor.

Das für eine Magersucht kritische Gewicht wird heute im Allgemeinen mit Hilfe des Body-Mass-Index (BMI) berechnet. Der BMI ist defi-

Tabelle 24.1 Essensprotokoll einer magersüchtigen Patientin

Montag	8.00 Uhr	½ trockenes Brötchen
	12.00 Uhr	4 Blätter Salat und 10 Nudeln
	18.00 Uhr	1 Brot mit Marmelade und Tee
Dienstag	8.00 Uhr	½ trockenes Brötchen, 1 Apfel
	13.00 Uhr	2 Löffel Blumenkohlsalat
	20.00 Uhr	1 Scheibe Brot mit Frischkäse (ganz dünn)
Mittwoch	8.00 Uhr	½ Scheibe Schwarzbrot, trocken
	12.30 Uhr	¼ Maultasche, 2 Blätter Salat
	20.00 Uhr	1 Brot mit Marmelade
Donnerstag	8.00 Uhr	½ trockenes Brötchen
	12.00 Uhr	2 Löffel Hühnersuppe
	20.00 Uhr	1 Magerjogurt

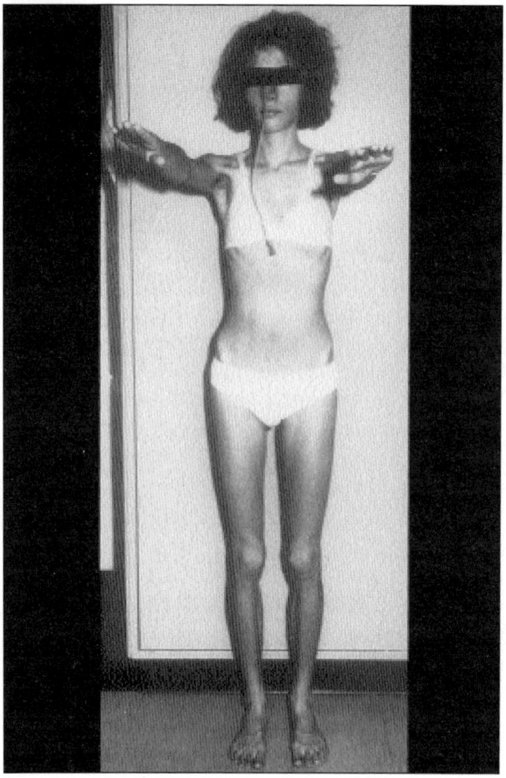

Abb. 24.**1** Kachexie einer 15-jährigen Patientin (1,63 m; 34 kg).

niert als Körpergewicht (kg) dividiert durch das Quadrat der Körperlänge (m^2). In Feldstudien zur Adipositas- und Anorexieforschung hat sich bewährt, dass die Korrelation zum Körpergewicht relativ hoch (0,6–0,8), die Korrelation zur Körperhöhe hingegen relativ niedrig ist (–0,15) (Hebebrand et al. 1994). Nach den diagnostischen Leitlinien der ICD 10 für Anorexia nervosa ist das Gewichtskriterium durch einen BMI von ≤ 17,5 kg/m^2 erfüllt. Bei Mädchen in der Präpubertät und Pubertät ist jedoch ein BMI von 17,5 kg/m^2 vergleichsweise zu hoch angesetzt. Hier empfiehlt es sich, die jeweiligen Altersperzentilen zur Beurteilung der Ausprägung des Untergewichtes eines Patienten heranzuziehen, wobei die 10. Altersperzentile als kritische Grenze gewertet werden sollte (Abb. 24.**2a** u. **b**).

Bei dem Krankheitsbild der Anorexia nervosa werden im Allgemeinen 3 Subtypen unterschieden:

- *Die restriktive Form der Anorexia nervosa*, bei der ein Gewichtsverlust ausschließlich durch Einschränkung der Nahrungszufuhr und/oder eine verstärkte körperliche Aktivität erreicht wird.
- *Die Anorexia nervosa mit zusätzlichen Methoden der Gewichtsreduktion*, wo neben strengem Fasten eine Gewichtsabnahme durch selbstinduziertes Erbrechen, Laxanzienabusus oder andere Medikamente erreicht wird.
- *Die Anorexia nervosa mit bulimischen Attacken.* Neben der oben beschriebenen, typisch anorektischen Symptomatik kommt es zu Heißhungerattacken, die durch den Konsum von hochkalorischer Nahrung in kurzer Zeit gekennzeichnet sind. Eine Gewichtszunahme wird vielfach ebenfalls durch verstärkte körperliche Aktivität, Erbrechen oder Abführmittelmissbrauch verhindert. Bei dieser Erkrankungsform erfolgt die Klassifikation nach ICD 10 sowohl für die Anorexia nervosa (F50.0) als auch für die Bulimia nervosa (F50.2).

Die beiden letzten Subtypen beinhalten die Gefahr häufiger medizinischer Komplikationen und eine schlechtere Prognose als der restriktive Typus.

Von der pubertären Form der Erkrankung und der junger Erwachsener muss die **kindliche Form** unterschieden werden. Sie kann vor Eintritt der Pubertät (präpuberale Form) oder vor Eintritt der Menarche (prämenarchale Form) beginnen. Im Vergleich zum Erwachsenen oder Jugendlichen verfügt das Kind über eine bedeutend geringere Fettmasse, sodass die somatischen Folgen des Hungerns bei der frühen Form meist gravierender sind. So geht die kindliche Anorexia nervosa häufig mit einem Stillstand oder einer Verzögerung der pubertären Entwicklung und/oder des Wachstums einher.

Patienten mit Anorexia nervosa haben in der Mehrzahl eine gut durchschnittliche oder hohe Intelligenz, obwohl in Einzelfällen auch Patienten mit Intelligenzminderung (z. B. Morbus Down) beschrieben wurden. Sie zeigen im Allgemeinen einen hohen schulischen Ehrgeiz und gehören nicht selten zu den Klassenbesten. Allerdings isolieren sie sich von den typischen Aktivitäten Gleichaltriger und führen ein sehr zurückgezogenes Dasein.

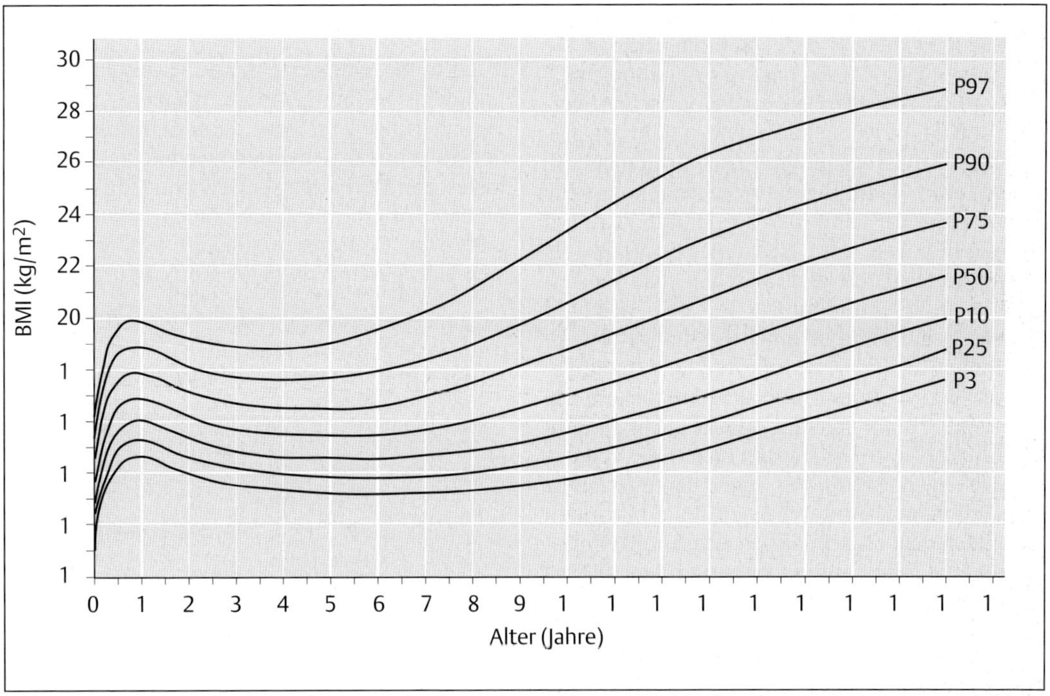

Abb. 24.**2a** Perzentile für den Body-Mass-Index für Jungen im Alter von 0–18 Jahren (aus: K. Kromeyer-Hauschild et al.: Monatsschr Kinderheilkd. 2001;149:807–18).

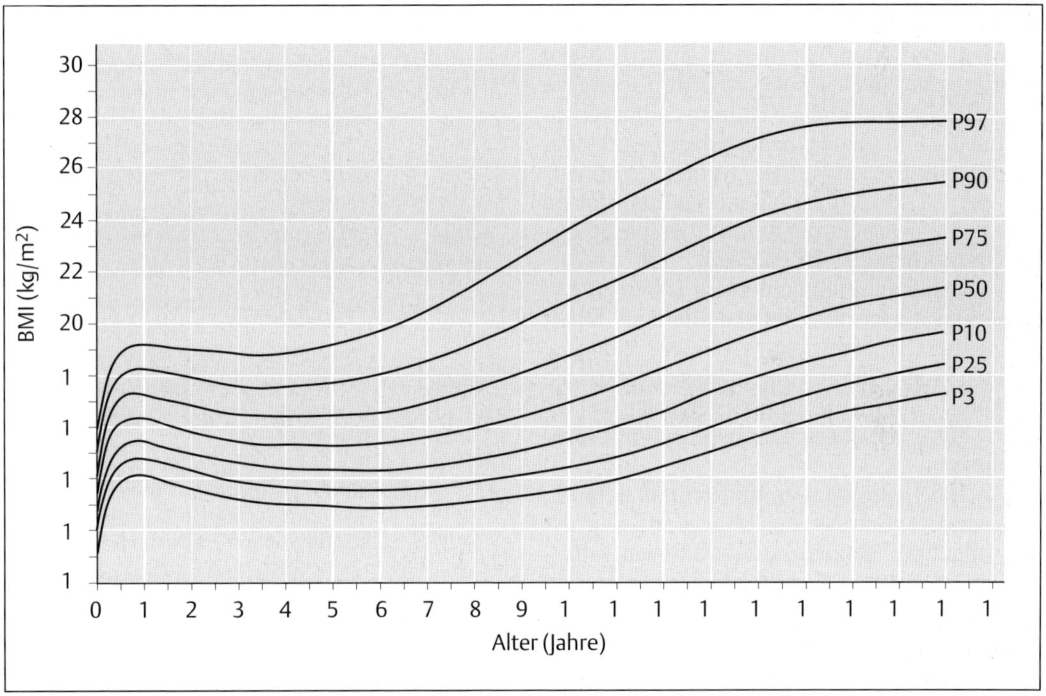

Abb. 24.**2b** Perzentile für den Body-Mass-Index für Mädchen im Alter von 0–18 Jahren (aus: K. Kromeyer-Hauschild et al.: Monatsschr Kinderheilkd. 2001;149:807–18).

Heißhungerattacken sind pathognomonisch für das Krankheitsbild der **Bulimia nervosa**. Sie zeichnen sich durch ein hastiges Hinunterschlingen von großen Mengen hochkalorischer, weicher und damit wenig zu kauender Nahrung aus, die meist keiner besonderen Zubereitung bedarf. Die bei einer Heißhungerattacke aufgenommene Kalorienmenge kann bis zu 11 000 kcal pro Attacke betragen. Die Dauer einer Essattacke ist unterschiedlich und liegt zwischen einer Viertelstunde und 8 Stunden. Ein Teil der Patienten berichtet, sich während einer Heißhungerattacke in einem Zustand verminderter Bewusstseinskontrolle zu befinden und den Ablauf und die Beendigung einer solchen Attacke nicht steuern zu können. Die am häufigsten einer Heißhungerattacke folgende Form der Gewichtsreduktion ist das Erbrechen. Andere Betroffene betreiben zusätzlich oder ausschließlich Abführmittelmissbrauch und/oder nehmen Diuretika, Appetitzügler oder Hormonpräparate ein (s. o.). Zwischen den Heißhungerattacken führen viele Patienten eine Dauerdiät durch, bei der die meisten Speisen, die während einer Heißhungerattacke verzehrt werden, „verboten" sind. So ist das bulimische Essverhalten durch einen Teufelskreis gekennzeichnet: Das ständige Einhalten einer kalorienreduzierten Diät führt zu einem heftigen Hungergefühl, welches die nächste Essattacke provoziert. Während die Heißhungerattacken zu Beginn der Erkrankung vielfach durch emotionalen Stress provoziert werden, werden sie im Verlauf der Erkrankung zu einem habitualisierten Verhalten, ein Aspekt, der bei der Therapie besonders berücksichtigt werden muss.

Patienten mit Bulimia nervosa haben im Allgemeinen ein normales oder allenfalls leicht reduziertes Körpergewicht. Wie bereits oben ausgeführt, leiden viele von ihnen – wie anorektische Patienten – an einer Störung des eigenen Körperbildes mit einer Überschätzung der Körperproportionen.

Auch bei Patientinnen mit Bulimia nervosa, insbesondere solchen mit ausgeprägten Gewichtsschwankungen, können Zyklusstörungen auftreten. Im Gegensatz zu anorektischen Patienten sind bulimische Patienten weniger sthenisch und kontrolliert, sexuell aktiver und extrovertierter.

Komorbidität

Anhaltende Hungerzustände, Gewichtsverlust und/oder Heißhungerattacken haben somatische Veränderungen zur Folge, deren Schweregrad von der Höhe und Geschwindigkeit des Gewichtsverlustes, den Methoden der Gewichtsreduktion (Erbrechen, Abführmittelmissbrauch) sowie der Frequenz der Essattacken abhängt. Weiterhin lässt sich eine psychiatrische Komorbidität nachwei-

Tabelle 24.**2** Körperliche Veränderungen bei Anorexia und Bulimia nervosa (nach Herpertz-Dahlmann u. Remschmidt 1994)

Inspektion	trockene, schuppige Epidermis (A*)
	Lanugobehaarung
	Akrozyanose, Cutis marmorata (A)
	Haarausfall
	Speicheldrüsenschwellung
	ausgeprägte Karies (B)
	Schwielen an den Fingern oder Läsionen am Handrücken (durch wiederholtes manuelles Auslösen des Würgereflexes)
	Minderwuchs (A)
Labor	Blutbildveränderungen (Leukopenie, Anämie und Thrombozytopenie) (A)
	Elektrolytstörungen
	Erhöhung von Transaminasen, Amylase und harnpflichtigen Substanzen
	Veränderungen im Lipidstoffwechsel
	Erniedrigung von Gesamteiweiß und Albumin
Endokrinologie	Störung der Hypothalamus-Hypophysen – Nebennierenrinden-Achse, – Schilddrüsen-Achse, – Gonaden-Achse
	Erhöhung des Wachstumhormons
Übrige	CT-, MRT-Veränderungen (Pseudoatrophia cerebri)
	Ösophagitis
	EKG-Veränderungen
	durch Laxanzienabusus induzierte Komplikationen (z. B. Osteomalazie, Malabsorptions-Syndrome, schwere Obstipation, hypertrophe Osteoarthropathie)
	Osteoporose

* Symptome, die sich ausschließlich auf eines der beiden Krankheitsbilder beziehen, sind mit dem jeweiligen Buchstaben (A oder B) gekennzeichnet

sen, wobei ein Teil dieser Störungen ebenfalls als Folge des gestörten Essverhaltens anzusehen ist.

Die für die Essstörungen typischen körperlichen Veränderungen sind Tab. 24.**2** zu entnehmen.

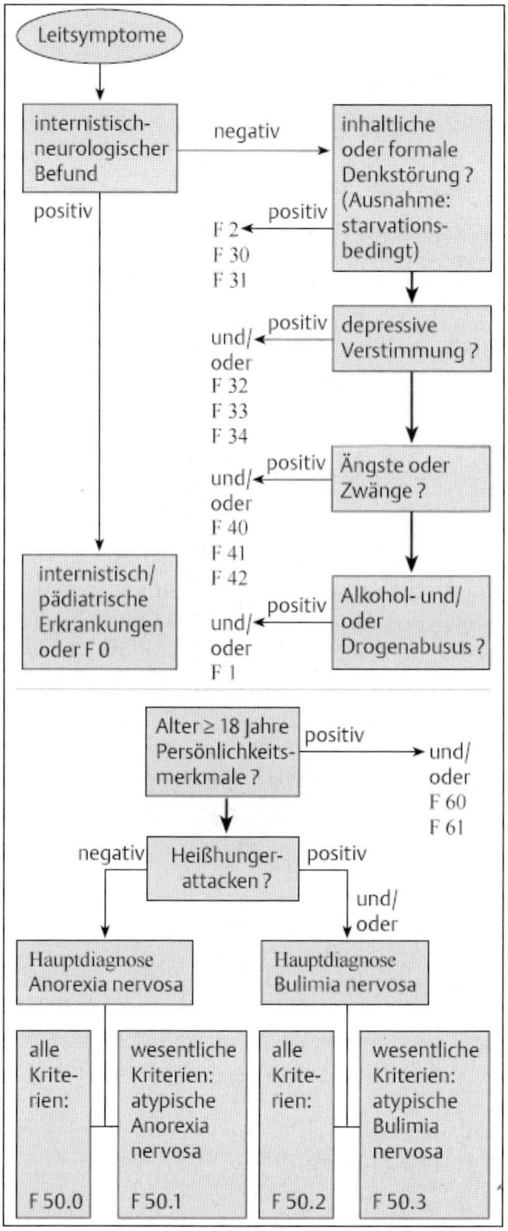

Abb. 24.**3** Anorexia und Bulimia nervosa, Differenzialdiagnose und Komorbidität nach ICD 10

Körperliche Veränderungen

Ungefähr ein Drittel anorektischer Patienten weist eine Osteoporose auf, wobei Patienten mit Erbrechen und Laxanzienabusus besonders betroffen sind. Weitere Risikofaktoren für eine Osteoporose bei Essstörungen sind eine lang ausgeprägte Kachexie, lange Dauer der Amenorrhoe, ein Beginn der Essstörung in der Adoleszenz oder Präpubertät, eine relative körperliche Inaktivität sowie ein ausgeprägter Hyperkortisolismus. Die Wirksamkeit einer hormonellen Behandlung der Osteoporose bei den Essstörungen ist nicht bewiesen.

Psychiatrische Komorbidität

Die **Anorexia nervosa** weist eine hohe Komorbidität mit affektiven Erkrankungen, insbesondere Depressionen, sowie Angst- und Zwangserkrankungen auf (Abb. 24.**3**).

Anorektische Patienten leiden sehr oft an depressiven Verstimmungen. Etwa 20–60 % erfüllen die Zusatzdiagnose einer so genannten „major depressive disorder". Bei einem großen Teil der Patienten bildet sich die depressive Symptomatik im Laufe des Heilungsprozesses zurück, sodass die Gewichtszunahme als wirksames Antidepressivum angesehen werden muss. Bei einem, wenn auch geringeren Teil der Patienten bleibt die Depression jedoch auch über die Gewichtsnormalisierung hinaus bestehen und erfordert zusätzliche Interventionen (Psychotherapie, medikamentöse Behandlung).

Auch Zwangsphänomene werden häufig im Kontext von Essstörungen beobachtet. Diese können sich einerseits auf die Essstörung selbst (Essensrituale, „zwanghafte" Gewichtskontrolle) beziehen, andererseits unabhängig von der Essstörungssymptomatik auftreten (Waschzwänge, Kontrollzwänge). Zwangssymptome können ebenfalls durch den Starvationsprozess verstärkt werden, sodass der positive Effekt einer Gewichtszunahme abgewartet werden sollte. Allerdings weisen auch viele geheilte anorektische Patienten perfektionistische Züge auf; einige Patienten entwickeln eine Zwangserkrankung in späteren Lebensepisoden nach Bewältigung der Magersucht (s. u.).

Bei einigen anorektischen Patienten wird Alkohol- oder Drogenmissbrauch beobachtet, wobei dieser vornehmlich bei der **bulimischen**

Form der Essstörung auftritt. Weitere Störungen der Impulskontrolle sind ebenfalls eher typisch für bulimische Patienten, z.B. Ladendiebstähle, unkontrollierte Geldausgaben und selbstverletzendes Verhalten. Affektive Störungen, insbesondere depressive Symptome, finden sich ebenfalls häufig im Kontext bulimischer Essstörungen.

Epidemiologie

Bisher konnte nicht eindeutig geklärt werden, ob die Inzidenz der Magersucht tatsächlich angestiegen ist oder nur die Häufigkeit der Behandlungsinanspruchnahme (Abb. 24.**4**).

Die meisten Studien sprechen dafür, dass die Erkrankung bei den 15- bis 24-Jährigen in der westlichen Welt zugenommen hat. Die **Prävalenzrate** liegt in dieser Altersgruppe zur Zeit zwischen 0,3 und 1%, das heißt, dass die Erkrankung fast jedes 100. Mädchen trifft. In bestimmten Risikogruppen (Fotomodelle, Leistungssportler, Tänzer) kann die Prävalenz wesentlich höher sein. Die Anorexia nervosa hat jeweils einen **Erkrankungsgipfel** bei 14 und 18 Jahren. Eine kindliche Anorexia nervosa tritt bei 5% aller an Anorexia nervosa erkrankten Patienten auf. Das Verhältnis von Männern zu Frauen in Feldstudien und klinischen Studien beträgt 1:10.

Die **Prävalenz** der **Bulimia nervosa** liegt bei ungefähr 2–3%. Da das Krankheitsbild der Bulimia nervosa erst 1979 von Russell definiert wurde und im Jahr 1980 Eingang in das amerikanische Klassifikationssystem fand, lassen sich kaum verlässliche Aussagen über einen Anstieg der Inzidenz bulimischer Essstörungen machen. Die Arbeit in den Essstörungsambulanzen lässt jedoch vermuten, dass insbesondere der Anteil jugendlicher Patienten bei der Bulimie zugenommen hat. Obwohl auch männliche Individuen von einer Bulimie betroffen sein können, wird ein Anstieg bulimischer Essstörungen bei Männern kontrovers diskutiert.

Genese der Störung

Die Genese der Essstörung ist nicht als monokausales Geschehen anzusehen, sondern als ein Zusammenwirken unterschiedlicher ätiologischer Faktoren. Nach den heutigen Erkenntnissen spielen biologische, soziokulturelle, familiäre und intrapsychische Ursachen eine Rolle, wobei die Bedeutung der einzelnen Faktoren für jedes Individuum unterschiedlich ist (s. auch Herpertz-Dahlmann, 2003a).

Biologische Faktoren

Biologische Ansätze machen unter anderem verständlich, warum Essstörungen beim weiblichen Geschlecht eine wesentlich höhere Prävalenz aufweisen als beim männlichen. Nur bei Frauen kommt es während der Pubertät zu einem

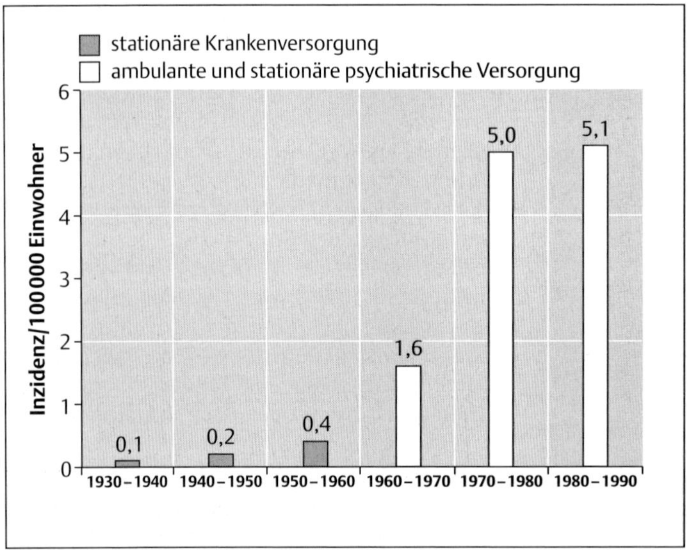

Abb. 24.**4** Jahresinzidenz der Anorexia nervosa (gepoolte Datenbasis), (nach Hoek 1995).

Anstieg des prozentualen Anteils der Fettmasse um fast 50% mit einem typischen gluteofemoralen Fettverteilungsmuster. Dies führt dazu, dass die Fettmasse bei Frauen größeren Schwankungen unterworfen ist und zu extremeren Formen einer Essstörung (sowohl Magersucht als auch Adipositas) führen kann (Hebebrand et al. 1994). Darüber hinaus wird durch Diätmaßnahmen die Verfügbarkeit von Tryptophan als Aminosäurenvorstufe des Neurotransmitters Serotonin bei Frauen stärker reduziert als bei Männern. Serotonin ist unter anderem für die Appetitregulation verantwortlich; nach heutigen Kenntnissen stehen Störungen dieser Neurotransmitterfunktion auch in Zusammenhang mit der Genese von depressiven Erkrankungen und Zwangserkrankungen.

Genetische Befunde weisen darauf hin, dass die Konkordanzrate für Anorexia nervosa bei eineiigen Zwillingen deutlich höher als bei zweieiigen Zwillingen ist. In Familien anorektischer Patienten findet sich eine weit höhere Anzahl an einer Essstörung Erkrankter als in der Normalbevölkerung.

Auch bei der **Bulimie** konnte eine höhere Konkordanz der Erkrankung bei monozygoten gegenüber heterozygoten Zwillingen nachgewiesen werden. In neueren Zwillingsuntersuchungen bei der Bulimie zeigte sich allerdings auch, dass Umweltfaktoren einen größeren Einfluss auf die Ausprägung der Erkrankung hatten als die gemeinsame genetische Prädisposition (Kendler et al. 1995).

Soziokulturelle Einflüsse

Für den Einfluss soziokultureller Faktoren sprechen die hohe Prävalenz der Essstörungen in der westlichen Welt gegenüber anderen Kulturkreisen, das erhöhte Auftreten bei Einwanderern in diese Länder gegenüber ihren Landsleuten in den Heimatregionen, die Zunahme in den letzten Jahrzehnten und die immer noch vorhandene höhere Prävalenz in Mittel- und Oberschicht sowie bei Risikogruppen (Sportler, Models). Schon bei Kindern hat das Diätverhalten zugenommen.

Eine gesunde normalgewichtige junge Frau mit normalem Gewicht verfügt über 22–25% Fettmasse, während das geläufige westliche Schönheitsideal lediglich eine Körperfettmasse von 10 bis 15% erlaubt. Dementsprechend erfüllen viele der so genannten „Top“-Models das Gewichtskriterium für Anorexia nervosa. Mädchen und Frauen unterliegen dem Druck des Schlankheitsideals wesentlich mehr als ihre männlichen Altersgenossen, eine weitere Erklärung dafür, dass Essstörungen bevorzugt beim weiblichen Geschlecht auftreten.

In östlichen Kulturkreisen ist bis auf Japan die Prävalenz von Essstörungen niedriger als bei uns. In einer chinesischen Studie lag die Prävalenz für das gesamte Essstörungsspektrum bei weiblichen jungen Erwachsenen unter 0,5% (Lee 1993), wobei in den letzten Jahren auch hier ein Anstieg zu beobachten ist. In Malaysia wurden bei einer Befragung, die sich auf einen Zeitraum von 26 Jahren erstreckte, nur Einzelfälle gefunden. Auch Afroamerikaner, die in westlichen Gesellschaften leben, akzeptieren innerhalb ihrer ethnischen Gruppe übergewichtige Angehörige mehr als Weiße Adipöse in ihren Lebensgemeinschaften.

Familiäre Faktoren

Noch bis vor wenigen Jahren wurden familiäre Faktoren als wesentliches ätiologisches Moment für die Essstörungen diskutiert. Der These einer familiären Genese der Erkrankung lag die vor allem von den Gruppen um Selvini-Palazzoli, Minuchin und Stierlin formulierte Annahme zugrunde, dass in den Familien essgestörter Patienten emotionale Probleme in somatische transformiert würden. Minuchin et al. (1978) postulierten typische Transaktionsmuster in anorektischen Familien: Verschmelzung, Rigidität, Überbehütung und Konfliktvermeidung. Empirische Untersuchungen, die das Konzept überprüften, ergaben, dass sich nur in wenigen Familien solche Transaktionsmuster nachweisen ließen. In einigen fanden sich sogar entgegengesetzte Verhaltensweisen (Kog et al. 1987). Darüber hinaus bleibt zu bedenken, dass ein ausgeprägtes Harmoniebedürfnis und mangelnde Autonomie typische Persönlichkeitsmerkmale anorektischer Patienten sind (s. u.), die ihrerseits Einfluss auf das familiäre Interaktionsmuster nehmen. Aber auch der Nachweis einer gestörten Interaktion in der Familie lässt keine Rückschlüsse auf einen spezifischen kausalen Faktor zu; insbesondere stellt sich die Frage, ob die beschriebenen familiären Verhaltensmuster bereits vor der Erkrankung des Patienten bestanden oder eine Folge der Erkrankung darstellen. In jedem Fall wird der individuelle Krankheitsverlauf durch dysfunktionale familiäre Interaktionsmuster negativ beeinflusst, sodass eine Familientherapie oder -beratung vielfach notwendig erscheint.

Familienuntersuchungen bei Familien **bulimischer Patienten** ergaben, dass auch hier – ähnlich wie bei den „anorektischen" Familien – erhebliche Unterschiede im Funktionsniveau der einzelnen Familien nachzuweisen sind. So ließ sich bei einigen Familien ein sehr hohes Funktionsniveau beobachten, wohingegen ein kleinerer Anteil größere Probleme aufwies (Übersicht u. a. bei Woodside et al. 1995). Vergleichende Untersuchungen zwischen beiden Essstörungsgruppen ergaben, dass Familien bulimischer Patienten sich durch weniger Zuwendung und Empathie sowie offene Konflikte und negative Attributierungen auszeichneten.

Individuelle prädisponierende Faktoren

Viele anorektische Patienten weisen übereinstimmende Persönlichkeitsmerkmale auf im Sinne von Sthenizität, Perfektionismus, hohem Leistungsehrgeiz sowie eine mangelnde Fähigkeit, die eigene Befindlichkeit wahrzunehmen. Typisch sind ein überwältigendes Gefühl der eigenen Ineffektivität und eine (möglicherweise hieraus resultierende) Störung des Selbstwertgefühls. Sie haben eine hohe Konfliktvermeidungstendenz, ein großes Harmoniebedürfnis sowie eine unzureichende Kompetenz bei der Bewältigung alterstypischer Aufgaben. Im Gegensatz zu der von Hilde Bruch vertretenen These einer durch Unauffälligkeit auffälligen Kindheit weisen eigene Untersuchungen darauf hin, dass viele anorektische Patienten bereits in Kindheit und Präpubertät eine Häufung introversiver Störungen zeigen: hierzu gehören insbesondere Trennungsangst, soziale Überempfindlichkeit sowie phobische und depressive Störungen.

Biologische Studien deuten darauf hin, dass die neuronale **Serotonin**-Aktivität bei anorektischen Patienten nach Gewichtsnormalisierung gegenüber gesunden Kontrollpersonen erhöht ist. Obwohl dieses Ergebnis aufgrund geringer Fallzahlen als vorläufig zu betrachten ist, ordnet es sich in ein Konzept ein, das dem serotoninergen System innerhalb der Neurotransmitter kontrollierend-einschränkende Funktionen für Appetit, aggressive Reaktionen und Sexualverhalten zuordnet und explorativ-experimentelles Verhalten hemmt. Funktionsstörungen des serotoninergen Systems scheinen darüber hinaus eine Rolle bei der Genese von Angst- und Zwangserkrankungen zu spielen, die in der Vorgeschichte (s. o.) und im späteren Verlauf anorektischer Erkrankungen häufig zu beobachten sind. Möglicherweise kann man bei der Genese der Anorexia nervosa von einer Vulnerabilität des serotoninergen Systems ausgehen, die bei Einfluss entsprechender Noxen (Umweltfaktoren) Krankheitswert entwickelt.

Bulimische Patienten sind weniger kontrolliert und aggressionsgehemmt, impulsiver und experimentierfreudiger als anorektische Patienten. Neurotransmitterstudien weisen auf eine verminderte zentrale Serotoninaktivität bei Patienten mit Bulimie hin, wobei nicht geklärt ist, ob dies eine Ursache oder Folge der Essstörung ist. Heißhungerattacken werden in diesem Zusammenhang als Selbstheilungsversuche interpretiert, indem der Patient mithilfe einer verstärkten Ingestion von Kohlehydraten eine Konzentrationszunahme der Serotoninvorstufe Tryptophan im zentralen Nervensystem bewirkt.

Therapie

Nachdem die Diagnose gestellt ist, muss entschieden werden, ob ambulante oder stationäre Therapiemaßnahmen angemessen sind. Häufig sind mehrere ambulante Termine im Sinne einer so genannten Vorschaltambulanz erforderlich, um Patienten und Eltern von der Notwendigkeit einer stationären Behandlung zu überzeugen. Empfehlenswert ist ein offenes Gespräch über Folgen und Komplikationen der Essstörungen sowie die Gefahr der Chronifizierung. Aus Tab. 24.**3** sind die Kriterien für ein stationäres Interventionssetting zu entnehmen.

Die einzelnen Phasen der stationären Behandlung von jugendlichen Patienten mit Magersucht gehen beispielhaft aus Tab. 24.**4** hervor.

Tabelle 24.3 Kriterien für ein stationäres Interventionssetting
Medizinische Kriterien
• kritisches Untergewicht oder Gewichtsverlust bei Anorexia nervosa
• hohe Heißhungerattackenfrequenz bei Bulimie
• ausgeprägte Körperschemastörung und Habitualisierungstendenzen
• somatische Komplikationen
• Suizidgefahr
• Komorbidität mit schwerwiegenden anderen psychiatrischen Erkrankungen
Psychosoziale und psychotherapeutische Kriterien
• festgefahrene familiäre Interaktion
• soziale Isolation
• Scheitern ambulanter Behandlungsversuche

Psychotherapeutische Maßnahmen

Die Therapie der Essstörungen sollte grundsätzlich die folgenden Ziele beinhalten (u. a. APA 2000):

- Gewichtsrehabilitation mit Erreichen des Gewichtes, bei dem die Menstruation wieder eintritt (Anorexia nervosa);
- eine Normalisierung des Essverhaltens;
- die Behandlung körperlicher Komplikationen;
- die Veränderung dysfunktionaler Gedanken und Gefühle, die zur Aufrechterhaltung der Essstörung beitragen;
- eine Verbesserung von Defiziten im Affektverhalten, die dazu führen, in schwierigen Situationen mit Störungen des Essverhaltens und einer Gewichtsabnahme zu reagieren;
- Verbesserung der die Essstörung begleitenden psychischen Probleme, z. B. Depressionen, Ängste, Zwänge;
- Einbeziehung der Familie;
- Verhinderung des Rückfalls.

Um einen optimalen Behandlungserfolg zu erzielen, empfiehlt sich die Kombination unterschiedlicher psychotherapeutischer Methoden. Es hat sich vielfach gezeigt, dass psychotherapeutische Interventionen nur von begrenztem Nutzen sind, wenn sie in einem Zustand der Kachexie durchgeführt werden. Die Zeichnung eines 14-jährigen anorektischen Mädchens macht ihre Not deutlich, ihre Probleme in der Therapie anzusprechen.

Bei der **Gewichtsnormalisierung** haben sich **verhaltenstherapeutische Programme** bewährt:

Tabelle 24.4 Stationäre Behandlung von Anorexia und Bulimia nervosa

1. Phase	*Diagnostik- und Beobachtungsphase*	• Ernährungsprotokoll (Eigen- und Fremdbeobachtung) • psychoedukative Maßnahmen (Aufklärung über körperliche und psychische Folgen der Essstörung)
2. Phase	*Anhebung des Körpergewichtes (Anorexia nervosa) und Fremdsteuerung der Nahrungsaufnahme*	• Ernährungsberatung • Essensplan • Kontrollierte Hilfestellung durch Betreuer • Körperbezogene Therapien • Kreative Therapien • stützende psychotherapeutische Gespräche, später zunehmend problemorientiert • Beratung der Eltern
3. Phase	*Einbeziehung der Familie*	• Selbststeuerung der Nahrungsaufnahme • Ernährungsberatung (Einkaufen von Lebensmitteln, Kochgruppen) • problemorientierte Psychotherapie • strukturierende oder beziehungsorientierte Familienarbeit
4. Phase	*Vorbereitung auf die Entlassung*	• Reintegration in alle Lebensbereiche (z. B. externer Schulbesuch, Wochenendurlaub nach Hause) • soziales Kompetenztraining
5. Phase	*ambulante Nachbehandlung*	

mithilfe der so genannten „Gewichtstreppe“ wird eine Gewichtszunahme in der Form verstärkt, dass mit einer bestimmten Gewichtsmarke eine Erweiterung des Aktivitätsradius verbunden ist, z. B. Besuch der Klinikschule, Stadtbesuche, Besuch von Freunden und Wochenendbesuche zu Hause. Auch im ambulanten Rahmen können Verstärker berücksichtigt werden, wie z. B. der Besuch der Schule, die Teilnahme am Schul- und Freizeitsport usw. Die Gewichtszunahme sollte kontinuierlich und nicht zu schnell erfolgen. Im Zustand extremer Kachexie und bei drohenden körperlichen Komplikationen ist manchmal eine Ernährung mit hochkalorischer flüssiger Kost durch eine Magensonde erforderlich. Im Rahmen einer stationären Behandlung ist eine wöchentliche Gewichtszunahme zwischen 0,5 und 1 kg erstrebenswert. Bei Stagnation des Gewichts kann eine zeitlich begrenzte Bettruhe im Anschluss an die Mahlzeiten zu empfehlen sein, wobei diese wegen der Gefahr der Osteoporose nicht zu sehr ausgedehnt werden sollte. Als Zielgewicht wird ein Body Mass Index oberhalb der 10. Altersperzentile definiert, wobei der optimale Bereich um die 25. Altersperzentile liegt.

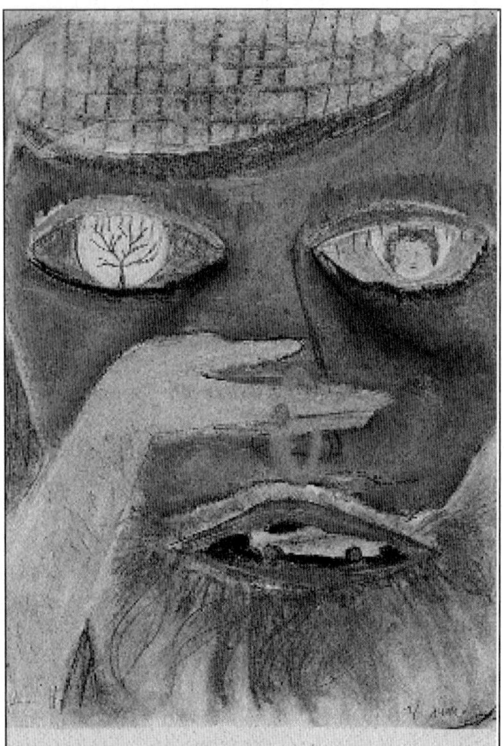

Abb. 24.5 Zeichnung einer 14-jährigen anorektischen Patientin.

Bei Kindern und jugendlichen Patienten darf nicht vergessen werden, das Zielgewicht an die Wachstumskurve bei wiederholter Körperlängenbestimmung anzupassen. Die Gewichtsrehabilitation magersüchtiger Patienten impliziert eine Auseinandersetzung mit Ernährung und Essverhalten, die für die Behandlung der **Bulimie** ebenfalls eine große Rolle spielt.

Im Gegensatz zu der landläufigen Meinung, dass essgestörte Patienten über Ernährungsrichtlinien gut Bescheid wissen, hat sich in neueren Untersuchungen gezeigt, dass sie zwar Angaben über den Kaloriengehalt aller möglichen Speisen machen können, im übrigen aber wenig fundiertes Wissen über gesunde Ernährung und notwendige Nahrungsbestandteile aufweisen. Insofern ist die Mitarbeit einer Diätassistentin oder Ernährungsberaterin notwendig, die im Rahmen der **Ernährungstherapie** über eine sinnvolle Nahrungszusammensetzung, Austauschmöglichkeiten von Nahrungsbestandteilen sowie Zubereitungsmöglichkeiten informiert. Voraussetzung einer stufenweisen Normalisierung des Essverhaltens ist die Erhebung einer **Ernährungsanamnese**. Sie soll die Art der bisher eingehaltenen Diät (einschließlich der erlaubten und verbotenen Speisen, kalorische Höchstmengen usw.), die Frequenz, den Ablauf und situative Besonderheiten von Essanfällen, die Einstellung zum eigenen Körper und zur Figur sowie den üblichen Tagesablauf des Patienten erfassen. Dazu bietet sich das Führen eines **Ernährungstagebuches** an. In einem 2. Schritt wird mit dem Patienten ein Essensplan erarbeitet, der Haupt- und Zwischenmahlzeiten beinhaltet.

Die Einhaltung der Zwischenmahlzeiten hat den Zweck, durch Hungergefühl provozierte Heißhungerattacken zu vermeiden. Wichtig ist die stufenweise Einführung von „verbotenen“ Speisen. Dies mindert Gefühle der Entbehrung und reduziert die Wahrscheinlichkeit von Kontrollverlusten. Spezifische Diätspeisen oder kalorienreduzierte Nahrungsmittel sollten nicht in den Essensplan integriert werden; ebenfalls sollten die Patienten vermeiden, große Mengen an Flüssigkeit vor oder während des Essens zu sich zu nehmen, da dies ein falsches Gefühl der Sätti-

Tabelle 24.5 Essensplan für eine bulimische Patientin

Frühstück	Roggenvollkornbrot	70 g
	Margarine	20 g
	Konfitüre	25 g
	Honig (Blütenhonig)	25 g
		ca. 420 kcal
Zwischenmahlzeit	1 Apfel	**ca. 75 kcal**
Mittagessen	Seefisch in Dillsoße	220 g
	Kartoffel	160 g
	Kopfsalat	30 g
	Salatsoße	60 g
	Jogurt, mind. 3,5 % Fett	150 g
		ca. 520 kcal
Kaffee	Jogurt, mind. 3,5 % Fett	150 g
		ca. 100 kcal
Abendessen	Roggenvollkornbrot	70 g
	Margarine	20 g
	Doppelrahmfrischkäse	35 g
	Schmelzkäse, 45 % Fett i.Tr.	35 g
		ca. 500 kcal
Spätmahlzeit	Speisequark, 40 % Fett i.Tr.	100 g
	Sahne (Schlagsahne, Schlagrahm), mind. 30 % Fett	25 g
	Erdbeeren in Dosen	30 g
	Zucker	10 g
		ca. 300 kcal
Tagessumme		**ca. 2000 kcal**

gung verschafft und das Erbrechen erleichtert. Der Umfang der Essensportionen kann anhand von Mahlzeitenzusammenstellungen geübt werden. So erkennen die Patienten, dass eine normale Handhabung von Essen und Nahrungsmitteln nicht zu der gefürchteten übermäßigen Gewichtszunahme führt.

Die **kognitiv-behaviorale Therapie** der Essstörungen beschäftigt sich mit der zentralen Bedeutung von Figur und Gewicht für das Selbsterleben und das Selbstwertgefühl der Betroffenen.

In einem 1. Schritt erstellt die Patientin im Rahmen dieser Behandlung eine Pro- und Kontraliste für die Aufrechterhaltung ihrer Essstörung. Die Verdeutlichung der „Nachteile" erlaubt eine wiederholte Aufklärung über den Mechanismus und die Folgen krankhaften Essverhaltens; anhand der „Vorteile" können Patientin und Therapeut erkennen, welche Defizite und Probleme der Betroffenen durch die Essstörung kompensiert werden müssen. In einem 2. Schritt wird die Patientin aufgefordert, ihre Gedanken und Gefühle im Hinblick auf Gewicht und Figur darzulegen. Sie soll dazu gebracht werden, ihre fixierten Denkschemata

- zu überprüfen (Was spricht für meine Überzeugung? Gibt es alternative Erklärungen?),
- das Für und Wider dieser Überzeugungen zu hinterfragen (Welche Folgen haben diese Annahmen für mich und mein Verhalten?) und
- durch stärker an der Realität orientierte Gedanken zu ersetzen: „Ist es für meine Lebensbewältigung sinnvoll, nach diesen Überzeugungen zu handeln?" (Wolff u. Serpell 1998, Herpertz-Dahlmann 2003b).

Das folgende Beispiel schildert einen typischen Dialog zwischen Patientin und Therapeut:

Patientin: *Nur wenn ich 1 kg abnehme, kann ich mich morgen Abend mit Ingrid und Susanne in der Disko treffen.*
Therapeut: *Warum musst du für die Disko abnehmen?*
Patientin: *Die finden mich unattraktiv, wenn ich so dick bin.*
Therapeut: *Glaubst du, dass deine Freunde merken, ob du 1 oder 2 kg mehr wiegst?*
Patientin: *Ich weiß nicht ... Ich merke es jedenfalls, und meine Laune ist dann immer ganz schlecht.*
Therapeut: *Vielleicht fällt deinen Freunden deine schlechte Laune auf?*
Patientin: *Hm... Beim letzten Mal haben Ingrid und Susanne gesagt, dass sie wenig Spaß mit mir haben, wenn ich immer so schlecht drauf bin.*

In Form von Hausaufgaben kann die Patientin dazu angehalten werden, die Reaktion ihrer Umwelt in Bezug auf ihr Gewicht, aber auch auf ihr Verhalten zu registrieren. Der Dialog mit dem Therapeuten sollte als innerer Dialog fortgesetzt werden. Im Laufe der Behandlung verändern sich die Kernthemen dieses Dialogs. Die Sorgen um Figur und Gewicht werden durch das für essgestörte Patienten tiefgreifende Problem der Selbstakzeptanz ersetzt. Ziel der Therapie ist, dass die

Patientin einerseits neue Ressourcen und Strategien für die Bestätigung durch andere findet und andererseits an Autonomie gewinnt.

Psychodynamische Elemente in der Therapie essgestörter Patienten können indiziert sein, wenn ein offensichtlicher Konflikt für die Entstehung der Essstörung im Vordergrund steht, z.B. ein sexueller Missbrauch in der Vorgeschichte oder andere traumatische Lebensereignisse.

Bei jugendlichen Patienten sollte in jedem Fall die **Familie** in die Behandlung einbezogen werden. Eine der wenigen, methodisch aussagekräftigen Evaluationsstudien zur Psychotherapie der Anorexia nervosa, die auch den Verlauf umfasst, konnte nachweisen, dass sich eine familienorientierte Behandlung bei jüngeren Patientinnen mit kurzer Erkrankungsdauer als effektiver erwies als eine Einzeltherapie (Eisler et al. 1997). Die Art der Integration der Familie in die Therapie ist auf die Patientin und ihre Eltern abzustimmen und sollte flexibel gehandhabt werden. In der Praxis erweisen sich familienorientierte Interventionen von der Elternberatung (einzeln oder in Gruppen) über die Paartherapie der Eltern bis zur klassischen Familientherapie als hilfreich. Empfehlenswert sind auch psychoedukative Maßnahmen, die in Elterngruppen durchgeführt werden können (Hagenah et al. 2003). Vergleichende Untersuchungen von Familienberatung, in der Eltern und Patientin getrennt behandelt wurden, und klassischer Familientherapie zeigten keine Unterschiede bezüglich ihrer Effektivität auf (Dare u. Eisler 2000). In der Familienberatung helfen die Therapeuten den Eltern, ihr Gefühl der Hilflosigkeit zu überwinden und Möglichkeiten der Selbsthilfe zu entwickeln. Es wird deutlich gemacht, dass die Familie nicht als Ursache der Erkrankung, wohl aber als beste Ressource zur Überwindung derselben angesehen wird. Entsprechend werden als neuere familientherapeutische Richtlinien formuliert, dass

- eine im Kontext einer Essstörung auftretende familiäre Krise nicht mit einer ätiologisch bedeutsamen Familienpathologie gleichgesetzt werden darf und
- die Eltern nicht die Schuldigen für die Entwicklung der Essstörung sind, sondern allenfalls als mitverantwortlich im Gefüge ihrer Entstehung und damit als wertvolle Kooperationspartner für ihre Bewältigung angesehen werden müssen (Vandereycken 1995).

Medikamentöse Behandlung

Es gibt keine gesicherten Erkenntnisse für die Wirksamkeit einer **medikamentösen Behandlung** bei der Anorexia nervosa. In einigen Fällen empfiehlt sich die Gabe von serotonin-spezifischen Antidepressiva, wenn eine ausgeprägte depressive Verstimmung oder Zwänge trotz ausreichender Gewichtszunahme bestehen bleiben. Hingegen kann bei bulimischen Patientinnen mit hoher Heißhungerattackenfrequenz eine medikamentöse Therapie sehr hilfreich sein, wobei sich insbesondere Serotoninwiederaufnahmehemmer (Fluoxetin, Fluvoxamin) als wirksam erwiesen haben.

Prognose

Für den Verlauf von Anorexia und Bulimia nervosa gilt die Faustregel, dass sich die Essstörungssymptomatik bei der Mehrzahl der Patienten mit der Länge des Beoachtungszeitraumes bessert. Eigene Untersuchungen bei der adoleszenten Magersucht zeigen auf, dass ein Viertel der Patienten 4 Jahre nach Entlassung aus stationärer Therapie weiterhin das Bild einer anorektischen oder bulimischen Störung aufwies. Nach 10 Jahren Katamnesedauer waren es weniger als 10%. Allerdings haben viele ehemalige Patienten trotz normalem Gewicht und regelmäßiger Menstruation immer noch ein krankhaftes Essverhalten, das sich in Form von Kalorienzählen, wiederkehrenden Fastenepisoden und verstärkter körperlicher Aktivität zeigt. Ein so genanntes „Crossover" in eine bulimische Essstörung wird bei etwa 15–20% anorektischer Patienten beobachtet, während der Übergang von einer Bulimie in eine Anorexia nervosa nur sporadisch auftritt.

In den letzten Jahrzehnten deutet sich für die Anorexia nervosa ein Abfall der Mortalitätsrate an. Sie liegt mit ca. 6% aber noch deutlich höher als für die gleichaltrige Normalbevölkerung (Sullivan 1995). Ungefähr die Hälfte ehemaliger magersüchtiger Jugendlicher entwickelt im Verlauf ihres Lebens eine andere psychiatrische Störung, wobei es sich meist um **Angsterkrankungen, affektive Störungen** oder **Zwangserkrankungen** handelt (Herpertz-Dahlmann et al. 2001). Besonders häufig werden soziale Phobien beobachtet, die sich schon in der Kindheit in Form von Trennungsangst und sozialer Überempfindlichkeit andeuten (s. o.). Die Lebensqualität ehemaliger magersüchtiger Patienten hängt nicht nur von der Bewältigung der Essstörung ab. Im Vergleich zu Gesunden berichten auch geheilte Patienten vermehrt über Probleme im Bereich von Partnerschaft und Sexualität. Ergebnisse der Verlaufsforschung sollten für die Therapie genutzt werden: Ehemalige anorektische Patienten brauchen eine langfristige ambulante Betreuung, damit in Krisensituationen ein Rückfall vermieden und weitere psychiatrische Störungen frühzeitig erkannt werden können.

Bisher gibt es nur wenige Verlaufsstudien mit einem längeren Katamneseintervall über die Bulimia nervosa. Danach ist die Prognose der Bulimie etwas günstiger als die der Anorexia nervosa. Nach einem 5- bis 10-jährigen Beobachtungszeitraum zeigen noch 20–25% der ehemaligen Patienten das Vollbild der Erkrankung; 50–60% weisen keine Essstörungssymptome mehr auf (Keel u. Mitchell 1997, Fichter et al. 1997). Die psychiatrische Komorbidität bulimischer Patienten ist jener anorektischer Patienten vergleichbar: die häufigsten Diagnosen sind affektive Erkrankungen, Angststörungen und Suchterkrankungen. Die Mortalitätsrate liegt unter 1%. Allerdings müssen Ergebnisse von Studien mit einem längeren Beobachtungszeitraum abgewartet werden.

Zusammenfassung

Die Anorexia nervosa (Magersucht) ist eine meist bei pubertierenden Mädchen auftretende Erkrankung, die Bulimie beginnt im späten Jugend- oder frühen Erwachsenenalter. Beiden Erkrankungen ist eine intensive Furcht vor dem Dickwerden sowie eine Störung der Wahrnehmung des eigenen Körpers gemeinsam. Weitere Merkmale der Anorexia nervosa sind ein erheblicher Gewichtsverlust und das Sistieren der Menstruation; kennzeichnend für die Bulimie sind Heißhungerattacken und in vielen Fällen selbstinduziertes Erbrechen. Sekundäre somatische Veränderungen sind bei beiden Erkrankungen häufig; zusätzliche psychische Störungen sind Ängste, Zwänge und depressive Verstimmungen. An ätiologischen Faktoren für die Magersucht werden biologische, psychologische sowie soziokulturelle Komponenten diskutiert. Familiäre Faktoren als ätiologisches Moment sind umstritten, da Störungen der familiären Interaktion sowohl Ursache als auch Folge der Erkrankung sein können. Das Behandlungskonzept umfasst Maßnahmen zur Normalisierung des Essverhaltens und zur Gewichtsrehabilitation sowie psychotherapeutische Verfahren, wobei unterschiedliche Methoden miteinander kombiniert werden. Bei jugendlichen Patienten sollte immer die Familie in die Behandlung einbezogen werden. Mit dem Übergang in das Erwachsenenalter bildet sich bei der Mehrzahl der Patienten die anorektische und bulimische Symptomatik zurück. Nicht selten entwickeln die Patienten in späteren Lebensaltern aber andere psychiatrische Störungen, insbesondere Angst-, Affekt- und Suchterkrankungen.

Literatur

American Psychiatric Association. American Psychiatric Association Work Group on Eating Disorders. Practise guideline for the treatment of patiens with eating disorders (revision). Am J Psychiat. 2000;157:1-39.

Dare C, Eisler I. Family therapy and eating disorders. In: Fairburn CC, Brownell KD, Hrsg. Eating disorders and obesity. New York: The Guildford Press; 2002.

Fichter MM, Quadflieg N. Six-year course of bulimia nervosa. Int J Eating Disord. 1997;22:361-84.

Hagenah U, Blume V, Flacke-Redanz M, Herpertz-Dahlmann B. Psychoedukation als Gruppenangebot für Eltern essgestörter Jugendlicher. Z Kinder-Jugendpsychiatr. 2003;31:51-8.

Hebebrand J, Heseker H, Himmelmann W, Schäfer H, Remschmidt H. Altersperzentilen für den Body-Mass-Index aus Daten der Nationalen Verzehrstudie einschließlich einer Übersicht zu relevanten Einflussfaktoren. Akt Ernährungsmed. 1994;19:259-65.

Herpertz-Dahlmann B, Hebebrand H, Remschmidt H. Leitlinien Essstörung. Deutsche Gesellschaft für Kinder- und Jugendpsychiatrie und -psychotherapie, Hrsg. Leitlinien zur Diagnostik und Therapie von psychischen Störungen im Säuglings-, Kindes- und Jugendalter. Köln: Deutscher Ärzte-Verlag; 2. Auflage, 2003.

Herpertz-Dahlmann B, Müller B, Herpertz S, Henssen N, Hebebrand H. Remschmidt H. Prospective 10-year follow-up in adolescent anorexia nervosa-course, outcome, psychiatric comorbidity, and psychosocial adaptation. J Child Psychol Psychiat. 2001;42:603-12.

Herpertz-Dahlmann B. Essstörungen. In: Herpertz-Dahlmann B, Resch F, Schulte-Markwort M, Warnke A (Hrsg.). Entwicklungspsychiatrie. Stuttgart: Schattauer; 2003a.

Herpertz-Dahlmann B. Multimodales Behandlungskonzept von Anorexia und Bulimia nervosa. In: Lehmkuhl U (Hrsg.). Psychotherapie und Psychopharmakotherapie im Kindes- und Jugendalter. Göttingen: Vandenhoeck u. Ruprecht; 2003b:119-34.

Keel PK, Mitchell JE. Outcome in bulimia nervosa. Am J Psych. 1997;154:313-21.

Kendler KS, Walters EE, Neale MC, Kessler RC, Heath AC, Eaves CJ. The structure of the genetic and environmental risk factors for six major psychiatric disorders in women. Arch Gen Psychiat. 1995;52:374-83.

Kog E, Vertommen H, Vandereycken W. Minuchin's psychosomatic family model revised: a concept validation study using a multitrait-multimethod approach. Fam Process. 1987;26:235-53.

Kromeyer-Hauschild K, Wabitsch M, Kunze D et al. Perzentile für den Body-mass-Index für das Kindes- und Jugendalter unter Heranziehung verschiedener deutscher Stichproben. Monatsschr Kinderheilkd. 2001;149:807-18.

Lee S. How abnormal is the desire for slimness? A survey of eating attitudes and behaviour in Hong Kong. Psycholog Med. 1993;23:437-51.

Vandereycken W. The place of family therapy in the treatment of eating disorders. In: Steinhausen H, Hrsg. Eating disorders in adolescence. Berlin-New York: Walter de Gruyter; 1995.

Wolff G, Serpell C. A cognitive model and treatment strategies for anorexia nervosa. In: Hoek HW, Treasure JC, Katzman MA (Hrsg.). Neurobiology in the treatment of eating disorders. Chichester N.Y.: Wiley; 1998.

Woodside DB, Shakter-Wolfson L, Garfinkel PE, Olmsted MP, Kaplan AS, Maddocks SE. Family interactions in bulimia nervosa I: study design, comparisons to established population norms, and changes over the course of an intensive day hospital treatment program. Int J Eating Disord. 1995;17:105-15.

Prüfungsfragen

1. Welche Symptomatik unterscheidet die Bulimie von der Magersucht?
2. Was versteht man unter einer Körperschemastörung?
3. Benennen Sie bitte typische körperliche Veränderungen bei der Magersucht.
4. Welche typischen zusätzlichen psychiatrischen Störungen werden bei der Magersucht, welche bei der Bulimie beobachtet?
5. Wie erklärt man sich heute die Genese der Essstörungen?
6. Warum treten Essstörungen bei Frauen häufiger auf als bei Männern?
7. Welche Entscheidungskriterien sind die Voraussetzung für eine stationäre Behandlung bei magersüchtigen Patienten?
8. Welche psychotherapeutischen Methoden haben sich bei der Behandlung der Essstörungen bewährt?
9. Welche Rolle spielt die Familie bei der Genese der Essstörungen, und wie können die Eltern in die Behandlung integriert werden?
10. Wie sollte die „Ernährungstherapie" bei der Bulimie gestaltet werden?
11. Wie hoch ist die Mortalität bei der Magersucht?
12. Wie beurteilen Sie die Prognose von Magersucht und Bulimie?

25 Essstörungen des Kindesalters und Adipositas

J. Hebebrand, N. Barth und B. Herpertz-Dahlmann

Fallvignette

Der 7-jährige Marcel wurde in der Poliklinik vorgestellt, da er ein sehr wählerisches Essverhalten zeigte und fast alle „gesunden" Nahrungsmittel verweigerte. Alle versprochenen Belohnungen oder angedrohten Strafen hatten keine Veränderung seiner Gewohnheiten bewirkt. Die Eltern berichteten, dass Marcels Schwierigkeiten nach einer Stomatitis aphthosa („Mundfäule") im Alter von 3 Jahren begannen. Während dieser Zeit konnte Marcel nur mit flüssiger oder weicher Kost ernährt werden. Auch nachdem die Erkrankung völlig abgeklungen war, habe sich Marcel geweigert, härtere Nahrungsmittel, bei denen er vermehrt kauen musste, zu sich zu nehmen.

Um Marcels Essstörung weiter abzuklären, wurde die Mutter gebeten, ein Ernährungsprotokoll von Marcels Mahlzeiten und Snacks anzufertigen. Dabei zeigte sich, dass der Junge schon zum Frühstück 2 Gläser Fruchtsaft oder Tomatensaft zu sich nahm. Vor dem Mittagessen trank er ein Glas Cola. Fleisch, Eier oder Gemüse waren in seinem Speiseplan gar nicht aufzufinden; dafür aß er große Portionen Pommes frites, Nudeln, Eis, Pudding und Schokoladen-Brotaufstrich. Mit der Mutter wurde besprochen, dass Marcel der Genuss von Fruchtsäften oder Limonade vor oder während der Mahlzeiten nicht mehr gestattet war. Pommes frites, Eis und Pudding wurden aus dem täglichen Speiseplan gestrichen und durch andere Beilagen und Gemüse sowie Obst ersetzt. Marcel wurde aufgefordert, zu Beginn einer jeden Mahlzeit eine kleine Portion eines ihm unbekannten Nahrungsmittels zu probieren. Erfolgreiche Versuche wurden mithilfe eines Verstärkerplanes belohnt. Bei einer Nachuntersuchung 12 Monate später zeigte sich, dass Marcel immer noch ein sehr wählerisches Essverhalten hatte. Trotzdem war sein Speisezettel um viele Nahrungsmittel, insbesondere eiweißhaltige Speisen, reicher geworden.

Einleitung

Essstörungen treten in allen Altersstufen auf. Vielfach werden sie von den Eltern als bedrohlich für Gesundheit und Entwicklung der betroffenen Kinder erlebt, sodass die primäre Vorstellung in der Regel beim Kinderarzt, seltener bei einem Kinderpsychiater oder -psychologen erfolgt. Die Inanspruchnahme ärztlicher Hilfestellung ist im Säuglings- und Kleinkindesalter besonders häufig, sodass die Essstörungen des jungen Kindes an dieser Stelle umfassender diskutiert werden. Die Darstellung der Adipositas erfolgt in einem eigenen Abschnitt. Neuere Untersuchungen weisen darauf hin, dass ein gestörtes Essverhalten allenfalls einen ätiologisch relevanten Faktor bei der multifaktoriellen Genese der Adipositas darstellt. Auch psychopathologische Aspekte scheinen bei der Adipositas eine untergeordnete Rolle zu spielen. In der ICD 10 wird die Adipositas nicht unter Kapitel V (F) „Psychische und Verhaltensstörungen" aufgeführt, sondern unter Kapitel IV „Endokrine, Ernährungs- und Stoffwechselerkrankung" (E66) subsumiert.

Essstörungen des frühen Kindesalters

Wahrnehmung von Hunger und seine Befriedigung sind eine wesentliche Entwicklungsaufgabe, die sowohl eine erste Verhaltensregulation als auch die Interaktion mit einer Bezugsperson beinhaltet. Schon bei einem gesunden Kind ist die Nahrungsaufnahme vielen Störfaktoren unterworfen, die sowohl im Kind selbst als auch in der Umwelt liegen können.

In der Literatur wurden vielfach organische Gedeihstörungen von nicht-organischen Gedeihstörungen des Säuglings- und frühen Kindesalters unterschieden. Diese Abgrenzung ist in jüngster Zeit zunehmend umstritten, da bei einem großen Teil der frühen Essstörungen sowohl organische als auch (z.T. hierdurch bedingte) interaktionelle Faktoren zu berücksichtigen sind.

Das Klassifikationssystem der ICD 10 definiert 2 Essstörungen des Kindesalters, die **Fütterstörung** (F98.2) und **Pica** (F98.3).

Merkmale der so genannten **Fütterstörung** sind extrem wählerisches Essverhalten, z.T. Nahrungsverweigerung, übermäßig lange Dauer der Mahlzeiten, Ausspucken bzw. Erbrechen der Nahrung und unzureichende Gewichtszunahme, obwohl das Nahrungsangebot ausreicht und eine hinreichend kompetente Betreuungsperson zum Füttern zur Verfügung steht.

Sind Betreuungsfehler für die Genese der Fütterungsstörung relevant, erfolgt eine Klassifikation nach ICD 10 in Kapitel XVIII (R62.3).

Prävalenz

Feldstudien machen deutlich, dass ungefähr 6–25 % aller Mütter die Fütterungssituation ihres Kindes problematisch erleben. Legt man allerdings strenge diagnostische Kriterien an (Objektivierung der Fütterstörung durch eine Kinderkrankenschwester, keine Besserung durch fachliche Ratschläge, Zeitraum der Fütterungsproblematik über mindestens 1 Monat), reduziert sich die Störungsrate auf unter 2 %. Die Diskrepanz zwischen Studien, die ausschließlich auf Angaben der Mütter, und solchen, die auf professionellen Angaben beruhen, zeigt, dass der Begriff der Fütterstörungen einen hohen subjektiven Faktor beinhaltet (Dahl u. Sundelin 1986, Lindberg et al. 1991).

Ätiologie

Fütterstörungen mit Erbrechen bedürfen grundsätzlich einer kinderärztlichen Abklärung, insbesondere wenn sie mit einer unzureichenden Gewichtszunahme einhergehen. Nach Ausschluss schwerwiegender somatischer Ursachen kann ein diagnostisches Vorgehen gewählt werden, wie es in Tab. 25.**1** dargestellt ist.

Ein **gastro-ösophagealer Reflux** tritt bei vielen jungen Kindern auf, verursacht aber nur in wenigen Fällen ernst zu nehmende Störungen. Bei einigen Säuglingen und Kleinkindern kann er aus 2 Gründen zu Nahrungsverweigerung und Gedeihstörung führen: Zum einen findet ein Reflux ohne Erbrechen statt, der sich in ruckartigen Bewegungen des Kopfes, des Nackens oder in einer besonderen Irritierbarkeit und Unruhe des Säuglings äußert. Da die Mutter die Ursache nicht kennt, wird sie verunsichert, und es entwickelt sich möglicherweise eine sekundäre Interaktionsstörung. Zum anderen kann ein häufiger Reflux zu Brennen in der Speiseröhre führen, sodass es im Sinne eines bedingten Reflexes schon beim Anblick oder zu Beginn der Mahlzeit zu einer Abwehrhaltung des Säuglings und schließlich zur Nahrungsverweigerung kommt. Hochlagerung des Kindes, Andicken der Nahrung sowie Aufklärung der Betreuungsperson können hier Abhilfe schaffen.

Unter **Rumination** wird ein willentliches und als angenehm erlebtes Hochwürgen der Nahrung ohne gastrointestinale Grunderkrankung verstanden. Es handelt sich um ein relativ seltenes Phänomen, wobei 2 Gruppen betroffener Kinder unterschieden werden können.
Bei der Mehrzahl der Patienten handelt es sich um Individuen mit einer mittleren bis schweren geistigen Behinderung. Der Zeitpunkt des Auftretens der Rumination bei dieser Patientengruppe ist unterschiedlich und kann zwischen dem Säuglings- und jungen Erwachsenenalter liegen.

Bei einem Drittel der Patienten ist die Ursache der Rumination in einer Interaktionsproblematik zwischen Betreuungsperson und Kind zu suchen. Meistens lässt sich eine emotionale Vernachlässigung des Säuglings nachweisen. Bei diesen Patienten beginnt die Symptomatik bereits in der Säuglingszeit (Mayes 1992). Zuwendung und Versorgung ermöglichen eine normale Entwicklung. Allerdings kann die Rumination aufgrund frühzeitiger Habitualisierung über lange Zeit persistieren.

Eine **Dysfunktion oral-motorischer Reflexe** ist eine häufigere Ursache von Fütterstörungen als gemeinhin angenommen. Durch die Notwendigkeit der Koordination einer Vielzahl der am Saug- und Schluckakt beteiligten Muskeln können auch geringergradige neurologische Störungen manifest werden. Sie führen zu Schwierigkeiten beim Saugen, Kauen oder Schlucken, die eine frühzeitige Erschöpfung des Kindes, eine unzureichende Nahrungsaufnahme und eine Verlängerung der Fütterungszeit nach sich ziehen. Die Fütterungszeit kann aber auch verkürzt sein, wenn die Mutter die Situation als sehr belastend erlebt und vorzeitig beendet (Skuse 1994).

Tabelle 25.1 Adaptives Fütterungsverhalten von Mutter und Kind (nach Chatoor et al. 1984)

Mutter	**Adaptiv**	**Nicht-adaptiv**
Dominierender Gefühlszustand	Zufriedenheit mit eigener Situation und Kind	gleichgültig, depressiv, ängstlich, agitiert
Interaktionsverhalten	gibt dem Kind visuelle, taktile und akustische Anregungen, interpretiert kindliches Verhalten positiv	verbringt wenig Zeit mit dem Kind, kann keine reziproke Interaktion aufbauen, reagiert nicht auf kindliche Gesten
Essverhalten	gestaltet Füttern erfreulich für sich und das Kind, optimales Halten des Kindes für gleichzeitige Kommunikation und Nahrungsaufnahme, bietet optimale Nahrungsmenge und -mittel an	körperliche Distanz, sucht keinen visuellen Kontakt, unsensibel für kindliche Bedürfnisse, mechanische Fütterung
Kind	**Adaptiv**	**Nicht-adaptiv**
Dominierender Gefühlszustand	lebhaft, freundlich, lächelnd	traurig, zurückgezogen, überwach
Interaktionsverhalten	guckt Mutter an, initiiert vokale und taktile Interaktionen, Bevorzugung der primären Bezugsperson	vermeidet Blickkontakt vokalisiert nicht, kein erwartungsvolles Ausstrecken der Arme, versteift sich beim Hochheben, schmiegt sich nicht an, macht keinen Unterschied zwischen bekannten und unbekannten Gesichtern
Essverhalten	Freude beim Essen, macht Hunger und Sattsein deutlich, geregeltes Essverhalten	erbricht oder ruminiert, kein Interesse am Essen mit der Mutter, isst gut bei anderen Bezugspersonen

Psychiatrische Störungen des Kindesalters können frühzeitig während des Fütterungsaktes offensichtlich werden.

Exemplarisch ist hier der **frühkindliche Autismus** zu nennen, wo ausgeprägte Veränderungsängste die Umstellung auf altersentsprechende Kost erschweren. Auch **hyperkinetische Kinder** können schon in frühester Kindheit durch ausgeprägte motorische Unruhe und exzessives Schreien eine Interaktionsstörung während des Fütterungsprozesses initiieren.

Während man noch vor wenigen Jahren annahm, dass die Ursache einer Fütterstörung vornehmlich bei der Mutter zu finden sei, geht man heute davon aus, dass auch das Kind den Fütterungsakt aktiv gestaltet. Aus Tab. 25.**1** geht hervor, welches adaptive Verhalten aufseiten der Mutter bzw. aufseiten des Kindes zu einem befriedigenden Fütterungsakt beiträgt. Hierbei spielen auch Temperamentsfaktoren des Kindes eine wichtige Rolle.

Ein bedeutender Anteil der Essstörungen des Säuglingsalters bleibt bis in das Kleinkindesalter und Vorschulalter bestehen. In einer 10-Jahre-Verlaufsstudie von 700 Kindern aus New York konnte ein Zusammenhang zwischen frühen Essstörungen und Anorexia und Bulimia nervosa aufgezeigt werden: Diejenigen, die als Kleinkind Pica hatten und bei denen die Mahlzeiten durch erhebliche familiäre Auseinandersetzungen gekennzeichnet waren, entwickelten in der Adoleszenz signifikant häufiger eine Bulimie. Sehr wählerisches Essverhalten und Verdauungsstörungen waren für eine spätere Anorexia nervosa kennzeichnend (Marchi u. Cohen 1990).

Diagnostisch ist eine genaue Anamnese einschließlich der Abklärungen früherer oder aktueller Essstörungen der Mütter sowie Angaben zum Verlauf der Mahlzeiten erforderlich. Dabei sollte insbesondere geklärt werden, ob die Mutter restriktive Vorstellungen davon hat, was ein Kind essen soll, oder ob es darum geht, was das Kind tatsächlich an essenziellen Nahrungsmitteln braucht. Nur bei ernst zu nehmender Gewichtsabnahme oder mangelnder Gewichtszunahme sind weitere, insbesondere invasive diagnostische Maßnahmen erforderlich.

Bei Kindern von Müttern mit Essstörungen treten häufiger Essstörungen und eine Wachstumsretardierung auf als bei gesunden Müttern.

Therapie

Die Behandlung komplexer Essstörungen des Säuglings- und Kleinkindesalters erfordert in vielen Fällen eine interdisziplinäre Zusammenarbeit zwischen Neuropädiater, Kinderpsychiater sowie manchmal auch von Psychologen und Logopäden, die über Erfahrungen bei oraler Stimulations- bzw. „Esstherapie" verfügen.

Bei Verdacht auf Interaktionsstörungen zwischen Kind und primärer Bezugsperson empfiehlt sich eine Beobachtung der Essenssituation zu Hause, z. B. in Form einer Videoaufnahme, die später gemeinsam vom Arzt oder Therapeuten mit der Betreuungsperson angeschaut und analysiert werden kann. Offensichtliche Schwierigkeiten werden im Sinne einer Problemhierarchie geordnet und in Form von Hausaufgaben stufenweise bearbeitet. In schweren Fällen ist die kontinuierliche Betreuung von Bezugsperson und Kind durch Mitarbeiter der Frühförderung oder einer Gemeindekinderschwester erforderlich.

Pica

Der Begriff **„Pica"** ist auf das lateinische Wort für Elster zurückzuführen und wird in der ICD 10 unter F98.3 als eigenständige Essstörung klassifiziert.

Man versteht darunter einen abnormen Appetit auf nicht essbare Substanzen oder Substanzen ohne jeden Nährwert, wie z. B. Schmutz, Farbe, Lehm, und deren bewussten Verzehr.

Von einigen Autoren wird auch das Essen von rein pflanzlichen, typischerweise nicht genießbaren Bestandteilen wie der Verzehr von Blättern, Stielen oder Gras oder auch der fast ausschließliche Verzehr von Gewürzgurken oder Mixed Pickles als Pica bezeichnet.

Pica wird im Rahmen unterschiedlicher psychiatrischer Störungen beobachtet: Es tritt bei Säuglingen und Kleinkindern unterer sozialer Schichten auf, z. T. im Zusammenhang mit Eisenmangel oder auch im Rahmen einer frühkindlichen Deprivation. In der Dritten Welt wird Pica ebenfalls bei Kindern und Erwachsenen mit Eisenmangel beobachtet, wobei bis heute nicht klar ist, ob Pica durch Eisenmangel hervorgerufen wird oder selbst Eisenmangel provoziert. Relativ häufig kommt Pica bei geistiger Behinderung, z. B. im Rahmen eines frühkindlichen Autismus, vor sowie im Rahmen von Anorexia und Bulimia nervosa. Auch Schwangere klagen in seltenen Fällen über picaähnliche Verhaltensweisen. Die Therapie besteht vornehmlich in der Behandlung der Grunderkrankung.

Essstörungen im Vorschulalter

Prävalenz, Erscheinungsbild der Störung und Ätiologie

Epidemiologische Studien geben die Häufigkeit von Essstörungen im Vorschulalter zwischen 12 und 34% an (Minde u. Minde 1986). Eine wesentliche Ursache hierfür ist die so genannte Neophobie, eine Angst vor Unbekanntem, die dazu führt, dass viele Kinder in diesem Alter neuartige Speisen ablehnen. In den meisten Fällen handelt es sich um ein transitorisches Phänomen, das bei wiederholtem Anbieten der gleichen Speise überwunden wird.

Das Problem wird aber in vielen Fällen dadurch verschärft, dass Eltern die einmal abgelehnten Speisen aus dem Ernährungsplan streichen, sodass sich die für das Kind in Frage kommende Kost immer weiter reduziert.

Viele Kinder ersetzen die Mahlzeiten durch das Trinken von Fruchtsäften und Limonade. Häufiger Fruchtsaftkonsum mindert den Appetit. In einer New-Yorker Studie (Dennison et al. 1997) wurde festgestellt, dass exzessiver Konsum zu Minderwuchs und Adipositas führen kann, indem notwendige andere Nahrungsbestandteile wie Proteine durch Kohlehydrate ersetzt werden.

Bei starker beruflicher Anspannung beider Eltern ist die gemeinsame Mahlzeit eine der wenigen Gelegenheiten für das Kind, Zuwendung zu erhalten. Bei Auftreten einer Essproblematik widmen die Eltern dem Kind mehr Zeit und Interesse, sodass das gestörte Essverhalten eine Verstärkung erfährt. So wird man z. B. im Rahmen einer **Geschwisterrivalität** den Rückschritt auf weiche oder flüssige Kost beobachten. Auch ein so genannter **Globus hystericus** kann im Kleinkindesalter beobachtet werden, wobei das versehentliche Verschlucken harter Nahrungsbrocken Auslöserfunktionen hat und die Nahrungsverweigerung des Kindes durch die Sorge der Eltern verstärkt wird. Durch die „Entkoppelung" von Essen und Zuwendung entschärft sich in der Mehrzahl der Familien das Problem, z. B. dadurch, dass gemeinsame Aktivitäten von Eltern und Kind auf vorher vereinbarte Spielsituationen verlegt werden.

Therapie

Zur Therapie von Essstörungen im Vorschulalter können die folgenden „Regeln" hilfreich sein (Wolke u. Skuse 1992): Wann immer möglich, nimmt das Kind gemeinsam mit der Familie die Mahlzeiten ein. Die Zeit, die einem Vorschulkind zum Essen zur Verfügung gestellt wird, sollte 20 Minuten nicht überschreiten. Dabei ist es sinnvoll, dem Kind kleine Mengen unterschiedlicher Nahrungsmittel nacheinander vorzusetzen. Die Eltern sollten vorzugsweise mit bekannten Nahrungsmitteln beginnen und das Kind später kleine Portionen der neuen, unbekannten Speise probieren lassen.

Neben dem Essen ist nur Wasser als Getränk zugelassen. Während des Essens sollten sich die Eltern mit dem Kind beschäftigen und positives Essverhalten, z. B. das Kosten der neuen Nahrung, loben.

Die Aufmerksamkeit des Kindes sollte dem Essen gelten und nicht durch Spiele bei Tisch zerstreut werden. Chronische Verweigerer werden das Spielen während des Essens als eine willkommene Möglichkeit ansehen, sich dem Essen ganz zu entziehen. Nach Ablauf von 20–25 Minuten sollte das Essen und der Teller des Kindes abgeräumt werden, unabhängig davon, ob das Kind seine Mahlzeit beendet hat. Bei chronischen Schlechtessern ist es vielfach hilfreich, ein Kind mit Gleichaltrigen, also z. B. im Kindergarten oder in der Kindergruppe, essen zu lassen.

Für das Schulalter gelten ähnliche therapeutische Richtlinien wie für das Vorschulalter. Bei Essstörungen in der Präpubertät sollte differenzialdiagnostisch immer auch eine Früherkrankungsform der Anorexia nervosa in Erwägung gezogen werden (s. Kapitel 24).

Adipositas

Erscheinungsbild der Störung und Diagnosestellung

Adipositas geht mit einem für das Alter und Geschlecht überdurchschnittlichen Anteil der Fettmasse am Gesamtkörpergewicht einher. Da eine Messung der Fettmasse in der Praxis nicht ohne weiteres möglich ist, hat sich der Body-Mass-Index als allgemeines Maß zur Beurteilung des relativen Gewichts durchgesetzt (BMI; Körpergewicht in kg dividiert durch das Quadrat der Körperlänge in m, kg/m^2); Körpergewichte verschiedener gleichaltriger Personen können gewissermaßen körperhöhenbereinigt verglichen werden (s. o. Kapitel 24: Anorexia und Bulimia nervosa). In den höheren, nicht jedoch in den unteren Gewichtsklassen, korreliert der BMI gut mit der Fettmasse (Hebebrand et al. 1994).

Bei allen Definitionen der Adipositas ist aufgrund der quantitativen Verteilung des Phänotyps Körpergewicht grundsätzlich zu berücksichtigen, dass es sich letztlich um willkürliche Abgrenzungen handelt. Für die Definition der Adipositas im Erwachsenenalter anhand des BMI wird allgemein die WHO-Einteilung (1998) empfohlen. Diese definiert „Normalgewicht" durch einen BMI-Bereich zwischen 18,5–24,9 kg/m^2 und „Übergewicht" durch Werte zwischen 25 und 29,9 kg/m^2. „Adipositas" liegt ab einem BMI von 30 kg/m^2 vor, wobei 3 Schweregrade (Grad I: 30,0–34,9, Grad II: 35–39,9 und Grad III $\geq$ 40 kg/m^2) abgegrenzt werden. Da der BMI eine deutliche Alters- und Geschlechtsabhängigkeit zeigt, ist es sinnvoll, die Definition der Adipositas anhand der für die deutsche Allgemeinbevölkerung ermittelten BMI-Perzentile vorzunehmen – s. o. Kapitel 24, Abb. 24.**2** – (Coners et al. 1996, Hesse et al. 1997, Kromeyer-Hauschild et al. 2001).

Mittels dieser BMI-Perzentile kann somit das weitgehend körperhöhenbereinigte Gewicht einer Person geschlechtsabhängig in Bezug zur jeweiligen Alterspopulation gesetzt werden. Gemäß einer nationalen Übereinkunft (Kromeyer-Hausschild et al. in Vorbereitung) soll Übergewicht im Kindes- und Jugendalter durch einen BMI ≥ 90. Perzentil und starkes Übergewicht durch einen BMI ≥ 97. Perzentil anhand der in dieser Studie ermittelten Perzentile definiert werden.

■ Prävalenz

In den USA, aber auch in den meisten europäischen Ländern, kommt es zu einer Zunahme der Adipositas (Gortmaker et al. 1987, Troiano et al. 1995, Kromeyer-Hauschild et al. 1999). Diese Entwicklung wird durch verschiedene Studien über Erwachsene, aber insbesondere auch über Kinder und Jugendliche belegt.

Aus Deutschland soll hierzu exemplarisch eine Studie aus Jena erläutert werden (Kromeyer-Hauschild et al. 1999): Bei Schulkindern im Altersbereich von 7–14 Jahren wurden 1975, 1985 und 1995 Querschnittsuntersuchungen vorgenommen. Bei den Jungen stieg in diesen 20 Jahren die Prävalenz von Übergewicht und Adipositas von 10,0 auf 16,3% bzw. von 5,3 auf 8,2%. Die entsprechenden Anstiege bei den Mädchen betragen von 11,7 auf 20,7% bzw. von 4,7 auf 9,9%. Der Hauptanstieg erfolgte zwischen 1985 und 1995.

In einer eigenen Studie konnten wir in einer klinischen Inanspruchnahmepopulation eine Zunahme des Ausprägungsgrades der extremen Adipositas bei Kindern und Jugendlichen aus Deutschland nachweisen (Barth et al. 1997). Das untersuchte Kollektiv setzte sich aus Kindern und Jugendlichen zusammen, die in einer Kinderklinik wegen ihres meist extremen Übergewichts behandelt wurden. Beim Vergleich des durchschnittlichen Aufnahme-BMIs aus dem Jahre 1985 mit dem des Jahres 1995 fand sich ein Anstieg um 1,9 BMI-Punkte. Innerhalb dieses Extremkollektivs zeigte sich zudem, dass die Jungen (9. Dezile) mit dem höchsten Körpergewicht aus dem Jahre 1995 ein um 5 BMI-Punkte höheres Gewicht hatten als 1985; bei den Mädchen betrug der BMI-Anstieg ca. 2,5 kg/m^2 (Abb. 25.**1**).

Zusammenfassend ist festzuhalten, dass es in den westlichen Industrieländern zu einer deutlichen Zunahme der Prävalenz der Adipositas gekommen ist. Aller Voraussicht nach hält dieser Trend in Deutschland an. Ganz offensichtlich wirken sich die im Laufe der letzten 20 Jahre erfolgten Umweltveränderungen ungünstig auf Kinder und Jugendliche aus, die für eine Adipositas prädisponiert sind. In erster Linie sind hier veränderte Ernährungsgewohnheiten und ein Rückgang der körperlichen Aktivität durch z.B. vermehrtes Fernsehen zu nennen. Derartige Veränderungen sind in soziale Veränderungen – wie z. B. Abnahme der durchschnittlichen Kinderzahl, zunehmende Berufstätigkeit von Müttern, mehr allein erziehende Elternteile und höherer Anteil von Kindern, die in Armut aufwachsen – eingebettet. In jüngster Vergangenheit ist aber auch diskutiert worden, dass die soziale Stigmatisierung von Menschen mit Adipositas zu einer systematischen Paarungssiebung führt: Da möglicherweise häufiger als früher beide Partner adipös sind, impliziert dies über genetische und Umweltfaktoren auch eine Zunahme des Schweregrads der Adipositas von Kindern aus solchen Beziehungen (Hebebrand et al. 2000).

■ Entwicklungsaspekte

Während des 1. Lebensjahres kommt es aufgrund eines ausgeprägten Wachstums der Adipozytenzahl und -größe zu einer deutlichen Gewichtszunahme (Babyspeck). Hiernach fällt der BMI aufgrund des stärkeren Längenwachstums vorübergehend bis zum etwa 6. Lebensjahr ab. Hiernach steigt der BMI bis ins höhere Erwachsenenalter kontinuierlich an (s. Kapitel 24, Abb. 24.**2**).

Der BMI im Alter von einem Jahr hat eine sehr geringe Vorhersagekraft für den BMI im Alter von 35 Jahren (Guo et al. 1994). Adipositas im 1. und 2. Lebensjahr bedingt somit ein nur minimal erhöhtes Risiko für Adipositas im jungen Erwachsenenalter. Hingegen steigt die Wahrscheinlichkeit für die adulte Adipositas bei Bestehen einer Adipositas in Abhängigkeit vom Alter des Kindes deutlich an. Bei Jugendlichen liegt diese Wahrscheinlichkeit bei über 50% im Vergleich zu 10% für nicht-adipöse Jugendliche. Das Risiko ist jeweils höher bei Kindern mit extremer Adipositas, und wenn mindestens ein Elternteil ebenfalls adipös ist (Whitaker et al. 1997).

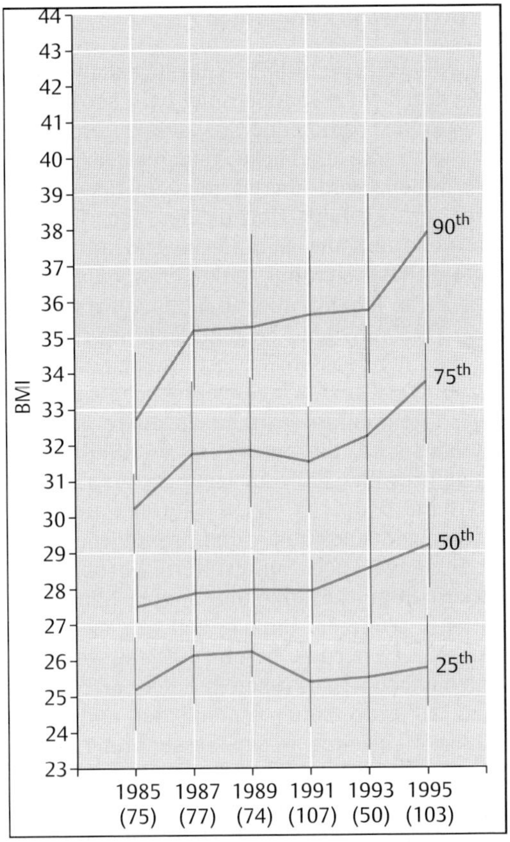

Abb. 25.**1** Verteilung der BMI-Werte klinischer Inanspruchnahmepopulationen extrem adipöser männlicher Kinder und Jugendlicher aus den Jahren 1985-1995. In dem oberen Perzentilenbereich kam es zu einem deutlichen Gewichtsanstieg (Barth et al. 1997).

■ Komorbidität und Folgeerkrankungen der Adipositas im Kindes- und Jugendalter

Adipositas im Kindes- und Jugendalter kann – ähnlich wie im Erwachsenenalter – u. a. mit Bluthochdruck, nicht-insulinpflichtigem Diabetes mellitus, Gelenkerkrankungen (Wirbelsäulenfehlhaltungen, Arthrose), Schlafapnoe und Hyperlipidämien assoziiert sein. Diese Störungen sind jedoch in diesem Lebensabschnitt nicht so häufig anzutreffen. Vielmehr muss die Adipositas als Risikofaktor für die Entwicklung dieser Störungen angesehen werden, sofern sie bis ins Erwachsenenalter fortbesteht. Lediglich bei der extremen Adipositas kommt es bereits in jungen Jahren nicht selten zu gravierenden gesundheitlichen Folgeerkrankungen. Eine erhöhte Morbidität und Mortalität extrem adipöser Kinder und Jugendlicher ist mehrfach in Katamnesestudien nachgewiesen worden. Dem androiden (vermehrtes Subkutanfett am Stamm, besonders am Abdomen) kommt gegenüber dem gynoiden (gluteofemoralen) Fettverteilungsmuster ein wesentlich größeres gesundheitliches Risiko zu.

Insbesondere für ältere Kinder und Jugendliche ist die psychosoziale Beeinträchtigung durch die Adipositas anzuführen, die meist mit einem mehr oder minder ausgeprägten Leidensdruck einhergeht. Das Selbstwertgefühl der Betroffenen ist deutlich reduziert. Junge Erwachsene mit Adipositas sind in ihrem privaten Umfeld, aber auch beruflich und finanziell benachteiligt, wobei dies insbesondere auf Frauen zutrifft (Gortmaker et al. 1993). Bei extremer Adipositas muss sicherlich in Deutschland bei der derzeitigen Lage am Arbeitsmarkt von einer deutlichen Benachteiligung ausgegangen werden.

Mehrere epidemiologisch orientierte Untersuchungen bei Erwachsenen mit Adipositas haben überraschenderweise keine erhöhten Raten an psychiatrischen Störungen feststellen können. Hingegen sind wiederholt erhöhte Raten an affektiven Störungen bei solchen Personen ermittelt worden, die sich einer Therapie ihrer Adipositas unterziehen. Dies gilt besonders für solche Patienten, die zusätzlich eine so genannte „Binge-eating-Störung" aufweisen. Im Rahmen dieser Essstörung haben Betroffene Essattacken, die mit Kontrollverlust einhergehen. Im Gegensatz zur Bulimia nervosa kommt es jedoch nicht zu einer Gegenregulation. Die Prävalenz der „Binge-eating-Störung" beträgt ca. 2–3 % und kommt primär bei adipösen Individuen mit einer Häufigkeit von ca. 20–30 % vor. Sie kann gegebenenfalls in der ICD 10 in Kapitel V (F50.4, Essattacken mit anderen psychischen Störungen) erfasst werden. Die Prävalenz dieser Essstörung bei Kindern und Jugendlichen ist unbekannt.

Systematische psychiatrisch orientierte Untersuchungen an übergewichtigen Kindern und Jugendlichen sind selten; in einer eigenen Untersuchung an extrem adipösen Jugendlichen (Durchschnitts-BMI: 42 kg/m^2), die sich einer Langzeitrehabilitationsmaßnahme unterzogen, fanden sich ca. 2fach erhöhte Raten für affektive Störungen und Angststörungen gegenüber altersgematchten Kontrollen. Die Rate an atypischen

Essstörungen war ebenfalls deutlich erhöht (Britz et al. 2000). In der gleichen Studie wurden auch die weiblichen und männlichen Jugendlichen bzw. jungen Erwachsenen (n = 47) mit den höchsten BMI-Werten von insgesamt 1655 repräsentativ ermittelter Probanden des gleichen Altersspektrums untersucht (Abb. 25.**2**). Im Gegensatz zum Patientenkollektiv fanden sich bei dieser Untergruppe keine erhöhten Raten für psychiatrische Störungen. Während dies die Vorstellung unterstützt, dass psychiatrische Auffälligkeiten primär bei Inanspruchnahmepopulationen (Gewichtsreduktionsprogramme) auftreten, konnte ein wesentliches Ziel der Studie nicht erreicht werden: Die 47 Patienten hatten einen deutlich höheren BMI als die 47 schwersten Probanden aus dem Gesamtkollektiv (n = 1655). Somit könnte auch der ausgeprägtere Schweregrad der Adipositas bei den Patienten die psychiatrischen Störungen mitverursachen.

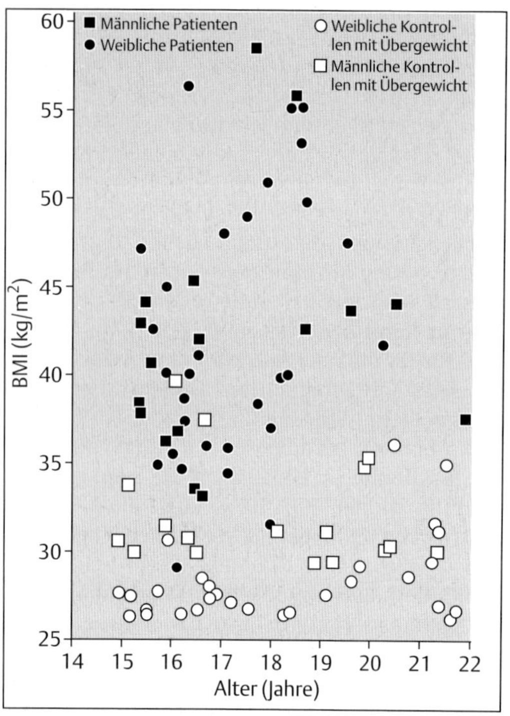

Abb. 25.**2** BMI-Vergleich von 47 Patienten (17 männlich) einer klinischen Inanspruchnahmepopulation (Adipositas-Rehabilitationszentrum INSULA) und den für Alter und Geschlecht gematchten schwersten 47 Jugendlichen einer repräsentativen Bevölkerungsstichprobe (n = 1655), (Britz et al. 2000).

Ursachen der Adipositas

Die Adipositas im Kindes- und Jugendalter entsteht durch ein Zusammenspiel zwischen genetischer Prädisposition und Umweltfaktoren.

Die rezente erhebliche Zunahme der Adipositasprävalenz wird überwiegend auf Umweltfaktoren zurückgeführt. Über die der beschriebenen Prävalenzzunahme zugrunde liegenden Umweltfaktoren lässt sich nur spekulieren, da wissenschaftliche Evidenz für die Beteiligung spezifischer Faktoren weitestgehend fehlt. Im Hinblick auf die Energiezufuhr ist festzustellen, dass die letzten 20 Jahre durch eine erhebliche Zunahme der so genannten Fastfood-Produkte gekennzeichnet sind, die besonders auf Kinder und Jugendliche eine hohe Anziehungskraft ausüben. Mit dem heute in vielen Familien üblichen Taschengeld sind Kinder und Jugendliche selbst in der Lage, sich Süßigkeiten, Knabbereien, zuckerhaltige Getränke und andere Nahrungsmittel in größerem Umfang und ggf. auch ohne Wissen der Eltern zu besorgen. Die Essgewohnheiten haben sich in vielen Familien stark verändert. Während früher gemeinsame und regelmäßige Mahlzeiten an der Tagesordnung waren, ist es heute vielfach üblich, dass sich die Familienmitglieder einzeln ihre Mahlzeiten zubereiten. Vergleicht man Kinder übergewichtiger Eltern mit Kindern normalgewichtiger Eltern, so zeigt sich, dass erstere einen höheren Fettanteil zur Deckung ihres Energieverbrauchs zu sich nehmen. Falls eine Mutter adipös ist, bedingt dies eine signifikant erhöhte Fettaufnahme ihrer Kinder im Vergleich zu Kontrollkindern.

Bei Erwachsenen werden in jüngerer Vergangenheit primär Abnahmen des durchschnittlichen Energieverbrauchs als Ursache für die Zunahme der Adipositasprävalenz diskutiert.

So sind beispielsweise in England die Anzahl der Personenkraftfahrzeuge pro Familie und der Fernsehkonsum parallel mit der Zunahme der Adipositas angestiegen, während die durchschnittliche Energiezufuhr im Verlauf der Jahre konstant geblieben ist. Bei Kindern und Jugendlichen in Deutschland erscheinen uns die Zunahme des Fernsehkonsums und die rasche Verbreitung von PC-Spielen von Bedeutung.

Im Hinblick auf das Fernsehen ist festzuhalten, dass die öffentlich-rechtlichen Fernsehanstalten ihr Programm zeitlich erheblich ausgeweitet haben. In jüngster Vergangenheit ist noch ein spezieller Kindersender hinzugekommen, der tagsüber jederzeit zu empfangen ist. Privatsender ermöglichen seit einigen Jahren Fernsehen rund um die Uhr; die entsprechenden Programme richten sich nicht selten speziell an Jugendliche, wobei in den Werbeblöcken häufig für hochkalorische Nahrungsmittel geworben wird. In den USA konnte gezeigt werden, dass die Dauer des täglichen Fernsehkonsums unabhängig von der sozialen Schichtzugehörigkeit und anderer Variablen einen Risikofaktor für die Entstehung einer Adipositas darstellt. Einzelnen Untersuchungen zufolge haben Einzelkinder und Nachkömmlinge mit großem Altersabstand ein erhöhtes Risiko, adipös zu werden. Kinder, die eine mangelhafte körperliche Hygiene aufwiesen, hatten einer prospektiven dänischen Studie zufolge ebenso wie Kinder, von denen die entsprechenden Schullehrer den Umfang der elterlichen Unterstützung als gering einstuften, ein erhöhtes Risiko, adipös zu werden. Die Autoren diskutieren hierbei Vernachlässigung durch die Eltern als den zugrunde liegenden Wirkmechanismus (Lissau u. Sorensen, 1994).

Wie bereits aufgezeigt, sind alle diese Faktoren nicht isoliert von anderen gesellschaftlichen Veränderungen zu betrachten.

Das Vorkommen einer Adipositas bei einem oder beiden Elternteilen stellt den größten Risikofaktor für die Entstehung einer kindlichen Adipositas dar. Bis zu 80 % der übergewichtigen Kinder haben zumindest einen übergewichtigen Elternteil, mindestens 25 % haben 2 übergewichtige Eltern. Jedoch kann hieraus nicht notwendigerweise auf die Wirksamkeit genetischer Faktoren geschlossen werden, da adipöse Eltern ihre Kinder auch durch ihr Ess- und Bewegungsverhalten prägen.

Obwohl sich eineiige Zwillinge aufgrund des häufigen Vorliegens feto-fetaler Transfusionen im Hinblick auf ihr Geburtsgewicht stärker unterscheiden können als zweieiige, kommt es bereits in der frühen Kindheit bei monozygoten Zwillinge zu einer Annäherung des Gewichts. Im späten Kindes- und im Jugendalter sind die Erblichkeitsschätzungen über das gesamte Leben betrachtet am höchsten (bis zu 0,9). Erstaunlicherweise unterscheiden sich gemeinsam und getrennt aufgewachsene eineiige Zwillinge im Hinblick auf die Intrapaar-Korrelation des BMI nicht. Hiernach spielen gemeinsame Umwelterfahrungen – wie z. B. das Aufwachsen in einer Familie – keine wesentliche Rolle, da die Körpergewichte von Zwillingen hierdurch nicht ähnlicher werden (Hebebrand et al. 2001b).

Der weitgehend fehlende Einfluss gemeinsamer Umwelterfahrungen soll zum besseren Verständnis praktisch illustriert werden: Was im Kühlschrank ist bzw. auf den Esstisch kommt, ist demnach innerhalb einer Familie nicht relevant. Hierdurch wird das Körpergewicht von Familienmitgliedern nicht ähnlicher. Vielmehr gilt es im Hinblick auf die Klärung der Varianz des Körpergewichts durch Umweltfaktoren zu ermitteln, was die einzelnen Geschwister sich aus dem Kühlschrank holen bzw. vom gedeckten Tisch nehmen. Therapeutische Strategien, die auf die gemeinsame Umwelt abzielen, erscheinen aufgrund dieser Überlegungen eher fragwürdig (Hebebrand et al. 2001b).

Bei der Interpretation der hohen Erblichkeitsschätzungen für das Körpergewicht bei Zwillingsstudien muss berücksichtigt werden, dass unter dem genetischen Anteil der Varianz sowohl direkte als auch indirekte genetische Einflüsse subsumiert werden. Unter einem direkten Einfluss kann beispielsweise ein erblich bedingter übermäßiger Hunger im Säuglingsalter verstanden werden. Auf diesen Hunger werden Mütter selbst dann, wenn sie unterschiedlichen Kulturen angehören, vergleichsweise relativ einheitlich reagieren, indem sie zunächst einen derartigen Säugling häufiger stillen bzw. füttern. Obwohl dies eine Umweltbedingung darstellt, wird diese als indirekter genetischer Einfluss dem genetischen Anteil der Varianz des Körpergewichts zugeschrieben.

Adoptionsstudien legen ebenfalls nahe, dass das gemeinsame Aufwachsen keinen oder allenfalls nur einen geringen Einfluss auf den BMI hat. So fand sich in einer groß angelegten Adoptionsstudie kein Zusammenhang zwischen dem BMI der Adoptivlinge und der Adoptiveltern. Hingegen stieg der BMI der leiblichen Eltern in Abhängigkeit von der Gewichtsklasse der Adoptivlinge. Rezente Familienstudien haben ebenfalls hohe Erblichkeitsschätzungen ergeben. Die vorliegenden formalgenetischen Befunde sprechen somit insgesamt für eine hohe Erblichkeit des BMI. Hiernach würden genetische Faktoren bis zu 80 % der Varianz des BMI erklären (Hebebrand et al. 2001b).

Man geht davon aus, dass zahlreiche Erbanlagen (Polygenie) einen Einfluss auf das Körpergewicht haben. Diese Erbanlagen können Energieaufnahme (z. B. Appetit, Geschmackspräferenzen, Resorption) und Energieverbrauch (körperliches Aktivitätsniveau, Ruheumsatz) beeinflussen. Der genetische Anteil am Grundumsatz und am täglichen Aktivitätsniveau beträgt z. B. ca. 40 bzw. 25%. Bei der genetischen Analyse ist zusätzlich Heterogenie zu berücksichtigen: Bei verschiedenen Personen können unterschiedliche Erbanlagen an der Entstehung der Adipositas beteiligt sein (Hebebrand et al. 2001b). Im Rahmen so genannter Genom-Screens wird derzeit versucht, die relevanten Erbanlangen chromosomal zu lokalisieren.

Syndromale Formen der Adipositas, die mit Intelligenzminderungen und Dysmorphiezeichen einhergehen, sind bereits seit längerem bekannt. Das bekannteste Beispiel ist das Prader-Willi-Syndrom, das mit einer ausgeprägten Hyperphagie einhergeht. Das Essverhalten dieser Kinder ist gekennzeichnet durch fast ständigen Hunger, sodass die Eltern häufig dazu übergehen, Lebensmittel unter Verschluss zu halten. Die Kinder reagieren gereizt, falls man ihnen das Essen verwehrt. Sie sind sehr geschickt darin, sich Nahrungsmittel zu verschaffen, wobei im Einzelfall auch Mülltonnen nach Essbarem durchsucht werden. Die der Störung zugrunde liegende Mutation auf Chromosom 15q11-13 ist noch nicht eindeutig geklärt.

Bei Mäusen sind in den letzten Jahren alle monogenen Formen der Adipositas aufgeklärt worden. Die Klonierung der entsprechenden 5 Gene hat einen Einblick in wichtige Regulationssysteme ermöglicht, die für die Aufrechterhaltung eines konstanten Körpergewichts von Bedeutung sind. Insbesondere sind die Entdeckung des Hormons Leptin und des entsprechenden Rezeptors zu nennen.

In jüngster Vergangenheit sind auch beim Menschen monogene Formen der Adipositas abgegrenzt worden, die auf Mutationen in Genen beruhen, die Auswirkungen auf die Leptinfunktion haben. Sie gehen nicht mit einer Intelligenzminderung einher. Die Adipositas stellt sich rasch innerhalb der ersten Lebensmonate ein und nimmt extreme Ausmaße an. Das Essverhalten der Kinder scheint dem der Kinder mit Prader-Willi-Syndrom vergleichbar zu sein. Offensichtlich bedingen die Mutationen besonders eine Erhöhung der Energiezufuhr; eine im Säuglingsalter sich einstellende Hyperphagie ist ein diagnostisches Leitsymptom. Während derartige monogene Formen der Adipositas sicherlich selten sind, sollte gerade bei massiver und früheinsetzender Adipositas an eine derartige Ursache gedacht werden.

■ Therapie der Adipositas im Kindes- und Jugendalter

Die Therapie der Adipositas im Kindes- und Jugendalter ist in der letzten Zeit mehrfach in Übersichtsartikeln dargestellt worden (z. B. Epstein 1996). Verhaltenstherapeutische Ansätze unter Einbeziehung der Familie haben sich als erfolgreich erwiesen. Die Therapie sollte langfristig ausgerichtet sein und dem Kind bzw. dem Jugendlichen Freude an körperlicher Aktivität vermitteln. Eine Kombination aus körperlicher Aktivität des Kindes und einer ausbilanzierten Diät um 1500 kcal/Tag scheinen hierbei die effektivste und erfolgreichste Methode zu sein. Eine Ernährungsberatung der Familie und des Jugendlichen stellt einen weiteren wichtigen Baustein der Therapie dar. Hierbei zeigen sich an die Gewichtsreduktion gebundene Verstärkerpläne vor allem bei den jüngeren Kindern als effektiv. Epstein (1996) konnte in einer Nachuntersuchung von Kindern und deren Eltern, die an einem verhaltentherapeutisch orientierten Gewichtsreduktionsprogramm teilnahmen, zeigen, dass die Kinder im Vergleich zu ihren Eltern hierbei sehr viel deutlicher an Gewicht abnahmen und dieses auch langfristig besser hielten.

In Deutschland werden nur in einzelnen Regionen ambulante Therapieprogramme für übergewichtige Kinder und Jugendliche angeboten. So liegen in Freiburg bereits 11-jährige Erfahrungen mit einem ambulanten Therapieprogramm vor; Multiplikatorengruppen haben sich gebildet (Korsten-Reck 1998). Darüber hinaus erfolgen in Deutschland jährlich mehrere tausend stationäre Rehabilitationsmaßnahmen bei Kindern und Jugendlichen mit Adipositas. Die Evaluation dieser Maßnahmen erfolgte bisher nur teilweise. Für extrem übergewichtige Jugendliche gibt es bundesweit eine einzige Einrichtung in Berchtesgaden, die Langzeitrehabilitationsmaßnahmen anbietet, wobei auch hier derzeit eine wissenschaftliche Evaluation nicht erfolgt ist. Vorteil einer ambulanten Therapie ist die problemlosere Einbeziehung (motivierter) Eltern sowie die bessere Möglichkeit, eingefahrene und adipositasfördernde Familienstrukturen zu verändern. Stationäre Maßnahmen können durch die bessere Kontrolle an Ort und Stelle und eine gewisse Distanz zur häuslichen Umgebung kurzfristig als sehr effektiv angesehen werden. Eine mittel- bis langfristige Nachbetreuung ist jedoch unbedingt anzuraten.

Letztlich sind chirurgische Behandlungen der extremen Adipositas – meist in Form einer Gastroplastik – anzuführen, die in Einzelfällen bereits bei älteren Jugendlichen durchgeführt werden. Gegenwärtig sind die ersten pharmakologischen Studien zur Therapie der Adipositas im Kindesalter im Gang. Eine Bewertung ist daher derzeit noch nicht möglich.

Zusammenfassung

Essstörungen des frühen Kindesalters sind ein häufiger Vorstellungsgrund beim Kinderarzt. In der Mehrzahl sind sie auf ein Zusammenwirken sowohl organischer als auch interaktioneller Faktoren zurückzuführen, wobei vor allem ein gastroösophagealer Reflux und die Dysfunktion oral-motorischer Reflexe geklärt werden sollten. Eingreifende diagnostische Maßnahmen sind nur bei Vorliegen eines bedeutsamen Gewichtsverlustes sinnvoll. Eine Video-Aufnahme der Essenssituation ist als diagnostisches Hilfsmittel geeignet, interaktionelle Probleme herauszufinden und gemeinsam mit den Betreuungspersonen zu analysieren.

Die häufigste Ursache von Essstörungen im Vorschulalter ist eine Abneigung gegenüber unbekannten Nahrungsmitteln, die bei wiederholtem Anbieten der gleichen Speise abgebaut werden kann.

Die Adipositasforschung hat in den letzten Jahren durch den Prävalenzanstieg der Störung deutlich an Bedeutung gewonnen. Als Parameter für die Erfassung des relativen Gewichtes hat sich der Body Mass Index durchgesetzt, mit dem verschiedene Personen „körperhöhenbereinigt" verglichen werden können. Übergewicht im Kindes- und Jugendalter wird durch einen BMI 85. Perzentile definiert. Es ist als Risikofaktor für zahlreiche Folgeerkrankungen im Erwachsenenalter (z. B. Bluthochdruck, Gelenkerkrankungen, Diabetes mellitus) anzusehen. Alle Untersuchungen weisen darauf hin, dass die Genese der Adipositas multifaktoriell ist, d. h. sowohl genetische als auch umweltbedingte Ursachen eine wichtige Rolle spielen. Bei der Therapie der Adipositas haben sich verhaltenstherapeutische Ansätze unter Einbeziehung der Familie bewährt, wobei die Kombination von Ernährungsberatung, ausbalancierter Diät und körperlicher Aktivität empfehlenswert ist.

Literatur

Barth N, Ziegler A, Himmelmann GW, Coners H, Wabitsch M, Hennighausen K, Mayer H, Remschmidt H, Schäfer H, Hebebrand J. Significant weight gains in a clinical sample of obese children and adolescents between 1985 and 1995. Int J Obes. 1997;21:122-6.

Britz B, Siegfried W, Ziegler A, Lamertz C, Herpertz-Dahlmann BM, Remschmidt H, Wittchen HU, Hebebrand J. Rates of psychiatric disorders in a clinical study group of adolescents with extreme obesity and in obese adolescents ascertained via a population based study. Int J Obes. 2000;24:1707-14.

Bouchard C. The genetics of obesity: from genetic epidemiology to molecular markers. Molec Med Today. 1995;45-50.

Chatoor J, Schaefer S, Dickson L et al. Nonorganic failure to thrive: a developmental perspective. Pediat Ann. 1984;13:829-43.

Coners H, Himmelmann GW, Hebebrand J, Heseker H, Remschmidt H, Schäfer H. Perzentilenkurven für den Body-Mass-Index zur Gewichtsbeurteilung bei Kindern und Jugendlichen ab einem Alter von 10 Jahren. Kinderarzt. 1996;8:1002-7.

Dahl M, Sundelin C. Early feeding problems in an affluent society. I. Categories and clinical signs. Act Ped Scand. 1986;75:370-9.

Dennison BA, Rockwell HJ, Baker SL. Excess fruit juice consumption by preschool-aged children is associated with short stature and obesity. Pediatrics.1997;99:15-22.

Epstein LH. Family-based behavioural intervention for obese children. Int J Obes. 1996;20:14-21.

Gortmaker SL, Must A, Perrin JM, Sobol AM, Dietz WH. Social and economic consequences of overweight in adolescence and young adulthood. New Engl J Med. 1993;329:1008-12.

Guo SS, Roche AF, Chumlea WC, Gardner JD, Siervogel RM. The predictive value of childhood body mass index values for overweight at age 35 y. Am J Clin Nutrit. 1994;59: 810-9.

Hebebrand J, Heseker H, Himmelmann GW, Schäfer H, Remschmidt H. Altersperzentilen für den Body-Mass-Index aus Daten der Nationalen Verzehrstudie einschließlich einer Übersicht zu relevanten Einflußfaktoren. Akt Ernähr Med. 1994;19:259-65.

Hebebrand J, Wulftange H, Goerg T, Ziegler A, Hinney A, Barth N, Mayer H, Remschmidt H. Epidemic obesity: are genetic factors involved via increased rates of assortative mating? Int J Obes Relat Metab Disord. 2000;24:345-53.

Hebebrand J, Sommerlad C, Geller F, Gorg T, Hinney A. The genetics of obesity: practical implications. Int J Obes Relat Metab Disord. 2001a;25 (Suppl 1): S10-8.

Hebebrand J, Hinney A , Oeffner F. Molekulare Grundlagen der Adipositas. In: Ganten D, Ruckpaul K, Hrsg. Molekularmedizinische Grundlagen von Endokrinopathien. Berlin: Springer; 2001b.

Hesse V, Jaeger U,Vogel H, Kromeyer K, Zellner K, Bernhardt I, Deichl A. Wachstumsdaten deutscher Kinder von der Geburt bis zu 18 Jahren. Sozialpädiatrie. 1997;19:20-2.

Korsten-Reck U. „Ein Projekt wird erwachsen – 10 Jahre Sport und Ernährung – ein ambulantes Programm für übergewichtige Kinder". Dtsch Z Sportmed. 1998;49:127-33.

Kromeyer-Hauschild K, Zellner K, Jaeger U, Hoyer H. Prevalence of overweight and obesity among school children in Jena (Germany). Int J Obes Relat Metab Disord. 1999;23:1143-50.

Kromeyer-Hauschild K, Wabitsch M, Kunze D et al. Perzentile für den Body-mass-Index für das Kindes- und Jugendalter unter Heranziehung verschiedener deutscher Stichproben. Monatsschr Kinderheilkd. 2001;149:807-18.

Lindberg J, Bohlin G, Hagekuhl B. Early feeding problems in a normal population. Int J Eat Disord. 1991;10:395-405.

Lissau I, Sorensen TIA. Parental neglect during childhood and increased risk of obesity in young adulthood. Lancet. 1994;343:324-7.

Marchi M, Cohen P. Early childhood behaviour and adolescent disorders. J Am Child Adol Psychiat. 1990;29:112-9.

Mayes SD. Rumination disorder, diagnosis, complications, mediating variables, and treatment. In: Lahey BB, Hrsg. Advances in clinical child psychology 14. New York-London: Plenum Press; 1992.

Minde K, Minde R. Infant Psychiatry. An Introductary Text. London: Sage Publications; 1986.

Must A, Jacques PF, Dallal GE, Bajema CJ, Dietz WH. Long term morbidity and mortality of overweight adolescents – A follow-up study of the Harvard Growth Study of 1922 to 1935. New Engl J Med. 1992;327:1350-55.

Skuse D, Wolke D. The nature and consequence of feeding problems in infancy. In: Cooper PJ, Stein A, Hrsg. Feeding problems and eating disorders in children and adolescents. Chur-Melbourne: Harwood academic publishers; 1992.

Skuse D. Feeding and sleeping disorders. In: Rutter M, Taylor E, Hersov L, Hrsg. Child and Adolescent Psychiatry, 3rd ed. London: Blackwell Scientific Publications; 1994.

Troiano RP, Flegal KM, Kuczmarski RJ, Campbell SM, Johnson CL. Overweight prevalence and trends for children and adolescents: The Naional Health and Nurtrition Examination Surveys, 1963 to 1991. Arch Ped Adol Med. 1995;149:437-9.

Whitaker RC, Wright JA, Pepe MS, Seidel KD, Dietz WH. Predicting obesity in young adulthood from childhood and parental obesity. New Engl J Med. 1997;337:869-73.

Wolke D, Skuse D. The management of infant feeding problems. In: Cooper PJ, Stein A, Hrsg. Feeding problems and eating disorders in children and adolescents. Chur-Melbourne: Harwood academic publishers; 1992.

Prüfungsfragen

1. Welches sind die 2 Essstörungen des Kindesalters nach ICD 10 und wie werden diese definiert?
2. Aus welchen Gründen muss bei Kindern mit einer Fütterstörung eine kinderärztliche Abklärung erfolgen?
3. Pica kann sowohl mit somatischen als auch psychiatrischen Auffälligkeiten assoziiert sein. Nennen Sie derartige Auffälligkeiten bzw. Störungen.
4. Was versteht man unter Rumination?
5. Welcher Index wird zur Ermittlung des relativen Gewichts herangezogen und wie wird dieser ermittelt?
6. Wie werden die verschiedenen Gewichtsklassen gemäß der WHO-Einteilung aus dem Jahre 1998 abgegrenzt?
7. Warum können die diagnostischen Kriterien der Adipositas im Erwachsenenalter nicht auf das Kindesalter übertragen werden?
8. Wie kann Adipositas im Kindesalter definiert werden?
9. Nennen Sie mögliche Gründe für die Zunahme der Adipositasprävalenz bei Kindern und Jugendlichen.
10. Wird ein dicker Säugling auch ein dicker Erwachsener?
11. Beschreiben Sie entwicklungsabhängige Aspekte der Körpergewichtsregulation.
12. Was sind körperliche Folgeerkrankungen der Adipositas?
13. Welche psychiatrischen Störungen findet man gehäuft bei extremer Adipositas im Jugendalter?
14. Was stellt den größten Risikofaktor für die Entstehung einer kindlichen Adipositas dar?
15. Gibt es Genmutationen, die eine frühmanifeste Adipositas bedingen?
16. Nennen Sie verschiedene Behandlungsformen der Adipositas im Kindes- und Jugendalter.

26 Schlafstörungen

M. Pitzer und M.H. Schmidt

Fallvignette

Der 9-jährige Dennis wurde wegen seit 9 Monaten bestehender Einschlafstörungen von seinen Eltern ambulant vorgestellt. D. liege ca. 3-mal pro Woche teilweise bis 1.00 Uhr, einmalig sogar bis 3.00 Uhr schlaflos im Bett. Interventionen mit warmer Milch und Honig bzw. Baldriantropfen seien wirkungslos geblieben. Aus Sorge über hieraus möglicherweise resultierende Schulleistungsprobleme schlafe die Mutter meist mit D. im Ehebett, der Vater übernachtete z.T. im Kinderzimmer. Aktuell seien bei dem sehr guten Schüler jedoch noch keine derartigen Probleme aufgetreten. Schwangerschaft, Geburt und postpartaler Verlauf wurden als regelrecht geschildert. Im Kleinkindalter waren eine vergleichbare Schlafstörung von ca. 6 Monaten Dauer sowie eine ausgeprägte Trennungsangst während des Kindergartenbesuchs auffällig.

In der Untersuchungssituation präsentierte sich ein etwas ängstlicher, empfindsamer und eher überangepasster Junge, der außer der o.g. Schlafproblematik keine psychopathologischen Auffälligkeiten zeigte. Der internistisch-neurologische Untersuchungsbefund war alterentsprechend, im EEG fanden sich neben Anzeichen einer leichten Entwicklungsabweichung sowie unter Hyperventilation einer ebenfalls leichtgradigen Erregbarkeitssteigerung keine Pathologika. Auf eine testpsychologische Untersuchnung des nach klinischem Eindruck überdurchschnittlich intelligenten Jungen wurde verzichtet.

Diagnostisch wurde das Störungsbild als psychogene Insomnie (nichtorganische Insomnie ICD 10: F51.0) eingeordnet, nachdem sich eine differenzialdiagnostisch erwogene Trennungsangststörung aufgrund der ausschließlich auf die Schlafsituation bezogenen Problematik bei ansonsten altersadäquaten Alltagsfunktionen ausschließen ließ.

Therapeutisch wurde der sekundäre Krankheitsgewinn von D. verhaltenstherapeutisch angegangen. Das Verbleiben von D. alleine im Bett wurde positiv verstärkt. Für den Fall, dass D. nicht alleine im Bett bleiben konnte, sollte er sich an den Vater wenden, dies unter der Vorstellung, dass insbesondere die Zuwendung durch die Mutter das unerwünschte Verhalten verstärkt. In diesem Setting kam es während der knapp 2-monatigen Behandlungsphase,in der 5 ambulante Gesprächskontakte in 2-wöchigen, zum letzten Termin in 4-wöchigem Abstand erfolgten, zu einer raschen Symptomreduktion. In den letzten 4 Behandlungswochen musste sich D. nur einmalig an den Vater wenden, da er länger als eine halbe Stunde nicht einschlafen konnte. Die Behandlung wurde dann einvernehmlich beendet, da die Familie sich nun alleine in der Lage fühlte, mit der Problematik umzugehen. Eine als Option angebotene Wiedervorstellung bei Bedarf wurde nicht in Anspruch genommen.

Physiologie und Rhythmik des normalen Schlafs

Der Schlaf kann in verschiedene Stadien eingeteilt werden. Zunächst unterscheidet man den so genannten REM-Schlaf (Rapid-Eye-Movement) von dem Non-REM-Schlaf (NREM). Der REM-Schlaf ist charakterisiert durch rasche Augenbewegungen, die dieser Schlafphase ihren Namen gaben, erschlafften Muskeltonus, Erektion des Penis und eine erhöhte Atem- und Pulsfrequenz. Erektionen sind schon bei männlichen Neugeborenen mit dem REM-Schlaf assoziiert und sind auch beim Erwachsenen meist nicht mit sexuellen Träumen verknüpft. Entgegen früheren Auffassungen sind Traumphasen nicht ausschließlich auf den REM-Schlaf begrenzt, aber wesentlich häufiger als im NREM-Schlaf, was vor allem für längere „epische" Trauminhalte gilt. Bei Erwachsenen nimmt der REM-Schlaf etwa 20–25% der Gesamtschlafzeit ein.

Der NREM-Schlaf ist weiter in verschiedene Stadien unterteilbar. Das **Schlafstadium 1** beschreibt den Übergang vom Wachen zum Schlafen; hierauf entfallen ca. 5% der Schlafzeit. Etwa 50% der Gesamtschlafzeit wird vom **Schlafstadium 2**, dem leichten Schlaf, eingenommen. Im EEG sind in diesem Schlafstadium charakteristische Veränderungen zu erkennen. Die **Schlafstadien 3 und 4** werden als Tiefschlaf zusammengefasst und unterscheiden sich von einander nur graduell und in der Verteilung langsamer EEG-Wellen, derentwegen diese Stadien auch **Slow-Wave-Sleep** genannt werden. Der Anteil des Tiefschlafs an der Gesamtschlafzeit beträgt ungefähr 10–20%. Im Verlauf einer Schlafperiode folgen die einzelnen Schlafstadien aufeinander, wobei ca. alle 80–100 min vom NREM-Schlaf zum REM-Schlaf gewechselt wird. Dieses Muster besteht grundsätzlich während der gesamten Schlafzeit, aber der Anteil des Tiefschlafs nimmt gegen Morgen ab, während der Anteil des REM-Schlafs zunimmt.

Diese Angaben über die Schlafarchitektur beziehen sich auf gesunde Erwachsene. Parallel zur Reifung des Gehirns ist auch eine entwicklungsabhängige Verteilung des Schlafmusters von der Neugeborenenperiode bis in die Adoleszenz zu beobachten. Dabei verändert sich nicht nur die Länge der Gesamtschlafdauer, sondern auch das Muster der Schlafstadien. Bei Neugeborenen lassen sich im **NREM-Schlaf** noch keine Stadien unterscheiden. REM-Schlaf und NREM-Schlaf nehmen je ca. 50% der Schlafzeit ein, und die zyklische Abfolge der Schlafstadien erfolgt wesentlich häufiger als beim Erwachsenen (alle 30–70 min).

In den ersten Lebensmonaten erfolgt dann die Entwicklung der typischen Schlafstadien. Die zirkadiane Rhythmik der Schlaf-Wach-Abfolgen entwickelt sich im Laufe des ersten Lebensjahres, bei Frühgeborenen oder nach Sauerstoffmangelversorgung auch erst später. Bei allen Neugeborenen ist zunächst ein unregelmäßiger Schlaf-Wach-Rhythmus vorhanden (Ware u. Orr 1992).

Die Gesamtschlafdauer pro Tag variiert interindividuell, als Anhaltswerte sind jedoch folgende Zahlen nützlich: Ein reifes Neugeborenes braucht etwa 16 h Schlaf, ein 2-jähriges Kind benötigt durchschnittlich 13–14 h Schlaf, mit 5 Jahren beträgt die Gesamtschlafzeit etwa 11 h, mit 9 Jahren etwa 10 h, mit 14 Jahren etwa 9 h, und in der Adoleszenz mit ca. 17 Jahren ist das durchschnittliche Schlafbedürfnis Erwachsener von 7–8 h erreicht. Die Abnahme der Schlafzeit in der frühen Kindheit ist vor allem auf den Wegfall von Tagesschlaf zurückzuführen. In den ersten 3 Lebensjahren treten Schlafperioden von bis zu 2 h noch am Vormittag und am frühen Nachmittag auf. Danach verschwinden in aller Regel die morgendlichen Schlafzeiten, während der Nachmittagsschlaf bis etwa zum Schulalter allmählich verschwindet. Im Alter von 10 Jahren ist nur noch selten Tagesschlaf zu beobachten.

Zur Etablierung eines gesunden Schlafmusters sollten die Grundregeln der **Schlafhygiene**, die im Wesentlichen einen stabilen **Schlaf-Wach-Rhythmus** unterstützen, vom Säuglingsalter an (ab dem 1. Trimenon) beachtet werden. Eine Aufklärung über die Prinzipien der Schlafhygiene ist darüber hinaus bei allen Schlafstörungen, vor allem bei den Dyssomnien von Kindern, der erste und wichtigste therapeutische Schritt!

Die folgenden Punkte wurden von Stores (1996) für den Umgang mit Kindern vorgeschlagen:

- Herstellung einer angenehmen Schlafumgebung, die vertraut, bequem und eher mit Schlaf als mit Spiel assoziiert sein sollte. Weiter sollte sie dunkel, ruhig, angenehm temperiert und frei von Störungen (Lärm, Musik) sein.
- Das Bett oder Schlafzimmer sollte kein Ort der Bestrafung sein, oder das Zu-Bett-Schicken sollte nicht als Strafe angewandt werden.
- Feste abendliche Rituale, die das Kind entspannen und zur Ruhe bringen.
- Keine aufregenden Aktivitäten, Fernsehfilme o.Ä. vor dem Zu-Bett-Gehen.
- Zu-Bett-bringen des Kindes, wenn es müde ist.
- Kinder sollten daran gewöhnt werden, einschlafen zu können, wenn die Eltern nicht im Raum sind.
- Frühe Etablierung eines Musters mit Füttern tagsüber und nächtlichem Schlafen ohne Füttern ab dem 1. Trimenon.
- Vermeiden von Hunger oder Durst, aber auch von schweren Mahlzeiten oder exzessivem Trinken zur Einschlafzeit.
- Keine stimulierenden Getränke (Cola, Kaffee, Tee) in den Stunden vor dem Einschlafen und insgesamt nicht zu viel davon über den Tag.

- Kein Eingehen auf Wünsche nach Trinken, Essen, mehr Geschichten u.a., wenn diese nur den Zeitpunkt des Einschlafens hinauszögern sollen.
- Bei jungen Kindern keine zu frühen/zu späten oder zu häufigen/zu seltenen Tagesschlafzeiten.

Anamneseerhebung und ergänzende Untersuchungen bei Schlafstörungen

Neben einer allgemeinen psychiatrischen Anamnese sind bei Schlafstörungen einige weitere Punkte von besonderer Bedeutung:

1. Die **Schlafhygiene** betreffende Verhaltensweisen (s.o.) sollten detailliert erfragt werden.
2. **Einschlafsituation:**
   - alterstypische oder andere Ängste (z.B. im Vorschulalter oft Ängste vor Monstern, Gespenstern etc.).
   - Weigerungen, zu Bett zu gehen und hierfür evtl. vorgebrachte Gründe.
   - Wunsch nach Anwesenheit der Eltern am Bett oder Einschlafen im Elternbett.
   - Länge der zum Einschlafen benötigten Zeit und das Verhalten währenddessen.
3. **Zum Schlaf selbst:**
   - Länge, eventuelle Unterbrechungen und deren Gründe und Dauer.
   - Probleme beim Wiedereinschlafen.
   - Schlaf im Bett der Eltern nach nächtlichem Aufwachen.
   - Episodische Ereignisse **(Parasomnien)** mit detaillierter Beschreibung von Ablauf und Charakteristik.
   - Alle mit dem Schlaf assoziierten Verhaltensweisen (z.B. Bettnässen, Schnarchen).
4. **Aufwachsituation:**
   - spontan, leicht oder schwer erweckbar,
   - ausgeruht oder müde,
   - Zeitpunkt des Erwachens.
5. **Über den Tag:**
   - Müdigkeit, Einschlafen,
   - Konzentrationsfähigkeit,
   - Stimmung,
   - Hyperaktivität,
   - andere ungewöhnliche Verhaltensweisen.
6. **Umgang mit der Schlafstörung:**
   - Reaktion der erwachsenen Bezugsperson: (Ärger, Bestrafung, vermehrte Zuwendung, eigene Behandlungsversuche)
   - Bewusstsein des Kindes über die Schlafstörung.
   - Vorstellung des Kindes über deren Gründe.
7. **Symptomatik:**
   - Beginn, Dauer und gegebenfalls Auslöser der Symptomatik
   - aufrechterhaltende Faktoren,
   - Symptomwechsel.
8. **Begleitstörungen:**
   - Andere körperliche oder psychische Erkrankungen,
   - Einnahme verordneter oder nicht verordneter Medikamente,
   - bei Jugendlichen auch eventuellen Drogenkonsum erfragen.

An technisch-apparativen Zusatzuntersuchungen ist eine EEG-Ableitung bei Verdacht auf Pavor nocturnus und Schlafwandeln zum Ausschluss eines epileptischen Geschehens notwendig.

Eine Untersuchung im Schlaflabor sollte bei Hypersomnien erfolgen, wenn Atmung und Sauerstoffversorgung während des Schlafs zu messen sind; sonst kann die Beobachtung im Schlaflabor auch bei unklarer Symptomatik zur Objektivierung sinnvoll sein, falls die Störung häufig genug auftritt, um im Beobachtungszeitraum mit einiger Wahrscheinlichkeit erfasst zu werden.

Eine Schlaflaboruntersuchung mit zusätzlicher Temperaturmessung ist bei Schlafstörungen mit zirkadianer Rhythmusverschiebung angebracht, um anhand des Temperaturverlaufes eine Verschiebung der endogenen Rhythmik zu erkennen. Stationäre Beobachtung lohnt sich bei Einschlafstörungen, bei denen die Beratung versagt, oder wenn die Mütter sehr erschöpft sind. Bei Verdacht auf Narkolepsie ist eine Blutuntersuchung zur HLA-Typisierung (Human Leucocyt Antigen) durchzuführen, weil bestimmte Subtypen bei fast 100% der Patienten mit Narkolepsie, aber nur bei 20–40% der Allgemeinbevölkerung vorkommen.

Klinische Bilder

Die Klassifikation der Schlafstörungen in den beiden am häufigsten verwandten Diagnoseschemata, der internationalen Klassifikation der Krankheiten (ICD-10; Dilling et al. 1991) der WHO und dem diagnostischen und statistischen Manual psychischer Störungen (DSM-IV; Saß et al.1996) der American Psychiatrists Association ist uneinheitlich und auch hauptsächlich auf das Erwachsenenalter ausgerichtet, kindheitstypische Schlafstörungen sind hierin zum Teil schlecht operationalisiert.

Eine ausführliche Einteilung wird in der Internationalen Klassifikation der Schlafstörungen vorgenommen (ICDS; Schramm u. Riemann 1995), die jedoch für den Alltagsgebrauch zu spezialisiert und umfangreich ist. Grundsätzlich werden Schlafstörungen in die Subgruppen **Dyssomnien** und **Parasomnien** unterteilt. Diese werden wie folgt definiert:

■ Dyssomnien

Zustandsbilder mit einer Störung von Dauer, Qualität oder Zeitpunkt des Schlafes, die deutlichen Leidensdruck verursachen oder sich störend auf die soziale und schulisch-berufliche Leistungsfähigkeit auswirken. Das Häufigkeitsmaximum liegt im Kleinkindalter bei Einschlafstörungen, in der Adoleszenz bei den übrigen Dyssomnien.

Die hierunter beschriebenen Schlafstörungen sind auch häufig Symptome anderer psychischer oder körperlicher Erkrankungen. Freilich können auch zusätzliche psychische und/oder körperliche Faktoren die Schlafstörung beeinflussen. Die zusätzliche Diagnose einer eigenständigen Schlafstörung wird gestellt, wenn diese Symptomatik (mit) im Vordergrund des Bildes steht.

■ Parasomnien

Parasomien sind abnorme Episoden von Verhaltensmustern oder physiologischen Ereignissen, die während des Schlafs oder des Schlaf-Wach-Übergangs auftreten. Das Häufigkeitsmaximum liegt in der Kindheit; nach der Pubertät treten die Parasomnien nur noch selten auf, meist in Verbindung mit psychopathologischen Auffälligkeiten.

Die Dyssomnien können ihrerseits noch weiter in 3 einander überschneidende Subkategorien unterteilt werden. Zum einen werden **extrinsische** (d.h. durch äußere Ursachen herbeigeführte) Schlafstörungen von **intrinsischen** (d.h. Schlafstörungen, die ohne äußere Ursache entstehen) unterschieden.

Darüber hinaus kann man auch nach organischen oder nicht-organischen Ursachen differenzieren. So sind z.B. Einschlafstörungen wegen einer Nahrungsmittelallergie als organische Schlafstörung und Einschlafstörungen aufgrund inadäquater Schlafhygiene als nicht-organische Schlafstörung unter die Rubrik extrinsisch einzuordnen. Intrinsische Schlafstörungen sind im Kindesalter sehr selten.

Nach dem Muster der Dyssomnie unterteilt man drittens in Ein- und Durchschlafstörungen (**Insomnien**), übermäßiges Schlafbedürfnis (**Hypersomnien**) und Störungen im Schlaf-Wach-Rhythmus (**zirkadiane Rhythmusstörungen**).

Die Häufigkeit aller Schlafstörungen zusammen lag in einer prospektiven Längsschnittuntersuchung bei 6% mäßig ausgeprägter und 11% stark ausgeprägter Schlafstörungen für 8-Jährige und bei 21,5% mäßig ausgeprägter und 3,4% stark ausgeprägter Schlafstörungen für 13-Jährige (Esser u. Schmidt 1987).

■ Ein- und Durchschlafstörungen als Dyssomnien

Die Symptome der Ein- und Durchschlafstörung (Insomnie) sind längerdauernde Beschwerden über Schlaflosigkeit und/oder nicht erholsamen Schlaf. Teilweise sind die Patienten auch tagsüber gedanklich mit der Störung und deren Auswirkungen beschäftigt, und diese Sorgen nehmen zur Schlafenszeit zu. Es können auch vegetative Symptome der Anspannung vorhanden sein. Als Zeitkriterium wird meist 1 Monat gefordert (Saß et al. 1996, Dilling et al. 1991).

Bei jüngeren Kindern ist oft die Anwesenheit der Bezugsperson zum Einschlafen oder Wiedereinschlafen notwendig. Die Schlafstörung verursacht deutliche Erschöpfung und/oder eine Beeinträchtigung der Leistungsfähigkeit. Die tatsächliche Schlafdauer sollte nicht das wichtigste Kriterium für die Diagnose sein, sondern die Frage nach Tagschlaf und/oder Beeinträchtigungen, da interindividuell große Unterschiede in der benötigten Schlafmenge bestehen und die objektive Schlaflänge nicht immer mit der subjektiv bewerteten Schlafqualität in Einklang steht.

Intrinsische Insomnie

Die Intrinsische Insomnie ist eine primäre Schlafstörung, die nicht durch psychische oder körperliche Störungen verursacht wird oder die die vorliegenden psychiatrischen oder körperlichen Symptome nicht vollständig erklären können.

Komorbidität: Es liegen keine Befunde über eine erhöhte Inzidenz anderer Erkrankungen vor. Ein häufigeres Vorkommen stressinduzierter Störungen wie Spannungskopfschmerz oder Magenbeschwerden wird vermutet.

Prävalenz: Die Häufigkeit dieser Störung in der Allgemeinbevölkerung ist unbekannt. In der Kindheit und Jugend ist sie extrem selten, sie kann jedoch schon in der frühen Kindheit beginnen.

Genese der Störung: Die Ätiologie ist ungeklärt. Wenn die intrinsische Insomnie bei einem Patienten mit einer erhöhten psychophysischen Anspannung einhergeht, kann diese im weiteren Verlauf das Krankheitsbild mitunterhalten, jedoch als sekundäres Phänomen und nicht ursächlich.

Therapieansätze und Prognose: Am wesentlichsten ist nach der Aufklärung über das Störungsbild die ausführliche Beratung über Charakteristika des normalen altersadäquaten Schlafs, entwicklungsspezifische, schlafbezogene kindliche Ängste, individuell unterschiedliches Schlafbedürfnis (Kurz-/Langschläfer, Früh-/Spätschläfer) und vor allen Dingen angemessene Schlafhygiene (s. o.). Gegebenenfalls können Entspannungstechniken bei begleitender Anspannung und vegetativer Symptomatik hilfreich sein. Verhaltenstherapeutische Verfahren sind bei überfürsorglicher Erziehung zur adäquaten Trennungsbewältigung und Autonomieentwicklung bzw. bei älteren Kindern und Jugendlichen zur Behandlung der gedanklichen Einengung auf das Thema Schlaf angebracht. Selten ist eine medikamentöse Behandlung zur vorübergehenden Entlastung angezeigt. Diese wird mit sedierenden Neuroleptika, Antihistaminika oder von der Adoleszenz an auch mit kurzwirksamen Benzodiazepinen durchgeführt.

Insomnie durch inadäquate Schlafhygiene

Dies ist eine Insomnie, die durch aufregende Beschäftigungen vor dem Einschlafen verursacht wird oder durch Nichteinhaltung der Prinzipien der Schlafhygiene, wie z.B. ständig wechselnde Schlafenszeiten, die die Ausbildung eines zirkadianen Rhythmus unterdrücken.

Komorbidität: Eine erhöhte Komorbidität mit anderen psychischen oder körperlichen Störungen ist nicht bekannt.

Prävalenz: Genaue Angaben zur Häufigkeit der Störung sind nicht bekannt, aber unter den extrinsischen Schlafstörungen stellen die Schlafstörungen durch inadäquate Schlafhygiene den größten Anteil. Für extrinsische Schlafstörungen insgesamt werden Prävalenzen zwischen 13% (Cluydts u. De Roeck 1988) und 17% (Esser u. Schmidt 1987) im Schulalter angegeben.

Genese: Typischerweise entsteht die Störung, wenn Eltern ihre Kinder unregelmäßige Schlafzeiten selbst wählen lassen, in dem Glauben, dass dies einem inneren Bedürfnis des Kindes entspreche. Aus der gleichen Annahme heraus werden bei nächtlichem Erwachen auch Beschäftigungen wie Spielen, Essen oder Fernsehen toleriert (Schmidt 1992).

Therapieansätze und Prognose: An erster Stelle steht die Beratung der Eltern über die Notwendigkeit äußerer Rhythmusgeber zur Entwicklung eines gesunden Schlaf-Wach-Rhythmus und eine adäquate Schlafhygiene (s. o.).

Die Verantwortung für die Schlafregulation muss gerade bei jungen Kindern eindeutig auf die Eltern übertragen werden. Falls dies von den Eltern nicht durchgesetzt werden kann oder sie zu erschöpft sind, ist auch eine stationäre Behandlung angezeigt. Bei konsequenter und ausreichend langer Therapie ist die Prognose gut.

Belastungsbedingte Insomnie

Hierunter versteht man eine Insomnie aufgrund von emotionalem Stress wie kindlichen Ängsten, chronischen Konfliktsituationen oder belastenden Lebensereignissen.

Komorbidität: Komorbidität besteht vor allem mit Angststörungen und depressiven Störungen aber auch mit Zwangsstörungen. Die Diagnose einer eigenständigen Schlafstörung kann auch neben einer psychischen Störung, die typischerweise mit Beeinträchtigung des Schlafs einhergeht, gestellt werden, wenn die Schlafstörung deutlich im Vordergrund der Beschwerden steht.

Prävalenz: Genaue Angaben zur Häufigkeit der Störung sind auch hierfür nicht bekannt. Diese Schlafstörung ist nach der Insomnie durch inadäquate Schlafhygiene die zweithäufigste im Kindesalter.

Genese: Entwicklungsspezifische kindliche Ängste (z. B.vor Monstern) können, wenn sie stark ausgeprägt sind, zur Entwicklung einer Insomnie bei besonders ängstlichen Kindern führen oder zu einer Verstärkung durch überfürsorglichen elterlichen Umgang mit diesen Ängsten. Daneben kann eine belastungsbedingte Insomnie bei chronischen häuslichen Konfliktsituationen entstehen, wenn z. B. ein Kind bei Streit der Eltern aus Sorge um einen Elternteil nicht schlafen kann. Auch abendliches Grübeln über Schulängste liegt oft einer Ein-bzw. Durchschlafstörung zugrunde.

Therapieansätze und Prognose: Bei Schlafstörungen aufgrund alterstypischer kindlicher Ängste sollte nach Aufklärung der Eltern, v. a. bei überfürsorglicher Erziehung eine Intervention mit dem Ziel der verbesserten Autonomie des Kindes, z.B. durch Einführung von Selbstberuhigungsritualen, erfolgen.

Richman et al. (1985) schlugen für die Behandlung kindlicher Dunkel- und Einschlafängste folgendes Programm vor:

1. Einstellen mit dem Schlafen inkompatibler Aktivitäten
2. Löschung durch Aufmerksamkeitsentzug
3. Verhaltensaufbau und Stimuluskontrolle

In den übrigen Fällen ist der Abbau der zugrunde liegenden Belastung (z. B. durch Einbeziehung sozialer Dienste, Familientherapie oder Anleitung des Kindes zur verbesserten Stressbewältigung) das erste Behandlungsziel. Weigerung, nach nächtlichem Erwachen in das eigene Bett zurückzukehren und Weiterschlafen im Elternbett kommt bei 27 % aller 7-jährigen und 2 % aller 13-jährigen Kinder vor (Klackenberg 1987). Für solche Durchschlafstörungen beschrieben Rickert u. Johnson (1988) die Wirksamkeit des Aufweckens (kurz bevor das Kind üblicherweise spontan erwacht) und sofortigen Wiedereinschlafenlassens. Falls die Schlafstörung unabhängig von der ursprünglich zugrunde liegenden Situation eine Eigendynamik entwickelt hat, erfolgt das weitere therapeutische Vorgehen wie bei der intrinsischen Insomnie (s. o.). Die Prognose hängt wesentlich von der Beeinflussbarkeit der zu Grunde liegenden Belastungssituation bzw. der Eigendynamik der Schlafstörung ab.

Umweltbedingte Insomnie

Dies ist eine Schlafstörung, die durch störende Umwelteinflüsse, wie Lärm, Helligkeit, unbequemen Schlafplatz, unruhige Geschwister im gleichen Raum, zu hohe/niedrige Raumtemperatur o.ä., hervorgerufen wird.

Komorbidität: Eine erhöhte Komorbidität mit anderen psychischen oder körperlichen Störungen ist nicht bekannt. Es können Überschneidungen mit der belastungsbedingten Insomnie auftreten, z. B. können elterliche Streitigkeiten sowohl durch die emotionale Belastung als auch durch die Lautstärke schlafstörend sein.

Prävalenz: Angaben zur Häufigkeit der Störung sind nicht bekannt.

Genese der Störung: Die Insomnie wird durch die störenden Umweltbedingungen hervorgerufen und unterhalten.

Therapieansätze und Prognose: Die Therapie besteht in der Einrichtung einer angemessenen Schlafumgebung. Hierzu ist die Beratung der Eltern über Schlafhygiene (s. o.) notwendig sowie bei sozialen Belastungen als Ursache der störenden Umweltbedingungen (z. B. beengter Wohnraum) die Einschaltung sozialer Dienste. Die Prognose hängt auch hier von der Beeinflussbarkeit der Ursachen ab.

Durch nächtliches Füttern bedingte Insomnie

Durch Gewöhnung an nächtliche Mahlzeiten kommt es neben der Gewöhnung an die Situation auch zu nächtlichem Absinken des Blutzuckerspiegels, der zu Erwachen führt. Größere Flüssigkeitsaufnahmen erhöhen die Wahrscheinlichkeit nächtlichen Einnässens und damit die Aufwachfrequenz.

Komorbidität: Eine erhöhte Komorbidität mit anderen psychischen oder körperlichen Störungen ist nicht bekannt.

Prävalenz: Angaben über die Häufigkeit der Störung sind nicht bekannt.

Genese der Störung: Vgl. Beschreibung des Störungsbildes. Die Entwicklung der Störung wird als konditioniertes Fehlverhalten beschrieben (Schmidt 1992)

Therapieansätze und Prognose: Diese Störung ist besonders behandlungsbedürftig, wenn Schlafstörungen des Säuglings mit anderen Regulationsstörungen kombiniert sind, z.B. bei „Schreikindern" mit so genannten Dreimonatskoliken und zusätzlichen Fütterproblemen, und wenn diese Störungen bis in das 2. Lebenshalbjahr weiterbestehen. Die Behandlung besteht in schrittweiser Reduktion der Kalorienmengen, ggf. durch sukzessive Verdünnung kalorienhaltiger Getränke, und Verlängerung der Fütterungsintervalle. Bei letzeren erfolgen zwischenzeitlich auf Rufe des Kindes statt Füttern kurze Antworten (Schmidt 1992). Bei konsequenter Behandlung ist die Prognose gut.

Insomnie durch Nahrungsmittelallergie

Allergien auf Nahrungsbestandteile, zumeist auf Kuhmilch, können zu Schlafstörungen führen.

Komorbidität: Eine erhöhte Komorbidität mit anderen psychischen oder körperlichen Störungen ist nicht bekannt.

Prävalenz: Angaben über Häufigkeiten dieser seltenen Störung sind nicht bekannt.

Genese der Störung: Es ist unklar, ob die Schlafstörung, die mit einer deutlich verkürzten Gesamtschlafdauer einhergeht, direkt auf körperliches Unwohlsein oder auf einen allergeninduzierten zentralnervösen Effekt zurückzuführen ist (Schmidt 1992).

Therapieansätze und Prognose: Im späteren Kleinkindalter verschwindet die Störung von selbst, ansonsten kann sie durch eine hypoallergene Diät deutlich gebessert werden.

■ Hypersomnien als Dyssomnien

Die Symptome einer übermäßigen Schlafneigung (Hypersomnie) sind verlängerter Nachtschlaf und exzessive Schläfrigkeit während des Tages. Die Tagesmüdigkeit darf nicht nur Folge ungenügenden Nachtschlafs oder verlängerter Schlaf-Wach-Übergangszeiten sein. Weiter können verlängerte Übergangszeiten vom Aufwachen zum völligen Wachsein vorkommen sowie längerdauernde (bis zu 1 h), wenig erholsame Schlafanfälle tagsüber. Ein Verhindern der Schlafanfälle ist jedoch möglich.

Bei jüngeren Kindern kann sich die Tagesmüdigkeit auch untypisch durch eine Reihe anderer Verhaltensauffälligkeiten zeigen. Irritabilität, Hyperaktivität, Konzentrationsprobleme, Impulsivität, Aggressivität oder Depressivität können Ausdruck ausgeprägter Tagesmüdigkeit sein und zu Fehldiagnosen führen (Anders 1991; Stores 1996). Wie bei den Insomnien wird eine längere Dauer von mindestens einem Monat und eine deutliche Beeinträchtigung der psychosozialen Leistungsfähigkeit durch die Störung gefordert (Saß et al. 1996, Dilling et al. 1991).

Intrinsische Hypersomnie

Die intrinsische Hypersomnie ist eine primäre Schlafstörung, die nicht durch psychische oder körperliche Störungen verursacht wird, bzw. die durch vorliegende psychiatrische oder körperliche Symptome nicht vollständig erklärt wird. Eine Unterform ist das **Kleine-Levin-Syndrom** mit wiederholten Episoden von Hypersomnie und normalem Schlafverhalten im Intervall. Parallel zu den Hypersomnieepisoden können bei dem **Kleine-Levin-Syndrom** auch übermäßiges Essen (Hyperphagie) und, vorwiegend bei männlichen Patienten, ein übermäßig ausgeprägter sexueller Trieb (Hypersexualität) vorkommen.

Komorbidität: Es bestehen Anhaltspunkte für ein vermehrtes Auftreten depressiver Störungen und von Substanzmissbrauch – vermutlich als Folge der sozialen Behinderung durch die Störung bzw. Selbstmedikationsversuchen mit Stimulanzien (Saß et al. 1996).

Prävalenz: Die Prävalenz der Störung in der Allgemeinbevölkerung ist nicht bekannt; Klagen über erhöhte Schläfrigkeit finden sich bei etwa 0,5–5% der Bevölkerung (Saß et al. 1996, Stores 1996). Die Störung beginnt typischerweise in der Adoleszenz und dem jungen Erwachsenenalter. Angaben über seltenes Auftreten in der Kindheit und Jugend werden von einigen Verfassern bezweifelt (Stores 1996).

Genese der Störung: Pathogenetische Faktoren sind im Wesentlichen unklar. Für die nichtperiodische Hypersomnie wird eine familiäre Häufung vermutet, für das Kleine-Levin-Syndrom jedoch nicht.

Therapieansätze und Prognose: Eine spezifische Therapie existiert nicht. Die Patienten und deren Eltern sollten über die Prinzipien der

Schlafhygiene aufgeklärt werden. Alles, was die Tagesschläfrigkeit verstärken kann, sollte gemieden werden, wie Schlafentzug, sedierende Pharmaka oder Alkohol.

Bei vielen Betroffenen wird die Tagesmüdigkeit als Faulheit oder Vermeidung attribuiert, sodass ernsthafte soziale Probleme mit Schulproblemen, Arbeitsplatzverlust oder sozialem Rückzug auftreten können, die dann sozialpsychiatrische Interventionen erfordern. Bei ausgeprägten Störungsbildern kann eine medikamentöse Therapie mit MAO-Hemmstoffen oder Stimulanzien erfolgreich sein. Der Verlauf der Störung ist trotz Behandlung meist chronisch.

Atmungsassoziierte Hypersomnie (Schlafapnoe)

Bei diesem Krankheitsbild treten infolge einer Störung des Atemflusses wiederholte Unterbrechungen des Nachtschlafes auf, als deren Folge Hypersomnie entsteht. Seltener werden die Schlafunterbrechungen subjektiv als Insomnie empfunden. Die Störung des Atemflusses kann infolge mechanischer Obstruktion der Luftwege oder einer gestörten zentralnervösen Regelung auftreten.

Komorbidität: Angststörungen und depressive Störungen können sekundär hinzukommen. Bei Kindern mit atmungsassoziierter Hypersomnie können Wachstumsstörungen, Entwicklungsverzögerungen, Lernschwierigkeiten sowie Enuresis auftreten (Saß et al. 1996, Anders u. Eiben 1996).

Prävalenz: Die Prävalenz in der erwachsenen Bevölkerung wird auf ca. 1–10% geschätzt. Bei Kindern wird die Häufigkeit der obstruktiven Schlafapnoe mit 1–2% angegeben (Anders u. Eiben 1997). Das mittlere Erkrankungsalter liegt bei 7 Jahren, und Jungen sind häufiger betroffen (Mindell u. Cashman 1995).

Genese der Störung: Bei frühgeborenen Kindern und im Neugeborenenalter kann wegen funktioneller Unreife des Hirnstamms vorübergehend Schlafapnoe aufgrund einer zentralnervösen Regulationsstörung auftreten (Anders u. Eiben 1996). Dabei wird auch ein Zusammenhang mit dem plötzlichen Kindstod vermutet (Ware u. Orr 1992). Weitaus häufiger ist aber die obstruktiv bedingte Schlafapnoe meist in der Folge vergrößerter Rachen- und/oder Gaumenmandeln. Extremes Übergewicht und angeborene Missbildungen des oberen Atemtraktes sind seltenere Ursachen der Störung.

Therapieansätze und Prognose: Für die unreifebedingte zentralnervöse Regulationsstörung gibt es keine spezifische Therapie; das Kind sollte ggf. mit einem Alarmgerät, das bei Atemstillständen einsetzt, schlafen. Bei der obstruktiven Schlafapnoe lässt sich die Störung durch operative Entfernung der vergrößerten Mandeln bzw. durch Gewichtsreduktion beheben.

Narkolepsie

Die Hauptsymptome der Narkolepsie sind exzessive Tagesmüdigkeit und Kataplexie (d.i. plötzlicher Tonusverlust der Muskulatur); nicht unterdrückbare Schlafattacken treten daher etwa 2- bis 3-mal täglich vorwiegend in wenig stimulierenden, monotonen Situationen auf. Die Dauer der Schlafattacken beträgt meist 10–20 min, sie kann aber auch bis zu 90 min betragen und ist generell bei Kindern länger (Kotagal 1996).

Kataplexie tritt vor allem bei starken Emotionen auf. Die Episoden können Sekunden bis Minuten dauern, die Symptomatik variiert von einem leichten Schwächegefühl bis zu plötzlichen Stürzen. Weiter können REM-Schlafelemente im Schlaf-Wach-Übergang auftreten, die sich als Schlaflähmung (d.i. kurzfristige Bewegungsunfähigkeit nach dem Erwachen) oder hypnagoge (d.i. die Einschlafphase betreffend) bzw. hypnopompe (d.i. die Aufwachphase betreffend) Halluzinationen zeigen.

Der Nachtschlaf kann evtl. auch im Zusammenhang mit unwillkürlichen periodischen Beinbewegungen gestört sein. Die Schlafattacken sind meist erholsam und vertreiben die Müdigkeit für einige Zeit, bei Kindern werden aber auch nichterholsame Attacken und ständige Tagesmüdigkeit beschrieben (Kotagal 1996). Es besteht Unfallgefärdung infolge der Schlafattacken, manchmal kommt es zu sozialem Rückzug aufgrund der Erkrankung.

Komorbidität: Die Komorbidität mit anderen psychiatrischen Erkrankungen wird mit etwa 40 % angegeben (Saß et al. 1996). Diese sind in der Reihenfolge der Häufigkeit depressive Störungen, Substanzmissbrauch und Angststörungen. Auch Schlafwandeln, Bruxismus (nächtliches Zähneknirschen) und Enuresis (Einnässen) sind häufiger als in der Allgemeinbevölkerung. Bei Kindern kommen Gedächtnis- und Lernstörungen sowie Verhaltensauffälligkeiten häufiger vor (Kotagal 1996).

Prävalenz: Prävalenzangaben für Erwachsene schwanken zwischen 1:600 und 1:500000 mit einem leichten Überwiegen der Männer (Kotagal 1996). In einer Übersicht über Schlafstörungen bei Kindern wurde die Prävalenz mit 0,4–0,7% angegeben (Anders u. Eiben 1997). Die Störung tritt zwischen der 1. und 5. Lebensdekade mit einem Gipfel in der 2. Dekade auf. Bei Erwachsenen mit Narkolepsie lag in 34% der Fälle der Beginn vor dem Alter von 15 Jahren, in 16 % vor dem Alter von 10 Jahren und in 4,5 % der Fälle vor dem Alter von 5 Jahren (Kotagal 1996).

Genese der Störung: Es gibt eine deutliche genetische Komponente: Erstgradige Verwandte haben in 5–10% der Fälle ebenfalls eine Narkolepsie und in ca. 25–50% der Fälle eine andere Hypersomnie. Es werden auch Störungen des Transmitterstoffwechsels diskutiert. Selten tritt eine symptomatische Narkolepsie nach anderen körperlichen Erkrankungen (z.B. Hirntumore, Schädelverletzungen) auf.

Therapieansätze und Prognose: Die Narkolepsie ist eine chronische Erkrankung. Eine kausale Therapie besteht nicht. Beratung über Schlafhygiene, bis zu 2 kurze (ca. 20–30 min) Schlafzeiten am Tage und Vermeiden monotoner Tätigkeiten kann die Tagesmüdigkeit günstig beeinflussen. Medikamentös können gegen die Schlafattacken Stimulanzien eingesetzt werden. Die Kataplexie wird mit Trizyklika, Clonidin oder MAO-Hemmstoffen behandelt. Wichtig ist auch bei Jugendlichen eine ausführliche Beratung bzgl. Berufswahl bzw. Freizeitaktivitäten. Alkohol sowie Tätigkeiten, die bei Schlafattacken riskant sein können (Autofahren, Bedienen von Maschinen), sollten vermieden werden. Stützende Psychotherapie kann zur Krankheitsbewältigung sinnvoll sein. Entspannungsverfahren sowie kognitive Verfahren können möglicherweise Selbstbeobachtung und Erkennen von auftretenden Symptomen sowie den Umgang damit verbessern (Kotagal 1996).

Störungen des Schlaf-Wach-Rhythmus als Dyssomnien

Diese Störungen sind charakterisiert durch fehlende Synchronizität des individuellen Schlaf-Wach-Rhythmus mit dem Schlaf-Wach-Rhythmus der Umgebung. Es treten Insomnie während der Hauptschlafperiode und Hypersomnie in der Wachperiode auf. Die Schlafphasen sind entweder gegenüber dem Umgebungsrhythmus verschoben oder es besteht ein unregelmäßiges Schlaf-Wach-Muster ohne erkennbaren zirkadianen Rhythmus. Gesamtschlafdauer und -qualität sind jedoch nicht beeinträchtigt. Am häufigsten ist die Verzögerung der Hauptschlafperiode.

Bei einer ständigen Verschiebung der Schlaf-Wach-Zeiten kommt es auch auf Dauer zu einer entsprechenden Veränderung der im zirkadianen Rhytmus schwankenden physiologischen Parameter (z.B. Körpertemperatur, Cortisolspiegel), sodass es in der Folge zunehmend schwerer wird, zu normalen Zeiten einzuschlafen und zu erwachen. Eine längere Dauer von mindestens 1 Monat und eine deutliche Beeinträchtigung der psychosozialen Leistungsfähigkeit gehören zu den diagnostischen Kriterien (Saß et al. 1996, Dilling et al. 1991).

Komorbidität: Diese Störungen sind besonders in der Adoleszenz häufig mit schizoiden, schizotypischen oder vermeidenden Persönlichkeitsstörungen assoziiert. Als Folge von Selbstbehandlungsversuchen wird auch Komorbidität mit Substanzabusus beschrieben.

Prävalenz: Die Häufigkeit verzögerter Schlafphasen wird meist mit etwa 7% der Probanden in der Adoleszenz angegeben (Saß et al. 1996, Mindell u. Cashman 1995, Anders u. Eiben 1997). Für die selteneren Störungsbilder mit vorverlagerten Schlafphasen oder unregelmäßigem Schlaf-Wach-Rhythmus existieren keine Angaben.

Genese der Störung: Ständiges Aufschieben der Bettgehzeiten zugunsten anderer Aktivitäten mit verspätetem morgendlichen Erwachen bzw. Schlafdefizit und Wechsel zwischen kurzen Schlafperioden (in der Woche) und irregulär langen Schlafzeiten (am Wochenende) können auf Dauer zu einer Rhythmusverschiebung der zirkadianen physiologischen Parameter (s.o) und damit zu einer Verzögerung der Schlafphasen führen. Die Genese der übrigen Schlaf-Wach-Rhythmusstörungen ist nicht so gut beschrieben. Es werden sowohl psychologische Faktoren als auch Störungen des endogenen Rhythmusgebers diskutiert (Schramm u. Riemann 1995).

Therapieansätze und Prognose: Eine hohe Kooperationsbereitschaft seitens des Jugendlichen und der Eltern ist notwendig. Die Therapie enthält Aufklärung über die Störung und deren Ursachen sowie über Schlafhygiene, Sicherstellen ausreichender Schlafzeiten (mind. 8 h) mit regelmäßigen Bettgehzeiten, Stressmanagement und ggf. Führen eines Schlaftagebuchs. Falls dies nicht ausreicht, ist eine Chronotherapie (Mindell u. Cashman 1995, Anders u. Eiben 1997) mit allmählicher Verlagerung der Schlafphasen notwendig. Dies kann sowohl durch eine Verzögerung der Einschlafzeit rund um die Uhr bis zum Erreichen der gewünschten Zeit als auch durch sukzessive Vorverlagerung geschehen. Eventuell ist hierfür eine stationäre Behandlung notwendig.

Parasomnien

Pavor nocturnus

Die Symptomatik besteht in ein- oder mehrmaligem plötzlichen Erwachen aus dem NREM-Schlaf (Schlafstadium 3 + 4), beginnend mit einem Panikschrei und gleichzeitigem Aufsetzen im Bett (seltener Aufstehen). Das Kind zeigt Anzeichen vegetativer Erregung (Tachykardie, Tachypnoe, weite Pupillen, Schwitzen) und intensiver Angst (Fluchttendenzen, jedoch selten Verlassen des Bettes). Extrem selten kann bei Fluchttendenzen und Abwehrbewegungen gegen Festhalte- und Beruhigungsversuche auch Eigen- oder Fremdgefährdung gegeben sein. Es besteht in der Regel Desorientiertheit, und es können perseverierende Bewegungen auftreten. Die Symptomatik ist durch Beruhigungsversuche kaum beeinflussbar, gelegentlich wird sie dadurch auch verstärkt; die Patienten sind erschwert erweckbar bzw. schlafen sofort wieder ein. Nach dem Erwachen besteht völlige Amnesie für die Episode, oder es finden sich allenfalls fragmentarische Erinnerungen. Angstträume werden **nicht** angegeben. Pavor nocturnus tritt meist während des ersten Drittels des Schlafs auf, und eine Episode dauert etwa 1–10 min.

Komorbidität: Es besteht wechselseitige Komorbidität mit Schlafwandeln bzw. mit dem Älterwerden ein zunehmender Übergang in Schlafwandeln. Ein vermehrtes Vorkommen bei Kindern mit Tourette-Syndrom oder deren Verwandten wurde beschrieben (Dahl 1991). Ansonsten wird bei Kindern keine erhöhte Komorbidität mit anderen psychischen Störungen genannt. Bei Fortbestehen über die Adoleszenz hinaus besteht erhöhte Komorbidität mit Angststörungen und Persönlichkeitsstörungen (Saß et al. 1996).

Prävalenz: Die Prävalenzangaben liegen zwischen 1–6% im Kindesalter (Schmidt 1992, Mindell u. Cashman 1995, Saß et al. 1996). Der Häufigkeitsgipfel liegt im Vorschulalter und nimmt zur Pubertät hin ab. Jungen sind häufiger betroffen als Mädchen, im Erwachsenenalter findet sich aber ein ausgeglichenes Geschlechterverhältnis.

Genese der Störung: Es gibt mit familiärer Häufung der Störung Hinweise auf eine genetische Komponente, und es wird eine beeinträchtigte zentralnervöse Steuerung des „arousal" (im Hirnstamm entstehende Aktivierung des Wachbewusstseins durch äußere Reize) angenommen.

Therapieansätze und Prognose: Pavor nocturnus ist eine benigne Störung, die in aller Regel auf das Vorschulalter begrenzt ist und spätestens im Jugendalter verschwindet. Eine spezifische Therapie ist nicht bekannt aber auch nicht notwendig. Die Eltern sollten über das Störungsbild und dessen Gutartigkeit aufgeklärt werden, hierbei sollte auch betont werden, dass der Störung keine kindlichen Ängste zu Grunde liegen. Bei stärkerer Beeinträchtigung durch häufiges Auftreten können Entspannungsverfahren oder bei selbst- bzw. fremdgefährdendem Verhalten medikamentöse Behandlungsversuche mit Imipramin oder Benzodiazepinen gemacht werden.

Schlafwandeln

Bei dieser Störung verlässt der Patient aus dem NREM-Schlaf heraus das Bett und geht während des Schlafes umher. Die Betroffenen zeigen meist starre Mimik, wenig Reagibilität auf Außenreize und erschwerte Erweckbarkeit. Bei Verlassen des Schlafraumes (oder des Hauses) besteht beträchtliches Verletzungsrisiko. Extrem selten kommen auch fremdaggressive Handlungen vor. Das Auftreten kann durch Belastungen wie z.B. fiebrige Erkrankungen, psychischen Stress, Alkohol und Lärm getriggert werden. Wenige Minuten nach Erwachen von der Episode besteht keine psychische Beeinträchtigung mehr, gelegentlich kann kurzfristige Desorientierheit auftreten. Nach dem Aufwachen (direkt nach der Episode oder am Morgen) besteht Amnesie für das Ereignis. Schlafwandeln tritt meist im ersten Schlafdrittel auf.

Komorbidität: Hier gelten die gleichen Angaben wie für Pavor nocturnus (s.o.).

Prävalenz: Die Prävalenzangaben schwanken zwischen 1–5% bei Kindern mit deutlicher Beeinträchtigung und bis zu 30% bei Kindern mit mindestens einer Schlafwandelepisode. Nach der Pubertät ist die Störung selten, der Häufigkeitsgipfel liegt im Schulalter.

Genese der Störung: Wie bei Pavor nocturnus wird eine genetische Komponente sowie eine Störung des „arousal" angenommen.

Therapieansätze und Prognose: Es gelten die gleichen Angaben im Blick auf Prognose und Behandlungsempfehlungen wie bei Pavor nocturnus (s.o.); zusätzlich ist als wesentlicher Punkt auf eine Sicherung der Schlafumgebung zu achten.

Alpträume

Die Störung ist charakterisiert durch Aufwachen aus dem Schlaf mit lebhafter und detaillierter Erinnerung an heftige Angstträume. Die Träume beinhalten Themen mit Bedrohungen von Leben, Sicherheit oder Selbstwertgefühl, die sich häufig gleich oder ähnlich wiederholen. Nach dem Aufwachen sind die Kinder rasch orientiert. Ängste vor erneuten Alpträumen, dem Wiedereinschlafen oder dem Zubettgehen können in der Folge auftreten. Bei häufigen Alpträumen bzw. Meiden des Schlafs aus Angst vor Alpträumen können Symptome einer Insomnie hinzukommen. Alpträume treten überwiegend in der 2. Hälfte der Schlafperiode auf.

Komorbidität: Wie geschildert, kann in der Folge eine Insomnie auftreten. Weitere Komorbidität besteht mit Angststörungen und depressiven Störungen. Auch bei posttraumatischen Stressstörungen treten häufig Alpträume auf, insgesamt jedoch sind Alpträume im Zusammenhang mit belastenden Lebensereignissen selten. In der Adoleszenz wird ein Zusammenhang mit überempfindlichen Persönlichkeitszügen beschrieben (Schmidt 1992)

Prävalenz: Alpträume kommen am häufigsten im Vorschulalter vor. Die Prävalenzangaben streuen zwischen 10–50% (Mindell u. Cashman 1995, Saß et al. 1996, Anders u. Eiben 1997). Im Schulalter wird eine Prävalenz von ca. 5% angegeben (Schmidt 1992). Mädchen sind häufiger betroffen.

Genese der Störung: Alpträume sind nicht grundsätzlich pathologisch, sondern treten im Vorschulalter bei fast jedem Kind gelegentlich auf (Ware u. Orr 1992). Zusammenhänge können mit belastenden und ängstigenden Lebensereignissen bestehen. Auch manche Medikamente (z.B. Beta-Blocker, Antidepressiva) oder plötzlicher Entzug REM-Schlaf unterdrückender Substanzen (z.B. Benzodiazepine, Alkohol) können Alpträume provozieren (Mindell u. Cashman 1995, Stores 1996).

Therapieansätze und Prognose: Bei Beginn in der Kindheit ist der Verlauf meist günstig, und die Frequenz der Alpträume nimmt mit dem Älterwerden ab. Bei einem Zusammenhang mit belastenden Lebensereignissen kann eine Psychotherapie zur Problembewältigung sinnvoll sein. Bei deutlicher Belastung durch die Störung können auch Therapieversuche mit dem Ziel der Angstreduktion, wie Entspannungsverfahren, sytematische Desensibilisierung oder Traumreorganisation (Aktive Imagination des Angsttraumes mit Bewältigung der Situation, z.B. mit magischer Kraft Traummonster zerstören) angewandt werden (Palace u. Johnston 1989, Mindell u. Cashman 1995).

Andere Parasomnien

Hierzu zählen schlafassoziierte Verhaltensweisen, wie z.B. Zähneknirschen (Bruxismus) oder Sprechen im Schlaf, gelegentlich wird auch nächtliches Einnässen dazugerechnet. Sprechen im Schlaf tritt bei etwa 8% der 4- bis 5-jährigen Kinder auf, Bruxismus bei ca. 4–6% der Altersgruppe. Für letztere Störung wird eine Assoziation mit Wutausbrüchen beschrieben (Schmidt 1992).

■ Schlafstörungen bei psychiatrischen Erkrankungen

Schlafstörungen sind häufige Symptome vieler psychiatrischer Erkrankungen. Eine eigenständige Schlafstörung wird zusätzlich diagnostiziert, falls die Schlafprobleme im Vordergrund der Beschwerden stehen. Bei Depressionen, bei denen Ein- und Durchschlafstörungen zu den Kardinalsymptomen zählen, besteht darüber hinaus auch eine Veränderung der Schlafarchitektur mit einer verkürzten REM-Schlaf-Latenz (Riemann et al. 1995). D.h., nach dem Einschlafen tritt die 1. REM-Phase sehr viel früher auf als bei Gesunden, was bis zum sofortigen Beginn des REM-Schlafes nach dem Einschlafen gehen kann (Sleep-Onset-REM).

Komorbidität: Diese ergibt sich aus der Definition des Störungsbildes. Im kinder-und jugendpsychiatrischen Bereich tritt häufig verkürzte Schlafdauer sowohl mit Einschlafproblemen als auch mit Früherwachen bei dem hyperkinetischen Syndrom oder bei Intelligenzminderungen auf. Bei dem hyperkinetischen Syndrom findet sich jedoch keine Änderung der Schlafarchitektur, während Kinder mit Intelligenzminderungen weniger REM-Schlaf haben. Angaben zu Prävalenz und Genese entfallen wegen der Heterogenität der diagnostischen Kategorie.

Therapieansätze und Prognose: Die Behandlung der Grundstörung hat Priorität. Bei autonom gewordenen, primär belastungsabhängigen Schlafstörungen sollte die Schlafstörung parallell zur evtl. noch vorhandenen Belastungsstörung behandelt werden. Die Prognose hängt wesentlich von der zugrunde liegenden Störung ab.

Zusammenfassung

Schlafstörungen lassen sich einteilen in Dyssomnien als Zustandsbilder mit einer Störung von Dauer, Qualität oder Zeitpunkt des Schlafes und Parasomnien als abnorme Episoden von Verhaltensmustern oder physiologischen Ereignissen, die während des Schlafs oder des Schlaf-Wach-Übergangs auftreten. Dyssomnien können durch viele verschiedenen Faktoren ausgelöst werden, und man unterteilt diese Störungen weiter in organische vs. nicht-organische bzw. intrinsische vs. extrinsische Dyssomnien. Therapeutisch ist bei allen Schlafstörungen die wesentlichste Intervention, die in vielen Fällen auch als Behandlung ausreicht, die Beratung des Patienten und/oder seiner Eltern über die vorliegende Schlafstörung, die Physiologie des altersadäquaten Schlafs und die Prinzipien der „Schlafhygiene“. Spezifische Therapien kommen ggf. entsprechend dem Störungsbild hinzu.

Literatur

Anders TF. Sleep disorders: Infancy through Adolescence. In: Wiener J, Hrsg. Textbook of child and adolescent psychiatry. Washington: American Psychiatric Press; 1991.

Anders TF, Eiben LA. Pediatric sleep disorders: A review of the past 10 years. J Am Acad Child Adol Psychiat. 1997;36(1):9-20.

Cluydts R, De Roeck J. Sleep complaints in school-aged children, in young healthy volunteers and in the sleep disorders center. In: Koella WP, Obal F, Schulz H, Visser P, Hrsg. Sleep '86. Proceedings of the Eighth European Congress on Sleep Research. Stuttgart: Fischer; 1988.

Dahl R. Parasomnias. In: Ammermann RT, Last CG, Hersen M, Hrsg. Handbook of prescriptive treatments for children and adolescents. Boston: Allyn & Bacon; 1993.

Dilling H, Mombour W, Schmidt MH. Internationale Klassifikation psychischer Störungen ICD-10. Bern Göttingen Toronto: Huber; 1991.

Esser G, Schmidt MH. Epidemiologie und Verlauf kinderpsychiatrischer Störungen im Schulalter – Ergebnisse einer Längsschnittstudie. Nervenheilkunde. 1987;6:27-35.

Klackenberg G. Incidence of Parasomnias in children in a general population. In: Guilleminault C, Hrsg. Sleep and its disorders in children. New York: Raven Press; 1987.

Kotagal S. Narcolepsy in children. Seminars in Pediatric Neurology. 1996;3(1):36-43.

Mindell JA, Cashman L. Sleep disorders. In: Eisen AR, Kearney CA, Schaefer CE, Hrsg. Clinical handbook of anxiety disorders in children and adolescents. Northvale: Aronson; 1995.

Palace EM, Johnston C. Treatment of recurrent nigthmares by the dream reorganization approach. J Behav Ther Experim Psychiat. 1987;20(3):219-26.

Richman N, Douglas J, Hunt H, Landsdown R, Levere R. Behavioural methods in the treatment of sleep disorders – a pilot study. J Child Psychol Psychiat. 1985;26:581-90.

Rickert VI, Johnson CM. Reducing nocturnal awakenings and crying episodes in infants and young children: A comparison between scheduled awakenings and systematic ignoring. Pediatrics. 1988;81:203-12.

Riemann D, Kammerer J, Low H, Schmidt MH. Sleep in adolescents with primary major depression and schizophrenia: A pilot study. J Child Psychol Psychiat. 1995;36(2):313-26.

Saß H, Wittchen H-U, Zaudig M. Diagnostisches und Statistisches Manual Psychischer Störungen DSM-IV. Göttingen Bern Toronto Seattle: Hogrefe; 1996.

Schmidt MH. Schlafstörungen in Kindesalter und Adoleszenz. In: Berger M, Riemann D, Hrsg. Handbuch des normalen und gestörten Schlafs. Berlin: Springer; 1992.

Schramm E, Riemann D. Internationale Klassifikation der Schlafstörungen ICDS. Weinheim: Beltz; 1995.

Ware JC, Orr WC. Evaluation and treatment of sleep disorders in children In: Walker CE, Roberts MC, Hrsg. Handbook of clinical child psychology. New York: Wiley; 1992.

Prüfungsfragen

1. Beschreiben Sie den stadienhaften Ablauf des normalen Schlafs.
2. Was versteht man unter dem Begriff Dyssomnie?
3. Was versteht man unter dem Begriff Parasomnie?
4. Was versteht man unter dem Begriff Schlafhygiene?
5. Nach welchen Gesichtspunkten kann man die Dyssomnien weiter unterteilen?
6. Was versteht man unter dem Begriff Kataplexie?
7. Wonach sollte bei der Anamneseerhebung im Hinblick auf eine Schlafstörung gefragt werden?
8. Wie kann man Alpträume und Pavor nocturnus differenzialdiagnostisch unterscheiden?
9. Wann ist eine EEG-Untersuchung angezeigt?
10. Bei welchen Fragestellungen ist eine Schlaflaboruntersuchung sinnvoll?
11. Welches ist die wesentlichste therapeutische Intervention bei fast allen Schlafstörungen?

27 Stottern

H.S. Johannsen und A. Rothenberger

Fallvignette

Der 5-jährige Karl-Heinz wird vorgestellt, weil er seit 2 Jahren stottere. Zunächst seien Wortwiederholungen, im letzten Jahr zunehmend Blocks aufgetreten, die von Gesichtsverzerrungen begleitet seien. Anfänglich seien noch Phasen flüssigen Sprechens über mehrere Wochen aufgetreten, die aber im Störungsverlauf immer kürzer geworden seien. Beide Eltern haben den Eindruck, dass sich das Stottern ihres Sohnes verstärke.

Aus der sonstigen Anamnese ist noch erwähnenswert, dass der Vater in Kindheit und Jugend stärker, jetzt aber nur noch bei besonders aufregenden Situationen stottere und dass K.-H. eine gegenüber seiner älteren und flüssig sprechenden Schwester deutlich verzögerte Sprachentwicklung durchgemacht habe. Er habe eigentlich erst mit etwa 3 Jahren, also zu der Zeit, in der auch das Stottern begann, in längeren Einheiten zu sprechen begonnen. Auch jetzt sei er kein gewandter Sprecher, sondern versuche, sich so kurz wie möglich auszudrücken. Eine gesehene Fernsehsendung könne er mit 2 oder 3 Sätzen wiedergeben.

Befund: 5-jähriger, kognitiv, körperlich und motorisch altersentsprechend entwickelter Junge, der bei normalem Sprachverständnis und normalem Hörvermögen eine einfache expressive Sprache mit überwiegenden SPO- und nur wenigen komplexeren Satzformen benutzt, die meist korrekt sind. Bei der Benennung vorgelegter Bildkarten fallen mehrfach längere Überlegungspausen auf, einmal wird auch eine Umschreibung gebraucht. Artikulationsfehler treten nicht auf, die Mundmotorik ist ungestört. Kennzeichnend für die Stottersymptomatik sind viele Teilwortwiederholungen mit bis zu 5-maliger Repitition und z. T. auffallende Blockierungen, durch die der Junge sich hindurchpresst.

Diagnose: Stottern bei genetischer Belastung und linguistischen Defiziten, besonders im Zugriff auf das Lexikon.

Therapie: Logopädische Übungsbehandlung mit ersten Ansätzen an den linguistischen Defiziten, später eventuell um einen Flüssigkeitsbaustein ergänzt.

Erscheinungsbild

Obwohl nahezu jeder einen oder mehrere Stotterer in seiner Umgebung kennt, variieren die Ansichten darüber, was Stottern ist und wie Stottern sich äußert, außerordentlich stark. So fehlt bis heute auch eine von allen – Fachleuten wie Laien – getragene Definition des Stotterns, insbesondere wenn ätiologische Annahmen eingeschlossen werden sollen. Allgemeinen Konsens findet aber eine beschreibende Charakterisierung: Stottern ist eine auffallend häufige Unterbrechung des Redeflusses.

Diese Unterbrechungen sind es, die das Störungsbild nach außen bestimmen: Wiederholungen, Dehnungen und Blockierungen. Darüber hinaus gibt es eine Vielfalt von weiteren, z. T. auch verdeckten Symptomen, die über die Sprechsymptomatik hinaus die individuelle Ausprägungsform des Stotterns charakterisieren. Diese Individualität des Stotterns betrifft aber nicht nur das Erscheinungsbild bei jedem einzelnen Stotterer, sondern auch gerade die für ihn entscheidenden Faktoren bei der Entstehung, der Aufrechterhaltung und dem weiteren Verlauf seines Stotterns, was noch zu beschreiben sein wird.

Wiederholungen: Es können kurze (Teilwortwiederholungen = Laut- und/oder Silbenwiederholungen) und längere linguistische Einheiten (Wort-, Satzteilwiederholungen) in unterschiedlicher Frequenz wiederholt werden. Die Wiederholungen müssen nicht deckungsgleich sein. Es kann auch beobachtet werden, dass ein Phonem, z. B. ein Vokal, mit zunehmender Wiederholung von einem anfänglichen Schwa-Laut dem Ziellaut immer weiter angenähert wird.

Dehnungen: Es können Laute gedehnt werden, ebenso aber auch stumme Artikulationseinstellungen. Bei solchen stillen Dehnungen kann die Unterscheidung gegenüber einer Pause zur gedanklichen Vorstrukturierung oder auch gegenüber einem Block schwierig sein. Die Lautdehnungen können mit einem Tonhöhen- oder Lautstärkeanstieg einhergehen.

Blockierungen: Es können Blockierungen vor, aber auch innerhalb von Wörtern nicht nur am Satzanfang, sondern bei jedem Wort im Satz auftreten, deren Länge sehr verschieden sein kann. Diese Blocks sind Ausdruck von muskulären Verkrampfungen im Respirations-, Phonations- oder Artikulationsbereich.

Zu diesen auch als Primärsymptomatik bezeichneten Auffälligkeiten treten weitere Symptome, die sich im weiteren Verlauf mit unterschiedlichem Intervall vom Stotterbeginn entwickeln, und zwar in unterschiedlicher und auch bei einem einzelnen Stotterer in wechselnder Ausprägung: Flicklaute und -wörter, Starter, Wortvermeiden und Umstrukturierungen, Mitbewegungen des Kopfes, der Extremitäten oder des ganzen Körpers, Verkrampfungen, Sprechatmungsunregelmäßigkeiten, situatives Vermeiden, Sprechängste. Diese Sekundärsymptome sind meist Folge des Vermeidens und Verbergens des Stotterns, die anfänglich vielleicht hilfreich sind, sich in der Folge aber meist verselbstständigen und die Sprechstörung verstärken.

Der Verlauf ist nicht regelhaft und individuell sehr wechselhaft. Das Stottern, in früher Kindheit erstmals auftretend, besteht zwar anfänglich häufiger aus lockeren Wort- und Satzteilwiederholungen, kann aber ebenso schon mit spannungsgeladenen Blockierungen beginnen. In den Anfangsmonaten oder -jahren wechseln unterschiedlich lang andauernde Phasen mit stärkerem Stottern und solche mit geringer Symptomatik oder gar flüssigem Sprechen mit späterem Übergang in ein überdauerndes Stottern.

Prävalenz

Stottern im eigentlichen Sinn beginnt meist im Vorschulalter zwischen dem 2. und 5. Lebensjahr, selten nach dem 8. und praktisch nie nach dem 10. Geburtstag. Später erstmalig auftretende Sprechunflüssigkeiten stellen in der Regel Sonderformen dar (z. B. neurogenes Stottern, psychogenes Stottern; s. Differenzialdiagnose). Stottern kann also schon auftreten, wenn sich ein Kind aus der Einwortebene zu Mehrwortäußerungen weiterentwickelt, ebenso aber auch nach einem Vorlauf flüssigen Sprechens mit korrekten Sätzen ohne wesentliche Artikulationsfehler, wobei der frühe Beginn ein prognostisch eher ungünstiges Zeichen darstellt.

Etwa 80% aller Kinder durchlaufen in ihrer Sprachentwicklung eine Phase von Wochen bis zu Monaten oder gar Jahren unflüssigen Sprechens. Etwa 4–5% weisen einen progressiven Verlauf auf, sodass selbst Fachleute die Diagnose eines beginnenden chronischen Stotterns stellen und diese Störung gegenüber dem Entwicklungsstottern (Entwicklungsunflüssigkeit, Dysfluency, physiologisches Stottern) abgrenzen. Weitere 3–4% werden im späteren Kindes-, Jugendlichen- und frühen Erwachsenenalter erst flüssig, sodass 1% der Erwachsenenbevölkerung als überdauernd stotternd verbleibt. Diese Angabe gilt, soweit überhaupt entsprechende Schätzungen vorliegen, für Angehörige aller Sprachen und Kulturen. Sie ist allerdings deutlich höher für die Gruppe der geistig Behinderten und hier besonders für Betroffene mit Down-Syndrom.

Genese

Die bisher vorliegenden, z. T. scheinbar widersprüchlichen Forschungsbefunde zu möglichen Ursachen des Stotterns lassen sich zu einem klaren Bild ordnen, wenn man zwischen disponierenden, auslösenden und chronifizierenden, generalisierenden und die Sprechunflüssigkeit stabilisierenden Faktoren und Bedingungen unterscheidet (Abb. 27.**1**, Schulze u. Johannsen 1991).

Als disponierende Bedingungen sind solche zu verstehen, die durch Vererbung in von Stottern gehäuft betroffenen Familien weitergegeben oder durch prä-, peri- oder postpartale Einflüsse oder frühkindliche Entwicklungsbesonderheiten erworben werden. Auslösende Bedingungen gehen dem Erstauftreten des Stotterns zeitlich unmittelbar voraus. Chronifizierende, generalisierende und die Sprechunflüssigkeit stabilisierende Bedingungen unterhalten das bereits entstandene Stottern.

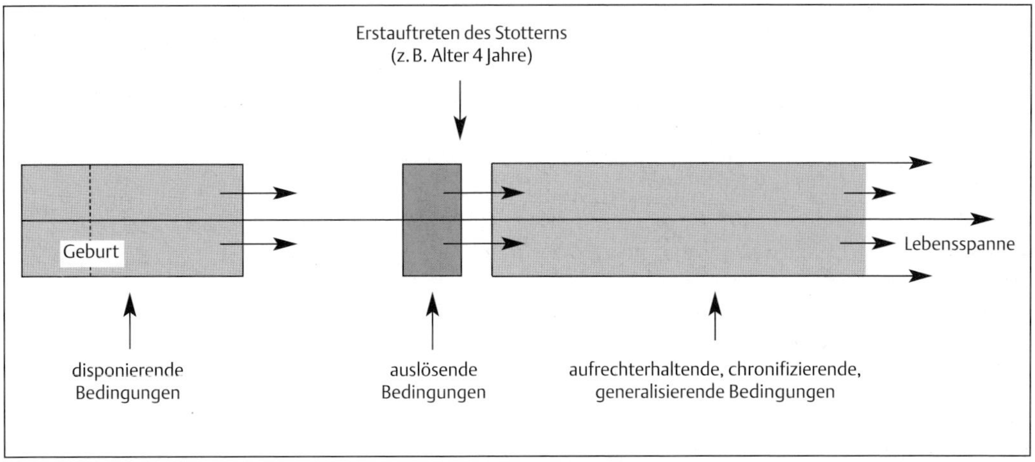

Abb. 27.1 Ätiologische Bedingungen beim kindlichen Stottern (Schulze u. Johannsen 1991).

Disponierende Bedingungen

Die Bereitschaft, ein Stottern zu entwickeln, besteht bei solchen Kindern, die Störungen im Bereich der Wahrnehmung bzw. der Autoregulation des Sprechens, eine unzureichende Lateralisation sprachlicher Fähigkeiten und/oder eine neuromotorische Koordinationsstörung haben (Fiedler 1992).

Stottern als Folge einer Wahrnehmungsstörung (van Riper 1971, 1982; Fiedler u. Standop 1978, 1986): Bei etwa 80% aller Kinder treten in der Folge einer Interferenz verschiedener Feedbacksysteme für eine begrenzte Zeit in ihrer Sprachentwicklung Entwicklungsunflüssigkeiten auf. Ein Kind kontrolliert anfänglich seine eigenen Sprach- und Sprechleistungen akustisch, um sie mit denen seiner Bezugspersonen vergleichen und korrigieren zu können, muss aber den für seine weitere soziale Entwicklung so bedeutsamen akustischen Sinneskanal von solchen Überwachungsfunktionen entlasten, wofür andere Feedbacksysteme (taktil, kinästhetisch, propriozeptiv) herangezogen werden. In der Übergangszeit überschwemmen und desintegrieren diese übermäßigen Feedbacksignale das noch unreife, sich entwickelnde Gehirn und stören die Koordination der Outputbefehle mit dann auftretenden Entwicklungsunflüssigkeiten. Diese reduzieren sich zunehmend mit dem Zurücktreten des akustischen Feedbacks, können sich aber zu einem überdauernden Stottern weiterentwickeln, wenn weitere Faktoren diese Stabilisierung flüssigen Sprechens stören.

Stottern als Folge einer unzureichenden Lateralisation sprachlicher Fähigkeiten (Lit. bei Johannsen u. Schulze 1993): Sprache und Sprechen werden bei normaler Hirnentwicklung sowohl in Bezug auf rezeptive und expressive Leistungen von einer, meist der linken Großhirnhemisphäre gesteuert. Kommt es jedoch nicht zu einer eindeutigen Lateralisation (= Dominanzfindung) dieser Funktionen, und das gilt für eine Subgruppe der Stotterer, dann stören sich die Outputbefehle beider Hirnhälften, wenn sie nicht absolut zeitgleich die Artikulationsorgane anstoßen. Unflüssiges Sprechen ist die Folge. Die Weiterentwicklung in einen chronischen Stotterverlauf ist möglich, wenn diese unklaren Dominanzverhältnisse in der weiteren Hirnreifung bestehen bleiben oder wenn zusätzliche stotterauslösende Bedingungen in dieser Entwicklungsphase hinzutreten.

Die Annahme, **Stottern** sei **Ausdruck einer neuromotorischen Koordinationsstörung** – die 3. disponierende Bedingung –, wird wiederum durch viele Forschungsbefunde gestützt. Dazu liegen insbesondere Untersuchungsergebnisse über die Sprechatmung, die Phonation, die Artikulation, die Koartikulation und mit großer Bedeutung über die Koordination dieser Leistungen vor (Lit. bei Schulze u. Johannsen 1986; Fiedler 1992), die dafür sprechen, dass dieses periphere Gesamtsystem und natürlich auch dessen zentrale Steuerung bei Stotterern langsamer reagieren und weniger verlässlich arbeiten.

Neuere Untersuchungen stellen mittels struktureller und funktioneller bildgebender Verfahren eine Hyperaktivität im Bereich des prämotorischen Cortex entweder direkt oder durch Verbindungen mit dem Thalamus und den Basalganglien heraus. Andererseits werden Veränderungen im auditorischen System und im Sprachproduktionssystem beschrieben (Fox et al. 1996).

Somit könnte es sich um eine Störung neuromuskulärer Kontrollsysteme handeln, die durch eine Dysfunktion der am Sprechvorgang beteiligten neuronalen Systeme zustande gekommen sind. Dabei sind für das Auftreten, die Entwicklung und die Aufrechterhaltung der Symptomatik Wechselwirkungen zwischen neurobiologischen, linguistischen und psychosozialen Bedingungen anzunehmen.

Im Einzelfall eines Kindes können die bei ihm wirksamen disponierenden Bedingungen oder Bedingungskombinationen nicht immer aufgedeckt werden, da klinisch brauchbare, kindgeeignete, nicht invasive Instrumente noch fehlen.

Das gehäufte Auftreten von Stottern in einzelnen Familien („Stotterfamilien") könnte, wie bereits angedeutet, auf die Weitergabe dieser disponierenden Bedingungen zurückgeführt werden, wobei bisherige Untersuchungen zur Heredität des Stotterns aber deutlich machen, dass eine dieser Bedingungen für ein Stottern nicht ausreicht, sondern dass weitere auslösende Faktoren hinzukommen müssen.

Auslösende und aufrechterhaltende Faktoren

Auslösende Faktoren oder Bedingungen sind solche, die dem Erstauftreten des Stotterns zeitlich unmittelbar vorausgehen oder damit zusammenfallen. Es handelt sich dabei um multiple, koexistierende und miteinander interagierende Faktoren physiologischer bzw. organischer, linguistischer und psychologischer bzw. psychosozialer Natur. Diese Variablen sind in Abb. 27.**2** in ihrer interaktiven Beziehung (Johannsen u. Schulze 1990) dargestellt. Dabei sollte dem Stress (kontrollierbarer vs. unkontrollierbarer,

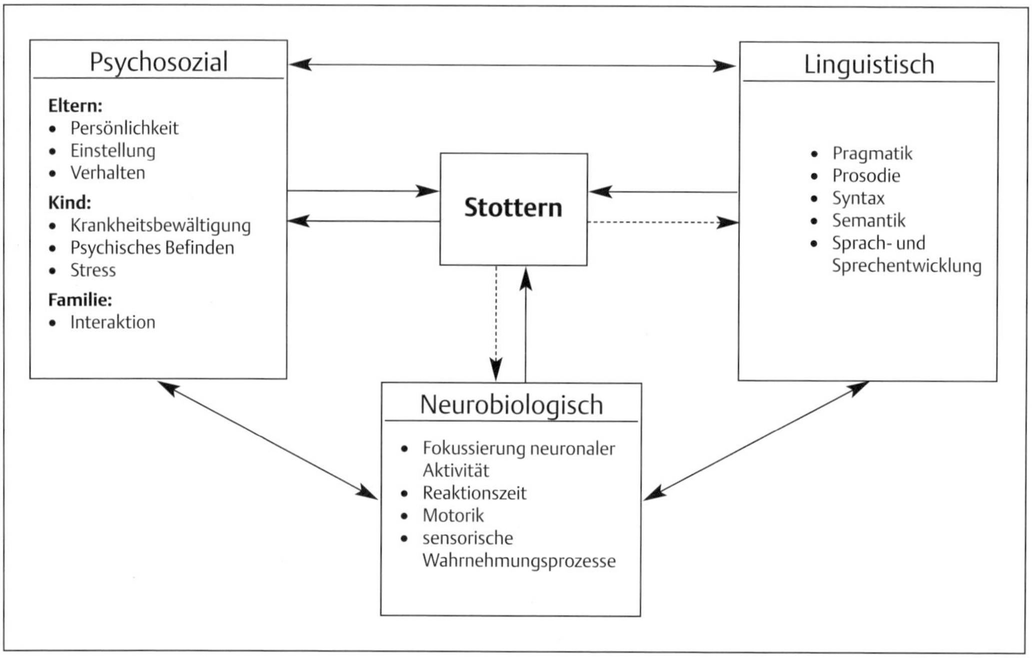

Abb. 27.**2** Deskriptives Modell der Interaktionen zwischen neurobiologischen, linguistischen und psychosozialen Bedingungen, die für das Auftreten, die Entwicklung und die Aufrechterhaltung kindlichen Stotterns von Bedeutung sind (in Anlehnung an Johannsen u. Schulze 1990).

s. Rothenberger u. Hüther 1997) im Hinblick auf die weitere Hirnentwicklung und damit verbundene Selbstregulationsmöglichkeiten des Kindes besonderes Augenmerk geschenkt werden.

Das Modell soll verdeutlichen, welche Faktorenbündel mit ihren Einzelkomponenten für das frühkindliche Stottern bedeutsam sind und wie diese miteinander und mit dem Stottern selbst in Beziehung stehen. Wichtig ist, dass die zum Zeitpunkt des Auftretens des Stotterns wirksamen Faktoren oder Faktorenkonstellationen nicht stabil sind, sondern sich im weiteren Verlauf und sogar unter der Therapie durchaus verändern können. Die auslösenden Faktoren müssen also nicht die gleichen sein wie die, die die Aufrechterhaltung und den weiteren Verlauf mit Stabilisierung und Generalisierung verantworten.

Das aufgezeigte Modell der interaktiven Beziehung neurobiologischer, psycholinguistischer und psychosozialer Variablen für die Entstehung, die Aufrechterhaltung und den Verlauf des kindlichen Stotterns integriert viele unterschiedliche und z.T. scheinbar divergierende Befunde und wird der interindividuellen Variabilität des Störungsbildes gerecht. Es muss heute also nicht mehr diskutiert werden, ob Stottern primär psychisch oder physiologisch bzw. organisch oder linguistisch bedingt ist. Im Einzelfall ist jedes jeweils für sich oder auch in Kombination möglich, was in einer therapiesteuernden Diagnostik herausgearbeitet werden muss, um daraus eine gezielte ursachenspezifische Therapie abzuleiten.

Therapieansätze

Die bisherige Darstellung der idiographischen (= einzelfallorientierten) Sichtweise des Stotterns in diesem frühen Kindesalter, nämlich dass das Stottern bei jedem Kind ganz individuelle Entstehungsursachen, auslösende Bedingungen und aufrechterhaltende Faktoren hat, verdeutlicht, dass es nicht „das Stottern“ und damit auch nicht „die Stottertherapie“ gibt. Vor einer Therapie muss deshalb bei jedem unflüssig sprechenden Kind in einem ersten Schritt (Abb. 27.**3**) differen-

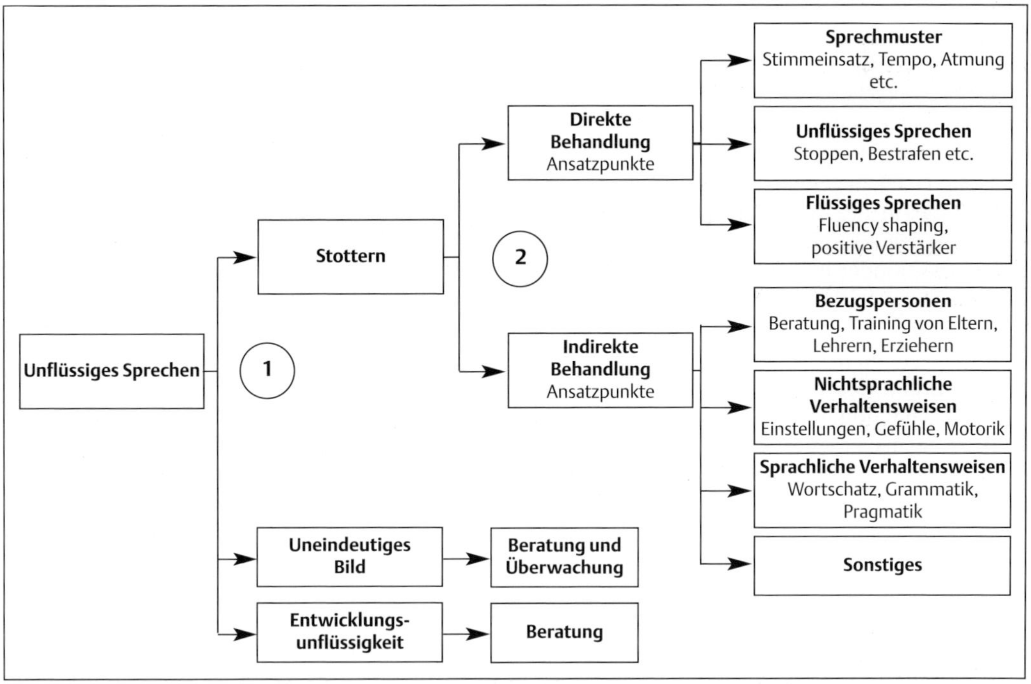

Abb. 27.**3** Diagnostische und differenzialdiagnostische Fragestellungen und Therapieentscheidungen bei sprechunflüssigen Kindern (Schulze u. Johannsen 1986).

zialdiagnostisch geklärt werden, ob es mit größter Wahrscheinlichkeit ein nur vorübergehendes Entwicklungsstottern hat oder ob die Gefahr eines chronischen Stotterverlaufes besteht. Werden die Sprechunflüssigkeiten als pathologisch gewertet und ist deren überdauerndes Fortbestehen wahrscheinlich, müssen in einem zweiten diagnostischen Schritt (= therapiesteuernde Diagnostik) die Faktoren aufgedeckt werden, die den chronischen Verlauf bestimmen, da sich aus ihnen für die Therapie jedes einzelnen Kindes unterschiedliche Modalitäten (multimodal) und unterschiedliche Methoden (methodenkombiniert) ableiten.

Differenzialdiagnose Entwicklungsunflüssigkeit – Stottern

Die Klärung der Differenzialdiagnose „Entwicklungsunflüssigkeit" auf der einen und „beginnendes oder bereits chronifiziertes Stottern" auf der anderen Seite ist deshalb schwierig, weil es bisher keine eindeutig trennenden Merkmale gibt und weil das Stottern junger Kinder in den Anfangsjahren sehr stark schwankt, es zu dem einen Zeitpunkt also wie normale Unflüssigkeiten wirkt, zu einem anderen aber wie ein Stottern mit einem schon sicher chronischen Verlauf.

Deshalb erscheint es sinnvoll, dem Erstdiagnostiker und -berater, meist Kinder- oder Allgemeinarzt, einen Katalog verhaltensnaher Kriterien an die Hand zu geben, die bei der Einordnung eines Kindes in die Gruppe bereits chronisch stotternder oder für einen chronischen Verlauf gefährdeter Kinder helfen (Johannsen u. Schulze 1988).

Dauer: Die Unflüssigkeiten des Kindes dauern länger als 6 Monate an.

Verlauf: Das Stottern des Kindes hat sich von zunächst spannungsfreien Wiederholungen zu Blockierungen weiterentwickelt. Es treten Mitbewegungen des Gesichts, des Rumpfes oder der Extremitäten auf.

Art der Symptomatik: Es treten Dehnungen mit Tonhöhen- oder Lautstärkeanstieg und Blockierungen mit sichtbarer Anstrengung auf. Die Eltern bestätigen diese Symptomatik als charakteristisch und häufig beobachtbar.

Reaktionen des Kindes: Das Kind selbst zeigt deutliche Reaktionen auf seine Redeunflüssigkeiten, z.B. verbal oder durch Abbruch einer Äußerung im Symptom, oder lässt ein Vermeiden bestimmter Laute, Wörter oder Sprechsituationen erkennen.

Einstellung der Eltern: Die Eltern äußern die Überzeugung, dass das Stottern sich gefestigt hat und sich nicht mehr von allein zurückbilden wird.

Familiäre Belastung: Mindestens ein weiteres Familienmitglied stottert ebenfalls.

Treffen eines oder gar mehrere dieser Kriterien zu, sollte ein in dieser Fragestellung erfahrener Fachmann für Stottern im Kindesalter herangezogen werden, der sich in der Regel neben quantitativen und qualitativen Sprechunflüssigkeitsmerkmalen (Tab. 27.1) weiterer Hinweise bedient, die sich aus den Einstellungen des Kindes und seiner Eltern sowie kognitiven, linguistischen, motorischen und Wahrnehmungsleistungen des Kindes sowie der genetischen Belastung der Familie mit dem Phänomen Stottern ergeben.

Defizite in der Sprachentwicklung oder Auffälligkeiten in der Mundmotorik sind entgegen früherer Auffassung prognostisch eher günstig.

Als weitere „danger signs" für einen chronischen Stotterverlauf ergeben sich aus einer eigenen laufenden, breit angelegten Längsschnittstudie an sehr jungen stotternden Kindern:

- Jungen sind stärker gefährdet als Mädchen, sie remittieren bei bereits länger bestehendem unflüssigem Sprechen seltener.
- Linkshändigkeit.
- Teilwortwiederholungen und Blockierungen als vorherrschende Symptome gegenüber einer eher gemischten Symptomatik.
- Stärkerer Abfall von Subtests gegenüber der Norm in der von uns verwandten Kaufman-Assessment-Battery for Children (K-ABC) zur Einschätzung von deren kognitiven Fähigkeiten (evtl. Hinweis auf Teilleistungsstörungen).
- Diskrepanz zwischen semantischen und syntaktischen Fähigkeiten (= großer Wortschatz, jedoch Schwierigkeiten, diesen in entsprechenden Satzbildungen anzuwenden).

Während die Eltern jener Kinder, deren unflüssiges Sprechen als noch physiologisch bewertet wird, in Bezug auf ihre Fehleinschätzung der zu erwartenden weiteren Sprech- und Sprachentwicklung ihres Kindes und im Hinblick auf ihre eigenen Möglichkeiten, flüssiges Sprechen ihres

Tabelle 27.**1** Kritische Merkmale zur Unterscheidung von Entwicklungsunflüssigkeiten und beginnendem Stottern (Johannsen u. Schulze 1988)

Kriterium	Normale Sprechunflüssigkeit	Chronisches Stottern
1. Sprechverhalten		
a) Wiederholungen		
Satzteilwiederholungen	+	–
Ganzwortwiederholungen	+	–
Neubeginn/Umstellung einer Äußerung	+	–
Silbenwiederholungen	(+)	+
Lautwiederholungen	–	+
Frequenz der Wiederholungen	< 2[1]	> 2
Schwa-Laut bei Wiederholungen	selten	+[2]
Sprechtempoerhöhung bei Wiederholungen	–	+
b) Dehnungen		
Dauer	< 1 Sekunde	> 1 Sekunde
Spannung (Gesicht, Lippen, Hals)	–	+
Stimmhafte Dehnungen		
Tonhöhenanstieg	–	+
Lautstärkeanstieg	–	+
Atmung bei stimmlosen Dehnungen	–	unterbrochen
c) Stille Pausen		
zur linguistischen Planung	+	–
innerhalb eines Wortes	–	+
2. Blickkontaktverhalten	adäquat	inadäquat

[1] (z. B. ba - ba - bal)
[2] (z.B. bə - bə - bal)

Kindes zu fördern, beraten werden, folgt für Kinder mit als pathologisch eingeschätztem Stottern in einem zweiten Schritt die therapiesteuernde Diagnostik.

■ Therapiesteuernde Diagnostik

Ziel dieser Diagnostik ist, einen genauen Überblick über den allgemeinen gesundheitlichen Status des Kindes zu erhalten, aber auch über seine kognitiven Leistungsmöglichkeiten, seine motorischen und insbesondere mundmotorischen Fähigkeiten, über den Stand seiner Sprach- und Sprechentwicklung, über sein Hörvermögen und sein realistisches, von personalen und situationalen Besonderheiten der Untersuchung unabhängiges Stotterverhalten sowie über psychosoziale Bedingungsfaktoren aus dem Verhalten des Kindes selbst, dem der Eltern oder aus intrafamiliären Interaktionsmustern. Dazu dient ein ausführlicher Elternfragebogen, zu dem eine eingehende problemorientierte Anamnese gehört, die auch eine klinisch-phoniatrische Untersuchung zum Inhalt hat, hinzu kommen eine Mutter- oder Vater-Kind-Interaktionsbeobachtung, zusätzliche individuell ausgewählte psychometrische Tests sowie vertiefende Elterngespräche über vermutete Problembereiche.

Diese zu untersuchenden Entwicklungs- und Verhaltensbereiche bei dem Kind und seiner Familie entsprechen den zuvor erwähnten, im Modell (Abb. 27.**2**) zusammengefassten Variablen, die für die Entstehung, die Aufrechterhaltung und den Verlauf des kindlichen Stotterns bedeutsam sind. Die aufgezeigten Fragestellungen lassen sich in der Regel nur interdisziplinär bearbeiten, sie setzen in kontinuierlicher Arbeit gesammelte Erfahrungen mit stotternden Kindern voraus.

■ Therapieinhalte bei stotternden Vorschul- und Grundschulkindern

Die therapievorbereitende Diagnostik stellt die für das jeweilige Kind bedeutsamen stottergenerierenden und -unterhaltenden Faktoren heraus, aus denen sich entsprechend der idiografischen Sichtweise die ganz individuellen Therapieansatzpunkte für dieses Kind ergeben.

Die möglichen Therapieansätze werden als indirekte bezeichnet, wenn an anderen Störungsbereichen als dem Stottern selbst angesetzt wird, als direkte hingegen, wenn am Stottern selbst gearbeitet wird. Dabei gilt, dass – wenn die Diagnostik entsprechend verlaufen ist – ein auf das Stottern bezogen indirektes Vorgehen gewählt wird, um darüber die Voraussetzungen für flüssiges Sprechen zu schaffen oder zumindest zu verbessern. Nur wenn die therapiesteuernde Diagnostik keine stotterfördernden Besonderheiten aufdecken konnte oder wenn über den indirekten Therapieansatz solche Besonderheiten aufgearbeitet sind, das Kind aber dennoch weiterhin stottert, wird ein direktes, am Stottern ansetzendes Vorgehen gewählt.

Ansatzpunkte einer indirekten Behandlung können das Aufmerksamkeitsverhalten des stotternden Kindes, seine auditive Wahrnehmung, seine Motorik und insbesondere die Mundmotorik und/oder seine sprachlichen Leistungen in den Bereichen Wortschatz, Grammatik und Pragmatik sein. Ferner kann ein Therapieschwerpunkt darin bestehen, ungünstige generelle oder stotterspezifische Einstellungen bei dem Kind zu verändern. Im Einzelfall kann, wenn die therapiesteuernde Diagnostik für das Stottern des Kindes ungünstige elterliche Einstellungen und Verhaltensweisen aufdeckt, der einzige oder zumindest der erste Therapieansatzpunkt in einer nach Bedarf mehr oder weniger intensiven Elternberatung bzw. -therapie liegen.

Die Erfahrung zeigt, dass über solche indirekten, das Stottern des Kindes zunächst ja noch nicht einbeziehenden Vorgehensweisen viele betroffene Kinder flüssig werden. Für solche Kinder, bei denen trotz Aufarbeitens ungünstiger Faktoren ein Stottern verbleibt oder bei denen solche Faktoren gar nicht gefunden werden konnten, werden direkte Therapieansätze gewählt, bei denen man 3 Möglichkeiten unterscheiden kann: Sprechmusterveränderung, an den Stottersymptomen ansetzende Veränderungen und Fluency Shaping.

Unter Sprechmusterveränderung versteht man Sprechhilfen, die vorrangig eine Sprechtemporeduzierung, eine Rhythmisierung oder eine Gliederung der sprachlichen Inhalte unter Einbeziehung der Sprechatmung zum Ziel haben. Aber auch geschmeidiges Sprechen, weicher Stimmeinsatz oder Kontrolle der Sprechlautstärke können als Sprechhilfe erarbeitet werden. Über die Auswahl der einzusetzenden Sprechhilfe entscheidet die Art der Symptomatik. In einem gesonderten diagnostischen Schritt wird das individuelle Sprechmuster des jeweiligen stotternden Kindes unter Beachtung der Sprechparameter Sprechgeschwindigkeit, Sprechatmung, Prosodie, Phonation und Artikulation genau beobachtet. Welche Sprechhilfe ein stotterndes Kind dann endgültig erlernen und anwenden soll, wird in einer Zwischenstufe entschieden, in der mehrere dieser Sprechhilfen in altersgemäßer Form eingeübt werden, um dann zu überprüfen, welche der angebotenen Sprechhilfen von dem Kind am besten angenommen und übernommen werden kann und zu einer deutlichen Reduktion der Grund- und Begleitsymptomatik verbaler und non-verbaler Art führt.

In der Praxis wird aber meist nicht eine einzige Sprechhilfe allein eingeübt, sondern oft eine Kombination von mehreren, die individuell auf die Sprechweise in ihren flüssigen Anteilen und die Stottersymptomatik zugeschnitten ist, so z.B. eine Kombination von Sprechtemporeduzierung, erhöhter Lautstärke und verbesserter Artikulation (LLD = langsam, laut, deutlich) oder eine solche von Spannungsreduzierung und Sprechtemporeduzierung (WLL = weich, leicht, langsam; s. Johannsen u. Springer 1993).

Auf besondere Indikationsregeln bei stotternden Jugendlichen und Erwachsenen wird später eingegangen. Ebenso werden dort auch Symptom-Ansätze aufgezeigt, die zumindest bei kleineren Kindern deshalb keine Anwendung finden, weil deren Wahrnehmungsfähigkeit für ihr Stottern nicht in dem Maße ausreicht, wie es diese Ansätze verlangen.

Neben den dargestellten Ansätzen am Sprechmuster können auch die sog. **Fluency-Shaping-Ansätze** verwendet werden. Von der Sprechleistungsstufe, z.B. Einsilber- oder Mehrsilber, auf der die Patienten sicher flüssig sind, ausgehend, wird die Äußerungslänge mit positiven Verstärkungstechniken schrittweise erhöht. Parallel dazu wird die emotionale Belastung des Kindes durch Veränderung der Sprechinhalte und der Rahmenbedingungen, unter denen gesprochen wird, verstärkt. In solchen Sprechaufbauprogrammen lernen die Kinder in einer bis zu 20 Schritte umfassenden Behandlungshierarchie, ihre basale Sprechflüssigkeit auf mehrminütige Unterhaltungen mit dem Therapeuten auszuweiten.

Dem Sprechaufbauprogramm folgen in der Regel noch ein Transfer- und ein Nachsorgeprogramm, in denen die in einer Quasi-Laborsituation unter eingeschränkten Reizbedingungen erarbeitete Sprechflüssigkeit wiederum unter

Anwendung von positiven Verstärkungstechniken auf andere Personen und Situationen ausgeweitet wird (umfassendere Darstellung bei Schulze u. Johannsen 1986).

In der Praxis können diese strikt verhaltenstherapeutisch angelegten Programme mit Sprechmusterveränderungen kombiniert werden.

Die neben Sprechmusterveränderung und Fluency Shaping genannte 3. Therapiemöglichkeit, nämlich eine am Symptom selbst, dem Stottern also, ansetzende Therapie verbietet sich bei kleineren Kindern, da deren Eigenwahrnehmung nicht ausreicht, um die Vorzeichen eines Symptoms früh genug zu erkennen, um dann über entsprechende Variationen der Muskelspannung oder der Artikulationseinstellung dieses Symptom aufzulösen. Es wird deshalb darauf beim therapeutischen Vorgehen bei stotternden älteren Kindern und Jugendlichen noch einmal eingegangen.

■ Behandlung des Stotterns bei älteren Kindern und Jugendlichen

Im Vergleich zum bisher dargestellten Stottern bei Kindern im Vorschulalter und in den ersten Grundschuljahren sieht man bei älteren Kindern und Jugendlichen häufig eine schwerer ausgeprägte Symptomatik; insbesondere Sekundärsymptome in ihrer möglichen Vielfalt entwickeln sich erst mit zunehmender Verlaufsdauer der Redeflussstörung. Ein wesentlicher Unterschied bei den beiden Altersgruppen besteht darin, dass sich bei den älteren Kindern die disponierenden und auslösenden Faktoren meist nicht mehr oder nur noch in rudimentären Resten nachweisen lassen. Sie sind deshalb in der Regel auch nicht mehr therapierelevant. Dennoch stellt sich auch für die stotternden älteren Kinder und Jugendlichen am Anfang aller weiteren diagnostischen Schritte und Therapieentscheidungen eine differenzialdiagnostische Frage, jetzt allerdings nicht mehr die nach der Unterscheidung von Entwicklungs- und bereits chronischem Stottern, sondern die, ob es sich bei dem unflüssigen Sprechen um ein Stottern im eigentlichen Sinne (wie bisher dargestellt) oder um eine davon abzugrenzende Sprechunflüssigkeit handelt. Zum jetzigen Zeitpunkt bietet sich an, folgende Subgruppen zu differenzieren:

- Stottern bei neurologischen Erkrankungen (= neurogenes oder organisches Stottern),
- Stottern bei psychiatrischen Störungen (meist psychogenes Stottern genannt, z.B. Konversionssymptom),
- Redeflussstörungen bei geistiger Behinderung,
- Poltern.

Entstehung, Symptomausprägung und Therapie dieser besonderen Redeflussstörungen sind an anderer Stelle ausführlich dargestellt (Johannsen u. Schulze 1992).

Prinzipiell gelten die in der Abb. 27.**3** aufgeführten Therapieansatzpunkte auch für die Behandlung älterer Kinder und Jugendlicher. In der therapievorbereitenden Diagnostikphase, in die neben dem Sprechverhalten in Standardsprechsituationen (z.B. Lesen, Bildbeschreibung, freies Gespräch) auch das verbale und nonverbale Verhalten des Stotterers in Realsituationen eingehen muss, werden die Ziele und die Inhalte der Behandlung gemeinsam mit dem Patienten individuell für ihn festgelegt. Es können Maßnahmen zur Veränderung ungünstiger Einstellungen der Kommunikation und dem Stottern gegenüber, zur Erhöhung von Selbstsicherheit und Selbstwertgefühl, zur Reduktion von ungünstigen Umgebungseinflüssen und zur Verbesserung der Verarbeitung von selbst- oder fremdinduziertem Stress erforderlich sein. Das Stottern selbst wird meist mit sprechtechnischen Verfahren in Form einzelner Therapiebausteine angegangen.

Bei jüngeren stotternden Kindern lag die Entscheidung zwischen einem Sprechmusteransatz und einem Fluency-Shaping-Ansatz, bei älteren Kindern und Jugendlichen zwischen einer überdeckenden Sprechhilfe (= Sprechmusteransatz) und einem **Symptomansatz**. Voraussetzung für einen Symptomansatz ist die exakte Wahrnehmung des eigenen Stotterns, die durch ein entsprechendes intensives Wahrnehmungstraining geschult wird. Der Stotterer soll lernen, im Symptom, möglichst sogar schon vor dem Symptom bei Anzeichen für eine erste Spannungserhöhung im Larynx- oder Artikulationsbereich zu stoppen und durch Entspannung und Veränderungen der Atmung, der Stimmgebung und/oder der Artikulation die Blockierung aufzulösen und entspannt weiterzusprechen. Solche Variationen sind z.B. der Tonvorschlag von Fernau-Horn (1977),

Smooth Speech und Easy Onset von Cooper u. Cooper (1985) sowie Cancellation, Pullout und Preparatory Sets von van Riper (1973, deutsche Übersetzung Starke 1986).

Ein solcher Symptomansatz ist allerdings bei solchen Patienten nicht einsetzbar, die eine quantitativ stark ausgeprägte Symptomatik haben, da es schwer oder gar unmöglich sein kann, jedes einzelne Stotterereignis zu verändern und dennoch einen kontinuierlichen Sprechfluss zu erarbeiten (s.o.).

Selbstverständlich gilt für die Stottertherapie mit Ansetzen am Symptom genau wie für solche mit überdeckender Technik, dass der Patient sein verändertes Sprechen in allen Gesprächsbedingungen mit sich stetig steigerndem Schwierigkeitsgrad anzuwenden lernen muss.

Wie bereits dargestellt, wird aufgrund einer genauen Analyse der unflüssigen Redeanteile und der sie begleitenden respiratorischen, phonatorischen, artikulatorischen und sonstigen sprachlichen und motorischen Phänomene sowie nach einer Probetherapie, in der die Wirksamkeit der verschiedenen Sprechhilfen geprüft wird, für jeden Patienten individuell die für ihn geeignetste und subjektiv angenehmste Sprechhilfe ermittelt. In der therapeutischen Phase wird die Sprechtechnik bis zur Perfektion trainiert, um sie dann so zu verfeinern, dass die Sprechweise trotz Anwendung der Technik natürlich klingt und sie vom Stotterer selbst besser in sein Selbstbild integriert und schließlich auch vom Laien als Technik nicht mehr identifiziert werden kann. Der Stotterer lernt, die Sprechhilfe in allen relevanten Lebenssituationen anzuwenden. Das kann zunächst im Therapieraum erarbeitet werden, muss dann aber in die natürliche Umgebung des Patienten übertragen werden.

An das Sprechtraining schließen sich noch die Therapiebereiche Generalisierung bzw. Transfer und Aufrechterhaltung an. Darin lernt der Stotterer, sein Sprechen auch in für ihn schwierigen und nicht vorgeübten Realsituationen ohne therapeutische Hilfestellungen innerhalb dieser Situationen zufriedenstellend zu variieren. Er soll sein Sprechen planen, es durchführen, bewerten und gegebenenfalls bei Misserfolgen Lösungsstrategien entwickeln können. Wichtig ist, nicht nur die auf das Sprechen bezogenen Ängste, sondern auch weitere soziale Ängste zu beachten und gegebenenfalls in die Therapie einzubeziehen. Hilfreich ist dabei eine nur langsame und schrittweise Steigerung der individuell unterschiedlich angst- und stressbeladenen Sprechaufgaben.

Insgesamt kann festgestellt werden, dass für die Altersgruppe der stotternden Schulkinder und Jugendlichen ein weitgefächertes und reichhaltiges Spektrum von Therapiemöglichkeiten vorliegt. Gegenüber der Gruppe der stotternden Vorschulkinder werden für diese Altersgruppen alle heute vorstellbaren Therapieansatzpunkte und Veränderungsmethoden, wie sie aus der Erwachsenenstottertherapie bekannt sind, genutzt.

Wie bereits angesprochen, verringert sich die Wahrscheinlichkeit einer spontanen Remission mit zunehmendem Alter. Das liegt daran, dass sich die zum Stottern gehörenden motorischen Abläufe beim Sprechen, bestimmte Kommunikationsbesonderheiten und Gewohnheiten (Flucht- und Vermeidungsverhalten) sowie Einstellungen und Gefühle gegenüber sich selbst oder Kommunikationspartnern in Jahren oder sogar Jahrzehnten eingeschliffen haben. Es ist schwierig – und das gilt für jede Verhaltensklasse, die verändert werden soll –, solche stark habitualisierten Muster aufzubrechen. Im Rahmen eines o.g. Behandlungsprogramms könnte spätestens hier eine medikamentöse Therapie als Ergänzung ihren Platz finden. So kann durch die Gabe von Tiaprid eine Besserung des Stotterns erreicht werden (Rothenberger et al. 1994, Marcus u. Schmidt 1995).

Prognose

Ruft man sich noch einmal die genannten Zahlen der Häufigkeit des Auftretens von unflüssigem Sprechen in Erinnerung (80% aller Kinder haben eine Zeitlang ein Entwicklungsstottern; etwa 5% zeigen deutliche Hinweise auf einen überdauernden chronischen Verlauf, von diesen remittieren noch einmal 4% bis zum frühen Erwachsenenalter; 1% der Erwachsenenbevölkerung stottert), so haben im frühen Kindesalter auftretende Sprechunflüssigkeiten offensichtlich eine gute Prognose. Daraus darf aber nicht abgeleitet werden, wie es im deutschsprachigen Raum noch allzu häufig geschieht, dass man stotternde Kinder und insbesondere solche im Vorschulalter nicht therapieren dürfe, weil dadurch erst ein Störungsbewusstsein geweckt und damit der Weg in die Chronizität bereitet würde. Unter Fachleuten für Stottern im Kindes- und Jugendlichenalter besteht kein Zweifel daran, dass heute nach entsprechender Diagnostik und Differenzialdiagnostik präventive und frühtherapeutische Interventionen Mittel der Wahl sind. Wenn auch empirisch ermittelte und an Stottertherapiemethoden gebundene Erfolgseinschätzungen erst vereinzelt vorliegen (s. Schulze 1989), so darf doch geschlossen werden, dass ein solches Vorgehen die Zahl der im Erwachsenenalter noch stotternden Personen deutlich verringern kann.

Zusammenfassung

Stottern im Kindes- und Jugendlichenalter kann nur idiographisch, d. h. einzelfallorientiert erfasst werden. Es ist ein multidimensionales Phänomen, an dessen Entstehung, Aufrechterhaltung und Verlauf organische bzw. physiologische, linguistische und psychosoziale Faktoren in im Einzelfall unterschiedlicher Kombination beteiligt sind. Der multivariate Bedingungshintergrund kann nur durch eine umfassende Diagnostik aufgedeckt werden. Daraus wiederum leiten sich ganz verschiedene Therapieansatzpunkte ab. Die Prognose lässt sich durch eine Frühtherapie verbessern.

Literatur

Cooper EB, Cooper CS. Cooper personalized fluency control-therapy-revised. Allen: DLM Teaching Resources; 1985.

Fernau-Horn H. Die Sprechneurosen. Stuttgart: Hippokrates; 1977.

Fiedler P, Standop R. Stottern. Ätiologie, Diagnose, Behandlung. 2. Aufl. München: Urban & Schwarzenberg; 1986.

Fiedler P, Standop R. Stottern. Wege zur integrativen Theorie und Behandlung. München: Urban & Schwarzenberg; 1978.

Fiedler P. Neuropsychologische Grundlagen des Stotterns. In: Grohnfeld M, Hrsg. Handbuch der Sprachtherapie. Band 5: Störungen der Redefähigkeit. Berlin: Edition Marhold; 1992.

Fox PT, Ingham JC, Hirsch TB, Downs JH, Martin C, Jerabek P, Glass T, Lancaster JL. A PET study of the neural systems of stuttering. Nature. 1996;382: 158-61.

Johannsen HS, Schulze H, Hrsg. Praxis der Beratung und Therapie bei kindlichem Stottern. Ulm: Phoniatrische Ambulanz der Universität Ulm; 1993.

Johannsen HS, Schulze H. Abgrenzungsphänomene: Prävention und Prognose. In: Grohnfeldt M, Hrsg.: Handbuch der Sprachtherapie. Band 5. Störungen der Redefähigkeit. Berlin: Edition Marhold; 1992.

Johannsen HS, Schulze H. Nonfluent speech disturbances – psychobiological interactions. In: Rothenberger A, ed. Brain and behavior in child psychiatry. New York: Springer; 1990.

Johannsen HS, Schulze H. Stotternde Kinder in der Praxis des Kinderarztes. Kinderarzt. 1988;19:1625-30.

Johannsen HS, Springer L, Hrsg. für DGPP und DBL. Stottern, Tagungsbericht, Münster 1993. Ulm: Phoniatrische Ambulanz der Universität Ulm; 1993.

Marcus A, Schmidt MH. Möglichkeiten medikamentöser Mitbehandlung des Stotterns im Kindes- und Jugendalter. Z Kinder- Jugendpsychiat. 1995;23: 182-94.

Riper C van. The nature of stuttering. 2nd ed. Englewood Cliffs: Prentice Hall; 1982.

Riper C van. The nature of stuttering. Englewood Cliffs: Prentice Hall; 1971.

Riper C van. The treatment of stuttering. Englewood Cliffs: Prentice Hall; 1973. In deutscher Übersetzung von Starke A. Die Behandlung des Stotterns. Solingen: Bundesvereinigung Stotterer-Selbsthilfe e.V.; 1986.

Rothenberger A, Hüther G. Die Bedeutung von psychosozialem Stress im Kindesalter auf die strukturelle und funktionelle Hirnreifung: Neuropsychologische Grundlagen der Entwicklungspsychopathologie. Prax Kinderpsychol Kinderpsychiat. 1997;46:623-44.

Rothenberger A, Johannsen HS, Schulze H, Amorosa H, Rommel D. Use of tiapride on stuttering in children and adolescents. Percept Motor Skills. 1994;79:1163-70.

Schulze H, Johannsen HS. Importance of parent-child interaction in the genesis of stuttering. Folia phoniat. 1991;43:133-43.

Schulze H, Johannsen HS. Stottern bei Kindern im Vorschulalter. Theorie, Diagnostik, Therapie. Ulm: Phoniatrische Ambulanz der Universität Ulm; 1986.

Schulze H. Stottern und Interaktion. Vergleichende Untersuchung der verbalen Interaktionsstile von Eltern und ihren stotternden Kindern. Ulm: Phoniatrische Ambulanz der Universität Ulm, 1989.

Prüfungsfragen

1. Durch welche sprachlichen Symptome äußert sich ein Stottern?
2. Was versteht man unter Sekundärsymptomen des Stotterns?
3. Nennen Sie Dispositionen, die die Entwicklung eines Stotterns begünstigen.
4. Was versteht man unter auslösenden Faktoren des Stotterns? Nennen Sie deren Hauptgruppen.
5. Nennen Sie Kriterien, die Ihnen bei der Differenzialdiagnose „Entwicklungsstottern oder chronisches Stottern" helfen.
6. Man unterscheidet in der Therapie stotternder Kinder zwischen direkten und indirekten Therapieansätzen. Erklären Sie den Unterschied, und stellen Sie einzelne therapeutische Möglichkeiten in beiden Ansätzen dar.
7. Welche anderen Subgruppen müssen Sie bei stotternden Jugendlichen vom eigentlichen Stottern abgrenzen?
8. Welche direkte Stottertherapie ist bei sehr jungen Kindern nicht, wohl aber bei älteren Kindern und bei Jugendlichen möglich? Warum?
9. Nennen Sie Aufgaben eines zu jeder Stottertherapie gehörenden Transferprogramms.
10. Welchen Platz nimmt die medikamentöse Therapie des Stotterns in einem Gesamttherapiekonzept ein?

28 Stereotypien

C. Fleischhaker, E. Schulz und H. Remschmidt

Fallvignette

Yvonne war 5 Jahre, als sie aufgrund einer multiplen Symptomatik mit Entwicklungsretardierung, hyperaktivem, ungesteuertem Verhalten sowie verschiedenen Stereotypien in unserer Poliklinik vorgestellt wurde. Zur weiteren differenzialdiagnostischen Abklärung und Einleitung einer adäquaten Therapie wurde eine tagesklinische Behandlung empfohlen.

Aus der Vorgeschichte ist eine Frühgeburt in der 27. SSW, GG 900 g, GL 35 cm, KU 23 cm erwähnenswert. Laut Untersuchungsheft: Atemnotsyndrom 3. Grades, Pneumonie, offener Ductus arteriosus Botalli, APGAR 2. Yvonne habe ca. 6 Wochen im Inkubator gelegen. Mit knapp 3 Monaten sei sie mit einem Entlassungsgewicht von 2150 g nach Hause gekommen.

Bis zum Kindergarten war eine weitgehend unauffällige frühkindliche Entwicklung bis auf leichte motorische Entwicklungsverzögerungen zu beobachten.

Yvonne habe den Kindergarten vom 3. Lebensjahr an bis kurz vor die 1. tagesklinische Aufnahme besucht, sie sei nie gerne in den Kindergarten gegangen. Im Kindergarten sei sie dadurch auffällig gewesen, dass sie sich von Gruppenaktivitäten ferngehalten und mit anderen Kinder nicht gespielt habe, weiterhin sei sie vom Verhalten her hypermotorisch unruhig gewesen, habe sich nicht konzentrieren können, sei oft jähzornig und bockig gewesen und habe zunehmende motorische Stereotypien gezeigt (Händeklatschen, Schaukeln des Körpers, Belecken von Gegenständen).

Die körperlich-neurologische Untersuchung ergab bis auf unterschiedliche grob- und feinmotorische Auffälligkeiten im Bereich der Koordination und im Gleichgewicht einen unauffälligen Befund. Weiterhin waren eine auffällige Sprache mit Dysgrammatismus, Perseverationen und multiple Dyslalie, herabgesetzte seitengleiche grobe Kraft und Dyspraxie zu beobachten.

Das **EEG** zeigte auch unter Berücksichtigung der Ableitebedingungen (vorwiegend offene Augen, unruhiges Kind) leicht allgemeinveränderte Grundaktivität, hypersynchrone Aktivität biokzipital. Das EEG ist pathologisch, es weist auf diffuse Hirnfunktionsstörungen und erhöhte Anfallsbereitschaft hin.

Die **psychologische Untersuchung** der Patientin erwies sich als ausgesprochen schwierig, da sie nur in begrenztem Ausmaß zur Kooperation bereit und fähig war. In einer Reihe von Sitzungen konnten dennoch auch ausführlichere Verfahren und Testbatterien (z. B. K-ABC) eingesetzt werden. Mit zum Teil recht heterogenen Leistungen erreicht die Patientin insgesamt nur weit unterdurchschnittliche Werte. Die Ergebnisse sind als intellektuelle Minderleistungen im Grenzbereich zwischen Lernbehinderung und geistiger Behinderung einzustufen. Des Weiteren lässt der hochauffällige Befund in einem Formreproduktionstest (GFT) auf eine ausgeprägte Störung der visuomotorischen Koordinationsfähigkeit schließen.

Aufgrund der vorliegenden Befunde kamen wir zur folgenden diagnostischen Einschätzung: Intellektuelle Minderbegabung im Grenzbereich zwischen einer Lernbehinderung und einer geistigen Behinderung mit multiplen Entwicklungsrückständen in den lebenspraktischen, sprachlichen und motorischen Bereichen, die teilweise über das Ausmaß der intellektuellen Minderbegabung in Kombination mit einer stereotypen Bewegungsstörung hinausgehen.

Im hochstrukturierten therapeutisch-pädagogischen Setting in der Tagesklinik trat bei Yvonne zunächst eine deutliche Symptomverbesserung ein. In alltäglichen Standardsituationen, die ihr vertraut waren, erschien sie ruhiger, geordneter, konnte ausdauernder spielen und erweiterte ihre ursprünglich sehr eingegrenzten Interessen. Die motorischen Stereotypien traten im Rahmen einer verhaltenstherapeutischen Behandlung zunehmend in den Hintergrund:

Yvonne verhielt sich in der besuchten Vorschulklasse zunehmend weniger aggressiv, zeigte aber beim Erwerb der notwendigen Kulturtechniken aufgrund ihrer deutlichen feinmotorischen Entwicklungsrückstände weiterhin große Probleme. Bis zum 9. Lebensjahr konnte Yvonne recht gut lesen, jedoch kaum schreiben. Das Rechnen im Zahlenraum von 1 bis 10 war relativ gut.

Im Anschluss an die tagesklinische Behandlung konnte das Erreichte in einer heilpädagogischen Tagesgruppe mit interner Beschulung weitergeführt werden.

Definition und Klassifikation

Als Stereotypien werden repetitive, relativ gleichförmige Bewegungen von Kopf, Körper und Händen bezeichnet. Stereotypien betreffen dabei meist eine „gesamte Körperregion" im Sinne einer integrierten zweckfreien und offensichtlich willensgestörten Bewegung (Steinhausen 1999). In der multiaxialen Klassifikation für psychische Störungen des Kindes- und Jugendalters (Remschmidt u. Schmidt 1994) werden sie als stereotype Bewegungsstörung (F 98.4) nach der ICD-10 klassifiziert. Es handelt sich um willkürliche, wiederholte, stereotype, nicht funktionale und oft rhythmische Bewegungen, die nicht Teil einer erkennbaren psychiatrischen oder neurologischen Krankheit sind. Typische Stereotypien umfassen Körperschaukeln, Kopfschaukeln, Haarezupfen, Haaredrehen, Fingerschnipsen und Händeklatschen. Stereotypien können auch die Qualität von Selbstverletzungen haben. Stereotype Selbstbeschädigungen sind z.B: wiederholtes Kopfanschlagen, Ins-Gesicht-Schlagen, In-die-Augen-Bohren und Beißen in Hände, Lippen oder andere Körperpartien. Von der stereotypen Bewegungsstörung werden sonstige näher bezeichnete Verhaltens- und emotionale Störungen mit Beginn in der Kindheit und Jugend (F 98.8) abgegrenzt. Hierbei handelt es sich u.a. um Nägelkauen, Nasebohren, Daumenlutschen und exzessive Masturbation.

Ausgeprägte Stereotypien finden sich auch bei der überaktiven Störung mit Intelligenzminderung und Bewegungsstereotypien (F 84.4). Es handelt sich um eine Störung von unsicherer nosologischer Validität. Das Störungsbild beschreibt eine Gruppe von Kindern mit schwerer Intelligenzminderung (IQ unter 50), mit erheblicher motorischer Unruhe, Aufmerksamkeitsstörungen und häufig multiplen stereotypen Verhaltensweisen. Das Syndrom wird meist von einer Vielzahl von umschriebenen oder globalen Entwicklungsverzögerungen begleitet. Dabei ist bislang nicht bekannt, in welchem Umfang das Verhaltensmuster dem niedrigen IQ oder einer organischen Hirnschädigung zuzuschreiben ist (Remschmidt u. Schmidt 1994).

Erscheinungsbild

Häufigkeit und Erscheinungsbild von Stereotypien wurden von uns anhand einer klinischen Inanspruchnahmepopulation von Kindern und Jugendlichen mit tiefgreifenden Entwicklungsstörungen näher analysiert. In der Klinik für Psychiatrie und Psychotherapie des Kindes- und Jugendalters der Universität Marburg wurden im

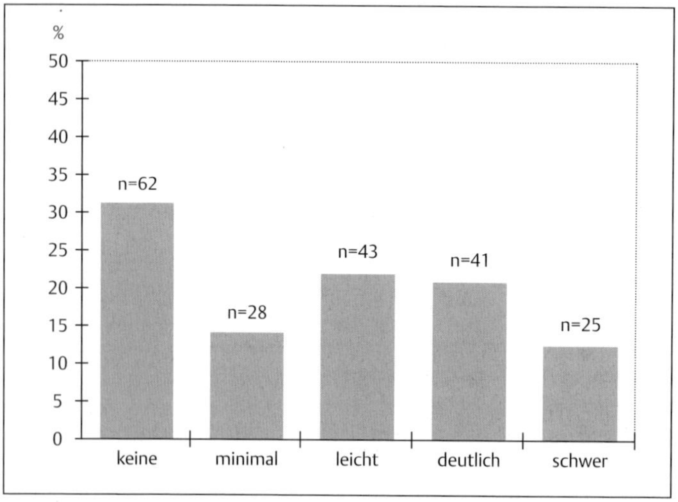

Abb.28.**1** Häufigkeit und Schweregrad von Stereotypien bei tiefgreifenden Entwicklungsstörungen (n = 203, fehlende Werte n = 4)

Tabelle 28.1 Stereotypien bei tiefgreifenden Entwicklungsstörungen im Kindes- und Jugendalter

- Körperschaukeln
- Kopfschaukeln
- Händeklatschen
- Repititive Beschäftigung mit bestimmten Dingen (z. B. Knöpfen, Körperteilen, Wasser etc.)
- verbale Stereotypien (z. B. bedeutungslose Wort- und Satzwiederholungen)
- stereotypes Spielen (z. B. Blecken, Schütteln, Beschlagen und Befingern von Objekten)

Zeitraum von 1992 - 1997 insgesamt 203 Patienten mit einer tiefgreifenden Entwicklungsstörung untersucht und behandelt. Wir sahen von diesen Kindern und Jugendlichen 144 in der Poliklinik, 48 auf den Stationen und 11 in der Tagesklinik. Erwartungsgemäß zeigte sich ein deutliches Überwiegen des männlichen Geschlechts (männlich n = 157, weiblich n = 46). Die Altersspanne der Patienten erstreckte sich vom 2. bis zum 23. Lebensjahr. Die Klassifikation der tiefgreifenden Entwicklungsstörungen nach ICD-10 zeigte ein Überwiegen der Diagnosen „frühkindlicher Autismus" und „atypischer Autismus" bei 62 bzw. 55 Patienten, gefolgt vom Asperger-Syndrom (n = 53) und der hyperkinetischen Störung mit Intelligenzminderung und Bewegungsstereotypien (n = 24) und andere tiefgreifende Entwicklungsstörungen (n = 9). In der Gesamtgruppe der tiefgreifenden Entwicklungsstörungen zeigten sich zum Zeitpunkt der Vorstellung in mehr als zwei Dritteln der Fälle Stereotypien (Abb. 28.**1**).

Verschiedene stereotypen Verhaltensweisen bei tiefgreifenden Entwicklungsstörungen sind in Tab. 28.**1** zusammengefasst.

Zwischen den Subdiagnosen der tiefgreifenden Entwicklungsstörungen ergeben sich in der Häufigkeit und der Schwere des Auftretens dieser Symptome deutliche Unterschiede (Abb. 28.**2**).

Stereotypien zeigen sich besonders ausgeprägt beim frühkindlichen Autismus, etwas seltener mit 33 % bei der hyperkinetischen Störung mit Intelligenzminderung und Bewegungsstereotypien. Hingegen kommen ausgeprägte Stereotypien ausgesprochen selten beim Asperger-Syndrom vor (Tab. 28.**2**).

Prävalenz und Verlauf

Im Säuglings- und frühen Kindesalter sind motorische Stereotypien relativ häufig. Die Angaben schwanken zwischen 15 und 20% (Remschmidt

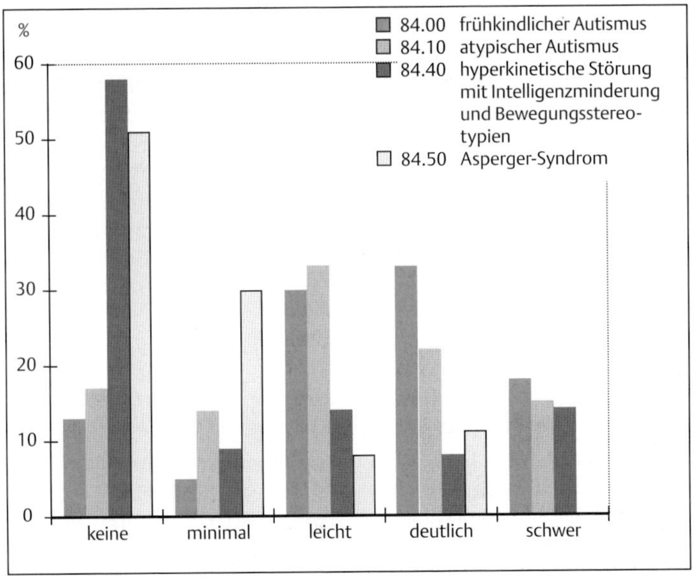

Abb. 28.**2** Psychomotorische Symptome und Subdiagnosen der tiefgreifenden Entwicklungsstörungen (n = 203)

Tabelle 28.2 Häufigkeit des Auftretens von Stereotypien, Kopfwerfen und Wiegen bei unterschiedlichen tiefgreifenden Entwicklungsstörungen

	Diagnose (ICD-10)	keine (%)	gering (%)	ausgeprägt (%)
84.0	frühkindlicher Autismus	44,4	11,1	44,4
84.1	atypischer Autismus	40,0	45,0	15,0
84.4	hyperkinetische Störung mit Intelligenzminderung und Bewegungsstereotypien	0,0	66,6	33,3
84.5	Asperger-Syndrom	64,0	32,0	4,0
84.8	andere	100,0	0,0	0,0

1992). Nach dem 3. Lebensjahr sind stereotype Bewegungen bei gesunden Kindern relativ selten. Jaktationen – stereotype, rhythmische Bewegungen, die hauptsächlich vor dem Einschlafen oder im Zustand des Alleinseins auftreten – können als Sonderform der Stereotypien angesehen werden und finden sich bei ca. 3–4% der 10- bis 11-jährigen Kinder. In klinischen Inanspruchnahmepopulationen findet sich bei Kindern sogar eine Häufung von bis zu 20% (Remschmidt 1992). Auch hierbei sind Jungen etwa doppelt so häufig betroffen wie Mädchen. Unter Heimkindern und Kindern, die stark emotional vernachlässigt sind, treten Jaktationen häufiger auf. Sie sind aber keineswegs immer Hinweise auf Deprivation, Vernachlässigung oder mangelnde Zuwendung. Die Störung kann sich vielmehr als stabile Gewohnheitsbildung bis in die Adoleszenz und in das Erwachsenenalter fortsetzen (Remschmidt 1992). Es gibt kein typisches Alter für den Erkrankungsbeginn der stereotypen Bewegungsstörungen. Teilweise geht dem Beginn jedoch ein einschneidendes Lebensereignis voraus. Bei Kindern mit tiefgreifender Entwicklungsstörung, die keinen Sprachgebrauch erworben haben, können stereotype Bewegungsstörungen durch schmerzhafte Erkrankungen ausgelöst werden, wie z.B. durch eine schmerzhafte Mittelohrinfektion, die dann zu einem Schlagen des Kopfes gegen harte Gegenstände führen kann. Stereotype Bewegungsstörungen können über viele Jahre persistieren, wobei die Symptomatik und der Schweregrad der stereotypen Bewegungsstörungen häufig einen fluktuierenden Verlauf nimmt.

Differenzialdiagnostik und Komorbidität

Wie bereits oben gezeigt wurde, handelt es sich bei Stereotypien um Verhaltensweisen, die häufig mit einem komplexeren Störungsbild im Rahmen verschiedenster Erkrankungen vergesellschaftet sind. Dabei treten stereotype Bewegungsstörungen am häufigsten in Verbindung mit Intelligenzminderungen auf. Das Bohren in den Augen ist besonders bei Kindern mit visueller Behinderung häufig. Differenzialdiagnostisch abzugrenzen sind stereotype Bewegungen und Jaktationen von Zwangsstörungen, extrapyramidalen Bewegungsstörungen und motorischen Automatismen im Rahmen einer psychomotorischen Epilepsie (Remschmidt 1992). Ticstörungen, Trichotillomanie und Bewegungsstörungen körperlichen Ursprungs müssen von den stereotypen Bewegungsstörungen abgegrenzt werden. Stereotype Verhaltensweisen können auch im Rahmen von Kokain- und Amphetaminintoxikationen auftreten (Mann u. Günther 1999).

Stereotypien finden sich ebenfalls bei der organischen katatonen Störung (Förstl 1999). Sie ist Teil einer Vielzahl von anderen organisch bedingten psychischen Störungen als Folge einer Schädigung oder Funktionsstörung des Gehirns oder einer körperlichen Erkrankung. Die Differenzialdiagnose einer schizophrenen Katatonie kann dabei in der Praxis erhebliche Schwierigkeiten bereiten. Eine katatone Symptomatik findet sich bei etwa 7% der an einer Schizophrenie erkrankten Patienten (WHO 1973). Am typischsten sind hierbei Manierismen, Stereotypien,

Negativismus, Katalepsie und Grimassieren (Olbrich et al. 1999). Bei den Stereotypien im Rahmen der katatonen Symptomatik finden sich Haltungsstereotypien (Verharren in bestimmten Haltungen über lange Zeit) neben Bewegungs- und Sprachstereotypien (fortgesetztes, leeres und zielloses Wiederholen von Bewegungsabläufen, Sätzen und Wörtern oder Silben). Selbstbeschädigungen können nach Favazza u. Rosenthal (1993) folgendermaßen differenzialdiagnostisch weiter abgeklärt werden:

- **Major Self-Mutilation:** Eher seltene Handlungen mit jedoch schwerer Selbstbeschädigung und Verstümmelung in Form von Enukleation, Amputation und Kastration. Eine seltene Form des selbstverletzenden Verhaltens, die jedoch häufiger bei Patienten mit Psychosen oder Drogenintoxikationen angetroffen wird.
- **Stereotypic Self-Mutilation:** Ritualisiertes, stereotypes Verhaltensmuster ohne erkennbare symbolische Bedeutung. Häufig im Rahmen von geistiger Behinderung.
- **Superficial or Moderate Self-Mutilation:** Sich-Schneiden, -Ritzen etc. mit eher sporadischem Auftreten und nicht selten demonstrativem Charakter. Es handelt sich bei Jugendlichen um die häufigste Form des selbstverletzenden Verhaltens und findet sich gehäuft bei Störungen des Sozialverhaltens, instabilen Persönlichkeitsstörungen vom Borderline-Typ, neurotischen Störungen und Essstörungen.

Genese

Stereotypien können als multikausal bedingtes Störungsbild angesehen werden und treten entsprechend mit einer Vielzahl von möglichen Verursachungsfaktoren in Erscheinung. Wie bereits dargestellt, bilden Stereotypien häufig einen wesentlichen Anteil am Verhaltensrepertoire von autistischen und/oder schwer kognitiv beeinträchtigten Kindern und Jugendlichen (Schulz 1995).

Die Art von Stereotypien ist in deutlicher Abhängigkeit vom kognitiven Entwicklungsstand zu sehen. So konnte in Langzeitbeobachtungen gezeigt werden, dass bei autistischen Kindern wiederholtes einfaches Hantieren an Gegenständen parallel zur kognitiven Entwicklung in komplexe stereotype Handlungen übergehen kann, wobei die Handlung an sich durchaus angemessen erscheint, aber ausgesprochen repitiv betrieben wird. Die Hypothesen zur Genese von Stereotypien lassen sich in 4 Gruppen einteilen (Remschmidt 1992):

- Stereotypien als direkte Folge einer **neurologischen Störung**,
- Stereotypien als Ergebnis einer **Unterstimulation**,
- Stereotypien als Folge einer **Überstimulation**,
- Stereotypien als operante Verhaltensweisen, die den Organismus durch interne Stimulation (**Selbststimulation**) belohnen.

Aufgrund des unterschiedlichen Bedingungszusammenhanges bei der Genese und Aufrechterhaltung von stereotypen Handlungen wird eine Verhaltensanalyse in folgender Reihenfolge empfohlen (Carr 1977, Klicpera et al. 1999):

Ausschluss von organischen Erkrankungen, die die Stereotypien bzw. ihre Intensität beeinflussen wie Mittelohrentzündungen, Zahnwurzelabszesse etc.

Nach Ausschluss dieser Erkrankung ist zu eruieren, ob die Stereotypien überwiegend dann auftreten, wenn die Kinder besonders beachtet werden wollen oder ob sie besonders häufig in der Gegenwart bestimmter Personen auftreten. Dies würde in der Interpretation nahe legen, dass die Stereotypien in diesem Fall einer sozialen Verstärkung unterliegen.

Im Weiteren ist darauf zu achten, ob durch das Auftreten der Stereotypien Anforderungen oder andere Tätigkeiten, die den Kindern unangenehm sind, vermieden werden können (im Sinne einer negativen Verstärkung von Stereotypien).

Darüber hinaus wurde in den letzten Jahren der soziale bzw. kommunikative Charakter von Stereotypien stärker beachtet. Dies bedeutet, dass Stereotypien auch die Funktion einer Mitteilung haben können, wie z.B., dass ein Anliegen des Kindes nicht berücksichtigt wurde, wobei dem Kind keine andere und angemessenere Form der Mitteilung an seine Umwelt zur Verfügung steht.

Weiterhin bleibt zu prüfen, ob die Stereotypien hauptsächlich die Funktion einer Selbststimulation haben.

Speziell stereotypes selbstverletzendes Verhalten zeigt dabei auch Beziehungen zu Verhaltensweisen, wie sie im Rahmen von Suchtverhalten anzutreffen sind (Schulz 1998). Dieser Zusammenhang stützt sich auf die folgenden Befunde:

- Selbstverletzendes Verhalten zeigt eine ausgeprägte Wiederholungstendenz. Dies wird damit in Verbindung gebracht, dass die durch eine Autoaggression bedingte Stimulation zu einer verstärkten Ausschüttung von köpereigenen Opiaten führt und diese wiederum als positive Verstärker wirken und somit das selbstverletzende Verhalten aufrecht erhalten (Herman et al. 1989).
- Selbstverletzendes Verhalten führt zu einer Angst- und Spannungsreduktion bei den betroffenen Patienten (Haines et al. 1995, Van Moffaert 1990).
- Die Unterbrechung des selbstschädigenden Verhaltens durch Zwangsmaßnahmen kann zu einer Art regelrechter „Entzugssymptomatik" führen, die sich in Form von Angst, Agitation oder sogar Halluzinationen äußern kann (Favazza 1992).
- Innerhalb gewisser Subgruppen von Patienten mit selbstverletzendem Verhalten können die Autoaggressionen durch Opiat-Antagonisten wie Naloxon und Naltrexon reduziert werden (Winchel u. Stanley 1991).

Therapieansätze

Stereotype Bewegungsstörungen werden in der Regel im Rahmen eines multimodalen Therapieprogrammes behandelt, welches sich am Schweregrad der Symptomatik, an bedingenden und aufrechterhaltenden Faktoren für das Verhalten sowie an den aus der Verhaltensanalyse abgeleiteten Implikationen orientiert. Hierbei gilt es zunächst auf der Verhaltensebene zu unterscheiden ob die Stereotypien durch äußere Einflüsse (extrinsische Motivation) und Gegebenheiten aufrechterhalten werden, beispielsweise durch Zuwendung im Falle des Auftretens der Symptomatik oder wenn die Stereotypien zur Vermeidung von angstauslösenden und überfordernden Situationen führt.

Weiter gilt es zu prüfen, ob die Symptomatik durch intrinsische Faktoren aufrechterhalten wird, wobei in diesen Fällen oft die Selbststimulation überwiegt und Umgebungs- und Verstärkungsbedingungen ohne größeren Einfluss sein können. Bei Kindern- und Jugendlichen mit ausgeprägten Stereotypien und stereotypem selbstverletzendem Verhalten im Rahmen von geistiger Behinderung, einem autistischen Syndrom oder speziellen Stoffwechselerkrankungen (z. B. Lesch-Nyhan-Syndrom) überwiegen häufig intrinsische Faktoren, weswegen in Abhängigkeit vom Schweregrad der Symptomatik auch eine medikamentöse Behandlung mit in den Therapieplan integriert werden sollte. Eine in Einzelfällen nachgewiesene Wirksamkeit bei ausgeprägten Stereotypien im Rahmen von tiefgreifenden Entwicklungsstörungen zeigt sich bei Gabe von Dopaminantagonisten wie Haloperidol, Pimozid, bei atypischen Neuroleptika wie Risperidon und Olanzapin und bei Serotonin-spezifischen Wiederaufnahmehemmern (SSRI), (Werry u. Aman 1999).

Der wirkungsvollen Behandlung des stereotypen selbstverletzenden Verhaltens kommt unabhängig von der zu Grunde liegenden psychiatrischen Erkrankung in zweierlei Hinsicht eine große Bedeutung zu: Zum einen geht es um die Abwehr einer Gefährdung und bleibenden gesundheitlichen Beeinträchtigung durch die Selbstbeschädigung und zum anderen kann durch den Abbau des selbstverletzenden Verhaltens in vielen Fällen eine Verbesserung der Integration, sozialen Interaktion und spezifischer Fördermöglichkeiten erreicht werden (Moll u. Schmidt 1991).

Tab. 28.**3** fasst einige der verhaltenstherapeutischen Interventionen im Rahmen der Behandlung von schweren Formen der stereotypen Bewegungsstörung und der stereotypen Selbsbeschädigung zusammen.

Aufbau alternativer Verhaltensweisen: Es wird versucht, an die Stelle des selbstverletzenden Verhaltens ein anderes Verhalten zu setzen. (Ein Kind mit einem autistischen Syndrom lernt dabei beispielsweise statt in sein Gesicht auf ein Kissen zu schlagen, das ihm der Therapeut entgegenhält. Das Kind lernt schließlich, dieses Kissen selbstständig mit sich zu führen.)

Tabelle 28.3 Verhaltenstherapeutische Maßnahmen im Rahmen der Behandlung des selbstverletzenden Verhaltens

- Verhaltensanalyse als Grundlage der Therapieplanung
- Aufbau alternativer Verhaltensweisen
- Kognitive Therapieansätze
- Entzug von Zuwendung
- Time out
- Korrekturverfahren
- Kontingente Fixierung

Entzug von Zuwendung und „Bestrafung": Kann im Rahmen von Kontingenzmanagements eingesetzt werden. Es handelt sich um die Einführung eines aversiven Reizes oder die Entfernung eines positiven Reizes. Steinhausen u. von Aster (1999) weisen darauf hin, dass diese Methode zwar kurzfristig sehr effektiv sein kann, in der Regel aber nur zu einer kurzfristigen Verhaltensunterdrückung statt zu stabilen Verhaltensänderungen führt.

Time-out: Der Patient wird als Konsequenz für die Selbstbeschädigung in einen reizarmen aber nicht angstauslösenden Raum verbracht. Dieses Vorgehen erscheint sinnvoll, wenn das selbstverletzende Verhalten im Kontext einer sozialen Verstärkung steht (extrinsische Motivation). Bei schwerer Form des selbstverletzenden Verhaltens ist es jedoch oft gar nicht möglich und auch nicht vertretbar, den Patienten alleine zu lassen.

Korrekturverfahren: Hierbei wird versucht, das selbstverletzende Verhalten durch das Einüben von Wiederherstellungshandlungen (z.B. Reinigen des blutverschmierten Fußbodens, der Kleidung etc.) zu vermindern.

Kontingente Fixierung: Die Fixierung erfolgt unmittelbar im Zusammenhang mit dem selbstverletzenden Verhalten und soll nur kurzfristig anhalten.

Kognitive Therapieansätze: Gelangen in Kombination mit verhaltenstherapeutischen Techniken bei affektiver Imbalance und impulsiver Störung im Zusammenhang mit selbstverletzenden Verhaltensweisen bei Neurosen, Persönlichkeitsstörungen und Essstörungen zur Anwendung (z.B. Selbstinstruktionstraining, Selbstkontrollmethoden).

Unter den nicht-medikamentösen Behandlungsansätzen hat sich die Verhaltenstherapie und hierbei die Kombination aus verschiedenen Verstärkermethoden als wirksam erwiesen (Klicpera et al. 1999, Luiselli et al. 1992, von Aster 1999).

Es erscheint wichtig, in diesem Zusammenhang hervorzuheben, dass bei der institutionellen Betreuung von Kindern und Jugendlichen mit Stereotypien oder stereotyper Selbstbeschädigung auf den Einsatz aversiver Komponenten in der Therapie häufig verzichtet werden kann, wenn eine entsprechende Schulung der Mitarbeiter und eine adäquate personelle Ausstattung vorhanden sind (Moll u. Schmidt 1991, von Aster 1999). Dies umso mehr, wenn es gelingt, im Rahmen einer differenziellen Pharmakotherapie die Voraussetzungen der verhaltenstherapeutischen Arbeit zu begünstigen und deren Langzeiteffekte zu unterstützen. Der Aufbau alternativer Verhaltensweisen, die Kombination mit Korrekturverfahren, Verstärkerverfahren (Differential Reinforcement), die Einführung von Selbstverstärkern sowie spezielle Trainingsprogramme (Self-Management Treatment Package; Koegel u. Koegel 1990) gelten als wirkungsvolle nicht-medikamentöse Behandlungsformen für diese Patientengruppe (u.a. Klicpera et al. 1999). Bei chronifizierten Verläufen der stereotypen Bewegungsstörungen und stereotyper Selbstbeschädigung mit tiefgreifender sozialer Beeinträchtigung können auch längerfristig angelegte rehabilitative Maßnahmen in spezalisierten Heimeinrichtungen notwendig werden.

Zusammenfassung

Unter Stereotypien verstehen wir repetitive, relativ gleichförmige Bewegungen von Kopf, Körper und Händen. Stereotypien betreffen dabei meist eine „gesamte Körperregion" im Sinne einer integrierten zweckfreien und offensichtlich willensgestörten Bewegung, die nicht Teil einer erkennbaren psychiatrischen oder neurologischen Krankheit ist.

Typische Stereotypien umfassen Körperschaukeln, Kopfschaukeln, Haarezupfen, Haaredrehen, Fingerschnipsen und Händeklatschen. Stereotypien können auch die Qualität von Selbstverletzungen haben.

Im Säuglings- und frühen Kindesalter sind motorische Stereotypien mit 15–20% relativ häufig. Nach dem 3. Lebensjahr sind stereotype Bewegungen bei gesunden Kindern relativ selten. Jaktationen – stereotype, rhythmische Bewegungen, die hauptsächlich vor dem Einschlafen oder im Zustand des Alleinseins auftreten – können als Sonderform der Stereotypien angesehen werden und finden sich bei ca. 3–4% der 10- bis 11-jährigen Kinder. In klinischen Inanspruchnahmepopulationen findet sich bei Kindern sogar eine Häufung von bis zu 20%. Auch hierbei sind Jungen etwa doppelt so häufig betroffen wie Mädchen. Die Störung kann sich als stabile Gewohnheitsbildung in die Adoleszenz und in das Erwachsenenalter fortsetzen.

Es gibt kein typisches Alter für den Erkrankungsbeginn der stereotypen Bewegungsstörungen. Teilweise geht dem Beginn jedoch ein einschneidendes Lebensereignis voraus. Bei Kindern mit tiefgreifender Entwicklungsstörung, die keinen Sprachgebrauch erworben haben, können stereotype Bewegungsstörungen durch schmerzhafte Erkrankungen ausgelöst werden. Stereotype Bewegungsstörungen können über viele Jahre persistieren, wobei die Symptomatik und der Schweregrad der stereotypen Bewegungsstörungen häufig einen fluktuierenden Verlauf nimmt.

Stereotype Bewegungsstörungen treten am häufigsten in Verbindung mit Intelligenzminderungen auf. Differenzialdiagnostisch sind stereotype Bewegungen und Jaktationen von Zwangsstörungen, Ticstörungen, extrapyramidalen Bewegungsstörungen, motorischen Automatismen im Rahmen einer psychomotorischen Epilepsie und katatone Symptome bei psychotischen Störungen abzugrenzen. Sie sind auch Teil einer Vielzahl von anderen organisch bedingten psychischen Störungen als Folge einer Schädigung oder Funktionsstörung des Gehirns oder einer körperlichen Erkrankung. Stereotypien können als multikausal bedingtes Störungsbild angesehen werden und treten dementsprechend mit einer Vielzahl von möglichen Verursachungsfaktoren in Erscheinung.

Stereotype Bewegungsstörungen werden in der Regel im Rahmen eines multimodalen Therapieprogramms behandelt, welches sich am Schweregrad der Symptomatik, an bedingenden und aufrecht erhaltenden Faktoren für das Verhalten sowie an den aus der Verhaltensanalyse abgeleiteten Implikationen orientiert. Bei chronifizierten Verläufen der stereotypen Bewegungsstörungen und stereotyper Selbstbeschädigung mit tiefgreifender sozialer Beeinträchtigung können auch längerfristig angelegte rehabilitative Maßnahmen in spezalisierten Heimeinrichtungen notwendig werden.

Literatur

Aster M von. Geistige Behinderung. In: Steinhausen HC, Aster M von, Hrsg. Verhaltenstherapie und Verhaltensmedizin bei Kindern und Jugendlichen. 2. Aufl. Weinheim: Beltz Psychologie Verlags Union; 1999.

Carr EG. The motivation of self-injurious behaviour: A Review of some hypothetis. Psychol Bull. 1977;84:800-16.

Favazza AR, Rosenthal RJ. Diagnostic issues of self-mutilation. Hosp Comm Psychiat. 1993;44:134-40.

Favazza AR. Repetitive self-mutilation. Psychiat Ann. 1993;22:60-3.

Förstl H. Organische (und symptomatische) psychische Störungen. In: Berger M, Hrsg. Psychiatrie und Psychotherapie. München Wien Baltimore: Urban und Schwarzenberg; 1999.

Haines J, Williams CL, Brain KL, Wilson GV. The psychophysiology of self-mutilation. J Abnorm Psychol. 1995;104:471-89.

Herman BH, Hammock MK; Egan J; Arthur-Smith A; Chatoor I; Werner A. Role for opioid peptides in self-injurious behavior: dissociation from autonomic nervous system functioning. Development Pharmacol Therapeut. 1989;12:81-9.

Herpertz S. Self-injurious behavior. Psychopathological and nosological characteristics in subtypes of self-injures. Acta Psychiat Scand. 1995;91:57-68.

Kern L, Koegel, RL, Dyer K, Blew PA, Fenton LR. The effect of physical exercise on self-stimulation and appropriate responding in autistic children. J Autism Development Disord. 1982;12:399-419.

Klicpera C, Gasteiger-Klicpera B, Innerhofer P. Frühkindlicher Autismus. In: Steinhausen HC, Aster M von, Hrsg. Verhaltenstherapie und Verhaltensmedizin bei Kindern und Jugendlichen. 2. Aufl. Weinheim: Beltz Psychologie Verlags Union; 1999.

Koegel RL, Koegel LK. Extended reduction in stereotypic behaviour of students with autism through a self-management treatmant package. J Appl Beh Analys. 1990;23:119-27.

Luiselli JK, Matson JL, Singh NN. Self-injurious behavior. Analysis, assessment and treatment. New York: Springer; 1992.

Mann K, Günther A. Suchterkrankungen. In: Berger M, Hrsg. Psychiatrie und Psychotherapie, 345-403. München Wien Baltimore; Urban und Schwarzenberg, 1999.

Moffaert MP van. Self-mutilation: diagnosis and practical treatment. Intern J Psychiat Med. 1990;20:373-82.

Moll GH, Schmidt MH. Entwicklungen in der Therapie des frükindlichen Autismus - Ergebnisse der Therapieforschung. Z Kinder- Jugendpsychiat. 1991;19:182-203.

Olbrich HM, Fritze J, Lanczik MH, Vauth R. Schizophrenien und andere psychotische Störungen. In: Berger M, Hrsg. Psychiatrie und Psychotherapie. München Wien Baltimore: Urban und Schwarzenberg; 1999.

Remschmidt H, Schmidt MH. Multiaxiales Klassifikationsschema für psychische Störungen des Kindes- und Jugendalters nach ICD-10 der WHO. 3. Aufl. Bern: Huber; 1994.

Remschmidt H. Psychiatrie der Adoleszenz. Stuttgart: Thieme; 1992.

Schulz E. Psychotherapie bei selbstverletzendem Verhalten. In: Remschmidt H Hrsg. Praxis der Psychotherapie mit Kindern und Jugendlichen. Störungsspezifische Behandlungsformen und Qualitätssicherung. Köln: Deutscher Ärzte Verlag; 1998.

Schulz E. Selbstverletzendes Verhalten im Rahmen des Autismus. In: Bundesverband Hilfe für das autistische Kind Hrsg. Autismus und Familie. Bonn: Reha Verlag; 1995.

Steinhausen HC. Allgemeine und spezielle Psychopathologie. In: Neuhäuser G, Steinhausen HC, Hrsg. Geistige Behinderung.Grundlagen, Klinische Syndrome, Behandlung und Rehabilitation. 2. Aufl. Stuttgart: Kohlhammer; 1999.

Werry JS, Aman MG. Practitioner`s guide to psychoactive drugs for children and adolescents. 2nd ed., New York London: Plenum; 1999.

WHO Weltgesundheitsorganisation Internationale Klassifikation psychischer Störungen, ICD-10, klinisch-diagnostische Leitlinien. Dilling H, Mombour W, Schmidt MH, Hrsg. Bern, Göttingen, Toronto: Huber; 1991.

Winchel RM, Stanley M. Self-injurious behavior: a review of the behavior and biology of self-mutilation. Am J Psychiat. 1991;148:306-17.

Prüfungsfragen

1. Was versteht man unter Stereotypien?
2. Nennen Sie 5 typische Stereotypien bei Kinder und Jugendlichen.
3. Bei welchen anderen Störungen finden sich besonders häufig auch Stereotypien?
4. Wie häufig sind Stereotypien im Säuglings- und Kleinkindalter?
5. Was versteht man unter Jaktationen?
6. Nennen Sie ein typisches Alter für den Erkrankungsbeginn der stereotypen Bewegungsstörungen.
7. Bei welchen organischen Erkrankungen treten Stereotypien auf?
8. Wovon ist die Art der auftretenden Stereotypien abhängig?
9. In welche 4 Gruppen lassen sich die Hypothesen zur Genese der Stereotypien einteilen?
10. Nach welchen Kriterien ist eine Verhaltensanalyse bei Stereotypien durchführbar?
11. Beschreiben Sie verschiedene Therapieansätze zur Behandlung von Stereotypien.
12. Welche Psychopharmaka können in Einzelfällen bei ausgeprägten Stereotypien wirksam sein?
13. Nennen sie verhaltenstherapeutische Maßnahmen zur Behandlung des selbstverletzenden Verhaltens.
14. Was versteht man unter „Time-out", und wann ist Time-out in der Behandlung von Stereotypien sinnvoll?

IV Spezielle Probleme

29 Misshandlung, Ablehnung und Vernachlässigung

R. Frank

Fallvignette

Zustand und Situation des Kindes

Ein 5 Monate altes Mädchen wird von der Mutter per Notarzt in die Kinderklinik gebracht. Es sei aus dem elterlichen Bett gestürzt und habe einige Stunden später erbrochen.

Der Notarzt fand das Kind bei Bewusstsein. Bei Aufnahme in der Kinderklinik werden ein Hämatom an einer Wange, Kratzer an Kinn und Brust, Quetschmarken an der Vorderseite des Halses und Prellmarken in Höhe der Brustwirbelsäule festgestellt. Es liegt keine Gerinnungsstörung vor. Es gibt keine Hinweise auf frische oder alte Knochenbrüche.

Das Kind ist im Wesentlichen altersentsprechend entwickelt. In seiner sprachlichen Entwicklung und im Sozialverhalten hat es einen Rückstand. Es lautiert wenig. Es lächelt bekannte und fremde Personen gleichermaßen an.

Auf Station unterhält sich die Mutter intensiv mit anderen Müttern und beachtet dabei ihr Kind wenig.

In einer Spielsituation gibt sie Anregungen, sie reagiert aber nicht auf Lautäußerungen des Kindes. Der Vater geht in der Spielsituation zeitweise sehr intensiv auf das Kind zu. Er greift ihm ins Gesicht. Er spricht sehr leise mit ihm. Er beachtet nicht Initiativen des Kindes. Er nimmt kaum wahr, was das Kind macht. Er irritiert das Kind durch sein eigenes Verhalten. Im gemeinsamen Spiel kommen sich die Eltern gegenseitig ins Gehege.

Lebenssituation der Eltern

Die Mutter musste sich in ihrer eigenen Kindheit um ihre Schwestern und die Eltern kümmern. Sie übernahm frühzeitig Verantwortung. Der Vater kommt aus einer Familie mit drogen- und alkoholabhängigen Eltern. Er war mehrere Jahre in einem Heim und kam dann zu Adoptiveltern. Er hat häufig den Arbeitsplatz gewechselt und war wiederholt in Tätlichkeiten verwickelt.

Die Familie wird vom allgemeinen Sozialdienst betreut, nachdem ein älteres Kind der Mutter nach einer Misshandlung aus der Familie genommen wurde.

Die Befunde des Kindes werden eingehend mit den Eltern besprochen. Dabei stehen die Probleme der Eltern im Umgang mit dem Kind im Vordergrund.

Das Ziel der Gespräche, unterstützt von Video-Beobachtung, ist es, die Wahrnehmung der Bedürfnisse des Kindes zu verbessern.

Beurteilung des Falles und nachfolgende Maßnahmen

Die körperliche Symptomatik ist Ausdruck einer Misshandlung des Kindes, auch wenn die Eltern dieser Beurteilung nicht zustimmen können. Im Vordergrund stehen Ablehnung oder Vernachlässigung des Kindes und die Beziehungsproblematik zwischen den Familienmitgliedern.

Die Familie hatte im Zusammenhang mit dem ersten Kind der Mutter bereits intensive Hilfen zur Bewältigung des Alltags durch eine sozialpädagogische Familienhelferin, auch in Form einer Schuldnerberatung und mit Anleitung in der Wahrnehmung des Kindes, erhalten; trotz dieser langen Begleitung der Familie durch den allgemeinen Sozialdienst kam es bei dem weiteren Kind erneut zu einer Gefährdung.

Es wird deshalb beim Familiengericht ein Antrag auf Entzug des Aufenthaltsbestimmungsrechtes gestellt und das Kind in eine Pflegefamilie vermittelt. Im Laufe von Besuchskontakten der leiblichen Eltern bei ihrem Kind kommt es zu Spannungen zwischen Pflegeeltern und leiblichen Eltern wie schon zuvor in der Kinderklinik zwischen Eltern und Stationspersonal. Die Betreuung von Eltern und Pflegeeltern erfolgt durch das Jugendamt. Es gelingt, beide Eltern in eine Psychotherapie zu vermitteln.

Definitionen

Der Gebrauch von eng oder weit gefassten Definitionen hängt von der Zielsetzung und dem Kontext der Anwendung ab. Im juristisch-strafrechtlichen Zusammenhang, bei dem die Täterorientierung und eine mögliche Bestrafung im Vordergrund stehen, wird von einer eng gefassten Definition ausgegangen. Im klinischen Kontext, in dem es um die Gefährdung und den Schutz von Kindern geht, ist eine weit gefasste Definition sinnvoll.

Die Begriffe **„Misshandlung"** und **„Vernachlässigung"** beschreiben eine Beziehung zwischen dem Verhalten von Eltern oder Erziehern und feststellbaren körperlichen oder seelischen Auffälligkeiten eines Kindes. **„Ablehnung"** drückt eine Haltung aus, die von einem Erwachsenen dem Kind gegenüber zum Ausdruck gebracht wird. Alle 3 Begriffe enthalten neben einem Sachbezug einen stark wertenden Anteil.

Klassifikation

Das multiaxiale Klassifikationsschema für psychische Störungen des Kindes- und Jugendalters nach ICD 10 der WHO enthält als Achse 5 – **„abnorme aktuelle psychosoziale Umstände"** – Konstellationen, die als erheblich eingeschätzt werden müssen und von denen belegt ist, dass sie sich nachhaltig auf die Entwicklung von Kindern auswirken (Remschmidt u. Schmidt 1994, Poustka et al. 1994, Poustka u. Lehmkuhl 1993). Die Beschreibungen der abnormen psychosozialen Umstände sind für den klinischen Gebrauch als Definitionen gut geeignet, gleichzeitig kann man sich zu diagnostischen Zwecken an ihnen orientieren. Das gesamte Spektrum der assoziierten abnormen Umstände kann in halbstrukturierten Interviews (Poustka et al.1994), im Gespräch sowohl mit den Eltern als auch mit den Kindern und Jugendlichen, erfasst werden. 3 der 9 Hauptkategorien, die in 39 Kodierungen unterteilt sind, beschreiben ganz oder teilweise Beziehungskonstellationen, die den Begriffen **„Vernachlässigung"**, **„Misshandlung"** und **„Missbrauch"** zugeordnet werden können.

■ Kategorie 1: Abnorme intrafamiliäre Beziehungen

Feindliche Ablehnung oder Sündenbockzuweisung gegenüber dem Kind (1.2)

Diese Kategorie bezieht sich auf ausdrücklich gegen die Person des Kindes gerichtete deutlich negative Gefühle vonseiten eines Elternteils oder beider Eltern. Sie schließt die spezifische Ablehnung des Kindes oder die Zuweisung der Sündenbockrolle mit ein, dagegen werden generalisierter Streit oder auf alle Familienmitglieder bezogene negative Gefühle nicht berücksichtigt.

Als Einschlusskriterien gelten, dass
- das negative Verhalten der Eltern dem Kind gegenüber deutlich in Form und/oder Schweregrad von der Norm abweicht und
- es ganz persönlich auf dieses Kind gerichtet ist und
- es länger andauert und nicht nur auf wenige Verhaltensweisen des Kindes beschränkt ist.

Die Feindseligkeit oder „Sündenbockzuweisung" kann sich ausdrücken:

- als eine unbegründete Neigung, das Kind automatisch für Probleme, Schwierigkeiten oder Pannen zu Hause verantwortlich zu machen;
- oder als eine allgemeine Tendenz, dem Kind negative Merkmale zuzuschreiben;
- oder als Kritik am Kind, die so weit geht, dass das Kind als Person in allgemeiner Art und Weise beschuldigt wird, seine früheren „Missetaten" verallgemeinert und mit Erwartungen künftiger Missetaten verbunden werden;
- oder als eine eindeutige Neigung, besonders auf diesem Kind herumzuhacken,
- oder es in Streitereien zu verwickeln, wenn der betreffende Erwachsene sich unwohl, gereizt oder schlecht gelaunt fühlt
- oder durch eine unfaire Behandlung des Kindes – im Vergleich zu anderen Haushaltsmitgliedern – erfolgt, z.B. durch übermäßige Belastung mit Arbeit oder Verantwortung, mangelnde Beteiligung an positiven Familienaktivitäten;
- oder durch einen ausgeprägten Mangel an Aufmerksamkeit gegenüber den Bedürfnissen und Schwierigkeiten des Kindes;

- oder durch schwerwiegende (psychische) Bestrafungsmaßnahmen wie z. B. Einsperren des Kindes in einen engen Raum oder dunklen Ort, wie z. B. in einen Schrank oder in den Keller.

Körperliche Kindesmisshandlung (1.3)

Kindesmisshandlung umfasst alle eindeutigen Vorfälle, in denen das Kind von einem im Haushalt lebenden Erwachsen in einem Ausmaß verletzt worden ist, das entweder medizinisch relevant ist oder eine für die Subkultur abnorme Form der Gewalt darstellt. Eine körperliche Misshandlung kann dann als sicher angenommen werden,

- wenn die Bestrafung so hart war, dass sie zu Platzwunden, Knochenbrüchen, Ausrenkungen von Gliedmaßen oder ausgeprägten Blutergüssen führte;
- oder die Bestrafung des Kindes durch Schläge mit harten oder scharfen Gegenständen wie Stöcken oder Gürteln mit Schnallen erfolgte;
- oder die Bestrafung in Verbindung mit einem deutlichen oder schwerwiegenden Kontrollverlust stand, (z. B. dass das Kind gegen die Wand geschleudert oder die Treppen hinunter gestoßen wird)
- oder die Gewalt ungewöhnliche und unannehmbare Formen mit der Folge eines körperlichen Traumas annahm, z. B. durch Verbrennungen oder Verbrühungen des Kindes oder Fesselungen, oder dadurch, dass der Kopf des Kindes unter Wasser festgehalten wurde.

Körperliche Misshandlung kann sowohl das Ergebnis einer exzessiv betriebenen körperlichen Bestrafung in Folge eines Kontrollverlustes als auch Folge einer vorsätzlichen böswilligen Handlung sein.

Mangel an Wärme (1.0)

Wärme drückt sich durch die Art und Weise aus, in der die Eltern mit dem Kind sprechen und sich ihm gegenüber nonverbal verhalten.

Mangel an Wärme in der Eltern-Kind-Beziehung drückt sich in charakteristischer Weise dadurch aus, dass nicht stolz oder positiv über die Qualitäten des Kindes oder seine Leistungen berichtet wird und/oder seine Probleme oder Ängste nicht in einer einfühlsamen oder teilnehmenden Art diskutiert werden.

Kategorie 4: Abnorme Erziehungsbedingungen

Während in der Systematik der abnormen psychosozialen Umstände „körperliche Misshandlung“ und „feindliche Ablehnung“ eigenständige Subkategorien bilden, ist der Begriff der „Vernachlässigung“ den Kategorien der psychosozialen Belastungen nicht eindeutig zuzuordnen. Er ist enthalten in der Kategorie „Mangel an Wärme in der Eltern-Kind-Beziehung“ (als Teil abnormer intrafamiliärer Beziehungen) und in der Gruppe „abnorme Erziehungsbedingungen".

Diese Kategorie beschreibt abnorme Merkmale der Erziehung durch Eltern oder andere Bezugspersonen, die ein Risiko für die psychische Gesundheit darstellen, wie z. B.:

- **Erziehung, die eine unzureichende Erfahrung** vermittelt, und zwar durch einen Mangel an Konversation oder Spiel zwischen Eltern und Kind, einen Mangel an Aktivitäten außerhalb der Wohnung oder durch Beschränkungen, die das Kind in ausgeprägter Weise hindern, sich aktiv mit der Umwelt zu beschäftigen. Weitere Kategorien sind:
- **unzureichende elterliche Aufsicht und Steuerung:** diese betrifft die Unkenntnis der Eltern, wo sich das Kind aufhält und was es tut;
- **unwirksame elterliche Steuerung und Mangel an Fürsorge** oder Einflussnahme auf das Kind, obwohl dieses sich in einer psychisch gefährdeten Situation befindet;
- **unangemessene Forderungen und Nötigungen** durch die Eltern, die dem Geschlecht, dem Alter und der Persönlichkeit des Kindes nicht entsprechen.

Kategorie 7: Ablehnung außerhalb der Familie

Als **Ablehnung außerhalb der Familie ist Verfolgung und Diskriminierung** (7.0) anzusehen. Das Kind muss direkt betroffen sein. Es handelt sich um eine langfristige Bedrohung und Diskriminierung wegen einer bestimmten Gruppenzugehörigkeit.

Erscheinungsbild und Diagnostik

Der diagnostische Prozess erfolgt schrittweise. Es gilt dabei, körperliche Symptome, den psychischen Befund des Kindes, Eltern-Kind-Beziehungen und die Familiensituation differenziert zu erfassen. Eine Diagnose kann mehrere Funktionen haben (Frick et al. 1990, Berufsverband 1998); in Zusammenhang mit Kindesmisshandlung, Ablehnung und Vernachlässigung treffen die Funktionen, „Zuweisung zu einer geeigneten Therapie" und „Hypothese zur Festlegung weiterer Evaluierungsschritte" zu.

Körperliche Symptome

Körperliche Symptome, Verletzungen als Folge *körperlicher Misshandlung* führen vor allem bei sehr jungen Kindern, bei *Säuglingen und Kleinkindern* zur Vorstellung beim Arzt und auch zur Einweisung in eine Klinik. Es gibt eine Reihe von Verletzungsmustern (Berufsverband 1998, Frank 1991, 1995, Hobbs et al. 1993), bei denen aufgrund des Musters eine eindeutige Zuordnung möglich ist. Dabei handelt es sich um Striemen, Abdrücke von Gegenständen, Griff- und Bissmarken, *Hämatome* an geschützten und gepolsterten Stellen, wie z. B. am Rücken, *Verbrühungen* an beiden Händen oder an Füßen und Gesäß gleichzeitig (Frank 1991).

Die Kombination von Blutungen des Augenhintergrundes und subduraler Hämatome (Bluterguss zwischen Gehirn und Schädelknochen) bei Kindern im 1. Lebensjahr entsteht durch Schütteln des Kindes *(Schüttelsyndrom)*, wobei der Kopf in schnelle Vor- und Rückwärtsbewegung versetzt wird. Frakturen bei Kindern, die noch nicht laufen können und keine Knochenerkrankung oder einen Unfall hatten, und auch der Nachweis von früheren nicht erkannten und nicht behandelten Frakturen sind Hinweise auf Misshandlung. Oft bestehen Diskrepanzen zwischen den Angaben der Eltern und der Verletzung des Kindes: die Eltern wissen angeblich nicht, wie ein Kind sich verletzt hat, oder die Erklärung, z. B. das Kind sei „gegen die Heizung gefallen", und das Muster der Verletzung passen nicht zusammen. Kinder werden dem Arzt häufig erst eine gewisse Zeit später als das verletzende Ereignis geschehen ist, vorgestellt.

Eine Reihe von körperlichen Symptomen ist mehrdeutig. Misshandlung und Vernachlässigung sind nicht alle der in Frage kommenden Erklärungen. Unspezifische Symptome sind Kopfschmerzen, Bauchschmerzen, Schwindel und Gangunsicherheit.

Bei *Vernachlässigung* findet man eine extreme Verschmutzung des Kindes oder auch das Bild einer *Gedeihstörung*, die nicht organisch bedingt ist. Wird das Kind in ein Milieu versetzt, in dem es die nötige Zuwendung und die zu erwartende Sorgfalt in der Versorgung findet, verbessert sich auch in der Regel sein körperlicher Gesamtzustand augenfällig.

Psychischer Befund

Es gibt kein für Misshandlung, Ablehnung oder Vernachlässigung spezifisches Verhaltensmuster. Häufig anzutreffende Probleme sind Schwierigkeiten im **Sozialverhalten** und Verzögerungen in der **Sprachentwicklung**. Eine sorgfältige Untersuchung des Entwicklungsstandes des Kindes und seiner emotionalen und sozialen Bezüge kommt den Wünschen der Eltern entgegen. Das Kind hat im Rahmen einer eingehenden Untersuchung Gelegenheit, einen neutral-wohlwollenden Gesprächspartner zu finden. Die Fachleute bewegen sich in ihrem vertrauten Bereich. Die Untersuchungsbefunde des Kindes liefern die wichtigsten Anhaltspunkte für die Einschätzung der Situation und für die Entwicklung eines Behandlungsplans.

In schwerwiegenden Fällen findet man – als Folgeerscheinung – das Bild **einer reaktiven Bindungsstörung des Kindesalters** (ICD 10: F 94.1, Remschmidt u. Schmidt 1994). Diese tritt in den ersten 5 Lebensjahren auf. Sie ist durch anhaltende Auffälligkeiten im sozialen Beziehungsmuster des Kindes charakterisiert. Diese sind von einer emotionalen Störung begleitet und reagieren auf Wechsel in den Milieuverhältnissen. Die Symptome bestehen aus **Furchtsamkeit und Übervorsichtigkeit** – in der Misshandlungsliteratur spricht man von gefrorener Aufmerksamkeit –, **eingeschränkten sozialen Interaktionen mit Gleichaltrigen, gegen sich selbst oder andere gerichteten Aggressionen, Unglücklichsein** und in einigen Fällen **Wachstumsverzögerung**.

Die **Bindungsstörung des Kindesalters mit Enthemmung** (ICD 10: F 94.2) ist ein spezifisches abnormes soziales Funktionsmuster, das während der ersten 5 Lebensjahre auftritt mit einer Tendenz, trotz deutlicher Änderungen in den Milieubedingungen zu persistieren. Dieses kann z. B. in diffusem nichtselektivem Bindungsverhalten bestehen, in aufmerksamkeitssuchendem und wahllos freundlichem Verhalten und in kaum modulierten Interaktionen mit Gleichaltrigen; je nach Umständen kommen auch emotionale und Verhaltensstörungen vor. Die Kinder zeigen ein allgemeines Anklammerungsverhalten im Kleinkindalter oder wahllos freundliches, aufmerksamkeitssuchendes Verhalten in der frühen und mittleren Kindheit. Gewöhnlich bestehen Schwierigkeiten beim Aufbau enger, vertrauensvoller Beziehungen zu Gleichaltrigen. Begleitende emotionale oder Verhaltensstörungen können vorhanden sein. In den meisten Fällen gibt es eine Vorgeschichte, die durch deutlich mangelnde Kontinuität der Betreuungspersonen oder mehrfachen Wechsel in der Familienplatzierung, etwa durch mehrfache Unterbringung in **Pflegefamilien** gekennzeichnet ist.

Beide Störungen sind lang anhaltend. Sie werden in ihrem Schweregrad häufig unterschätzt.

Bei älteren Kindern kann man das Bild einer **posttraumatischen Belastungsstörung** vorfinden. Wenn gleichzeitig ein fetales Alkoholsyndrom oder ein organisches Psychosyndrom vorliegt, kann im Einzelfall die Zuordnung der Symptomatik und die Beurteilung des Schweregrades schwierig sein.

Beobachtung von Beziehungen

Die Beobachtung und Beurteilung von Beziehungen bildet den Schlüssel zum Verständnis der Problembereiche Misshandlung und Vernachlässigung. Dazu liegen aus verschiedenen Altersgruppen auf direkter Beobachtung gegründete Ergebnisse vor. Ablehnung und Vernachlässigung sind schon in den ersten Lebensmonaten erkennbar. In der Mannheim-Studie untersuchten Esser u. Weinel (1990) Mütter mit ihren 3 Monate alten Kindern. Von 384 Kindern wurden 25 als nur abgelehnte Säuglinge, 11 als nur vernachlässigte Säuglinge und 23 als abgelehnte und vernachlässigte Säuglinge eingestuft. Als Kriterien zur Einschätzung **mütterlicher Ablehnung** dienten Angaben der Eltern und Beobachtung der Interviewer. Ablehnung war operationalisiert als strenge Erziehungshaltung:

- harte erzieherische Praktiken,
- wenig Körperkontakt und Zärtlichkeit,
- wenig erkennbare Freude im Umgang mit dem Kind,
- häufige Kritik am Kind,
- übermäßige Betonung der Belastung durch das Kind und der Opfer, die durch die Mutter zu bringen sind,
- häufige Übertragung der Betreuung des Kindes an andere Personen ohne triftigen Grund.

Zur Einschätzung **mütterlicher Vernachlässigung** wurden folgende Merkmale herangezogen:

- mangelnde oder inadäquate Anregung für das Kind,
- mangelnde Aufsicht über das Kind,
- mangelnde Pflege,
- Missachtung der Gesundheit des Kindes.

Sowohl bei Vernachlässigung als auch bei Ablehnung zeigten die Mütter weniger **Reaktivität** und weniger Stimulation. Verminderte sprachliche Äußerungen in der Interaktion waren ein Kennzeichen **vernachlässigender Mütter**, sie lenkten die Aufmerksamkeit der Kinder weniger und waren weniger schlüssig in ihrem Verhalten dem Kind gegenüber.

Ablehnende Mütter waren weniger freundlich, weniger zärtlich und äußerten sich negativer über ihr Kind.

Bei der Untersuchung im 3. Lebensmonat im Rahmen der Mannheim-Studie waren die Mütter auffällig, die Kinder nicht. In höherem Lebensalter vermischen sich kindliche und elterliche Verhaltensweisen. Schon Vorschulkinder, später auch Schulkinder und Jugendliche sind verhaltensauffällig und lösen dadurch wiederum negative Verhaltensweisen und Einstellungen ihrer Eltern aus (Remschmidt 1993). Patterson (1982) beobachtete **Interaktionsprozesse** in Familien. Er fand dabei, dass sich gewaltförmige Interaktionen wechselseitig aufschaukeln (coercive family processes).

Rollenumkehr und Überforderung

Schon bei Vorschulkindern und auch bei Kindern im Schulalter findet man das Beziehungsmuster der Rollenumkehr: Eltern lassen sich von ihren Kindern umsorgen und trösten. Die Kinder sind den Eltern gegenüber einfühlsam, steuern deren Verhalten und organisieren den Haushalt. Sie wirken in ihrem Verhalten zunächst frühreif und altklug. Bei näherer Betrachtung findet man dann sehr kindliche und aufgrund langfristiger Überforderung auch depressive Züge.

Genese und Häufigkeit

Misshandlung und gesellschaftliche Schicht

Klein (1996) untersuchte an 2 Klinikstichproben den Zusammenhang zwischen Verhaltensmerkmalen von Eltern und Kindern. Er verglich eine Gruppe misshandelter Kinder mit dem Rest der Population der Kinderkliniken als Vergleichsgruppe. Während eine geringe Besuchshäufigkeit sowohl bei Misshandlung als auch bei niedriger Bildung der Eltern festzustellen war, waren wenig positive Äußerungen über Kinder und ein schlechtes Erkennen kindlicher Bedürfnisse Merkmale, die sich als schichtunabhängig und als misshandlungs- und vernachlässigungsspezifisch zeigten.

Familiensituation

Je höher die psychosozialen Belastungen in einer Familie sind, desto eher ist mit dem Auftreten von psychischen Auffälligkeiten von Kindern zu rechnen. Burk u. Poustka (1993) fanden in ihrer Studie zur Reliabilität der Achse 5, dass – im Vergleich zu unauffälligen Kindern – bei Kindern mit emotionalen Störungen höhere Belastungen, bei Störungen des Sozialverhaltens das höchste Ausmaß an psychosozialen Belastungen der Familien vorliegen.

Dieser allgemeine Zusammenhang zwischen der Summe psychosozialer Belastungen der Familie und psychischer Auffälligkeiten des Kindes gilt auch für Misshandlung und Vernachlässigung (Remschmidt 1993). Auch in der Münchner Längsschnittuntersuchung konnte dieser Zusammenhang reproduziert werden. Niedriges Einkommen war die einzige Variable, die den Unterschied zwischen Misshandlungs- und Kontrollgruppe bei gleichgehaltener psychosozialer Belastung erklärte.

Häufigkeitsangaben

In 2 Studien an Kinderkliniken in München und Freiburg wiesen unter standardisierten Bedingungen 2% aller stationär aufgenommenen Kinder Symptome auf, die an Misshandlung und Vernachlässigung denken ließen (Frank 1995, Berger-Sallawitz 1995). Bei etwa 10% der Kinder wurden unspezifische Symptome festgestellt, die auf eine erhöhte psychosoziale Belastung hinwiesen und eine nähere Betrachtung des Kindes und der Familiensituation erforderten.

Niedergelassene Hamburger Kinderärzte (Berufsverband 1995) fanden bei systematischer Anwendung einer Checkliste eine hohe Zahl von Kindern, deren Symptomatik auf Gewaltanwendung hinwies. Die Kriminalstatistik, also die Darstellung der angezeigten Fälle, ist die einzige bundesweite Datenerhebung, die an strafrechtlichen Gesichtspunkten orientierte Häufigkeitsangaben liefert. Darüber hinaus liegen in Deutschland keine systematischen Untersuchungen über die Häufigkeit der Problematik vor. In internationalen Studien wird am häufigsten Vernachlässigung gefunden, gefolgt von körperlicher Misshandlung und – mit großem Abstand – von sexuellem Missbrauch.

In den Münchner und Freiburger Klinikstudien stieg die Zahl der erfassten Fälle im Rahmen der jeweiligen Studien etwa um den Faktor 3 an (Frank et al. 1993, Berger-Sallawitz et al. 1993). Nach Abschluss der Studie ging die Häufigkeit der entdeckten Fälle rasch wieder auf das Ausgangsniveau zurück. Die Ärzte und auch die Schwestern hatten sich sehr interessiert und engagiert verhalten, wenn sie selbst Unterstützung in der Betreuung der Familien bekamen. Auch unter Studienbedingungen wurde nur bei einem Teil der Kinder eine weitergehende Beurteilung und Intervention eingeleitet. Es fiel den Ärzten schwer, die Problematik wahrzunehmen und sich ihr auszusetzen. Misshandlung ist ein schwieriges Thema. Es ist gut verständlich, wenn Ärzte diese Problematik „nicht sehen" und wahrhaben können oder wollen. Ähnliche Effekte können auch bei anderen Berufsgruppen angenommen werden.

Therapieansätze und Prognose

In der Regel kommen Eltern, weil sie sich Sorgen um ihr Kind machen, eine Fragestellung haben und weil sie eine Untersuchung und Behandlung ihres Kindes wünschen (Berufsverband 1998, Frank u. Räder 1994, Hobbs et al. 1993, Kopecky-Wenzel u. Frank 1995).

Gesprächsführung

Im Gespräch soll sich der Untersucher bemühen, allen Beteiligten gegenüber offen und unparteiisch zu sein, aber die Interessen des Kindes besonders in den Mittelpunkt zu stellen. Sowohl bei den Eltern als auch bei den Kindern gilt es, das Augenmerk darauf zu richten, wie weit Gesprächsinhalte, Mimik und Gestik übereinstimmen.

Im Gespräch mit Kindern und Jugendlichen sollten keine Fragen gestellt werden, die die Loyalität zu den Eltern gefährden, (z.B. „hat dich der Vater geschlagen?"). Aussagen des Kindes sollten nur mit dessen Zustimmung in das Gespräch mit den Eltern eingebracht werden. Kinder verwenden verschlüsselte Botschaften (z.B. „mir gefällt's hier"), mit denen sie Auskunft über ihre Situation zu geben versuchen. Bei abgelehnten Kindern und Jugendlichen und solchen in einer Sündenbockrolle findet man häufig, dass sie die Sicht ihrer Eltern übernommen und ein negatives Selbstbild haben.

Untersuchungsbefunde des Kindes und Behandlungsempfehlungen bieten die sichere Basis dafür, mit Eltern ins Gespräch zu kommen und mit ihnen im Gespräch zu bleiben, ohne in Konflikte oder Machtkämpfe zu geraten. Übereinstimmung sollte in der Beschreibung des Kindes erreicht werden. Im Umgang mit den Eltern bedeutet dies, die Sicht der Eltern anzuhören und zu akzeptieren, nicht aber, dass man den Eltern in allen Punkten Recht geben muss. Unterschiedliche Meinungen dürfen nebeneinander bestehen bleiben. Die Eltern erwarten einen Befund und einen Behandlungsvorschlag im Blick auf das Kind und Empfehlungen für den Umgang mit ihm.

Die Darstellung der Befunde muss ergänzt werden durch Bewertungen altersgerechten Verhaltens und entwicklungsgerechter Anforderung an das Kind: Was ist zu schwierig, was ist zu leicht, womit ist ein Kind überfordert? Dabei geht es auch darum, den Eltern solche Informationen zu vermitteln, dass sie von überhöhten Erwartungen an das Kind ablassen.

Ein wichtiges Arbeitsinstrument ist die Herstellung von vertrauensvollen Beziehungen, die langfristig angelegt sind. **Behandlungsabbrüche** sollten vermieden werden. Es ist sehr günstig, wenn Weiterverweisungen mit einem gestuften Übergang und einer so weit wie möglich persönlichen Übergabe erfolgen können. Abschied-nehmen-können ist Teil des Behandlungsprogramms.

Therapieziele

Die Therapieziele sind zu gliedern in Ziele der **akuten Krisenintervention, der mittelfristigen und langfristigen Therapie**. Am Ende jedes Abschnittes steht eine zusammenfassende Beurteilung und Bewertung des aktuellen Informationsstandes, eine Einschätzung der Tragfähigkeit des Familiensystems und der Gefährdung des Kindes.

In der Regel ist eine **interdisziplinäre Zusammenarbeit** erforderlich zwischen Ärzten, Psychologen, Sozialpädagogen und Lehrern. Die Kenntnis des Hilfesystems und eine Zusammenarbeit zwischen den verschiedenen Institutionen ist unbedingt erforderlich. Dabei gilt es jedoch, die **Schweigepflicht** zu beachten. Mit Einverständnis der Sorgeberechtigten sind jedoch alle Schritte möglich. Bei einer Gefährdungssituation ist es zulässig, sich ohne Einverständnis der Eltern mit dem Jugendamt in Verbindung zu setzen oder sich an das Familiengericht zu wenden.

Die Therapieziele der **Krisenintervention** sind der Schutz des Kindes, Entlastung von Überforderung und die akute Stabilisierung der Familie, wobei die Sicherung der Alltagsbedürfnisse gewährleistet sein muss. Der Schutz des Kindes kann z.B. durch eine **Klinikeinweisung auf freiwilliger Basis** oder durch eine **Inobhutnahme** nach § 42 des Kinder- und Jugendhilfegesetzes durch das Jugendamt erfolgen. Dabei muss eine eingehende Bestandsaufnahme nach den oben beschriebenen Schritten erfolgen. Es sollten besonders die Stärken und Unterstützungsmöglichkeiten des Kindes und der gesamten Familie erfasst werden.

Für die kurz- und mittelfristige Behandlung ist es nötig, in Zusammenarbeit mit dem Jugendamt einen **Hilfeplan** zu erarbeiten, in dem erforderliche Schritte und ein Zeitplan festgelegt werden. Die Erstellung eines Hilfeplanes „zum Wohle des jungen Menschen" ist durch das **Kinder- und Jugendhilfegesetz** als Aufgabe der Jugendhilfe, in erster Linie der Jugendämter, zwingend vorgeschrieben. Im Mittelpunkt stehen die Behandlung von Entwicklungsproblemen des Kindes, Beratung der Eltern im Umgang mit dem Kind und bei ihren eigenen Persönlichkeitsproblemen.

Rechtliche Schritte

Als kurzfristige Maßnahme sieht das Kinder- und Jugendhilfegesetz die **Inobhutnahme** vor. In diesem Zusammenhang kann ein Kind auf eigenen Wunsch oder aufgrund der Beurteilung von Fachleuten kurzfristig in Obhut genommen werden.

Vorläufige oder dauerhafte Eingriffe in das elterliche **Sorgerecht** wie z. B. Einschränkung **des Aufenthaltsbestimmungsrechtes oder Zuführung zur Behandlung** – bei Vernachlässigungssituationen immer wieder erforderlich – müssen beim **Familiengericht** beantragt werden. Auch eine Anhörung beim Familienrichter kann diesem Zwecke dienen. Das Ziel solcher zivilrechtlichen Maßnahmen ist der Schutz des Kindes.

Bei schweren Misshandlungen sind auch **strafrechtliche Schritte** zu erwägen. Eine Anzeige bei der Polizei setzt strafrechtliche Ermittlungen in Gang, die dann auch nicht mehr von außen rückgängig gemacht werden können. Strafrechtliche Schritte sind täterorientiert.

Langfristige Therapieplanung und Behandlungsaufwand

Die langfristige Therapieplanung kann als **Fortschreibung des Hilfeplanes** definiert werden.

Langfristige Ziele sind die Bearbeitung von inneren Konflikten, die Klärung von Konfliktsituationen, Erhöhung der Frustrationstoleranz.

Die Langzeitergebnisse hängen ab vom Schweregrad der Misshandlung und der Vernachlässigung, von der Beeinträchtigung der Entwicklung des Kindes und von der Gesamtbelastung der Familie (Brown et al. 1998). Ohne eine Veränderung der Gesamtbelastung der Familie lassen sich Verbesserungen der Entwicklung kaum erreichen. Die Verarbeitung traumatischer Erlebnisse kann sehr lange Zeit in Anspruch nehmen. Frühzeitig, d. h., schon im Vorschulalter auftretende Störungen des Sozialverhaltens haben die Tendenz zu überdauern.

Der **Behandlungsaufwand** ist bei Misshandlung und Vernachlässigung wesentlich höher anzusetzen als bei individuellen Störungen von Kindern und Jugendlichen, wie emotionalen Störungen, Störung des Sozialverhaltens oder Psychosen (Light u. Bailey 1998).

Über den Nutzen von Interventionen und über langfristige Ergebnisse liegen nur wenige Studien vor. Dazu sind Langzeituntersuchungen erforderlich.

Zusammenfassung

Misshandlung, Ablehnung und Vernachlässigung beschreiben schwerwiegende Beziehungsprobleme zwischen Eltern und ihren Kindern, die sich nachhaltig ungünstig auf deren Entwicklung auswirken. Die Achse 5 „Assoziierte aktuelle abnorme psychosoziale Umstände" des multiaxialen Klassifikationssystems enthält sehr klare und anschauliche Operationalisierungen von „Körperlicher Misshandlung", „feindlicher Ablehnung oder Sündenbockrolle eines Kindes". Teilaspekte des Begriffes „Vernachlässigung" werden von den Kategorien „Mangel an Wärme", „unzureichende Aufsicht und Steuerung", „Erziehung mit unzureichender Erfahrungsvermittlung" und „unangemessenen Anforderungen" abgedeckt.

Der diagnostische Prozess erfolgt schrittweise. Bei Säuglingen und Kleinkindern stehen körperliche Symptome wie Hämatome, Striemen, Frakturen, Verbrühungen im Vordergrund und führen zur Vorstellung beim Arzt. Die sorgfältige Untersuchung des Entwicklungsstandes und die Beurteilung der psychischen Situation des Kindes bilden eine Basis, auf der Kind, Eltern und Untersucher zusammenfinden können, selbst, wenn sie in der Beurteilung der Entstehung der körperlichen Symptome auseinander gehen. Für Kinder stellt eine solche Untersuchungssituation oft die einzige Möglichkeit dar, bei einem neutral-wohlwollenden Erwachsenen Gehör zu finden. Es gibt keinen für Misshandlung, Vernachlässigung und Ablehnung typischen psychischen Befund. Schwerwiegende Folgen können jedoch das klinische Bild einer reaktiven Bindungsstörung des Kindesalters oder eine Bindungsstörung des Kindesalters mit Enthemmung oder eine posttraumatische Belastungsreaktion sein.

Die Beurteilung von Beziehungen bildet den Schlüssel zum Erkennen und Verstehen der Beziehungsprobleme. Ablehnung und Vernachlässigung durch Mütter ist schon bei 3-monatigen Säuglingen beobachtbar. Bei älteren Kindern kommt es zu Wechselwirkungen zwischen elterlichen und kindlichen Verhaltensproblemen. Je mehr psychosoziale Belastungssituationen vorliegen, umso eher ist mit Auffälligkeiten in der kindlichen Entwicklung zu rechnen. Die Häufigkeit der entdeckten Fälle hängt sehr stark von der Aufmerksamkeit der beteiligten Fachleute ab. Unter standardisierten Bedingungen betrug die Häufigkeit von Misshandlung und Vernachlässigung 2% der stationär aufgenommenen Kinder und war höher als vor und nach Studienbeginn.

Die Gespräche mit allen Familienmitgliedern sollen so offen wie möglich geführt werden, wobei die Interessen des Kindes im Mittelpunkt stehen. Die Loyalitäten innerhalb der Familien sind unbedingt zu respektieren, kein Familienmitglied soll gegen das andere ausgespielt werden.

Ziele der Krisenintervention sind, die Sicherheit des Kindes und die Alltagserfordernisse der Familie zu gewährleisten. In der Regel ist eine Zusammenarbeit zwischen Psychologen, Ärzten und Sozialarbeitern notwendig. Die durch das Kinder- und Jugendhilfegesetz geregelte Inobhutnahme oder ein Sorgerechtseingriff durch ein Familiengericht bieten die rechtliche Handhabe für Akutmaßnahmen, danach ist eine Bestandsaufnahme nach Belastungen und Stärken der Familie vorzunehmen. In Zusammenarbeit mit dem Jugendamt soll ein Hilfeplan erstellt werden.

Ziele der mittel- und langfristigen Behandlung sind Hilfen zur Bewältigung des Alltags, die Behandlung von Entwicklungsproblemen des Kindes, die Schulung der Eltern in der Wahrnehmung ihres Kindes und die Beratung und eventuell Therapie der Eltern bei ihren eigenen Persönlichkeitsproblemen.

Literatur

Ausgehend von Hamburg wurden in Bayern, Baden-Württemberg, Niedersachsen, Hessen und Saarland für das jeweilige Bundesland angepasste Leitfäden entwickelt und an niedergelassene Kinderärzte und Kinder- und Jugendpsychiater verteilt.

Berger F, Bulling M, Frank R, Frick U, Heilenz G, Kopecky-Wenzel M, Marquardt M, Reichle T, Reblitz T. Anstieg der identifizierten Fälle von Kindesmisshandlung in der Kinderklinik – Replikation einer Vollerhebungsstudie. Z Kinder Jugendpsych XXII. Wissenschaftliche Tagung der Deutschen Gesellschaft für Kinder- und Jugendpsychiatrie, Köln, 29. April, 1993; 21, Abstracts Suppl.:1, 80.

Berger-Sallawitz F et al. „Kindesmißhandlung" – eine der häufigsten Diagnosen in Kinderkliniken? Z Kinder Jugendpsych. XXIV. Wissenschaftliche Tagung der Deutschen Gesellschaft für Kinder- und Jugendpsychiatrie und Psychotherapie. Würzburg, 26. bis 29. 4. 1995: 23, Abstracts Suppl: 1, 207-8.

Berger-Sallawitz F, Frank R, Bulling M, Frick U, Heilenz G, Marquardt M, Klein W, Kopecky-Wenzel M, Krug I, Reblitz T, Reichle T. Der Einfluß der diagnostischen Strategie auf die Häufigkeit der Diagnose Kindesmißhandlung in zwei Kliniken - Welche Fragen sind wichtig? MSchr Kinderheilk. 1997;145: Suppl 1,11.

Berufsverband der Ärzte für Kinderheilkunde und Jugendmedizin, Landesverband Hamburg und Behörde für Arbeit, Gesundheit und Soziales, Amt für Gesundheit. Beobachtungen in Hamburgs Kinderarztpraxen. Atemwegs- und Hautbeschwerden. Gewalt gegen Kinder. Hamburg: Freie und Hansestadt Hamburg. Behörde für Arbeit, Gesundheit und Soziales. 1995.

Berufsverband der Ärzte für Kinderheilkunde und Jugendmedizin, Landesverband Bayern. Gewalt gegen Kinder und Jugendliche. Leitfaden für Kinderarztpraxen in Bayern. München: 1998.

Brown J, Cohen P, Johnson JG, Salzinger S. A longitudinal analysis of risk factors for child maltreatment: Findings of a 17-year prospective study of officially recorded and self-reported child abuse and neglect. Child Abuse Neglect. 1998;22:1065-78.

Burk B, Poustka F. Multizentrische Untersuchung zur psychosozialen Achse der WHO unter besonderer Berücksichtigung des West-Ost-Vergleiches in Deutschland. In: Poustka F, Lehmkuhl U, Hrsg. Gefährdung der kindlichen Entwicklung. Quintessenz, 1993; 57-65.

Esser G, Weinel W. Vernachlässigende und ablehnende Mütter in Interaktion mit ihren Kindern. In: Martinius J, Frank R, Hrsg. Vernachlässigung, Mißhandlung und Mißbrauch von Kindern. Erkennen, Bewußtmachen, Helfen. Bern: Huber; 1990.

Frank R, Kopecky-Wenzel M, Frick U. Patterns of relationships in families with high levels of violence. Vortrag 14. Internationaler Kongress der International Association for child and adolescent psychiatry and allied professions. 2.-6. August 1998, Stockholm, Abstracts,155.

Frank R, Kopecky-Wenzel M, Schött C, Frick U, Schmidt A. Forschung als Intervention – am Beispiel Kindsmißhandlung. Eine Studie an einer Kinderklinik. In: Poustka F, Lehmkuhl U, Hrsg. Gefährdung der kindlichen Entwicklung. Quintessenz; 1993, 39-43.
Frank R, Räder K. Früherkennung und Intervention bei Kindesmisshandlung. Bayerisches Staatsministerium für Arbeit und Sozialordnung, Familie, Frauen und Gesundheit, Hrsg. Forschungsbericht des Instituts für Kinder-und Jugendpsychiatrie der Ludwig-Maximilians-Universität München; 1994.
Frank, R. Kinderärztlich-kinderpsychiatrische Untersuchungen an mißhandelten und vernachlässigten Kindern und deren Familien. Med. Habil., Univ. München; 1995.
Frank, R. Kindesmißhandlung. In: Martinius J, Hrsg. Kinder- und jugendpsychiatrische Notfälle. Quintessenz, 1991, 39-45.
Frick U, Frank R, Schött C. Zur Diagnose „Kindesmißhandlung": Ein Modell des ärztlichen Urteilsfindungsprozesses und Ansätze zu seiner empirischen Überprüfung. In: Martinius J, Frank R, Hrsg. Vernachlässigung, Mißbrauch und Mißhandlung von Kindern. Erkennen, Bewußtmachen, Helfen. Bern: Huber; 1990; 69-84.
Hobbs CJ, Hanks H, Wynne JM. Child abuse and neglect. A clinician's handbook. Edinburgh: Churchill Livingstone; 1993.
Klein W. Kindesmißhandlung: Verhalten und Interaktion von mißhandelten Kindern und ihren Eltern. Freiburg: Dissertation; 1996.
Kopecky-Wenzel M, Frank R. Gewalt an Kindern. Teil 1: Prävention von Kindesmißhandlung und Vernachlässigung. In: Allhoff PG, Hrsg. Präventivmedizin. Praxis-Methoden-Arbeitshilfen. Berlin: Springer; 1995.
Light DW, Bailey VFA. A shrewd investment: The economics of mental health care for children and adolescents. In: Young JG, Ferrari P, eds. Mental health services and systems for children and adolescents. A shrewd investment. Philadelphia: Brunner/Mazel; 1998: 59-82.
Patterson GR. Coercive family process. Eugene Or: Castalia Publishing Co; 1982.
Poustka F, Bästlein M, Napirski C, Schmeck K, Schmötzer G. Assoziierte aktuelle abnorme psychosoziale Umstände. Achse fünf des Multiaxialen Klassifikationsschemas für psychiatrische Erkrankungen im Kindes- und Jugendalter (ICD-10). Swets Test Services: Frankfurt; 1998.
Poustka F, Lehmkuhl U. Gefährdung der kindlichen Entwicklung. München: Quintessenz; 1993.
Remschmidt H, Schmidt MH. Multiaxiales Klassifikationsschema für psychische Störungen des Kindes- und Jugendalters nach ICD-10 der WHO. Mit einem synoptischen Vergleich der ICD-10 mit ICD-9 und DSM-III-R, 3. Aufl., Bern: Huber; 1994.
Remschmidt H. Zyklen der Gewalt: Anmerkungen zur Gewalttätigkeit junger Menschen. Dtsch Ärztebl. 1993;39:1889-94.

Prüfungsfragen

1. Wann wendet man enge, wann weit gefasste Definitionen von Misshandlung und Vernachlässigung an?
2. Benennen Sie Beispiele von abnormen psychosozialen Umständen.
3. Was versteht man unter körperlicher Kindesmisshandlung?
4. Wie drückt sich Ablehnung des Kindes aus?
5. Welche Kategorien lassen sich mit dem Begriff der Vernachlässigung in Verbindung bringen?
6. Welche Bereiche müssen im Rahmen des diagnostischen Prozesses beurteilt werden?
7. Geben Sie Beispiele für körperliche Symptome von Misshandlung.
8. Beschreiben Sie die reaktive Bindungsstörung des Kindesalters.
9. Welche Bereiche sind bei Vernachlässigung häufig betroffen?
10. Wie wirkt sich die Summation von psychosozialen Belastungen auf die kindliche Entwicklung aus?
11. Wie häufig sind Misshandlung und Vernachlässigung?
12. Nennen Sie Behandlungselemente bei Misshandlung und Vernachlässigung.
13. Was versteht man unter einer Inobhutnahme?
14. Welches sind kurzfristige Behandlungsziele bei Misshandlung und Vernachlässigung?
15. Welches sind mittel- und langfristige Behandlungsziele?

30 Sexueller Missbrauch

J.M. Fegert

Fallvignette

Nach bisher altersgerechter Entwicklung ohne Verhaltensauffälligkeiten zeigt ein 9-jähriges Mädchen seit Beginn des Schuljahres massive Leistungsprobleme, Albträume, Durchschlafstörungen und insgesamt eine Veränderung des Verhaltens mit teilweise oppositionellen, teilweise dissozialen Zügen. Das früher zuverlässige Mädchen streunt herum, hält Verabredungen, vor allem am Wochenende, nicht ein und wird deshalb von der Mutter zum wiederholten Male scharf zur Rede gestellt. In einem dieser Gespräche teilt es der Mutter mit, dass der Stiefgroßvater väterlicherseits es bei Besuchen wiederholt berührt habe, es aufgefordert habe, mit ihm in den Keller zu kommen und es dort auch penetriert habe. Das Mädchen wird daraufhin von der Kindsmutter bei einer feministisch orientierten Mädchenberatungsstelle vorgestellt. Dort werden Einzelgespräche, Gruppentermine im Mädchentreff durchgeführt. Nach einer gewissen Zeit kommt es auch zur Strafanzeige gegen den Stiefgroßvater. Nach Kontaktabbruch und unter den unspezifischen Interventionen nimmt das oppositionelle und dissoziale Verhalten zwar deutlich ab, doch bleiben massive Ängste und eine Fixierung auf sexuelle Inhalte auch in der Kontaktaufnahme zu Gleichaltrigen, die scheinbar durch die Interaktion in der Mädchengruppe mit lauter betroffenen Mädchen noch verstärkt wird. In diesem Kontext kommt es zur weiteren Vorstellung zur Behandlung. In mehreren diagnostischen Screening-Verfahren zeigt das Mädchen hohe Introversions- oder Depressionsscores. Sie äußert wiederholt Suizidgedanken und ist beim 2. Vorstellungstermin akut suizidal. In diesem Rahmen erfolgt die stationäre Krisenintervention, die von einer ambulanten Psychotherapie gefolgt wird. Gleichzeitig wird ein Opferentschädigungsverfahren eingeleitet, um die Therapie und weitere supportive Maßnahmen über das Opferentschädigungsgesetz zu finanzieren. Weder die Personensorgeberechtigten noch das kindliche Opfer waren über diese Rechtsansprüche im Rahmen des Strafverfahrens informiert worden. Die ambulante Behandlung kann nach einem Jahr erfolgreich abgeschlossen werden. Es bestehen keine Schlafstörungen und Albträume mehr. Die Stimmungslage ist ausgeglichen. Allerdings bestehen noch Ängste in Bezug auf erste mit der Pubertät aufkommende sexuelle Phantasien und Wünsche.

Einleitung und Definition

Sexueller Missbrauch (sexual abuse) ist als Bezeichnung eines Misshandlungsphänomens eine missglückte Übersetzung aus dem Englischen, welche sich aber im deutschen Sprachgebrauch eingebürgert hat. Die eigentlich korrekte Übersetzung „sexuelle Misshandlung" (in Anlehnung an „child abuse" entsprechend „Kindesmisshandlung") ist weniger gebräuchlich. Nach der Art der begangenen Taten lassen sich so genannte „Hands-off"-Taten von „Hands-on"-Taten unterscheiden. Zu den erstgenannten gehören voyeuristisch-exhibitionistische Handlungen, aber auch die Produktion von pornographischen Fotos und Filmmaterial. Von Hands-on-Taten spricht man immer, wenn Berührungen der Genitalien oder der Brüste am Kind vorgenommen werden bzw. das Kind zu solchen Handlungen gezwungen wird. Ebenfalls in diese Kategorie gehört die digitale Penetration sowie der vollzogene Genital-, Oral- bzw. Analverkehr. Eine solche auf die Handlungen abhebende deskriptive Definition macht sich z.B. auch die Achse 5 Psychosoziale Belastungen der WHO zu eigen. Die gebräuchlichste sozialwissenschaftliche Definition stammt von Schechter u. Roberge (1976). Sie verstehen unter sexuellem Missbrauch: „Die Beteiligung von Kindern und Jugendlichen an sexuellen Handlungen, die diese aufgrund ihres Entwicklungsstandes nicht verstehen, dazu kein wissentliches Einverständnis geben können und die die sexuellen Tabus der Familie und der Gesellschaft verletzen, zur sexuellen Befriedigung eines nicht Gleichaltrigen oder Erwachsenen." Diese sehr weitgespannte Definition, der sich auch der Gründer der ärztlichen Kinderschutzbewegung Kempe ab der 3. Auflage seines Lehrbuches über Kindesmisshandlungen (Helfer u. Kempe 1987) anschloss, basiert auf dem Konzept des „informed-consent", d.h., dass wissentliche Zustimmung als zentrale Voraussetzung für sexuelle Beziehungen angesehen wird.

Kinder, welche in einer Abhängigkeitsbeziehung zu Erwachsenen stehen, können weder frei zustimmen noch ist ihnen in der Regel die Tragweite der Handlungen bekannt, selbst wenn sie im Einzelnen schon ein gewisses Wissen über Sexualität haben. In der Forschung wird dieses Machtgefälle in der Regel durch einen Altersabstand von mindestens 5 Jahren operationalisiert.

Eine weitere wichtige Unterscheidung ist die zwischen intra- und extrafamilialem Missbrauch. Missbrauch in der Familie wird in Anlehnung an den englischen Sprachgebrauch häufig als Inzest bezeichnet. Dabei beziehen sich die meisten Autoren hier nicht im juristischen Sinne auf das Charakteristikum der Blutsverwandtschaft, sondern gemeint sind intrafamiliale Missbrauchshandlungen, z.B. durch leibliche oder soziologische Väter, Großväter etc.

Für die Intervention, Beratung, Behandlung und die erfolgreiche Durchführung von Kinderschutzmaßnahmen ist auch eine Kenntnis der entsprechenden rechtlichen Definitionen notwendig. In der UN-Kinderrechtskonvention vom 2.9.1991 hat sich die Bundesrepublik durch ihren Beitritt zu diesem Abkommen in Artikel 34 verpflichtet, „das Kind vor allen Formen sexueller Ausbeutung und sexuellen Missbrauchs zu schützen. Für diesen Zweck treffen die Vertragsstaaten alle geeigneten innerstaatlichen zweiseitigen und mehrseitigen Maßnahmen, um zu verhindern, dass Kinder

- zur Beteiligung an rechtswidrigen sexuellen Handlungen verleitet oder gezwungen werden,
- für die Prostitution oder andere rechtswidrige sexuelle Praktiken ausgebeutet werden,
- für pornographische Darbietungen und Darstellungen ausgebeutet werden."

Sexueller Missbrauch an Kindern (§176 StGB), sexueller Missbrauch an Schutzbefohlenen (§ 74 StGB), sexuelle Nötigung (§178 StGB) und Vergewaltigung (§177 StGB) sind nach unserem Strafrecht Offizialdelikte. Dies bedeutet, dass im Gegensatz zu einem Antragsdelikt die Polizei in diesen Fällen ermitteln muss, eine Verfahrenseinstellung ist erst durch die Staatsanwaltschaft möglich (vgl. Fegert 1997, Fegert et al. 2001, s. auch Kap. 40). Unabhängig von diesem strafrechtlichen Kontext sind Kinderschutzmaßnahmen wie die Herausnahme des Kindes zur Behandlung bzw. Heimunterbringung auf Beschluss des Familiengerichtes möglich (nach In-Kraft-Treten des Kindschaftsrechtsreformgesetzes sind die Familiengerichte sowohl für Familien- als auch für Vormundschaftssachen zuständig). Die zentrale Norm ist hierbei der §1666 bzw. 1666a BGB. In diesem Kontext sind auch Umgangsrechtseinschränkungen, die sog. Go-Order, oder nach der Kindschaftsrechtsreform ausdrücklich auch beschützter und begleiteter Umgang mit einem unter Verdacht stehenden Vater möglich.

Das Kinder- und Jugendhilfegesetz (SGB VIII) bietet mit dem Instrument der Inobhutnahme (§42 KJHG) eine Möglichkeit zur schnellen Kinderschutzintervention. Darüber hinaus sind die Bereiche Erziehungsberatung, Trennungsberatung, Beratung Alleinerziehender und insbesondere auch die Beratung von Jugendlichen, ohne Wissen der Eltern, in Konfliktlagen (§ 8 Pkt. 3 SGB VIII) in diesem Gesetz ebenso geregelt wie eine ganze Palette von sog. Hilfen zur Erziehung, wie sozialpädagogische Familienhilfe, Erziehung in Tagesgruppen, Vollzeitpflege, Heimerziehung und sozialpädagogische Einzelbetreuung. Da viele Kinder durch den sexuellen Missbrauch z.T. unter schweren, vor allem psychischen Folgen leiden, haben sie Anspruch auf Maßnahmen der Eingliederungshilfe nach § 35a SGB VIII, und es stehen ihnen Entschädigungen nach dem Opferentschädigungsgesetz zu. Die notwendige Psychotherapie bzw. stationäre Behandlungen können in der Regel durch die Krankenkassen, d. h. im Rahmen des SGB V finanziert werden.

Häufigkeit

Zur Häufigkeit des sexuellen Missbrauchs finden sich in der Literatur extrem divergierende Zahlenangaben. Sie reichen in Bezug auf Mädchen von 2–50% und in Bezug auf Jungen von 1–20%.

Abhängig sind solche Zahlenangaben, welche nie für sich allein bewertet werden dürfen, von der gewählten Missbrauchsdefinition und von der Stichprobe, in der das Phänomen untersucht wurde. Die ersten Studien erfolgten an ausgelesenen Populationen von Schülern/Studenten bzw. Inanspruchnahmepopulationen oder auch im Hochrisikofeld der Drogenabhängigen oder jugendlichen Prostituierten. Solche Studien erlauben zwar wichtige Hinweise auf die Phänomenologie der Missbrauchsfolgen, Häufigkeitsaussagen können aber nur auf repräsentative Stichproben gestützt werden. Dabei ergibt sich aber unweigerlich das Problem, dass nur retrospektive Befragungsdaten erhoben werden können.

Dies bedeutet, dass diese Zahlenangaben von der Erinnerung der Befragten abhängig sind. Schwere psychische Traumata können verzerrt erinnert oder auch totgeschwiegen bzw. völlig verdrängt werden. Eine unsichere Informationsquelle sind auch die Zahlen der polizeilichen Kriminalstatistik Die dort angegebenen Häufigkeiten für einzelne Delikte (Hellfeld) werden von der Kriminologie zu einem angenommenen Dunkelfeld ins Verhältnis gesetzt. Diese Relation zwischen Dunkel- und Hellfeld ist je nach Deliktart unterschiedlich groß. Das Bundeskriminalamt geht von folgenden Relationen Hell-/Dunkelfeld aus: Exhibitionismus und oberflächliche Berührungen 1 : 3 (Hellfeld ca. 11 000); Pädophilie 1 : 5 (Hellfeld ca. 1000); Pornographie 1 : 10 (Hellfeld 181); Gewalt durch Fremde 1 : 3 (Hellfeld ca. 1000); sexuelle Ausbeutung durch Familienangehörige und durch entferntere Verwandte und Bekannte der Familie 1 : 25 bzw. 1 : 7 (Hellfeld ca. 1800 und weitere ca. 8000); Kinderprostitution 1 : 10 (bekanntes Hellfeld 113, bezogen auf die polizeiliche Kriminalstatistik von 1996). Diese Angaben zeigen, dass gerade die intrafamilialen Taten am stärksten tabuisiert sind und dass Taten durch fremde Täter schneller angezeigt werden.

Tab. 30.**1** gibt eine Übersicht über Häufigkeitsangaben zum sexuellen Missbrauch in deutschen Untersuchungen, wobei die Studie von Wetzels (1997) die beste Bewertungsgrundlage darstellt, da sie auch sexuellen Missbrauch mit anderen Formen erlebter Gewalt auf der Basis einer annähernd repräsentativen Erhebung ins Verhältnis setzt. Deutlich wird in dieser repräsentativen Untersuchung die aus der kinder- und jugendpsychiatrischen Inanspruchnahme bekannte hochsignifikante Häufung bzw. Kombination von Missbrauchs-, Misshandlungs- und Vernachlässigungstaten. Das heißt, Kinder, welche früh vernachlässigt werden (vgl. Kap. 29) und aufgrund dieser Vernachlässigung eine Bindungsstörung entwickeln, haben nicht zuletzt aufgrund ihres auffälligen Nähe-/Distanzverhaltens ein sehr viel höheres Risiko, von Erwachsenen sexuell ausgebeutet zu werden.

Tabelle 30.**1** Häufigkeit sexuellen Missbrauchs (deutsche Untersuchungen)

Autoren	Jahr	Stichprobe	w	m	Definition
Elliger u. Schötensack	1991	Berufsschüler, Studenten Kontakte bis 14. LJ	9,8% 2,6%	4,1% 1,4%	enge Definition, nur anal, oral und genital
Schötensack et al.	1992	n = 1841, alle Würzburg n = 310, Leipzig Berufsschülerinnen, W	16,1% 9,6% 11,0%	5,8% 5,8%	
Raupp u. Eggers	1993	Schüler, Studenten	25,2%	6,2%	
Fegert u. Kloiber	1993	Bevölkerung, Rücklauf ca. 20%		10,0%	
Bange u. Deegener	1996	Studenten, Fachschüler	17,0%	3,6%	wenn Altersdifferenz 5 Jahre
Richter-Apelt u. Tiefensee	1996	Studenten, ger. Rücklauf	andere Altersgrenze 12 J.		
Wetzels	1997	annähernd repräsentativ	18,1% 6,2%	7,3% 2,%	 „Hands on“ unter 14

Psychische Folgen des sexuellen Missbrauchs

Es gibt kein typisches Missbrauchsyndrom

Die Debatte über mögliche psychische Folgen sexuellen Missbrauchs bringt unsere Vorstellungen von Kausalität und Ursache-/Wirkungszusammenhängen ins Spiel. In der psychotherapeutischen Praxis ist es dabei durchaus üblich, in der kasuistischen Einzelfallbetrachtung psychodynamische oder lerntheoretische Zusammenhänge aus der Antezedenz oder der Koinzidenz von Ereignissen herzustellen. Durch Anwendung der entsprechenden Theorie wird somit das vorausgegangene Ereignis kausal zur Ätiologie der Symptomatik erklärt. Angesichts der relativen Häufigkeit des Traumas „sexueller Missbrauch" überrascht es deshalb nicht, dass auf der Ebene von Fallstudien jedes Störungsbild des Kindes- und Jugendalters im Zusammenhang mit dem Trauma „sexueller Missbrauch" beschrieben wurde und dass in der Literatur jeweils kausalätiologische Zusammenhänge diskutiert wurden. Dies führte in den 80er-Jahren dazu, dass manche Autoren postulierten, es gäbe ein „sexual abuse syndrome", d. h. ein traumaspezifisches Reaktionsmuster, eine immer wieder auftretende Kombination von Verhaltensweisen, welche pathognomonisch für die Einwirkung sexueller Gewalt bei Kindern und Jugendlichen sei. „Checklisten" sollten die Wahrnehmung solcher typischen Symptome erleichtern. Erst einige spektakuläre Prozesse und die juristische Aufarbeitung der Beweiskraft solcher psychologischen und kinder- und jugendpsychiatrischen Aussagen (vgl. McCord 1986 und Sagatun 1991) haben letztlich dazu geführt, die empirisch nicht begründbare Annahme eines sexuellen Missbrauchssyndroms fallen zu lassen. Zunehmend gibt es in der Literatur Untersuchungen, welche nicht allein statistische Assoziationen, sondern auch „Dosis-Wirkungs-Beziehungen" bzw. regressive Zusammenhänge beschreiben, welche kausale Deutungen oder wenigstens die Beschreibung von relativen Risiken erlauben. Auf zahlreiche retrospektive Befragungen mit Symptomlisten soll hier nicht näher eingegangen werden, da solche unspezifischen Untersuchungen gerade durch die Vorgabe einer Vielzahl von Symptomen zu einer Häufung von angeblich mit dem Missbrauchserleben in Zusammenhang stehenden, von den befragten Erwachsenen so attribuierten Verhaltensweisen führen.

Mit dimensionalen und kategorialen Verfahren erfasste Folgen

Untersuchungen, die sich auf die diagnostischen Kriterien der ICD-10 bzw. des DSM IIIR oder IV stützten, finden im Kindes- und Jugendalter außer der posttraumatischen Belastungsstörung und den entsprechenden Anpassungsstörungen keine signifikanten Häufungen bei Betroffenen im Vergleich zur Restinanspruchnahmepopulation (Mc Leer et al. 1994, Fegert 1995). Wichtig ist, dabei zu beachten, dass natürlich sexuell missbrauchte Kinder im Vergleich zu unbeeinträchtigten Kontrollgruppen höhere Auffälligkeiten in ganz unterschiedlichen Bereichen zeigen. Diese Erhöhung von Auffälligkeiten ist aber nicht spezifisch, d. h., sie betrifft nicht bestimmte Diagnosen, abgesehen von der posttraumatischen Belastungsstörung und den entsprechenden Anpassungsstörungen, für die die Vorannahme eines vorausgegangenen Traumas ohnehin diagnosekonstitutiv sind.

Der Vergleich des kindlichen Verhaltens auf der dimensionalen Ebene, z. B. mit Hilfe der Child Behavior Checklist (CBCL) und dem Fragebogen für sexualisiertes Verhalten CSBI von Friedrich ergibt deutliche Unterschiede der Gruppe sexuell missbrauchter Kinder und der klinischen Kontrollgruppe mit der unauffälligen Kontrollgruppe. Hingegen gibt es aber keine Binnendifferenzierung zwischen den Patienten, abgesehen vom sog. sexualisierten Verhalten, welches in der CBCL nur durch einige Einzelitems erfasst wird, die von Achenbach ohne faktorenanalytische Fundierung zu einer Sex-Problems-Skala zusammengefasst wurden. Consentino et al. (1995) fanden in diesem Vergleichsdesign in Bezug auf das sog. sexualisierte Verhalten hochsignifikant mehr sexuelle Grenzüberschreitungen, sexuelle Aggressivität und Selbststimulierung in der Gruppe der sexuell missbrauchten Kinder im Vergleich mit der klinischen und unauffälligen Kontrollgruppe. Auch der Total-Score des CSBI unterschied die sexuell missbrauchten Kinder signifikant von beiden Kontrollgruppen.

In einer sehr viel größeren Inanspruchnahme-Stichprobe fanden Bahadori et al. (1998) in einem Regressionsmodell bei sexuell missbrauchten Jungen ein signifikant um das 3fache erhöhte Risiko einer Auffälligkeit auf der Skala „sozialer Rückzug" der CBCL. Bei Mädchen fand sich ein solcher signifikanter Befund nur für die Skala „delinquentes Verhalten". Hochsignifikant waren auch hier die Unterschiede in Bezug auf sexualisiertes Verhalten sowohl in den Einzelitems der CBCL als auch bei der dimensionalen psychopathologischen Erfassung (Fegert et al. 2001). Junper (1995) führte eine Metaanalyse über insgesamt 63 Studien zu psychopathologischen Folgen des sexuellen Missbrauchs durch. Dabei ergab sich global ein signifikanter Effekt auf die spätere Psychopathologie, allerdings war auch hier die Folgenstruktur inhomogen. Die deutlichsten Effekte betrafen spätere Depressionen im Erwachsenenalter (.22) und Selbstwertprobleme (.17).

Die neuseeländische Prospektivkohorte von Fergusson et al. (1996) erlaubt aufgrund ihres Designs wichtige Aussagen über das Risiko späterer psychischer Folgen. In dieser Kohorte ergab die im jungen Erwachsenenalter durchgeführte retrospektive Befragung der ab der Geburt kontinuierlich immer wieder untersuchten Probanden, dass bis zum 16. Lebensjahr 17,3% der Mädchen und 3,4% der Jungen sexuell missbraucht worden waren.

Betrachtet man nur sexuellen Missbrauch mit Penetration, waren dies 5,6% der Mädchen und 1,4% der Jungen. Das Risiko, an Depression zu erkranken, war bei den missbrauchten Probanden um das 3,6fache (mit Penetration um das 5,4fache) erhöht. Ebenfalls erhöhte Odds Ratios ergaben sich für Alkoholabhängigkeit und anderen Substanzabusus (2,7 bzw. 6,6 mit Penetration). Das Risiko für Suizidversuche war um das 5fache erhöht, das Risiko für Angsterkrankungen um das 3fache. Die Verhaltensauffälligkeiten wurden in dieser Kohorte durch zeitgleich ermittelte DSM-IV-Diagnosen beschrieben. Das Risiko, an irgendeiner Verhaltensauffälligkeit zu leiden, war bei den sexuell missbrauchten Kindern im Vergleich zur Restkohorte um das 12fache erhöht.

Insofern kann auf der Basis der empirischen Literatur unstrittig festgestellt werden, dass das Trauma „sexueller Missbrauch" mit einem deutlich erhöhten Risiko für unterschiedlichste psychische Folgen einhergeht.

Kurzfristige Folgen und Langzeitfolgen sowie Moderatorvariablen

Man unterscheidet kurzfristige Anpassungsstörungen und Traumafolgen von Langzeitfolgen des sexuellen Missbrauchs. Abgesehen vom sexualisierten Verhalten und den typischen posttraumatischen Belastungsreaktionen mit Flash-Sack-Erinnerungen, Albträumen etc. entsprechen die anderen psychischen Folgen der typischen altersspezifischen Verteilung in der Kinder- und Jugendentwicklungspsychopathologie. Ein verbreiteter Irrtum ist auch in Fachkreisen, dass von einem Opfer sexueller Gewalt eher eine traurige Verstimmung oder depressive Reaktion erwartet wird. Dies führt dazu, dass ausagierende Folgen wie Weglaufen, dissoziales Verhalten, Drogen-, Alkohol- und Medikamentenabusus und promisküöses Verhalten nicht hinreichend beachtet werden. Dabei gibt es aus Untersuchungen im Heranwachsenden- und Erwachsenenalter sehr deutliche Hinweise auf einen Zusammenhang zwischen Traumatisierung und Suchtentwicklung.

Moderatorvariablen

Ausgangsvariablen wie Dauer und Häufigkeit des Missbrauchs, Gewaltanwendung, die Beziehungsqualität zwischen Täter und Kind, die Zahl der Täter, das Alter bei Beginn des Missbrauchs, die Frage mütterlicher Unterstützung oder Vernachlässigung etc. haben alle einen nachgewiesenen Einfluss auf das Ausmaß sexueller Verhaltensprobleme (Adams et al. 1995, Mc Clellan 1997, Friedrich 1993).

Folgenparadoxon

Für Verwirrung sorgt häufig zunächst die Tatsache, dass bei retrospektiven Untersuchungen von Erwachsenen Missbrauch in der frühen Kindheit kumulativ die schwersten Folgen zeigt, während zeitnahe oder zeitgleiche Untersuchungen von betroffenen Kindern in dieser Altersgruppe in der Kinder- und Jugendpsychiatrie oft eine erstaunliche Symptomarmut erbringen. Dies lässt sich dadurch erklären, dass diese Kinder häufig auch die Tragweite des Geschehenen noch nicht verstanden haben und dass bei ihnen jede weitere Entwicklungsstufe, jede Schwellensituation und Entwicklungsaufgabe auch ein spezifisches neues Erkrankungsrisiko in sich birgt.

Kombination mit Misshandlung und Vernachlässigung

Charakteristisch sind sowohl im Feld (vgl. Wetzels 1997) als auch in Inanspruchnahmepopulationen (Fegert 1995, Fegert et al. 2001) die hochsignifikanten Zusammenhänge unterschiedlicher Misshandlungsformen. Insofern muss man davon ausgehen, dass manche späteren, als Langzeitfolgen zu bezeichnenden Zustandsbilder eine kumulative Folge unterschiedlicher Belastungen darstellen.

Zyklische Viktimisierung

Umstritten war lange Zeit auch die Frage der sog. zyklischen Viktimisierung, d. h. ob bei Opfern des sexuellen Missbrauchs ein höheres Risiko besteht, selbst wieder Täter zu werden. Zunächst wurde aufgrund von Befragungen von inhaftierten Sexualstraftätern dieser Zusammenhang überschätzt. Bagley et al. (1994) zeigen bei einer Untersuchung an 750 Männern aus Calgary, dass 25% der missbrauchten Männer versus 0,3% der nicht missbrauchten sexuelle Kontakte zu Jungen unter 15 Jahren gehabt hatten. Eine Regressionsanalyse der Daten ergab Missbrauchserfahrungen als wesentlichsten Prädiktor für späteres Missbraucherverhalten. Allerdings gilt nicht die umgekehrte Behauptung, dass jeder missbrauchte Junge später Täter wird, vielmehr zeigt die Mehrzahl der Betroffenen später keine solchen Delikte.

Institutioneller Umgang mit der Problematik und Behandlung

Aufgrund der angeführten Häufigkeiten gehört die Behandlung sexuell missbrauchter Kinder und das damit verbundene Case-Management zu den Routineanforderungen für alle im psychosozialen Bereich mit Kindern arbeitenden Personen. Dennoch lösen solche Fälle nach wie vor große Betroffenheit, teilweise Verwirrung und bisweilen wilden Aktionismus aus. Nicht selten sind Missverständnisse zwischen Institutionen, Delegationsketten und Mehrfachvorstellungen der Kinder eher die Regel als die Ausnahme und sind Ausdruck der Unsicherheit aller Beteiligten.

Psychotherapie

Es scheint generell ein Konsens darüber zu bestehen, dass sexuell missbrauchte Kinder einer Therapie bedürfen. Hierfür gibt es ganz unterschiedliche Motive. Häufig machen beschreibbare Traumafolgen (s. o.) eine Behandlung dringend erforderlich. In anderen Fällen, bei denen die Kinder eher kurz nach der Tat asymptomatisch wirken (bis zu 40% der Fälle, vgl. Finkelhor u. Berliner 1995) hat der Konsens über die Therapieindikation anders gelagerte Ursachen. Einerseits werden Sleeper-Effekte befürchtet, d. h., dass die Tat einen Schaden gesetzt hat, der sich bisweilen erst bei anderen Entwicklungsaufgaben in späteren Entwicklungsstufen manifestieren wird. In diesem Zusammenhang wird von der Therapie erwartet, dass sie langfristig solchen negativen Spätfolgen vorbeugen möge. Ein weiteres Problem ist, dass die scheinbar unauffälligen asymptomatischen Kinder sich sicher in 2 Gruppen unterteilen lassen:

- in Kinder, die aufgrund besonders guter Coping-Möglichkeiten und einer sog. Resilience oder dem Zusammentreffen mehrerer protektiver Faktoren wie z. B. einer unterstützenden Mutter/Kind-Beziehung tatsächlich keine manifesten psychischen Folgesymptome zeigen;
- in Kinder, die in einer Latenzphase nach der Tat diese Erfahrungen quasi abspalten, heftig verleugnen, überangepasst, quasi übernormal wirken, die selbst ein Therapieangebot als „Beleidigung" erleben würden, die aber mittelfristig ein hohes Risiko haben, in weiteren Belastungssituationen oder unter dieser Last zu dekompensieren.

Ein häufiges Motiv für die Aufnahme einer Psychotherapie ist auch im Schuldgefühl der beteiligten Erwachsenen und in dem generellen Wunsch, an dem Kind etwas wieder gutzumachen, zu sehen.

Nicht selten werden mit dem Therapieauftrag auch ganz andere Aufträge nach sozialer Kontrolle, nach Kontrolle darüber, dass der Missbrauch aufgehört hat etc., delegiert. Dies kann in der Psychotherapie mit sexuell missbrauchten Kindern schulenunabhängig zu erheblichen Komplikationen bis hin zur Beendigung der Therapie führen (Thurn u. Wils 1998).

In einer deutschen Untersuchung über Psychotherapie und Beratung bei sexuell missbrauchten Kindern wurde deutlich, dass nahezu jede Psychotherapierichtung sich für diese Aufgabe geeignet hält (Thurn u. Wils 1998). Eine qualitative Untersuchung von Expertendiskussionen mit Therapeutinnen und Therapeuten ganz unterschiedlicher Orientierungen zeigte allerdings, dass die behandlungstechnischen schulenspezifischen Zugänge in der Regel hinter generellen schulenübergreifenden Haltungen und Problemlagen zurücktreten.

Auffällig war, dass im Gegensatz zur Behandlung aggressiver Störungen über die konkrete Auseinandersetzung mit der Aggression der Kinder und den dabei entstehenden Gegenübertragungsgefühlen bei den Therapeuten die hier im Raum stehende Sexualität auch von erfahrenen Therapeutinnen und Therapeuten nur ungern thematisiert wurde. Das Auftreten sexualisierten Verhaltens in der Psychotherapie ist zwar eher die Regel und löst deshalb konsequenterweise auch im allgemeinen Gefühle beim Therapeuten bzw. bei der Therapeutin aus, diese sind aber selten ein zentraler Gegenstand des therapeutischen Prozesses. Finkelhor u. Berliner (1995) fanden bei der Analyse von 29 Therapieerfolgsstudien, dass gerade die Behandlung ausagierender, externalisierender Symptome und insbesondere die Behandlung sexualisierten Verhaltens von den nachgewiesenen Resultaten deutlich problematischer sei als Angstreduktion oder Besserung von depressiven Stimmungslagen nach der Tat. Sie erklären dies damit, dass auch in spezifischen Behandlungsprogrammen für sexuell missbrauchte Kinder auf die direkten verhaltensverändernden Maßnahmen weniger Wert gelegt wird. Solche gezielten Maßnahmen seien aber wahrscheinlich für die Reduktion sexualisierten Verhaltens und aggressiven Ausagierens notwendig. Dies kann nur unterstrichen werden, zumal das in der Missbrauchsituation erlernte sexualisierte Verhalten nicht unwesentlich zu dem erhöhten Reviktimisierungsrisiko dieser Kinder beiträgt (Fegert 1996).

In den von Finkelhor u. Berliner analysierten Behandlungsstudien ließen sich 3 Gruppen unterscheiden: Einfache Prä-/Post-Messungen, quasi experimentelle Studiendesigns, in denen behandelte mit nicht behandelten Kindern verglichen wurden, wobei allerdings die Zuteilung zu den Gruppen nicht randomisiert war und damit Verteilungseffekte auftraten. Als 3. Gruppe beschrieben sie einige wenige Studien mit randomisierter Zuteilung von Kindern zu unterschiedlichen Therapieformen. Generell schließen sie aus den Ergebnissen, dass man behaupten könne, dass therapeutische Bemühungen die Erholung von Kindern nach einer solchen schweren Tat erleichtern. Allerdings ermöglichen es die meisten Studien nicht, therapiespezifische Effekte von anderen milieubedingten Faktoren und Spontanremissionseffekten zu unterscheiden. Dies ist deshalb wichtig, weil eine Vielzahl von Kindern mit der Aufdeckung des Ereignisses auch in ein anderes Milieu platziert wurde und die beobachtete Verhaltensbesserung auch damit einhergehen mag. Deutlich wird aus diesen Studien auch, dass eine gewisse Zahl von Kindern in allen Behandlungssettings überhaupt nicht von der Therapie profitierte. Finkelhor u. Berliner (1995) bedauern, dass nicht mehr Energie dafür aufgewandt wird, zu untersuchen, in welchen Fällen therapeutische Bemühungen bislang scheitern, da aus solchen Ergebnissen wesentliche Erkenntnisse für die Verbesserung psychotherapeutischer Ansätze allgemein gewonnen werden könnten. Im Gegensatz zur Praxis in Deutschland waren die hier evaluierten Behandlungsprogramme in der Regel Gruppentherapien mit einem sehr begrenzten zeitlichen Budget.

Üblicherweise haben diese Therapien folgende zentralen Themenbereiche zum Inhalt:

- Die Kinder werden ermutigt, Emotionen in Bezug auf das Missbrauchserlebnis auszudrücken (Ärger, Ambivalenz, Angst usw.).
- Es wird Wert darauf gelegt, dass Missverständnisse, irrtümliche Schuldattributionen, Selbstvorwürfe etc. geklärt werden.
- Es wird versucht, den Kindern beizubringen, wie sie sich gegen weitere Übergriffe wehren können, und
- es wird versucht, das Gefühl der Stigmatisierung und der Isolation durch Ermutigung und durch die Gruppeneffekte, d. h. durch die Konfrontation mit anderen betroffenen Kindern, zu relativieren.

In den letzten Jahren hat EMDR (Eye Movement Desensitation and Reprocessing) z. T. auch in der Traumatherapie sexuell missbrauchter Kinder Anwendung gefunden.

Hofmann u. Musaeus-Schürmann (1997) geben einen Überblick über die Anwendung dieser Methode, bei der sich der Patient auf Anteile der traumatischen Erinnerung konzentriert und gleichzeitig – Fingerbewegungen des Therapeuten folgend – die Augen bewegt. Die meisten Annahmen zur Psychophysiologie der Wirkungsweise dieser Methode sind nicht abgesichert (van der Kolk 1998). Es bestehen bislang noch keine ausgedehnten systematischen Anwendungserfahrungen bei Kindern und Jugendlichen.

Insbesondere bei traumatisierten Jugendlichen mit selbstverletzendem Verhalten, die auch in der stationären Behandlung ganze Stationsteams schnell an ihre Grenzen kommen lassen können (Sachsse 1995), scheint die Methode Erfolge zu zeigen, allerdings sind erste Berichte im Kindes- und Jugendalter eher anekdotische Falldarstellungen. Hinreichende empirische Nachweise stehen für diese Altersgruppe noch aus. Zusammengefasst ergibt sich das Bild, dass einerseits ein Konsens über die Behandlungsbedürftigkeit, andererseits eine gewisse Ratlosigkeit über die Form der Behandlung besteht. Konkurrierende Konzepte spezifischer Beratungsstellen mit feministischem oder familientherapeutischem Ansatz stehen den klassischen Einzelbehandlungssettings gegenüber, allerdings gibt es für Deutschland keine ergebnisbezogenen Zahlen, sodass keine generellen Wertungen vorgenommen werden können. Dennoch ist der Hinweis notwendig, dass die resultierende Symptomatik genau beschrieben und störungsspezifisch angegangen werden soll. Insbesondere dürfen in der Therapie ausagierende und sexualisierte Verhaltensweisen nicht übergangen werden. Diese Verhaltensweisen stellen auch in der Therapie ein weiteres Risiko für betroffene Kinder und Jugendliche dar, denn auch der geschützte Raum der Therapie ist nicht frei von missbräuchlichen Situationen und Übergriffen (Fegert 1995).

Institutioneller Umgang

Insbesondere der strafrechtliche Umgang mit den betroffenen Kindern ist immer wieder scharf kritisiert worden. Alle Interventionen kann man in Bezug auf 2 Hypothesen – die Belastungs- und die Entlastungshypothese – überprüfen. Zum Belastungserleben von Kindern im Strafverfahren (Busse et al. 1996) gibt es in der Zwischenzeit eine Reihe von fundierten Studien auch aus Deutschland. Unterstützende Materialien für Kinder und Jugendliche (Hille et al. 1996, Eipper et al. sowie Fastie 1997) wurden entwickelt und werden von den Betroffenen in der Praxis als sehr hilfreich erlebt. Die Diskussion um Belastungen durch Interventionen ist allerdings weniger im Blickfeld der helfenden Berufe. Offensichtlich scheinen Helfer grundsätzlich überzeugt zu sein, dass ihr Motiv zu heilen oder zu helfen, generell auch mit den Effekten ihres Handelns gleichgesetzt werden könnte.

Eine interdisziplinäre institutionenübergreifende Untersuchung in Köln und Berlin (Berger et al. 1996, Fegert 1997, Fegert et al. 2001) zeigte erhebliche Abstimmungsmängel und schädliche Delegationsketten auch im Helferbereich auf. Darüber hinaus wurde deutlich, dass viele Schutzbestimmungen in unterschiedlichen gesetzlichen Bereichen den jeweils nicht damit befassten Professionen nicht bekannt sind (Fegert et al. 1996). Daraus resultieren massive Vorurteile über die Handlungsweise des jeweils anderen, die wiederum das Beratungsverhalten und auch die Interventionen der Institutionen und Therapeuten beeinflussen.

Während sich bei der Wahrnehmung und Diagnostik des Problems sexueller Übergriffe auf Kinder in den letzten Jahren erhebliche Verbesserungen ergeben haben und auch eine differenzierte Versorgungslandschaft entstanden ist, stehen empirische Ergebnisse über gezielte Interventionen und eine bessere Koordination der Hilfen derzeit noch aus.

Zusammenfassung

Sexueller Missbrauch ist eine häufige traumatische Belastung, die Mädchen ca. im Verhältnis 3:1 häufiger betrifft als Jungen. Phänomenologisch können „Hands-off"- von „Hands-on"-Taten unterschieden werden. Die meisten Täter sind Männer. Unabhängig vom Geschlecht nützen Täterinnen und Täter häufig Abhängigkeitsverhältnisse wie intrafamiliale Beziehungen oder pädagogische Funktionen, um allein durch das Machtgefälle Kinder zum Missbrauch zu zwingen. Sexuelle Übergriffe auf Kinder sind Offizialdelikte, d. h., erhält die Kriminalpolizei Kenntnis, besteht ein Ermittlungszwang. Sexueller Missbrauch stellt eine starke Gefährdung des Kindeswohls dar. Schutzmaßnahmen des Kindes können deshalb als Inobhutnahme (§ 42 Kinder- und Jugendhilfegesetz) oder durch familiengerichtliche Eingriffe in die elterliche Sorge (§ 1666 a BGB) durchgesetzt werden.

Es gibt kein spezifisches Verhaltenssyndrom des sexuellen Missbrauchs. Psychische Folgen sind eher alterstypisch als tatspezifisch. Signifikant gehäuft finden sich die Diagnosen posttraumatischer Belastungsstörungen bzw. Anpassungsstörungen bei Opfern dieser Traumata. In dimensionalen Verhaltensinstrumenten unterscheiden sich Stichproben sexuell missbrauchter Kinder von anderen behandlungsbedürftigen Kindern nicht durch die allgemeine Symptombelastung, sondern vor allem durch sexualisiertes Verhalten.

Derzeit gibt es keine hinreichenden Erkenntnisse über den effizientesten therapeutischen Zugang. Innerhalb jeder gängigen Psychotherapiemethode sind in der Zwischenzeit auch spezifische Konzepte zum Umgang mit sexuellem Missbrauch entwickelt worden. Strittig ist, ob eine präventive Therapie bei geringer Symptomatik kurz nach der Tat spätere psychische Folgen verhindern kann.

Problematisch ist häufig die interdisziplinäre Kooperation, charakteristisch sind Delegationsketten im Versorgungsnetz, welche für die betroffenen Kinder zu erneuten Belastungen werden. Die Belastungs- und Entlastungshypothese durch institutionelles Vorgehen ist am besten im strafrechtlichen Bereich erforscht, Informationsmaßnahmen spielen eine wichtige Rolle zur Reduzierung der Belastung.

Literatur

Adams J, McClellan J, Douglass D, McCurry C, Stock M. Sexually inappropriate behaviours in seriously mentally ill children and adolescents. Child Abuse Negl. 1995;19:555-68.

Bahadori R, Fegert JM, Lenz K, Lehmkuhl U. Gender differences in behavioral problems in alleged sexual abuse victims. 1998.

Bagley C et al. Victim to Abuser: Mental health and behavioral sequels of child abuse neglect. Child Abuse Negl. 1994;18:683-97.

Berger Ch, Klopfer U, Breuer B, Deget F, Wolke A, Fegert JM, Lehmkuhl G, Lehmkuhl U, Lüderitz A, Walter M. Institutioneller Umgang mit strafrechtlichen Maßnahmen bei sexuellem Missbrauch. Ergebnisse einer Expertenbefragung. Prax. Kinderpsychol. Kinderpsychiat. 1996;45:300-7.

Busse D, Volbert R, Steller M. Belastungserleben von Kindern in Hauptverhandlungen. Recht. Hrsg.: Bundesministerium der Justiz. Selbstverlag; 1996.

Consetino CE, Meyer-Bahlburg HF, Alpert JL, Weinberg SL, Gaines R. Sexual behaviour problems and psychopathology symptoms in sexually abused girls. Am Acad Child Adolesc Psychiat. 1995;34:8,1033-42.

Eipper S, Hille P, Dannenberg U. Rasmus Rabe ermittelt: Was passiert eigentlich bei Gericht? Raisdorf: Rathmann Druck u. Verlag.

Fastie, F. Ich weiß Bescheid. Sexuelle Gewalt: Rechtsratgeber für Mädchen und Frauen. Donna Vita; 1997.

Fegert JM. Glaubensbekenntnis und Gruppenjargon. Streitpunkte und Standpunkte zur Diskussion um "Sexuellen Missbrauch". In: Janshen D. Hrsg. Sexuelle Gewalt. Frankfurt am Main: Zweitausendeins; 1991.

Fegert JM. Sexuell missbrauchte Kinder und das Recht. Köln: Volksblatt-Verlag; 1993.

Fegert JM. Kinderpsychiatrische Begutachtung und die Debatte um den Missbrauch mit dem Missbrauch. Verfälschungsgründe, Irrtumsrisiken und eine Phänomenologie sogenannter Falschaussagen. Z Kinder-Jugendpsychiat. 1995;23:9-19.

Fegert JM. Die Debatte über psychische Folgen von sexuellem Mißbrauch und ihre Bedeutung im familien- und vormundschaftsgerichtlichen Verfahren. Familie Partnerschaft Recht (FPR). 1995;3:62-8.

Fegert JM. Sexueller Mißbrauch – Einführung in den Themenschwerpunkt. Kindh Entwickl. 1995;4:194-6.

Fegert JM. Stellt die Sachverständigenbegutachtung im familiengerichtlichen und vormundschaftsgerichtlichen Verfahren eine weitere bzw. unnötige Belastung des Kindes dar? Familie Partnerschaft Recht (FPR). 1997;3:67-73.

Fegert F. Institutioneller Umgang mit sexuell missbrauchten Kindern. In: Kröber, Dahle, Hrsg. Sexualstraftaten und Gewaltdelinquenz. Verlauf - Behandlung - Opferschutz. Kriminalistik. Wissenschaft & Praxis. 1998;35:225-33.

Fegert JM, Berger Ch, Klopfer U, Lehmkuhl U, Lehmkuhl G. Umgang mit sexuellem Missbrauch institutioneller und individueller Reaktionen. Forschungsbericht. Münster: Votum-Verlag; 2001.

Fergusson DM, Lynskey MT, Horwood LJ. Childhood sexual abuse and psychiatric disorders in young adulthood: I. Prevalence of sexual abuse and factors associated with sexual abuse. II. Psychiatric outcomes of childhood sexual abuse. J Am Acad Child Adolesc Psychiat. 1996;34:10,1355-74.

Finkelhor D, Berliner L. Research on the treatment of sexually abused children: A review and recommendations. J Am Acad Child Adol Psychiat. 1995;34:11,1408-23.

Friedrich WN. Sexual victimization and sexual behaviour in children: A review of recent literature. Child Abuse Negl. 1993;17:59-66.

Helfer R, Kempe C, eds. The battered child. 4th ed. Chicago: University of Chicago Press; 1998.

Hille P, Eipper S, Dannenberg U, Claussen B. Klara und der kleine Zwerg. Ein Buch für Kinder, die Zeugen beim Gericht sind. Raisdorf: Rathmann Druck u. Verlag; 1996.

Hofmann A, Musaeus B. Therapie posttraumatischer Belastungsstörungen bei Erwachsenen und Kindern mit EMDR. Psycho. 1997;23:670-73.

Junper S. A meta-analysis of the relationship of child sexual abuse to adult psychological adjustment. Child Abuse Negl. 1995;19,6:715-28.

Kolk BA van der. Zur Psychologie und Psychobiologie von Kindheitstraumata. Prax Kinderpsychol Kinderpsychiat. 1998;47:19-35.

McClellan J, McCurry C, Ronnei M, Adams J, Storck M, Eisner A, Smith C. Relationship between sexual abuse, gender and sexually inappropriate behaviours in seriously mentally ill youths. Am Acad Child Adolesc Psychiat. 1997;36:7,959-65.

McCord D. Expert psychological testimony about child complaints in sexual abuse prosecutions: A foray into the admissibility of novel psychological evidence. J Criminal Law Criminol. 1986;77,1:1-68.

Mc Leer SV, Deblinger E, Atkins MS, Foa EB, Ralphe DL. Post-traumatic stress disorder in sexually abused children. J Am Acad Child Adol Psychiat. 1988;27:650-4.

Sachsse U. Selbstverletzendes Verhalten. Psychodynamik - Psychotherapie. Göttingen: Vandenhoeck & Ruprecht; 1995.

Sagatun UJ. Expert witnesses in child abuse cases. Behav Scienc Law. 9, 201-15.

Schechter MD, Roberge L. Sexual exploitation. In: Helfer RE, Kempe CH. Child Abuse and Neglect. The Family and the Community. Cambridge: Ballinger; 1976.

Thurn C, Wils E. Psychotherapie mit sexuell missbrauchten Kindern. Kindh Entwickl. 1995;4:218-26.

Thurn C, Wils E. Psychotherapie sexuell missbrauchter Kinder. Erfahrungen, Konzepte, Wege. Berlinforschung Bd. 32. Berlin: Berlin Verlag A. Spitz; 1998.

Wetzels P. Prävalenz und familiäre Hintergründe sexuellen Kindesmissbrauchs in Deutschland: Ergebnisse einer repräsentativen Befragung. Sexuologie. 1997;2(4):89-107.

Prüfungsfragen

1. Wie kann man Missbrauchstaten beschreibend klassifizieren?
2. Gibt es ein Verhaltenssyndrom des sexuellen Missbrauchs? Das heißt, lässt sich durch die Kombination bestimmter Verhaltensweisen nachweisen, dass ein Kind sexuell missbraucht wurde?
3. Welche psychiatrische Diagnose (Diagnosegruppe) wird bei sexuell missbrauchten Kindern signifikant häufiger festgestellt?
4. Was sind typische Symptome posttraumatischer Belastungen?
5. Welcher Verhaltensbereich ist bei sexuellem Missbrauch in spezifischer Weise im Vergleich zu anderen klinisch behandlungsbedürftigen Kindern häufiger auffällig? Gibt es eine Psychotherapieform der Wahl? Liegen hinreichende Erkenntnisse über Therapieeffekte vor? Muss jedes sexuell missbrauchte Kind unabhängig davon, ob es eine Symptomatik zeigt oder nicht, behandelt werden?
6. Welche beiden Hypothesen müssen beim institutionellen Umgang mit sexuell missbrauchten Kindern gegeneinander abgewogen werden?
7. Kann die Kriminalpolizei Ermittlungen wegen sexuellen Missbrauchs nach Gutdünken oder wegen Geringfügigkeit der Tat einstellen? In welchen unterschiedlichen Gesetzesbereichen finden sich relevante Definitionen, die ein Psychologe im Umgang mit sexuell missbrauchten Kindern kennen muss?

31 Psychische Probleme chronisch kranker Kinder

K. Sarimski

Fallvignette

Tatjana, ein 7-jähriges Mädchen, ist mit schwerer kraniofazialer Fehlbildung zur Welt gekommen (Apert-Syndrom). Das Behandlungskonzept erfordert eine Schädeloperation im 1. Lebensjahr, um einer vorzeitigen Verknöcherung der Schädelnähte und dem Entstehen einer Hirndrucksymptomatik vorzubeugen, eine 2. Operation im Vorschulalter zur Modulation des Mittelgesichts, um die Atmungs- und Sprechfunktionen zu erleichtern, sowie eine Serie von Handoperationen, um die Fusion der Finger zu trennen und eine möglichst wenig beeinträchtigte Handfunktion zu erreichen. Krankengymnastische sowie logopädische Funktionsbehandlungen und häufige Arztbesuche bzw. Klinikaufenthalte sind zu bewältigen.

Die kognitive Entwicklung Tatjanas ist weitgehend normal verlaufen (McCarthy Scales of Children's Abilities, GCI 96), die sozial-emotionale Entwicklung ist dagegen gefährdet durch die Gefahr einer kompensatorisch-überfürsorglichen Erziehungshaltung der Eltern und mögliche negative soziale Erfahrungen in der Gruppe der Gleichaltrigen als Reaktion auf das veränderte Erscheinungsbild von Gesicht und Händen. Gegenwärtig liegen allerdings noch keine sozial-emotionalen Störungen vor (CBCL, T-Wert 54).

In der aktuellen Anamnese äußern die Eltern die Sorge, wie T. die nächste anstehende Handoperation bewältigen werde und ob sie immer die richtigen Wege im Alltag zwischen Über- und Unterforderung finden. Zudem befürchten sie, dass T. mit Schuleintritt häufiger als bisher belastende soziale Erfahrungen machen wird, z. B. auf dem Schulhof gehänselt oder ausgeschlossen wird. T. selbst schildert ihre Alltagssituation als zufriedenstellend, kann über 2 Freundschaftsbeziehungen berichten. Vor der nächsten Operation ist ihr unwohl, weil sie nicht weiß, wie lange sie die Hand nicht wird gebrauchen können und wie schmerzhaft der Heilungsprozess sein wird.

Die begleitende psychologische Beratung umfasst die Beratung der Eltern in angemessenen erzieherischen Vorgehensweisen, die Vorbereitung Tatjanas auf die anstehende Operation und die Stärkung ihrer sozialen Kompetenz im Umgang mit kritischen sozialen Situationen. Wir erarbeiten miteinander Möglichkeiten, wie sie sich entspannende Selbstinstruktionen vorsagen kann, wenn sie an die Behandlung denkt und sich abzulenken vermag. Wir besprechen eine Kassette mit einer „Bewältigungsgeschichte", indem sich ihr Fernsehidol (Käptn Blaubär) den Arm bricht, gehandikapt ist, aber dennoch alles das zu tun schafft, was er möchte. Mit den Eltern besprechen wir einzelne Situationen, in denen sie sich unsicher sind, was sie von T. erwarten können, um ihnen zu helfen, Prioritäten in den Erziehungszielen zu setzen. Darüber hinaus besprechen wir, wie sie zu Hause mit T. im Rollenspiel Möglichkeiten einüben können, wie sie sich gegen kränkende Erfahrungen schützen kann (z. B. die Lehrerin um Hilfe bitten, sich einen „symbolischen Schutzschild" anschaffen, mit einem „schlagfertigen" Satz zum anderen Kind Distanz schaffen).

Häufigkeit psychischer Auffälligkeiten bei chronischer Krankheit

Chronische Erkrankungen sind lang anhaltende Erkrankungen, die funktionelle Einschränkungen der Alltagsaktivitäten und der sozialen Rollen im Vergleich zu gesunden Gleichaltrigen mit sich bringen. Die betroffenen Kinder sind auf Medikamente, spezielle Diät, medizinische Hilfsmittel und persönliche Anleitung angewiesen und brauchen wiederholte medizinisch-pflegerische oder psychologisch-pädagogische Unterstützung, die über das altersübliche Maß hinausgeht (Stein et al. 1993).

Die Prävalenz chronischer Erkrankungen liegt nach epidemiologischen Studien bei 7–10%. Die Tab. 31.**1** gibt einige Häufigkeitsangaben für ausgewählte Krankheitsbilder an.

Tabelle 31.1 Prävalenz chronischer Krankheiten im Kindesalter (nach Gortmaker et al. 1990)

Erkrankung	Häufigkeit/1000
Asthma bronchiale	29,3
Arthritis	3,4
Epilepsie	3,0
fehlende Gliedmaßen (z. B. als Unfallfolge)	2,1
gastrointestinale Krankheiten (z. B. Colitis ulcerosa)	1,6
Diabetes mellitus	1,0
Zerebralparese	0,9
Sichelzellenanämie	0,9
kardiale Erkrankungen (z. B. angeborene Herzfehler)	0,7

Dauerhafte Entwicklungsprobleme und Erkrankungen stellen eine Herausforderung der psychischen Bewältigungskräfte der Kinder dar. Häufigkeitsangaben über die Komorbidität mit kinder- und jugendpsychiatrischen Störungsbildern sind weniger als Aussagen über psychische Störungen zu verstehen, sondern als Hinweise auf die Häufigkeit des Misslingens dieser psychosozialen Anpassungsprozesse. Für die Planung psychologischer Hilfen in diesem Aufgabenfeld ist es wichtig, die Belastungen des chronisch kranken Kindes zu kennen. Dabei sind allgemeine Belastungen (Tab. 31.2) von krankheitsspezifischen Therapieanforderungen zu unterscheiden.

Das Gelingen der Anpassungsprozesse hängt z.T. vom Schweregrad der Erkrankung und von spezifischen Aspekten wie Lebensbedrohtheit, Sichtbarkeit der Behinderung, Mobilitätseinschränkung, intellektueller Beteiligung, Pflegebedürftigkeit und Behandlungsanforderungen ab (Blanz 1996). Vergleichende Studien an verschiedenen Patientengruppen zeigen allerdings, dass die Auswirkungen individuell sehr unterschiedlich erlebt werden und vom Ausmaß weiterer lebensgeschichtlicher Belastungen und Risiko- bzw. Schutzfaktoren in der kindlichen Persönlichkeit, seinen Familienbeziehungen und der verfügbaren sozialen Unterstützung abhängig sind. Im Allgemeinen finden die Autoren eine um 2- bis 3fach erhöhte Häufigkeit von psychischen Auffälligkeiten im Vergleich zur so genannten Normalpopulation (Lavigne u. Faier-Routman 1992, Wallander u. Varni 1998). Eine kanadische epidemiologische Studie (Cadman et al. 1987) ermittelte z. B. psychische Störungen bei 22–31 % der Kinder mit chronischen Krankheiten.

Es überwiegen emotionale Störungen gegenüber Störungen des Sozialverhaltens; die soziale

Tabelle 31.2 Krankheitsbezogene psychosoziale Belastungen und Anforderungen bei chronisch kranken Kindern und Jugendlichen (nach Noeker u. Petermann 1996)

Alltagsbewältigung
- Strukturierung des Tagesablaufs nach Krankheitserfordernissen
- Sonderrolle in der Familie: Erhöhte Abhängigkeitsbeziehung und erschwerte Selbständigkeitsentwicklung
- Konfliktbehaftete soziale Vergleichsprozesse mit den Geschwistern (Rivalität, Eifersucht, Neid, Schuldgefühle, Erleben von Bevorzugung und Benachteiligung)
- schulische Leistungseinschränkungen
- Integrationsprobleme im Klassenverband
- Konfrontation mit Vorurteilen in der Bevölkerung
- Einschränkungen sportlicher Aktivitäten
- Einschränkungen bei der Urlaubsgestaltung
- Trennung von Bezugspersonen und gewohnter Umgebung bei Klinikaufenthalten

Entwicklung von Selbstbild, sozialer Kompetenz und Zukunftsperspektiven
- Beeinträchtigung des Körperbildes als „defekt“
- soziale Verunsicherung bei sichtbarer Behinderung
- Angst vor Kontrollverlust in der Öffentlichkeit (z. B. bei einem Asthmaanfall)
- Bedürfnis nach altersgemäßer Normalität versus Bedürfnis nach Rücksichtnahme auf Erfordernisse, die sich aus Krankheit und Behandlungsnotwendigkeit ergeben
- Ungewissheit über den künftigen Krankheitsverlauf
- Antizipation späterer schulischer, beruflicher und partnerschaftlicher Probleme
- existenzielle Konfrontation mit Krankheit und Sterben

Entwicklung der betroffenen Kinder ist häufig eingeschränkt (Tab. 31.**3**). Die Zahlen machen allerdings auch deutlich, dass der Mehrheit der betroffenen Kinder und Jugendlichen durchaus eine altersgemäße Anpassung an diese besondere Lebenssituation gelingt.

Die einzelnen Belastungen und Behandlungsanforderungen beeinträchtigen die Entwicklung der Kinder je nach Alter unterschiedlich. So muss die Verantwortung für das kontinuierliche Einhalten von Behandlungsmaßnahmen und Verhaltensregeln bei der Asthma- oder Diabetesbehandlung zunehmend vom Kind selbst übernommen werden. Inwieweit es diese Selbstregulationsaufgabe meistern kann, hängt vom kognitiven Verständnis für seine Krankheit ab, das sich altersbedingt verändert. Im Jugendalter sind dann die Entwicklung eines positiven Selbstwertgefühls, das Streben nach Normalität innerhalb der Gruppe und die Auseinandersetzung mit der eigenen Identität und Zukunft charakteristische Entwicklungsaufgaben, die in dieser Phase mit dem Krankheitswissen und den Behandlungsanforderungen auf neue Weise kollidieren können. Je häufiger das chronisch kranke Kind in seiner Selbstbewertung zu der Einschätzung gelangt, die Belastungen nicht meistern und seine alterstypischen Entwicklungsziele nicht erreichen zu können, desto größer wird das Risiko für Störungen des emotionalen Wohlbefindens und Verhaltens.

Im Folgenden sollen die Behandlungsanforderungen und psychischen Probleme bei einigen chronischen Krankheiten und Behinderungen exemplarisch dargestellt werden, die sich hinsichtlich des Charakters der Behandlungsmaßnahmen, der Sichtbarkeit und der Art der Einschränkungen unterscheiden. Ausführliche Darstellungen einzelner Krankheitsbilder und verhaltensmedizinischer Behandlungskonzepte finden sich u. a. in den Sammelbänden von Schmitt et al. (1996) und Lehmkuhl (1996).

Einzelne Krankheitsbilder

Asthma bronchiale

Das Asthma bronchiale ist die häufigste chronische Erkrankung im Kindesalter. Bei seiner Entwicklung wirken eine genetisch determinierte Organvulnerabilität und körperliche sowie psychische Auslösefaktoren zusammen. Eine erfolgreiche Bewältigung setzt hinreichendes Wissen über die Krankheit, kontinuierliche Disziplin bei der Therapiemitarbeit (Inhalation, Medikamenteinnahme), Selbstbeobachtung (bei Atemwegsobstruktionen) bzw. Mitarbeit bei periodisch anstehenden Kontrolluntersuchungen der Lungenfunktion sowie das Erlernen von Notfalltechniken voraus. Eine mangelhafte Krankheitsanpassung spiegelt sich wider in geringer Eigenverantwortlichkeit (Missachtung von ärztlichen Anweisungen, Unregelmäßigkeit der Inhalationen, fortgesetzte Exposition für auslösende Stoffe oder Situationen), übertriebenenen krankheitsbezogenen Ängsten oder sozialem Rückzugsverhalten. Psychische Anpassungsprobleme von Kindern mit Asthma bronchiale werden mit einer Häufigkeit von 28% über 4- bis 14-jährige Kinder (Steinhausen 1984), 35% über 3- bis 6-jährige Kinder (Mrasek et al. 1985) berichtet.

Diabetes mellitus

Beim Diabetes mellitus kommt es zu einem Mangel an Insulin aufgrund der Zerstörung der Beta-Zellen der Bauchspeicheldrüse. Symptome bei Erstmanifestation sind starker Durst, häufiges Wasserlassen, Müdigkeit, Übelkeit und Ge-

Tabelle 31.**3** Psychiatrische Störungen und Auffälligkeiten der Sozialentwicklung in der Ontario-Studie (in %; nach Cadman et al. 1987)

	chronisch Kranke mit Behinderung	chronisch Kranke	Gesunde
emotionale Störungen	21,6	13,1	8,7
Störungen des Sozialverhaltens	11,6	8,8	4,2
soziale Isolierung	13,9	4,9	3,9
Beziehungsschwierigkeiten mit Gleichaltrigen	11,8	7,7	6,3
geringe Beteiligung bei Aktivitäten	35,6	22,5	25,7
geringe Kompetenz	28,7	8,2	5,9

wichtsabnahme. Eine erfolgreiche Behandlung setzt kontinuierliche Disziplin bei der Stoffwechselkontrolle (Blutzuckermessung), Insulinbehandlung (tägliche Injektionen) und beim Einhalten von Diätregeln und körperlicher Betätigung zur Optimierung der Stoffwechseleinstellung voraus. Ängste vor Kontrollverlust in der Öffentlichkeit (bei schweren Hypoglykämien) und neurovaskulären Folgeschäden im späteren Lebensalter wirken ebenfalls bedrohlich. Die Häufigkeitsangaben über psychische Anpassungsstörungen sind unterschiedlich. Blanz (1993) ermittelte in einer Gruppe von 93 betroffenen Jugendlichen bei einem Drittel psychiatrische Störungen.

Angeborene Herzfehler

Angeborene Herzfehler werden unterschieden nach:

- Herzfehlern mit falscher Blutströmung vom linken zum rechten Herzen (z.B. Vorhofseptumdefekt),
- Fehlbildungen des rechten Herzens und der Lungenschlagader (z.B. Pulmonalstenose, Fallot-Tetralogie),
- Fehlbildungen des linken Herzens und der Aorta (z.B. Aortenstenose),
- Anomalien des Ursprungs der großen Gefäße und komplexe Herzfehler.

Die betroffenen Kinder haben heute durch die Fortschritte der pädiatrischen Kardiologie eine sehr viel höhere Lebenserwartung und Lebensqualität als vor einigen Jahren. Durch die operative Behandlung kann aber nicht in allen Fällen eine vollständige Restitution der Herzfunktion erreicht werden. Restdefekte, Rhythmusstörungen und Grenzen für die körperliche Belastbarkeit bleiben bei einer großen Gruppe von Kindern und Jugendlichen bestehen, sind aber für den Außenstehenden nicht unmittelbar sichtbar. Anders als bei den vorgenannten Erkrankungen lassen sich die Folgen in diesem Fall weitgehend nicht durch eine kontinuierliche Mitarbeit bei Behandlungsmaßnahmen durch die Kinder selbst kontrollieren. Kinder mit Herzproblemen haben vermehrte Krankenhausaufenthalte, schmerzhafte Prozeduren (Katheterisierungen) und Operationen zu bewältigen.

Eine Teilgruppe von Kindern mit angeborenen Herzfehlbildungen weist bereits im frühen Kindesalter allgemeine Entwicklungsretardierungen, dauerhafte Einschränkungen der motorischen Geschicklichkeit und kognitive Leistungsschwächen auf, die in vielen Fällen zu spät erkannt werden (Samango-Sprouse u. Suddaby 1997). Goldberg et al. (1995) fanden schon bei 2- bis 3-jährigen Kindern signifikant mehr internalisierende und externalisierende Verhaltensprobleme als bei einer Kontrollgruppe. Allerdings spielt der Herzfehler selbst, die Schwere der Erkrankung oder die Häufigkeit und Dauer medizinischer Behandlungen dabei nicht die entscheidende Rolle, sondern eine Beeinträchtigung der intellektuellen Entwicklung durch eine Sauerstoffmangelversorgung sowie die mütterliche Wahrnehmung der Bedrohlichkeit der Erkrankung und ihre Auswirkung auf die Mutter-Kind-Interaktion (DeMaso et al. 1990, 1991).

Die Sorge um die Kinder und die latente Angst um ihren Tod belastet die Interaktion zwischen Eltern und Kind und führt leicht zu einer überbehütenden und verwöhnenden Erziehungseinstellung.

Im Schulalter beschreiben sich dann viele Kinder als weniger selbstsicher und sozial unsicherer, wozu auch die eingeschränkte körperliche Leistungsfähigkeit im Sport beiträgt (Wray u. Sensky 1998). Im Jugendalter fühlen sie sich oft im Widerspruch zwischen ihren Autonomiewünschen und der Bindung und Angewiesenheit auf die Bezugspersonen, äußern Ängste über eine verkürzte Lebenserwartung und sind übermäßig sensibel für körperliche Beschwerden (Donovan 1983).

Bei einigen Kindern bietet nur eine Herztransplantation eine Überlebenschance. Postoperativ beschreiben sie sich nicht als besonders ängstlich oder unsicher, zeigen aber mehr depressive Verhaltensmerkmale. Der Grad der Auffälligkeiten steht in engem Zusammenhang mit der psychosozialen Anpassung der Familie an die schwere Erkrankung des Kindes (Uzark et al. 1992).

Spina bifida

Beim Krankheitsbild der Spina bifida (Meningomyelozele) handelt es sich um eine sichtbare Behinderung mit Einschränkung der Mobilität.

Sie umfasst primäre Fehlbildungen (Spaltbildungen der Wirbelsäule), Schädigungen der Nervenbahnen des Rückenmarks und Lähmungen, die die Gehfähigkeit einschränken und in vielen Fällen zur Rollstuhlabhängigkeit führen. Viele der betroffenen Kinder haben darüber hinaus Störungen der Blasen- und Mastdarmentleerung und Hirnfehlbildungen mit Überdruckerscheinungen (Hydrozephalus), die eine Ableitung der Hirnflüssigkeit (Shunt-Operation) erforderlich machen. Die intellektuelle Entwicklung ist variabel, bei Kindern mit Hydrozephalus und Shunt-Ableitung aber häufig verlangsamt (Shaffer et al. 1985).

Für das Erreichen einer größtmöglichen Selbstständigkeit unerlässlich ist eine fortwährende krankengymnastische Behandlung, die Anpassung orthopädischer Hilfsmittel (z.B. Orthesen) sowie das Erlernen von Techniken der Blasenentleerung (Blasentraining, Selbstkatheterisierung). Im Jugendalter stellt die Auseinandersetzung mit subjektiv befürchteten oder objektiv gegebenen Störungen der Sexualfunktionen eine zusätzliche Belastung des Selbstwertgefühls und der sozialen Beziehungen dar (Thompson u. Kronenberger 1992). Lavigne et al. (1988) fanden bei 24% der 3- bis 8-jährigen Kindern psychische Anpassungsstörungen, Wallander et al. (1989) stellten bei 16–19% der von ihnen untersuchten 4- bis 16-jährigen Kinder mit Spina bifida bedeutsame psychische Auffälligkeiten im CBCL fest. Die Angaben variieren allerdings je nach Untersuchungsinstrument; Thompson et al. (1989) berichteten eine Rate von 50 % bei Kindern im Schulalter. Das Gelingen der psychischen Anpassung hängt jedoch auch bei dieser Erkrankung nicht von der Schwere des körperlichen Befundes ab (z.B. Läsionshöhe, Operationshäufigkeit oder Einschränkung der Mobilität). Signifikante Zusammenhänge fanden sich zur Qualität der Familienbeziehungen (Thompson et al. 1989) und zur Bewältigung der besonderen Belastung durch die Mütter (Barakat u. Linney 1992).

■ Kinder mit schweren kraniofazialen Fehlbildungen

Schwere anlagebedingte kraniofaziale Fehlbildungen (z.B. beim Apert-, Goldenhar- oder Treacher-Collins-Syndrom) sind selten. Sie beeinträchtigen das äußere Erscheinungsbild des Gesichts und gehen in vielen Fällen mit Hör- und Sprachstörungen einher. Trotz der Fortschritte der Operationstechniken in der Kopf- und Gesichtschirurgie muss mit bleibenden Abweichungen vom Erscheinungsbild des sog. Normalen gerechnet werden (Sarimski 1998a).

Bei den meisten Kindern verläuft die intellektuelle Entwicklung unbeeinträchtigt. Die sozial-emotionale Entwicklung ist dagegen gefährdet durch häufige Konfrontation mit mitleidigen oder neugierigen Äußerungen in der Öffentlichkeit und soziale Ausgrenzung (bullying) in der Gruppe der Gleichaltrigen im Schul- und Jugendalter. Psychische Auffälligkeiten wie Ängstlichkeit und ein geringes Selbstwertgefühl werden bei 20–30% der Kinder gefunden (Pertschuk u. Whitaker 1985, Sarimski 1998b). Vielen Kindern gelingt es jedoch in beeindruckender Weise, ein positives Selbstwertgefühl und selbstsicheres Auftreten zu entwickeln, sich auch in kritischen Situationen angemessen zu behaupten und vor verletzenden Erfahrungen zu schützen.

Krankheitsbewältigung in der Familie

Bei jeder der vielschichtigen Krankheitsbelastungen und Therapieanforderungen, mit denen das chronisch kranke Kind konfrontiert ist, können es die Eltern unterstützen. Ob diese Unterstützung gelingt, ist aber individuell wiederum sehr unterschiedlich. Wie bereits bei einigen Krankheitsbildern angesprochen, besteht ein bedeutsamer Zusammenhang zwischen dem Gelingen der inneren Anpassung der Eltern an diese besondere Lebenssituation und dem Gelingen des psychischen Anpassungsprozesses der Kinder (Wallander u. Varni 1998).

Eine kanadische epidemiologische Studie bei 1800 Müttern und Vätern chronisch kranker Kinder (Cadman et al. 1991) und Einzeluntersuchungen bei verschiedenen Krankheitsbildern (Walker et al. 1989, Wallander et al. 1989, Wallander u. Venters 1995) zeigen eine im Durchschnitt um eine Standardabweichung **höhere Rate psychischer Probleme bei Eltern** chronisch kranker Kinder im Vergleich mit der Normalpopulation. Psychotherapeutische Hilfen werden von ihnen 2- bis 3-mal häufiger in Anspruch genommen. In der Scheidungsrate, der Häufigkeit sozialer Isolierung oder in der Rate von Alkoholerkrankungen ergab sich dagegen kein Unterschied. Trotz der erhöhten Zahlen bedeutet dies, dass die Mehrheit der Betroffenen mit den besonderen Herausforderungen hinreichend gut zurechtkommt und mit ihren Familienbeziehungen zufrieden ist.

Ob Mütter sich überlastet fühlen, hängt wiederum nicht unmittelbar von der Art und Schwere der Behinderung ab, sondern von ihrer subjektiven Wahrnehmung der Folgen der Erkrankung für den familiären Alltag (Wallander u. Marullo 1997, Thompson et al. 1992). Diese korreliert mit der Wahrnehmung der eigenen Kompetenz, die anstehenden Probleme zu lösen, der Qualität der Partnerschaft und der Verfügbarkeit praktischer und emotionaler Unterstützung in der sozialen Umgebung (Wallander et al. 1989).

Spezifische erzieherische Probleme

Wenn Familienmitglieder zu der Erkenntnis gelangen, dass die Krankheit oder Behinderung eines Kindes chronisch ist, müssen sie ihren Traum aufgeben, ein gesundes Kind zu haben. Wenn diese Trauer schon bei der Geburt des Kindes beginnt, wie bei vielen genetischen und geburtstraumatisch bedingten Störungen, kann sie den Prozess des Aufbaus einer Bindung zu dem Kind erschweren. Da sich die Eltern als Beschützer des Lebens ihrer Kinder betrachten, fühlen sie sich häufig für die Krankheit in gewisser Weise persönlich verantwortlich. Dieses Schuldgefühl kann sich z.B. als Zorn gegenüber anderen Familienmitgliedern oder als Wut auf Fachleute über ihre Unfähigkeit, das Kind zu heilen, niederschlagen. Für Kritik durch professionelle Helfer sind sie besonders empfindlich und haben oft das Gefühl, für schlechte Behandlungsergebnisse verantwortlich gemacht zu werden.

In ihrem Erziehungsverhalten müssen die Eltern ausbalancieren, welche Belastungen und Anforderungen sie dem Kind abnehmen und bei welchen sie es in einen gemeinsamen Problemlöseprozess einbinden. Sie müssen immer wieder neu das Therapieverhalten und die Situation des Kindes bewerten und sich vor zu starr reglementierenden Erziehungsverhaltensweisen schützen, die die langfristige Selbstständigkeit des Kindes im Umgang mit seiner Krankheit behindern. Es kann zu einer Überforderung der Eigenverantwortlichkeit, häufiger aber zu einer Überfürsorge oder fehlgesteuerten Hilfe kommen (Noeker u. Petermann 1996).

Das Kind löst bei den Eltern spontanes Mitgefühl aus und wird als schüchtern, hilfsbedürftig, von Gleichaltrigen ausgegrenzt und sozial nicht durchsetzungsfähig wahrgenommen. Um es zu schützen, nehmen die Eltern ihm nun über Gebühr die Lösung sozialer Konflikte und die Erfordernisse des Behandlungsregimes ab. Das Kind entwickelt zunehmend Selbstzweifel und extreme Überforderungsgefühle, wenn es auf sich allein gestellt ist, die wiederum nur durch eine nachhaltigere Einforderung elterlicher Hilfe reguliert werden können, was die Eltern in ihrem Bild bestätigt. Eine Verfestigung sozial unsicheren Verhaltens ist die Folge.

Bei der fehlgesteuerten Hilfe sehen die Eltern ihre Aufgabe darin, für eine konsequente Durchführung der Behandlungsmaßnahmen im Alltag Sorge zu tragen. Die elterliche Überwachung vermittelt dem Kind zunehmend das Gefühl, kritisch beobachtet, kontrolliert und eingeschränkt zu werden. Im Anschluss an einige Nachlässigkeiten bei der Therapiemitarbeit des Kindes steigern die Eltern ihre Verhaltenserwartungen und drohen Sanktionen an, sodass das ursprünglich konkrete Thema der Durchführung der Behandlungsmaßnahmen nun allmählich als allgemeines Thema der „Selbst- oder Fremdbestimmung" des Kindes verhandelt wird und die Interaktion im ständigen Kreis zwischen elterlichen Forderungen und Drohungen und kindlichem Protest und Widerstand verläuft. Dieser Interaktionsstil ähnelt der Entwicklung und Verfestigung von unkooperativem Verhalten im Allgemeinen.

Ein besonderes Problem stellt die Neuorientierung der Erziehungshaltung gegenüber Jugendlichen dar. Nach z.T. lang anhaltender Fürsorge durch die Eltern führt nun die alterstypische Distanzierung von den Eltern auch zur Infragestellung ihrer Normen und zur Ablehnung der durch sie repräsentierten Krankheitsanforderungen. Für die Eltern ist die Zurückweisung ihrer durch die Krankheit des Kindes intensivierten Bindungs- und Versorgungswünsche eine unerwartete und schmerzliche Kränkung. Die Unfähigkeit, Einfluss zu nehmen, und das Gefühl, in der Erziehung zu versagen, setzen nicht selten Wut frei, die auf zurückliegenden eigenen Entbehrungen und Rücksichtnahmen beruht und dem Jugendlichen hieraus Undankbarkeit unterstellt. In einem so polarisierten Klima aus wechselseitigen Vorwürfen, aggressiver Gespanntheit,

Versagens- und Schuldgefühlen auf beiden Seiten gerät der Jugendliche oft in trotzige Verweigerung und selbstschädigende Nachlässigkeit. Die Disharmonie in der Familie führt nicht selten auch dazu, dass der Jugendliche in besonderem Maß kompensatorischen Rückhalt und Bestätigung in der Gruppe der Gleichaltrigen sucht. Aus Angst, anders zu sein und auf Ablehnung zu stoßen, wird die Krankheit dort schamhaft verleugnet. Unzulänglichkeiten im Bewältigen der Krankheitsanforderungen sind damit fast zwangsläufig.

Über das Eingebundensein in den Bewältigungsprozess des kranken Kindes sind die übrigen Familienmitglieder aber auch in ihren eigenen Entwicklungschancen betroffen. Eltern stehen unter zusätzlichen finanziellen Belastungen, haben Einschränkungen in den Karriereplänen und in der Freizeitgestaltung hinzunehmen, müssen Trennungssituationen bei Krankenhausaufenthalten, organisatorische Anforderungen bei der Bewältigung von Behandlungsterminen und bürokratische Hindernisse meistern und mit ihrer eigenen Angst vor der Zukunft und lebensbedrohlichen Krankheitskrisen fertig werden.

Geschwister stehen im Zwiespalt zwischen der Rücksichtnahme auf die Belange des erkrankten Kindes auf der einen Seite und der Angst, dass ihre eigenen Bedürfnisse und Empfindungen nicht mehr wahrgenommen werden. Da der direkte Ausdruck dieser Bedürfnisse tatsächlich sanktioniert ist oder zumindest subjektiv so erscheint, kommunizieren Geschwisterkinder emotionale Botschaften an die anderen Familienmitglieder eher auf indirekte Weise durch Rückzugsverhalten, internalisierende Verhaltensstörungen oder psychosomatische Reaktionen.

Interventionen zur Verbesserung der Krankheitsbewältigung

Psychologische Interventionen zur Verbesserung der Krankheitsbewältigung umfassen angstreduzierende Hilfen zur Bewältigung schmerzhafter medizinischer Eingriffe, Hilfen zur Aufrechterhaltung der Mitarbeit mit Behandlungsanforderungen (Compliance), Maßnahmen der Patientenschulung und verhaltenspsychologisch orientierte sowie emotional unterstützende Familienberatung.

Aufklärung über die nötigen Prozeduren, operante und kognitive Methoden (Selbstinstruktion, Gedankenstopp, Aufmerksamkeitsumlenkung) und Entspannungsverfahren (autogenes Training, progressive Muskelentspannung, Imaginationsverfahren, Hypnose und Suggestionsverfahren) haben ihren Wert für die **Angstreduktion** in der Schmerzbehandlung bei Kindern bewiesen (Petermann et al. 1994). Sie helfen den Kindern, ihr Stressempfinden und die Schmerzwahrnehmung vor, während und nach einer schmerzhaften Prozedur zu kontrollieren und sich dem Geschehen nicht hilflos ausgeliefert zu fühlen. Entspannungstechniken und Hypnose sind dazu bereits ab 3 Jahren einsetzbar, Methoden der Selbstinstruktion und Ablenkung vom Schulalter an.

Mangelnde Mitarbeit bei den Behandlungsanforderungen ist nicht als Widerstand oder Verweigerungsverhalten des Kindes zu bewerten, sondern als Ausdruck des Widerspruchs zwischen den täglichen Belastungen und dem Wunsch des Kindes nach spontaner Tagesgestaltung und sozialer Integration in die Gruppe der Gleichaltrigen zu verstehen. Kontinuierlich bei der Behandlung mitzuarbeiten, ist für das Kind besonders schwer, wenn die Behandlungen über Jahre hinweg und auch in symptomlosen Krankheitsphasen zur Vermeidung weiterer Krankheitsfolgen erforderlich ist und auch bei konsequenter Durchführung erst nach längerer Zeit zu spürbaren therapeutischen Erfolgen führt oder unerwünschte Nebenwirkungen (z. B. Medikamenteneffekte) hat.

Verständnis des Behandlerteams und ein Bemühen um eine vertrauensvolle Beziehung sind Voraussetzungen, um die **Mitarbeit des Kindes** zu gewinnen. Die Vermittlung von Wissen über die Krankheit und Therapie ist notwendig, aber nicht hinreichend (Gespräch, Informationsmaterial, Anleitung z. B. in der Durchführung von Peak-Flow-Messungen, Inhalationstechniken oder Atemübungen bei Asthma bronchiale). Darüber hinaus müssen altersbedingte Ängste und irrationale Krankheitskonzepte (Vergeltung für schuldhaftes Verhalten) als Erschwernisse für die Mitarbeit berücksichtigt werden. Strukturierende Erinnerungshilfen und Anleitungen zur Selbstbeobachtung (Therapiepläne und Protokollbögen, Tagebücher) sowie positive Verstärkungen der Therapiemitarbeit über Therapieverträge können im Einzelfall unterstützend eingesetzt werden. Das langfristige Ziel ist dabei immer die Übernahme von möglichst viel Selbstverantwortung durch die Kinder, insbesondere um kritische Situationen selbst voraussehen und angemessen reagieren zu können (Tab. 31.**4**).

Patientenbroschüren, die der jeweiligen Entwicklungsstufe angepasstes Wissen über die Krankheit und Therapie vermitteln und kindgerecht gestaltet sind, liegen z.B. vor für angeborene Herzerkrankungen (Sticker 1993), Diabetes mellitus (Hürter et al. 1989), Epilepsie (Rogan u. Perret 1989), juvenile chronische Arthritis (Wiedebusch u. Ganser 1992), Phenylketonurie (Ullrich u. Wendel 1992).

Patientenschulungen vor allem bei stationären Rehabilitationsmaßnahmen vermitteln Krankheits- und Therapiewissen und unterstützen die Behandlungseinsicht und Eigenverantwortlichkeit im Umgang mit der Krankheit. **Patientenschulungsprogramme** haben sich u.a. bewährt bei Patienten mit Neurodermitis (Scheewe u. Skusa-Freeman 1994), Asthma (Petermann et al. 1993; vgl. Tab. 31.**5**), Diabetes mellitus (Petermann 1994), Adipositas (Petermann et al. 1994) und Arthritis (Wiedebusch 1994). Sie führen nachweislich zu einer Verminderung der Krankheitsängste und einer Steigerung der eigenverantwortlichen Bewältigungsfähigkeiten und Selbstwirksamkeitserfahrungen. Übergreifende Wirkfaktoren in den verschiedenen Ansätzen zur psychologischen Unterstützung des Kindes sind eine Hilfe zu aktiver Problembewältigung, emotionaler Auseinandersetzung mit der besonderen Lebensperspektive und den mit der Krankheit verbundenen Gefühlen von Angst, Wut, Scham und Versagen, sozialer Bewältigung in der Familie und Gruppe sowie Mobilisierung eigener und sozialer Ressourcen.

Ziel der **Familienberatung** ist die Förderung eines offenen kommunikativen Austausches über das individuelle Belastungserleben und die Erwartungen an die wechselseitige Unterstützung, einer gegenwartsorientierten Grundhaltung, langfristig zuversichtlicher Zukunftsperspektiven und angemessener Erziehungsverhaltensweisen. Eine solche psychologische Unterstützung wird von vielen, aber nicht allen Familien mit chronisch kranken Kindern gewünscht (Hürter u. Otten 1991, Walker et al. 1992).

Gerade in der ersten Zeit nach der Diagnosestellung muss das Bedürfnis der Eltern respektiert werden, das eigene Gleichgewicht durch Betonung der eigenen Problemlösekompetenz, „Normalität“ und Abgrenzung von Mitbetroffenen wiederzuerlangen. Konventionelle psychotherapeutische Hilfsangebote entwerten in den Augen der Familie das bereits Erreichte und können destabilisierend wirken. Wenn der Berater dagegen die zu vermutenden Probleme als Themen auffasst, mit denen er mit der Familie ins Gespräch kommen möchte und eine lernbereite Haltung einnimmt, um den Betroffenen darzustellen, wie sie es geschafft haben, mit unerhörten Schwierigkeiten fertig zu werden, kann sich

Tabelle 31.**4** Maßnahmen zur Verbesserung der Langzeitcompliance

Vermittlung/Schulung von:
- altersgemäßem Krankheitswissen
- Wirkmechanismen der Therapien
- Zeitdauer bis zum Eintritt der erwünschten Wirkung

organisatorische Durchführung:
- Festlegung von Therapiezeiten
- Berücksichtigung von Wünschen des Kindes
- elterliche Supervision der Therapie

Verhaltenskontrolle:
- positive Verstärkung der Therapiemitarbeit
- Selbstbeobachtung
- Selbstkontrolltechniken

Tabelle 31.**5** Inhalte des Asthma-Verhaltenstrainings (Petermann et al. 1993)

- medizinische Informationen zum Krankheitsverständnis (Hyperreagibilität des Atemwegssystems; Allergene, körperliche Belastungen etc. als Auslöser von Atemwegskonstriktionen)
- Hilfstechniken ("Lippenbremse", atemerleichternde Körperstellungen)
- Symptomwahrnehmung und -bewertung
- Techniken des Stress- und Anfallsmanagements (z.B. Umgang mit Inhaliergerät, Dosieraerosol, Anwendung der Medikamente, Entspannungstraining; Notfallplan)
- soziale Fertigkeiten (Umgang mit Angst, Scham und Unsicherheit, Kommunikationsfertigkeiten über die Erkrankung, angemessene Beteiligung an Sport und Freizeitaktivitäten)

daraus eine stützende Beziehung entwickeln. Der Berater vertraut dabei auf die konstruktive Funktion der Normalisierungsbemühungen, anstatt diese unter dem Aspekt der psychischen Abwehr zu einem Problem zu machen, und hält sich als Gesprächspartner des Vertrauens für kritische Situationen zur Verfügung.

Wenn eine Anerkennung der Schwere der Erkrankung und der damit verbundenen Herausforderung gelungen ist, lassen sich realistische Veränderungsperspektiven und Kontrollüberzeugungen entwickeln („Was können wir beeinflussen?" „Lassen wir uns von der Krankheit verrückt machen?"). Lösungsorientierte Fragen helfen, sich der eigenen Bewältigungskräfte und sozialer Unterstützung bewusst zu werden und positive Zukunftsvorstellungen zu entwickeln. Eine harmonische Weiterentwicklung aller Familienmitglieder gelingt, wenn der Krankheit ein angemessener Stellenwert zugewiesen wird, der aber nicht die Familienbeziehungen beherrschen darf. Walker et al. (1996) weisen einen dauerhaften positiven Effekt von beziehungsorientierten Interventionen bei Eltern chronisch kranker Kinder nach. Schließlich kann die Kontaktaufnahme zu anderen betroffenen Eltern in Elternselbsthilfegruppen (Kontaktstelle „Kindernetzwerk" Aschaffenburg) die subjektiv erlebte Belastung mindern und durch den Erfahrungsaustausch die Bewältigungskompetenz der Familien stärken. Allerdings nehmen an solchen Elterngruppen überwiegend diejenigen Eltern teil, die eine aktive Problemlösung und die Kommunikation über die mit der Krankheit verbundene Sorge suchen, also bereits auf einem stabilisierenden Weg sind. Die Übersicht zeigt, dass die pädiatrische Psychologie über ein fachspezifisches Versorgungsangebot für die psychischen Probleme chronisch kranker Kinder und ihrer Familien verfügt, das es in Form von Liaisondiensten und interdisziplinären Behandlungsteams in die medizinischen Behandlungskonzepte zu integrieren gilt.

Zusammenfassung

Die Prävalenz chronischer Erkrankungen liegt bei 7-10 %. Das Gelingen der Anpassungsprozesse hängt z. T. vom Schweregrad der Erkrankung und spezifischen Aspekten wie Lebensbedrohlichkeit, Sichtbarkeit der Behinderung, Mobilitätseinschränkung, intellektuelle Beteiligung, Pflegebedürftigkeit und Behandlungsanforderungen ab. Die Auswirkungen werden sehr unterschiedlich erlebt und hängen vom Ausmaß weiterer lebensgeschichtlicher Belastungen und Risiko- bzw. Schutzfaktoren in der kindlichen Persönlichkeit, seinen Familienbeziehungen und der verfügbaren sozialen Unterstützung ab. Es werden krankheitsbezogene Belastungen und Anforderungen in der Alltagsbewältigung und bei der Entwicklung von Selbstbild, sozialer Kompetenz, Zukunftsperspektiven u. a. am Beispiel des Asthma bronchiale, angeborener Herzfehler und kraniofazialer Fehlbildungen geschildert. Auch die Eltern weisen eine höhere Rate psychischer Probleme auf und müssen spezifische erzieherische Herausforderungen (angemessene Anforderungen an Eigenverantwortlichkeit, Vermeidung von Überfürsorglichkeit) bewältigen. Psychologische Interventionen zur Verbesserung der Krankheitsbewältigung umfassen angstreduzierende Hilfen zur Bewältigung schmerzhafter medizinischer Eingriffe, Hilfen zur Aufrechterhaltung der Mitarbeit mit Behandlungsanforderungen, Maßnahmen der Patientenschulung und verhaltenspsychologisch orientierte, sozial-emotional unterstützende Familienberatung.

Literatur

Barakat L, Linney J. Children with physical handicaps and their mothers: The interrelation of social support, maternal adjustment, and child adjustment. J Ped Psychol. 1992;17:725-39.

Blanz B. Psychische Störungen und Determinanten der Stoffwechseleinstellung bei Jugendlichen mit Diabetes mellitus. Heidelberg: Barth; 1993.

Blanz B. Psychische Störungen bei chronischen körperlichen Erkrankungen im Kindes- und Jugendalter. In: Lehmkuhl G, Hrsg. Chronisch kranke Kinder und ihre Familien. Berlin: Quintessenz; 1996.

Cadman D, Boyle M, Szatmari P, Offord D. Chronic illness, disability and mental and social well-being: findings of the Ontario Child Health Study. Pediatrics. 1987;79:805-13.

Cadman D, Rosenbaum P, Boyle M, Offord D. Children with chronic illness: Family and parent demographic characteristics and psychosocial adjustment. Pediatrics. 1991;87:884-9.

DeMaso D, Beardslee W, Silbert A, Fyler D. Psychological functioning in children with cyanotic heart defects. Develop Behav Pediat. 1990;11:289-94.

DeMaso D, Campis L, Wypij D, Bertram S, Lipshitz M, Freed M. The impact of maternal perceptions and medical severity on the adjustment of children with congenital heart disease. J Ped Psychol: 1991;16:137-49.

Donovan E. The pediatric cardiologist and adolescents with congenital heart disease. Int J Card. 1983;9:493-5.

Goldberg S, Gotowiec A, Simmons R. Infant-mother attachment and behavior problems in healthy and chronically ill preschoolers. Develop Psychopathol. 1995;7:267-82.

Gortmaker S, Walker D, Weitzmann M, Sobol A. Chronic conditions, socio-economic risks, and behavioral problems in children and adolescents. Pediatrics. 1990;85:267-76.

Hürter P, Jastram H, Regling B, Toeller M, Lange K, Weber B, Burger W, Haller R. Diabetes-Schulungsprogramm für Kinder. Köln: Deutscher Ärzte-Verlag; 1989.

Hürter A, Otten A. Familien mit diabetischen Kindern und Jugendlichen: Psychische und soziale Probleme und der Wunsch nach psychologischer Hilfe im Vergleich mit anderen chronischen Erkrankungen. In: Roth R, Borkenstein M, Hrsg. Psychosoziale Aspekte in der Betreuung von Kindern und Jugendlichen mit Diabetes. Basel: Karger; 1991.

Lavigne J, Nolan D, McLone D. Temperament, coping, and psychological adjustment in young children with Myelomeningocele. J Ped Psychol. 1988;13:363-78.

Lavigne J, Faier-Routman J. Psychological adjustment to pediatric physical disorders: A meta-analytic review. J Ped Psychol. 1992;17:133-57.

Lehmkuhl G, Hrsg. Chronisch kranke Kinder und ihre Familien. Berlin: Quintessenz;1996.

Mrazek D, Anderson I, Strunk R. Disturbed emotional development of severely asthmatic pre-school children. In: Stevenson J, ed. Recent research in developmental psychopathology. Oxford: Pergamon; 1985.

Noeker M, Petermann F. Körperlich-chronisch kranke Kinder: Psychosoziale Belastungen und Krankheitsbewältigung. In: Petermann F, Hrsg. Lehrbuch der Klinischen Kinderpsychologie. Göttingen: Hogrefe; 1996.

Pertschuk M, Whitaker L. Psychosocial adjustment and craniofacial malformations in childhood. Plast Reconstr Surg. 1985;75:177-82.

Petermann F, Walter H, Köhl C, Biberger A. Asthma-Verhaltenstraining mit Kindern und Jugendlichen. München: Quintessenz; 1993

Petermann F, Hrsg. Diabetes mellitus. Göttingen: Hogrefe; 1994.

Petermann F, Borzel B, Baur C. Verhaltenstraining bei adipösen Kindern in der Rehabilitation. In: Petermann F, Hrsg. Chronische Krankheiten bei Kindern und Jugendlichen. Berlin: Quintessenz; 1994.

Petermann F, Wiedebusch S, Kroll T. Schmerz im Kindesalter. Göttingen: Hogrefe; 1994.

Rogan P, Perret A. Epilepsie. Monika, der kleine Detektiv. München: Labaz; 1989.

Samango-Sprouse C, Suddaby E. Developmental concerns in children with congenital heart disease. Curr Opin Cardiol. 1997;12:91-8.

Sarimski K. Zum Beitrag des klinischen Psychologen bei der Rehabilitation von Kindern mit komplexen kraniofazialen Fehlbildungen. Psychother Psychosom Med Psychol. 1998a;48:475-482.

Sarimski K. Children with Apert syndrome: behavioural problems and family stress. Develop Med Child Neurol. 1998b;40:44-9.

Scheewe S, Skusa-Freeman B. Patientenschulungen mit an Neurodermatitis erkrankten Kindern und Jugendlichen. In: Petermann F, Hrsg. Chronische Krankheiten bei Kindern und Jugendlichen. Berlin: Quintessenz; 1994.

Shaffer J, Friedrich W, Shurtleff D, Wolf L. Cognitive and achievement status of children with Myelomeningocele. J Ped Psychol. 1985;10:325-36.

Schmitt G, Kammerer E, Harms E. Kindheit und Jugend mit chronischer Erkrankung. Göttingen: Hogrefe; 1996.

Stein R, Baumann L, Westbrook L, Coupey S, Ireys H. Framework for identifying children who have chronic conditions: The case for a new definition. J Pediat. 1993;122:342-7.

Steinhausen H. Chronisch kranke Kinder und Jugendliche. In: Steinhausen H, Hrsg. Risikokinder. Stuttgart:Kohlhammer;1984.

Sticker E. Martins Herzoperation. Köln: Elterninitiative herzkranker Kinder e.V.; 1984.

Thompson R, Kronenberger W, Johnson D, Whiting K. The role of central nervous system functioning and family functioning in behavioral problems of children with myelodysplasia. J Develop Behav Pediat. 1989;10:242-8.

Thompson R, Kronenberger W. A heuristic review of the psychosocial aspects of myelodysplasia. Adv Develop Behav Pediat. 1992;10:89-108.

Thompson R, Gustafson K, Hamlett K, Spock A. Stress, coping and family functioning in the psychological adjustment of mothers of children with cystic fibrosis. J Ped Psychol. 1992;17:573-85.

Ullrich K, Wendel U. Mit PKU gut leben. Heilbronn: SHS-Gesellschaft für klinische Ernährung mbH; 1992.
Walker J, Johnson S, Manion I, Cloutier P. Emotionally focused marital intervention for couples with chronically ill children. J Consult Clin Psychol. 1996;64:1029-36.
Walker L, Ortiz-Valdes J, Newbrough J. The role of maternal employment and depression in the psychological adjustment of chronically ill, mentally retarded, and well children. J Ped Psychol. 1989;14:357-70.
Walker L, Van Slyke D, Newbrough J. Measuring marital distress in couples with chronically ill children: The dyadic adjustment scale. J Ped Psychol. 1992;17:345-57.
Wallander J, Feldman W, Varni J. Physical status and psychosocial adjustment in children with spina bifida. J Ped Psychol. 1989;14:89-102.
Wallander J, Varni J, Babani L, Banis H, DeHaan C, Wilcox K. Disability parameters: Chronic strain and adaptation of physically handicapped children and their mothers. J Ped Psychol. 1989;14:23-42.
Wallander J, Marullo D. Handicap-related problems in mothers of children with physical impairments. Res Develop Disab. 1997;18:151-65.
Wallander J, Varni J. Effects of pediatric physical disorders on child and family adjustment. J Child Psychol Psychiat. 1998;39:29-46.
Wiedebusch S. Langzeitcompliance im Kindesalter – am Beispiel der juvenilen chronischen Arthritis. In: Petermann F, Hrsg. Chronische Krankheiten bei Kindern und Jugendlichen. Berlin: Quintessenz; 1994.
Wiedebusch S, Ganser G. GeLENKig – Ein Rheumabuch für Kinder. Erlangen: Kabi Pharmacia; 1992.
Wray J, Sensky T. How does the intervention of cardiac surgery affect the self-perception of children with congenital heart disease? Child Care Health Develop. 1998;24:57-72.
Wallander J, Venters T. Perceived role restriction and adjustment of mothers with chronic physical disability. J Ped Psychol. 1995;20:619-32.
Uzark K, Sauer S, Lawrence K, Miller J, Addonizio L, Crowley D. The psychological impact of pediatric heart transplantation. J Heart Lung Transpl. 1992;11:1160-7.

Prüfungsfragen

1. Von welchen Faktoren hängt das Gelingen des Anpassungsprozesses an eine chronische Krankheit ab?
2. Um das Wievielfache erhöht ist die Häufigkeit von psychischen Auffälligkeiten bei chronisch kranken gegenüber gesunden Kindern?
3. Welche Entwicklungsaufgaben werden durch eine chronische Erkrankung im Jugendalter erschwert?
4. Nennen Sie die wichtigsten Bewältigungsaufgaben für Kinder mit Asthma bronchiale.
5. Welche Entwicklungs- und Verhaltensprobleme treten gehäuft bei Kindern mit angeborenen Herzfahlern auf?
6. Welche spezifischen Herausforderungen müssen Kinder mit Spina bifida bewältigen?
7. Wovon hängt die psychische Belastung von Müttern chronisch kranker Kinder ab?
8. Wie lässt sich die Entwicklung sozial unsicheren Verhaltens bei chronisch kranken Kindern verstehen?
9. Welche speziellen Erziehungsprobleme ergeben sich bei chronisch kranken Jugendlichen?
10. Welche Methoden haben sich zur Angstreduktion vor schmerzhaften Eingriffen bewährt?
11. Welche Themen müssen in die Beratung einbezogen werden, um die Mitarbeit des Kindes bei eigenverantwortlichen Behandlungsmaßnahmen zu fördern?
12. Wie lässt sich das Vertrauen der Eltern nach der Diagnosemitteilung gewinnen als Voraussetzung für die Akzeptanz psychologischer Beratung?

V Therapeutische Interventionen

32 Elternberatung

L. Marschner

Einleitung

Tiefgreifende gesellschaftliche Veränderungen, die ihren Ausgangspunkt am Ende des 18. Jahrhunderts hatten, trugen dazu bei, dass heute ein differenziertes System professioneller institutioneller Beratung anzutreffen ist. Der feudale Staat hatte sich überlebt, es wurde der moderne (industrielle) Staat aufgebaut – eingeleitet durch die Französische Revolution. Innerhalb dieses Umbauprozesses verlor das Handwerk seine ökonomische Basis durch die schnelle Entwicklung der Industrie. Dieser Prozess ging insbesondere einher mit einer institutionellen Differenzierung und Spezialisierung. Denn durch den intensiveren Einsatz industrieller Fertigungsverfahren, durch eine fortschreitende Arbeitsteilung und nachfolgende bürokratische Organisationsformen bildeten sich spezialisierte Funktionsbereiche heraus.

Dieser Trend zur Differenzierung und Spezialisierung unterstützte ebenfalls das Entstehen der „modernen Kleinfamilie", mit der Konsequenz des Bedeutungs- und Funktionswandels der Familie. Die moderne Kleinfamilie, die sich auf 2 oder gar nur auf eine Elternperson reduziert, hat zur Folge, dass Großeltern oder andere Verwandte als regelmäßige „pädagogische Instanzen" wegfallen und damit der pädagogische Druck auf die „übrig gebliebenen" Elternpersonen erhöht ist (Brunner u. Schöning 1990, S. 8 ff.).

Beratung war zunächst integrierter Bestandteil des erzieherischen Handelns, im ganzheitlichen Erziehungskontext eingebettet und an nicht professionelle Rollen (Eltern, Großeltern, Nachbarn) bzw. semiprofessionelle Rollen (Pfarrer, Lehrer) gebunden. Erst im Zusammenhang mit der wachsenden Bedeutung außerfamiliärer Institutionen als Bildungs- und Erziehungseinrichtungen und mit der Etablierung einer empirischen Psychologie konnte Beratung aus diesem Kontext herausgelöst werden und etablierte sich als separater Interaktionstypus außerhalb der Familie. Gekennzeichnet ist dieser Prozess durch den Ausbau eines differenzierten Beratungswesens mit fortschreitender Spezialisierung und gebunden an professionelle Rollen. Die Entwicklung der institutionellen Beratung im 20. Jahrhundert folgte dem allgemeinen gesellschaftlichen Trend zur Differenzierung und Spezialisierung, sodass wir aktuell ein sehr facettenreiches Beratungsangebot vorfinden (Marschner 1998).

Beratung findet auf den verschiedensten Handlungsfeldern und in unterschiedlichen Institutionalisierungsformen statt: Unternehmensberatung, Schuldnerberatung, Anlageberatung, Eheberatung, Sexualberatung, Erziehungsberatung usw. sind nur einige Möglichkeiten. Die Anlässe, Aufgaben und Ziele von Beratung sind dabei genauso unterschiedlich wie die Vorgehensweisen.

Der angeführte Trend zur Differenzierung und Spezialisierung findet zunächst in Abhängigkeit der Beratungsanlässe statt.

Unserem Gegenstand gemäß handelt es sich um soziale und psychische Schwierigkeiten erwachsener Menschen, die in ("eigenen") familiären Zusammenhängen leben und innerhalb deren mit Schwierigkeiten konfrontiert sind. Trotz der fortschreitenden Differenzierung und Spezialisierung soll im Folgenden versucht werden, grundlegende Merkmale beraterischer Tätigkeit in diesem Beratungsfeld herauszuarbeiten. Dies erscheint möglich über die Betrachtung der einzelnen Bestimmungsstücke dieses Geschehens: dem **Ratsuchenden**, dem **beraterischen Prozess** und dem **Ratgebenden**.

Der Ratsuchende

Der im Folgenden verwendete Begriff „Ratsuchende“ wird sehr weit gefasst im Sinne der Person oder Personengruppe, welche Beratung wegen eines bestimmten Problems in Anspruch nimmt – somit handelt es sich nicht nur um den identifizierten Symptomträger. Betrachten wir im Folgenden, mit welchen je individuell unterschiedlich ausgeprägten und expliziten Vorüberlegungen der Ratsuchende in die Beratung eintritt.

Beratungsanlass: Der Ratsuchende sucht die Beratung auf, weil er mit schwierigen Lebenslagen und/oder mit seiner eigenen schwierigen Persönlichkeit nicht mehr zurechtkommt. Er hat ein Problem, leidet unter dieser Schwierigkeit, fühlt sich beeinträchtigt und merkt, dass seine Auseinandersetzung mit sich selbst oder mit bestimmten Bereichen seiner Umwelt nicht mehr oder nur unzureichend funktioniert. Sein Leben ist durch Desorientierung, Konflikt und Belastung gekennzeichnet. Über seine derzeitige Situation (Ist-Zustand) kann der Ratsuchende entsprechend seinen Möglichkeiten zur Selbstbeobachtung, -erkenntnis und -erfahrung überwiegend, wenigstens partiell Auskunft geben. Es wird darüber berichtet, was in welcher Weise und in welchen Zusammenhängen Probleme bereitet und von welcher Emotionalität diese Probleme begleitet sind (Marschner 1993).

Ursachenzuschreibung: Die meisten Ratsuchenden machen sich Gedanken darüber, wie ihre Probleme zu erklären sind. Entsprechend ihrer individuell-subjektiven Sichtweise schreiben sie der Entstehung und Verfestigung ihrer Probleme jeweils bestimmte Bedingungen und Ursachen zu. Die Differenziertheit und Gültigkeit dieser Aussagen ist von Ratsuchenden zu Ratsuchenden sehr unterschiedlich. So ist in der Regel die Gültigkeit um so geringer, je mehr es sich um monokausale Erklärungen handelt und je mehr Schuldzuschreibungen, Rechtfertigungen oder Entschuldigungen die Funktion von Ursachen- und Bedingungsaussagen ersetzen (Dietrich 1987, S. 28).

Konsequenzantizipation: Darüber hinaus entwickeln Ratsuchende Vorstellungen darüber, welche Konsequenzen für sie selbst und für andere aus ihrem Problem entstehen. Dabei ist festzustellen, dass Kausalattribuierungen und Konsequenzantizipationen miteinander verflochten sind. So ist z. B. die Feststellung, die Anlagen seien problemverursachend, häufig mit der Erwartung verbunden, dass geringe Chancen der Einflussnahme existieren.

Bewältigungsversuch: Im Allgemeinen ist es dem Ratsuchenden nicht gelungen, in einer zufriedenstellenden Form mit seinem Problem fertig zu werden. Häufig führten sogar misslungene Lösungsversuche noch tiefer in die Krise hinein. Misslungene Bewältigung hat zur Folge, dass das Misslingen selbst abgewehrt wird, da der Betroffene sein Selbstwertgefühl keiner weiteren Belastung aussetzen möchte, die durch das Eingeständnis des Misslingens (in diesem Fall: Versagens) ausgelöst wird. Voraussetzung hierfür ist die negative Bewertung der misslungenen Bewältigung – als „Unfähigkeit“. Daraufhin könnte eine Verfestigung der Problematik allein dadurch erfolgen, dass einer Bearbeitung, bei welcher das (jetzt) „peinliche Geschehen“ angerührt wird, aus dem Weg gegangen wird – Veränderung wird dadurch ausgeschlossen. Es erfolgt ein Verharren im Status quo. Die Betroffenen ergeben sich in ihre Problematik. Weil sie ihre Situation nicht bewältigen können, nehmen sie Beratung in Anspruch. Manchmal werden sie auch von Dritten auf die Beratung verwiesen.

Veränderungsbedürfnis: Die Ratsuchenden erwarten eine Behebung oder Reduzierung ihrer Schwierigkeiten. Sie haben zum Ziel, eine subjektiv bessere Lebensqualität zu erreichen. Ihre Erwartungen beziehen sich insbesondere auf den zu erreichenden Zielzustand (Sollzustand). Aus dem – entsprechend den individuellen Möglichkeiten – durchgeführten Ist-Soll-Vergleich ergibt sich ein je subjektiv getöntes Veränderungsbedürfnis. Es handelt sich also um Ratsuchende, die – wenn auch noch so vage – ein Veränderungsbedürfnis und damit einen Ziel- und Erwartungsaspekt in die Beratung einbringen. Mit den Begriffen „Beratungsmotivation und -erwartung“ werden diese Prozesse auch gekennzeichnet. Es kann sich auch als notwendig erweisen, dass die Orientierung auf den Ist-Soll-Vergleich erst ein Ergebnis der Beratung selbst ist.

Beratung (-Prozess): Die Einstellung der Ratsuchenden zum Ratgebenden, ihre Erwartungen an „die Beratung“ und ihre Erklärungen über die Wirksamkeit von Beratung zeigen sich äußerst unterschiedlich. Problematisch ist es, wenn Ratsuchende davon ausgehen, der Ratgebende könne aufgrund seiner Kompetenzen a priori den Beratungserfolg garantieren, ohne dass der Ratsuchende einen eigenen Beitrag zur Bewältigung seiner Schwierigkeiten leisten müsse. Diese Erwartung tritt jedoch seltener auf, eher werden Denkanstöße erwartet i.S.v. Anregungen, mit denen sich der Ratsuchende auseinandersetzen will (Kaisen 1996, S. 248). Je mehr der Ratsuchende im Verlaufe des Beratungsprozesses davon ausgeht, dass er selbst einen Beitrag zum Gelingen leisten muss, um so realistischer wird seine Einschätzung der Beratung und um so aussichtsreicher wird diese.

Somit ist der Ratsuchende durch den aktuellen Stand seiner „Vor-Überlegungen" wesentlicher Determinant des Beratungsprozesses. D.h. seine Problembeschreibung, seine Ursachenzuschreibung und Konsequenzantizipation sowie seine Zieldefinition (Ist-Soll-Vergleich) bilden den Ausgangspunkt der Beratung. Der Ratgebende muss allerdings beachten, dass Hilfe nachgesucht und nicht aufgedrängt wird. Unerwünschte Hilfestellung vermittelt den Eindruck, dass der Ratgebende die Fähigkeiten des Ratsuchenden für zu gering ausgeprägt hält. Es erfolgt eine überzogene Zuschreibung von Hilflosigkeit durch den Ratgebenden. Das wird sich auf das Selbstbild des Ratsuchenden negativ auswirken und seine Handlungsfähigkeit zu weit einschränken. Wird der Ratgebende angemessen um Hilfe gebeten, entspricht dies einem Vertrauensbeweis. Der Ratgebende wird aufgefordert, Verantwortung zu übernehmen. Der Ratsuchende hat gleichzeitig einen Schritt getan, in seinem Anliegen Verantwortung zu übernehmen.

Diskret ist soeben ein Indikationsgesichtspunkt für Beratung eingeführt worden – die selbstbestimmte Handlungsfähigkeit des Ratsuchenden, die nicht unmittelbar die zugrunde liegende Problematik berührt, sollte noch weitestgehend erhalten sein. D.h., beim professionellen Beraten sind und bleiben die Ratsuchenden Handelnde – also Subjekte. Sie werden keine Objekte des Handelns, sie werden nicht „be"-handelt.

Der beraterische Prozess

Die Kausalattribution, Konsequenzantizipation und Bewältigungsversuche der Ratsuchenden führen zu einer Problemverfestigung, welche sich als **Funktionskomplex** mehrerer Schichten (s.a. Dietrich 1987, S. 35) darstellt. Das ist erstens die **Grundproblematik** des Ratsuchenden, welche durch die problemverursachenden und -aufrechterhaltenden Bedingungen gekennzeichnet ist. Wie ein konzentrischer Kreis schließen sich die **(misslungenen) Verarbeitungsversuche** um die Grundproblematik. Es sind Versuche einer generellen Verarbeitung, welche unter den Aspekten der subjektiven Bedeutsamkeit, der Funktion, die das Problem im Leben des Ratsuchenden erfüllt und ob und wie es bewältigt werden muss bzw. kann, stattfinden. Hierauf entwickelt sich oftmals eine äußere Schicht aus Prozessen, welche ein **Abwehrsystem** mit **Abwehrstrategien** bildet, das allen weiteren Bearbeitungsprozessen Widerstand entgegengesetzt.

Um die zugrunde liegende Problematik erfolgreich zu bearbeiten, müssten Ratsuchender und Ratgebender sich der Grundproblematik, den Schichten folgend, von außen nach innen nähern – zunächst den Widerstandsring aus Abwehrmaßnahmen auflösen, darauf folgend eine andere oder neue intensive Auseinandersetzung mit den Formen und Resultaten der Problemverarbeitung vornehmen, womit ein grundsätzliches Erkennen, Akzeptieren und Bewerten von Bewältigungsmöglichkeiten erfolgen könnte; denn nun kann es darum gehen, die Grundproblematik zu reduzieren oder zu eliminieren, indem förderliche Handlungskompetenzen und Umweltfaktoren aufgebaut werden.

Dafür ist es notwendig, dass Ratgebende und Ratsuchende eine persönliche Beziehung eingehen. Die „Art" dieser Beziehung ist indessen von verschiedenen Faktoren abhängig:

- persönliche Faktoren – Vorstellungen des Ratsuchenden und des Ratgebenden über gesellschaftliche Normen, über die „normale" Funktionstüchtigkeit einer Persönlichkeit, über Gesundheit und Krankheit usw.,
- methodische Faktoren – z.B. soziale und kommunikative Regeln zwischen Ratsuchenden und Ratgebenden sowie konkrete Techniken des Beratungsgeschehens, welche Veränderungen provozieren.

Persönliche Faktoren sind von der konkreten Person abhängig, sie werden durch die individuelle Entwicklungsgeschichte bestimmt (Menschenbilder, Einstellungen, Überzeugungen usw.). Sie sind interindividuell sehr variabel und also kein invariates, konstitutives Basismerkmal von Beratung. Methodische Faktoren werden in den unterschiedlichen Beratungstheorien immer wieder differenziert beschrieben und operationalisiert (Dietrich 1983, 1987, Hackney u. Cormier 1993, Hruschka 1969). Somit stellt die Beziehung zwischen Ratsuchenden und Ratgebenden eine wesentliche (methodische) Konstituente von Beratung dar, welche dimensional mit den Polen „Nähe“ und „Distanz“ angelegt ist (Jacob 1998). Nähe meint eine „dialogische Begegnung“ im Sinne „gemeinschaftlichen Erfahrens“ (Swildens 1991, S. 53), wodurch ein Lernen aus dem Beziehungserleben möglich wird – der Ratgebende hilft „... durch selbst- und metareflexives Handeln dem Ratsuchenden, dessen persönliche Unüberschaubarkeit in eine neue Privatlogik zu transformieren“ (Jacob 1998, S. 78).

Distanz entsteht über die Reflexion der Beziehung – also eine Entfernung durch das Nachdenken über die Beziehung. Distanz bedeutet aber auch eine Entfernung, die aufgrund eines Hierarchiegefälles entsteht, durch eine eher pädagogische, auf Wissensvermittlung angelegte Vorgehensweise (a.a.O.).

Gleichzeitig ist neben der „Beziehungsdimension“ eine zweite konstituierende Dimension der Beratung eingeführt, welche die Unterscheidung von der (Psycho-)Therapie ermöglicht – die „Erkenntnisdimension“. Wobei „Erkenntnis“ hier als ein allgemeiner Begriff aufgefasst wird, der einerseits sowohl kognitive Prozesse als auch emotional-motivationale Wertungsprozesse zusammenfasst und andererseits sowohl den Prozess als auch das Resultat (des Erkennens) umfasst (nach Erpenbeck 1984). Diese Erkenntnisdimension ist durch ihre beiden Ausprägungen „Wissen“ und „Verstehen“ gekennzeichnet (Jacob 1998).

„Wissen“ bedeutet aufseiten des Ratgebenden das Resultat des Erkennens als empirisches und theoretisches Wissen in Form von systematisch geordneten Aussagen und Aussagensystemen. Das erlaubt ihm ein theoriegeleitetes selbst- und metareflexives Handeln bei Realisierung von „Nähe“ bzw. ein theoriegeleitetes Erklären bei Realisierung von „Distanz“.

Aufseiten des Ratsuchenden meint „Wissen“ jedoch den **Prozess des Erkennens** i. S. v. Aneignen des empirischen und theoretischen Wissens – also „Lernen“. Dieses „Lernen“ umfasst rationale, emotionale und aktionale Aspekte. Der Ratsuchende muss, um sich selbst zu verändern, bestimmte Sachverhalte und Zusammenhänge erkennen, diese als bedeutsam bewerten und durch konkrete Aktionen umzusetzen versuchen (Dietrich 1983).

Diesem so charakterisierten Beratungsgeschehen steht andererseits die Ausprägung „Verstehen“ gegenüber, welche eher den (psycho-) therapeutischen Prozess kennzeichnet. Verstehen meint einmal das Resultat des Erkennens, jedoch hier als Rekonstruktion privatlogischer Sinnzusammenhänge (Finke 1995). Andererseits ist „Verstehen“ der Prozess des Erkennens i.S.v. Einfühlen in privatlogische Sinnzusammenhänge. Auch hier bildet theoretisches Wissen die Grundlage. Dieses eröffnet dem Therapeuten das Einfühlen in und die Rekonstruktion von privatlogischen Sinnzusammenhängen. Damit ist es jedoch nicht mehr Ziel sondern Mittel zum Zweck des therapeutischen Prozesses und findet seinen Ausdruck im methodischen Geschehen.

Aufseiten des Ratsuchenden/Patienten erfolgt dann ein „Erleben“, welches ihm ein Verstehen durch das Einfühlen in **seine** privatlogischen Sinnzusammenhänge und ihre Rekonstruktion ermöglicht.

Der Beratungsprozess ist also durch Beziehungsgestaltung gekennzeichnet, durch das Realisieren von **Nähe** und **Distanz**.

Jedoch in Unterscheidung von der Psychotherapie, bei der das **Verstehen** durch Einfühlen in privatlogische Sinnzusammenhänge und ihre Rekonstruktion erreicht werden soll, ist das Ziel der Beratung das **Aneignen** (auch privatlogischen) empirischen und theoretischen Wissens durch selbst- und metareflexives Handeln bzw. durch das theoriegeleitete Erklären des Ratgebenden.

Der Ratgebende

Die bisher beschriebenen Bestimmungsstücke von Beratung, welche unabhängig von einer konkreten Beratungstheorie aufgeführt wurden, erfordern in ihrer Realisierung verschiedenste Fertigkeiten des Ratgebenden.

Bereits Rogers (1961) hat durch die Untersuchung beruflicher Handlungen von Ratgebenden

3 basale Fähigkeiten für eine erfolgreiche beraterische Beziehung festgestellt: **Empathie, Akzeptanz** und **Kongruenz**. Abgesehen von jeweils spezifischen Wirkfaktoren der Interventionsstrategien liegen einige theoretische Modelle unspezifischer (oder allgemeiner) Wirkfaktoren vor, denen ein zentraler Stellenwert für das Gelingen von Beratung zugeschrieben wird. In der Regel werden 4 solcher unspezifisch wirkender Bedingungen angegeben (Krause Jacob 1992, S. 20 ff). Die erste und notwendige dieser Bedingungen ist eine emotional intensive, involvierende und vertrauensvolle Beziehung des Ratsuchenden zum Ratgebenden – unabhängig davon, ob Nähe oder Distanz realisiert wird. Das Verhalten des Ratgebenden sollte bestimmten sozialen Qualitäten genügen: Empathie, Interesse, Achtung und Sympathie für den Ratsuchenden. Dadurch soll eine „Passung“ erzeugt werden, die die Beratung effektiv werden lässt.

Empathie kann definiert werden als Kraft oder Prozess des Sich-Hineinversetzens in eine andere Person mit dem Ziel, die Gedanken und Gefühle dieser Person zu erfahren. Sie umfasst die Fähigkeit, in die Lebenswelt des Ratsuchenden einzutreten und diese nachzuvollziehen und unterscheidet sich insofern von Sympathie. Diese ist eher eine Form von Zuwendung, Unterstützung und emotionalem Beistand. Empathie ist durch Verständnis und Teilhabe gekennzeichnet, nicht durch Bewertung und Unterstützung. Dem Ratsuchenden wird die Empathie dadurch erlebbar, „dass der Ratgebende die persönlich-emotionalen Erlebnisinhalte des Ratsuchenden verbalisiert, wie dieser sie unmittelbar zuvor geäußert hatte. Die persönlich-emotionalen Erlebnisinhalte können sein: Gefühle, gefühlsmäßige Bewertung von Ereignissen, Wünsche, Interessen, Erleben der eigenen Person und Erleben der Wirkung der eigenen Person auf andere Menschen.“ (Tausch u. Roedler 1970, S. 317). Untersuchungen bestätigten, dass konstruktive Veränderungen beim Ratsuchenden dann erzielt werden, wenn Empathie in einem hohen Ausmaß verwirklicht wird (Tscheulin 1972, S. 19 f).

Akzeptanz bedeutet, den Ratsuchenden als Person mit seinen Entwicklungsmöglichkeiten zu achten, unabhängig davon, wie er sich im Augenblick gerade verhält. Es ist eine offene Bereitschaft, den Ratsuchenden zu akzeptieren, wie immer sein Fühlen im Moment sein mag – feindselig oder liebevoll, sich auflehnend oder unterwerfend, selbstsicher oder selbstverachtend. Es geht darum, den Ratsuchenden um seinetwillen zu respektieren, wegen dessen, was er ist, um seiner Einmaligkeit willen und wegen seiner Individualität. Dem Ratsuchenden wird die Akzeptanz dadurch erlebbar, „dass der Ratgebende mit Wärme das, was der Ratsuchende erlebt und äußert, akzeptiert, ohne die Akzeptanz und Wärme von Bedingungen abhängig zu machen, ohne die Gefühle zu bewerten, ohne Abneigung auszudrücken, ohne Wertschätzung und Wärme in selektiver bewertender Weise zu äußern“ (Tausch 1968, S. 115). Viele Untersuchungen zeigen, dass Ratsuchende, die ein höheres Ausmaß an emotionaler Wärme und positiver Wertschätzung in der Beratung erfuhren, größere positive Veränderungen erreichten (Tscheulin 1972, S. 22). Diese beiden Variablen des Ratgeberverhaltens sind beziehungsbegründend. Auch wenn sie im Rahmen eines spezifischen Verfahrens konzipiert und weiterentwickelt wurden, sind sie dennoch als verfahrensunabhängig zu betrachten, da sie konstitutiv für die beraterische Intervention sind. So ist die Unterscheidung in beraterische Beziehung und beraterische Verfahren ohnehin künstlich. Denn in beiden Bereichen werden Bedingungen entwickelt, die Lernen und persönliche Entwicklung erleichtern sollen. Für die Wahl des Verfahrens und für die Gestaltung der Beziehung gilt gleichermaßen, dass verantwortungsvolle Ratgeber darüber entscheiden sollten, welche Wirkung ein Vorgehen für den jeweiligen Ratsuchenden hat. Um diese Entscheidungen verantwortlich treffen zu können, sind entsprechende **Kompetenzen** vonnöten. Diese Kompetenzen sind zu differenzieren nach Basis-, Zusatz- sowie problemlagen- und zielgruppenspezifischen Kompetenzen.

Als **Basiskompetenzen** müssen bei den Ratgebenden vorhanden sein:

- die Fähigkeit, psychische und soziale Probleme zu erkennen und zu klassifizieren; dies setzt entwicklungspsychologisches, (psycho-)diagnostisches und (psycho-)pathologisches Grundwissen sowie Wissen über familiale Lebensformen und gesellschaftliche Bedingungen voraus;
- Fähigkeit zur Planung und Realisierung problemorientierter Beratungsgespräche mit

Eltern und Familien und deren Bezugspersonen;
- Fähigkeit zur Selbstreflexion und Bereitschaft zur methodenbezogenen Selbsterfahrung und
- rechtliche Kenntnisse.

Auf der Grundlage der Basiskompetenzen sollten **Zusatzkompetenzen**, die auf besonderen Ausbildungen beruhen, vorhanden sein:

- psychodiagnostische und psychotherapeutische Kompetenzen;
- Kompetenz zur fallbezogenen Analyse psychosozialer und gesellschaftlicher Bedingungen sowie zur Planung und Durchführung von Interventionen auf diesem Gebiet. Hier ist vorwiegend Wissen über soziale Systeme und Erfahrungen mit ihnen gefordert, über ihre Entwicklung und Modifizierbarkeit. Wichtig ist insbesondere die Kenntnis von Ansätzen, die sich auf soziale Netzwerke von Familien beziehen.

Durch Weiterbildungen können **Kompetenzen für Problemlagen und Zielgruppen** erworben werden:

- Wissen über Problemlagen und Erfahrungen mit ihnen, wie z.B. über Krisen und Kriseninterventionen, Gewalt in der Familie, sexuellen Missbrauch, Trennungs- und Scheidungskonflikte sowie über spezifische Störungen des Kindes- und Jugendalters;
- Wissen über Zielgruppen und Erfahrungen mit ihnen, wie z.B. über Alleinerziehende, Stiefeltern, Pflegeeltern, Eltern chronisch kranker Kinder und kriminell gefährdete Kinder und Jugendliche.

Die Basis- und Zusatzkompetenzen sind in einem engen Zusammenhang zu sehen. Während erstere Kompetenzen der Beziehungsgestaltung und der Prozessplanung umfassen, sind letztere spezifische beraterisch-psychotherapeutische und/oder beraterisch-pädagogische Kompetenzen, die eher die konkrete Ausgestaltung des Prozesses ermöglichen, wie z.B. die jeweils spezifische person-, störungs-, prozess- und situationsadäquate Realisierung von Nähe und Distanz. Zu diesen Kompetenzen zählen einige Fähigkeiten des Ratgebenden, welche sich im praktischen Beratungsgeschehen als notwendig und hilfreich herausgestellt haben.

Kongruenz, die 3. von Rogers als bedeutsam herausgestellte Voraussetzung für effektive Beratungsprozesse, ist hier einzugliedern. Sie ist beschreibbar als eine Form offener und direkter Kommunikation seitens des Ratgebenden, sodass der Ratsuchende erfassen könnte, wie der Ratgebende zur gegebenen Zeit wirklich und ursprünglich ist. Es bedeutet, dass der Ratgebende fähig ist, sein Fühlen zu leben, dieses Fühlen im Beziehungsverhältnis zu sein und gleichzeitig fähig ist, es dem anderen mitzuteilen, wenn es angemessen ist. Dadurch wird der Ratsuchende ermutigt, in ähnlicher Weise zu kommunizieren, bzw. er wird i.S.v. Modell-Lernen damit aufhören, etwas vorzugeben, etwas zu leugnen, zu verbergen – vor allem seine Gedanken, Gefühle und Erfahrungen. Für den Ratsuchenden wird dieser Aspekt erlebbar durch selbstreflexives, verbales Handeln des Ratgebenden.

Konkretheit meint eine anschauliche, fassbare, gegenständliche Kommunikation, die der Ratgebende versuchen sollte, sicherzustellen. Ratgebender und Ratsuchender sollten sehr genau und speziell hinsichtlich jener Bedeutungen sein, die sie ihren eingesetzten Begriffen beimessen, mit denen sie Ideen, Bilder, Gedanken oder Gefühle ausdrücken. Auch Beschreibungen von Erlebnissen oder Ereignissen sollten insofern akkurat sein, als die persönliche Bedeutung jener Geschehnisse genau erfassbar wird.

Der Wahrheitsgehalt bleibt zunächst irrelevant, wesentlich ist eher die persönliche Bedeutung des jetzt dargestellten Geschehens, denn in ihnen zeigen sich jene Erfahrungen, die den Hintergrund aktuellen Handelns repräsentieren. Das bedeutet, dass der Ratgebende Fragen stellt wie: „Was meinen Sie damit ...?“; „Was ist das für ein Gefühl ...?“; „Können Sie das genauer beschreiben ...?“; „Was hat das für eine Bedeutung für Sie ...?“; „Wie reagieren Sie (und/oder die anderen) darauf ...?“ usw. Bereits die einfache Aussage „Mir geht es gut!“ bedeutet für verschiedene Menschen sehr Unterschiedliches. So kann nur die Konkretheit dazu beitragen, dass die eingesetzten Begriffe für die Gesprächspartner auch die gleiche Bedeutung besitzen. Ratgeber, die emotional entlasten wollen, müssen die emotionalen Schlüsselworte verstehen, die vom Ratsuchenden verwendet wurden. Ratgeber, die unterstützen wollen, müssen verstehen, welche Art von Unterstützung der Ratsuchende erwartet.

Gegenwärtigkeit sollte ein zentrales Merkmal einer überwiegenden Anzahl beraterischer Situationen sein, d. h. der Ratgebende sollte versuchen, beim Ratsuchenden eine Konzentration auf das aktuelle Geschehen, auf das „Hier und Jetzt" zu erreichen. Solange der Ratsuchende eher seiner Vergangenheit und seiner Zukunft verhaftet bleibt, gelingt es ihm nur eingeschränkt, sein gegenwärtiges Denken und Fühlen zu erfahren. Alle aktuellen Erfahrungen werden an der Vergangenheit oder Zukunft gemessen. Das Ergebnis sind unrealistische Sichtweisen auf sich und ein geringes Maß an Mitteilungen über sich. Der Ratgebende sollte deshalb den Ratsuchenden ermutigen, über Gedanken und Gefühle, wie sie zum gegebenen Zeitpunkt bestehen, zu sprechen und sich damit auseinanderzusetzen. Gegenwärtigkeit bedeutet aber auch, den systematischen Einsatz von konkreten Verhaltensbeispielen (womöglich videographiert) zu nutzen. Das hat sich nicht nur didaktisch als außerordentlich hilfreich erwiesen, sondern auch psychologisch als Mittel, zentrale Ebenen elterlichen Verhaltens anzusprechen.

In der Gedächtnisforschung wird diese Ebene als prozedurales Gedächtnis (Tulving 1985) beschrieben. Dieses charakterisiert wiederholte und generalisierte Erfahrungen, die auf sensomotorischer Information basieren und nicht bewusst stattfinden. Prozedurale Gedächtnisprozesse leiten vermutlich einen Großteil alltäglichen Verhaltens an. Crittenden (1994) vermutet, dass prozedurale Gedächtnisinhalte in der Beratung am günstigsten auch prozedural angesprochen werden. Mit Hilfe konkreter Verhaltensbeispiele lässt sich das Verhalten der Ratsuchenden sozusagen auf der Ebene wiedergeben, auf der es geschieht.

Die Darstellung einiger wesentlicher Fähigkeiten des Ratgebenden weisen auf die große Bedeutung hin, welcher der Ausbildung zum Ratgebenden beigemessen werden sollte. Diese sollte auch nie abgeschlossen sein, da zum einen immer wieder neue Forschungsergebnisse das entwicklungspsychologische, psychopathologische, diagnostische, psychotherapeutische und pädagogische Wissen erweitern und zum anderen der Ratgeber bereit und in der Lage sein muss, um eine optimale Beziehung zu ermöglichen, sich selbst und in seiner Beziehung zum Ratsuchenden zu hinterfragen und/oder von außen hinterfragen zu lassen. Womit ein weiterer wichtiger Punkt angesprochen ist – der ständig für Anregungen offene Ratgeber, welcher durch fachlichen Austausch, in Fallkonferenzen und über Supervision sich selbst und seine Kompetenzen ständig erweitert.

Zusammenfassung

Elternberatung wird dargestellt als eine mögliche Form professioneller-institutioneller Beratung, wie sie sich aufgrund gesellschaftlicher Entwicklungen der vergangenen 200 Jahre herausgebildet hat. Ihre Spezifik besteht ausschließlich im ausgewählten Personenkreis, der diese Form von Beratung aufsuchen wird – nämlich erwachsene Menschen, die in („eigenen") familiären Zusammenhängen leben und innerhalb dieser mit Schwierigkeiten konfrontiert sind, und durch die jeweils spezifischen Probleme, die in diesem Bereich entstehen können. Das Beratungsgeschehen selbst wird im Folgenden dargestellt, wie es allgemein in psycho-sozialen Beratungs-Handlungsfeldern anzutreffen ist. Die Ratsuchenden werden zunächst anhand ihrer Vorüberlegungen, mit denen sie in die Beratung eintreten, beschrieben. Einige Konsequenzen für das Beratungsgeschehen können so abgeleitet werden, und es wird darauf hingewiesen, dass die Ratsuchenden insofern immer Handelnde – also Subjekte des Geschehens bleiben, sie werden nicht behandelt. Für den Beratungsprozess selbst wird ein stufenweises Vorgehen vorgeschlagen, welches sich am Funktionskomplex mehrerer Schichten der Grundproblematik orientiert. Darüber hinaus wird der Beratungsprozess durch seine determinierenden Dimensionen „Beziehung" – mit den Polen „Nähe" und „Distanz" – und „Erkennen" – mit den Ausprägungen „Aneignen" und „Verstehen" – beschrieben. Die Dimension „Erkennen" ermöglicht gleichzeitig die Differenzierung von der Psychotherapie. Vom Ratgebenden werden einige Fähigkeiten gefordert, die eine Beziehung zum Ratsuchenden entstehen lassen und damit Beratung erst ermöglichen. Darüber hinaus muss der Ratgebende über verschiedene Kompetenzen verfügen, um konkrete Hilfe leisten zu können. Damit erfährt die Bedeutung der Ausbildung zum Ratgeber und die ständige Weiterqualifikation des Ratgebers, auch durch Supervision und in Fallkonferenzen, eine besondere Würdigung.

Literatur

Brehm-Gräser L. Handbuch der Beratung für helfende Berufe Band 1-3. München-Basel: Ernst Reinhardt Verlag; 1993.
Brunner EJ, Schöning W, Hrsg. Theorie und Praxis von Beratung. Freiburg im Breisgau: Lambertus; 1990.
Bundesministerium für Familie, Senioren, Frauen und Jugend, Hrsg. Bestandsaufnahme in der institutionellen Ehe-, Familien- und Lebensberatung. Stuttgart-Berlin-Köln: Kohlhammer; 1994.
Bundesministerium für Familie, Senioren, Frauen und Jugend. Hrsg. Beratungsbegleitende Forschung – Evaluation von Vorgehensweisen in der Ehe-, Familien- und Lebensberatung und ihre spezifischen Auswirkungen. Stuttgart-Berlin-Köln: Kohlhammer; 1994.
Crittenden PM. Peering into the Blackbox: An exploratory treatise on the development of self in young children. In: Cicchetti D, Toth SL, eds. Rochester Symposium on developmental psychopathology Vol 5: The self and its disorder. Rochester-New York: University Press; 1994.
Dietrich G. Allgemeine Beratungspsychologie. Göttingen-Toronto-Zürich: Hogrefe; 1983.
Dietrich G. Spezielle Beratungspsychologie. Göttingen-Toronto-Zürich: Hogrefe; 1987.
Erpenbeck J. Motivation. Berlin: Akademie-Verlag; 1984.
Finke J. Empathie und Interaktion. Bern: Huber; 1995.
Hackney H, Cormier LS. Beratungsstrategien Beratungsziele. München-Basel: Ernst Reinhardt Verlag; 1993.
Haid-Loh A, Lindemann F-W, Märtens M. Familienberatung im Spiegel der Forschung. Berlin: Evangelisches Zentralinstitut; 1995.
Hruschka E. Versuch einer theoretischen Grundlegung des Beratungsprozesses. Meisenheim am Glan: Verlag Anton Hain; 1969.
Jacob A. Dimensionen der Erziehungsberatung. In: Marschner L, Hrsg. Beratung im Wandel. Mainz: Matthias Grünewald Verlag; 1998.
Kaisen R. Erwartungen an die Erziehungsberatung. In: Menne K, Cremer H, Hundsalz A, Hrsg. Jahrbuch für Erziehungsberatung Bd. 2. Weinheim: Juventa Verlag; 1996.
Krause Jacob M. Erfahrungen mit Beratung und Therapie. Freiburg im Breisgau: Lambertus; 1992.
Kurz-Adam M. Familiäre Problemlagen in der Beratungsarbeit. Jugendwohl. 1992;12:551-9.
Margraf J, Brengelmann JC, Hrsg. Die Therapeut-Patient-Beziehung in der Verhaltenstherapie. München: Gerhard Röttger Verlag; 1992.
Marschner L. Betrachtung einiger Prozesskomponenten der Erziehungsberatung und ihre Konsequenzen. In: Ministerium für Bildung, Jugend und Sport des Landes Brandenburg, Hrsg. Die Zukunft der Hilfen zur Erziehung im Land Brandenburg – Tagungsband. Potsdam: Eigenverlag; 1993.
Marschner L, Hrsg. Beratung im Wandel. Mainz: Matthias Grünewald Verlag; 1998.
May R. Die Kunst der Beratung. Matthias Mainz: Grünewald Verlag; 1991.
Murgatroyd S. Beratung als Hilfe. Weinheim-Basel: Beltz; 1994.
Rogers CR. On becoming a person. Boston: Houghton-Mifflin; 1961.
Swildens H. Prozessorientierte Gesprächspsychotherapie. Köln: GwG-Eigenverlag; 1991.
Tausch R. Gesprächspsychotherapie. Göttingen: Hogrefe; 1968.
Tausch R, Roedler JM. Client-centered Gesprächspsychotherapie. In: Schraml S. Hrsg. Klinische Psychologie. Bern: Huber; 1970.
Tscheulin D. Ausbildung in therapeutischem Basisverhalten. Dissertation an der Julius-Maximilians-Universität zu Würzburg; 1972.
Tulving E. How many memories are there? Am Psycholog. 1985;40:385-98.

Prüfungsfragen

1. Welche gesellschaftliche Entwicklungen beförderten das Entstehen eines differenzierten institutionellen Beratungssystems?
2. Mit welchen Vorüberlegungen tritt der Ratsuchende in den Beratungsprozess ein?
3. Wann ist die Aussage des Ratsuchenden über die Ursache seiner Problematik in ihrer Gültigkeit eingeschränkt?
4. Welche Auswirkungen haben misslungene Bewältigungsversuche auf die Grundproblematik des Ratsuchenden?
5. Welche Erwartungen haben Ratsuchende an den Beratungsprozess?
6. Woraus besteht der Funktionskomplex mehrerer Schichten der Grundproblematik?
7. Welche Implikationen ergeben sich für den Beratungsprozess aus diesem Funktionskomplex?
8. Durch welche Dimensionen mit welchen Ausprägungen ist der Beratungsprozess gekennzeichnet?
9. Was unterscheidet das beraterische Vorgehen vom psychotherapeutischen Vorgehen?
10. Welche Fähigkeiten des Ratgebenden sind beziehungsbegründend?
11. Über welche Kompetenzen sollte der Ratgebende verfügen?
12. Welche besonderen Fähigkeiten der Ratgebenden haben sich im praktischen Beratungsgeschehen als notwendig und hilfreich erwiesen?
13. Welche Bedeutung muss der Ausbildung zum Ratgebenden beigemessen werden?

33 Verhaltenstherapie

G. Esser

Einleitung

Die Kinderverhaltenstherapie ist eine vergleichsweise junge Disziplin, auch wenn sich ihre Wurzeln bis in das 1. Viertel des 20. Jahrhunderts zurückverfolgen lassen. So wendete Jones bereits 1924 Konditionierungstechniken an, um einen 3-Jährigen mit einer Tierfellphobie zu behandeln. In den 30er-Jahren wandten Mowrer u. Mowrer (1938) erfolgreich Konditionierungstechniken bei der Enuresis-Behandlung an. Trotz dieser frühen Anwendungsbeispielen dauerte es bis in die 60er-Jahre, bis in größerem Maße vor allem operante Konditionierungstechniken zur Behandlung von Verhaltensproblemen eingesetzt wurden. Vorausgegangen war eine zunehmende Unzufriedenheit mit psychodynamischen Konzepten, die insbesondere bei Verhaltensproblemen, autistischen Störungen und Auffälligkeiten bei intelligenzgeminderten Kindern versagten. Die Arbeiten von Skinner (1953), Eysenck (1957), Wolpe (1958) und Bandura (1969) versprachen eine erfolgreiche Anwendung von Lernprinzipien auf Problemverhalten. Die Übertragung auf die klinische Praxis gestaltete sich anfangs jedoch als überaus schwierig, nicht zuletzt deshalb, weil die meisten Lerntheoretiker die Lerngesetze experimentell gewonnen hatten und über keine oder nur geringe klinische Erfahrung verfügten. Damit blieben Charakteristika der Störungsbilder, kognitive und emotionale Faktoren, das soziale Netzwerk und die Entwicklungsabhängigkeit des Problemverhaltens unberücksichtigt. Seitdem wurde sehr viel Feinarbeit geleistet, um die Kinder-Verhaltenstherapie zu einem effektiven Behandlungsverfahren zu entwickeln, das einen maßgeblichen Beitrag für die Bewältigung der zahlreichen Störungsbilder des Kindesalters leistet. Ohne Anspruch auf Vollständigkeit haben sich im deutschen Sprachraum insbesondere Peter Altherr, Michael von Aster, Michael Borg-Laufs, Udo Brack, Manfred Döpfner, Hans-Georg Eisert, Gerhard Lauth, Meinrad Perrez, Franz Petermann, Ulrike Petermann, Klaus Sarimski, Peter Schlottke, Dieter Schmelzer, Silvia Schneider, Hans-Christoph Steinhausen, Andreas Warnke und Dieter Wolke durch ihre Beiträge besondere Verdienste erworben.

Prinzipien der Verhaltenstherapie im Kindes- und Jugendalter

Verhaltenstherapie im Kindes- und Jugendalter bezieht ihre wissenschaftliche Basis aus der psychologischen Forschung und ist ständig um Weiterentwicklung bemüht. Verhaltenstherapie im Kindes- und Jugendalter fußt auf den Lerngesetzen (klassisches Konditionieren, operantes Konditionieren, Modelllernen, kognitives Paradigma, vgl. Merod 1999), der Entwicklungspsychologie und der Entwicklungspsychopathologie einschließlich der Neurowissenschaften. Sie integriert stets neue Ergebnisse der genannten Teilgebiete und modifiziert, soweit notwendig, ihre therapeutischen Techniken.

Verhaltenstherapie im Kindes- und Jugendalter ist problemorientiert, die Behandlung setzt am aktuellen Problemverhalten an. Dabei werden die hypothetisch prädisponierenden, auslösenden und aktuell aufrechterhaltenden Bedingungen des Problemverhaltens analysiert. Für die Änderung des Problemverhaltens meist besonders relevant sind dabei die aufrechterhaltenden Bedingungen.

Verhaltenstherapie im Kindes- und Jugendalter ist zielorientiert. Gemeinsam mit dem Kind bzw. Jugendlichen und seinen Eltern wird das Therapieziel festgelegt. Dabei wird zwischen Nahziel und Endziel unterschieden. Beide Ziele müssen eindeutig in Verhaltenstermini operationalisierbar sein. Das Nahziel stellt eine relativ rasch erreichbare Zwischenstufe dar, deren Verwirklichung vor allem motivationsfördernde Effekte besitzt.

Verhaltenstherapie im Kindes- und Jugendalter ist handlungsorientiert. Insbesondere bei Kindern und Jugendlichen wird die Einsicht in die Bedingungen des Problemverhaltens nicht als hinreichende Bedingung für eine Verhaltensänderung angesehen. Auch wenn insbesondere kognitive Ansätze die Änderung von Einstellungen und automatischen Gedanken betonen, erfordert eine erfolgreiche Therapie in der Regel das aktive Einüben des neuen Verhaltens und somit die praktische Anwendung der gewonnenen Einsichten.

Verhaltenstherapie im Kindes- und Jugendalter ist nicht auf das therapeutische Setting begrenzt. Noch stärker als bei der Therapie mit Erwachsenen kommt es bei Kindern darauf an, die Therapie in die konkrete soziale Situation (Schule, Zuhause) zu übertragen. Dabei können wichtige Personen des sozialen Bezugsraumes (Lehrer, Eltern) in die Therapie einbezogen werden und garantieren damit die erfolgreiche Generalisierung der in geschütztem therapeutischen Setting erworbenen neuen Verhaltensweisen.

Verhaltenstherapie im Kindes- und Jugendalter ist transparent und Hilfe zur Selbsthilfe. Sowohl den Eltern als auch dem Kind und Jugendlichen gegenüber steht Offenheit an oberster Stelle. Alle Beteiligten werden ihrem Entwicklungsstand entsprechend über die auslösenden und aufrechterhaltenden Faktoren informiert. Daneben stellt der Therapeut alle wichtigen Informationen über das betreffende Krankheitsbild und die verwendeten therapeutischen Verfahren zur Verfügung. Ziele sind der aufgeklärte Patient/die aufgeklärten Eltern, der/die selbstverantwortlich über das therapeutische Vorgehen mitentscheiden. Aus einer höheren Selbstverantwortung des Patienten und seiner Eltern folgt eine Stärkung der Therapiemotivation. Aus dem Einblick in die Zusammenhänge des therapeutischen Prozesses folgt die Fähigkeit, bei vergleichbaren Problemen in der Zukunft selbstständig ähnliche Lösungswege einzuschlagen und sich damit selbst zu helfen.

Die Anwendung lerntheoretischer Grundlagen in der Kinder-Verhaltenstherapie

Die lerntheoretischen Grundlagen der Kinder- und Jugendlichen-Verhaltenstherapie bilden wie im Erwachsenenalter 4 Paradigmen: das klassische Konditionieren im Sinne Pawlows (1927), das operante Konditionieren im Sinne Skinners (1953), das Modelllernen und das kognitive Lernmodell in der Tradition von Bandura (1969) und Tolman (1932).

Im Folgenden wird exemplarisch der Bezug zwischen dem jeweiligen lerntheoretischen Ansatz und seiner Umsetzung in der Kinder- und Jugendlichen-Verhaltenstherapie herausgearbeitet. Die lerntheoretischen Grundlagen selbst sind in komprimierter Form bei Hautzinger (1996), Ehlers (1996) oder Merod (1999) dargestellt, ihre Anwendung im Rahmen der Verhaltensdiagnostik ist dem Kapitel 7 zu entnehmen.

■ Das Paradigma des klassischen Konditionierens bei Angststörungen

Die erste verhaltenstherapeutische Behandlung einer spezifischen Phobie stellte Jones (1924) mit dem 3-jährigen Peter dar. Peter zeigte panische Ängste vor Hasen, Pelzmänteln und ähnlichen Objekten. Die Behandlung bestand aus einer Exposition mit Gegenkonditionierung. Peter wurde der Gegenwart eines Hasen ausgesetzt, während er sich mit angenehmen Dingen (z.B. Essen) beschäftigte. Sowohl die Angst vor Hasen als auch vor anderen fellartigen Gegenständen und Tieren konnte auf diese Weise geheilt werden.

Das Verfahren der systematischen Desensibilisierung geht auf Wolpe (1958) zurück. Grundannahme ist, dass Entspannung in einer Situation, in der normalerweise Angst erlebt wird, unter bestimmten Voraussetzungen in der Lage ist, diese Angst zu mindern bzw. zu löschen. Nach Wolpe war das Therapieergebnis vor allem auf das Lernprinzip der reziproken Hemmung zurückzuführen (die angstfreie Vorstellung schwächt die erworbene Stimulus-Response-Verbindung). Als alternative Erklärungen gelten die Prinzipien der Gegenkonditionierung, die eine Eliminierung einer ursprünglichen Stimulus-Response-Verbindung (angstauslösende Situation) durch die Kopplung einer alternativen Reaktion (Entspannung) an den Stimulus bewirkt, der Habituation (Verminderung der Reaktion aufgrund der wiederholten Darbietung des Stimulus) und der Löschung (Präsentation des konditionierten Stimulus ohne Kopplung an den unkonditionierten Stimulus).

Weitere auf dem klassischen Konditionieren basierende Techniken zur Angstbehandlung sind Reizüberflutung (Flooding), Implosion und graduierte Exposition. Alle 3 Techniken zielen auf eine Angstreduktion durch Exposition des Kindes mit dem angsterregenden Stimulus um die konditionierte Angstreaktion zu löschen.

Beim Flooding wird das Kind in einer Sitzung so lange dem angsterregenden Stimulus in vivo ausgesetzt, bis sich die Angstreaktion erschöpft. Implosion ist eine vergleichbare Technik auf der Vorstellungsebene, sie eignet sich bei jungen Kindern nicht. Graduierte Exposition stellt eine progressive In-vivo-Konfrontation mit dem angsterregenden Stimulus dar, wobei das Ausmaß der erlebten Angst ein mittleres Maß nicht überschreiten soll. Die Effektivität aller genannten Methoden zur Behandlung von Angststörungen ist gesichert (Barrios u. O'Dell 1989), ihre Unterschiede lassen sich unter methodischen Gesichtspunkten auf den Dimensionen in vivo/in sensu, graduiert/reizüberflutend, Anwesenheit/Abwesenheit von angstinkompatiblen Stimuli beschreiben. Im klinischen Alltag sind die entsprechenden Techniken aus den genannten Dimensionen individuell konstruierbar.

Das Paradigma des operanten Konditionierens bei Störungen des Sozialverhaltens

Techniken des operanten Konditionierens haben sich bei der Behandlung von Verhaltenstörungen weitgehend durchgesetzt. Die Grundkonzepte „Verstärkung", „Bestrafung" und „Stimuluskontrolle" wurden in zahlreichen Therapieansätzen wie Token-Economy (auch Münz-Verstärkung), Kontingenzverträgen, Time-out (Auszeit) und positiver Zuwendung umgesetzt.

Aggressives und oppositionelles Verhalten sowie Wutanfälle können durch eine Veränderung der auf sie folgenden Konsequenzen beeinflusst werden. Token-Economy-Programme ermöglichen dem Kind und Jugendlichen sich für angemessenes Verhalten Tokens (Münzen) zu verdienen, die aufgrund eines fest vereinbarten Verstärker-Eintausch-Planes in materielle oder soziale Vergünstigungen umgewandelt werden können.

Häufig werden zur Verbesserung der Wirksamkeit Systeme der Verstärkervergabe und Systeme der Verstärkerrückgabe (Rückgabe vorher verdienter oder vergebener Verstärker bei auftretendem Problemverhalten) kombiniert.

Die Methoden der Token- Economy haben sich in zahlreichen Settings bewährt, sie wurden erfolgreich angewendet auf psychiatrischen Stationen und in Heimen (Ayllon u. Azrin 1968, Phillips et al. 1971) im Klassenzimmer (Eisert u. Barkey 1979) und in Trainingsprogrammen mit Eltern (Kazdin 1977, Döpfner et al. 1997).

Auch in neueren kontrollierten Therapiestudien (Bradley 1999, McNeil et al. 1999, Webster u. Hammond 1997) konnte die Wirksamkeit entsprechender Ansätze noch einmal bekräftigt werden.

Die meisten Kontingenz-Management-Programme benutzen die Eltern, häufig auch Lehrer und Erzieher als Kotherapeuten. Für Kinder mit externalisierenden Störungen sind die Erfolge derartiger Programme gut dokumentiert (Barkley 1989, McMahon u. Wells 1989), dies gilt ganz besonders für junge Kinder (Weisz et al. 1987). Diese Therapieansätze werden unter dem Begriff „Verhaltenstraining für Eltern" zusammengefasst. Im Zentrum eines Verhaltenstrainings für Eltern steht der Versuch, neue Wege der Interaktion mit dem Kind zu finden, um auf diese Weise das Problemverhalten des Kindes in seiner natürlichen Umgebung zu verändern. Die Eltern lernen, alters- und situationsangemessene Forderungen an das Kind zu stellen und konsistent und kontingent sowohl auf positives wie negatives Verhalten des Kindes zu reagieren. Sie werden in die Lage versetzt, ihre Kinder konsequent für angemessenes Verhalten mit Zuwendung oder Lob zu belohnen und störendes Verhalten zu ignorieren. Sie lernen, weniger zu kritisieren und zu schimpfen, und aggressives und oppositionelles Verhalten mit Verstärkerentzug oder Timeout zu bestrafen. In neueren Ansätzen werden die auf das operante Konditionieren zurückführbaren Techniken integriert in eine behaviorale Familientherapie (Ollendick 1986, Heekerens 1999), in der auch andere lerntheoretische

Grundlagen (z.B. das Modelllernen) verwendet werden.

Das Paradigma des Modelllernens bei Angststörungen

Die Erkenntnis, dass ein großer Teil unseres Verhaltens durch Imitation gelernt wird, findet sich bereits in den Schriften von Plato und Aristoteles. Trotzdem dauerte es bis in die 40er (Dollard u. Miller 1941) bzw. 60er-Jahre (Bandura u. Walters 1963), bis entsprechende empirische Nachweise geführt wurden.

Die Arbeiten bauten auf der Beobachtung auf, dass häufig neues Verhalten auftrat, dessen Entstehung nicht mit den Paradigmen des klassischen und operanten Konditionierens erklärbar war. Allein durch die Beobachtung und das kognitive Verarbeiten des Verhaltens einer anderen Person kann auch ohne eigenes aktives Üben neues Verhalten erworben werden. Modelllernen erweist sich insbesondere bei komplexeren Verhaltensabläufen dem Trial-and-Error-Lernen als weit überlegen.

Angst und Vermeidungsverhalten und sozialer Rückzug werden nach Rachman (1977) und Bandura (1986) wesentlich durch Modelllernen erworben. Dabei spielt neben der Beobachtung der Angstreaktion einer anderen Person deren Selbstwirksamkeit in der Gefahrensituation eine wesentliche Rolle. Auch wenn die Beobachtung eines Modells allein bereits ein entsprechendes Imitationsverhalten bewirken kann, kommt es entscheidend darauf an, ob das Modellverhalten verstärkt wird. Bei bestraftem Modellverhalten sinkt die Wahrscheinlichkeit, dass die beobachtende Person das Modellverhalten imitiert. Modelllernen ist daher immer auch mit operantem Konditionieren verknüpft. Durch Mechanismen wie Aneignung, Enthemmung und Erleichterung kann die Wahrscheinlichkeit für neues Verhalten erhöht, durch Hemmung gemindert werden (Bandura 1986).

Für viele kindliche Verhaltensweisen wie Sprachverhalten (Lovaas u. Newsom 1976), Geschlechtsrollenidentität (Perry u. Bussey 1979), prosoziales (Bandura 1977) und aggressives Verhalten (Bandura et al. 1963) konnte die Wirksamkeit von Modelllernen nachgewiesen werden. Auch bei der Behandlung von Angststörungen ist Modelllernen wirksam (Barrios u. O'Dell 1989). Therapeutisches Modelllernen beinhaltet die Darstellung von nichtängstlichem Verhalten und angemessenem Bewältigungsverhalten. Unmittelbar nach der Demonstration soll das Kind das Modell nachahmen, wobei ihm der Erwerb des Zielverhaltens durch entsprechende Rückmeldungen und zahlreiche Trainingsdurchgänge erleichtert wird (Morris u. Kratochwill 1983). Das Modellverhalten kann via Film oder in vivo dargeboten werden, Ollendick (1986) sah für Kinder mit mäßigen Angststörungen Vorteile der In-vivo-Bedingung, die in der Lage war, sowohl die Angst zu reduzieren als auch positives Bewältigungsverhalten zu initiieren.

Bei sozial- ängstlichen Kindern haben sich Techniken des Modelllernens bewährt (Petermann u. Petermann 1996, Evers u. Schwartz 1975, Ollendick 1981). Meichenbaum u. Siegel (1971), Klingman (1988) und Melamed et al. (1975) setzten Modelllernen erfolgreich bei isolierten Phobien ein. Verstärkte Bemühungen sollten in Zukunft der Erforschung optimierter Modelle gelten, dabei sind Variablen wie Ähnlichkeit, Sympathie und Status zu beachten (Messer et al. 1993). Insgesamt ist Modelllernen, das immer auch andere Lernformen (vor allem operantes, aber auch respondentes Lernen) einschließt, ein Beispiel für eine verhaltenssystemische Betrachtung.

Das Paradigma des kognitiven und sozialen Lernens bei externalisierenden Störungen

In den letzten 30 Jahren haben kognitive Ansätze die Verhaltenstherapie in hohem Maße bereichert. Neben der rational-emotiven Therapie von Ellis (1970) und der kognitiven Therapie von Beck (1976) entwickelten Meichenbaum das Selbstinstruktionstraining (1977) und Lazarus (1974) die kognitive Restrukturierung. Alle Ansätze wurden für Erwachsene entwickelt und insbesondere bei depressiven Störungen eingesetzt. Einige der Ansätze wurden in den letzten Jahren auf Jugendliche mit depressiven Störungen übertragen (z.B. Wilkes 1993, Clarke, Lewinsohn u. Hops 1990). Die kognitiven Ansätze haben für Verhaltensänderungen auch direktes, stellvertretendes und symbolisches Lernen verantwortlich gemacht und damit von Anfang an auch die traditionellen Lernparadigmen mit eingeschlossen. Kennzeichen des kognitiven Ansatzes ist die Betonung des Einflusses kognitiver Prozesse für die Verhaltensregulation. So werden kognitive Prozesse und deren Ergebnisse als entscheidende Ursache für Verhalten und Verhaltensänderung angesehen (Foster et al. 1988). Die kognitiven Ansätze gründen sich somit wesentlich auf die kognitive soziale Lerntheorie der Gruppe um Bandura (z. B. Bandura 1969), die vor allem die Bedeutung von Informationsprozessen und Selbstregulation hervorhob.

Die Übertragung kognitiver Ansätze auf externalisierende Störungen folgte der Annahme, diesem Problemverhalten lägen kognitive Defizite zugrunde. Als Beispiel wird das Fehlen von innerem Sprechen (Self-Guided Private Speech) genannt (Foster et al. 1988), von dem angenommen wird, dass es die Selbstregulation durch Selbstinstruktion fördert. Auf diese Weise wurden vor allem Varianten des Selbstinstruktionstrainings von Meichenbaum in die Programme zur Behandlung hyperaktiver Kinder (z. B. Lauth u. Schlottke 1995) integriert. Durch laute Fragen wie „Was ist meine Aufgabe?", „Was muss ich alles bedenken?", „Wie kann ich überprüfen, ob ich etwas falsch gemacht habe?" soll die Selbstregulation verbessert werden.

Darüber hinaus wurden durch Comics, Spiele oder Rollenspiele prosoziale Verhaltensweisen eingeübt (Petermann u. Petermann 1997). Variationen der Stressimpfung von Meichenbaum wurden bei delinquenten Jugendlichen (Snyder u. White 1979) erfolgreich zur Reduktion von impulsivem Verhalten eingesetzt. Der Ansatz folgt dem Modell der kognitiven Verzerrung (Dodge 1980), demzufolge aggressive Kinder und Jugendliche neutrale Stimuli und Reaktionen ihrer Umgebung als feindselig interpretieren.

Bislang fehlen vor allem Langzeit-Follow-up-Studien zur Wirksamkeit kognitiver Verfahren bei externalisierenden Störungen und eine Anpassung der Methoden an das jeweilige Entwicklungsniveau der Kinder.

Techniken der Verhaltenstherapie bei Kindern und Jugendlichen

Operante Methoden

Operante Methoden lassen sich unterteilen in Methoden zum Aufbau und Methoden zum Abbau von Verhalten. Eine entscheidende Rolle spielen dabei die dargebotenen Konsequenzen (Tab. 33.**1**).

Kontingente positive Verstärkung ist das aussichtsreichste Verfahren zum raschen Aufbau von neuem Verhalten. Unabdingbare Voraussetzung ist dabei eine exakte Operationalisierung des zu verstärkenden Verhaltens. Diese Operationalisierung muss auch für den Patienten eindeutig sein. Eine exakte Operationalisierung des Zielverhaltens minimiert den Ermessensspielraum des Therapeuten.

Ob eine Belohnung als Verstärker wirkt, hängt entscheidend von der richtigen Auswahl ab, in die der Patient wesentlich einbezogen werden muss. Viele Therapien scheitern allein daran, dass die vermeintlichen Verstärker für den Betroffenen keinen ausreichenden Anreiz besitzen. Die Unterscheidung zwischen primären (Essen, Trinken etc.) und sekundären Verstärkern (Lob, Geld, soziale Anerkennung) hat sich in der Praxis als nicht wesentlich erwiesen, zumal einige sekundäre Verstärker (Geld) faktisch zu primären Ver-

Tabelle 33.**1** Auf- und Abbau von Verhalten in Abhängigkeit von den Konsequenzen

Konsequenz	Darbietung	Entzug
positiv	(1) Positive Verstärkung (Belohnung) $\subset +$ p (R) ↑	(2) Indirekte Bestrafung (Response Cost, Time out) $\not\subset +$ p (R) ↓
negativ	(3) Direkte Bestrafung $\subset -$ p (R) ↓	(4) Negative Verstärkung (Erleichterung) $\not\subset -$ p (R) ↑

p (R) die Auftretenswahrscheinlichkeit für das gezeigte Verhalten steigt (↑) bzw. sinkt (↓)

stärkern geworden sind. Um effektiv zu werden, muss Verstärkung häufig und sofort erfolgen.

Beim Verhaltensaufbau können folgende Techniken ergänzend verwendet werden:

- **Shaping** oder Ausformung des Verhaltens verfolgt das Ziel, bereits kleine und kleinste Schritte in Richtung des Zielverhaltens zu verstärken. So wird z.B. bei einem autistischen Kind ohne bisherigen Spracherwerb bereits das Lippenspitzen oder Pusten durch Süßigkeiten verstärkt. Diese Technik wird insbesondere dann eingesetzt, wenn zwischen dem Ist-Zustand und dem Zielverhalten eine große Diskrepanz besteht, d.h., dass das zu erwerbende Verhalten für den Patienten völlig neu ist und auch nicht in Ansätzen zu seinem bisherigen Repertoire zählt.
- Das Zerlegen eines komplexen Handlungsablaufs in kleine Einzelschritte erfolgt auch beim **Chaining**, der Verkettung von Verhaltenselementen. Im Unterschied zum Shaping wird beim Chaining nicht mit dem ersten, sondern dem letzten Schritt in Richtung Zielverhalten begonnen. Ein geistig behindertes Kind, das z.B. den selbstständigen Besuch der Toilette erlernen soll, wird zunächst dafür belohnt, dass es lediglich die Klospülung betätigt, im 2. Schritt, dass es zusätzlich die Hose hochzieht usw. Die Technik des Chaining ist immer dann indiziert, wenn die letzten Schritte einer Verhaltenskette einen geringen Schwierigkeitsgrad aufweisen oder das fertige Verhaltensprodukt für das Kind im natürlichen Umfeld von positiven Konsequenzen gefolgt wird (wenn man auf der Toilette war oder fertig angezogen ist, darf man zum Spielen hinaus).
- Eine weitere Hilfestellung für den Patienten beim Aufbau neuen Verhaltens kann das **Prompting** (Soufflieren) sein. Hierbei macht der Therapeut durch entsprechende Anweisungen den Patienten auf den richtigen Zeitpunkt oder die Auswahl der richtigen Verhaltensweise aufmerksam. Prompting ist indiziert, wenn der Patient über das Zielverhalten verfügt, aber noch Schwierigkeiten hat, den richtigen Zeitpunkt oder die richtige Stärke des Verhaltens auszuwählen. So findet Prompting z.B. Anwendung im Selbstinstruktionstraining, beim Problemlösetraining oder im Selbstsicherheitstraining.
- Das Ausblenden der zuvor gegebenen Hilfestellung bei fortgeschrittener Therapie mit dem Ziel der Verhaltensgeneralisierung wird als Fading bezeichnet. Bei erfolgreichem **Fading** kommt es zum Aufbau von selbstregulatorischen Fertigkeiten beim Patienten, die systematisch verstärkt werden sollten.

Diese Forderung erfüllen besonders Tokenprogramme. Tokens (Objekte mit Tauschwert wie Geld, Chips, Punkte) können praktisch ohne Verlust ihrer subjektiven Bedeutsamkeit sofort und vor allem beliebig häufig vergeben werden. Entscheidend für die Wirksamkeit eines Tokenprogramms ist ein angemessener Verstärker-Eintauschplan, der festlegt, welche Verstärker für welche Anzahl von Tokens eingetauscht werden können. Die Staffelung dieses Eintauschplanes muss dem Patienten genügend Anreize für eine Verhaltensänderung bieten. Unter Umständen muss nach Erreichen bestimmter Zwischenziele der Verstärkereintauschplan neu justiert werden, um dem durch die Therapie erweiterten Verhaltensrepertoire des Kindes bzw. des Patienten Rechnung zu tragen. Die Wirksamkeit von Tokenplänen kann z.T. durch den Abschluss eines Verhaltensvertrages (contingency contract) gesteigert werden. Inhalte des Vertrages sind eine genaue Spezifikation des Zielverhaltens, eine Festlegung der Verstärker sowie der Aufgaben des Therapeuten und des Patienten.

Methoden zum Abbau unerwünschten Verhaltens

Kurzfristig kann die Wahrscheinlichkeit unerwünschten Verhaltens mit Hilfe direkter Bestrafung gesenkt werden. Direkte Bestrafung, z.B. durch körperliche Züchtigung, weist neben ihrer erheblichen ethischen Bedenklichkeit auch methodische Probleme auf, die die Anwendung von direkter Bestrafung letztlich aus dem verhaltenstherapeutischen Repertoire verbannt haben.

So wirkt Bestrafung nur dann, wenn sie kontingent erfolgt. Jede ausbleibende Bestrafung wird wegen der damit verbundenen Reduktion der Erwartungsspannung als negativer Verstärker erlebt. Direkte Bestrafung führt dazu, dass der Therapeut für den Patienten aversiv besetzt wird, sie kann wegen der kurzfristigen Erfolge und der Erregungsabfuhr aufseiten des Therapeuten zu der Tendenz führen, vermehrt direkte Bestrafung einzusetzen.

Als geeignete Verfahren indirekter Bestrafung haben sich der Verstärkerentzug in Form der Verstärkerrückgabe (response cost) oder des Verstärkerausschlusses (time-out) bewährt. Systeme der Verstärkerrückgabe werden häufig mit Systemen der Verstärkervergabe kombiniert, sodass der Patient für bestimmte Verhaltensweisen Tokens erwerben, für andere Verhaltensweise Tokens zurückgeben muss. Die Schwierigkeit dieser Systeme ist eine Ausgewogenheit zwischen vergebenen und zurückgegebenen Verstärkern und der damit verknüpfte Eintauschplan. Eine mangelhafte Baseline, die nicht exakt die Frequenz des angemessenen und des Problemverhaltens unter verschiedenen äußeren Bedingungen erfasst hat, kann ebenso zum Scheitern des Programms beitragen wie ein sich unter der Therapie veränderndes Gesamtverhalten.

Auszeitverfahren verfolgen das Ziel, das Problemverhalten durch den Entzug der verstärkenden Bedingungen zu vermindern. Einige Autoren (z.B. Maercker 1996) ordnen diese Verfahren dem lernpsychologischen Paradigma der Löschung zu. Andere (z.B. Hautzinger 1996) sehen darin eher ein Verfahren der indirekten Bestrafung. Nach exakter Definition des Problemverhaltens (z.B. Schlagen anderer Kinder, absichtliches Zerstören von Gegenständen) wird bei den ersten Anzeichen seines Auftretens durch einen Hinweis an das Kind (redirection) versucht, das Problemverhalten zu vermeiden. Ist die Redirection nicht erfolgreich, kommt es zur Durchführung der Auszeit.

Die Auszeitverfahren werden nach dem Ausmaß ihrer Restriktivität unterschieden. Verfahren mit geringer Restriktivität (Ignorieren des Kindes durch bewusstes Abwenden der Bezugsperson, Ausschluss vom Spiel und Sitzen am Rande des Spielgeschehens mit der Möglichkeit, das Spielgeschehen weiter zu verfolgen) sind restriktiveren Verfahren (Sitzen hinter einem Wandschirm, Aufenthalt im Auszeitraum) bei entsprechender Aussicht auf Erfolg vorzuziehen, weil das Kind durch Verfahren mit geringer Restriktivität in höherem Maße seine Selbststeuerungsfähigkeiten aktivieren muss.

Eine Auszeit sollte nicht länger als 5–10 Minuten dauern. Verhält sich das Kind während der Auszeit angemessen, wird die Auszeit beendet. Tobt das Kind während der Auszeit herum oder hält es sich nicht an die Regeln (z.B. auf dem Auszeitstuhl am Rande des Spielgeschehens sitzen zu bleiben) beginnt die Auszeit von Neuem. Führt auch die erneute Durchführung der Auszeit nicht zum Erfolg, muss das therapeutische Vorgehen geändert werden (z.B. Wahl einer restriktiveren Auszeitmethode, Response-cost an Stelle von Time-out). Der Auszeitraum sollte eine reizarme, aber keineswegs ängstigende Umgebung herstellen, in der keine Verstärker verfügbar sind.

Voraussetzung für die Wirksamkeit des Time-out-Verfahrens ist, dass sich der Patient in einer für ihn verstärkenden Umgebung befindet, wenn das Problemverhalten auftritt. So kann z.B. der Ausschluss vom Schulunterricht ein ungeeignetes Mittel darstellen, da durch den Ausschluss der unangenehme Zustand Schulunterricht beendet wird. Darüber hinaus muss gewährleistet sein, dass die Time-out-Bedingung keinerlei verstärkenden Charakter besitzt (bei autistischen Kindern z.B. kann die Time-out-Methode durchaus als Verstärker wirken). Das Time-out-Verfahren wird immer dann der Response-cost vorgezogen, wenn die in der Situation vorhandenen Verstärker entweder nicht bekannt oder schlecht zu kontrollieren sind. Ungeeignet ist die Time-out-Methode bei sehr häufig auftretendem Problemverhalten, weil dann das Kind über große Teile des Tages von der Teilnahme an gemeinsamen Aktivitäten ausgeschlossen wäre.

Als weiteres Verfahren zur Einschränkung von so genannten Verhaltensexzessen (z.B. übermäßiges Essen, Rauchen, Alkoholtrinken) wird Stimuluskontrolle eingesetzt. Ziel des Verfahrens ist, die Beschränkung eines zuvor generalisiert auftretenden, meist konsumatorischen Verhaltens, auf bestimmte Stimulusbedingungen durch eine Senkung der Gesamtfrequenz des Verhaltens zu erzielen (z.B. Essen nur noch zu den Mahlzeiten am Tisch).

■ Systematische Desensibilisierung

Das klassische Verfahren der systematischen Desensibilisierung besteht aus 3 therapeutischen Schritten:

- Erlernen eines Entspannungsverfahrens
- Erstellen einer Angsthierarchie
- Darbietung der Items der Angsthierarchie unter Entspannung

Erlernen eines Entspannungsverfahrens: Das Entspannungstraining ist die notwendige Voraussetzung zur Entkopplung von Stimulus und Angstreaktion, da Entspannung und Angst inkompatible Zustände darstellen. Die Entkopplung ist jedoch nur dann wirksam, wenn die Entspannung stärker ist als die entsprechende Angstreaktion. Wolpe adaptierte die progressive Muskelrelaxation von Jacobson. Die progressive Muskelrelaxation erweist sich dem autogenen Training vor allem bei Patienten mit geringer Therapiemotivation und einer höheren Abwehr gegen Psychotherapie als überlegen (Wilke 1996). Sie ist daher insbesondere bei Kindern und Jugendlichen vorzuziehen. Auf der anderen Seite lassen sich autogenes Training und progressive Muskelrelaxation hervorragend kombinieren (Wilke 1996).

Erstellen einer Angsthierarchie: Nachdem in der Exploration oder über Fragebogenverfahren die angsterregenden Situationen festgelegt wurden, werden diese in eine Rangreihe gebracht. Hierbei hat sich das Angstthermometer bewährt. Das Erstellen einer Angsthierarchie kann auch ausgehend vom maximal angsterregenden Stimulus erfolgen. Durch Vergrößerung der räumlichen und zeitlichen Distanz, die Zuhilfenahme unterstützender Personen, die Verkleinerung des angstauslösenden Objekts und andere Maßnahmen werden systematisch niedrigere Angstlevel konstruiert. Die Situationen der Angsthierarchie sollten so konkret wie möglich formuliert und den Erfahrungen und Gedanken des Patienten entnommen sein, um eine möglichst lebhafte Vorstellung der Inhalte zu ermöglichen. Als Beispiel ist die Angsthierarchie des 12-jährigen Peter mit einer Hundephobie aufgeführt.

Wenn sich die Angstinhalte in mehreren, deutlich abgrenzbaren Lebensbereichen manifestieren, müssen gegebenenfalls auch mehrere Angsthierarchien erstellt werden. Für Peter war die Angst vor einer Begegnung mit fremden Hunden im öffentlichen Raum abzugrenzen von der Begegnung mit bekannten Hunden bei Verwandten und Freunden, die Peter seit über einem Jahr nicht mehr besuchen konnte.

Darbietung der Items der Angsthierarchie unter Entspannung: Nach erfolgreichem Erlernen des Entspannungsverfahrens und dem Erstellen der Angsthierarchie werden ihre Items, beginnend mit dem niedrigsten Angstlevel im entspannten Zustand dargeboten. Ziel ist das angstfreie Erleben der einzelnen Vorstellungsinhalte. Auf jede der ca. 20 s dauernden Vorstellungen folgt eine ca. 30 s dauernde erneute Entspannungsphase, der dann eine erneute Darbietung des Items folgt. Jedes Item der Hierarchie sollte 3- bis 4-mal angstfrei erlebt werden, bevor das nächstschwierigere Item in Angriff genommen wird. Sollte doch Angst auftreten, teilt das Kind bzw. der Jugendliche dieses durch ein Handzeichen mit. Es erfolgt eine sofortige, erneute Entspannung. Erweist sich ein Item als zu schwer, wird auf die nächstniedrigere Stufe zurückgegangen. Falls nötig, müssen neue Items als Zwischenschritte, also z.B. die Skalierung 63 und 67 eingeführt werden. Ist ungefähr die Hälfte der Hierarchie in sensu erfolgreich abgearbeitet, kann parallel damit begonnen werden, das Kind nach Entspannung auch in vivo mit dem Angstreiz geringster Ausprägung zu konfrontieren. Soweit dies der Angstinhalt zulässt, ist im Kindes- und Jugendalter eine systematische Desensibilisierung in vivo unabdingbarer Behandlungsbestandteil. Viele Kinder und Jugendliche können sich die Situation der Angsthierarchie nicht aus-

Tabelle 33.**2** Angsthierarchie eines 12-jährigen Jungen mit Hundephobie

100	Unangeleinter gefährlicher Hund (Kampfhund, Rottweiler, Dobermann, Schäferhund) in einer Entfernung von weniger als 100 m
90	Unangeleinter anderer größerer Hund (z.B. Boxer) in weniger als 100 m Entfernung
80	Hund im Restaurant unterm Nebentisch ohne Leine
70	Mittlere bis größere Hunde, die einen unruhigen Eindruck machen
60	Entgegenkommender Hund, der nicht eindeutig angeleint ist, mit Herrchen
50	Schlüssel- oder Kettenklappern in unmittelbarer Umgebung, wobei das Geräusch eines Kettenhalsbandes assoziiert wird
40	Mittelgroße Hunde mit schwarzem Gesicht
30	Betreten eines unbekannten, abgelegenen Grundstücks
20	Hundegebell eines größeren Hundes in der Umgebung
10	Pinscher, Dackel, Spaniel unangeleint in der Nähe
0	Westhighland, Pudel unangeleint

reichend intensiv vorstellen, sodass die erwünschte reziproke Hemmung, Gegenkonditionierung, Habituation oder Löschung nicht eintritt. Ein sicheres Anzeichen dafür ist das scheinbar mühelose Durchlaufen fast aller Items der Angsthierarchie. Die Desensibilisierung in sensu ist in diesen Fällen lediglich ein vorbereitender Schritt für die „eigentliche" In-vivo-Desensibilisierung. Dieser vorbereitende Schritt erweist sich häufig als durchaus notwendig, um dem Kind einen gedanklich angstfreien Umgang mit dem angsterregenden Stimulus zu ermöglichen und damit seine Selbstwirksamkeit zu erhöhen.

Weiterentwicklungen der Desensibilisierung umfassen vor allem Ansätze zur Angstbewältigung. Hierbei lernt der Patient, frühzeitig angsterregende Stimuli zu erkennen und ihnen durch selbstinduzierte einfache Entspannungsübungen zu begegnen. Begleitet werden derartige Übungen von Selbstinstruktionstechniken (Meichenbaum 1977), wodurch sich der Patient selbst Mut macht und sich auf seine Bewältigungsfähigkeiten hinweist (z. B. „Ich balle die rechte Hand zur Faust, atme 3-mal tief durch und lasse dann los, so kann ich die Angst aushalten").

Konfrontationsverfahren

Reizkonfrontation und Exposition werden synonym gebraucht, um einen therapeutischen Prozess zu beschreiben, bei dem der Patient genau denjenigen Reizkonstellationen unter therapeutischer Führung längere Zeit ausgesetzt wird, die ihm sonst Angst oder Unbehagen bereiten. Durch die langdauernde Exposition werden in Anlehnung an Fiegenbaum u. Tuschen (1996) folgende Effekte erzielt:

- eine Habituation an die angstauslösende Reizkonstellation mit Rückgang der entsprechenden psychophysiologischen Erregung
- eine Veränderung der Wahrnehmung und Bewertung der angstauslösenden Reizkonstellation, was zu einer zusätzlichen Senkung der physiologischen Reaktionen und zu einer realistischeren Einschätzung von Gefahren und der eigenen Bewältigungsfähigkeiten führt sowie
- der Aufbau neuer Verhaltensmuster (Konfrontation statt Vermeidung).

Entscheidend für den Erfolg der Therapie ist, dass die Patienten so lange mit dem angsterregenden Stimulus konfrontiert werden, bis die physiologische Anspannung und damit auch die Angst abgebaut ist. Die Dauer einer Therapiesitzung ist damit nicht von vornherein planbar. Während der Therapiesitzung muss jegliches Vermeidungsverhalten verhindert werden. Als Vermeidungsverhalten werden von einigen Patienten auch ablenkende Gedanken oder Gespräche eingesetzt, die das Ausmaß der Angst in der Situation mindern. Um Vermeidungsverhalten nicht aufkommen zu lassen, wird der Patient aufgefordert, die Gefühle der Angst zuzulassen und über sie zu berichten. Bei Zwangserkrankungen dient das Zwangsverhalten (z. B. das Waschen der Hände oder Kontrollieren der Fenster) der Reduktion der Anspannung und ist somit dem Vermeidungsverhalten von Angstpatienten gleichzusetzen und zu unterbinden (Reaktionsverhinderung). Reizkonfrontation muss daher stets mit Reaktionsverhinderung einhergehen.

Die Konfrontation kann graduiert oder nichtgraduiert erfolgen. Beim graduierten Vorgehen wird, ähnlich wie bei der systematischen Desensibilisierung eine Art Angsthierarchie abgearbeitet, dabei wird ein mittleres Angstniveau angestrebt, das in der Konfrontation nicht überschritten werden soll. Der Unterschied zur In-vivo-Desensibilisierung besteht demnach darin, dass ein mittlerer an Stelle eines minimalen Angstlevels angestrebt wird und keine zusätzlichen Entspannungsverfahren zum Einsatz kommen. Bei nicht-graduiertem Vorgehen wird der Patient sofort zu Beginn der Therapie den am stärksten angstauslösenden Reizen ausgesetzt. Dieses, auch als Reizüberflutung (flooding) bezeichnete Verfahren ist dem graduierten Vorgehen in aller Regel überlegen (Fiegenbaum 1990, Grawe et al. 1994). Erklärt wird diese Überlegenheit dadurch, dass die Patienten bei nicht-graduiertem Vorgehen besser lernen, sich in neuen, angsterregenden Situationen langanhaltend auch starken Angstreizen auszusetzen und somit wirkungsvoller jegliches Vermeidungsverhalten unterlassen (Fiegenbaum u. Tuschen 1996).

Bei bestimmten Störungsbildern (z. B. posttraumatische Belastungsstörung, Zwangsgedanken, diffuse Ängste, Ängste vor irrealen Inhalten wie Gespenstern oder Einbrechern) kann die Konfrontationsbehandlung nicht in vivo, sondern nur in sensu durchgeführt werden. Die Wirksamkeit der In-sensu-Behandlung ist in aller Regel deutlich niedriger, was auf die Möglichkeiten einer stärkeren gedanklichen Vermeidung zurückgeführt wird.

Trotz ihrer unbestrittenen Wirksamkeit wird eine nicht-graduierte Reizkonfrontation in vivo im klinischen Alltag auch bei Erwachsenen nur selten angewandt. Das graduierte Vorgehen gilt vielen Therapeuten und Patienten als das schonendere, humanere, ethisch unproblematischere Verfahren mit der geringeren Gefahr von Nebenwirkungen. Diese Überlegungen haben dazu geführt, dass die nicht-graduierte Reizkonfrontation im Kindes- und Jugendalter faktisch überhaupt nicht zum Einsatz kommt. Auch graduierte, langandauernde Expositionsbehandlungen sind bei Phobien im Kindesalter eher selten (Schneider et al. 1999), Haupteinsatzbereich sind Zwangsstörungen bei Jugendlichen (Döpfner 1999).

Expositionsbehandlungen im Kindes- und Jugendalter bedürfen einer noch intensiveren kognitiven Vorbereitung der Betroffenen und ihrer Eltern als dies bei erwachsenen Patienten ohnehin der Fall sein sollte. Einer ausführlichen Erklärung der Vorzüge der Behandlung muss eine ausreichende Bedenkzeit für die Beteiligten folgen, damit diese die Möglichkeit haben, sich auch nach reiflicher Überlegung für ein wirksames therapeutisches Verfahren zu entscheiden.

■ Kognitive Umstrukturierung

Die Methoden zur kognitiven Umstrukturierung basieren auf den kognitiven Lerntheorien (s.o.), die die Prozesse der Informationsverarbeitung in den Vordergrund stellen und insbesondere die Funktionen von Einstellungen, Erwartungen, Attributionen und automatischen Gedanken für die Entstehung psychischer Störungen betonen. Grundannahmen sind die gegenseitige Beeinflussung von Gedanken, Gefühlen und Verhalten, die Unterscheidung von Realität und ihrer kognitiven Repräsentation sowie der Einfluss von kognitiven Prozessen auf das Lernen.

Kognitive Umstrukturierung setzt daher direkt an Einstellungen, Erwartungen, Attributionen und automatischen Gedanken an und versucht, über ihre Veränderung psychische Probleme zu lösen.

Als ältestes kognitives Verfahren gilt die rational-emotive Therapie von Ellis (1962). Im Zentrum seiner Theorie stehen irrationale Überzeugungen, Werthaltungen und Einstellungen als Ursache psychischer Störungen (z.B. die Annahme, man müsse immer eine fehlerfreie Arbeit abliefern, oder es sei das Ende, wenn man durch eine Prüfung falle). Der Patient lernt in der Therapie, wie er durch seine Bewertung von äußeren Ereignissen seine Emotionen steuert (ABC-Modell: activity, belief, consequence). Eine Aktivität (activity, action) stört ein gegebenes Individuum. Diese Aktivität (eine Klassenarbeit, ein Streit) kann zu einer rationalen Überzeugung (rational belief) führen, z.B.: „es wäre schade, wenn ich die Arbeit verhauen würde" oder „wie unangenehm, dass ich Streit mit meinem besten Freund habe" oder zu einer irrationalen Überzeugung (irrational belief), „es wäre katastrophal, wenn ich bei der Klassenarbeit eine Fünf schreiben würde" oder „ich habe nun meinen besten Freund verloren, weil er mich anschreit".

Während die rationalen Überzeugungen durch empirische Daten unterstützt werden können und der Realität adäquat sind, fehlt dies bei irrationalen Überzeugungen. Rationale Überzeugungen führen zu rationalen Konsequenzen (rational consequences) und Gefühlen, irrationale Überzeugungen zu irrationalen Konsequenzen (irrational consequences). Irrationale Folgen wären z.B. Gefühle der Angst, der Selbstverachtung, des Selbstmitleids, der Depression oder Wut, die zu entsprechenden psychischen Störungen führen können. Ziel der Therapie ist es, die irrationalen Überzeugungen des Patienten durch eine Analyse seiner Wertäußerungen zu identifizieren und in einem sokratischen Dialog in Frage zu stellen. Die Identifizierung der Überzeugungen als irrational und ursächlich mit den psychischen Problemen verbunden, ist die Voraussetzung für die Übernahme weniger extremer Einstellungen und Werthaltungen, die als rationale Überzeugungen zu einer positiveren Sicht der Welt und der eigenen Person führen und damit einen gesünderen Gefühlszustand bewirken. Eindeutiges Behandlungsziel bei Ellis sind die Emotionen des Patienten und nicht sein Verhalten.

Linscott u. DiGiuseppe (1994) haben die rational-emotive Therapie für Kinder zwischen 8 und 12 Jahren adaptiert. Nach einer ausführlichen

Diagnostik beinhalten die therapeutischen Schritte:

- das Erkennen verschiedener Gefühle,
- das Erlernen, wie Gedanken Gefühle steuern können,
- die Unterscheidung von hilfreichen (rationalen), von nicht-hilfreichen (irrationalen) Gedanken,
- das Infragestellen irrationaler Gedanken,
- die Veränderung irrationaler Gedanken durch
  - eine angemessene Selbsteinschätzung,
  - die Fähigkeit, Gefühle auszudrücken,
  - den Aufbau von Frustrationstoleranz und
  - den Umgang mit der Kritik, insbesondere von Gleichaltrigen.

Wenige Jahre später, aber parallel und unabhängig von Ellis entwickelte Beck (1970) seine kognitive Therapie, die heute oft als Synonym für kognitive Umstrukturierung oder kognitive Verhaltenstherapie angesehen wird. Nach Beck führen auf negativer früher Erfahrung beruhende pessimistische Sichtweisen von sich selbst, der Welt und der Zukunft (negative Triade) zu negativen Schemata oder Überzeugungen (z. B. ich darf keine Fehler machen), die über kognitive Verzerrungen (Denkfehler) zu einer Depression führen.

Zu den Denkfehlern der Depressiven zählen: willkürliche Schlüsse (z. B. denkt eine Jugendliche, der ganze Tag sei versaut, weil am Morgen die Zeitung nicht pünktlich im Briefkasten lag), selektive Abstraktion (z. B. die gleiche Jugendliche denkt, die Mutter sei an Gürtelrose schwer erkrankt, weil sie sie vor 14 Tagen angeschrien habe), Übergeneralisierung (eine Schülerin glaubt, sie werde nicht versetzt, weil sie in einer Schulstunde die Fragen des Lehrers nicht beantworten konnte) sowie Über- und Untertreibung (aufgrund einer schlechten Nachricht im Fernsehen nimmt die gleiche Jugendliche an, die ganze Welt sei schlecht; obwohl sie einen wertvollen Jugendmusikpreis errungen hat, hält sich Claudia immer noch für eine ziemlich schlechte Klavierspielerin).

Obwohl sich die verschiedenen Denkfehler stark überlappen, stellen die meisten Übertreibungen gleichzeitig eine Übergeneralisierung und eine selektive Abstraktion dar; umgekehrt ist mit diesem Konzept die Stoßrichtung der kognitiven Therapie beschrieben. Ziel ist das Herausarbeiten automatischer Gedanken, die (dysfunktional) zwischen Ereignissen und Gefühlen vermitteln. In einem 2. Schritt werden aus den automatischen Gedanken allgemeine Grundannahmen abgeleitet. Automatische Gedanken und Grundannahmen werden mit verschiedenen Techniken identifiziert:

- durch ein Tagesprotokoll negativer Ereignisse und der sie begleitenden Gedanken,
- durch Rollenspiel charakteristischer Situationen (z. B. Streit mit dem Lehrer oder Mitschülern),
- durch genaues Vorstellen (Imaginieren) und Berichten bestimmter Situationen,
- durch die gezielte Exploration der Bedeutung bestimmter Ereignisse.

Die kognitive Umstrukturierung im engeren Sinne geht mit einem kognitiven Neubenennen von dysfunktionalen Annahmen einher. Zur Veränderung dysfunktionaler Annahmen wird der Realitätsgehalt in einem sokratischen Dialog oder durch Verhaltensproben geprüft und verworfen. Ähnlich werden durch die Techniken der Reattribuierung und alternativer Erklärungen versucht, der Selbstabwertung des Patienten nach gewissen negativen Erfahrungen zu begegnen, indem plausible andere Erklärungen an Stelle des eigenen Versagens erarbeitet werden.

Trotz der inzwischen überaus zahlreichen Wirksamkeitsnachweise zur kognitiven Therapie im Erwachsenenalter finden wir für das Kindesalter nur einzelne Darstellungen mit zum Teil noch unzureichenden Wirksamkeitsnachweisen (Altherr 1999). Im Einzelnen sind Programme von Stark et al. (1994) für 8- bis 13-Jährige, von Emery et al. (1983) für Kinder und Jugendliche oder Clarke et al. (1990) für Jugendliche zu nennen. Die genannten standardisierten Programme enthalten jeweils kognitive Behandlungselemente, benutzen jedoch auch andere Techniken, wie z. B. Euthymie, Selbstverstärkung und Problemlösen.

Selbstverbalisierung

Mit einem Zitat von Epiktet aus dem 1. Jh. v. Chr., „Die Menschen werden nicht von den Dingen beunruhigt, sondern von den Vorstellungen, die sie sich von ihnen machen“, eröffnet Meichenbaum (1979) seine Darstellung der Bedeutung kognitiver Variablen bei Stressreaktionen. Dabei sind Selbstverbalisierungen wichtige handlungssteuernde und Emotionen bedingende kognitive Prozesse. In dem von ihm 1973 entwickelten Stressimpfungstraining werden die Patienten durch das Erlernen von Selbstverbalisationen in die Lage versetzt, angsterregende Situationen zu bewältigen. Beispiele für Selbstverbalisierungen im Stressimpfungstraining sind der Tab. 33.**3** zu entnehmen.

Das Verfahren der Stressimpfung ist eine komplexe, vielschichtige Behandlungsmethode.

Tabelle 33.**3** Beispiele für bewältigende selbstbezogene Aussagen, die im Stress- Immunisierungstraining geübt werden (aus: van Quekelberghe R: Fortschritte der klinischen Psychologie 20: Modelle kognitiver Therapien, 1979)

Vorbereiten auf einen Stressreiz	• Was hast du zu tun? • Du kannst einen Plan entwickeln, um damit fertig zu werden. • Denk nur daran, was du kannst – das ist besser, als ängstlich zu werden. • Keine negativen Selbsteinschätzungen, denke nur rational. • Mach dir keine Sorgen, das hilft gar nichts. • Was du für Angst hältst, ist vielleicht Ungeduld.
Einem Stressreiz begegnen und ihn bewältigen	• Bereite dich seelisch darauf vor – du kannst dieser Herausforderung begegnen. • Einen Schritt zur Zeit, du hast die Situation im Griff. • Denke nicht an Angst, denke nur daran, was du zu tun hast. • Diese Angst würde kommen, hat der Doktor gesagt. Sie soll dich daran erinnern, dass du mit deinen Bewältigungsübungen beginnen sollst. • Diese Spannung kann ein Verbündeter sein, ein Hinweis, die Sache anzupacken. • Entspanne dich, du hast alles fest im Griff. Atme langsam tief durch. Ja, gut.
Mit dem Gefühl fertig werden, man würde überwältigt	• Wenn du Angst bekommst, mache eine Pause. • Konzentriere dich auf das Jetzt, was hast du zu tun? • Gib deiner Angst eine Nummer von 1 bis 10 und schau zu, wie sie sich verändert. • Du solltest dich darauf vorbereiten, dass deine Angst noch wächst. • Versuche nicht, die Angst ganz zu unterdrücken, kontrolliere sie nur. • Du kannst dich dazu überreden, es zu tun. Du kannst dir deine Angst ausreden. • Es wird bald vorbei sein. • Es ist nicht das Schlimmste, was dir passieren könnte. • Denk einfach an etwas anderes. • Tu etwas, was dich davon abhält, über die Angst nachzudenken. • Beschreibe, was um dich herum ist. So wirst du nicht daran denken, dir Sorgen zu machen.
Verstärkende selbstbezogene Aussagen	• Es hat geklappt, du hast es geschafft. • Warte ab, bis du dem Therapeuten davon erzählen kannst. • Es war gar nicht so schlimm, wie du dachtest. • Du hast die Angst viel schlimmer gesehen, als sie wirklich war. • Deine verdammten Ideen - die sind das Problem. Wenn du sie kontrollierst, kontrollierst du auch die Angst. • Es geht jedes Mal besser, wenn du dieses Verfahren anwendest. • Du kannst dich über den Fortschritt, den du machst, freuen. • Du hast es geschafft!

In ihr wird versucht,

- die Einschätzung zu modifizieren, die der Klient von der angsterregenden Situation und von seiner Fähigkeit, mit dieser Situation fertig zu werden, hat;
- den Klienten besondere Fertigkeiten zu lehren und
- ihm Gelegenheit zu geben, das Erlernte zu trainieren.

Der Therapieansatz verfolgt das Ziel, das Gefühl der „erlernten Hilflosigkeit" in das des „erlernten Einfallsreichtums" umzuwandeln (Meichenbaum 1979).

Die Methode der Selbstverbalisierung hat als Selbstinstruktionstraining schon früh Eingang in die Behandlung hyperaktiver Kinder gefunden. Das Prinzip verdeutlicht Meichenbaum (1977) an einem Beispiel: „Gut, was muss ich tun? Du willst, dass ich das Bild mit den verschiedenen Linien abzeichne. Ich muss langsam und vorsichtig sein. Ich ziehe die Linien nach unten, gut, dann nach rechts, so, nun noch etwas nach unten und nach links. Gut, bis jetzt mache ich das ganz ordentlich. Denk daran, langsam zu zeichnen. Nun wieder nach oben. Nein, ich sollte nach unten gehen. Das ist richtig. Radiere die Linie sorgfältig aus. Gut, auch wenn ich einen Fehler mache, kann ich langsam und sorgfältig sein. Gut, und nun nach unten. Fertig. Ich habe es geschafft. Gut gemacht."

Das Selbstinstruktionstraining gliedert sich in folgende Schritte:

- Der Therapeut spricht als Modell laut die Selbstinstruktionen, während er Aufgaben erledigt.
- Das Kind übernimmt die Selbstverbalisation, der Therapeut unterstützt das Kind dabei durch den Gebrauch von Hinweisbildern (Abb. 33.**1**). Die Selbstinstruktionen werden an kognitiv eher unterforderndem Material ohne Schulbezug eingeübt. Zur zusätzlichen Verstärkung können für korrekte Selbstverbalisation Tokens vergeben werden.
- Automatisierung der Selbstinstruktion und Übergang zu leisem Sprechen. Übung an den Schulaufgaben. Einbezug der Eltern in die Therapie.
- Übergang zu innerem Sprechen, Anwendung auf Aufgaben, in der Schulsituation mit abschließender Einschätzung der eigenen Anstrengung (von 1 – habe mich sehr angestrengt – bis 5 – habe mich überhaupt nicht angestrengt).

Abb. 33.**1** Hinweisbilder zur Unterstützung der Selbstverbalisation (aus Eisert 1999).

Wie dargestellt, sind Varianten der Stressimpfung und Selbstinstruktion auch zur Wut- und Ärgerkontrolle bei Kindern und Jugendlichen eingesetzt worden (z.B. Feindler u. Guttman 1994). Parallel zum Erlernen eines Entspannungstrainings werden die Auslöser aggressiven Verhaltens (Was provoziert dich besonders?) identifiziert und in eine Hierarchie gebracht. Dann erfolgt das Erlernen neuer Bewertungen der Situation (Philipp hat mich nicht absichtlich angerempelt, Klaus schaut nicht provozierend) und der eigenen Grundannahmen (Ich lasse mich doch nicht von jedem Armleuchter provozieren. Ich bleibe immer ganz cool).

Der Jugendliche erlernt Selbstverbalisationen zur Bewältigung aufkommender Wut („ganz cool bleiben, tief durchatmen, nicht provozieren lassen, ich kann die Wut kontrollieren, ich zähle bis 10, dann ist es schon besser, die Sache ist einfach zu lächerlich, um sich darüber aufzuregen"). In einem vierten Schritt provoziert der Therapeut den entspannten Jugendlichen in aufsteigender Schwierigkeit mit den Auslösern aggressiven Verhaltens. Für erfolgreiches „cool bleiben" wird der Jugendliche systematisch verstärkt; kann er seine Wut nicht beherrschen, muss er Tokens zurückgeben. Im 5. Schritt wird der Jugendliche von seinen Peers provoziert, wobei die das Ausmaß der Provokation von Sitzung zu Sitzung steigern dürfen.

Wie ersichtlich, werden bei diesem Training nicht nur Techniken der Selbstverbalisation eingesetzt, sondern ebenso Desensibilisierungs- und Konfrontationstechniken, operante Verfahren und Ansätze einer kognitiven Umstrukturierung.

■ Kommunikations- und Problemlösetraining

Unter Kommunikationstraining wird eine verhaltenstherapeutische Technik verstanden, die durch das Einüben von Sprecher- und Zuhörerfertigkeiten die Beteiligten in die Lage versetzt, Affekte und Inhalte auszudrücken und zu verstehen, ohne den jeweils anderen gegen sich aufzubringen oder zu verletzen (Kaiser u. Hahlweg 1996, Robin et al. 1994).

Unter Problemlösetraining wird eine verhaltenstherapeutische Technik verstanden, die die Fertigkeiten eines Individuums oder einer Gruppe so verbessert, dass Probleme erkannt und benannt, Handlungsalternativen produziert und evaluiert werden, die zu einer akzeptablen Lösung führen, deren Nutzen und Wirksamkeit geprüft wird (Robin et al. 1994).

Das Kommunikationstraining wurde in der Vergangenheit vorwiegend als wesentlicher Bestandteil einer Paartherapie (vgl. Guerney 1977, Liberman et al. 1976) eingesetzt, es gab jedoch von Anfang an auch weitergehende Behandlungsansätze, wie das Personal Effectiveness Training von Liberman et al. (1975), das sich mit dem Ziel der Verbesserung der verbalen und nonverbalen Kommunikationsfähigkeit auf beliebige Gruppen anwenden lässt. Das Problemlösetraining wurde von D'Zurilla u. Goldfried (1971) entwickelt und hat sich zwischenzeitlich bei Erwachsenen zu einem etablierten Verfahren für die Behandlung von Einzelpersonen, Paaren und Gruppen entwickelt.

Im Kindes- und Jugendalter haben beide Techniken, insbesondere bei Kommunikationsstörungen von Jugendlichen mit ihren Eltern Anwendung gefunden. Einen Überblick über ein 12-stündiges Training gibt Tab. 33.**4**.

Im Anschluss an den diagnostischen Teil werden Problemlösetechniken (Tab. 33.**5**) eingeführt und zunächst an einfachen Problemen in der Therapie und dann zu Hause geübt.

Tabelle 33.**4** Stufen eines Problemlöse- und Kommunikationstrainings von Robin et al. 1994

1. Diagnostik	
Stunde 1	Diagnostik der familiären Interaktionen
Stunde 2	Diagnostik der Merkmale des Jugendlichen/seiner Eltern
Stunde 3	Abschluss eines Therapievertrages
2. Aufbau von Fertigkeiten	
Stunde 4	Einführung in Problemlösetechniken
Stunde 5	Einführung in Kommunikationstechniken
Stunden 6 + 7	Erwerb und Festigung der Techniken
3. Intensive Konfliktlösung	
Stunde 8	Einführung in kognitive Restrukturierung
Stunden 9 + 10	Anwendung von Problemlösen, Kommunikationstraining und kognitiver Restrukturierung auf schwierige familiäre Konflikte
4. Beendigung der Therapie	
Stunden 11 + 12	Rückfallprävention und Ausblenden der Therapie

Tabelle 33.**5** Problemlösetechniken für Familien

1.	**Problemdefinition**
1.1	Dem anderen mitteilen, welches Verhalten ein Problem darstellt und warum.
Regel:	• Fasse dich kurz, • formuliere es positiv, ohne anzuklagen.
1.2	Wiederhole die vom anderen geäußerte Auffassung, um sicher zu sein, dass du ihn richtig verstanden hast.
2.	**Nach alternativen Lösungen suchen**
2.1	Abwechselnd mögliche Lösungen aufschreiben.
Regel:	• So viele Ideen wie möglich, • Ideen nicht bewerten, • kreativ sein, auch verrückte Lösungen zulassen.
2.2	Nicht alles, was vorgeschlagen wird, wird auch umgesetzt.
3.	**Auswahl des besten Lösungsvorschlages**
Regel:	• Löst dieser Vorschlag das Problem für den Jugendlichen? • Löst dieser Vorschlag das Problem für die Eltern? • Welcher Vorschlag löst das Problem für alle Beteiligten? • Falls nicht möglich, gibt es einen Vorschlag, der das Problem für den Jugendlichen und ein Elternteil löst?
4.	**Umsetzung der Problemlösung**
4.1	Wer soll was, wann, wo und wie erledigen?
4.2	Wann und wie wird an die Erledigung der Aufgabe erinnert?
4.3	Welche Konsequenzen haben die Erledigung bzw. die Nicht-Erledigung der Aufgabe?

Im Anschluss daran werden die Kommunikationstechniken geübt; dabei geht es um

- **die Sprecherfertigkeiten**:
  - Ich-Gebrauch und Selbstöffnung an Stelle von Anklagen (so genannte Du-Sätze), z. B. statt „du machst überhaupt nichts mehr für die Schule, du interessierst dich doch nur noch für deine Freundin." – „Ich mache mir Sorgen, dass du das Klassenziel nicht erreichst, weil du mit deinen Gedanken jetzt meistens bei deiner Freundin bist."
  - Auf konkrete Situationen und konkretes Verhalten beziehen, an Stelle verallgemeinernder Aussagen, z. B. statt „Immer musst du dich daneben benehmen, wenn wir Gäste haben." – „Ich fand es nicht gut, dass du gestern Abend Onkel Heinz damit aufgezogen hast, dass er immer noch keine Frau gefunden hat."
  - Keine alten Geschichten aufwärmen, sondern sich auf das beziehen, was hier und heute als Problem vorliegt.
- **die Zuhörerfertigkeiten:**
  - aufnehmendes Zuhören: der Zuhörer soll durch sein nonverbales Verhalten (Nicken, Blickkontakt) zeigen, dass er ein echtes Interesse an den Ausführungen des anderen hat
  - Paraphrasieren: der Zuhörer soll die Ausführungen des Sprechers noch einmal mit seinen eigenen Worten zusammenfassen „Also du meinst ..."
  - Offene Fragen an Stelle von Urteilen und Feststellungen: statt „Das liegt an deiner Ängstlichkeit." – „Hast du Angst gehabt?"

Zusätzlich wird eine Liste von negativen Kommunikationsformen ausgeteilt, die in Zukunft durch eine 2. Liste alternativer Kommunikationsformen ersetzt werden soll (z. B. Schimpfwörter benutzen vs. Ärger ausdrücken, ohne zu verletzen, Forderungen stellen vs. freundlich bitten).

In der vorletzten Phase der Therapie werden die neu erworbenen Fertigkeiten auf die schwierigsten Probleme zwischen den Eltern und den Jugendlichen angewendet. In der letzten Phase wird die Therapiefrequenz herabgesetzt (z. B. einmal pro Monat) und die Familie wird ermuntert, weiterhin die erlernten Fertigkeiten im Alltag einzusetzen. Der Erfolg dieses Vorhabens kann in den letzten Sitzungen noch kontrolliert werden.

Selbstsicherheitstraining

Selbstsicherheitstraining verfolgt das Ziel, die sozialen Fertigkeiten einer Person zu stärken, um ihr eine für alle Teile befriedigende Interaktion mit der Umwelt zu ermöglichen. Selbstsicheres Verhalten besteht aus einer offenen, ehrlichen und direkten Äußerung von Gedanken und Gefühlen, es ist sozial angemessen und berücksichtigt sowohl die eigenen als auch die Bedürfnisse anderer. Selbstsicheres Verhalten darf somit nicht gleichgesetzt werden mit aggressivem, rücksichtslosem Durchsetzen der eigenen Bedürfnisse und Interessen.

Selbstsicheres Verhalten dient dazu:

- eigene Rechte und berechtigte Bedürfnisse durchzusetzen,
- Gefühle, Bedürfnisse und Wünsche in die Beziehung zu nahe stehenden Personen einzubringen,
- Kontakte zu anderen, auch fremden Menschen zu knüpfen und aufrechtzuerhalten (Pfingsten 1996).

Selbstsicherheitstraining ist wesentlicher Bestandteil von Programmen zur Stärkung der sozialen Kompetenz, die zunehmend auch im Kindes- und Jugendalter (Petermann u. Petermann 1996, Le Croy 1994) eingesetzt werden. Soziale Kompetenz und Selbstsicherheit sind Basisfertigkeiten für seelische Gesundheit, d.h. sie können auch bei nicht klinisch Kranken mit Erfolg präventiv eingesetzt werden. Auf der anderen Seite ergeben sich Indikationen bei seelisch kranken Kindern und Jugendlichen, vor allem für soziale Ängstlichkeit (Phobie), allgemeine Ängstlichkeit, Depression, bei entsprechenden Verhaltensdefiziten auch für hyperkinetische Störungen und bei aggressiven Kindern.

Als Beispiel sind die Inhalte der Programme von Petermann u. Petermann (1996) sowie Le Croy (1994) gegenübergestellt (Tab. 33.**6**).

Das Petermann-Programm beginnt mit einer Vorbereitungsphase, die als Einzeltraining durchgeführt und in der für das Problem sozial unsicheres Verhalten sensibilisiert und entsprechendes Wissen über sicheres und unsicheres Verhalten zur Verfügung gestellt wird. Damit wird für alle Kinder ein vergleichbares Ausgangsniveau geschaffen. Der 2., als Gruppentraining durchgeführte Teil übt durch Rollenspiele und entsprechende Reflexion selbstsicheres Verhalten ein.

Das Programm von Le Croy verzichtet auf die Vorbereitung der Kinder und riskiert somit ein unterschiedliches Ausgangsniveau. Das Programm steigt sofort in entsprechende Übungen für selbstsicheres und sozial kompetentes Verhalten ein. Damit können gleichzeitig mehr Themen

Tabelle 33.**6** Vergleich der Programminhalte von Petermann u. Petermann (1996) und Le Croy (1994)

Std.	Petermann u. Petermann 1996	Std.	Le Croy 1994
	Einzeltraining		***Gruppentraining***
1.	Bewusstmachen von sozialer Angst und unsicherem Verhalten	1.	Komplimente machen und annehmen
2.	Sensibilisierung der Wahrnehmung für zwischenmenschliche Situationen	2.	Ein Gespräch beginnen
3.	Reflexion von Erwartungen, Beurteilungskriterien und Verhaltensweisen	3.	Forderungen stellen
4.	Sicheres und unsicheres Verhalten in Interaktion unterscheiden	4.	Gefühle zeigen
	Gruppentraining	5.	Nein sagen
1.	Gefühle zeigen	6.	Die eigenen Rechte durchsetzen
2.	Durchsetzen eigener Ansprüche bzw. Erkennen der Ansprüche anderer	7.	Andere verstehen
3.	Kontaktaufnahme mit fremden Personen	8.	Umgang mit Autoritäten
4.	Angemessene Selbstbehauptung	9.	Verantwortliche Entscheidungen treffen
5.	Mit sozialer Hervorhebung umgehen können, Gefühle zeigen, Meinungen und Kritik äußern	10.	Konflikt lösen
6.	Gefühle zeigen, Meinungen und Kritik äußern	11.	Um Hilfe bitten

in der Gruppe bearbeitet werden. Beide Ansätze benutzen Modelllernen, Diskriminationslernen, operante Verstärkung und Selbstinstruktionstechniken.

Reaktionsumkehr

Unter dem Namen „Habit Reversal Training" entwickelten Azrin u. Nunn (1973) ein Verfahren, das bei stark automatisierten, weitgehend nicht bewusst ablaufenden Verhaltensweisen wie Ticstörungen, Daumenlutschen, Nägelbeißen, Nasebohren, Trichotillomanie eingesetzt werden soll. Die Autoren gehen davon aus, dass sich diese Verhaltensweisen durch ständige Wiederholung so stark automatisiert haben, dass sie zu einem großen Teil von den betroffenen Patienten gar nicht mehr registriert werden. Das Habit Reversal Training beginnt daher mit einem

- Selbstwahrnehmungstraining,
- das von einem Entspannungstraining,
- dem Training inkompatibler Reaktionen
- und einem Generalisierungstraining gefolgt wird.

Zur Erhöhung der Therapiemotivation bei Kindern und Jugendlichen werden zusätzlich operante Verfahren (Token economy, Kontingenzmanagement) eingesetzt.

Selbstwahrnehmungstraining: Das Selbstwahrnehmungstraining gliedert sich in 5 Schritte:

- Selbstbeobachtung,
- Beschreibung des Verhaltens (z. B. des Tics),
- Reaktionserkennung,
- frühe Warnzeichen erkennen,
- gefährliche Situationen erkennen.

In der Phase der Selbstbeobachtung soll der Patient regelmäßig über einen der Frequenz des Problemverhaltens angemessenen Zeitraum das Problemverhalten registrieren. Bei seltenen Ereignissen (Nägelkauen) kann der gesamte Tag als Beobachtungzeitraum gelten, bei häufigen Ereignissen, z. B. Blinzeltics, sind 30 oder 60 min/Tag ausreichend. Ziel der Selbstbeobachtung ist es, auf das Auftreten des Problemverhaltens aufmerksam zu machen, die Beschreibung des Verhaltens und aller einzelnen motorischen Komponenten zu erfassen und dem Patienten zu verdeutlichen, welche Reaktionen bei Beginn des Problemverhaltens, welche später ablaufen. Zeitweise muss sich der Patient (z. B. im Falle von Tics) selbst im Spiegel beobachten, um das Verhalten detailgetreu zu beschreiben.

Die Reaktionserkennung wird vorwiegend in der Therapiesitzung durchgeführt. Der Patient macht hierbei den Therapeuten auf das Auftreten

Tabelle 33.7 Reaktionen für bestimmte Ticstörungen

Tic	Beschreibung
Blinzeltic	Bewusstes Öffnen und Schließen der Augen alle 3–5 Sekunden, wobei der Blick alle 5–10 Sekunden langsam nach unten gerichtet wird
Naserümpfen	Lippen aufeinander pressen, dabei die Oberlippe leicht nach unten ziehen
Kopfschütteln	Langsame isometrische Anspannung der Nackenmuskeln, Augen geradeaus, Kopf wird ganz ruhig gehalten. Tritt das Kopfschütteln einseitig auf, kann mit der Anspannung der Nackenmuskeln eine Gegenbewegung ausgeführt werden.
Zurückwerfen des Kopfes	Langsame isometrische Anspannung der Nackenmuskeln mit leichter Bewegung des Kinns nach unten, dabei wird der Kopf gerade gehalten und die Augen sind geradeaus gerichtet.
Schulterzucken nach oben	Isometrische Anspannung der Muskelgruppen, die die Schultern als Gegenreaktion nach unten drücken.
Schulterzucken nach vorn	Die Hände werden in die Hüfte gestemmt oder im Sitzen auf die Armlehne des Stuhles.
Armschleudern	Hand auf Oberschenkel oder gegen den Magen legen und Ellenbogen gegen die Hüfte drücken
Beinschleudern	Im Sitzen den Fuß flach und fest auf den Boden drücken, im Stehen die Knie gegeneinander drücken
Lautäußerungen	Langsames, rhythmisches tiefes Atmen durch die Nase mit langsamem Ausatmen (ca. 7 s) und etwas kürzerem Einatmen (5 s)

seines Problemverhaltens aufmerksam, von dem Patienten übersehene Ereignisse werden ihm von dem Therapeuten zurückgemeldet.

Das Erkennen früher Warnzeichen versucht, sich auf Spannungszustände, unmittelbare Auslöser, Vorgefühle des Problemverhaltens zu konzentrieren, um das Auftreten vorherzusagen. Begleitet wird das Erkennen früher Warnzeichen von dem Erkennen situativer Gegebenheiten, die mit erhöhter Wahrscheinlichkeit z.B. Tics auslösen.

Entspannungstraining: Um insbesondere Situationen, in denen Tics besonders häufig auftreten, zu begegnen, werden Entspannungsverfahren erlernt, vorzugsweise die progressive Muskelrelaxation oder Atemtechniken. Das Entspannungstraining ist aber kein unabdingbarer Bestandteil des Programmes (Margraf 1996, Döpfner 1999), die Wirkfaktoren sind insbesondere den Programmschritten 1 und 3 zuzuordnen.

Training inkompatibler Reaktionen: Werden die Warnzeichen rechtzeitig erkannt, kann mit dem Aufbau von inkompatiblen motorischen Reaktionen begonnen werden. Für die verschiedenen Formen von Ticstörungen schlagen Azrin u. Peterson (1990) die in Tab. 33.**7** dargestellten Reaktionen vor (Döpfner 1999).

Generalisierungstraining: Nach Einüben der inkompatiblen Reaktion wird diese zunächst in der Therapiesitzung und anschließend im natürlichen Umfeld eingesetzt. Zum Generalisierungstraining gehören ebenfalls Selbstkontrolltechniken, die durch Selbstinstruktionen helfen, kritische Situationen zu bewältigen.

Verhaltenstherapeutische Techniken bei spezifischen psychischen Störungen

Die wichtigsten verhaltenstherapeutischen Techniken für einzelne psychische Störungen ergeben sich aus Tab. 33.**8**.

Die Darstellung unterstreicht die zentrale Bedeutung operanter Verfahren bei sehr jungen Kindern und bei Kindern mit allgemeinen oder umschriebenen Entwicklungsstörungen einschließlich des Autismus. Weitere entwicklungsabhängige Störungen wie Enuresis, Enkopresis und hyperkinetische Störungen, aber auch Anorexie und Bulimie werden ebenfalls maßgeblich mit operanten Verfahren behandelt. Operante Verfahren werden bei jüngeren Kindern häufig von einem Elterntraining begleitet. Kognitive Verfahren finden besonders bei Störungen des Sozialverhaltens, bei Depression, suizidalem Verhalten sowie Anorexie bzw. Bulimie Anwendung. Konfrontationsverfahren werden wie im Erwachsenenalter vor allem bei Angststörungen, Zwangserkrankungen und Substanzmissbrauch eingesetzt.

Wirksamkeit von Kinderverhaltenstherapie

In den Metaanalysen von Casey u. Berman (1985), Weisz et al. (1987), Kazdin et al. (1990) sowie Weisz et al. 1995 zeigte sich, dass eine ungleich größere Zahl kontrollierter Studien über kognitiv behaviorale Therapien vorliegt als über alle anderen Richtungen. In der umfassendsten Studie von Weisz et al. (1995) waren fast 90% der Studien der kognitiv behavioralen Richtung zuzuordnen. Das heißt, alle anderen Therapierichtungen zusammen kamen gerade auf 10% der vorliegenden Studien. Die Arbeit von Weisz et al, 1995 berücksichtigte die bis 1993 publizierten Therapiestudien. In einer neueren Analyse (Esser u. Sell 2004 i.V.), in der alle Studien zwischen 1993 bis 1999 berücksichtigt wurden, entstammten erneut 90% der zur Verfügung stehenden Untersuchungen der kognitiv behavioralen Therapie. Die Wirksamkeit kognitiv behavioraler Verfahren ist somit durch eine weit größere Zahl von Studien belegt als die Wirksamkeit aller anderen Therapierichtungen.

Die gemessenen Effektstärken schwanken für kognitiv behaviorale Verfahren zwischen .76 (Weisz et al. 1995) und .94 (Esser u. Sell 2004 i.V.), während die nicht behavioralen Verfahren lediglich Werte zwischen .35 (Weisz et al. 1995) und .49 (Esser u. Sell 2004 i.V.) erreichen. Auch wenn wegen unterschiedlicher methodischer Gründe aus diesem Vergleich nicht ohne weiteres eine Überlegenheit der kognitiv behavioralen Verfahren abgeleitet werden kann, ist zumindest die Aussage erlaubt, dass die kognitiv behavioralen Therapien von Kindern – im Gegensatz zu anderen Therapierichtungen – ihre Wirksamkeit überzeugend nachgewiesen haben.

Tabelle 33.8 Verhaltenstherapeutische Techniken bei psychischen Störungen

Störungsbild	Verhaltenstherapeutische Technik
Substanzmissbrauch	Konfrontationsverfahren, Selbstsicherheitstraining, kognitive Umstrukturierung
Anorexie und Bulimie	Operante Verfahren, In-vivo-Desensibilisierung, Selbstsicherheitstraining, kognitive Umstrukturierung
Kindliche Essstörung	Konfrontationsverfahren, kognitive Umstrukturierung (bei sehr jungen Kindern siehe Säuglings- und Kleinkindalter)
Schlafstörungen	Stimuluskontrolle, Entspannungsverfahren (bei sehr jungen Kindern siehe Säuglings- und Kleinkindalter)
Stottern	Technische Verfahren (Lee-Effekt), Selbstkontrolle, Entspannungsverfahren, Selbstsicherheitstraining
Stereotypien	Reaktionsumkehr
Zwangserkrankungen	Nichtgraduierte bzw. graduierte Konfrontation mit Reaktionsverhinderung, operante Verfahren zum Abbau der symptomerhaltenden Bedingungen, Gedankenstopp
Depressive Störungen	Kognitive Umstrukturierung, operante Methoden (Vermehrung positiver Verstärkung, Verstärkung von Copingansätzen), Selbstsicherheitstraining, Selbstinstruktionstraining
Suizidales Verhalten	Kognitive Umstrukturierung, operante Methoden (Verstärkung von alternativen Copingansätzen), Selbstsicherheitstraining
Mutismus	Systematische Desensibilisierung, Kontingenzmanagement
Ticstörungen	Reaktionsumkehr
Enuresis	Operante Verfahren, (Einnässeralarmgerät, positive Verstärkung)
Enkopresis	Operante Verfahren, („Topftraining")
Störungen des Säuglingsalters	Behaviorales Elterntraining, Diskriminationslernen, operantes Konditionieren
Störungen des Kleinkindalters	Behaviorales Elterntraining, Kontingenzmanagement, shaping, milde Form des Time- out
Störungen der Intelligenzentwicklung	Operante Verfahren; positive Verstärkung, indirekte Bestrafung, Stimuluskontrolle, shaping, fading, chaining
Umschriebene Entwicklungsstörungen	Operante Verfahren: positive Verstärkung, shaping, Verstärkerrückgabe, Selbstinstruktionstraining
Autismus	Intensiver Einsatz operanter Verfahren: positive Verstärkung, shaping, indirekte Bestrafung
Hyperkinetische Störungen	Selbstinstruktionstraining, behaviorales Elterntraining, operante Verfahren, kognitive Umstrukturierung
Störungen des Sozialverhaltens / Jugenddelinquenz	Kognitive Umstrukturierung, Stressimpfung, Selbstinstruktionstraining, operante Verfahren
Ängste, Phobien und Kontaktstörungen	Systematische Desensibilisierung, graduierte Konfrontation, Selbstsicherheitstraining, Training sozialer Kompetenzen

Tabelle 33.**9** Ergebnisse der Meta-Analysen zur Wirksamkeit von Verhaltenstherapie bei Kindern und Jugendlichen

Therapie-methoden	**Casey u. Bermann (1985)**		**Weisz etal. (1987)**		**Weisz et al. (1995)**		**Esser u. Sell (2004 i.V.)**	
	ES	n Vergleiche	ES	n Vergleiche	ES	n Vergleiche	ES	n Vergleiche
Gesamt	0.91	(37)	0.88	(126)	0.76	(197)	0.94	(39)
Operante Methoden			0.78	(39)	0.76	(19)	1.45	(2)
Respondente Methoden			0.75	(17)	1.69	(31)		
Modell-Lernen			1.19	(25)	0.70	(12)	0.57	(2)
Soziales Kompetenz-Training			0.90	(5)	0.73	(23)	1.50	(2)
Kognitiv-behavioral	0.81	(14)	0.68	(10)	0.37	(38)	0.73	(18)
Elterntraining					0.67	(36)	1.94	(4)
Methoden-kombination			1.04	(10)	0.56	(35)	0.69	(8)
Andere					0.86	(3)	1.02	(3)

Ein Vergleich der Wirksamkeit einzelner behavioraler Techniken zwischen den Studien von Weisz et al. (1995) und Esser u. Sell (2004 i.V.) zeigt mit Ausnahme der Verfahren, die auf dem Modelllernen beruhen, durchgängig höhere Effektstärke in den neueren Studien. (Tab. 33.**9**).

Als besonders effektiv erwies sich das Elterntraining sowie Verfahren zur Verbesserung der sozialen Kompetenz. Aus der manchmal sehr kleinen Zahl von Studien je Technik kann jedoch noch kein verlässlicher Trend abgeleitet werden. Statistisch absichern lässt sich der Befund, dass sich in den neueren Studien deutlich höhere Effektstärken (1,13 vs. 0,62) für externalisierende Störungen zeigten, während die Effektstärken für internalisierende Störungen sich über die Zeit nicht veränderten (0,67 vs. 0,69) und damit in den neueren Studien signifikant hinter den externalisierenden Störungen zurückblieben. Dieser Trend weist darauf hin, dass sich die Therapie für externalisierende Störungen in den letzten Jahren deutlich verbessert hat, im deutschen Sprachraum wird dies unter anderem durch das Therapieprogramm für hyperkinetische Störungen und oppositionelles Verhalten (THOP, Döpfner et al. 1997) dokumentiert.

Zusammenfassung

Die Kinderverhaltenstherapie hat erst in den 60er- und 70er-Jahren eine größere Verbreitung gefunden. Sie fußt auf den Lerngesetzen, ist problem-, ziel- und handlungsorientiert. Wesentlicher Bestandteil einer Kinderverhaltenstherapie ist die Generalisierung der in geschütztem therapeutischem Setting erworbenen neuen Verhaltensweisen. Kinderverhaltenstherapie ist transparent und Hilfe zur Selbsthilfe.

Die Kinderverhaltenstherapie bezieht sich auf 4 lerntheoretische Paradigmen:

- das klassische Konditionieren,
- das operante Konditionieren,
- das Modelllernen,
- das Paradigma des kognitiven und sozialen Lernens.

Die lerntheoretischen Paradigmen werden exemplarisch auf die Behandlung spezifischer Störungsbilder angewendet.

Die Verhaltenstherapie mit Kindern und Jugendlichen verfügt über ein breites Methodenspektrum. Besonders große Bedeutung haben operante Verfahren, die unterteilt werden können in Verstärkervergabesysteme zum Aufbau erwünschten Verhaltens und Verstärkerentzugssysteme zum Abbau unerwünschten Verhaltens. Für die genannten Ziele finden Tokenprogramme, Response Cost, Time out und Stimuluskontrolle Anwendung.

Die systematische Desensibilisierung erlaubt durch drei therapeutische Schritte (Erlernen eines Entspannungsverfahrens, Erstellen einer Angsthierarchie, Darbietung der Items der Angsthierarchie unter Entspannung), insbesondere wenn die Darbietung in vivo geschieht, eine wirksame Reduktion von Angststörungen.

Im Kindesalter werden die effektiveren Konfrontationsverfahren allenfalls graduiert eingesetzt. Ähnlich wie bei der systematischen Desensibilisierung wird auch hier eine Angsthierarchie abgearbeitet. Im Unterschied zur In-vivo-Desensibilisierung kommt bei zugleich höherem zugelassenem Angstlevel kein Entspannungsverfahren zum Einsatz. Bei bestimmten Störungsbildern wird die Konfrontationsbehandlung in sensu durchgeführt, was in aller Regel mit einer Verminderung der Wirksamkeit verknüpft ist.

Unter den Verfahren der kognitiven Umstrukturierung sind zwischenzeitlich sowohl Verfahren, die auf der rational-emotiven Therapie von Ellis als auch auf der kognitiven Therapie von Beck fußen, für das Kinder- und Jugendalter adaptiert worden. Wesentliche Bestandteile dieser Verfahren ist die Veränderung irrationaler Gedanken. Durch Techniken der Reattribuierung werden plausible Erklärungen erarbeitet, die an Stelle des vermuteten eigenen Versagens treten.

Die Selbstverbalisierungstechnik von Meichenbaum hat in Form des Selbstinstruktionstrainings bei der Behandlung hyperaktiver Kinder weite Verbreitung gefunden. Das Verfahren lässt sich als Wut- und Ärgerkontrolle auch bei Kindern und Jugendlichen mit Störung des Sozialverhaltens erfolgreich einsetzen.

Das Kommunikations- und Problemlösetraining hat insbesondere bei Kommunikationsstörungen von Jugendlichen mit ihren Eltern Anwendung gefunden. Ziel ist es, Lösungen zu finden, die von allen Beteiligten akzeptiert werden können. Zur Verbesserung der Kommunikationstechniken werden die Sprecher- und Zuhörerfertigkeiten eingeübt.

Das auf dem Modelllernen beruhende Selbstsicherheitstraining ist wesentlicher Bestandteil von Programmen zur Stärkung der sozialen Kompetenz im Kindes- und Jugendalter. Es dient dazu, eigene Rechte und berechtigte Bedürfnisse durchzusetzen, Gefühle und Wünsche zu äußern sowie Kontakte zu anderen Menschen zu knüpfen und aufrechtzuerhalten.

Techniken der Reaktionsumkehr haben sich insbesondere bei der Behandlung von Tic-Erkrankungen bewährt. Sie beinhalten ein Selbstwahrnehmungstraining, ein Entspannungstraining sowie ein Training inkompatibler Reaktionen.

Eine Zuordnung der verhaltenstherapeutischen Techniken zu spezifischen psychischen Störungen unterstreicht die zentrale Bedeutung operanter Verfahren bei Entwicklungsstörungen. Operante Verfahren werden dabei häufig durch ein Elterntraining ergänzt.

Kognitive Verfahren finden bei Störungen des Sozialverhaltens, Depression und Anorexie bzw. Bulimie Anwendung, Konfrontationsverfahren besonders bei Angststörungen, Zwangserkrankungen und Substanzmissbrauch.

In neueren Meta-Analysen erweisen sich kognitiv-behaviorale Verfahren als wirksam und durch eine große Anzahl von Studien belegt. Sie heben sich damit positiv von allen nicht-behavioralen Verfahren ab. In neueren Meta-Analysen zeigten sich insbesondere verbesserte Effektstärken für die Therapie externalisierender Störungen, die inzwischen die Effektstärken für internalisierende Störungen sogar übertreffen.

Literatur

Altherr P. Depression. In: Steinhausen HC, Aster M von, Hrsg. Verhaltenstherapie und Verhaltensmedizin bei Kindern und Jugendlichen. 2. Aufl. Weinheim: Beltz; 1999.

Ayllon T, Azrin NH. The token economy: Motivational system for therapy and rehabilitation. New York: Appleton-Century-Crofts; 1968.

Azrin NH, Nunn RG. Habit-reversal: A method for eliminating nervous habits and tics. Behav Res Ther. 1973;11:619-28.

Azrin NH, Peterson AL. Treatment of Tourette Syndrome by Habit Reversal: A Waiting-List Control Group Comparison. Behav Res Ther. 1990;21:305-18.

Bandura A, Walters RH. Social learning and personality development. New York: Holt-Reinhart-Winston; 1963.

Bandura A, Ross D, Ross SA. Imitation of film mediated aggressive models. J Abnorm Soc Psychol. 1963;66:3-11.

Bandura A. Social learning theory of identificatory process. In: Goslin DA, eds. Handbook of socialization theory and research. Chicago: Rand McNally; 1969.

Bandura A. Social learning theory. Englewood Cliffs: Prentice-Hall; 1977.

Bandura A. Social foundations of thought and action: A social cognitive theory. Englewood Cliffs: Prentice-Hall; 1986.

Barkley RA. Attention deficit-hyperactivity disorder. In: Mash EJ, Barkley RA. Eds. Treatment of childhood disorders. New York: Guilford Press; 1989.

Barrios B, O`Dell S. Fears and anxieties. In: Mash EJ, Barkley RA, eds. Treatment of childhood disorders. New York: Guilford Press; 1989.

Beck AT. Cognitive therapy: Nature and relation to behavior therapy. Behav Ther. 1970;1:184-200.

Beck AT. Cognitive therapy and the emotional disorders. New York: International Universities Press; 1976.

Bradley TE. A modified time-out-procedure for children with noncompliant or defiant behaviors. Profess School Counsel. 1999;2:205-10.

Casey RJ, Berman JS. The outcome of psychotherapy with children. Psychol Bull. 1985;98:388-400.

Clarke GN, Lewinsohn PM, Hops H. Instructor's manual for the adolescent coping with depression course. Eugene: Castalia Press; 1990.

D`Zurilla TJ, Goldfried MR. Problem solving and behavior modification. J Abnorm Psychol. 1971;79:107-26.

Dodge KA. Social cognition and children`s aggressive behavior. Child Develop. 1980;51:162-70.

Döpfner M, Schürmann St, Fröhlich J. Therapieprogramm für Kinder mit hyperkinetischem und oppositionellem Problemverhalten THOP. Weinheim: Beltz; 1997.

Döpfner M. Tics. In: Steinhausen HC, Aster M von, Hrsg. Verhaltenstherapie und Verhaltensmedizin bei Kindern und Jugendlichen. 2. Aufl. Weinheim: Beltz; 1999a.

Döpfner M. Zwangsstörungen. In: Steinhausen HC, Aster M von, Hrsg. Verhaltenstherapie und Verhaltensmedizin bei Kindern und Jugendlichen. 2. Aufl. Weinheim: Beltz; 1999b.

Ehlers A. Psychologische Grundlagen der Verhaltenstherapie. In: Margraf J, Hrsg. Lehrbuch der Verhaltenstherapie, Bd.1: Grundlagen – Diagnostik – Verfahren – Rahmenbedingungen. Berlin, Heidelberg, New York: Springer; 1996.

Eisert HG, Barkey P. Verhaltensmodifikation im Unterricht. Interventionsstrategien in der Schule. Bem: Huber; 1979.

Eisert HG. Hyperkinetsiche Störungen. In: Steinhausen HC, Aster M von, Hrsg. Verhaltenstherapie und Verhaltensmedizin bei Kindern und Jugendlichen. 2. Aufl.. Weinheim: Beltz; 1999.

Ellis A. Reason and emotion in psychotherapy. New York: Lyle Stuart; 1962.

Ellis A. The essence of rational psychotherapy: A comprehensive approach to treatment. New York: Institute for Rational Living; 1970.

Emery G, Bedrosian R, Garber J. Cognitive therapy with depressed children and adolescents. In: Cantwell DP, Carlson GA, eds. Affective disorders in childhood and adolescents. New York: Spectrum; 1983.

Esser G, Sell S. Die Effekte von Psychotherapie im Kindes- und Jugendalter. 2004, in Vorbereitung.

Evers WL, Schwartz JC. Modifying social effects in preschoolers. The effects of filmed modeling and teacher praise. J Abnorm Child Psychol. 1973;1:248-56.

Eysenck HS. The dynamics of anxiety and hysteria. New York: Praeger; 1957.

Feindler E, Guttman J. Cognitive-Behavioral Anger Control Training. In: C.W. LeCroy. Hrsg. Handbook of Child and Adolescent Treatment Manuals. New York: Lexington Books; 1994.

Fiegenbaum W. Langzeiteffektivität von nicht graduierter versus graduierter massierter Konfrontation bei Agoraphobikern. In: Fiegenbaum W, Brengelmann JC. Hrsg. Die Therapeut-Patient-Beziehung in der Verhaltenstherapie. München: Röttger; 1990.

Fiegenbaum W, Tuschen B. Reizkonfrontation. In: Margraf J, Hrsg. Lehrbuch der Verhaltenstherapie, Bd.1: Grundlagen – Diagnostik – Verfahren – Rahmenbedingungen. Berlin, Heidelberg, New York: Springer; 1996.

Foster SL, Kendall PS, Guevremont DC. Cognitive and social learning theories. In: Matson JL, eds. Handbook of treatment approaches in childhood psychopathology. New York: Plenum Press; 1988.

Grawe K, Donati R, Bernauer F. Psychotherapie im Wandel. Von der Konfession zur Profession. Göttingen: Hogrefe; 1994.

Guerney BG. Relationship enhancement. San Francisco: Jossey-Bass; 1977.

Hautzinger M. Verhaltenstherapie und kognitive Therapie. In: Reimer Chr, Eckert J, Hautzinger M, Wilke E, Hrsg. Psychotherapie. Ein Lehrbuch für Ärzte und Psychologen. Berlin, Heidelberg: Springer; 1996.

Heekerens HP. Verhaltensorientierte Familientherapie. In: Steinhausen HC, Aster M von. Hrsg. Verhaltenstherapie und Verhaltensmedizin bei Kindern und Jugendlichen. 2. Aufl.. Weinheim: Beltz; 1999.

Jones MC. The elimination of children`s fears. J Exper Psychol. 1924;7:382-90.

Kaiser A, Hahlweg K. Kommunikations- und Problemlösetraining. In: Margraf J, Hrsg. Lehrbuch der Verhaltenstherapie, Bd.1: Grundlagen – Diagnostik – Verfahren – Rahmenbedingungen. Berlin, Heidelberg, New York: Springer; 1996.

Kazdin AE. The token economy. New York: Plenum Press; 1977.

Kazdin AE, Bass D, Ayers WA, Rodgers A. Empirical and clinical focus of child and adolescent psychotherapy research. J Consult Clin Psychol. 1990;58:729-40.

Lauth GW, Schlottke PF. Training mit aufmerksamkeitsgestörten Kindern, 2. korr. Aufl. Weinheim: Psychologie Verlag Union; 1995.

Lazurus AA. Desensitization and cognitive restructuring. Psychother Theory Res Pract. 1974;11:98-102.

LeCroy CW. Social Skills Training. In: LeCroy CW, Hrsg. Handbook of Child and Adolescent Treatment Manuals. New York: Lexington Books; 1994.

Libermann RP, King LW, DeResi WJ, McCann M. Personal effectiveness. Guiding people to assert themselves and improve their social skills. Champaign: Research Press; 1975.

Libermann RP, Wheeler E, Sanders N. Behavioral therapy for marital disharmony: An educational approach. J Marriage Family Counsel. 1976;2:383-95.

Linscott J, DiGiuseppe R. Rational Emotive Therapy with Children. In: LeCroy CW, Hrsg. Handbook of Child and Adolescent Treatment Manuals. New York: Lexington Books; 1994.

Lovaas OI, Newsom CD. Behavior modification with psychotic children. In Leitenberg H, ed. Handbook of behavior modification and behavior therapy. Englewood Cliffs: Prentice-Hall; 1976.

Maercker A. Operante Verfahren. In: Margraf J, Hrsg. Lehrbuch der Verhaltenstherapie, Bd.1: Grundlagen – Diagnostik – Verfahren – Rahmenbedingungen. Berlin-Heidelberg-New York: Springer; 1996.

Margraf J. Grundprinzipien und historische Entwicklung. In: Margraf J, Hrsg. Lehrbuch der Verhaltenstherapie, Bd.1: Grundlagen – Diagnostik – Verfahren – Rahmenbedingungen. Berlin-Heidelberg-New York: Springer; 1996a.

Margraf J. Habit Reversal Training. In: J. Margraf. Hrsg. Lehrbuch der Verhaltenstherapie, Bd.1: Grundlagen – Diagnostik – Verfahren – Rahmenbedingungen. Berlin-Heidelberg-New York: Springer; 1996b.

McMahon RJ, Wells KC. Conduct disorders. In Mash EJ, Barkley RA., eds. Treatment of childhood disorders. New York: Plenum Press; 1989.

McNeil CB, Capage LC, Bahl A, Blanc H. Importance of early intervention for disruptive behavior problemes: Comparison of treatment and waitlist-control groups. Early Educ Develop. 1999;10:445-54.

Meichenbaum DH, Siegel LJ. Examination of model characteristics in reducing avoidance behavior. J Person SocPsychol. 1971;17:298-307.

Meichenbaum D. Cognitive-behavior modification. An integrative approach. New York: Plenum Press; 1977.

Meichenbaum DH. Kognitive Verhaltensmodifikation. In: Quekelberghe R van, Hrsg. Modelle kognitiver Therapien. München: Urban, Schwarzenberg; 1979.

Melamed BG, Weinstein D, Hawes R, Katin-Borland M. Reduction of fear related dental management problems with use of filmed modeling. J Am Dent Ass. 1975;90:822-6.

Merod R. Lerntheoretische Grundlagen der Verhaltenstherapie bei Kindern und Jugendlichen. In: M. Borg-Laufs, Hrsg. Lehrbuch der Verhaltenstherapie mit Kindern und Jugendlichen, Bd. 1: Grundlagen. Tübingen: dgvt-Verlag; 1999.

Messer SC, Morris TL, Groß AM. Clinical Behavior Therapy with Children. In: A.S Bellack, M. Hersen, eds. Handbook of Behavior Therapy in the Psychiatric Setting. New York and London: Plenum Press; 1993.

Miller N, Dollard J. Social learning and imitation. New Haven: Yale University Press; 1941.

Morris RJ, Kratochwill TR. Childhood fears and phobias. In Moriss RJ, Kratochwill TR, eds. The practice of child therapy. New York: Pergamon Press; 1983.

Mowrer OH, Mowrer WM. Enuresis – A method for its study and treatment. Am J Orthopsychiat. 1938;8:436-59.

Ollendick TH. Assessment of social interaction skills in school children. Behav Counsel Quart. 1981;1:227-43.

Ollendick TH. Behavior therapy with children and adolescents. In: Garfield SL, Bergin AE, eds. Handbook of psychotherapy and behavior change. 3rd ed. New. York: Wiley; 1986.

Pawlow IP. Conditioned reflexes. Oxford: Oxford University Press; 1927.

Perry DG, Bussey K. The social learning theory of sex differences: Imitation is alive and well. J Person Soc Psychol. 1979;37:1699-1712.

Petermann U, Petermann F. Training mit sozial unsicheren Kindern. 6. Aufl.. Weinheim: Psychologie Verlags Union; 1996.

Petermann F, Petermann U. Training mit aggressiven Kindern. 7. Aufl. Weinheim: Psychologie Verlags Union; 1997.

Pfingsten U. Training sozialer Kompetenz. In: Margraf J, Hrsg. Lehrbuch der Verhaltenstherapie, Bd.1: Grundlagen – Diagnostik – Verfahren – Rahmenbedingungen. Berlin-Heidelberg-New York: Springer; 1996.

Phillips EL, Phillips EA, Fixsen DL, Woolf MM. Achievement Place: Modification of the behaviors of the predelinquent boys within a token economy. J Appl Behav Analys. 1971;4:45-59.

Rachman S.J. The conditioning theory of fear-acquisition: a critical examination. Behav Res Ther. 1977;15:375-87.

Robin AL, Bedway M, Gilroy M. Problem-Solving Communication Training. In: LeCroy CW, Hrsg. Handbook of Child and Adolescent Treatment Manuals. New York: Lexington Books; 1994.

Schneider S, Florin-Fiegenbaum W. Phobien. In: Steinhausen HC, Aster M von, Hrsg. Verhaltenstherapie und Verhaltensmedizin bei Kindern und Jugendlichen. 2. Aufl. Weinheim: Beltz; 1999.

Skinner BF. Science and human behavior. New York: Macmillan; 1953.

Snyder JJ, White MJ. The use of cognitive self-instruction in the treatment of behaviorally-disturbed adolescents. Behav Ther. 1979;17:7-16.

Stark KD, Raffaelle L, Reysa A. The Treatment of Depressed Children: A skills training approach to working with children and families. In: LeCroy CW, eds. Handbook of child and adolescent treatment manuals. New York: Lexington Books; 1994.
Tolman EL. Purposive behavior in animals and man. New York: Appleton-Century-Crofts; 1932.
Webster-Stratton C, Hammond M. Treatingn children with early-onset conduct problems: A comparison of child and parent training interventions. J Consult Clin Psychol. 1997;65:93-109.
Weisz JR, Weiss B, Alicke MD, Klotz ML. Effectiveness of psychotherapy with children and adolescents: A meta-analysis for clinicians. J Consult Clin Psychol. 1987;55:542-9.
Weisz JR, Weiss B. Effectiveness of psychotherapy with children and adolescents: A meta-analysis for clinicians. J Consult Clin Psychol. 1989;55:542-9.
Weisz JR, Weiss B, Han SS, Granger DA, Morton T. Effects of psychotherapy with children and adolescents revisited: A meta-analysis of treatment outcome studies. Psychol Bull. 1995;117:450-68.
Wilke E. Suggestive- und Entspannungsverfahren. In: Reimer Ch, Eckert J, Hautzinger M, Eilke E, Hrsg. Psychotherapie. Ein Lehrbuch für Ärzte und Psychologen. Berlin-Heidelberg: Springer; 1996.
Wilkes TCR, Belsher G, Rush AJ, Frank A. Associates Cognitive Therapy for Depressed Adolescents. New York: The Guilfords Press; 1994.
Wolpe J. Psychotherapy by reciprocal inhibition. Stanford: Stanford University Press; 1958.

Prüfungsfragen

1. Auf welchen Lernparadigmen fußt die Verhaltenstherapie?
2. Erklären Sie das Paradigma des operanten Konditionierens bei Störungen des Sozialverhaltens.
3. Was versteht man unter einer negativen Verstärkung?
4. Erklären Sie die Begriffe „chaining“ und „prompting“!
5. Welche Techniken der indirekten Bestrafung finden Anwendung für den Abbau unerwünschten Verhaltens?
6. Erklären Sie das Erstellen einer Angsthierarchie!
7. Erklären Sie das Vorgehen beim Darbieten der Items einer Angsthierarchie!
8. Welche Effekte werden durch die langdauernde Exposition erzielt?
9. Erklären Sie den Unterschied zwischen graduierter und nicht-graduierter Konfrontation!
10. Erklären Sie den Unterschied zwischen graduierter Konfrontation und In-vivo-Desensibilisierung!
11. Welche Verfahren zur kognitiven Umstrukturierung können Sie benennen? Erklären Sie beide Verfahren in ihren Grundzügen!
12. Beschreiben Sie den wichtigsten Anwendungsbereich der Selbstverbalisierungstechniken!
13. Geben Sie ein Beispiel für ein Problemlöse- und Kommunikationstraining für Jugendliche und ihre Eltern!
14. Welche Ziele hat ein Selbstsicherheitstraining?
15. Bei welchen Störungsbildern findet ein Selbstsicherheitstraining Anwendung?
16. Beschreiben Sie die Grundzüge der Reaktionsumkehr!
17. Welche Effektstärken weisen kognitiv-behaviorale Verfahren im Kindes- und Jugendalter auf?

34 Familientherapie

F. Mattejat

Historische Entwicklung

Neben der Verhaltenstherapie, den personzentrierten Ansätzen und den psychoanalytisch fundierten Methoden zählen familientherapeutische Arbeitsformen heute zu den Behandlungsmethoden, die bei psychischen Störungen von Kindern und Jugendlichen am häufigsten genutzt werden. Die Entwicklung des familientherapeutischen Ansatzes kann nunmehr über ein halbes Jahrhundert zurückverfolgt werden. Sie erhielt entscheidende Impulse durch die im Jahre 1956 veröffentlichte „Double-Bind-Theorie" der Schizophrenie (Bateson et al. 1956) und weitere Arbeiten zur Familientheorie der Schizophrenie (Lidz 1958, Wynne u. Singer 1963). Im gleichen Zeitraum wurden – relativ unabhängig von diesen theoretischen Überlegungen – aus praktischen Erfahrungen heraus familientherapeutische Behandlungsmethoden entwickelt; zu den frühen Pionieren der Familientherapie zählen u.a. Ackerman (1958), Bowen (1960), Haley (1963), Satir (1964) und Minuchin (1977).

Wesentliche Anregungen für die Entwicklung der Familientherapie im deutschen Sprachraum gingen von Richter (1963 und 1972) und von der Arbeitsgruppe um Stierlin (1977) aus. Bei der raschen Ausbreitung und Konsolidierung des familientherapeutischen Ansatzes waren die von der „Mailänder Gruppe" um Selvini-Palazzoli et al. (1977) entwickelten Therapiemethoden besonders einflussreich.

Ein wichtiger Aspekt dieses Ansatzes liegt darin, dass die vorgeschlagenen therapeutischen Techniken explizit aus systemtheoretischen Überlegungen (z.B. Bateson 1981) hergeleitet sind. Anknüpfend an diesen Ansatz wurde eine Vielfalt von Methoden entwickelt, die unter dem Oberbegriff „systemische Familientherapie" zusammengefasst werden können (z.B. Schlippe u. Schweitzer 1996). Die Entwicklung von system- und familientherapeutischen Arbeitsformen ist somit historisch eng miteinander verknüpft. Dabei darf aber Familientherapie nicht mit systemischer Therapie gleichgesetzt werden[1)], denn in jeder bedeutsamen psychotherapeutischen Schulrichtung wurden familientherapeutische Arbeitsformen und Methoden entwickelt (z. B. Schneider 1983). Allerdings spielen die systemtheoretischen Konzepte (Böse u. Schiepek 1989) für Familientherapie eine besondere Rolle, denn alle familientherapeutischen Ansätze wurden – unabhängig von ihrer jeweiligen Schulrichtung – mehr oder weniger stark von systemtheoretischen Konzepten beeinflusst.

Heute stellt sich das Feld der Familientherapie als äußerst vielfältig dar (Scheib u. Wirsching 1996, v. Sydow 1996). Die dabei zugrunde gelegten theoretischen Konzepte ebenso wie die Vorschläge zur praktischen Arbeit unterscheiden sich erheblich. Gleichwohl ist es möglich, Konvergenzen und gemeinsame Entwicklungslinien auszumachen. Dies gilt umso mehr, da sich in den letzten Jahren immer deutlicher zeigt, dass die moderne Psychotherapie dabei ist, sich von den dogmatischen Einengungen der traditionellen Schulrichtungen zu befreien zugunsten der Entwicklung von *pragmatischen Behandlungskonzepten, die möglichst effektiv sind und den praktischen Anforderungen gerecht werden können* (störungsspezifische Behandlungskonzepte; „evidence

[1)] Die Begriffe „systemische Therapie" und „Familientherapie" bezeichnen somit nicht das Gleiche. „Systemische Therapie"definiert sich durch den theoretischen Ansatz, „Familientherapie" durch den inhaltlichen Bezug: Von ***systemischer Therapie*** sprechen wir dann, wenn sich die Behandlung an systemtheoretischen Konzepten orientiert; systemtheoretische Konzepte können sowohl in der Einzeltherapie als auch in der Beratung und Therapie von sozialen Systemen (z. B. Kliniken, Organisationen, Familien) Anwendung finden. Von ***Familientherapie*** sprechen wir dann, wenn der Schwerpunkt der Behandlung auf der Veränderung der familiären Beziehungen liegt.

based medicine"; Qualitätssicherung; vgl. hierzu Mattejat 1997b). Im Sinne dieses Entwicklungstrends werden deshalb im vorliegenden Artikel die Konvergenzen und Gemeinsamkeiten familientherapeutischer Ansätze betont und gezielt solche Aspekte hervorgehoben bzw. herausgestellt, die sich im *klinischen Bereich bei psychischen Störungen von Kindern und Jugendlichen als nützlich erwiesen haben.*

Grundannahmen

Die folgende Aussage, die wir als allgemeines familientherapeutisches Grundpostulat bezeichnen können, kann als gemeinsame theoretische Grundlage aller familientherapeutischen Ansätze betrachtet werden:

Um das Verhalten und Erleben einer Person angemessen verstehen zu können, ist es notwendig, ihre Lebensumstände und die Verhaltens- und Erlebensformen ihrer wichtigsten Bezugspersonen zu berücksichtigen; jedes individuelle Verhalten ist Teilaspekt von übergeordneten Systemen (Familie, soziales, ökonomisches und kulturelles Umfeld) und wird hieraus verständlich.

Diese Annahme kann je nach theoretischem Konzept in unterschiedlicher Weise weiter ausformuliert werden. Mit dieser Aussage ist nicht gemeint, dass die Ursachen psychischer Störungen von Kindern und Jugendlichen prinzipiell in der Familie zu suchen seien.

Der Zusammenhang zwischen Familie und psychischen Störungen wäre zu einseitig dargestellt, wenn man die Familie nur als Ursache und die psychische Störung nur als Folge auffassen würde. In der Praxis würde dies dazu führen, dass familientherapeutisches Denken missverstanden wird als Anleitung, Fehler in der Familie zu suchen. Solche Schuldzuweisungen an die Familie aber sind inhaltlich falsch, denn die kausalen Beziehungen sind in Wirklichkeit komplizierter: Durch psychische Störungen oder Behinderungen bei einem Familienmitglied werden die Familienbeziehungen und das gesamte Familienleben genauso beeinflusst wie umgekehrt die individuellen Verhaltensweisen durch die Beziehungsdynamik bestimmt werden.

Systemtheoretische Begriffe wie *„Zirkularität", „Vernetzung", „Interdependenz", „Koevolution"* thematisieren diese komplexen Zusammenhänge, die im folgenden Grundpostulat angesprochen werden.

Individuelle psychische Störungen bei Kindern bzw. Jugendlichen und Familienbeziehungen beeinflussen sich wechselseitig und bilden einen einheitlichen Entwicklungszusammenhang.

Die Zusammenhänge zwischen Merkmalen des Familiensystems und individuellen psychischen Störungen können sich sehr unterschiedlich gestalten:

- Familiäre Belastungen können ursächliche Faktoren für die Entstehung von psychischen Störungen sein. Das heißt, zumindest manche psychischen Störungen können als Folge von ungünstigen familiären Entwicklungsbedingungen (z.B. von chronischen oder aktuellen familiären Belastungen) aufgefasst werden, die der Patient nicht hinreichend bewältigen kann (Psychische Störung als *Folge* familiärer Bedingungen).
- Manche psychischen Störungen können aber auch verstanden werden als Versuche, familiäre Problemsituationen, z.B. Beziehungskonflikte, zu lösen (*Funktion* der psychischen Störung für das Familiengefüge).
- Aufgrund von psychischen Störungen bei einem Familienmitglied entstehen für die Familie in der Regel mehr oder weniger starke zusätzliche Belastungen. Das heißt, die psychische Störung kann Auswirkungen auf die Familie zeitigen, durch die die Familiensituation und die Familienbeziehungen negativ beeinflusst werden (*Auswirkungen* der psychischen Störung auf die Familie).
- Schließlich führen psychische Störungen bei einem Kind oder Jugendlichen zu Reaktionen und Bewältigungsversuchen in der Familie, die mehr oder weniger gut aufeinander abgestimmt sein können (z.B. Zusammenarbeit bzw. Abstimmung zwischen den Eltern) und durch die die psychische Störung beeinflusst wird. Die weitere Entwicklung der psychischen Störung wird auch von der Qualität dieser Bewältigungsversuche abhängen (*Reaktionen* der Familie auf die psychische Störung und *Bewältigungsversuche*).

Wie sich die Zusammenhänge zwischen psychischer Störung und der Familie im Einzelfall darstellen, kann nicht im Vorhinein entschieden werden, sondern ist jeweils neu zu untersuchen. Für die Therapie ist dabei nicht nur die Frage von Bedeutung, wie individuelle und familiäre Probleme entstanden sind, weit wichtiger ist die Frage, wie das Kind und seine Familie aus diesen Schwierigkeiten wieder herausfinden können und was die Familie zur Lösung bzw. Bewältigung der individuellen psychischen Störung des Kindes bzw. Jugendlichen beitragen kann. Das heißt, die Familie wird nicht nur als „Teil des Problems", sondern mindestens ebenso als „Teil der Lösung" gesehen. Speziell im Hinblick auf die therapeutische Zusammenarbeit kann somit das dritte Grundpostulat formuliert werden:

Der familientherapeutische Ansatz ist deshalb von praktischer Bedeutung, weil die Familie wesentlich zur Bewältigung psychischer Störungen von Kindern und Jugendlichen beitragen kann.

Familientherapeutische Arbeitsformen werden auf diese Weise durch eine *positive Entwicklungsorientierung* begründet: Von der Familie selbst und speziell von den Eltern können die besten und wichtigsten Hilfen für das Kind kommen. Familientherapie deshalb, weil wir in der Familie die Lösungen für die anstehenden Probleme suchen.

Aus den angeführten Grundannahmen[2] ergibt sich für die therapeutische Arbeit die Schlussfolgerung, dass bei der Behandlung von psychisch gestörten Kindern und Jugendlichen immer – unabhängig von der Frage nach der Ätiologie der Störung – die Situation der Familie und des gesamten Umfeldes mit berücksichtigt werden sollte. Ob und in welchem Umfange dabei familientherapeutische Arbeitsformen genutzt werden sollen und können, ist dabei von der jeweiligen individuellen Faktorenkonstellation abhängig.

Definition

Von Familientherapie sprechen wir dann, wenn ein Schwerpunkt der Behandlung sich auf die Veränderung der familiären Beziehungen richtet. Die allgemeine Zielrichtung familientherapeutischer Arbeit liegt darin, die Bewältigungsmöglichkeiten der Familie zu unterstützen bzw. zu verbessern und positive Entwicklungsmöglichkeiten der Familie freizusetzen[3].

Definition: Was versteht man unter Familientherapie?

Familientherapie umfasst alle Formen von Psychotherapie, bei denen der explizite Schwerpunkt der Behandlung auf der Veränderung der Familie und insbesondere der familiären Interaktionen und Beziehungen liegt.

Ziele: Worin bestehen die inhaltlichen Ziele familientherapeutischer Arbeit bei psychischen Störungen von Kindern und Jugendlichen?

Die allgemeinen Ziele familientherapeutischer Arbeit liegen darin, die Möglichkeiten der Familie zur Bewältigung der psychischen Störung zu unterstützen bzw. zu verbessern und positive Entwicklungsmöglichkeiten der Familie freizusetzen.

Begründung: Warum sind familientherapeutische Arbeitsformen bei psychischen Störungen von Kindern und Jugendlichen sinnvoll und empfehlenswert?

Familientherapeutische Arbeitsformen sind bei psychischen Störungen von Kindern und Jugendlichen deshalb sinnvoll, weil die Familie und speziell die Eltern einen bedeutsamen Beitrag zur Bewältigung dieser psychischen Störung beitragen können.

Familientherapeutische Wirkprinzipien, Ziele und Methoden

Eine starre ausschließlich familientherapeutische Orientierung kann der Komplexität von psychischen Problemen im Kindes- und Jugendalter nicht gerecht werden. Familienbezogene Interventionen stellen nur einen kleinen, allerdings

[2] Zu den Grundlagen der Familientherapie (Ansätzen, Grundbegriffen, Grundannahmen und empirische Grundlagen) siehe Gurman u. Kniskern (1981, Hoffmann (1982), Mattejat (1985), Schlippe (1984) und Simon u. Stierlin (1984). Bezüglich einer Einordnung der Familientherapie in das Gesamtfeld der Psychotherapie siehe Senf u. Broda (1996) und Reimer et al. (1996).

[3] Diese Begriffsbestimmung entspricht der Definition von Gurman et al. 1986 (Übersetzung nach v. Sydow, 1996, S.297): „Familientherapie umfasst alle Formen von Psychotherapie, die explizit darauf hin orientiert sind, die Interaktionen zwischen Familienmitgliedern zu verändern und die Lebensbewältigung der gesamten Familie, ihrer Subsysteme und/oder individueller Familienmitglieder zu verbessern."

auch zentralen Ausschnitt aus allen Möglichkeiten dar. Sehr häufig stellt sich die Aufgabe, mehrere verschiedene Behandlungskomponenten aufeinander abzustimmen und in ein schlüssiges Behandlungskonzept zu integrieren (Mattejat 1997a, Remschmidt et al. 1994). Dabei kann sich die Zusammenarbeit mit der Familie der Patienten sehr unterschiedlich gestalten:

Allen Familien, die ihr Kind bzw. ihren Jugendlichen vorgestellt haben, sollte eine ausführliche Beratung angeboten werden; dies wird von den Familien auch in der Regel gerne wahrgenommen. In vielen Fällen intensiviert sich die Kooperation zu einer Elternarbeit, die sich unmittelbar auf die psychische Störung des Kindes bezieht; bei einem Teil der Familien stehen dagegen Beziehungskonflikte im Vordergrund, die in familientherapeutischen Gesprächen thematisiert werden können. In manchen Fällen schließlich führt die Vorstellung eines Kindes bzw. Jugendlichen dazu, dass die Eltern selbst eine Therapie beginnen (Paartherapie oder Einzeltherapie).

Die Zielsetzungen in der Zusammenarbeit mit Familien sind somit sehr unterschiedlich und müssen in jedem Fall neu bestimmt werden. Je nach individueller Zielsetzung können in der Familientherapie ebenso wie in der Einzeltherapie Methoden aus unterschiedlichen therapeutischen „Schulen" aufgegriffen und kombiniert werden, um der spezifischen Problematik möglichst gerecht zu werden (störungs- und problemspezifisches Behandlungsmodell).

Als Orientierungshilfe bieten sich dabei Konzepte an, in denen die Gemeinsamkeiten verschiedener Therapieansätze herausgearbeitet und in einen einheitlichen Zusammenhang gestellt werden. Im deutschen Sprachraum sind in diesem Zusammenhang die Arbeiten von Grawe et al. (Grawe et al. 1994, Grawe 1994) besonders einflussreich geworden. Sie beschreiben psychotherapeutische „Perspektiven" bzw. „Wirkprinzipien", die vielen Therapieansätzen gemeinsam sind und deren Bedeutung empirisch nachgewiesen ist.

Dieses allgemeine Konzept gilt nicht nur für individuenorientierte Therapieformen, sondern kann ebenso auf familientherapeutische Arbeitsformen angewandt werden[4]: In der familientherapeutischen Arbeit werden verschiedene Komponenten, die aus unterschiedlichen Schulrichtungen stammen können, in fallspezifischer Weise zu einem individuellen Therapieplan neu kombiniert („Komponentenmodell" der Psychotherapie). Die verwendeten Komponenten sind auf den jeweiligen Fall zu adaptieren, d. h., individuell so zu modifizieren (ja manchmal geradezu neu zu erfinden), dass die betroffenen Personen „etwas damit anfangen" können. In Weiterführung der von uns an anderer Stelle veröffentlichten Konzepte[5] und in Anlehnung an die von Grawe (1994) entwickelten Konzepte (und darüber hinaus in Anknüpfung an das 3-Phasen-Modell der Therapie von Howard et al. (1996) können wir in der Zusammenarbeit mit Familien von psychisch gestörten Kindern und Jugendlichen 3 verschiedene familientherapeutische Arbeitsperspektiven bzw. Wirkprinzipien unterscheiden: positive Orientierung, konkrete Problembewältigung und Beziehungsklärung (Abb. 34.**1** und Tab. 34.**1** bis 34.**3**).

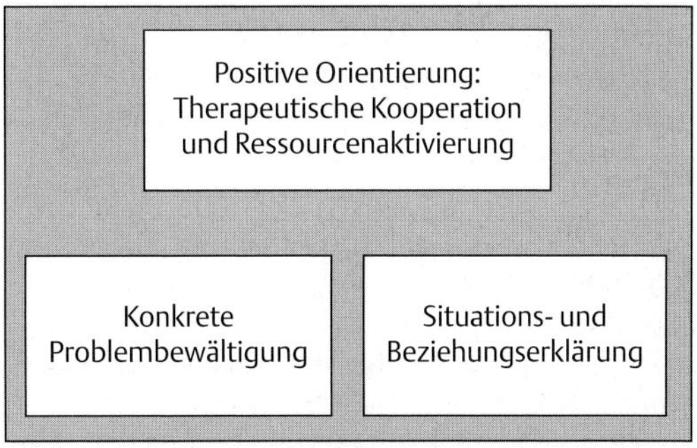

Abb. 34.**1** Familientherapeutische Wirkprinzipien.

■ Positive Orientierung

Zunächst einmal geht es darum, dass die Familienmitglieder in der Therapie mit einer positiven Einstellung an die Lösung der anstehenden Probleme herangehen. Häufig sind die Familien entmutigt, sie resignieren und erleben die Vorstellung in einer klinischen Einrichtung als Beweis ihres Versagens. Aus diesem Grund ist es vor allem in der ersten Therapiephase wichtig,

[4] Vgl. hierzu auch die Ansätze zu einer störungsspezifischen Familientherapie; s. z. B. Perlmutter (1996).

[5] Siehe hierzu Mattejat (1997c).

zunächst einmal darauf hinzuarbeiten, dass die Familie wieder Hoffnung schöpft, dass sie mit der Therapie positive Erwartungen verknüpft und dass sie beginnt, wieder ihre Kräfte und Fähigkeiten zur Problemlösung zu nutzen. Es geht hier also gleichsam um eine grundlegende positive Umstellung – weg von einer misserfolgsorientierten Haltung, hin zu einer Haltung mit realistischen Erfolgserwartungen.

Diese Umorientierung kann als Vorbereitung der „eigentlichen" Therapie betrachtet werden, denn je besser diese „therapeutische Umstellung" gelingt, umso bessere Erfolgschancen haben alle weiteren Interventionen. Gleichzeitig ist mit dem Begriff der positiven Orientierung ein Aspekt angesprochen, der im gesamten Therapieverlauf von zentraler Bedeutung ist und der ein zentrales Wirkprinzip jeglicher Therapie darstellt. Es umfasst neben der Qualität der Therapiebeziehung viele Faktoren, die in der Therapieforschung unter dem Oberbegriff „unspezifische Wirkfaktoren" zusammengefasst wurden; die hohe Bedeutung dieser Faktoren wird zwar von niemandem ernstlich bestritten, in der Ausbildung und auch in der Praxis aber wurde dieser Aspekt bisher (außer vielleicht im familientherapeutischen Bereich) sehr stark vernachlässigt. Ganz besonders wichtig ist dieser Aspekt in der Arbeit mit Familien von psychisch gestörten Kindern und Jugendlichen, weil wir es gerade hier häufig mit Familien zu tun haben, die dringend Hilfe benötigen, aber zunächst große Schwierigkeiten haben, Hilfe anzunehmen.

Unter den Begriff „positive Orientierung" fallen 2 Aspekte: Die Entwicklung einer positiven therapeutischen Kooperation (Therapiebeziehung) und die Aktivierung der familiären Ressourcen. Im Hinblick auf die Therapie kann eine positive Orientierung durch die bekannten Prinzipien der therapeutischen Beziehungsgestaltung (Akzeptanz, Empathie, Transparenz) gefördert werden; zu den weiteren Methoden, die in diesem Zusammenhang genutzt werden können, gehören z. B. die Entwicklung eines klar überschaubaren und für alle Beteiligten überzeugenden Therapiekonzeptes, eine klare, verständliche und verbindliche Rollenverteilung in der Zusammenarbeit und andere Interventionen zur Förderung der Therapiemotivation. Im Hinblick auf die Familie selbst geht es darum, dass die Familienmitglieder – in umgangssprachlicher Ausdrucksweise – wieder „den Glauben an sich selbst" finden: Sie sollen erkennen, dass sie Stärken und effektive Bewältigungsmöglichkeiten oder Lösungsmöglichkeiten haben, auf die sie sich stützen können und ermutigt werden, diese Ressourcen zu aktiven.

Schon in der diagnostischen Phase ist es deshalb wichtig, auf die positiven Entwicklungsmöglichkeiten der Familie zu achten. Die therapeutische Umstellung wird gefördert durch Methoden, die insbesondere in kurzzeittherapeutischen (De Shazer 1993, 1997) und in Ansätzen entwickelt wurden; aber auch im verhaltenstherapeutischen Kontext wurden solche Methoden verwendet. Bei diesen Methoden zur Förderung der familiären Restitution und Ressourcenaktivierung handelt es sich vielfach um „sanfte Hilfestellungen", die als vorsichtige Anregungen vorgetragen werden und wenig invasiv sind. Sie orientieren sich am „Prinzip der minimalen Intervention" (Kanfer et al. 1996), nach dem die therapeutische Hilfestellung möglichst umgrenzt sein soll, bis die Familie sich selbst alleine helfen kann, um ihre Selbsthilfemöglichkeiten nicht zu untergraben.

■ Konkrete Problemlösung

Bei vielen ambulanten Vorstellungen sind kurzzeittherapeutische Hilfestellungen, in denen eine positive Umorientierung erreicht wird, hinreichend, und die Familie kann die dargestellten Probleme alleine ohne weitere professionelle Hilfestellung bewältigen. In vielen Fällen aber sind kurzzeittherapeutische Hilfestellungen nicht hinreichend. Bei ungünstigeren Entwicklungsbedingungen oder gravierenderen Problemen benötigt die Familie intensivere und ausführlichere Hilfestellung für einen besseren Umgang mit der Symptomatik. Wenn es zu einer intensiveren Zusammenarbeit mit Familien kommt, die ihr Kind (bzw. Jugendlichen) wegen einer psychischen Störung vorgestellt haben, dann erwarten und erhoffen sich in der Mehrzahl der Fälle die Eltern, häufig auch die Patienten, möglichst klare Ratschläge und konkrete Hilfestellungen. Sie erwarten fachlich kompetente Informationen und „handfeste" Anleitungen, d. h., sie möchten klar gesagt und praktisch gezeigt bekommen, was sie tun können und wie sie dies tun sollen. In der Verhaltenstherapie und den so genannten psychoedukativen Ansätzen wurden eine Fülle von

Methoden entwickelt, wie Eltern und ganzen Familien solche praktischen Hilfestellungen vermittelt werden können. Das heißt, wir können hier auf ein breites Repertoire von behavioralen und kognitiven Methoden zurückgreifen, die wir in der Arbeit mit Familien nutzen können. In einer Reihe von Ansätzen wurden diese Methoden in spezielle familientherapeutische Arbeitsmodelle integriert, in denen gleichermaßen behavioral-kognitive wie systemische Konzepte berücksichtigt wurden (z.B. Mash u. Barkley 1989, Henggeler u. Borduin 1990, Henggeler et al. 1998).

Situations- und Beziehungsklärung

Neben der positiven Umorientierung und der konkreten Problembewältigung stellt die Situations- und Beziehungsklärung einen 3. wesentlichen Aspekt der familientherapeutischen Arbeit dar. Manche Familien, die mit ihrem Kind bzw. Jugendlichen zur Vorstellung kommen, sind gar nicht daran interessiert, dass sie Hilfe im Sinne der konkreten Problembewältigung erfahren, dass sie etwas „beigebracht" bekämen; denn es fehlen ihnen keine Fähigkeiten oder Kompetenzen im Umgang mit den anstehenden Problemen (die sie etwa durch Trainings erwerben könnten), sondern sie haben vielmehr den Eindruck, dass sie sich in ihre Probleme oder Konflikte „verrannt" haben und „den Wald vor lauter Bäumen nicht mehr sehen". Für die Familienmitglieder stehen in solchen Fällen häufig Beziehungskonflikte im Vordergrund.

Individuelle psychische Störungen (falls solche überhaupt vorliegen) werden von ihnen als Folgen der Beziehungskonflikte gesehen. Von der Therapie erhoffen sie sich Hilfe für die Klärung ihrer Situation und ihrer Beziehungen, d.h., Hilfestellungen, um aus diesen Verstrickungen herauszufinden und Anregungen dafür, ihre Situation besser verstehen oder in einem neuen Licht betrachten zu können. Die Therapie wird von der Familie gesucht, weil sie in diesem Rahmen eine Möglichkeit sieht, die anstehenden Fragen und Probleme in anderer Weise zu besprechen als „sonst zu Hause", wo man „sich im Kreise dreht", nämlich in einer Weise, die weiterführt, etwa indem neue Aspekte erkannt werden. Der Therapeut hat in solchen Gesprächen die Rolle eines unparteiischen Gesprächsmoderators, d.h. einer Person, die an den Problemen und Konflikten nicht unmittelbar beteiligt ist und deshalb die Situation „von außen" sehen kann. Das typische Setting zur Situations- und Beziehungsklärung sind gemeinsame Familiengespräche. Solche Gespräche sind häufig alleine schon deshalb nützlich und hilfreich, weil sich die Familienmitglieder in einer neuen Umgebung (z.B. in einer Klinik oder Praxis) und mit einem oder mehreren Therapeuten als zusätzlichen Gesprächspartnern besser auf das Gespräch konzentrierten, im Gespräch dort höflicher miteinander umgehen als zu Hause und einander auch besser zuhören[6]. In solchen gemeinsamen Familiensitzungen kann der Therapeut darüber hinaus auf eine Fülle von nützlichen Gesprächstechniken und nichtverbale Methoden zurückgreifen, die speziell für familientherapeutische Sitzungen entwickelt wurden. In diesem Zusammenhang sind an erster Stelle die in der systemischen Familientherapie entwickelten Methoden der Gesprächsführung zu nennen, darüber hinaus aber auch Methoden der nichtverbalen Darstellung (Inszenierungen, Rollenspiel, Skulptur), so wie sie z.B. in „humanistischen" Therapieansätzen entwickelt wurden.

Bei den angeführten 3 grundlegenden Wirkprinzipien bzw. Therapieperspektiven handelt es sich natürlich um eine Einteilung mit fließenden Grenzen und vielfältigen Übergängen, die dem heuristischen und pragmatischen Ziel dient, einen gewissen Überblick in der Vielfalt der Arbeitsformen zu gewinnen. Die Grundperspektiven ergänzen und unterstützen sich wechselseitig: Je besser eine positive Umorientierung gelingt, umso eher können die beiden anderen Perspektiven sinnvoll entwickelt werden, und umgekehrt gilt auch: Fortschritte unter der Perspektive der konkreten Problemlösung oder der Situations- und Beziehungsklärung wiederum fördern und stärken eine positive Umorientierung. Wichtig ist, dass in jeder Therapie immer alle 3 Perspektiven zu berücksichtigen sind, wobei das Gewicht der einzelnen Perspektiven von Fall zu Fall sehr unterschiedlich verteilt sein kann.

[6] Diese trivialen Effekte des Settings sind möglicherweise genauso bedeutsam wie die Effekte, die durch komplexe Therapiemethoden erreicht werden können.

Tabelle 34.1 Kurzcharakteristik zum Wirkprinzip „positive Orientierung“: „therapeutische Kooperation und Ressourcenaktivierung“

Ziel	Aktivierung der positiven Bewältigungsmöglichkeiten und Stärken der Familie und Entwicklung einer produktiven therapeutischen Zusammenarbeit
Aufgabe des Therapeuten	Förderung der therapeutischen Kooperation und Ressourcenaktivierung
Fokus der Aufmerksamkeit	Therapiebedingungen
Typisches Setting	Keine typischen Settings; alle Settings sind gleichermaßen möglich
Typische Methoden	Methoden der Kurzzeittherapie
Autoren / Literaturhinweise (typische Beispiele)	De Shazer 1993, 1997, Berg 1997, Karpel 1986, Kanfer et al. 1996

Tabelle 34.2 Kurzcharakteristik zum Wirkprinzip „konkrete Problembewältigung“

Ziel	Verbesserung der Kompetenz der Familienmitglieder im Umgang mit den anstehenden Problemen.
Aufgabe des Therapeuten	Konkrete und aktive Anleitung zur Problembewältigung
Fokus der Aufmerksamkeit	Umgang mit der Symptomatik bzw. Problematik („Kindzentrierte Eltern- oder Familienarbeit“)
Typisches Setting	Elternsitzung oder Familiensitzung; Eltern- oder Familiengruppen (jeweils mit oder ohne parallele Einzeltherapie)
Typische Methoden	Psychoedukative Programme; behavioral-kognitive Methoden; Elterntrainings
Autoren / Literaturhinweise (typische Beispiele)	Alexander u. Parsons 1982, Alexander et al. 1988, Buchkremer u. Rath 1989, Warnke 1997, Mash u. Barkley 1989, Henggeler u. Borduin 1990, Henggeler et al. 1998, Hahlweg et al. 1995, Kuipers et al. 1992

Tabelle 34.3 Kurzcharakteristik zum Wirkprinzip „Situations- und Beziehungsklärung“

Ziel	Klärung und Neubetrachtung der Familiensituation damit die Familienmitglieder besser in der Lage sind, die familiäre Situation im Sinne ihrer Zielsetzungen zu gestalten
Aufgabe des Therapeuten	Anregung zur Klärung der familiären Situation
Fokus der Aufmerksamkeit	Familienbeziehungen und -konflikte (Beziehungszentrierte Familientherapie; „Familientherapie im engeren Sinne“)
Typisches Setting	Familiensitzungen
Typische Methoden	Systemische und humanistische Methoden
Autoren / Literaturhinweise (typische Beispiele)	Selvini-Palazzoli et al. 1977, 1981, Andersen 1987, 1990, Ludewig 1993, Schlippe u. Schweitzer 1996

Familiendiagnostische Methoden

Überblick

Die Familien- und Umfelddiagnostik hat die Aufgabe, die familiären, sozialen und ökologischen Umstände zu erfassen, die für die Entstehung, Aufrechterhaltung oder Bewältigung von familialen Beziehungskonflikten oder psychischen Störungen bedeutsam sind. Die familiendiagnostische Analyse hat 2 Ebenen:

- *Die Bedeutung der Familie und des Umfeldes:* Es ist abzuklären, welchen Stellenwert die Familie für die individuelle Psychopathologie hat und welche Bedeutung die individuellen psychischen Probleme des vorgestellten Patienten für die Familie haben. Das Ziel dieser Untersuchung ist, die Probleme, die zur Vorstellung führten, in ihrem Kontext zu verstehen.
- *Die Möglichkeiten der Therapie:* Gleichzeitig ist zu untersuchen, welche Art der Hilfestellung die Familie annehmen kann, welche sie von vorneherein ablehnt und ob sich diese mit unseren Vorstellungen und Möglichkeiten vereinbaren lässt. Das Ziel der Familiendiagnostik auf dieser Ebene besteht darin, die Kooperationsmöglichkeiten mit der Familie herauszufinden. Diese diagnostische Abklärung stellt gleichzeitig den Einstieg in die weitere Zusammenarbeit mit der Familie dar.

Die Familien- und Umfelddiagnostik zielt dabei nicht unbedingt auf eine Veränderung des Umfeldes oder eine Familientherapie ab, sondern sie soll helfen, die Indikation zu stellen, ob überhaupt eine Behandlung notwendig ist, welche Therapieform am ehesten zu empfehlen ist und in welcher Weise dabei mit der Familie zusammengearbeitet werden kann (zur Familiendiagnostik vgl. auch Baumann et al. 1994, Cierpka 1987 und 1996 sowie Kaslow 1996).

Eine solche ausführlichere Familien- und Umfelddiagnostik ist immer dann indiziert, wenn eine Therapie in Erwägung gezogen wird. In einem solchen Fall ist – unabhängig von der letztlich gewählten Therapieform – eine genauere Familiendiagnostik sinnvoll, um die Kooperation mit der Familie anzubahnen. Im Zentrum einer familiendiagnostischen Untersuchung kann ein Elterninterview oder ein gemeinsames Familieninterview mit den Eltern, dem vorgestellten Patienten und eventuell weiteren Familienmitgliedern (z.B. Geschwistern) stehen. Elterninterviews aber haben den Nachteil, dass die Eltern-Kind-Interaktion nicht direkt beobachtet werden kann, dies ist nur in gemeinsamen Familieninterviews möglich. In der klinischen Praxis ist deshalb das gemeinsame familiendiagnostische

Tabelle 34.**4** Einteilung familiendiagnostischer Methoden

Diagnostisches Setting	*Diagnostisches Verfahren* *		
	Interview	Fragebogen / andere Verfahren	
Gemeinsam mit der ganzen Familie oder einem Familienteil	Gemeinsames familiendiagnostisches Interview	Interaktionsaufgaben (z. B. gemeinsamer Rorschachtest)	
Einzeln mit dem Kind / Jugendlichen oder weiteren Familienmitgliedern	Familiendiagnostisch orientierte Einzelexploration	Fragebogenverfahren (z. B. GT, FB, SFB)	Andere Untersuchungsverfahren (z. B. FAST, FIT, projektive Verfahren)

* Zu weiteren Angaben vgl. Cierpka (1987, 1996). Erläuterung der Abkürzungen:
GT: Gießen-Test (Beckmann u. Richter 1972)
FB: Familienbögen (Cirepka u. Frevert 1995)
SFB: Subjektives Familienbild (Mattejat 1993, Mattejat u. Scholz 1994)
FAST: Familien-System-Test (Gehring 1994)
FIT: Familien-Identifikations-Test (Remschmidt u. Mattejat 1999)

Interview die wichtigste Methode der Familien- und Umfelddiagnostik, die durch weitere familiendiagnostische Methoden, wie z. B. Fragebogenverfahren, Interaktionsaufgaben für die Familie oder durch familiendiagnostische Einzeluntersuchungen (jede Person getrennt) ergänzt werden kann (Tab. 34.**4**). Wegen der praktischen Bedeutung des gemeinsamen familiendiagnostischen Interviews wird auf diese Methode hier ausführlicher eingegangen.

Das gemeinsame familiendiagnostische Interview

Rahmenbedingungen: Als Beispiel dafür, wie ein familiendiagnostisches Anfangsinterview durchgeführt werden kann, wird im folgenden die Interviewmethode, so wie sie in der Familienambulanz der Klinik und Poliklinik für Kinder- und Jugendpsychiatrie der Philipps-Universität Marburg entwickelt und erprobt wurde, vorgestellt („Marburger Familiendiagnostisches Interview"; nach Remschmidt u. Mattejat 1981, 1996, 1998). Zum Gespräch werden in der Regel der vorgestellte Patient und seine Eltern, bei Bedarf auch weitere Familienangehörige (z.B. Geschwister) eingeladen. Das Interview wird nach Möglichkeit von jeweils 2 Kollegen durchgeführt, wobei ein Kollege das Gespräch mit der Familie führt, der andere den Gesprächsverlauf am Videoschirm beobachtet; für eventuell notwendige genauere Auswertungen oder für eine mögliche Rückmeldung an die Familie wird außerdem eine Videoaufzeichnung des Gesprächs erstellt. Für das Gespräch ist etwa eine Stunde vorgesehen, die Auswertung beansprucht ca. ½ Stunde.

Prinzipien der Gesprächsführung: Bei der Führung des Gesprächs orientiert sich der Interviewer bzw. der Therapeut an den folgenden Prinzipien:

- *Transparenz:* Die Situation soll für die Familie gut überschaubar sein, damit sich die Familie im Kontakt mit dem Therapeuten sicher fühlen kann. Zur Transparenz gehört, dass der Therapeut seinen Kenntnisstand (z. B. Vorinformationen über die Familie) mitteilt; weiterhin gehören dazu Erläuterungen zum Gesprächszweck, die Erklärung der technischen Mittel, die Besprechung der Frage, wer welche Informationen erhält und natürlich die Einverständniserklärung der Beteiligten.
- *Kooperation:* Grundlage eines produktiven Familiengesprächs ist eine Kooperative Grundhaltung des Diagnostikers bzw. Therapeuten: Die Familie wurde nicht eingeladen, um sie „auszuforschen" und auch nicht weil wir in der Familie Probleme vermuten, die verändert werden müssten, sondern weil wir der Familie eine Zusammenarbeit anbieten möchten mit dem Ziel, gemeinsam Lösungswege für die anstehenden Probleme herauszufinden. Diese Zusammenarbeit ergibt sich aus einer gemeinsamen erarbeiteten Zielsetzung, und sie ist prinzipiell gleichberechtigt; die Aufgaben von Familienmitgliedern und Therapeut(en) sind dabei aber unterschiedlich.

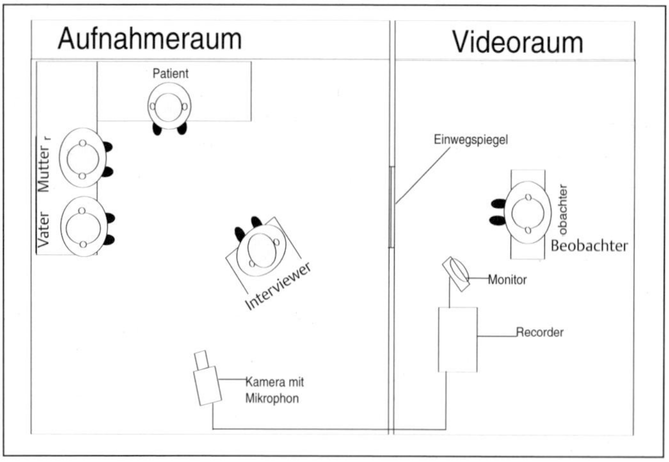

Abb. 34.**2** Die familiendiagnostische Standardsituation.

- *Expertenverantwortung:* Der Therapeut hat die Aufgabe, das Gespräch zu leiten und darauf zu achten, dass die abzuklärenden Fragestellungen behandelt werden (Überblick über die Gesprächsthemen), dass alle anwesenden Familienmitglieder ins Gespräch einbezogen sind, dass er selbst seine diagnostischen Aufgaben wahrnehmen kann, dass kein Gesprächsteilnehmer über Gebühr belastet bzw. verletzt wird und dass die anderen Prinzipien des Gesprächs gewahrt werden. Wenn die Bedingungen für einen produktiven Gesprächsverlauf nicht gegeben sind, ist es die Aufgabe des Therapeuten das Gespräch notfalls auch abzubrechen.
- *Perspektivität:* Es wird betont, dass jeder seine eigene Sichtweise hat, dass deshalb jeder einen anderen Aspekt zum Gesamtbild beitragen kann, und uns deshalb die persönliche Meinung jedes Einzelnen wichtig und für die Zusammenarbeit nützlich ist. Der Interviewer befragt möglichst ausgewogen alle anwesenden Familienmitglieder und versucht dabei, sich in denjenigen einzufühlen, der gerade seine Position erläutert.
- *Empathie und Akzeptanz:* Es geht zunächst darum, zu akzeptieren, was die Familie mitzuteilen hat, Bewertungen sind nicht angebracht. Der Therapeut kann und soll sich ganz darauf konzentrieren, das, was ihm die Familienmitglieder mitzuteilen haben, möglichst genau aufzunehmen und zu verstehen.
- *Entwicklungsorientierung:* Der Therapeut würdigt das Vertrauen, das die Familie ihm schenkt. Wo die Familie nur Fehlschläge erblickt, hebt er die für die weitere Entwicklung produktiven Ansätze hervor. Die Fragen und der Abschlusskommentar des Interviewers lenken den Blick immer wieder auf positive Veränderungsmöglichkeiten, und auf die Selbsthilfemöglichkeiten der Familie. Die Entwicklungsorientierung markiert den Übergang zur Therapie.
- *Therapeutische Abstinenz:* Im ersten gemeinsamen Familiengespräch ist es in der Regel sinnvoll, sich vor allzu schnellen Interventionen zu hüten. Bei allen Fragen, die die Behandlung betreffen, kann darauf verwiesen werden, dass zunächst die Problematik etwas genauer verstanden werden muss, bevor Ratschläge gegeben oder Vorschläge gemacht werden können. Alle Interventionen, die auf Veränderungen der Familie abzielen, sollten unterlassen werden. Therapeutisch gemeinte Interventionen sollten erst dann begonnen werden, wenn dies mit der Familie abgesprochen ist[7].

Inhaltliche Struktur und Ablauf: Das Gespräch ist in sechs Bereiche gegliedert, die immer angesprochen werden sollten. Damit wird ein gewisses Maß an Strukturierung angestrebt, jedoch nicht um den Preis der Verdeckung familiendiagnostisch wertvoller Informationen. Meistens spricht die Familie die genannten Bereiche von sich aus an; eine Reihenfolge hinsichtlich der Strukturbereiche braucht nicht eingehalten zu werden, die Familie sollte möglichst wenig „gebremst" werden.

- *Kontakt und allgemeine Information:* Der Interviewer stellt sich selbst vor, erkundigt sich nach den Namen der Familienmitglieder, spricht dabei jeden Einzelnen an, informiert über die Videoaufzeichnung, den Kollegen am Bildschirm, holt das Einverständnis der Familie hierzu ein, informiert über den Zweck und die Dauer des Gesprächs und betont das diagnostische Interesse.
- *Vorerfahrungen, Zuweisungsweg und Vorstellungsentscheidung:* Das Interview beginnt mit der Frage, wie es zur Vorstellung des Kindes oder Jugendlichen gekommen ist bzw. wie die Familie dazu gekommen, sich in der Klinik zu melden. Dabei hat die Familie die Möglichkeit, den Zuweisungsweg, den Prozess der „Definition des Patienten", die Vorbehandlungen oder die Symptome des Kindes selbst zu thematisieren.
- Exploration der individuellen Problematik des Kindes / Jugendlichen: Typische Fragen bei der Exploration der Probleme des Kindes sind: „Was war denn jetzt der Grund für die

[7] Das Prinzip der therapeutischen Abstinenz im familiendiagnostischen Erstgespräch wird sicherlich von manchen Familientherapeuten nicht geteilt. Nach der Erfahrung des Autors ist dieses Prinzip aber von fundamentaler Bedeutung: Die ausschließlich diagnostische Orientierung entlastet die Therapeuten; je besser sie gelingt, umso eher erlebt die Familie das Gespräch als hilfreich und insofern als „therapeutisch". Gerade dadurch, dass vom Therapeuten kein „Veränderungsdruck" ausgeht, wird Veränderung ermöglicht.

Vorstellung?" oder „Um welche Probleme geht es jetzt im Einzelnen dabei?"

- *Familie:* Der Bereich „Familie" nimmt den größten Zeitraum ein und bezieht sich auf drei Aspekte: Zum einen wird danach gefragt, wie das Problem des Patienten in der Familie emotional und kognitiv aufgenommen wird, wie darauf in der Familie reagiert wurde und wie die Familie bisher versucht hat, die Probleme zu bewältigen; zweitens werden die Familienbeziehungen und familiären Bewältigungsformen angesprochen und schließlich wird die allgemeine psychosoziale Situation des Kindes und der Familie (Probleme, Belastungen, Ressourcen) erfragt.
- *Therapievorstellungen:* Zunächst werden die allgemeinen Lösungsvorstellungen exploriert, um dann auf die speziellen Therapievorstellungen zu kommen. Typische Fragen zu diesem Bereich wären: „Was können Sie selbst zur Lösung der Probleme beitragen?", „Wie meinen Sie, können wir Ihnen bei der Lösung dieser Probleme helfen?", oder „Haben Sie bestimmte Vorstellungen, wie die Therapie in der Klinik laufen sollte?" oder „Haben Sie irgendwelche Befürchtungen im Zusammenhang mit der Therapie?"
- *Abschlussvereinbarungen:* Vor Abschluss des Gespräches erkundigt sich der Interviewer danach, ob die Familie noch irgendwelche Fragen an ihn hat. Am Ende des Gespräches werden gemeinsam mit der Familie Vereinbarungen über das weitere Vorgehen getroffen, d.h. es wird über die noch aussstehenden Untersuchungen informiert, und es können weitere Termine vereinbart werden.

Auswertung: Die diagnostische Informationsgewinnung hat 2 Blickpunkte: die subjektive Perspektive und das objektive Interaktionsverhalten:

- *Die subjektive Perspektive:* Zum einen geht es im Interview darum, die Sichtweise jedes einzelnen Familienmitgliedes möglichst genau kennen zu lernen und die Unterschiede zwischen den subjektiven Perspektiven der einzelnen Familienmitglieder zu verstehen. Im Gegensatz zu Anamnesegesprächen – in denen ein möglichst objektives Bild von der Lebenssituation des Patienten gewonnen werden soll – wird das subjektive Moment und die Unterschiedlichkeit subjektiver Wahrnehmungen und Einstellungen („jeder sieht es mit anderen Augen") betont.
- *Das objektive Interaktionsverhalten:* Dabei erhalten wir im Gesprächsverlauf nicht nur inhaltliche Informationen über die Familie; genauso wichtig ist die Art und Weise, wie die Familienmitglieder im Gespräch interagieren und in welcher Weise sie Kontakt zum Interviewer aufnehmen.
- Im Hinblick auf beide Aspekte können die Eindrücke des Interviewers und des Beobachters am Videoschirm sehr unterschiedlich sein; dies ist kein Nachteil, sondern bereichert die Diagnostik, denn auch hier gilt der Satz „Information ist der Unterschied, der einen Unterschied macht": Die unterschiedlichen Eindrücke können diskutiert und reflektiert werden, um zu einer gemeinsamen diagnostischen Einschätzung zu gelangen. Das Ergebnis dieser Diskussion lässt sich in einem familiendiagnostischen Befund festhalten (zu Fallbeispielen mit familiendiagnostischen Befunden siehe Remschmidt u. Mattejat 1998). Die wichtigsten Fragen, die hierbei behandelt werden sollten, sind in Tabelle 34.**5** aufgeführt. Für eine systematischere Auswertung können darüber hinaus klinische Ratingskalen verwendet werden (vgl. Cierpka 1996, wo mehrere solcher Systeme dargestellt sind; eine eigene Entwicklung sind die „Marburger Familiendiagnostischen Skalen", s. Remschmidt u. Mattejat 1981). Eine mikroanalytische Auswertung der Familiengespräche bedeutet einen noch höheren Aufwand; dazu gehören z.B. Auswertung mit Hilfe von Kategoriensystemen oder auch inhaltsanalytische Untersuchungen. Solche Mikroanalysen aber sprengen den Rahmen der klinisch-praktischen Tätigkeit, sie sind primär von wissenschaftlichem Interesse.

Familientherapeutische Methoden

■ Die therapeutische Grundmethode

Die Prinzipien, die für den ersten diagnostischen Kontakt mit der Familie gelten, sind gleichzeitig auch die wichtigsten Grundlagen einer produktiven therapeutischen Kooperation.

Die Grundmethode der familientherapeutischen Arbeit besteht somit darin, dass der Therapeut die beschriebenen Prinzipien Transparenz, Kooperation und Expertenverantwortung, akzeptierend-empathische Einstellung, Perspektivität und positive Entwicklungsorientierung beachtet. Dabei ist klar, dass diese Prinzipien in keinem Sinne vollständig realisiert werden können. Sie stellen immer nur Zielvorstellungen dar, denen der Therapeut sich zu nähern versucht. Gerade die Momente, in denen der Therapeut Schwierigkeiten bei der Realisierung dieser methodischen Prinzipien hat, sind für ein Verständnis des Therapieprozesses von besonderem Wert. Das heißt, die Erwartung an den Therapeuten besteht nicht darin, dass er die gestellten Zielsetzungen erreicht, sondern eher darin, dass er bereit ist, sich ernsthaft zu fragen, ob und in welcher Hinsicht er die Therapieprinzipien realisieren kann und in welcher Hinsicht dies nicht der Fall ist. Durch die Annäherung an diese Zielvorstellungen entsteht ein Klima, in dem die Familienmitglieder durch die Therapiegespräche neue Anregungen erhalten, die sie erproben können. In diesem Milieu können spezielle Techniken genutzt werden, um die Familie bei ihrer Entwicklung anzuregen und zu unterstützen. Einige typische Beispiele für diese Methoden werden in den folgenden Abschnitten dargestellt. Vor der Nutzung dieser Techniken aber ist zu bedenken, dass es in günstigen Fällen gar nicht notwendig ist, von uns aus eine Therapietechnik in die Familie gleichsam „hineinzutragen“, sondern dass es genügt, die Veränderungsansätze der Familie aufmerksam aufzunehmen; damit hat die Familie häufig schon genügend Unterstützung, Verstärkung oder auch In-Frage-Stellung, also die Anregung, die sie von uns wünscht. Im Zweifelsfalle sollte sich der Therapeut eher zurücknehmen und einen therapeutischen Aktionismus vermeiden, um statt dessen ein Maximum von Verantwortung bei der Familie zu belassen. Die familientherapeutischen Interventionsmethoden stellen Differenzierungen und Spezifizierungen der genannten Prinzipien dar. Einige wichtige Methoden werden im Folgenden exemplarisch herausgegriffen.

■ Förderung einer positiven Orientierung

Eine positive Orientierung im Sinne des ersten familientherapeutischen Wirkprinzips kann in der Regel durch Fragen an die Familienmitglieder gefördert werden. Im Folgenden sind eine Reihe von „nützlichen Fragen“ aufgeführt, die in kurz-

Tabelle 34.**5**

Familiendiagnostische Bereiche	**Familiendiagnostische Fragestellungen**
Allgemeine familiale Entwicklungsbedingungen	Was sind die wichtigsten familiären Belastungsfaktoren, welche aktuellen Entwicklungsaufgaben stellen sich der Familie, auf welche Ressourcen kann sie sich stützen? Welche Familienmerkmale stellen vermutlich Risikofaktoren bzw. auslösende Faktoren der psychischen Störung dar, welche Familienmerkmale stellen protektive Faktoren dar?
Stellenwert der psychischen Störung in der Familie	Wie hat sich das Familienleben verändert, seitdem die psychischen Probleme aufgetreten sind? Was versucht der Patient durch seine Verhaltensweisen in der Familie zu erreichen und was erreicht er tatsächlich? Welche negativen Folgewirkungen hatte die psychische Störung? Welche positive Funktion hat die psychische Störung? Welche andere Familienprobleme sind durch die psychische Störung in den Hintergrund geraten?
Problemspezifische familiäre Bewältigungsformen	Wie reagieren die Familienmitglider auf die psychische Störung, wie haben sie sich darauf eingestellt? In welcher Hinsicht werden durch diese Reaktionen bzw. Lösungsversuche die vorliegenden Probleme eher stabilisiert bzw. verschärft? In welcher Hinsicht sind diese Versuche im erwünschten Sinne wirksam und tragen zur Bewältigung bei?

zeittherapeutischen Ansätzen zur Förderung einer positiven Lösungsorientierung genutzt werden (modifiziert nach DeShazer 1993 und nach Berg u. Miller 1993; Wienand 1997):

Frage zum Vorstellungseffekt:
Was hat sich in der Zeit von der Anmeldung bis zum ersten Termin (bis heute) verändert (Falls keine Verbesserung berichtet wird: Hat sich auch etwas gebessert)?

Frage nach den Ausnahmen:
Zu jedem Problem, je nach Problemdarstellung: Wann ist das nicht so gewesen? Wann ist das anders gewesen? (Wann hat sich .. anders verhalten? Wie war das? Können Sie das genauer schildern?)

Wunderfrage:
Heute Nacht während Sie schlafen, geschieht ein Wunder und die Probleme, deretwegen Sie gekommen sind, sind über Nacht alle gelöst. Sie wachen nun am Morgen auf und das Wunder ist geschehen: Woran würden Sie zuerst merken, dass die Probleme gelöst sind? Was fällt Ihnen als erstes auf? Was noch? Welchen kleinen Schritt müssten Sie tun, damit ein kleiner Teil des Wunders (ein Anflug dieses Wunders) tatsächlich eintreten kann?

Unter ganz anderen theoretischen Voraussetzungen werden ähnliche Fragen verwendet, die ebenfalls darauf abzielen, eine positive Entwicklungsorientierung zu fördern (z. B. die „Fragen zur ‚Ziel- und Wertklärung'" im verhaltenstherapeutischen Lehrbuch von Kanfer et al. 1996).

■ Symptomverschreibung

Im Vergleich zu direkten Vorschlägen und Anweisungen sollten *paradoxale Verschreibungen* noch vorsichtiger angewandt werden. Sie sind dann zu erwägen, wenn durch direkte Vorschläge die Probleme eher verschlimmert als verbessert werden. Dies kann der Fall sein, wenn die Schwierigkeiten gerade durch die Bemühungen, das Problem zu lösen, aufrechterhalten werden. Der Versuch, besonders flüssig zu sprechen, wird z. B. einem stotternden Patienten in der Regel nicht helfen, sondern kann seine Symptomatik noch verschärfen. Direkte Anweisungen helfen auch dann nicht weiter, wenn die Familienmitglieder sich in einer paradoxen Situation verfangen haben. Eine solche *paradoxe Verstrickung* kann sich z. B. auf die therapeutische Situation selbst beziehen, etwa in folgendem Sinne: „Ich möchte selbst aus meinen Problemen herausfinden, habe es aber bisher nicht geschafft, deshalb bin ich unfähig. Wenn aber die Therapie in Gang käme und zu Veränderungen führen würde, dann wäre damit endgültig bewiesen, dass ich ‚unfähig' bin. Also darf ich in der Therapie nicht mitarbeiten." In einer solchen Situation kann versucht werden, der Paradoxie mit einer *„therapeutischen Paradoxie"* zu begegnen: Der Therapeut kann z. B. deutlich machen, dass es zunächst wichtig ist, nichts zu verändern und dass die Symptome in der vorhandenen Form beibehalten werden können oder gar noch zu steigern sind: „Du kannst dich ändern, indem du (zunächst) so bleibst wie du bist." Auch wenn sich zunächst keine Fortschritte zeigen, so hat der Patient doch die Vorschläge des Therapeuten befolgt und in der Therapie mitgearbeitet. Wenn er aber seine Symptome ablegt, dann hat er genau das erreicht, was er wollte und die Probleme sogar gegen die Ratschläge des Therapeuten bewältigt.

Dies kann an einem Beispiel verdeutlicht werden: Das Hauptproblem in der Familie besteht darin, dass es täglich zu lange andauerenden und heftigen Streitigkeiten zwischen den Eltern und der Tochter, dann aber auch zwischen den Eltern kommt. Selbst wenn sich alle um Ruhe bemühen und sich voneinander fern halten, kommt es doch aus den nichtigsten Anlässen zu einem Schlagabtausch, was für alle zu einer extremen Belastung geworden ist. Auch in den Familiensitzungen können diese lauten und eskalierenden Auseinandersetzungen vom Therapeuten nicht unterbrochen werden, sodass eine sinnvolle Therapie unmöglich erscheint.

Eine Symptomverschreibung, die sich direkt auf das Verhalten in der Sitzung richtet, könnte z. B. in folgender Weise versucht werden: „Sie haben mir gerade gezeigt wie sie in einen solchen Streit hineingeraten; ich glaube, ich kann mir das schon etwas vorstellen (positive Umdefinition). Vielleicht können Sie noch etwas weiter machen und den Streit noch ein paar Minuten weiterlaufen lassen. So wird mir das vielleicht noch deutlicher. Später können wir dann darüber sprechen." Die Familie wird gebeten, etwas bewusst zu tun, was ihr sonst nur ständig „passiert". Wenn die

Familie weiterstreitet, dann ist dies Teil der therapeutischen Zusammenarbeit; wenn sie irritiert reagiert und der Streit nicht mehr so recht in Gang kommen will, was genauso gut geschehen kann, wird eine andere Art von Gespräch ermöglicht.

Familienverträge

Jede Therapie beruht auf impliziten Verträgen; das *therapeutische „Bündnis"* ist – unabhängig von der einzelnen Methode – die Grundlage der Behandlung. Die Verwendung von schriftlich fixierten Verträgen als therapeutische Methode stammt aus der Verhaltenstherapie. In der Familientherapie besteht ein Vertrag darin, dass gemeinsam mit der Familie *feste Vereinbarungen* getroffen werden, die – um ihre Verbindlichkeit zu unterstreichen – auch schriftlich festgehalten werden. Durch die *schriftliche Fixierung* werden ganz bestimmte und umschriebene Verhaltensaspekte gezielt hervorgehoben und in den Blickpunkt gerückt. Neben diesen expliziten Aspekten sind aber die nichtgenannten Implikationen – an erster Stelle die Implikation, dass es sich bei den Partnern um vertragsmündige, also verantwortliche Partner handelt – ebenso wichtig. Bei der Nutzung von Verträgen sind eine Reihe von Prinzipien zu beachten. Zuallererst sollten Verträge praktisch erfüllbar und damit positiv erfolgsorientiert sein. Das bedeutet, dass sie sehr genau auf die Möglichkeiten der Familie zugeschnitten sein müssen. Sie sind um so sinnvoller, je besser die Beteiligten motiviert sind, die Absprachen zu realisieren; Verträge dürfen deshalb der Familie nicht aufoktroyiert werden, sondern sollen aus der Diskussion mit der Familie entstehen. In ihnen sollten die Vorschläge der Familienmitglieder aufgegriffen werden, so weit dies irgend möglich ist. Verträge eignen sich besonders für solche Fälle, in denen es wichtig erscheint, dass die Therapie *Ordnung und Zielrichtung* gewinnt, und wenn die familiären Interaktionen gesteuert werden sollen (z.B. um Eskalationen oder Rückschritte zu vermeiden). Sie können auch dann nützlich sein, wenn klare *Strukturen und Abgrenzungen* in der Familie gefördert werden sollen oder wenn die Verantwortlichkeiten geklärt werden sollten, um für die Familienmitglieder selbst die Überschaubarkeit in der Familie zu verbessern.

Zirkuläre Fragen

Individuelle Verhaltensweisen sind eingebettet in zirkuläre Interaktionsabläufe, in denen die einzelnen Komponenten gleichermaßen als Ursache wie als Wirkung aufgefasst werden können. Durch die gewohnte Form unseres Sprechens (und insbesondere durch die Beschuldigung von Gesprächspartnern „du bist schuld"; „Ich mache das, weil du dich so verhältst") werden aber meist lineare Ursache-Wirkungs-Zusammenhänge nahe gelegt, wobei jeder die Ursache der Beziehungsprobleme im anderen sieht. Durch zirkuläre Fragen dagegen wird die Einbettung von Verhaltensweisen in komplexe systemische Interaktionsmuster betont und einseitige und „festgeschriebene" Ursache-Wirkungs-Zusammenhänge werden aufgelöst zugunsten einer offeneren Betrachtungsweise, die mehrere Interpretationen ermöglicht. Dies kann am Beispiel einer emotionalen Äußerung verdeutlicht werden (modifiziert nach v. Schlippe et al. 1995; zit. n. v. Sydow 1996): Wenn z.B. ein Gesprächsteilnehmer weint, kann der Therapeut ihn direkt („linear") fragen, was er im Moment empfindet („Warum weinst du, was ist mit dir los?"). In zirkulären Fragen wird berücksichtigt, dass das Weinen der einen Person in einen interaktiven Zusammenhang eingebettet ist („Was denkst du, was dein Weinen für deine Frau bedeutet?" „Was denkst du, was es bei deiner Mutter auslöst, deinen Vater weinen zu sehen?"). Zirkuläre Fragen stellten das individuelle Verhalten in einen kommunikativen Zusammenhang und ermöglichen es, dass alle beteiligten Personen Rückmeldungen über ihre Beziehungen erhalten. Im Folgenden sind einige Beispiele für zirkuläre Fragen angeführt (Zusammenstellung nach Penn 1983; zit. n. Palmowski u. Thöne 1995):

Frage nach Konditionen:
- Wer regt sich auf, wenn ... ?
- Wer fühlt sich hilflos, wenn ... ?
- Wer merkt zuerst, wenn ... ?

Klassifikationsfragen:
- Haben Sie sich in diesem Monat mehr als Tochter oder mehr als Ehefrau gefühlt?
- Wer war am meisten mit ihrer früheren Therapie unzufrieden, wer kam dann etc.?

Subsystem-Vergleiche:

- würden deine Eltern ohne dich zurechtkommen?
- Wer von euch beiden bleibt immer zu Hause bei den Eltern?
- Wäre es besser für Sie und Ihren Mann, wenn Joan nicht da wäre?

Erklärungsfrage:

- Wie erklären Sie sich, dass ausgerechnet die Großmutter es als erste merkt, wenn die Mutter depressiv ist?

Umdeuten

Die Methode des Umdeutens („reframing") beruht auf der Einsicht, dass eine Verhaltensweise für sich genommen noch keine spezifische Bedeutung besitzt, sondern dass sich die Bedeutungen eines Verhaltens erst aus dem sozialen und persönlichen Zusammenhang (Kontext) ergeben. Die Interaktionspartner aber reagieren nicht einfach auf objektive Tatbestände, sondern auf den Sinn, den sie mit der Verhaltensweise des anderen verbinden.

Die Methode kann am besten am Beispiel verdeutlicht werden: Eine Mutter und ihre jugendliche Tochter klagen darüber, dass es zwischen ihnen sehr häufig zu heftigen Auseinandersetzungen komme, in die sie sich regelrecht hineinverbeißen, ohne dass der Konflikt einer Lösung näher gebracht werden könne. Inhaltlich gehe es darum, dass die Mutter von ihrer Tochter mehr Ordnung (z.B. im Zimmer, in der Kleidung, hinsichtlich ihrer Pünktlichkeit etc.) verlange, die Tochter sich aber in diesem Zusammenhang – insbesondere im Vergleich zu ihren Geschwistern – ungerechtfertigt behandelt fühle. Beide fühlen sich durch die Streitigkeiten sehr stark beeinträchtigt und leiden darunter, dass sie nun eine „so schlechte Beziehung" haben. Nachdem die Frage, warum sie immer wieder in diese Auseinandersetzung hineingeraten, obwohl sie dies doch eigentlich vermeiden möchten, thematisiert wurde, artikuliert der Therapeut eine Vermutung: „Ich habe den Eindruck, dass jede von Ihnen unbedingt möchte, dass die andere ihr zustimmt. (An die Mutter gerichtet:) Sie brauchen die Bestätigung Ihrer Tochter, und (an die Tochter gerichtet) du bist offenbar auch nur zufrieden, wenn deine Mutter dir Recht gibt. Die Auseinandersetzungen zeigen mir, wie extrem wichtig Sie füreinander sind. Sonst wäre der Streit gar nicht möglich". Wenn Mutter und Tochter diese positiven Umdeutungen ihres Verhaltens akzeptieren können (und das tun sie am ehesten dann, wenn die Deutungen zutreffend sind), dann wird es ihnen vielleicht möglich sein, sich aus den unproduktiven Wiederholungen dergleichen Streitigkeiten zu lösen. Eine Frage an die Tochter, die sich anschließen könnte, wäre: „In welcher Hinsicht ist es dir wirklich wichtig, Anerkennung oder Bestätigung von deiner Mutter zu bekommen?"
Probleme können dadurch, dass sie in einen anderen Rahmen gestellt sind, neu definiert und zugänglicher gemacht werden. Die *Aufgabe des Therapeuten* liegt darin, den Familienmitgliedern ihre Probleme in einer Form zurückzugeben, in der die Schwerpunkte so gesetzt sind, dass sie neue Betrachtungsmöglichkeiten gewinnen und sich mit ihren Konflikten in einer produktiven Form auseinandersetzen können.

Familienskulptur

Nichtverbale und aktionale Therapietechniken eignen sich besonders dann, wenn das Gespräch nicht weiterführt, wenn viel geredet, dabei aber wenig gesagt wird, etwa wenn ausschließlich intellektualisierend gesprochen wird, ohne das emotional Wesentliche zu treffen oder wenn – in ganz anderen Fällen – einzelne Familienmitglieder sprachlich unbeholfen oder im verbalen Ausdruck gehemmt bzw. blockiert sind.

Durch die Familienskulptur können sich die *Familienmitglieder ihre Beziehungen* im buchstäblichen Wortsinn deutlich „vor Augen führen": Ein Familienmitglied – der Protagonist – wird aufgefordert, die einzelnen Familienmitglieder (mit möglichst wenig Worten) so anzuordnen, dass aus dem Gesamtbild, aus der räumlichen Anordnung, der Haltung der Familienmitglieder und ihrer Stellung zueinander sichtbar wird, wie die Beziehungen der Familienmitglieder sind. Das heißt, seine Aufgabe entspricht der eines Bildhauers, der ein Standbild mit mehreren Personen anfertigt; dabei kann er zeigen, wie – seiner subjektiven Empfindung nach – die einzelnen Familienmitglieder „zueinander stehen" (oder sitzen oder liegen). Eine solche Skulptur kann für die Familie sehr eindrucksvoll sein, ihre Situation wird „greifbar". Oft werden die Teilnehmer sehr nachdenklich; fruchtlose Debatten und Rechthabereien treten in den Hintergrund. Überdies hat diese Technik den Vorteil, dass sich einer ausdrücken kann, ohne gestört zu werden, die anderen Familienmitglieder sind nicht mehr Widersacher, sondern für den „Bildhauer" wie „Wachs in seinen Händen"; schon allein der Übergang von der harten oder intellektuell betonten Problemdiskussion zum sanften Körperkontakt verändert die Stimmung in der Familie und durch das nichtsprachliche Medium werden nichtbewusste Beziehungsdefinitionen zugänglicher. Der *Therapeut hat die Aufgabe*, die Familie bei der Skulpturmethode zu führen; er bietet die Methode an, erklärt sie und sichert das Einverständnis aller Beteiligten und hilft dem Protagonisten nicht nur durch Worte, sondern indem er ihn körperlich (z. B. durch „Vormachen") durch die Skulptur führt. Es liegt in seiner Verantwortung, sicherzustellen, dass der Protagonist, der die Skulptur „stellt", genügend Zeit und Unterstützung hat, sich auszudrücken und dass nach Möglichkeit alle Familienmitglieder sich in dieser Position erfahren können. Die Familienskulptur ist eine Methode, durch die festgefügte psychische Strukturen gelockert und Therapieprozesse vertieft werden können. Der Therapeut hat deshalb die Aufgabe, die Familienmitglieder – die ja nicht unbedingt übersehen können, worauf sie sich einlassen – psychologisch zu schützen. Das heißt, er hat darauf zu achten, dass die Familienmitglieder einen solchen Therapieprozess wünschen und mit ihm nicht überfordert werden; auf keinen Fall sollte er die Familie hierzu verführen oder drängen. Die Methode sollte nur dann versucht werden, wenn sich der Therapeut selbst im Umgang mit der Familie sicher fühlt, d. h. nur dann, wenn er die *Belastbarkeit der Familienmitglieder* gut einzuschätzen weiß, und wenn er selbst einen so ungewohnten und körpernahen Umgang mit der Familie angenehm erleben kann. Nach der Skulpturdarstellung – die eine ganze Sitzung in Anspruch nehmen kann – sollte jeder im Gespräch seine Eindrücke schildern können. Die Skulpturmethode kann beliebig erweitert werden, etwa indem man „Wunschskulpturen" stellt oder dadurch, dass die "stehende" Skulptur in Bewegung kommt und die Beteiligten ihre Positionen verbalisieren. Der Übergang zum *Rollenspiel* oder in *psychodramatische Techniken* hinein ist fließend.

Genogramm

Das Familien-Genogramm ist eine graphische Darstellung der Familie. Es ist ähnlich aufgebaut wie Stammbäume, so wie sie in der genetischen Forschung oder auch in der Ahnenforschung üblich sind, enthält aber darüber hinaus weitere psychologisch bedeutsame Daten. In einem Genogramm werden Daten aus drei oder mehr Generationen dargestellt (vgl. hierzu v. Sydow 1996, S. 306; Walters et al. 1991). Genogramme wurden ursprünglich im Rahmen der Familiendiagnostik verwendet; Genogramme werden heute jedoch zu therapeutischen Zwecken genutzt. Durch die Darstellung des eigenen familiären Hintergrundes werden bei den beteiligten Personen Erinnerungen, Gedanken und Gefühle aktualisiert, die für diese persönlich bedeutsam sind. Gleichzeitig erhalten die beteiligten Personen in graphischer Form eine Rückmeldung über die Zusammenhänge und Strukturen in ihrer Herkunftsfamilie. Das Genogramm stellt somit eine Methode dar, die den Einstieg in ein Gespräch über den Familienhintergrund einer Person ermöglicht, der nach therapeutischer Zielsetzung weitergeführt und vertieft werden kann.

In Abb. 34.**3** ist das Genogramm der Familie G. dargestellt, die ihren 12-jährigen Sohn Frank wegen schulphobischer Tendenzen mit ausgeprägten körperlichen Beschwerden vorstellte. Der Vater des Patienten betrieb einen kleinen Handwerksbetrieb, in dem auch die Mutter mithalf (kleinstädtischer „Geschäftshaushalt"). Die Beziehung zwischen Herrn G. und seinen Schwiegereltern, von denen er den Betrieb übernahm, war angespannt. Der vorgestellte Patient hatte eine enge Beziehung zu seiner Mutter Mechthild G.; die Beziehung zu seinem Vater Friedhelm G. dagegen war eher distanziert mit wechselseitigen Abwertungstendenzen. Mehr als an seinem Vater orientierte sich Frank G. an seinen Großeltern mütterlicherseits mit einer besonders engen und positiven Beziehung zum Großvater. Nach dem Unfalltod von Hendrik R. war Frank G. für den Großvater „ein Trost". Die aktuelle Beziehungsstruktur der „Kleinfamilie" (zwischen dem vorgestellten Patienten, seiner Schwester und seinen Eltern) wird mitgeprägt durch längerfristige familiengeschichtliche Entwicklungen, die über mehrere Generationen hinwegreichen.

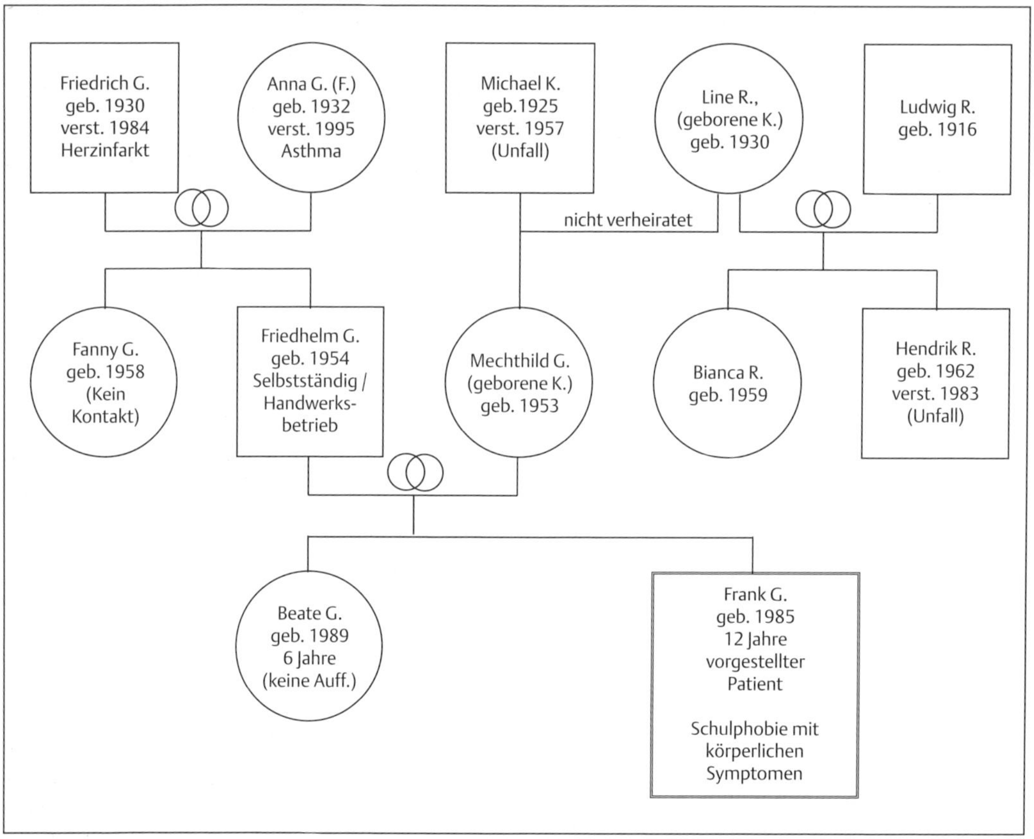

Abb. 34.3 Beispiel für ein Familiengenogramm (Familie G.; Namen und Daten sind anonymisiert).

Anwendungsbereich und Indikationsstellung

Bei der Indikationsstellung und Therapieplanung sind mehrere Fragen zu beantworten (vgl. hierzu ausführlich Mattejat 1997a):

- *Inhaltliche Schwerpunkte:* In welchem Bereich sollte der inhaltliche Schwerpunkt der Psychotherapie liegen?
- *Setting und Intensität:* In welcher personellen Zusammensetzung sollen die psychotherapeutischen Sitzungen stattfinden?
- *Methodische Schwerpunkte:* Wie können die angestrebten Ziele der Psychotherapie erreicht werden, welche psychotherapeutischen Methoden sind hierfür geeignet?

■ Inhaltlicher Schwerpunkt: Individuenzentrierte Therapie oder Familientherapie?

Die wichtigsten Kriterien für die Entscheidung zum inhaltlichen Schwerpunkt der Psychotherapie sind der Manifestationsbereich der Störung, die Ätiologie und Bedingungsstruktur der Störungen, die möglichen therapeutischen Ansatzpunkte und die Problemdefinition der Familie selbst.

- *Manifestationsbereich:* Wenn sich die Auffälligkeiten als relativ durchgängige und situationsunspezifische individuelle Verhaltenscharakteristiken zeigen, ist ein individuenbezogener Ansatz naheliegend, zeigen sie sich dagegen als situationsspezifische Beziehungsproblematik in der Familie, dann ist ein beziehungs- und familienorientierter Ansatz sinnvoll.

- *Ätiologie und Bedingungszusammenhänge:* Durch die Therapie sollen – soweit dies irgend möglich ist – die wesentlichen Bedingungsfaktoren oder „Kernfaktoren" der berichteten Störungen „erreicht" und verändert werden.
- *Therapeutische Ansatzpunkte:* Die Therapie sollte dort ansetzen, wo am ehesten Veränderungen möglich sind, ihr Schwerpunkt sollte dort liegen, wo bereits Ansätze für eine Bewältigung erkennbar sind.
- *Problemdefinition der Familie:* Der Schwerpunkt der Therapie wird letztlich in einer Übereinkunft zwischen der Familie und dem Therapeuten festgelegt. Aus diesem Grunde ist es von Bedeutung, wo sich aus der Sicht der Familienmitglieder die präsentierten Probleme am deutlichsten manifestieren, wie sie sich diese Probleme erklären und wo sie selbst Ansatzpunkte für mögliche Veränderungen sehen.

Setting: Wer soll an den Therapiesitzungen teilnehmen?

Bei psychotherapeutischen Behandlungen für Kinder und Jugendliche mit psychischen Störungen können wir drei typische Setting-Konstellationen unterscheiden:

- *einzeltherapeutischer Schwerpunkt* (Einzeltherapie mit begleitenden grobmaschigen Elternberatungsterminen),
- *gemischter Schwerpunkt* (Einzeltherapie und eltern- oder familienbezogene Interventionen),
- *familientherapeutischer Schwerpunkt* (nur eltern- oder familienbezogene Interventionen, z. B. im Rahmen von gemeinsamen Familiensitzungen).

Welche Settings am günstigsten sind, und wie intensiv die Therapie durchgeführt werden sollte, ist abhängig von den inhaltlichen und methodischen Schwerpunkten der Therapie. Dabei kann man sich an folgenden Grundregeln orientieren (vgl. Mattejat 1997a):

- Das Setting sollte so gewählt werden, dass die berichteten Auffälligkeiten sich in diesen Settings zeigen können und somit therapeutisch angehbar sind. Das heißt, zwischen dem Therapiesetting und den Situationen, in denen sich die Probleme manifestieren, sollte eine Ähnlichkeit bzw. Affinität bestehen (Beispiel: soziale Interaktionsprobleme mit Gleichaltrigen bzw. Gruppentherapie).
- Im gewählten Setting sollten alle die Personen erreichbar bzw. verfügbar sein, die für die Bewältigung der Probleme unabdingbar sind (Häufiges Problem: Teilnahme des Vaters.)
- Das gewählte Setting sollte produktive Veränderungsmöglichkeiten bieten. Das heißt, es muss schnell erkennbar sein, dass im gewählten Therapiesetting Probleme, die sich zeigen, nicht nur immer wieder neu inszeniert bzw. reproduziert werden, sondern (mithilfe des Therapeuten) kontrollierbar und veränderbar sind. (Typisches Problem: Familiensitzungen, in denen die Familienkonflikte nur noch weiter eskalieren.)
- Das gewählte Setting sollte durch alle beteiligten Personen (Patienten, Familien) akzeptiert werden.

Speziell im Hinblick die Frage, wann gemeinsame Familiensitzungen angezeigt sind, können folgende Hinweise gegeben werden: Gemeinsame Familientherapie ist dann angezeigt, wenn die Familie selbst ihre Schwierigkeiten als familiale Beziehungsproblematik anbietet und die individuellen Probleme als sekundär erlebt werden oder die präsentierte Problematik als gemeinsames Problem der Familie erlebt wird.

Die Voraussetzungen für gemeinsame Familiensitzungen sind dann besonders günstig, wenn alle für das Problem bedeutsamen Personen zu Veränderungen (Leidensdruck, Veränderungsmotivation, Kooperationsbereitschaft) bereit sind. Durch akute Krisen wird das Zusammengehörigkeitsgefühl von Familien oft neu aktualisiert. Gemeinsame Sitzungen haben sich z. B. möglichst früh nach Suizidversuchen als nützlich erwiesen. Bei eng aufeinander bezogenen fusionierten Familien wurden familientherapeutische Ansätze mit gemeinsamen Familiensitzungen besonders häufig verwendet. Eine gemeinsame Familientherapie ist in der Regel gut durchführbar, wenn der primäre Patient in einer intensiven Abhängigkeitsbeziehung zu anderen Familienmitgliedern steht.

Schließlich spielt die individuelle Diagnose bei der Indikation zum Behandlungssetting eine wichtige Rolle: Bei psychosomatischen und introversiven emotionalen Störungen, bei Abhängigkeitsproblemen (z. B. Schulphobie) und bei adoleszenten Ablösungskonflikten können gemeinsame Familiensitzungen empfohlen werden. Die Effektivität von Familientherapie im engeren Sinne ist für diese Störungen relativ gut belegt. Schwieriger dagegen gestalten sich in der Regel gemeinsame Sitzungen bei aggressiv-ausagierenden und dissozialen Syndromen; noch problematischer sind gemeinsame Gespräche bei Psychosen, sie sind aber auch hier nicht völlig ausgeschlossen, so können sie z. B. in der Rehabilitationsphase, als Unterstützung der Wiedereingliederung des Patienten in die Familie nach einer stationären Behandlung nützlich sein. Von gemeinsamen Familiensitzungen ist aber abzuraten, wenn die gemeinsamen Gespräche für einen der Beteiligten zu belastend oder ängstigend sind, was z. B. bei schweren Angst- oder Zwangsneurosen oder akuten Psychosen vorkommen kann. Nicht angezeigt sind gemeinsame Sitzungen auch dann, wenn maligne Interaktionsmuster, die sich häufig wiederholen, in der Therapiesitzung nicht unterbrochen werden können (z. B. bei ausgeprägt hysterischen Syndromen oder bei aggressiven Auseinandersetzungen); bei solchen nicht kontrollierbaren Interaktionsmustern besteht die Gefahr, dass die Konflikte durch die gemeinsamen Sitzungen noch weiter eskalieren. Eine Kontraindikation bezüglich gemeinsamer Familientherapie-Sitzungen ist auch dann gegeben, wenn zwischen den Eltern schwerwiegende Konflikte bestehen, etwa eine ausgeprägt feindselige Haltung oder gravierende sexuelle Probleme. Die vorliegenden empirischen Untersuchungen deuten darauf hin, dass die Erfolgsaussichten einer gemeinsamen Familientherapie wesentlich von der Beziehung zwischen den Eltern abhängig ist. Im Falle von schweren Ehekonflikten ist deshalb statt einer gemeinsamen Familientherapie eine Paartherapie vorzuziehen.

Tabelle 34.**6** Kriterien zur Wahl des methodischen Schwerpunktes der Therapie

	Situations- und Beziehungsklärung	**Perspektive** ⇔	**Konkrete Problembewältigung**
Kriterien:			
Individuelle Aspekte:			
Alter und Entwicklungsstand	Höhere Altersstufen (Schulkinder und Jugendliche)		Niedere Altersstufen (Kleinkinder und Schulkinder)
Allg. soziales Funktionsniveau	Hohes Funktionsniveau		Geringes Funktionsniveau
Intelligenz und Introspektionsfähigkeit	Hohe Intelligenz und Introspektionsfähigkeit		Geringe Intelligenz und Introspektionsfähigkeit
Vorherrschende Bewältigungsstile	Intrapsychische, ereignisdistanzierte Bewältigungsformen		Aktionale und ereigniszentrierte Bewältigungsstile
Behandlungserwartungen	Präferenz für weniger strukturierte und nichtdirektive Behandlungen		Präferenz für strukturierte und direktive Behandlungen
Familiäre und soziale Aspekte: Familiäre Problembelastung	Sozial integrierte Familien mit geringen sonstigen Belastungen		Familien mit multiplen Belastungen und sozialen Problemen
Bindung und Organisationsgrad	Familien mit tragfähigen Bindungen und hohem Organisationsgrad		Familien mit wenig tragfähigen Bindungen und geringem Organisationsgrad
Familiäre Beziehungsstruktur	Rigide und verstrickte Familienbeziehungsstrukturen		Chaotische und desintegrierte Familienbeziehungsstrukturen

Methodischer Schwerpunkt: Welche Methoden sollen genutzt werden?

Bei den Indikationsüberlegungen zur geeigneten psychotherapeutischen Methode ist weiterhin die Frage zu beantworten, ob bei einem Patienten bzw. bei einer Familie die Problembewältigungsperspektive oder die Klärungsperspektive im Vordergrund stehen sollte. Dabei ist zu berücksichtigen, dass eine zu starre Orientierung an der einen oder anderen Perspektive den therapeutischen Prozess behindern kann: Eine Betonung der Klärungsperspektive kann an dem dringenden Bedürfnis nach einer unmittelbaren Entlastung bzw. Problemmilderung und praktischen Hilfestellung vorbeigehen, die Patienten und Familien überfordern und damit zu einer zusätzlichen Strapazierung und Belastung der Patienten und ihrer Familien führen. Auf der anderen Seite kann ein starres Beharren auf stützenden, psychoedukativen oder verhaltenstherapeutischen Methoden die Patienten bzw. Familien unterfordern bzw. infantilisieren, ihre Kompetenz und Verantwortung unnötig einschränken und sie damit eher behindern als fördern. In Tabelle 34.**6** sind darüber hinaus einige Kriterien angegeben, die bei der Entscheidung, ob eher die Klärungsperspektive oder die Problembewältigungsperspektive in den Vordergrund gerückt werden soll, zu beachten sind.

Wirksamkeit familientherapeutischer Maßnahmen und Qualitätssicherung in der Praxis

Wirksamkeit

Die Wirksamkeit familientherapeutischer Interventionen ist empirisch nachgewiesen und in der Fachliteratur unumstritten. In der Tabelle 34.**7** sind die wichtigsten Metaanalysen dargestellt, in denen die Wirksamkeit von Familientherapien untersucht wurde (vgl. auch Shadish et al. 1993 u. 1997b). Die gefundenen durchschnittlichen Effektstärken liegen zwischen .36 u. .70, d.h. etwas geringer als die durchschnittlichen Effektstärken, die für Psychotherapien mit Kindern und Jugendlichen insgesamt gewonnen wurden. Diese Werte sprechen zunächst einmal eindeutig für die Wirksamkeit von Familientherapien; sie sollten trotzdem mit Vorsicht interpretiert werden, denn es ist zu berücksichtigen, dass sich die methodischen Probleme bei Evaluation von Familientherapien besonders vielfältig und sehr komplex darstellen.

Besonders gut gesichert ist bereits die Wirksamkeit von behavioral-systemischen Ansätzen (Henggeler et al. 1998) bzw. verhaltenstherapeutisch orientierten Formen der Familientherapie (vgl. Heekerens 1993) und von psychoedukativen Ansätzen (vgl. hierzu z.B. Buchkremer u. Rath 1989). Auch bezüglich anderer familientherapeutischer Ansätze sprechen die bisher vorliegenden Befunde für ihre Wirksamkeit. Allerdings beklagen Grawe et al. (1994, S. 575) die große Diskrepanz zwischen Anspruch bzw. vermutetem

Tabelle 34.**7** Ergebnisse von Metaanalysen zur Wirksamkeit von Familientherapie

	Anzahl der Studien	**Mittlere Effektstärke**
Familientherapie allgemein (Hazelrigg et al. 1987)	20	.36
Familientherapie (conjoint) (Markus et al. 1990)	19	.57
Familientherapie bei Problemen von Kindern (Montgomery 1991)	43	.61
Verhaltenstherapeutische Familien- und Paartherapie (Shadish 1992)	58	.70
Paar- und Familientherapie vs. unbehandelte Kontrollgruppe (Shadish et al. 1997a)	71	.51
Elterntrainings allgemein (Cedar u. Levant 1990, Cedar 1986)	26	.33

Potenzial der Familientherapie und ihrem empirisch nachgewiesenen Nutzen[8]. Das heißt, es sind hier noch weitere und ausführlichere Untersuchungen notwendig, um zu einem besser fundierten Urteil zu gelangen (z. B. Ansätze aus systemischen, psychodynamischen, humanistischen Therapierichtungen).

Für die praktische Arbeit sind dabei insbesondere solche Untersuchungen von Interesse aus denen sich Hinweise für die Indikationsstellung („What works for whom?"; Roth et al. 1996) und die praktische therapeutische Arbeit[9] ableiten lassen. So konnten z. B. Russel et al. schon 1987 zeigen, dass bei jüngeren anorektischen Patientinnen, bei denen die Anorexie noch nicht chronifiziert ist, familientherapeutische Interventionen wirksamer sind als individuelle Therapien. Bei älteren Patientinnen mit chronifizierter Problematik dagegen erwies sich eine spezielle Form der individuellen Therapie als wirksamer (Russel et al. 1987). In eigenen Untersuchungen konnten wir zeigen, welche familalen Interaktionsmerkmale für den Therapieerfolg prognostisch wichtig sind, und die deshalb in der Zusammenarbeit mit Familien besonders beachtet werden sollten (Mattejat u. Remschmidt 1997).

Qualitätssicherung

Die Qualitätssicherung familientherapeutischer Arbeit kann sich an den allgemeinen Strukturen orientieren, die im Bereich der Diagnostik und Therapie für psychisch gestörte Kinder und Jugendliche entwickelt wurde (z. B. Mattejat 1997b, Schmeck u. Poustka 1998, Grawe u. Braun 1994). Die wichtigsten Aspekte der Qualitätssicherung familientherapeutischer Arbeit speziell im Hinblick auf die praktische Versorgung sind:

- *Transparente Kooperation:* Der wichtigste und grundlegendste Aspekt der Qualitätssicherung besteht darin, dass die Familienmitglieder in umfassender Weise informiert werden und in die Planung, Durchführung und Bewertung der Therapie einbezogen werden. Dazu gehört insbesondere die gemeinsame Festlegung der Therapieziele und die kontinuierliche Überprüfung der Frage, wie die Zusammenarbeit in der Therapie von den Familienmitgliedern erlebt wird, und ob die Therapie im erwünschten Sinne vorangeht. Dabei kann es sehr sinnvoll und hilfreich sein, wenn bei jeder Therapievereinbarung auch festgelegt wird, wie lange bzw. wie häufig eine bestimmte Maßnahme durchgeführt wird, bzw. wann die jeweils festgelegten Maßnahmen überprüft werden. Wenn z. B. gemeinsame Familiengespräche vereinbart werden, ist es in der Regel empfehlenswert, eine bestimmte Sitzungszahl festzulegen, nach der spätestens die bisherigen Erfahrungen mit der Therapie besprochen und ausgewertet werden.
- *Professionelle Qualifikation:* Eine zweite, ebenso wichtige Grundlage der Qualitätssicherung besteht darin, dass der Therapeut selbst an Fortbildungsmaßnahmen teilnimmt, die Qualität seiner Arbeit überprüft und, um diese zu verbessern, von Kollegen überprüfen lässt. Hierzu gehört die Teilnahme an Aus- und Weiterbildungsveranstaltungen, die fachliche Anleitung und Kontrolle, die Supervision der Therapien durch erfahrene Dozenten bzw. Supervisoren und die kollegiale Zusammenarbeit in Qualitätszirkeln.
- *Standardisierte Dokumentation:* Ein weiterer Bereich der Qualitätssicherung besteht darin, dass die wichtigsten Befunde und Besprechungsergebnisse schriftlich festgehalten werden und dass darüber hinaus elementare Daten auch in standardisierter Form dokumentiert werden. Hierzu gehört neben einer Basisdokumentation auch die Dokumentation der durchgeführten Leistungen.
- *Systematische Evaluation:* Schließlich können die durchgeführten diagnostischen und therapeutischen Leistungen in standardisierter und systematischer Weise evaluiert werden. Dies kann in mehr oder weniger aufwendiger Weise geschehen. So kann z. B. die gemeinsame Zielfestlegung mit der Familie in Form eines Goal-Attainment-Scaling („GAS" – Skalierung zur Zielerreichung) geschehen. Dabei wird die Zielsetzung der Behandlung und die schrittweise Annäherung an das Ziel etwas genauer beschrieben. Diese Methode ist rela-

[8] Das hat sicherlich auch damit zu tun, dass viele systemisch orientierte Therapeuten ein gestörtes Verhältnis zur empirischen Forschung haben (vgl. auch Grawe et al. 1994, S. 578).

[9] Z. B. Therapie-Prozess-Studien und Untersuchungen über Faktoren, von denen die Therapieprognose abhängig ist.

tiv wenig aufwendig und kann bei Abschluss der Therapie verwendet werden, um den Therapieerfolg darzustellen. Für die Evaluation können außerdem die in der Psychotherapie mit Kindern und Jugendlichen bereits gut eingeführten Verfahren, wie z. B. die „Child Behavior Check List" (Remschmidt u. Walter 1990) verwendet werden.

Darüber hinaus wurden in den letzten Jahren eine ganze Reihe von Methoden entwickelt, die sich nicht nur auf die Psychopathologie und den symptombezogenen Therapieerfolg im engeren Sinne richten, sondern die Qualität des Therapieprozesses und der Therapiezufriedenheit erfassen (z. B. Mattejat u. Remschmidt 1998). Eine systematische Evaluation in diesem Sinne stößt auch heute noch auf Skepsis, denn viele Therapeuten müssen sich erst daran gewöhnen, ihre Arbeit durchschaubar zu machen und sich damit der Kritik zu stellen.

Zusammenfassung

Nach einer historischen Einleitung werden allgemein akzeptierte Grundannahmen des familientherapeutischen Ansatzes dargestellt. Der einführende Abschnitt wird abgeschlossen durch eine Definition der Familientherapie. Daraufhin werden die familientherapeutischen Wirkprinzipien (in Analogie zu den einzeltherapeutischen Prinzipien) dargestellt: Das Wirkprinzip „positive Orientierung" bezieht sich auf die Aktivierung der positiven Möglichkeiten und Stärken der Familien und auf die Entwicklung einer produktiven therapeutischen Kooperation. Das Wirkprinzip „konkrete Problembewältigung" zielt auf eine Verbesserung der Kompetenz der Familienmitglieder im Umgang mit den anstehenden Problemen, und das Wirkprinzip „Situations- und Beziehungsklärung" ist darauf ausgerichtet, die Familienmitglieder zu unterstützen, ihre Situation besser auf ihre eigenen Zielsetzungen und Bedürfnisse abzustimmen.

Im nächsten Abschnitt werden die familiendiagnostischen Methoden dargestellt; dabei wird das gemeinsame familiendiagnostische Interview sehr ausführlich erläutert. Die dargestellten Prinzipien der Gesprächsführung stellen die „Grundmethode" der Familientherapie dar. Weitere, im familientherapeutischen Kontext häufig verwendete Therapiemethoden werden anhand von Beispielen dargestellt (z. B. Symptomverschreibung, Familienverträge, zirkuläre Fragen, Umdeuten, Familienskulptur, Genogramm). Im nächsten Abschnitt wird der Anwendungsbereich und die Indikationsstellung der Familientherapie dargestellt, und es werden Hinweise zur Indikationsstellung bezüglich des Settings und bezüglich des methodischen Schwerpunktes gegeben. Das Kapitel wird mit der empirischen Wirksamkeitsüberprüfung und der Qualitätssicherung der Familientherapie abgeschlossen.

Literatur

Ackerman NW. The Psychodynamics of Family Life. New York: Basic Books; 1958.

Alexander JF, Parsons BV. Functional family therapy. Monterey: Brooks/Cole; 1982.

Alexander JF, Waldron H, Newberrry AM, Liddle N. Familiy approaches to treating delinquents. In: Cox FM, Chilman C, Nunnaly E, eds. Families in trouble. New York: Sage; 1988.

Andersen T. The reflecting team: Dialogue and metadialogue in clinical work. Fam Proc. 1987;26:415-28.

Andersen T. Das reflektierende Team. Dialoge und Dialoge über Dialoge. Dortmund: Verlag modernes Lernen; 1990.

Bateson G, Haley J, Weakland J. Toward a Theory of Schizophrenia. Behav Science. 1956;1:251-64.

Bateson G. Ökologie des Geistes. Frankfurt: Suhrkamp; 1981.

Baumann U, Laireiter A, Stieglitz RD. Soziodiagnostik. In: Stieglitz RD, Baumann U, Hrsg. Psychodiagnostik psychischer Störungen. Stuttgart: Enke; 1994.

Beckmann D, Richter HE. Gießen-Test. Bern-Stuttgart-Wien: Huber; 1972.

Berg IK. Familien-Zusammenhalt(en). Ein kurz-therapeutisches und lösungs-orientiertes Arbeitsbuch. 4. Aufl. Dortmund: Verlag Modernes Lernen; 1997.

Berg IK, Miller SD. Kurzzeittherapie bei Alkoholproblemen. Heidelberg: Auer; 1993.

Böse R, Schiepek G. Systemische Theorie und Therapie. Ein Handwörterbuch. 2. Aufl. Heidelberg: Asanger; 1994.

Bowen M. A Family Concept of Schizophrenia. In: Jackson DD, ed. The Etiology of Schizophrenia. New York: Basic Books; 1960.

Buchkremer G, Rath N, Hrsg. Therapeutische Arbeit mit Angehörigen schizophrener Patienten. Bern: Huber; 1989.

Cedar B. A meta-analysis of the parent effectiveness training outcome research literature. (Doct. Diss. Boston Univ, 1985). Diss Abstr Int. 1986;47:420A.

Cedar B, Levant RF. A meta-analysis of the effects of parent effectiveness training. Am J Fam Ther. 1990;18:373-84.

Cierpka M, Hrsg. Familiendiagnostik. Heidelberg: Springer; 1987.

Cierpka M, Frevert G. Die Familienbögen. Göttingen: Hogrefe; 1995.

Cierpka M, Hrsg. Handbuch der Familiendiagnostik. Berlin: Springer; 1996.

De Shazer S. Der Dreh. Überraschende Wendungern und Lösungen in der Kurzzeittherapie. Heidelberg: Auer; 1993.

De Shazer S. Muster familientherapeutischer Kurzzeittherapie. 2. Aufl. Paderborn: Junfermann; 1997.

Gehring TM. Familien-System-Test. Weinheim: Beltz; 1994.

Grawe K. Was sind die wirklich wirksamen Ingredienzien der Psychotherapie? Einführungsreferat von Prof.Dr.Klaus Grawe auf dem Psychotherapiekongreß 1994 in Hamburg. Internet-Dokument. http://www.psychotherapie.org/Klaus/ref-grawe. html

Grawe K. Braun U. Qualitätskontrolle in der Psychotherapiepraxis. Z Klin Psychol. 1994;23:242-67.

Grawe K, Donati R, Bernauer F. Psychotherapie im Wandel. Von der Konfession zur Profession. 3. Aufl. Göttingen: Hogrefe; 1994.

Gurman AS, Kniskern DP, eds. Handbook of family therapy. New York: Brunner/Mazel; 1981.

Gurman AS, Kniskern DP, Pinsof WM. Research on the process and outcome of marital and family therapy. In: Garfield SL, Bergin AE, eds. Handbook of psychotherapy and behavior change. Vol. 13. New York: Wiley; 1986.

Hahlweg K, Duerr H, Mueller U. Familienbetreuung schizophrener Patienten. Ein verhaltenstherapeutischer Ansatz zur Rückfallprophylaxe. Konzepte, Behandlungsanleitung und Materialien. Weinheim: Psychologie Verlags Union; 1995.

Haley J. Strategies in Psychotherapy. New York: Grune und Stratton; 1963.

Hazelrigg MD, Cooper HM, Borduin CM. Evaluating the effectiveness of family therapies. An integrative review and analysis. Psychol Bull. 1987;101:428-42.

Heekerens HP. Verhaltensorientierte Familientherapie. In: Steinhausen HC, Aster M von, Hrsg. Handbuch Verhaltenstherapie und Verhaltensmedizin bei Kindern und Jugendlichen. Weinheim: Belz/Psychologie Verlags Union; 1993.

Henggeler SW, Borduin CM. Family therapy and beyond. A multisystemic approach of treating the behavior problems of children and adolescents. Pacific Grove: Brooks/Cole; 1990.

Henggeler SW, Schoenwald SK, Borduin CM, Rowland MD, Cunningham PB. Multisystemic Treatment of antisocial behavior in children and adolescents. New York-London: The Guilford Press; 1998.

Hoffman L. Grundlagen der Familientherapie. Hamburg: Isko-Pr.; 1982.

Howard KI, Kopta SM, Krause MS, Orlinskey DE. The dose-effect relationship in psychotherapy. Am Psychol. 1986;41:159-64.

Howard KI, Moras K, Brill PL, Martinovich Z, Lutz W. Evaluation of psychotherapy.Efficacy, effectiveness, and patient progress. Am Psychol. 1996;51:1059-64.

Kanfer FH, Reinecker H, Schmelzer D. Selbstmangagement-Therapie. 2. Aufl. Berlin-Heidelberg: Springer; 1996.

Karpel MA. Family ressources: The hidden partner in family therapy. New York-London: The Guilford Press; 1986.

Kaslow FW, ed. Handbook of relational diagnosis and dysfunctional family patterns. New York: Wiley; 1996.

Kuipers L, Leff J, Lam D. Family work for schizophrenia: A practical guide. London: Gaskell/Royal College of Psychiatrists; 1992.

Lidz T. Schizophrenia and the Family. Psychiatry. 1958;21:21-7.

Ludewig K. Systemische Therapie: Grundlagen klinischer Theorie und Praxis. Stuttgart: Klett-Cotta; 1993.

Markus E, Lange A, Pettigrew TF. Effectiveness of family therapy – a meta analysis. J Fam Ther. 1990;12:205-21.

Mash EJ. Barkley RA, eds. Treatment of childhood disorders. New York-London: The Guilford Press; 1989.
Mattejat F. Familie und psychische Störungen – Eine Übersicht zu den empirischen Grundlagen des familientherapeutischen Ansatzes. Stuttgart: Enke; 1985.
Mattejat F. Subjektive Familienstrukturen. Göttingen: Hogrefe; 1993.
Mattejat F, Scholz M. Das subjektive Familienbild. (SFB). Leipzig-Marburger Familientest. Göttingen: Hogrefe; 1994.
Mattejat F. Indikationsstellung und Therapieplanung. In: Remschmidt H, Hrsg. Psychotherapie im Kindes- und Jugendalter. Stuttgart-New York: Thieme; 1997a.
Mattejat F. Qualitätssicherung. In: Remschmidt H, Hrsg. Psychotherapie im Kindes- und Jugendalter. Stuttgart-New York: Thieme; 1997b.
Mattejat F. Familientherapie. In: Remschmidt H, Hrsg. Psychotherapie im Kindes- und Jugendalter. Thieme, Stuttgart-New York; 1997c.
Mattejat F, Remschmidt H. Die Bedeutung der Familienbeziehungen für die Bewältigung von psychischen Störungen – Ergebnisse aus empirischen Untersuchungen zur Therapieprognose bei psychisch gestörten Kindern und Jugendlichen. Prax Kinderpsychol Kinderpsychiat. 1997;46:371-92.
Mattejat F, Remschmidt H. Fragebogen zur Beurteilung der Behandlung. (FBB). Göttingen: Hogrefe; 1998.
Minuchin S. Familie und Familientherapie. Freiburg i.Br.: Lambertus; 1977.
Montgomery LM. The effects of family therapy for treatment of child identified problems: A meta-analysis. (Doct. Diss. Memphis State Univ. 1990). Diss Abstr Int. 1991;51:6115B.
Palmowski W, Thöne E. Zirkuläres Fragen – Was war das noch? Z SystTher. 1995;13:111-21.
Penn P. Zirkuläres Fragen. Familiendynamik. 1983;8:198-222.
Perlmutter RA. A family approach to psychiatric disorders. Washington: American Psychiatric Press Inc; 1996.
Reimer C, Eckert J, Hautzinger M, Wilke E. Psychotherapie. Ein Lehrbuch für Ärzte und Psychologen. Berlin-Heidelberg: Springer; 1996.
Remschmidt H, Mattejat F. Zur Konstruktion von Einschätzungsskalen für Familiengespräche: Aspekte der Inter-Rater-Übereinstimmung. Z Kinder- Jugendpsychiat. 1981;9:288-316.
Remschmidt H, Walter R. Psychische Auffälligkeiten bei Schulkindern. Mit deutschen Normen für die Child Behavior Checklist. Göttingen: Hogrefe; 1990.
Remschmidt H, Gutenbrunner C, Mattejat F. Zum Stellenwert verschiedener Therapieformen in einer Kinder- und Jugendpsychiatrischen Universitätsklinik und assoziierten Einrichtungen – Methodische und inhaltliche Aspekte der Therapiedokumentation im Rahmen der Qualitätssicherung. Z Kinder- Jugendpsychiat. 1994;22:169-82.
Remschmidt H, Mattejat F. Familiendiagnostik bei psychischen Störungen von Kindern und Jugendlichen. Z Kinder- Jugendpsychiat. 1996;24:203-12.
Remschmidt H, Mattejat F, Hrsg. Familiendiagnostisches Lesebuch. Stuttgart: Thieme; 1998.
Remschmidt H, Mattejat F. Der Familien-Identifikations-Test. (FIT). Göttingen: Hogrefe; 1999.
Richter HE. Eltern, Kind und Neurose. Stuttgart: Klett; 1963.
Richter HE. Patient Familie. Entstehung, Struktur und Therapie von Konflikten in Ehe und Familie. Reinbeck: Rowohlt; 1972.
Roth A, Fonagy P, Parry G, Target M, Woods R. What works for whom? A critical review of psychotherapy research. New York: Guilford; 1996.
Russel GFM, Szmukler GI, Dare C, Eisler I. An evaluation of family therapy in anorexia nervosa and bulimia nervosa. Arch Gen Psychiat. 1987;44:1047-56.
Satir V. Conjoint family therapy – A guide to theory and technique. Palo Alto: Science and Behavior Books; 1964.
Scheib P, Wirsching M. Familientherapie – eine heterogene Praxis. In: Senf W, Broda M, Hrsg. Praxis der Psychotherapie. Ein integratives Lehrbuch für Psychoanalyse und Verhaltenstherapie. Stuttgart: Thieme; 1996.
Schlippe A von. Familientherapie im Überblick. Paderborn: Junfermann; 1984.
Schlippe A von, Molter H, Böhmer N. Zugänge zu familiären Wirklichkeiten. Systhema Sonderheft. 1995;9:23-5.
Schlippe A von, Schweitzer J. Lehrbuch der systemischen Therapie und Beratung. Göttingen: Vandenhoek u. Ruprecht; 1996.
Schmeck K, Poustka F, Hrsg. Qualitätssicherung und Lebensqualität in der Kinder- und Jugendpsychiatrie. Wien-New York: Springer; 1998.
Schneewind KA. Familienpsychologie. Stuttgart: Kohlhammer; 1991.
Schneider K, Hrsg. Familientherapie in der Sicht psychotherapeutischer Schulen. Paderborn: Junfermann; 1983.
Selvini-Palazzoli M, Boscolo L, Cechin G, Prata G. Paradoxon und Gegenparadoxon. Stuttgart: Klett; 1977.
Selvini-Palazzoli M, Boscolo L, Cecchin G, Prata G. Hypothetisieren – Zirkularität – Neutralität: Drei Richtlinien für den Leiter der Sitzung. Familiendynamik. 1981;2:123-39.
Senf M, Broda M. Hrsg. Praxis der Psychotherapie. Ein integratives Lehrbuch für Psychoanalyse und Verhaltenstherapie. Stuttgart: Thieme; 1996.
Shadish WR. Do family and mariatl psychotherapies change what people do? A meta-analysis of behavioral outcomes. In: Cook TD, Cooper H, Cordray DS, Hartmann H, Hedges LV, Light RJ, Lous TA, Mosteller F, eds. Meta-analysis for explanation. New York: Russel Sage Foundation; 1992.
Shadish WR, Montgomery LM, Wilson P, Wilson MR, Bright I, Okwumabua T. Effect of family and marital psychotherapies: A meta-analysis. J Consult Clin Psychol. 1993;61:992-1002.
Shadish WR, Matt GE, Navarro AM, Siegle G, Crits-Christoph P, Hazelrigg MD, Jorm AF, Lyons LC, Nietzel MT, Prout HT, Robinson L, Smith ML, Svartberg M, Weiss B. Evidence that therapy works in clinically representative conditions. J Consult Clin Psychol. 1997a;65:355-65.

Shadish WR, Ragsdale K, Glaser RR, Montgomery LM. Effektivität und Effizienz von Paar- und Familientherapie: Eine metaanalytische Perspektive. Familiendynamik. 1997b;22:5-33.

Simon FB, Stierlin H. Die Sprache der Familientherapie. Ein Vokabular. Stuttgart: Klett-Cotta; 1984.

Stierlin H, Rücker-Embden I, Wetzel N, Wirsching M. Das erste Familiengespräch. Stuttgart: Klett; 1977.

Sydow K von. Familien- und Paartherapie. In: Reimer C, Eckert J, Hautzinger M, Wilke E, Hrsg. Psychotherapie. Ein Lehrbuch für Ärzte und Psychologen. Berlin: Springer; 1996.

Walters M, Carter B, Papp P, Silverstein O. Unsichtbare Schlingen: Die Bedeutung der Geschlechterrollen in der Familienperspektive. Stuttgart: Klett-Cotta; 1991.

Warnke A. Elterntraining. In: Remschmidt H, Hrsg. Psychotherapie im Kindes- und Jugendalter. Stuttgart-New York: Thieme; 1997.

Wienand F. Kurzzeittherapeutische Ansätze in der kinder- und jugendpsychiatrischen Praxis. In: Forum der Kinder und Jugendpsychiatrie und Psychotherapie. Berufsverband der Ärzte für Kinder- und Jugendpsychiatrie und Psychotherapie in Deutschland e.V. Mitgliederrundbrief IV/97. (ISSN 0943-8831), 63-77. 1997.

Wynne LC, Singer M. Thought Disorder and Family Relations of Schizophrenics. I. Research Strategy. Arch Gener Psychiat. 1963;9:191-8.

Prüfungsfragen

1. Was versteht man unter Familientherapie?
2. Auf welche Grundannahmen stützen sich die familientherapeutischen Ansätze?
3. Warum ist der familientherapeutische Ansatz bei psychischen Störungen von Kindern und Jugendlichen von hoher praktischer Bedeutung?
4. Nennen und erläutern Sie einige Wirkprinzipien der Familientherapie.
5. Was ist das Ziel der Familiendiagnostik?
6. Was sind die wichtigsten familiendiagnostischen Methoden (Beispiele)?
7. Nennen Sie die Prinzipien der Gesprächsführung in Familieninterviews.
8. Auf welche Themen sollte das familiendiagnostische Interview eingehen?
9. Nennen Sie einige familiendiagnostische Fragestellungen, die durch die Familiendiagnostik beantwortet werden sollen (Fragebereiche, einzelne Fragen).
10. Was ist die Grundmethode der Familientherapie?
11. Nennen Sie einige Beispiele für spezifische Gesprächstechniken, die in der Familientherapie bedeutsam sind.
12. Durch welche Fragen kann eine positive Orientierung gefördert werden (Beispiele)?
13. Was versteht man unter einer Symptomverschreibung (Beispiele)?
14. Was versteht man unter einer zirkulären Frage (Beispiele)?
15. Was versteht man unter Umdeutung (Beispiele)?
16. Was ist eine Familienskulptur?
17. Was ist ein Genogramm und wie kann es in der Familientherapie genutzt werden?
18. Nennen Sie einige Aspekte, die bei der Indikationsstellung zum Setting berücksichtigt werden sollten.
19. Wann sollte in der Familientherapie eher die Klärungsperspektive (Situations- und Beziehungsklärung) und wann die Perspektive der konkreten Problembewältigung im Vordergrund stehen (Kriterien)?
20. Ist die Wirksamkeit der Familientherapie empirisch nachgewiesen?

35 Die Kinderanalyse und die nicht-direktive Spieltherapie

U. Lehmkuhl

Historische Entwicklung

Die Kinderanalyse als Sonderform der Psychoanalyse ist von Sigmund Freud nicht systematisch entwickelt worden. Er selber behandelte nur gelegentlich Kinder. Der „kleine Hans“ mit der Pferdephobie dürfte sein bekanntester kindlicher Patient sein. Sigmund Freud beriet den Vater, er arbeitete (zum Beispiel spielte) nicht selber mit diesem Jungen. Nach Freuds Vorstellung ist die Psychoanalyse ein Verfahren zur Untersuchung seelischer Vorgänge, gleichzeitig eine Behandlungsmethode psychischer Störungen und darüber hinaus eine Theorie psychologischer und psychopathologischer Vorgänge (1923). Grundlage dieser Merkmale ist die Annahme von der Existenz und der Dynamik des Unbewussten gegenüber dem Vorbewussten und Bewussten. Es wird davon ausgegangen, dass psychischen Vorgängen ein unbewusster Konflikt zu Grunde liegt, dessen Bedeutung für sehr wesentlich gehalten wird.

Allen Schulen, die sich mit der analytischen Behandlung von Kindern beschäftigt haben, ist gemein, dass sie psychodynamische Konzepte zugrundelegen. Ein umfassendes Konzept existiert bis heute nicht. Die Frage: „Was ist Psychodynamik?“, beantwortete Benedetti (1979) wie folgt: *„Darunter versteht man das Wechselspiel psychischer Kräfte, Triebe, Motivationen, Charakterhaltungen, Widerstände, Ängste usw. sowohl untereinander wie auch in der Beziehung zwischen Organismus und Umwelt".*

Psychodynamische Konzepte sind eng mit tiefenpsychologischen Begriffen und ihrer ätiologischen Vorstellung einer Psychogenese verbunden.

Shapiro u. Esman (1992) beschreiben die Entwicklung der Psychoanalyse in Theorie und Praxis, aber auch den veränderten Wissensstand im Hinblick auf das Verhalten von der frühen Kindheit bis in die Adoleszenz. Dieser wechselseitige Einfluss hat das psychoanalytische Setting und Vorgehen stark beeinflusst und verändert. Shapiro u. Esman schlagen vor, heute von psychodynamischen Grundbegriffen und Beschreibungskategorien in der Kinder- und Jugendpsychiatrie auszugehen.

Graham (1974) erkannte die große Bedeutung tiefenpsychologischer Theorien für das Verständnis und die Theorie kinder- und jugendpsychiatrischer Erkrankungen an, wandte sich jedoch gegen den Anspruch, hiermit alle Verhaltensweisen schlüssig erklären zu können.

Nach seiner Einschätzung lassen sich kinder- und jugendpsychiatrische Symptome häufig durch ein theoriegebundenes Vorgehen weder in ihrer Ätiologie verstehen, noch adäquate therapeutische Verhaltensweisen von ihnen ableiten. Graham verlangte eine Erweiterung des theoretischen und praktischen Rahmens und forderte, interaktionelle Aspekte stärker zu beachten, um die grundlegenden Bedürfnisse der Kinder und ihrer Familien besser zu erkennen und damit adäquate Möglichkeiten der psycho- bzw. soziotherapeutischen Interaktionen auch unter Einbeziehung einer somatischen Therapie anbieten zu können.

Unter dem direkten Einfluss Freuds und seiner Schüler entwickelte sich die analytische Kinderpsychotherapie. Die Technik der freien Assoziation (beim erwachsenen Patienten) musste durch das Spiel ersetzt werden, das an Stelle des Traumes zum Unbewussten des Kindes führt. Hermine von Hug-Hellmuth führte Spiel- und Puppenmaterial (1913), Ada Müller-Braunschweig erstmals Zeichnen, Malen und Modellieren als Ausdrucksmittel des Kindes in die Therapie ein. – In der Schweiz entwickelte sich eine Richtung, die Psychoanalyse und Pädagogik eng verknüpfte (Zulliger 1966).

Mithilfe der Kinderanalyse wurden von Melanie Klein (1926-1932) wesentliche Entdeckungen gemacht und Neuerungen in die Behandlung eingeführt, wie z.B. die Fantasietätigkeit oder die Fähigkeit zur Symbolbildung. Melanie Klein setzte Kinder- und Erwachsenenanalyse gleich: *„Meine Arbeit mit Kindern wie mit Erwachsenen und meine Beiträge zur psychoanalytischen Theorie bauen sich letzten Endes auf der Spieltechnik auf"* (1971). Die Spielproduktionen wurden sofort gedeutet. Die Problematik von Angstentstehung und -bewältigung standen im Vordergrund. Sie lehnte eine erzieherische Einflussnahme auf das zu analysierende Kind ab und forderte eine konsequente Trennung der Behandlung des Kindes von Eltern und Elternhaus.

Anna Freud setzte sich in der „Einführung in die Technik der Kinderanalyse" (1927) mit der Technik der Kinderbehandlung auseinander. Sie hielt das Kind für „unreif und unselbstständig". Dies war für sie der Grund, weshalb sich der Therapeut aktiv um die Herstellung der psychoanalytischen Situation bemühen muss. Dem Kind fehle Krankheitseinsicht; es entschließe sich nicht freiwillig zur Behandlungsaufnahme, und es bringe nicht den Willen zur Heilung auf. Nicht nur mit dem Kind, sondern auch mit seinen Eltern muss ein Behandlungsbündnis (positive Übertragungsaspekte) erreicht werden. Das Spiel ist eine Ausdrucksmöglichkeit des Kindes, es wird aber nicht ausdrücklich gedeutet, da es symbolische und reale Bestandteile enthält.

Der Kindertherapeut nimmt eine aktivere Rolle ein als der Therapeut in der Erwachsenentherapie: Er beteiligt sich am Spiel des Kindes, übernimmt ihm zugeteilte Rollen, funktioniert auch bisweilen als Hilfs-Ich für das Kind. *„Der Analytiker vereint also zwei schwierige und eigentlich einander widersprechende Aufgaben in einer Person: Er muss analysieren und erziehen, das heißt, er muss in einem Atem erlauben und verbieten, lösen und wieder binden. Gelingt ihm das nicht, so wird die Analyse dem Kind zum Freibrief für alle in der Gesellschaft verpönten Untaten. Gelingt es ihm aber, so macht er damit ein Stück verfehlter Erziehung und abnormer Entwicklung rückgängig und verschafft so dem Kind oder denjenigen, die über das Schicksal des Kindes entscheiden, noch einmal die Möglichkeit, es besser zu machen"* (Anna Freud 1968). Als Chancen der Kinderanalyse sieht Anna Freud einen relativ kurzen Weg des Kindes aus der Neurose, in der Beeinflussbarkeit des kindlichen Über-Ichs in Richtung Entlastung und in einer Veränderung der Eltern, die eine größere Anpassungsfähigkeit an die Bedürfnisse und Wünsche ihrer Kinder entwickeln.

August Aichhorn versuchte, psychoanalytische Pädagogik bei dissozialen Kindern und Jugendlichen in ambulanter und stationärer Behandlung anzuwenden (1957). In der Schweiz lag neben der Schule (z.B. Zulliger) in der psychohygienischen Prophylaxe ein Schwerpunkt bei den Heimen und Kindergärten (Nelly Wolffheim 1930).

Nach dem Zweiten Weltkrieg entwickelte Zulliger die „nicht deutende Spieltherapie" (1966). Konflikte werden bis zur echten Konfliktlösung im affektbesetzten Spiel ausagiert. Die zugrunde liegenden psychodynamischen Vorgänge werden nicht gedeutet. Das Spiel wird als Triebabfuhr angesehen, als ein Anpassungsversuch an das Realitätsprinzip. An die Stelle des Deutens tritt das Eingreifen ins Spielgeschehen. Die Eltern müssen in den Behandlungsplan einbezogen werden.

Nach dem Zweiten Weltkrieg prägte Annemarie Dührssen eine wesentliche Richtung in der Kindertherapie. Zum Hauptziel wurde das Umstimmen bzw. Umstrukturieren der Gefühlslage des Patienten. Ein wichtigerer Aspekt als das Deuten ist für die Neoanalytiker das Aufdecken von Verschwiegenheiten (1971).

Virginia Axline versuchte, die Ideen von Carl Rogers für die Behandlung von Kindern zu nutzen (1947). Sie begründete die „nicht-direktive Spieltherapie": Der Therapeut spiegelt die Äußerungen des Kindes. Nach Schmidtchen (1989) besteht die „klientenzentrierte Kindertherapie" aus einer Familienberatung oder Familientherapie und einer Spieltherapie. Der Therapeut deutet, intellektualisiert oder analysiert das Spiel des Kindes nicht, sondern lässt es gefühlsmäßig auf sich wirken. Er zeigt sein Mitschwingen auf der Spielebene. Er begleitet das Kind und zeigt ihm gegebenenfalls „einen Weg in die Klarheit" (Schmidtchen 1983).

Neuere Konzepte in der Kinderpsychotherapie

Winnicott (1960, 1974) betont die Fähigkeit und die Bereitschaft der Mutter, dem Kind Sicherheit zu geben, die es zur Ausbildung seiner Persönlichkeit braucht. Im Raum von Übergangsobjekt und Übergangsraum ist spielerisches Handeln möglich. Winnicott sieht Spielen als schöpferisches Handeln und als Suche nach dem Selbst.

In den letzten Jahren wurde die moderne Säuglingsforschung vor allem durch die Arbeit von Daniel Stern (1992) bekannt. Sie weist nach, dass der Säugling vom ersten Moment an äußerst aktiv und interessiert an der Welt ist, sich bemüht, seine angeborenen Fähigkeiten mit Hilfe der Außenreize zur Entfaltung zu bringen. Das Bild des wachen, seine Umwelt von Anfang an aktiv beeinflussenden Säuglings ersetzt das Bild des passiv den Außenweltreizen ausgesetzten und zu Abwehrmechaniken gezwungenen Säuglings, von dem Sigmund Freud ausging.

Dieser veränderte Blick auf den Anfang der menschlichen Entwicklung hat Konsequenzen weitreichender Art auf die Kinderpsychotherapie: Das Symbiosekonzept Margret Mahlers (1978) ist nicht mehr haltbar (Dornes 1993, 49-79). Die Vorstellung Melanie Kleins von den frühkindlichen Fantasien ist theoretisch nicht mehr zu begründen und damit für die Praxis hinfällig.

Die Anfänge des Seelenlebens sind offensichtlich nicht psychodynamischer Natur, „auch wenn es von Anfang an im Seelenleben aktiv zugeht. Vor der Existenz der Symbolfunktion gibt es keinen intrapsychischen Konflikt, weil es erstens keinen Wunsch gibt und zweitens die Realität noch nicht als intrapsychische, symbolische Instanz verinnerlicht ist. Das Konfliktmodell scheint daher auf das frühe Seelenleben nicht anwendbar zu sein (...). Das frühe Seelenleben ist präkonfliktuös, wenn auch nicht ohne Schwierigkeiten und sicher kein Paradies" (Dornes 1993, 194 f.).

Nach den Ergebnissen der Säuglingsforschung gibt es keinen angeborenen Aggressions- oder Destruktionstrieb, wie ihn die Psychoanalyse bis heute annimmt. Beobachtbar sind beim Säugling aversive Reaktionen und die Selbstbehauptung als primäres Streben beim Säugling. Aggressive und destruktive Äußerungen des Kleinkindes haben ihre Ursachen in nicht einfühlsamen Aktionen der frühen Bezugspersonen, d. h., sie sind die Reaktion auf Frustrationen (Lichtenberg 1991). Anlagebedingte, biologische sowie organische Faktoren besitzen einen großen Einfluss auf die Verhaltensweisen von Kindern. Thomas u. Chess (1977) konnten am Beispiel frühkindlicher Temperamentsunterschiede zeigen, dass die Betreuung von Kindern mehr oder weniger anspruchsvoll bzw. „schwierig" ist. Die so genannten „schwierigen" Kinder können sich auf Grund ihrer Temperamentsmerkmale weniger leicht an Alltagsroutinen gewöhnen, sind in ihrem Verhalten wenig berechenbar und können sich schlecht auf neue Situationen einstellen. Einfühlsames Verhalten der Mutter erleichtert es dem Kind, die anfänglichen Risiken zu meistern. Andererseits trägt ein wenig angemessenes Verhalten der Mutter zum Rückzug und zur Verstimmung des Kindes bei. Viele Eltern erleben dies als enttäuschend und belastend. So können zu jedem Zeitpunkt Störungen der Eltern-Kind-Beziehung auftreten, deren Ursachen nicht einseitig festgelegt sind.

Aus diesen Gründen lässt sich individuelles Verhalten nur begrenzt durch intrapsychische Konflikte und Entwicklungsmodelle verstehen. Erst die Einbeziehung verschiedener Ebenen ermöglicht es, Persönlichkeitsmerkmale, Haltungen und Symptome als Folge einer psychodynamischen Verarbeitung von bestimmten frühkindlichen Situationen zu begreifen. Ob ein Verhalten als normal oder als pathologisch eingeschätzt werden kann, lässt sich erst dann entscheiden, wenn es zum Entwicklungsstadium, zum Alter, zum Geschlecht, zu der Umgebung und zu den spezifischen Entwicklungsaufgaben der Phase, in der sich das Kind befindet, in Beziehung gebracht wird.

Symptome erschließen sich in ihrer Bedeutung erst aus dem lebensgeschichtlichen Kontext. Thomae (1985) warnt davor, zu früh mit Erklärungen, Typisierungen oder Sinndeutungen zu beginnen, seelisches Verhalten in Fragmente aufzulösen und dabei zu falschen Bruchstücken zu gelangen, d.h. den ganzheitlichen Aspekt zu verlieren. Geht man von der Annahme aus, dass sich psychogene Störungen nur aus dem Zusammenwirken von Einflüssen in jeder der bisher durchlaufenen Entwicklungsphasen der betreffenden Personen verstehen lassen, dann tragen sämtliche Entwicklungsphasen zur Bildung der betreffenden Störung im Sinne einer Verlaufsstruktur bei (Fürstenau 1986).

Für das Verständnis der psychodynamischen Verarbeitung von Belastungen heißt das, dass zwar bestimmte Mangelerfahrungen in der frühen Kindheit das Risiko für spätere emotionale Störungen erhöhen, diese jedoch keineswegs regelhaft auftreten oder einem bestimmten Muster folgen. Andererseits ist es nur begrenzt möglich, von den Erfahrungen einer individuellen Lebensgeschichte auf allgemein gültige Folgen in bestimmten Konflikten oder Belastungen zu generalisieren.

Für das Verständnis der Dynamik bei kinder- und jugendpsychiatrischen Erkrankungen ist es notwendig, die vielfältigen Einflüsse, die letztlich zu einer spezifischen Phänomenologie, d.h. dem individuellen Erscheinungsbild der psychischen Störung, führen, in ihrer Bedeutung und in ihrem Einfluss zu erfassen, um sowohl intra- als auch interindividuelle Gesetzmäßigkeiten zu erkennen.

Um die Wirksamkeit der dargestellten Therapieform zu belegen, sind langjährige Katamnesen und eine systematische Methode der Datenerfassung erforderlich.
Das Anna-Freud-Center in London entwickelte noch unter Leitung von Anna Freud selbst eine solche Methode. Die Daten dieser Studie legen nahe, dass bei einer genügend langen und intensiven Behandlung die meisten kindlichen psychiatrischen Störungen mit einer etwas erweiterten Anwendung der psychoanalytischen Technik sinnvoll behandelt werden können (Fonagy u. Target 1995). Weiteren Untersuchungen ist es vorbehalten, herauszufinden, ob die Kombination von bestimmten Behandlungstechniken bzw. der Einsatz von spezifischen Behandlungstechniken in bestimmten Phasen die Effizienz der Therapeuten noch verbessern kann. *„Die Wege und Mittel der Therapie in der Kindheit sind so zahlreich wie die auf dem Entwicklungsweg erworbenen Störungen, und so verschieden voneinander, wie die verschiedenen Anteile der kindlichen Persönlichkeit"* (Anna Freud 1987).

Zusammenfassung

Psychotherapie ist integraler Bestandteil der Kinder- und Jugendpsychiatrie. Die Entwicklung eigenständiger Therapieformen für Kinder und Jugendliche setzte erst deutlich nach Etablierung der Psychotherapie für erwachsene Patienten ein, nicht nur in den tiefenpsychologisch und psychoanalytisch orientierten Richtungen. Entscheidende Vertreter, wie z.B. Anna Freud, kamen aus der Pädagogik. Die Bedeutung tiefenpsychologischer Theorien für das Verständnis und die Theorie kinder- und jugendpsychiatrischer Erkrankungen wird diskutiert vor dem Hintergrund der Beobachtungen und Ergebnisse der Säuglingsforschung. Es ist anzunehmen, dass die Kombination bzw. der Einsatz von spezifischen Behandlungstechniken in bestimmten Phasen der Therapie die Effizienz deutlich verbessert.

Literatur

Aichhorn A. Verwahrloste Jugend. 4. Aufl.: Bern/Stuttgart: Huber; 1925/1957.

Axline V. Kinder-Spiel-Therapie im nicht-direktiven Verfahren. 8. Aufl. München/Basel: Ernst Reinhardt; 1947/1993.

Benedetti J. Psychodynamik als Grundlagenforschung der Psychiatrie. In: Kisker KJ, Meyer JE, Müller C, Strömgren E, Hrsg. Psychiatrie der Gegenwart, Bd. 1, Grundlagen und Methoden der Psychiatrie, Teil 1. Heidelberg: Springer; 1979.

Dornes M. Der kompetente Säugling. Die präverbale Entwicklung des Menschen. Frankfurt/M: Fischer; 1993.

Dührssen A. Psychogene Erkrankungen bei Kindern und Jugendlichen. 8. Aufl. Göttingen: Verlag für Medizinische Psychologie; 1956/1971.

Fonagy P, Target M. Kinderpsychotherapie und Kinderanalyse: Implikationen für die therapeutische Arbeit. Kinderanalyse. 1995;3:150-186.

Freud A. Einführung in die Technik der Kinderanalyse. 5. Aufl. München/Basel: Ernst Reinhardt; 1927/1970.

Freud A. Wege und Irrwege in der Kinderentwicklung. Frankfurt/M.: Fischer; 1968.

Freud A. Schriften der Anna Freud in zehn Bänden. Frankfurt/M: Fischer; 1987.

Freud S. "Psychoanalyse" und "Libidotheorie". GW Bd XIII, S. 209., Frankfurt/M: Fischer; 1923

Fürstenau P. Wandlungen des Verständnisses und der Therapie psychogener Störungen in jüngster Zeit. In: Kisker KP, Lauter H , Meyer E, Müller C, Strömgren E, Hrsg. Psychiatrie der Gegenwart 1, Neurosen, psychosomatische Erkrankungen, Psychotherapie., Heidelberg: Springer; 1986.

Graham P. Child Psychiatry and Psychotherapy. J Clin Psychol Psychiat. 1974;15:59-66.

Hug-Hellmuth H von. Zur Technik der Kinderanalyse. Int Z Ärztl Psychoanal. 1913;1:470.

Klein M. Die Psychoanalyse des Kindes. 2. Aufl. München/Basel: Ernst Reinhardt; 1932/1971.
Lichtenberg JD. Psychoanalyse und Säuglingsforschung. Berlin/Heidelberg: Springer; 1991.
Mahler M. Die psychische Geburt des Menschen. Frankfurt/M.: Fischer; 1978.
Riklin F. Wunscherfüllung und Symbolik im Märchen. Schriften zur angewandten Seelenkunde. 1908;H2.
Shapiro T, Esman A. Psychoanalysis and Child and Adolescent Psychiatry. J Am Acad Child Adolesc Psychiat. 1992;31:6-13.
Schmidtchen St. Kinderpsychotherapie. Stuttgart: Kohlhammer; 1989.
Stern D. Die Lebenserfahrung des Säuglings. Stuttgart: Klett-Cotta; 1992.
Thomae H. Dynamik menschlichen Handelns. Bonn: Bouvier; 1985.
Thomas A, Chess S. Temperament and Development. New York: Brunner/Mazel; 1977.
Winnicott DW. Primäre Mütterlichkeit. Psyche. 1960;14:393.
Winnicott DW. Reifungsprozesse und fördernde Umwelt. München: Kindler; 1974.
Wolffheim N. Psychoanalyse und Kindergarten. München/Basel: Ernst Reinhardt; 1930/1963.
Zulliger H. Bausteine zur Kinderpsychotherapie. 2. Aufl., Bern/Stuttgart: Huber; 1966.

Prüfungsfragen

1. Wie lauten die Grundannahmen der Psychoanalyse für das Verständnis seelischer Vorgänge?
2. Wurde ein allgemein gültiges psychodynamisches Grundkonzept in der Psychoanalyse entwickelt?
3. Welche Bedeutung haben die Thesen Melanie Kleins für das Verständnis in der Kinderanalyse heute?
4. Welches sind die wesentlichen Unterschiede in der analytischen Psychotherapie mit Kindern im Vergleich zum Erwachsenen?
5. Welchen Akzent setzen die Neoanalytiker wie Annemarie Dührssen in der Kindertherapie?
6. Benennen Sie den entscheidenden Unterschied zwischen Kinderanalyse und nicht-direktiver Spieltherapie?
7. Welche Konzepte führt Winnicott in die Kinderanalyse ein?
8. Wie lauten die wesentlichen Erkenntnisse der Säuglingsforschung?
9. Welche Bedeutung haben diese Erkenntnisse für die Kinderanalyse und ihre klassischen Grundannahmen?
10. Welchen Stellenwert haben anlagebedingte, biologische und organische Faktoren für die Verhaltensweisen von Kindern?
11. Wie lassen sich die heute bekannten Einflussgrößen auf die Entwicklung eines Kindes mit psychoanalytischen Konzepten verbinden?

36 Entspannungsverfahren

S. Göggerle und G. Esser

Einleitung

Entspannung wird definiert als „psychophysischer Zustand, der subjektiv durch das Fehlen von Aufregung, Verspannung und Nervosität bzw. das Vorhandensein von Gelöstheit, Gelassenheit und innerer Ruhe gekennzeichnet ist" (Vaitl u. Petermann 1993). Das Gleichgewicht von Anspannung und Entspannung gilt als Voraussetzung für das körperliche und seelische Wohlbefinden. Umgekehrt stören seelische und körperliche Probleme dieses Gleichgewicht.

Ein Entspannungzustand kann sowohl durch individuelle Formen der Entspannung (Lesen, Musikhören, Spazierengehen etc.) als auch durch systematische Methoden der Entspannung erreicht werden. Systematische Verfahren haben den Vorteil, dass sie schneller und gezielter in bestimmten Belastungssituationen eingesetzt werden können, vorausgesetzt, sie sind gut eingeübt. Entspannungsverfahren kommen als alleinige Therapiemethoden und auch als integrierter Bestandteil von multimodalen Therapiesettings zum Einsatz. Die verschiedenen Entspannungsverfahren können nach ihrer Induktionsart und nach der Entspannungsreaktion, die sie auslösen, klassifiziert werden (Tab. 36.1). Bei der Entspannungsinduktion wird zwischen auto- und heteroinstruktiv unterschieden, wobei autoinstruktiv bedeutet, dass der Übende sich selbst anleitet, heteroinstruktiv, dass er von außen, also vom Therapeuten, angeleitet wird. Die Anweisung kann zu aktivem Handeln, aber auch zu passivem „Mit-sich-geschehen-Lassen" auffordern. Die Entspannungsreaktion kann entweder primär somatisch, psychisch oder beides sein. Im Allgemeinen geht jedoch eine körperliche Entspannung auch mit einer seelischen Ruhe einher und umgekehrt.

Wie unterscheidet sich das Entspannenlernen nun bei Kindern und Jugendlichen von dem der Erwachsenen? Kinder entspannen im Allgemeinen leichter als Erwachsene, sie sind suggestibler und besitzen meist mehr Phantasie (Eberlein 1985, Friebel 1994, Krampen 1992, Petermann 1996b). Da die sprachlichen Fähigkeiten und das Abstraktionsvermögen von Kindern unterschiedlichen Alters- und Entwicklungsstandes stark

Tabelle 36.1 Klassifikation der Entspannungsverfahren (nach Vaitl 1993b)

Entspannungsmethode	Entspannungsinduktion				Entspannungsreaktion	
	auto-instruktiv	hetero-instruktiv	aktiv	passiv	somatisch	psychisch
Hypnose	–	++	–	+	+	+
Autogenes Training (Unterstufe)	++	–	–	+	++	–
Meditation	++	–	–	+	+	+
Progressive Muskelentspannung	+	+	+	–	++	–
Biofeedback	–	–	+	–	++	–

++ = deutlich ausgeprägt
\+ = vorhanden
– = fehlt oder nur schwach ausgeprägt

variieren, müssen die Entspannungsmethoden sehr individuell auf das jeweilige Kind, bzw. die jeweilige Gruppe abgestimmt sein, da sonst Verständnisprobleme auftreten. Daher sollte das Entspannungstraining bei Kindern auch nur in altershomogenen Gruppen durchgeführt werden. Die Aufmerksamkeitsspanne bei Kindern ist noch wesentlich kürzer als bei Erwachsenen. Sie müssen außerdem stärker angeleitet werden, und es fällt ihnen schwerer, die Übungen im Alltag umzusetzen. Kinder müssen vermehrt motiviert werden, da in den meisten Fällen die Elternmotivation über die kindlichen Interessen bestimmt. Außerdem ist das Körperschema bei Kindern noch nicht vollständig entwickelt (Krampen 2000).

Petermann (1996a) unterscheidet folgende 3 Wirkungszugänge bei Kindern:

- *kognitiv:* z. B. autogenes Training,
- *imaginativ:* z. B. Entspannungsgeschichten,
- *sensorisch:* z. B. progressive Muskelrelaxation.

Die Auswahl des Verfahrens sollte an den Entwicklungsstand, die Vorerfahrung und an das Problem des Kindes gebunden sein.

Autogenes Training

Das autogene Training, auch konzentrative Selbstentspannung genannt, ist im europäischen Raum eines der am meisten angewandten Entspannungsverfahren bei Kindern und Jugendlichen (Biermann 1996, Eberlein 1985). Der Berliner Arzt Johann Heinrich Schultz (1884–1970) entwickelte das autogene Training (kurz: AT) aus seinen Erfahrungen mit der Durchführung der Hypnose. Er befragte Studenten nach ihren Empfindungen im hypnotisierten Zustand. Die am häufigsten genannten Körpersensationen waren Schwere, Ruhe und Wärme. Auf diesen 3 Sinneswahrnehmungen beruhen die ersten 2 Grundübungen des AT (Schultz 1989).

Insgesamt besteht das AT aus den 6 Übungen Schwere, Wärme, Atmung, Sonnengeflecht, Herz und Stirn (Tab. 36.**2**). Die Entspannungsformeln werden zuerst vom Therapeuten, später vom Klienten selbst angeleitet. Bei Kindern, besonders bei Jüngeren, müssen die Übungen zu Anfang jedoch stärker von außen angeleitet werden.

Ein wichtiger Bestandteil des AT ist die formelhafte Vorsatzbildung. Die Formeln sollen als positive Selbstinstruktion in der Entspannungssituation geübt und später im Alltag abgerufen werden. Krämer (1994) unterscheidet zwischen formelhaftem Vorsatz und wandspruchartigem Leitsatz. Ersteres bezieht sich auf eine Verhaltensweise („Nicht verzagen, auch was wagen"), die Leitsätze greifen Charaktereigenschaften auf („Ruhig Blut, dann wird alles gut"). Die Merksätze sind kurz und prägnant, positiv und im Präsens formuliert und reimen sich, damit sie besser zu merken sind. Erwachsene sollen ihre eigenen, für sie wichtigen Vorsätze formulieren, bei Kindern empfiehlt es sich jedoch, die Formeln vorzugeben. Als autosuggestives Verfahren hat das AT den Vorteil, dass es ohne fremde Hilfe und ohne andere technische Hilfsmittel (Tonband) zu jeder Zeit und an jedem Ort durchgeführt werden kann.

Das autogene Training kann bei Kindern mit altersadäquatem Entwicklungsstand ab dem 8.–10. Lebensjahr angewandt werden (Friedrich u. Friebel 1994, Krampen 1992). Friebel et al. (1994) lehrten bereits Kindergartenkinder die ersten 3 Grundübungen.

Imaginative Verfahren

Bei imaginativen Verfahren handelt es sich vor allem um Phantasiegeschichten. Diese können Traumreisen, Abenteuer- und Alltagsgeschichten

Tabelle 36.**2** Grundübungen des autogenen Trainings (aus: Friebel et al. 1994)

Einführung	Ganz ruhig und entspannt.
1. Übung: Schwere	Ich bin ganz schwer. Mein Arm ist schwer. Auch der andere Arm ist schwer. Meine Beine sind schwer.
2. Übung: Wärme	Ich bin ganz warm. Meine Hände sind warm. Meine Füße sind warm.
3. Übung: Atmung	Mein Atem geht ruhig, rhythmisch, gleichmäßig.
4. Übung: Sonnengeflecht	Mein Bauch (oder Sonnengeflecht) ist strömend warm.
5. Übung: Herz	Mein Herz schlägt ruhig und regelmäßig.
6. Übung: Stirn	Die Stirn ist angenehm kühl.
Abschluss	Ich bin ganz ruhig und entspannt

sein. Es gibt Geschichten, in denen die übende Person selbst integriert ist, also sozusagen „mitspielt“ (Petermann 1993) und Geschichten, in denen eine andere Gestalt als Identifikationsfigur die Hauptperson ist (Dörner et al. 1995, Friedrich u. Friebel 1994). Außerdem muss zwischen Erzählungen unterschieden werden, die reine Erzählungen sind und solchen, die mit anderen Entspannungverfahren kombiniert werden. In den meisten kombinierten Verfahren werden die Geschichten mit Übungen des autogenen Trainings verknüpft (Krämer 1994; Müller 1987, Petermann 1995). Die „Kapitän-Nemo-Geschichten“ von Petermann (1995) für Kinder im Alter von 4–12 Jahren integrieren z. B. die ersten beiden Grundübungen (Wärme und Schwere) und formelhafte Leitsätze aus dem AT. Müller (1987) nimmt in ihre Märchen die 3 AT-Übungen „Schwere“, „Wärme“ und „Atmung“ auf. Ein Training für 12- bis 15-Jährige entwickelte Krämer (1994). Sie bettete alle AT-Grundübungen in Geschichten, Traumreisen und Gruppenmeditationen ein.

Ein Kombinationsverfahren mit den Übungen für die progressive Muskelrelaxation entwarf Nolte (1996).

In den letzten Jahren wurde eine Vielzahl von Entspannungsgeschichten und Traumreisen für Kinder veröffentlicht. Einige Autoren fordern Therapeuten auch auf, selbst Geschichten zu schreiben, die passend für die jeweilige Problemsituation und individuell für das einzelne Kind entworfen werden (Dörner et al. 1995, Eberlein 1985).

Empfohlen werden Phantasiegeschichten vor allem für kleinere Kinder (unter 10 Jahren), die die Übungen noch nicht isoliert ausführen können (Friedrich et al. 1994, Lohaus et al. 2001). Imaginative Verfahren werden aber durchaus auch bei Erwachsenen angewendet.

Der Nachteil von imaginativen Verfahren besteht vor allem in der heterosuggestiven Darbietung und damit in der Abhängigkeit vom Therapeuten und der Unflexibilität, was den Übungskontext betrifft.

Progressive Muskelrelaxation

Edmund Jacobson (1888–1983), ein amerikanischer Physiologe, entwickelte, parallel zum Autogenen Training von Schultz in Europa, die Übungen der progressiven Muskelrelaxation (kurz: PMR). Jacobson entdeckte, dass die Aktivität im zentralen Nervensystem Einfluss auf die muskuläre Anspannung nimmt und umgekehrt (Reziprozitätsprämisse). So geht eine psychische Anspannung mit verstärktem Muskeltonus einher und umgekehrt eine gelockerte Muskulatur mit einem Entspannungsgefühl. Diese Wechselbeziehung von psychischer und muskulärer Spannung schließt sich zum Kreisprozess. Ziel der Übungen ist, einzelne Muskelgruppen zu lockern und damit eine mentale Entspannung zu erreichen (Jacobson 1990). Da der eigene Muskeltonus kaum bewusst wahrgenommen wird, werden die einzelnen Muskelgruppen zuerst einige Sekunden angespannt und danach entspannt. So sollen die Übenden für Anspannungen in den einzelnen Körperregionen sensibilisiert werden und dadurch die entspannten Körperteile intensiver wahrnehmen (Klinkenberg 1996).

Erst in den 50er-Jahren fand die progressive Muskelentspannung, durch Wolpes systematische Desensibilisierung Eingang in die Psychotherapie. Wolpe nahm an, dass Entspannung und Angst zwei inkompatible Reaktionsweisen sind. Die PMR wird auch heute noch in der verhaltenstherapeutischen Behandlung von Ängsten, vor allem bei der Exposition in vivo, erfolgreich eingesetzt.

Bernstein u. Borkovec (1975) komprimierten und verkürzten das umfangreiche Verfahren Jacobsons von 30 auf 16 Muskelgruppen (Tab. 36.**3**). In dieser Form wird die PMR bis heute angeleitet.

Die Muskelgruppenübungen werden in eine kurze Einstimmung und in ein Rückholritual eingebettet.

- **Einstimmung:** Aufmerksamkeit von außen (Raum und Situation) nach innen (Atmung und andere Körperempfindungen) bringen.
- **Rückholritual:** von 4 bis 1 zählen, wobei 4 bedeutet: Füße und Beine bewegen, 3: Arme und Hände bewegen, 2: Kopf und Rumpf bewegen und kräftig räkeln und 1: Augen öffnen.

Jede Muskelgruppenübung durchläuft dann folgende 4 Phasen:

1. **Einspüren der Muskelgruppe:** Wie fühlt sich die Körperregion vor dem Üben an? (ca. 15 Sek.)

Tabelle 36.**3** Die 16 Muskelgruppen der progressiven Muskelrelaxation
(aus: Gröninger u. Stade-Gröninger 1996)

1.	Dominante Hand und Unterarm (Faust machen, Unterarmmuskeln anspannen)
2.	Dominanter Oberarm (Oberarm an den Brustkorb drücken)
3.	Nichtdominante Hand und Unterarm (Faust machen, Unterarmmuskeln anspannen)
4.	Nichtdominanter Oberarm (Oberarm an den Brustkorb drücken)
5.	Stirn (Augenbrauen zum Haaransatz hochziehen)
6.	Augen, obere Wangenpartie und Nase (Augen zusammenkneifen, Nase rümpfen)
7.	Mund und Kiefer (Zähne leicht aufeinanderstellen und Mundwinkel zu den Ohren ziehen)
8.	Nacken (Kinn in Richtung Brust und Kopf nach hinten oben drücken oder Schultern zu den Ohren hochziehen)
9.	Schultern und obere Rückenpartie (Schulterblätter nach hinten/Mitte zusammenschieben)
10.	Bauch und Beckenboden (Bauchmuskeln anspannen/hart machen, Schließmuskel und Beckenbodenmuskel anspannen/nach innen ziehen)
11.	Dominanter Oberschenkel (Knie zum Boden drücken oder Oberschenkel gleichzeitig anheben und nach unten drücken)
12.	Dominanter Unterschenkel (Zehen zum Knie hochziehen)
13.	Dominanter Fuß (Fuß leicht anheben, zur Mitte kippen und Zehen einrollen)
14.	Nichtdominanter Oberschenkel (Knie zum Boden drücken oder Oberschenkel gleichzeitig anheben und nach unten drücken)
15.	Nichtdominanter Unterschenkel (Zehen zum Knie hochziehen)
16.	Nichtdominanter Fuß (Fuß leicht anheben, zur Mitte kippen und Zehen einrollen)

2. **Anspannungsphase** (ca. 5–7 Sek.)
3. **Entspannungsphase** (ca. 20 Sek.)
4. **Nachspüren:** Wie fühlt sich die Körperregion nach dem Üben an? (ca. 20 Sek.)

Es ist vor allem darauf zu achten, dass die Entspannungsphase (3) länger als die Anspannungsphase (2) ist und dass die Anspannung nicht länger als 5–7 Sekunden dauert.

Um in der Gruppenübung eine zeitlich synchrone Anspannung zu erreichen, wird vor Beginn der Übung ein Signalwort (z.B.: „jetzt") vereinbart, das den Start der Anspannungsphase markiert. Dieses Wort darf nur an dieser Stelle im Anleitungstext verwendet werden.

Ist der so genannte 16er-Schritt gut eingeübt, können die Muskelgruppen zu 7 bzw. später zu 4 Schritten zusammengefasst werden. Dadurch kann eine Entspannungsreaktion schneller herbeigeführt werden.

PMR ist primär bei Störungen, die mit muskulärer Verspannung zusammenhängen, wie z.B. Spannungskopfschmerz und im Rahmen von verhaltenstherapeutischen Maßnahmen indiziert.

Die progressive Muskelentspannung wird häufig besonders für Jugendliche empfohlen, da sie dabei eine aktive Rolle beibehalten können und das Verfahren weniger suggestiv ist (Petermann, 1996). Eberlein (1985) berichtet, dass besonders pubertierende Jugendliche Schwierigkeiten mit dem Erlernen des autogenen Trainings haben.

Bei der Anwendung dieses körperorientierten Verfahrens bei Kindern ist es vor allem von Bedeutung, daß die Kinder bereits ein adäquates Körperschema entwickelt haben.

Nolte (1996) entwickelte ein spezielles PMR-Training für Kinder im Alter von 5¾–8½ Jahren. Sie verwendet dabei den 7er-Schritt (Tab. 36.**4**), wobei sie den Nackenbereich auslässt. Im 4. Schritt wird die Schultermuskulatur, im 5. Schritt werden die Bauch- und Pomuskeln angespannt. Alle anderen Schritte verändern sich gegenüber der klassischen Form nicht. Die einzelnen Übungen sind in insgesamt 4 Geschichten über den „Kater Goldkralle" eingebettet. Dieser Kater dient den Kindern als Vorbildfigur, denn er lernt in den Geschichten, angstbesetzten und schwierigen Situationen Entspannung entgegenzusetzen, welche er mit Hilfe der PMR-Übungen erlernt. Die Kinder hören der Geschichte zu und immer, wenn „Kater Goldkralle" seine Übungen macht, werden die Kindern dazu aufgefordert, gleich mitzuüben. Ergänzt wird das eigentliche Training durch Körperwahrnehmungsübungen und Gesprächen mit den Kindern über Körper und Muskeln.

Das Entspannungstraining für Kinder von Booth (1997) basiert ebenfalls auf den Annahmen und Übungen der progressiven Muskelrelaxation. Verschiedene Übungen für insgesamt 6 Körperbereiche werden in metaphernreicher Reimform angeleitet. Dies soll den Kindern das Merken der einzelnen Schritte erleichtern.

Tabelle 36.4 7er-Schritt
(aus: Gröninger u. Stade-Gröninger 1996)

Dominanter Arm	Ellenbogen an den Brustkorb ziehen, Hand zur Faust schließen und Unterarm und Oberarm gleichzeitig anspannen
Nichtdominanter Arm	Ellenbogen an den Brustkorb ziehen, Hand zur Faust schließen und Unterarm und Oberarm gleichzeitig anspannen
Gesicht	Stirn runzeln, Augen zusammenkneifen, Nase rümpfen, Zähne leicht aufeinanderstellen und Mundwinkel zu den Ohren ziehen: „saures Zitronengesicht“
Nacken	Kinn in Richtung Brust und Kopf nach hinten oben drücken oder Schultern zu den Ohren hochziehen
Rumpf	Beide Schulterblätter gleichzeitig nach hinten/Mitte zusammenschieben, Bauchmuskeln anspannen/ und Beckenbodenmuskeln anspannen
Dominantes Bein	Ferse gegen den Boden drücken, Fußsohle zur Mitte drehen, Zehen einrollen und gleichzeitig Unterschenkel und Oberschenkel anspannen
Nichtdominantes Bein	Ferse gegen den Boden drücken, Fußsohle zur Mitte drehen, Zehen einrollen und gleichzeitig Unterschenkel und Oberschenkel anspannen

Tabelle 36.5 4er-Schritt
(aus: Gröninger u. Stade-Gröninger 1996)

Beide Arme	Beide Ellenbogen an den Brustkorb ziehen, Hände zur Faust schließen und beide Arme gleichzeitig anspannen
Gesicht und Nacken	Gesicht zu einer Art „Saures Zitronengesicht" zusammenziehen und gleichzeitig Nackenmuskulatur anspannen
Rumpf	Beide Schulterblätter gleichzeitig nach hinten/Mitte zusammenschieben, Bauchmuskeln anspannen/ und Beckenbodenmuskeln anspannen
Beide Beine	Beide Fersen gegen den Boden drücken, Fußsohlen zur Mitte drehen, Zehen einrollen und gleichzeitig beide Beine anspannen

Petermann (1996b) entwickelte eine Kurzform der progressiven Muskelentspannung für Jugendliche. Auch dieses Programm besteht aus 7 Schritten (dominanter Arm, nichtdominanter Arm, Augenregion, Schultern, Rumpf, dominantes und nichtdominates Bein), die allerdings in ihrer Ausführung leicht von der Standardanweisung abweichen. Als Instruktionshilfen schlägt Petermann (1996) Assoziationsanleitungen vor, wie z.B. bei der Armübung: „Stell dir vor, du drückst einen nassen Schwamm aus“.

Andere Verfahren

Als weiteres wichtiges Verfahren wird bei Erwachsenen das Biofeedback angewandt. Beim Biofeedback werden physiologische Prozesse (Biosignale), die normalerweise nicht bewusst wahrgenommen werden, akustisch oder optisch zurückgemeldet. Der Klient soll mit Hilfe des Feedbacks versuchen, die physiologischen Prozesse willentlich zu beeinflussen (Vaitl 1993a). Kröner-Herwig et al. (1992) erzielten gute Erfolge in der Behandlung von chronischem Kopfschmerz bei Kindern mit EMG-Biofeedback (Elektromyogrammfeedback). Dennoch unterlag es in seiner Wirksamkeit der progressiven Muskelrelaxation. Das Biofeedback hat den Nachteil, dass es in der langen Übungsphase nur mit Hilfe der aufwendigen Apparaturen durchzuführen ist.

Im pädagogischen Bereich und bei jüngeren Kindern werden häufig so genannte „Stille-Übungen“ durchgeführt (Faust-Siehl 1993, Friebel et al. 1994). Diese haben den Vorteil, dass sie einfacher sind und eine weniger lange Aufmerksamkeitsspanne erfordern. Daher sind sie besonders für jüngere Kinder (unter 5 Jahren) geeignet, die durch die gängigen Entspannungsverfahren häufig überfordert sind (Friebel et al. 1994). Stille-Übungen können Kurzmeditationen sein, bei denen die Kinder intensiv etwas betrachten oder sich etwas anhören, zu den Stille-Übungen gehören aber auch Körperübungen, wie z.B. der Energiekreis – Kinder stehen oder liegen im Kreis und halten sich an den Händen fest und stellen sich vor, dass Energie durch ihre Hände fließt – (Kohrt u. Goetze 1993).

Als Entspannungstechnik wurden in jüngster Zeit auch Kinderjogaprogramme für Kindergartenkinder entwickelt (Rücker-Vogler 1995, Spachtholz 1993). Es werden sowohl Körperübungen (asanas) als auch Atemübungen (pranayama) durchgeführt. Da Jogaübungen sehr bildlich dargestellt und benannt sind (Kobra, zusammengerolltes Blatt u. a.) ist es auch für Kinder nicht schwer, die Instruktionen nachzuvollziehen. Jogaübungen werden zum Teil auch in andere Entspannungsprogramme eingebaut (Friebel et al. 1994).

Das „katathyme Bilderleben" ist eine Tagtraumtechnik, die eng mit den klassischen Entspannungstechniken verknüpft ist, da sie sich den entspannten Zustand zu Nutze macht. Auf Grund vorgegebener Bilder (Wiese, Waldrand u. a.) erzeugen die Klienten Tagtrauminhalte, die vom Therapeuten als projektive Bilder gedeutet werden. Trotz der Verwandtschaft mit imaginativen Verfahren zählt das katathyme Bilderleben eher zu den tiefenpsychologischen Psychotherapieverfahren. Im kinder- und jugendpsychiatrischen Setting wird es häufig bei Kindern ab 7 Jahren und Jugendlichen eingesetzt (Leuner 1988).

Ebenfalls verbunden mit Entspannungs- bzw. Trancezuständen ist die Hypnotherapie, die hier jedoch nicht weiter beschrieben werden soll.

Körperhaltung und Übungsbedingungen

Alle Entspannungsverfahren können im Liegen und im Sitzen durchgeführt werden. Es empfiehlt sich, die Übungen zuerst im Sitzen zu erlernen, da diese Position im Alltag am besten zu praktizieren ist. Im Autogenen Training wird primär in der Droschkenkutscherhaltung geübt. Schultz beobachtete die Sitzhaltung Berliner Droschkenkutscher in ihren Pausen und ahmte sie nach. In dieser Haltung werden die Fußsohlen ganz auf den Boden gestellt, der Oberkörper wird nach vorn gebeugt, der Kopf hängt nach unten, und die Hände liegen auf den Oberschenkeln. Bei der progressiven Muskelrelaxation ist die Sitzhaltung aufrecht, die Füße werden parallel nebeneinander gestellt und die Hände auf die Schenkel gelegt. In der Liegeposition befindet sich der Klient auf dem Rücken und legt die Arme seitlich an den Körper. Insgesamt kommt es weniger auf die ganz korrekte Sitz- oder Liegeposition an, als vielmehr darauf, dass die jeweilige Position bequem und angenehm ist.

Die Augen werden während des Entspannens für gewöhnlich geschlossen. Dadurch können Außenreize besser ausgeschaltet werden. Sie sollten allerdings nur so lange geschlossen bleiben, wie es angenehm ist. Die Augen können jederzeit geöffnet werden.

Der Zustand der Entspannung kann leichter unter geeigneten Übungsbedingungen erreicht und aufrechterhalten werden. Dazu gehören ein ruhiger, wohl temperierter Übungsraum, eine bequeme Sitz- bzw. Liegeposition, ein realistischer Zeitrahmen und bequeme Kleidung.

Psychophysiologische Veränderungen

Im Entspannungszustand kommt es zu folgenden psychophysiologischen Veränderungen: Absinken der Herzfrequenz, Zunahme des Hautwiderstandes und Abnahme der Hautleitfähigkeit, Reduktion des Sauerstoffverbrauchs, verlangsamte und gleichmäßige Atmung, Tonusverlust der Muskulatur, Abnahme der Alpha-Wellen im EEG (Vaitl 1993b). In Bezug auf diese Parameter bringen jedoch die systematischen Entspannungsmethoden keinen eindeutigen Vorteil gegenüber dem „bloßen" Ausruhen. Daraus folgert Vaitl (1993b), dass die mentale Entspannung ein wesentlich wichtigerer Faktor für das Ruhegefühl ist als die körperliche.

Psychische Effekte zeigen sich in einer Erhöhung der Konzentration, der Aufmerksamkeit (Petermann u. Petermann 2000) und der Selbstwirksamkeitserwartung (Fasthoff et al. 2003).

Paradoxe Empfindungen

Der Entspannungszustand wird nicht immer, vor allem anfangs nicht, als positiv und angenehm erlebt. Ungewohnte Körperempfindungen, wie z. B. Taubheitsgefühl in Armen oder Beinen oder das Wahrnehmen des eigenen Herzschlages können als unangenehm empfunden werden oder selbst so genannte entspannungsinduzierte Ängste (RIA = Relaxation Induced Anxiety) hervorrufen. Häufig kommt es dann zu gegenteiligen physiologischen Reaktionen, wie zu einem Anstieg der Herzfrequenz und der Muskelspannung. Deshalb ist es unabdingbar, die Klienten in der ersten Sitzung über diese Phänomene aufzuklären.

Indikation und Wirksamkeit

Bei Kindern und Jugendlichen werden Entspannungsverfahren im klinischen und im pädagogischen Bereich eingesetzt.

Im klinischen Kontext gilt das Erlernen von Entspannungsübungen als unterstützende Intervention bei verhaltensauffälligen und hyperaktiven Kindern und Jugendlichen, aber auch bei solchen mit psychosomatischen Problemen (Mempel 1989) und Leistungs- und Konzentrationsstörungen. In der Verhaltenstherapie werden Entspannungsmethoden vor allem in der Behandlung von Angststörungen (Margraf u. Schneider 1990, Tauschmann 1982) und der posttraumatischen Belastungsreaktion (Frueh, de Arellano u. Turner 1997) eingesetzt. Entspannungstraining kann bei chronisch kranken Kindern zur Linderung der sekundären psychischen Folgen der Krankheit beitragen. In Studien von Göhr et al. (1997) und Noeker (1996) konnte das Wohlbefinden und die Stimmung von chronisch kranken Kindern wesentlich verbessert werden. Bei der Behandlung von chronischen Schmerzen werden Entspannungstechniken vor allem benutzt, um den Teufelskreis zwischen Schmerz, Angst und Spannung zu unterbrechen (Noeker 1996). Jay et al. (1987) lehrten leukämiekranken Kindern und Jugendlichen Atem- und Vorstellungsübungen, die sie bei der schmerzhaften Behandlung der Knochenmarkspunktion einsetzten. Es zeigte sich, dass die Experimentalgruppe nicht nur selbst über ein geringeres Schmerzempfinden berichtete, sondern dass auch „objektive" Messungen, wie die Verhaltensbeobachtung, die Pulsfrequenz und der Blutdruckwert einen entspannteren Zustand während der Prozedur feststellen ließen. Beim Spannungskopfschmerz kommt die progressive Muskelrelaxation auch als alleinige Intervention erfolgreich zum Einsatz. Kröner-Herwig (1992) konnte in ihrer Untersuchung mit Hilfe von PMR-Übungen kindlichen Kopfschmerz wirksam behandeln.

Die durch Entspannungstechniken gesteigerte Sensibilität für Körpervorgänge erwies sich als hilfreich in der Behandlung von Epilepsie. Düchting-Röth et al. (1995) führten mit einer Gruppe von epilepsiekranken Kindern ein Training zur Anfallskontrolle durch. Die Kinder lernten, Anzeichen eines Anfalls zu erkennen und ihnen eine Entspannungsreaktion (PMR) entgegenzusetzen. In der Treatmentgruppe nahm die Häufigkeit und Dauer von Anfällen deutlich ab. Petermann (1996b) dagegen rät von einer Behandlung von Anfallsleiden ab, da Entspannungsübungen die EEG-Aktivität verändern und einen Anfall wahrscheinlicher machen.

In Kindergarten und Schule dagegen werden Entspannungsmethoden meist als Gegengewicht zum einseitig leistungsorientierten Unterricht präventiv eingesetzt, aber auch zur Steigerung der Leistungsmotivation. Schreiber u. Schreiber (1995) untersuchten die Wirkung eines Entspannungstrainings (PMR) auf den Selbstwert, die Prüfungsängstlichkeit und die tatsächliche akademische Leistung von Collegestudenten. Die Studenten der Experimentalgruppe erreichten signifikant bessere Examensnoten als diejenigen der Kontrollgruppe. Bezüglich des Selbstwertes und der Prüfungsängstlichkeit konnten jedoch keine Effekte erzielt werden.

Darüber hinaus fördert das Erlernen von Entspannungstechniken die Persönlichkeitsentwicklung, die Kreativität und Phantasie und die Selbstakzeptanz.

Die Wirksamkeit einzelner Verfahren (PMR, AT mit imaginativen Anteilen, imaginatives Verfahren und neutrale Geschichten) untersuchten Lohaus und Klein-Heßling (2000). Im Vergleich zeigten alle vier Grupen bezogen auf die Stressbewältigungskompetenz kurzfristige, jedoch keine langfristigen Effekte. Das Gruppensetting erwies sich in dieser Studie gegenüber der Einzelsituation als förderlich.

Kontraindiziert sind Entspannungstechniken bei regressiven, sozial und motorisch gehemmten und antriebsarmen Kindern (Remschmidt u. Heinscher 1988). Weiter sollten Entspannungsverfahren nicht bei gastrointestinalen Erkrankungen im akuten Stadium angewandt werden, da der Körper im entspannten Zustand verstärkt Magensäure bildet (Petermann 1996b).

Die Evaluation von Entspannungsverfahren und insbesondere der Vergleich der Wirksamkeit von verschiedenen Methoden bei Kindern und Jugendlichen steckt jedoch noch in den Kinderschuhen. Systematische Studien mit Kontrollgruppendesign stehen noch weitgehend aus.

Zusammenfassung

Systematische Formen in der Entspannung unterscheiden sich von individuellen Formen dadurch, dass sie schneller und gezielter erlernt und in den bestimmten Belastungssituationen eingesetzt werden können. Die Entspannung von Kindern kann über einen kognitiven, imaginativen oder einen sensorischen Zugang erfolgen. Dem kognitiven Zugang ist das autogene Training zuzuordnen. Das autogene Training besteht aus fünf Teilbereichen (Übung der Schwere, der Wärme, der Atmung, des Sonnengeflechtes, Herzübung und Stirnübung). Imaginative Verfahren sind meist Phantasiegeschichten, in die zum Teil Übungen des autogenen Trainings oder der progressiven Muskelrelaxation eingebaut sind.

Progressive Muskelrelaxation nach Jacobson umfasst die Anspannung und die Entspannung von 16 Muskelgruppen, die je nach Erfordernis auch auf bis zu vier Übungen zusammengefasst werden können. Jede einzelne Übung besteht aus einer Anspannungs- und einer Entspannungsphase, denen Phasen des Einspürens bzw. Nachspürens vor- bzw. nachgeschaltet werden können. Insbesondere bei Jugendlichen ist die progressive Muskelrelaxation dem autogenen Training vorzuziehen. Auch für Kinder wurden zwischenzeitlich spezielle PMR-Trainingsverfahren entwickelt.

Entspannungsverfahren werden in der Klinischen Kinderpsychologie vor allem ergänzend zur Behandlung von Verhaltensauffälligen sowie Kindern mit psychosomatischen Problemen angewendet. Häufig sind Entspannungsmethoden Bestandteil einer Verhaltenstherapie und bereiten eine in vivo oder in sensu Desensibilisierung vor. Weitere Indikationen sind chronische Krankheiten zur Linderung der sekundären psychischen Folgen, Minderung chronischer Schmerzen und vor angstauslösenden oder schmerzhaften operativen Eingriffen. Für viele der Anwendungsbereiche stehen Evaluationen noch aus.

Literatur

Bernstein A D., Borkovec T D. Entspannungstraining. Handbuch der progressiven Muskelentspannung. München: Pfeiffer; 1975.

Biermann G. Autogenes Training mit Kindern und Jugendlichen. München: Reinhardt; 1996

Booth R. Ich spanne meine Muskeln an, damit ich mich entspannen kann. Progressive Muskelrelaxation für Kinder. München: Kösel; 1997.

Eberlein G. Autogenes Training für Kinder. Berlin-Heidelberg: Springer; 1985.

Fasthoff C, Petermann F, Hampel P. Eine Reise mit Kapitän Nemo. Zur Bedeutung von Entspannungsverfahren als Modul in Stressbewältigungstrainings von Kindern. Report Psychologie. 2003;28:86-95.

Faust-Siehl G, Bauer E-M; Baur W, Wallaschek U. Mit Kindern Stille entdecken. Frankfurt a.M.: Diesterweg; 1993.

Friebel V. Entspannungstraining für Kinder-eine Literaturübersicht. Praxis der Kinderpsychologie und Kinderpsychiatrie; 1994;43:16-21.

Friebel V, Erkert A, Friedrich S. Kreative Entspannung im Kindergarten. Freiburg i. B.: Diesterweg; 1994

Friedrich S, Friebel V. Entspannung für Kinder. Hamburg: Rowohlt; 1994.

Frueh BC, Arellano, MA de, Turner SM. Systematic Desensitization as an alternative exposure strategy for PTSD. Am J Psychiat. 1997;154:(2)287-8.

Gröninger S, Stade-Gröninger J. Progressive Muskelrelaxation. München: Pfeiffer; 1996.

Jacobson E. Entspannung als Therapie. Progressive Relaxation in Theorie und Praxis. In: Leben lernen 69. München: Pfeiffer; 1990.

Kohrt H, Goetze H. Entspannungsverfahren im Unterricht. Sonderschule; 1993;38:111-7.

Krämer AM. Autogenes Training als Hilfe bei Schul- und Lernschwierigkeiten. Frankfurt a.M.: Peter Lang; 1994.

Krampen G. Einführungskurse zum Autogenen Training. Stuttgart: Verlag für Angewandte Psychologie; 1992.

Krampen G. Interventionsspezifische Diagnostik und Evaluation beim Einsatz systematischer Entspannungsmethoden bei Kindern und Jugendlichen. Report Psychologie. 2000;25:182-205.

Kröner-Herwig B, Plump U, Pothmann R. Progressive Relaxation und EMG-Biofeedback in der Therapie von chronischem Kopfschmerz bei Kindern. Der Schmerz; 1992;6:121-7.

Langer M, Ringler M, Fiegl J. Integration psychologischer Betreuungsstrategien in den Behandlungsablauf beim Mammakarzinom. Wien Klin Wschr 1990;102:683-7.

Leuner H. Die Bedeutung des Katathymen Bilderlebens für die Kinder- und Jugendpsychiatrie. In: Remschmidt H, Schmidt M. (1988). Kinder- und Jugendpsychiatrie in Klinik und Praxis. Band 1: Grundprobleme, Pathogenese, Diagnostik und Therapie. Stuttgart: Thieme; 1988.

Lohaus A, Klein-Heßling J, Vögele C, Kuhn-Henninghausen C. Psychophysiological effects of relaxation training in children. British Journal of Helath Psychology. 2001;16:197-206.

Lohaus A, Klein-Heßling J. Coping in childhood: A comparative evaluation of different relaxation techniques. Anxiety, Stress and Coping. 2000;13:187-211.
Margraf J, Schneider S. Panik. Angstanfälle und ihre Behandlung. Berlin: Springer; 1990.
Mempel S. Unser Behandlungskonzept bei Bulimie. Sexualmedizin; 1989;3:132-5.
Nolte U. "Kater Goldkralle". Ein Trainingsprogramm zur Progressiven Muskelrelaxation bei Kindern. In Gröninger S, Stade-Gröninger J. Hrsg. Progressive Muskelrelaxation. München: Pfeiffer; 1996.
Petermann U, Petermann F. Entspannungsverfahren bei Kindern und Jugendlichen. In: Vaitl D, Petermann F (Hrsg.). Handbuch der Entspannungsverfahren. Bd. 1: Grundlagen und Methoden. 2. Aufl. Weinheim: PVU; 2000:392-415.
Petermann U. Ruherituale und Entspannung mit Kindern und Jugendlichen. PÄD Forum; 1996a;6-10.
Petermann U. Entspannungstechniken für Kinder und Jugendliche. Weinheim: PVU; 1996b.
Remschmidt H, Heinscher HG. Psychotherapeutische Übungsbehandlung. In: Remschmidt H, Schmidt M, Hrsg. Kinder- und Jugendpsychiatrie in Klinik und Praxis. Band 1: Grundprobleme, Pathogenese, Diagnostik und Therapie. Stuttgart: Thieme; 1988.
Schreiber EH, Schreiber KN. Using relaxation techniques and positive self-esteem to improve academic achievement of college students. Psychol Rep 1995;76:929-30.
Schultz IH. Übungsheft für das Autogene Training. Stuttgart: Trias; 1989.
Tauschmann U. Kurztherapieprogramm bei Prüfungsangst für Jugendliche Klienten und die Problematik einer therapeutischen Intervention. In: Gerlicher K. Ed. Schule-Elternhaus-Beratungsdienste. Göttingen: Vandenhoeck u. Ruprecht; 1982.
Vaitl D. Biofeedback. In: Vaitl D, Petermann F. Hrsg. Handbuch der Entspannungsverfahren. Band 1.272-315. Weinheim: PVU; 1993a.
Vaitl D. Psychophysiologie der Entspannung. In: Vaitl D, Petermann F. Hrsg. Handbuch der Entspannungsverfahren. Bd 1. Weinheim: PVU; 1993b.
Vaitl D, Petermann F. Handbuch der Entspannungsverfahren. Bd 1 u. 2. Weinheim: PVU; 1993.

Prüfungsfragen

1. Welche Entspannungsmethoden sind nach der Einteilung von Vaitl als heteroinstruktiv zu bezeichnen?
2. Benennen Sie die Grundübungen des autogenen Trainings!
3. Nennen Sie die imaginativen Verfahren, in die Übungen des autogenen Trainings integriert wurden!
4. Benennen Sie die 16 Muskelgruppen der progressiven Muskelrelaxation!
5. Welche weiteren Verfahren können im Kindesalter zur Entspannung angewendet werden?
6. Benennen Sie die wichtigsten Indikationsbereiche für Entspannungsverfahren im Kindes- und Jugendalter!

37 Ergotherapie mit Kindern

C. Neuhaus

Einleitung

Vom griechischen „ergon": „Werk, Arbeit, Erzeugnis" abgeleitet, wurde Beschäftigung und Arbeit schon seit Asklepiades und Galenus als Krankenbehandlung empfohlen. Der Schwerpunkt dieser zunächst vorwiegend in den medizinischen Fachbereichen der Orthopädie und Chirurgie, später in den Lungenheilstätten verankerten Disziplin, die nach der Wende 1990 in Deutschland einheitlich in Ergotherapie (vorher Arbeits- und Beschäftigungstherapie) umbenannt worden war, bildete sich in der Behandlung von Kindern erst vor etwa 40 Jahren heraus.

Damals bedurften vor allen Dingen psychomotorisch entwicklungsgestörte Kinder, die infolge einer motorischen, perzeptiven, geistigen und sozialen Behinderung nicht zur ausreichenden spielerischen Auseinandersetzung mit ihrer Umwelt kamen, einer „Beschäftigungstherapie". Diese Kinder wiesen entweder eine Bewegungskoordinationsstörung auf, konnten ihre Bewegung der eigentlichen Tätigkeit nicht richtig anpassen oder hatten eine zentrale Wahrnehmungsstörung mit/ohne Sinnesdefekt, der sie die Umwelt nur lückenhaft und verzerrt wahrnehmen ließ mit entsprechenden Anpassungs- und Umstellungsschwierigkeiten sowie Konzentrationsproblemen oder auch kognitiven Behinderungen. Den Störungen lagen Krankheitsbilder wie zerebrale Bewegungsstörungen, Anfallsleiden, frühkindliche Hirnschädigung, wie man es damals nannte, aber auch entzündliche oder toxische Erkrankungen des zentralen Nervensystems, Zustände nach Hirntraumata, Stoffwechselerkrankungen oder degenerative Prozesse sowie verschiedene Syndrome und Missbildungen und nicht zuletzt Milieuschädigungen zugrunde.

Ärztlich verordnet und regelmäßig durch den Arzt oder den Psychologen überwacht im Behandlungsergebnis, forderte Augustin schon 1979, dass die Beschäftigungstherapie in der Pädiatrie in Abstimmung mit anderen am Kind beschäftigten Disziplinen arbeiten solle, das Kind dabei stets als Gesamtpersönlichkeit zu betrachten sei und nicht „therapeutisch aufgeteilt" werden dürfe.

Die Indikationsstellung für ergotherapeutische Behandlung ist heute sehr breit gefächert, auch mit Schwerpunkten z. B. in der Psychiatrie, der Unfallrehabilitation, der Geriatrie. Der deutsche Fachverband für Ergotherapie definiert Ergotherapie 1998 wie folgt:

„Ergotherapie beruht auf medizinischen und sozialwissenschaftlichen Grundlagen und ist ein ärztlich zu verordnendes Heilmittel.

Ergotherapie kommt zum Einsatz bei Menschen jeden Alters mit motorisch funktionellen, sensomotorisch perzeptiven, neuropsychologischen und/oder psychosozialen Störungen.

Ziel der Ergotherapie ist es, individuelle Handlungskompetenz im täglichen Leben und im Beruf zu entwickeln, wiederzuerlangen und/oder zu erhalten.

Die Methode der Ergotherapie ist der spezifische Einsatz ausgewählter Aktivitäten, um Auswirkungen von Krankheit und Behinderung zu analysieren und zu behandeln."

Bei Kindern wird Ergotherapie eingesetzt:

- wenn das Kind in seiner körperlichen oder seelischen Entwicklung gegenüber Gleichaltrigen zurückbleibt,
- wenn es Ausfälle oder Störungen in der Bewegungsfähigkeit zeigt,
- wenn die Verarbeitung von Sinnesreizen im Gehirn gestört ist,
- wenn eines oder mehrere seiner Sinnesorgane geschädigt sind,
- wenn es auf seine Mitmenschen und seine Umwelt mit übermäßiger Angst, Aggression, Abwehr oder Passivität reagiert.

Zielsetzung der Ergotherapie ist bei Kindern

- das Erreichen größtmöglicher Selbstständigkeit durch
  - Selbsthilfetraining,
  - Hilfsmittelversorgung,
- die Entwicklung und Verbesserung der
  - Grob- und Feinmotorik,
  - Koordination,
  - Aufnahme und Verarbeitung von Sinnesreizen (z.B. sensorische Integration),
- das Vermeiden von Folgeschäden der Krankheit und deren Fortschreiten.

Ergotherapeuten in der Pädiatrie arbeiten in Kliniken, Rehabilitationseinrichtungen, Förderzentren/Frühförderungszentren, Sonderschulen, Einrichtungen der Kinder- und Jugendhilfe, in niedergelassenen Praxen.

Bei der breit angelegten Definition der Ergotherapie wird deutlich, in welcher Spannweite des notwendigen Hintergrundwissens und mit welch unterschiedlichen Zielsetzungen und Mitteln/Therapiekonzepten in der Ergotherapie gearbeitet wird. Entsprechend breit ist die 3-jährige Ausbildung angelegt und entsprechend wichtig ist eine frühzeitige Spezialisierung und ständige Fort- und Weiterbildung der Ergotherapeuten.

Pädagogisch-psychologische Grundlagen der Ergotherapie

Das Hauptgewicht in der ergotherapeutischen Ausbildung liegt auf der Vermittlung medizinisch-physiologischen Basiswissens und berufsspezifischer Handlungsweisen (funktionell übend und anleitend) vor dem Hintergrund eines ganzheitlichen Menschenbildes. Ein bestimmter Lebensabschnitt des Patienten wird fokussiert, indem ein krankhafter Zustand oder ein abnormer Entwicklungsstand weitest möglich verbessert werden soll. Handlungsabläufe und Fertigkeiten für die Alltagsbewältigung sollen angebahnt, aufgebaut und eingeübt werden, um das Individuum in die Lage zu versetzen, seinen Interessen und Bedürfnissen nachzukommen und aktiver am persönlichen Entfaltungs-/Interaktionsprozess teilnehmen zu können.

Der **Therapieprozess** wird parallel zu einem **Erziehungsprozess** gesehen. Der Ergotherapeut lenkt und berücksichtigt dabei spezifische Eigenschaften und Zustände des Patienten; er soll vor allem darauf achten, dass sich der Patient von der jeweiligen Aufgabenkonstellation persönlich angesprochen und durch den individuell aufgestellten Behandlungsplan motiviert fühlt.

Die Bewertung der Ausgangslage in einer ausführlichen Diagnostik soll das didaktisch methodische Vorgehen bestimmen, um bewusst die Bedingungen zur Motivierung, Inhaltsvermittlung und Zielorientierung zu sichern, was es allerdings ständig zu überprüfen gilt (Presber u. de Nève 1997).

Für den Ergotherapeuten ist bei der Behandlung die Fassbarkeit der Lernmotive für die Erweckung des Lerninteresses ausschlaggebend, das nur aus sinnvoller praktischer Tätigkeit abgeleitet werden kann. Entsprechend soll der Patient bei seinen Problemlösungsstrategien im Handlungsbereich Erfolg haben (dies vor der Annahme, dass ein gestörtes Körperselbsterleben und Handlungsdysfunktionen im engen Kontext miteinander stehen). Das Fehlen von Betätigungsmöglichkeiten behindert, gestörte Betätigungsmöglichkeiten können andere, auch emotionale Störungen hervorrufen, Handlungsdysfunktionen mehrdimensional den Ausfall von Leistung verursachen.

Speziell in der Pädiatrie wird auf Entstehung, Auswirkung und Beeinflussung einer Behinderung hingewiesen (Presber u. de Nève 1997), in der sowohl ein „Impairement" (Schädigung oder Störung) oder auch ein „Handikap" (funktionale Einschränkung, Beeinträchtigung durch äußere und innere Ursachen) eine Behinderung mit erheblichen Auswirkungen auf Arbeits- und Freizeitgestaltung, Erleben, Verhalten und Veränderungsbereitschaft, Beziehungen, körperliche und geistige Leistungen sowie allgemein auf die Lebensqualität auslösen können.

Ausgehend von Kenntnissen der Entwicklungspsychologie und der Lerntheorie wird das Kind in seiner Andersartigkeit nicht als defizitäres Kind oder „gesundes Kind mit weniger Leistung" gesehen, sondern als ein Kind, dessen Schädigung oder Beeinträchtigung es zu einem Kind machen mit einfach andersartigen Leistungs- und Verhaltensformen.

Einige Autoren postulieren, dass in der entwicklungsorientierten Behandlung von Kindern der Aufbau einzelner isolierter Leistungen bewusst vermieden werden soll, Aktionskompetenzen vorsichtig schrittweise angepasst anzubahnen seien, damit die Assimilation (in Anlehnung an Piaget) ausreichend erfolgen könne, und je stabiler und sicherer sich Schemata etablieren, das Kind dann zu einer Generalisierung gelangen kann (nach Augustin in Döring 1996).

Ergotherapeutische Diagnostik

Gemäß den Standards der Rehabilitationspsychologie und der klinischen Praxis heute ist einer ergotherapeutischen Behandlung in aller Regel eine gründliche diagnostische Phase vorgeschaltet (gegebenenfalls in Ergänzung anderer Disziplinen).

Zur **Leistungs- und Verhaltensobjektivierung** werden auf der einen Seite anamnestische Schilderungen der Lebenssituation, der derzeitigen Symptomatik und der Schwierigkeiten eingeholt, auch hinsichtlich psychosozialer Aspekte und/oder Somatisierungstendenzen. Andererseits wird Wert gelegt auf psychometrische Ergebnisse, Datenskalierungsverfahren und Fragebögen.

Zum Einsatz kommen etwa:

- die Denver-Entwicklungsskala,
- die Münchner funktionelle Entwicklungsdiagnostik,
- das Kiphardt-Entwicklungsgitter etc.

als Testverfahren:

- MOT Motoriktest für Kinder (4–6 Jahre),
- MAP Miller-Assessment-Test for Prescolars (3–6 Jahre),
- FTS Frostig-Test Motorik (6–10 Jahre),
- SEW Frostig-Test der visuellen Wahrnehmung (4–9 Jahre),
- KTK Körperkoordinationstest für Kinder (5–14 Jahre),
- SCISIT Southern-California-Sensory-Integration-Test (4–10 Jahre),
- PET Psycholinguistischer Entwicklungstest (3–10 Jahre).

Die Diagnostik der „sensorischen Integrationsstörung" ist weitgehend noch Domäne der Ergotherapeuten mit den von Jean Ayres entwickelten, gezielten Beobachtungen und dem bereits seit 1972 herausgegebenen „Southern-California-Sensory-Integration-Test", der bis 1980 überarbeitet wurde und in weiter kontinuierlicher Verbesserung und Weiterentwicklung 1989 zum „Sensory-Integration- und Paxistest" geführt hat. Die Entwicklung und Qualität der Funktionen, deren Verknüpfung untereinander und die Bedeutung der Handlungsdysfunktion erfassend, überprüft die SIPT-Battery in 17 Subtests die Bereiche:

- visuelle Form- und Raumwahrnehmung,
- visumotorische Koordination,
- taktil-kinästhetische Wahrnehmungsverarbeitung,
- vestibulär propriozeptive Wahrnehmungsverarbeitung,
- praktische Fähigkeiten,
- bilaterale Integration und Sequenzierung.

Bei diesem Test muss das Kind nicht verbal reagieren, es sollte allerdings in der Lage sein, die Anweisungen zu verstehen. Das umfangreiche Testverfahren ist hilfreich für einen differenzierten Behandlungsplan, weist relativ strenge wissenschaftliche Maßstäbe im Hinblick auf Testgütekriterien vor. Leider dauert seine Durchführung lang (bis zu 3 Stunden), stellt hohe Anforderungen an den Untersucher hinsichtlich der Erfassung vieler Daten gleichzeitig; ein entsprechender Kurs sollte absolviert worden sein.

Ausgesprochen relevant ist bei jeglicher Testdurchführung – wie auch in anderen Disziplinen – die detaillierte Verhaltensbeobachtung des zu untersuchenden Kindes, nicht nur hinsichtlich des Handlungsergebnisses, sondern vor allen Dingen des „Wie" es zum Ergebnis kommt. Eine sorgfältige Dokumentation sollte Selbstverständlichkeit sein.

Typische ergotherapeutische Behandlungsansätze bei Kindern mit Wahrnehmungsverarbeitungsstörungen

In der Kinderheilkunde hat der Ergotherapeut im funktionell übenden Bereich seinen festen Arbeitsschwerpunkt in der Neuropädiatrie bei Kindern mit angeborenen Fehlbildungen, genetisch bedingten Syndromen, erblich primären Muskelerkrankung, Spina bifida, infantilen Zerebralparesen, was hier aber nur der Vollständigkeit halber erwähnt werden soll. Profunde Kenntnis physiotherapeutischer Konzepte (Bobath, Vojta, Castillo-Morales etc.) sind hier für gezielte Intervention unabdingbar notwendig sowie Kenntnis der Verhaltensmodifikation. Spielerisch werden die Kinder geführt/angeleitet, z. Bewegungsabläufe durchzuführen, die sie spontan vermeiden würden mit stark motivierendem Material.

Die meisten Kinder, die in Frühförderstellen, sozialpädiatrischen Ambulanzen, niedergelassenen Praxen vorgestellt werden, leiden unter **Wahrnehmungs-, Lern-, Verhaltensstörungen**.

Den Hintergründen für Wahrnehmung und Wahrnehmungsverarbeitung sowie deren Störungen widmen sich seit Jahren Mediziner, Psychologen, Pädagogen und Therapeuten. Wahrnehmung wird als umfassender Prozess des Informationsgewinns aus Umwelt- und Körperreizen sensu einer äußeren und inneren Wahrnehmung, einschließlich der damit verbundenen emotionalen Prozesse und der durch Erfahrung und Denken erfolgenden Modifikation gesehen.

Felice Affolter (1975) unterteilt in ihrem Förderkonzept in modalspezifische, intermodale und seriale Teilleistungen, basierend auf der sensomotorischen Entwicklungstheorie nach Piaget. Bei der modalspezifischen Leistung lernt das Kind auf einem Sinneskanal auf einen Reiz zu reagieren, ihn zu fixieren und ihn festzuhalten und Entsprechendes zu verarbeiten, intermodal koordiniert es Einzelwahrnehmungen und assoziiert sie zu unterschiedlichen Sinneserfahrungen, in der serialen Leistung kann es dann die einzelnen Sinnesreize in die richtige Reihenfolge bringen und Ursache und Wirkung begreifen („wenn ich werfe – ist es fort"). In Affolters Modell der Entwicklung von Erkennen und Intelligenz, von Begreifen, Wissen, Denken und Handeln stehen die Person und Umwelt in Wechselwirkung, wobei die Umwelt immer wieder bei neuen Aufgaben „Widerstand" bietet. In der Auseinandersetzung mit dieser Umwelt konstruiert das Kind neue Strukturen, lernt in Abhängigkeit von Hirnreifung in Stufen sich handelnd ständig zu verändern im Rahmen von zu lösenden alltäglichen Anforderungen (z. B. beim Greifen, Schneiden, Binden etc.). Bei Störungen wird das Kind in Alltagssituationen geführt, die seiner Verständnis-/Fertigkeitsstufe entsprechen. Es gelangt in Kontakt zur Umwelt mit spezifischen Objekten (z. B. eine zu schälende Apfelsine), wird seinem Tempo entsprechend angeleitet/geführt und setzt sich so allmählich immer versierter, auch handlungsplanend, ohne Misserfolg zu spüren, nicht gestört durch gleichzeitiges Verbalisieren mit den zu manipulierenden Gegenständen auseinander. Diese Intervention erfordert viel Einfühlungsvermögen und profundes Wissen über die Entwicklung/die Entwicklungspathologie, begleitet von intensiver Elternanleitung.

Ein erfolgreiches, inzwischen häufig angewandte Therapiekonzept stellt die amerikanische Ergotherapeutin, Psychologin, Hirnforscherin und Professorin für humanistische Psychologie, Jean Ayres, zur Verfügung. Nach für sie bis dahin unbefriedigenden Erklärungsversuchen für Wahrnehmungs-, Lern- und Verhaltensdefiziten untersuchte sie 1970 im Rahmen eines Forschungsauftrags für den Staat Kalifornien mögliche Ursachen für die oben angeführte Probleme bei Kindern. Jean Ayres sieht Entwicklungsdefizite/Störungen auf der Grundlage von Verarbeitungsstörungen im Nervensystem. Der Prozess der sensorischen Integration gelingt nur, wenn ein entsprechend gereiftes Gehirn mit vorgeschalteten, intakten Sinnesorganen und ein ihm angemessenes Reizangebot gleichzeitig vorhanden sind, Sinneserregung („automatisch") sinnvoll geordnet und aufgegliedert wird, damit das Gehirn diese nutzen kann. Liegt eine Störung der sensorischen Integration vor, kann das betroffene Kind die einströmenden Sinnesreize nicht ordnen und für den Gebrauch sinnvoll zusammenstellen, gleichzeitig auftretende Reize werden fehlgeleitet, oder die gegenseitige Bahnung respektive Hemmung unterbleibt.

Bei regulärer sensorischer Integration, so postuliert Jean Ayres, müssen die ständig das Kind befeuernden Reize aus allen Teilen des Körpers gefiltert, sortiert, integriert, verarbeitet sowie das Handeln organisiert werden. Primär reifen das taktil-propriozeptive und das vestibuläre System schon beim Fötus aus, während die so genannten „Fernsinne“ Hören und Sehen, Sprechen und Riechen erst kurz vor/nach der Geburt ausreifen. Sie unterscheidet verschiedene Funktionsniveaus des zentralen Nervensystems, die sich aus der phylogenetischen Entwicklung ergeben. Die Ausreifung des jeweiligen Niveaus führen zur vollständigen Wahrnehmungsintegration und Handlungsorganisation. Störungen jedoch, z. B. auf einer „primitiven“ Ebene, beeinträchtigen die Ausreifung und die funktionelle Differenzierung der darauf aufbauenden. Entsprechend muss die vorherige, basale Funktionsebene erkannt und dann gezielt beübt werden. (Bei gestörter Auge-Handkoordination ist möglicherweise das Gleichgewichtsempfinden und die automatische Haltungsstabilität des Kindes nicht völlig ausgereift. Es wird auf einer niedrig hängenden Schwebeschaukel bäuchlings liegend – und sich ständig stabilisieren müssend beim leichten Schaukeln – angeregt, nach bunten Fischen zu greifen und diese in einen Eimer zu werfen.)

Die sensorische Integrationsbehandlung definiert Jean Ayres als eine Behandlung über Stimulation von Sinnesorganen, die die Auslösung von Anpassungsreaktionen entsprechend der neurologischen Bedürfnisse des betroffenen Kindes vermittelt. Diese Therapieform enthält gewöhnlich keine Aktivitäten, die an einem Schreibtisch durchgeführt werden, wie Sprachtraining, Leseunterricht oder Übungen bestimmter geistiger und motorischer Fähigkeiten. Das Ziel der Therapie ist die „Verbesserung des Hirnverarbeitungsprozesses und der sinnvollen Ordnung von Empfindungen“ über angemessenen, gezielten Input von Sinnesreizen (oft über Ganzkörperbewegungen) zur differenzierten Wahrnehmungsverarbeitung besonders des Tastsinns, der Tiefensensibilität und der Verarbeitung von Gleichgewichtsreizen. Diese 3 Sinnessysteme liefern die wichtigsten Informationen für die Selbsterfahrung, sie spielen für die Entwicklung der Körper- und Raumwahrnehmung eine grundlegende Rolle. Je nach vorgefundenem Ausgangsstörungsbild werden die anderen Sinneswahrnehmungen mehr oder weniger mitbehandelt. Mit verschiedenen Tätigkeiten und Geräten (z. B. mit dem Rollbrett eine schräge Ebene hinunterfahren, mit dem Bodenrollbrett hin- und herfahren, diversen Materialien zur taktilen Wahrnehmung, Schaukeln in der Hängematte usw.) wird dem Kind Gelegenheit gegeben, Reize zu spüren, zuzulassen, einzuordnen, zu speichern und letztlich kompetent, d. h. angemessen zu beantworten. Immer sicherer werdend in der taktil-kinästhetisch vestibulären Basiswahrnehmung als primäres Ziel kann das Kind die Außenwelt visuell und auditiv besser wahrnehmen und abstrahierende Integrationsleistungen der anderen sensorischen Systeme erbringen. Das Kind kann seine Umwelt realistischer wahrnehmen, wird emotional sicherer und stabiler, kognitive Ressourcen können genutzt werden und erweitern sich.

Im Konzept nach **Marianne Frostig**, die z. B. die Entwicklung der visuellen Wahrnehmung im Rahmen des sensomotorischen Regelkreises im Sinne Piagets versteht, lassen sich vor allem Teilleistungsstörungen in den Bereichen Bewegung, visuelle und auditive Wahrnehmung und damit zusammenhängende Verhaltensstörungen, wie z. B. häufig auftretende Konzentrationsstörungen, mit übenden, sorgfältig aufeinander aufbauenden Übungselementen positiv beeinflussen. Grundsätzlich ist ihr Konzept von Jean Ayres gar nicht so verschieden, wenngleich allerdings in Deutschland bis auf die Förderung der visuellen Wahrnehmung (bei der bei Frostig auch Paper-Pencil Übungen eingesetzt werden) etwas in Vergessenheit geraten. Frostig betont die Förderung der eigenen Ideen des Kindes, seiner kreativen Ausdrucksmöglichkeiten, die Systematisierung bei der Durchführung kleiner Lernschritte und die Flexibilität der Methodenwahl. Auch bei ihrem Förderkonzept steht die Diagnostik im Vordergrund.

Die von **Ernst J. Kiphardt** begründete **Psychomotorik** betrachtet Wahrnehmung als ständig aktiven Erkundungsprozess. In der Ergotherapie, komplettiert durch Ansätze der sensorischen Integration, erfahren Kinder sich und ihr Umfeld spielerisch über komplexe motorische Bewältigungsaufgaben in selbstgebauten Aktionsfeldern (mit Matten, Rutschen, Kästen, Rollen etc.). Sie experimentieren, entdecken, wiederholen, in aller Regel mit viel Freude und nachweislicher Verbesserung von Aktivation und Konzentration. Dies darf und soll aber nicht ohne Überlegung und Lenkung erfolgen (Kiphardt 1998), bedarf einer sorgfältigen Indikationsstellung, dahingehend, inwieweit Balancieren, Kriechen, Losrennen und Abstoppen etc. wirklich die Entwicklungsdefizite der Kinder allein positiv beeinflussen können.

Passiv-aktive Bewegungs- und Wahrnehmungserfahrung auf dem Trampolin oder der Airtramp (einer riesigen, ständig aufgeblasenen Luftmatratze) beeinflussen oft wahrnehmungs- und/oder bewegungskoordinationsgestörte, **ängstliche** Kinder ausgesprochen positiv.

Die **Fein- und speziell die Graphomotorik** muss oft mit gesonderten Strategien gezielt angeübt werden, in aller Regel mit psychomotorisch orientierten Schreibübungsprogrammen (Schilling 1988, Naville u. Marbacher 1989, Los et al. 1997) parallel eingesetzt zu mototherapeutischen/psychomotorischen und ergotherapeutischen Angeboten zur Lockerung der Gelenke der oberen Extremitäten (verkrampfte Stifthaltung und heftiger Schreibdruck bei in der Umsetzung häufigst „steifem" Handgelenk mit immer krakeligerer Schrift ist ein kardinales Problem z. B. des „hyperaktiven Kindes").

Ohne Anspruch an Vollständigkeit sei die Notwendigkeit der Einbeziehung der **Hörwahrnehmung/Differenzierung** erwähnt, speziell wenn ein Kind z. B. wegen einer Lese-Rechtschreib-Schwäche zur Behandlung kommt. Tonhöhenunterscheidung, Richtungshören, akustische Merkfähigkeit werden noch immer zu selten überprüft und entsprechend angeübt, mit erheblichen Auswirkungen auf aktive und erfolgreiche Auseinandersetzung des Kindes mit seiner Umwelt.

Die gewählten Behandlungsmethoden sollten dem erzieherischen Umfeld gegenüber erklärbar und transparent gemacht werden, Probleme des Kindes in der Behandlung erläutert und dabei gezielte Hilfestellung gegeben werden. *Leider beziehen einige Ergotherapeuten in der letzten Zeit häufiger Methoden mit ein, die wissenschaftlich nicht haltbar sind, wie z. B. Kinesiologie oder Festhaltetherapie, dem Trend folgend „viel muss rasch helfen", ohne Effizienz.*

Ergotherapie in ausgewählten, spezifischen Anwendungsfeldern

Behandlung bei Dyskalkulie

Nach ausführlicher anamnestischer Erhebung mit präziser Problembeschreibung erfolgt eine ergotherapeutische Befunderhebung mit Abklärung eventueller sensorischer Integrationsstörungen und einer Einschätzung der emotionalen Befindlichkeit, des Sozialverhaltens/der Interaktion, der Daueraufmerksamkeit und der Kognition. Die Diagnostik erfolgt mit Tests (z. B. SIPT, PET, SEW, CFT1, Erziehungsstilinventar), gezielten Beobachtungen nach Jean Ayres, Screenings, z. B. Bremer Lautdiskriminationstest, Mottier-Test, Warnke, Trennschärfe-Test), gegebenenfalls dem Entwicklungsgitter, Einschätzung der Zeichnungen des Kindes, Fragebögen an Eltern und Lehrer, unter Umständen mit einer Stellungnahme des Lehrers, um die Ursachen für die Dyskalkulie möglichst umfassend zu beleuchten.

Die Hintergründe können:

- interaktional verursacht sein bei
  - schlechtem Unterricht,
  - Beziehungsstörungen zum Lehrer,
  - familiär bedingter „Abneigung gegen Mathe",
- aufmerksamkeitsabhängig sein bei
  - hintergründig bestehender Aufmerksamkeitsdefizit-/Hyperaktivitätsstörung (alle 3 Subtypen),
  - reaktiver Aufmerksamkeitsstörung,
  - bedingt durch Minderung des Intelligenzniveaus,
- bedingt sein durch Perzeptionsschwierigkeiten im akustischen Bereich:
  - „Fehlhörigkeit" (d. h. korrekte Reintonwahrnehmung, aber Unfähigkeit zum differenzierten „Lauschen" und korrekten Zuordnen),
  - Beeinträchtigung des auditiven Kurzzeitspeichers,
  - Sprach- und Leseschwierigkeiten aus diesem Störungsfeld heraus,
- bedingt sein durch Schwierigkeiten im visuellen Bereich:
  - Beeinträchtigung des visuellen Kurzzeitspeichers/Gedächtnisses,

- Störung in der Raum-Lage-Wahrnehmung und des räumlich-vorstellendenen Denkens,
- Sensorische Integrations-Störung, Probleme mit der Seriation, der Lateralität, Störung im quantitativ räumlichen Denken, natürlich aber auch begrenzte intellektuelle Begabung.

Die Therapie verbindet die Ergebnisse der vorausgegangenen Diagnostik mit dem Wissen um die normale Entwicklung des mathematischen Denkens:

I Klassifikation (Zusammenführung von Zusammengehörigem)
II Schaffung asymmetrischer Dimensionen (dick - dünn, groß - klein)
III Zahlen und Menge (Erfassung und zunehmende Abstraktion).

I bis III setzen funktionale, taktile/propriozeptive Erfahrung aus der sensomotorischen Phase voraus:

1. Tun-Handhabung: dreidimensional mit Gegenständen manipulieren,
   - taktil zuordnen,
   - Formen, Flächen, Gewichte, Längen begreifen/erfassen,
   - alles in Beziehung zu sich setzen zu können – dies zweidimensional mit Gegenständen und Symbolen,
2. Vorstellen können,
3. Konstruieren und Rekonstruieren – symbolische Darstellungen als Voraussetzungen zum Abstrahieren (auch bezüglich der Operatorenfunktion),
4. Automatisieren,
5. Anwenden.

In der therapeutischen Intervention mit flankierender Elternarbeit (und unter Umständen auch mit Gesprächsaufnahme mit dem Lehrer) muss eine Aufarbeitung der sensomotorischen Erfahrungsdefizite im Rahmen einer SI-Therapie erfolgen. Das Kind muss Maße, Längen, Flächen, Räume, Zeiträume über den eigenen Körper experimentierend erfahren/erleben, entsprechend einer Therapie der Raumanalyseschwäche. Gezielte Übungen zur Entwicklung des „egozentrischen Raums", der Lateralität, der Seitendominanz, die Erfahrung des äußeren Raums, sind erforderlich sowie Übungen zur differenzierten Wahrnehmung des taktil-kinästhetischen Raums im fein- und graphomotorischen Bereich, im Bereich der Okolomotorik und der visuellen Wahrnehmung.

Spezielles Übungsmaterial, besonders das Mathematik-Matrial von Maria Montessori mit den numerischen Stangen, den Sandpapierziffern, dem hervorragenden Perlenmaterial mit Perlen gleicher Farbe zu Einerzahlen, Zehnerstangen, Hundertertafeln, Tausenderkuben, Lochbrettern und vielem anderen zum zählenden „Begreifen" der Zahlenmenge, -räume kann vertiefend und aufbauend dem Kind eine sichere Verfügbarkeit von Zahl und Menge ermöglichen, unterstützt durch Mengenpuzzles, Zählspiele, Erarbeitung der Operatoren, Erarbeitung des Begriffs „0" als Platzhalter, Erarbeitung der fatalen Tatsache, dass im Deutschen immer der Einer zuerst genannt wird und dann der Zehner etc. Wesentlich ist, darauf zu achten, dass das Kind die Begrifflichkeit z.B. bei Textaufgaben auch im rein verbalen Bereich beherrscht (was ist eine „Rate"?). Üben und Wiederholen, beginnend da, wo das Kind ganz sicher ist, in langsamen Schritten; immer ein bisschen mehr einfordernd, als das Kind spontan will, ist die Devise. Optimal ist kulante Schulleistungsbewertung während der Behandlungsphase, um ständige motivationale Einbrüche zu verhindern.

Aufmerksamkeitsdefizit/ Hyperaktivitätsstörung

Entgegen der weit verbreiteten Meinung, dass hyperaktive Kinder sich durch Absättigung ihrer ursprünglichen Primitivbewegungen des ständigen Wackelns und Zappelns besser in den Griff bekommen könnten, vor allen Dingen im Vorschulalter Übungen zur sensorischen Integration weitgehend Abhilfe schaffen könnten, muss konstatiert werden, dass die Aufmerksamkeitsdefizit-/Hyperaktivitätsstörung primär eine Störung der automatischen Selbstkontrollfähigkeit eines Kindes darstellt, vor dem Hintergrund einer Reizoffenheit bei Reizfilterschwäche und einer Impulssteuerungsschwäche durch eine Neurotransmitterdysregulation sowie einer mangelhaften Versorgung des vorderen Hirnabschnitts mit Blut und Glukose. Vier wichtige Ausführungsfunktionen sind eingeschränkt (Barkley 1997):

- Das nonverbale Arbeitsgedächtnis ist zu klein, Ereignisse können nicht lange genug darin gehalten werden mit vergleichendem Zugriff auf Langzeiterfahrungen und unter dem gleichzeitigen Erwerb eines Zeitbegriffs für das Gestern, Heute und Morgen.
- Die Internalisierung von Sprache gelingt erst sehr spät im Leben.
- Die Emotionslage ist immer extrem (freudig, wütend, beleidigt etc.), die Motivation ist nur kontextabhängig herstellbar, nur hochmotiviert für eine Sache oder eine Person ist das Kind richtig „wach“ und leistungsfähig.
- Eine Resynthetisierung nach Analysierung eines Denkprozesses gelingt nur mühsam, meist ohne Zugriff auf Alterfahrungen.

Entsprechend ist die situationsangepasste Selbstdarstellung erschwert. Der Impulsivität wird heute (Barkley 1997) größte Bedeutung beigemessen. Die Kinder leben nur im Hier und Jetzt, sie wollen schon, sie können aber nicht so wollen, wie sie wollen sollen, ereignen sich mehr, als dass sie sich verhalten können. Hinweisreize werden nicht als solche erkannt, Automatisierungsprozesse brauchen viel Zeit, diese Kinder sind deutlichst seelisch entwicklungsverzögert (ca. 30%).

Wahrnehmungsstörungen können bei diesem Störungsbild noch dazukommen, führen bei diesen Kindern zu heftigsten Vermeidungsstrategien mit gleichzeitig schlagartigem psychischen Ermüden und anschließendem Leistungsabfall. Ergotherapeutische Behandlung wird oft unabdingbar notwendig, wobei bei diesem Kindertyp ein grundsätzlich anderes Vorgehen notwendig ist, als das allgemein postuliert wird. Ein ADS-Kind macht freiwillig nur das, was angekündigt, eingefordert und hinterher kontrolliert wird, braucht Anleitung und Führung, die Forderung von immer einem kleinen Bisschen mehr, als es von sich selbst zu geben bereit ist.

Appellierendes Moralisieren ist kontraindiziert, so wie ein Hinwirken auf die Einsicht des Kindes. Viel nonverbales Auskorrigieren, kurzes, klares, ruhiges, freundliches, gelassenes und direktives Intervenieren auf der Basis der liebevollen Angenommenheit, unter dem klaren Wissen über dieses komplexe Störungsbild, machen die Annahme von therapeutischen Angeboten überhaupt erst möglich. Keinesfalls darf man sich mit einem solchen Kind in Diskussionen einlassen, da es von sich aus wahrnehmungsstilbedingt sofort vom Hundertsten ins Abermillionste kommt und immer das letzte Wort behält, bei subjektiv schwierig erscheinenden Aufgaben sofort bereit ist zu diskutieren oder zu hinterfragen sowie schlagartig zu ermüden.

Diese Kinderklientel wirft jeden Behandler auf sich selbst zurück. Er muss strukturieren, klare Regeln setzen, dabei freundlich und „brummelig“ bleiben, viel Geduld haben – vor allen Dingen auch im Umgang mit dem oft völlig überforderten Umfeld.

Die relevanten ergotherapeutischen Interventionen an sich entsprechen den üblichen Förderkonzepten bei Wahrnehmungsstörungen. Wichtig ist vor allem die verhaltensmodifizierende Intervention mit viel Rückmeldung.

Immer öfter muss sich der Behandler daneben mit der häufigst notwendigen Stimulanzien-Therapie auseinandersetzen. Sie erst ermöglicht oft dem Kind, die therapeutische Intervention anzunehmen in einer Umwelt, die durch zu frühe Einforderung von Selbstständigkeit und intrinsischer Motivation als immer schwieriger erlebt wird.

Zusammenfassung

Ergotherapie bei Kindern mit z. B. Wahrnehmungs-, Lern- und Verhaltensstörungen aus unterschiedlichen Gründen leistet gezielte übende Förderung nach sorgfältiger differenzieller Diagnosestellung und funktionell sinnvoll abgestimmtem Behandlungsplan. Das Kind auf seiner individuellen Entwicklungsebene „abholend“, muss der Ergotherapeut durch angeleitetes und selbstständiges Üben im Handeln und Erfahren Wahrnehmung, Wahrnehmungsdifferenzierung und Umsetzung anbahnen und stabilisieren an motivierenden Materialien, um dem Kind Kompetenzerwerb zu ermöglichen und um sich durch Misserfolge einstellende Verstimmungen, bis hin zur Entwicklung von Verhaltensstörungen, zu mildern oder abzubauen. Bewährte Konzepte auf neurophysiologischem Hintergrund ermöglichen oft erfolgreich den Abbau und die Verbesserung von Teilleistungsstörungen und damit entsprechende Reduktion von Umsetzungsschwächen im Gegensatz zu „neumodischen“ Außenseitermethoden, die nur kurzfristigen Placeboeffekt haben (z. B. Kinesiologie bei Hyperaktivitätsstörung).

Literatur

Affolter F. Wahrnehmungsprozesse, deren Störung und Auswirkung auf die Schulleistungen, insbesondere Lesen und Schreiben. Z Kinder- Jugendpsychiat. 1975;3:223-36.

Ayres AJ. Bausteine der kindlichen Entwicklung. Berlin: Springer; 1984.

Barkley R. ADHD and the nature of selfcontrol.1997.

Beck J, Pfitzner T. Hyperaktive Kinder – Kongreßdokumentation Evangelische Akademie Bad Boll. 1996.

Borchardt K. Sensorische Integrationsdysfunktion – Paradigmenwechsel oder terminologische Anpassung der Störungsbilder nach A. J. Ayres. Ergother Rehab. 1998;2:103-5.

Brüggeboers G. Einführung in die holistische sensorische Integration (HSI). Dortmund: Borgmann Publishing; 1992.

Doering W, Doering W, Hrsg. Sensorische Integration Anwendungsbereiche und Vergleich mit anderen Fördermethoden/Konzepten, Dortmund: Borgmann Publishing; 1996.

Hölzel J. Definition Ergotherapie. Ergother Rehab. 1998;2:120.

Jentschura G, Janz HP. Beschäftigungstherapie. Grundlage und Praxis in 2 Bänden. Stuttgart: Georg Thieme; 1979.

Jestadt R. Ergotherapie und Heilpädagogik in der Frühförderung: Kooperation oder Konkurrenz Ergother Rehab. 1998:2:89.

Kiphardt EJ. Ergotherapie und Psychomotorik bei Teilleistungsschwächen – Möglichkeit und Grenzen ganzheitlicher Förderintervention – eine Analyse. Praxis Ergother. 1998;4-13.

Neuhaus C. Das hyperaktive Kind und seine Probleme. 1996.

Passolt M. Hrsg. Hyperaktive Kinder: psychomotorische Therapie. 1997.

Presber W, Nève W de. Ergotherapiegrundlagen und Techniken. 1997.

Warnke F. Zur sensorischen Integration gehört auch das Hirn.... Praxis Ergother. 1997;6:408, 412.

Wollstein et al. Ergotherapeutische Wahrnehmungsbehandlung schizophrener Ich-Störungen. Ergother Rehab. 1997;4:335-42.

Prüfungsfragen

1. Wie lautet die derzeitig gültige Definition von Ergotherapie und in welchem Arbeitsfeld sind Ergotherapeuten überwiegend tätig?
2. Bei welchen Störungsbildern wird Ergotherapie bei Kindern eingesetzt?
3. Definieren Sie Ziele ergotherapeutischen Handelns!
4. Welcher Testinstrumente bedient sich die Ergotherapie?
5. Fassen Sie kurz das Konzept von Felice Affolter oder Jean Ayres zusammen!
6. Welche Wahrnehmungsverarbeitungsbereiche müssen bei Bestehen einer Dyskalkulie differenzialdiagnostisch abgeklärt werden?
7. Skizzieren Sie kurz das ergotherapeutische Vorgehen beim Behandeln einer tiefgreifenden Dyskalkulie!
8. Skizzieren Sie Möglichkeiten und Grenzen des ergotherapeutischen Handelns bei der Aufmerksamkeitsdefizit-/Hyperaktivitätsstörung!
9. Kann eine Behandlung mit der sensorischen Integration ein hyperaktives Kind heilen? Wenn nein, warum nicht? (Spezielle Begründung)
10. Welchen Stellenwert hat Elternarbeit in der Ergotherapie?

38 Fremdunterbringung

M. Martin

Einleitung

Die Ergebnisse der Therapieevaluationsforschung zeigen, dass zwischen 20% und 35% aller stationär behandelten Patienten einer kinder- und jugendpsychiatrischen Klinik nach der Behandlung nicht in die Herkunftsfamilie zurückkehren, sondern dass zu einer Fremdplacierung geraten und diese in der Regel durchgeführt wird. Angesichts der Rate von etwa 30% erscheint eine kinder- und jugendpsychiatrische Klinik nicht nur als Behandlungseinrichtung, sondern auch als Stelle, die nach gründlicher diagnostischer Abklärung und Einschätzung eine Art Weichenstellerfunktion hat. Jede Klinik benötigt zur Erfüllung ihres Behandlungsauftrages ein komplementäres Behandlungsangebot, das auf die Rehabilitation chronisch verlaufender oder zur Chronifizierung neigender Krankheiten spezialisiert ist. Die an die klinische Akutbehandlung anschließende Rehabilitationsbehandlung muss idealerweise auf das Behandlungsprogramm der Klinik abgestimmt sein.

Wie hoch der Bedarf an komplementärer kinder- und jugendpsychiatrischer Versorgung ist, ergibt eine Analyse der in der Klinik für Psychiatrie und Psychotherapie des Kindes- und Jugendalters der Philipps-Universität Marburg von 1993 bis 1997 behandelten Patienten. In diesem Zeitraum wurden 1016 Patienten stationär in der Klinik aufgenommen.

Tab. 38.**1** zeigt, woher die Patienten aufgenommen und wohin sie entlassen wurden.

Von 728 Patienten, die von zuhause kamen, wurden 601 = 82,5% wieder nach Hause entlassen, 84 = 11,5% wurden in ein Therapieheim vermittelt, 26 = 3,57% in ein Heim mit vorwiegend pädagogischer Zielsetzung.

Die enge Verknüpfung mit dem Heimbereich zeigt sich auch darin, dass 125 Patienten aus einem Therapieheim, 60 Patienten aus einem Heim oder Internat in die Klinik aufgenommen wurden.

Diagnosespezifisch aufgeschlüsselt ergeben sich folgende Verhältnisse:

18% der Patienten mit der Diagnose Substanzmissbrauch, 31% der Patienten mit der Diagnose Schizophrenie, 21,5% der Patienten mit der Diagnose „tief gehende Entwicklungsstörungen", 11% der Patienten mit neurotischen Belastungs- oder somatoformen Störungen, 8,2% der Patienten mit einer Essstörung, 37,9% der Patienten mit Persönlichkeitsstörungen, 35,3% der Patienten mit einem hyperkinetischen Syndrom, 19,6% der Patienten mit einer Störung des Sozialverhaltens und 13,6% der Patienten mit Emotionalstörung wurden untergebracht.

Rechtliche Voraussetzungen der Fremdunterbringung

Eine Reihe von Gesetzen regelt die Maßnahmen, die zur Sicherung des Rechtes des Kindes auf seelisches und leibliches Wohl ergriffen werden können.

Die wesentlichen Gesetze sind das Kinder- und Jugendhilfegesetz (KJHG), das Jugendgerichtsgesetz (JGG) sowie bestimmte Paragraphen des Bundessozialhilfegesetzes (BSHG). Weiterhin von Bedeutung sind bestimmte Paragraphen des Bürgerlichen Gesetzbuches (BGB).

Das am 01.01.1991 mit Übergangsbestimmungen bis zum 31.12.1994 in Kraft getretene KJHG unterscheidet folgende Jugendhilfemaßnahmen:

■ Hilfe zur Erziehung (§ 27 KJHG)

Im 1. Absatz des §27 ist der Anspruch der Personensorgeberechtigten auf Hilfe zur Erziehung festgelegt. Er liegt dann vor, „wenn eine dem Wohl des Kindes oder des Jugendlichen entspre-

Tabelle 38.1 Aufnahme woher / Entlassung wohin
(1016 Patienten mit abgeschlossener Behandlungsdokumentation und Aufnahme 1993–1997)

Entlassung wohin							
Aufnahme woher	**nach Hause**	**andere psychiatrische Klinik**	**nicht-psychiatrische Klinik**	**Therapieheim**	**Heim**	**Haftanstalt**	**Total**
entfällt	4	0	0	0	0	0	4
%	100,00	0,00	0,00	0,00	0,00	0,00	100,00
zuhause	601	13	4	84	26	0	728
%	82,55	1,79	0,55	11,54	3,57	0,00	100,00
andere psych. Klinik	13	0	0	4	1	0	18
%	72,22	0,00	0,00	22,22	5,56	0,00	100,00
nicht-psych. Klinik	54	1	2	6	6	0	69
%	78,26	1,45	2,90	8,70	8,70	0,00	100,00
Therapieheim	18	8	1	92	6	0	125
%	14,40	6,40	0,80	73,60	4,80	0,00	100,00
Heim/Internat	14	0	1	14	31	0	60
%	23,33	0,00	1,67	23,33	51,67	0,00	100,00
Haftanstalt	0	0	0	0	0	1	1
%	0,00	0,00	0,00	0,00	0,00	100,00	100,00
sonstige	4	1	0	2	4	0	11
%	36,36	9,09	0,00	18,18	36,36	0,00	100,00
Total	708	23	8	202	74	1	1016

chende Erziehung nicht gewährleistet ist und die Hilfe für seine Entwicklung geeignet und notwendig ist".

Abs. 3 umschreibt die Maßnahmen im Einzelnen. „Hilfe zur Erziehung umfasst insbesondere die Gewährung pädagogischer und damit verbundener therapeutischer Leistungen. Sie soll bei Bedarf Ausbildungs- und Beschäftigungsmaßnahmen im Sinne von §13 Abs. 2 einschließen." Schließlich ist in Abs. 4 festgelegt, dass Hilfe zur Erziehung auch Eingliederungshilfe nach Maßgabe des §40 des Bundessozialhilfegesetzes und der Verordnung nach § 47 des BSHG umfasst.

§27 KJHG enthält die Grundnorm für den Leistungsanspruch auf Hilfen zur Erziehung. Negative Anspruchsvoraussetzungen wie „Gefährdung" oder „Verwahrlosung" werden im Gesetz nicht mehr genannt.

Abs. 4 regelt das Verhältnis zwischen dem Kinder- und Jugendhilfegesetz und dem Bundessozialhilfegesetz bei den Hilfen zur Erziehung, die auch Maßnahmen der Eingliederungshilfe umfassen. Die Grundsatzentscheidung, wonach künftig die Zuordnung seelisch behinderter Kinder und Jugendlicher zur Jugendhilfe vorgenommen wird (§9 Abs. 2) ist ein Kompromiss zwischen der Beibehaltung des unbefriedigenden früheren Zustandes und weitergehenden Forderungen.

Mit §32 KJHG – Erziehung in einer Tagesgruppe – hat der Gesetzgeber eine Entwicklung in der Jugendhilfe nachvollzogen, nämlich die Entstehung von Tagesgruppen, häufig angegliedert an eine vollstationär arbeitende Heimeinrichtung.

§32 KJHG lautet: Hilfe zur Erziehung in einer Tagesgruppe soll die Entwicklung des Kindes oder des Jugendlichen durch soziales Lernen in der Gruppe, Begleitung der schulischen Förderung und Elternarbeit unterstützen und dadurch den Verbleib des Kindes oder des Jugendlichen in seiner Familie sichern. Die Hilfe kann auch in geeigneten Formen der Familienpflege geleistet werden.

§34 regelt die Heimerziehung und die sonstigen betreuten Wohnformen.

Der § 34 KJHG lautet: Hilfe zur Erziehung in einer Einrichtung über Tag und Nacht (Heimerziehung) oder in einer sonstigen betreuten Wohnform soll durch eine Verbindung von Alltagserleben und pädagogischen und therapeutischen Angeboten Kinder und Jugendliche in ihrer Entwicklung fördern und entsprechend ihrem Alter und Entwicklungsstand zu den Möglichkeiten der Verbesserung der Erziehungsbedingungen in der Herkunftsfamilie

- eine Rückkehr des Kindes oder des Jugendlichen in die Familie zu erreichen versuchen oder
- die Erziehung in einer anderen Familie oder familienähnlichen Lebensform vorbereiten oder
- die Verselbstständigung des Jugendlichen fördern und begleiten.

Die Jugendlichen sollen auf ein selbstständiges Leben vorbereitet und in Fragen der Lebensführung, der Ausbildung und Beschäftigung beraten und unterstützt werden.

Als eine weitere neue Art der Hilfe zur Erziehung führt der § 35 KJHG die intensive sozialpädagogische Einzelbetreuung ein. Sie soll Jugendlichen gewährt werden, die sich allen anderen Hilfsangeboten entziehen und daher einer Einzelbetreuung bedürfen.

§ 35 KJHG lautet: Intensive sozialpädagogische Einzelbetreuung soll Jugendlichen gewährt werden, die einer intensiven Unterstützung zur sozialen Integration und zu einer eigenverantwortlichen Lebensführung bedürfen. Die Hilfe ist in der Regel auf längere Zeit angelegt und soll den individuellen Bedürfnissen der Jugendlichen Rechnung tragen.

Durch ein Änderungsgesetz (rechtskräftig ab dem 16.2.1993) wurde gemäß § 35 a KJHG die Eingliederungshilfe für seelisch behinderte Kinder und Jugendliche geregelt.

§ 35 a KJHG lautet: Kinder und Jugendliche, die seelisch behindert oder von einer solchen Behinderung bedroht sind, haben Anspruch auf Eingliederungshilfe. Die Hilfe wird nach dem Bedarf im Einzelfall

- in ambulanter Form,
- in Tageseinrichtungen für Kinder oder in anderen teilstationären Einrichtungen,
- durch geeignete Pflegepersonen und
- in Einrichtungen über Tag und Nacht sowie sonstigen Wohnformen geleistet.

Für Aufgabe und Ziel der Hilfe, die Bestimmung des Personenkreises sowie die Art der Maßnahmen gelten § 39 Abs. 3 und § 40 des Bundessozialhilfegesetzes sowie die Verordnung nach § 47 des Bundessozialhilfegesetzes, so weit die einzelnen Vorschriften auf seelisch Behinderte Anwendung finden.

Ist gleichzeitig Hilfe zur Erziehung zu leisten, so sollen Einrichtungen, Dienste und Personen in Anspruch genommen werden, die geeignet sind, sowohl die Aufgaben der Eingliederungshilfe zu erfüllen als auch den erzieherischen Bedarf zu decken. Sind heilpädagogische Maßnahmen für Kinder, die noch nicht im schulpflichtigen Alter sind, in Tageseinrichtungen für Kinder zu gewähren und lässt der Hilfebedarf es zu, so sollen Einrichtungen in Anspruch genommen werden, in denen behinderte und nicht behinderte Kinder gemeinsam betreut werden.

Die Einführung des § 35 a KJHG bedeutet, dass die Zuständigkeit der Jugendämter auf die seelisch behinderten bzw. von Behinderung bedrohten Kinder und Jugendlichen erweitert wurde. Dabei wird als seelische Behinderung ein langfristiger oder andauernder Folgezustand einer psychischen Erkrankung bezeichnet, die die Ausübung sozialer Funktionen und Rollen beeinträchtigt. Zu den gemeinten psychischen Erkrankungen zählen körperlich nicht begründbare endogene Psychosen, psychische Belastungen und Besonderheiten infolge von Krankheiten oder Verletzungen des Gehirns, auf körperliche Ursachen zurückzuführende schwere psychische Störungen sowie exogene Psychosen (z. B. infolge von Alkohol- und Drogenabhängigkeit). Einzubeziehen sind auch hier die so genannten Neurosen und schweren Persönlichkeits- und Entwicklungsstörungen und das hyperkinetische Syndrom.

Hingegen verbleiben geistig oder körperlich behinderte Kinder und Jugendliche im Kompetenzbereich des Bundessozialhilfegesetzes. Dies bedeutet, dass bei Kindern und Jugendlichen mit multiplen Behinderungen größte Abgrenzungsschwierigkeiten bestehen. Dies betrifft z. B. die Problematik sprachbehinderter Kinder mit Verhaltensauffälligkeiten oder die sekundären psychischen Probleme nach Körperbehinderungen (Fegert 1994). Eine besondere Problematik stellt die Neuregelung auch für autistische Kinder dar. Diese sind in der Regel mehrfach behindert (körperlich, geistig und seelisch). Die Problematik der sozialrechtlichen Zuordnung des autistischen Syndroms hat der wissenschaftliche Beirat des Bundesverbandes „Hilfe für das autistische Kind" dargestellt (Remschmidt 1993).

§36 KJHG legt fest, dass der Personensorgeberechtigte und das Kind bzw. der Jugendliche vor Einleitung von Jugendhilfemaßnahmen zu beraten sind. Ferner soll die Entscheidung über die Hilfeart im „Zusammenwirken mehrerer Fachkräfte getroffen werden". Als Grundlage für die Ausgestaltung der Hilfe sollen sie zusammenwirkend mit dem Personensorgeberechtigten und dem Kind oder dem Jugendlichen einen Hilfeplan aufstellen, der Feststellungen über den erzieherischen Bedarf und die zu gewährende Art der Hilfe sowie die notwendigen Leistungen enthält (§36 Abs. 2).

§36 Abs. 3 legt fest: Erscheinen Hilfen nach §35a erforderlich, so soll bei der Aufstellung und Änderung des Hilfeplanes sowie bei der Durchführung der Hilfe ein Arzt, der über besondere Erfahrungen in der Hilfe für Behinderte verfügt, beteiligt werden. Erscheinen Maßnahmen der beruflichen Eingliederung erforderlich, so sollen auch die Stellen der Bundesanstalt für Arbeit beteiligt werden.

§36 Abs. 3 KJHG legt also fest, dass je nach Besonderheiten des Einzelfalles ein Arzt, ein Pädagoge, jeweils der entsprechenden Fachrichtung, ein Psychologe oder sonstige sachverständige Personen gehört werden müssen. Der Anspruch einer multiprofesionellen Betrachtungsweise wird aber nur erfüllt, wenn es zu einem gegenseitigen Verständnis und zu einem Dialog zwischen den verschiedenen Fachdisziplinen, insbesondere der Sozialarbeit/Sozialpädagogik und der Kinder- und Jugendpsychiatrie kommt. Nur dann wird es möglich sein, den vielfältigen sozialen, familiären und ökonomischen Ursachen Rechnung zu tragen und ein einseitiges Interpretationsmodell zu vermeiden (Wiesner et al. 1995).

Bundessozialhilfegesetz (BSHG)

Für die Frage der Fremdunterbringung besonders wichtig ist der Abschnitt, der sich mit der Eingliederungshilfe für Behinderte befasst (§39 BSHG). In ihm ist der Personenkreis genannt, der die Hilfen dieses Paragraphen in Anspruch nehmen kann. Neben Körperbehinderten, Blinden, Tauben, Stummen, denen eine solche Hilfe gewährt werden kann, sind im §39 Abs. 1.5 Personen genannt, die durch eine Schwäche ihrer geistigen Kräfte wesentlich behindert oder von einer solchen bedroht sind und in Abs. 1.6 Personen, die seelisch wesentlich behindert sind. Aufgabe der gewährten Eingliederungshilfe nach diesen Paragraphen ist es, „eine drohende Behinderung zu verhüten oder eine vorhandene Behinderung oder deren Folgen zu beseitigen oder zu mildern, und dabei dem Behinderten die Teilnahme am Leben der Gemeinschaft zu ermöglichen oder zu erleichtern". Hierzu gehört vor allem, dem Behinderten die Ausübung eines angemessenen Berufes oder einer sonstigen angemessenen Tätigkeit zu ermöglichen und ihn wenigstens unabhängig von Pflege zu machen. Unter diese Bestimmungen fallen z.B. alle geistig behinderten Kinder, denen ambulant oder stationär notwendige Hilfen gewährt werden, aber auch autistische Kinder sind in ihrer besonderen Problematik hier erfasst. Muss die Fremdunterbringung auf Grund der Schwere der Behinderung über das 18. bzw. 21. Lebensjahr hinaus andauern, so erfolgt eine Überleitung von §35 a KJHG auf §39 BSHG auf Antrag des Behinderten. Der §39 des BSHG findet immer Anwendung gemeinsam mit dem §100, der die sachliche Zuständigkeit des überörtlichen Trägers regelt, d.h., dass der Kostenträger für die im §39 BSHG genannten Personen die Landessozialämter sind. Die Feststellung, ob die Anwendung des §39 BSHG gerechtfertigt ist, bedarf meistens einer ärztlichen bzw. fachärztlichen Stellungnahme.

Bürgerliches Gesetzbuch (BGB)

Nicht selten tritt der Fall ein, dass von kinderpsychiatrischer Seite oder vonseiten des Jugendamtes eine Herausnahme eines Kindes aus einem der Entwicklung des Kindes schädlichen Milieu unbedingt für erforderlich gehalten wird, dass aber die Eltern dieser Maßnahme nicht zustimmen wollen. Der Sachverhalt wird durch den § 1666 BGB geregelt. Hierin ist ausgesagt, dass bei Gefährdung des geistigen oder leiblichen Wohles des Kindes das Vormundschaftsgericht zur Abwehr von Gefahr anordnen kann, dass das Kind zum Zwecke der Erziehung in einer geeigneten Familie oder in einer Erziehungsanstalt untergebracht werden kann. Durch § 1666 ist es also möglich, ein Kind auch gegen den Willen seiner Eltern außer Haus unterzubringen. Der Paragraph ist in Ergänzung zu sehen zu entsprechenden Paragraphen des KJHG. § 1666 BGB findet z. B. oft Anwendung bei jüngeren Kindern, die zuhause schweren Misshandlungen ausgesetzt waren. Auch bei der Anwendung des § 1666 BGB bedient sich das Gericht gerne des kinder- und jugendpsychiatrischen Sachverständigen.

Jugendgerichtsgesetz (JGG)

Im Zusammenhang mit der Fremdunterbringung ist § 10 Abs. 2 JGG von Bedeutung. Vom Jugendrichter kann eine so genannte heilerzieherische Behandlung angeordnet werden. Diese heilerzieherische Behandlung soll durch einen Sachverständigen erfolgen. Sie bedarf der Zustimmung des Erziehungsberechtigten und des gesetzlichen Vertreters. Die Möglichkeit der Anordnung einer heilerzieherischen Behandlung durch ein Jugendgericht trägt der Erfahrung Rechnung, dass ein Teil der Straftaten Jugendlicher Folge seelischer Fehlentwicklungen sind und dass sich in geeigneten Fällen Heilung durch eine besondere Behandlungsmethode erzielen lässt. Die heilerzieherische Behandlung kann z. B. in einer fundierten Psychotherapie eines Jugendlichen bestehen, sie kann aber auch eher pädagogische Maßnahmen in einer heilpädagogischen Heimbehandlung umfassen.

Institutionelle Voraussetzungen der Fremdunterbringung

Für die außerfamiliäre Betreuung der betroffenen Kinder und Jugendlichen stehen eine Reihe unterschiedlicher Heimtypen zur Verfügung. Diese verschiedenen Heimtypen sind:

- Familiär geführte Kleinstheime, die eine Familie ersetzen können,
- heilpädagogische Heime mit spezifischer Behandlungsmöglichkeit, oft mit verschiedenen Schwerpunkten z. B. für Lernbehinderte oder Verhaltensgestörte,
- psychotherapeutische und psychagogische Spezialheime, die sich der Behandlung neurotischer Kinder und Jugendlicher annehmen (Therapieheime),
- so genannte Jugendwohnheime, die speziell in der Berufsausbildung stehende Jugendliche aufnehmen und z. T. heiminterne Ausbildungen anbieten,
- geschlossene Heime sowohl für Mädchen wie für Jungen, die die Betreuung schwer dissozialer Jugendlicher übernommen haben.

Außerdem gibt es Spezialheime für Körperbehinderte, Blinde und Taube sowie Heime, die sich auf die Behandlung von Sprachstörungen spezialisiert haben. Des Weiteren stehen spezielle Rehabilitationseinrichtungen für hirnorganisch Kranke, mehrfach Behinderte und epileptisch Erkrankte zur Verfügung. Zur Rehabilitation von Jugendlichen, die an einer Psychose erkrankt waren, gibt es Spezialeinrichtungen (Martin 1991, 1997). Aus kinder- und jugendpsychiatrischer Sicht gibt es immer noch einen Mangel an Heimplätzen für psychisch kranke Minderjährige und von Wohngemeinschaften für psychisch kranke Jugendliche. Dies macht die Schaffung eines kooperativen Systems zur Versorgung psychisch kranker Jugendlicher erforderlich. Benötigt wird ein komplementär rehabilitativer Bereich, der die Betreuung und Rehabilitation längerfristig oder chronisch psychisch kranker Kinder, Jugendlicher und junger Volljähriger im außerklinischen Bereich gewährleistet. Die Aufgaben der komplementären Einrichtungen sind Rehabilitationsbehandlungen nach einer stationären Therapie (z. B. für autistische oder schizophren erkrankte sowie geistig behinderte Jugendliche, Fortsetzung psychotherapeutischer Behandlung bei chronifizierten Störungen wie Zwangsstörungen, Anorexien und Bulimien, Fortsetzung der schulischen Förderung bzw. Berufsfindung und Berufsanbahnung bei Kindern und Jugendlichen, die nicht mehr in die häusliche Umgebung reintegriert werden können, stufenweise Verselbstständigung nach schweren psychiatrischen Erkrankungen im Sinne einer Rehabiliationskette (Klinik, Heim, Wohngruppe, selbstständiges Wohnen).

Die Behandlung in solchen speziellen Rehabiliationsheimen und Therapieheimen oder in einer therapeutischen Wohngruppe bietet die Möglichkeit, pädagogische, psychologische und jugendpsychiatrisch-psychotherapeutische Kompetenz langfristig wirksam werden zu lassen. Die Zusammenarbeit zwischen einer Klinik und einem komplementär-rehabilitativen Bereich bietet folgende Vorteile:

- Die stationären Behandlungszeiten können verkürzt werden.
- Die Therapieheime werden in die Lage versetzt, auch schwer gestörte Patienten zu versorgen, da die klinische Station zur Krisenintervention zur Verfügung steht.
- Frühzeitige Übernahme in ein pädagogisch strukturiertes Lebensfeld verhindert die Gefahr der Hospitalisierung.
- Insgesamt ist Behandlung in außerklinischen Einrichtungen wesentlich kostengünstiger als die Behandlung in Kliniken.

Die Einführung des §35 a in das Kinder- und Jugendhilfegesetz (KJHG) bietet umfassende Möglichkeiten der Finanzierung der komplementären Behandlung durch die Jugendämter (Fegert 1994). Hier stellt sich sehr dringlich die Frage nach der jugendpsychiatrischen Fachkompetenz der Mitarbeiter des Jugendamtes, die eine ganz zentrale Verantwortung bei der fachgerechten Unterbringung der betroffenen Patienten haben. Die Probleme sind nur durch eine enge Kooperation zwischen Klinik, Jugendamt und Heimen zu lösen. Diejenigen Kinder und Jugendlichen, bei denen eine Indikation zur Unterbringung in einer therapeutischen Einrichtung besteht, brauchen ganz sicher ein pädagogisches Lebensfeld, aber sie brauchen auch Behandlungsmaßnahmen. Dies bedeutet, dass die an der Unterbringung beteiligten Ärzte, Psychologen, Pädagogen und Sozialarbeiter zu einer interdisziplinären Arbeit fähig sein müssen.

Interdisziplinäre Zusammenarbeit bedeutet, die Fachkompetenz des jeweils anderen zu respektieren; Grenzüberschreitungen führen zur Rollenunsicherheit und dilettantischem Vorgehen in Diagnostik, Therapie und Pädagogik.

Die durchschnittliche Länge des Aufenthaltes in den Therapieheimen beträgt erfahrungsgemäß 2–3 Jahre. Dies macht deutlich, welch hohe Bedeutung der langfristigen Beziehung der untergebrachten Jugendlichen zu den pädagogischen Mitarbeitern beizumessen ist. Zu den Aufgaben der Erzieher gehört es, die Rahmenbedingungen des Zusammenlebens zu definieren und deren Einhaltung zu gestalten, andererseits aber auch allgemeine überpersonale Werte zu vermitteln, die Entwicklung der sozialen Kontakte und Kommunikationsfähigkeit zu fördern, dem Jugendlichen das Gefühl zu vermitteln, in seiner individuellen Person mit seinen Problemen angenommen zu sein.

Im Unterschied zur pädagogischen Arbeit mit sozial gestörten und von Dissozialität bedrohten Jugendlichen, wo zunächst klare Konsequenz und die Durchsetzung von Regeln im Sinne von Verhaltensmodifikation im Vordergrund stehen, ist bei der Arbeit mit neurotischen und psychosomatisch gestörten Jugendlichen dieser Problemkreis weniger dringlich. Es handelt sich vielmehr um die Modifikation von Verhaltensweisen, wie Überanpassung oder Hemmung. Dies macht eine individuellere Erziehungsplanung notwendig. Die Gestaltung des therapeutischen Milieus bedeutet, ein pädagogisches Klima zu schaffen, das den Zugang zu den seelischen Störungen erlaubt, ohne dass dabei die Realität aus dem Blickfeld gerät. Die Komplexität der erzieherischen Arbeit stellt besondere Anforderungen und einen erhöhten Beratungsaufwand bei der Erziehungsplanung dar.

Die Indikation zur Behandlung in einem Psychotherapieheim ergibt sich aus der Zwischenstellung dieses komplementären Bereiches zwischen klinischem Behandlungsmodus einerseits und der ambulanten Betreuung andererseits. Die Behandlung in einem Psychotherapieheim bedeutet einen deutlich intensiveren Behandlungsmodus als etwa eine ambulante Behandlung; zusätzlich spielt bei der Indikationsstellung auch der Aspekt der Substitution unzureichender familiärer Strukturen eine Rolle. Die Familie kann dies als Kränkung aber auch als Entlastung erleben. Die Langfristigkeit der Beziehungen zu den Mitarbeitern eines Therapieheimes legt nahe, dass es besonders leicht zu Konkurrenzgefühlen kommen kann, und dass die Eltern gänzlich aus der erzieherischen Verantwortung verdrängt werden. Um die Arbeit mit den Jugendlichen auf einer stabilen Basis zu gestalten, ist die Kommunikation und ggf. die therapeutische Beeinflussung des familiären Rahmens wesentlich.

Grundsätzlich gelten für die psychotherapeutische Arbeit im komplementären Bereich die gleichen Voraussetzungen und Bedingungen, wie sie für die stationäre Psychotherapie in den klinischen Einrichtungen gelten. Es ist aber zu berücksichtigen, dass der Stellenwert der pädagogischen Beeinflussung und der persönlichen Beziehung zu den pädagogischen Mitarbeitern ungleich höher einzuschätzen ist.

Eine erfolgreiche psychotherapeutische Arbeit ist nur auf der Grundlage einer pädagogisch qualifizierten Erziehungs- bzw. Betreuungsarbeit möglich. Hierbei ist es von besonderer Bedeutung, dass die Regeln der Zusammenarbeit zwischen Pädagogen und Therapeuten klar definiert sind. Pädagogische und therapeutische Maßnahmen müssen aufeinander bezogen sein, sich gegenseitig unterstützen und zu einer therapeutischen Einflussnahme führen, die geeignet ist, auch langjährig bestehende chronifizierte Störungen zu beheben oder zumindest so weit zu modifizieren, dass der betroffene Jugendliche schulische, berufliche und persönliche Lebensziele verwirklichen kann.

Um ein solches therapeutisches Milieu zu verwirklichen, sollten die mit der Behandlung betrauten Psychotherapeuten Mitarbeiter der Einrichtung sein, da erfahrungsgemäß so am besten ein einheitlich abgestimmtes Therapiekonzept im Sinne eines Therapieheimes zu verwirklichen ist.

Psychotherapeutische und rehabilitative Qualifizierung von Heimeinrichtungen bedeutet auch Spezialisierung, bezogen auf die Patientenklientel, die betreut werden soll. Dies kann aber nicht bedeuten, dass – sozusagen diagnosespezifisch – Einrichtungen nur für essgestörte oder nur für sexuell missbrauchte Mädchen oder nur für zwangserkrankte Patienten geschaffen werden sollten.

Allerdings ist das rehabilitative Konzept für die Betreuung Jugendlicher, die an einer Schizophrenie erkrankt sind, sehr verschieden von den Betreuungsnotwendigkeiten, wie sie für psychosomatisch (essgestörte) und psychoneurotisch erkrankte Jugendliche benötigt werden. Schließlich bedürfen Jugendliche mit Störungen des Sozialverhaltens wiederum ganz anderer pädagogischer und therapeutischer Strategien (z.B. der Verhaltensmodifikation), sodass insoweit eine Differenzierung sinnvoll erscheint. Zudem ist an eine Altersdifferenzierung zu denken (Kindergruppen – Jugendlichengruppen). Im Übrigen sind die reichen Möglichkeiten der familienanalogen Erziehung, wie sie im Bereich der Jugendhilfe entwickelt wurden, zu nutzen.

Bei der Planung und Durchführung stationärer psychotherapeutischer Arbeit ist es wesentlich, das jeweils passende therapeutische Setting auszuwählen. Der leitende Gedanke dabei muss sein, dass Einschränkungen der normalen Lebensführung, wie sie z.B. bei einem Klinikaufenthalt gegeben sind, nur so lange wie nötig durchgeführt werden, und der Übergang in eine weniger einschränkende Therapiemodalität, z.B. eine therapeutische Wohngruppe, so früh wie möglich eingeleitet wird. Je kompatibler die Therapiemodalitäten der verschiedenen kooperierenden Einrichtungen sind, umso höher ist der therapeutische Gesamterfolg.

Evaluation von Maßnahmen der Fremdunterbringung

Forschung im Heimbereich findet „unter erschwerten Bedingungen in einem Gebiet ohne Wissenschaftstradition statt" (Hebborn-Brass 1991). Bei der Heimerziehung handelt es sich um einen kostenintensiven und folgenschweren Schritt der öffentlichen Erziehungshilfe, der bislang zaghaft die Notwendigkeit formuliert, empirische Forschung zu betreiben (Petermann 1990). Eine sehr ausführliche und differenzierte Studie über den Verlauf psychischer Erkrankungen während einer Heimbehandlung hat Hebborn-Brass (1991) vorgelegt. Die Klientel des untersuchten Heimes umfasst die Kinder mit neurotischen Störungen mit einem durchschnittlichen Aufnahmealter von 9 Jahren und einem mittleren Entlassungsalter von 12 Jahren. Für die Einschätzung des Behandlungserfolgs wurden 223 Kinder und Jugendliche hinsichtlich ihrer Diagnose und Symptome bei Aufnahme und Entlassung untersucht. Eingeteilt nach den vier Hauptdiagnosen waren 68% der neurotisch emotional erkrankten Kinder und Jugendlichen, 43% der hyperkinetischen, 40% der dissozialen und 25% der autistisch erkrankten Kinder und Jugendlichen bei Entlassung symptomfrei.

Jungjohann u. Beck (1984) untersuchten 140 ehemalige Bewohner eines heilpädagogisch-psychotherapeutischen Zentrums nach. Bei durchschnittlicher Katamnesedauer von vier Jahren konnten 86,4% der Heimbewohner evaluiert werden.

Hinsichtlich der Erfolgsbeurteilung, die nach ausführlichen Bewährungsaspekten wie psychosozialer Kompetenz, Schul- und Legalbewährung eingeteilt wurde, ergaben sich positive Ergebnisse zwischen 77,3 bis 88,3%.

Kruse (1988) untersuchte Bewohner eines Heimes für schwererziehbare, ausschließlich männliche Kinder und Jugendliche nach mindestens dreijährigem Entlassungszeitraum mittels eines Fragebogens. Als Kriterium für Erfolg wurde die Legalbewährung, die Schul- und Berufsbewährung sowie die soziale Bewährung untersucht. Bei Gesamtbetrachtung der einzelnen Ergebnisse konnte eine positive Gesamtbewertung der ehemaligen Heimbewohner von 75% gezeigt werden, wobei besonderes Gewicht auf die positive Legalbewährung (78,75%) gelegt wurde.

Die katamnestische Studie von Berger (1979) bezieht sich auf mehrere, meist heilpädagogische Heime. Es wurden 20 ehemalige Patienten einer kinder- und jugendpsychiatrischen Klinik, die von dort in Heime überwiesen wurden, nachuntersucht.

Ziel der Untersuchung war vor allem eine retrospektive Überprüfung der Indikation zur Heimunterbringung. Die Daten beruhten auf Befragungen der Eltern und Heimberichte.

Insgesamt wurde von einer günstigen Weiterentwicklung von 15 Patienten (= 75%) berichtet, wobei Erfolgskriterien, wie soziale Anpassung, psychische Symptome und Schulerfolg beurteilt wurden.

Auch die neueste Untersuchung über Darstellung und Bewertung stationärer und teilstationärer Erziehungshilfen (Projekt Jugendhilfeleistungen [Jule]) kommt zu Erfolgsraten von 75% (Thiersch et al. 1998). Es handelt sich um eine Erhebung in 6 Jugendamtsbezirken verschiedener Bundesländer. Einbezogen wurde hier ein städtisches Jugendamt, ein Jugendamt eines Flächenlandkreises und ein Kreisjugendamt im Einzugsbereich einer größeren Stadt. Ausgewertet wurden Fallakten des vollständigen Abgangsjahres 1984 aus stationärer und teilstationärer Erziehungshilfe. Außerdem wurden leitfadengestützte Interviews geführt. Mehrheitlich – in Dreiviertel der Fälle – konnte nachgewiesen werden, dass die erbrachten Hilfeleistungen, gemessen an der Ausgangslage und den Schwierigkeiten zu Beginn der Hilfe, hilfreich für die jungen Menschen waren, indem sich die Schwierigkeiten und belastenden Konstellationen, die zur Hilfe führten, veränderten und verbesserten und die jungen Menschen in Bezug auf wichtige Entwicklungsbereiche mit einer vertrauenserweckenden Option entlassen werden konnte (Thiersch et al. 1998). Sechs von sieben Hilfeverläufen wurden mit positiver Bilanz beendet, wenn im Jugendamt mit hoher Fachlichkeit gearbeitet wurde. Einer von zwei Hilfeverläufen scheiterte, wenn die zu Grunde gelegten Standards im Jugendamt nicht eingehalten wurden. 13 von 14 Hilfeverläufen gelangen, wenn die Einrichtung fachlich qualifizierte Hilfe anbietet. Hingegen scheiterten zwei von drei Hilfeverläufen, wenn wesentliche Standards nicht eingehalten wurden. Es zeigte sich, dass vor allem stationäre Erziehungshilfen bei positiven Hilfeverläufen relativ lange andauern – im Durchschnitt zwischen 3 und 7 Jahren – und dass die Erfolgschancen der Hilfe mit der Dauer und gleichzeitiger Betreuungskontinuität in der Hilfe enorm steigen. In Bezug auf das betreute Jugendwohnen zeigte sich, dass gerade die Hilfen positiv verlaufen, die deutlich über die Volljährigkeit der jungen Menschen hinaus andauern.

Die Ergebnisse wiesen darüber hinaus darauf hin, dass die in großer Zahl angebotenen ambulanten Hilfen im Vorfeld einer teil- oder vollstationären im Einzelfall keine tragfähige Alternative zu einer intensiven Betreuung waren. Deutlich zeigte sich aber auch, dass in vielen Fällen erst im Verlauf dieser ambulanten Hilfen der weitere Betreuungsbedarf in seinem Ausmaß erkannt wurde. Es zeigte sich, dass ambulante Hilfen eine stationäre Erziehungshilfe in vielen Fällen nicht ersetzen können. Aus der Perspektive der Betroffenen zeigte sich, dass die Hilfsangebote in der Mehrzahl der Fälle positiv erlebt wurden und dass sie sie im Hinblick auf ihr heutiges Leben als wertvoll einschätzten.

Zusammenfassung

Etwa ein Viertel aller stationär in kinder- und jugendpsychiatrischen Kliniken behandelten Patienten bedarf einer längerfristigen außerhäuslichen Nachbetreuung. Dies geschieht in teilstationären und stationären Einrichtungen der Jugendhilfe. Die Einrichtungen sind unterschiedlich qualifiziert, kinder- und jugendpsychiatrische Patienten benötigen in der Regel Heime mit einem eigenem Therapieangebot (Therapieheime). Die Kosten für diese Maßnahmen werden von den Jugendämtern gemäß Vorschriften des KJHG getragen. Stehen pädagogische Maßnahmen im Vordergrund, so findet § 27 KJHG (Hilfe zur Erziehung) in Verbindung mit § 34 KJHG Anwendung. Für psychisch kranke Kinder, die seelisch behindert oder von einer seelischen Behinderung bedroht sind, regeln sich die Kosten nach § 35a KJHG. Nach diesem Paragraphen können ambulante Maßnahmen, Maßnahmen in einer Tageseinrichtung, insbesondere aber auch Maßnahmen in einem Therapieheim finanziert werden.

Kinder mit schwerer geistiger Behinderung erfahren ihre Förderung nach dem Bundessozialhilfegesetz (§ 39 BSHG). Die Auswahl eines geeigneten Heimes richtet sich nach Alter und Störungsprofil des betroffenen Kindes/Jugendlichen. Es muss ein Hilfeplan gemäß § 36 KJHG unter Einschluss des Kindes, seiner Eltern, des Jugendamtes, Hilfe nach § 35 a KJHG und auch eines sachkundigen Arztes aufgestellt werden. Spezielle Rehabilitationsheime, Therapieheime und therapeutische Wohngruppen, die ein Behandlungsangebot für Kinder und Jugendliche mit psychiatrischen Erkrankungen anbieten, müssen die Möglichkeit haben, pädagogische, psychologische und jugendpsychiatrisch-psychotherapeutische Kompetenz zu bündeln. Die Ergebnisse der Heimerziehung sind bisher nur unzureichend evaluiert. Die vorliegenden Ergebnisse deuten darauf hin, dass etwa 75 % der Maßnahmen erfolgreich abgeschlossen werden können.

Literatur

Berger M. Indikation und Katamnese bei Heimunterbringung. Z Kinder- Jugendpsychiatrie. 1979;7:122-38.

Fegert I. Was ist seelische Behinderung? Münster: Votum Verlag; 1994.

Hebborn-Brass U. Verhaltensgestörte Kinder im Heim: Eine empirische Längsschnittuntersuchung zu Indikation und Erfolg. Freiburg: Lambertus; 1991.

Jungjohann EE, Beck B. Katamnestische Ergebnisse einer Gesamtgruppe von Patienten eines regionalen kinderpsychiatrischen Behandlungszentrums (1975-1980). Praxis der Kinderpsychologie. 1984;33:148-54.

Kruse A. Die langfristige Entwicklung ehemaliger Heimkinder. Jugendwohl. 1981;69:157-65 u. 207-215.

Martin M. Verlauf der Schizophrenie im Jugendalter unter Rehabilitationsbedingungen. Stuttgart: Enke; 1991.

Martin M. Rechtliche und institutionelle Voraussetzungen für Therapie und Rehabilitation. In : Remschmidt H. Hrsg. Kinder- und Jugendpsychiatrie. Stuttgart: Thieme; 1997.

Martin M. Rehabilitative komplementäre Kinder- und Jugendpsychiatrie in Zusammenarbeit mit einer Universitätsklinik. In: Klosinski G. Hrsg. Stationäre Behandlung psychischer Störungen im Kindes- und Jugendalter. Bern: Huber; 1997.

Martin, M. Stationäre Psychotherapie. In: Remschmidt, H. Hrsg. Psychotherapie im Kindes- und Jugendalter. Stuttgart: Thieme; 1997.

Petermann, F. Die Bedeutung von empirischer Praxisforschung für die Entwicklung der Heimerziehung. Jugendwohl. 1990;71:227-34.

Remschmidt H. Die sozialrechtliche Zuordnung des autistischen Syndroms. Stellungnahme des wissenschaftlichen Beirates des Bundesverbandes Hilfe für das autistische Kind. Hamburg: 1993.

Thiersch H, Baur D, Finkel M, Hamberger M, Kühn A. Projekt Jugendhilfe LEistungen (JULE). Zentrale Ergebnisse der Untersuchung zur Darstellung und Bewertung stationärer und teilstationärer Erziehungshilfen. Evangelische Jugendhilfe. 1998;3;138-43.

Wiesner R, Kaufmann F, Mörsberger Th, Oberloskamp H, Strunck I. SGB VIII Kinder- und Jugendhilfe. München: C.H. Beck; 1995.

Prüfungsfragen

1. Welche Patientenklientel einer kinder- und jugendpsychiatrischen Klinik bedarf der Fremdunterbringung?
2. Welche gesetzlichen Bestimmungen regeln die Fremdunterbringung von Kindern und Jugendlichen?
3. Wie ist das Vorgehen, wenn die Eltern einer Fremdunterbringung nicht zustimmen?
4. Welche unterschiedlichen Heimtypen kennen Sie?
5. Berichten Sie über die Besonderheiten längerfristiger psychotherapeutischer Maßnahmen und komplementärer Einrichtungen.
6. Wie sind die Erfolgsaussichten von Maßnahmen der öffentlichen Jugendhilfe einzuschätzen?

39 Differenzielle Therapieindikationen

G. Lehmkuhl

Einleitung

In mehreren Übersichtsarbeiten referieren Beitchman et al. (1992) über Prävalenz, Verlauf, frühe Indikatoren und die Effizienz von therapeutischen Interventionen bei internalen, externalen und Entwicklungsstörungen. Das Resümee ist ernüchternd und lässt sich wie folgt zusammenfassen: Die verschiedenen Behandlungsansätze wie Verhaltenstherapie, psychodynamische Konzepte, familienorientierte Verfahren und pharmakologische Vorgehensweisen werden als erfolgreich beschrieben. Studien, in denen verschiedene Behandlungsformen randomisiert und blind evaluiert werden, liegen jedoch nicht vor. Entsprechend schwierig bleiben Hinweise für eine differenzielle Indikation. Graham hatte bereits 1974 gefordert, bei der psychotherapeutischen Behandlung von Kindern verschiedene Techniken miteinander zu kombinieren entsprechend den Notwendigkeiten und Bedürfnissen der jeweiligen Problematik. Diese multimodalen Therapien sollten in Zukunft eine größere Beachtung finden und sorgfältig evaluiert werden. Einschränkend merkt Graham an, dass in der Ausbildung die Integration verschiedener Ansätze kaum gelehrt und vermittelt wird, sodass entsprechende Kenntnisse für die Praxis fehlen.

Ausgehend von einer geringen empirischen Ausgangssituation sind für die Entwicklung einer differenziellen Therapieindikation folgende Aspekte zu prüfen:

- Gibt es einen theoretischen Rahmen, der ein solches Vorgehen fundiert?
- Liegen ausreichende empirische Untersuchungen vor, die eine differenzielle Indikationsstellung erlauben?
- Werden in der Therapieausbildung ausreichende Kenntnisse über verschiedene therapeutische Strategien vermittelt und erworben?

Zum theoretischen Rahmen einer differenziellen Therapieindikation

Kazdin (1994) fasst die Literatur dahingehend zusammen, dass alle Bemühungen, „spezifische Schlussfolgerungen über die relative Wirksamkeit der verschiedenen Techniken für unterschiedliche Störungsbilder zu ziehen“, ein unklares Bild ergeben haben. Aufgrund der geringen empirischen Datenbasis könnten nur grobe Einteilungen, z.B. Verhaltens- gegenüber Nicht-Verhaltenstherapien vorgenommen werden, sodass sichere Aussagen über die relative Wirksamkeit verschiedener Interventionen z.Zt. nicht möglich sind. Andererseits bieten Metaanalysen eine notwendige Grundlage zur kritischen Hinterfragung von bestimmten psychotherapeutischen Behandlungsstrategien (Mann u. Borduin 1991, Shirk u. Russell 1992). Fortschritte bei der Entwicklung von Behandlungsansätzen für psychisch gestörte Jugendliche sind nach Kazdin (1994) vor allem durch ein sorgfältiges Spezifizieren der klinischen Gruppen und der Falldefinitionskriterien; die Verwendung ausreichend großer Stichproben, um sensible Behandlungstestverfahren zu liefern; die Berücksichtigung von Faktoren, die das Behandlungsergebnis beeinflussen können; die operationale Festlegung der Behandlung und durch genaue Nachuntersuchungen möglich. Hierbei kommt exemplarischen Untersuchungen und der Einbeziehung verschiedener Behandlungsmodelle für die Beantwortung der Frage nach der Wirksamkeit bestimmter Interventionen bei spezifischen Störungen eine größere Bedeutsamkeit zu als Metaanalysen (Kolvin et al. 1981, Lovaas 1987, Lewinsohn et al. 1990).

Die Überprüfung vielfältiger Behandlungsformen ist nach Kazdin (1994) deswegen notwendig, weil empirische Studien bislang vor allem für ein relativ schmales Spektrum an Behandlungstechniken wie die Verhaltensmodifikation und kognitive Verhaltenstechniken vorliegen (Abb. 39.1).

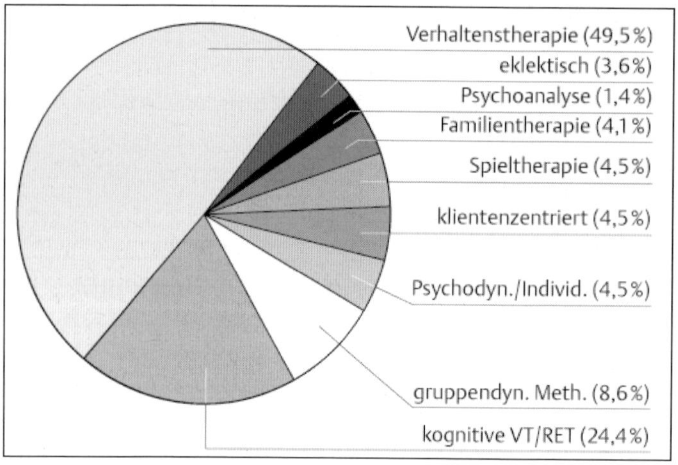

Abb. 39.1 Relative Häufigkeit von Psychotherapiestudien über verschiedene Therapieformen bei Kindern und Jugendlichen (nach Kazdin et al. 1990)

Therapieformen, die traditionell eine starke Verbreitung aufweisen, wie psychodynamische bzw. psychoanalytische Ansätze, klientzentrierte Therapie, Familientherapie, Spiel- und Kunsttherapien, wurden bisher nur selten empirisch überprüft. Eine entscheidende Forschungspriorität muss daher nach Kazdin darin bestehen, das Spektrum der untersuchten Behandlungsansätze zu erweitern (Feindler 1995, Fonagy u. Moran 1990, Fonagy u. Target 1994, Shapiro u. Esman 1992). Kombinierte Behandlungsmethoden unter Einschluss psychopharmakologischer Ansätze erscheinen vor allem dann notwendig, wenn bereits verfügbare Interventionsansätze nicht den gewünschten Kurz- oder Langzeiteffekt besitzen (Lindenbaum u. Clark 1983, Lehmkuhl u. Döpfner 1997). Das heißt, Verlaufseinschätzungen und wenn notwendig Änderungen des Therapieplanes sollten nach einem begründbaren Entscheidungsbaum erfolgen. Gehen psychotherapeutische Maßnahmen von einer „pluralistischen Konzeption" aus (Remschmidt 1997) und werden sie indikationsgeleitet und möglichst störungsspezifisch eingesetzt (Warnke 1998), dann bedeutet dies die Entwicklung eines differenzierten individuellen Behandlungsplanes. Hierbei variieren die eingesetzten Techniken zwischen alternativen Konzepten und innerhalb derselben, je nachdem, „wer in die Therapie kommt (Kind, Eltern, Familie), dem therapeutischen Fokus (Affekte, kognitives Verhalten) und dem Rahmen (Praxis, Klinik, Schule, Zuhause), in dem die Psychotherapie stattfindet" (Kazdin 1994).

Entsprechend sollten Therapiebausteine und Vorgehensweisen aus verschiedenen Schulrichtungen im Interesse eines übergreifenden Behandlungskonzeptes integriert werden, wobei die jeweiligen einzelnen Teile eine hypothesen- und konzeptgeleitete Anwendung finden und sich auf ihre jeweilige Effizienz evaluieren lassen. Dies bedeutet, dass es z.B. beim hyperkinetischen Syndrom oder bei der Anorexia nervosa nicht um einen therapeutischen Einheitsstandard gehen kann, sondern vielmehr um eine individualisierte Anwendung unterschiedlicher Therapiestrategien, die für den jeweiligen Einzelfall aufgrund von bestimmten diagnostischen Kriterien auszuwählen sind. Aus diesen Gründen muss am Anfang eine multiple Verhaltens- und Psychodiagnostik stehen, um das angestrebte patientenorientierte Vorgehen operational zu begründen und notwendigen Qualitätsstandards zu entsprechen (Döpfner u. Lehmkuhl 1993, 1997). Ein solches störungsspezifisches und differenzielles Vorgehen würde z.B. bei der Anorexia nervosa bedeuten, dass neben der primären Störung des Essverhaltens die emotionalen, sozialen und persönlichkeitsrelevanten Aspekte ebenfalls erfasst und durch spezifische Interventionen behandelt werden. Hier stellt sich die Frage nach dem zugrunde liegenden Krankheitskonzept, den ätiologischen Vorstellungen und den sich hieraus ergebenden Ansätzen (Bossert et al. 1987, Cox et al. 1994). Da es sich häufig um verschiedene Störungsebenen und -bereiche handelt, verschließen sie sich einem monokausalen, d.h.

schulengeleiteten Vorgehen. Kognitive, intrapsychische, familiäre und interaktionelle Aspekte sind gleichermaßen zu beachten, um ein ganzheitliches Therapiekonzept zu gewährleisten. Das dargestellte Vorgehen bei der Indikationsstellung verdeutlicht aber auch, warum die bisherigen empirischen gruppenstatistischen Ansätze nur ein grobes Raster für eine differenzielle Indikationsstellung abgeben: Die Vielzahl der intervenierenden Variablen wird ebensowenig berücksichtigt wie die Überprüfung eines multimodalen Vorgehens und zumindest mittelfristiger Effekte bei nicht zu kurzer Behandlungsdauer (Hechtman 1993, Heinecke u. Ramsey-Klee 1986).

In verschiedenen Arbeiten wurde versucht, ein ideales Behandlungspaket für Kinder und Jugendliche mit einer bestimmten Störung zusammenzustellen (Feindler 1995). Die methodischen Herausforderungen bestehen hierbei nicht in der Entwicklung spezifischer Interventionsmodule, sondern in einer ausreichenden Differenzierung nach Schweregrad, Komorbidität, Alter, multifaktorieller Ätiologie und Einflussfaktoren. Hechtman (1993) hat in verschiedenen Beispielen die methodischen Probleme von multimodalen Behandlungsstudien herausgearbeitet. Hierbei stellt sich vor allem die Frage nach dem Differenzierungsgrad und der Methodenvielfalt, die ein solches Behandlungsprogramm für die Praxis oft nur schwer anwendbar machen. Je differenzierter solche Interventionen geplant werden, umso schwieriger und aufwendiger ist ihre Umsetzung und desto intensiver müssen die Therapeuten mit der Methode vertraut sein.

Paulina Kernberg u. Chazan (1991) haben dies in ihrem Buch „Children with conduct disorders – a psychotherapy manual" exemplarisch ausgeführt. Ihr Programm teilt sich in drei Bereiche auf: einer supportiven Spieltherapie, einem Elterntraining und einer Gruppenspieltherapie. Diese drei verschiedenen Ansätze sind von theoretischen Grundannahmen geleitet und enthalten unterschiedliche verbale und nonverbale psychodynamische und behaviorale Module mit dem Ziel, die adaptiven Funktionen des Kindes zu stärken. Die einzelnen Stunden- und Therapiebausteine liegen konzeptualisiert vor, ebenso die zu erreichenden Therapieziele je nach Behandlungsphase und wie sie im Verlauf zu beurteilen sind. Die drei Therapiebausteine können in Kombination oder jeweils für sich angewandt werden, benötigen aber ein spezielles Training des Therapeuten, wobei jeder Behandlungsschritt separat zu erlernen ist. Ähnliche Vorgehensweisen finden sich bei Patterson et al. (1982, 1989, 1991) sowie Dodge (1991).

Die 2000 erschienenen Leitlinien zur Diagnostik und Therapie kinder- und jugendpsychiatrischer Störungen werden zu einem stärkeren differenziellen Interventionssetting entscheidend beitragen. Hier finden sich sowohl Empfehlungen für eine störungsspezifische Diagnostik einschließlich der Entwicklungsgeschichte, der Komorbidität, der Rahmenbedingungen und dem sich hieraus ableitenden Behandlungsvorgehen und -setting. Eine Hierarchie der Behandlungsschritte und der Beratung schließt spezielle Vorgehensweisen wie ambulante, teilstationäre und stationäre Maßnahmen ein, ebenso notwendige Schritte der Rehabilitation, schulischen Versorgung und ggf. Jugendhilfemaßnahmen. Dieses Vorgehen geschieht schulenübergreifend im Sinne einer „evidence based" Behandlung.

Auf die Notwendigkeit einer wissenschaftlich empirisch fundierten Psychotherapie mit einem vermehrten Transfer zwischen therapeutischer Praxis und wissenschaftlicher Evaluation weist Kanfer (1996) hin. Neben empirischer Evidenz sollten wir uns nach Kanfer von folgenden drei Theoriekomponenten bei der Entwicklung neuer und besserer Behandlungsstrategien leiten lassen:

- Unverzichtbar ist ein theoretischer Rahmen, der kausale Erklärungen menschlichen Verhaltens ebenso erlaubt, wie konzeptuelle Annahmen und Regeln des Verhaltens, Emotionen und Einstellungen einbezieht. Entsprechend dem jeweiligen Zugang wird entschieden, „welche Daten als empirische Entsprechungen für theoretische Konstrukte betrachtet werden sollen, welche Vorgehensweisen zur Datenerhebung gewählt werden sollen und welcher Bezug zu ihren relevanten theoretischen Konstrukten besteht." Der psychodynamische bzw. tiefenpsychologische Rahmen richtet die Aufmerksamkeit auf frühe Kindheitserlebnisse, auf unbewusste Konflikte und ihre Bearbeitung in der therapeutischen Beziehung. Der verhaltenstherapeutische Ansatz orientiert den Therapeuten auf das Messen kontrollierender Variablen, das Verstärkersystem des Klienten für abweichendes Verhalten und andere funktionale Beziehungen (s. a. Grawe 1995).

- Eine Technologie ist notwendig, um Methoden und Vorgehensweisen zum Erreichen des gesetzten Ziels zu entwickeln. Kanfer warnt jedoch davor, psychotherapeutische Behandlungen als eine bloße Anwendung von Methoden und der Überprüfung von deren Effektivität anzusehen, statt sich um das Verständnis des Konzeptuellen zu bemühen. Die Betonung der technologischen Ebene könne zu einer vordergründigen Fokussierung auf Symptombeseitigung führen, wobei weitergehende Therapieziele vernachlässigt würden. Während es bei psychodynamischen Behandlungen neben einer Symptomreduktion vor allem um ein Verständnis der grundlegenden Konflikt- und Beziehungsmuster gehe, sollten verhaltenstherapeutische Ansätze sich nicht nur auf manifeste und klar beobachtbare Symptome stützen, sondern eine weitgehende funktionale Analyse der Verhaltensmuster vornehmen und kognitive Strukturen definieren. Nach Kanfer kann der Kliniker auf dieser technologischen Ebene Interventionen, die aus unterschiedlichen theoretischen Kontexten stammen, durch Adaptation an den eigenen Theorierahmen integrieren und sich auf die Anwendbarkeit der spezifischen Technik in einem Fall konzentrieren.
- Therapierichtlinien sind für die Handlungsebene notwendig, um Hypothesen und Interventionen, die sich aus dem theoretischen Rahmen ergeben, anwenden zu können. Diese Aufgabe können Behandlungsmanuale, Fallbeschreibungen oder Anleitung durch Supervision übernehmen. Forschungsergebnisse belegen, dass der Therapieerfolg nicht spezifischen Methoden, die aus einer bestimmten Theorie abgeleitet sind, zuzuschreiben ist. Vielmehr gibt es bei der Symptomreduktion Unterschiede in Qualität, Quantität und Veränderungsmustern, die eindeutig das Ergebnis von Therapieinterventionen darstellen (Grawe et al. 1994). Nach Kanfer ist zu vermuten, dass verschiedene Therapieschulen ihre Effektivität deshalb dem Grad verdanken, wie sie verschiedene unspezifische Faktoren kombinieren und in einen Theorierahmen samt dazugehöriger Therapietechnik integrieren.

Theoretischer Rahmen, Methodenvielfalt und ihre Anwendung stellen damit Grundbedingungen für die Entwicklung und Evaluation von Kombinationsbehandlungen dar, die für eine differenzielle Therapieindikation sowie ein störungsspezifisches Vorgehen zu fordern sind.

Empirische Untersuchungen zur differenziellen Indikationsstellung

Heekerens (1989) fasst die Ergebnisse verschiedener Metaanalysen zur Evaluation von Psychotherapien im Kindes- und Jugendalter wie folgt zusammen:

- Psychotherapie mit Kindern und Jugendlichen ist nicht wesentlich weniger effektiv als im Erwachsenenalter.
- In Übereinstimmung mit den Ergebnissen bei Erwachsenen schneiden auch im Bereich der Kinder- und Jugendlichenpsychotherapie die behavioralen Verfahren im Mittel besser ab als die nicht-behavioralen.
- Die Rangreihe innerhalb der behavioralen Verfahren lässt sich aufgrund der vorhandenen Datenbasis nur bedingt festlegen, jedoch rangiert Modellernen vor dem Training sozialer Fertigkeiten und kognitiv-behavioraler Verfahren.
- Während sich für ein klientzentriertes bzw. nicht-direktives Verfahren zwischen den Effekten bei Erwachsenen bzw. Kindern und Jugendlichen keine Unterschiede finden, fallen beim einsichtsorientierten bzw. psychodynamischen Vorgehen die Ergebnisse bei Kindern und Jugendlichen deutlich schlechter aus als bei Erwachsenen.
- Das einsichtsorientierte bzw. psychodynamische Vorgehen zeigt bei Kindern und Jugendlichen nach Auswertung der Studien keinen überzeugenden Behandlungseffekt (Casey u. Berman 1985, Weisz et al. 1987).

Casey u. Berman (1985) sowie Weisz et al. (1995) stellen in ihren Metaanalysen zur Wirksamkeit einzelner Therapieverfahren behaviorale, nicht-behaviorale und kombinierte Ansätze gegenüber (Tab. 39.**1**).

Die größere Effizienz der behavioralen Methoden ist deutlich, andererseits konnte nur eine begrenzte Zahl von psychodynamisch orien-

Tabelle 39.1 Ergebnisse zur Wirksamkeit behavioraler, nicht-behavioraler und kombinierter Verfahren verschiedener Metaanalysen

	Casey u. Berman (1985)		Weisz et al (1995)	
Therapiemethoden	Effektstärke	n	Effektstärke	n
Behavioral	0.91	37	0.76	197
Nicht behavioral	0.40	29	0.35	27
Kombinierte Verfahren			0.55	20

tierten Studien in die Auswertung aufgenommen werden aufgrund der wenigen vorliegenden Untersuchungen, die die methodischen Standards erfüllen (Barrnett et al. 1991). Die ungenügende empirische Grundlage bei den psychodynamisch orientierten Verfahren hängt einerseits mit den aktuellen wissenschaftlichen Schwerpunkten, andererseits mit den methodischen Problemen zusammen wie Tschuschke et al. (1994) in einer kritischen Antwort auf Grawes Metaanalysen zur differenziellen Effektivität von Psychotherapie herausarbeiten (Grawe et al. 1994). Es stellen sich Fragen nach dem Einfluss von Erkrankungsschwere, Behandlungsdauer und anderen intervenierenden Variablen, auf die Dauer des Therapieerfolges und die Bereiche, in denen er nachweisbar ist. Metaanalysen sagen nichts darüber aus, wie Therapieeffekte im psychotherapeutischen Prozess hergestellt werden, und sie informieren auch nicht über die Durchführung von Therapiekonzepten, und geben somit keine Auskunft über den faktisch realisierten psychotherapeutischen Prozess. Es erscheint jedoch speziell bei Kindern und Jugendlichen wichtig, mehr über die wirksamen Mechanismen, Hintergründe und Prozesse zu erfahren, die therapeutisch bedeutsam sind und damit zur Indikations- und Behandlungsentscheidung beitragen können (Target u. Fonagy 1994 a, 1994 b, Fonagy 1995). In diesem Sinne argumentieren auch Shapiro u. Esman (1992), wenn sie darauf hinweisen, dass dynamische Konzepte sowohl unser Verständnis intrapsychischer und interaktioneller Prozesse bereichert haben und diese Erkenntnisse in die Beurteilung von psychischen Strukturen und in die Behandlungstechnik einfließen. Für Barrnett et al. (1991) berühren diese übergreifenden Fragestellungen und Aspekte der therapeutischen Beziehung, den Aufbau und die Aufrechterhaltung eines Arbeitsbündnisses, das Erreichen einer Compliance und die Beachtung altersabhängiger Möglichkeiten und Begrenzungen des Patienten. Die Entwicklung von spezifischen Manualen, die Interventionen im Detail beschreiben, würde zunehmend eine Standardisierung von Interventionen über verschiedene Kliniker und Settings erlauben. Videoaufnahmen von Therapien verstärken eine objektive Messung durch unabhängige Rater und können die Implementierung und Operationalisierung dieser Interventionen ermöglichen. Auf diesem Wege werden therapeutische Strategien differenzierter und transparenter. Sie fließen in Leitlinien ein, die sich mehr an prozess- als an schulenorientierten Aspekten ausrichten (Lehmkuhl et al. 1992, Döpfner 1997).

Kazdin (1994) merkt kritisch an, dass die Mehrzahl der Untersuchungen zu psychotherapeutischen Effekten im Kindes- und Jugendalter keine Katamnese aufweisen, sodass Langzeitwirkungen nicht erfasst werden (Kazdin et al. 1990, Weisz et al. 1987). So konnten Dush et al.(1989) zeigen, dass die erzielten Effekte nach Selbstinstruktionstraining und Problemlösetraining bei Kindern und Jugendlichen in den ersten Wochen nach Therapieende zunehmend abfielen und von einem mittelfristigen Effekt gesprochen werden muss, der nach einem Zeitraum von über 90 Tagen nicht mehr nachweisbar war (Abb. 39.**2**).

Es wäre notwendig, entsprechende Angaben auch für andere Therapieformen zu erhalten, vor allem für die tiefenpsychologisch orientierten einzeltherapeutischen und gruppentherapeutischen Ansätze, bei denen ein so genannter Sleeper-Effekt (Kolvin et al. 1981) diskutiert wird, der erst längere Zeit nach erfolgter Therapie auftritt.

Dem Wissen um Kurz- und Langzeiteffekte einer Behandlung käme bei der Auswahl von spezifischen Interventionsarten eine große Bedeu-

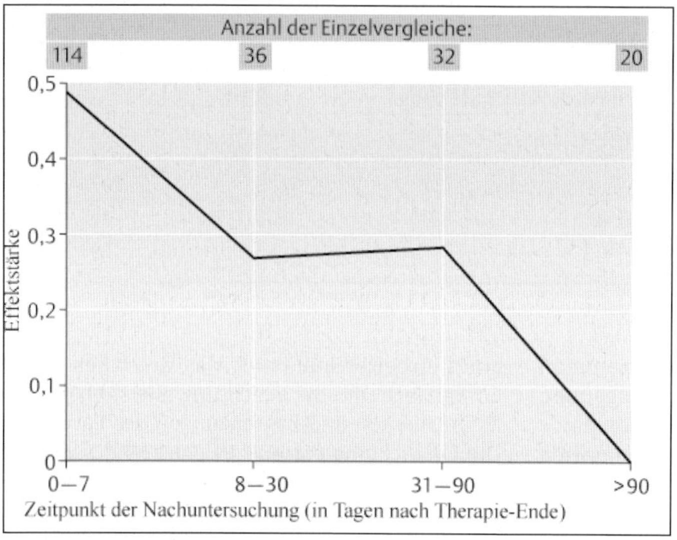

Abb. 39.**2** Ergebnisse der Metaanalyse von Dush et al. (1980) über den zeitlichen Verlauf der Wirksamkeit von Therapien zur Modifikation von Selbstaussagen bei Kindern und Jugendlichen (aus Döpfner 1997).

tung zu. Dieser Zeiteffekt lässt sich weniger durch Metaanalysen belegen, sondern vielmehr durch Einzelfallstudien. Ein weiteres wichtiges Kriterium für die differenzielle Indikation stellt der Alterseinfluss dar, d. h. eine entwicklungspsychologische Perspektive könnte erklären, warum bestimmte Interventionsformen erst ihre volle Wirksamkeit in einer bestimmten Altersgruppe zeigen. Aus der Metaanalyse von Durlak et al. (1991) zur Wirksamkeit kognitiver Verhaltenstherapie in Abhängigkeit vom Lebensalter ergibt sich, dass die Effektstärken bei 11- bis 13-Jährigen wesentlich höher sind als im Alter von 5–7 bzw. 7–11 Jahren, wobei sich die beiden letzten Gruppen nicht unterscheiden.

Kazdin (1994) hebt besonders die entwicklungspsychologische Dimension bei der Indikationsstellung für eine bestimmte Psychotherapie hervor. Ob und wie interveniert werden muss, erfordert Wissen über den Entwicklungsverlauf und die altersgemäßge Anpassung, ebenso sollte der Einfluss von weiteren belastenden Variablen, die Bedeutung von Umweltfaktoren, der familiären Situation sowie des sozialen Lebensraumes der Betroffenen einbezogen werden. Fragen der Motivation, kritischer Ereignisse in der Therapie, Schweregrad und Verlauf sollten nicht vernachlässigt werden.

Orientierungspunkte für die Wahl des therapeutischen Vorgehens, Settings sowie der notwendigen Interventionen stellen folgende Gesichtspunkte dar:

- Lässt sich die Symptomatik auf bestimmte Therapieziele fokussieren und eingrenzen?
- Handelt es sich um eine umfassendere Problematik, die verschiedene Teilbereiche mit einbeziehen muss?
- Ist es aufgrund der Symptomatik sowie der Variablen des Patienten erfolgversprechend, kognitive Strategien anzuwenden oder sollte eher ein geringerer Strukturierungsgrad gewählt werden?
- Spielen intrapsychische Prozesse, Konflikte und Themen eine zentrale Rolle, die das Kind oder den Jugendlichen beschäftigen und sollten diese in das Zentrum der Bearbeitung gestellt werden?
- Kommt interaktionellen Aspekten eine große Rolle zu, und zwar sowohl intrafamiliär als auch im Kontakt zu Gleichaltrigen?
- Ist auf den Einfluss bestimmter Variablen der Familie (z. B. Familiengröße, Ehekonflikte), der Schule (z. B. schlechte Motivation, Teilleistungsstörung) sowie der sozialen Gruppe (aggressive Modelle, Regelverletzungen) besonders zu achten?

Auch wenn diese Variablen nur Orientierungspunkte darstellen, so lässt sich auch aufgrund vorhandener empirisch fundierter Ergebnisse aus ihnen ableiten, welche spezifischen Interventionsformen bei einem bestimmten Störungsbild mehr oder weniger indiziert sind.

Bavin und Schmidt (2001) versuchten, für die klinische Entscheidung über mögliche Behandlungsansätze bei kinder- und jugendpsychiatrischen Behandlungen eine evidenzbasierte Grundlage vorzulegen. Die Basis ihrer Literaturrecherche für autistische Störungen, hyperkinetische Störungen, Störungen des Sozialverhaltens, Tic-Störungen, Enuresis und Enkopresis zeigte, dass der am besten avaluierte psychotherapeutische Behandlungsansatz die kognitive Verhaltenstherapie darstellt. Ihre Zusammenstellung gibt einen ersten Hinweis auf differenzielle Therapieindikationen, die sich auf empirische Grundlagen stützen sollte.

Ausbildung und Kenntnisse in verschiedenen Behandlungstechniken

Kottje-Birnbacher u. Birnbacher (1995) verlangen für eine effiziente Zielorientierung, dass der Therapeut die aktive Verantwortung für das Voranschreiten des therapeutischen Prozesses übernimmt und dabei die Behandlungsziele im Auge behält. Er muss einerseits für ein ausreichend gutes Arbeitsbündnis sorgen und andererseits eine wirksame Behandlungstechnik umsetzen. Sie hinterfragen den Stellenwert der Selbsterfahrung innerhalb der Ausbildung äußerst kritisch, halten ihn einerseits für eine bessere Handhabung der Beziehungsgestaltung zwischen Patient und Therapeut für dringend notwendig, andererseits würde eine zu einseitige Ausrichtung auf die Selbsterfahrung auf Kosten der therapeutischen Kompetenz hinsichtlich verschiedener praxeologischer Ansätze gehen. Vielmehr sollte ein breiterer Praxisbezug gewährleistet sein, der verschiedene Settingarten und Methoden vermittelt, um Indikationsstellungen differenzierter treffen zu können. Therapeuten sollten um die Heterogenität von notwendigen Behandlungsstrategien informiert und in der Lage sein, sie auch, wenn notwendig, anzuwenden. Zu warnen ist allerdings vor therapeutischen Allmachtsphantasien, dass allein die richtige Behandlungstechnik alle Probleme zu lösen vermag. Insofern ist eine ausreichende Selbsterfahrung eine dringend notwendige Voraussetzung für eine selbst- und methodenkritische Haltung, die therapeutisches Handeln auf seinen Nutzen für die Patienten reflektiert.

Nach Kazdin (1994) ist zwar der Fortschritt in der empirischen Untersuchung von psychotherapeutischen Behandlungsmethoden für Kinder und Jugendliche beachtlich, andererseits hinkt die Qualität und Breite der Ausbildung deutlich hinterher. Insofern herrscht nicht nur eine Kluft zwischen Forschung und Praxis (Stricker u. Kreisner 1985), sondern auch zwischen der Vielfalt therapeutischer Settings und ihrer Umsetzung in die Praxis.

In einer Untersuchung von Silver u. Silver (1983) wurden Mitglieder der American Academy of Child Psychiatry hinsichtlich ihres therapeutischen Handelns befragt. Ein Viertel der Angeschriebenen antwortete und nannte Einzeltherapien als die Methode der ersten Wahl bei 16 von 24 Diagnosen. Bei 6 Störungsbildern wurden Psychopharmaka als primäre Methode eingesetzt, hingegen nur einmal Familientherapie bzw. Verhaltenstherapie. Als zweites ergänzendes Verfahren tauchte die Familientherapie 14-mal und als drittes Verfahren 6-mal auf. Verhaltenstherapie wurde vor allem bei folgenden Diagnosen genannt: hyperkinetisches Syndrom, Störung des Sozialverhaltens, tiefgreifende Entwicklungsstörungen, geistige Behinderung und Essstörungen. Psychodynamisch orientierte Methoden wurden vor allem bei Angststörungen, Persönlichkeitsstörungen und affektiven Störungen als zuerst gewählte Therapiemethode aufgeführt. Diese Daten zur Behandlungsrealität lassen verschiedene Schlussfolgerungen zu: Zum einen haben empirisch erfolgreich evaluierte Behandlungsansätze bislang nur eine geringe Anwendung und Akzeptanz in der Praxis gefunden, da besonders für Angststörungen und Persönlichkeitsstörungen sehr effektive behaviorale Therapiemethoden vorliegen, hier jedoch überwiegend psychodynamisch orientierte Verfahren angewandt werden. Andererseits bildet das bisherige Forschungsinteresse mit Schwerpunkt auf experimentellen bzw. quasi experimentellen Designs zur Überprüfung von Effekten kurzfristiger, überwiegend behavioraler und kognitiver Interventionen nicht die gängige Therapiepraxis ab (Heinecke u. Ramsey-Klee 1986). Mit anderen Worten, die klinische Relevanz der bisherigen empirischen Forschung müsste durch die Einbeziehung anderer Behandlungsansätze mit intensiven und langfristigen Interventionen unter Berücksichtigung von Langzeiteffekten erhöht werden. Der aktuelle geringe Forschungsstand lässt sich darauf zurückführen, dass psychodynamisch ausgerichtete Therapien einer empirischen Überprüfung schwerer zugänglich sind als behaviorale und dass Vertreter der Verhaltenstherapie überwiegend aus dem akademischen Bereich stammen, der Therapieevaluation betreibt (Barrnett et al. 1991). Dennoch muss es verwundern, dass eine empirisch überwiegend als weniger effektiv eingestufte Therapiemethode eine deutlich breitere Anwendung findet als die empirisch überlegene und darüber hinaus noch eine in der Öffentlichkeit stärkere Anerkennung und Akzeptanz genießt: Während die Praktiker empirisch weniger erfolgreiche Methoden häufiger anwenden, untersuchen die Wissenschaftler nicht die in der therapeutischen Praxis am häufigsten vertretenen Methoden.

Diese Kritikpunkte verdeutlichen, dass eine grundlegende Änderung der klinischen Praxis nur dann erfolgen kann, wenn weitgehende Veränderungen in der Therapieausbildung eintreten. Es hat sich als notwendig erwiesen, bei Bewertungen einer Behandlungsform spezifische Kriterien anzuwenden und die Wirkung verschiedener Techniken in Bezug auf alternative, klinische Probleme, Patienten- und Therapeutenmerkmale und andere Faktoren, die das Ergebnis beeinflussen können, im Sinne einer Qualitätskontrolle zu untersuchen (Döpfner u. Lehmkuhl 1993).

Entsprechend sollten in der Psychotherapieausbildung Grundprinzipien und Methodenvielfalt vermittelt werden, wobei dies durchaus auf dem Boden einer eindeutigen therapeutischen Grundorientierung geschehen kann. Ausgehend von diesen Grundkenntnissen sind dann die Ergebnisse einer multiplen Diagnostik zu gewichten und differenzielle Therapieindikationsstellungen vorzunehmen.

Wenn ein stärkerer Transfer von der empirischen Therapieforschung in die Praxis hinein erfolgen soll, dann gelingt dies nur, wenn Therapeuten bereit sind, ausgehend von einer breiten Grundausbildung, besondere Kenntnisse in speziellen symptom- oder themenorientierten Behandlungsbausteinen dazuzulernen. Diese Aufgabe stellt sich sowohl verhaltenstherapeutisch als auch psychodynamisch ausgerichteten Therapeuten gleichermaßen und setzt voraus, dass sich das therapeutische Vorgehen in dem Maße ergänzt und wandelt, wie neue Erkenntnisse über die Effizienz störungsspezifischer Ansätze hinzukommen. Hierdurch wird es möglich, den Therapieprozess und die Wirkfaktoren besser den störungsspezifischen Notwendigkeiten anzunähern. Ein solches Vorgehen wird darüber hinaus langfristig zu einer stärkeren Differenzierung innerhalb der verschiedenen schulenspezifischen Vorgehensweisen führen und damit zu einer Konvergenz von störungsspezifischen Behandlungsansätzen.

Therapieforschung sollte deshalb neben Effektivitätsstudien in zunehmendem Maße auch Studien zur Überprüfung der klinischen Effizienz (effectiveness) einschließen (Döpfner u. Lehmkuhl 2002). So könnte überprüft werden, ob oder unter welchen Bedingungen der Transfer der als effektiv erwiesenen Methoden in die klinische Routine gelangen kann und welche Formen der Qualitätssicherung (Lambert 2001) nötig sind, um eine effiziente Versorgung zu gewährleisten. Darüber hinaus sind Kosten-Nutzen-Analysen notwendig, um die Durchführung und die Indikation von Psychotherapien auch unter ökonomischen Aspekten zu optimieren. Eine differenzielle Indikationsstellung wird sich erst dann auf eine empirische Grundlage stützen können, wenn der von Kazdin (2003) beklagte Mangel behoben sein wird, dass die meisten klinisch angewandten Behandlungsansätze empirisch bislang nicht evaluiert sind und evidenzbasierte Verfahren ihren Weg in die klinische Anwendung nur ungenügend erfahren haben. Es gilt, diese Lücke im Interesse adäquater Behandlungsstrategien zu schließen.

Zusammenfassung

Untersuchungen zur relativen Wirksamkeit verschiedener Interventionstechniken für unterschiedliche Störungsbilder führten bislang zu heterogenen Ergebnissen. Aus diesen Gründen ist eine differenzielle Indikationsstellung aufgrund empirischer Grundlagen z. Z. kaum möglich. Übereinstimmend wird jedoch die Entwicklung eines differenzierten individuellen Behandlungsplanes gefordert, der störungsspezifisch und multimodal, d. h. schulenübergreifend und integrierend zusammengesetzt sein sollte. Nach Kadzin variieren die eingesetzten Techniken innerhalb und zwischen alternativen Konzepten, ja nachdem, wer in die Therapie kommt (Kind, Eltern, Familie), dem therapeutischen Fokus (Affekte, kognitives Verhalten) und dem Rahmen (Praxis, Klinik, Schule, Zuhause), in dem die Psychotherapie stattfindet. Entsprechend werden zunehmend verschiedene Therapiebausteine und Vorgehensweisen schulenübergreifend in ein Behandlungskonzept integriert.

Die methodischen Herausforderungen liegen dabei nicht in der Entwicklung spezifischer Interventionsmodule, sondern in einer ausreichenden Differenzierung nach Schweregrad, Komorbidität, Alter, multifaktorieller Ätiologie und sozialen Einflussfaktoren. In Zukunft werden differenzielle Therapiekonzepte sich an Leitlinien zur Diagnostik und Therapie kinder- und jugendpsychiatrischer Störungen zu orientieren haben, wobei eine Hierarchie der Behandlungsschritte überlegt und geplant werden sollte.

Generell haben Metaanalysen zur Wirksamkeit einzelner Therapieverfahren eine größere Effinzienz der behavioralen Methoden gegenüber den psychodynamisch orientierten Ansätzen erbracht. Andererseits bereichern dynamische Konzepte unser Verständnis für intrapsychische und interaktionelle Prozesse. Kritisch ist anzumerken, dass die Qualität und Breite der Ausbildung deutlich den empirischen Erkenntnissen über psychotherapeutische Behandlungsmethoden für Kinder und Jugendliche hinterherhinkt. Ziel sollte sein, den Therapieprozess und die Wirkfaktoren besser den störungsspezifischen Notwendigkeiten anzunähern, einen stärkeren Transfer von der empirischen Therapieforschung in die Praxis hinein zu erreichen und eine breitere psychotherapeutische Grundausbildung anzubieten mit Kenntnissen in speziellen symptom- oder themenorientierten Behandlungsbausteinen.

Literatur

Barrnett JR, Docherty IP, Frommelt GM. A review on child psychotherapy research since 1963. J Am Acad Child Adolesc Psychiat. 1991;30:1-14.

Baving L, Schmidt MH. Evaluierte Behandlungsansätze in der Kinder- und Jugendpsychiatrie. Z Kinder-Jugendpsychiat u Psochoth 2001;3:29.

Beitchman JG, Inglis A, Schachter D. Child psychiatry and early intervention: I. The aggregate burden of suffering. Can J Psychiat. 1992a;37:230-3.

Beitchman JH, Inglis A, Schachter D. Child psychiatry and early intervention: IV. The externalizing disorders. Can J Psychiat. 1992b;37:245-9.

Beitchman JH, Ingliss A, Schachter D. Child psychiatry and early intervention: II. The internalizing disorders. Can J Psychiat. 1992c;37:234-9.

Bossert S, Schnabel E, Krieg JC, Molitor P, Kemper G, Berger M. Integratives stationär-ambulantes Therapiekonzept bei Patienten mit Anorexia nervosa: ein revidierter Therapieansatz. Psychother Med Psychol. 1987;37:331-6.

Casey RJ, Berman JL. The outcome of psychotherapy with children. Psychol Bull. 1985;98:388-400.

Cox A, Hemsley R, Dare Ch. A comparison of individual and family approaches to initial assessment. Eur Child Adolesc Psychiat. 1995;4:94-101.

Dodge, KA. The structure and function of reactive and proactive aggression. In: Pepler DJ, Rubin KH, eds. The development and treatment of childhood aggression. Hillsdale: Erlbaum; 1991.

Döpfner M. Verhaltenstherapie mit Kindern und Jugendlichen – Konzepte, Ergebnisse und Perspektiven der Therapieforschung. In: Petermann F, Hrsg. Kinderverhaltenstherapie. Hohengehren: Schneider; 1997.

Döpfner M, Lehmkuhl G. Zur Notwendigkeit von Qualitätsstandards in der Kinder- und Jugendpsychiatrie. Z Kinder- Jugendpsychiat. 1993;21:188-93.

Döpfner M, Lehmkuhl G. Von der kategorialen zur dimensionalen Diagnostik. Prax Kinderpsychol Kinderpsychiat. 1997;46:519-47.

Döpfner M, Lehmkuhl G. Die Wirksamkeit von Kinder- und Jugendlichenpsychotherapie. Psychologische Rundschau. 2002;53:184-93.

Durlak JA, Fuhrman T, Lampman C. Effectiveness of cognitive-behavior therapy for maladapting children: A meta-analysis. Psychol Bull. 1991;110:204-14.

Dush DM, Hirt ML, Schroeder HE. Self-statement modification in the treatment of child behavior disorders: A meta-analysis. Psychol Bull. 1989;106:97-106.

Feindler EL. Ideal treatment pachage for children and adolescents with anger disorders. In: Kassinove, ed. Anger Disorders. Washington: Taylor u. Francis; 1995.

Fonagy P, Moran GS. Studies on the efficacy of child psychoanalysis. J Consult Clin Psychol. 1990;58:684-95.

Fonagy P, Target M. The efficacy of psychoanalysis for children with disruptive disorders. J Am Acad Child Adolesc Psychiat. 1994;33:45-55.

Fonagy P, Target M. Kinderpsychotherapie und Kinderanalyse in der Entwicklungsperspektive: Implikationen für die therapeutische Arbeit. Kinderanalyse. 1995;3:150-86.

Graham P. Child psychiatry and psychotherapy. J Child Psychol Psychiat. 1974;15:59-66.

Grawe K, Donati R, Bernauer F. Psychotherapie im Wandel. Von der Konfession zur Profession. Göttingen: Hogrefe; 1994.

Grawe K. Grundriß einer allgemeinen Psychotherapie. Psychotherapeut. 1995;40:130-45.

Hechtman L. Aims and methodological problems in multimodal treatment studies. Can J Psychiat. 1993;38:458-64.

Heinecke CM, Ramsey-Klee DM. Outcome of child psychotherapy as a function of frequency of session. J Am Acad Child Psychol. 1986;25:247-53.
Kanfer FH. Wissenschaftliche Grundlagen der Psychotherapie. In: Senf W, Brode M, Hrsg. Praxis der Psychotherapie. Ein integratives Lehrbuch der Psychoanalyse und Verhaltenstherapie. Stuttgart: Thieme; 1996.
Kazdin AE. Psychotherapie mit Kindern und Jugendlichen. Psychotherapeut. 1984;39:345-52.
Kazdin AE. Psychotherapy for children and adolescence. Annu Rev Psychol. 2003;54:253-76.
Kazdin AE, Brass D, Ayers WA, Rodgers A. Empirical and clinical focus of child and adolescent psychotherapy research. J Consult Clin Psychol. 1990;58:729-40
Kernberg PF, Chazan SE. Children with conduct disordres: A psychotherapy manual. New York: Basic Books: 1991.
Kolvin J, Garside RF, Nicol AR, MacMillan A, Wolstenhome F, Leitch JM. Help starts here: The maladjusted child in the ordinary school. London: Tavistock; 1981.
Kottje-Birnbacher K, Birnbacher D. Ethische Aspekte der Psychotherapie und Konsequenzen für die Therapeutenausbildung. Psychotherapeut. 1995;40:59-68.
Lambert M. Psychotherapy outcome and quality improvement: introduction to the special section on patient-focused research. J Consult Clin Psychol. 2001;69:147-9.
Lehmkuhl G, Lehmkuhl U, Döpfner M. Psychotherapie mit Jugendlichen. Z Kinder- Jugendpsychiat. 1992;20:169-84.
Lehmkuhl G, Döpfner M. Psychotherapeutische Konzepte in der Kinder- und Jugendpsychiatrie. In: Mundt CH, Linden M, Barnett W, Hrsg. Psychotherapie in der Psychiatrie. Wien: Springer; 1997.
Lewinsohn PM, Clarke Gn, Hops H, Andrews J. Cognitive behavioral treatment for depressed adolescents. Behav Ther. 1990;21:385-401.
Lindenbaum S, Clark D. Toward an integrative approach to psychotherapy with children. Am J Orthopsychiat. 1983;53:449-59.
Lovaas OJ. Behavioral treatment and normal educational, intellectual functioning in young autistic children. J Consult Clin Psychol. 1987;55:3-9.
Mann BJ, Borduin CM. A critical review of psychotherapy outcome studies with adolescents: 1978-1988. Adolescence. 1991;26:505-41.
Patterson GR, Chamberlain P, Reid J. A comparative evaluation of a parent training program. Behav Ther. 1982;13:638-50.
Patterson GR, DeBaryshe BD, Ramsey E. A developmental perspective on antisocial behavior. Am Psychol. 1989;44:329-35.
Patterson GR, Capaldi D, Bank L. An early starter model for predicting delinquency. In: Pepler DJ, Rubin KH, eds. The development and treatment of childhood aggression. Hillsdale: Eilbaum; 1991.
Remschmidt H, Hrsg. Psychotherapie im Kindes- und Jugendalter. Stuttgart: Thieme; 1997.
Shapiro T, Esman A. Psychoanalysis and child and adolescent psychiatry. J Am Acad Child Adolesc Psychiat. 1992;31:6-13.
Shirk SR, Russell RL. A reevaluation of estimates of child therapy effectivenesse. J Am Acad Child Adol Psychiat. 1992;31:703-10.
Silver LG, Silver BJ. Clinical practice of child psychiatry: A survey. J Am Acad Child Adol Psychiat 1983;22:573-9.
Stricker G, Kreisner RH. From research to clinical practice: The implications of social and development research for psychotherapy. New York: Plenum Press; 1985.
Target M, Fonagy P. Efficacy of psychoanalysis for children with emotional disorders. J Am Med Child Adol Psychiat. 1994a;33:361-71.
Target M, Fonagy P. The efficacy of psychoanalysis for children: Prediction of outcome in a developmental context. J Am Med Child Adol Psychiat. 1994b;33:1134-44.
Tschuschke V, Kächele H, Hölzer M. Gibt es unterschiedlich effektive Formen von Psychotherapie? Psychotherapeut. 1994;39:281-97.
Warnke A, Beck N. Störungsspezifische Psychotherapie in der Kinder- und Jugendpsychiatrie. Z Kinder- Jugendpsychiat Psychother. 1998;26:197-210.
Weisz, JR, Weiss B, Alicke MD, Klotz ML. Effectiveness of psychotherapy with children and adolescents: A meta-analysis for clinicans. J Consult Clin Psychol. 1987;55:542-9.
Weisz JR, Weiss B, Han SS, Granger DA, Morton T. Effects of psychotherapy with children and adolescents revisited: A meta-analysis of treatment outcome studies. Psychol Bull. 1995;117:450-68.

Prüfungsfragen

1. Was versteht man unter multimodalen Therapien?
2. Was erschwert z. Z. sichere Aussagen über die relevante Wirksamkeit verschiedener therapeutischer Interventionen?
3. Welche Ergebnisse erbrachten die Metaanalysen zur Wirksamkeit von behavioralen, nicht-behavioralen und kombinierten Therapieverfahren?
4. Geben Sie ein Beispiel für störungsspezifisches und differenzielles Therapievorgehen.
5. Was erschwert häufig die Anwendbarkeit multimodaler Behandlungsprogramme?
6. Welche Funktionen kommen den Leitlinien zur Therapie kinder- und jugendpsychiatrischer Störungen zu?
7. Welchen unterschiedlichen theoretischen Rahmen nehmen psychodynamische bzw. tiefenpsychologische Konzepte ein?
8. Bestehen Unterschiede hinsichtlich der Effektivität von psychodynamischen Therapieansätzen zwischen Erwachsenen und Kindern bzw. Jugendlichen?
9. Wann besteht ein sogenannter Sleeper-Effekt?
10. Welche Orientierungspunkte lassen sich für die Wahl des therapeutischen Vorgehens finden?

VI Forensische Fragen

40 Gerichtspsychologische Begutachtung

G. Niebergall und H. Remschmidt

Einleitung

Psychologische Sachverständigengutachten werden für sehr verschiedene Fragestellungen erstattet. Auftraggeber dafür sind z.B. Gerichte und Staatsanwaltschaften, Versicherungen (Unfall- und Rentenversicherungen), überörtliche Sozialhilfeträger (für Maßnahmen im Rahmen des Bundessozialhilfegesetzes, BSHG), Jugendämter (im Rahmen des Kinder- und Jugendhilfegesetzes, KJHG), Krankenkassen und Behörden.

Um diesen Aufgaben gerecht zu werden, sind besondere Anforderungen an die Kompetenz der Gutachtenerstatter zu stellen. Im Rahmen der Weiterbildungsordnung für den Facharzttitel „Arzt für Kinder- und Jugendpsychiatrie" ist ein obligatorischer Teil der Erwerb von Kenntnissen und Erfahrungen bei der Erstellung von Sachverständigengutachten für die oben genannten Auftraggeber. In der Postgraduierten-Ausbildung zur Approbation „psychologischer Psychotherapeut" (seit dem 1.1.1999) müssen vergleichbare Kenntnisse nicht nachgewiesen werden. Seit dem 18.11.1995 existiert jedoch eine „Ordnung für Weiterbildung in Rechtspsychologie der Föderation Deutscher Psychologenvereinigungen". Die erfolgreiche Teilnahme an einem Weiterbildungsprogramm – in einem zeitlichen Umfang von 375 Stunden – wird zertifiziert. Damit werden die Teilnehmenden als „Fachpsychologin/Fachpsychologe für Rechtspsychologie" der o.g. Föderation anerkannt. (Informationen darüber sind z.B. durch den „Berufsverband Deutscher Psychologinnen und Psychologen [BDP] e. V." mit Sitz in Köln erhältlich). In Übereinstimmung mit dieser Weiterbildungsordnung sollte nach den Erfahrungen der Autoren dieses Kapitels die **Kompetenz der psychologischen Gutachter** auf folgenden Bestandteilen sowie praktischen und theoretischen Kenntnissen beruhen:

Universitäre Ausbildung zum Diplompsychologen, Erwerb der Qualifikation „klinischer Psychologe" bzw. Approbation als „psychologischer Psychotherapeut", umfassende Kenntnisse der psychologischen Diagnostik im Rahmen klinisch-psychiatrischer Tätigkeiten. Dieses Qualifikationsmerkmal beinhaltet fundierte Kenntnisse und Erfahrungen der Theorie und praktischen Durchführung, Auswertung und Interpretation von testdiagnostischen Methoden, Explorations- und Interviewtechniken. Erforderlich sind selbstverständlich auch relevante Rechts- und Gesetzeskenntnisse.

In diesem Kapitel werden Aspekte bei der psychologischen Begutachtung dargestellt, die im Rahmen von Gerichtsverfahren (Zivilrecht, öffentliches Recht, Strafrecht), insbesondere von Strafprozessen (Schuldfähigkeit der Angeklagten, Glaubwürdigkeit von Zeugen) eine Bedeutung haben.

Dabei machen wir das auch sonst praktizierte Prinzip zur Grundlage, dass klinisch-psychologische und kinder- und jugendpsychiatrische Komponenten gleichermaßen berücksichtigt und in der Regel zu einer einheitlichen Aussage bei der Beantwortung des Gutachtenauftrags integriert werden sollten (Niebergall u. Remschmidt 1997).

Die Rechtsstellung des Sachverständigen und seine Aufgaben

Nach der **Strafprozessordnung** (§ 73 StPO) erfolgt „die Auswahl der hinzuzuziehenden Sachverständigen und die Bestimmung ihrer Anzahl ... durch den Richter." Einem Richter obliegt es, z.B. eine Wahl zwischen einem psychologischen und psychiatrischen Sachverständigen zu treffen.

Der vom Gericht oder der Staatsanwaltschaft beauftragte Sachverständige übt immer eine „Gehilfenfunktion" aus. Die in gerichtlichen Verfahren auftretenden Sachverständigen sind „Hilfsmittel" für das Gericht zur Beurteilung von Tatsachenkomplexen, insbesondere aufgrund von Erfahrungssätzen; sie vermitteln dem Richter die ihm fehlende Sachkunde. Die Würdigung des schriftlichen und mündlichen Gutachtens und die aus ihm für die Sachentscheidung zu ziehenden Schlussfolgerungen bleiben dagegen dem Gericht vorbehalten.

Die gesetzlichen Voraussetzungen für die Heranziehung eines Sachverständigen im Zivilrecht sind in der **Zivilprozessordnung** (ZPO) in den §§ 404–411 geregelt. Weitere Bestimmungen, insbesondere solche, die sich auf das öffentliche Recht beziehen, finden sich im **Sozialgesetzbuch** (SGB) und im **Kinder- und Jugendhilfegesetz** (KJHG). Im Hinblick auf das Strafrecht sind die entsprechenden gesetzlichen Bestimmungen in der Strafprozessordnung (StPO; §§ 72–93) festgelegt.

Das **Zivilrecht** regelt die Rechtsbeziehungen zwischen den einzelnen gleichgeordneten Rechtunterworfenen. In diesen Bereich gehören z. B. die Rechtsbeziehungen zwischen Eltern und Kindern, zwischen den Eltern sowie zwischen Arzt bzw. Psychologe und Patient, die in entsprechenden Gesetzen bzw. Rechtsbereichen geregelt sind (z. B. Familienrecht, Vormundschaftsrecht).

Das **öffentliche Recht** beschäftigt sich mit dem Verhältnis von Staat und Bürger und ist in diesem Sinne zuständig z. B. für die öffentliche Erziehung, den Schutz der Jugend in der Öffentlichkeit sowie für staatliche und kommunale Sachleistungen (Schüler-Springorum 1988).

Das **Strafrecht** hat sich als eigenes Rechtsgebiet herausentwickelt, obwohl es, wie das öffentliche Recht, durchaus auch das Verhältnis von Staat und Bürger zum Gegenstand hat, allerdings im Hinblick auf verbotene Handlungen, die gerichtlich geahndet werden. Für das Kindes- und Jugendalter gelten hier das Jugendgerichtsgesetz (JGG) sowie auch entsprechende Bestimmungen des Strafgesetzbuches (StGB).

Nach beiden Prozessordnungen (StPO und ZPO) ist ein Sachverständiger verpflichtet, ein Gutachten zu erstatten, er kann jedoch von seinem Gutachtenverweigerungsrecht Gebrauch machen aus denselben Gründen, „die einen Zeugen berechtigen, das Zeugnis zu verweigern" (§ 76 StPO). Unter bestimmten Voraussetzungen kann er auch „aus denselben Gründen, die zur Ablehnung eines Richters berechtigen, abgelehnt werden" (§ 74 StPO). Zur Gutachtenerstellung ist verpflichtet, wer „die Wissenschaft, die Kunst oder das Gewerbe, deren Kenntnis Voraussetzung der Begutachtung ist, öffentlich zum Erwerb ausübt oder wenn er zu ihrer Ausübung öffentlich bestellt oder ermächtigt ist."

Die Rechtsstellung von Kindern und Jugendlichen auf verschiedenen Altersstufen

Der Begriff „Kind" wird in der Rechtsordnung nicht einheitlich verwandt. Im Folgenden werden Personen unter 14 Jahren als Kinder bezeichnet.

Jugendlicher ist, wer über 14, aber noch nicht 18 Jahre alt ist.

Bereits vor dem 18. Lebensjahr besteht eine Reihe von Teilmündigkeiten, die ein kontinuierliches Hineinwachsen des Kindes bzw. Jugendlichen in die Rechtsordnung festlegen.

Kinder, die jünger sind als 14 Jahre, sind strafrechtlich nicht verantwortlich. Bei Begehen inkriminierter Handlungen werden sie nach den Bestimmungen des Kinder- und Jugendhilfegesetzes (KJHG) und nicht nach denen des Jugendgerichtsgesetzes behandelt.

Wesentlich ist der Schutz- und Erziehungsanspruch für Kinder, der in § 1 des KJHG definiert ist: „Jeder junge Mensch hat ein Recht auf Förderung seiner Entwicklung und auf Erziehung zu einer eigenverantwortlichen und gemeinschaftsfähigen Persönlichkeit."

Fast alle gesetzlichen Bestimmungen enthalten so genannte **unbestimmte Rechtsbegriffe**, die durch Kommentare, wissenschaftliche Diskussionen und die höchstrichterliche Rechtsprechung ausgelegt und präzisiert werden. Ihr rechtlicher Bedeutungsgehalt deckt sich häufig nicht mit dem allgemeinen Sprachgebrauch oder der psychologischen und medizinischen Terminologie. Es empfiehlt sich, vor der Abgabe von Gutachten sich jeweils der rechtlichen Bedeutung dieser Begriffe zu vergewissern. Meist werden hierzu juristische Kommentare benötigt.

Gutachterliche Fragestellungen im Strafrecht

Allgemeine Gesichtspunkte

Das am 16.2.1923 in Kraft getretene und oft veränderte **Jugendgerichtsgesetz** ist seiner Funktion nach zwischen Jugendhilferecht und Strafrecht angesiedelt und stellt den Erziehungsgedanken in den Mittelpunkt. Das Jugendstrafrecht ist also nicht nur ein „Täterstrafrecht", sondern auch ein „Erziehungsstrafrecht". Es ist ein „Täterstrafrecht", weil in ihm Art und Gewicht der strafrechtlichen Reaktionen nicht so sehr durch die Tat als vielmehr durch die Persönlichkeit des Täters bestimmt werden. Es ist „Erziehungsstrafrecht", weil in ihm **„Erziehungsmaßnahmen und Zuchtmittel"** die Strafe in weitem Umfang ersetzen und weil auch die Sühne oder Strafe selbst, soweit für sie noch Raum bleibt, in Voraussetzungen, Dauer und Inhalt wesentlich stärker als im allgemeinen Strafrecht auf den Zweck einer erzieherischen Resozialisierung des Täters ausgerichtet ist (Schaffstein 1977).

Eine wichtige Funktion im Gerichtsverfahren übernehmen dabei Vertreter der Jugendgerichtshilfe, auch bei der „Erforschung der Persönlichkeit" (§ 38 JGG).

Bei der **Begutachtung von Jugendlichen und Heranwachsenden** (Altersgruppe der 18- bis 21-Jährigen) in einem Strafverfahren sind nicht nur Aussagen darüber zu machen, ob eine krankhafte psychische Störung vorgelegen hat. Vielmehr stellt sich immer gleichzeitig die Frage, ob die psychische Entwicklung norm- und zeitgerecht verläuft oder ob z. B. nach entwicklungspsychologischen Kriterien die Entwicklung der Persönlichkeit des Jugendlichen soweit retardiert ist, dass dies forensisch berücksichtigt werden muss. Die hierfür relevanten Rechtsvorschriften sind die §§ 3 und 105 JGG.

Die **entwicklungspsychologischen Gesichtspunkte** zeigen, dass Kinder und Jugendliche schrittweise in unsere Rechtsordnung hineinwachsen. Bei diesem Prozess müssen Verhaltensweisen erlernt werden, die nicht mit dem Gesetz in Konflikt stehen. Nach Ergebnissen der Dunkelfeldforschung (Remschmidt et al. 1975) begehen fast alle Kinder und Jugendlichen während ihrer Entwicklung Straftaten. Bei der ganz überwiegenden Mehrzahl kommt es aber mit zunehmender moralischer Entwicklung zu verantwortlichem Verhalten und damit zur Gesetzeskonformität. Im Rahmen der Normgenese und der moralischen Entwicklung kann es allerdings auch zu Verzögerungen kommen, die bei der strafrechtlichen Beurteilung der Rechtsbrecher berücksichtigt werden müssen.

Der im JGG niedergelegte Erziehungsgedanke verlangt deshalb, dass der forensische Gutachter in der Lage sein muss, dem Gericht den Entwicklungsstand und die Entwicklungsprognose zu verdeutlichen. Dies betrifft einerseits die strafrechtliche Verantwortlichkeit (§ 3 JGG), andererseits die Festlegung von Maßnahmen, die pädagogische Wirkungen erzielen sollen.

Begutachtung der Verantwortlichkeit gem. § 3 JGG

Kinder, die das 14. Lebensjahr noch nicht vollendet haben, sind strafrechtlich nicht verantwortlich. Für Jugendliche besteht nach § 3 JGG ein Schuldausschließungsgrund, d. h., sie können als relativ strafmündig bezeichnet werden. § 3 JGG lautet: „Ein Jugendlicher ist strafrechtlich verantwortlich, wenn er zur Zeit der Tat nach seiner sittlichen und geistigen Entwicklung reif genug ist, das Unrecht der Tat einzusehen und nach dieser Einsicht zu handeln. Zur Erziehung eines Jugendlichen, der mangels Reife strafrechtlich nicht verantwortlich ist, kann der Richter dieselben Maßnahmen anordnen wie der Vormundschaftsrichter."

Die **strafrechtliche Verantwortlichkeit** gem. § 3 JGG ist für jeden anhängigen Fall sorgfältig zu prüfen und ist positiv vom Gericht festzustellen. Es muss geprüft werden, ob zum Zeitpunkt der Tat die Reife zur Einsicht vorhanden war und auch die Reife, gemäß dieser Einsicht zu handeln.

Die **Einsichtsfähigkeit** nach § 3 JGG setzt einen Entwicklungsstand voraus, der den Jugendlichen zu der Erkenntnis befähigt, dass seine Handlung mit einem friedlichen Zusammenleben der Menschen unvereinbar ist und deshalb von der Rechtsordnung nicht geduldet werden kann. Dazu gehört nicht nur ein intellektuelles Vermögen (**Verstandesreife**), sondern auch eine Ausbildung der sittlichen Wertvorstellungen (**ethische Reife**). Vom Jugendlichen muss der Unrechtscharakter der konkreten Handlung zutreffend beurteilt werden können. Es muss bei ihm die

Erkenntnis ausgebildet sein, dass die Handlung vom Recht missbilligt wird; nicht verlangt wird die Kenntnis der Strafgesetze. Bei der Beurteilung der Einsichtsfähigkeit geht es also ausdrücklich nicht darum, ob der straffällige Jugendliche zur Zeit der Tat einem körperlich und geistig durchschnittlich entwickelten Jugendlichen entsprach, sondern darum, ob er bei der ihm vorgeworfenen Handlung reif genug zur Einsicht war, und reif genug, entsprechend dieser Einsicht zu handeln.

Für die häufigsten inkriminierten Straftaten Jugendlicher wie Eigentumsdelikte oder aggressive Handlungen wird man in der Regel die Einsichtfähigkeit bejahen können, wenn die verstandesmäßigen Voraussetzungen für das Erkennen des Unrechtsgehalts der Tat vorhanden sind. Nur bei Deliktformen, wie z.B. Hehlerei, die für jüngere Jugendliche schwerer zu durchschauen sind, wird man im Einzelfall zu einer negativen Beurteilung kommen.

Neben der **Einsichtsfähigkeit** ist nach § 3 JGG die **Handlungsfähigkeit** zu beurteilen.

Einige Jugendliche sind in ihrer sozialen Reife noch nicht so weit entwickelt, dass sie in der Lage wären, trotz Einsicht in das Unrecht ihres Tuns entsprechend zu handeln bzw. inkriminierte Handlungen zu unterlassen. Es handelt sich hierbei weniger um psychopathologische Zustandsbilder als vielmehr darum, zu beurteilen, ob zum Zeitpunkt der Tat Einflüsse auf den Jugendlichen einwirkten, die es ihm unmöglich machten, gemäß seiner Einsicht zu handeln. Konfliktsituationen, die ein Jugendlicher nicht lösen kann und die seine Handlungsfähigkeit in Frage stellen, entstehen z.B. bei der Delinquenz in einer Gruppe, aus der der Jugendliche sich nicht lösen kann oder in der er wichtige emotionale Bindungen hat, oder bei Delikten, die Jugendliche zusammen mit Autoritätspersonen verüben (Vater, älterer Bruder). Solche besonderen Tatumstände können dazu führen, dass zwar die Einsichtsfähigkeit gem. § 3 JGG vorhanden war, aber die Handlungsfähigkeit verneint werden muss.

Eine generelle Schwierigkeit bei der Beurteilung nach § 3 JGG ist bezüglich der Reifebeurteilung zu bewältigen: Untersuchungszeit und Tatzeit sind nicht identisch. Außerdem fehlen objektive, allgemeinverbindliche diagnostische Kriterien zur Erfassung der Reife.

Weiter ist die **Konkurrenz zwischen § 3 JGG und § 20 StGB** zu berücksichtigen. Beide Bestimmungen gleichen sich insofern, als sie die strafrechtliche Verantwortlichkeit an die Voraussetzung der Einsichtsfähigkeit und der Handlungsfähigkeit knüpfen. Liegt eine psychische Retardierung vor, die als Folge eines noch nicht abgeschlossenen Entwicklungsprozesses verstanden werden kann, und ist eine Nachreifung zu erwarten, so ist § 3 JGG anzuwenden. Hingegen sollen eine Schuldunfähigkeit oder eine erheblich verminderte Schuldfähigkeit (nach §§ 20/21 StGB) angenommen werden, wenn die Retardierung, z. B. Schwachsinn, die Folge pathologischer Ursachen ist und keine oder nur eine mangelhafte Nachreifung erwartet werden kann.

Begutachtung zur Frage der Anwendung von Jugendstrafrecht auf Heranwachsende (§ 105 JGG)

§ 105 JGG lautet:

1. „Begeht ein Heranwachsender eine Verfehlung, die nach den allgemeinen Vorschriften mit Strafe bedroht ist, so wendet der Richter die für einen Jugendlichen geltenden Vorschriften der §§ 4 bis 8, § 9 Nr. 1, §§ 10, 11 und 13 bis 32 entsprechend an, wenn
   1) die Gesamtwürdigung der Persönlichkeit des Täters bei Berücksichtigung auch der Umweltbedingungen ergibt, dass er zur Zeit der Tat nach seiner sittlichen und geistigen Entwicklung noch einem Jugendlichen gleichstand oder
   2) es sich nach der Art, den Umständen oder den Beweggründen der Tat um eine Jugendverfehlung handelt. ...
3. Das Höchstmaß der Jugendstrafe für einen Heranwachsenden beträgt 10 Jahre."

Ob ein Heranwachsender nach allgemeinem Strafrecht oder nach Jugendstrafrecht beurteilt wird, muss nach § 105 Abs. 1, Ziffer 1 und 2 JGG entschieden werden. Dies hat für die Betroffenen oft einschneidende Folgen, etwa bei der Höhe der Festsetzung des Strafmaßes, insbesondere bei schwerwiegenden Delikten.

Auf der Grundlage der sog. „Marburger Richtlinien", mit denen der Versuch unternommen wurde, Reifekriterien zu definieren, sowie einer Liste von Lempp (1983), entwickelten Esser et al. (1991) eine **Reifeskala**, die sie empirisch überprüften. Diese Reifeskala stützte sich auf 10 Kriterien:

- Realistische Lebensplanung versus Leben im Augenblick.
- Eigenständigkeit gegenüber den Eltern versus starkes Anlehnungsbedürfnis und Hilflosigkeit.
- Eigenständigkeit gegenüber Peers und Partnern versus starkes Anlehnungsbedürfnis und Hilflosigkeit.
- Ernsthafte versus spielerische Einstellung gegenüber Arbeit und Schule.
- Äußerer Eindruck.
- Realistische Alltagsbewältigung versus Tagträume, abenteuerliches Handeln, Hineinleben in selbsterhöhende Rollen.
- Vorhandensein gleichaltriger oder älterer versus überwiegend jüngerer Freunde.
- Bindungsfähigkeit versus Labilität in den mitmenschlichen Beziehungen oder versus Bindunsschwäche.
- Integration von Eros und Sexus, d.h. sexuelle Kontakte in persönlichen Bindungen.
- Konsistente, berechenbare Stimmungslage versus jugendliche Stimmungswechsel ohne adäquaten Anlass.

Eine empirische Überprüfung dieser Reifeskala ergab 3 voneinander relativ unabhängige Faktoren. Diese wurden folgendermaßen gekennzeichnet: „Die gefundenen Faktoren lassen sich grob als Ausdruck sachbezogener Einstellungen und Verhaltensweisen bzw. personenbezogener Einstellungen und Verhaltensweisen beschreiben, wobei bezüglich des letzteren zwischen Eltern und Partnern einerseits und Fremden andererseits zu unterscheiden war" (Schmidt 1997). Weitere Ergebnisse zeigten, dass die Korrelationen der Reife-Items mit der Intelligenz zwischen .10 und .28 lagen. Die Höhe dieser Korrelationskoeffizienten wird damit interpretiert, dass die „sittliche Reife" von der „geistigen" weitgehend unabhängig ist. Die Autoren betonten ferner, dass psychische Störungen in einem frühen Alter sowie ungünstige soziale Entwicklungsbedingungen den Reifeprozess verzögern.

Doch ist auch mit einem solcherart operationalisierten Vorgehen die Situation bei der Begutachtung der „geistig-sittlichen Reife" nicht befriedigend gelöst (Schmidt 1997).

Auch die mögliche **Prognose** wird man bei der Beurteilung der sittlichen und geistigen Entwicklung eines Heranwachsenden mit berücksichtigen müssen. Kann man davon ausgehen, dass die weitere Entwicklung mehr innere Stabilität, Selbstständigkeit und Reife mit sich bringen wird, so ist dies ebenfalls ein Argument, § 105 JGG anzuwenden.

Ziff. 2 des § 105 JGG, nämlich die Feststellung, ob es sich um eine typische Jugendverfehlung handelt, obliegt zunächst der Beweiswürdigung des Richters. Typische, d.h. auch oft vorkommende Jugendverfehlungen sind z.B. unfugartige Streiche, die Entwendungen von Kraftfahrzeugen zum vorübergehenden eigenen Gebrauch, wenn sie aus jugendlichem Geltungsbedürfnis geschehen, oder auch jugendliche Rauflust. In solchen Fällen wird ein Gutachter selten bemüht. In anderen Fällen ist eine Prüfung der Beweggründe ausschlaggebend. Als Beispiel hierfür gilt die Brandstiftung aus pubertätsbedingten sexuellen Motiven. Eine solche Tat kann somit als Ausdruck der „seelischen Pubertät" angesehen werden. Auch schwere Taten gelten dann mitunter als Jugendverfehlungen.

Die Begutachtungshäufigkeit bei Entscheidungen nach § 105, bezogen auf die abgeurteilten Fälle, beträgt etwa 5% (Eisenberg 1997)

■ Begutachtung zu Fragen der Schuldunfähigkeit (§ 20 StGB) und der verminderten Schuldfähigkeit (§ 21 StGB)

Zu den gesetzlichen Bestimmungen:

§ 20 StGB: „Ohne Schuld handelt, wer bei Begehung der Tat wegen einer krankhaften seelischen Störung, wegen einer tiefgreifenden Bewusstseinsstörung oder wegen Schwachsinns oder einer schweren anderen seelischen Abartigkeit unfähig ist, das Unrecht der Tat einzusehen oder nach dieser Einsicht zu handeln."

§ 21 StGB: „Ist die Fähigkeit des Täters, das Unrecht der Tat einzusehen oder nach dieser Einsicht zu handeln, aus einem der im § 20 bezeichneten Gründe bei Begehung der Tat erheblich vermindert, so kann die Strafe nach § 49 Abs. 1 gemildert werden."

Bei den gutachterlichen Fragestellungen muss zunächst darüber befunden werden, ob die so genannten **„biologischen" Voraussetzungen** gegeben sind. Hierunter versteht man die Feststellung, ob einer der 4 im Gesetz genannten Sachverhalte, nämlich krankhafte seelische Störung, tiefgreifende Bewusstseinsstörung, Schwachsinn oder schwere andere seelische Abartigkeit diagnostiziert werden kann.

Diese 4 Kriterien finden jedoch in der jugendpsychiatrischen Diagnostik keine eindeutige Entsprechung. Die gesetzlichen Begriffe bedürfen deswegen einer näheren Erläuterung:

Unter **krankhafter seelischer Störung** wird zunächst der Formenkreis der endogenen und exogenen Psychosen erfasst. Die Feststellung einer Psychose zum Zeitpunkt der Tat führt regelmäßig zur Schuldunfähigkeit gem. § 20 StGB. Die Folgezustände nach leichten hirnorganischen Schädigungen, wie z. B. das frühkindliche exogene Syndrom, sollen nach Lempp (1983) ebenfalls den krankhaften seelischen Störungen zugeordnet werden.

Strittig ist die Zuordnung des Alkoholrausches. Manche Autoren sehen die Alkoholeinwirkung als eine Form der exogenen Psychose und rechnen sie somit den krankhaften Störungen der Geistestätigkeit zu.

Der gesetzliche Terminus **„tiefgreifende Bewusstseinsstörung"** hat mit dem psychiatrischen Begriff Bewusstseinsstörung nichts gemein. (Die letztere fällt juristisch unter die krankhaften seelischen Störungen.) Vielmehr sind hiermit affektive Ausnahmezustände gemeint. Bei der forensischen Beurteilung ergeben sich außerordentliche Probleme, da bei den meisten, insbesondere den Gewaltdelikten Affekte eine Rolle spielen.

Schwachsinn wird man üblicherweise bei einem Gesamt-IQ von weniger als 70 annehmen. Zu überprüfen sind aber auch hier Täterpersönlichkeit und Art des Delikts in Beziehung zu der vorhandenen Intelligenz.

Unter **andere schwere seelische Abartigkeit** fallen die gravierenden neurotischen Fehlentwicklungen, einschließlich der Abweichungen der psychosexuellen Entwicklung und die Persönlichkeitsstörungen.

Ist die Feststellung über die „biologischen" Voraussetzungen getroffen, so muss der Gutachter darüber befinden, ob aufgrund einer dieser Voraussetzungen der Täter unfähig war, das Unrecht der Tat einzusehen oder nach dieser Einsicht zu handeln (so genannter **„psychologischer Teil" der Begutachtung**). Bei dieser Urteilsbildung muss sich der Sachverständige darüber im Klaren sein, dass der Gesetzgeber grundsätzlich Willensfreiheit unterstellt. Für die Feststellung, ob durch einen vom Gutachter diagnostizierten psychopathologischen Sachverhalt die Einsichtsfähigkeit oder die Handlungsfähigkeit aufgehoben (§ 20 StGB) oder gem. § 21 StGB erheblich vermindert waren, fehlen objektive Kriterien. Oft entsteht die Notwendigkeit, sich auf allgemeine Erfahrungsgrundsätze zu berufen bzw. sich an Konventionen zu halten. Aber auch bei diesen Fragen wird die Entscheidung letztlich durch das Gericht getroffen.

Zum Stellenwert der Psychodiagnostik

In einschlägigen Kommentaren zur strafrechtlichen Verantwortlichkeit (§ 3 JGG), der Einschränkung oder Aufhebung der Schuldfähigkeit (§§ 20, 21 StGB) sowie der geistig-sittlichen Reife Heranwachsender (§ 105 JGG) sind die Präferenzen für psychologische Sachverständige einerseits oder kinder- und jugendpsychiatrische Sachverständige andererseits nicht immer klar festgelegt (vgl. Lackner 1985; Eisenberg 1997). Nach dem von uns praktizierten Vorgehen psychologischer und psychiatrischer Untersuchungen von Kindern und Jugendlichen empfehlen wir, falls möglich, immer bei entsprechenden Fragestellungen Befunde zu erheben, die auf den anerkannten Prinzipien beider Fachsparten beruhen.

Eine Zuordnung von geeigneten **psychodiagnostischen Verfahren** zu Ätiologie, Pathogenese und Beispielen der „biologischen Komponenten" der Schuldfähigkeit (§ 20 StGB) nahmen *Niebergall* und *Remschmidt* 1997 vor (Tab. 40.**1**).

Zum Stellenwert der Psychodiagnostik bei der forensischen Begutachtung von Straftätern ist weiter anzuführen, dass sie die möglichen Fehlerquellen reduzieren kann (vgl. Rasch 1986). Heinz (1982) fand bei der Analyse von Fehlerquellen, dass nicht zuletzt eine mangelhafte Objektivität der Gutachter bei der Beschreibung und Bewertung einer Täterpersönlichkeit zu falschen Ergebnissen hinsichtlich der Beurteilung der Schuldfähigkeit geführt hat. Psychodiagnostische Befunde führen zu einer Objektivierung bei der Erfassung von Persönlichkeitsmerkmalen und der Feststellung der psychologischen Leistungsfähigkeit.

Eine weitere Grundlage sind klinische Gesichtspunkte, die nach der Erfassung psychopathologischer Symptome bei Jugendlichen die Beantwortung der Fragen nach der strafrechtlichen Verantwortlichkeit sowie bei Heranwach-

Tabelle 40.1 Zuordnung von Ätiologie, Pathogenese, psychologische Erfassungsmethoden und Beispielen zu den „biologischen Komponenten" der Schuldfähigkeit in § 20 StGB (in Anlehnung an Lackner [1985] bei juristischen Aspekten), (aus Niebergall u. Remschmidt 1997)

Biologische Komponenten in § 20 StGB	**Ätiologie / Pathogenese**	**Gestörte Funktionen**	**Psychologische Methoden (Testverfahren)**	**Beispiele**
a) „krankhafte seelische Störung"	somatische Ursachen nachgewiesen oder postuliert	- inhaltliches und formales Denken - Gedächtnis - Affekt	- Intelligenztests - neuropsychologische Tests - Persönlichkeitstests (MMPI) Projektive Tests (Rorschach)	endogene und exogene Psychosen, hirnorganischer Krankheitsprozess, frühkindliche Hirnschädigung, Drogen/Alkohol
„tiefgreifende Bewusstseinsstörung	„nicht krankhaft"	- Affekt	- Intelligenztests (Rorschach-Test; MMPI)	hochgradiger Affekt, Erschöpfung, Übermüdung, Hypnose
b) „Schwachsinn"	„nicht krankhaft" nur angeborene oder auf seelischer Fehlentwicklung beruhende Intelligenzschwäche	- Intelligenz	- Intelligenztests	Intelligenzschwächen ohne nachweisbare organische Ursachen
c) „schwere andere seelische Abartigkeit"	erhebliche seelische Fehlanlage oder Fehlentwicklung beeinträchtigen das Willens-, Gefühls- oder Triebleben	- Willen, Motivation - Gefühls- und Triebleben - Persönlichkeit	- Intelligenztests - spezifische Funktionen (Rechnen, Lesen, Rechtschreiben), Persönlichkeitstests - projektive Testverfahren immer: - Explorationsgespräch - Anamnese - Verhaltensbeobachtung - Informationen, Gerichtsakte	Psychopathien (Persönlichkeitsstörungen), Neurosen, Triebstörungen, Taubstummheit, Perversionen, Spielleidenschaft

senden nach dem geistig-sittlichen Entwicklungsstand erleichtern. Eine Hilfe stellt dabei **das 6-axiale Klassifikationsschema für psychische Störungen des Kindes- und Jugendalters** nach ICD 10 der WHO dar (Remschmidt u. Schmidt 1994). Auf der Grundlage dieses Schemas werden auf der 1. Achse „klinisch-psychiatrische Syndrome", auf der 2. Achse „umschriebene Entwicklungsstörungen", auf der 3. Achse das „Intelligenzniveau", auf der 4. Achse die körperliche Symptomatik, auf der 5. Achse aktuelle abnorme psychosoziale Umstände und auf der 6. Achse der Grad der psychosozialen Anpassung klassifiziert.

So wird z. B. bei Jugendlichen mit der Diagnose eines hyperkinetischen Syndroms zu diskutieren sein, wie weit die Betreffenden in der Lage waren, wegen einer möglicherweise vorhandenen gesteigerten Impulsivität zum Tatzeitpunkt ihr Handeln so zu steuern, dass sie entsprechend ihrer Einsicht eine bestimmte Straftat hätten unterlassen können.

Die **Praxis der psychologischen und psychiatrischen Begutachtung** im Hinblick auf die genannten Paragraphen zeigt, dass bei Jugendlichen, besonders, wenn sie bald 18 Jahre alt sind, eine strafrechtliche Verantwortlichkeit im Sinne des § 3 JGG nur sehr selten ausgeschlossen wird. Andererseits kommen Sachverständige kaum zu dem Ergebnis, dass bei Heranwachsenden zum Zeitpunkt der von ihnen verübten Straftaten ein Entwicklungsstand vorhanden war (§ 105 JGG), der nicht mehr dem von Jugendlichen gleichzustellen ist (vgl. Niebergall u. Remschmidt 1997).

Deutlich größer ist die Varianz der Beurteilungen im Hinblick auf die Schuldfähigkeit (§§ 20, 21 StGB). Zwar fanden wir selbst in einer Stichprobe von 150 begutachteten Jugendlichen und Heranwachsenden, die gravierende Straftaten begangen hatten (vornehmlich Tötungs-, Raub- und Körperverletzungsdelikte), nur bei 1,5 % psychopathologische Auffälligkeiten, die zu dem Vorschlag führten, Schuldunfähigkeit zum Zeitpunkt der Tat anzunehmen (es handelte sich um 2 Angeklagte mit einer Schizophrenie). Andererseits wurde bei nahezu 50 % dieser Stichprobe der Vorschlag gemacht, eine verminderte Schuldfähigkeit (§ 21 StGB) anzunehmen.

Gutachterliche Stellungnahme zur Maßnahmenwahl und zur Prognose

Die vom Gericht angeforderte psychologisch-psychiatrische Persönlichkeitsbeurteilung soll die Grundlage für eine optimale Maßnahmenwahl liefern. Dieser Zweck wird nur erreicht, wenn das Sachverständigenurteil über die Persönlichkeitsdiagnose hinaus Aussagen über die Prognose sowie die pädagogische und therapeutische „Ansprechbarkeit" des Probanden enthält, aus denen abzuleiten ist, welche ambulanten oder stationären Maßnahmen dem Ziel der Resozialisierung am effektivsten dienen. Das JGG lässt folgende Reaktionen auf eine Jugendstraftat zu: **Erziehungsmaßregeln, Zuchtmittel** und **Jugendstrafe**. Dabei sollte z. B. geprüft werden, ob eine **heilerzieherische Behandlung** nach § 10 Abs. 2 JGG sinnvoller ist als eine Jugendstrafe (vgl. Focken u. Pfeiffer 1980). Diese ist indiziert, wenn folgende Merkmale und Belastungen vorhanden sind:

Im **familiären Bereich**: fehlende Familienbeziehungen oder vorausgegangene Veränderungen der Familiensituation; erzieherische Diskontinuität (Verwaisung, Scheidung, Adoption usw.).

Im **Bereich der Persönlichkeitsentwicklung** und des Verhaltens: auffallende Ängstlichkeit in der Kindheit, Störungen der sprachlichen und motorischen Entwicklung, Einzelgängertum, gesteigertes aggressives Verhalten aus inadäquatem Anlass, dissoziale Entwicklung bei äußerlich intaktem Milieu, auffallende Symptome wie z. B. Stottern, Einnässen, Einkoten und Tics, isolierte Leistungsschwächen in den einzelnen Schulfächern, z. B. im Lesen und Schreiben.

Weitere Aufgaben der Sachverständigen richten sich auf die Aussagen zur **Prognose**. Dabei gibt es verschiedene gesetzliche Bestimmungen. Es handelt sich bei der Prognosebeurteilung jedoch nicht darum, psychologisch-psychiatrische Befunde auf Rechtsbegriffe zu beziehen, die in einem ganz anderen Denksystem verankert sind, sondern um originäre Aufgaben von Psychologie und Psychiatrie (Rasch 1986). Prognostische Aussagen zielen ab auf:

- Vorhersage weiteren kriminellen Verhaltens,
- Vorhersage des kriminellen Rückfalls und
- Vorhersage gefährlichen Verhaltens in der Zukunft.

Zurückgegriffen wird dabei auf mehr oder weniger bewährte **Prognosemethoden**.

Folgende Einteilung nach Rasch (1986) ist üblich:

- **Statistische Methode:** Es wird versucht, aus bereits erhobenen, aus Verlaufsstudien stammenden Daten eine Vorhersage für einen einzelnen Probanden oder eine Gruppe von Probanden zu machen. Eine im klinischen Alltag häufiger angewandte Methode ist der Legalprognosetest von Hartmann u. Eberhard (1972). Die Problematik der statistischen Prognose liegt darin, dass sie relativ zuverlässige Trends für die Gruppenbeurteilung von Straftätern liefert, jedoch den **Einzelfall** wegen der mehr oder weniger bedeutsamen Streuung nicht sicher vorauszusagen vermag.
- **Klinische Prognose:** Sie geht von Einzelfällen oder Gruppen aus und stützt sich auf das gebräuchliche klinische Instrumentarium einschließlich Persönlichkeitsdiagnostik, Exploration und Verhaltensbeobachtung. Letztlich beruht die Methode darauf, aus früheren Verhaltensmerkmalen spätere Verhaltenweisen zu prognostizieren.
- **Intuitive Prognose:** Dabei lässt sich der Untersucher/Sachverständige mehr vom Gesamteindruck unter Berücksichtigung der Vorgeschichte leiten.

Trotz einer Vielzahl von Untersuchungen, ist die Prognosefrage bis heute nicht gelöst. Vielleicht ist die Erwartung, sichere Verhaltensprognosen zu stellen, unrealistisch (vgl. Dahle 2000).

Die **empirische Befundlage** in dieser Hinsicht ist uneinheitlich. Zu erwähnen ist, dass z.B. das Alter zur Zeit der ersten Auffälligkeit und die Art des Deliktes grundsätzlich keine prognostische Aussagekraft haben (Walter 1995). Andererseits ist die Zahl der Registrierungen ein prognostisch wichtiger Faktor. „Wer drei und mehr Registrierungen im Jugendalter aufwies, war zu ca. 50% und mehr auch als Erwachsener verurteilt worden. Die entsprechende Quote bei denen, die nur ein- oder zweimal im Jugendalter aufgefallen waren, betrug demgegenüber lediglich 19%" (Walter 1995).

Begutachtung zur Glaubwürdigkeit von Kindern und Jugendlichen

Die psychologische Beurteilung der Glaubwürdigkeit von Zeugenaussagen hat in Deutschland eine lange Tradition. Systematische Untersuchungen hierzu führte erstmals Stern (1902) durch.

Die Beurteilung der Glaubwürdigkeit von Zeugen unterliegt im Zivil- wie im Strafprozess der freien Beweiswürdigung durch das Gericht. Die Glaubwürdigkeit von Kinderaussagen ist oft bei Sexualstraftaten an Kindern von entscheidender Bedeutung. Die meisten Sachverständigengutachten zur Glaubwürdigkeit von Kindern und Jugendlichen werden hinsichtlich dieses Fragenkomplexes erstattet.

Grundsätzlich ist festzustellen, dass es keinerlei psychologische oder psychiatrische „Beweise" gibt, anhand derer mit Sicherheit festgestellt werden könnte, ob die Aussagen eines Kindes oder eines Jugendlichen im speziellen Falle glaubwürdig oder unglaubwürdig sind. Das Sachverständigengutachten zur Frage der Glaubwürdigkeit sollte deswegen im positiven Falle mit der Feststellung schließen, dass aus kinder- und jugendpsychiatrischer bzw. psychologischer Sicht sich keine Hinweise finden, die die Glaubwürdigkeit der Aussage in Frage stellen. Im negativen Falle wird man die Gründe benennen, die dafür sprechen, dass es sich um eine Falschaussage handelt. Nicht selten kommt es vor, dass auch nach einer sorgfältigen Untersuchung des Kindes oder Jugendlichen eine alternative Entscheidung, dass die Aussagen glaubhaft oder nicht glaubhaft sind, nicht mit der geforderten Überzeugung oder Wahrscheinlichkeit getroffen werden kann. Auch dieses Ergebnis sollte dem Gericht mitgeteilt und erläutert werden.

Seit den Veröffentlichungen von Undeutsch (z.B. 1967), wird der Schwerpunkt der Begutachtung der Glaubwürdigkeit von Zeugen auf die Aussagen zu einer bestimmten Tat gelegt (**„Glaubhaftigkeit"**). Die „Glaubwürdigkeit" als Persönlichkeitsmerkmal spielt dabei nur eine untergeordnete Rolle, wobei kritisch angemerkt wird, dass es sich ohnehin nicht um ein in sich geschlossenes, sondern um ein aus vielen psychologischen Komponenten bestehendes Persönlichkeitsmerkmal handelt. Außerdem ist **„die Glaubwürdigkeit"** kein stabiles Persönlichkeitsmerkmal, von dem aus auf die Wahrheit der Aussagen zu einem bestimmten Tatvorgang gefolgert werden kann (vgl. Steller 1997).

Ausschlaggebend ist deshalb immer die Prüfung der spezifischen Aussagen zu einem bestimmten Tatgeschehen. Diesen Sachverhalt fasste Volbert (1995) in dem Satz zusammen: „Könnte dieses Kind mit den gegebenen **individuellen Voraussetzungen**, unter den gegebenen **Befragungsumständen** und unter Berücksichtigung der im konkreten Fall **möglichen Einflüsse von Dritten** diese **spezifischen Aussagen** machen, ohne dass sie auf einem realen Erlebnishintergrund basieren?"

Zur Beurteilung der Persönlichkeit

Unsere Erfahrungen zeigen dennoch, dass neben der Beurteilung der „Glaubhaftigkeit der Aussagen", auch die der „Persönlichkeit" oder der „allgemeinen Aussagekompetenz", umso bedeutsamer ist, je älter die Zeugen sind. Denn hierbei handelt es sich nicht um zwei unabhängige Dimensionen des Aussageverhaltens. Vor allem psychopathologische Besonderheiten und kognitive Minderleistungen der „Persönlichkeit" beeinflussen die Qualität der Aussagen.

Deshalb ist auch die **„Persönlichkeit"** zu beurteilen, wobei u. a. zu erfassen und zu beachten sind:

- die Intelligenz (dabei besonders Gedächtnis- und Wahrnehmungsfunktionen)

- ausgeprägte Suggestibilität und realitätsferne Phantasietätigkeit
- Neigung zum Ausschmücken von Erlebnissen (Konfabulationen)
- psychiatrische Auffälligkeiten
- qualitative Wahrnehmungs- und Erinnerungsfälschungen
- inadäquate Affektreaktionen
- übersteigerte Kompensationsmechanismen bei innerseelischen und zwischenmenschlichen Konflikten sowie überhöhtes Geltungsstreben.

Zur Beurteilung der Glaubhaftigkeit

In den letzten Jahren sind intensive Forschungsbemühungen erfolgt, um die Qualität von Glaubwürdigkeitsbegutachtungen zu verbessern (Arntzen 1993). Dazu zählt z.B. eine „kriterienorientierte Aussageanalyse", die auf „inhaltlichen Realkennzeichen" beruht (Tab. 40.**2** von Steller u. Köhnken 1989).

Diesen inhaltlichen Realkennzeichen, die dazu führen sollen, festzustellen, ob Aussagen von Kindern auf tatsächlichen Erlebnissen beruhen, ist eine „Taxonomie nicht erlebnisbegründeter Aussagen" (Steller et al. 1993) gegenübergestellt worden. Diese umfasst:

- **absichtliche Falschaussagen**
- **Fremdbeeinflussungen** in Form von Induktionen einer Falschaussage durch Dritte
- **Autosuggestionen**, z.B. irrtümlich falscher Transfer eines Erlebnisses auf den Beschuldigten und eingeschränkte Fähigkeit, zwischen eigenem Phantasieprodukt und Realität zu unterscheiden.

Diese Kriterien stellen jedoch keine Tests und keine Check-Liste dar. Bei ihren Anwendungen ergibt sich z.B. nicht ein bestimmter Punktwert, der auf der Grundlage statistischer Normwerte zu einer Beurteilung des Wahrheitsgehalts von Zeugenaussagen der Kinder führen könnte. Sie werden jedoch in der Begutachtungspraxis angewendet, um die Aussagen von Kindern zu analysieren.

Experimentelle Untersuchungen haben ergeben, dass es sich überwiegend um reliable und valide Kriterien handelt, doch besteht ein großes Problem bei der Validierung, weil die Überprüfung dieser Kriterien aufgrund tatsächlicher Gerichtsprozesse bislang nur selten vorgenommen wurde.

Untersuchungsmethoden und Explorationsstrategien

Die Qualität des Gutachtens ist von den eingesetzten **Untersuchungsmethoden** und **Explorationsstrategien** abhängig. Für die Beurteilung der Persönlichkeit werden psychologische Untersuchungsmethoden eingesetzt, die auch sonst bei einer psychodiagnostischen Befunderhebung Verwendung finden. Dazu zählen: Intelligenztests, Tests zur Erfassung der Gedächtnis- und Wahrnehmungsfunktionen, Persönlichkeitsfragebögen und projektive Testverfahren, Suggestibilitätsüberprüfungen sowie psychologische Testverfahren, mit denen psychopathologische Besonderheiten, wie die Neigung zur Entwick-

Tabelle 40.**2** Realkennzeichen in der Kategorisierung von Steller u. Köhnken (1989), (aus: M. Steller 1997)

Allgemeine Merkmale	
1.	Logische Konsistenz
2.	Ungeordnet sprunghafte Darstellung
3.	Quantitativer Detailreichtum
Spezielle Inhalte	
4.	räumlich-zeitliche Verknüpfungen
5.	Interaktionsschilderung
6.	Wiedergabe von Gesprächen
7.	Schilderung von Komplikationen im Handlungsverlauf
Inhaltliche Besonderheiten	
8.	Schilderung ausgefallener Einzelheiten
9.	Schilderung nebensächlicher Einzelheiten
10.	Phänomengemäße Schilderung unverstandener Handlungselemente
11.	Indirekt handlungsbezogene Schilderungen
12.	Schilderung eigener psychischer Vorgänge
13.	Schilderung psychischer Vorgänge des Angeschuldigten
Motivationsbezogene Inhalte	
14.	Spontane Verbesserungen der eigenen Aussage
15.	Eingeständnis von Erinnerungslücken
16.	Einwände gegen die Richtigkeit der eigenen Aussage
17.	Selbstbelastungen
18.	Entlastung des Angeschuldigten
Deliktspezifische Inhalte	
19.	Deliktspezifische Aussageelemente

lung hysterischer Persönlichkeitseigenarten und überkompensatorischer Verhaltensweisen erfasst werden können.

Für die Gewinnung und den Wahrheitsgehalt von Informationen über ein vermutetes Tatgeschehen sind bei Kindern die **Interviewstrategien** entscheidend. Es sollte Wert darauf gelegt werden, von ihnen selbst möglichst viele, nicht gelenkte Aussagen zu erhalten. Dabei sind „offene Fragen" zu stellen, die dann zunehmend spezifiziert werden können (so genannte „Trichter-Technik"); außerdem ist auf die Vermeidung suggestiver Einflüsse durch inhaltliche Vorgaben in Fragen zu achten. Suggestionseffekte entstehen z. B., wenn Gedächtnisdefizite oder unklar formulierte Fragen zu Unsicherheiten des Kindes führen. Auch mehrfach durchgeführte Explorationsgespräche mit Kindern haben einen eher verfälschenden Effekt. Bei dem Thema sexueller Handlungen ist es erforderlich, sich zunächst auf bestimmte Begriffe zu verständigen, besonders für die Bezeichnung der Geschlechtsteile. In diesem Zusammenhang wird diskutiert (z. B. Steller 1997), ob anatomisch geformte Puppen die Zuverlässigkeit der Untersuchungsergebnisse verbessern. Kritisch ist gegen ihren Einsatz eingewendet worden, dass sie einen stark suggestiven Charakter haben und Kinder dazu bringen, sexuelle Manipulationen durchzuführen, die fälschlicherweise als Hinweis auf eigene Erlebnisse gedeutet werden. Auch die **Bezugspersonen** eines Kindes müssen in den Begutachtungsprozess mit einbezogen werden. Bei dem Explorationsgespräch werden durch sie Informationen hinsichtlich der Interaktionsdynamik in der Familie erfragt. Dabei ist zu berücksichtigen, dass Familienangehörige Aussagen machen können, die dem Schutz des Angeklagten dienen, weil z. B. bei der Verurteilung des Vaters die materielle und die soziale Existenz der gesamten Familie gefährdet ist. Zu **fälschlichen Beschuldigungen** kommt es nicht selten bei Sorge- und Umgangsrechtsregelungen („Missbrauch des Missbrauchs"). Bei der Begutachtung ist deshalb besonders zu berücksichtigen, in welchem Kontext die Beschuldigungen erstmals geäußert wurden. Zu achten ist auch auf die jeweilige **emotionale Beteiligung** der Probanden im gesamten Untersuchungsablauf. Veränderungen der Affektlage, je nach behandelten Themen, können ein zusätzlicher Hinweis auf den Wahrheitsgehalt der Aussagen sein. **Bewusste Falschaussagen** von Kindern sind selten (ca. 10 %, nach Volbert 1995). Zu beachten ist schließlich, dass es ein spezifisches „Missbrauchssyndrom" nicht gibt.

Zu empfehlen ist unbedingt, die wichtigsten Passagen des psychologischen Interviews video- oder tonbandtechnisch aufzunehmen und wörtliche Transkripte für eine genaue Inhaltsanalyse anzufertigen.

Bei der Darstellung der Untersuchungsergebnisse sollten ein Kern- und Randgeschehen unterschieden werden.

Weitere pragmatische Gesichtspunkte bei der Begutachtung und dem Gerichtsprozess selbst sind von dabei tätigen Juristen herausgestellt worden. So wird im juristischen Schrifttum z. B. darauf hingewiesen, **dass es noch keine verbindliche psychologische bzw. kinderpsychiatrische Untersuchungsmethodik** gibt. Nach einer Übersicht von Deckers (1996) sollte die Verteidigung in Gerichtsprozessen bei Glaubwürdigkeitsgutachten auf folgende Fragen besonderen Wert legen: Ist die Aussage des kindlichen Zeugen authentisch wiedergegeben? Ist die Aussage in Gruppenprozessen entstanden? Handelt es sich um einen Zeugenbericht oder um ein Wechselspiel von Fragen und Antworten? Ist dieses Wechselspiel ordnungsgemäß dokumentiert? Sind chronologische Abläufe eingehalten, wird die Entstehungsgeschichte des Delikts sachgerecht herausgearbeitet? Ist die „Geburtsstunde" der Aussage berücksichtigt? Handelt es sich um einen spontanen Bericht des Zeugen über das Delikt? Waren erwachsene Personen beteiligt? Sind familiendynamische Aspekte, z. B. im Rahmen einer Sorgerechtsregelung berücksichtigt worden? Wie erfolgte die Art der Dokumentation, wurden z. B. Tonband- und Videoaufzeichnungen vorgenommen? Wie wurden diese analysiert und im Gutachtentext wiedergegeben? Sind Alternativhypothesen geprüft worden? Ist eine ausreichende Analyse hinsichtlich der „Realkennzeichen" bzw. von „Phantasiesignalen" vorgenommen worden? Sind mögliche Suggestionseffekte hinreichend berücksichtigt worden?

Zur Methodik und zu erforderlichen Mindeststandards bei der Begutachtung der Glaubhaftigkeit von Zeugenaussagen hat der Bundesgerichtshof (BGH) in 2 Urteilen kürzlich eine höchstrichterliche Stellungnahme abgegeben (am 30.7.1999; 1 StR 618/98, LG Ansbach, und am

30.5.2000; 1 StR 582/99). Die Ausführungen in diesem Kapitel sind mit den dort erläuterten Prinzipien und Begriffen weitgehend kompatibel. Einen detaillierten Kommentar zum Urteil vom 30.7.1999 verfasste z. B. Balloff (2000).

Gegen Glaubwürdigkeitsbegutachtungen gibt es auch **kritische Einwände**, die wichtigsten von ihnen sind: Das gesamte Vorgehen sei diskriminierend und belastend für die Zeugen (Kinder). Es widerspreche der Rolle des Sachverständigen, der zum Überführungsgehilfen des Gerichts werde. Die vorliegende Untersuchungsmethodik sei mangelhaft und nicht ausreichend für Feststellungen zur Glaubhaftigkeit, die für die Prozessbeteiligten immer erhebliche Konsequenzen haben (nach Volbert 1995).

Begutachtung im Familien- und Vormundschaftsrecht

■ Kindeswohl und Elternrecht

In der Verfassung sind die Grundrechte des Kindes (Artikel 2 GG) und der Eltern (Artikel 6, Absatz 2 GG) festgelegt.

In Artikel 6, Absatz 1 GG werden Ehe und Familie als Gemeinschaft unter besonderen staatlichen Schutz gestellt. Einheit und Eigenständigkeit der Familie als immer noch beste und effektivste Sozialisationsinstanz sind auch im Sinne einer Wertentscheidung allgemein anerkannt.

Von diesen Prämissen her muss davon ausgegangen werden, dass Kindeswohl und Elternrecht bzw. -pflicht nicht als Gegensätze zu sehen sind, sondern als konvergierende, gemeinsame Interessensausrichtung.

Das **Kindeswohl** gehört zu den unbestimmten Rechtsbegriffen und kann nicht allgemein gültig festgelegt werden. Vielmehr muss es jeweils im Hinblick auf den konkreten Fall und seine Bedingungen definiert und präzisiert werden. Definitorisch kann man zwischen den Begriffen Kindeswohl, Recht des Kindes, Kindesinteresse und Kindeswillen unterscheiden. Das Kindeswohl kann als Summe der Kindesrechte und der Kindesinteressen unter angemessener Berücksichtigung des jeweiligen Kindeswillen angesehen werden. Ein Ziel der Erziehung ist es, dem Kind im Laufe seiner Entwicklung in zunehmend stärkerem Maße die Fähigkeit zu vermitteln bzw. zu wecken, seine Rechte und Interessen und seinen Willen selbst vertreten zu können.

Kindeswohl und **Elternrecht** bzw. Elternwille können in verschiedener Weise in Kollision geraten. Derartige Konflikte werden in der Regel unter dem Begriff der **Gefährdung des Kindeswohles** beschrieben. Am häufigsten wird das Kindeswohl gefährdet durch Kindesmisshandlung, Deprivation und Vernachlässigung, gravierende Erziehungsmängel sowie Trennung und Scheidung der Eltern mit all ihren Folgen. In diesen Fällen sind staatliche Eingriffe in die elterliche Sorge bei vorhandenen Gefahren für das Kindeswohl auf der Grundlage des § 1666 BGB möglich.

Seit dem 1.7.1998 ist das neue „Kindschaftsrecht" in Kraft getreten. Die in § 1666 BGB vorgenommene Neuregelung stellt die Grundlage zum Schutz sowohl der persönlichen Belange des Kindes als auch seiner Vermögensinteressen dar. Darin wird das Familiengericht verpflichtet, Maßnahmen zu treffen, wenn das körperliche, geistige oder seelische Wohl des Kindes oder sein Vermögen durch missbräuchliche Ausübung der elterlichen Sorge gefährdet ist und die Eltern nicht gewillt oder nicht in der Lage sind, die Gefahr abzuwenden. Gutachterliche Fragestellungen in diesem Zusammenhang können sich zum Beispiel auf die „Erziehungsfähigkeit" der Eltern erstrecken.

Das Schwergewicht der Begutachtungen liegt jedoch auf Fragen in Verbindung mit Regelungen des Sorgerechts und des Umgangsrechts.

Regelung des Sorgerechts

30–40 % aller Ehen in der Bundesrepublik scheitern innerhalb von 15 Jahren und führen zu einer Scheidung. Schätzungen am Anfang der 90er-Jahre gingen davon aus (Balloff 1992), dass in den westlichen Bundesländern bei ca. 3 bis höchstens 10% (in Absolutzahlen: 1950–6500) aller Sorgerechtsregelungen Sachverständigengutachten vom Gericht in Auftrag gegeben werden (nach Klosinski 1997).

Das erwähnte **„neue Kindschaftsrecht"** enthält Bestimmungen mit folgenden Schwerpunkten:

- eine Stärkung der Rechte aller Kinder ohne Rücksicht darauf, ob ihre Eltern verheiratet oder nicht verheiratet sind;

- das Recht der Kinder auf Umgang mit beiden Eltern und sonstigen Bezugspersonen;
- das Recht der Kinder auf Sorge und Betreuung durch beide Eltern insbesondere, wenn die Eltern getrennt sind;
- die Förderung der Elternverantwortung bei Trennung und Scheidung (nach von Luxburg 1998).

§ 1671 BGB (neue Fassung) lautet nun:
„Gemeinsame elterliche Sorge bei Trennung auf Antrag:

(1) Leben Eltern, denen die elterliche Sorge gemeinsam zusteht, nicht nur vorübergehend getrennt, so kann jeder Elternteil beantragen, dass ihm das Familiengericht die elterliche Sorge oder einen Teil der elterlichen Sorge allein überträgt.
(2) Dem Antrag ist stattzugeben, soweit
  a) der andere Elternteil zustimmt, es sei denn, dass das Kind das 14. Lebensjahr vollendet hat und der Übertragung widerspricht, oder
  b) zu erwarten ist, dass die Aufhebung der gemeinsamen Sorge und die Übertragung auf den Antragsteller dem Wohl des Kindes am besten entspricht ... .
(3) ..."

In diesen Paragraphen wird aufgeführt, dass ein Familiengericht auf **Antrag** tätig wird, um die elterliche Sorge zu regeln.

Neu ist gleichfalls die Möglichkeit der Teilübertragung der alleinigen elterlichen Sorge. Ebenso gebietet das Gesetz den Eltern nun, sich um die gemeinsame Sorge erheblich intensiver zu bemühen, als dies nach der alten Regelung der Fall war. Auch nach einer Trennung oder Scheidung behalten die Ehepartner die elterliche Verantwortung, „sie können sich als Eltern nicht scheiden lassen" (von Luxburg 1998).

Generell fallen in dem neuen Kindschaftsrecht Regelungen fort, die früher in gesonderter Weise für „nichteheliche Kinder" (jetzt: „Kinder, deren Eltern nicht miteinander verheiratet sind"), getroffen wurden. Es gilt also auch für sie der Grundsatz, dass sie die gemeinsame elterliche Sorge ebenso wie verheiratete Eltern nach einer „nicht nur vorübergehenden Trennung" oder Scheidung haben können.

Vorgehensweise bei der Begutachtung

Ausgehend vom Wohl des Kindes muss im Rahmen der Begutachtung geklärt werden, welchem Elternteil das Sorgerecht zuerkannt werden soll (nach Antrag eines Elternteils, so genanntes „Antragsverfahren") oder ob es beiden Eltern zur gemeinsamen Ausübung übertragen werden kann. Letzteres ist nur möglich, wenn die streitigen Auseinandersetzungen zu einem gewissen Stillstand gekommen sind, so dass nicht befürchtet werden muss, dass die gemeinsame Ausübung des Sorgerechts eine Fortsetzung der früheren Konflikte mit anderen Mitteln bedeutet.

Für die Entscheidung bei dieser Fragestellung ist eine Reihe von Kriterien genannt worden (vgl. Lempp 1983):

1. Wille des Kindes (nach Vollendung des 14. Lebensjahres ist das Kind vom Familiengericht stets zu hören und hat einen wesentlichen Anteil bei der Entscheidung in der Sorgerechtsangelegenheit; das Familiengericht kann aber auch jüngere Kinder anhören).
2. Bindungs- und Beziehungsqualität des Kindes zu einem oder beiden Elternteilen.
3. Beziehungskontinuität
4. Persönlichkeit, Erziehungsfähigkeit und wirtschaftliche bzw. soziale Situation der Eltern.
5. Zusammenbleiben oder Trennung mehrerer Kinder im Rahmen einer Sorgerechtentscheidung.

Bei der Begutachtung zu bedenken ist immer, dass eine Trennung oder Scheidung der Eltern für die betroffenen Kinder stets ein **kritisches Lebensereignis** darstellt und als Folge davon **zahlreiche Symptombelastungen** entstehen und dauerhaft wirksam sein können. Die Symptome erstrecken sich über einen weiten Bereich: Häufig kommen depressive Verstimmungszustände mit Phasen ausgeprägter Traurigkeit infolge von Bindungsverlusten, Ängste, Verunsicherungen im Selbstkonzept und Verletzungen des Selbstwertgefühls, Kontaktunsicherheiten, aggressive, gelegentlich dissoziale Verhaltensweisen, auch einzelne Symptome wie wiederauftretendes Einnässen und Einkoten vor. Jüngere Kinder sind meist stärker belastet als ältere. Es zeigt sich jedoch im zeitlichen Verlauf ein genereller Trend in Richtung einer fortschreitenden Verbesserung. Nach

Ergebnissen der **Kölner Längsschnittstudie** (Schmidt-Denter u. Beelmann 1997) wurden mittels Clusteranalysen 3 unterschiedliche Verlaufstypen kindlicher Symptombelastung ermittelt, die als **„hoch Belastete"**, **„Belastungsbewältiger"** und **„gering Belastete"** beschrieben werden können.
Nach dieser Studie ließen sich auch Risiko- und Schutzfaktoren herauskristallisieren, deren Kenntnis für die Bearbeitung von Begutachtungsfragen gleichfalls wichtig ist. Zu den wichtigsten Risikofaktoren gehören danach, „eine negativ erlebte Beziehung zum getrennt lebenden Vater, ungelöste Partnerschafts- und Trennungsprobleme bzw. eine misslungene Redefinition der Beziehung zwischen den Elternteilen sowie ein sich verändernder bzw. verschlechternder elterlicher Erziehungsstil". Eine Kumulation dieser Faktoren führt zu einer Steigerung der kindlichen Anpassungsprobleme und Entwicklungsstörungen. Andererseits sind protektive Faktoren: „Eine positiv erlebte Beziehung zum Vater und zu den Geschwistern, Stabilität und Unterstützung in der Mutter-Kind-Dyade sowie eine Konsensbildung zwischen den (ehemaligen) Ehepartnern." Diese Ergebnisse sollten auch eine Grundlage für die nach dem KJHG vorgesehenen Beratungsgespräche mit Scheidungswilligen und getrennt lebenden Elternteilen sein.

Die Aufgabe für psychologische Sachverständige ist es, u.a. zu folgenden Gesichtspunkten eine Stellungnahme abzugeben:

- **Im Hinblick auf das Kind:** Entwicklungsstand und psychosoziale Reife des Kindes, Bindungsqualität, emotionale Belastung und evtl. drohende Fehlentwicklung, Erfassung des Kindeswillens.
- **Im Hinblick auf die Elternteile:** Erziehungseignung, Förderkompetenz sowie Gewährleistung einer Kontinuität und Stabilität der Eltern-Kind-Beziehung (Hemminger u. Beck 1997). Als psychologische Testverfahren sind dafür z. B. geeignet:
  - Zur Entwicklungsdiagnostik: Entwicklungsgitter (Kiphard 1986), Wiener Entwicklungstest (Kastner-Koller u. Deimann 1998).
  - Zur Intelligenzdiagnostik bei jüngeren Kindern (ab 3 Jahren): Kaufman-Assessment-Battery for Children (K-ABC) (Melchers u. Preuß 1991) sowie die revidierte Form des Hamburg-Wechsler-Intelligenztests für Kinder (HAWIK-III) (Tewes et al. 1999) für den Altersbereich von 6–15 Jahren. Gegebenenfalls ist die Überprüfung weiterer Funktionsbereiche, wie die visuomotorische Koordinationsfähigkeit (mit dem Göttinger Formreproduktionstest, GFT, Schlange et al. 1977), die Sprache (Heidelberger Sprachentwicklungstest, HSET, Grimm u. Schöler 1991), die Motorik (Körper-Koordinationstest für Kinder, KTK, Schilling 1974), das Lesen, Rechtschreiben und Rechnen mit dafür erhältlichen Testverfahren, erforderlich. Für die Erfassung emotionaler Belastungen des Kindes sind z.B. geeignet: Hamburger Neurotizismus- und Extraversionsskala für Kinder und Jugendliche (HANES-KJ, Buggle u. Baumgärtel 1975), Angstfragebogen für Schüler (AFS, Wieczerkowski et al. 1981) sowie Depressions-Inventar für Kinder und Jugendliche (DIKJ, Stiensmeier-Pelster et al. 2000).

Schließlich ist die Überprüfung der **Bindungsqualität** von großer Bedeutung. Bewährt haben sich dafür **psychologische Testverfahren** wie der Sceno-Test (von Staabs 1985), der Family-Relations-Test (Bene u. Anthony, in der deutschen Fassung von Flämig u. Wörner 1977) und das „Subjektive Familienbild" (Mattejat u. Scholz 1994).

Die zentrale Methode für die Untersuchungen der Eltern und die Klärung der anstehenden Fragen ist das **Explorationsgespräch**.

Unverzichtbar sind weiter **Interaktionsbeobachtungen** der beteiligten Kinder und der Elternteile. Bewährt hat sich dabei, diese videotechnisch aufzuzeichnen, um die Interaktionen anschließend genau analysieren und dem Gericht ggf. zur Verfügung stellen zu können.

Trotz der auf diese Weise gewonnenen zahlreichen Informationen ist es oft nicht einfach, die richtige psychologische Entscheidung zu finden und dem Gericht vorzuschlagen, wobei es nicht selten ohnehin nur um die Alternative geht, eine Lösung in einem viel verzweigten Konfliktbereich zu finden, die **dem Kindeswohl am wenigsten schädlich** ist.

Regelung des Umgangsrechts

Gesetzliche Bestimmungen: Die für die Begutachtung relevanten Gesichtspunkte sind in § 1684 BGB enthalten. Nach der Gesetzesänderung (wirksam seit 1.7.1998) hat er folgenden Wortlaut:

(1) „Das Kind hat das Recht auf Umgang mit jedem Elternteil; jeder Elternteil ist zum Umgang mit dem Kind verpflichtet und berechtigt.
(2) Die Eltern haben alles zu unterlassen, was das Verhältnis des Kindes zum jeweils anderen Elternteil beeinträchtigt oder die Erziehung erschwert. Entsprechendes gilt, wenn sich das Kind in der Obhut einer anderen Person befindet.
(3) Das Familiengericht kann über den Umfang des Umgangsrechts entscheiden und seine Ausübung, auch gegenüber Dritten, näher regeln. ...
(4) Das Familiengericht kann das Umgangsrecht oder den Vollzug früherer Entscheidungen über das Umgangsrecht einschränken oder ausschließen, soweit dies zum Wohl des Kindes erforderlich ist. Eine Entscheidung, die das Umgangsrecht oder seinen Vollzug für längere Zeit auf Dauer einschränkt oder ausschließt, kann nur ergehen, wenn andernfalls das Wohl des Kindes gefährdet wäre. Das Familiengericht kann insbesondere anordnen, dass der Umgang nur stattfinden darf, wenn ein mitwirkungsbereiter Dritter anwesend ist. Dritter kann auch ein Träger der Jugendhilfe oder ein Verein sein; dieser bestimmt dann jeweils, welche Einzelpersonen die Aufgabe wahrnimmt."

Ergänzend zu den früheren Bestimmungen regelt § 1685 BGB:

(1) „Großeltern und Geschwister haben ein Recht auf Umgang mit dem Kind, wenn dieser dem Wohl des Kindes dient.
(2) Gleiches gilt für den Ehegatten oder früheren Ehegatten eines Elternteils, der mit dem Kind längere Zeit in häuslicher Gemeinschaft gelebt hat, und für Personen, bei denen das Kind längere Zeit in Familienpflege war."

Aufträge der zuständigen Gerichte an die psychologischen Sachverständigen zielen vornehmlich darauf ab, eine Klärung bei Fragen des Umgangsrechts zu finden, die dem Wohl des betreffenden Kindes am besten entspricht (z. B.: Wäre das Wohl des Kindes gefährdet, wenn es weiterhin Umgang mit dem Vater hätte? ... Sollte ein Ausschluss des Umgangsrechts des Vaters nicht indiziert sein: Welche Art des Umgangs zwischen Tochter und Vater ist dem Kindeswohl im Hinblick auf eine Aufrechterhaltung einer guten Kind-Vater-Beziehung angemessen [Art, Dauer und Häufigkeit der Besuche]?).

Unverändert sind auch hierzu Empfehlungen von Lempp (1983) als Grundlage für **Entscheidungsvorschläge** wichtig:

- Ein regelmäßiger Kontakt zwischen einem Kind und seinem nicht sorgeberechtigten Elternteil kann nur dann ohne Belastung möglich sein, wenn die geschiedenen Ehepartner zu einer sachlichen Neutralität gegeneinander zurückgefunden haben.
- Wer eine vollkommene Trennung von seinem früheren Ehepartner anstrebt, muss ggf. auf den Kontakt mit dem Kind verzichten können.
- Jeder Besuchskontakt gegen Willen und Wunsch des Kindes widerspricht dem Sinn der Umgangsbefugnis. Im Hinblick auf diese Problematik ergibt sich immer wieder die Frage, inwieweit der sorgeberechtigte Elternteil das Kind gegenüber dem nicht sorgeberechtigten Elternteil beeinflusst.
- Der sorgeberechtigte Elternteil hat immer den größeren Einfluss auf das Kind, was der nicht sorgeberechtigte Elternteil akzeptieren oder zumindest tolerieren muss.
- Bewusste oder unbewusste negative Beeinflussung des Kindes durch den sorgeberechtigten Elternteil kann Veranlassung geben, die Sorgerechtsentscheidung zu überprüfen.
- Das Kindeswohl kann mit dem Elternrecht kollidieren. Insofern kann eine Regelung der Umgangsbefugnis manchmal auch ein schweres Unrecht für einen Elternteil bedeuten. Dies lässt sich aber manchmal nicht vermeiden, wenn dem Kindeswohl Priorität eingeräumt wird.
- Bei Kindern bis zum Grundschulalter kann eine Regelung der Umgangsbefugnis nur vertreten werden, wenn die Eltern zu einer Minimalform gegenseitiger Höflichkeit und Kooperation in der Lage sind.

- Bei Schwierigkeiten im Kontakt der geschiedenen Eheleute sollte ggf. eine dem Kind gut bekannte neutrale Person eingeschaltet werden.
- Ein häufiger Wechsel der Bezugspersonen belastet Kinder besonders. Daher sind seltenere, aber längere Besuche häufigen und sehr kurzen eher vorzuziehen.
- Kinder unter 4 Jahren sollten beim nicht sorgeberechtigten Elternteil nur dann übernachten, wenn sie mit ihm vertraut sind.

Die **Anwendung psychologischer Testverfahren** zur Klärung dieser Fragen und Kriterien ist identisch mit jener bei Sorgerechtsregelungen. Auch bei Fragen des Umgangs des nicht sorgeberechtigten Elternteils mit einem Kind steht die Bindungsstruktur im Mittelpunkt der Befunderhebungen und der anschließenden Erörterungen. Eine wesentliche Bedeutung kommt jedoch auch den oben in Verbindung mit Sorgerechtsregelungen genannten diagnostischen Fragestellungen zu.

Trotz aller Regeln und Befunde bleibt die Begutachtung zur Frage des Umgangsrechtes für die Sachverständigen eine sehr schwierige und vom Ergebnis her oft unbefriedigende Aufgabe. Es geht fast immer um die am wenigsten schädliche Alternative.

Auch bei Fragen des Sorge- und Umgangsrechts ist der Sachverständige in der Funktion eines „Gehilfen des Gerichts". Die Entscheidungen werden letztlich von dem beauftragenden Familiengericht getroffen, wobei diese selten von den grundsätzlichen Vorschlägen abweichen, jedoch öfter Modifikationen bei Vorschlägen z.B. hinsichtlich der Dauer des Umgangs eines Elternteils mit einem Kind vornehmen.

Bei diesen Fragestellungen ist es eher selten, dass die Sachverständigen persönlich in der Gerichtsverhandlung erscheinen müssen, meistens ist die Vorlage eines schriftlichen Gutachtens ausreichend. Eine Gliederung nach folgenden Gesichtspunkten hat sich bewährt:

1. Fragestellung und Untersuchungsverlauf
2. Zur Aktenlage
3. Untersuchungsergebnisse

3.1 Anamnese- und Explorationsgespräch
3.2 Psychologische Befunde bei dem Kind (evtl. bei den Elternteilen)
3.3 Interaktionsbeobachtungen zwischen Kind und Elternteilen

4. Verhaltensbeobachtungen
5. Zusammenfassung und Stellungnahme zum Gutachtenauftrag (zu den psychodiagnostischen Befunden, zu den Fragen der Umgangsregelung, Beantwortung der Fragen des Gerichts)

Jegliche gerichtspsychologische Gutachtertätigkeit erfordert eine enge Zusammenarbeit mit den beauftragenden Gerichten. Deshalb ist es für die psychologischen und psychiatrischen Sachverständigen wichtig, sich **über kritische Gesichtspunkte** Klarheit zu verschaffen. Nach einer Umfrage von Schepker (1997) werden von Richtern an schriftlichen Gutachten moniert: mangelnde Plausibilität, fehlende Begründung und Eindeutigkeit und Unstimmigkeiten. Es folgt mit einigem Abstand das Verhalten der Gutachter in der Hauptverhandlung, wobei angeführt werden: Unsicherheit, Parteilichkeit, fehlende Berücksichtigung neuer Tatsachen, neue Schlussfolgerungen in der Hauptverhandlung ohne zwingenden Grund. Bei der Zurückhaltung des Erteilens von Gutachtenaufträgen spielt die Auffassung eine Rolle, es würde zu wenig qualifizierte Sachverständige geben.

Zusammenfassung

Psychologische Sachverständigengutachten werden zu sehr verschiedenen Fragestellungen erstattet. Unverzichtbare Voraussetzung dafür sind auf Seiten der Gutachter bestimmte Qualifikationsmerkmale, wie umfassende Kenntnisse der psychologischen Diagnostik, klinisch-praktische Erfahrungen sowie Kenntnisse der relevanten Gesetze und der Rechtsprechung. Hierzu zählt das Wissen um die Rechtsstellung des Sachverständigen, sowie der Kinder, Jugendlichen und Heranwachsenden. Gutachterliche Aufgaben im Strafrecht und Jugendgerichtsgesetz umfassen Fragen nach der strafrechtlichen Verantwortlichkeit von Jugendlichen, der Beurteilung des sittlichen und geistigen Entwicklungsstandes von Heranwachsenden, der Schuldfähigkeit, der Persönlichkeits- und Legalprognose. Ein weiterer Schwerpunkt psychologischer Sachverständigentätigkeit sind Begutachtungen zur Glaubwürdigkeit bzw. zur Glaubhaftigkeit der Zeugenaussagen von Kindern und Jugendlichen. Dabei sind besondere Methoden einzusetzen (z. B. Prüfung so genannter „Realkennzeichen"), deren Umfang und Qualität in den letzten Jahren erweitert und verbessert wurde. Schließlich werden relativ oft psychologische Begutachtungen im Rahmen des Familien- und Vormundschaftsrechts in Auftrag gegeben. Die Aufgabe dabei ist das Abfassen von Stellungnahmen hinsichtlich des Sorge- und Umgangsrechts der Eltern oder anderer Bezugspersonen von Kindern, wobei nach dem „Neuen Kindschaftsrecht" (1998) noch stärker als früher das „Kindeswohl" die zentrale Bedeutung hat. In diesem Kapitel werden praktische Vorgehensweisen einschließlich bewährter Untersuchungsmethoden und die Notwendigkeit der interdisziplinären Zusammenarbeit bei der Beantwortung von Begutachtungsfragen beschrieben.

Literatur

Arntzen F. Psychologie der Zeugenaussage. 3. Aufl. München: Beck; 1993.

Balloff R. Kinder vor Gericht. Opfer, Täter, Zeugen. München: Beck; 1992.

Balloff R. Das Urteil des Bundesgerichtshofes vom 30. Juli 1999 zur Frage der wissenschaftlichen Anforderungen an aussagepsychologische Begutachtungen (Glaubhaftigkeitsgutachten) und die Folgen für die Sachverständigentätigkeit. Prax Kinderpsychol Kinderpsychiat. 2000;49:261-74.

Böhm A. Einführung in das Jugendstrafrecht. 2. Aufl. München: Beck; 1985.

Buggle F, Baumgärtel F. Hamburger Neurozismus- und Extraversionsskala für Kinder und Jugendliche (HANES, KJ), 2. Aufl. Göttingen: Hogrefe; 1975

Dahle K-P. Psychologische Begutachtung zur Kriminalprognose. In: Krober H-L, Steller M, Hrsg. Psychologische Begutachtung im Strafverfahren. Darmstadt: Steinkopff; 2000.

Deckers R. Verteidigung in Verfahren wegen sexuellen Missbrauchs von Kindern. Neue Jurist Wschr. 1996;49:3105-11.

Eisenberg U. Jugendgerichtsgesetz. 7. Aufl. München: Beck; 1997.

Esser G, Fritz A, Schmidt MH. Die Beurteilung der sittlichen Reife Heranwachsender im Sinne des § 105 JGG: Versuch einer Operationalisierung. Mschr Kriminologie Strafrechtsreform. 1991;74:356-68.

Flämig J, Wörner U. Standardisierung einer deutschen Fassung des FRT an Kindern von 6 - 12 Jahren. Prax Kinderpsychol Kinderpsychiat. 1977;26:5-11 und 38-46.

Focken A, Pfeiffer C. Thesen zur Zusammenarbeit des Jugendrichters mit dem jugendpsychiatrisch-psychologischen Sachverständigen. Z Kinder- Jugendpsychiat. 1980;8:93-103.

Grimm H, Schöler H. Heidelberger Sprachentwicklungstest (HSET) 2. Aufl. Göttingen: Hogrefe; 1991.

Hartmann K, Eberhard K. Legalprognosetest für dissoziale Jugendliche (LDJ). Göttingen: Vandenhoeck & Ruprecht; 1972.

Heinz G. Fehlerquellen forensisch-psychiatrischer Gutachten: Eine Untersuchung anhand von Wiederaufnahmeverfahren. Heidelberg: Kriminalistikverlag; 1982.

Hemminger U, Beck N. Die psychologische Untersuchung im Verfahren zum Umgangs- und Sorgerecht. In: Warnke A, Trott G-E, Remschmidt H, Hrsg. Forensische Kinder- und Jugendpsychiatrie. Bern: Huber; 1997.

Kastner-Koller U, Deimann P. Der Wiener Entwicklungstest (WET). Göttingen: Hogrefe; 1998.

Kiphard EJ. Wie weit ist ein Kind entwickelt? 9. Aufl. Göttingen: Hogrefe; 1986.

Klosinski G. Begutachtung im Verfahren zum Umgangs- und Sorgerecht: Brennpunkte für den Gutachter und die Familie. In: Warnke A, Trott G-E, Remschmidt H, Hrsg. Forensische Kinder- und Jugendpsychiatrie. Bern: Huber; 1997.

Lackner K. Strafgesetzbuch mit Erläuterungen. 16. Aufl. München: Beck; 1985.

Lempp R. Gerichtliche Kinder- und Jugendpsychiatrie. Bern: Huber; 1983.

Luxburg H Graf von. Das neue Kindschaftsrecht. München: Jehle-Rehm; 1998.

Mattejat M, Scholz M. Das subjektive Familienbild (SFB). Göttingen: Hogrefe; 1994.

Melchers P, Preuss U. K-ABC Durchführungs- und Auswertungshandbuch. Amsterdam: Swets und Zeitlinger; 1991.

Niebergall G, Remschmidt H. Zum Stellenwert der Psychodiagnostik bei der Forensischen Begutachtung von jugendlichen Straftätern. In: Warnke A, Trott G-E, Remschmidt H, Hrsg. Forensische Kinder- und Jugendpsychiatrie. Bern: Huber; 1997.

Rasch W. Forensische Psychiatrie. Stuttgart: Kohlhammer; 1986.

Remschmidt H. Psychiatrie der Adoleszenz. Stuttgart: Thieme; 1992.

Remschmidt H, Merschmann W, Walter R. Zum Dunkelfeld kindlicher Delinquenz: Eine Erhebung an 483 Probanden. Mschr Kriminologie Strafrechtsreform. 1975;58:133-53.
Remschmidt H, Schmidt MH. Multiaxiales Klassifikationsschema für psychische Störungen des Kindes- und Jugendalters nach ICD-10 der WHO. 3. Aufl. Bern: Huber; 1994.
Schaffstein F. Jugendstrafrecht. Eine systematische Darstellung. 6. Aufl. Stuttgart: Kohlhammer; 1977.
Schepker R. Ergebnisse einer Umfrage unter Juristen zu den Beauftragungsgründen und Erwartungen für forensisch-jugendpsychiatrische Gutachten. In: Warnke A, Trott G-E, Remschmidt H, Hrsg. Forensische Kinder- und Jugendpsychiatrie. Bern: Huber; 1997.
Schilling F. Körperkoordinationstest für Kinder - KTK. Weinheim: Beltz; 1974
Schlange H, Stein B, von Boetticher I, Taneli S. Göttinger Formreproduktions-Test (G-F-T) 3. Aufl. Göttingen: Hogrefe; 1977.
Schmidt MH. Die Anwendung des Jugendstrafrechts auf Heranwachsende - Erfahrungen zum § 105 JGG. In: Warnke A, Trott G-E, Remschmidt H, Hrsg. Forensische Kinder- und Jugendpsychiatrie. Bern: Huber; 1997.
Schmidt-Denter U, Beelmann W. Kindliche Symptombelastungen in der Zeit nach einer ehelichen Trennung - eine differentielle und längsschnittliche Betrachtung. Z Entwicklungspsychol Pädag Psychol 1997;29:26-42.
Schüler-Springorum H. Rechtswissenschaften. In: Remschmidt H, Schmidt MH, Hrsg. Kinder- und Jugendpsychiatrie in Klinik und Praxis, Bd 1. Stuttgart: Thieme; 1988.
Staabs von G. Der Scenotest: Beitrag zur Erfassung unbewusster Problematik und charakterologischer Struktur in Diagnostik und Therapie. Bern: Huber; 1985.
Steller M. Grundlagen und Methoden der Glaubwürdigkeitsbegutachtung bei Kinderaussagen über sexuellen Missbrauch. In: Warnke A, Trott G-E, Remschmidt H, Hrsg. Forensische Kinder- und Jugendpsychiatrie. Bern: Huber; 1997.
Steller M, Köhnken G. Criteria-based statement analysis. Credibility assessment of childrens statements in sexual abused cases. In: Raskin DC, Hrsg. Psychological Methods for Investigations and Evidence. New York: Springer; 1989.
Steller M, Volbert R, Wellershausen P. Zur Beurteilung von Zeugenaussagen: Aussagepsychologische Konstrukte und methodische Strategien. In: Montada L, Hrsg. Bericht über den 38. Kongress der Deutschen Gesellschaft für Psychologie in Trier, Bd. 2. Göttingen: Verlag für Psychologie; 1993.
Stern W. Zur Psychologie der Aussage. Z gesamte Strafrechtswissenschaft. 1902;22: 315-70.
Stiensmeier-Pelster J, Schürmann M, Duda K. Depressionsinventar für Kinder und Jugendliche (DIKJ) 2. Aufl. Göttingen: Hogrefe; 2000.
Tewes U, Rossmann P, Schallberger U. Hamburg-Wechsler-Intelligenztest für Kinder (HAWIK-III) 3. Aufl. Bern: Huber; 1999.
Undeutsch U. Beurteilung der Glaubhaftigkeit von Zeugenaussagen. In: Undeutsch U, Hrsg. Handbuch der Psychologie, Bd. 11: Forensische Psychologie. Göttingen: Hogrefe; 1967.
Volbert R. Glaubwürdigkeitsbegutachtung bei Verdacht auf sexuellen Missbrauch. Z Kinder- Jugendpsychiat. 1995;23:20-6.
Walter M. Jugendkriminalität. Stuttgart: Boorberg; 1995.
Wieczerkowski W, Nickel H, Janowski A, Fittkau B, Rauer W. Angstfragebogen für Schüler (AFS), 6. Aufl. Braunschweig: Westermann; 1981.

Prüfungsfragen

1. Wie ist die Rechtsstellung von psychologischen Sachverständigen gesetzlich geregelt?
2. Nach welchen Kriterien soll eine Begutachtung zur strafrechtlichen Verantwortlichkeit gemäß § 3 JGG erfolgen?
3. Welche Kriterien sind für die Beurteilung der sittlichen und geistigen Entwicklung eines Heranwachsenden im Sinn des § 105 JGG bedeutsam?
4. Welche Aspekte sind bei der psychologisch-psychiatrischen Begutachtung der Schuldfähigkeit nach §§ 20, 21 StGB besonders zu berücksichtigen?
5. Welche Täter sind möglicherweise schuldunfähig?
6. Welchen Stellenwert hat die Psychodiagnostik bei der forensischen Begutachtung von Straftätern?
7. Nennen Sie verschiedene Prognosemethoden sowie ihre Vor- und Nachteile im Hinblick auf die Legalentwicklung von Straftätern.
8. Was versteht man unter „Realkennzeichen" und welchen Stellenwert haben sie bei der Begutachtung der Glaubhaftigkeit von Zeugenaussagen?
9. Warum wird der Terminus „Glaubwürdigkeit einer Persönlichkeit" kritisch diskutiert?
10. Worauf sollte in einem Explorationsgespräch mit Kindern bei der Begutachtung der „Glaubhaftigkeit" besonders geachtet werden?
11. Welche möglichen psychologischen Auswirkungen hat eine Scheidung der Eltern auf die Kinder?
12. Wie ist methodisch bei Begutachtungen von Sorgerechts- und Umgangsrechtsregelungen vorzugehen?
13. Welche Mängel bestehen oft bei psychologisch-psychiatrischen Gerichtsgutachten und wie könnten sie behoben werden?

Sachverzeichnis

D

E

T

U

V